《华侨大学史》编委会

主　任

徐西鹏　　吴剑平

委　员

刘　塨　　刘　斌　　曾　路　　彭　霈　　毕明强　　王秀勇

王丽霞　　张云波　　庄锡福

编撰组

组　长

庄锡福

副组长

赵小波　　董成雄

成　员

（按姓氏笔画为序）

任智勇　　何强毅　　张磊屏　　林俊杰　　施彦军　　董艺乐

蒋　楠　　疏会玲　　蔡若坤

華僑大學史

［第二卷］

2001–2020

THE HISTORY OF
HUAQIAO UNIVERSITY

Volume 2 : 2001-2020

《华侨大学史》编委会 编

社会科学文献出版社
SOCIAL SCIENCES ACADEMIC PRESS (CHINA)

目 录

第一卷（1960—2000）

第四章
建设两校区协同，向教学研究型大学迈进时期

本章介绍了2001—2010年华侨大学办学的基本情况。

推进厦门校区建设、努力建设华文教育强校、全面启动教学研究型大学建设是这一时期学校的三大重点工作。华侨大学厦门校区的建设和发展，突破了学校区位、校园拓展、人才引进、生源质量等诸多瓶颈，开创了泉州、厦门两个校区三个办学点的办学新格局。作为以“为侨服务，传播中华文化”为办学宗旨的华侨高等学校，华文学院发展成学校专司华文教育的办学机构。华侨大学的华文教育向纵深推进，成为学校办学的重要特色之一。长期不懈扎实抓本科教学，2003年华侨大学接受教育部本科评估并获颁优秀，为学校全面启动教学研究型大学建设奠定基础。在持续不断的开拓努力下，这一阶段相继诞生的，有国家重点学科1个，福建省重点学科8个，国侨办重点学科10个，博士后科研流动站3个，教育部工程研究中心3个。从1998年7月学校首个博士授予点诞生，至2010年共有9个博士授予点；至2010年共有66个硕士学位授予点，这一期间新增49个；至2010年共有68个学士授予点。

本章共分10节。本章第一节介绍了华侨大学制定“十五”计划和“十一五”发展规划目标的背景，重点阐述了十年发展规划。第二节阐述厦门校区建设的不易、艰难，凸显党中央国务院重点扶持的重要性，体现华大人开拓创业的精神。第三节至第五节阐述教学工作、学科建设、人才引进以及华文教育。教育部本科教学评估华侨大学获颁优秀，是日积月累业精于勤的成绩；人才引进的有效创新，使学科建设有了很大起色，华文学院因应大华文教育发展的大趋势，华文教育成为享誉海内外的重要名片。第六节至第八节分别论述了一校两生制校园文化生活相互映衬交融的奇观，围绕着第四次党代会确立的学校三大工作目标开展的党建工作情况，保障学校正常运作的财务后勤服务的改革和建设。第九、十节介绍进入21世纪前十年董事会、校友会为学校的建设和发展开展的活动，学校四十五、五十周年庆典等重要活动。

第一节　新世纪初的规划与两校区办学格局的形成

一　跨世纪中国高等教育形势对学校的挑战

1992 年邓小平南方谈话以及党的十四大召开，开启了发展社会主义市场经济的大幕，进一步推动了高等教育体制改革。中央陆续出台高等教育改革措施，“211”工程“985”工程等重点建设项目的实施，极大地改变了高等教育原有的布局，为逐步转向“大众化教育”奠定了基础。1999 年到 2010 年是国内高等教育的深化发展期。21 世纪初年，高等教育的毛入学率从 7% 提升至 13% 。

高等教育“大众化”引发的大发展，逐渐形成国内高校间相互竞争的局面。校际的竞争除硬件好坏外，更重要的是软件，即教师队伍水平的高低。高校的学科带头人、两院院士、业内公认的顶尖人物，或某些对专业学科发展有着不可估量作用的人才，各高校都不惜用种种的手段“挖”人，甚至挖掘各种资源来延揽人才，其中大幅度提高待遇是必不可少的办法。①

20 世纪 90 年代，华侨大学没有跻身“211”和“985”工程行列，在进入充满激烈竞争的 21 世纪初年，那就必须站在更高的视角上，高瞻远瞩谋划发展蓝图，实现跨越式的发展。学校曾在“九五”期间提出，到 2000 年全日制学生规模控制在 5000 人。② 但是，对比 1998 年至 2001 年华侨大学全日制在校生每年激增的人数，学校的办学资源已用到了极限：1998 年的规模为 8370 人；1999 年的规模为 10177 人；2000 年的规模为 11998 人；2001 年的规模已达 14675 人。③

如何摆脱日益紧张的现实办学危机，拓展且利用好已有的各种资源，紧跟高等

---

① 参考《复兴与前行：改革开放以来我国高等教育改革的历史回顾》，《人民政协报》教育在线周刊，2018 年 11 月 23 日 https://kuaibao.qq.com/s/20181123A0J06A00? refer = spider，最后访问日期：2020 年 8 月 18 日。

② 华侨大学校史编写组编《华侨大学五十年（1960—2010）》，2010 年 10 月，第 96 页。

③ 华侨大学校史编写组编《华侨大学五十年（1960—2010）》，2010 年 10 月，第 233 页。

教育“大众化”引发的大发展和国际化的大趋势，引领21世纪华侨高等教育高水平的持续发展，都成了学校领导班子需要探索思考的问题。

2001年11月，吴承业校长在学校四届二次教代会暨工代会工作报告中就华侨大学发展问题说道：“我们应清醒地看到，我们面临的困难和存在的差距。目前，学校正处在改革和发展的快车道上，旧有的矛盾没有根本解决，新的矛盾又不断出现，而我们的体制、水平、能力还远远不能适应发展的需要。首先是在学校发展理念、办学定位上，华侨大学是主要面向海外的大学，又是一所地处福建省的大学，这两个特色或者说是约束条件，将决定华侨大学的发展理念和办学定位。应该确切地说，目前我们还没有找到一条清晰、明确、实事求是的发展战略。其次是在学校管理体制上，适应华侨大学的管理体制应是按照‘高教法’的要求，既体现侨校特色，又体现高投入，高产出、高效率、高度民主的管理体制，它将最大限度地动员全体教师、管理人员、学生，以高质量的运作，以一流的学者和一流的管理，培养一流的学生。应该说，目前我们的管理体制是比较陈旧的，管理水平是不高的。现在在学校扩招的过程中，各种资源已非常稀缺，我们还没有一个通过增加投入，提高效率来缓解矛盾的方法。存在以上问题的必然结果，就是缺乏大量优秀合格的师资，以至于教学质量不高、人才培养水平不高，学校在总体上缺乏竞争力。更为严重的是，这种忧患意识还没有成为多数员工的共识，华侨大学现有1.4万名各类学生，1400多名员工，800多名离退休人员，学校的工作涉及方方面面，千家万户，但扪心自问，我们有多少精力放在抓教学质量？我们采取了多少有效措施来提高办学水平？”①

二 新世纪初的十年规划

在全面总结“九五”计划实施情况的基础上，结合境内外经济社会和高等教育的发展状况，学校制定了“十五”“十一五”发展规划纲要，这十年的规划为华侨大学建设发展进一步明确了目标，奠定了坚实基础。

（一）制定“十五”计划

《关于印发〈华侨大学“十五”计划和2015年发展规划纲要〉的通知》（华大校综字〔2001〕4号）指出：“至2005年，把华侨大学建设成为坚持为侨服务，以

① 吴承业：《坚持特色 发挥优势 为实现新一轮创业目标而努力奋斗——在华侨大学四届教职工代表大会第二次会议上的工作报告》，2001年11月，第12~13页 华侨大学文书档案。

华文教育为特色，以工科为优势，具有良好声誉的社会主义综合性大学。全日制学生规模发展至15000人（其中境外生占20%，研究生占20%），校园占地面积扩大到2000亩，学校拥有5个博士点、40个硕士点、15个省部级重点学科，准备1—2个学科步入国家重点学科，组建具有前沿性、交叉性的学科群，使学校的办学质量、办学效益明显提高，真正办出特色、办出水平。”①

华侨大学“十五”计划有如下主要任务和措施。

1. 学科建设

（1）巩固和发展重点学科。目标是使现有的7个部级重点学科（电气技术、应用化学、计算机科学、建筑学、土木工程、精密机械工程、工商管理等）向国家重点学科靠拢，新增加8个重点学科，使学校省部级重点学科达15个。

（2）发展新学科，改造老学科，组建新学科群。华侨大学具有学科门类较齐全的综合优势，涉及理、工、文、管、经、法、哲7个学科门类，要通过学科门类间的相互交叉与渗透，大力促进新学科的形成。“十五”期间，华侨大学将组织建设旨在发挥整体优势，增强加速更新改造、壮大海外生源好、能为经济建设服务的6个学科群的实力，即机电、土建、材料、信息、管理、华文教育等。要以此为基础，构建具有学校优势和特色的学科体系。

（3）做好博士点与硕士点的策划、组织和申报工作。要以学科建设为龙头，加强现有2个博士点、24个硕士点的建设。力争到2005年，全校共有40个硕士点、5个博士点。

（4）采取积极有力措施加大学科建设的投入。“十五”期间，通过“共建”，加大学科建设的投入。福建省人民政府、泉州市人民政府和国务院侨办已分别签订新一轮共建华侨大学协议，从2001年至2005年，每年按1∶2的投资比例增拨专项资金（其中，福建省每年安排500万元，泉州市每年安排150万元，国务院侨务办公室每年安排1300万元），资助华侨大学的重点学科建设。学校还将继续争取港澳台同胞、华侨、华人及社会各界的支持，多渠道筹措资金，加大学科建设投入，重点支持重点学科、基础学科、新建学科和学科群的建设与发展。各学科也要发挥各自的主动性，不断增强自我发展的能力，以加速学科的发展。

2. 人才培养

人才培养始终是学校的中心工作和根本任务。提高生源质量并逐步扩大境外生、研究生规模。要制定、完善一系列奖学金、贷学金、助学金和勤工助学等条例，采

① 华侨大学：《关于印发〈华侨大学“十五”计划和2015年发展规划纲要〉的通知》，2001年2月，华侨大学文书档案。

取有力措施，奖励品学兼优的学生，并切实帮助家庭经济困难的学生解决在学期间所需的学习、生活费用。“十五”期间，学校在争取到由香港校董陈进强先生每年资助50万元人民币作为困难学生助学金、陈明金澳门学生奖学金、振兴中华教育科学基金会贫困学生奖学金等的基础上，再设立5个奖学金（研究生奖学金、文科学生学习奖励基金、理工科学生学习奖励基金、公共外语奖学金、高等数学奖学金）。要千方百计提高生源质量，扩大国（境）外特别是马来西亚、老挝、缅甸、菲律宾等东南亚国家和我国台湾、香港、澳门等地区的招生数，并扩大研究生的招生数。至2005年，学校规模发展至全日制在校学生数15000人左右，其中研究生占15%，境外生占20%。

3. 科学研究

科学研究水平集中反映了高等学校的总体学术水平。牢固树立“科学技术是第一生产力”的思想，充分认识科技工作在高校工作中的重要地位，充分认识教学与科研有机结合、相互促进的密切关系。要创造既重视教学又重视科研的有效机制和良好氛围。自然科学研究要面向经济建设主战场，应用研究要成为主流。要抓住重点，加强工程学科的科学研究工作；特别要抓好其中重点学科的研究工作。同时，要重视不同学科、不同研究方向之间的交叉和融合，积极引导各学科向高新技术发展。人文社会科学研究要主动适应改革开放和社会发展的需要，继续加强旨在解决当代社会发展的理论问题和现实问题的研究，为宣传和丰富有中国特色社会主义理论、建立社会主义市场经济体制、加强社会主义精神文明建设和法制建设、弘扬中华民族优秀传统文化、促进祖国和平统一大业等做出积极贡献。要把华侨华人研究、华文教育研究和台湾研究作为本校社会科学研究的重点。图书编辑室要发挥积极作用，大力支持出版华侨大学教师学术著作和教材，争取早日建成出版社。《华侨大学学报》要进一步提高办刊水平，继续保持“全国优秀学报”荣誉。

4. 师资队伍建设

队伍建设是学校发展的基础和关键。根据“高素质产生高效益”的原则，正确处理教师数量和质量的关系，努力建设一支政治思想素质好、业务水平高、结构优化、人员精干充满活力、相对稳定的师资队伍。至2003年，专任教师数量要达到750人，至2005年达到900人的规模。力争若干学科研究水平在国内外有一定知名度，有若干达到相当工程院院士水平的学术带头人；若干中青年学科带头人的学科研究水平达到国内先进水平；部分教授具有指导博士生资格。

调整和优化教师结构。要利用教师队伍即将出现较大幅度更新的契机，改善教师结构，努力实现职务结构合理化、学历结构高层化、年龄结构年轻化。从2001年至2005年每年净补充70名左右教师，要提高具有博士学历的教师比例。同时，采取非固定编制的办法补充教师队伍，即聘请校外教师兼职，安排研究生和进修教师兼任助教、讲师，逐步提高师生比，提高办学效益。

积极引进高层次人才。要根据需要和可能，采取特殊措施和政策、通过多种渠道和方式，吸引国内外高层次优秀人才来校任教，特别是大力引进学科带头人、教授、博士和著名专家。学校要继续创造工作、生活上的优惠条件，使他们愿意来，留得住，有作为。

2000年，《华侨大学"十五"计划和2015年发展规划纲要》制定前夕，吴承业校长在《华侨大学董事会四届三次会议的报告》中说："学校拟于2005年将办学规模扩大至1.5万人，至2010年在校学生规模达2万人。与之相配套，学校计划往校园西侧、北面扩大办学用地，适应教学事业的发展，拟采用'一次规划，一次征地，分期建设'的办法，近期再征1000亩土地，使校园用地扩大至2000亩。学校远期规划发展用地再预留1000亩。同时，争取现有全部学士学位授予专业都有1个以上的硕士点，省部级重点学科各有1个博士点，使学校硕士点总数达40个，博士点8个左右。另外，华大地理位置偏僻，现在已有一定数量的优秀人才，由于待遇偏低，对稳定师资队伍、解除后顾之忧，引进人才很不利，学校决定推出特殊岗位津贴，大幅提高教授、年轻学术带头人和骨干教师的待遇。此项特殊岗位津贴，将以捐资者命名。"①

21世纪初年，华侨大学谋求更好地发展，"十一五"规划就必须要解决四个问题：①扩大发展办学用地；②改善学校办学的区域优势；③跨越式做强做大理工科学科专业；④制定出适合一校两生制和"为侨服务，传播中华文化"的学科专业的发展方案。

（二）制定"十一五"发展规划

1. "十一五"发展规划目标

2006年7月19日，学校报送国务院侨务办公室《关于报送华侨大学"十一五"发展规划的请示》（华大综〔2006〕42号）的文件指出："根据规划，华侨大学'十一五'需要总投资估算为112225万元（含校园建设98325万元、师资队伍建设5280万元和实验设备投资8620万元）。其中，校园建设需要申请国家财政投资59134万元，学校自筹39191万元。师资队伍建设及实验设备投资主要使用省市其

---

① 吴承业：《在华侨大学董事会四届三次会议的报告》，2000年11月1日，华侨大学文书档案。

建经费和学校自筹。‘十一五’期间，办学规模：稳定本科生规模，加大硕士生招生人数，稳步增加博士生数量，大力拓展境外生比例，使在校研究生规模由当前的1346人（占全日制普通教育在校生的8.9%）提高至5000人（占20%），年均增长36%；在校本专科生由目前的17000人增加到20000人规模，总体增长17.6%。境外生要由当前的2796人大力增加到10400人，年均增长38%（从占各类学生总数的13%增长到35%），以更好地完成国家赋予的办学使命。通过3—5年的建设，至2010年，华侨大学拥有15个博士点（其中一级学科博士授权点1—2个），85个硕士点，70个本科专业，20个省部级重点学科，争取2—3个学科成为国家重点学科，组建具有前沿性、交叉性的学科群，把华侨大学建设成办学规模适当，学科结构合理，师资力量较强，以华文教育为特色、工程学科为优势的综合性大学，建设成国内外著名的一流侨校。”[①]

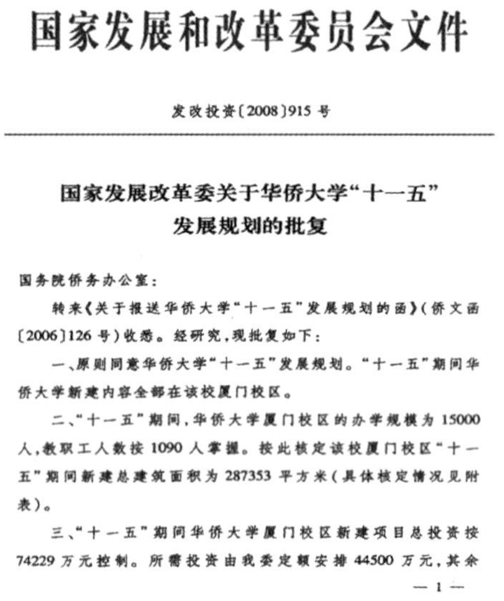

国家发展和改革委员会文件

发改投资〔2008〕915号

国家发展改革委关于华侨大学“十一五”发展规划的批复

国务院侨务办公室：

转来《关于报送华侨大学“十一五”发展规划的函》（侨文函〔2006〕126号）收悉。经研究，现批复如下：

一、原则同意华侨大学“十一五”发展规划。“十一五”期间华侨大学新建内容全部在该校厦门校区。

二、“十一五”期间，华侨大学厦门校区的办学规模为15000人，教职工人数按1090人掌握。按此核定该校厦门校区“十一五”期间新建总建筑面积为287353平方米（具体核定情况见附表）。

三、“十一五”期间华侨大学厦门校区新建项目总投资按74229万元控制。所需投资由我委定额安排44500万元，其余

— 1 —

图4-1　国家发改委关于华侨大学“十一五”发展规划的批复文件

2. “十一五”发展规划中期修改

2007年，学校在给国家发改委投资项目评审中心的《华侨大学关于“十一五”发展规划有关情况说明的函》[②] 中又进行了如下补充阐述。

其一，修改发展规模。根据国务院侨务办公室的批复（侨文发〔2007〕44号），华侨大学“十一五”发展规模为全日制在校生25000人，其中泉州校区10000人、厦门校区15000人，泉州校区以人文与社会学科为主，厦门校区以自然科学与

① 华侨大学：《关于报送华侨大学“十一五”发展规划的请示》，2006年7月，华侨大学文书档案。

② 华侨大学：《华侨大学关于“十一五”发展规划有关情况说明的函》，2007年5月，华侨大学文书档案。

工程技术学科为主，现华文学院院区作为华文教育培训基地，年培训 5000 人次。中长期发展目标是，至 2015 年全日制在校生规模 30000 人，其中泉州校区 12000 人、厦门校区 18000 人。远期发展规模 32000 人，其中泉州校区 12000 人、厦门校区 20000 人。学校要进一步优化办学结构，逐步提高境外生比例，提升办学层次，切实做好为侨服务工作。

其二，规模变化的原因。首先要确定发展规模。这是新的历史时期华侨大学要完成新的历史任务的要求。一是进一步发展华文教育、为侨服务，传播中华文化的职责；二是肩负着发展两岸关系，促进祖国和平统一的历史任务；三是承担着为国民经济和社会发展培养更多、更好人才的重任；四是海外华侨华人和港澳台爱国同胞也热切希望华侨大学办成国内一流的综合性大学；五是从学校自身发展来说，新形势下华侨大学自身也面临着建设厦门校区和教学研究型大学的紧迫任务。其次要生源保障。从境外需求分析，国家要求华侨大学建成全国最大的华文教育基地之一，在世界各地“华文教育”热潮涌动的形势下，作为具有对外办学悠久历史、在海外影响力日益扩大的华侨大学，是完全有可能的。根据不久前教育部有关统计，当前暨南大学和华侨大学两校的境外生总数已等于中国内地各高校境外生数的总和。从内地要求分析，华侨大学当前在内地的招生也远远不能满足内地学生到华侨大学的求学需求。近几年国内生报考华侨大学的人数逐年增加，且每年学校在各省的录取分数线较高，在部分省的录取线超过该省重点线。从学校发展而言，华侨大学目前有 19 个学院，58 个本科专业，4 个博士点，66 个硕士点。2.5 万名学生的发展规模，意味着每年每专业平均学生数是 80 多名，每学院平均 1000 多人，这是合理的、符合实际的。至 2005 年底，华侨大学全日制普通高等教育在校生规模已达 18547 人，2006 年底为 19844 人，随着厦门校区的投入使用，华侨大学办学规模年递增 1200 人也是可以达到的。因此，确定 2.5 万学生规模是切合实际的，生源是可以满足的，同时学校也要控制不能超过该规模。总之，学校确定的这个目标，既贯彻了国家侨务政策，又保证了社会转型期人才的需求。

其三，要规划建设用地。“十五”期间，厦门市政府无偿提供 2000 亩土地支持华侨大学厦门校区建设，泉州市批准华侨大学新征 407 亩办学用地，为华侨大学扩大办学空间提供了保障。当前，学校泉州校区、厦门校区的总占地面积已达到 211 万平方米，按照教育部《普通高校基本办学条件指标》（教发〔2004〕2 号）生均占地面积指标测算（华侨大学上调 12%），目前用地可支撑的学校规模为 33115 人，不仅能保障“十五”发展需求，而且已经能保证学校远期 3.2 万人的发展规模的用地需求。

3. 学习实践科学发展观活动进一步明确发展目标

2009年3月，按照中央的统一部署，学校参加了第二批学习实践科学发展观活动。校党委切实把学习实践活动作为推进学校科学发展极其重要的契机，紧紧围绕“发挥综合优势　突出侨校特色　提高办学水平　建设知名大学”实践载体，以科学发展观审视过去、研究现在、谋划未来，着力把握发展规律，创新发展理念，找准办学定位，涵养侨务资源，进一步明确了把华侨大学建设成“基础雄厚　特色鲜明　海内外知名的高水平大学”的奋斗目标。①

三　学校领导调整

进入21世纪的前十年，华侨大学领导班子进行了相应调整，保证了学校领导班子的健康、稳定、高效。

（一）2003—2006年的调整

2003年12月31日，中共福建省委通知任命：吴承业同志任中共华侨大学委员会书记；朱琦环同志任中共华侨大学委员会常委、中共华侨大学纪律检查委员会书记。② 2004年3月1日，由吴承业主持召开学校干部大会，国务院侨务办公室副主任刘泽彭、福建省委宣传部常务副部长陈俊杰分别代表国务院侨务办公室党组、福建省委宣布任免决定。

2004年10月29日，国务院侨务办公室任命吴季怀、徐西鹏、刘塨三位同志为华侨大学副校长。11月6日上午，学校在陈嘉庚纪念堂召开全校干部大会，国务院侨务办公室副主任刘泽彭在会上做了重要讲话，国务院侨务办公室秘行司副司长陈贻邱和中共福建省教育工委常务副书记卓家瑞分别宣读了国务院侨务办公室的任职通知。

2005年3月27日，中共华侨大学第四届委员会和纪律检查委员会分别召开第一次全体会议。吴承业当选中共华侨大学第四届委员会书记，吴永年、关一凡当选副书记，李冀闽、朱琦环、吴季怀、徐西鹏当选常委；朱琦环当选纪律检查委员会书记。

2005年12月17日，中国共产党福建省委员会通知，张禹东同志任中共华侨大学委员会常委。2006年1月6日，学校召开中层干部大会，国务院侨务办公室任命

---

① 华侨大学校史编写组编《华侨大学五十年（1960—2010）》，2010年10月，第152页。

② 贾益民主编《华侨大学志（1960—2010）》，中国文史出版社，2015年10月，第26页。

张禹东同志为华侨大学副校长。

（二）2008—2010 年的调整

2008 年 4 月 28 日，吴承业校长主持召开全校干部大会。国务院侨务办公室副主任马儒沛、福建省委教育工委组织部副部长钱也敏出席大会。国务院侨务办公室人事司司长许玉明在学校干部大会上宣读国务院侨务办公室党组的决定，李冀闽同志任华侨大学党委书记（仍保留副校长职务）；刘斌同志任华侨大学党委常委、副校长；朱琦环同志任华侨大学党委副书记；免去吴承业同志华侨大学党委书记职务，改任党委副书记。[①]

图 4－2　华侨大学党委书记李冀闽

李冀闽（1952—）河北沙河人，1952 年 2 月在福建泉州出生。1979 年 2 月加入中国共产党，1980 年 2 月福州大学机械工程系机械制造与设备自动化专业毕业，1997 年 12 月天津大学在职硕士研究生毕业，工商管理硕士学位。

1969 年 1 月至 1970 年 9 月福建德化县水口公社八埕大队插队知青；1970 年 9 月至 1973 年 9 月中国人民解放军福建建设兵团四师二十三团兵团战士；1973 年 9 月至 1977 年 2 月福建省工业设备安装公司工人、代技术员；1977 年 2 月至 1980 年 2 月福州大学机械工程系学生；1980 年 2 月至 1983 年 5 月华侨大学机械工程系教师，任班主任、团总支书记；1983 年 5 月至 1986 年 5 月任华侨大学校团委副书记（主持工作）；1984 年 7 月至 1991 年 1 月任华侨大学学生处副处长、党委学生工作部副部长（主持工作）；1991 年 1 月至 1995 年 4 月任华侨大学学生处处长、党委学生工作部部长；1995 年 5 月至 1997 年 2 月任华侨大学人事处处长；1997 年 2 月至 1997 年 5 月任华侨大学党办、校办主任；1997 年 5 月至 1999 年 12 月任华侨大学校长助理兼党办、校办主任；1999 年 12 月至 2008 年 1 月任华侨大学校党委常委、副校长；2008 年 1 月至 2013 年 6 月任华侨大学校党委书记；2000 年 11 月至 2010 年 11 月任华侨大学校友总会理事长；2010 年 11 月至 2015 年 11 月任华侨大学校友总会会长；2006 年 5 月至 2017 年 1 月任华侨大学教育基金会理事长；2009 年 1 月至 2015 年 10 月任第十届福建省政协委员，第十一届福建省政协委员、常委、文史和学习委员会

① 《华侨大学级领导班子调整》，《华侨大学报》2008 年 4 月 29 日，第 516 期：第 01 版。

副主任；2012 年 1 月至 2017 年 1 月任第十四届厦门市人民代表大会代表。

2008 年 12 月 10 日，国务院侨务办公室党组在华侨大学宣布，任命丘进为华侨大学校长、党委副书记。国务院侨务办公室文宣司司长刘辉主持华侨大学中层干部大会。国务院侨务办公室人事司司长许玉明宣读国务院侨务办公室的任免决定。国务院侨务办公室副主任马儒沛，福建省委组织部部务会成员、副厅级组织员南翔出席会议。①

图 4－3　华侨大学校长丘进

丘进（1949—），1949 年 7 月生，祖籍安徽；中共党员，教授，博士生导师。1968 年 10 月，贵州省乌当羊昌公社插队当知青；1977 年考入贵阳师范学院英语专业；1982 年 9 月考入暨南大学历史系中外关系史专业硕士和博士研究生，1987 年获博士学位。1988 年 1 月任暨大历史系讲师；1988 年 7 月任暨大研究生处副处长；1991 年 4 月任国务院侨务办公室文教宣传司高教处处长；1992 年 11 月任国务院侨办文宣司副司长；1995 年 2 月任国务院侨务办公室文宣司司长；2000 年 9 月至 2002 年 10 月挂职担任广东省汕头市人民政府副市长；2003—2004 年任国务院侨办政策研究司司长；2003 年 7 月至 2008 年 12 月任西安交通大学常务副校长、党委副书记。2008 年 12 月至 2011 年 9 月任华侨大学校长、党委副书记。2010—2015 年任国务院参事室特约研究员。2010—2018 年担任中国中外关系史学会会长，2012 年任《世界华侨华人通史》总主编。主要编著：《中国与罗马：汉代中西关系研究》、《罗马与中国：历史事件的比较研究》、《七海扬帆：中国古代海上交通》、《中华竹枝词全编》、《机制 创新 长效》、《华侨华人研究报告》（2011、2012、2013）、《全球视野下的中外关系史》等，发表《历史上的中菲交往》《中法战争中的殖民主义法权》《关于汉代丝绸国际贸易的几个问题》《论汉武帝时期的交通建设》《海外华文教育三议》《中华文化在海外的传授及对中外关系的影响》《清末海外竹枝词与西学东渐》《古代中国的一座罗马人城市》《关于大学校长增强行政能力的几点思考》《〈彭康纪念文集〉序》《对外汉语教学与海外华文教育之异同》《清末中美关系与美国华人问题侧观》《长春真人西觐与蒙元时期"丝绸之路"》《中国文化的世界价值》《心归何方》等论文数十篇。曾获教育部党建论文一等奖，福建省高教研究论文一等奖等奖项，

① 雷伟军：《丘进出任华侨大学校长》，《华侨大学报》2008 年 12 月 16 日，第 541 期：第 01 版。

1990 年获国务院颁发“有突出贡献的中国博士学位获得者”称号，2007 年获“陕西省先进工作者”称号。先后担任外交学院、中国人民大学、上海师范大学、暨南大学、温州大学、加拿大萨斯喀彻温大学等高校兼职教授。

2010 年 1 月 5 日，经国务院侨务办公室人事司批准，彭霈、张云波、曾路任华侨大学校长助理。①

四　推动部省市共建

为充分发挥华侨大学在党和国家的侨务工作、对台工作、外交与统战工作中的特殊作用，国务院侨务办公室根据不同时期的情况，不断挖掘中央和地方各种社会资源，推动学校的跨越式发展。从 2000 年至 2009 年，全国政协副主席钱伟长、罗豪才，团中央第一书记周强、胡春华，历任国务院侨务办公室领导郭东坡、陈玉杰、李海峰、刘泽彭、赵阳、许又声、马儒沛、任启亮、王杰、林文肯，中央其他部委及国务院侨务办公室各司局的领导同志多次莅校指导工作。此外，华侨大学的发展也得到了福建省、泉州市、厦门市各级政府部门领导的高度关注和支持。福建省委书记陈明义、宋德福，福建省省长黄小晶，历任泉州市、厦门市领导均曾莅校考察指导，勉励华侨大学办出水平、办出特色，为福建和泉厦的经济社会发展做出更大的贡献。②

（一）地方政府高度重视，积极共建华侨大学

1. 国务院侨办首次与厦门市签署共建华大协议

2002 年 10 月 16 日，国务院侨务办公室副主任刘泽彭莅校视察，并与厦门市委书记郑立中等主要党政领导就合作建设华侨大学厦门校区举行会谈，达成共识。

2002 年 11 月 29 日，《国务院侨务办公室 厦门市人民政府 合作建设华侨大学厦门校区协议书》签订，主要内容如下。

（1）国务院侨务办公室与厦门市人民政府合作建设华侨大学厦门校区，共同致力于把华侨大学厦门校区建设成在国内外享有盛誉的大学校区，不断提高华侨大学厦门校区办学水平和教育质量，使华侨大学在团结与服务海外华侨、华人和港澳台同胞，促进厦门市经济、社会的发展方面发挥更大的作用。

（2）“十五”期间，华侨大学把机电、化工、信息电子，建筑等工程学科院系

① 李茂：《华侨大学任命三位校长助理》，《华侨大学报》2010 年 1 月 12 日，第 584 期：第 01 版。

② 华侨大学校史编写组编《华侨大学五十年（1960—2010）》，2010 年 10 月，第 153 页。

及所属的博士、硕士点、研究所成建制迁到厦门校区，组建厦门工学院（注：2004年3月9日之前，“华侨大学厦门工学院”“华侨大学厦门校区”名称不统一，混用），与厦门市人民政府共建。依托厦门制造业，改造专业，扩大规模，提高水平。形成主要工科在厦门校区的办学格局。“十一五”期间，继续扩大厦门校区的办学规模。华侨大学厦门校区英译为“Huaqiao University at Xiamen”；泉州校区英译为“Huaqiao University at Quanzhou”。

（3）华侨大学厦门校区的管理体制不变，按现行的模式管理。共建的厦门工学院作为华侨大学的二级学院，实行董事会领导下的院长负责制，董事会由厦门市人民政府和华侨大学组成，共设董事9名，其中厦门市人民政府4名，华侨大学5名，院长由董事会聘任，任期5年，董事会章程另议。

（4）华侨大学厦门校区选址位于厦门集美—杏林文教区内，用地面积2000亩，由厦门市人民政府负责征用和“三通一平”，提供给华侨大学用于办学。华侨大学厦门校区的建设在集美—杏林文教区总体规划的指导下，邀请国内外著名设计院来规划设计，做到高起点规划，高标准设计，高质量建设。同时华侨大学的标志性大楼提前建设。

（5）“十五”期间，国务院侨务办公室筹资3.2亿元投入华侨大学厦门校区建设，厦门市筹资5000万元用于厦门工学院的建设。双方并将利用各自优势吸引国内外企业或个人，多方筹措资金，采取更加灵活的方式参与办学。

（6）厦门校区争取2004年秋季开始招生。华侨大学自2003年开始对厦门校区招收的厦门生源予以降低20分录取的倾斜政策。①

2. 国侨办分别与福建省、泉州市签署共建华大协议。2005年11月1日上午，在陈嘉庚纪念堂举行的庆祝华侨大学建校45周年的大会上，国务院侨务办公室与福建省人民政府、泉州市人民政府签署了新一轮共建华侨大学协议，国务院侨办副主任刘泽彭分别与福建省副省长汪毅夫、中共泉州市委书记郑道溪签订了国务院侨办与福建省共建华侨大学协议书和国务院侨务办公室与泉州市共建华侨大学协议书。②

根据协议，从2006年到2010年，福建省和国务院侨办按1∶2的投资比例增拨专项奖金（其中福建省安排5000万元，国务院侨办安排1亿元），支持华侨大学重

① 国务院侨务办公室：《国务院侨务办公室 厦门市人民政府 合作建设华侨大学厦门校区协议书》，2002年11月29日，华侨大学文书档案。

② 《国侨办分别与福建省、泉州市签署新一轮协议——继续共同建设华侨大学》，《华侨大学报》2005年11月8日，第2版。

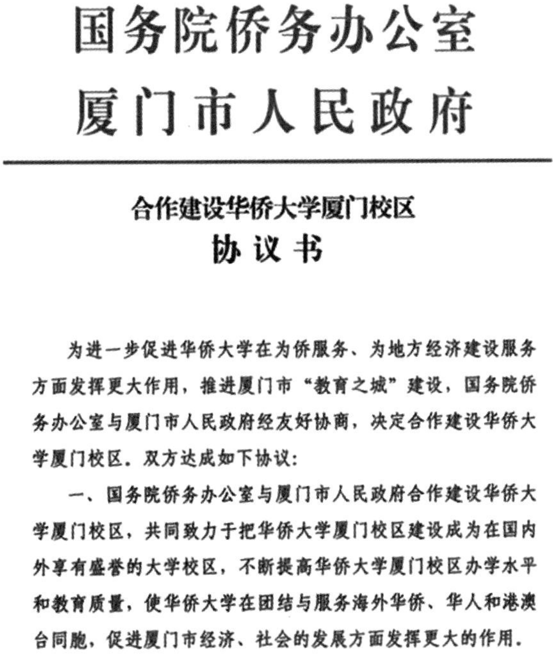

国务院侨务办公室
厦门市人民政府

合作建设华侨大学厦门校区
协议书

为进一步促进华侨大学在为侨服务、为地方经济建设服务方面发挥更大作用，推进厦门市“教育之城”建设，国务院侨务办公室与厦门市人民政府经友好协商，决定合作建设华侨大学厦门校区。双方达成如下协议：

一、国务院侨务办公室与厦门市人民政府合作建设华侨大学厦门校区，共同致力于把华侨大学厦门校区建设成为在国内外享有盛誉的大学校区，不断提高华侨大学厦门校区办学水平和教育质量，使华侨大学在团结与服务海外华侨、华人和港澳台同胞，促进厦门市经济、社会的发展方面发挥更大的作用。

图 4－4　2002 年 11 月 29 日，国务院侨务办公室与厦门市委市政府签订共建华侨大学的协议文件

点学科、重点实验室建设。福建省出台各类岗位津贴、补贴等政策性补助，仍按原核定标准继续给予华侨大学。泉州市每年安排 300 万元，5 年安排 1500 万元支持华侨大学建设。同时，凡泉州市出台的各类改善事业单位职工待遇的各项政策，也适用于华侨大学，所需费用每年由泉州市财政补贴华侨大学 500 万元。国务院侨办支持华侨大学积极为福建省和泉州市的经济建设和社会发展服务，努力培养福建省以及泉州市急需的高级专门人才。同时，共建期间，华侨大学将每年单列招收泉州籍考生 150 名。

此外，2000 年 8 月，福建省人事厅同意华侨大学在引进高层次人才方面享受省属院校同等优惠政策。2003 年，福建省把华侨大学的发展列入福建省国民经济和社会发展计划，把华侨大学列入福建省重点建设的八所高校之一。2004 年 9 月，福建省教育厅、省财政厅、省发展改革委员会等部门联合出台《关于重点建设高等学校若干意见》，省财政每年另行安排 1.5 亿元资金，用于支持华侨大学等 8 所在闽重点高校，并多次提出“大力支持华侨大学加快新校区建设”，将华侨大学厦门校区建设列为福建省重点建设工程。[①]

① 华侨大学校史编写组编《华侨大学五十年（1960—2010）》，2010 年 10 月，第 154 页。

（二）落实共建与地方进行合作办学

在这一时期，学校与地方共建也是双向的。在省市政府的要求下，为了促进地方民办高校的健康发展和成长，华侨大学与一些地方民办高校建立了合作办学关系。

1. 华侨大学福建音乐学院

2000 年 7 月 27 日，经教育部和福建省人民政府批准，民办福建音乐学院挂靠华侨大学，并更名为华侨大学福建音乐学院。该学院是本科层次的华侨大学分校性质的二级学院，可实施本、专科教育。校址设在福州仓山区。①

华侨大学福建音乐学院由福建省教育厅管理，日常教育行政管理由华侨大学指导。学院具有独立法人资格，实行民办学校的办学体制和运行机制，办学经费自筹，独立核算，单列招生。学生毕业后颁发“华侨大学福建音乐学院”学历证书。

华侨大学福建音乐学院主要面向福建省招生，也有境外招生计划。学院全日制在校生规模 200 人。2008 年 7 月 8 日，华侨大学和福建音乐学院双方解除挂靠关系。②

2. 华侨大学厦门工学院

2009 年 9 月，经教育部批准，华侨大学与福建金帝集团有限公司共同创办了华侨大学厦门工学院（注：是私立合办本科学院，跟厦门校区无关），校址位于福建省厦门市集美文教区。③

华侨大学厦门工学院是依托华侨大学的办学力量和教学支持的全日制本科层次独立学院。重点建设材料、机械、电子、建筑等工科类的学科群，同时适度发展经、管、文类专业，逐步形成结构合理、多学科相配套的专业体系，培养为海峡西岸经济区服务的高素质应用型专业技术人才，满足国家经济、社会发展和广大人民群众对高等教育的迫切需求。2019 年 7 月，厦门工学院与华侨大学解除合作办学关系。

3. 华侨大学厦门工程技术学院

2009 年 12 月 26 日，华侨大学与厦门技师学院合办的二级学院——华侨大学厦门工程技术学院举行揭牌仪式。学院校址位于厦门市翔安文教区。④

华侨大学厦门工程技术学院的前身为华侨大学职业技术学院厦门分院，是华侨

---

① 《华侨大学福建音乐学院成立》，《华侨大学报》2000 年 9 月 10 日，第 1 版。

② 华侨大学校史编写组编《华侨大学五十年（1960—2010）》，2010 年 10 月，第 159 页。

③ 《华大厦门工学院获准设立》，《华侨大学报》2009 年 5 月 12 日，第 01 版。

④ 张为健：《华大厦门工程技术学院揭牌》，《华侨大学报》2009 年 12 月 26 日，第 1 版。

大学与厦门技师学院（原厦门市高级技工学校）合办的二级学院。随着海峡西岸经济区建设步伐的加快，企业对高级人才的需求越来越大，厦门技师学院承担着为厦门企业培养高技能人才的重任。与华侨大学合办华侨大学厦门工程技术学院，双方可以优势互补，在培养年轻工程师方面起着重要作用，而且对工程的基础研究及技术创新也起到至关重要的作用。

五　两校区办学格局的形成

华侨大学1960年创办于著名侨乡福建省泉州市，是周恩来总理亲自批准设立、中国第一所以“华侨”命名的高等学府。它经历了撤销、复办和改革发展等不同的历史时期。学校建校40周年时已“发展成为具有博士、硕士、学士和预科的层次较为齐全的办学体系，涉及理、工、文、经、管、法，哲七大类一级学科，包括2个博士点、24个硕士点、28个学士点，拥有信息科学与工程、材料科学与工程、经济管理、外国语、华文学院等12个院系及32个科学研究机构，拥有9个省部级重点学科、14个同等学力申请硕士学位授权点和10个副教授任职资格评审权专业。在校各级各类学生达11918人，其中来自19个国家和地区的境外学生1446人。学校占地面积68.5万平方米，建筑面积36.5万平方米，图书馆藏书93.5万册。现有教职工1420人，其中专任教师505人，320人拥有高级职称，教师中具有博士学位和近期可获得博士学位者119人。学校共为海内外社会培养了5.6万余名各类人才，

图4-5　泉州校区校大门

其中境外生3.2万余人，为我国的外交、侨务工作和祖国统一大业做出了不可磨灭的贡献”。[①] 进入21世纪，随着我国综合国力的不断增强，高等教育进入“大众化”时期，国际上新一轮的华文教育热潮也在涌动，这为我国侨务教育事业的发展带来了挑战和机遇。1997年，国务院侨办决定集美侨校成建制并入华侨大学，发展成华侨大学华文学院。2002年11月，经过充分细致的论证，国务院侨务办公室决定在继续办好华侨大学泉州校区的基础上建设华侨大学厦门校区，并得到党中央和国务院的关心和支持。

（一）华侨大学厦门校区

2002年8月，国务院侨务办公室决定在完善华侨大学泉州校区的基础上，充分利用厦门经济特区的区位优势，建设华侨大学厦门校区。以利于华侨大学扩大对外招生，做大做强华文教育，引进高水平师资，推进学科建设，提高为侨服务水平，提高办学水平和学校知名度，更好地为海峡西岸的经济建设和社会发展服务。2002年11月29日，国务院侨务办公室与厦门市人民政府签订了《合作建设华侨大学厦门校区协议书》。2004年11月7日，华侨大学厦门校区工程正式动工。2006年10月16日，华侨大学厦门校区举行启用仪式暨开学典礼。厦门校区总用地面积132万平方米，总规划建筑面积60万平方米，总投资16亿元，其中厦门校区第一期工程建筑面积30万平方米，总投资8.3亿元，至2010年在校生达到1.5万人。厦门校区建设揭开了华侨大学办学史上的重要篇章。

2009年8月，学校召开专题会议，指出华侨大学的办学和建设，紧密结合新形势下侨务工作的特点和海峡西岸经济区建设和社会发展的需要，明确了两校区的发展定位：2015年前，厦门校区将建设成以工程学科为主、多学科协调发展的综合性校区；泉州校区将建设成以人文学科为主、多学科协调发展的综合性校区。会议同时对两校区学科布局作了初步的调整：将哲学、社会学和历史学学科迁入厦门校区，分别成立哲学与社会发展学院、华侨华人研究院；在泉州校区成立与厦门校区原则上不重复、不交叉的理工学院，促进两校区的文理工交融。厦门校区于2006年10月16日正式启用，随后成建制办学。设有信息、计算机、材料、化工、机电、土木、建筑、华文、哲学与社会发展、音乐舞蹈等11个学院和华侨华人研究院，共有37个本科专业，在校学生已超过1万人。[②]

---

① 吴承业：《在庆祝华侨大学建校四十周年大会上的讲话》，2000年11月1日，华侨大学文书档案。

② 吴承业：《华侨大学关于厦门校区办学与建设进展情况的报告》，2010年1月31日，华侨大学文书档案。

图 4－6　厦门校区校大门

（二）华侨大学华文学院

华侨大学华文学院坐落于闻名遐迩的厦门市集美文教区。校园占地 6 万多平方米，依山傍海，风光旖旎，交通便利。20 幢具有“嘉庚风格”的中西合璧式建筑由低到高、整齐雅致地排列于校园内，成为一道极具特色的建筑景观。

图 4－7　2003 年 9 月，时任华侨大学校长吴承业在华侨大学华文学院大门落成典礼上致辞

华侨大学华文学院的前身是集美华侨学生补习学校，是经国务院批准，并委托著名爱国华侨领袖陈嘉庚先生于 1953 年主持创办、专招华人华侨学生以及来华学习

中国语言文化的外籍学生的特色学校。为适应海外华文教育迅速发展的需要，1997年国务院侨办将集美侨校成建制并入华侨大学，与华侨大学对外汉语教学部合并，成立华侨大学（集美）华文教育中心，1999年4月，经教育部批准，该中心升格为华侨大学集美华文学院，并保留“集美华侨学生补习学校”校牌。[①] 2000年7月14日，华侨大学先修部并入华文学院，并继续保留“先修部”的牌子。2002年4月29日，华侨大学发文，“华侨大学集美华文学院”更名为“华侨大学华文学院”；[②] 2002年6月19日，国务院侨办批复同意学校的更名决定。[③] 它是国务院侨办首批华文教育基地，是福建省最早设立的汉语水平考试（HSK）考点。华侨大学华文学院对中华文化的传播和海外华文教育的发展做出了积极的贡献，在海外享有一定的声誉。

至此，华侨大学拥有了泉州校区、厦门校区两大校区，三个办学点。

---

① 贾益民主编：《华侨大学志》，中国文史出版社，2015年10月，第79页。

② 华侨大学：《关于华侨大学（集美）华文学院更名为华侨大学华文学院的通知》，2002年4月29日，华侨大学文书档案。

③ 国务院侨务办公室：《关于华侨大学（集美）华文学院更名的批复》，2002年6月19日，华侨大学文书档案。

第二节　厦门校区的建设与管理

一　厦门校区建设的背景及决策过程

（一）厦门校区建设的背景

1999 年以来，教育部推进高等教育大众化，华侨大学的各类在校学生从 8000 多人增加到 17000 多人。由于泉州校区面积狭小（仅有 1145 亩），校内各类建筑拥挤不堪，难以再兴建新的教学、生活设施，造成教学、科研用地以及食堂、图书馆、体育设施严重不足，影响了学生的正常学习生活秩序和教学质量。[①]

解决学校用地问题迫在眉睫。2000 年 8 月 25 日，华侨大学致泉州市人民政府的《关于请予审批华侨大学扩大校园用地的函》（华大校综字〔2000〕39 号）指出："至今年生数已达 10177 人……在未来 10 年内学生人数达 2 万人……华侨大学规划校园用地 2000 亩（现校园占地约 1030 亩），需新征土地 970 亩。"

2002 年 6 月 5 日，华侨大学又发出致泉州市人民政府《关于请予结合清源山风景区规划的调整修编 批准华侨大学扩大校园用地规划的函》（华大校综字〔2002〕21 号）："我们恳请市政府结合清源山风景区规划的调整、修编，批准景区东侧三类保护区边沿的 1000 亩土地作为华侨大学近期发展建设规划用地，并预留 1000 亩土地作为学校远期发展的控制用地。"

此前的 2001 年 2 月，华侨大学制定的《华侨大学"十五"计划和 2015 年发展规划纲要》，经中国国际工程咨询公司评审通过，报送国家计委审批。2002 年 6 月，中国国际工程咨询公司根据《规划纲要》做出了整体的规划，这个规划明确华侨大学"十五"期间主要依托泉州校区就地扩大校园用地以解决办学发展的空间受限的

---

① 国务院侨务办公室：《关于华侨大学在厦门办学有关情况的报告》，2003 年 12 月 1 日，华侨大学文书档案。

问题。学校多次向所在地的泉州市政府有关部门请求解决征地扩建问题，但由于受制于校区周边为清源山风景保护区，征地十分困难，致使学校扩建校园的“十五”计划无法实现。2002 年 8 月，尽管国家计委批复同意了华侨大学“十五”总体发展规划，并同意华侨大学“新征校园用地 80.6 万平方米”（1209 亩），但这时候，泉州市已经无地可征。①

（二）厦门校区建设的决策过程

1. 厦门市委市政府支持华侨大学到厦门办学

厦门市是我国最早的经济特区之一，是我国改革开放的前沿地带。2002 年 7 月中旬，华侨大学党委在地处厦门集美区的华侨大学华文学院召开“务虚会”（民主生活会）。7 月 20 日，厦门市委书记郑立中、代市长张昌平、副市长丁国炎等领导看望华侨大学领导班子，提出邀请华侨大学到厦门办学的设想。7 月 21 日，郑立中书记邀请华大领导班子到厦门宾馆讨论华侨大学在厦门建设新校区的有关事宜。郑立中书记指出：厦门市“十五”规划提出了从“海岛型”城市向“海湾型”城市发展的战略，并相应提出建设“科技之城”“教育之城”“艺术之城”的规划，作为实施“科教兴市”和从“海岛型向海湾型”城市转轨的战略措施。引进华侨大学到厦门设立校区，就是实施战略措施的重要步骤。2002 年 7 月，厦门市委、市政府新的领导班子制定了《厦门市加快海湾型城市建设实施纲要》，该纲要提出推进杏林湾文教区建设，积极吸引国内外高校办学，其中吸引华侨大学建设厦门校区是他们优先考虑的重要项目。②

华侨大学主要领导和厦门市党政主要领导经过多次考察和调研，于 2002 年 9 月 23 日，就华侨大学设立厦门校区进行了友好协商并达成共识，形成《会议纪要》。双方认为：设立厦门校区是推进厦门“教育之城”建设的重要载体，是海湾型城市建设的基础性项目，也是落实中央关于华侨大学要面向华侨，又要服务地方经济之办学宗旨的重要举措，是华侨大学一次新的发展机遇。本着“不求所有、但求所在”的原则，厦门市欢迎华侨大学来厦门设立校区。③

2. 国务院侨办同意建设厦门校区

华侨大学建设厦门校区得到国务院侨务办公室的高度重视和支持。2002 年 10

① 国务院侨务办公室：《关于华侨大学在厦门办学有关情况的报告》，2003 年 12 月 1 日，华侨大学文书档案。

② 吴承业：《在国务院侨办党组会议的发言提纲》，2003 年 2 月 21 日，华侨大学文书档案。

③ 《关于华侨大学设立厦门校区暨合作建设厦门工学院会议纪要》，2002 年 10 月 30 日，华侨大学文书档案。

月 16 日，国务院侨务办公室副主任刘泽彭莅临华侨大学视察，并前往厦门与厦门市委书记郑立中等主要党政领导就合作建设华侨大学厦门校区举行会谈，达成共识。①

国务院侨务办公室认为："设立华侨大学厦门校区，对于提高学校的办学层次，吸引国内外高水平的教育人才，加强师资队伍建设，对于扩大海外招生规模，提高教育质量，促进学校对外教育交流，增强学校在国内外的影响都具有重要意义，是华侨大学办学历史上的一次难得的发展机遇，必将有力促进学校的跨越式发展。设立厦门校区还可以在更高层次和更大的空间范围内促进厦门、泉州地区以及福建省社会经济的发展，对于华侨大学发挥侨校的特色，更好地贯彻'面向海外面向港澳、面向经济特区'的办学方针，可以发挥更为积极的作用。"②

2002 年 11 月 14 日，华侨大学和厦门市人民政府向福建省人民政府提交《关于合作建设华侨大学厦门校区的报告》（厦府〔2002〕261 号）。③ 11 月 29 日，国务院侨务办公室与厦门市人民政府签署《合作建设华侨大学厦门校区协议书》。协议书指出："为进一步促进华侨大学在为侨服务、为地方经济建设服务方面发挥更大作用，推进厦门市'教育之城'建设，国务院侨务办公室与厦门市人民政府经友好协商，决定合作建设华侨大学厦门校区。"④

3. 得到党和国家主要领导人的关注和支持

华侨大学建设厦门新校区一事，引起了海内外各界持续不断的关心和反响，更得到了党和国家主要领导人的关注和支持。

2004 年 3 月 7 日，中共中央总书记、国家主席胡锦涛出席全国政协十届二次会议安排的全国侨联和中国致公党的联组讨论会，在与吴承业校长握手时，关切地询问了华侨大学厦门校区的建设情况。3 月 9 日晚，吴承业校长就此致信总书记，陈述了"关于厦门校区建设的前后由来，特别是对台工作中的地位"的问题。3 月 12 日早上，胡锦涛总书记在信函上做了重要批示："应予支持！请家璇、至立同志阅办。"⑤ 温家宝、贾庆林、钱其琛、唐家璇、陈至立等中央领导人也分别就华侨大学厦门校区的建设做出批示。⑥ 这充分体现了党中央、国务院对侨务工作和华侨大学

① 吴承业：《在国务院侨办党组会议的发言提纲》，2003 年 2 月 21 日，华侨大学文书档案。

② 国务院侨务办公室：《关于华侨大学在厦门办学有关情况的报告》，2003 年 12 月 1 日，华侨大学文书档案。

③ 《厦门市人民政府 华侨大学 关于合作建设华侨大学厦门校区的报告》，2002 年 11 月 18 日，华侨大学文书档案。

④ 国务院侨务办公室：《国务院侨务办公室　厦门市人民政府 合作建设华侨大学厦门校区协议书》，2002 年 11 月 29 日，华侨大学文书档案。

⑤ 华侨大学校史编写组《原华侨大学校长吴承业教授访谈录》，2020 年 5 月 22 日。

⑥ 张罗应：《厦门校区：新时期华大建设的华章》，《华侨大学报》2010 年 11 月 2 日，第 28 版。

的关心和支持。

4. 党中央、国务院加大重点扶持的力度

2002 年 8 月，国家发改委报请国务院同意，批复了“十五”华侨大学发展总体规划（计投资〔2002〕1426 号）。批复指出，“十五”期间，国家对华侨大学的投入在全国高校中排第 11 位，按照 4.7 亿元控制，其中由中央投资 4.1 亿元，[①] 这是依托泉州校区就地扩大校园用地的投资。厦门校区建设的可行性分析及论证规划后，其中的中央投资 4.1 亿元，调整为泉州校区 0.9 亿元，其余 3.2 亿元投资厦门校区。[②] 2008 年 4 月 23 日，国家发改委批复，同意学校“十一五”发展规划（发改投资〔2008〕915 号），“十一五”期间华侨大学新建项目全部在厦门校区，总投资按 7.4 亿元控制，其中由中央投资 4.4 亿元。[③] 两个五年规划的批复，为华侨大学厦门校区建设奠定了财政基础。

建设厦门校区是华侨大学发展史上继 1960 年建校、1983 年被中央确定为国家重点扶持的大学之后的第三个里程碑。建设厦门校区，是为了充分发挥华侨大学在党和国家侨务工作、对台工作、外交与统战工作中的特殊作用，解决了办学用地、引进人才、招收优质生源等诸多发展瓶颈，使党中央、国务院给予的“重点扶持”大学政策有了进一步实施的重要载体。

二　厦门校区的建设

（一）厦门校区规划

华侨大学厦门校区位于集美文教区东部，根据文教区控制性详细规划，厦门校区建设基地东面是侨英社区，南面是杏林湖，西面是规划中的集美文教区公共服务中心用地，北面是规划中待引进的其他高校校园用地。用地范围为东至高速路连接线，南至集美大道，西至集美文教区公共服务中心规划路，北至孙坂路，建设总用地近 2000 亩。

校区的规划设计由华侨大学建筑设计院承担。规划充分体现了现代化生态景观校园的特点，并尽可能顺应自然的地形地貌，围绕主楼前的人工湖面，以湖水为自然分隔，

① 国家计委：《国家计委关于暨南大学和华侨大学总体发展规划的批复》，2002 年 8 月，华侨大学文书档案。

② 吴承业：《在国务院侨办党组会议的发言提纲》，2003 年 2 月 21 日，华侨大学文书档案。

③ 国家发展改革委：《国家发展改革委关于华侨大学“十一五”发展规划的批复》，2008 年 4 月 21 日，华侨大学文书档案。

取消围墙和栏杆，形成开放的校园景观，突出侨校特色，架设五座桥梁，引导五条放射性大道通贯整个校园，形成“水陆双环抱，五桥通五洲”的总体意象，象征华侨大学在祖国大陆与海外华侨华人之间架起桥梁，体现炎黄子孙血脉一系的历史渊源。①

（二）厦门校区建设指挥部的组建与调整

根据总指挥任期的不同，厦门校区建设机构的组建与调整，分为三个阶段。②

第一阶段：2004 年 1 月至 2005 年 7 月。2004 年 2 月 19 日，学校正式下文成立“华侨大学厦门工学院校区建设指挥部”，③ 指挥部下设办公室、规划设计部、工程管理部、财务部、监审部、保卫部及招标办等 7 个部门（3 月 9 日正式更名为“华侨大学厦门校区建设指挥部”），④ 3 月 17 日，“华侨大学厦门校区建设指挥部”的印章正式启用。⑤ 2004 年 9 月 22 日，学校正式下文聘任原任校党委常委、纪委书记吴道明同志为华侨大学厦门校区建设指挥部总指挥，张云波同志为建设指挥部副总指挥。

图 4－8　2004 年 6 月 11 日，吴承业校长前往视察并主持召开厦门校区建设指挥部工作会议。后排左二为吴承业校长

---

① 华侨大学校史编写组编《华侨大学五十年（1960—2010）》，2010 年 10 月，第 161 页。

② 贾益民主编《华侨大学志》，中国文史出版社，2015 年 10 月，第 442 页。

③ 《关于成立华侨大学厦门工学院校区建设指挥部的决定》（华大厦〔2004〕2 号），2004 年 2 月 29 日，华侨大学文书档案。

④ 《关于成立华侨大学厦门校区建设指挥部的决定》（华大厦〔2004〕6 号），2004 年 3 月 9 日，华侨大学文书档案。

⑤ 华侨大学：《华侨大学厦门校区建设指挥部简报》（第 2 期），2004 年 4 月 15 日，华侨大学文书档案。

第二阶段：2005 年 7 月至 2008 年 4 月。2005 年 7 月 19 日学校正式下文校党委常委、副校长李冀闽兼任总指挥，副校长刘塨兼任副总指挥、总工程师，陈其春同志为华侨大学厦门校区建设指挥部招标办公室主任（参加厦门校区指挥部领导工作）。学校又研究决定，校长吴承业分管厦门校区建设，副校长刘塨兼任第一副总指挥、总工程师，张云波、陈克明任副总指挥。

图 4－9　2004 年春天，华侨大学厦门校区建设指挥部所在地

第三阶段：2008 年 4 月以后。2008 年 4 月 30 日，学校决定由副校长刘塨兼任建设指挥部总指挥，党委常委、副校长刘斌兼任指挥部常务副总指挥，陈克明、苏世灼、林赞生、李任等同志任副总指挥。[①] 为适应厦门校区成建制运行的实际，2008 年 11 月，学校决定将指挥部由原来的派出综合功能机构，转变为专门从事基建管理职能部门，机构内设部门由原来的 10 个整合为 4 个，即工程管理部、投资管理部、维修部和办公室，原有财务部、监审部和保卫部从指挥部剥离后，回归学校相应处室。

2009 年 6 月，学校在厦门校区建设指挥部的基础上成立厦门校区建设规划办公

① 《华侨大学关于彭霈等同志职务任免的通知》（华大人〔2008〕21 号），2008 年 4 月 30 日，华侨大学文书档案。

室，承担厦门校区建设工程具体任务，建设指挥部主要作为对外机构继续存在。

（三）厦门校区建设的先期工作

1. 厦门校区建设先遣小组的工作

早在2003年3月中旬，学校就派出曾佳扬同志开始前往办理厦门校区一期（一阶段）536亩土地征用手续。他于3月下旬开始暂住华侨大学华文学院，参与了土地测量、画定地块的红线图，及办理土地证，至2003年7月28日办好了厦门校区一期（一阶段）536亩土地《建设用地批准书》。2004年3月12日，他和其他先遣小组的同志又办好了厦门校区一期（一阶段）536亩土地建设用地规划许可证。

为了便于开展厦门校区筹建工作，2003年11月17日学校派出第一批厦门校区建设先遣人员正式开展工作。他们是曾佳扬（注：2004年初调回泉州校本部）、骆景川、黄建进和康春山。[①] 2004年2月23日、24日又派出吴道明、邱志荣、王志红、马丽芳和陈祥南，他们正式扎根厦门集美，暂用华侨大学华文学院南侨十五（座）一楼东侧的办公室办公，依托华文学院在十分艰苦的环境中进行筹建工作。2004年3月17日，“华侨大学厦门校区建设指挥部”的印章正式启用。

2. 厦门校区建设征地拆迁工作

拆迁工作是厦门校区工程建设顺利进行的重要前提。根据有关批文，厦门校区的规划用地分二期征用，其中厦门校区一期用地总面积1268.1亩，一期一阶段用地面积535.8亩，一期二阶段用地面积732.3亩，厦门校区二期用地总面积619.1亩。在厦门市、集美区的大力支持和统筹安排下，厦门校区土地征用手续办理比较顺利。2003—2005年，厦门校区建设指挥部分三次完成厦门校区全部1919亩土地征用手续。[②] 2004年1月3日，厦门校区一期土地铁丝网围栏开工；2004年4月13日，厦门校区综合教学楼群建设用地土石方回填工程开工；2004年4月19日，厦门校区指挥部先遣工程管理部成员进驻指挥部现场指挥所——集美街道办兑山西头村49号村民出租房；2004年9月25日，学校举行厦门校区综合教学楼群桩基工程开工仪式。[③]

3. 厦门校区正式动工

2004年9月，校党委提出厦门校区的建设工程要成为“阳光工程、廉洁工程、质量工程”。2006年7月，根据学校实际和建设进度，学校进一步提出“四项工程”目标，即要把厦门校区建设成为“质量工程、效率工程、阳光工程、廉

① 根据2020年4月25日对采访曾佳扬、陈祥南等同志的采访整理。

② 华侨大学校史编写组编《华侨大学五十年（1960—2010）》，2010年10月，第163页。

③ 张罗应：《厦门校区：新时期华大建设的华章》，《华侨大学报》2010年11月2日，第28版。

洁工程”。①

图 4－10　2004 年春天，华侨大学厦门校区一期工程平整后的建设工地

华侨大学 2004 年 11 月 7 日向海内外宣布：华侨大学厦门校区正式动工。

在 2004 年 11 月 7 日下午的动工仪式上，学校隆重举行了厦门校区综合教学楼群，以及由华侨大学校董郑年锦先生捐资 100 万美元兴建的郑年锦图书馆和由王穗英、王石筠两位女士捐资 600 万元人民币兴建的王源兴国际会议中心三项工程奠基典礼。这不仅标志着华侨大学厦门校区建设项目的正式启动，也掀开了华侨大学发展史上崭新的一页。②

图 4－11　2004 年 11 月 7 日，厦门校区综合教学楼群及侨捐工程奠基典礼

① 华侨大学校史编写组编《华侨大学五十年（1960—2010）》，2010 年 10 月，第 164 页。

② 张罗应、蒋忻：《华大厦门校区正式动工——综合教学楼群、郑年锦图书馆、王源兴国际会议中心同时奠基》，《华侨大学报》2004 年 11 月 7 日，第 1 版。

国务院侨务办公室副主任刘泽彭，福建省委常委、厦门市委书记郑立中，全国政协港澳台侨委员会副主任、中国华育基金会理事长张伟超，福建省政协副主席金能筹，全国政协常委华大董事会副董事长黄光汉，全国侨联主席、福建省侨联主席李欲稀，以及郑年锦先生，王穗英、王石筠伉俪等领导和嘉宾出席开工典礼并为新工程培土奠基。

（四）厦门校区的建设

1. 厦门校区启用前的建设

综合教学楼群是厦门校区的标志性建筑。为做到优中择优，学校面向全国招标征集楼群设计方案，并邀请由科学院院士、天津大学彭一刚教授领衔，来自全国各地建筑专家组成的评审组参与评审。上海现代设计集团、同济大学建筑设计研究院、香港马海设计集团、华侨大学建筑设计院参加竞标。最终，由华侨大学建筑设计院设计的独具中华文化特色的“龙舟”方案为中标方案。“龙舟”方案的综合教学楼群总建筑面积为157445平方米，其中办公研发大楼楼高107米，共26层，总建筑面积3.2万平方米。

根据闽政〔2005〕3号文件，华侨大学厦门校区从2005年开始被列为福建省在建重点项目。分管华侨大学厦门校区重点项目建设的省、市领导分别为福建省教育厅厅长朱之文和厦门市副市长郭振家。根据闽教发〔2005〕35号、闽重办〔2005〕14号文件要求，学校校办和华侨大学厦门校区指挥部要分别定期向福建省教育厅和福建省重点办公室报送工程建设信息。①

从2004年11月7日正式开工到2006年9月综合教学楼群多层部分竣工初验，并于10月交付使用。2007年1月20日，办公研发大楼封顶。2008年12月，办公研发大楼交付使用，标志着厦门校区象征性建筑——综合教学楼群全面完工。

2. 厦门校区启用后的建设

2006年10月，厦门校区正式启用。② 当时厦门校区竣工并投入使用的项目有：综合教学楼群多层教学楼，实验楼，院（系）办公楼和现代教育技术中心，学生公寓A区1—4号楼，学生餐厅一期、一期部分供配电工程、一期部分市政路管网工程、一期部分绿化景观工程等，累计建筑面积约18万平方米。

（1）厦门杏林湾畔——一座地标性建筑。厦门校区综合教学楼群位于厦门校区

① 《华侨大学厦门校区被列为2005年省重点建设项目》，《华侨大学厦门校区建设指挥部简报》第10期，2005年4月30日。

② 华侨大学校史编写组编《华侨大学五十年（1960—2010）》，2010年10月，第164～165页。

西南侧，南临校区白鹭湖，总建筑面积约 15.7 万平方米。楼群由塔楼和裙楼组成，东西长度约 630 米，塔楼高度约 98 米（层高地上 26 层，地下 2 层），它曾是全亚洲最长的教学长廊，可同时满足 2 万名学生上课的需求。[①]

塔楼挺拔，强调由集美大桥方向而来主要交通干道的城市景观，以及集杏路与高速路连接线的景观。

裙楼高度约 18.6 米（层高地上 5 层，地下 1 层）；面向湖水，视野开阔，景色优美；为满足通风与防洪要求，整个建筑底层架空。裙楼舒展开朗，与宽阔的杏林湖面相辉映；不仅是华侨大学厦门校区的主体建筑，也是整个集美文教区的标志建筑。整个建筑充分发挥了巨构的尺度特色，形成大气磅礴的震撼力；外观简洁明快，强调前瞻性的时代气息；运用水平线条和垂直交通筒体的对比，并结合单元式的空间形成富有韵律感与节奏感的造型，丰富城市天际线。

综合教学楼群于 2004 年开工建设，总投资约 2.85 亿元（建筑建设，不含家具及设施），是华大厦门校区重要组成部分。其中裙楼于 2006 年 10 月正式启用，塔楼于 2009 年 2 月投入使用。综合教学楼群启用至今已逾 14 年，是集教学、实验、图书资料、教辅、行政于一体的综合性建筑，也是华侨大学坚持“侨校 + 名校”发展战略的基本保障。

整个教学楼群由 A、B、C、D、E、F、G 7 个区域组成，贯穿这 7 个区域的是一条长廊，整个教学楼群从总平面上看像一艘行进中的巨大的龙舟，成为厦门杏林湾畔的一座地标性建筑和一道亮丽的风景线。

A 区（塔楼）为厦门校区行政研发大楼，大楼内设置学校各行政职能部门、专业学科研究院办公室，以及校区模型展示中心和接待研讨等场所。

B 区为校区现代化教育中心，设置了语音、计算机、制图等教室用房，提供座位数 7000 个。

C、D、E、F 区为厦门校区普通多媒体教室、学院行政及教辅办公室，以及教师休息室等功能用房，能同时提供 15840 个座位供学生上课使用。

A、C、D、E、F 5 个区域地下一层各设置六级人员防空掩蔽单元一个，按平战结合设计，人员防空掩蔽面积约 2900 平方米，平时作为校区地下停车场使用。

G 区为华侨大学学术会议中心，层高两层，楼内布置各类会议厅、报告厅、校史馆等功能用房，最大的报告厅能同时容纳 600 人使用，为学校各类学术会议、文艺会演提供场地保障。

---

① 华侨大学基建处：《厦门杏林湾畔——一座地标性建筑》，2020 年 4 月 15 日。

图 4－12　厦门校区综合教学楼群

（2）寓意深邃的厦门校区主大门。泮池如月，清水漪漪，虹桥飞架，有如朝阳，气势恢宏。厦门校区主大门于2006 年 7 月动工建设，2007 年 9 月全面完工，主要由泮池、泮桥、拱门和校名碑四部分组成。泮池为两个月形的水池，泮池上建跨池之桥，名泮桥，又名“状元桥”，充分展示了华侨大学“为侨服务，传播中华文化”的办学宗旨。坐落在泮池之上的校名碑，正面刻有华侨大学校名，反面刻有“会通中外，并育德才”的校训，象征华侨大学站在希望的新起点上，走向更加美好的明天。[①] 拱门在外观上与泉州校区主大门相似，有如一轮喷薄的朝阳，象征华

图 4－13　华侨大学厦门校区校大门落成时的照片

① 雷伟军：《华大厦门校区主大门落成》，《华侨大学报》2007 年 10 月 9 日，第 1 版。

侨大学各项事业蒸蒸日上；内部结构上采用五拱相连，寓意华侨大学承载五洲学子；五拱大小不同而统一在一起，体现了华侨大学和而不同的校园精神。泮池如月虹桥飞架的主大门象征着华侨大学将在优秀中国传统文化的孕育下，以它崭新的形象走进新的时代。

2007 年，厦门校区二期工程动工建设，厦门校区进入一、二期全面建设阶段。至 2007 年底，厦门校区新增竣工并投入使用的项目有：污水及再生水处理系统，校区主大门，学生公寓 A 区 5 号楼，一期部分供配电工程，市政路管网工程，绿化景观工程等。是年，厦门校区一期建设已基本完成，在建项目包括学术交流中心、图书馆一期、办公研发大楼，以及待建项目材料与化工学科实验大楼、公共基础与机电信息学科实验大楼、学生公寓 B 区 1、2、6 号楼等。

2008 年，厦门校区新增竣工并投入使用的项目有：国际会议中心、学生公寓 BC 区 1、2、6 号楼、材料与化工学科实验大楼、图书馆一期、一期及二期部分供配电工程、一期及二期部分市政路管网工程、一期及二期部分绿化景观工程等。在建项目包括办公研发大楼、学术交流中心、公共基础及机电信息学科实验大楼等。

2009 年，厦门校区新增竣工并投入使用的项目有：办公研发大楼、学术交流中心、公共基础及机电信息学科实验大楼、一期及二期部分供配电工程、一期及二期部分市政路管网工程、一期及二期部分绿化景观工程等。

3. 永远铭记厦门校区建设者的奉献精神

从 2004 年的那个早春，到 2006 年的深秋，厦门校区启用前的两年多时间里，在吴道明、李冀闽、刘塨等历任总指挥的领导下，华侨大学的建设者们克服不利的天气条件与艰苦的环境、往返校区建设地和华文学院办公地、往返泉州和厦门两个校区的辛劳，牺牲节假日时间甚至是春节的休息，吃在工地，住在工地，加班加点，终于在一片黄土飞扬的荒地上，用智慧、汗水、心血甚至生命写就了建设厦门校区的绚丽华章。

在那些日子里，草帽、雨靴和手电，是厦门校区工作人员的必备之物；首批进驻校区的工作人员，不分职务、职称，全都借住华文学院的学生宿舍，他们每天上班要两地赶，指挥部的工作人员则租住在附近农村简陋的民房里；因为辛苦加上裸露在大太阳下，在校区工作一段之后，很多人变得又黑又瘦，一些人甚至血压升高；很多人无法按时上下班，吃饭不准时，校区的食堂也因此有了不一样的特色：大锅饭随到随吃，吃完再去工作；艰苦的环境下，信息不畅，没有娱乐，大家苦中作乐，下班了，都把工作用的对讲机转到统一频道一起聊天……

最令人感动而难以忘怀的是后勤处原副处长陈其春同志，他一心扑在厦门校区的基建上，得了肾病也不让人知道，坚持每天照常上下班，只在周末回泉州时才去医院透析，于2006年7月30日，为厦门校区的建设献出了生命！①

表4－1　2006—2011年厦门校区建设竣工工程

序号	建筑名称	建成时间（年，月）	建筑面积（m^2）	层　数	建筑物用途	结构质式	备注
1	综合教学楼群	2006.09	157445				
	其中：办公研发大楼	2009.12	31191	地下两层，地上二十六层	行政用房	框剪	
	现代教育中心	2006.09	19649	五	教　学	钢混	
	教学楼	2006.09	100165	五	教　学	钢混	
	国际会议中心	2006.09	6440	二	会　议	钢混	
2	图书馆（一期）	2008.05	14639	五	图书馆	钢混	
3	一期学生餐厅	2006.09	17281	三	餐　厅	钢混	
4	主校门	2007.09	658.5	一	福利及附属用房	钢混	
5	学术交流中心	2008.09	12087	地下一层、地上八层	福利及附属用房	钢混	
6	学生宿舍（I组团A区1#楼）	2006.09	8686.4	七	学生宿舍	钢混	
7	学生宿舍（I组团A区2#楼）	2006.09	8686.4	七	学生宿舍	钢混	
8	学生宿舍（I组团A区3#楼）	2006.09	8686.4	七	学生宿舍	钢混	
9	学生宿舍（I组团A区4#楼）	2006.09	8686.4	七	学生宿舍	钢混	
10	学生宿舍（I组团A区5#楼）	2006.09	8798.72	七	学生宿舍	钢混	
11	学生宿舍BC区1号楼	2008.07	9926	六	学生宿舍	钢混	
12	学生宿舍BC区2号楼	2008.07	9325	六	学生宿舍	钢混	
13	学生宿舍BC区6号楼	2008.07	21509	六	学生宿舍	钢混	
14	公共基础与机电信息实验大楼	2009.07	44812	地下一层，地上六层	实验及附属用房	钢混	
15	图书馆（二期）	2011.11	17560	五	图书馆	钢混	
16	体育运动场	2010.01	1590	二	运动场	钢混	
17	材料及化工学科实验大楼	2008.08	22738	九	实验及附属用房	钢混	
18	学生宿舍BC区3号楼	2011.04	12924.95	六	学生宿舍	钢混	
19	学生宿舍BC区4号楼	2010.09	11806.4	六	学生宿舍	钢混	
20	学生宿舍BC区8号楼	2010.08	25190.99	地下一层，地上九层	学生宿舍	钢混	

① 张罗应：《厦门校区：新时期华大建设的华章》，《华侨大学报》2010年11月2日，第28版。

续表

序号	建筑名称	建成时间（年，月）	建筑面积（m^2）	层　数	建筑物用途	结构质式	备注
21	西大门	2011.09	189.9	—	福利及附属用房	钢混	

资料来源：华侨大学基建处。

（五）厦门校区住房问题的解决

住房问题直接关系前往厦门校区工作的广大教职员工能否安居乐业，是师生员工最关心、最直接、最现实的利益问题。为了解决厦门校区教职工的住房问题，历任校领导多次与厦门市委、市政府主要领导及有关负责部门协商、沟通，寻求支持，来推进解决厦门校区教职工的住房建设工作。①

1. 厦门校区的周转房

华侨大学厦门校区现有周转房 798 套，分别为集美区滨水三里 A 区 43 套、集美区天英一里 30 套、滨水一里 1 号地块 725 套，总建筑面积 49332.35 平方米。

学校始终把解决厦门校区教职工住房问题作为一项重要工作来抓。为了保证厦门校区教学秩序和教职工队伍稳定，解决“车轮上办学”的实际困难，学校多方筹措，在厦门市委、市政府的支持下，学校购买了位于厦门市集美区杏滨街道杏北锦园居住区 5#楼、6#楼共 192 套住房，总面积 19760 平方米，于 2008 年 4 月投入使用，作为厦门校区临时周转房，并开通了杏北新城至厦门校区的通勤班车，有效缓解了厦门校区教职工住房和交通问题。

随着厦门校区的办学发展，进一步改善教职工居住条件，提升办学效率和办学质量，学校于 2009 年 9 月签订《厦门市单位周转房住房补充合同》，由杏北新城锦园居住区 5#、6#两栋楼共 192 套住房置换至位于学校南侧的滨水小区。滨水小区属于厦门市保障性商品房，厦门市政府为支持华侨大学厦门校区办学，将位于集美大道南侧的滨水小区一号地块分两批次销售给华侨大学，作为单位周转住房，共计 725 套，建筑面积 40393.3 平方米，分别于 2009 年 10 月和 2010 年 7 月投入使用。

学校本着公开、公平、公正的原则，做好滨水小区周转房分配工作，根据厦门市保障性住房管理相关规定，结合学校实际，制定了《华侨大学厦门校区周转房管理暂行规定》（华大综〔2009〕80 号）、《关于印发〈华侨大学厦门校区周转

① 华侨大学后勤处资产处：《厦门校区教职工住房问题的解决》，2020 年 4 月 15 日。

房管理暂行规定〉的补充通知》（华大后〔2010〕4 号）等文件，对滨水小区周转房的租赁原则、房租管理、物业管理、周转房管理、违规处理等工作，做出了详细规定。

此外，为保证稳定青年教师队伍，吸引高素质人才，学校于 2009 年购买位于集美区天英一里商品房 30 套，建筑面积 3740.13 平方米。

2. 厦门校区的商品房

2009 年 6 月 9 日，学校专门成立了厦门校区教职工住房建设工作小组。同年 6 月，学校与厦门住宅建设总公司合作竞拍取得滨水商品房 1 号地块（50%）的开发权，规划建设 650 套商品房，面积达 7.6 万平方米，并拟以综合成本价向学校教职工销售。

2009 年 12 月 31 日，在充分征求各方面意见和建议的基础上，学校公布了《华侨大学厦门滨水商品房申购办法》。[①]

（六）各级领导重视和社会各界的关注

厦门校区从酝酿到建设，备受国务院侨务办公室领导重视和关心。历任国务院侨务办公室的领导陈玉杰、李海峰、刘泽彭、赵阳、许又声、马儒沛、任启亮、王杰、林文肯等同志以及国务院侨务办公室各司局的同志均曾经视察和指导过厦门校区建设工作。国家发改委、教育部等相关领导也先后莅校视察和指导。[②]

厦门校区的建设也得到了福建省委、省政府，厦门市委、市政府以及集美区委、区政府的大力支持。历任厦门市领导郑立中、何立峰、于伟国以及集美区领导等均曾亲临厦门校区建设现场视察，并协调解决了相关难题和问题。自 2005 年起，厦门校区每年被列为福建省、厦门市在建重点项目，也得到了厦门市、集美区建设工程监管职能部门的支持，为厦门校区建设的顺利推进提供了有力保障。

由于厦门校区建设的特殊背景和意义，厦门校区在整个建设过程中，备受社会各界的关心和关注。自 2004 年 11 月正式动工建设以来，厦门校区先后接访的大大小小代表团有近百个，其中包括泰王国诗琳通公主等国宾代表团、香港媒体代表团、境外中学生代表团、厦门市人民代表团、集美区人大与政协代表团、兄弟院校代表团、学校董事校友代表团，以及学校离退休老同志、相关学院和处室等教职工代表团等。各级领导和社会各界的关心支持，为厦门校区的建设提供了强大动力和有力保障。

---

① 华侨大学校史编写组编《华侨大学五十年（1960—2010）》，2010 年 10 月，第 169 页。

② 华侨大学校史编写组编《华侨大学五十年（1960—2010）》，2010 年 10 月，第 165 页。

三 厦门校区的正式启用

2006 年，是厦门校区建设的攻坚年，为确保厦门校区能如期正式启用。9 月，学校进一步加强指挥部力量，新任命林赞生、苏世灼、申晓辉、邱志荣四位副总指挥。同时，工程管理实行项目管理负责制，即将工程管理部分成两个项目组，分别负责若干个工程。面对工期紧、任务重、质量要求高的现实情况，各部门齐抓共管，全力奋战，完成了校园供电、供水、围墙、公路开口等诸多的任务，最终确保 10 月中旬厦门校区的顺利开学。①

同年 8 月 24 日，厦门校区管委会和指挥部工作人员正式从华文学院搬迁至厦门校区上班。②

同年 10 月 9 日，材料、机电、土木、建筑四个学院的 1200 名 2005 级学生直接到厦门校区报到，开始新学期的学习生活。

同年 10 月 10 日，上午 8：30，16 个班级的 871 名学生开始上厦门校区的第一堂课。副校长、厦门校区管委会主任李冀闽，副校长吴季怀、徐西鹏、刘塨、张禹东等校领导在厦门校区相关部门负责人陪同下巡视了新校区的开课情况。10 月 14—15 日，信息、机电、土木、建筑、材料 5 个学院的 2006 级新生陆续在厦门校区报到注册。至此，首批包括材料科学与工程学院、机电及自动化学院、土木工程学院、建筑学院的 2005 级、2006 级 2 个年级的学生和信息科学与工程学院 2006 级共 52 个班级的 3500 名学生正式入住厦门校区宿舍。③

同年 10 月 16 日，华侨大学厦门校区，红灯高挂，彩旗飘扬，鲜花盛开，一派喜庆的节日氛围。国务院侨务办公室副主任刘泽彭，国务院侨务办公室文宣司副司长雷振刚，香港亚洲文化企业有限公司董事长李林林，暨南大学校长胡军，华侨大学董事会董事、香港知名企业家邱建新、姚志胜，校领导吴承业、关一凡、李冀闽、朱琦环、徐西鹏、刘塨、张禹东等出席启用仪式。9：30，刘泽澎副主任与吴承业校长共同按下厦门校区启用按钮，3000 多名师生满怀喜悦地见证了厦门校区的正式启用。④

国务院侨务办公室副主任刘泽彭在致辞中指出：华侨大学是一所特殊的大学，它担负着培养海外华侨华人和港澳台青年的重要任务，在中国侨务、外交、人才培

① 华侨大学校史编写组编《华侨大学五十年（1960—2010）》，2010 年 10 月，第 163 页。

② 张彬、王舒人：《华大厦门校区开始运行》，《华侨大学报》2006 年 9 月 12 日，第 1 版。

③ 张罗应、张彬：《华侨大学厦门校区今日开课》，《华侨大学报》2006 年 10 月 10 日，第 1 版。

④ 赵小波、张罗应：《厦门校区昨日举行启用仪式暨开学典礼——国侨办副主任刘泽澎与华大校长吴承业共同启用按钮》，《华侨大学报》2006 年 10 月 17 日，第 1 版。

图 4－14　2006 年 10 月 10 日的厦门校区，2005 级开学第一天

养等方面发挥着重要作用。他强调，建设华侨大学厦门校区，就是为了进一步改善办学条件，充分发挥华侨大学在新时期为侨服务的作用，同时为地方经济建设和社会发展服务。刘泽彭希望各级政府、社会各界继续关心和支持华侨大学厦门校区建设，为华侨高等教育事业添砖加瓦。

校长兼党委书记吴承业在讲话中指出：2006 年 10 月 16 日，将载入华侨大学史册，甚至是中国侨务工作的历史。他强调，厦门校区凝集着党中央、国务院的期望，凝聚着全世界华侨华人的信心、光荣和骄傲，寄托着华侨大学的未来与希望。厦门校区的启用，为华侨大学提高办学水平，发展华文教育，提高为侨服务水平，实现跨越式发展奠定了坚实的基础。

图 4－15　2006 年 10 月 16 日，厦门校区正式启用仪式

吴承业校长向长期以来一直关心和支持华侨大学建设和发展的党中央、国务院、福建省、厦门市、泉州市的各级领导，向始终关心帮助华侨大学发展的校董，向数年来为厦门校区建设付出汗水、智慧和生命的全体建设者表示诚挚的敬意和衷心的感谢，他还向第一批入住厦门校区的同学表示热烈的欢迎。

四　厦门校区的管理

2007 年 7 月 18 日，华侨大学厦门校区为华侨大学厦门园区作为法人实体获得注册，华侨大学厦门园区主任是吴承业校长。[①] 2008 年 9 月，随着厦门校区一期工程完成、厦门校区事业单位法人的顺利登记、9 个学院开始在厦门校区成建制办学、各职能处室陆续在厦门校区办公，学校初步形成了具有两个相对完整校区的办学格局。

2008 年 9 月 17 日，学校根据两校区启用后两年来的运行实际情况，在《华侨大学关于近期“一校两区”运行管理的若干意见》（华大综〔2006〕58 号）[②] 的基础上，制定并出台了《华侨大学关于两校区管理运行机制的试行意见》（华大委〔2008〕30 号）。《华侨大学关于两校区管理运行机制的试行意见》指出：厦门校区自 2006 年秋季启用以来，学校提出了“统一领导、职能延伸、条块结合、校区统筹”的管理运作方针，各项工作取得了突出的成效。为加强两校区的管理，促进两校区各项工作稳定、有序、科学、高效开展，推进学校又好又快发展，就两校区在成建制运行条件下的管理运行机制建立切实可行的制度，特制定此《意见》。这份新出台的文件，是学校两校区建设、管理、发展中具有里程碑意义的重要的文件，其主要内容如下。

（一）指导思想和基本原则

以科学发展观为指导思想，以“统一领导、职能统筹、分区运作、校区协调”为基本原则，在确保两校区正常的教学、科研、生活秩序和校园稳定的基础上，通过积极探索、改革创新，逐步建立协调高效、运作有序的管理体制，实现学校两校区齐头并进、协调发展，教学科研水平和综合办学实力稳步提高，进一步发挥华侨大学“为侨服务”和“为地方经济建设和社会发展服务”的办学职能。

---

① 《华侨大学关于近期“一校两区”运行管理的若干意见》（华大综〔2006〕58 号），2006 年 8 月，华侨大学文书档案。

② 《关于华侨大学厦门园区》（华大综〔2007〕41 号），2007 年 7 月 18 日，华侨大学文书档案。

（1）统一领导。学校对泉州、厦门两校区实行统一领导，两校区应统一贯彻执行校党委和行政的方针政策与各项管理规章制度，做到办学宗旨、办学理念、发展规划、学科建设、规章制度、资源配置等方面的统一。

（2）职能统筹。各职能部门和有关学院根据学校赋予的工作职责，统一管理职责范围内的两校区工作，统筹调配两校区的人力、物力、财力资源，达到资源共享。

（3）分区运作。各教学、科研单位根据学校两校区的办学总体目标和学科发展规划，成建制地相对独立在一个校区开展教学、科研、学科建设工作。各职能部门在两校区设置相应的机构或派出专门人员，开展管理、服务和保障工作。在执行学校统一方针政策的前提下，可根据两校区的实际情况制定相应的管理实施细则。

（4）校区协调。在实行纵向统筹管理的同时，根据不同校区的实际情况，加强校区内横向的工作协调，形成协调机制，及时解决两校区分区运行中的问题。各学院应协调所涉及的两校区的教学、科研和社会服务工作，保证教学工作顺利进行，提高科研和为社会服务水平。

（二）实施意见

1. 党政管理工作

校领导按分管工作范围统一领导两校区的相关工作，根据工作需要往返两校区上班；建立校领导在厦门校区的轮值机制和协调机制，其中轮值机制按周安排，值周校领导的主要职责是处理日常临时性和突发性事务，负责厦门校区有关工作的协调等。

各职能部门统筹管理两校区职责内的工作，在两校区都使用同一个职能部门名称，由同一套班子领导，原则上各职能部门在两校区都设有办公场所，挂同一机构牌子，在涉及与泉州、厦门的属地工作关系时，可以授权常驻某一校区的本部门副职负责人以该校区相关部门负责人的身份处理有关工作。

各职能部门在两校区的人员编制控制数以及处级职数，科级职数统一列为一个编制单位。应根据两校区的工作性质、工作内容、业务工作量合理配置工作人员和物力资源，确保职能部门的相关管理，服务工作能在两校区相对独立地平行开展。原则上两校区的常驻工作人员应分设，业务工作尽可能兼容。两校区的人员编制控制数及科级职数根据工作需要可适当增加，但应从严控制。

各职能部门负责人的常驻工作地点，由分管校领导确定。确保各职能部门在两校区的管理、服务和保障工作都有领导负责，工作及时到位。职能部门有两个或两个以上的处级干部的，原则上应分校区办公。

2. 教学科研工作

教学科研是学校的中心工作，两校区各项工作应围绕保证教学秩序，提高教学质量和科研水平为前提来展开。

两校区教学科研工作要在学校统一领导下，结合校区各自特点，并根据有关规定，依托相关单位自主开展。要激发各教学科研单位的办学积极性和主动性，使其成为自主管理、自我督促、富有活力的办学主体。

教师按照专业方向、工作需要编入相应教学科研单位。要充分发挥教师在育人和教学科研工作中的主体作用，积极为泉州、厦门两地开展科研和社会服务活动，积极推动产学研相结合，融入区域科技创新系统，为提升区域科技创新能力服务，为海峡西岸经济区建设服务。

加强对两校区教学、科研单位的教师资源、课程资源和其他教学科研资源的宏观调配和管理，提高资源共享、互补、协作的水平，促进华侨大学教学科研、人才培养整体水平的提高。

承担公共基础课教学的学院，应采取切实有效的措施统筹安排好两校区的公共基础课程教学，确保两校区教学计划的顺利实施。

3. 基层党组织及群团工作

两校区的党建和群团工作，由校党委统一领导，纪委、党委各部（室）和工会、团委统筹，并结合两校区各自的特点适当地分区开展工作。

党的基层组织是党的全部工作和战斗力的基础，在两校区建设和管理中，应充分发挥党的基层组织的战斗堡垒作用、党员的先锋模范作用以及群团组织的桥梁和纽带作用。

学校党的基层组织可根据工作需要和党员人数，经校党委批准，在泉州或厦门校区设立党的总支部委员会、支部委员会。每位党员可根据工作需要，按属地原则或按人事隶属单位所属基层组织参加活动。群团组织也可根据工作需要及人员数量等情况在两校区设立与行政机构相适应的基层组织，分校区开展工作。

4. 大力推进校园信息化建设

为减少两校区运行管理的成本，减少人员两地往返，提高管理效率，全校各单位都应增强改革创新意识，积极研究如何借助现代信息技术手段进行教学，科研和管理工作。要以两校区成建制运行为契机，加快校园信息化建设进度，为此要求各单位加强协调和配合，增强全局意识，及时、严密、准确地提供数据、管理数据，维护数据，不断探索、开发和完善信息化管理软件，开创华侨大学两校区管理运行新局面。

新的管理运行机制强化了“一个学校”的整体性观念，有利于全校统一规划、统一制度、统一管理，统一行动；调动了各职能部门全面介入厦门校区的管理，推动了制度的延伸，加强了部门内资源的统筹；兼顾了校区协调的作用，有利于厦门校区工作主动性和活力的发挥。

2009 年 2 月 14 日，厦门校区机关及部分科研单位搬入行政研发大楼，厦门校区行政研发大楼正式投入使用。2 月 27 日，厦门校区各学院办公场所完成调整搬迁，这标志着厦门校区办公场所调整搬迁工作的全面完成。①

① 华侨大学校史编写组编《华侨大学五十年（1960—2010）》，2010 年 10 月，第 169 页。

第三节 教学工作

一 本科生教育

2001年以来，学校以“重视基础、拓宽专业、增强能力、提高素质”为培养目标，努力培养富有创新精神和实践能力、适应境内外经济和社会发展需要的应用型人才，积极开展各种形式的教育教学改革，在专业设置、人才培养、课程建设、实践教学、教材建设等方面改革取得明显成效。学校将教学工作列入党委和行政的首要议事日程，明确在任何时期教学工作都是学校的中心工作。逐步推进大类招生和大类培养，加强专业和通识教育的有机结合；加强理论与实践结合，构建主、辅修（包括双学位、双专业）跨学科综合培养等科学合理的人才培养模式，形成“一校两生”的教学特色，构建以核心课程和选修课程相结合、学科交叉和融合的课程体系，保证学校培养人才的质量。

（一）提高生源质量

2000年6月，学校决定在教务处招生办公室的基础上组建新的招生处（为正处级建制），将研究生、普高本专科以及成教本专科学历教育的招生业务移归招生处。2000年7月，学校首次实行网络招生，并对福建、辽宁等10个省份采取计算机远程网上录取。通过改革招生方式、加大招生宣传力度、扩大招生办学规模，学校招生工作保持了健康、快速、良好的发展势头，生源质量不断提高。2002年12月，经教育部批准，学校获单独招收台湾学生资格。2004年6月，两校联招考试改革考试形式，首次采取“3+X”的考试形式。2005年起在工商管理学院、机电学院进行大类招生的改革试点工作。2006年秋季，广西壮族自治区成为华侨大学在省外本科一批招生的第一个省份，2008年学校首次在福建省实行本科一批招生，当年在国内招生的30个省（直辖市、自治区）中，有23个省份的投档线高于本科一批录取控制线，24 个省份的录取平均分高于本科一批录取控制线。至 2009 年基本实现全国本科一批招生，多数省份最低录取分数线超过重点院校线。1999 年，华侨大学各类在校生为 10177 人，其中境外生 1543 人；到 2010 年，全部在校生增加到 2.8 万人，其中博士、硕士研究生 2500 余人；有来自 30 个国家和地区的华侨、港澳台和外国学生 3600 余人，成为国内境外学生最多的大学之一，为学校人才培养打下了坚实的基础。[①]

学校在对外招生上不断创新，千方百计吸引境外学生前来就读。在泰国曼谷、菲律宾马尼拉、印度尼西亚泗水相继设立办事处，派专人常驻，负责招生工作和开展华文教育。2004 年与昆明华侨补校合作开办“华侨大学昆明预科部”，与南宁华侨补校合作开办“华侨大学南宁预科部”。2009 年与越南老街省教育厅签订招生合作协议，首次与国外官方机构合作招生。此外在招生方式上，根据境外学生的文化背景、知识水平、经济条件等具体情况，因地制宜地采取灵活的招生办法。一是时间灵活。采取春、秋两季招生的办法，并由学生自主选择入学时间。二是名额灵活。境外生凡达到学校本科或预科入学标准者，都有机会被学校录取而不受名额限制。三是考试灵活。境外学生既可参加华大、暨大两校的单招考试，也可参加教育部“对外联合招生考试”（台湾学生还可参加福建省高校对台联招），亦可凭相关国家或地区的有关成绩申请入学。四是学费优惠，并通过奖、贷、助、勤对境外学生予以资助，对经济较为困难的学生还实行减免学费、住宿费及提供助学金或困难补助等办法。五是设立大学预科班及各种性质的短期班（如华文师资短训班、华文教育夏令营等）吸引境外生入学。六是层次多样，既有短期的海外夏令营，也有面向港澳的成人教育，还有与泰国华侨崇圣大学合办的研究生班。通过采取一系列对外招生措施，华侨大学每年的海外华侨华人学生和港澳台学生在校生的数量无论是绝对数还是相对比例都居内地高校前列。

（二）完善培养体系

教学工作是学校工作的主旋律。华侨大学从“一校两生”的办学思路出发，合理安排教学工作。中央 24 号文件指出：华侨大学“在院系专业设置、课程安排、教学要求、学校管理等，可以与国内其他大学有所不同”。学校特别注意根据境外生的特殊情况，采取有别于国内其他大学的特殊政策，加大因材施教的力度。

1. 根据境内外经济社会发展需求，拓展新专业，改造原专业

学校在专业建设上认真贯彻“面向海外、面向港澳台”的办学方针，主要遵循

---

① 华侨大学校史编写组编《华侨大学五十年（1960—2010）》，2010 年 10 月，第 171 页。

下列原则拓展新专业：①符合教育部《关于做好普通高校本科专业结构调整工作的若干原则意见》（教高〔2001〕5号）精神；②为侨服务，符合境外经济社会和科技发展需要；③符合学校的定位，即以工程学科为优势，以华文教育为特色，以培养应用型人才为目标；④有优势学科专业做依托，一般有博士点或硕士点支撑；⑤有良好的发展前景的新兴、边缘和交叉学科；⑥符合高等教育办学规律，有利于综合性大学学科体系完善。自1999年以来，相继增设了对外汉语、电子商务、环境工程等38个新专业。

在积极拓展新专业的同时，对传统专业进行了内涵改造，使之更适应境内外经济和社会的发展。例如，工商管理专业在全国率先将西方经济学的课时由每周4学时增加到每周6学时，并分宏观经济学和微观经济学教学，把政治经济学由公共基础课改为学科基础课，提出要培养具有宏观知识的企业家，充分体现了“中西结合，以西为主”的特色。2002年，土木工程专业再次通过建设部的专业评估。建筑学专业强化了具有中华传统文化特征的建筑教学，在教学内容上明显不同于国内其他高校相应专业，深受境外学生的欢迎。该专业于1996年和2001年两次通过建设部的专业评估，跻身全国14强。

2．根据“一校两生”的特点，修订教学计划，优化课程结构

学校根据“重视基础、拓宽专业、提高素质、加强能力”的培养目标和“一校两生”的特点，对教学计划进行了全面修订，设立了公共基础课、学科基础课、专业课、选修课、实践性教学环节5大模块，整体上优化了课程结构。

学校注重知识、能力和素质的协调发展。修订后的教学计划减少了课堂教学的总学时数（从2700学时减少到2500学时），加强对跨学科素质教育课程体系的建设，增加跨学科课程的选择度、范围（从2000年的26门增加到200多门），规定各科类跨学科素质教育课程的必修学分，跨学科课程理工科至少72学时（4学分），经管类、文科类至少108学时（6学分）；本科专业准予毕业的课外创新实践学分最低为6学分；改革实验教学内容，增加实践性教学环节的比重，增加综合性、设计性及贴近工程技术实验比例，理工科和文科的实践性教学环节已分别达到总学时的25%和15%等。

学校通过学科整合，加强专业大类的课程体系改革，优化课程设置，提高教学效益。各院（系）基本上按学科大类构建了2—2.5年的院（系）基础课教学平台，按大类组织教学，打通公共基础课和学科基础课。本科四年中的后1.5—2年，再按专业或专业方向分流培养。

根据境外生和内地生的不同要求和特点，每个专业均对境内外学生的毕业学分分别做了规定。两类学生在公共基础课、学科基础课、专业课、选修课、实践性教学环节等方面也有不同的学分要求，境外生的校公共基础课教学计划单列，同时境外生公共基础课和部分学科基础课单独开班教学。2001 年学校在经管学院、材料学院、信息学院和机电学院成立了 4 个“综合教学改革试点班”，单列教学计划，精心制定培养方案和管理办法，选派优秀的教师承担试点班的教学任务与管理工作，实行“分流滚动制”培养和动态管理。一些院系还在中、低年级试行导师制，在学习、生活、思想等方面给予学生指导，帮助学生全面发展。此外，主动调整专业结构，创新人才培养模式。与厦门机电集团所属厦工集团与金龙汽车达成了订单式人才培养协议，与厦门友达光电、金鹭特种合金等知名企业签订协议，推进“3 +1”模式人才培养体系。

学校积极建设国家级、省级、校级“教学质量工程”。2003 年启动了“高等学校教学质量与教学改革工程精品课程建设”，首批立项资助 16 门精品课程建设项目，在课程建设立项中，注重向公共基础课和学科基础课的倾斜，注重教学档案的规范与管理。继续开展“新世纪高等学校教育教学改革工程”活动。近十年来，华侨大学有 6 个专业获国家级特色专业，8 个专业获省级特色专业，28 门课程评为省级精品课程，共有教学团队 14 个其中有 5 个教学团队评为省级教学团队，4 项教改项目获省级一等教学成果奖、8 项省级二等教学成果奖，有人才培养实验区 20 个，其中有 6 个省级创新人才培养模式实验区。

从 2005 年起，学校投入 300 多万元用于大学英语教学改革，2007 年学校被列为全国大学英语教学改革试点单位。2008 年开始全面实施大学英语分级分类教学：根据学生来源分为境内和境外两类学生；按学生入学后英语测试成绩分为 A、B、C、D 四级，起点不同、要求不同，后续课程不同，切实做到因材施教，效果良好，学生学习兴趣自主学习能力都有明显提高。

通过一系列的教学建设与改革，华侨大学已初步构建适应“一校两生”特点的具有侨校特色的学科专业培养体系，为提高人才培养质量奠定了坚实基础。

3. 全面推进境外生学业提升计划

建立境外生导师制，根据不同专业、不同学生个体的实际分别为每 3—5 个境外生配备 1 名学习导师，帮助每位境外生对四年生活进行规划和辅导，有针对性地解决境外生的实际困难。创设境内外生携手共进制度，建立境内外生“一帮一”学习互助小组，让境内学习优秀生与境外学习困难生结成帮扶对子，在促进境外生学习成绩提高的同时，加强境内外学生的交流与团结。实施境外生社区学长制度，遴选学习优秀、品德优良、作风正派的高年级境外生，聘任他们为社区学长，每位学长负责3—9名境外新生的学习、生活辅导工作，有效提高境外生的学习、生活能力。设立境外生专项奖助学金、为鼓励境外学生“学有专长、绩有特色”，充分展现华侨大学“为侨服务、传播中华文化”的办学宗旨，学校针对境外学生的学业特点，设立了“陈明金澳门学生奖助学金”、“林秀华香港学生奖学金”、“林伟柬埔寨优秀学生奖学金”、“华侨及港澳学生奖学金”、“台湾学生奖学金”、“香港校友会优学奖学金”、“香港泉州慈善总会香港学生助学金”及“境外生专项奖助学金”。

（三）强化教学管理

1. 建立健全教学工作组织体制，确保教学质量提高

学校先后成立了教学工作委员会、学位评定委员会、教学顾问组、实验教学督导组，建立了考场巡视工作制度，对教学质量、教学活动全过程进行检查和评估。2000年，随着学校“教学质量年”活动的开展，领导听课制度进一步落实到学校领导和各职能部门的负责人。制度要求相关领导和负责人深入教学第一线，参与各种公开课和示范课，了解教学工作中存在的难点，及时解决问题，并对教学秩序、教学环境等方面提出意见和建议。2002年，学校发布了《关于健全领导干部听课制度的通知》，对领导听课制度进一步规范化、制度化，并把加强与教学一线的联系作为改进领导干部工作作风的重要内容。

2. 加强教学管理制度的建设，规范教学过程和教学管理

学校分别于1997年、2001年、2003年对教学管理文件进行完善和修订，对教学管理改革、教学管理建设、教学管理质量监控、师资管理、实验室建设等都有明确的要求，对各教学主要环节都有明确的质量标准。通过校、院（系）两级监控体系进行检查，通过期中教学工作检查、教学工作会议、教学工作委员会会议、校长信箱、教务处处长信箱、教学意见箱、学生座谈会、教师座谈会等多种途径对教学规章制度的执行情况进行监控，一旦发现问题，及时解决，严肃处理。在职称评聘和评优中坚决执行教学工作考核一票否决制。

3. 积极进行教学管理及其改革的研究与实践

加强对全校教学和教学改革进行检查、考核和评估。同时积极推进教学管理科学化和计算机化，建成网上选课、考试安排、考勤管理、评教评学、学籍管理等系统。2001年，学校启用了省教育厅“普通高等学校学籍学历管理系统”软件。

2001年，学校修订了学分制学籍管理办法，全面实施学分制和弹性学制，进一步推进了学分制教学管理制度的改革；实行内地生和境外生分类管理，对境外生采取更有弹性、更加灵活的教学管理制度（不降级、不做学籍处理、自由选择转学、

转专业等）。2005 年实现按学分收费的管理办法。2006 年率先在省内高校推行全面的学分制改革，印发了《华侨大学学分制学费管理暂行办法》，使华侨大学的教学管理制度更加符合“一校两生、因材施教、分类管理”的要求。

4. 加强过程管理和质量监控，狠抓检查评估和督促落实

2000 年以来，学校始终不懈地抓课堂教学和实践教学质量，并坚持多形式的评教工作，如，进行教学顾问组、实验教学督导组的评教等，通过校、处、院（系）领导的评教，院系教师的观摩、公开教学、示范教学等；对重点培养和提高的教师评教、帮教、学生评教等，不断完善评教指标体系。同时，坚持任课教师评议任教班级的制度。通过期中教学检查制度、试卷抽查制度、课程教学质量评估制度、新开课审核和新开课教师试讲制度，促进教学质量的提高。

2000—2001 学年，学校设立 10 个奖教奖学专项基金，奖励在教和学中表现突出的教师和学生，并在全校范围开展示范教学、公开教学，使青年教师学有榜样，跟有典型，做有规范。2001—2002 学年，以落实教育部《关于加强高等学校本科教学工作提高教学质量的若干意见》为主题，深入开展教学研究和改革。2002—2003 学年，以迎接教育部本科教学工作水平评估为契机，启动“高等学校教学质量和教学改革工程”。几年的“教学质量年”活动对教学质量的提高起到了良好的促进作用，效果显著。

（四）加强教风学风建设

1. 加强教风建设

学校先后制定了《华侨大学关于加强教风学风建设的若干规定》《华侨大学关于加强师德建设的意见》等一系列规章制度，建立健全对教师的考评机制、约束机制和激励机制，并在教代会、职代会、教学工作会等各种会议上反复强调师德建设的重要性，要求教学老师加强对学生的正面引导，强调以优良教风带动优良学风的形成。同时，学校还加强了约束机制；建立专家评教、学生评教制度和教学质量信息反馈机制；规范教师行为，严肃处理教学事故；在职称评聘、奖金分配、职务升迁、评先评优中严格实行教师师德一票否决制。为调动广大教师的积极性，学校从 2001 年开始，每年评选教学优秀特别奖，重奖 1 万元，以此促进广大教师提高教学水平。

2. 加强学风建设

（1）大力加强学风建设，营造浓厚学习氛围。根据侨校的特点，学校制定了一系列高要求、严管理的制度和条例，并将其纳入新生入学教育的范畴，强化学生遵纪守法的意识，提高学生遵纪守法的自觉性，同时建立健全学习激励机制。每年开展先进班级和优良班风评比活动，推动班级学风建设。修订《华侨大学学生奖学金实施条例》，调整奖学金奖项设置，调动学生的学习积极性。制定了班主任考核条例或实施细则、班主任工作职责或岗位职责，把抓学风建设作为班主任工作的重要内容，并提出了加强学风建设的相关办法。此外，各院系建立家校联系制度，通过“班级情况一览表”“家校联系通知单”“学生综合表现反馈表”“给家长的一封信”等形式，加强与家长的联系。建立“后进生档案”，每年向学生家长通报情况，把学生的学年学习、奖惩、担任工作等情况反馈给家长，共同做好后进生的思想工作和劝学工作。

（2）大力培养学生的创新精神和实践能力。学校加大对实践性教学环节的投入和改革力度。除了正常的教学经费外，学校另外贷款 1 亿元人民币，主要用于本科教学实验室建设，建立校内实习基地 9 个、校外实习基地 45 个，为提高学生的创新精神和实践能力提供了硬件保障；形成了低年级学生“认识实习”、高年级学生“生产实习”、毕业班学生“毕业实习”的实习教学体系；重视学生的课程设计和毕业设计，学校先后出台了《华侨大学本科毕业设计（论文）工作规程》、《华侨大学本科毕业设计（论文）指导手册》和《关于评选优秀毕业设计（论文）的暂行规定》，保证了课程设计和毕业设计的质量。

（五）实验教学

2000 年以后，学校多次修订教学计划，根据境内外和不同专业的人才培养目标要求，科学设计实践教学体系，系统优化实践教学内容，逐步形成由实验教学、课程设计、毕业设计、教学实习、第二课堂、社会实践等构成的实践教学体系。①

2008 年，学校重新修订人才培养目标（教学计划），使各实践教学环节累计学分有所提高，其中文科类一般不少于总学分的 15%，理工类一般不少于总学分的 25%，并规范创新学分和创新课程的管理。

为加强学生的实践和实习环节，学校出台《关于加强实践教学环节的暂行条例》《关于本科生教学实习管理试行规定》《华侨大学本科生校外实习（含分散实习）管理规定（试行）》《华侨大学本科毕业设计（论文）工作规程》《关于评选优秀毕业设计（论文）的暂行规定》等文件。各学院都提倡毕业论文（设计）结合实际任务进行，让学生参加与生产实际、科学研究密切相关的课题研究，使学生在毕

① 贾益民主编《华侨大学志》，中国文史出版社，2015 年 10 月，第 447 页。

业环节中体验创新实践。

为加强学生的实践创新，学校出台了《华侨大学“挑战杯”学生创新项目启动基金管理办法（试行）》《华侨大学关于鼓励学生参加课外学术科技活动实施意见》《关于奖励本专科学生在各类公开出版物发表文章的通知》《华侨大学“福建省大学生创新性实验计划项目”管理办法（试行）》等文件，鼓励学生参加各项科研和创新实践。

在科技活动组织方面，学校每年举办科技文化艺术节。积极组织学生参加各类科技竞赛。如，电子设计竞赛、数学建模竞赛、“挑战杯”大学生课外学术科技作品竞赛等。此外，还以院系为支点举办与专业知识相关的专业技能竞赛。

同时，针对境外生特点以及所具有的独特的文化背景，学校在社会实践教学中注重对境外生中华传统文化的熏陶。学校专门设立了与中华传统文化教育相关的社会实践基地，如安溪茶文化实践基地、德化陶瓷文化实践基地等。组织开展了以“根在中国”为主题的“中国文化之旅”境外生冬夏令营活动，足迹遍布30多个省、自治区、直辖市，这些活动使境外学生在富有特色的社会实践教学中谨记了中华魂、母校情，弘扬了中华传统文化。

（六）以优秀等级通过教育部本科教学评估

1. 教育部对华侨大学进行本科教学评估

2002年，本科教学评估的准备工作已在全校范围内全面开展。本着“以评促建、以评促改、评建结合、重在建设”的工作方针，学校专门成立了“评建领导小组”和“评建办公室”，负责落实本科教学评估建设的各项工作。由教育部组织进行的本科教学工作评估，是政府对高等学校办学水平和办学质量的认定，是高校增设本科专业，补增硕士、博士学位授权单位及其学位授予权学科，专业点建设等工作的主要依据。在长达两年的评建准备的基础上，教育部本科教学评估专家组莅校评估。2003年12月14日，福建省人民政府副省长汪毅夫莅校检查本科教学工作水平评估准备情况。2003年12月15—19日，教育部本科教学评估专家组莅校评估，吴承业校长向专家组作本科教学工作汇报，国务院侨务办公室副主任许又声、福建省教育厅厅长朱之文出席欢迎仪式及汇报会。[①]

2004年6月16日，教育部公布了对包括华侨大学在内的全国42所高等学校教

① 华侨大学校史编写组编《华侨大学五十年（1960—2010）》，2010年10月，第176页。

学工作的评估结论，华侨大学荣膺优秀等级。[①] 华侨大学成为首批获得本科教学工作水平评估优秀的大学，这也标志着华侨大学本科教学工作跨入全国优秀高校行列。[②] 教育部在文件中称，根据专家组的考察意见和全国普通高等学校本科教学工作评估专家委员会的审议意见，首轮评估的42所高校中，华侨大学、上海大学等20所学校本科教学工作的评估结论为优秀，有19所学校为良好，有3所学校为合格。[③]

2. 教育部评估专家组肯定了办学成绩

教育部评估专家组在反馈会上，对华侨大学的办学做了充分肯定。主要表现如下方面。

（1）学校办学指导思想明确、定位准确。华侨大学是直属于国务院侨办、与福建省共建的一所大学，也是福建省重点建设的大学之一，在长期的办学实践中，遵循“为侨服务”和“面向海外、面向港澳台”的办学宗旨，抓住机遇，深化改革，不断强化。“会通中外、并育德才”的办学理念，形成了明确的办学指导思想和学校定位。学校以学科建设为龙头、以队伍建设为根本，以改革促建设，以投入求发展，全校形成了以教学工作为中心的良好氛围。

（2）学校高度重视评建工作，建设成效显著。学校领导高度重视本科教学工作水平评估，提出了“重在过程”的评建指导思想，以务实的工作作风，加大建设和投入的力度，认真细致地开展校、院两级评建工作，建立了教学工作的五大体系，学校面貌焕然一新。在学科专业建设、教育规模、教学改革等方面实现了健康快速发展，学校的教学条件明显改善，凝聚力和综合实力显著增强，办学水平不断提高。

（3）加强师资队伍建设，营造良好的人才成长环境。学校通过制定各种有效政策，积极引进和培养中青年学术骨干，教师队伍的学缘结构、年龄结构等不断趋于合理。学校提出用事业留人、感情留人、政策留人和健康留人，重视为一线教师创造和谐、宽松的工作和生活环境，并在人事分配制度改革、经费使用、住房安排等方面，坚持向教学科研一线教师，特别是向高层次人才和中青年骨干教师倾斜，有效地调动了教师投身教学和科研的积极性。广大教师爱岗敬业，为人师表，奋发向上，青年教师茁壮成长。

---

① 《教育部办公厅关于公布上海大学等42所高等学校本科教学工作评估结论的通知》（教高厅〔2004〕19号），2004年6月16日，华侨大学文书档案。

② 《教育部公布首轮42所高校本科教学评估结果 华大荣膺优秀等级》，《华侨大学报》2004年7月5日第374期：第01版。

③ 《关于印发上海大学等42所高等学校本科教学工作评估意见的通知》（教高司函〔2004〕247号），2004年11月11日，华侨大学文书档案。

（4）不断深化教学改革，注重加强教学基本建设。学校坚持“为侨服务”的办学宗旨，按照“重视基础、拓宽专业、提高素质、加强能力”的教改积极探索“一校两生、因材施教”的教学模式，突出华文教育的特色，改革和拓展学科专业，重视实践教学环节，改革教学方法，全面加强教学建设，努力构建适合侨校特点的学科专业体系。

（5）完善教学质量监控体系，质量管理措施到位。学校坚持多种形式的评教工作，将学生评教活动与教学顾问组，实验教学督导组与校，院（系）、处领导的评教和教师的评学活动有机结合起来，积极开展观摩教学，公开教学和示范教学以及对青年教师的帮教工作，逐步建立了符合校情的教学检查制度和质量评估制度。

（6）注重学生综合素质的培养，学风建设成效显著。学校建立了以“三创”综合开放实验室为代表的教学实验，实习基地，积极开展各种层次的课外科技活动和具有侨校特色的社会实践活动，注重提高学生的综合素质。积极开展群众性体育活动，“俱乐部型”的体育教学模式产生了良好效果，CUBA 体育比赛成绩突出。学校明确提出以学风建设为中心的学生工作思路，注意发挥学生在教学工作中的主体地位，广大学生文明朴实，学风良好，校园内多元文化和谐交融。

3. 教育部评估专家组肯定学校的办学特色

华侨大学在长期的办学实践中，始终坚持“为侨服务，传播中华文化”的办学宗旨，积极推进“一校两生，因材施教”的教学模式，在办学定位、教学管理、专业和课程设置、大学生文化素质教育以及校园文化建设等方面，注重体现学校的办学特色，使其在人才培养过程中发挥特殊的作用。学校通过培育“一元主导，多元交融”的校园文化，积极倡导“宽容为本，和而不同”的校园精神，为广大师生营造了一个良好的人文环境，使“会通中外，并育德才”的办学理念内化为全校师生的思想共识，从而使校园文化为人才培养工作提供了有力的精神保障。

通过评估，学校的办学理念、治校思路、学校发展战略和定位等都得到了进一步的明确；办学水平进一步提升，学科建设、教学科研、教学质量稳步提高，校风学风明显好转。[①]

通过本科评估后，学校提出要做好以下三件事。

一是要把迎评促建期间清晰起来并获确认的办学宗旨、办学理念、培养模式，特别是在此基础上升华而来的“宽容为本、和而不同”的校园精神，通过媒体传播和体制引导的方式内化为师生员工普遍认同的价值观念，从根本上提高办校办院办

① 《关于印发上海大学等 42 所高等学校本科教学工作评估意见的通知》（教高司函〔2004〕247 号），2004 年 11 月 11 日，华侨大学文书档案。

系、教书育人的自觉性和主动性。以此推动学校的各项改革，把华侨大学办成最自由、最宽容的学术圣地和人才渊薮，为其21世纪的腾飞创造优异的精神条件。

二是推动重点学科建设的跨越性发展。学校已推出强化资金注入和实行重点学科带头人负责制等举措。但它要真正发挥解放教学和科研生产力的作用，仍有不少观念的、体制的问题和利益关系需要进一步探索和解决。

三是进一步加大人才培养和引进力度，特别是旗帜性人才的力度。旗帜性人才的影响力往往决定着一个学科、一个院系甚至一所大学的知名度和学术地位。必须紧紧抓住党和国家高度关注并强力支持学校发展的历史机遇，在加快自己培养人才的同时，以非凡的魄力引进若干旗帜性人才，从而大幅度提高专业队伍的学术层次和创新能力，提高学科的整合度和知名度。①

二　研究生教育

（一）研究生的培养和管理

近十年来，随着学校建设教学研究型大学目标的不断推进，学科建设和高层次学位点建设不断完善，研究生教育规模不断扩大。2009 年研究生招生首次突破千人，在校博士、硕士研究生共 3200 余人，具有侨校特色的研究生培养模式已初步形成。

（1）研究生教育管理工作。2002 年，研究生处升格为正处级建制，由池进担任研究生处首任处长。2009 年，学校制定了《华侨大学研究生教育管理暂行办法》，该办法明确了研究生教育实行校、学院两级管理体制，并对研究生招生、教育、申请学位、学籍、办班等工作做了明确分工；保证在港澳开办研究生教育的教学质量，学校还出台了《华侨大学港澳兼读制研究生教育管理暂行规定》。研究生处由童昕教授任研究生处处长，顾立志教授、林诗锋副教授任副处长，共设有研究生招生办公室、培养科、学位科、综合科、学科建设办公室等 5 个科室，有专职工作人员 11 名。建立起由学位评定分委员会、学位评定委员会共同组成的两级决策机构，由各培养单位与研究生院组成的两级执行机构。

（2）研究生培养工作。为切实提高研究生培养质量，学校制定或修订了《华侨大学研究生工作手册》《研究生培养方案》《华侨大学研究生课程学习管理办法》

① 《祝捷毋忘反思　励志再图跨越——祝贺华侨大学荣获全国高校本科评估“优秀”等级》，《华侨大学报》2004 年 7 月 5 日，第 1 版。

《关于加强研究生学位论文开题报告管理工作的规定》《华侨大学研究生课程学习管理办法》《华侨大学关于选拔优秀硕士研究生提前攻读博士学位的暂行规定（试行）》《华侨大学关于博士、硕士研究生提前毕业的暂行规定》等文件，并确立了系列相关机制：2003 年，学校确定了研究生学位论文随机盲送送审评阅制度；建立健全研究生导师遴选上岗的竞争机制。2004 年，学校印发了《华侨大学硕士研究生指导教师招生资格遴选办法》，办法规定了研究生导师遴选的指导思想、条件、程序等，强调引进竞争机制、贯彻择优原则，动态管理硕士生导师队伍，并确定了导师与研究生双向选择的办法。为防止部分论文中的学术不端行为，2010 年，学校正式启用了“学位论文学术不端行为检测系统”，对所有学位论文进行检测。

为给研究生教育创造良好条件，鼓励学生创新，学校进一步完善相关软硬件。学校先后设立了研究生普通奖学金、优秀研究生奖学金，李群华优秀研究生奖励基金，马万祺优秀博士、硕士学位论文奖励基金等；2009 年 10 月，学校制定了《华侨大学研究生参加学术活动的暂行规定》，鼓励学生积极参与学术活动，提高学术水平；制定了《华侨大学研究生教学管理暂行办法》，办法规定应将教学实践的具体内容、教学工作量、时间安排要求等列入培养计划并认真执行。此外，学校加大对硬件的投入，建设了 3 个福建省研究生教育创新基地、厦门软件园基地以及一批重点实验室、精品实验室和创新实验室。[①]

（二）研究生专业学位教育

华侨大学学位与研究生教育从学术型学位扩展到专业学位。2002 年开始机械工程领域工程硕士的招生与培养，2007 年开始工商管理硕士（MBA）、公共管理硕士（MPA）、法律硕士（J. M）的招生与培养。

经过长期发展和积累，研究生教育已经具有相当的规模。2010 年，博士生招生数已从首届招收的 4 人增长到 44 人。境内全日制硕士研究生 827 人，在职 222 人，港澳台侨学生 21 人，留学生 25 人；在读研究生 3443 人，其中，博士生 253 人，全日制硕士生 2475 人，在职硕士研究生 715 人，留学生 106 人，港澳台学生 246 人，侨生 14 人。有研究生导师 279 人，其中博士生导师 47 人。

学位与研究生教育平台得到了较大拓展，教育发展布局日益完善。截至 2010 年，学校有 3 个博士后流动站，3 个一级学科博士学位授权点，18 个二级学科博士学位授权点，17 个一级学科硕士学位授权点，105 个二级学科硕士学位授权点，8

① 华侨大学校史编写组编《华侨大学五十年（1960—2010）》，2010 年 10 月，第 176 页。

种硕士专业学位类别，其中工程硕士包含11个领域。

通过多措并举，多方努力，专业学位招生规模近年来有了显著扩大，招生人数已经从最初的24人增长到2010年的390人，累计为地方培养了超过618名专业型人才。截至2010年，在校专业学位硕士研究生有1063人，其中全日制348人，在职715人。①

（三）境外研究生教育

根据港澳地区回归后对人才的需求，经国家教委批准，学校从1997年开始在港澳地区招收自费兼读硕士学位研究生，为港澳地区培养高级人才。首届招生专业有：企业管理、经济法学、计算机应用、结构工程。兼读班学位课程由学校选派老师赴港澳集中面授，凡修完30学分以上，每门学位课程成绩达70分以上，即可进行硕士学位论文答辩，凡修满32学分以上并通过论文答辩的，由学校授予硕士学位，首届兼读班共录取澳门新生45名。

2004—2010年，学校制定了《华侨大学面向外国留学研究生及港澳台侨研究生办学的管理规定》《华侨大学港澳台侨及留学研究生招生简章》，加大宣传拓展力度，规范招生录取相关环节，顺利完成境外研究生招生工作。通过全国统考、自主招生以及境外研究生班等多种模式，共招收境外研究生386人，主要来自泰国、马来西亚、印度尼西亚、柬埔寨、日本、朝鲜、菲律宾、越南，以及西欧北美等国家和地区，中国的澳门、香港、台湾；主要涉及企业管理、马克思主义哲学、建筑设计及其理论、建筑与土木工程、华语与华文教育、中国现当代文学、汉语言文字学、法律、工商管理、旅游管理、结构工程等10余个专业，招生人数从2004年的个位数，逐年递增至现在年均100人左右的规模。

2007—2010年，华侨大学境外研究生班累计招生338人。截至2010年，有境外研究生366人，其中博士生76人，硕士生290人；港澳台学生246人，侨生14人，留学生106人。②

三　成人教育

进入21世纪，随着高等教育大众化的发展加快，以及社会主义市场经济制度的进一步健全，社会对各类人才的需要也不断加大，学校进一步拓展成人教育空间，

① 贾益民主编《华侨大学志》，中国文史出版社，2015年10月，第235页。
② 贾益民主编《华侨大学志》，中国文史出版社，2015年10月，第236页。

不断加大了夜大学和函授教育、自学考试和成人脱产教育的办学力度。2001 年，学校获得举办成人脱产班的本、专科办学资格，先后取得律师专业本、专科，日语专业本、专科，剑桥商务管理、金融管理、电力市场营销等专科专业的全国统考自学考试主考学校资格。①

2001 年以后，学校本着成人教育为地域经济社会建设服务的理念，以“送教上门”的方式到企业开展教育培训，先后与恒安集团、浔兴拉链集团、中侨集团、石狮工商银行、石狮华侨医院等单位合作培训干部；在校为泉州工商局、国税局、地税局、晋江地税局等单位培训公务员。2002 年被评为“泉州市先进继续教育基地”。

2002 年，学校被列为福建首批国家 IT 证书教育考点 。2003 年 9 月，学院增加脱产教学部、函授部、夜大学部。2004 年 4 月，学校在 1984 年成立的“成人高等教育学院”的基础上成立“继续教育学院”，至 2009 年 12 月“成人高等教育学院”与“继续教育学院”两个名称同时使用。2009 年 4 月，撤销脱产教学部，增设了教育培训部（包含自考办）。从 2009 年 12 月开始，停止使用“成人高等教育学院”。2012 年 7 月，成立“中共华侨大学继续教育学院委员会”。

2008 年 8 月，学校又取得福建省高等教育自学考试开考体制改革试点专业的物流管理、软件技术、计算机网络及应用、数字多媒体技术、会计（企业会计方向）、英语（商务英语方向）、数控技术应用、室内设计、人力资源管理、房屋建筑工程等 10 个专科专业和软件工程、计算机网络、计算机软件等 3 个本科专业的主考院校资格。

根据学校的办学宗旨和总体部署，结合成人高等教育自身优势，积极拓展到境外办学。经国务院侨务办公室、教育部批准，学校成人高等教育于 1998 年开始在澳门与澳门文化研究会合作举办业余法学专科学历班、于 2001 年开始举办专升本法学班；同年开始与澳门业余进修中心合作举办会计学五年制（3 + 2）业余本科学历班，又先后举办物流管理、人力资源管理，工程管理、电子商务等本科专业。2006 年，经国务院侨务办公室批准，学校与香港能仁书院签订合作办学协议，并经香港特别行政区教育统筹局批准在香港招收成人法学大专生。12 年来，澳门两个办学点共培养专科毕业生 1907 名、专升本毕业生 1768 名。毕业生为澳门经济社会的稳定和发展做出了重要贡献，受到澳门社会广泛好评。

1984—2010 年，华侨大学成人（继续）教育学院共为海内外社会培养成人高等学历教育本、专科毕（结）业学生 14256 人，其中境内生 11536 人，境外生 2720

① 贾益民主编《华侨大学志》，中国文史出版社，2015 年 10 月，第 200 页。

人；自学考试本、专科毕业生 3500 多人；大专结业生 9200 余人；各类培训、进修生 8200 余人（其中境外生 860 余人，培训公务员 4650 余人次），学生遍及 12 个国家和地区。

表 4－2　继续教育学院历年来招生录取情况

时间	内地生录取数（人）	境外生录取数（人）
2001	1005	105
2002	359	181
2003	1132	115
2004	1749	125
2005	1980	51
2006	2036	81
2007	1982	117
2008	1911	206
2009	2071	210
2010	2151	139
总计	16376	1330

资料来源：贾益民主编《华侨大学志》，中国文史出版社，2015 年 10 月，第 322 页。

第四节　学科建设与人才引进培养

一　学科建设与科研工作进展

2000 年以后，学校提出了建设教学研究型大学的奋斗目标，进一步加大资金投入，整合科研资源，全力推进科研创新平台和社科研究基地建设，进一步加大科研奖励力度，完善科研管理制度，充分调动了广大教师和科研人员从事科研的积极性，使学校科研管理水平大幅提升，科研水平和成果转化快速发展。

（一）学科建设的进展

1. 学科建设的概况

2000 年，学科建设取得新突破，新增数量经济学博士点和 7 个硕士点，其中数量经济专业成为继清华大学、首都经贸大学之后全国第三个数量经济学专业（二级学科）博士点。

2002 年，学校选出了新一批 10 个学科参加部（省）级重点学科的评选，同年学校获准招收在职人员攻读工程硕士专业学位。

2003 年，学校获高等学校教师在职攻读硕士学位授予权，新增 17 个硕士学位授予权专业，10 个学科被列入国务院侨务办公室重点学科。

2005 年，8 个学科被评为福建省高校重点学科。

2007 年，数量经济学入选国家重点学科，实现学校国家重点学科零的突破。

2007 年，成立数量经济研究院；新增机械工程学科以及博士后科研流动站，脆性材料加工技术、分子药物、环境友好功能材料 3 个教育部工程研究中心获立项建设。

2010 年，新增工商管理硕士（MBA）、公共管理硕士（MPA）、法律硕士（JM）、建筑学硕士、旅游管理硕士（MTA）、金融硕士（MF）、工程管理硕士

（MEM）等7个专业硕士学位点。①

2. 重点学科建设

华侨大学学科建设经过了三个不同时期的发展阶段，经过长期积累和努力，学科建设取得了较为丰硕的成果。其中，2003年获批10个国务院侨务办公室重点学科；2005年获批8个福建省重点学科；2007年获批1个国家重点学科，整体水平得到了显著提升，已经初步形成理工结合、文理渗透、工管相济、协调发展的比较完整的学科体系。

（1）整合专业，完善布局。这一时期，在学科专业建设上，根据国家的侨务政策和海内外经济社会发展需要，优先发展适应海内外经济社会发展的学科专业；重点发展信息科学、生命科学、新材料科学等高新技术类学科、交叉学科专业和应用型学科；扶持有良好发展前景的新兴学科、边缘学科和交叉学科；组织具有前沿性、交叉性的学科群，促进学科专业间的交叉渗透，鼓励开展跨学科设置本科专业的实验室点，在巩固和发展学校的优势学科专业和特色学科专业的基础上，重视人文社会科学学科专业的建设和发展，并适当发展适应新兴服务类需要的学科专业，形成比较完善的综合性大学的学科专业体系。同时根据泉州、厦门两校区建设情况，调整两校区学科布局，在厦门校区成立哲学与社会发展学院和华侨华人研究院；在泉州校区保留和继续发展若干个工科专业，2010年成立工学院，促进两校区的文理工交融。②

（2）夯实基础，优化结构。通过结构调整和内涵改造，改善学科专业结构，提高办学质量和办学效益，在机电、土建、材料、信息、管理、华文教育6大学科群的基础上，加强学科整合，以博士点位学科建设的龙头，以硕士点为学科建设的支柱，以本科专业为学科建设的基础，重点突出特色，努力打造精品学科，创建名牌专业，构建以工程学科为优势、以华文教育为特色的学科专业体系。③

（3）加大支持和投入力度。建立学科建设联席会议制度和组织领导。从2000年起学校推行和完善学科建设联席会议制度，针对具体的院系每年召开学科建设联席会议，由校长主持，分管校领导、各职能部门负责人参加，工商院（系）发展规划，解决学科建设突出存在的问题，有力地推动了学校的学科建设。如：2000年至2002年共召开了18次学科建设联席会议，2006年深入院系召开学科建设调研会7次。

① 贾益民主编《华侨大学志》，中国文史出版社，2015年10月，第262页。
② 贾益民主编《华侨大学志》，中国文史出版社，2015年10月，第262页。
③ 贾益民主编《华侨大学志》，中国文史出版社，2015年10月，第263页。

2004 年 10 月 9 日，学校成立学科建设重点学科建设目标责任书。此外，实行学科分类建设，不断提升学科建设的层次与水平，已初步制定重点学科、特色学科、新兴学科的评价指标体系和遴选办法。

加大学科建设的投入。“十五”“十一五”期间，通过部省、部市共建，加大学科建设的投入，2001—2005 年每年按 1∶2 的投入比例增拨专项资金，其中国务院侨务办公室、福建省、泉州市每年分别投入 1300 万元、500 万元、150 万元支持华大和重点学科、重点实验室等建设。

2006—2010 年，福建省安排 5000 万元，国务院侨务办公室安排 1 亿元，支持华侨大学重点学科、重点实验室建设，泉州市每年安排 300 万元，5 年共安排 1500 万元支持华侨大学建设。此外，学校还通过争取社会各界的支持，多渠道筹措资金，加大学科建设投入，重点支持重点学科、基础学科、新建学科和学科群的建设和发展。如：近十年来学校重点建设了海外华文教育、数量经济学、机械制造及其自动化、生物化工、材料学、结构工程、物理电子学、马克思主义哲学、企业管理学、建筑设计及其理论、计算机应用技术等重点学科。[①]

（二）科研工作的进展

1. 科研机构的设置与规章制度的完善

（1）科研机构的设置。2000—2010 年，学校进一步理顺校、院、系、所科研管理的关系，强化院、系、所一级研究机构的管理职能，赋予其在科研管理上的责、权、利，以利于发挥其主动性和积极性。从学校原有基础和特色出发，主动适应学科发展趋势和未来社会发展需要，重点发展的若干研究领域，尤其是学科前沿和跨学科交叉领域的研究群体，注意发挥学科之间的优势互补；全力打造若干中试基地和“产、学、研”联合体，促进学校的应用研究向新技术、新产品的开发、生产和推广的方向延伸；[②] 2014 年 10 月，学校统一整理确认下文，《关于公布华侨大学科研机构名单的通知》（华大综〔2014〕115 号），重新登记的共有华侨大学科研机构名单 124 个（不含独立设置的校属科研机构）。[③]

截至 2010 年，华侨大学人文社科研究机构已经形成了以数量经济研究中心、东方企业管理研究中心等 2 个福建省高校人文社科研究基地和中国旅游研究院旅游安

① 贾益民主编《华侨大学志》，中国文史出版社，2015 年 10 月，第 263 页。

② 贾益民主编《华侨大学志》，中国文史出版社，2015 年 10 月，第 294 页。

③《关于公布华侨大学科研机构名单的通知》（华大综〔2014〕115 号），2014 年 10 月 23 日，华侨大学文书档案。

全研究基地为龙头，以数量经济研究院、华侨华人研究院 2 个校属研究院为重点，以台湾经济研究所、闽澳研究所等 2 个校属研究所和旅游科学研究所等 22 个院属研究机构为牵引的多层次、多学科发展的良好架构，为冲击教育部人文社科重点研究基地做好基础准备。

（2）规章制度的完善。2001—2010 年，华侨大学在充分调研和广泛征求各院系意见的基础上，对各类科研管理办法和实施细则进行了全面的修订，并着重加强科研项目的管理。学校制定了《华侨大学科研计划项目管理办法》《华侨大学横向科研项目管理暂行办法》《华侨大学科研奖励暂行条例》《华侨大学科研经费管理办法》《华侨大学学术规范及违规处理办法》等管理制度。

2. 学术科研活动

（1）自然科学学术科研活动。就拿 2010 年来说，学校邀请校外专家来校做学术报告近百场次，计图像分析与信号处理国际会议、第二届海外汉语方言国际研讨会、中国数量经济学年会、中科院学部“半导体与新能源”技术科学论坛、第二届国际定量药理学会议、中国社会科学论坛——软实力与中外关系，全国民营企业营销高峰论坛等十多场学术会议在学校成功召开。组织出国出境学术交流 32 人次，接待到访进行学术交流 146 人次。2010 年 10 月 26 日，中国科学院学部“半导体与新能源”技术科学论坛系列活动在华侨大学陈嘉庚纪念堂隆重开幕，来自中国科学院、北京大学、清华大学、中国科技大学等单位的 22 位院士、13 位知名专家齐集泉州，就半导体与新能源等相关领域的最新研究成果展开学术交流。①

（2）社会科学学术科研活动。为了加快与世界科学研究前沿接轨，提高学校科研学术水平，促进科研工作持续健康发展，2001 年以来学校积极创造各种条件，开展了多种形式的学术活动。例如，2010 年 2 月 27 日至 3 月 1 日，泉州市人民政府、华侨大学文学院和华文学院、香港中文大学吴多泰中国语文研究中心联合主办了“第二届海外汉语方言国际研讨会”；又如，2010 年 10 月 15 至 17 日，由中国数量经济学会主办、华侨大学经济与金融学院和数量经济研究院承办的“2010 年中国数量经济学会年会”在华侨大学举行；再如，2010 年，学校先后选派首批党政管理干部 11 人赴台湾中原大学培训学习，选派首批 16 名英语教师赴美国加州大学洛杉矶分校拓展部美国语言中心研修。学校共计选派 116 人次出国（境）交流或参加学术会议。②

① 贾益民主编《华侨大学志》，中国文史出版社，2015 年 10 月，第 289 页。
② 贾益民主编《华侨大学志》，中国文史出版社，2015 年 10 月，第 305 页。

3. 科研项目与科研成果

（1）科研项目。“十五”期间，学校共承担省部级及以上自然科学类科研项目471 项，其中国家级项目 91 项。承担省部级及以上社科类科研项目 159 项，其中国家级项目 23 项。获得纵向科研经费从 2001 年的 200 多万元，每年以超过 30% 的速度递增，2008 年上升到 1300 多万元。2009 年，纵向科研有了大的跨越，国家自然科学基金项目达到 22 项，比 2006 年历史上最多的 9 项翻了一番多；纵向科研经费大幅提升，达到 2600 多万元，比 2008 年也翻了一番。

2001—2010 年，学校人文社科方面共获得各类项目 1426 项，其中纵向科研项目 1103 项（含国家社会科学基金项目 29 项，教育部人文社科一般项目 27 项，中央其他部委 18 项，省级项目 157 项，厅级项目 357 项及其他项目等），横向项目 323 项，校级项目 515 项。各类项目经费 2801. 5 万元，其中校外纵向项目经费 812. 4 万元，横向项目经费 1253. 8 万元，校级项目经费 735. 3 万元。国家社会科学基金项目实现重点项目的突破，教育部人文社科研究项目实现重大项目的突破，省社科基金项目等省部级项目立项数不断增加，科研资助经费不断增长。

（2）科研成果。这一阶段，学校的科研工作取得了一些标志性的成果：2001 年获得福建省科技进步一等奖；2006 年获得 973 项前期项目；2007 年获教育部自然科学一等奖，教育部工程研究中心获得立项；2008 年获国家杰出青年科学基金项目和 863 项目等；2010 年，学校实际到位科技项目经费总额（包括当年新增项目已到位经费和往年项目滚动经费）2134. 15 万元。新增科技项目 406 项，3317 万元。登记科技成果 7 项。获福建省科学技术奖二等奖 3 项，厦门市科技进步奖三等奖 1 项，获福建省社科成果奖 17 项。发表科技论文 994 篇，其中国外刊物 320 篇，被国际三大检索系统收录的科技论文 298 篇，出版科技专著 5 部。申请专利 69 件，获授权专利 27 件。

特别指出的是，在 2002 年国家新闻出版总署举办的、新中国成立以来规模最大、级别最高的期刊评选活动中，《华侨大学学报》获得“中国期刊方阵双效期刊”标识；2008 年获得教育部科技司颁发的“第二届全国高校优秀科技期刊”、“全国高校优秀科技期刊编辑部”和“中国科技论文在线优秀期刊二等奖”等荣誉。

横向课题方面。在这一阶段充分利用“6·18”项目成果交易会等各种技术服务平台，紧密围绕福建省、泉州市、厦门市的支柱产业和重点产业需求，将学校的学科和人才优势变成技术优势，以项目为纽带，积极为地方经济建设服务。学校先后与泉港区、泉州市经济技术开发区、丰泽区、泉州市生产力促进中心、石狮市生产力促进中心、厦门市翔安区、泉州、厦门等地多家企业签订了科技合作协议以及共同创建高校创业园的协议，并开展相应的科技活动。每年开展横向科技开发和咨询服务有上百项。①

表 4－3　科技荣誉奖情况

序号	时间（年）	成果名称	获奖名称	主要完成人
1	2001	基于固结金刚石磨料的特种陶瓷高效超精密磨削技术	福建省科学技术奖二等奖	徐西鹏 沈剑云 吴健 于怡青 何江川
2	2001	部分相干光传输和聚焦特性的研究	福建省科学技术奖三等奖	薄继雄 张惠华 张渭滨 张文珍
3	2002	基于能量耗散机理的花岗石高效锯切技术	福建省科学技术奖一等奖	徐西鹏 李远 于怡青 沈剑云 黄辉
4	2002	超细改性矿物粉体—硅橡胶增强填料	福建省科学技术奖三等奖	吴季怀 魏从容 沈振 黄金陵 陈耐生
5	2002	工程薄壁杆屈曲分析理论	福建省科学技术奖三等奖	王全凤
6	2003	矿物粉体－有机树脂超吸水性复合材料	福建省科学技术奖三等奖	吴季怀 林建明 林松柏 魏月琳 周锰
7	2003	激光光束整型与变换的研究	福建省科学技术奖三等奖	蒲继雄 张惠华 张渭滨 张文珍
8	2003	薄壁杆侧向稳定计算理论	华夏建设科学技术奖三等奖	王全凤
9	2004	铌钨酸钽钨酸光催化纳米复合材料研究	福建省科学技术奖三等奖	吴季怀 林建明 林碧洲 黄妙良 黄昀昉
10	2005	锯切过程中金刚石工具与岩石界面作用机理研究	福建省科学技术奖二等奖	徐西鹏 李远 于怡青 黄辉 曾伟民 沈剑云 戴秋莲
11	2005	天然石墨在聚合物基体中的纳米分散研究	福建省科学技术奖三等奖	陈国华 吴大军 吴翠玲 翁文桂 翁建新
12	2005	回归式反光膜的中试生产	福建省科学技术奖三等奖	陈亦可 林建明 吴季怀 林煜 黄昀昉
13	2005	利用污泥，淤泥生产陶粒建材（合作单位）	福建省科学技术奖三等奖	严捍东 吕振利等
14	2006	新型光谱开关的研究	教育部高等学校科学研究优秀成果奖（科学技术）二等奖	蒲继雄
15	2006	超吸水性复合材料的研究与开发	福建省科学技术奖二等奖	吴季怀 林建明 魏月琳 林松柏 黄妙良 黄昀方 谢奕明
16	2006	钢筋混凝土框架结构的玻璃钢表面包裹加固法	福建省科学技术奖二等奖	黄奕辉 王全凤 张天宇 欧阳煜 黄仪 林建华 杨勇新

① 贾益民主编《华侨大学志》，中国文史出版社，2015 年 10 月，第 271 页。

续表

序号	时间（年）	成果名称	获奖名称	主要完成人
17	2006	创立新电路基本定律与建立“网络现代场论”系统的新理论	福建省科学技术奖三等奖	陈桑年
18	2006	混凝土小型空心砌块框架填充墙开裂控制措施研究（合作单位）	福建省科学技术奖三等奖	薛宗明 严捍东 张云波 陈治平 蔡自力
19	2007	石材的金刚石磨粒加工及工具技术基础研究	教育部高等学校科学研究优秀成果奖（自然科学奖）一等奖	徐西鹏 李远 黄辉 沈剑云 于怡青等
20	2007	高分子吸水保水复合材料的研究开发	福建省科技奖二等奖	吴季怀 张华集 郑叙炎 林建明 彭霈 林松柏 张雯
21	2007	新型沉淀剂十二烷基苯磺酸钠提取精氨酸工艺开发	福建省科技奖三等奖	翁连进
22	2007	石材加工数字化装备研究开发及产业化（合作单位）	福建省科技奖三等奖	谢明红 苏永定等
23	2007	造纸生产信息集成制造系统研究与应用（合作单位）	福建省科学技术奖三等奖	金福江 彭霈等
24	2007	石材加工数字化装备研究开发及产业化（合作单位）	泉州市科学技术奖二等奖	谢明红 苏永定 林健 黄栽培 李鹤飞
25	2008	基于振动控制技术的结构减震加固新方法	华夏建设科学技奖三等奖	王全凤 林建华 黄庆丰 徐玉野
26	2009	节能型混凝土空心砌块墙体热，裂，渗性能改善的综合技术措施研究	福建省科学技术奖三等奖	薛宗明 严捍东 洪斌 张云波 陈秀峰
27	2010	鞋楦数字化设计制造关键技术研究及其一体化装置研制	福建省科学技术奖二等奖	江开勇 刘斌 肖棋 黄常标 林俊义 顾永华
28	2010	琉璃纤维复合材料（GFRP）加固砌体结构的试验与应用研究	福建省科学技术奖三等奖	王全凤 黄奕辉 杨勇新 王凌云 鄢仁辉
29	2010	玻璃纤维复合材料（GFRP）加固砌体结构的试验与应用研究	厦门市科学技术进步奖三等奖	王全凤 黄奕辉 杨勇新 王凌云 鄢仁辉 张云波 曾志兴 柴振岭 刘迪 陈凡

资料来源：贾益民主编《华侨大学志》，中国文史出版社，2015 年 10 月，第 279 页。

2001—2010 年，学校共发表人文社会科学类学术论文 3900 篇，其中近 200 篇文章被《新华文摘》、《中国社会科学文摘》、人大复印报刊资料等全文转载或论点摘录；出版人文社会科学类著作（含教材）339 部。科研成果获得省部级社科优秀成果奖 62 项，其中一等奖 1 项；二等奖 21 项，三等奖 40 项；地厅级社会科学优秀成果奖 100 多项。在 2009 年的福建省第八届社会科学优秀成果奖评选结果中，学校获二等奖 7 项，三等奖 9 项，青年佳作奖 1 项，总数达到 17 项，为学校历年来最多。

华侨大学科研优秀奖社会科学获奖者每年评选10个，由“澳门胜生企业文科教师科研奖励基金”资助。2002—2009年，胡日东教授等7人次被评为福建省优秀青年社会科学工作者。①

二　人才引进和培养

（一）创新人才工作体制

1. 加强人才建设工作的组织领导。2005年4月，学校成立了以李冀闽副校长为组长的华侨大学人才工作小组，负责研究制定学校人才队伍建设的发展战略、规划、政策，以及重大人才计划的实施方案。为做好有关统筹协调工作，下设人才工作小组办公室挂靠人事处，负责协调小组的日常工作，形成了有关部门统筹协调、各负其责的人才工作组织协调机制。2010年5月，学校重新调整华侨大学人才工作领导小组，进一步实施“人才强校”战略，加强对人才工作的统一领导、统筹规划、科学决策，加大高层次人才队伍建设的力度。②

2. 健全人才工作体制。引进人才特别是高层次人才，对于高等学校的发展具有战略意义。近十年来，学校重新制定《华侨大学引进高层次人才的若干规定》《华侨大学引进人才暂行规定》《华侨大学引进人才住房补贴发放暂行办法》《华侨大学教职工聘任制实施办法》《华侨大学关于高级专家延聘的暂行规定》《华侨大学关于接收优秀毕业生的暂行规定》等规定，对人才引进的原则、条件要求、待遇、程序做出规定，并在住房安排等各方面向高层次人才倾斜，为引进人才提供较好的工作条件，从而使人才引得进、留得住、用得好、成长快。同时，学校还出台了比较灵活的人才引进政策，率先在福建省出台了《华侨大学实行人才软引进的暂行办法》《华侨大学教授工作站暂行办法》等举措，建立人才软引进机制，如直接引进、软引进、教授工作站、长期聘用、短期合作和访问讲学等形式，扩大了引进人才的层次和数量。此外，大力推进人才管理体制创新，不断探索新形势下人才管理的新机制，积极探索并大力推进“学科带头人＋创新团队”模式，初步形成以学科带头人为核心凝聚学术队伍的人才组织模式。加强教师队伍、教辅和管理人员队伍素质建设，2006年，学校制定并出台了《华侨大学人事代理管理暂行办法》，以适应人事管理服务社会化的趋势，促进人才正常、有序、合理地流动。2007年，学校进一步

---

① 贾益民主编《华侨大学志》，中国文史出版社，2015年10月，第306页。

② 华侨大学校史编写组编《华侨大学五十年（1960—2010）》，2010年10月，第185页。

完善非教学科研系列专业技术职务的评聘工作制度。2008 年，学校出台了《华侨大学岗位设置与聘用管理实施办法》，为学校全面实施岗位设置管理奠定了坚实的基础。同时出台《华侨大学预聘高级专业技术职务管理办法（试行）》，积极引进海外留学人员和国内优秀人才到学校工作。学校通过一系列举措，有力推动了人才工作的健康、快速发展。

（二）加大人才引进力度

随着知识经济时代的到来，人才成为最宝贵的资源，人才竞争日趋激烈。近十年来，学校也不断加大引进力度，促进人才引进的有序进行，在引进人才经费上，学校给予重点保证，十年来累计提供 8847 万元的专项经费。在积极做好人才引进宣传工作的同时，主动“走出去”，校领导班子亲自带队到各地现场招聘急需人才；此外，实行“直通车”制度，由院系一把手直接负责招聘工作，提高招聘效率。在继续引进高学历、高职称人才的基础上，将重点转向引进旗帜性学科带头人及紧缺专业人才，通过泉州市“桐江学者计划”和校聘特聘教授、“软引进”等方式，积极引进、聘请旗帜性学科带头人及紧缺专业人才来校工作。2003 年 2 月，设立“教授工作站”，吸引海内外专家、教授来校任教。2009 年初，学校提出今后 3 年每年引进 100 名博士补充师资的“百名博士引进计划”。

2000 年至 2009 年，通过一系列强有力的人才引进举措，学校共引进各类教师 662 名，专业教师总数从 2000 年的 537 名扩大到的 2009 年的 1199 名，翻了一番多。此外，聘请了 18 位院士为学校名誉教授或客座教授。特别值得提出的是，学校于 2000 年确定机械及其自动化、材料学、数量经济学、结构工程等 4 个学科设置 4 个特聘教授岗位向全社会公开招聘，2001 年 11 月首位特聘教授沈利生研究员到岗，2009 年 12 月诺贝尔化学奖得主罗伯特・胡贝尔受聘为华侨大学名誉教授，2010 年 1 月中国工程院院士卢秉恒受聘为华侨大学首个“双聘院士”。①

（三）重视人才培养

1. 支持教师出国进修深造或提高学历层次

为提高教师素质，更新知识结构，更好地提高学校的教学工作，学校大力支持教师参加国际性学术会议和境外留学。

（1）积极鼓励教职工提高学历层次。2005 年 9 月，学校出台《华侨大学教职工

① 华侨大学校史编写组编《华侨大学五十年（1960—2010）》，2010 年 10 月，第 186 页。

攻读研究生暂行办法》，根据暂行办法，在职攻读硕士、博士教职工分别可报销 1.5 万元、3.3 万元培养费，每年可报销往返路费（1 次）及住宿费，除此之外，每年还可报销 2000 元调研资料费（不超过 3 年）。

2007 年 2 月，学校出台《华侨大学教师在职获得博士学位后有关待遇的规定》，并在 2007 年 6 月印发了其《补充规定》。根据该规定，教师在职攻读博士获得学位后，可以科研项目的方式申请科研启动费，具体标准为工科 4 万元、理科 3 万元、文科 2 万元。

另外，对于攻读国内重点院所（特指“211”工程学校及中国科学院所属研究所）的定向培养（特指学校不需要支付培养费的）博士研究生的教职工，学校在其获得博士学位后，除按照《华侨大学教职工攻读研究生暂行办法》（华大人〔2005〕26 号）和《华侨大学教师在职获得博士学位后有关待遇的规定》（华大人〔2007〕5 号）等文件规定享受科研启动费和调研资料费（6000 元）之外，另一次追加生活补贴 1.5 万元。

2010 年 1 月，学校出台《华侨大学教职工攻读研究生规定》，根据该规定，攻读国内重点院所定向培养博士研究生的教职工在获得博士学位后，学校给予生活补贴追加至 2 万元。

这些政策的出台，大力推进了“教师访学留学计划”，十多年来，已累计资助 84 名教师出国（出境）访问学习，选派在职攻读博士学位 224 人、硕士学位 212 人，目前已取得博士学位 154 人、硕士学位 144 人，提升了学历层次，提高了教师素质，为提高教学质量和办学水平奠定了坚实的基础。①

（2）选派国内访学和博士后研修。学校鼓励青年教师在顺利完成教学科研任务的前提下，由学校有组织有计划地选派到“985”工程高校、中国科学院及中国社科院等院校机构从事访问学者或博士后研修，建立长期的学术合作与交流关系，以提高青年教师队伍的学术水平和创新能力。

2009 年，学校出台《华侨大学青年教师国内访问学者项目实施办法》，访问学者研修期间人事关系不变，期满后回原单位工作，研修期间的工资、福利等原则上不受影响，校内岗位津贴按学校有关文件执行。另外，访问学者可报销往返路费（按照财务处差旅费有关规定执行）；住宿费接受单位有安排，按实际收费报销（最高不超过 4800 元/年），未安排的凭正式住宿发票在 4800 元/年以内报销；出差补贴按照 10 元/天标准支付。自 2002 年起至 2010 年底，学校共派出 65 位教师前往国内

① 华侨大学校史编写组编《华侨大学五十年（1960—2010）》，2010 年 10 月，第 186 页。

高校进行访学研修。[1]

（3）选派出国（境）留学。学校于 1996 年 3 月和 2001 年 12 月分别出台了《关于学校单位公派出国留学人员的选拔办法》和《关于教师自费公派出国留学的暂行规定》，根据规定，学校对获得硕士学位的，将提供回国国际旅费；获得博士学位（后），博士后出站后另外享受安家费 10000 元、岗位津贴 20000 元，学校提供三室两厅住房一套，连续 5 年每年资助出版学术著作每本 10000 元，连续 5 年每年提供资料费博士 500 元、博士后 1000 元，并配备台式电脑一部。

2009 年出台《华侨大学优秀中青年教师出国研修项目实施办法》和《华侨大学教职工公派出国留学暂行规定》，其中公派出国留学人员在批准的留学期限内，工资照发，校内岗位津贴按学校有关文件执行，在批准的延长期限内工资暂存，待其回校报到后，再补发延长期限内的暂存工资，按期回国的公派留学人员（含经批准后同意延长并按期回国人员）在国外工作、学习期间视同年度工作考核合格，按政策规定参加调资；若在职教职工获得邀请方的全额经费资助（不使用学校经费），学校在其回校后按邀请方资助费用 50% 的标准给予本人资助，作为科研经费使用，最高额度不超过 5 万元人民币。

2009 年，学校启动国家公派留学《青年骨干教师出国研修项目》，留学人员在外留学期间的奖学金生活费和一次往返国际旅费按现行国家公派留学人员奖学金资助标准提供，所需经费由国家留学基金管理委员会与学校按 1∶1 比例共同负担。这一年选派教师到国内外著名高校做访问学者，首批 10 名出国留学人员和 26 名国内访学人员陆续按计划开展访学和科研合作；积极推进青年博士从事博士后研究工作，有 6 位教师赴其他高校从事博士后研究。

自 2000 年至 2010 年，到国外进行访学或者博士后研修（三个月以上）的教师达 95 人次，其中国家公派项目 17 人次，由学校派出 53 人次，自费 25 人次。[2]

（4）加大青年教师培养力度，提高教师综合素质。把好岗前培训第一关。凡新进教师都要参加岗前培训，并率先规定未经培训合格的不得晋升专业职务。自 1990 年学校开始举办岗前培训班以来，截至 2010 年有近 900 人参加（注：包括部分专职思政教师和拟申请教师资格的专业技术人员）。

举办课堂教学培训班，对青年教师缩短教学适应期，熟悉教学过程，提高教学能力具有重要的意义。

强化教育教学能力的指导，帮助教师提高课堂教学水平和教学质量。从 2002 年

---

① 贾益民主编《华侨大学志》，中国文史出版社，2015 年 10 月，第 248 页。

② 贾益民主编《华侨大学志》，中国文史出版社，2015 年 10 月，第 249 页。

起，要求每个院系每学期选择10%左右的教师作为重点培养对象，优先安排新教师和中青年教师，通过听课、讲评、讨论、集体备课等形式，对他们进行具体帮助。

积极实施了高层次创造性人才建设系列计划，以更长远的眼光来谋划人才培养工作。做好各类高层次人才推选、培养工作，积极推荐优秀中青年骨干教师参评国家和福建省“百千万人才工程”“新世纪优秀人才支持计划”等人才培养体系，并按有关规定给予政策支持。

做好教师在职从事博士后研究的审批、入站手续等相关工作。自2007年9月机械工程学科博士后科研流动站获批设立后，2009年学校又有应用经济学、结构工程2个博士后流动站获得批准。2009年，学校有6位教师进入其他高校从事在职博士后研究。①

（四）改革激励机制

1. 建立竞争激励机制。学校按照“公开、平等、竞争、择优”的选人用人机制，积极实施“优秀人才工程”。2002年，学校启动了“新世纪优秀中青年骨干教师”工程，学校对选拔出骨干教师，按照“精选、培养、重用、厚待”的原则，在政策上给予适当的倾斜，除了享受特殊津贴之外，学校还在他们参加的著书立说、参加学术交流、科研条件等方面提供优惠的条件，让优秀拔尖人才尽快成长。实行目标管理，建立滚动淘汰机制，学校与骨干教师签订培养协议，两年届满考核，不合格的将取消资格；制定一系列人才管理规章制度，坚持向教学一线教师，特别是向高层次人才和中青年骨干教师倾斜；制定了《关于选拔和培养新世纪优秀中青年骨干教师的暂行规定》等相关制度。同时，学校建立了教师教学、科研奖励办法，已设立了文科优秀教师奖励基金、理工科优秀教师奖励基金、教师学术著作出版基金、文科教师科研奖励基金及理工科教师科研奖励基金等五大奖教基金，每项每年约评出10人，每人奖1万元，鼓励和支持教师多做贡献。

2. 营造良好的用人环境。学校通过各种途径，大力开展送温暖、办实事活动，解决教职工关心的热点、难点问题。如，利用华侨捐资开通了校园网络，为全校具有博士学位和副高职称以上人员配备计算机；推出了给学科带头人配备专职秘书的举措；修建新南区经济适用房和博士楼等。在学校实施历次人事分配制度改革中，实行公开选拔、择优聘任，形成了“能进能出、能上能下”的激励竞争机制，强调将岗位津贴与教职工的承担职责轻重、工作业绩情况等紧密挂钩，重点向教学一线

① 华侨大学校史编写组编《华侨大学五十年（1960—2010）》，2010年10月，第186、187页。

倾斜、向高层次人才和重点岗位倾斜。2006 年，对教职工反映较突出的双语教学课程系数、科研学术期刊分类等问题做出微调，继续向一线教师和优秀人才倾斜。一系列措施不仅使教师增加了收入、提高了生活质量，而且大大改善了教师的工作、生活环境。①

（五）改革人事管理和分配制度

2000 年，学校在进行建立学院制的教学管理改革、高校后勤社会化的改革的同时，推进了新一轮学校人事制度的改革。经过校内外广泛调研，召开民主党派、系处领导及教职工代表大会等充分讨论、审议，学校于 2000 年 5 月 15 日正式公布《华侨大学党政管理机构编制及其人事制度改革方案》，标志着学校新一轮校内管理体制改革全面启动。学校对管理机构进行综合调整，行政与企业分离，重点推行聘用制和岗位管理制度，实行全员聘任制和合同制，行政管理人员一律停岗待聘，而后根据自身条件竞争上岗，优化组合，教师及专业技术人员实行定岗择优聘任，后勤服务人员实行劳动合同制等。校内分配体制改革本着重实绩、重贡献的原则，向教学一线及优秀人才和关键岗位倾斜，对优秀人才、骨干教师和做出重大贡献者予以重奖。此后学校根据社会发展，先后于 2004 年、2010 年修订完善收入分配制度，出台《华侨大学岗位聘任和岗位津贴试行办法》（华大综〔2004〕47 号）和《华侨大学奖励津贴试行办法》（华大综〔2004〕48 号），2010 年修订后出台《华侨大学岗位津贴分配暂行办法》（华大综〔2010〕54 号）。②

通过收入分配制度改革，学校初步形成了国家工资、地方补贴和校内津贴相结合的收入分配结构，逐步建立起以岗定薪、按劳取酬的分配机制，体现了重实绩、重贡献、向高层次人才和重点岗位倾斜的分配激励机制，提高了教职工收入待遇，较好地调动了广大教职工尤其是教师的积极性。

为适应人事管理服务社会化，建立与社会主义市场经济相适应的人事管理体制，促进人才正常、有序、合理地流动，学校结合实际情况制定了《华侨大学人事代理工作暂行办法》（华大人〔2003〕18 号）。根据社会发展的实际情况，学校于 2006 年对人事代理办法进一步修订，出台《华侨大学人事代理管理暂行办法》（华大人〔2006〕24 号）。

---

① 华侨大学校史编写组编《华侨大学五十年（1960—2010）》，2010 年 10 月，第 187 页。

② 贾益民主编《华侨大学志》，中国文史出版社，2015 年 10 月，第 251 页。

（六）改革职称评聘制度

2001 年，学校制定了《关于 2001 年教师职务任职资格评定工作的有关规定》，在闽教职改〔1997〕010 号文的基础上对学校教师职务任职资格评审提出更高要求。

2005 年 4 月，福建省人事厅下发闽人发〔2005〕58 号文，授予学校具有博士学位授予权相应学科教授、研究员任职资格评审权，是学校职称评审工作的又一重大突破。

2007 年，学校进一步完善非教学科研系列专业技术职务的评聘工作制度，制定了《关于非教学科研系列高级专业技术职务评聘的通知》，为学校非教学科研人员职称评审制定了规范化的标准。

2008 年，学校制定《华侨大学预聘高级专业技术职务管理办法（试行）》，针对海内外高水平的人才，学校通过预聘的方式，提高引进人才的待遇，有力地推动了人才工作的健康发展。

2010 年，制定《华侨大学专业技术职务评审工作补充规定》，在福建省及学校 2001 年职称文件的基础上对学校教师职务任职资格评审制定了更高标准。①

通过近十年的建设，学校师资队伍规模不断壮大，教师的综合素质不断提升，教师的学历层次、学缘结构都得到了明显改善，学校形成了人才引得进、留得住、用得好、成长快的良好人才工作局面，为学校新一轮发展提供了坚强的人才保障。②

至 2009 年 12 月底，学校教职工总数为 2146 人，其中专任教师总数达到 1199 名，比 2000 年增长了一倍多。专任教师中，正高职称 174 人，占师资总数的 14.51%；副高职称 316 人，占师资总数的 26.36%；中级职务及以下者 709 人，占师资总数的 59.13%。专任教师中，取得博士学位的教师 322 人，占师资队伍的 26.86%；取得硕士学位教师 557 人，占师资队伍 46.46%。博士、硕士教师共有 879 人，占师资队伍的 73.31% 。

至 2010 年底，学校师资队伍中，有“双聘院士”1 人；“国家杰出青年科学基金”获得者 1 人；入选“新世纪百千万人才工程”国家级人选 2 人，教育部“新世纪优秀人才支持计划”入选者 8 人；入选福建省“百千万人才工程”人选 15 人，福建省“高等学校新世纪优秀人才支持计划”23 人，福建省“高校杰出青年科研人才培育计划”5 人，“福建省高等学校创新团队培育计划”3 个；福建省“闽江学者”特聘教授 3 人，福建省优秀专家 2 人，福建省杰出科技人才 1 人，全国优秀教

① 贾益民主编《华侨大学志》，中国文史出版社，2015 年 10 月，第 250 页。

② 华侨大学校史编写组编《华侨大学五十年（1960—2010）》，2010 年 10 月，第 187 页。

师 1 人，福建省教学名师 12 人，福建省教学团队 1 个；博士生导师 45 名；福建青年科技奖获得者 4 人；泉州市杰出人才奖获得者 2 人，泉州市“桐江学者”特聘教授 3 人；历年享受国务院政府特殊津贴专家 48 人。

（七）老科技协会、老教授协会

1. 老科技协会。学校除了注重发挥在职科研人员的作用外，也非常关注已退休科研人员继续发挥余热。泉州市老科技协会华侨大学分会成立于 2004 年 2 月 22 日，原华侨大学纪委书记吴道明担任会长。2004 年 12 月，华侨大学老科技工作者协会成立。

2. 老教授协会。在这些的基础上，华侨大学老教授协会成立于 2006 年 6 月 16 日上午的华侨大学老干部活动中心三楼活动室。会议表决通过了华侨大学老教授协会章程，选举产生了由 21 人组成的老教授协会首届理事会，郭亨群当选会长，吴道明当选常务副会长。校长吴承业受聘名誉会长。福建省政协副主席、省老教授协会会长林逸，常务副会长高钰仁；校领导吴永年、徐西鹏、张禹东，老领导施玉山、杨翔翔、李孙忠、黄炎成、郭亨群，以及福州大学、福建农林大学和厦门市老教授协会负责人等出席成立大会。吴永年致贺词称，学校将努力营造重视、关心和支持离退休技术人员发挥作用的良好氛围，为协会开展各项活动提供必要的经费和场地支持。①

华侨大学老教授协会是由离退休或年龄在 50 岁以上的正副教授、正副研究员、高级工程师以及其他具有高级业务职称知识分子等自愿组成的联谊性社会团体，将在教学、科研、科技开发、为政府提供政策咨询服务、编写教材、开展学术研究、推动校际交流等方面开展活动。泉州市老科技协会华侨大学分会、华侨大学老教授协会两个协会合设一个理事会，现有会员 170 多名。②

2007 年 1 月 9 日，华侨大学科协学术沙龙在侨总图书馆三层会议室成立。

2008 年，由福建省科协主办，福建省化学会承办，华侨大学、泉州市化学化工学会协办的福建省科协第八届学术年会化学分会场暨福建省化学会 2008 年学术年会在华侨大学召开，福建省化学会副理事长、华侨大学副校长吴季怀主持年会。年会主题为“化学与节能环保，和谐发展”。来自全省的 70 名专家学者、教师和研究生参加此次年会，会议收到化学研究及化学教育相关论文近 120 篇。

---

① 平怀芝：《华大老教授协会成立大会》，《华侨大学报》2006 年 6 月 20 日，第 4 版；2019 年 10 月 20 日由华侨大学老教授协会负责人王少雄老师提供部分材料。

② 贾益民主编《华侨大学志》，中国文史出版社，2015 年 10 月，第 297 页。

3. 发挥余热为学校和地方做贡献。泉州市老科技协会华侨大学分会、华侨大学老教授协会成立后为泉州市和华侨大学做了大量力所能及的工作。

推荐协会专家会员，服务泉州市的经济建设；推荐专家参加泉州市人民政府经济顾问组，为泉州经济发展出谋划策；推荐专家参加中共泉州市委政策研究室开展“加快机械装备产业转型发展”的调研，深入60多个企业，寻找突出问题与薄弱环节，提出转型发展的思路和对策；推荐专家参加泉州市科技局“泉州市数控一代机械产品创新应用示范工程实施方案”的评议和修订；推荐专家参加泉州市发改委、市科技局、市经信委千项以上科技项目的评审、验收，为政府资助把关，为企业创新助力；推荐专家为泉州市企业（如泉工机械、闽安机械、黑金刚自动化公司等）提供科技咨询服务。

组织专家为泉州市老科技协会、华侨大学附属中学开设科普讲座，内容有“智能制造”“工业电脑PLC”“解读泉州制造2025”等。

为让老同志了解习近平中国特色社会主义伟大时代的新风貌，还组织会员到著名企业和民办高校参观调研，如恒安集团、嘉泰数控、西人马联合测控公司、国家特种机器人产品质量监督检验中心、厦门工学院、闽南理工学院等。

第五节　华文教育与华侨华人研究

一　落实胡锦涛总书记对华文教育的重要指示

进入21世纪，高等教育的国际化大趋势逐步形成，随着中国经济的迅猛发展和世界经济全球化进程加快，世界掀起了新一轮学习汉语的热潮，对此党和国家领导人高度重视，胡锦涛、贾庆林等分别于2004年、2008年在全国“两会”期间对华文教育做出了重要指示。特别是2004年3月7日，华侨大学校长吴承业参加全国政协十届二次会议，在全国侨联和中国致公党的联组讨论会上，以“海外华文教育的重要性应进一步引起重视”为主题进行发言，并提出了“应集中力量，由国务院侨办牵头，有关部门参加，组成跨部门的协调小组，支持海外华文教育事业”的建议。出席联组讨论的中共中央总书记、国家主席胡锦涛听取了这个建议，他指出：“海外华文教育是我们义不容辞的责任。文化是一个纽带，中华民族之所以几千年遇到各种磨难而始终不衰，文化的凝聚力应该是一个很重要的因素。所以，无论是从民族优秀传统文化的传承角度考虑，还是从骨肉同胞的亲情考虑，都应在海外华文教育问题上给予帮助，给予支持。”①

为进一步做好该项工作，2004年9月，国家成立了有相关部门参与的中国华文教育基金会，并召开跨部委华文教育联席会议，华文教育又一次迎来了重大发展机遇。② 在五十年的办学历程中，华侨大学以“为侨服务，传播中华文化”为办学宗旨，一直致力于开展海外华文教育，以培养汉语技能、传授中华文化为学科特色。华文教育，既是华侨大学的生命线，也是作为华侨高等学府的华侨大学所应承担的使命。学校紧抓难得的机遇，进一步树立涵盖境外生教育、海外办学、汉语推广、

---

① 《吴承业校长在“两会”上关于华文教育的发言受到胡锦涛总书记的关注》《华大信息（专报件第10期）》（总第216期），2004年3月25日，华侨大学文书档案。

② 吴承业：《加强党的先进性建设 构建社会主义和谐大学》，《华侨大学报》2005年3月29日，第4版。

华侨华人研究的华文教育理念，华文教育纵深推进、全面拓展。①

二　华文教育

（一）整合华文教育资源

1. 加强组织领导。为了加强对华文教育工作的支持，2005 年 11 月，学校成立中国华文教育基金会华侨大学专项基金办公室，副校长关一凡任主任；2006 年 11 月，学校成立华侨大学汉语国际推广领导小组，校长吴承业任组长，副校长关一凡、徐西鹏任副组长。2010 年 3 月，学校成立了华文教育工作领导小组，丘进校长任领导小组组长，副组长由朱琦环、吴季怀、张禹东担任。同时，学校成立了华文教育办公室，为正处级建制，作为华文教育工作领导小组的办事机构。2010 年 5 月 14 日，华文教育工作领导小组召开会议，对华文教育办公室的职能定位、机构设置、工作计划等问题进行研讨。会上丘进校长指出，推进华侨大学华文教育工作，就要准确地定位其职能，合理地配置人力、物力和财力，并将该华文教育工作提高到整个学校的层面上；有效整合校内外资源，充分发挥华侨大学的侨校特色和优势，尽快提高华侨大学华文教育的办学水平与办学层次，形成华侨大学华文教育的拳头产品，快速促进和加强华侨大学华文教育事业的发展，努力把华大建成在国内外有重要影响、特色鲜明的华文教育基地。②

2. 明确工作目标。“十五”期间，华侨大学把华文教育工作列为学校工作重点，全校形成了华文教育是华侨大学生命线的共识。③ 2005 年 3 月，党委书记吴承业在学校第四次党代会上，明确了提出全面发展华文教育是新时期华侨大学的三大历史任务之一。④ 2009 年在学校深入学习实践科学发展观活动中，学校又提出华文教育拓展计划，进一步树立涵盖境外生教育、海外办学、汉语推广、华侨华人研究的华文教育理念；将华文教育的对象延展到海外华人、华裔，直至外国人，从当前比较单一的华侨界、华人界扩展到外国主流社会；提升华文教育学科层次，形成“全方位”“高层次”“大范围”的较为完整的华文教育体系。

3. 整合教育资源。华侨大学华文学院是华侨大学对外汉语教学的单位，是中国

---

① 华侨大学校史编写组编《华侨大学五十年（1960—2010）》，2010 年 10 月，第 188 页。

② 华侨大学校史编写组编《华侨大学五十年（1960—2010）》，2010 年 10 月，第 189 页。

③ 华侨大学：《关于印发〈华侨大学“十五”计划和 2015 年发展规划纲要〉的通知》，2002 年 4 月，华侨大学文书档案。

④ 吴承业：《加强党的先进性建设 构建社会主义和谐大学》，《华侨大学报》2005 年 3 月 29 日，第 4 版。

教育部首批公布的有资格招收外国学生的单位之一，是国务院侨务办公室首批批准的华文教育基地之一，是国家汉办支持周边国家汉语教学重点学校之一，是国家在福建省最早设立的汉语水平考试考点。2000 年 11 月，国务院侨务办公室“华文教育基地”在华侨大学集美华文学院挂牌；同年学校预科部并入华文学院。2002 年 4 月更名为华侨大学华文学院，主要任务是向海外华侨华人及其他外籍人士传播中国语言文化，进行汉语培训，促进中外文化交流。学校在华文学院的基础上，积极构建以华文教育为特色的学科专业体系，并给予重点扶持，使其不断壮大发展，成为学校对外办学的一个重要阵地。通过一系列改革，华文学院顺利向高等教育体制转轨。

（二）探索本科学历教育与非学历教育

1. 设置对外汉语本科专业

2002 年 9 月，经上级批准，华文学院增设对外汉语本科专业，专门培养外向型的汉语应用人才，为海外尤其是东南亚地区培养高素质的汉语教师。这是华文学院第一个以国内生为对象的本科专业。该专业的设立，是华侨大学开拓华文教育的起点，对于华文学院的长久发展有重要意义。①

（1）课程设置。“对外汉语”专业注重汉英双语教学，培养具备扎实的语言功底，系统全面地掌握语言学、汉语言文学、教育学、心理学知识，熟悉第二语言教学的基本理论和基本方法，精通外语和计算机，对中华文化及中外文化交往有较全面的了解，能从事对外汉语教学、汉语言文化研究和对外经济文化交流工作的中英双语人才。主要课程有现代汉语、古代汉语、普通语言学、应用语言学、中国文学、外国文学、中文写作、英汉翻译、教育学、心理学、对外汉语教学理论、第二语言教学法等。②

（3）学生培养。专业设立以来，学院一直将专业教育和能力培养一起抓，2002 级对外汉语专业荣获“全国先进班级”荣誉称号，2005 年，学院学生艺术团编排的节目《鼓韵》荣获全国首届大学生文艺会演一等奖。专业招生规模也不断扩大，到 2006 年，对外汉语专业招生人数已经增至 77 人。

（4）学院重视教学纪律和教学管理纪律。在学院教学管理部门的领导下，加强

---

① 胡培安、纪秀生主编《亲历·见证——侨生情，华教梦》，社会科学文献出版社，2018 年 9 月，第 100 页。

② 胡培安、纪秀生主编《亲历·见证——侨生情，华教梦》，社会科学文献出版社，2018 年 9 月，第 100 页。

教学纪律管理，严格教师考勤制度，完善教师请假制度。采取双向报请的办法，教师如需请假，须本人提出申请，报系部批准，经教学办批准备案后方可执行。教师大都能严格要求自己，克服多重困难，保证了教学任务的顺利完成。学院严格按照华侨大学考试管理规定，认真制定期中、期末考试工作安排，有条不紊地完成了期中、期末考试工作。加强学生的思想工作也是学院工作重点的一部分。学院重点做好国内生的学风、班风建设工作，加强入学教育，规范学生行为，使同学们对大学生活有个初步的了解。辅导员耐心细致，关心同学，发现学生遇到困难，及时帮助解决。①

（5）专业特色实习。2002 级对外汉语专业本科学生是华文学院招收的第一批境内本科生。他们在华文学院学习、生活、实践是否成功，以及教学成果是否令人满意，对华文学院具有重要的意义。在国家汉办的指导和学院的努力下，2004 年 5 月底到 2005 年 4 月初，华文学院 2002 级对外汉语专业的 31 名同学作为华侨大学首批汉语教学志愿者远赴菲律宾，在侨中学院、圣公会学院、基立学院、马尼拉百阁公民学校、棉兰老鄢氏恩惠学校、红奚礼示立人小学、计顺市尚爱中学、怡朗华商中学、宿务东方学院以及礼智兴华中学进行了为期 10 个月的汉语教学实践活动，其成绩得到了任教学校和所在地区华教协会的一致肯定，受到了中国驻菲大使馆、菲华商联总会、菲律宾华教中心的高度赞扬。《参考消息》、中新网等媒体也对此次派往菲律宾的华大志愿者进行了报道，引起了热烈的反响。实践结束后，任教学校对华大志愿者进行了全面评价，综合评定成绩在 90 分以上，优秀率达 97%。很多华校校长和董事长纷纷表示，希望继续留用华大志愿者，期望来年再聘华大志愿者。菲律宾华教中心主席颜长城先生指出："华侨大学志愿者来菲时间不长，就给菲华社会留下了极为深刻的印象。"②

2002 级对外汉语专业学生唐鑫桐曾前往菲律宾担任汉语志愿者，她回忆起了这段特殊的经历：

> 2004 年 6 月至 2005 年 3 月底作为国际汉语教师中国志愿者，我参加了赴菲律宾从事华文教育的工作。我知道自己肩负着薪传中华民族博大精深优秀文化的使命，承载的是祖国母亲的重托、千百万海外华侨华人的期望，从事的是光

① 胡培安、纪秀生主编《亲历·见证——侨生情，华教梦》，社会科学文献出版社，2018 年 9 月，第 100 页。

② 胡培安、纪秀生主编《亲历·见证——侨生情，华教梦》，社会科学文献出版社，2018 年 9 月，第 102 页。

荣而神圣的工作！在菲律宾从事华文教育工作的十个月里，我更加深刻地感受到华文教育的崇高性，我与我的同学认真工作，兢兢业业，不辱使命，顺利完满地完成了华语教学工作。在这次教学实践中，获得了第二语言教学的宝贵经验，使我的专业素质得到了极大的提高，在带队老师夏明菊副教授的指导帮助下，我把第二语言教学理论知识与教学实践相结合，取得了显著的教学效果，同时也得到了任教学校菲律宾侨中学院领导老师的充分肯定。每一位海外华侨华人都是与祖国紧密相连的，只有祖国强大了，他们才更有地位，才更荣耀！在菲律宾商联总会组织的菲华各团体庆祝中华人民共和国国庆晚宴上，我们眼前的大屏幕出现的是中国奥运健儿夺金镜头的回放，耳边响起的是“今天是你的生日我的中国”，那时那刻内心无比激动，又一次感受到做一名中国人的无比自豪！眼里充满了激动的泪花，心里不停地说：“我爱你祖国！”我也没有辜负祖国的期望、学校的支持，在菲律宾兢兢业业，认真教学，是一个名副其实的传播中华文化的使者！

虽然我完成了十个月的赴菲支教任务，但“路漫漫其修远兮，吾将上下而求索”，华教事业可谓任重而道远，我将继续努力，完善自己的理论知识，提高实践能力，继续为海外的华文教育事业贡献自己的力量。①

2. 设立“华文教育”海外学生本科专业

在国务院侨务办公室的大力支持下，2005 年学院成功申报了“华文教育”本科专业，面向海外招收将来有志从事华文教学的华裔青年。“华文教育”本科专业学生均由东南亚各国华社或华文教育机构推荐，这些机构包括：印度尼西亚印度尼西亚东爪哇华文教育统筹机构、印度尼西亚印度尼西亚泗水教育厅、华侨大学印度尼西亚印度尼西亚校友会、印度尼西亚印度尼西亚苏北崇文教育基金会、华侨大学泰国校友会、泰国佛丕光中、缅甸福建同乡会，诗琳通公主资助的柬埔寨学校。②

说起华文教育专业的设立，陈旋波教授对当时的情况记忆犹新：

因为教育部的目录里没有华文教育这个专业。最早是暨南大学，它早于我们一年或两年申请该专业。我们学院当时得到了教务处、学校领导方面的支持，

① 胡培安、纪秀生主编《亲历·见证——侨生情，华教梦》，社会科学文献出版社，2018 年 9 月，第 104 页。

② 胡培安、纪秀生主编《亲历·见证——侨生情，华教梦》，社会科学文献出版社，2018 年 9 月，第 107 页。

认为华文教育专业很有必要。主要是我们已经有了很好的条件了，在这之前我们已经开设了两三届的印度尼西亚师资班。我们与爪哇岛的、泗水的华文教育协调机构的符福金主席一直有所交流。1997 年印度尼西亚爆发经济危机，到了 1998 年印度尼西亚大规模排华，我们学院当时接收从印度尼西亚逃回来的难民，有的人连拖鞋都没有。一段过渡期后，2000 年瓦希德当总统后解除了对华文的行政禁令，当时印度尼西亚需要大量的老师。所以东爪哇的符福金先生跟国务院侨办还有我们华侨大学共同出资出力开办印度尼西亚师资班。这个班大概是 2003 年、2004 年、2005 年开办的。这些人大多数是印度尼西亚华人，毕业回国后现在大多数还在教书。当时教育部同意暨南大学开设华文教育专业，后来我们也申请了。两所学校申请下来了，教育部后来在目录里加上了华文教育这个专业。但是该专业是带星号（*）的，是要限制招生的，不是每所学校都有资格招生。华文教育专业培养方案与我们学校现在的培养方案是一样的，如招收海外学生。刚开始以东爪哇这个地方为主体，后来扩展到泰国、菲律宾等东南亚国家。最开始的招生人数在 40 人左右。后来纳入侨办项目，发放奖学金等。第一届学生素质非常好，是东爪哇华文教育协调机构那边对学生进行综合素质方面的考试后再选派到我们这里上学。当时他们的汉语多是零基础的。我们主要是跟该机构沟通，他们是很严格和负责的。现在的招生规模扩大，各个地方的（学生入学）标准不一样，有的地方严格，有的地方相对宽松。

当年的毕业生回去后，现已经成为东南亚华文教育的中坚力量了。[①]

2006 年，华文学院华文教育本科专业开始招生，第一届招收学生 50 人。学院从“为侨服务”、发展海外华文教育的高度，对“华文教育”本科专业的人才培养模式和机制进行了新的探索，根据东南亚地区对华文教师的实际需要，制定了行之有效的培养方案，着重培养学生的汉语技能和中华文化的各种技能，提高学生的中华文化修养，使之成为具有良好的业务素质和中华文化气质的优秀华文教师。[②]

（1）制订具有华文教育特色的教学计划和课程体系。华文学院的华文教育本科专业注重因材施教，学院根据华文教育教学的一般规律，结合学生以东南亚华商为主体的特点和要求，有针对性地制订了具体、切实、特色鲜明、针对性强的教学计

① 胡培安、纪秀生主编《亲历 · 见证——侨生情，华教梦》，社会科学文献出版社，2018 年 9 月，第 108 页。

② 胡培安、纪秀生主编《亲历 · 见证——侨生情，华教梦》，社会科学文献出版社，2018 年 9 月，第 109 页。

划和培养方案。

在汉语知识传播和语言技能的训练中，重视中华文化的引导，增加实践性环节，注重实用性。在课程设置上除综合汉语、汉语听力、汉语口语、汉语阅读和写作等基础课外，还开设中国文化、中国历史、中国概况、汉语交际文化、中国旅游文化、中华伦理、中华民族舞蹈、中国武术、中国音乐等中华历史文化类课程，使学生在掌握汉语言知识和技能的同时，了解和认同中华历史文化。

华文学院树立“文语兼顾、德才并育”的教育观，在汉语知识传播和汉语技能训练的同时，切实有效地进行中华文化（包括交际文化、知识文化和文化精神）的引导，培养华裔学生的民族文化意识，并用中华民族的传统美德去影响、熏陶学生，培育他们的中华文化人格和文化精神，让华裔学生了解、认同、承继中华优秀文化传统，造就具有中华优秀文化特质的新一代华文教师。

为了加强学生的教师技能培养，确保学生今后能够胜任海外华文教育教学工作，学院设置了一系列有华文特色和师范特点的课程，如华文教育概论、教育学、心理学、教育心理学、儿童心理学、儿童教育活动设计与指导、教育管理学 、现代教育技术 、第二语言教学法等，使学生全面了解和掌握华文教师应有的基本素质和能力。①

（2）精心组织课堂教学。学院组织了一支高学历、高职称，教学经验丰富、责任心强的师资队伍来担任华文教育本科专业的任课教师。任课教师从为海外华文教育事业培养接班人的高度认识自己的教学工作，精心组织课堂教学，坚持知识、技能与文化并重，教学方法活泼多样，教学内容丰满充实，教学效果良好，教书育人，在教学过程中贯彻以中华优秀文化育人的原则。②

（3）加强学风建设。为了培养高素质的海外华文师资，学院重视华文教育本科专业的学风建设。从一年级抓起，以学习为中心，强化素质教育，力求全面发展，努力使每个年级成为一个团结友爱、积极向上、严谨求学、风气端正、成绩优良的集体。学院明确优良学风应包括正确的学习目标、务实的学习态度、科学的学习方法、严谨的组织纪律、良好的学习效果，并采取各种措施加强华文教育本科专业的学风建设。

严格管理，形成激励机制。开展经常性考核，对考核不合格的同学予以批评，

---

① 胡培安、纪秀生主编《亲历·见证——侨生情，华教梦》，社会科学文献出版社，2018 年 9 月，第 109 页。

② 胡培安、纪秀生主编《亲历·见证——侨生情，华教梦》，社会科学文献出版社，2018 年 9 月，第 110 页。

考核的内容有：课堂出勤率、考风考纪、各项活动的参加情况、学习成绩等。为了使学生养成良好的学习习惯，学院从学生一入学就严格课堂教学考勤制度，学生表现出了较高的学习自觉性和自律能力，学习刻苦努力，课堂上与老师良好互动，课后能保质保量完成各门课程的作业，多次获系、学校和集美教育基金会的奖励。学院针对个别汉语基础较差的学生，挑选对外汉语专业学生（国内生）与他们结成“一帮一”的对子，帮助差生学习，及时提高差生的汉语水平。多名同学参加了国家普通话测试，以提高自己的普通话水平。①

（4）重视实践教学环节。华文学院十分重视该专业的教学实习，建立了厦门市集美小学、集美幼儿园两个教学实习基地，开展校内实习与校外实习。校内实习专门安排老师指导学生教育教学实习，开展听课、写教案、试讲；校外实习则分别到集美小学和集美幼儿园，指导老师指导学生备课、写教案、课堂管理、课堂教学、批改作业、组织课外活动等，学生们观摩了小学低年级的语文课、数学课、体育课、班会课等，不少实习生还上讲台讲课，学生们在实习中收获丰硕。②

（5）组织学生参与课外文化活动。华文学院校园生活丰富多彩，学生社团活动十分活跃。华文教育本科专业学生积极参加水灯节、美食节、十佳歌手比赛、篮球比赛、排球比赛、辩论赛、汉语技能大赛、普通话比赛、全国汉语大赛等各类文体活动，并取得了优异的成绩。由华文教育本科专业学生共同创编的舞蹈《莎蔓》《巴普路亚》等文艺节目，更是精彩异常，参加了各种场合的表演、比赛，是该专业学生集体智慧的结晶。其中舞蹈《莎蔓》荣获第二届全国大学生文艺会演舞蹈类一等奖，为学校争得了荣誉。学生们在各种活动中受到了文化熏陶，提高了自身的素质。

随着华文学院对外汉语和华文教育本科专业的设立，华文学院形成了以海内外本科教育为核心，兼有培训部、预科部、高职部等不同系部的规范化的教育体系。华文学院的建设和规划正在一步步走向完善，越来越多的海内外学子开始在这个温馨的大家庭生活学习，学院发展欣欣向荣。③

3. 华文本科教育的深入发展

2008 年 1 月，华文学院与文学院联合申报的“中国语言文学类专业”被教育部确认为“高校特色专业建设点”，海外华文教育被列为福建省高等学校重点学科。

---

① 胡培安、纪秀生主编《亲历·见证——侨生情，华教梦》，社会科学文献出版社，2018 年 9 月，第 110 页。

② 胡培安、纪秀生主编《亲历·见证——侨生情，华教梦》，社会科学文献出版社，2018 年 9 月，第 110 页。

③ 胡培安、纪秀生主编《亲历·见证——侨生情，华教梦》，社会科学文献出版社，2018 年 9 月，第 111 页。

图 4－16　海外学生的获奖舞蹈《莎蔓》剧照

2008 年 7 月，华侨大学华文教育专题会议在华文学院召开，会议强调，华文教育是华侨大学的立校之本，是华侨大学各项工作的生命线。

2007—2011 年，华文学院汉语言、华文教育、对外汉语三个本科专业得到进一步稳定发展，招生人数持续增加。2010 年，华文教育本科专业通过福建省普通高校增列学士学位授权专业审核，“华文教育”专业毕业生可授予教育学学士学位。在学生培养方面，学院取得了丰硕的成果。2007 年，对外汉语专业的毕业生中，16 人经选拔被派往泰国担任汉语教师志愿者；7 人考上研究生，分别被北京大学、华侨大学、上海师范大学、华东师范大学、厦门大学等高校录取。2008 年对外汉语专业本科毕业生 52 人，其中 25 人经国家汉办选拔入选赴泰汉语教师志愿者，有 2 人考上公务员，4 人分别被中山大学、华东师范大学、东北师范大学、华侨大学录取，其他同学分别在上海、北京、深圳、厦门从事教育等相关工作。2009 年，华文学院对外汉语专业毕业 59 人，其中 21 人经国家汉办选拔入选赴泰汉语教师志愿者，有 1 人考上公务员，6 人分别被复旦大学、南开大学、上海师范大学、华侨大学等大学录取，4 人出国留学。2010 年，对外汉语专业毕业生 76 人，35 人经国家汉办选拔入选国际汉语教师志愿者（24 人赴泰国、7 人赴菲律宾、4 人赴缅甸），4 人考上公务员或事业单位，16 人分别被浙江大学、复旦大学、南开大学、上海交通大学录取，4 人出国留学，其他同学分别在北京、深圳、厦门等地就业。2011 年，对外汉语专业本科毕业生中，35 人经国家汉办选拔入选国际汉语教师志愿者；3 人考上公务员或事业单位；17 人分别被复旦大学、中山大学录取；另有 2 名对外汉语专业学生成为北京奥运会志愿者，被福建省团委授予“优秀志愿者”称号；本科毕业生平均就业率超过90%。[①]

（三）海外办学与中华文化传播

长期以来，华侨大学秉承“为侨服务，传播中华文化”的办学理念，始终大力发展服务于海外华侨华人的全方位华文教育，深化华文教育品牌项目内涵，拓展海外华文教育办学空间，促进中华文化传播。

1. 外国政府官员中文学习班

2004年12月15日上午，泰国副总理差瓦立荣知育上将在泰国总理府接见了华侨大学访问团。李冀闽副校长向差瓦立荣知育副总理转达了吴承业校长的问候，介绍了学校的办学历史、性质和办学规模，学校与泰国有关教育机构的交流与合作，特别介绍了华侨大学为泰国培养人才和学校泰国校友会的情况。泰国副总理差瓦立荣知育上将说，中国华侨大学在泰国很有影响力，希望华侨大学为泰国培养输送更多的华文人才。[②]

图4-17 泰国常务副总理差瓦立荣知育上将在泰国总理府接见李冀闽副校长等华侨大学访问团一行（图右为时任泰国常务副总理猜瓦立，图左为校友符晓星）

李冀闽副校长在《感谢信》里指出：“阁下素来热心公益，关心华侨大学的发

① 胡培安、纪秀生主编《亲历·见证——侨生情，华教梦》，社会科学文献出版社，2018年9月，第132页。

② 赵小波：《泰国副总理差瓦立荣知育上将接见华侨大学访问团时称——华大在泰国很有影响》，《华侨大学报》2005年1月4日，第1版。

展，支持华文教育，深为感动与钦佩。华侨大学一贯坚持‘为侨服务、传播中华文化’的宗旨，以为海外华侨华人提供优质教育为使命，希望阁下继续关心支持华侨大学，一同携手推动华文教育事业的开展！”①

2005 年 7 月 21 日至 24 日，应华侨大学邀请由泰王国上议院议长素春·差里科率领的泰王国上议院代表团访问华侨大学华文学院及校本部泉州校区。素春议长欣然受聘华侨大学名誉教授，成为华大在泰国聘请的首位名誉教授。素春议长称，华侨大学是中国一所非常好的大学，这里的对外汉语教学很有名，经过我们双方的努力，相信今后会更好地加强泰中两国人民的友好交往与交流。泰国和泰国人民将会永远记住华侨大学这所著名的学府。②

泰国政府的需求和愿望，华侨大学在国务院侨务办公室的领导下果断地抓住了这些机遇，迅速达成并启动了为泰国政府培训高级汉语人才的项目。依托海外华文教育学科平台，顺利进入泰国主流社会，与泰国王室、议会及政府部门建立了密切的联系。

图 4-18　泰国政府官员班前来华侨大学华文学院接受中文培训

首批经过泰国国防部严格选拔的 17 名国防部（陆、海、空三军及警察总署）军官于 2005 年 10 月 1 日抵达学校开始汉语进修。此后该项目经由“泰国国防部军官中文学习班”“泰国政府官员中文学习班”的发展演变，逐步拓展为“外国政府

① 李冀闽：《致泰国副总理差瓦立荣知育上将的〈感谢信〉》，2004 年 12 月 29 日，华侨大学文书档案。

② 张罗应：《泰国上议院代表团访问华大》，《华侨大学报》2005 年 9 月 6 日，第 410 期：第 01 版。

官员中文学习班”。从 2006 年开始，该项目更名为“泰国政府官员中文学习班”，影响力逐年扩大，学员类别从国防部拓展为泰国国会、上议院、下议院、教育部、外交部、商务部、农业部、卫生部等 20 个政府部门。截至 2010 年，泰国政府官员中文学习班共为泰国政府培养 163 名汉语人才。

2. 海外自学考试

华侨大学华文学院自 2001 年开始印度尼西亚开展汉语言自学考试工作。此项目针对印度尼西亚汉语教师提高学历水平和教学能力的实际需要，面向广大的印度尼西亚汉语教师招生。华文学院把印度尼西亚自学考试列为工作重点，发展规模，提高质量。①

图 4－19　时任华侨大学校长吴承业为印度尼西亚自考学生颁授毕业证书

3. “中华文化大乐园”夏令营

华侨大学于 2006 年启动“中华文化大乐园”项目，旨在充分利用东南亚国家的寒暑假期，“走出去”举办夏令营，以“寓教于乐”的教学形式和“因材施教”的教学方法为当地华裔青少年提供学习中华文化知识、增进了解祖（籍）国的机会。

2010 年 11 月，国务院侨务办公室将华侨大学的“中华文化大乐园”夏令营纳入国务院侨务办公室海外华文教育品牌项目。

---

① 胡培安、纪秀生主编《亲历 · 见证——侨生情，华教梦》，社会科学文献出版社，2018 年 9 月，第 120 页。

“中华文化大乐园”的教师主体由华侨大学在读本科生组成。学校每年从相关学院选拔优秀学生，该活动为华侨大学在校生提供了实践平台，将学生平时所学知识良好地运用到海外的教学实践中。

“中华文化大乐园”夏令营为期3—5周，教学内容不仅包括单一的语言教学，还设有书法、绘画、音乐、手工、武术和舞蹈等丰富多彩的文化技能课程。各教学点根据参加学生的年龄层次设有儿童班、少年班、成人班等班级类型。根据大乐园学生的特点，教学目标主要是培养学生对学习汉语和中华文化的兴趣，课堂教学以训练学生的口语交际能力和各种中华才艺基础为主，通过组织生动活泼的汉语学习活动，寓教于乐，让孩子在快乐中学习。在闭营式上，全体师生将通过一场汇报演出，用书画、歌曲、舞蹈和武术表演等形式展示短时间内的学习成果。

截至2010年12月，“中华文化大乐园”先后在菲律宾12个城市的14所华校连续举办7届，在泰国4个城市的6所华校举办4届，参加活动学生达5000多人次。“中华文化大乐园”特色鲜明，形式灵活，受益面广受到海外华社、华校及华裔青少年的欢迎与广泛好评。①

4. 海外华裔青少年中华文化大赛

国务院侨务办公室自2008年起在全世界范围内举办“海外华裔青少年中华文化知识竞赛”活动，该竞赛活动在海内外产生了强烈的反响，对于创新全球华文教育推广模式、激发各国华裔青少年学习中华文化的兴趣起到良好示范效果。为提升效应，扩大影响，满足海外华校的需求，自2012年起该项活动更名为“海外华裔青少年中华文化大赛”。

受国务院侨务办公室委托，自该活动举办以来，华侨大学承担了项目的题库建设、竞赛命题、阅卷和技术评判以及半（总）决赛方案设计、赛前辅导和赛事组织等工作。

2008年以来，华侨大学先后完成了第一届、第二届和第三届中华文化知识竞赛的竞赛命题、试卷印刷寄送、试卷批改评阅以及半（总）决赛方案设计、赛前辅导，赛事组织等工作，先后承办第一届和第二届“中华文化知识竞赛优胜者冬令营”（厦门营）和半决赛活动，同时承办了在成都举行的“第一届中华文化知识竞赛”总决赛和在西安举办的“第二届中华文化知识竞赛”总决赛。

2008年，华侨大学批改、登录第一届中华文化知识竞赛试卷共13488份，研制竞赛试用试题及复习要点共31套。

---

① 贾益民主编《华侨大学志》，中国文史出版社，2015年10月，第313页。

2009 年，学校为第二届中华文化知识竞赛研制开发了适用于 3 类不同地区的试题及复习要点共 6 套，印制相应考试材料共计 3 万份。

2009—2010 年，学校批改、登录第二届中华文化知识竞赛试卷共 24450 份，并在此期间建设完成总量为 5965 题的中华文化知识竞赛题库。①

5. 驻外代表处

华侨大学于 2005 年、2006 年、2007 年相继在泰国、印度尼西亚、菲律宾设立了代表处，以便更加深入地了解当地华文教育的需求，有针对性地开展华文教育工作。②

（1）泰国代表处。2005 年 4 月 28 日至 5 月 5 日，华侨大学泰国代表处工作筹备组赴泰考察筹办华侨大学驻泰国代表处。在泰国期间，工作组先后考察了代表处地址，拜访了中国驻泰国大使馆文化教育参赞庞利女士，访问了泰中经济文化协会、华侨大学泰国校友会、泰国中华总商会、泰国记者协会、泰国潮州会馆等机构。2005 年 7 月，泰国商业部通过了华侨大学关于成立泰国代表处的申请。2005 年 10 月 18 日，华侨大学驻泰国代表处在曼谷正式揭牌。泰国上议院议长、华侨大学名誉教授素春·差里科，泰国教育部、国防部官员，中国驻泰王国大使张九桓及泰国中华总商会主席郑明如等出席揭牌典礼表示祝贺。《亚洲日报》《世界日报》等泰国主要华文报纸对泰国代表处揭牌仪式给予高度关注，并进行了宣传报道。

（2）印度尼西亚代表处。2005 年 6 月，华侨大学印度尼西亚代表处筹备工作小组抵达泗水，工作小组先后访问了华侨大学印度尼西亚校友会、中国驻印度尼西亚大使馆以及其他华文教育机构，共同商讨代表处的申办事宜。2006 年 6 月 25 日，华侨大学驻印度尼西亚代表处在泗水正式揭牌，中国驻印度尼西亚泗水总领馆总领事傅水根、匈牙利共和国驻印度尼西亚大使乔治·布什汀、印度尼西亚东爪哇省教育厅总厅长拉希欧以及东爪哇企业家慈善基金会、东爪哇华文教育统筹机构等 19 家泗水主要华社领导和华侨大学印度尼西亚校友总会全体理事到会祝贺。

（3）菲律宾代表处。2007 年 4 月，华侨大学菲律宾代表处工作筹备组抵达马尼拉，筹备代表处挂牌等相关工作。考察期间，工作小组先后拜访了中国驻菲律宾大使馆文化处、菲律宾高校及华文教育机构。2007 年 4 月 20 日，华侨大学驻菲律宾代表处揭牌仪式在马尼拉侨中学院隆重举行。中华人民共和国驻菲律宾共和国文化参赞戴星元、华侨大学副董事长、菲航董事长陈永栽、菲华商联总会陈本显理事长、菲律宾侨中学院颜长城校长及菲律宾各界侨领等出席了揭牌仪式。

① 贾益民主编《华侨大学志》，中国文史出版社，2015 年 10 月，第 313 页。

② 贾益民主编《华侨大学志》，中国文史出版社，2015 年 10 月，第 314 页。

6. 孔子学院（课堂）

（1）泰国农业大学孔子学院。2005 年 3 月，国家汉办与泰国农业大学签署合作建设孔子学院意向书。2005 年 7 月，在北京举办的第一届世界汉语大会上全国人大常委会副委员长许嘉璐和陈至立国务委员亲自为农业大学孔子学院授牌。[①]

2006 年 5 月，华侨大学与泰国农业大学正式签署了共建农业大学孔子学院的两校合作协议。2006 年 9 月，由华侨大学派遣的 1 名中方院长和 2 名中国汉语教师抵达泰国农业大学曼谷主校区，正式开始了汉语语言文化教学与培训工作。

2008 年 7 月，泰国农业大学孔子学院正式挂牌成立。

孔子学院成立以来，秉承“稳步发展，打响品牌”的发展思路，不断研发特色的汉语课程，举办丰富多彩的文化活动，扩大合作渠道，采用更加灵活的办学模式，取得了良好的办学成效和办学声誉。

截至 2010 年 10 月，孔子学院共举办了 16 期汉语语言文化培训，开设课程 36 门，根据学员水平和需求开设了 144 个班次，招生 1593 人，累计课堂教学时数 4400 课时。

（2）缅甸福星语言与电脑学苑孔子课堂工作。缅甸福星孔子课堂由华侨大学和缅甸福星语言与电脑学苑合作设立，孔子课堂于 2009 年 12 月 18 日正式揭牌，目前是仰光地区规模最大的华文补习学校。

福星孔子课堂成立后，与国家汉办签署了新汉语水平考试（HSK）、新中小学生汉语水平考试（YCT）和商务汉语考试（BCT）等汉语考试考点协议。

福星孔子课堂于 2010 年 5 月 16 日成功举办了首场新 HSK 考试，考生人数达 471 人，是仰光地区历次 HSK 中考生人数最多、规模最大的一次。

福星孔子课堂建立了福星语言与电脑学苑孔子课堂图书馆。该图书馆是仰光地区汉语藏书最新、最多的图书馆，为福星孔子课堂的学员学习汉语提供了更丰富的资源。

通过启动孔子课堂中华文化体验中心，已经建成包括功夫与书法、风光中国、生肖剪纸、中国美食和中国民乐在内的 5 个体验项目，为缅甸学生零距离体验中国文化提供了良好的平台。

（3）东盟普吉泰华学校。为进一步拓展海外华文教育办学空间，实现华文教育“走出去”战略，努力推动华侨大学海外华文办学基地的建设，华侨大学与泰国普吉著名慈善机构普吉乐善局建立合作关系，在泰国普吉岛合作创办中文国际

---

① 贾益民主编《华侨大学志》，中国文史出版社，2015 年 10 月，第 314 页。

学校。①

2010年6月9—12日，泰国普吉乐善局主席、普吉泰华学校董事长邢福扬率团访问华侨大学，专门讨论建设中文国际学校项目。双方均认为在普吉建设一所中文国际学校，对于提升普吉乃至泰南地区的华文教育水平，具有重要历史意义，并达成合作意向。

2010年9月17—18日，为了加快推进双方合作进程，由华文教育办公室领导和建筑学院专家组成的工作组前往普吉市，重点调研华侨大学与泰国普吉泰华学校合作办学项目，实地考察双方建设国际学校校址的场地情况等，同时拜访普吉市市长，争取普吉市政府的大力支持。

2010年10月25日，泰国普吉泰华学校访问团来校进一步商谈合作项目。华侨大学与泰国普吉泰华学校合作办学第一次筹备会在厦门校区召开，双方就国际学校的建筑设计方案以及教学管理等工作进行了探讨。

2010年11月19日，时任华侨大学校长丘进率学校华文教育考察团前往普吉市，与普吉泰华学校签署合作办学协议，共同建设中国华侨大学普吉泰华国际学校，普吉府府尹和普吉市市长出席签约仪式。

三　华侨华人历史文化的教学与研究

（一）组建华侨华人研究院

华侨大学是改革开放以后国内最早专门设立华侨华人研究机构的高等院校之一。1980年，华侨大学设立校属华侨史研究室。1986年，华侨史研究室升格为华侨研究所。1995年，华侨研究所改称华侨华人研究所。2009年9月，华侨大学在整合华侨华人研究所、华侨华人资料中心和四端文物馆的基础上，成立华侨华人研究院，并作为学校重点发展的科研机构。

研究院下设华侨华人资料中心和四端文物馆。②

1. 华侨华人资料中心。资料中心本着“不求拥有，但求所用”的理念和“知侨、爱侨、为侨”的宗旨，重点开展以下工作。（1）资料收集与整理。通过收集海内外华侨华人家族史、宗亲社团、企业组织、宗教团体、侨务政策文本、侨乡社会民间资料、华侨家族企业、华侨与侨乡经济社会发展等基本材料，建立华侨华人民

① 贾益民主编《华侨大学志》，中国文史出版社，2015年10月，第315页。
② 贾益民主编《华侨大学志》，中国文史出版社，2015年10月，第203页。

间文献资料库。（2）拓展海外交流渠道。开展国内外学术交流活动，密切与海外学者的联系和合作，建立世界性的华侨华人研究学术网络。（3）依托侨乡加强与海外华人社会的联系。密切与华人社会、华人学者和研究机构的沟通与联系，建立资料合作交流机制。（4）开展侨乡综合性社会调查。积极顺应全球化大趋势，展开对侨乡社会的综合调查，全面了解侨乡社会经济发展状况，构建为侨服务咨询平台。

2. 四端文物馆。四端文物馆系杜祖贻先生于2004年首倡建立。文物馆馆藏展品迄今已达数百件，以书画作品为主，是从杜祖贻先生和海外华侨华人的捐赠品中精挑细选而出，分为近现代名人作品、现代海外侨胞和港澳台同胞创作、杜四端先生生平事迹展示三部分。

（二）教学情况

截至2010年，设有1个硕士学位点（专门史），在校研究生14人，开设公共学位课：科学社会主义理论与实践、马克思主义经典著作选读、英语；专业学位课：华侨华人概论、区域社会史、中外关系史、中国文化史；必修课：东南亚华侨华人史、海外华人社会文化、侨乡社会研究、社会学研究专题；选修课：华侨华人专题、民间信仰与华侨华人宗教文化、华文教育研究、欧美华侨华人史、日本华侨华人史、海外华文媒体、专业英语。

（三）师资队伍

截至2010年，有特聘教授3人；教职工12人，其中专业教师10人，专业教师中教授2人、副教授1人、副研究员1人、讲师3人、助理研究员3人，具有博士学位的6人。

（四）科研工作

2002年10月，学校举办了国际华文教育研讨会；2004年4月，邀请全国政协调研组组长郭东坡来校做《侨务工作和华文教育》专题报告。2005年12月22—23日举办“华文教育与华文文学”国际学术研讨会，来自中国及印度尼西亚、澳大利亚、美国等地的40多位专家学者参加了研讨会。2004年12月11日，学校召开华文教育研讨会，探讨“新形势下华文教育的内涵和发展思路”，围绕华文教育对学校及对国家和民族发展的意义、华文教育的内涵、学校华文教育面临的机遇和挑战、做好华侨大学华文教育工作的对策和建议等问题进行了交流和讨论。2006年5月10—14日，首届暨南大学、华侨大学、北京华文学院、南宁华侨补校和昆明华侨补校五校华文教育工作年会在昆明举行。[①]

2010 年，学院教师发表《海外华人社会网络与中国传统宗教的关系研究》《华侨华人在国家软实力建设中的作用研究》《跨海移民海外生存发展典型个案研究》等“国家社会科学基金项目”“教育部人文社会科学研究项目”“国侨办科研课题”“福建省社科规划项目”各种的层次论文十多篇，承担纵向科研项目 10 项。[②]

① 华侨大学校史编写组编《华侨大学五十年（1960—2010）》，2010 年 10 月，第 190 页。

② 贾益民主编《华侨大学志》，中国文史出版社，2015 年 10 月，第 204 页。

第六节　一校两生的学生工作与文化素质教育

一　学生思想政治教育工作

（一）具有侨校特色的学生工作育人体系的提出

2004 年，根据《中共中央　国务院关于进一步加强和改进大学生思想政治教育的意见》（中发〔2004〕16 号），进一步明确学校大学生思想政治教育的目标任务和实施途径等。2010 年 5 月 29 日下午，在全国加强和改进大学生思想教育工作座谈会分组讨论现场，李长春同志悉心听取了丘进校长关于华侨大学大学生思想政治教育工作情况，就进一步做好华侨大学大学生思想政治工作提出了明确的要求。2010 年 7 月，李长春、刘云山、刘延东等中央、部省领导先后对华侨大学大学生的思想政治教育工作给予充分肯定，并做出重要指示。[①] 据此，学校召开党建研讨会、校领导班子务虚会等专门研究大学生思想政治教育工作，相继出台《华侨大学关于进一步加强和改进大学生思想政治教育的实施意见》《华侨大学辅导员队伍建设管理规定（试行）》《华侨大学关于进一步加强和改进大学生社会实践的若干意见》等 7 个文件，从制度上推进大学生思想政治教育。[②]

学校以“与学生一起快乐成长”的工作理念，结合侨校“一校两生”的生源特点和“一校两区”跨市办学的新形势，不断改进完善自身工作体系，初步形成了“围绕一个目标，完善三大保障、推进六项工程”的富有侨校特色的学生工作育人体系。其中一个目标即把境内生培养成社会主义合格建设者和可靠接班人，把港澳侨台学生培养成爱国爱港、爱国爱澳、拥护祖国统一人士和海外侨界爱国骨干力量，把华人和外国留学生培养成中外友好的桥梁和使者。三大保障即完善制度体系建设，

---

① 《华侨大学关于深入学习贯彻落实李长春等领导重要批示精神情况的报告》（华大综〔2010〕80 号），2010 年 8 月 2 日，华侨大学文书档案。

② 《华大 2010 年十大新闻评出》，《华侨大学报》2011 年 1 月 4 日，第 4 版。

保障长效运行机制；完善学工队伍建设，保障队伍整体素质；完善行政革新机制，保障管理服务水平。六项工程即立德树人工程、金质文化工程、阳光资助工程、圆梦就业工程、境外生培养工程、心韵辅导工程，涵盖学生教育、管理和服务的各个方面。①

具体而言对境内生，以理想信念教育为核心，深入开展正确的世界观、人生观和价值观教育；以爱国主义教育为重点，深入开展弘扬和培育民族精神教育；以基本道德规范为基础，深入开展公民道德教育；以学生全面发展为目标，深入开展素质教育；对港澳台侨学生，以爱国主义教育为重点，深入开展弘扬和培育民族精神教育，帮助他们了解历史和人民怎样选择中国共产党、社会主义道路和改革开放，培养拥护祖国统一的爱国骨干力量；对华人和外国留学生，以中华优秀传统文化和时代精神教育为主导，加深他们对中国发展模式、发展道路的认识，涵养、培育友好力量。

（二）加强和改进思想政治教育的主要途径

1. 健全完善学生思想政治教育工作机制

一是建立和完善组织领导机制。出台相关文件，对学校开展加强和改进大学生思想政治教育工作的基本途径、实施工作的基本步骤和要求做出具体安排，形成“一把手”负总责、分管领导负主管责任、亲自抓，职能部门负直接责任、具体抓，各部门配合抓，全体教职工、党员干部、学生干部共同抓的良好工作格局。

二是建立和完善经费投入保障机制。把思想政治教育工作经费列入正常经费预算之中，解决教师培训、教育科研、表彰奖励等工作的后顾之忧，为思想政治教育研究会、思想政治理论课教师培训、思想政治教育理论研究、辅导员协会运作、辅导员培训等提供足够的资金保障。

三是建立和完善思想政治工作教师队伍的培训机制。通过聘请专家进校园举办培训班、举办讲座等形式让党政干部、思想政治理论课教师、辅导员等思想政治工作队伍接受马克思主义理论和中国特色社会主义理论教育，充分掌握进一步加强和改进大学生思想政治教育工作的重要意义和丰富内涵，提高思想政治教育教师队伍的整体素质和能力。

四是建立和完善部门联动的工作运行机制。根据2004年的中共中央16号文件要求，在学校的统一安排下，协调各职能部门，整合全校教育资源，形成党委组织部、宣传部、学工部、教务处、人事处、公共管理学院、校团委等多部门合作，学

① 贾益民主编《华侨大学志》，中国文史出版社，2015年10月，第339页。

校、家庭、社会多层次配合，党政干部、思想政治理论课教师、专业课教师、辅导员以及学生广泛参与的思想政治教育工作新格局。

2. 充分发挥课堂教学的育人作用

一是学校加大思想政治理论课程建设力度。加强思想政治理论课程改革，推进精品课程建设，建立教学资料数据库，逐步提升课堂教学质量；加强和完善课堂教学与课外教育活动“两个课堂”有机结合、思想政治理论课教师与辅导员“两支队伍”密切协作的机制，把实践教学与社会调查、志愿服务、公益活动、专业课实习等结合起来，引导大学生走出校门，到基层去，到工农群众中去。开展辅导员师资选拔和集体备课，认真完成“思想道德修养与法律基础”“大学生职业生涯规划”“大学生心理健康教育”等课程的教学任务。

二是完善形势与政策教育。由学校教研室每学期根据教育部的教学要点印发教学计划，科学安排教学内容，强化教育的针对性；加强形势与政策教研室建设，建立集体备课制度，加强教育教学研究，建立教学资料档案库；加强形势与政策教学绩效评估机制和监督机制；加强形势与政策教师队伍建设，组织形势与政策骨干教师进行社会实践和实地考察。

3. 发挥第二课堂建设的作用

（1）深入实施大学生素质培养方案。不断完善和修订《华侨大学本专科学生综合素质测评办法》，依托国家大学生文化素质教育基地建设，从思想政治与道德修养、社会实践与志愿服务、学术科技与创新创业、文体艺术与身心发展、学生团体活动与社会工作、技能培训等六个方面探索素质教育的有效途径，稳步推进素质教育向纵深发展。

（2）深入推进校园文化建设。以校园精神的提炼和弘扬为核心，努力建设体现社会主义特点、时代特征和侨校特色的校园文化，寓教育于文化活动之中；按照“精品活动全校统筹，特色活动学院主导，日常活动班级开展”的原则统筹规划校园文化活动，健全校园文化活动管理机制，规范校园文化活动程序，保障校园文化活动有序开展；利用重大节庆等纪念日，开展以爱党、爱国、爱校、向学等为主题的教育活动。

（3）推进主题教育活动。学校充分结合新中国成立 60 周年、香港回归十周年、澳门回归十周年、廖承志校长 100 周年诞辰纪念活动暨华大复办 30 周年等重大节日、纪念日开展系列纪念活动，增强学生爱国、爱校精神。举行为“5・12”汶川地震罹难者默哀、为汶川、玉树等受灾地区捐款等系列活动，凝聚民族精神，团结爱国力量；围绕申奥成功、奥运会圣火传递、北京奥运会开幕等重大活动，组织学生积极参与，激发学生的民族自豪感。

（4）深入建设校园网络新阵地。加强校园网络文化建设与管理，牢牢把握网络思想政治教育主动权。深入调研学校学生网络生活现状，加强校园网络文化阵地建设，大力发展专题网站、论坛、博客、微博、QQ 群、手机报等新媒体，健全校园网络管理规章制度，加强对校园网络舆情的引导和管理，开拓大学生思想政治教育进网络的新途径，使校园网成为传播先进文化的新渠道、加强学生思想政治教育的新阵地、全面服务大学生的新平台。

（5）深入开展社会实践活动。通过项目化运作机制，广泛组织学生开展丰富多彩的社会调查、社会服务、社会考察等社会实践和“科技、文化、卫生”三下乡活动，组建了宁夏支教服务团、甘肃积石山志愿服务支教团、贵州布依族志愿服务支教团、人才学校学生挂职服务团、学生骨干农村政策宣讲团、大学生科技下乡服务团、学生文艺下乡巡回演出队等校级品牌实践团队。

2005—2010 年，学校申报暑期社会实践活动项目 1800 余项，立项资助的团队数 800 余支。学生参与人数从 2005 年的 541 人增长到 2010 年的 2000 余人。2006—2010 年以来，学校先后有 17 人、25 支实践团队受到团省委、省教育厅联合表彰，学校被授予“福建省大学生社会实践基地”，且连续多年被评为全国和福建省大中专学生志愿者暑期“三下乡”社会实践先进单位。

4. 加强思想政治教育队伍建设

（1）加强思想政治理论课教师队伍建设。将思想政治理论课教师队伍建设作为学校师资队伍建设的重点，在人才引进、培训进修、科研立项、考核与激励措施等方面给予思想政治理论课教师更多的支持；采取脱产进修、攻读学位、名师指导、社会考察、挂职锻炼、国内外学术交流考察等措施，加强对思想政治理论课教师的培训，努力形成多层次、多渠道的培训格局；鼓励思想政治理论课教师参与学生日常思想教育，加强与辅导员队伍的互动合作，共同促进学生健康成长。

（2）加强班主任队伍建设。不断修订和完善《华侨大学班主任工作条例》，调动专业课教师担任班主任的积极性和主动性，注重考核班主任的工作实效，每年进行班主任工作考核，每两年评选一次优秀班主任，树立先进典型，组织学习考察，加强班主任、辅导员、思想政治理论课教师之间的交流与合作，不断探索和创新大学生思想政治教育的新思路和新办法。

（3）学校大力推进辅导员职业化专业化建设。设立了辅导员专项培养经费；实施多元化的培训体系，定期举办新辅导员培训，有计划、分批次地选送辅导员参加各类培训班；设立校级思想政治教育课题，鼓励申报省级、国家级课题，举办优秀论文征集、交流、表彰活动；2009 年 6 月，学校成立了辅导员协会，定期举办辅导员论坛；承担全省高校大学生事务管理辅导员培训。学校制定了《学生工作先进院系评选办法》《专职学生工作干部岗位职责和考核办法》《班主任工作条例》等文件；以“与学生一起快乐成长”的工作理念，确立了一系列完善的工作制度，如建立学生工作夜谈制度、学生外出登记制度、学生晚归登记制度，实行学生工作系统重要、紧急信息报送制度，辅导员例会、学生工作例会等制度，推行辅导员日志、学生思想政治工作者自律公约，辅导员入住学生宿舍制度等。

二　学生日常管理工作

（一）奖惩管理

根据《中华人民共和国高等教育法》、《普通高等学校学生管理规定》（教育部2005年第21号令）等有关文件，结合学校实际情况，制定了《华侨大学学生违纪处分暂行办法（修订）》作为学生违纪管理工作的指导文件。[①] 根据学校成立学生违纪处理委员会，由学校分管校领导和相关部处、各学院负责人组成，负责讨论全校学生的各种违纪处理事项，并做出处分决定。给予学生开除学籍处分的，须提交校长办公会议研究决定。学校学生违纪处理委员会下设办公室，办公室挂靠学生处，负责处理学生违纪处理委员会日常事务。学院成立学生违纪处理分委员会，由学校授权学院负责本学院学生违纪行为的处理，对学生实施记过及以下处分，学院学生违纪处理分委员会做出处分决定后，报学校学生违纪处理委员会备案。全日制本专科学生的教务学籍方面的违纪处分，归口校、院教务管理部门处理；研究生教务学籍方面的违纪处分，归口校、院研究生教务管理部门处理；学生其他方面的违纪处分，归口校、院学生教育管理部门处理。学校还制定了结合学校实际，制定了《华侨大学本专科学生综合素质测评办法》。测评采取定量测评与定性评价相结合的办法对学生进行测评。测评结果作为学生评优评奖、推荐就业的主要依据，作为学生推优入党的重要依据，作为学生保送研究生的基本依据。学校成立学生奖学金评审委员会和荣誉称号评审委员会，确保各项奖学金和荣誉称号的申请和评定遵循公开、公平、公正的原则。

（二）学生社区日常管理

学生社区教育管理服务中心（以下简称社区中心）是华侨大学为适应中国高校后勤社会化改革和学校可持续发展的需要，按照“素质化教育、企业化管理、社会

---

① 贾益民主编《华侨大学志》，中国文史出版社，2015年10月，第339页。

化服务”的指导思想，在学生处原宿舍管理科的基础上，于2000年12月挂牌成立的。[①] 进一步规范了学生社区管理和拓宽了学生社区管理的天地。

1. 学生社区管理历史沿革和现状

为进一步加强学生社区在学生思想政治教育工作中的作用，学校先后在2003年1月和2004年2月成立共青团华侨大学学生社区工作委员会和中共华侨大学学生社区工作委员会，作为校团委和校党委的派出机构，与学生社区管理服务中心合署办公。

华侨大学学生社区分泉州校区、厦门校区。泉州校区分莲园、刺桐园、梅园和紫荆园4个园区，共有36栋学生宿舍楼，其中单人公寓1栋、双人公寓6栋、四人公寓18栋、八人宿舍11栋；厦门校区分凤凰苑、刺桐苑和紫荆苑3个园区，共有8栋学生宿舍楼，其中双人公寓1栋、四人公寓7栋。两校区住宿学生约2.4万人。

承担泉州校区和厦门校区两校区学生宿舍的管理工作，设主任1名（由学生处副处长兼任）、副主任2名。内设综合管理部、教育服务部、财务档案室、维修监管室和督导室等部门。各部门主要负责住宿学生的教育、管理和服务工作，制定并执行宿舍各项规章制度；协同有关部门指导学生宿舍区的保安、修缮及文明工作；指导和督促学生社区中心加强服务管理，提高服务水平；开展宿舍规划与建设等工作。

2. 社区管理工作性质及理念

社区中心成立初期就构建了物业管理与思想教育紧密结合、寓物业管理服务于思想教育、寓教育于管理和服务之中的学生宿舍管理体制，同时建立了“在学校统一领导下，以学生处为主导、社区中心为主管、学院为主体、住楼辅导员为骨干、各部门齐抓共管、教职员工全员参与”的社区学生思想素质教育工作体制。自社区中心成立以来，始终围绕“与学生一起快乐成长”的工作理念，坚持以服务为“切入点”，以管理为“着力点”，以育人为“制高点”，逐步探索并形成了一套适应“一校两生”特点的工作运行机制。

（1）成立社区党工委、团工委，拓宽高校学生党团建设领域，实现党团组织的多重覆盖，努力构建社区党团建设和思想政治教育工作体系。

（2）在省内高校首创《住宿生社区表现量化考评办法》，制定实施了《关于加强学生社区学风建设的若干意见》，把住宿生的遵规守纪、学风建设、内务卫生、文明举止等日常表现，通过日常考评与学生的评优奖励等挂钩，引导激励学生文明举止和优良学风的形成，并与住楼辅导员制度一起构成了住宿生行为指导体系。

（3）楼栋管理实行安全、保洁、维修、管理、服务“五位一体”的家庭责任承

① 贾益民主编《华侨大学志》，中国文史出版社，2015年10月，第493页。

包制，配套中心督导队伍，形成了优质、高效的物业服务体系；2009—2010学年实行《华侨大学厦门校区物业公司学生社区工作考核办法》；实行学生社区中心与物业合署办公制度，建立紫荆苑、凤凰苑、刺桐苑片区督查工作制度，建立社区中心与物业宿管部周例会制度。

（4）组建学校、社区、学院、楼栋学生自律会，配套文明楼栋、文明宿舍等评选活动，形成了学生自我教育、自我管理和自我服务的学生自治工作体系。

（5）以每年一届的“学生社区文化节”为龙头，依托社区各类宣传阵地，构建了学生社区文化素质教育体系。

（6）制定实施了以《学生社区住楼辅导员岗位职责与考核办法》《学生社区楼栋工作人员章程》等为主体的人事管理政策，聘用了专职督导员，设立了五级督查制度和学生民主监督制度，形成了保证各项工作落实的人事管理体系。

学生社区教育管理服务中心自2000年12月成立以来，始终秉承“与学生一起快乐成长”的工作理念，在学生社区的服务质量、保障能力、管理水平、运营效果等方面取得了显著提升，并获得了学校领导和师生的普遍认可，以及全国高校公寓管理系统的普遍好评。

2010年，荣获福建省高校第二届学生宿舍文明创建评优工作“文明社区”荣誉称号。2010年5月，荣获全国高校学生公寓住宿管理制度评比一等奖，学生住宿管理制度被《全国高校公寓管理制度汇编》收录，并作为全国高校学生公寓住宿管理示范文本之一，供全国高校参照和借鉴。

（三）“心理阳光工程”

2001年，心理辅导中心更名为心理健康教育与辅导中心，并开始引入专职心理教师，步入专业化发展道路。中心积极开展心理健康教育活动，开设系列心理健康教育选修课，为学生提供包括心理咨询、健康讲座、心理训练、危机干预、成长小组活动等方式的心理保健服务，形成了“教育、培训、咨询、干预、宣传、网络及学生社团”六位一体的较成熟的心理健康教育模式。2001—2010年，学校接受心理咨询的学生达10000余人次，参加治疗小组的学生2300人，对有自伤和伤害他人行为进行及时危机干预的共128人。学校的心理健康工作得到了中央电视台、福建电视台、《光明日报》、《教育导报》等国内多家媒体的关注。2007年，学校被授予全国“大学生心理健康教育先进单位”荣誉称号。①

---

① 华侨大学校史编写组编《华侨大学五十年（1960—2010）》，2010年10月，第192页。

（四）“阳光成长计划”

2006 年 3 月，学校开始启动酝酿改革资助模式，对家庭经济困难学生在校学习期间全程实施“阳光成长计划”，形成了以国家助学贷款为主体，以奖学金、助学金、贷学金、勤工助学、特殊困难补助和学费减免为补充的“一揽子”助学体系，其核心是集中办理、统筹分配、量身定做、精心配比。学校将全部直接资助项目归口到学生资助管理中心进行统筹，同时根据各资助项目的来源和用途，把各资助项目化零为整放入“资助包”，在充分调查的基础上区分家庭经济困难学生的贫困类型，科学合理地统筹各项资助项目，针对每一位家庭经济困难学生“量身定做”进行资助，形成特困资助与贫困资助、重点资助与一般资助、长期资助与临时资助、无偿资助与有偿资助、助困与育人相结合的资助运行模式。2007 年至 2009 年，学校直接资助经费分别为 2533.8 万元、2646.3 万元、2744.4 万元。①

表 4－4　华侨大学家庭经验困难学生资助体系

级别	名称	等级及金额	对象
国家级	国家助学金	分为每人每月 350 元、250 元、150 元三等	全日制经济困难学生
	国家助学贷款	国家助学贷款按用途可分为学费、住宿费贷款和基本生活贷款两种，用于学费和住宿费的贷款金额最高不超过学校的收费，贷款总额每人每年不超过 6000 元	
校级	陈进强贷学金	分为每人每年 3000 元、2000 元、1000 元三等	
	陈淑慧助学金	每人每月 150 元	
	困难补助	分为一般生活补助 300—800 元和特种生活补助 800—1200 元	
	勤工助学	正常工作日工资标准 8—10 元/小时，寒暑假 5 元/小时	
校级	绿色通道	分为三类，①允许学生延缓一段时间后自行交清；②允许学生延缓一段时间后申请国家助学贷款交清学费；③允许学生延缓一段时间、发给临时生活补助 300 元，并通过国家助学贷款抵交学费	
	陈明金澳门学生助学金	每人每年 1500 元	全日制经济困难澳门学生
	香港泉州慈善总会香港学生助学金	每人每年 2500 港元	全日制经济困难香港学生
学院级	困难补助	分为普通补助 400 元、200 元、100 元三等和特种补助 400—800 元	全日制经济困难学生

资料来源：华侨大学校史编写组编《华侨大学五十年（1960—2010）》，2010 年 10 月，第 193 页。

① 华侨大学校史编写组编《华侨大学五十年（1960—2010）》，2010 年 10 月，第 192 页。

（五）学生就业指导工作

坚持毕业生就业工作“一把手”工程和每年一次的全校就业工作会议；积极组织并鼓励相关教师参与就业工作培训，专业化的就业服务工作队伍初具规模；建立完善并充分利用华侨大学历届毕业生信息查询系统和就业网等平台做好就业信息服务；建立全员参与就业工作体系；完善就业工作规章制度，修订《关于进一步加强毕业生就业工作的若干意见》《华侨大学毕业生到基层就业、参加志愿服务、自主创业的奖励办法（试行）》等文件；结合学生职业技能鉴定培训、就业文化节活动，职业生涯规划选修课等形式，建立针对不同年级的“全程化、个性化”的就业指导体系；完善就业工作服务模式，积极联系用人单位建立见习基地，举办大型供需见面会、专场招聘会等形式多样的校园招聘会，做大华侨大学星期二人才市场，加大对外宣传华侨大学毕业生力度。通过多管齐下，学校毕业生就业工作创造了多个省内领先：2002 年 12 月，学校与泉州移动分公司合作开通“就业信息手机短信服务平台”，为毕业生免费提供及时的就业信息，为省内高校首创；2003 年，学校成立福建省第一个由高校就业工作部门申建的职业技能鉴定站；2004 年，省内高校首家购买职业测评系统软件，全校学生均可免费参与测试；2004 年 11 月，学校与教育部高校学生信息咨询与就业指导中心联合设立了全国大学生就业指导卫星远程讲座华大分会场，是福建省首个设立“全国大学生就业指导卫星专网”分会场的高校。近年来，学校本科毕业生年度就业率均超过 90%，居福建省前列。①

（六）学生社团

为了促进学校学生团体健康、有序地发展，提升学生自我教育、自我管理、自我服务的能力，2006 年 2 月，华侨大学大学生心理健康协会被团中央、全国学联、教育部评为“全国十大优秀学生社团标兵”，② 2006 年 11 月，学校成立了学生团体的自我管理组织——学生团体联合会，2007 年 8 月，修订了《华侨大学学生团体管理规定（暂行）》，同年，为加强对全校学生的爱国主义教育，成立了首届国旗班；为调动全校学生参与科技创新活动，营造科技创新的校园氛围，开办青年创业者协会（2011 年更名为科技创新协会）。2009 年底出台了《华侨大学学生团体工作手册（试行）》，学生团体走上了规范化、科学化的发展道路。全校共有理论运用型、文化艺术型、社会公益型和运动健身型等类型的学生社团 90 个，参加社团的学生达万

---

① 华侨大学校史编写组编《华侨大学五十年（1960—2010）》，2010 年 10 月，第 193 页。

② 华侨大学校史编写组编《华侨大学五十年（1960—2010）》，2010 年 10 月，第 195 页。

人次。学生艺术团队设有舞蹈队、演唱队、曲艺队和华乐团等7个队伍。

1. 《华大青年报》

1993年，团委设立《华大青年报》，本部在泉州校区，2007年10月20日在厦门校区另设了一个分社，创刊至今已累计发行128期，为月刊。学校团委以机关报《华大青年报》为阵地，以弘扬校园青春正能量为中心，以引领校园精神文明，加强校园文化建设为己任，以弘扬青春正能量为宗旨，依托纸媒、网络媒体，以及新媒体平台实时跟踪、全面宣传学校开展的各项共青团工作。《华大青年报》是华侨大学校内的主流纸质媒体，开办了品牌活动“华大青年记者挑战赛”。①

2. 开展青年志愿者服务

学校各学院均成立了较具专业特点的志愿服务组织，全校注册志愿者达9000余人。他们不仅积极参与校内各类重大活动的服务工作，还策划组织了一系列社区服务、普法宣传、扶贫济困、帮孤助残、疾病预防等公益活动。以献血为例，2006—2008年，全校有300余名志愿者报名参加捐献造血干细胞活动，有超过6000人次主动参加义务献血。学校鼓励毕业生参加“大学生志愿者服务西部计划”“大学生志愿服务福建省欠发达地区计划”，引导他们到艰苦边远地区、基层社区工作。学校共有23名优秀毕业生分别赴宁夏、福建龙岩等地开展志愿服务。2008年的夏天，华侨大学华文学院的2005级、2006级对外汉语专业的刘宽和乌兰图雅，② 文学院2006级广播电视专业的北京人薛桐和北京姑娘张秋思，有幸成北京奥运志愿者，提供了细致、优质的服务，得到了好评，特别是刘宽和乌兰图雅两名同学获团省委表彰为学校争得了荣誉。③ 2008年，华侨大学共有800多名志愿者参与了在泉州举办的第六届全国农运会志愿服务工作，志愿者们圆满完成工作任务并得到了各方面的高度好评，校团委荣获“第六届全国农民运动会志愿服务优秀组织奖”。④ 2010年5月1日至10月31日，第41届世界博览会在上海举行，在这184天里，华侨大学有10名学生志愿者服务上海世博会，他们分别是：福建馆英文讲解员方晨、张文康、王韬；福建馆礼仪迎宾志愿者柴娅男、孙劼、乌兰图亚、温馨、陈璐茜；厦门案例馆英文讲解员赵良伟、周玮。他们在上海世博会上的表现，展示了华侨大学学生志愿者在世界级大型活动中的风采。⑤

---

① 贾益民主编《华侨大学志》，中国文史出版社，2015年10月，第408页。
② 《华侨大学三人受团省委表彰》，《华侨大学报》2009年1月4日，第4版。
③ 张秋思：《在志愿服务北京奥运的日子里》，《华侨大学报》2008年9月16日，第3版。
④ 华侨大学校史编写组编《华侨大学五十年（1960—2010）》，2010年10月，第195页。
⑤ 编辑平怀芝：《“我”的世博之旅》，《华侨大学报》2010年9月21日，第3版。

图 4－20　2008 年 8 月华侨大学文学院学生张秋思在北京奥运会志愿者的岗位上

资料来源：本图由本人提供。

表 4－5　华侨大学学生团体一览

序号	社团名称	序号	社团名称	序号	社团名称
1	303 工作室	19	华侨大学商务协会	37	摄影协会
2	CUBA 俱乐部	20	环保协会	38	市场营销协会
3	DV 协会	21	吉他协	39	书法协会
4	MVG 协会	22	计算机协会摄影协会	40	数学应用协会
5	爱心俱乐部	23	交谊舞协会	41	数字信息协会
6	爱心社	24	街舞协会	42	思想辩论协会
7	穿越话剧社	25	经管协会	43	太极拳协会
8	创新协会	26	捐献造血干细胞协会	44	外语协会
9	大学生就业协会	27	科幻协会	45	网球俱乐部
10	大学生心理健康协会	28	留学同路人	46	武术协会
11	道德促进会	29	旅游协会	47	新叶文学社
12	巅峰社	30	乒乓球协会	48	易网协会
13	电影协会	31	棋牌协会	49	游泳协会
14	电子商务协会	32	青年创业者协会	50	证券学社
15	读书俱乐部	33	青年志愿者协会	51	芝麻漫画社
16	反贫困协会	34	群航法协会	52	自行车协会
17	华大新闻社	35	人力资源协会	53	足球协会
18	华大艺术设计协会	36	人文学社		

资料来源：《华侨大学学生团体一览表》，《华侨大学报》2006 年 9 月 19 日，第 451 期：第 02 版。

三　境外生教育与培养

为更有针对性地加强境外生的教育与辅导工作，学校在学生处下设境外生科，并在境外生较多的学院相应设立专门的境外生辅导员岗位。学校设立专项经费支持境外生开展特色活动，经过多年的沉淀与锤炼，形成了一批品牌活动项目。为充分调动境外学生参与学校民主管理的积极性，2003 年成立留学生联络部，鼓励境外学生多参与学校的民主管理。① 同年，为更有针对性地加强境外生的教育与辅导工作，学校还推进境外生专职化管理。在学生会设置境外生事务委员会，下设华侨及港澳台学生联络部、留学生联络部，鼓励境外学生多参与学校民主管理。2006 年，教务处境外生科与原学生处教育科境外生工作部合并设立华侨大学学生处境外生科，在境外生较多的学院相应设立专门的境外生辅导员岗位。2010 年 10 月 24 日，国务院办公厅下发《关于开展国家教育体制改革试点的通知》（国办发〔2010〕48 号），将华侨大学确定为完善来华留学生培养体制机制和提高国际合作办学水平的试点。

图 4－21　华侨大学境外生奔放的舞蹈

（一）实施分类引导，加强思想教育

对境外生实现分层、分类教育。大一阶段，开展“根在中国、爱在中国、学在中国”等主题的新生阶段教育，开设《中国传统文化》系列课程，注重中华传统文化的熏陶；大二、大三阶段，着重提升境外生学业水平，包括为境外生配备专业导师，夯实其专业素养；大四阶段，开展境外生就业指导工作，扎实做好境外生毕业感恩教育。形成“以中华传统文化和爱国主义教育为主线，以学风建设为中心，以

① 华侨大学校史编写组编《华侨大学五十年（1960—2010）》，2010 年 10 月，第 200 页。

境外生组织为阵地，以多元的第二课堂活动为载体，全面实现境外生培养目标”的境外生培养管理体系。[①]

（二）坚持因材施教，推进教学改革

根据境外生个体特点，按照“一个模式，统一要求，求同存异，区别对待”的方针制订教学计划，实行完全学分制度；对境外生的高等数学、大学物理等公共基础课程进行专门设计，单独编班上课，实行小班教学，建立课外辅导机制；进行境外生教材改革，将原《中国文化概论》《中国当代经济》《当代国际关系》等课程进行整合，编写一套适合境外生学习的思想政治理论课教材，形成系统的境外生思想政治理论教育体系。全面推进境外生学业提升计划。建立境外生导师制，根据不同专业、不同学生个体的实际分别为每3—5个境外生配备1名学习导师，帮助每位境外生对四年生活进行规划和辅导，有针对性地解决境外生的实际困难。创设境内外生携手共进制度。建立境内外生“一帮一”学习互助小组，让境内学习优秀生与境外学习困难生结成帮扶对子，在促进境外生学习成绩提高的同时，加强境内外学生的交流与团结。

2009年11月26日，44名境外生受聘为首届“学生社区境外生学长”，以帮助境外新生尽快适应大学生活所进行的有益探索，创建境外生学习生活互助的平台。学校针对境外学生的学业特点，设立了“陈明金澳门学生奖助学金”、“林秀华香港学生奖学金”、“林伟柬埔寨优秀学生奖学金”、“华侨及港澳学生奖学金”、“台湾学生奖学金”、“香港校友会优学奖学金”、“香港泉州慈善总会香港学生助学金”及“境外生专项奖助学金”，鼓励境外学生“学有专长、绩有特色”。

（三）开展社会实践，创新育人模式

坚持以爱国主义和中华优秀传统文化教育为主线，开展境外生文化实践教育工作。开展20多次以“根在中国”为主题的“中国文化之旅”境外生冬夏令营活动，足迹遍布30多个省、自治区、直辖市，每年约10个团、约500名学生参加。

建立德化陶瓷文化社会实践基地、漳浦剪纸社会实践基地、安溪茶文化基地和漳浦天福茶博园境外生茶文化基地等境外生社会实践基地。创新社会实践模式，开展“三进三同”（进基层、进农村、进农户，同吃、同住、同劳动）的境外生社会实践活动；开展“中华情・心连心”“大手牵小手”等走进山村志愿服务活动。

---

① 贾益民主编《华侨大学志》，中国文史出版社，2015年10月，第237页。

图 4－22 华侨大学境外生参加寻根之旅活动

表 4－6 2007—2010 年中国文化之旅社会实践活动开展情况

时间	历年文化之旅——寻根之旅主题	参与境外生人数
2007 年	中国文化之旅风情夏令营等	100
2008 年	中国文化之旅——西安行	500
	中国文化之旅——走进东北	
	中国文化之旅——新中国之路	
	社会实践基地考察	
2009 年	“寻访潇湘文化”中国文化之旅	500
	“七彩云南”中国文化之旅	
	“我和草原有个约会”中国文化之旅	
	“芗城之行”中国文化之旅	
2010 年	社会实践基地考察	600
	“寻根齐鲁”中国文化之旅	
	“精彩世博 微笑上海”优秀境外生夏令营	
	中国文化之旅——走进历史	
	“丝路文化之旅”	
	“巴蜀文化之旅”	
	“徽州文化之旅”	
	“长江文化之旅”	
	“云南文化之旅”	
	“西夏文化之旅”	

资料来源：贾益民主编《华侨大学志》，中国文史出版社，2015 年 10 月，第 238 页。

四　文化素质教育品牌

2001 年 2 月 28 日，学校成立华侨大学素质教育中心，副校长关一凡兼任中心主任，王秀勇、池进同志兼任副主任。[①] 2006 年 5 月，学校被教育部列为国家大学生文化素质教育基地。2007 年 4 月，学校成立了以校长吴承业为组长，副校长关一凡、吴季怀为副组长，各职能部门和学院领导参加的大学生文化素质教育基地建设领导小组。[②] 2007 年 5 月 31 日，学校发布了《关于印发〈华侨大学国家大学生文化素质教育基地建设方案〉的通知》（华大综〔2007〕23 号），方案明确了学校大学生文化素质教育工作的指导思想、基本目标和总体任务，并就具体任务和责任落实、组织机构和物质保障等方面做了详细的部署。[③]

在学生校园文化活动方面，基本形成相对固定的构架。每年上半年以内地学生为主体，以弘扬中华优秀传统文化为主线，以爱国主义为重点，围绕专业学习举办校园科技文化艺术节，形成许多品牌活动。下半年以境外学生为主体，以展示各地特色文化为重点，在“一二・九”前后举办境外生文化节，重点设计境外文化展、美食节、文艺会演等，让学生充分领略异国风情，加深对各地文化的认识。结合重大节日、纪念日开展系列庆祝活动和纪念活动，组织境外学生设计并参与各种活动，如东南亚四国泼水节、东南亚国家多元民族文化风情展、中国台湾学生中秋茶话会、境外毕业生叙别晚会、中外师生迎新年晚会、师生合唱比赛、粤海来风专场话剧表演等。

（一）校园文化素质教育品牌

经过长期的沉淀和积累，学校和各学院形成了一系列层次分明、教育效果突出、持续稳定的科技和文体活动品牌。

表 4－7　校级及各学院品牌活动开展情况

序号	活动名称	组织单位	等级
1	“挑战杯”大学生课外学术科技作品竞赛	校团委牵头，科技处、社科处、教务处、研究生院和学生处	校级

① 《关于成立华侨大学素质教育中心的通知》（华大校人字〔2001〕6 号），2001 年 2 月 28 日，华侨大学文书档案。

② 《关于成立华侨大学大学生文化素质教育基地建设领导小组的通知》（华大综〔2007〕14 号），2007 年 4 月 12 日，华侨大学文书档案 。

③ 贾益民主编《华侨大学志》，中国文史出版社，2015 年 10 月，第 325 页。

续表

序号	活动名称	组织单位	等级
2	“挑战杯”大学生创业计划大赛	校团委、科研处、教务处、学生处、研究生院、实验与设备管理处	校级
3	结构设计大赛	土木学院	校级
4	华厦之星	学生处	校级
5	新生文艺会演	学生处	校级
6	学生团体精品活动月	学生处	校级
7	承露讲坛	学生处	校级
8	校园辩论赛	学生处	校级
9	校园十佳歌手赛	学生处	校级
10	华园艺苑	宣传部、音乐舞蹈学院	校级
11	社区文化节	学生社区中心	校级
12	大学生创业就业文化节	就业指导中心	校级
13	阳光文化节	学生资助管理中心	校级
14	电子设计大赛	信息学院	院级
15	电脑大赛	计算机学院	院级
16	实验技能大赛	材料学院	院级
17	添翼工程科技文化节	化工学院	院级
18	创新设计竞赛	机电学院	院级
19	电子桥梁设计大赛	土木学院	院级
20	“光明之城”建筑文化节	建筑学院	院级
21	职业生涯规划竞赛	经济与金融学院	院级
22	海西模拟联合国大会	外国语学院	院级
23	管理者挑战杯	工商管理学院	院级
24	旅游专业实践技能大赛	旅游学院	院级
25	“爱在深秋”演讲比赛	公共管理学院	院级
26	“独角兽杯”辩论赛、模拟法庭	法学院	院级
27	“觞鼎”中华文化节	文学院	院级
28	中华文化知识竞赛	华文学院	院级
29	“春之声”外语系列竞赛	外语学院	院级
30	艺术节	美术学院	院级
31	海外教育五项全能比赛	音舞学院	院级
32	“数之源”文化节	数学学院	院级

资料来源：贾益民主编《华侨大学志》，中国文史出版社，2015年10月，第325页。

1. CUBA

CUBA，2010 年之前华侨大学其优异的成绩在参加该项赛事全国高校中可说是绝无仅有。2000 年 4 月，校学生男篮荣获第二届 CUBA 男子总冠军；2003 年 10 月，校学生男篮获得第五届 CUBA 联赛男子总决赛冠军；2003 年 11 月，学校夺得首届 TBBA 中国大学生三人制篮球联赛男子组冠军；2004 年 10 月，华侨大学篮球训练基地揭牌成立；2005 年 7 月，校男篮夺得第七届 CUBA 总冠军；2006 年，校男篮加冕第八届 CUBA 总冠军；2007 年 1 月，校男篮获第二届李宁 CBA - CUBA 青年四强对抗赛总冠军；2007 年，校男篮获第五届亚洲大学生篮球锦标赛季军；2007 年，校男篮获第九届 CUBA 总冠军；2008 年，校男篮获得第十届 CUBA 男篮总冠军，实现“四连冠”“六冠王”。2008 年，校学生男篮荣获第六届亚洲大学生篮球锦标赛总冠军。

图 4 - 23　CUBA，华侨大学篮球队夺冠

其实，华侨大学 CUBA 的辉煌根源于学校独具特色的体育文化。在华侨大学，实行“俱乐部”式体育教学模式，这种教学模式极大地调动了学生上体育学习的积极性，大家不仅热爱体育，更积极参与体育，享受体育带来的乐趣。

“俱乐部式”① 体育教学模式强调以人为本：课内，努力做到让学生自主选课、自主选教师，充分发挥教师在教学中的主导作用和学生在学习中的主体作用；注重学生的学习和发展两个过程，拓展体育时空，开设如野外生存训练课、定向越野课等户外运动课程，将学生体育运动由课内延伸到课外。课外，学校有由学生自发组

① 华侨大学体育部：《发展校园体育文化 促进学生身心素质》，《华侨大学报》2006 年 9 月 26 日，第 452 期：第 02 版。

织、与俱乐部型的体育教学相匹配的篮球、足球、游泳、武术、健美操等十多个运动项目的体育协会，这些协会组织的活动及体育部等其他院系单位组的各种体育竞赛活动，学生对哪个感兴趣就可以参加哪个，并可以自主选择体育锻炼时间。学生课外活动不仅极大地获得了校园体育文化，更成为课内教学的有机延续和有效补充，而且使体育课的教学质量不断提高，学生身体素质更因此得到很大改善。几年来，华侨大学学生体育锻炼标准及体质体能测试合格率都达到97%以上，学校也因此被原国家体委授予“全国群众体育活动先进单位”称号，并连续三届被教育部评为“贯彻《学校体育工作条例》优秀高等学校”。

以CUBA等体育赛事为载体，校园内篮球运动、CUBA文化如火如荼，形成全校“热爱体育、参与体育、享受体育”的浓厚氛围；在华侨大学赛区中场表演的文艺节目如拉丁操、菲律宾顶杯舞、印度尼西亚风情舞、菲律宾竹竿舞、爱尔兰彩虹舞等构成了华侨大学独特的CUBA文化，并通过中央电视台直播，给全国观众留下了深刻的印象。华侨大学的CUBA中场表演被誉为CUBA联赛以来最具特色的表演，华侨大学赛区被称为最富激情的赛区。每当CUBA赛事来临，华侨大学校园内就像节日般一派火热喜庆，为学校开展身心素质教育注入了新的活力。

图4-24 CUBA篮球赛中场休息，华侨大学学生艺术团表演新疆舞

2. 二十四节令鼓

二十四节令鼓创立于1988年6月12日的马来西亚华人社会，结合了二十四节气、书法艺术和南狮所用的单皮鼓三个原本已存在又互相独立的中华传统文化元素。20世纪90年代中期由马来西亚学生传入并扎根华大，21世纪初年成为华大学生校园文化的重要文艺演出的品牌，并参与泉州、厦门的一些节庆活动，不断融入地方社区文化。

2007 年 10 月 18 日，荣获马来西亚华人文化工作者、二十四节令鼓概念原创人的陈再藩先生应邀来华侨大学现场指导。访问华侨大学的陈再藩先生在金川活动中心以多媒体形式向华侨大学二十四节令鼓队的同学讲述了二十四节令鼓的创立背景、创作理念、发展历程、最新动态及未来展望，并观看了华大二十四节令鼓队和留学生醒狮队的表演，对他们的鼓法进行现场点评和指导，使在场同学对二十四节令鼓所蕴含的文化有了更深刻的理解。[①]

图 4－25　华侨大学学生二十四节令鼓队表演

3. 参加“模拟联合国大会”屡获奖

“模拟联合国”（Model United Nations）简称模联（英文简称 MUN），是模仿联合国及相关的国际机构，依据其运作方式和议事原则，围绕国际上的热点问题召开的会议，是基于理解、友谊、合作、学习举办的会议实验的体验课程、比赛。

① 舒人：《二十四节令鼓原创人陈再藩访问华大》，《华侨大学报》2007 年 10 月 23 日，第 493 期：第 04 版。

青年学生们扮演各个国家的外交官，参与到“联合国会议”当中。学生们通过亲身经历联合国会议的流程，例如阐述观点、政策辩论、投票表决、做出决议等，熟悉联合国的运作方式，了解世界上的国际大事。模拟联合国大会（简称模联大会、模联）不仅仅是一个竞技的舞台，更是一个提高学术水平、提高英语能力、培养逻辑思维的重要途径。①

华侨大学学生积极参与海内外“模联”的各次竞技比赛活动，都取得了很好的成绩。

（1）2008 年 11 月 16—18 日，2008 年中国模拟联合国大会在厦门大学举行，学校首次组团参加，一举获得中国模拟联合国大会的中国联合国协会等颁发的一项团体奖和三项个人单项奖，分别为：华侨大学代表团获得“赞许荣誉奖”，商学院张文康同学获得最高个人奖“杰出代表奖”、外国语学院邓宇同学获得“论坛奖”、法学院教师骆旭旭荣获“领队奖”。②

（2）2009 年 11 月 6—8 日，2009 年中国模拟联合国大会在北京师范大学举行，学校代表团再创佳绩，荣获中国模拟联合国大会的中国联合国协会等颁发的两项团体奖和四项个人单项奖：华侨大学代表团获得“杰出代表团奖”，外国语学院蔡和存老师获得“指导教师奖”、外国语学院司雨凡同学获得“杰出代表奖”、外国语学院赵娟同学获得“演讲奖”及经济与金融学院的张文康同学获得“领袖奖”。③

（3）2009 年 12 月，学校组团参加在浙江大学举办的泛长三角地区模拟联合国大会，华侨大学代表团再创佳绩，获最佳代表奖、最佳代表团奖、最佳角色演绎奖、最佳组织奖。④

（4）2010 年 1 月 7—11 日，“香港模拟联合国大会”在香港会展中心及香港理工大学隆重举行，华侨大学首次组团参加该项赛事。面对来自 13 个国家和地区的 53 所世界知名高校的强手，沉着应战，独揽大陆高校共 7 个奖项中的 2 个，成为内地高校代表团中的佼佼者。其中外国语学院周玮同学、经济与金融学院王韬同学共同获得“世界卫生组织”的最佳立场文件奖；外国语学院冯羡珠同学和滕安丽同学共同获得“人权委员会”的最佳立场文件奖。⑤

① 百科 360 度，《模拟联合国大会》https://baike.so.com/doc/6993561-7216430.html，最后访问日期：2020 年 9 月 8 日。

② 《中国模拟联合国大会在厦举行 华大代表队获四项奖》，《华侨大学报》2008 年 11 月 25 日，第 1 版。

③ 杜秀宗：《模拟联合国大会 华侨大学很“杰出”》，《华侨大学报》2009 年 11 月 17 日，第 2 版。

④ 贾益民主编《华侨大学志》，中国文史出版社，2015 年 10 月，第 332 页。

⑤ 王韬：《我的“香港模拟联合国大会”记忆》，《华侨大学报》2010 年 3 月 9 日，第 3 版。

图 4－26　2009 年中国模拟联合国大会，华侨大学代表队荣获杰出代表团奖

（二）学科竞赛

1. 学生科技创新活动

以“挑战杯”两大赛事为依托，初步形成了国家（省）、校和学院的三级赛制，使华侨大学学生课外科技创新活动形成了以“挑战杯”创意大赛、课外学术科技作品竞赛、创业计划竞赛为龙头的华侨大学学生创新培养体系。截至 2009 年，华侨大学在“挑战杯”全国大学生创业计划竞赛中，共获得 3 银 9 铜的成绩。在全国大学生课外学术科技作品竞赛中，共获得 2 次一等奖、8 次二等奖、14 次三等奖，连续 4 届获得全国高校优秀组织奖。在 2003 年第八届“挑战杯”全国大学生课外学术科技作品竞赛中，学校以 230 分的优异团体总成绩位居全国 375 所高校的第十名，捧得“优胜杯”，并在该项赛事上已连续 3 届高居福建省高校榜首。在全国电子设计大赛中，学校共获得 10 次一等奖、14 次二等奖、9 次三等奖。在历届的全国大学生英语竞赛、省级及以上大学生数学建模竞赛，福建省“挑战杯”系列专业竞赛、力学竞赛、结构设计竞赛中，华侨大学学生均取得了不俗的成绩。[①] 2004 年 3 月，学校设立学生出版基金，用于鼓励和资助学生出版学术作品。只要是具有华侨大学正式学籍的本专科学生，作为第一作者完成、拟由出版社正式出版的著作，在出版社经费出现困难时，资助的金额标准以字数为准，最高可资助 1 万元。目前，全校有各职能部门、学生组织创办的校级报刊、部门报刊、学生报刊等三大类 50 多种校内报刊出版发行。

① 华侨大学校史编写组编《华侨大学五十年（1960—2010）》，2010 年 10 月，第 199 页。

2. 校园学生体育竞赛活动

2000 年，教育部批准学校成为培养高水平运动员试点大学，现培养运动项目包括羽毛球、田径、游泳、男子篮球（CUBA 及男子篮球不再叙述）。经过几年的建设，学校高水平运动队建设成果卓著。学生在各项体育赛事中屡创佳绩。①

（1）羽毛球。2001 年，学校获得第六届全国大学生羽毛球锦标赛女子团体第四名。2002 年，学校获第七届全国大学生羽毛球锦标赛团体第四名和女子甲组单打亚军。2005 年，学校获得第九届全国大学生羽毛球锦标赛团体第三名和女子单打冠军。2008 年 5 月，校羽毛球队代表中国大学生参加第十届世界大学生羽毛球锦标赛荣获团体冠军。2006 年 3 月 21 日，学校与解放军羽毛球队共建华侨大学羽毛球队，在全省高校开创了以“联姻”形式办高水平运动队的先河，2008 年，学校公共管理学院学生林丹在北京奥运会上勇夺羽毛球男子单打金牌。此外，蒋燕皎、汪鑫等同学也在多项重大羽毛球国际赛事上为国家摘金夺银。2009 年 6 月，学校羽毛球队获得第十二届全国大学生羽毛球锦标赛女子单打冠亚军。2010 年 9 月，学校羽毛球队代表中国大学生参加第十一届世界大学生羽毛球锦标赛荣获混合团体冠军、女子单打冠亚军、女子双打亚军、混双亚军。

（2）田径和游泳。2002 年 10 月，姚月华同学在第十四届釜山亚运会上获得 400 米栏铜牌。2002 年 7 月，蔡小宝同学在第九届全国大学生径锦标赛上获得跳远冠军。2006 年 12 月，谢荔梅同学在多哈亚运会上夺得女子三级跳远的金牌。2008 年以来，学校学生在第九、十、十一届全国大学生游泳锦标赛荣获 5 金 6 银 5 铜的好成绩，其中吴波同学在男子甲组 50 米自由泳比赛中先后三次打破全国纪录。

（3）定向运动。2004 年，学校在省内高校率先开设定向运动课程，并建立高校定向运动课程安全防范管理体系。2007 年 7 月 28 日，在第十四届全国定向锦标赛暨福建省第二届定向锦标赛上，学校学生获 3 金 1 银 3 铜。2007 年 12 月，学校荣获“全国定向运动先进单位”荣誉称号。2008 年 4 月，国家定向运动队来华侨大学集训。2009 年，学校获评“2004—2008 中国学生定向运动先进单位”。

（4）在福建省大学生运动会中取得好成绩。2003 年 7 月，学校代表团夺得福建省第十二届大学生运动会团体总分第二名，并打破十项赛会纪录。2004 年，学校共为福建省体育代表团在第 7 届全国大学生运动会上夺得 4 枚金牌和 1 枚铜牌，居全省高校榜首。2006 年 8 月，学校在第十三届福建省大学生运动会上获得包括男篮、男足在内的 23 项冠军，团体总分排名第三，田径总分名列第二。

---

① 华侨大学校史编写组编《华侨大学五十年（1960—2010）》，2010 年 10 月，第 197 页。

（三）人文系列讲座

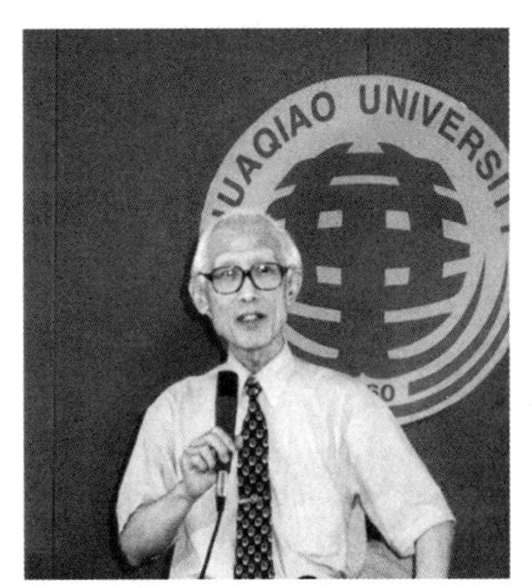

图 4－27　2003 年 9 月 17 日上午，台湾著名诗人、散文家余光中莅校讲学

学校邀请了当代文学、文化大家莅校，国内外专家来校开设人文专题讲座：2000 年 7 月 1 日至 5 日，华侨大学名誉教授、著名词作家乔羽先生①莅校讲学访问。7 月 4 日下午，乔羽先生在陈嘉庚纪念堂四楼科学厅为学校师生作了讲座，特别是无限深情地谈了他的名作《我的祖国》的诞生经过。在华侨大学期间，乔羽先生还出席了马来西亚学生举行的惜别晚会及华侨大学 2000 届毕业典礼等。2002 年 10 有 28 日晚，海外华文著名作家、画家刘墉先生②做客华侨大学，与华园学生畅谈了人生哲理，以美国“脱口秀”与中国传统相声相结合，做了题为“创造超越的人生”的精彩演讲。2003 年 9 月 17 日上午，台湾著名诗人、散文家余光中先生③莅校讲学，在陈嘉庚纪念堂四楼科学厅为 600 名华大师生做了题为“中文与英文”的幽默又风趣的学术报告，并受聘为华大客座教授。

2003 年 12 月 11 日晚，学校校友、著名文艺理论家孙绍振教授④莅校讲学，作了题为“幽默与雄辩”的讲座。孙绍振 1960 年毕业于北京大学中文系，1961 年至 1970 年在华侨大学中文系任教，为福建师范大学中文系教授，原福建省作家协会副主席。曾于 20 世纪 80 年代初挑起朦胧诗大辩论，1981 年，其《新的美学原则在崛起》在《诗刊》刊出后，引起广泛关注，是新时期新的美学理论崛起的三位著名作者之一。2004 年 10 月 26 日晚，旅美华人、中国“伤痕文学”作家卢新华⑤做客华大，在祖杭楼向近 200 名师生畅谈了自己继《伤痕》之后，如何放下荣誉和光环，留学美国踏三轮车、当赌场发牌员等，观察人生百态、累积生活体验，最终创作出《紫荆女》的艰辛生活历程。2004 年 11 月 26 日下午，80 多岁高龄的香港武侠小说

① 《乔羽 谷建芬应聘担任华大名誉教授》，《华侨大学报》2000 年 7 月 5 日，第 1 版。

② 王雷：《刘墉与华园学子畅谈人生》，《华侨大学报》2002 年 11 月 5 日，第 4 版。

③ 孙利：《余光中受聘华大客座教授 同时讲授第一堂课：中文与英文》，《华侨大学报》2003 年 9 月 25 日，第 4 版。

④ 杨伟传：《校友孙绍振莅校讲学》，《华侨大学报》2003 年 12 月 15 日，第 4 版。

⑤ 罗应：《伤痕作家卢新华畅谈心路历程》，《华侨大学报》2004 年 11 月 5 日，第 2 版。

大师金庸先生[①]驾临华大，在华侨大学陈嘉庚纪念堂观众厅开坛“论剑”，为华园师生做精彩演讲，题为“泉州人为什么漂亮、能干、聪明”，并愉快地接受聘任华侨大学“名誉教授”。金庸先生与华侨大学师生进行了面对面的现场交流，欣然为华侨大学题词：“有容乃大，和而不同。”2005 年 9 月 24 日下午，台湾著名词坛泰斗庄奴先生[②]做客华大。在祖杭楼二楼的模拟法庭，83 岁高龄的庄奴先生与华大师生“歌吟人生”讲述了自己歌词创作的漫长的生涯和每一首歌创作的“幕后故事”。

图 4－28　2004 年 11 月 26 日下午，80 多岁高龄的香港武侠小说大师金庸先生莅校演讲

2006 年 3 月 24 日下午，香港凤凰卫视中文台副台长、“凤凰名嘴”程鹤麟先生[③]在华侨大学陈嘉庚纪念堂四楼科学厅，为学校师生作了题为“凤凰卫视幕后谈”的报告，并受聘华侨大学文学院客座教授。2007 年 6 月 6 日下午，在华侨大学厦门校区程鹤麟先生[④]为华侨大学厦门校区的师生奉献了一场幽默、风趣精彩的讲座——“中国电视三十年价值观的演变”。2008 年 4 月初，香港凤凰卫视著名时事评论员、《有报天天读》节目主持人的杨锦麟先生[⑤]莅校，受聘华侨大学客座教授。4 月 5—6 日上午，杨锦麟先生分别在泉州校区纪念堂四楼科学厅和厦门校区综合教学楼 G 区国际会议中心二楼会议厅，先后为泉州、厦门校区和华文学院师生做了题为“台湾

① 张罗应、蒋忻：《金庸受聘华大名誉教授》，《华侨大学报》2004 年 12 月 5 日，第 1 版。
② 王舒人：《台湾词坛泰斗庄奴作客华大》，《华侨大学报》2005 年 9 月 27 日，第 1 版。
③ 雷伟军：《港澳新闻媒体访问团莅校访问——“凤凰名嘴”程鹤麟受聘华侨大学文学院客座教授》，《华侨大学报》2006 年 3 月 28 日，第 1 版。
④ 张罗应：《客座教授程鹤麟》，《华侨大学报》2007 年 6 月 19 日，第 4 版。
⑤ 王舒人：《凤凰卫视“读报人”杨锦麟受聘华侨大学客座教授》，《华侨大学报》2008 年 4 月 8 日，第 1 版。

局势与两岸关系发展——两岸政治整合的不归路和挑战”的精彩讲座。

（四）校园学术理论讲座品牌

学校校园还形成了“华大讲堂”“华园讲坛”“国学论坛”“宽容论坛”“秋中畅想”“承露讲坛”“法学讲坛”“商道论坛”“创新论坛”等校园讲座品牌。

1. 建构“宽容”精神

2004年6月25日，华侨大学“宽容论坛”正式推出。党委书记吴承业同志为宽容论坛作了第一讲《大学的本质与宽容精神——我的治校理念》。此后，论坛形成制度，每月一期，到宽容论坛开讲的既有校外的专家学者，也有本校专家学者，并在此基础上举办全国性的学术研讨会。[①]

2004年6月25日，学校成立了华侨大学校园精神丛书编委会，吴承业校长任编委会主任。[②] 丛书定位为高品位的科普丛书，旨在研究探讨华侨大学“宽容为本、和而不同”校园精神的深刻内涵及其对实现华侨大学跨越式发展的意义。丛书收录了宽容论坛的讲座及校内外专家学者在《华侨大学报》《华侨大学学报》不定期发表的文章。

2005年6月27日，学校主办的《宽容与构建和谐社会》学术研讨会隆重召开。[③] 来自中国社会科学院、《求是》杂志社、北京大学、南开大学、华东师范大学、上海东华大学、山东大学威海分校、四川社会科学院等的50多位国内知名专家、学者及代表出席研讨会。吴承业校长、中国社会科学院哲学所李景源所长分别在开幕式上致辞。同月，学校开通了“宽容论衡”网站，网站开设有“研究动态”、“学术荟萃”、“丛书招贤榜”和“宽容论坛”等栏目。[④]

2006年12月15日，由福建省社会科学界联合会主办的第三届学术年会拉开序幕，年会于2006年12月21日上午，在学校陈嘉庚纪念堂二楼会议室设立第三届学术年会分会场“研讨核心价值观的形成与和谐社会构建”，吴承业校长到会祝贺并作题为“大学精神与宽容”[⑤] 的专题演讲，再次阐述“宽容为本，和而不同”的价

---

① 蒋忻：《“校园精神”丛书编委会成立——吴承业开讲“宽容”论坛》，《华侨大学报》2004年7月5日，第2版。

② 蒋忻：《“校园精神”丛书编委会成立——吴承业开讲“宽容”论坛》，《华侨大学报》2004年7月5日，第2版。

③《国内著名学者齐聚华大——研讨“宽容与构建和谐社会”》，《华侨大学报》2005年6月28日，第1版。

④《宽容学术研讨会月底在华大召开——“宽容论衡”网站开通》，《华侨大学报》2005年6月14日，第1版。

⑤ 平怀芝：《福建省社科学术年会在华侨大学设立分会场——研讨核心价值与和谐社会》，《华侨大学报》2006年12月26日，第4版。

值观，认为无论处理人与人的关系、两岸关系还是国际关系，都应求同存异。

2. “华大讲堂”

“华大讲堂”[①] 系由泉州市委、市政府与华侨大学校地联手打造的高端讲坛。自2009年3月23日下午在闽南泉州启动，在泉州社会各界引起强烈反响，赞扬肯定的声音不绝于耳，其声名也日渐远播，至全省、全国以及海外。该讲坛先后邀请了蔡昉、王东京、沈国放、丁学良、许又声、孙立平、陈斯熹、王怀超、李景源、龙永图、陈少峰、王长江、李唯一、黄平、李慎明等海内外享誉盛名的著名学者、权威专家，从泉州实际出发，在政治、经济、社会、文化、法律、党建、国际形势、两岸关系等领域，为泉州市领导干部、企业家和学校师生做专题演讲和报告。每年举办6—8场，至2010年已举办了15场，好评如潮。据不完全统计，2006—2010年，校内累计举办各类大型讲座280余场次。[②]

---

① 《“华大讲堂”启动》，《华侨大学报》2009年3月24日，第1版。

② 张为健：《“华大讲堂”诞生记》，《华侨大学报》2010年11月2日，第32版。

第七节　财务与后勤保障工作

一　财务工作

（一）组织演化进程

跨世纪的第一个十年，是学校快速发展时期。学校的经济业务更加丰富多样，随着国际化办学、特色办学的加强，厦门校区建设的推进，学校财务机构也进行了较大程度的调整。①

2000 年 7 月，校内机构改革，学校财务实行集中统一管理，财务处设置计划管理科、会计核算一科、会计核算二科，成立会计服务中心，下设资金结算部和会计代理部，会计代理部代理核算饮食服务中心、接待服务中心、公共服务中心、校园环境与物业管理中心、交通运输服务中心、水电管理服务中心、校医院等独立核算实体，同时代理核算华侨大学工会委员会会计业务，2006 年华侨大学教育基金会成立后，基金会会计业务也由代理科代理核算。

2002 年，随着国家财政制度的改革，财政拨款分为基本支出和项目支出，为适应国家财政改革的变化，2002 年 11 月财务处增设专项资金项目管理科，专门负责专项资金的立项、论证、评审、绩效评估等事宜。

2002 年，华侨大学开始建设厦门校区，在华文学院设立华侨大学厦门校区建设指挥部，下设财务部，专门处理厦门校区的基建财务和会计业务。2006 年厦门校区投入使用，设立厦门校区管理委员会，委员会下设财务办公室。2008 年 9 月，厦门校区成建制运行，两校区实行“统一领导、职能延伸、条块结合、校区统筹”的管理运作方针。2009 年 1 月，根据两校区运行机制，在厦门校区设立会计核算综合科和基建财务科，以全面核算厦门校区的会计业务。2009 年 11 月，撤销会计服务中

① 华侨大学财务处：《华侨大学六十周年财务史》，2020 年 5 月 9 日。

心，设资金管理科和会计代理科。

（二）财务管理进程

2001 年继续深化校内预算改革，进一步完善公用经费按学生人数和专项指标相结合分配办法，取得较好的效果，扩大了各单位当家理财的自主权，随着学校办学规模的不断扩大，学院制的成立，在财务上实行宏观控制、微观搞活，充分发挥教学单位的办学优势，促进学校的改革与发展。进一步推进后勤社会化改革，成立饮食服务中心、接待服务中心、公共服务中心、校园环境与物业管理服务中心、交通运输服务中心、水电管理服务中心、工程维修服务中心、学生社区管理服务中心 8 个后勤服务中心，各中心实行独立核算，除工程维修服务中心外，其余中心由财务处代理记账。学校加强对各中心的成本核算和财务管理，逐步由规范化管理向效益化管理推进。

2001 年财政部出台《中央部门项目支出预算管理试行办法》（财预〔2001〕331 号），国家财政拨款从 2002 年开始，由 1996 年以来的“综合定额 + 专项补助”，进一步调整为“基本支出 + 项目支出”的模式，推行部门预算，严格界定基本支出和项目支出预算。学校亦调整策略，适时跟进，实行基本支出公用经费定额制，项目支出竞争制的模式。在财务处成立专项资金项目管理科，出台了《华侨大学专项资金项目管理办法》（华大财〔2013〕56 号），规范项目立项、评审、论证，开展项目库的建设，做好项目绩效管理，极大地提高资金使用效益。2003 年，财政部出台《中央级行政经费项目支出绩效考评管理办法（试行）》（财行〔2003〕108 号），试行对项目进行绩效评估，2005 年财政部组织中央财政专项资金项目支出绩效评选，华侨大学送评的两个绩效项目：《华侨大学体育场馆维修改造工程项目经费支出绩效报告》和《华侨大学材料学专业实验室仪器设备经费支出绩效报告》，分别获得财政部评审的第一名和第二名，项目评审后，《华侨大学专项资金项目管理办法》（华大财〔2013〕56 号）也作为许多部委的交流材料。

2004 年，国库集中支付制度改革，国务院侨办系统作为本次改革的试点单位。下半年，华侨大学按规定程序申请、使用零余额账户用款额度，并按要求制作支出报表，及时顺利地执行了这项新制度。

2004—2005 学年校内分配制度进一步改革，新出台了《华侨大学岗位聘任和岗位津贴试行办法》，采取学校津贴总量控制与各基层单位二次分配相结合的管理模式，以调动各基层单位办学的积极性。从 2005 年开始，调整学院经费分配方式，按学费收入的一定比例（文史经济类按 10%、理工类按 11%）分配教学单位经费指标，设备费和维修费指标由学校统一管理，此举有利于项目经费的管理和绩效评估，当年科研套账由原来单独套账处理，清理并入行政事业账。

2006 年，研究两校区的财务协调机制，建立两校区财务统一政策、统一制度、统一系统的形式，加强两校区沟通和协调。2007 年，开展资产清查工作，学校确定了“加强领导、统一行动，精心组织、充分筹备，明确分工、加强沟通，分解责任、落实到人，全面实施、确保质量”等措施，出色地完成了本次资产清查任务，财务处詹儒章同志作为本次学校资产清查的总协调员，荣获财政部“全国资产清查先进个人”荣誉称号。

2008 年财政部、教育部进一步完善中央高校预算拨款制度，改革生均综合定额拨款标准，按照高等教育本科教学 11 大类学科设置设定不同档次的学科折算系数，对不同专业确定不同的公用经费定额标准，体现不同专业办学成本的差异，并建立动态调整机制。学校进一步完善学院公用经费的拨款机制，除按学费收入的一定比例分配给教学单位经费指标，对于新办学院、专业或其他特殊情况，允许其申请一定的专项业务补助经费。

这期间国家财政拨款是学校经费的主要来源，学校的财务改革围绕着国家政策的变化而进行，同时做好两校区业务协同发展。从 2002 年至 2010 年，学校及时加强专项资金项目管理，全面跟进专项资金项目的立项、评审、执行、绩效，完善两校区办公办学的财务一体化管理模式。同时，学校在 1996 年福建省、泉州市共建协议的基础上，进一步与福建省、泉州市、厦门市分别签订共建协议，省、市两级政府对建设华侨大学给予更多的共建经费支持。

（三）财务信息化历程

2004 年财务处引进学费收费系统，多机联网收取学费，以往学生收费用手工开票，事后录入，经常引起数据的差错，在核对时要花费大量时间，采用多机联网后，直接通过计算机进行开票、出票、统计、核对，提高了开学缴费环节的工作效率，降低了差错率，缩短了结账时间。2007 年完成两校区的财务信息系统联网。

（四）财务状况综述

2001—2010 年，学校收入不断扩大。2000 年实行全面预算制度改革，原来预算外资金属性的收入：科技三项费用、教育事业费收入等，全部纳入预算管理，基建的国拨户和自筹基建户纳入预算管理，此外，住房公积金等经费全部纳入预算管理。

2001 年至 2010 年，学校的财力不断发展壮大，全校经费收入从 2001 年的

18877.00 万元，增长到 2010 年的 56510.15 万元，国家财政拨款仍然是学校财力的主要来源，这期间财政拨款占全校总收入的 47.00%，事业收入（包括学生学费、住宿费收入，横向科研收入等）、捐赠收入等其他收入是学校财力的重要补充，事业收入占全校总收入的 25.63%，其他收入占全校总收入的 18.39%，这些收入成为弥补国家财政拨款不足、改善办学条件和提高教职工生活待遇的重要保障。

同时，学校注重适应国家政策的调整，国家 2002 年将财政拨款支出分为基本支出和项目支出，基本支出按生均定额拨款，保证学校正常的运行，项目支出采取竞争性的形式。针对此，学校 2002 年成立专项资金项目管理科，全面负责专项资金的立项和竞争，从 2002 年至 2010 年，共获得国家财政修购类专项（后按六大类名称为改善基本办学条件专项）资金 2.23 亿元，2011 年至 2019 年共获得 10.41 亿元。这些资金的投入，极大地改善了教学实验条件，完善基础设施建设，解决房屋建筑的修缮维护等问题，对学校的基本办学条件的保障及改善程度起到关键作用。

为消除办学瓶颈、拓展办学空间，从 2002 年开始，学校在厦门建设厦门校区。两校区的校园建设，“十五”期间得到国家发改委专项建设资金 4.1 亿元的支持（其中泉州校区 0.9 亿元，厦门校区 3.2 亿元），“十一五”期间厦门校区建设得到国家发改委专项建设资金 4.45 亿元的支持，同时在 2011 年，得到财政部化解债务专项资金 1.79 亿元，华侨大学严格遵守承诺，不产生新的债务，得到财政部的化债奖励专项（特殊困难补助）0.30 亿元，这几部分专项资金合计 10.64 亿元，成为华侨大学厦门校区建设的基本资金保障。

十年间，学校总资产由 2001 年的 41153.00 万元（其中固定资产 26313.00 万元，占比 63.94%），增长到 2010 年的 170459.96 万元（其中固定资产 94301.09 万元，占比 55.32%），增长了 314.21%。

表 4-8　两校区协同向教学研究型大学迈进时期财务情况

单位：万元

年度	收入				总支出	资产		
	总收入	其中：财政拨款	事业收入	其他收入		总资产	其中：固定资产	固定资产占比
2001	18877.00	7659.00	6374.00	3338.00	17656.00	41153.00	26313.00	63.94%
2002	33917.00	12664.00	8021.00	6385.00	26078.00	64136.00	31562.00	49.21%
2003	30072.00	13252.00	5149.00	5523.00	29290.00	87916.00	41258.00	46.93%
2004	44702.00	14635.00	13254.00	8791.00	27272.00	102900.00	47498.00	46.16%
2005	47828.00	15545.00	12234.00	7152.00	38998.00	119273.00	63623.00	53.34%
2006	52707.00	18294.00	12142.00	7987.00	56638.00	123488.00	67179.00	54.40%

续表

年度	收入				总支出	资产		
	总收入	其中：财政拨款	事业收入	其他收入		总资产	其中：固定资产	固定资产占比
2007	49996.00	20293.00	12482.00	16054.00	50692.00	113530.00	72394.00	63.77%
2008	50574.00	28932.00	13161.00	8256.00	60319.00	130226.00	77373.00	59.41%
2009	79235.00	47466.00	19861.00	11166.00	64127.00	151455.00	84439.00	55.75%
2010	56510.15	39555.84	16350.32	10746.54	67911.56	170459.96	94301.09	55.32%
合计	464418.15	218295.84	119028.32	85398.54	438981.56	1104536.96	605940.09	54.86%

资料来源：华侨大学财务处。

（五）华侨大学教育基金会捐赠收入情况

华侨大学教育基金会，于2006年8月经福建省民政厅批准注册成立，是对国内外支持华侨大学教育事业的捐赠资金进行管理的民间非营利组织，原始基金为人民币200万元。基金会作为华侨大学对外筹集办学发展资金的主要窗口和平台，在服务学校建设和发展的过程中，发挥了重要的作用。海内外广大校董、校友和社会各界热心教育人士，通过捐赠校园基本建设、支持实验室建设、改善教学设施，资助基础研究、教学研究和著作出版等，设立奖助学金、奖教基金、人才培养基金等，为华侨大学师生改善教学和科研条件，推动学校办学事业向前发展发挥重要作用。成立以来累计捐赠收入36429.27万元，年均2602.09万元，设立各类奖助学金近80项，襄建教学和生活等建筑设施近40项。自2009年起，国家设立中央高校捐赠配比专项资金，华侨大学在2009—2019年期间获得中央高校捐赠配比专项资金累计达28014.00万元。截至2019年12月31日，基金会资产总计18114.78万元，其中货币资金14314.78万元。

表4－9　华侨大学教育基金会历年捐赠收入情况

序号	年度	捐赠金额（万元）
1	2006	500.00
2	2007	1120.97
3	2008	1264.38
4	2009	1379.08
5	2010	5454.45
6	2011	3330.45
7	2012	4865.50

续表

序号	年度	捐赠金额（万元）
8	2013	5399.54
9	2014	2070.97
10	2015	1809.33
11	2016	3829.06
12	2017	1190.82
13	2018	2027.70
14	2019	2187.02
15	合计	36429.27
16	平均	2602.09

资料来源：华侨大学财务处。

二　后勤保障工作

学校后勤改革是从20世纪80年代起步，于2000年全面铺开的。学校后勤社会化改革选择了“小机关，多实体”的改革模式。按照“精简、高效”的原则，基建处与总务处合并组成“小机关”——后勤管理处，仅保留15个编制以及1个挂靠单位。通过实施后勤体制机制改革、推行社会服务等几个阶段不断深化改革，2010年前，学校后勤服务模式已经从过去以自办为主过渡到“部分优势自办+社会企业大服务”的模式，为保障学校办学规模的不断扩大和建设基础雄厚、特色鲜明、海内外知名的高水平大学做出贡献。

（一）后勤保障和公共服务改革

1. 后勤社会化改革全面铺开

2000年在高校后勤社会化改革的大背景下，学校以校内管理体制改革为契机，与学校5项改革同步全面推行后勤社会化改革，就规模和影响之深而言，这是学校后勤史上的大改革，为学校后来办学规模的迅猛扩大和发展奠定了良好的后勤保障。为此，学校出台了《华侨大学后勤社会化改革方案》（校综字〔2000〕50号文件）及若干个配套文件。[①] 其核心内容有如下方面。

（1）后勤管理体制改革。采用“小机关，多实体”的改革模式。小机关：原基

① 后勤与资产管理处：《后勤保障和公共服务改革》。

建处、总务处合并成立后勤管理处，履行学校的后勤保障管理和基本建设职能。多实体：功能优化整合组建 8 个后勤实体，实行人、财、物管理相对独立的“准企业化”运行模式。

其中：委托管理型后勤实体 3 个——校园环境与物业管理中心、水电管理服务中心、学生社区管理服务中心（挂靠学生处）。经营服务型后勤实体 5 个——接待服务中心、餐饮服务中心、交通服务中心、公共服务中心、工程维修中心（建筑公司）。

同时，成立后勤集团筹备组。

此后，2000 年 9 月，尤梅幼儿园划归后勤管理处管理；2003 年 9 月，转制按民办非企业运行；2008 年 1 月，学校在后勤公共服务中心原有邮电服务部的基础上组建了后勤邮电服务中心。

（2）运行机制改革。后勤实体按“准企业化”运行，经济独立核算，具有人、财、物相对自主权。对新组建的后勤实体的人事制度、财务管理、分配办法、资产管理、服务收费和监控体系等都做了详细的规定，实施开放的定岗择优用人制度、绩效考评和激励分配等制度。改革以来，后勤实体在编员工退休基本不再补充编制人员，节约了大量事业编制，减轻了学校相应的养老、住房等包袱，从而腾出资源更好地保障服务于学校教学科研。比如餐饮中心，为了保证良性运行和优质服务目标不偏离，进行科学设计并形成了符合学校情况的相互竞争、消费者利益保护和良性发展三个行之有效的管理机制。

2009 年，后勤管理处启用了后勤资产综合服务大厅，为师生提供两校区师生班车票务、学校房产日常报修维修、教职工水电费缴交、后勤与资产服务信访等一站式服务。

后勤改革后医院整体医疗规模、管理水平有了较大提高，顺利地通过了二级乙等医院评审，实现了公费医疗医院转入医疗保险“定点”医院的转变。①

2. 厦门校区后勤保障推行新校区、新起点、新模式

由于厦门新校区没有泉州老校区的历史包袱，在汲取第一、第二阶段改革经验的基础上，自办的后勤服务更加精简，最大限度引入社会专业化服务。其核心内容有以下方面。

（1）管理服务模式改革。厦门校区后勤保障选择“小机关，精实体，社会专业化大服务”的新型服务体系，为厦门校区的正式运行提供新型的后勤保障。2006 年

---

① 华侨大学校史编写组编《华侨大学五十年（1960—2010）》，2010 年 10 月，第 202 页。

在厦门校区办学启动时，根据学校机构设置，制定《华侨大学厦门校区后勤服务保障运行方案》（后勤〔2006〕13 号），设立后勤管理办公室“小机关”，下设综合组、管理组与监控组。而泉州校区则保持“小机关，多实体”模式不变。2009 年初，学校把原资产管理处的房地产与物业管理和国有资产统筹管理的职责划归后勤管理处，成立后勤与资产管理处，履行了全校的后勤保障、泉州校区基本建设、全校房地产与物业管理和国有资产统筹管理的职责。同时陈影鹤游泳馆的服务职能也随之转移到后勤与资产管理处。

在后勤实体方面，厦门新校区由泉州校区 4 个自办后勤实体职能延伸至厦门新校区管理服务，即分别是餐饮服务部、交通服务部、邮电服务部和公共服务部；同时设立卫生所，暂挂靠后勤管理办公室管理（运行方式为校医院职能延伸的服务型机构。后来在职能部门延伸两校区管理后，卫生所归校医院直接管理）。此外，厦门校区其他后勤服务全部通过招投标引进社会专业化企业承接，首期中标物业公司是珠海丹田物业管理有限公司（国家一级资质），服务内容包括楼宇管理、动力运行保障、教室与教学设备教学用品管理、室内外环境清洁、绿化养护、学生宿舍管理与服务、校区安全管理与服务、零星维修服务、会议服务、搬运服务、图书馆服务、体育运动场所与器材管理、教职工周转房管理服务、客房保洁等。2008 年 8 月，学校又将厦门校区新开办的两个学生餐厅（即凤华、凤翔餐厅）委托香港华丰公司经营管理，为后勤社会化改革又进一步做出尝试。

（2）运行机制。学校自办的后勤实体按“准企业化”运行，经济独立核算，绩效与员工薪酬挂钩。2006 年，厦门校区引入社会专业公司承担校园物业管理等后勤服务，打破了“学校办社会、后勤小而全”的旧格局，不仅使相关职能部门从日常烦琐的工作事务中解脱出来，由直接管理服务转变为监督、协调与目标管理（量化考评）为主，以达到部门精简高效的目标，而且把物业管理行业规范和 ISO9001：2000 质量管理体系标准运用到高校物业管理和后勤保障工作中来，逐步实现校区物业专业化、制度化、规范化管理，使后勤服务保障取得了新的突破。在物业服务监管与考评上，形成了由后勤牵头负责，学生、保卫等相关职能部门分块实施、分工协作的工作机制，并建立了日常工作联系制度、工作例会制、物业费拨付联审联签制等多项切实可行的工作制度。

（二）泉州校区征地与基础设施建设

2000 年以来，学校不断加大投入，积极推进和完善各项基础设施建设，为学校办学规模的迅速扩大创造良好的教学生活环境。[①]

其一，泉州校区征地获批。为改善学校办学条件，经学校不断申请，泉州市委、市政府在泉州校区西区用地上，分别以《泉州市人民政府关于提供华侨大学建设用地的批复》（泉政地〔2002〕244 号）、《泉州市人民政府关于提供华侨大学建设用地的批复》（泉政地〔2003〕52 号）、《泉州市人民政府关于华侨大学扩建用地（边角地）的批复》（泉政地〔2006〕158 号）三份文件，先后将华大街道城东社区（华侨大学校区西侧部分山坡地）三块用地批复给学校作为校园扩建用地，用地总面积约 351. 585 亩（88. 689 亩 + 214. 9995 亩 + 47. 8965 亩），并核发上述三宗用地红线图。2002—2006 年，因政府用地红线图为手工绘制，上述三宗地块局部边界存在重合，在泉州市政府及规划局、国土局等职能部门支持下，经学校 2013 年 7 月 5 日发函泉州市城乡规划局申请，泉州市国土局于 2013 年 6 月对上述三宗用地红线图进行重新合并公示，最终确认用地面积 232277. 2 平方米（约 348. 4 亩），并于 2014 年 1 月办理了土地使用证，证号：泉国用（2014）第 200010 号，土地使用权人：华侨大学，坐落在泉州市丰泽区华侨大学校内西区。[②] 自 2010 年起，学校启动西区新征地块建设规划，拟将西区新征地建设为学校新的体育运动中心，建设内容包括标准（400 米）田径运动场、篮球场、网球场、五人制足球场及综合体育馆（含东馆：体育学院综合教学大楼；西馆：泉州校区体育馆）等。

其二，校园基本建设稳步推进。2001—2010 年，学校共完成各类基本建设总建筑面积 20 多万平方米，工程总造价 2. 7 亿多元人民币。具体表现为：在学生宿舍方面，共新建学生宿舍 12 栋，包括北区 27—30 号楼，紫荆苑 1—8 号楼，有效解决了因学校招生规模扩大引起的学校宿舍问题。2002 年，学校采取“向银行贷款、学生宿费还贷款”的投资模式新建了紫荆园学生宿舍区，并用 5 个月的时间完成了紫荆园学生宿舍 1—5 号楼的建设，创造了学校建设史上的“华大速度”。在教学实验行政用房方面，学校先后新建捷中资讯大楼、椿萱楼、财务办公楼、保卫办公楼、陈守仁经管大楼、洪祖杭教学楼、华文学院综合楼、施良侨科技实验大楼、善春启銮艺术教学楼等教学实验行政用房，共计建筑面积 6 万多平方米。在民生工程及配套设施方面，2000 年 7 月至 2002 年 12 月，学校建成新南小区教工住宅（共 24 幢 396 套），极大地改善了教工的生活居住条件。此外，还完成了水厂综合楼、进强楼食堂、尤梅幼儿园、陈影鹤游泳馆、新南区物业管理楼、保卫处车库等配套设施工程。

① 华侨大学基建处：《泉州校区征地与基础设施建设》，2020 年 4 月 15 日。

② 《华侨大学关于商请合并泉州校区扩建用地红线图的函》（华大函〔2013〕186 号），2013 年 7 月 5 日，华侨大学文书档案。

在校园文化形象工程建设，学校以创建文明校园为契机，积极推进校园文化环境的建设和改造，共实施了学校周边环境的改造、校园道路拓宽、旧楼修缮、400 米塑胶田径场改造等工程；建成了陈嘉庚广场景区，其中承露泉（陈嘉庚广场）由著名建筑家彭一刚院士精心设计，以“聚莘莘学子于五湖四海，育创新英才惠四面八方”设象具形，昭示着华侨大学“承玉露、化甘霖，育天下菁英，开世纪新局”的宏愿。

总之，泉州校区面积已从原来的 60. 3 万平方米拓展到 91. 5 万平方米。学校教学及辅助用房面积达 9. 6 万平方米，教室面积达 3. 6 万平方米，实验室及实习场所用房面积达 3. 18 万平方米，行政办公用房达 5. 36 万平方米，各类生活用房面积达 25. 5 万平方米，其中学生宿舍面积达 12. 5 万平方米。

（三）图书馆的建设和管理

1. 图书馆的建设面积扩大

（1）泉州校区图书馆扩大规模。2000 年 11 月由学校校董、香港知名人士陈捷中（仲升）先生捐建的、作为图书馆“数字分馆”的“捷中资讯大楼”顺利竣工剪彩。2004 年 6 月学校副董事长许东亮先生与香港大众机械公司苏秀荣先生捐资 100 万元重修旧图书馆，并命名为“大众图书楼”，作为图书馆期刊分馆使用，期刊分馆存放着图书馆复办以来收藏的全部报刊资料。①

（2）厦门校区图书馆建设顺利推进。设计总面积 3 万多平方米，整体设计，分两期建设。2008 年 9 月 25 日，厦门校区分馆（一期）郑年锦图书馆落成剪彩，厦门校区图书馆一期工程由学校第五届董事会副董事长郑年锦先生捐资兴建，并命名为“郑年锦图书馆”。该馆建筑面积 14639 平方米，五层框架结构，总投资 2805 万元，于 2008 年 10 月 7 日开始试运行。厦门校区新馆大楼打破传统图书馆封闭式建筑格局，具有大开间、通透式、辐射能强、现代化程度高、环境优美等特点。两校区总建筑面积约 5. 5 万平方米。

2. 图书馆数据库建设

华侨大学图书馆于 1995 年开始组建光盘检索室，并开始利用清华同方电子期刊光盘数据库为全校师生提供课题检索服务。1999 年，光盘检索系统开始升级为光盘塔系统，并在校园网范围内提供检索及下载服务。2000 年，使用单机版同方知网光盘数据库、人大复印资料全文数据库（光盘版）及维普光盘数据库为读者提供课题检索服务。检索室编制 2 人。2001 年 9 月，图书馆成立信息咨询部，负责信息与情

---

① 贾益民主编《华侨大学志》，中国文史出版社，2015 年 10 月，第 452 页。

报服务，编制 3 人。每年提供课题检索服务 200 多项。从 2003 年开始，网络数据库开始普及。咨询部的工作重心主要放在读者教育、培训、文献传递和馆际互借，同时负责学校的数字资源建设。同年，华侨大学图书馆开始全面引进电子资源。先后购买了中国知网、万方、维普、超星等中文数据库平台，以及 SCI－E、EI、Elsevier、Wiley 等外文数据库。至 2010 年，华侨大学图书馆共有中外文数据库资源 70 种。[①]

3. 现代化大流通服务管理

2001—2009 年，学校共向数字图书馆建设投入 800 多万元。2002 年 12 月，数字图书馆在校园网上全面免费开通，实现图书馆“24 小时不间断”远程服务。2005 年，学校图书馆成为教育部实施《中华再造缮本》进校园计划的全国 100 所高校图书馆之一。2006 年 3 月，侨总图书馆正式实行现代化的大流通服务管理。2010 年前泉州、厦门两校区图书馆可同步实行了通借通还、藏借阅一体、完全开放的一站式大流通服务管理模式。截至 2009 年 12 月，图书馆收藏纸本图书 42 万种、135 万册；纸本过刊合订本 7400 种、20 万册；纸本现刊现报 3100 种；购买文献数据库资源 48 个（其中购进文献数据库资源含电子书 120 万种，电子刊 26000 种；中文数据库 32 个，外文数据库 16 个）。本馆自建有“华文教育专题数据库”“华侨大学博硕士学位论文全文数据库”“随书光盘库数据库”，其中“华文教育专题数据库”建设为福建省教育厅重点资助数据库建设项目。[②]

（四）档案馆建设与发展

1997 年 12 月 31 日，福建省档案局批准学校定级为“福建省一级档案管理单位”。2000 年 5 月，华侨大学进行党政机构和人事制度改革，综合档案室脱离校办，成为校部党政管理部门挂靠单位，挂靠党办校办，编制 3 人。2002 年，综合档案室认真贯彻执行《归档文件整理规则》，以“文件级管理”取代“案卷级管理”，实行文书档案以“件”为单位管理。2006 年 2 月 10 日，学校通过福建省档案局复检并重新认定为省一级档案管理单位。2010 年 10 月，国侨办会同国家档案局对华侨大学的档案工作进行了检查，认为华侨大学已具备成立档案馆的条件，建议学校申请报批档案馆建馆工作。

2010 年 11 月，学校召开全校档案工作研讨会，正式提出筹建档案馆，成立了档案馆筹备组，开展前期调研工作。2010 年 10 月 22—26 日，国侨办会同国家档案

① 贾益民主编《华侨大学志》，中国文史出版社，2015 年 10 月，第 454 页。

② 华侨大学校史编写组编《华侨大学五十年（1960—2010）》，2010 年 10 月，第 202 页。

局对学校的档案工作进行了检查，11 月 17 日，国务院侨务办公室以《国侨办关于华侨大学档案工作检查情况的反馈意见》（侨秘发〔2010〕234 号文）的形式向学校反馈了检查结果，认为学校已具备建立华侨大学档案馆的条件，建议学校根据《高等学校档案管理办法》（教育部、国家档案局第 27 号）的要求和学校实际，正式报批申请档案馆建馆工作。2010 年 11 月 26 日，学校召开了全校档案工作研讨会，关一凡副校长在会上传达了国务院侨务办公室、国家档案局联合检查反馈意见，要求全校的档案工作认真按照反馈的整改建议进行扎扎实实的整改，加大档案行政管理力度，加强对各档案单位的业务指导，对全校各类档案实行集中统一管理，研讨会上正式提出筹建档案馆，并同意成立档案馆筹备组，由彭霈任组长，开展相关调研工作。①

（五）信息化校园建设

华侨大学校园网络始建于 1996 年，并于 1996 年底正常投入运行。数字化校园于 2005 年正式启动建设。如今华侨大学校园网已经拥有教育网、电信公网、联通三个出口链路，教育网出口带宽 100M，电信公众网出口带宽 500M，联通出口带宽 1G。学校校园网已形成了覆盖两校区全部教学区、科研区、学生宿舍、家属区等区域的所有建筑物，厦门校区已建成核心高速安全的万兆主干、千兆到楼宇、百兆交换到桌面的 IPV4 网络。泉州校区已建成核心千兆主干、千兆到办公楼宇、百兆交换到桌面的 IPV4 网络。此外，在图书馆、部分办公区域、会议室进行了属于早期建设的实验无线网络覆盖，未配置统一的接入控制和管理设备。

学校立足校园网，提供稳定的门户网站服务、DNS（域名）服务、计费服务、Email（邮件）服务、FTP（文件传输）服务等公共基础服务。并为全校师生提供桑梓电视（网络电视）、学术会议在线、桑梓论坛、视频点播、音乐在线等特色网络文化资源服务。随着校园网的普及和广泛应用，学校各项业务系统逐渐建立。2006 年建成覆盖泉州、厦门两个校区、三个办学点的校园一卡通平台。②

为适应两校区办学格局，提高学校办学效率，2006 年以来，学校累计投入 500 万元用于信息化校园建设，目前已完成全校信息化校园一期、二期部分建设。2008 年 3 月，学校召开中层干部会议，首次实现两校区同步视频。2008 年，学校试运行网络办公与信息系统。2009 年 2 月，学校正式运行该系统，并停止原收发文系统及使用纸质形式办理和传递非密公文。目前，泉州校区校园网络电信出口带宽提速升级至

① 贾益民主编《华侨大学志》，中国文史出版社，2015 年 10 月，第 462 页。
② 贾益民主编《华侨大学志》，中国文史出版社，2015 年 10 月，第 468 页。

500M，校园一卡通系统已建成投入使用，基本实现“一卡在手，走遍校园”的目标。2009 年 5 月，学校成立了信息化建设管理处，统筹全校信息化管理和建设工作。[①]

（六）实验室管理

1. 加大实验室建设力度

在 2002—2003 年迎接教育部本科评估期间，学校一次性投入 1 亿元，用于加强和改善实验室硬件建设。自 2004 年起，学校持续加强实验室建设的投入，每年投入的建设经费超过 2000 万元。

学校抓住厦门校区建设的契机，对全校实验室进行进一步整合，建立完善了公共基础、基础、专业三大平台的实验室基本格局和各具特色的管理体制，进一步完善了跨学科、跨院系的“三创”（创新、创造、创业）综合开放实验室，推进教育资源优化配置，促进理论与实践教学、第一课堂教学与第二课堂活动、校内学习与社会实践、教学与科研有机结合和互动的教学模式的形成，建立形成了符合现代教育思想，侧重培养学生具有创新意识和实践能力，具有较强可操作性的一整套实验教学管理规章制度，如实验室工作规程、实验教学计划规程、实验教学大纲、仪器设备使用管理、实验人员考核与管理、实验室技术服务管理等。

自 2006 年起，学校组织各实验中心开展国家级和省级实验教学示范中心申报工作，先后有电工电子实验中心、机械基础实验教学中心、经济与管理实验中心、力学与工程结构实验中心、旅游学院实验中心、计算机综合实验中心、新闻影像实验中心、基础化学化工实验中心、艺术设计实验中心等 9 个实验中心被评为省级实验教学示范中心。

经过多年来的努力，尤其是“十五”“十一五”期间的建设，学校实验室已形成以国家级重点实验室为龙头、以重点学科实验室为骨干、以“国家级实验教学示范中心”和“省级实验教学示范中心”为基础的多层次、多方位、高水平、高效益、开放型的实验室体系，涵盖理学、工学、经济学、管理学、法学、文学、哲学、历史学、农学、教育学、艺术学 11 个学科门类，实现实验教学手段的现代化，全校公共基础实验室仪器设备基本保证学生实验每生一套，设备完好率达到 98% 以上。[②]

2. 优化实验室管理

2000 年 10 月，学校成立实验室工作委员会，进一步加强全校实验室的管理工作。2003 年，对院（系）实验室设置进行调整，理顺职能部门—院（系）—实验

---

① 华侨大学校史编写组编《华侨大学五十年（1960—2010）》，2010 年 10 月，第 203 页。

② 贾益民主编《华侨大学志》，中国文史出版社，2015 年 10 月，第 446 页。

室之间的关系，精简管理层面，从体制上保证人员、设备等资源共享，形成“校院（系）两级”管理的基本格局。

在加大实验室建设力度的同时，学校不断总结实验室建设项目管理经验，完善项目管理办法，提高项目管理水平，促进实验室投资效益提升。2005 年，学校成立“实验室建设投资绩效评价”专家组，对全校各实验室建设项目开展绩效评价，建立起项目绩效考评奖惩机制，该工作在省内高校属于首创，通过多年来坚持不懈地开展，考评体系日趋完善，有力地促进了实验室建设的科学化和规范化。①

（七）组织 SARS 防控工作

2002 年 12 月底，一场突如其来的“非典型肺炎”的疫情开始肆虐神州大地，2003 年 3 月，非典疫情大暴发。华侨大学根据中共中央、国务院关于“非典型肺炎”防治工作的有关精神，为保障师生身体健康和生命安全，保障学校安全和稳定，从 2003 年 4 月中旬开始，启动了防控“非典型肺炎”的疫情的工作。学校成立了由副校长李冀闽任组长、纪委书记吴道明任副组长的“非典型肺炎”防治工作领导小组，统一领导协调全校的防治工作。吴承业校长亲自担任学校预防“非典”工作的总责任人，各院系行政“一把手”、机关各单位及直属附属单位“一把手”为本单位的负责人，具体责任落实本单位预防“非典”工作。

2003 年 4 月 21 日下午，学校在李克砌纪念楼五楼会议室召开全体中层干部会议。②

吴承业校长在会上传达了中共中央、国务院关于“非典型肺炎”防治工作的有关精神。吴承业强调，学校的“非典”防治工作要遵循“防护、排查、卫生”的六字方针，各单位要加强监控，采取各种有效措施防止输入性“非典”病源传入华大。李冀闽副校长在会上就学校的“非典”防治工作做了进一步部署。李冀闽指出，为有效控制输入性“非典”病源进入，学校要求建立三个信息报告责任制度：一是人员流动动向和身体健康状况的信息报告；二是师生外出时间、地点及返校时间、身体状况等的信息报告；三是各单位对出现的紧急异常状况，要在第一时间向校领导和校医院报告的制度。

学校“非典”防控工作受到国务院侨务办公室、福建省政府的肯定。国务院侨务办公室刘泽彭副主任在教育部简报 2003 年第 19 期批示上指出：华侨大学在抗击“非典”的斗争中措施得当，效果显著。2003 年 6 月 12 日，汪毅夫副省长莅校检查

---

① 贾益民主编《华侨大学志》，中国文史出版社，2015 年 10 月，第 447 页。

② 《华大全面预防和控制“非典”》，《华侨大学报》2003 年 4 月 25 日，第 1 版。

期间对学校的“非典”防治工作表示满意。2003年度，保卫处、华侨大学派出所被评为华侨大学“防控非典工作先进单位”。①

（八）为汶川地震悼念赈灾献爱心

5月12日下午2点28分，四川省汶川县发生8级大地震，造成巨大的人员伤亡和财产损失。5月16日下午，副校长关一凡到学生宿舍看望慰问地震受灾学生，详细询问他们的家庭情况，勉励他们安心学习、好好生活；同时要求学生处、团委、社区中心、学院等多关心受灾学生，为他们解决困难。②

华侨大学有四川籍学生318人，汶川地震造成180名学生的家庭受到不同程度影响，其中37名学生家庭受灾情况较为严重（包括陕西、重庆等省）。学校及时了解四川籍学生的家庭受灾情况，并为家庭受灾情况较为严重的同学提供困难补助等各项帮扶措施，做好安抚工作。

5月20日前，全校共为灾区募得善款已达113.78万元人民币。师生所捐款项将专门用于四川地震灾区的学校重建。国务院侨务办公室主任李海峰、四川省侨务办公室主任周敏谦致电吴承业校长，向华侨大学师生的赈灾善举表示感谢和致意。

---

① 贾益民主编《华侨大学志》，中国文史出版社，2015年10月，第504页。

② 王舒人：《全校赈灾捐款已逾百万》，《华侨大学报》2008年5月20日，第1版。

第八节　新世纪党建工作与教代会、工会工作

一　第四次党代会

2005 年 3 月 26—27 日，中共华侨大学第四次代表大会在陈嘉庚纪念堂科学厅隆重召开。国侨办党组成员、副主任刘泽彭，中共福建省委教育工委常务副书记、教育厅党组副书记、副厅长卓家瑞，中共泉州市委副书记（主持工作）、泉州市人民政府市长郑道溪出席了开幕式并致辞。中共泉州市委副书记、组织部部长周振华等出席开幕式。华侨大学 8 个民主党派组织的主要负责人派代表致贺词，祝贺大会召开。①

出席大会的国务院侨办、省委教育工委、泉州市的领导分别讲话。刘泽彭指出，今后几年是华侨大学发展的关键时期，即将产生的新一届党委一定要按照“发展要有新思路，改革要有新突破，开放要有新局面，各项工作要有新举措”的要求开展工作。他表示，国务院侨办将一如既往地支持华侨大学向着这宏伟目标前进。受福建省委副书记、省委教育工委书记黄瑞霖的委托，卓家瑞在讲话中希望华大各级党组织以此次党员代表大会为契机，按照建设教学研究型大学的目标，切实加强学科建设，提高教学质量，提高学校的总体办学实力和办学水平。郑道溪在致辞中称，华侨大学的发展是泉州发展的重要一环。泉州市委、市政府将一如既往地大力支持华侨大学的建设和发展，为华侨大学创造更好的办学育人环境和条件。

大会听取并审议了吴承业同志代表中共华侨大学第三届委员会所做的《加强党的先进性建设，构建社会主义和谐大学》的报告。报告共分工作回顾、主要体会、今后工作的指导思想与奋斗目标、建设华文教育强校、推进厦门校区建设、启动教学研究型大学建设、构建社会主义和谐大学建设和全面加强党的建设等八个部分。

① 张罗应：《中共华侨大学第四次代表大会隆重召开》，《华侨大学报》2005 年 3 月 29 日，第 1 版。

吴承业在回顾了第三届党委七年多来的工作成绩后指出，七年多来华侨大学跨越式发展的成功实践，源于我们始终坚持“为侨服务、传播中华文化”的办学宗旨；始终坚持“会通中外、并育德才”的办学理念；始终坚持“宽容为本、和而不同”的校园精神；始终坚持“团结廉政、科学民主”的工作作风。他强调，总结并坚持这些经验，对学校下一步的发展至关重要。

报告首次提出了学校新时期的三大任务：建设华文教育强校，全力推进厦门校区建设，全面启动教学研究型大学建设。报告指出全校要深入学习胡锦涛总书记在全国政协十届二次会议上对华文教育的重要讲话；要进一步加强华文教育的统筹和外宣，采取灵活政策，加大支持力度，做大做强华文教育；要按照“三项工程”的要求，高起点、高标准地推进厦门校区建设；要做好厦门校区的学科建设规划，积极探索两校区并存的管理模式，实现两个校区的协调发展，更好地为海峡西岸经济区建设服务；按照建设教学研究型大学的目标，加大高层次人才的引进的培养力度，提高学科建设水平和教学质量；加强科研工作，积极改善办学条件。报告同时强调，必须全面加强党的建设为构建社会主义和谐大学而努力。

大会代表审议通过了《中国共产党华侨大学第四次代表大会关于中共华侨大学第三届委员会报告的决议（草案）》，并在 3 月 27 日召开的中共华侨大学第四次代表大会主席团第三次会议上通过。大会充分肯定了中共华侨大学第三届委员会的工作，并同意报告提出的当前和今后一个时期党的工作的指导思想、奋斗目标和主要任务。大会认为报告对建设华文教育强校、全力推进厦门校区建设、全面启动教学研究型大学建设等工作的部署切实可行，要继续致力于全面提高教育教学质量，努力把学校办出特色、办出水平。大会强调要进一步开创华侨大学办学新局面，关键在于继续加强党的领导和党的建设。大会号召全校党员同心同德、艰苦奋斗，为构建社会主义和谐大学而努力奋斗。

会议还审议批准了中共华侨大学纪律检查委员会向中共华侨大学第四次代表大会的报告，以无记名投票的方式，差额选举产生了由 21 名委员组成的中共华侨大学第四届委员会和由 11 名委员组成的中共华侨大学纪律检查委员会。

中共华侨大学第四届委员会、中共华侨大学纪律检查委员会，分别召开了第一次全体会议，选举产生由 7 名同志组成的中共华侨大学第四届委员会常务委员会，吴承业同志当选为党委书记，吴永年、关一凡当选为党委副书记。产生了由 5 名同志组成的纪律检查委员会常务委员会，朱琦环同志当选纪委书记，黄锦辉同志当选为副书记。

图 4－29　中国共产党华侨大学委员会第四次代表大会召开

二　党建工作

（一）基层党组织建设

1. 规范党员发展

校党委始终从全局和战略的高度把发展党员工作作为学校党建工作的重点来抓，按照“坚持标准、严格程序，主动工作，积极培养”的工作原则，有序规范、积极稳妥地推进发展党员工作。2000 年，校党委要求在全校范围内试行发展学生党员公示制。2003 年，校党委要求各支部在支部大会上以无记名投票的方式对预备党员的转正或接收进行表决。2004 年，校党委下发了《关于进一步做好发展学生党员公示工作的意见》，进一步明确了公示的对象、内容、地点、方式等方面要求，增加了发展党员的透明度。2004 年 10 月，校党委转发《福建省高校发展党员工作测评制、公示制、预审制、票决制、责任追究制试行办法的通知》，要求各党支部严格实行相关制度。2009 年 9 月，校党委先后印发了《华侨大学 2010—2012 年发展党员工作规划》《关于进一步改进和加强在大学生和高知群体中发展党员工作的意见》，提出要建立起校党委统一领导，组织部、党校、学生工作部、校团委相互配合，学校党委、学院党总支、学生及教师党支部相互衔接、齐抓共管、层层落实的有效工作机制。通过三年的努力，在校大学生党员数占在校境内生总数的比例在整体上有较大幅度的提高，学生党员结构和分布更加合理，实现了学生班级“低年级有党员、高年级有党支部”的目标。①

党员队伍的发展概况：2004 年，全校党员共 2003 人，其中教工党员 1207 人，学生党员 796 人。到了 2010 年，全校党员共 5135 人，其中教工党员 1483 人，学生党员 3652 人。

2. 加强基层党组织建设

（1）基层党组织换届。2000 年以来，校党委针对新设立的学院相应调整了党总支、支部设置并按照党的有关规定及时召开党员大会，选举产生总支委员会。同时，按照《党章》的规定，校党委先后于 2001 年、2004 年、2008 年进行了总支（直属支部）换届。截至 2009 年 10 月，学校共设立 24 个党总支、2 个党工委、4 个直属党支部、183 个党支部。

（2）社区党建。2004 年，校党委决定成立中共华侨大学学生社区工作委员会和楼幢（层）临时党支部，作为学院学生党组织的延伸和补充。建立楼幢（层）党支部 45 个。为加强对学生社区党建与思想政治工作的指导，校党委下发了《关于实行党建工作进学生社区的意见》《华侨大学学生社区党工委工作细则》《华侨大学学生社区党工委工作职责》《华侨大学楼栋党支部工作职责》《华侨大学学生社区楼栋党支部工作制度》等一系列规章制度，明确各党组织网络系统的职能和社区党建的工作目标。同时，建立健全社区组织生活制度、党建活动立项制度、信息反馈制度、党员“1 +1”帮扶制度、党员接待制度、党员发展转正公示制度、党员考评制度和楼栋党支部副书记例会制度等。形成了一套系统性强、可操作性强的社区党建制度体系。

（3）推进“支部建在班级上”。对人数多、专业多、班级多的学生支部进行分建，不断增强大学生党支部的影响力和凝聚力，同时选任品学兼优的研究生、高年级本科生党员担任支部书记或副书记。截至 2010 年 6 月，全校共有学生党支部 138 个，班级学生党支部 21 个。且进一步完善支部书记培养制度，全校共有 74 个党支部由学生担任党支部书记，39 个党支部由学生担任党支部副书记。

3. 党员日常教育与管理

健全党的组织生活制度，坚持并开好每年一次校、院级领导班子民主生活会，认真组织好“三会一课”活动，强化校、院两级中心组学习制度，形成了全校党内教育活动的一些框架性周期活动，包括每两年召开一次党建理论研讨会、每一年召开一次思想政治工作研究年会、每两年开展一次民主评议党员制度等。加强党员经常性教育，那时各级党组织认真组织党员、干部学习邓小平理论和“三个代表”重

① 华侨大学校史编写组编《华侨大学五十年（1960—2010）》，2010 年 10 月，第 205 页。

要思想，学习十六大文件、十七大文件精神，开展了专题研讨会、专题报告、社会参观考察、理论研讨等形式多样的学习活动。2007年5月，校党委以学习《关于加强党员经常性教育的意见》、《关于做好党员联系和服务群众工作的意见》、《关于加强和改进流动党员管理工作的意见》和《关于建立健全地方党委、部门党组（党委）抓基层党建工作责任制的意见》等四个保持共产党员先进性的长效机制文件为主要内容，开展了全校党支部书记（含学生社区楼幢、楼层临时党支部书记）全面轮训活动。

4. 加强党校建设

随着学校办学规模的不断扩大，学校党委研究决定建立分党校。分党校校长由院（系）党总支书记担任，院（系）合办的分校校长由合办院（系）党总支书记协商产生，副校长由各院（系）分管学生工作的党总支副书记担任。2002年4月，经校党委同意，成立中共华侨大学委员会党校经济管理学院分校。2004年6月，经校党委同意，华侨大学党委党校经济管理学院分校更名为华侨大学党委党校第一分校；成立华侨大学党委党校第二分校，负责信息学院、材料学院培训工作；成立华侨大学党委党校第三分校，负责机电学院、土木系、建筑系、数学系培训工作；成立华侨大学党委党校第四分校，负责法学院、外语学院、中文系、艺术系、人文社科系培训工作；成立华侨大学党委党校第五分校，负责华文学院培训工作。长期以来，党校针对不同层次、不同类型的党员，区别情况，分别提出教育的侧重点，采取不同的教育方法举办中层干部学习研讨班、入党积极分子培训班、预备党员培训班、党务工作培训班、党支部书记培训班等各类培训班、研讨班。2002年1月至2009年6月，共举办中层干部学习研讨班、入党积极分子培训班、党支部书记培训班等各类培训班、研讨班93期，共13578人次参加学习。其中共培训干部1868人次；举办入党积极分子培训班63期，共9941人参加学习；共举办预备党员培训班8期，共1735人参加学习。

（二）宣传工作

加强传统宣传阵地建设。2000年5月，学校组建了新闻中心，并围绕学校中心工作和重大活动，做好宣传片、专题片、资料片的编辑制作、重大活动的全场录像和现场直播等工作。2004年5月，文明校园建设委员会办公室作为内设机构，划归党委宣传部。2009年3月，华侨大学网络文化建设和管理领导小组成立，小组办公室设在党委宣传部，负责领导小组日常事务，办公室主任由宣传部部长兼任。①

---

① 华侨大学校史编写组编《华侨大学五十年（1960—2010）》，2010年10月，第211页。

1. 理论宣传教育工作

2001年以来，在校党委的领导下，宣传部加强对党委中心组学习和各单位中心组理论学习的服务和指导督促工作。在党委统一安排下，布置各工作部门组织党的十六大精神及十六届四中全会、五中全会、六中全会精神，党的十七大精神等的重要精神的学习。深入贯彻“三个代表”“科学发展观”“构建社会主义和谐社会”等重大战略思想的学习宣传研究，深入贯彻2005年学校第四次党代会提出的今后工作的指导思想与奋斗目标，特别是建设华文教育强校、推进厦门校建设、启动教学研究型大学建设等新时期的三大任务。围绕实现学校各项工作的目标，推动广大师生用马克思主义中国化的最新成果武装头脑、指导实践、推动工作。①

结合这一历史时期的共产党员教育活动，2005年的“保持共产党员先进性教育”活动，2005年的“三项学习教育”活动，2009年的“学习实践科学发展观活动”，2010年的“开展创先争优活动”等，进一步提高了学校师生员工的思想素质、理论水平、业务水平和争先创优、爱党爱校的思想觉悟。坚持贯彻落实《中国共产党关于进一步加强和改进大学生思想政治教育工作的意见》，不断探索新途径、新方法，进一步加强和改进学校大学生思想政治教育；全面配合厦门校区建设和启用及教育教学工作，营造良好氛围，提供思想保障。

2008年是学校“一校两区”成规模运作的第一年。学校认真细致地抓好了厦门校区宣传工作，加大对厦门校区建设和教育教学的报道力度，扩大了厦门校区的对外影响。积极加强与厦门当地的政府机关、科教文化机构和新闻媒体的联系与沟通，争取了更多支持与合作。同时利用他们丰富的宣传资源，拓展校区的对外宣传工作，加强了对厦门校区广播台、互联网、宣传栏等阵地的建设，做好校区有线电视网络建设和维护、卫星接收系统调试及节目编播、频道管理工作。

充分发挥“学习研讨班”“宣讲团”，邀请著名专家学者来校讲学讲座，提高教职工的思想认识和理论水平。充分利用《华侨大学报》、校园网主页、校有线电视台等宣传媒体和宣传阵地积极发挥主导作用。开辟专题宣传，采用丰富多彩的形式，做好理论宣传、党风廉政教育、法制教育等工作，大力营造良好的舆论宣传氛围。精心选编对学校办学有参考意义及“热点”问题的学习材料，用各种形式认真抓好政治理论教育，加强思想理论建设，唱响主旋律。

宣传部积极支持依托学校思想政治教育研究会、青年马克思主义研究会开展以学习、研究理论为主要任务的社团活动，积极支持青马开展系列经典著作读书班活

① 华侨大学宣传部：《华侨大学理论宣传教育工作》，2020年8月2日。

动，青马开设了青年论坛系列讲座，学校思想政治教育研究会也获得省思想政治教育研究会先进会员单位表彰。

加强信息报送工作。加强信息收集，注意及时掌握师生的思想动态，及时上报情况，为上级部门和领导提供了情况和决策依据，使工作心中有数，更有的放矢。

2. 校园文明建设

1997 年 3 月，学校成立“华侨大学文明校园建设委员会”，启动文明校园创建活动。学校把校园文明建设作为日常工作之一，常抓不懈，2003 年 8 月学校首次获得“福建省第八届（2000—2002 年度）文明学校”荣誉称号，[①] 第九届、第十届因诸多原因，学校没有申报，2011 年下半年学校获得“福建省第十一届（2009—2011 年度）文明学校”荣誉称号。[②]

学校领导校园文明建设的意识强，创建文明学校工作思路非常明确。坚持长期认真开展文明学校创建工作，以教书育人为中心，并与学校整体工作相结合。创建文明校园建设与学校不断探索和健全有关的规章制度，不断建设和完善教学楼、实验室、学生宿舍、校内宣传栏等各种软硬件设施相配套，并成功地推行了后勤社会化改革、人事分配制度改革等一系列改革措施，学校将校园文明建设作为学校发展中一个重要组成部分。

学校的精神文明建设遵循以下标准：学校深入进行以社会主义荣辱观教育为核心内容的思想道德建设，扎实开展和谐校园创建活动，努力营造平安文明和谐的校园环境。坚持以人为本，坚持思想政治教育与解决实际问题相结合，积极做好思想政治工作。着眼于促进心理和谐、人际和谐，注重人文关怀和心理疏导。以理想信念教育为核心，以爱国主义教育为重点，以思想道德建设为基础，进一步加强大学生思想政治教育。

大力弘扬以“八荣八耻”为主要内容的社会主义荣辱观，积极开展社会公德、职业道德、家庭美德和以“知荣辱、讲正气、促和谐”为主题的道德实践活动。广泛倡导爱国、敬业、诚信、友善等道德规范，积极开展形式多样的校园文明建设活动，协调和抓好学校基础文明建设，配合有关部门共同抓好学风、教风、文明社区、文明教室以及机关作风建设，在全校形成文明向上的良好风尚。

以增强诚信意识为重点，加强社会公德、职业道德、家庭美德、个人品德建设。加强爱国主义教育基地建设和文化素质教育基地建设，加强中华优秀文化传统教育，完善大学生思想政治教育长效机制。

---

① 华侨大学文明办：《华侨大学获评省文明学校》，《华侨大学报》2003 年 9 月 15 日，第 4 版。

② 华侨大学宣传部：《华侨大学校园文明建设》，2020 年 8 月 2 日。

以树立和践行社会主义荣辱观为重点，结合中央开展的各个时期的各项活动如“三讲”“保持共产党员先进性教育活动”“三项学习教育活动”“学习实践科学发展观活动”“创先争优活动”“迎奥运”“迎世博”等，与有关部门共同开展校园文明精神宣传教育，推动抓好学风、教风、作风建设的文明道德校风。把建设社会主义和谐社会的要求贯穿于精神文明创建之中，开展和谐校园创建活动，重点整治校园小广告、东区卫生等师生关注的热点问题，推动形成和谐校园人人有责、校园和谐人人共享的良好局面。

3.《华侨大学报》

《华侨大学报》于1963年创刊，1966年因“文革”停刊，1980年复刊。1985年1月，根据《中共中央、国务院批复中央宣传部、教育部、国务院侨务办公室〈关于进一步办好暨南大学和华侨大学的意见〉》（中国共产党中央委员会〔1983〕24号）文件精神和华侨大学面向海外招生的特点，中共福建省委宣传部同意《华侨大学报》改为以对外宣传为主的报纸（《关于〈华侨大学〉校报改为以对外宣传为主的请示报告的批复》闽委宣办〔1985〕004号文），要求华侨大学报“办成一张适合海外对象阅读的引人入胜的报纸”。华侨大学报由此获得刊号CN-35（Q）第0018号，成为全国最早拥有正式出版刊号的高校校报。[①]

《华侨大学报》从1995年（第166—179期）开始出版每年一本合订本。《华侨大学报》本是月报，从1995年5月5日第169期开始办成半月报。2002年9月，进一步缩短《华侨大学报》办报周期，从第319期起，由原来的半月报改为每月出版3期，分别是每月的5日、15日、25日出刊。2005年1月，从第387期起，《华侨大学报》出版周报，每周二出刊。2006年3月14日，《华侨大学报》正式开通作者读者论坛（http://xz.netsh.com/eden/bbs/786032）。[②] 2006年5月16日，《华侨大学报》在高校博客网开通团队博客（http://www.zai17.cn/user1/hqdxb/）。[③] 2009年1月，从第544期起，《华侨大学报》出版彩报。2009年12月，面向国内外公开发行的新闻周报《华侨大学报》在新浪网开通微博客（http://t.sina.com.cn/hqdxb），借助微博客平台发布新闻，与读者互动，推介学校。[④] 2010年11月2日，第612期《华侨大学报》出版了《华侨大学建校50周年特刊》共有48个版面。2010年7月，在由教育部社科司依托全国高校报协进行的全国首次高校校报评估中，《华侨大学

---

① 福建省委宣传部：《关于〈华侨大学〉校报改为以对外宣传为主的请示报告的批复》，1985年1月5日，华侨大学文书档案。

② 徐梦：《本报开通作者读者论坛》，《华侨大学报》2006年3月14日，第1版。

③ 白平：《本报开“博”了》，《华侨大学报》2006年5月16日，第1版。

④ 辛文：《本报新浪开微博》，《华侨大学报》2009年12月8日，第4版。

报》在全国近2000家高校校报中脱颖而出，获评“中国高校优秀校报”。

《华侨大学报》已发行海外30多个国家和地区，每期外寄2000余份。2010年之前，中央电视台、新华社、中国新闻社、《人民日报》、《光明日报》、《大公报》、《文汇报》、《中国新闻周刊》、《中国教育》、福建电视台、东南电视台、《福建日报》等海内外新闻媒体对学校工作报道达1400多条。

进一步加强信息报送工作，2010年之前《华大信息》已印发800余期，《华大信息专报》已印发至420余期。学校的信息报送工作得到了国务院侨务办公室，福建省委、省政府的多次表彰。

4. 华侨大学广播台

华侨大学广播台（以下简称华广）是直属于学校党委宣传部领导的校园宣传媒体，是学校重要的宣传阵地和文化窗口。华广的前身是校园有线广播。2004年2月，华广搬迁至新建设的施良侨科技实验大楼12楼，并启用无线电发射台，以FM80的频率在全校范围内播出。2006年12月，随着学校厦门校区的正式启用，厦门校区广播台也应运而生。目前，两校区广播台已经实现独立运作。①

5. 重视网络建设和动态管理

2001年，华侨大学新闻网正式开通运行。2001年底，校党委建立了网络新闻宣传思想工作联席会议制度。2002年，学校专门成立华侨大学网络信息工作领导小组，先后制定《华侨大学校园网络运行条例》《华侨大学校园网络安全与信息管理条例》《华侨大学网络语信息应急处置预案》。2005年10月和2009年1月，学校先后对华侨大学校园网主页进行两次改版，并实现校园新闻全部在校园网上登载。

校园网建有校级网页2个，部门、学院等单位网页50多个，科研机构、学生社团等组织的网页近百个。校园主题BBS网站“桑梓年华”拥有近7万名会员，设有桑梓情怀、学习园地、知性感性、休闲娱乐等4大版块，下设桑梓茶座、社团园地、就业职通车、挑战杯竞赛、学习深造、文学专栏、辩论专区、计算机与网络等23个专区，还有自办的网络教育视频、电视、贴吧、杂志、电台等丰富的内容，成为师生信息交流沟通的重要平台，也成了学校校务公开和管理服务的重要阵地。为配合学校重大活动，先后组建评建、防控“非典”、先进性教育、学习实践科学发展观、校庆等多个专题网站。②

学校每年还举办了一次学生团体联合会网络精品活动月活动，据统计，仅2008—2009学年，学生团体会员数就达近万人次，开展活动共约1000场次；2009—2010

① 贾益民主编《华侨大学志》，中国文史出版社，2015年10月，第381页。

② 贾益民主编《华侨大学志》，中国文史出版社，2015年10月，第358页。

学年，会员人数达到1万多人次，开展活动约1400场，继续保持着健康、蓬勃发展的态势。①

2009年3月，学校成立校园网络文化建设与管理领导小组，综合协调各职能部门，统一规划校园网的建设和管理，将网络文化纳入校园文化建设的总体规划。根据实际情况，制定了《关于进一步加强和改进校园文化建设的若干意见》和《华侨大学校园文化活动审批和管理办法》，推进校园文化活动规范化管理。

随着校园网络的发展，广大师生越来越习惯于通过网络便捷地开展校园文化活动。网页设计大赛、读书活动、网络辩论赛、网络征文等各种文化活动都在校园网络中开展。网络越来越成为校园文化活动开展的一个重要而又相对独立的平台，成为校园文化建设的一个重要阵地。

2009年9月，《网络舆情动态》正式出刊。学校校园网英文网站于2009年开通运行。②

6. 开展对外宣传工作

通过“主动走出去、积极请进来、借船出海”的方式，加强了境外特别是重点生源地区媒体的联系与合作。自2005年开始，学校连续参加近三届世界华文传媒论坛，主动与更多国家和地区的华文媒体负责人取得联系，推介学校。学校多次组织人员赴境外拜访当地新闻媒体。2006年3月，成功邀请境外新闻媒体访问团首次正式访问华侨大学，并形成了长效机制，开拓了对外宣传工作的新渠道。2006年10月，由张禹东副校长率领的华侨大学访问团，先后走访了十多家港澳地区新闻媒体，并在澳门举行了首次境外记者招待会。当时共有港澳媒体访问团、“海外华文传媒聚焦海西”访问团、境外华文传媒访问团、香港凤凰卫视访问团、泰国华文媒体访问团等到华侨大学访问并进行采访报道。

（三）党的主题教育活动

1. 保持共产党员先进性教育

2005年7月，按照中央的部署，学校19个党总支、7个直属党支部，113个总支下属党支部共2061名党员参加了全国第二批保持共产党员先进性教育活动，党组织覆盖率达到100%，党员覆盖率达到99.7%。本次活动分学习动员、分析评议、整改提高三个阶段进行。

2005年7月16日，学校召开全校保持共产党员先进性教育活动动员部署大会，

---

① 贾益民主编《华侨大学志》，中国文史出版社，2015年10月，第358页。

② 贾益民主编《华侨大学志》，中国文史出版社，2015年10月，第381页。

党委书记吴承业、中共泉州市委第一督导组组长孙增福、国侨办巡回检查组组长韩政堂在会上做了讲话。2005 年 7 月 18 日，校党委成立保持共产党员先进性教育活动领导小组，党委书记吴承业任组长。2005 年 12 月 16 日，召开群众满意度测评大会，满意票占 75.5%，基本满意票占 24.0%，群众满意率为 99.5%。2005 年 12 月 20 日，学校召开全体党员大会，对保持共产党员先进性教育活动进行总结。中共泉州市第一督导组组长孙增福、国侨办巡回检查组组长韩政堂在讲话中对学校的先进性教育活动给予充分肯定和较高评价。①

2. 学习实践科学发展观活动

按照中央的统一部署，学校学习实践科学发展观活动从 2009 年 3 月 19 日开始至 9 月 1 日基本结束，全校 29 个二级党组织、179 个党支部、3500 多名党员按要求参加了学习实践活动。②

2009 年 3 月 6 日，校党委召开党委常委会，专题研究学校开展学习实践科学发展观活动工作。会议决定成立学校学习实践活动领导小组，李冀闽、丘进任组长。

2009 年 3 月 19 日，学校在陈嘉庚纪念堂召开深入学习实践科学发展观活动动员大会，正式启动了华侨大学深入学习实践科学发展观活动。根据领导小组的安排，各级党组织和全体党员认真学习科学发展观的理想，联系实际，对照检查，对学校和本单位如何实践科学发展观提出了很多具有建设性的意见。

2009 年 9 月 1 日，学校召开深入学习实践科学发展观活动总结大会。丘进校长主持会议，李冀闽书记代表校党委、校学习实践领导小组从主要做法、主要特点、主要成效、主要不足和今后努力方向等四个方面做了总结报告。刘经南组长代表检查指导组充分肯定了学校学习实践活动开展的工作和取得的显著成效。

3. 开展创先争优活动

按照中央、福建省委和泉州市委的统一部署，学校于 2010 年 7 月至 2012 年 7 月全面开展了创先争优活动。在福建省委和泉州市委创先争优活动领导小组的领导下，学校党委高度重视、明确思路、创新载体、精心组织、狠抓落实，带领全校 30 个二级基层党组织、289 个党支部，7077 名党员紧紧围绕“发挥综合优势，突出侨校特色，提高办学水平，建设知名大学”这一主题，充分发挥基层党组织的政治核心作用、战斗堡垒作用和广大党员的先锋模范作用，遵循“五个好”“五带头”的标准，扎实推进学校各项工作又好又快发展。③

---

① 贾益民主编《华侨大学志》，中国文史出版社，2015 年 10 月，第 381 页。

② 贾益民主编《华侨大学志》，中国文史出版社，2015 年 10 月，第 383 页。

③ 贾益民主编《华侨大学志》，中国文史出版社，2015 年 10 月，第 384 页。

活动期间，学校党委积极开展摸底调查、加强组织领导、创建工作机制、全面思想动员、强化宣传力度，精心组织部署，推进创先争优活动扎实开展。活动始终围绕学科建设、队伍建设、教学质量、科研水平、拓展华文教育、提高人才培养质量等重点工作，通过“创”和“争”，使创先争优活动成为促进学校可续发展的“加速机”。

（四）干部队伍建设

认真贯彻落实《党政领导干部选拔任用条例》，通过开设中层干部研讨班和青年管理干部培训班、把该条例编入《党务工作重要文件选编》等学习宣传活动，使“领导干部熟悉条例，组织人事干部精通条例，干部群众了解条例”。[①] 规范干部任用机制。严格按照《党政领导干部选拔任用条例》《党政机关竞争上岗工作暂行规定》，制定和完善《华侨大学竞争上岗工作面试实施办法》《华侨大学党政领导干部考核工作暂行规定》《华侨大学非领导职务干部选拔任用暂行条例》等制度，实行干部任期制、交流轮岗制度、公开选拔中层领导干部制度、科级干部考试上岗制度，加强规范中层干部的年度考核和届中、换届考核，构建了干部“能上能下”“能进能出”和使优秀人才脱颖而出的竞争激励机制。2010 年 7 月，校党委印发了《华侨大学处科级领导干部选拔任用工作暂行规定》，进一步明确了处科级领导干部选拔任用的相关规定。学校中层干部年度测评优良得票率平均在 80% 以上，群众满意度较高。

（五）完善干部管理监督机制

设立了干部监督举报电话、干部监督举报信箱等形式，主动接受广大师生的监督。制定和完善《华侨大学领导干部任期经济责任审计暂行规定》等制度，对部门负责人开展任中、离任经济责任审计，重视和运用领导干部经济责任审计结果，做到审计结果与干部选拔任用、干部教育管理相结合。2008 年，学校共对全校 40 位中层领导进行届中及离任经济责任审计，充分发挥经济责任审计在干部监督管理中的作用。[②]

1. 探索干部培养教育机制

以党校为阵地，大力开展教育培训活动，举办党支部书记培训班、统战委员培训班、文秘业务岗位培训班等各种类型和层次的理论学习研讨班和培训班。加大干

---

① 华侨大学校史编写组编《华侨大学五十年（1960—2010）》，2010 年 10 月，第 209 页。

② 华侨大学校史编写组编《华侨大学五十年（1960—2010）》，2010 年 10 月，第 209 页。

部外派参加培训力度。2005 年以来，学校共组织处级以上领导干部参加各类培训共 34 期。

2. 建立干部信息库

信息库的主要内容包括：干部的籍贯、出生地、成长地、政治面貌、年度考核情况、历次奖惩情况、工作经历、学习经历等多个方面。信息库进入办公自动化系统，实行部门资源共享，各部门根据权限对干部信息变动情况进行及时充实和调整，便于学校全面掌握并适时分析研究干部队伍状况。干部人事档案工作并通过了福建省委组织部的验收。

（六）党风廉政建设

1. 建立党风廉政建设责任制量化考核制度

根据《中共中央 国务院关于印发〈关于实行党风廉政建设责任制的规定〉的通知》（中发〔1998〕16 号）和国务院侨务办公室《关于贯彻落实党风廉政建设责任制的实施办法》，制订了《关于印发〈贯彻落实党风廉政建设责任制的实施办法〉的通知》（华大委〔2009〕58 号），明确各级党政领导党风廉政建设的责任内容、职能部门工作分工以及责任考核、责任追究等事项。2004 年，学校以落实党风廉政建设责任制量化考核工作为重点，认真完成国务院侨务办公室纪检监察工作会议确定的试点任务，出台了《关于印发〈华侨大学党风廉政建设责任制量化考核细则〉（试行）的通知》（华大委〔2004〕7 号），在校部机关和院系先后选择 4 个单位作为考核试点、5 个单位作为查询查阅验收单位，并在试点的基础上对文件进行了进一步的修改和完善，结合学校干部换届对全校 26 个班子、106 位中层干部进行了党风廉政建设责任制量化考核工作。①

2. 着力构建惩防体系

2006 年 3 月，校党委下发了《关于印发〈中共华侨大学委员会关于贯彻落实“建立健全教育、制度、监督并重的惩治和预防腐败体系实施纲要”的实施意见〉的通知》（华大委〔2006〕13 号）、《关于印发〈华侨大学科研经费管理办法〉的通知》（华大科〔2006〕8 号）、《关于印发〈华侨大学学术规范及违规处理办法〉的通知》（华大科〔2006〕9 号）。5 月，学校下发了《关于印发 2007 年构建惩防体系任务分工的通知》（华大纪〔2007〕1 号）、《关于印发〈华侨大学解除部分学生违纪处分实施细则〉的通知》（华大学〔2007〕10 号）等，至 2010 年共出台了 40 多

---

① 华侨大学校史编写组编《华侨大学五十年（1960—2010）》，2010 年 10 月，第 210 页。

个新的管理规章，有力推进惩防体系基本框架的构建。

2006 年 7 月，中纪委驻国务院侨务办公室纪检组组长、国务院侨务办公室党组成员林文肯莅校调研党风廉政建设和反腐败工作，对学校的党风廉政建设和反腐倡廉工作给予充分肯定。2007 年 4 月，学校召开构建惩防体系专题研讨会，交流和总结近两年的工作经验。对 19 项主要任务进行具体分工，强调各部门各单位要提高认识，落实责任，强化“一岗双责”意识，坚持“谁主管，谁负责”，进一步落实层层责任制，抓紧落实各项任务。9 月，校纪委书记带领由校办、监察室、审计室等组成的工作小组，深入 16 个部、处、院开展调研，检查落实情况，听取了关于构建惩防体系的意见和建议，并及时处理工作中的问题。2008 年，纪检监察工作人员进一步深入各单位了解惩防体系建设工作进展情况，督促有关单位及时补充、修订、出台新的管理规章，有力促进构建惩防体系工作顺利开展。充分发挥审计职能，通过自审和委托社会机构审计，2006—2009 年，对 234 项基建工程项目审计，送审金额为 10223.15 万元，核减 382.78 万元，核减率为 3.74 %。2009 年 4 月，学校成立了华侨大学构建惩治和预防腐败体系工作领导小组，领导小组下设办公室，挂靠监察室。

3. 积极开展专项治理工作

2006 年 6 月，学校成立由纪委书记为组长的治理商业贿赂专项工作领导小组并下发《关于开展治理商业贿赂专项工作的通知》（华大委〔2006〕23 号）。采取了以下措施：（1）全校有 34 个单位开展自查自纠，自查覆盖率达 100%。同时对图书馆、医院、教材中心、产业处、后勤处下属的物业中心、接待中心、公共服务中心、餐饮中心等 8 个单位进行重点抽查。（2）开展纠正行业不正之风自查自纠专项工作。2007 年 7 月，学校下发《关于开展纠正行业不正之风自查自纠专项工作的通知》（华大纪〔2007〕5 号）。全校各单位认真按照要求开展自查，共提交 35 份自查报告。监察、审计等单位联合组成抽查小组，采取召开座谈会、个别交谈、查阅资料、现场察看等方式深入有关单位开展抽查。（3）开展全校教育收费专项检查。2008 年 10 月，学校印发《关于开展全校教育收费专项检查的通知》（华大纪〔2008〕4 号）。全校各单位共提交 32 份自查报告。校纪委组织人员对有关单位的工作开展情况进行抽查，对发现的问题进行认真梳理，深入分析教育收费管理的存在问题和薄弱环节，研究提出标本兼治的对策和措施，并组织实施。从自查情况看，各单位和部门都能严格遵守有关规定办理收费。（4）开展个人通信工具捆绑办公电话专项清理。2008 年 10 月，学校印发《关于开展个人通信工具捆绑办公电话专项清理工作的通知》（华大纪〔2008〕5 号）。在全校范围内开展个人通信工具捆绑办公电话专项清理工作。通过专项清理工作，解除捆绑 34 部。严格控制单位固定电话费支出，进一步规范财务管理制度。（5）开展“小金库”专项治理工作。2009年5月，学校组织开展“小金库”专项治理工作，所有违反法律法规及其他有关规定应列入而未列入符合规定的单位账簿的各项资金（含有价证券）及其形成的资产，均纳入治理范围。

（七）统战工作

积极发展民主党派和统战团体。2002年6月29日，中国致公党华侨大学总支成立。2004年12月14日，学校召开无党派高级知识分子联谊会成立大会。2006年11月28日，中国国民党革命委员会华侨大学总支成立。2009年12月31日，中国民主建国会华侨大学总支成立。截至2009年9月，学校已有8个民主党派成员252人，其中具有高级职称人员占62.7%，在职人员占63.1%。学校已有侨联、台联、留学生同学会及无党派高级知识分子联谊会4个统战团体，成员近400人。

做好各民主党派干部的选拔、推荐工作。2000年以来，学校有25名教师担任了民主党派各级委员会主委、副主委、常委和委员，党外人士中获任各级人大代表、政协委员81人次，其中全国人大代表2人次、省人大常委1人、市人大4人（副主任1人、常委2人）；省政协委员11人次（常委4人次）、市政协委员44人次（常委15人次）。黄维礼（民盟）、洪捷序（九三学社）等老师先后被选拔担任泉州市、福建省重要领导职位。①

发挥党外人士参政议政的作用。目前在学校中层干部中，党外干部人数有34人，比例达到21%。学校先后邀请了45位党外人士为学校特邀监察员，他们在招生、毕业生分配、教学管理、职称评定、工程建设、设备采购等方面充分发挥各自的优势，起到参谋、咨询、监察、监督等作用。另外，泉州市还特聘学校4名党外人士为监察、监督员。

三　教代会、工会工作

（一）学校的民主建设

进入21世纪初年，学校的民主生活不断健全，学校的民主建设进一步增强，不断完善了“教代会”“工代会”制度。校党委常委、纪委书记吴道明、朱琦环先后兼任工会主席。2000年初，学校召开的四届一次“教代会暨工代会”，校党委明确

① 华侨大学校史编写组编《华侨大学五十年（1960—2010）》，2010年10月，第213页。

提出：凡学校的重大事项都要通过教代会审议，凡涉及教职工切身利益的决策都要通过教代会审议通过。10 年的时间里学校先后召开了两届的“教代会暨工代会”，即“第四届教代会暨工代会”“第五届教代会暨工代会”，两届共召开十一次“双代会”会议或有关专题会议，都是涉及教职工利益、学校发展利益的重要事项。如：学校新南区购房选房的方案、厦门校区建设、教职工大病护助等都在“双代会”上讨论通过。教代会共收到 267 件提案，提案的落实率高达 100%。全面推进二级教代会建设，学校 27 个建立党总支（支部）的部门均已建立了二级教代会制度。深入开展党政工共建“教工之家”活动，2004 年 10 月和 2006 年 12 月，学校先后对各院系、各部门的党政工共建“教工之家”工作进行了全面复查验收，合格率达 100%。2001 年以来，共有 2 个工会获得国家级奖励，7 个工会 13 次获得省部级奖励，其中校工会先后获得全国教育工会先进集体、福建省“模范职工之家”、福建省“民主管理先进单位”等荣誉称号；学校工会工作者共有 17 人次荣获省级“优秀工会工作者”“优秀工会分子”的称号。①

（二）工会其他工作

1. 华侨大学女性研究中心

2007 年 3 月 8 日是“三八国际妇女节”纪念日，华侨大学女性研究中心在华侨大学工会所在地楠芬楼举行揭牌成立仪式。福建省总工会副主席彭群芳、福建省妇联副主席王小玲女士为女性研究中心的成立揭牌。福建省教科文卫体工会主任方清、副主任张红璇，福建省妇女理论研究会副秘书长高若亭，泉州市总工会副主席蔡金宝，厦门大学妇委会陈小慧，校纪委书记、工会主席朱琦环等参加了成立揭牌仪式。

2. 厦门校区“教工之家”活动中心

为深入开展华侨大学厦门校区党政工共建“教工之家”活动，丰富厦门校区教职工的业余文体生活，华侨大学厦门校区“教工之家”活动中心于 2010 年 9 月建成投入使用。厦门校区“教工之家”活动中心位于林广场学术交流中心，是学校厦门校区教职工业余文化生活的重要场所。

3. 开展“教育世家”评选活动

泉州市人民政府从 1991 年开始，在每年教师节期间由泉州市教育局、泉州市教育基金会评选出三代从教、教龄累计超过百年的教育世家，泉州市委、市政府在每年的教师节进行授“教育世家”的牌匾进行表彰。华侨大学教育工会也根据泉州市的

---

① 贾益民主编《华侨大学志》，中国文史出版社，2015 年 10 月，第 391 页。

有关文件，参与推荐评选“泉州教育世家”活动，对营造学校尊师重教的氛围，鼓励教师终身从教、以教传家，产生积极而深远的影响。从2000年开始到现在，共推荐评选出8个“泉州教育世家”。他们是：（1）2000年的杨翔翔教授一家；（2）2002年的离休老教授林星一家；（3）2005年评选出两家：蔡光仁副教授一家与吴邱陵老师一家；（4）2006年评选出两家：姚祖斌教授一家与黄永健老师一家；（5）2008年的杨全益老师一家；（6）2016年的化工学院黄惠莉老师一家。

第九节　董事会、校友会工作

一　董事会工作

（一）成立第五届董事会（2002 年 12 月至 2010 年 11 月）

2002 年 12 月 21—22 日，第五届董事会第一次会议在陈嘉庚纪念堂隆重召开。中共福建省委书记宋德福担任董事长，黄光汉等任副董事长、吴承业校长兼任秘书长。①

图 4－30　华侨大学第五届董事会董事长宋德福

宋德福（1946. 2—2007. 9），男，祖籍河北盐山，华侨大学第五届董事会董事长。1965 年参军，历任排长、连副指导员，空军政治部组织部青年科科长、青年处处长，解放军总政治部组织部青年处副处长，共青团中央书记处书记兼总政治部组织部青少年处副处长，共青团中央书记处第一书记兼解放军总政治部组织部副部长，中国青年政治学院院长，国家人事部部长、党组书记兼团中央第一书记，中共中央组织部副部长兼国家人事部部长、党组书记，中共福建省委书记、福建省军区党委第一书记，福建省第九、十届人大常委会主任，中央人才协调工作小组副组长。中共第十二届中央候补委员，第十三至十六届中央委员，第八届全国政协委员，第九届全国政协常委。

会上，国务院侨务办公室副主任、校董事会副董事长刘泽彭，中共福建省委副书记黄瑞霖，福建省人民政府副省长汪毅夫，校董事会副董事长黄光汉、庄启程、许连捷、李群华、陈守仁、陈进强、施子清、施永康、施良侨，国务院侨务

① 张罗应：《第五届董事会召开第一次会议》，《华侨大学报》2002 年 12 月 25 日，第 1 版。

办公室文教宣传司司长刘辉、泉州市市长何团经，以及来自海内外的56位董事和学校全体领导出席开幕式。黄瑞霖代表华侨大学第五届董事会董事长、中共福建省委书记宋德福在会上致开幕辞，刘泽彭副董事长代表国务院侨务办公室在开幕式上讲话。

会议听取和审议了吴承业校长所做的《面临新形势—抓住新机遇—采取新举措—努力开创华侨高等教育新局面》的学校工作报告和黄光汉副董事长所做的《华侨大学第四届董事会工作报告》，并讨论了华侨大学的发展大计，会上授予陈焜旺、许东亮名誉博士学位。

吴承业校长在报告中回顾了1997年10月26日第四届董事会第一次会议召开以来，学校五年来的主要工作和今后的新形势、新任务。根据学校面临的新形势和改革发展的指导思想，提出了今后几年学校的工作重点：一是把发展作为学校的第一要务，理直气壮谋发展；二是把质量作为学校长远发展的第一品牌，聚精会神抓质量；三是把师资队伍建设作为学校发展的永恒主题，一以贯之地抓师资队伍建设；四是把厦门校区建设作为学校发展的历史性机遇，团结一致创新业；五是把更新教育观念作为学校发展的思想前提，解放思想抓创新；六是把董事会支持作为学校发展的坚实基础，全心全意为侨服务。

会议举行了第五届董事会董事聘书颁发仪式，刘泽彭代表国务院侨务办公室颁发了董事长聘书，黄瑞霖代表宋德福董事长向华侨大学第五届董事会副董事长、秘书长、副秘书长和董事等分别颁发了聘书。会上，福建省教育厅副厅长李红受福建省政府委托，向郑年锦、蔡聪妙、黄光汉、陈亨利、邱季端、颜延龄、陈明金、骆志鸿、林广场和王宽诚等人及其代表颁授了“乐育英才”金质奖章、荣誉证书和奖匾，以表彰他们对华侨大学办学做出的贡献。会议同时举行了陈明金大楼和安平延仁楼落成典礼仪式，以及授予许东亮副董事长和陈焜旺董事博士学位证书仪式。

经国务院侨务办公室批准，华侨大学第五届董事会共有89名董事、13名荣誉董事。随着新生代华侨华人的增多，他们的影响力和号召力不断增强，对华侨高等教育事业的关心热情高涨，为了争取更多的支持，本届董事会积极吸纳他们中的杰出代表，成员进一步增加，共有133位董事。

华侨大学第五届董事会自2002年12月21日成立以来至2010年，各位董事及其他海内外热心公益人士对华侨大学的捐资折合总额超过1.8亿元人民币，对学校发展贡献卓著。

图 4－31　华侨大学第五届董事会第一次会议召开

（二）成立第六届董事会（2010 年 11 月至 2014 年 11 月）

第六届董事会于 2010 年 11 月成立，全国政协副主席何厚铧担任名誉董事长。

图 4－32　华侨大学第六届董事会名誉董事长何厚铧

何厚铧（1955.3—），男，生于澳门，祖籍广东番禺，华侨大学第三届董事会董事，第四、五届董事会副董事长，第六届至第八届董事会名誉董事长。1969 年赴加拿大留学；1978 年获多伦多约克大学工商管理学士学位；1981 年获加拿大注册会计师和特许核数师专业资格；1983 年返澳门工作，任大丰银行常务董事兼总经理；1988 年开始担任澳门立法会副主席职务；1986 年开始参与国家事务，在全国政协第六届常务委员会第十一次会议上增补为全国政协委员，是第七届全国人大代表，第八、九届全国人大常委会委员；1999 年 5 月 15 日由中华人民共和国中央政府委任，成为澳门首任行政长官，连任 10 年至 2009 年。任期内忠于职守，勤勉工作，锐意进取，为“一国两制”在澳门的成功实践做了许多开创性工作，获得中央的高度评价。任第十一届、第十二届、第十三届全国政协副主席。

经国务院侨务办公室批准，由澳门特别行政区行政长官崔世安，国务院侨办副主任赵阳，福建省委常委、副省长陈桦等 26 人任副董事长，由近百人组成的华侨大学第六届董事会。2010 年 11 月 6 日下午，第六届董事会召开第一次会议，在泉州酒店召开第一次会议。①

来自海内外社会的近60位董事出席，共商华侨大学发展大计。华侨大学校长丘进主持聘书颁授仪式。国务院侨务办公室主任李海峰为第六届董事会成员颁发聘书。本届共有59位董事，荣誉董事9位。

国务院侨务办公室主任李海峰、副主任赵阳，福建省委常委、副省长陈桦等出席会议。赵阳副主任主持会议。华侨大学副董事长赵阳、陈桦在会上分别致辞。

会上，华大董事会副董事长李群华作了华侨大学第五届董事会工作报告。与会董事围绕学校工作报告和董事会工作报告各抒己见，积极为学校建设和发展建言献策。

图4－33　华侨大学第六届董事会第一次会议召开

华侨大学校长丘进向各位董事汇报了近五年来的学校工作，报告题目为《科学发展 再创辉煌 建设特色鲜明的高水平大学》，并提出了今后学校发展的主要思路：一是以观念创新为先导，积极推进改革创新；二是坚持“人才强校”战略，推进高素质人才队伍建设；三是坚持优先发展特色和优势学科，提升学科建设水平；四是坚持人才培养主体地位，提升人才培养质量；五是提升科学创新能力，提高为地方经济建设服务水平；六是坚持开放办学、特色办学，建设华文教育强校；七是继续加强两校区建设，进一步提升育人环境品质等。

① 张罗应、王舒人：《华大董事会召开六届一次会议》，《华侨大学报》2010年11月9日，第2版。

（三）董事会工作的主要成效和作用

自2000年来，董事会继承和发扬了历届董事会的优良传统，广泛团结海内外华侨华人、港澳台同胞和热心华侨教育事业的各界人士，积极协助政府办好华侨大学，为华侨大学这几年的快速发展发挥了很大的作用，做出了巨大贡献。①

1. 为学校发展出谋划策

董事会定期或不定期召开会议，审议学校的工作，商议学校教育改革与发展大计，为把华侨大学办出特色、办出水平而努力。

2002年12月21—22日，第五届董事会第一次会议在陈嘉庚纪念堂隆重召开。会议听取和审议了吴承业校长所做的《面临新形势　抓住新机遇　采取新举措　努力开创华侨高等教育新局面》的学校工作报告和黄光汉副董事长所做的华侨大学第四届董事会工作报告，董事们讨论了华侨大学的发展大计。

2003年2月10日晚，在陈守仁副董事长的提议下，华侨大学香港董事在香港世界贸易中心38层宴会厅召开座谈会，会议由黄光汉副董事长主持，14名董事参加了会议（当时香港共有16名董事）。会议通报了华侨大学厦门校区近来进展情况。黄光汉副董事长向董事们传达了国务院领导人的有关批示精神，并对华侨大学关于建设厦门校区的有关工作进展情况做了简要介绍。对学校的发展充满信心，要一如既往地支持华侨大学办学。②

2004年4月2日，华侨大学第五届董事会港澳董事座谈会在香港北角华侨大学董事会香港办事处会所召开。校长吴承业专程到港做工作汇报。正在香港访问的国务院侨务办公室主任陈玉杰视察了华侨大学董事会香港办事处并参加了座谈会。座谈会由华侨大学董事会香港首席副董事长黄光汉主持，副董事长王凤超、陈守仁、杨振志、施子清、施良侨，董事会副秘书长陈仲升、唐志坚、蔡素玉，董事丁良辉、邱建新、陈成秀、郑河水、施世筑、胡鸿烈、骆志鸿、庄善裕，国务院侨务办公室文宣司刘辉司长、国外司熊昌良司长及华侨大学香港校友会李碧葱会长、曾敏丽副会长等30余位董事和嘉宾出席了座谈会。许多因商务活动不在港的董事也通过不同渠道对学校工作发表了意见。吴承业校长向港澳董事汇报了《2003年学校的主要工作和2004年工作思路》，并向与会代表演示了华侨大学厦门校区的设计构思和主体建筑的动画模型。

---

① 华侨大学校史编写组编《华侨大学五十年（1960—2010）》，2010年10月，第216页。

② 华侨大学：《关于华大香港董事座谈会支持学校建设厦门校区的情况报告》（华大综〔2003〕11号），2003年2月18日，华侨大学文书档案。

2005 年 11 月 1 日至 2 日，第五届董事会第二次会议在华侨大厦四楼会议室召开。全国政协副主席罗豪才，全国政协常委、港澳台侨委主任郭东坡，外交部部长助理沈国放，国务院侨务办公室副主任刘泽彭，福建省政府副省长汪毅夫，泉州市委书记郑道溪等出席了会议。黄光汉副董事长作了董事会工作报告。吴承业校长向全体与会董事作学校工作报告，全面回顾了 2002 年第五届董事会成立以来的学校各项工作所取得的成绩，汇报了下一时期学校发展战略。全国政协副主席罗豪才在董事会上致辞，他肯定了学校办学 45 年所取得的成绩。会上，黄光汉副董事长宣布了本届董事会新聘的 13 名董事名单，国务院侨务办公室副主任、华侨大学副董事长刘泽彭为新聘任的董事一一颁授了聘书。与会董事对华侨大学今后的发展积极出谋划策。

2007 年 11 月 3 日，华侨大学第五届董事会海外董事座谈会在厦门校区新落成的王源兴国际会议中心举行。华侨大学董事会副董事长、国务院侨务办公室副主任刘泽彭，副董事长李群华、施良侨，副董事长兼秘书长吴承业校长、副董事长兼副秘书长陈进强，董事长兼副秘书长陈捷中，董事庄善裕、李碧葱、邱建新、姚志胜、柯伯成以及陈江河先生的代表黄春雨出席座谈会。校领导和香港校友会会长曾敏丽列席会议。副董事长李群华主持会议。会上吴承业校长做了《认真贯彻落实科学发展观　推进华侨大学各项办学事业又好又快发展》的工作报告，向与会海外董事汇报了五年来学校在厦门校区建设、华文教育、学科专业建设、教学科研及办学条件等方面所做的主要工作以及以后的主要思路。

由于在港校董人数较多，加上有的董事年事已高行走不便，学校董事会分别于 2001 年 12 月、2002 年 12 月、2003 年 7 月、2005 年 9 月、2007 年 3 月、2009 年 3 月和 5 月、2010 年 3 月在校董较多的港澳地区召开港澳校董座谈会，并邀请校领导到会汇报学校的工作情况，共商办好华侨大学大计。

2. 校董慷慨捐资支持学校办学

在国家改革开放大好形势的推动下，近几年正是华侨大学进入一个高速发展的新时期。按照科教兴国的战略方针要求，学校加快体制改革和学科建设，学校规模的迅速扩大，给学校带来不少困难，教学和科研设施一时跟不上，如教室、实验室及其仪器设备、图书资料、学生宿舍和食堂都很紧张，矛盾突出，学校资金又不足。校董们急学校之所急，发扬爱国、爱乡、爱校的优良传统，带头慷慨解囊，而后动员海内外热心华侨教育事业的各界人士，共同支持华侨大学的建设，2001—2010 年这十年来捐资总额超过 2 亿元人民币，用以改善学校办学设施、办学条件。除了上述捐资工程之外，校董们和社会各界捐资设立了多个奖教基金，各种教学设备和物资；关心和支持加强教师队伍的建设；支助教师出国出境进修学习、参加各种学术交流活动；积极帮助提高教师水平、科研水平。同时，为了鼓励在校的海内外莘莘学子奋发学习，努力攀登科学高峰，一些校董捐资在校内设立各种奖学基金、助学基金，奖励品学兼优的学生，帮助家庭困难学生。此外，各位董事还积极支持学校境外办学，开拓海外生源。①

二　校友工作

学校校友会是爱国爱校，促进学校发展的不可缺少的重要力量，在加强校友之间联谊、协助学校对外招生、捐资建设母校等方面做出贡献。

（一）学校校友会总会的沿革

2000 年 5 月，学校机构重组，撤销外事处，设立外事办公室，校友总会隶属其中。② 2005 年 7 月 13 日，华侨大学校友工作委员会成立，主任由李冀闽担任，副主任刘斌。③ 2008 年 6 月，为适应国际化建设需要，学校决定在原外事办公室的基础上成立外事处，校友总会隶属其中。2010 年 3 月，学校成立校友与公共关系处，专门负责开展校友工作。学校机构调整及人事变动，校友工作委员会成员调整，顾问为李冀闽、庄善裕、杨翔翔，主任为朱琦环，副主任为彭霈、项士敏。

（二）海内外校友的工作和贡献

境外招生是学校一项重要工作，每到招生时节，港澳校友都抽空深入当地中学宣传介绍学校办学情况，协助学校做好境外招生参展工作，为学校拓展境外生源做出了重要贡献。学校领导和教师每次赴各地出差，都会得到当地校友会热情接待和大力协助，为工作开展提供便利。

校友办与校团委、就业办、各学院合作，共同开发涵养校友资源，挖掘学生实习实践基地，积极为毕业生推介校友企业，引导和鼓励校友在推进产学研合作、为学校提供政策支持和咨询指导、扩大学校影响力等方面发挥积极作用。

经过 20 多年的努力，华侨大学校友工作在联络校友，服务校友，服务母校、服务社会方面做了大量工作，并取得了一定的成绩。截至 2010 年年底，共成立地方校

---

① 华侨大学校史编写组编《华侨大学五十年（1960—2010）》，2010 年 10 月，第 217 页。

② 贾益民主编《华侨大学志》，中国文史出版社，2015 年 10 月，第 417 页。

③ 贾益民主编《华侨大学志》，中国文史出版社，2015 年 10 月，第 421 页。

友会 32 个，含境外校友会 9 个。50 周年校庆前后，共接收捐款、捐物总价值近 5000 万元人民币（含校董校友）。[①]

（三）校友会的概况

2010 年之前，学校已有包括中国的香港、澳门、台湾，以及泰国、印度尼西亚等海内外校友组织 32 个。

1. 境内校友会

2001—2010 年，国内成立了以下校友会：2004 年成立上海校友会、2006 年成立广东潮汕校友会、2010 年成立福建莆田校友会、福建漳浦校友会、福建南平（武夷山）校友会、江苏校友会、北京校友会。

2. 境外校友会

50 年来，华侨大学共为海内外 40 多个国家和地区培养各类人才 10 万多人，其中境外学生 4 万余人，华侨大学是境外学生最多的内地高校之一。2001—2010 年期间，成立的有以下海外校友会：2004 年成立的印度尼西亚校友总会、印度尼西亚雅加达校友会，2009 年先后成立的中国台湾校友会、新加坡校友会，2010 年成立的马来西亚校友会、加拿大校友会。遍及五洲四海的华侨大学校友充分发扬爱国、爱校精神，在促进中外友好往来，居住地经济社会发展等方面做出了巨大的奉献。

（1）香港校友会。香港，华侨大学香港校友会以“爱国、爱港、爱校”为己任，已成为内地高校在港组织能力最强、凝聚力最高、影响力最大的校友会之一。[②]目前，在港华侨大学校友超过 5000 人，在政治、经济、科技、文化、教育等行业贡献才智，成为香港社会“一国两制，港人爱港”的骨干力量：中文系毕业的著名作家东瑞与夫人蔡瑞芬创办获益出版有限公司，长期坚持扶持香港本地的中文作家，为青少年出版健康读物，受到了特区政府的嘉奖和港人称道。物理系毕业的王钦贤先生为应对 SARS 过后香港沉闷而骚动的局面，于 2003 年 7 月 1 日组织了以千名华侨大学校友为主题的文艺游行，纪念香港回归祖国。2004 年 9 月，学校香港校友会第四次应邀访京，受到了教育部、国务院港澳办、国务院侨务办公室等部门的高度重视，并出席了由国家副主席曾庆红在北京人民大会堂举行的华侨华人和港澳台胞国庆招待会。2007 年 12 月，华侨大学校友首届世界联谊大会暨庆祝香港校友会成立 20 周年系列活动在香港隆重举行。12 月 6 日、7 日晚，“华侨大学之夜”——庆祝华侨大学香港校友会成立二十周年歌舞晚会在香港北角新光戏院上演，音乐舞蹈

---

① 贾益民主编《华侨大学志》，中国文史出版社，2015 年 10 月，第 421 页。

② 华侨大学校史编写组编《华侨大学五十年（1960—2010）》，2010 年 10 月，第 218 页。

学院师生为在港的华侨大学校董、校友、香港教育界人士和香港侨界社团联合会、香港福建社团联合会奉献了两场精彩的节目。8 日晚，香港校友会举行“欢聚香江、共庆盛典”迎宾晚宴，并向遍布全球 40 多个国家和地区的 8 万多名华侨大学校友发出“情系母校、共创新猷”倡议，号召各位校友继续发扬爱国、爱乡、爱校的热情，以母校为依托，以校友会为桥梁，以联谊为纽带，团结海内外校友，群策群力，关心支持母校建设发展，积极为母校引智引资牵线搭桥，促进对外交流合作，在母校的发展中再立新功。12 月 9 日上午，由华侨大学主办的世界华文教育论坛在港举行，来自 16 个国家和地区的华文教育专家会聚一堂，共商华文教育大计。同日，华侨大学世界各地校友座谈会暨华侨大学校友总会四届三次常务理事会扩大会召开。9 日晚，华侨大学校友首届世界联谊大会暨庆祝香港校友会成立 20 周年庆典大会在香港九龙湾国际展贸中心隆重举行。来自 16 个国家和地区的 1500 多名华侨大学校友欢聚一堂，以热烈的形式祝福母校。

（2）澳门校友会。澳门，华侨大学澳门校友会是澳门成立最早、影响最大的内地高校校友会之一。建校 50 年来，学校共为澳门培养 6000 多名各类高级人才，这些校友活跃在澳门的政法、工商、土建、文教等行业并颇具影响力。目前，在澳门特区政府中的公务员队伍中有 6% 是华侨大学校友。有 60 多名华侨大学校友出任局厅处等中高级公务员职务。澳门建筑师协会中，有 50% 以上的会员是华侨大学的毕业生。澳门纪律部队中，15% 的人毕业于华侨大学。26 年来，华侨大学澳门校友会为澳门顺利回归和长期保持繁荣稳定所做的贡献得到了澳门特区政府和澳门社会各界的充分肯定。2003 年，澳门校友会成立 20 周年之际，全国政协副主席马万祺、澳门特别行政区行政长官何厚铧等题词祝贺。原澳门特首、华侨大学董事会副董事长何厚铧对澳门校友会工作给予充分肯定，2004 年，他亲自为华侨大学澳门办事处揭牌。2005 年 9 月，他访问并视察了华侨大学。现任澳门特首崔世安也数次出席华侨大学澳门班的开学或毕业典礼。①

（3）泰国校友会。泰国，多年来，在泰校友积极联系泰国政府有关部门，为母校在泰国开展华文教育做好前期准备工作，并积极在泰宣传母校，使学校在泰国具有较高的知名度和影响力。② 华侨大学访问团多次访问泰国，受到泰国政府的高规格欢迎和接待。2006 年 8 月和 2007 年 12 月，吴承业校长两次率团访问泰国并分别受到泰王国诗琳通公主和泰国临时政府副总理颂提上将接见。泰国政府主要领导人也多次莅校。2006 年 4 月和 2009 年 4 月，泰国诗琳通公主先后访问学校华文学院和

① 华侨大学校史编写组编《华侨大学五十年（1960—2010）》，2010 年 10 月，第 219 页。

② 华侨大学校史编写组编《华侨大学五十年（1960—2010）》，2010 年 10 月，第 219 页。

厦门校区。2005 年 7 月，由泰王国上议院议长素春·差里科率领的泰王国上议院访问华侨大学，并受聘为华侨大学在泰国聘请的首位名誉教授。

（四）校友总会的活动

2001—2010 年，校友总会召开“理事会扩大会议”5 次、代表大会 2 次，纪念华侨大学复办 30 周年 1978 级校友座谈会等，促进了海内外校友之间的交流，为学校的发展共商大计，出谋划策，做出贡献。①

1. 校友总会第三届理事会扩大会议

2005 年 8 月 7 日，华侨大学校友总会第三届理事会扩大会议暨深圳校友会第三届理事会就职典礼在深圳富临酒店隆重举行，校友总会会长庄善裕、校友总会理事长李冀闽及其他相关部门领导、泰国、印度尼西亚及国内各校友会代表出席会议。会议主要就校友总会今后的发展计划和参加学校 45 周年校庆事宜等展开讨论。

2. 华侨大学校友总会第四次会员代表大会

华侨大学校友总会第四次会员代表大会于 2005 年 11 月 2 日在陈嘉庚纪念堂二楼会议室召开，120 余位校友代表以及名誉理事长杨翔翔参加会议，会议由泉州市侨联常务副主席、校友总会第三届理事会副理事长郭景仁主持，校友总会第三届会长庄善裕致开幕词后，第三届理事会理事长李冀闽做工作报告，副理事长陈国秀、副秘书长黄宏斌、副理事长郭景仁分别作“华侨大学校友总会章程修改报告”“华侨大学校友总会第三届理事会财务报告”“关于推荐校友总会第四届理事会人选的说明”。庄善裕当选校友总会会长、李冀闽当选第四届理事会理事长、项士敏当选秘书长。各地校友、校友会以不同方式表示祝贺并捐赠，泉州、澳门、香港、福州、浙江校友会分别向校友总会赠送礼品。

3. 华侨大学校友总会四届二次常务理事扩大会议

2006 年 11 月 25 日，华侨大学校友总会四届二次常务理事会扩大会议在杭州召开。会议由华侨大学校友总会副理事长、浙江校友会会长林贤福教授主持。华侨大学校友总会会长庄善裕，华侨大学副校长、校友总会理事长李冀闽出席会议并致辞。华侨大学校友总会秘书长项士敏向与会理事、校友代表汇报了一年来校友总会的工作。泰国、香港、澳门、浙江、福州、潮汕、泉州、南平等各地校友会负责人或代表畅谈了在开展校友会工作方面的方法、思路及成效，并对创新今后的校友会工作提出了意见或建议。

---

① 贾益民主编《华侨大学志》，中国文史出版社，2015 年 10 月，第 419 页。

4. 华侨大学校友总会四届三次常务理事扩大会议

2007 年 12 月 9 日，华侨大学世界各地校友座谈会暨华侨大学校友总会四届三次常务理事会扩大会议在香港举行，华侨大学校长吴承业，校友总会会长庄善裕，副校长、校友总会理事长李冀闽，副校长朱琦环，校友总会秘书长项士敏一行出席会议。60 多位华侨大学校友代表共叙校友情谊和母校情感，共商母校发展和校友会会务。吴承业校长特别称赞香港校友会在促进中外文化交流、香港顺利回归以及长期繁荣稳定和支持特区政府工作、推动祖国和平统一等方面发挥的积极作用，以及在加强校友之间联谊、协助学校对外招生、捐资建设母校等方面做出的杰出贡献。

5. 纪念华侨大学复办 30 周年 1978 级校友座谈会

2008 年 10 月 4 日上午，在陈嘉庚纪念堂科学厅召开纪念华侨大学复办 30 周年 1978 级校友座谈会，当年的领导、老师、同学 80 余人共聚一堂。1978 年，华侨大学复办，当年共招收数学、化学、土木 3 个系 181 名学生，他们因此成为华大复办的历史见证者。党委副书记、纪委书记朱琦环主持座谈会，华侨大学党委书记、校友总会理事长李冀闽热烈欢迎 1978 级校友返校，高兴地向大家介绍学校复办以来取得的辉煌成就和未来发展蓝图。李冀闽指出，华侨大学的命运与祖国紧密相连，与国家侨务事业同发展，与时代社会共进步；华侨大学的发展与广大海外侨胞、港澳台同胞和各界人士及世界各地华侨大学校友的关心支持密不可分。他说："母校无时无刻不牵挂着各位校友，为各位校友的事业有成而荣耀，为校友的坚韧不拔而欣慰，为校友奋斗的艰辛而揪心。"李冀闽表示，学校将与校友共同努力，推动各项校友工作，同时希望广大校友继续以各种形式积极支持母校发展建设。吴季怀、张禹东、杨翔翔、李孙忠、杨振东、池冲等出席座谈会。

6. 华侨大学校友总会四届四次常务理事扩大会议

2008 年 12 月 13 日，华侨大学校友总会四届四次常务理事扩大会议在海口市新奥斯罗克酒店召开，会议由华侨大学海南校友会承办。参加会议代表来自国内外 18 个华大校友会 53 位校友，会议由校友总会副理事长、海南校友会会长潘家森主持并致欢迎词，校友总会会长庄善裕致开幕词，校党委书记、副校长、校友总会理事长李冀闽讲话，对会议议题提出要求，海南省侨联邢副主任到会祝贺并发表讲话。项士敏秘书长汇报总会一年来的工作，各地校友会代表也汇报各自工作并就如何庆祝母校 50 周年校庆发表意见，会议确定校友总会第四届五次常务理事扩大会议由福州校友会承办。

7. 华侨大学校友总会四届五次理事会议

2009 年 8 月，华侨大学校友总会在福州召开四届五次常务理事扩大会议。各地校友会代表近60人参加会议，共同研究如何办好母校50周年校庆。校党委书记、副校长、校友总会理事长李冀闽，校友总会会长庄善裕出席会议。李冀闽介绍了学校近期的工作和明年50周年校庆的筹备情况。庄善裕号召全体校友继续发扬优良传统，以优异的成绩向母校50周年献礼。校友总会副理事长、福州校友会会长张志平主持会议。校友总会秘书长项士敏通报了2008年海口会议以来校友总会的工作和50周年校庆筹备方案。参加会议的代表在会上介绍了各地校友会的工作情况，并就50周年校庆的筹备工作展开讨论。

8. 华侨大学校友总会第五次会员代表大会

2010年11月6日，来自华侨大学各地校友会代表百余人齐聚陈嘉庚纪念堂科学厅参加校友总会第五次会员代表大会。会议由校友总会副理事长郭景仁主持。第四届校友总会会长庄善裕在致辞中希望所有校友能增强沟通，为母校的发展建设再立新功。华侨大学党委书记、校友总会理事长李冀闽做第四届理事会工作报告，对五年来校友总会的工作进行系统回顾。大会提名并通过了第五届理事会人员名单，新一届校友总会会长由李冀闽担任，理事长由华侨大学党委副书记朱琦环担任，郭景仁等23人担任副理事长，王钦贤等35人担任常务理事，校友与公共关系处副处长涂伟担任秘书长，李炎龙等9人担任副秘书长，于景州等108人担任理事。大会还举行了简短的校友捐赠仪式。

第十节　四十五、五十周年校庆等纪念活动

一　四十五周年校庆

（一）建校四十五周年庆祝大会

2005 年 11 月 1 日，华侨大学迎来了四十五周年华诞。

11 月 1 日上午，海内外嘉宾、领导、校董、校友及在校师生共 3000 多人欢聚陈嘉庚纪念堂观众厅，隆重庆祝建校 45 周年。①

全国政协副主席罗豪才，全国政协常委、港澳台侨委员会主任郭东坡，中国外交部部长助理沈国放，国务院侨办副主任刘泽彭，国务院港澳办副主任周波，全国政协港澳台侨委员会副主任、中国华文教育基金会理事长张伟超，中央人民政府驻澳门特别行政区联络办公室副主任王今翔，福建省人民政府副省长汪毅夫、省政协副主席王钦敏，国家对外汉语教学领导小组办公室主任许琳，国务院侨办文宣司司长刘辉，福建省教育厅厅长鞠维强、省侨办主任黄少萍，著名侨领、全日本华侨总会会长 、学校董事、名誉博士陈焜旺，学校副董事长黄光汉、庄启程、许连捷、杨振志、陈守仁、陈进强、郑年锦、施子清，泉州市领导郑道溪、林荣取、周振华、孙增福、潘燕燕、林玉莲，以及来自海内外的校董，中央和省市有关领导、海内外院校代表、学术界人士和校友等出席庆祝大会。

海内外人士捐助学校办学仪式，国务院侨办与福建省、泉州市共建华侨大学协议书签字仪式于当日上午同时举行。汪毅夫副省长还在庆典大会上代表福建省人民政府向学校董事杜祖贻颁授捐资奖匾及荣誉证书，以表彰他对学校办学做出的贡献。

外交部部长助理沈国放、国务院侨办副主任刘泽彭和中共泉州市委书记郑道溪在会上分别致辞。沈国放在致辞中高度评价华侨大学过去 45 年来在弘扬中华文化、

---

① 张罗应、王舒人：《华大隆重庆祝建校 45 周年》，《华侨大学报》2005 年 11 月 8 日，第 2 版。

团结华侨华人与港澳台同胞等方面发挥的积极的不可替代的作用，称赞越来越多的华大校友活跃在科技、教育、经贸等领域，对于提升经济、增进我国与世界各国的友好关系做出了突出贡献。沈国放称，庆祝华侨大学建校45周年，既是华侨大学发展史上的一件大事，也是中国华文教育史上的一件盛事。他希望华大发挥华文教育的独特优势办好大学，并表示外交部将继续支持和推动华侨大学的进步与发展。刘泽彭在庆祝大会上充分肯定了学校在过去45年取得的突出办学成果，称赞学校在华文教育方面“奏响了华丽的乐章”。他希望华侨大学继续坚持“为侨服务”的宗旨，立足当地，放眼世界，抓住机遇，实现在人才培养、学科建设和科学研究方画的新突破，同时大力发展华文教育，为海外华人华侨，为国内经济社会发展培养更多人才，为中国的侨务外交事业、祖国的统一大业、中华民族的伟大复兴做出更大的贡献。郑道溪在致辞中称，华侨大学办在泉州，是侨乡的“名片”，是古城的骄傲。他表示，泉州市委、市政府要进一步做好与国务院侨办和福建省委、省政府共建华侨大学的各项工作，为学校发展创造更好的外部环境，实现教育科研与地方经济社会发展互动互促。郑道溪同时希望华侨大学加快学校的建设和体制改革，发挥学科优势和专业特色，增强发展能力，争创一流侨校。

庆祝大会上，学校董事会、副秘书长，香港立法会议员蔡素玉代表校董，华侨大学泰国校友会会长曾纪贞代表校友，机电学院2003级马来西亚学生刘建骏代表在校学生分别发言，祝贺学校建校45周年。

校长吴承业在会上总结回顾了学校创立45年特别是近5年来取得的辉煌成就，并提出了今后的奋斗目标。吴承业校长回顾了华侨大学创办以来国家对学校的重视和扶持。[①]

他说：45年来，学校共为海内外社会培养输送了各类人才7.6万余人，其中境外生3.6万余人，分布在世界各地，成为对我国友好的重要力量，为我国外交、侨务工作和祖国统一大业做出了重要贡献。仅澳门一地，司法警察中的13%毕业于华侨大学。走出华侨大学的校友在各条战线上取得了骄人的业绩，促进了当地经济和社会的发展，也为学校争得了荣誉，华侨大学为你们感到骄傲和自豪！

他提出了今后五年要做的四个方面。

第一，重点发展、培育、强化华文教育。华文教育是华侨大学的生命线，要加强对华文教育工作的统筹和规划，将华文教育列为学校的重点学科加以扶持和建设，加大学科资源的整合力度，增强办学合力和学科增长潜力。

---

① 吴承业：《承前启后 继往开来 全面构建教学型和谐大学——在庆祝华侨大学建校45周年大会上的讲话》，2005年11月1日，华侨大学文书档案。

第二，全力推进厦门校区建设。建立厦门校区有助于华侨大学扩大对外招生，加强华文教育，提高为侨服务水平；有利于华侨大学引进高水平师资，推进学科建设，提高学校办学水平。

第三，积极推进教学研究型大学建设。要根据建设教学研究型大学的要求和海内外经济建设和社会发展需要，以学科建设为龙头，加强重点学科建设，强化华文教育的特色和工程学科的优势，努力培育一流学科，积极扶持新兴学科和特色学科。

第四，大力提倡"宽容为本，和而不同"的校园精神，构建和谐大学。宽容是华侨大学办学45年以来实践经验的精华，是适应华侨大学"一校两生"特色、适应华侨文化的精神理想、能够促进华侨大学健康发展的理念。

（二）庆祝建校45周年的主要活动

建校45周年华诞活动精彩纷呈。（1）11月1日晚，学校在陈嘉庚纪念堂隆重举行主题为"情系沃土"的庆祝华侨大学建校45周年文艺晚会，并通过有线电视向全校现场直播。（2）11月1日上午，在华侨大学陈嘉庚纪念堂，国务院侨务办公室与福建省人民政府、泉州市人民政府签署新一轮共建华侨大学协议。（3）11月1日下午和2日上午，学校召开了第五届董事会第二次会议。全国政协副主席罗豪才在会上高度评价了董事为学校发展所做的富有成效的工作，并对今后学校的发展提出了三点意见。（4）11月2日，第四届校友总会在陈嘉庚纪念堂二楼会议室召开。原校长庄善裕再次当选第四届校友总会会长，李冀闽副校长再次当选理事长。[①]

二 五十周年校庆

（一）建校五十周年庆祝大会

2010年11月1日是华侨大学建校五十周年纪念日。11月6日至7日，华侨大学举行隆重热烈的建校五十周年庆祝活动。[②] 这两天的华大校园，锣鼓喧天，花团锦簇，红绸招展，彩旗飘扬，一派喜庆氛围。来自海内外各地的领导、嘉宾、校董、校友的全体师生欢聚一堂，襄五十华诞庆典，叙师生桃李深情。

50年来，经过几代华大人的艰苦创业，华侨大学已经成为拥有泉州、厦门两个校区，学科涉及理、工、经、管、法、文、哲、史、农、教育十大门类，理工综合、

① 华侨大学校史编写组编《华侨大学五十年（1960—2010）》，2010年10月，第222页。

② 张罗应、王舒人：《建校五十周年庆祝大会隆重举行——贾庆林刘延东何厚铧等发来贺信贺词 崔世安李海峰陈桦等出席》，《华侨大学报》2010年11月9日，第1版。

文理渗透、工管相济、协调发展的综合性大学，向海内外输送各类人才十多万人。中共中央政治局常委、全国政协主席贾庆林，中共中央政治局委员、国务委员刘延东，以及中国教育部、国务院侨务办公室等专门发来贺信，肯定华侨大学50年办学取得的成绩。全国政协副主席何厚铧、澳门特别行政区行政长官崔世安为华侨大学五十周年校庆题词祝贺。泰国诗琳通公主赠予华侨大学永久性花篮，表达对学校五十周年华诞的美好祝福。

6日上午9时，华侨大学建校五十周年庆祝大会在陈嘉庚纪念堂观众厅隆重举行。澳门特别行政区行政长官、华大董事会副董事长崔世安，国务院侨办公室主任李海峰、全国政协常委、港澳台侨委员会副主任陈明义、林兆枢，华侨大学董事会副董事长赵阳，中共福建省常委、福建省人民政府副省长、华侨大学董事会副董事长陈桦，中央人民政府驻澳门联络办公室副主任、华侨大学董事会副董事长李本钧，全国政协常委、国务院侨办原副主任刘泽彭，厦门大学党委书记朱之文，西安交通大学校长、中国工程院院士郑南宁，国务院参事、国家对外汉语教学领导小组办公室主任许琳，泰国前副总理、泰中经济文化协会会长披尼，全国政协常委、华侨大学董事会副董事长洪祖杭，白俄罗斯国立文化艺术大学校长司威特洛夫，中国工程院院士郭孔辉，泉州市市长李建国，中共厦门市委常委、宣传部部长洪碧玲，华侨大学校长丘进、党委书记李冀闽等出席庆祝大会并在主席台就座。

庆祝大会由华侨大学党委书记李冀闽主持。华侨大学校长丘进、国务院侨办主任李海峰及福建省副省长陈桦分别在会上做重要讲话。

国务院侨办主任李海峰在致辞中肯定华侨大学创办50年来始终不渝地致力于华侨高等教育，为国家发展对外友好关系、促进祖国和平统一大业和国家现代化建设做出的重要贡献。她称，五十年校庆，是华侨大学未来发展的重要里程碑，是学校承前启后、再铸辉煌的新起点。国务院侨办将会同国家相关部门和福建省加强对学校的政策支持和指导，为华侨大学的发展壮大创造有利条件，从而把华侨大学办成海内外有特色的、高水平的知名高等学校，办成培养海内外人才的重要基地，办成以侨立校、为侨服务、更具特色的高等学校。

中共福建省委常委、福建省人民政府副省长陈桦在致辞中说，华侨大学既是国务院侨办的直属大学，也是福建省的大学，其发展长期以来受到福建省政府及泉州市、厦门市的高度重视。她希望华侨大学主动适应国家和福建经济的发展，认真总结办学经验，把学校建设成为服务地方经济建设、造就优秀人才的摇篮，建成推动科技进步和自主创新的重要基地，成为加快福建跨越发展和海西建设的重要力量，同时建成一流的华文教育基地、海外师资培训基地，为国家和福建省侨务工作做出更大的贡献。

兄弟院校代表、西安交通大学校长郑南宁院士和海外友好院校代表、白俄罗斯国立艺术大学校长司威特洛夫也分别在庆祝大会上致辞华侨大学建校50周年，祝愿华侨大学早日建成特色鲜明的高水平大学。

数学系1986届学生、加拿大皇家科学院院士杨恩辉在庆祝大会上代表全体校友向母校表示祝贺。她衷心祝愿母校在包容、自信、理性、务实的文化精神指引下，在自主创新的办学道路上为国家的富强、民族的复兴谱写出新的壮丽篇章。

文学院2007级马来西亚学生符诗瑜在庆典大会上分享了她在华大这几年所经历的一些非常平凡但令人感动的小故事，并代表全体在校学生为母校祝福。

庆祝大会上，同时举行了海内外人士向华侨大学捐款仪式和“福建省捐赠事业突出贡献奖”的颁奖仪式。

丘进校长做了题为“上下求索 继承开拓 科学发展”的讲话。[①]

丘进校长深情地说，此时此刻，我们无限缅怀华侨大学第一任校长廖承志先生，他受中央之命，为华侨大学的建设倾注了无数心血，他担任华侨大学校长长达23年，直至去世。今天，我们徜徉在秋中湖畔，瞻仰着廖承志校长的塑像，思源而致远。

他指出：建校伊始，华大人就对自己肩负的历史责任有着深刻的理解。华大首批教师由国家从北大、清华、交大等知名高校调遣，他们在十分艰苦的环境中，在地处偏僻的郊乡，默默地耕耘，以丰富的经验、严谨的教学和一流的科研，带领了这所年轻的大学以稳健的步伐迈向世界。今天，我们有幸邀请到建校初期来校工作的部分教师代表，让我们以热烈的掌声感谢这些开拓者们筚路蓝缕、以启山林的创业精神。第一届入校的84名学生，基本上都来自东南亚国家，他们勤奋好学，自立自强，圆满地完成了学业。今天，他们远道而来，让我们也把欢迎的掌声送给他们。华大第一代师生的无私奉献和刻苦精神，为学校良好的校风、学风奠定了坚实基础。

“文革”动乱期间，华侨大学被迫停办，学校整体解散，图书资料、仪器设备、教学用品等散失殆尽，校园被改作他用。

党的十一届三中全会以后，中央立即决定复办华侨大学。叶飞将军于1983年接任校长，在复办初期最困难的时候，是叶飞校长给了华大极为重要的精神支撑和物质保障，使学校恢复元气，顺利走上健康发展之路，再次以海纳百川的博大胸怀，迎来了全国和世界各地的学生。在改革春风的吹拂下，华大把握历史机遇，以“一

---

① 丘进：《上下求索 继承开拓 科学发展》，《华侨大学报》2010年11月9日，第4版。

校两生”为重要特点，立足侨乡，服务社会，面向世界。

他回顾了改革开放以来学校的变化：1983 年，发生了一件对华侨大学具有重要历史意义的大事——中共中央、国务院发布了《关于进一步办好暨南大学和华侨大学的意见》，文件对华侨大学的办学宗旨、任务和方针做出了具体规定，文件明确指出：对于华侨大学“应当作为教育战线的重点项目进行投资。学校的基建、教学设备、图书资料和生活、文体等设施，标准应该适当高于国内其他学校”。这是中共中央、国务院迄今为止仅有的一份针对两所大学的办学所发的专门文件，它是指导、携领和帮助华侨大学发展的最为重要的政策依据。

20 余年来，中央为华大的建设投入了巨额资金，学校的规模和办学水平得到极大提升，福建省和泉州市、厦门市也十分支持学校的发展。华大始终铭记自己的办学方针——注意招收“港澳同胞、海外侨胞、台湾青年和外籍华人”。迄今，华大已经培养了数万名这样的毕业生，他们为了居住地社会经济的发展，为了祖国的统一大业，为了中国与其他国家的友谊，牢记使命，挥洒汗水。今天，他们的代表不远千里，专程回校，参加盛典，感谢他们！

他指出：华侨大学因侨而立，以侨而兴。它秉承“储才兴邦”之理想，坚持培养“第一等人才”之宗旨，育人不辍，英杰辈出。当“海外关系”的含义随着改革开放而渐渐淡去之时，“华侨”二字作为校名，更多地昭示着民主、宽容、开放和多元，它承载了“声教迄于四海”的儒学理想，光耀了“有教无类、文行中信”的教育理念，同时，也让这座并不壮观也不奢华的普通学府拥有了会通中外的特有风格。

他感慨地说：作为一所朴素的大学，我们没有资格奢谈“一流”，却一直默默地把育人放在首位，华大是普通的，我们无缘进入“211”“985”；华大是简朴的，我们没有充足的办学资金，校园狭小，校舍陈旧，设备落后，条件简陋，以致经常被一些来自知名大学的领导和专家不屑；华大是低调的，我们习惯了宁静和淡泊，远离了喧嚣和浮华。但华大的精神从未松懈，没有因此而自暴自弃，自甘落后。我们充分利用最基本的条件、最初级的设备，将最平凡的学生培养成合格的建设者和优秀的公民。50 年来，华大没有向欧美国家提供多少留学生和新移民，没有产生太多的达官巨富，鲜有国际知名的学术大师。然而，作为校长，我可以无愧地向各位领导、嘉宾、校友，向中央和地方各级领导，向福建省、泉州市、厦门市人民报告：华大十多万名国内、国外毕业生，绝大多数都在生于斯、长于斯的土地上就业，为家乡耕耘，为父老奉献，为民众服务；华大人为港澳回归和稳定、繁荣，为推进祖国统一大业，为增进中外友好合作，为地方经济建设所贡献的总量，足以让某些名气如雷贯耳的高校汗颜。在某种意义上说，华大也是悲壮的！如果用“投入产出比”的指标来衡量，我有理由相信，华侨大学一定是全国最棒的！

他充满希望地说：作为一所孜孜矻矻，上下求索的大学，我们一直在继承中开拓。18～19世纪的华侨，充满了血泪、苦难；20世纪早期的华侨，是反抗压迫、追求民主的先驱；中华人民共和国成立后的华侨，成为建设年轻共和国的生力军；改革开放初期的华侨，是国家走向世界的桥梁。当今，5000万海外华侨华人，正在更加壮阔的国际舞台上为中国富强和世界进步增光添彩，华侨大学正是以此为传统，以此为己任，不断地奋进。我们决不会辜负国家和民族的重托，不会辜负港澳台同胞、海外侨胞的殷切期望，在下一个50年里，以科学发展的精神，创建更加辉煌的业绩，把华侨大学建成国际知名的一流大学，让100周年的华侨大学成为一张熠熠闪光的国家名片！

图4－34　华侨大学建校五十周年庆典现场

（二）庆祝建校五十周年活动内容

1. 建校五十周年主要活动

五十周年庆典系列活动办得热烈而隆重。（1）为庆贺建校五十周年，2010年11月5日至7日，有三场晚会相继在华园献演，分别是：11月5日晚，由在校师生和校友共同演绎的第二届校友联谊晚会暨校友联欢晚会，在廖承志广场举行；11月6日晚，由华侨大学师生亲自打造并邀请关牧村、蔡国庆助阵的建校五十周年庆祝晚会，在陈嘉庚纪念堂观众厅举行；11月7日晚，由学校音乐舞蹈学院师生参与表演的建校五十周年文艺晚会在厦门校区行政研发大楼前广场举行。（2）2010年11月6日下午，华侨大学第六届董事一次会议在泉州酒店召开。会上，华侨大学校长丘进向各位董事汇报了近五年来的学校工作，报告题目为《科学发展 再创辉煌 建设特色鲜明的高水平大学》，报告提出了今后学校发展的主要思路。华侨大学董事会副董事长李群华作了华侨大学第五届董事会的工作报告。(3) 11 月 6 日下午，来自华侨大学各地校友会代表百余人齐聚陈嘉庚纪念堂科学厅参加校友总会第五次会员代表大会。选举出新一届校友总会领导机构，新一届校友总会会长由李冀闽担任，理事长由华侨大学党委副书记朱琦环担任。(4) 11 月 5 日上午，在厦门校区郑年锦图书馆前，举行华侨大学厦门校区校史馆、教学科研成果奖、侨捐芳名榜剪彩仪式。(5) 11 月 5 日下午，在泉州校区廖承志广场，举行廖承志广场落成典礼。(6) 11 月 6 日上午，在泉州校区各相关地点，举行 3 项侨捐项目典礼；(7) 11 月 7 日上午，在厦门校区各相关地点，举行 8 项侨捐项目典礼。①

2. 泉州校区廖承志广场落成典礼

作为校庆庆典系列活动之一的廖承志广场落成典礼于 2010 年 11 月 5 日下午举行。② 华大董事会副董事长陈守仁、陈成秀、陈捷中，校党委书记李冀匾揭牌。党委副书记朱琦环主持落成典礼。廖承志广场由华侨大学香港教育基金会捐资 150 万港元建设，缅怀廖承志校长创业的功勋，感恩廖校长为华侨大学倾注的满腔心血。广场为泉州校区中心广场，闽，董事会副秘书长蔡素玉同为廖承志广场牌面积 7000

图 4-35　华侨大学泉州校区廖承志广场落成典礼

① 华侨大学校庆办公室编《华侨大学 50 周年校庆活动指南》，2010 年 11 月；《庆典早知道》《华侨大学报》2010 年 11 月 2 日，第 15 版。

② 王舒人：《廖承志广场落成》，《华侨大学报》2010 年 11 月 9 日，第 8 版。

平方米，当年 8 月开建，11 月竣工。

党委书记李冀闽在致辞中表示，廖公为办好华侨大学，对学校的办学规模、专业设置、教师队伍、学校设备和设施等无不亲自过问，呕心沥血。希望全校师生员工永远铭记以廖公为首的一代先贤为华侨大学的创办、建设发展做出的杰出贡献，努力学习、勤奋工作，进一步把华侨大学建设成为基础雄厚、特色鲜明、海内外知名的高水平大学。

三　其他各种纪念活动

（一）纪念改革开放暨学校复办三十周年系列活动

2008 年是我国改革开放 30 周年，是学校复办 30 周年，也是杰出国务活动家，学校首任校长廖承志诞辰 100 周年。学校党委结合学习贯彻党的十七大精神，在 2008 年下半年开展纪念我国改革开放 30 周年、学校复办 30 周年和廖承志诞辰 100 周年系列纪念活动，[①] 进一步总结建校以来特别是复办 30 年来学校的发展历程，弘扬优良办学传统，展示学校办学成就，扩大学校在海内外的影响。[②]

系列活动的主要有以下 8 项。

一是召开纪念改革开放 30 周年、华大复办 30 周年暨廖承志诞辰 100 周年专题研讨座谈会，研究新形势下华侨大学如何进一步抓住机遇，实现跨越式发展。

二是开设系列专题讲座，包括邀请国内外专家学者为师生作纪念改革开放 30 周年系列讲座，邀请 1978 年在校的校友、教工为师生开办校史系列讲座，邀请廖承志任校长时在校的校友、在校教师为师生开办廖承志与华侨大学相关专题讲座。

三是开展专题征文活动，邀请有关专家学者、校友、老同志和广大师生撰写纪念改革开放 30 周年、华大复办 30 周年和廖承志诞辰 100 周年的纪念文章，纪念征文活动面向全体师生员工征稿。征文体裁为论文、散文、杂感和随笔，论文每篇不超过 5000 字，散文、杂感和随笔限 2000 字以内。

四是 9 月底分别在泉州、厦门校区举办了纪念华侨大学复办 30 周年、廖承志诞辰 100 周年暨迎新生专场文艺晚会；组织广大师生观看电影《廖承志传》等。

五是组织境内外学生赴改革开放重点区域及廖承志工作生活过的地方开展暑假学生专题社会实践活动。

---

① 朱考华：《改革开放 30 周年 学校复办 30 周年 华大首任校长廖承志诞辰 100 周年——校党委部署系列纪念活动》，《华侨大学报》2008 年 6 月 17 日，第 1 版。

② 华侨大学校史编写组编《华侨大学五十年（1960—2010）》，2010 年 10 月，第 222 页。

六是在泉州、厦门校区和华文学院举办纪念改革开放30周年、华大复办30周年、廖承志诞辰100周年专题图片展；把改革开放伟大历程、华侨大学办学历史及廖承志光辉事迹作为新生入学教育的重要内容。

七是2008年9月25日，是廖承志诞辰日，在秋中湖举办师生代表向廖承志铜像献花活动。

八是2008年11月1日校庆日举行升国旗仪式；召开学生主题班会等相关的主题宣传教育活动。

（二）纪念廖承志校长诞辰100周年活动

2008年9月25日是杰出的国务活动家，华侨大学创始人，首任校长廖承志先生诞辰100周年纪念日。25日、26日，学校分别在泉州校区、厦门校区举行活动，纪念这一重要的日子。①

1. 参谒廖承志校长铜像

2008年9月25日上午，来自国务院侨务办公室、中国侨联、福建省、泉州市、厦门市，以及学校董事会，学校香港校友会的领导、嘉宾和近千名师生，隆重聚会泉州校区秋中湖畔，参谒廖校长铜像，深切缅怀他为党和国家、为华侨大学建立的丰功伟绩和卓越贡献。

国务院侨办领导王杰，福建省人民政府副秘长罗健，中国侨联副主席、福建省侨联主席李欲晞，福建省侨办副主任沈能荣，厦门市委原副书记市委巡视员吴凤章，泉州市人民政府副市长黄维礼等出席仪式，并分别代表国务院侨办、福建省人民政府、中国侨联、福建省侨办、厦门市人民政府、泉州市人民政府向廖承志铜像敬献鲜花。

华侨大学董事会副董事长郑年锦、董事李碧葱代表董事会、香港校友会及海内外校友向廖承志铜像敬献鲜花。

吴承业校长代表全校师生员工向廖承志铜像敬献鲜花。党委书记李冀闽主持献花仪式，校领导关一凡、朱琦环、吴季怀、徐西鹏、刘塨、张禹东、刘斌等出席献花仪式。参与拜谒仪式的近千名领导、嘉宾及师生等共同向廖承志铜像三鞠躬。

华侨大学是在廖承志先生的倡议下，于1960年11月1日正式创办的，廖公亲自担任校长直到1983年6月10日在任上去世，长达23年（注：实际任职15年）。献花仪式上，吴承业校长动情地说："我们永远缅怀廖校长创立的功勋，永远感恩廖校长

---

① 张罗应 王舒人：《华侨大学隆重纪念廖承志校长诞辰100周年》，《华侨大学报》2008年10月7日，第1版。

为华大倾注的满腔心血。廖校长，您永远是我们心中的校长！我们永远怀念您！”

吴承业称，今天我们在这里纪念廖校长诞辰100周年，不仅仅是对先人的缅怀，更重要的是希望华大的后辈们永远铭记以廖校长为首的一代先贤为华大做出的杰出贡献，好好学习，努力工作。他表示，建设好华侨大学是廖校长对我们这一代人的郑重嘱托。我们要牢记这份沉甸甸的嘱托，共同努力，不辱使命，为办好华侨大学努力奋斗。

国务院侨办领导王杰在致辞中指出，华大的一草一木无不饱含廖公的恩泽。抚今追昔，饮水思源。希望华侨大学全体师生珍惜来之不易的大好局面，秉承廖公遗志，以建设厦门校区为契机，倍加努力，开创华侨高等教育事业辉煌的未来，开创华侨大学更加灿烂的明天。

王杰表示，国务院侨办将继续加大对华大办学的支持力度，把华大建设成为以华文教育为特色、以工程学科为优势的教学研究型综合性大学，建设成为中国一流的华侨高等教育学府。

2. 纪念廖承志校长诞辰100周年图片展

2008年9月25日，在泉州校区金川活动中心，纪念廖承志校长诞辰100周年图片展开展迎接广大师生及嘉宾参观。图片展选取反映廖校长光辉一生的珍贵照片130多幅，以及2008年暑期学校学生赴广州、惠州、南京等廖公工作、生活过的地方，开展暑期社会实践的图片20多幅，分“廖家三代人 才情为中华”“辉煌的历程 卓越的贡献”“中国外交的功臣 中日友好的使者”“丹心系统战 豪情振国邦”“挚情满桑梓 光辉耀华园”“追寻廖公足迹 传承承志精神”等六大部分。

图4-36　2008年9月，学校隆重举行纪念廖承志校长诞辰100周年报告会

3. 纪念廖承志校长诞辰100周年专题报告会

2008年9月26日上午，在厦门校区国际会中心，学校举行纪念廖承志校长诞辰100周年报告会，华侨华人资料中心主任许金顶教授、外国语学院副院长王铁钧教授、台湾经济研究所所长陈克明教授、校长吴承业教授分别从“廖承志与侨务政策”、“廖承志与中日关系正常化”、“廖承志与两岸关系”及“廖承志校长与华侨大学”四个方面做了精彩的专题报告，生动介绍了廖公为新中国侨务工作、为促进中日邦交正常化、为推动两岸关系发展，以及其在担任学校校长的23年里为学校的建设和发展所做的巨大努力和重大贡献。

（三）纪念爱国侨领许东亮先生

1. 许东亮先生简介

许东亮先生是华侨大学董事会的创始人之一，第一至五届董事会皆担任首席副董事长一职，直至2008年5月，以94岁高龄仙逝。许先生没有辜负廖公的重托，毫无保留地将自己的智慧、生命、财力贡献给了华侨大学，奉献给了华侨教育事业。

许东亮先生1915年3月出生于金门，于2008年5月28日在香港去世。原名许乃昌，20世纪60年代因印度尼西亚军人政权通缉，改名为许东亮。是著名的爱国侨领，1938年青年时期到新加坡和印度尼西亚经商，事业有成，一直热心社会公益事业，积极参与当地侨社和侨教工作。20世纪五六十年代，许先生在印度尼西亚中华侨团总会担任主要领导职务，后移居香港发展，任华丰国货有限公司、大众动力机械有限公司董事长，为中国电子产品走出国门打开了一条新通道。曾任旅港福建商会理事长，华侨大学香港教育基金有限公司理事长，香港福建中学董事会董事长，香港侨界社团联会荣誉会长，香港华侨华人总会荣誉会长，香港侨友社荣誉会长等职。2002年12月，荣获华侨大学名誉博士学位，2004年7月，荣获香港特区政府荣誉勋章。曾是国家、福建省、广东省的政协委员，人大代表，工商联委员。为中国的侨务事业和外交工作做出了重大贡献。

许东亮为华侨大学的建设和发展慷慨捐资，贡献巨大。

1979年至1980年，许东亮所属的大众动力机械有限公司后向华侨大学教育基金捐款15万港元，用于陈嘉庚纪念堂的建设等。1987年，大众动力机械有限公司和华丰国货有限公司分别给华大教育基金捐款20万港元和30万港元，前者还捐款5万港元给华大用于购买印刷机；1986年8月，由国务院侨办主任廖晖主持，在深圳成立华侨大学基金会，许东亮任基金会首任理事长，负责向全世界华侨华人筹集经费。三年共筹资2000万元，为学校雪中送炭。在许东亮的领导下，华侨大学驻港办事处几年里共募捐款7000万元人民币、1.3亿港元、1万美元。1990年，华丰国货有限公司捐赠给华大价值116.75万港元的物资；1994年，华丰国货有限公司出资20万港元，用于兴建华大留学生公寓“华丰楼”；2000年，华丰国货有限公司又捐赠给华大教育基金10万港元。在生命的最后时刻，许老嘱咐家人在他死后，把自己的钱财捐给华侨大学，如果不够100万港元的话，由子女垫足。2008年，许老的长女许丕新兄妹等遵嘱捐资100万港元。①

2. 许东亮先生热爱华大的情怀

许东亮先生与华侨大学的结缘，源于20世纪60年代初，他回国参加国庆观礼，时任中侨委主任廖承志先生宴请了他，并派中侨委有关领导陪他到福建泉州市城东去看“一块地”——当年中侨委正准备在这块土地上筹办华侨大学。亲任华侨大学校长的廖公还请许老帮忙，在海外协助筹募资金以支持华侨大学的创建。凭着早前建立起来的信誉和人脉关系，许东亮先生在海外积极为华侨大学办学奔走呼号，捐资奖掖，筹款建楼，对学校的办学事业给予了无私的支持和鼎力协助，直至走到生命的终点。②

许东亮老先生生前回忆：有一次开会，“那是廖公生前我最后一次见到他。那次开完会合影后，人慢慢走散，廖公把我拉到一个小房间，两人长久紧紧握手无语相望，其实大家心里都知道，复办华侨大学，当务之急就是资金紧缺，廖公深情地重重地说了一句话：‘许先生，一切拜托了。’我只是点头，什么话也说不出来了”。那次握手后不久的1983年6月10日，廖公离开了人世。

3. 许东亮先生的铜像揭幕仪式

2008年5月28日，著名爱国侨领，学校第一至五届董事会副董事长许东亮先生在香港因病去世，享年94岁。

2008年9月25日，许东亮先生的铜像在学校春华园内隆重揭幕。铜像面向秋中湖畔的廖承志先生，与廖公遥相呼应，共同守望着华侨大学。两位对华侨大学做出过巨大贡献的老人，从此可以天天关爱庇荫着他们为之倾注了半生心血的菁菁华园。③

揭幕仪式由副校长、党委副书记关一凡主持。吴承业校长和许东亮先生的长子许丕新先生共同为铜像揭幕。中国侨联副主席、福建省侨联主席李欲晞，福建省侨

---

① 胡萍：《华侨大学侨捐工程碑刻评说》，九州出版社，2016年8月，第171页。

② 张罗应：《爱国侨领许东亮的华大情怀》，《华侨大学报》2008年10月7日，第2版。

③ 张罗应、王舒人：《许东亮铜像揭幕春华园——许东亮纪念楼落成》，《华侨大学报》2008年10月7日，第1版。

办副主任沈能荣，泉州市侨联主席陈小钢，厦门市侨联副主席洪春凤，华大董事会副董事长郑年锦等出席铜像揭幕仪式。

揭幕仪式上，许丕新代表许东亮先生的家属诚挚感谢国务院侨务办公室、华侨大学及华大全体师生员工深深肯定父亲许东亮先生对文教事业的贡献，以这样隆重的方式让他的生命永远融入华侨大学。他表示，“父亲留给我们的最大遗产，是他那高尚的爱国精神和魁梧的典范形象。它将激励和鼓舞我们永远沿着父亲的道路坚定前行，和华大人一起，为把华大早日办成海内外一流的高等院校做出贡献。”

吴承业校长在致辞中称赞许东亮先生毫无保留地把自己的智慧和生命奉献给了华侨大学，奉献给了华侨教育事业，其情其行，功在当代，光耀千秋。他表示，先生的感人事迹和卓著贡献将激励华大全体学人勤学上进，踏实工作，办好学校，为国家强盛民族复兴奋斗不止。

同时，为弘扬许东亮先生爱国、爱乡的高风亮节，表达对先生高德大义的崇敬之情，报答先生对华侨大学的杰出贡献，学校将原物理楼命名为“许东亮纪念楼”。①

9月25日上午，学校举行了许东亮纪念楼落成典礼，许东亮先生的长子许丕新代表许东亮家属在典礼上向学校捐赠了一批珍贵文物和资料，校长吴承业教授接受了捐赠。

图4－37　许东亮先生的铜像揭幕仪式，在华侨大学泉州校区春华园举行

---

①　张罗应、王舒人：《许东亮铜像揭幕春华园——许东亮纪念楼落成》，《华侨大学报》2008年10月7日，第1版。

细心的人不难发现，1990 年落成的廖承志铜像朝向为东南四十五度角，了却了廖公一生对东南亚华侨关心关爱的心愿。而 2008 年 9 月 25 日揭幕的许东亮铜像，则面向廖公铜像方向，两位世纪老人，相携相伴，永远互诉一生的侨缘。

现在华侨大学泉州校区华园里，陈嘉庚、廖承志、许东亮，这三位老人三足鼎立，共同守望着这片致力于华侨高等教育发展的土地……

第五章

全面深化改革、实施“侨校＋名校”时期

本章介绍2011—2020年华侨大学办学的基本情况。

这十年间，华侨大学迎来重要战略机遇。在国家机构改革中，学校成为中央统战部直属高校。在中央统战部关心和推动下，中央统战部、教育部、福建省政府签署了共建华侨大学的协议，为学校发展注入强大动力。根据中央统战部领导的指示，学校开始实施“侨校+名校”战略，驶上发展快车道。

近十年来，华侨大学积极推进“华文教育拓展工程”，扩展华文教育的工作范畴，通过加强华文教育学科和专业建设、建立华文教育研究机构、打造华文教育知名品牌、加强华文教育基地建设、开拓海外华文教育发展空间、加强和深化华侨华人研究等举措，逐步形成“全方位、多层次、大范围”的“大华文教育”格局。学校抓紧推动“学科水平提升工程”，坚持以工程学科为优势，以华文教育为特色，形成相互支撑、协调发展的学科体系和专业布局。

自2011年以来，学校大力实施“人才培养、引进工程”，初步形成一支高水平师资队伍。高水平科研成果不断涌现：华大教师首获国家科学技术进步二等奖；华大师生首次在英国著名杂志、国际性科技期刊《自然》（*Nature*）上发表论文；华大教师以第一作者身份，在中国最高水平的综合类人文社会科学期刊《中国社会科学》上发表论文。

学校出台《华侨大学大力推进国际化战略实施意见》，国际化办学进入阔步发展阶段。学校首次成立党委教师工作部，重视教师思想政治工作和师德师风建设；坚持立德树人，紧紧抓住“学风建设”这条主线，实施“思想引领提升计划”“学生成长支撑计划”“管理服务创新计划”等三大计划，着力打造侨校学生思想政治工作品牌；校园文化建设硕果累累，学校连续两年获全国高校校园文化建设优秀成果一等奖。

本章共分十节。第一节主要论述在这一时期推动学校发展的重要规划以及学校体制上的重要转变。第二节和第三节着重论述华侨大学这一时期华文教育的发展、“大统战”背景下理论研究和学校服务国家外交的实践。第四、五节主要阐述华侨大学在近十年的发展中不断壮大师资队伍、优化人才培养、增强科研实力以及服务地方社会的各项举措和取得的实际效果。第六节的着眼点在学校近十年的国际化办学实践。第七、八节的重点在党建工作、学风建设、校园文化等方面。第九节重点关注学校董事会和校友会；最后一节论述近十年学校的财务工作。

第一节　新的发展机遇和领导体制的转变

一　《华侨大学中长期发展纲要（2011—2020）》

经过“十一五”期间的建设，华侨大学在教学、科研、人才培养等方面都取得了很大的成绩。“十二五”开局之初，华侨大学在总结以往办学经验的基础上对未来的发展做出了新的规划。

2011年1月7日，中共华侨大学第四届委员会第十三次全体会议讨论并修订了《华侨大学中长期发展规划纲要（2011—2020）》（以下简称《纲要》）。该纲要从指导思想、指导原则、发展思路、战略目标、发展定位等方面对学校2011—2020年的改革和发展做出了战略谋划和全局性部署。《纲要》提出学校应全面贯彻党的教育方针和“面向海外、面向港澳台、面向国家社会经济发展”的办学方针，坚持为侨服务、为国家社会经济发展和海峡西岸经济区建设服务的根本职责，紧紧围绕“建设基础雄厚、特色鲜明、海内外知名的高水平大学”这一奋斗目标，以人才培养为根本，以改革创新为动力，以学科建设为龙头，以队伍建设为关键，坚定不移地走内涵发展之路、特色兴校之路、人才强校之路，全面提高学校人才培养质量和总体办学水平。[①] 同时明确了四项指导原则：解放思想、改革创新；以人为本、人才强校；统筹兼顾、突出重点；全面、协调、可持续发展，并在此基础上形成了“教学是立校之本”“人才是强校之源”“学科是强校之基”“科研是强校之路”“特色是立校之魂”“管理是强校之纲”的发展思路。[②]《纲要》指出，要重点实施“教育教学卓越工程”、“学科水平提升工程”、“科研体制改革工程”、“人才培养引进工程”、“管理服务优质工程”、“华文教育拓展工程”、“和谐校园建设工程”、“服务海西推进工程”和“党建工作创新工程”等九大工程，增强学校的可持续发展能

① 华侨大学：《华侨大学中长期发展规划纲要（2011—2020）》，2011年6月9日。

② 华侨大学：《华侨大学中长期发展规划纲要（2011—2020）》，2011年6月9日。

力；同时，推进“学校民主管理改革”、“发挥侨资优势，提高国际合作办学水平”和“境外学生管理培养模式改革”三项改革试点，以管理体制的改革来释放学校发展的不竭动力。① 该纲要还制定了学校未来十年在人才培养、学科建设、师资与人才队伍建设、科学研究、华文教育与对外合作交流、社会服务、现代大学管理体系建设、校园基础能力建设、党建和思想政治教育工作等九个方面的发展任务、实施办法及目标。②

为了进一步明确学校未来的发展规划，同年6月，华侨大学校长丘进，在第六届教代会暨工代会上的工作报告中提出：未来五年，学校将坚持“学科建设是龙头，人才建设是脊梁，教学与科研是两翼”的指导方针，狠抓教学质量，夯实办学基础，调整学科结构，稳定办学规模，重点建设优势学科，加强培育特色学科，提升华文教育层次，加强国际合作交流，为建成“基础雄厚、特色鲜明、海内外知名的高水平大学”打下坚实的基础。③ 11月，学校出台《华侨大学关于学习宣传贯彻党的十七届六中全会和全国侨务工作会议精神的意见》，进一步强调要紧紧抓住“提高办学水平、突出办学特色”这一主线，突出学校“面向海外、面向港澳台、面向国家经济社会发展”和“为侨服务，为国家经济社会发展和海峡西岸经济区建设服务”的办学定位；要积极推进教学改革，创新人才培养模式，全面推进为侨服务工作，不断提高为侨服务水平。④ 2012年10月，莅校视察的国务院侨务办公室副主任马儒沛，在听取学校工作汇报后强调：要以华大第五次党代会召开为新起点，加强学校基层党组织建设、人才队伍建设、师资队伍建设夯实学校的发展基础，以融入海西为新要求，服务福建省和泉州、厦门两个城市，服务全国，服务海外，用这“三个服务”来体现学校的存在价值。他还要求学校以抢占制高点为新突破，用“211”、“985”和“2011计划”这“三个目标”激励全校师生的斗志，并以强化顶层设计为新引领，着力建设一流学科，培养领军人才；创新科研平台，加速成果转化；实施名校战略，用好各种资源，用“三大重点”支撑学校的建设。⑤ 马儒沛的讲话进一步为未来的发展指明了方向。

---

① 《着力新一个50年科学跨越式发展华大制定中长期发展规划》，《华侨大学报》2011年6月28日，第1版。

② 《着力新一个50年科学跨越式发展华大制定中长期发展规划》，《华侨大学报》2011年6月28日，第1版。

③ 王舒人：《学校隆重召开第六届教代会暨工代会，丘进作学校工作报告，李冀敏致工作辞，朱琦环当选工会主席》，《华侨大学报》2011年6月21日，第1版。

④ 《大力推进大学文化建设　全面提升为侨服务水平，学校出台学习宣传贯彻十七届六中全会和全国侨务工作会议精神意见》，《华侨大学报》2011年11月22日，第1版。

⑤ 平怀芝：《国务院侨务办公室副主任马儒沛：十点意见指导华大发展　出席第35届校运会厦门校区赛事开幕式并宣布开幕》，《华侨大学报》2012年10月30日，第1版。

二　《华侨大学“十三五”发展规划》及《华侨大学为侨服务“十三五”专项规划》

经过五年的发展，学校的总体面貌发生很大变化，人才培养质量稳步提升，综合办学条件不断改善，在此基础上学校制定了《华侨大学“十三五”发展规划》及《华侨大学为侨服务“十三五”专项规划》。

（一）《华侨大学“十三五”发展规划》

2015 年，我国制定了《国民经济和社会发展第十三个五年规划纲要》，提出教育现代化和人才强国、人力资源强国的建议。2017 年，国务院印发《国家教育事业发展“十三五”规划》，从教育理念、全面落实立德树人根本任务、改革创新驱动教育发展、协调推进教育结构调整、协同营造良好育人生态、统筹推动教育开放、全面提升教育发展共享水平、着力加强教师队伍建设、加快推进教育治理现代化、加强和改进教育系统党的建设、组织实施等十一个方面对“十三五”期间的高等教育改革提出具体要求，成为这一时期高等教育改革发展的纲领性文件。为了贯彻中央和福建省全面深化高等教育改革的要求，推进学校综合改革，华侨大学于 2015 年启动了“十三五”规划等相关方案的编制工作，成立了以校长贾益民为组长的华侨大学综合改革工作领导小组，全面统筹负责方案的编制和落实。①

2016 年，华侨大学制定《华侨大学“十三五”发展规划》以及相关的行动方案，认真分析学校发展所处历史方位，系统总结办学经验和特色，明确改革发展的重点领域和任务。②

该规划首先分析了新时期华侨大学所面临的机遇：国际环境变化与侨情侨务形势变化、国家全面深化改革和高等教育加速改革、国家“一带一路”倡议规划的实施和地方经济社会加速发展、学校“十二五”建设取得良好成效、学校已形成的华文教育和中华文化传播优势品牌在海外具有广泛影响力。“十三五”期间，学校发展也同样面临着不小的挑战：国家高等教育政策的变化、高校教育国际化、“十二五”发展中存在的薄弱方面以及学校办学经费紧缺。

为了应对面临的机遇与挑战，学校在规划中提出了这一时期的发展目标：到

---

① 陈建山：《加速建成基础雄厚、特色鲜明、海内外著名的高水平大学　学校启动综合改革方案的编制工作，贾益民关一凡提出重点要求》《华侨大学报》2015 年 5 月 19 日，第 1 版。

② 《华侨大学 2016 年新年贺词》，华侨大学官网，2015 年 12 月 31 日，https://www.hqu.edu.cn/info/1067/17154.htm，最后访问日期：2020 年 6 月 22 日。

2020 年，学校总体办学实力显著增强，侨校特色更加突出，为侨服务水平明显提升；工科优势突出、华文教育特色鲜明、相互支撑、协调发展的学科体系基本形成；主要学科、专业在国际、国内有较高知名度，服务国家和地方经济社会发展能力进一步增强；国际化办学持续拓展，适应国际化要求的优秀人才培养机制和标准逐步完善，服务国家侨务战略、外交战略、“一带一路”倡议等的能力不断提高，领域不断拓展。到 2020 年，2—3 个学科进入全国前 10 名或前 20%，3—4 个学科进入 ESI 世界学科排名前 1%，学校整体实力进入全国高水平大学行列。①

为达到此目标，《华侨大学“十三五”发展规划》在人才培养、学科建设、科学研究与社会服务、为侨服务、国际化办学、学校管理体系建设、办学基础条件保障、党建和思想政治教育工作、办学资金筹措等方面也做出具体的部署与安排。②

（二）《华侨大学为侨服务“十三五”专项规划》

2015 年 1 月，国务院侨务办公室主任会议在北京召开。为贯彻落实侨办主任会议精神，华侨大学出台了相关的实施意见，强调全校各单位要认真学习国务院侨务办公室主任会议精神，加强学校的战略谋划和依法治校工作。具体体现在以下几个方面：加强侨务理论、侨务公共外交和周边关系、国际关系和国际战略、对台和区域经济文化、民营经济和区域经济等方面的研究；推动区域经济以及两岸经济发展；整合校内外工程技术和科技创新资源，努力打造国家科技产业发展的高端技术支持和咨询服务平台；推进华文教育转型和发展，传播中华文化。③

同年 9 月，国务院侨务办公室副主任谭天星莅校调研，对学校侨务工作方面取得的成就给予充分肯定。他希望学校借助“侨”的优势发展自己，提升自身的国际影响力；同时，利用侨校的独特优势，为新时期国家侨务工作的开展、服务国家对外关系和对外战略等贡献力量。谭天星指出，华大作为一所华侨高等学府，不仅要将侨生培养成才，还要深化侨校特色，主动将“侨务”观念融入侨生教育中；作为海外中华文化语言推广的平台，要继续支持和推动海外华文教育规范化、专业化、标准化。同时，华大要打造成海外人才培训基地，为海外侨社培养侨领、企业家等精英人才；要加强国家侨务工作的智库建设，尤其加强、加快华侨华人研究院和海

① 华侨大学、中共华侨大学委员会：《华侨大学“十三五”发展规划》，2016 年 3 月 15 日。

② 华侨大学、中共华侨大学委员会：《华侨大学“十三五”发展规划》，2016 年 3 月 15 日。

③ 《贯彻落实全国侨务工作会议精神　华大重点做好六项工作》，《华侨大学报》2015 年 4 月 28 日，第 1 版。

上丝绸之路研究院建设，多出成果并及时展现成果。[①]

2017年2月，习近平总书记对侨务工作做出重要指示：希望侨务战线的工作者当好海外侨胞和归侨侨眷的贴心人，成为侨务工作的实干家，最大限度地把海外侨胞和归侨侨眷中蕴藏的巨大的能量凝聚起来，发挥出来。[②] 为了贯彻习近平总书记及上级领导对侨务工作的重要指示，2017年6月，华侨大学发布《华侨大学为侨服务“十三五”专项规划》。该规划提出全面拓展和提升华文教育，逐步落实学校“大华文教育”理念；加强本土化和可持续化华文教师培训体系建设；努力拓展建设一批华文教育海外基地；进一步打造和提升华文教育推广和网络教育实践品牌；在拓展华文教育的基础上，深化推动开展侨务公共外交，加强与海外华侨居住地区国家主流社会的交流；畅通与学校驻地外国领事馆交流渠道；加强海外华侨聚集国家地区的校友会组织网络建设和校董增聘工作；统筹服务地方经济社会发展与为侨服务；完善“全球华侨华人网”和全球华侨华人数据库建设；承担侨务研究重点重大项目和研究论坛；促进人才的交流和培养，促进对外文化传播和学术交流。[③]

三　华侨大学贯彻落实习近平总书记视察暨南大学重要讲话精神

2018年10月，习近平总书记视察暨南大学。他指出，“这样的学校共有两所，一所是暨南大学，一所是在福建的华侨大学，这种学校很独特”。[④] 习近平总书记对华侨高等教育提出了新的要求：坚持立德树人，始终牢记教育的根本使命；突出侨校特色，精心擦亮百年侨校金字招牌；厚植文化根基，以把中华优秀文化传播五湖四海为己任；积极发挥优势，为“一带一路”、粤港澳大湾区建设做出更大贡献。[⑤] 习近平视察暨南大学充分体现了总书记对华侨高等教育事业的高度重视、对跨文化人才培养的殷切期望、对港澳台侨青年学生的关怀厚爱。总书记的重要讲话为新时代华侨高等教育的改革发展指明了前进方向。

习近平总书记视察暨南大学后不久，中央统战部要求相关单位学习贯彻习近平

① 吴江辉：《国务院侨务办公室副主任谭天星调研学校国外侨务工作》，《华侨大学报》2015年9月15日，第1版。

② 周欣媛：《专家称，十九大报告对新时代侨务工作提出新要求》，中新网，2017年10月19日，https://www.chinanews.com/m/hr/2017/10-19/8356089.shtml，最后访问日期：2019年3月20日。

③ 华侨大学：《华侨大学为侨服务“十三五”专项规划》，2017年6月11日。

④ 张罗应：《回望40年之二：各方关怀助力华侨大学发展》，华侨大学官网，2018年12月18日，https://www.hqu.edu.cn/info/1067/83859.htm，最后访问日期：2019年3月20日。

⑤ 马立敏：《暨南大学突出侨校特色 擦亮“金字招牌”》，人民网，2018年11月18日，http://gd.people.com.cn/n2/2018/1118/c123932-32299680.html，最后访问日期：2019年3月20日。

总书记视察暨南大学精神。学校根据相关文件制订了《华侨大学深入学习贯彻落实习近平总书记视察暨南大学重要讲话精神专项行动计划》（简称《专项行动计划》）。2019 年 1 月 14 日，华侨大学正式成立了《专项行动计划》工作推进领导小组，由华侨大学党委书记关一凡、校长徐西鹏担任领导小组组长。① 同年，中央统战部向暨南大学、华侨大学以及北京华文学院下发了《中央统战部办公厅关于贯彻落实习近平总书记视察暨南大学重要讲话精神专项行动计划实施方案的通知》，原则上同意华侨大学提出的《专项行动计划》并督促加紧实施落实。文件对三所学校提出了具体的要求：

一、持续深入学习习近平总书记视察暨南大学重要讲话精神和全国教育大会精神，将贯彻落实习近平总书记视察暨南大学重要讲话精神和全国教育大会精神专项行动计划落实到位，全面加强党对学校工作的领导。

二、推进新一轮部省共建，加快学校（院）建设发展步伐。为新时代学校（院）改革和发展搭建更高层次平台，有力保障“侨校＋名校”发展战略的落实。

三、精心擦亮侨校金字招牌，突出办学特色。坚持“面向海外、面向港澳台”的办学方针，进一步凸显侨校特色，为港澳台侨学生回国学习创造更好条件。

四、加强学科建设，高度重视人才作用。进一步改革创新，高度重视人才强校，加强一流师资队伍特别是优秀学科带头人、学术领军人物的引进和培育，推动“双一流”和高水平大学建设。

五、积极服务大局，推动中华优秀文化传播到五湖四海。注重突出当代中国价值观念，重视中华传统文化精神传播，遵循传播规律、创新传播手段，以侨为桥、多措并举，更好推动中华优秀文化传播到世界各地。充分发挥智力优势，积极作为，为“一带一路”共建、粤港澳大湾区建设等培养人才、贡献力量。

六、完善校园建设，推动学校（院）协调发展。合理调整学校（院）建设规划，优化校（院）区办学空间，满足学校（院）新时期发展需要。②

---

① 中共华侨大学委员会，华侨大学：《关于成立〈华侨大学深入学习贯彻落实习近平总书记视察暨南大学重要讲话精神专项行动计划〉工作推进领导小组的通知》，2019 年 1 月 14 日。

② 中共华侨大学委员会，华侨大学：《关于印发〈华侨大学深入学习贯彻落实习近平总书记视察暨南大学重要讲话精神专项行动计划〉及任务分解的通知》，附件 1《中央统战部办公厅关于认真学习贯彻习近平总书记视察暨南大学重要讲话精神专项行动计划实施方案的通知》，2019 年 5 月 4 日。

随后，华侨大学认真落实《专项行动计划》。2019 年中央统战部副部长谭天星一行莅临学校调研，他对学校稳步推进《专项行动计划》表示肯定，并指出习近平总书记视察暨南大学重要讲话是新时代做好华侨高等教育的重要指引；中央统战部批复同意华侨大学实施的《专项行动计划》，是指导当前和今后一段时期学校全面建设的一个“纲”，也是学习贯彻习近平总书记全国教育大会重要讲话精神和视察暨南大学重要讲话精神的具体体现。①

四 部省市共建与部部省共建

（一）国务院侨务办公室与福建省、泉州市、厦门市共建华侨大学

2010 年 7 月，国务院侨务办公室副主任赵阳与泉州市市长李建国在泉州酒店签署国务院侨务办公室与泉州市人民政府第四轮共建华侨大学协议。签约仪式由泉州市副市长潘燕燕主持，国务院侨务办公室宣传司、泉州市相关领导及华侨大学校领导见证签字仪式。按照协议，泉州每年安排 1200 万元资金支持华大办学，从 2011 年 1 月 1 日起实施新一轮五年共建。共建协议的签署，是国务院侨务办公室与泉州市在合作办学方面的一个新标志，是华侨大学办学历程上一个新的里程碑，对华侨大学和泉州市经济社会发展以及我国侨务工作产生了积极而深远的影响。②

图 5－1 2010 年 7 月，与泉州市签署共建华侨大学协议

① 吴江辉：《中央统战部副部长谭天星莅校调研》《华侨大学报》2019 年 6 月 18 日，第 1 版。

② 张为健：《签署新一轮共建华大协议 泉州每年安排 1200 万元资金支持华大办学》，《华侨大学报》2010 年 7 月 6 日，第 1 版。

2011年1月22日上午，国务院侨务办公室副主任赵阳与厦门市市长刘赐贵分别代表国务院侨务办公室与厦门市人民政府签署共建华侨大学协议。签字仪式在厦门悦华酒店举行，由厦门市副市长詹苍洲主持，国务院侨务办公室文化司、厦门市相关领导及华侨大学校领导见证签字仪式。根据协议，今后五年内，国务院侨务办公室每年安排4000万元专项经费，厦门市每年安排1500万元专项经费支持华侨大学厦门校区建设，以进一步贯彻实施厦门市委、市政府"科教兴市"和"人才兴市"战略，促进华侨大学在为侨服务、厦门经济社会发展方面发挥更大作用。实施共建后，国务院侨务办公室将在人才培养基地、重点学科、重点实验室、学位点等有关布点和建设中，对华侨大学给予重点支持，使华侨大学成为国家高层次人才培养、学术研究和科技创新的重要基地。厦门市将华侨大学的发展列入厦门市高等教育发展规划，在改善办学条件、校园建设与规划、职称评定、福利待遇等方面给予支持，同时支持华侨大学与厦门市企事业单位、社会团体开展联合办学。此外，国务院侨务办公室还将厦门市列为国家重点侨乡城市，在侨务政策、侨务工作、引资引智等方面给予重点支持。此次共建协议的签署，是国务院侨务办公室与厦门市政府进行的新层面的一次深入合作，不仅为华侨大学赢得了良好的发展契机，也为厦门市乃至整个海西经济区的发展发挥了积极的作用。[①]

图5-2　2011年1月，国务院侨务办公室与厦门市政府签订新一轮共建华侨大学协议

2月25日，国务院侨务办公室与福建省政府在福州签署新一轮共建华侨大学协

① 王舒人、张彬：《国务院侨务办公室与厦门市签署协议共建华大》，《华侨大学报》2011年2月22日，第1版。

议。国务院侨务办公室副主任赵阳与福建省委常委、副省长陈桦分别代表国务院侨务办公室和福建省签署共建华侨大学协议，华侨大学校长丘进、党委书记李冀闽等出席签约仪式。按照协议，今后五年，国务院侨务办公室每年安排8000万元人民币、福建每年统筹4000万元专项资金，支持华侨大学建设发展。此协议还指出，国务院侨务办公室与福建每年还将安排专项资金，用于支持华侨大学加强境外学生的培养和社会实践，以及人才的引进和培养。国务院侨务办公室与福建共建华侨大学的范围主要包括：支持学校进一步加强学科建设、实验室建设、科技创新平台建设，进一步提升“三侨一台”（归侨、归侨子女、华侨子女和台湾籍青年）学生与境外学生的受教育水平。通过支持华侨大学加强建设，争取在增列国家重点学科、国家重点实验室和工程中心、博士点等方面取得新的突破，增强承接国家和福建重大科技任务和解决区域经济发展问题的能力，进一步提升社会服务水平，并把华侨大学打造成一流的华文教育基地和海外师资培训基地。[①]

图5－3　2011年2月，国务院侨务办公室与福建省政府签订新一轮共建华侨大学协议

（二）第五轮部省市共建

国务院侨务办公室与福建省人民政府于2016年3月11日上午在福州签署第五轮共建华侨大学协议。国务院侨务办公室副主任任启亮、福建省副省长李红签署共建协议，国务院侨务办公室文化司副巡视员梁智卫、福建省人民政府副秘书长赖碧涛等领

① 詹托荣：《国务院侨务办公室携手福建省政府共建华侨大学》，《华侨大学报》2011年3月1日，第1版。

导以及华侨大学校长贾益民等校领导出席签约仪式。根据协议，今后五年福建省将投入4亿元资金支持华侨大学的发展，把华侨大学纳入福建省高水平大学建设范围。协议指出从2016年到2020年，福建省和国务院侨务办公室将每年按1∶2的投资比例给华侨大学增拨专项资金，共建范围主要包括支持学校进一步促进重点学科、重点人才、重大平台、重大项目、重大成果和奖项的显著突破，进一步提升“三侨一台”学生与境外学生的受教育水平。协议还提道，华侨大学要更好地发挥侨校优势、对台合作优势、对外交往合作优势；充分发挥华侨华人作为福建省“21世纪海上丝绸之路”核心区建设的参与者、建设者和见证者的作用；促进两岸海上丝绸之路建设的对接；进一步服务福建省与“一带一路”沿线国家的经济、文化、教育等领域合作发展。①

同日，国务院侨务办公室与泉州市人民政府在泉州迎宾馆签署新一轮共同建设华侨大学协议书，国务院侨务办公室副主任任启亮与泉州市常务副市长林伯前签署了协议书。根据协议，在2016年3月11日至2020年12月31日的共建期内，泉州市将安排1亿元人民币支持华侨大学的办学；泉州市支持华侨大学与地方企事业单位、社会团体开展深度合作，共同推进泉州的教育、文化、科学技术等各项工作；进一步办好《华大讲堂》，为华侨大学在泉州召开有影响的国际、国家级学术会议提供条件；泉州市还将进一步加强华侨大学周边环境的治理和改善，协助维护好学校的稳定和安全；凡泉州市人民政府出台改善事业单位职工待遇的各项政策，均适用于华侨大学。协议指出，华侨大学要紧密结合泉州市加快产业转型升级和实施“泉州制造2025计划”战略需要，大力支持泉州的主导、特色、新兴产业发展，为泉州市经济、政治、文化、社会、生态文明建设服务；要加强与泉州市其他高校的交流与合作，做到优势互补、资源共享、共同发展。实施共建后，国务院侨务办公室将更加重视向海外介绍、宣传泉州市和华侨大学，引导、鼓励社会各界更多地关注泉州市经济社会的发展，并以多种形式支持华侨大学的建设。第五轮共建把国务院侨务办公室与泉州市的合作推向了一个更广阔、更紧密、更稳固的新阶段，共建既是对国务院侨务办公室与泉州市合作关系的全面提升，更是华侨大学发展的重大推动力和机遇，对华侨大学、泉州市以及国家侨务工作的发展有着十分重要的意义和作用。②

同日下午，国务院侨务办公室副主任任启亮与厦门市市长裴金佳签署第二轮共建华侨大学协议。根据协议，今后五年内，国务院侨务办公室每年安排不少于3000

---

① 刘沛、闫旭、孙虹：《国务院侨务办公室与福建省人民政府签署新一轮共建华侨大学协议　福建省将投入4亿元支持学校建设与发展》，华侨大学官网，2016年3月11日，https://www.hqu.edu.cn/info/1067/17080.htm，最后访问日期：2019年4月21日。

② 张罗应：《国务院侨务办公室与泉州市签署第五轮共建华侨大学协议》，华侨大学官网，2016年3月11日，https://www.hqu.edu.cn/info/1067/17029.htm，最后访问日期：2019年5月2日。

万元专项经费，厦门市每年安排1500万元专项经费用于支持华侨大学厦门校区建设；国务院侨务办公室将在人才培养基地、重点学科、重点实验室、学位点建设等方面，对华侨大学给予重点支持，并在侨务政策、侨务工作、引资引智等方面给予厦门市重点支持；厦门市将华侨大学的发展列入厦门市高等教育发展规划，在改善办学条件、校园建设与规划、教职工福利待遇等方面给予支持，在相关科研技术平台与学科建设给予重点扶持，同时支持华侨大学与厦门市企事业单位、社会团体开展联合办学。共建期间，华侨大学将积极面向厦门产业发展，培养厦门急需的各类专业人才。同时，双方共建华侨大学海上丝绸之路研究院、厦航学院、厦门工程技术研究院、城市建设与经济发展研究院等机构。

共建协议的签署，是国务院侨务办公室与厦门市在合作方面的一个新标志，是华侨大学发展的重大推动力和机遇，同时也为厦门特区建设、为国家侨务事业做出了新的贡献。①

图5-4　2016年国务院侨务办公室与厦门市人民政府共建华侨大学签字仪式

（三）部部省共建

为加强党对海外统战工作的集中统一领导，2018年3月，中央决定将国务院侨务办公室并入中央统战部，由中央统战部统一管理侨务工作。随后隶属于国务院原侨务办公室的华侨大学成为统战部直属高校。

① 吴江辉：《国务院侨务办公室与厦门市签署新一轮共建华侨大学协议》，华侨大学官网，2016年3月12日，https://www.hqu.edu.cn/info/1067/17030.htm，最后访问日期：2019年5月2日。

2019 年 8 月 19 日，中央统战部、教育部、福建省人民政府印发了《关于共同建设华侨大学的意见》（以下简称《意见》）。根据《意见》，今后中央统战部将把学校发展纳入该部整体规划，与教育部、福建省人民政府在资金、政策、规划等方面对学校予以支持，助力学校发挥侨校特色与优势，擦亮侨校金字招牌，推动高水平大学的建设。[①]《中央统战部、教育部、福建省人民政府关于共同建设华侨大学的意见》的出台，是学校办学历史上的一个重要里程碑，也是学校发展的一次重大历史机遇。

五　领导班子的调整和领导体制转变

（一）领导班子的调整

2011 年 9 月，国务院侨务办公室人事司司长许玉明同志在华侨大学教师干部大会上宣布了对华侨大学校领导的任命：贾益民调任华侨大学校长、党委副书记。[②]

图 5－5　华侨大学校长贾益民

贾益民（1956—），山东惠民人，中共党员，教授，博士生导师。1974 年 12 月入伍，1978 年入读暨南大学，攻读本科、硕士学位。1985 年，研究生毕业由部队转业至暨南大学任教，历任暨南大学中文系党总支书记、学生处处长、华文学院院长、副校长、党委常委，兼任暨南大学珠海学院首任院长、四海书院创院院长、珠海校区管委会主任及党工委书记、华文教育研究所所长、《华文教学与研究》创刊主编等。2011 年 6 月任华侨大学校长、党委副书记。2014 年荣获泰国吞武里大学名誉博士学位，2015 年荣获泰王国国王颁授“一等泰皇冠勋章”及绶带，2017 年 8 月卸任。长期从事国际中文教育与海外华文教育教学及研究工作，是国内外著名的华文教育专家，享受国务院政府特殊津贴，曾任国务院学位委员会汉语国际教育专业硕士教育指导委员会委员，第七届世界汉语教学学会常务理事，现任国务院侨务办公室专家咨询委员、中文现代化教学学会常务理事，出版学术著作、教材（含主编）等 20 余部；主编的柬埔寨华

① 侯斌斌：《全校中层干部会议提出把握“部部省”共建机遇加强内涵建设》，《华侨大学报》2019 年 9 月 10 日，第 1 版，https://hqdxb.hqu.edu.cn/media/detail.php? dls_count = 1&pos = 1364238，最后访问日期：2019 年 5 月 5 日。

② 《贾益民校长在全校教师干部大会上的讲话》，华侨大学官网，2011 年 9 月 23 日，https://www.hqu.edu.cn/info/1067/17154.htm，最后访问日期：2019 年 6 月 20 日。

文教材《华文》（共12册36本）自1996年出版发行以来，迄今一直是全柬所有华文学校唯一通用教材；主编的《中文》（共12册48本，同时改编有繁体字版、网络版、多媒体光盘）自1997年出版以来，共发行5000余万册，迄今一直是世界范围内每年发行量最大的中文教材，是海外大部分华文（中文）学校的首选教材，系《华侨华人研究报告（蓝皮书）》《华侨华人与中国梦》《世界华文教育年鉴》等系列丛书主编；多年来承担国家及省部级科研项目10余项，发表学术论文50余篇。

2017年9月29日下午，国务院侨务办公室党组成员江岩在华侨大学干部大会上宣布了国务院侨务办公室党组的任免决定：关一凡任党委书记、副校长；徐西鹏任华侨大学校长、党委副书记。

图5－6　华侨大学党委书记关一凡

关一凡（1958— ）江苏丹徒人（出生于福建福州），1975年6月参加工作，1981年12月加入中国共产党。1975年6月至1978年3月福建邵武和平公社坎下大队插队知青，1978年3月至1982年3月北京工业学院机械工程系机械制造专业本科学生，1982年3月至1984年7月南京工学院机械工程系机械制造专业硕士研究生，1984年7月至1994年9月华侨大学机械系教师（其间历任讲师、副教授，1986年11月至1988年11月以及1992年6月至1994年9月为机械系副主任），1994年9月至1996年5月借调国务院侨务办公室国内司/经济科技司科技处任处长，1996年7月至1999年12月华侨大学校长助理，1999年12月至2005年3月华侨大学党委常委、副校长，2005年3月至2013年6月华侨大学党委副书记、副校长，2013年6月至2020年7月华侨大学党委书记、副校长。

图5－7　华侨大学党委书记徐西鹏

徐西鹏（1965—）浙江温州人。1982年9月至1992年6月在南京航空学院（现南京航空航天大学）机械制造专业攻读学士、硕士、博士学位，1988年加入中国共产党。自1992年12月起在华侨大学任教至今，现为机械工程学科教授、博士生导师。1998年至1999年在美国麻省大学从事研究工作1年，2011年在美国康涅狄格州立大学访问教授3个月。历任机电工程系副主任、机电及自动化学院院长、校长助理、副校长，自2017年9月起任华侨大学校长、党委副书记。2020 年 6 月起任华侨大学党委书记、副校长。获“国家科技进步二等奖”1 项、教育部“自然科学奖”和“科技进步奖”一等奖各 1 项、福建省“科学技术奖”和“技术发明奖”一等奖各 1 项；国家科技创新领军人才；“国家杰出青年科学基金”获得者；入选首批“新世纪百千万人才工程”国家级人选和“教育部新世纪优秀人才支持计划”；获“国务院政府特殊津贴”“全国五一劳动奖章”“全国优秀科技工作者”等称号；被评为“福建省先进工作者”、“福建省杰出科技人才”和“福建省高校领军人才”。现任国际磨粒技术委员会主席，全国磨料技术委员会主任，福建省机械工程学会理事长。

2020 年 7 月 6 日下午，根据中央统战部安排，华侨大学召开干部大会，中央统战部干部局副局长任允辉宣读了中央统战部关于徐西鹏同志任华侨大学党委书记、副校长，吴剑平同志任华侨大学校长、党委副书记的决定。①

图 5－8　华侨大学校长吴剑平

吴剑平（1969—）四川眉山人。1990 年加入中国共产党。在职研究生学历，管理学博士，研究员。1987 年进入清华大学学习，先后获得工学学士、工学硕士、管理学博士学位。曾受国家留学基金委资助赴美国伊利诺伊大学香槟分校（UIUC）短期进修学习。1992 年 8 月起在清华大学工作，曾任政策研究室主任、党委办公室主任。2017 年 6 月起任中央社会主义学院（中华文化学院）办公室主任，2019 年 4 月任党组成员、教务长。2020 年 6 月起任华侨大学校长、党委副书记。曾获国家级教学成果奖二等奖，北京市教育教学成果（高等教育）一等奖，清华大学优秀教学成果一等奖、清华大学先进工作者等奖励和荣誉。

2011—2020 年，吴季怀、刘塨、张禹东、刘斌、曾路、彭霈、王秀勇、王丽霞曾担任学校副校长；朱琦环、刘斌、毕明强曾担任学校副书记；朱琦环、毕明强曾担任纪委书记。

（二）从校长负责制到党委领导下的校长负责制

华侨大学由于办学使命特殊，复办后试行校长负责制。1996 年 3 月 18 日，中

① 《华侨大学人事调整：徐西鹏任书记！吴剑平任校长！》，闽南网，2020 年 7 月 7 日，https://mp.weixin.qq.com/s?src=11×tamp=1599201779&ver=2563&signature=0SpCSrMg9htxqniVGayjEFBAY8JKVKdbCIcnTCEd8*EM8xxpb8kQYHfKsgtzT*Qx1yhFj3jfVB5SMVgf1ZDigCt3pmqhZs1gIBA05-9wHHpHwa79ijZrg8fDv*eMJ23b&new=1，最后访问日期：2020 年 9 月 4 日。

共中央印发《中国共产党普通高等学校基层组织工作条例》，明确指出高等学校实行党委领导下的校长负责制。在此前后，华侨大学就领导体制问题向上级请示，上级部门指示华侨大学由“试行校长负责制”改为“施行校长负责制”。[①]

2014 年，中共福建省委组织部下发《关于坚持和完善普通高等学校党委领导下的校长负责制的实施意见》（简称《实施意见》）。[②]《实施意见》要求各高校要在总结以往经验的基础上，根据本校实际情况，抓紧起草贯彻落实该文件的实施办法。2017 年 2 月，中共中央、国务院印发《关于加强和改进新形势下高校思想政治工作的意见》，提出要完善高校党的领导体制，坚持和完善普通高校党委领导下的校长负责制。同年 3 月 21 日，国务院侨务办公室党组下发《关于完善暨南大学、华侨大学党的领导体制的实施意见》。[③] 文件明确规定这两所学校实行党委领导下的校长负责制。

《关于完善暨南大学、华侨大学党的领导体制的实施意见》的要点如下。

> （两校）实行党委领导下的校长负责制。两校党委对本校工作实行全面领导，对本校党的建设全面负责，履行管党治党、办学治校的主体责任，严格执行和维护政治纪律和政治规矩，落实党建工作责任制，切实发挥领导核心作用。坚持党管干部、党管人才，落实“三重一大”决策制度，重要干部任免、重要人才使用、重要阵地建设、重大发展规划、重大项目安排、重大资金使用、重大评价评奖活动等要经党委集体研究决定。党委书记主持党委全面工作，对党委工作负主要责任，履行高校思想政治工作和党的建设第一责任人的职责；校长是学校的法人代表，在党委领导下组织实施党委有关决议，行使高等教育法等规定的各项职权，全面负责教育、科研、行政管理工作。
>
> 配强两校党委领导班子。按照社会主义政治家、教育家标准，把思想政治素质摆在首位，把教学科研和学校管理能力作为重要条件，选好配强两校领导班子特别是党委书记和校长。党员校长同时任党委副书记，明确 1 名党委副书记主要分管教师思想政治工作，纪委书记同时担任党委副书记。其他党委班子成员履行“一岗双责”，结合业务分工抓好思想政治工作和党的建设工作。两校党委书记 1 正 3 副。党委工作部门主要负责同志担任党委常委。党委常委职

---

① 根据 2020 年 6 月 11 日贾益民校长访谈录音整理。

② 中共福建省委组织部、中共福建省委教育工作委员会：《关于认真学习贯彻〈关于坚持和完善普通高等学校党委领导下的校长负责制的实施意见〉的通知》，2014 年 11 月 9 日。

③ 中共国务院侨务办公室党组：《关于完善暨南大学、华侨大学党的领导体制的实施意见》，2017 年 3 月 21 日。

数根据工作需要确定，由办党组管理。

强化院（系）党的领导。发挥院（系）党委（党总支）政治核心作用，履行政治职责，保证监督党的路线方针政策及上级党组织决定的贯彻执行，把握好教学科研管理等重大事项中的政治原则、政治立场、政治方向，在干部队伍、教师队伍建设中发挥主导作用，把好政治关。加强院（系）党委（党总支）领导班子建设，按照政治强、业务好、在师生中有威望的要求，选配院（系）党委（党总支）书记和院长（系主任）。推行党政领导班子成员交叉任职，党员院长（系主任）一般应同时任党委（党总支）副书记或委员，党员副院长（系副主任）一般应进入党委（党总支）领导班子。党委（党总支）书记、院长（系主任）一肩挑的，可配备1名专职常务副书记；院（系）规模大、党员人数多的，也可配备1名专职常务副书记。认真执行民主集中制原则，通过院（系）党政联席会议讨论和决定本单位重要事项，明确党委（党总支）书记、院长（系主任）工作职责，规范完善院（系）党委（党总支）会议，健全院（系）集体领导、党政分工合作、协调运行的工作机制，提升班子整体功能和议事决策水平。

随后华侨大学根据这份文件制定了《华侨大学党委常委会议事规则（试行）》、《华侨大学学院党政联席会议议事规则（试行）》、[①]《华侨大学校长办公会议议事规则》[②] 等，进一步明确了学校党委与校长、学院党委与院长的职责。至此，华侨大学在领导体制上完成了从“校长负责制”到“党委领导下的校长负责制”的转变。

六 新冠肺炎疫情防控常态化下，尽力维持教学秩序的稳定

2020年春节，新冠肺炎疫情突如其来，疫情防控刻不容缓。除夕前一天，校党委书记关一凡主持召开学校防控新型冠状病毒感染肺炎疫情工作专题会议，建立联防联控机制，成立了由校党委书记关一凡、校长徐西鹏任组长的华侨大学新型冠状病毒感染肺炎疫情防控工作领导小组，下设综合协调、流动处置、安全保卫、医疗服务、后勤保障、宣传教育等6个工作组，统筹协调全校的防控工作，确保师生身

① 中共华侨大学委员会，华侨大学：《中共华侨大学委员会关于印发〈华侨大学学院党政联席会议议事规则（试行）〉的通知》，2018年9月11日。

② 中共华侨大学委员会，华侨大学：《关于印发〈华侨大学校长办公会议议事规则〉的通知》，2019年12月30日。

心健康和学校安全稳定。

全校各单位积极、迅速地行动起来：对全校学生、教职员工（含住校内家属）、后勤物业人员寒假外出、返校及身体健康情况进行全面统计；对寒假期间各类人员出行动向、身体健康状况、病例及病例追踪登记等情况进行全程跟踪；严格实行防控工作“每日零报告”工作机制，确保学校及时准确掌握信息；密切追踪学生和教师的具体情况，对各类师生数据进行全面核查，特别加强与湖北、北京、新疆、大连等疫情突发地的师生联系沟通，强调返校实行审批制度；及时腾出空间分别在两校区设立医学观察隔离区，并紧急采购一批应急药械，校医院医生取消休假，24 小时在岗值班，并派出医生对隔离区、部分重点地区和重点人群提供医疗保障，面向战“疫”一线人员开展新型冠状病毒感染的防护知识培训；率先在全省发出推迟开学的通知，阻断疫情传播，并要求教师利用超星学习通、雨课堂、智慧树“知到”等辅助课堂教学管理工具迅速启动“云课堂”，“停课不停教、停课不停学”，保障新学期教学计划的顺利完成；开设心理支持热线，上线“防控疫情专栏”、智能 AI 助手“疫情小百科”等，既为防疫一线工作人员及其家属好友、被隔离观察的师生提供心理咨询服务，也进行疫情防治知识和防控要求的宣传普及，引导师生理性对待疫情，增强自我防范意识。①

随着防控工作的日常化，学校也针对 2020 年春季学期的教学任务，进行了合理的安排。学校在线组织了学位论文答辩，并及时调整就业相关工作，通过各种线上咨询等多项有针对性的服务工作，确保疫情防控期间学校毕业学生的顺利就业。从 5 月到 8 月，学生分批分年级返校，开始新学期的学习生活。②

---

① 《众志成城，同心战“疫”》，《华侨大学报》2020 年 4 月 28 日，第 1 版，https://hqdxb.hqu.edu.cn/media/user/2020-04-28/show2.html，最后访问日期：2020 年 9 月 6 日。

② 《秋季学期开学 1.8 万名学生分批返校》，《华侨大学报》2020 年 9 月 1 日，第 1 版，https://hqdxb.hqu.edu.cn/media/user/2020-09-01/show2.html，最后访问日期：2020 年 9 月 6 日。

第二节　拓展华文教育　传承中华文化

一　“大华文教育”理念的提出

海外华文教育作为我国侨务工作中一项长期的、具有重要战略意义的基础性工作，对凝聚侨心、汇集侨力、发挥侨智等方面具有重要意义。“一带一路”倡议提出之后，了解汉语以及中华文化的需求越来越强烈，华文教育逐渐成为侨务外交的重要工具和平台，它不仅能增强华侨华人对中华文化的认同感，也能增信释疑、凝心聚力，优化中国形象，并为维护国家统一和领土完整争取更多支持。①

作为中国侨界高等学府，华侨大学一直在通过华文教育践行侨务使命，并为华文教育的纵深拓展和多层次立体化发展做贡献。为适应海内外华文教育发展态势，抓住历史性发展机遇，学校不断深入对华文教育的认识，提出了“大华文教育”的理念。2012年3月，学校出台《华侨大学华文教育拓展和提升计划》，正式提出了“大华文教育”理念，构建“全方位、多层次、大范围”的“大华文教育”格局。文件提出强化“大华文教育”理念、加强华文教育学科和专业建设、建立华文教育研究机构、打造华文教育知名品牌、加强华文教育基地建设、开拓海外华文教育发展空间、加强和深化华侨华人研究等七个方面的要求。② 该文件把华文教育的内涵从“华语文教育”扩大到传播中华文化的“大华文教育”体系，将华文教育的工作范畴扩展至文学、哲学、经济、管理、法学、音乐、舞蹈、美术、体育和理工等相关学科专业领域，几乎覆盖了全校的所有专业，内容涵盖境外生教育、各类华文教育项目和基地、海外合作办学、汉语国际教育、中华文化传播、华文教育研究和华侨华人研究等。为了践行“大华文教育”理念，学校设立了相应的组织机构以推动

① 陈鹏勇：《华文教育的侨务公共外交功能论析》，《东南亚研究》2015年第6期，第81页。

② 吴江辉：《华侨大学召开华文教育工作会议　深化“大华文教育”体系建设》，华侨大学官网，2017年6月3日，https://www.hqu.edu.cn/info/1067/17154.htm，最后访问日期：2019年5月4日。

华文教育工作的开展。自成立华文教育工作领导小组（下设华文教育办公室，后更名为华文教育处）以来，学校先后设立汉语国际教育办公室、华文教育研究院、公共外交研究所等机构及中华才艺（音乐舞蹈）培训基地等。华文教育研究院是国内第一家作为华文教育研究、学术交流和政策服务平台的研究院所。该研究院下设“海外华文教育与中华文化传播协同创新中心”，由华文教育研究中心、跨文化传播研究中心、华文教育与文化资源研发中心、华文传媒与文化传播中心等四个研究中心组成，华侨大学校长贾益民教授亲自担任该中心主任。[①] 这些机构的设立进一步增强了华侨大学的华文教育活力、拓展了华文教育格局、提升了教育品质、扩大了华文教育影响、开创了华文教育的新局面。[②]

二　华文教育相关学科建设及海外生源的拓展

（一）相关学科建设

华侨大学现设有汉语国际教育系、华文教育系、汉语言系、预科部、培训部和现代教育实验中心等教学和教辅机构，除设有汉语国际教育（原名为对外汉语，2002 年设置，2013 年正式更名）、华文教育和汉语言三个本科专业之外，还设有华语与华文教育语言学及应用语言学 2 个学术硕士点和汉语国际教育专业硕士点。

汉语国际教育、华文教育和汉语言三个专业是福建省首批设立的华文教育相关本科专业。2020 年，《教育部办公厅关于公布 2019 年度国家级和省级一流本科专业建设点名单的通知》公布了首批一流本科专业“双万计划”建设点名单，华侨大学共有包括华文教育在内的 11 个专业入选国家级一流本科专业建设点。[③]

除本科相关专业的设置之外，硕士点的设置也有突破。2012 年，华侨大学在中国语言文学一级学科硕士点下自主设立华语与华文教育方向，为海内外培养高层次华文教育人才。华语与华文教育属于二级学科硕士点，设置了 4 个方向：华语研究、华语文教育研究、中华文化与华语传播、海外华文文学与华语传播。[④] 2014 年，汉语国际教育硕士专业学位授权点获批，这是华侨大学华文教育学科建设和研究生教

---

① 参见校长办公室贾益民《在“海外华文教育与中华文化传播协同创新中心”成立大会暨揭牌仪式上的致辞》，2012 年。

② 参见校长办公室贾益民《在中华才艺（音乐，舞蹈）培训基地等三个机构揭牌仪式上的讲话》，2013 年 5 月 6 日。

③ 李金杰：《华侨大学 20 个专业入选首批一流本科专业建设“双万计划”》，华侨大学官网，2020 年 1 月 1 日，https://www.hqu.edu.cn/info/1067/17154.htm，最后访问日期：2020 年 2 月 19 日。

④ 胡培安、纪秀生主编《亲历 · 见证：侨生情，华教梦》，社会科学文献出版社，2018 年 9 月，第 157 页。

育发展中的重大突破。[①]

学校除做好本科和研究生相关学科建设之外，也非常注重其他类型的教育教学，比如留学生汉语言专科教育、境外研究生预科教育、短期汉语教学、华文师资培训等。2019 年，华侨大学获批教育部中国政府奖学金预科教育试点院校。[②]

（二）海外生源的拓展

学校除注重华文教育相关学科建设外，也非常重视华文教育相关专业的海外招生。学校不仅派人到海外进行宣传，还在当地设置招生点实地招生。2013 年，学校在印度尼西亚雅加达、北干巴鲁两地、越南、缅甸开展招生宣传，同时在蒙古国等国家开展了海外实地招生。2014 年，与泰北民校联谊会合作在泰国北部建立了招生点，地点设在泰国达府美速智民学校；与泰南民校联谊会合作在泰国南部建立了招生点，地点设在泰国合艾国光中学。[③]这些措施都为华侨大学的稳步招生提供了保障。从 2011—2019 年招生的生源国来看，每年都有新增加的生源国，到 2019 年共计新增了 76 个国家，招生的范围逐年扩展，境内生和境外生的比例也逐年下降，从 2011 年的 1∶2 逐渐下降到 2019 年的 1∶10，海外生源逐年增加。这是华侨大学积极拓展海外招生的结果。

表 5－1　2011—2019 年华文教育本科招生情况[④]

时间（年）	境外生/人	境内生/人	合作办学/人	预科教育学院	增加生源国
2011	480	261	101		叙利亚、印度、澳大利亚、新西兰、伯利兹
2012	541	213	82		哥伦比亚、奥地利、阿尔及利亚、乌干达、土库曼斯坦、乌克兰、巴拿马、巴西、刚果（布）、墨西哥
2013	527	114	178		瑞典、赞比亚、荷兰、安哥拉、摩洛哥、罗马尼亚、俄罗斯、斯洛伐克、土耳其、玻利维亚、爱尔兰、斐济
2014	632	108	149		塞内加尔、加蓬、苏丹、多哥、奥地利、危地马拉、卢旺达、乌兹别克斯坦、秘鲁

① 参见华侨大学华文学院《华侨大学华文学院 2015 年工作总结》。

② 吴江辉：《华侨大学获批教育部中国政府奖学金预科教育试点院校　首批招收 28 个国家 66 名预科生》，华侨大学官网，2019 年 9 月 5 日，https://www.hqu.edu.cn/info/1067/85831.htm，最后访问日期：2019 年 11 月 8 日。

③ 参见华侨大学华文学院《华侨大学华文学院 2014 年工作总结》。

④ 上述数据包括汉语国际教育、华文教育、汉语言三个专业以及汉语进修生、预科境内外学生、预科教育学院招收的与汉语言文学文化相关的教育培训学生，按年度统计。

续表

时间（年）	境外生/人	境内生/人	合作办学/人	预科教育学院	增加生源国
2015	733	101	176		喀麦隆、尼泊尔、约旦、厄立特里亚、丹麦、毛里求斯、南非、马达加斯加
2016	618	85	162		不丹、爱沙尼亚、捷克、格鲁吉亚、科威特、肯尼亚、利比里亚
2017	671	78	189		巴勒斯坦、委内瑞拉、厄瓜多尔、斯里兰卡、几内亚、马维拉、冈比亚
2018	750	77	168		吉尔吉斯斯坦、阿联酋、希腊
2019	882	82	117	60	利比亚、孟加拉国、巴基斯坦、阿曼、沙特阿拉伯、哥斯达黎加、比利时、塔吉克斯坦、埃塞俄比亚、贝宁、布其纳法索、赤道几内亚、加纳、莫桑比克、圣多美和普林西比
共计	5834	1119	1322	60	新增 76 个国家

资料来源：华侨大学华文学院提供。

除本科招生在海外不断拓展之外，研究生招生人数也有所增长。2019 年学校在印度尼西亚、新加坡、泰国建立了汉语国际教育专业硕士办学点，共招收 94 名学员，为培养当地本土化汉语国际教育师资做出了积极的努力。此外，学校也大力开办海外研究生班。2012 年华侨大学日本硕士研究生班在厦门校区开班，这也是华侨大学招收的第一批海外“华语与华文教育”专业研究生。随后，为适应缅甸、越南的经济文化发展，由华侨大学与昆明教学部协商开设了华侨大学昆明境外硕士研究生班，该班于 2013 年 4 月开班。此后，学校还先后在菲律宾、泰国、印度尼西亚、新加坡等地开办海外研究生班。①

表 5－2　2011—2019 年海外研究生招生情况

时间	国别	人数	备注
2012 年	日本	16	
2013 年	缅甸、越南	24	
2014 年	菲律宾	20	35 名学生申请到华文教育基金会完美奖学金共计 21.5 万元
	泰国、缅甸、越南	44	
2015 年	日本	7	申请到奖助金资助 80 万元
	菲律宾、印度尼西亚	42	
2016 年	新加坡	9	
	泰国	33	

① 胡培安、纪秀生主编《亲历·见证：侨生情，华教梦》，社会科学文献出版社，2018 年 9 月，第 159 页。

续表

时间	国别	人数	备注
2017 年	新加坡	9	
2018 年	无招生	无招生	无招生
2019 年	泰国	36	
	新加坡	7	

资料来源：华侨大学华文学院提供。

三 华文教育知名品牌

华侨大学华文教育在若干年的不断发展中，逐渐形成了富有特色的华文教育知名品牌。

（一）外国政府官员中文学习班

外国政府官员中文学习班的前身是 2005 年开设的“泰国国防部军官中文学习班”，该培训班为泰国政府培训高级汉语人才而设立，17 名来自泰国陆、海、空三军及警察总署的官员成为首批学员，在华侨大学接受为期一年的汉语培训。自 2006 年开始，该项目更名为“泰国政府官员中文学习班”，学员类别从泰国国防部逐渐扩展到泰国国会、外交部、卫生部、司法部、内政部、商务部、农业部、总理秘书处、教育部、审计总署、交通运输部和泰国银行等 20 多个政府部门。

2011 年，该项目拓展为“外国政府官员中文学习班”，学员来源逐渐沿“一带一路”区域国家拓展，学员国别增至泰国、印度尼西亚、菲律宾、马来西亚、柬埔寨和苏里南等国家。自 2015 年起，国务院侨务办公室将该项目纳入国家“亚洲区域合作专项资金”项目。自 2018 年起，国务院侨务办公室把“外国政府官员中文学习班”更名为“‘一带一路’沿线国家政府官员中文学习班”。

中外各国政府对该项目一直给予高度关注和支持。仅 2012—2014 年，就有泰国国会主席兼下议院前议长颂萨·革素拉暖博士、泰国上议院前议长尼空、印度尼西亚国会议员马逊、国务院侨务办公室主任裘援平、外交部部长助理刘建超等领导看望各期学员，培训班学员得到了极大的关心和鼓励。此外，各国领事馆领事也不定期到校看望本国学员，并邀请学员们参加总领事馆举办的各类活动。

图 5-9　第十四届外国政府官员中文学习班结业典礼

表 5-3　2011—2019 年外国政府学习班情况

时间（年）	学员人数	学员来源国
2011	51	泰国、印度尼西亚、菲律宾
2012	88	泰国、印度尼西亚
2013	81	泰国、印度尼西亚
2014	100	泰国、印度尼西亚、菲律宾
2015	132	泰国、印度尼西亚、菲律宾、马来西亚、柬埔寨、苏里南
2016	103	泰国、印度尼西亚、菲律宾、老挝、安哥拉、苏里南
2017	128	泰国、印度尼西亚、菲律宾、老挝、安哥拉、苏里南
2018	102	泰国、印度尼西亚、菲律宾、老挝、柬埔寨、越南、阿联酋
2019	109	泰国、印度尼西亚、菲律宾、老挝、柬埔寨、阿曼、沙特阿拉伯
合计	894	

资料来源：华侨大学华文学院提供。

泰国政府官员以及国务院侨务办公室均对此班给予了极高的评价。泰国泰中文化经济协会副会长乌泰·钦诺瓦上将在第十二届外国政府官员中文学习班结业时表示，外国政府官员中文学习班为泰国培养了很多优秀的中文人才，解决了泰国政府各部委中文人才缺乏的难题，促进了泰中两国的友好往来；泰中文化经济协会将继续与华侨大学合作做好该项目，推动中文在东盟各国的推广，进一步促进中国与东盟各国的友好关系。① 2018 年，国务院侨务办公室文化司司长汤翠英在外国政府官

① 吴江辉：《第十二届外国政府官员中文学习班结业 12 年培养七百余高级汉语人才》，《华侨大学报》2017 年 7 月 4 日，第 1 版。

员中文学习班上的致辞中提出，外国政府培训班是为世界各国特别是“一带一路”沿线国家政府官员量身打造的高端中文学习平台，通过这个平台，承载着中国智慧和中国文化的中文将受到越来越多的世界各国特别是“一带一路”沿线国家人民的喜爱，成为促进民心相通的金丝带、加速文化融合的催化剂和推进“一带一路”建设的新动能。①

外国政府官员培训班为外国培养了大批优秀的中文人才，此影响意义深远。这项活动也是华侨大学独有的品牌活动，在国外的主流社会影响非常大，这意味着华侨大学把华文教育的理念以及实践拓展到了国外高层的主流社会，拓展了传播中华文化的渠道和维度。②

图 5－10 “一带一路”沿线国家政府官员来华侨大学学习中文

（二）安哥拉政府青年科技人才班

安哥拉是中国在非洲最大的贸易伙伴、中国在全球的第二大石油供应国。随着中国和安哥拉全面、高水平、深入可持续的合作和友谊的推进，安哥拉急需懂双方语言、文化、思维方式的高级青年科技人才。为进一步加强安哥拉青年科技人才培养，增进其和中国的友好往来，安哥拉总统基金会 2013 年致函华侨大学，就选送优秀青年学生到华侨大学学习事宜进行沟通协商。2014 年 6 月，双方就共同举办安哥拉政府青年科技人才班进行实地考察，确定了安哥拉政府青年科技人才班培养方案。

① 吴江辉：《第十三届外国政府官员中文学习班学员学成回国今起更名为“‘一带一路’沿线国家政府官员中文学习班”》，《华侨大学报》2018 年 7 月 10 日，第 1 版。

② 根据 2020 年 6 月 11 日华侨大学校长贾益民校长访谈录音整理。

根据协商，从2014年至2019年，华侨大学每年接受安哥拉总统基金会推荐不超过30名安哥拉国籍优秀高中毕业生到华侨大学留学。

2014年，华侨大学安哥拉政府青年科技人才班正式开班，首批学员20人，在华侨大学华文学院进行为期两年的汉语学习。[①] 其学制为“2+4”模式即前两年学习汉语言专业，后四年学习理学、工学等专业，入学意向专业为信息工程、机电工程、建筑学、材料工程、计算机科学与技术、车辆工程、化学工程、环境工程、生物工程、制药工程等理工科专业。[②] 为了做好安哥拉政府青年科技人才班的培养工作，学校不仅注重学生的思想教育，也不断提高学生的凝聚力和自我管理的能力，并积极组织学生开展跨文化适应训练、参加社会实践等。该班留学生先后参加了第37届校运会入场式表演、华文学院2014年迎新生文艺晚会、华侨大学新生文艺会演等活动，该班学员还赴德化了解陶瓷文化，参加包饺子迎新年活动，体验中国民俗文化。2018年，“安哥拉政府青年科技人才班”被教育部纳入“丝绸之路”中国政府奖学金项目，吸引了更多安哥拉青年来中国华侨大学学习，这个项目为安哥拉战后重建培养了大批急需的懂科学、懂技术的青年人才。安哥拉学生卫宇达就是人才班第2期的学员。经过两年汉语学习，他已经从不懂中文的安哥拉青年变成了能讲一口标准普通话的华侨大学学生。“怒发冲冠，凭栏处，潇潇雨歇……”用汉语流利朗诵岳飞的《满江红·怒发冲冠》已经成为他的“保留节目”。[③]

（三）中华才艺（龙舟）培训基地和中华才艺（音乐·舞蹈）培训基地

为进一步彰显学校办学特色，提升学校文化传播的能力和水平，发挥华侨大学传播中华文化的重要平台和窗口作用，国务院侨务办公室宣传司先后于2010年和2013年在华侨大学设立中华才艺（龙舟）培训基地（简称龙舟基地）和中华才艺（音乐·舞蹈）培训基地（简称音舞基地）。

2012年，华侨大学承办了首届海外华文文化社团中华才艺（龙舟）培训班。此后，龙舟基地承办三届文化中国·全球华人中华才艺（龙舟）大赛，吸引了30个国家和地区的30支华人龙舟队参赛，海内外28家媒体参与现场报道，为30多个国家和地区的海外华社培训龙舟竞渡骨干选手146名。此外，龙舟培训基地还大力开

① 华侨大学：《华侨大学2013—2014学年第二学期工作总结》，2014年9月25日；华侨大学：《华侨大学2014—2015学年第一学期工作总结》，2015年3月16日。

② 华侨大学：《华侨大学2013—2014学年第二学期工作总结》，2014年9月25日；华侨大学：《华侨大学2014—2015学年第一学期工作总结》，2015年3月16日。

③ 林耀、盖宣中：《华侨大学：培育“一带一路”民心相通使者》，东南网，2017年10月19日，http://fjnews.fjsen.com/2017-10/19/content_20276943.htm，最后访问日期：2020年8月14日。

展龙舟课程教学，已完成300多次的教学任务，培育龙舟队一支，多次参加海峡两岸龙舟赛、中国龙舟公开赛、国际龙舟邀请赛、全球华侨华人龙舟大赛等重大赛事，并获2013年全球华人龙舟大赛（成年组）总成绩第一名。[①] 美国华文教育代表团、泰国中学生汉语培训班、菲律宾汉语培训班、马来西亚优秀中学生汉语培训班等海内外团体以及台湾高校校长、教育部门有关领导等都参观过龙舟基地，体验龙舟运动，学习龙舟技术和龙舟传统文化。2011年，中央五套《走进校园看大运》摄制组全程录制龙舟基地训练教学情况，并在体育新闻、大运会赛场、深圳火车站、汽车站等公共场所循环播出。[②]

图5-11　2010年7月，国务院侨务办公室中华才艺（龙舟）培训基地在华侨大学厦门校区揭牌

除了龙舟基地的各项培训之外，音舞基地也承担了很多培训活动。2014年，国务院侨务办公室宣传司依托音舞基地承办了文化中国·海外华人文化社团中华才艺培训班，来自美国、俄罗斯、澳大利亚、英国、马来西亚、缅甸、菲律宾、泰国、西班牙等9个国家的37名当地的文化社团骨干参加了培训。该培训紧紧围绕中华文化修养、户外舞蹈常见舞种的基本动作、套路培训和艺术实践展开，取得了良好的效果。基地先后举办了7期中华才艺培训班，培训学员遍及30余个国家和地区，培训班精心为学员安排了传统舞蹈基本动作培训、中华文化修养类讲座及民俗文化观

① 参见校长办公室贾益民《立品牌，塑形象，提质量——国务院侨办许玉明司长莅校视察汇报》，2014年7月26日。

② 参见校长办公室贾益民《立品牌，塑形象，提质量——国务院侨办许玉明司长莅校视察汇报》，2014年7月26日。

摩考察活动等多种课程。[①] 随着杨洪基教授、梁宁教授、黄豆豆教授、郭祖荣教授等音乐舞蹈精英的陆续加盟，以及以李碧葱董事为代表的大批热心人士的持续支持，音舞基地逐渐扩大了在海内外的影响。

图 5－12 国务院侨务办公室副主任何亚非（右三）为中华才艺（音乐舞蹈）培训基地揭牌

两个培训基地的成立无疑进一步增强了华侨大学的华文教育活力，拓展了华侨大学的华文教育格局，提升了华文教育品质。[②]

（四）“华文星火”中华文化海外传播实践团

“华文星火”中华文化海外传播实践团活动以“服务学习”为理念，发挥留学生来华所学专业特色，鼓励留学生假期返回居住地传播中华文化，讲述中国故事，深入农村边远地区中小学，展示在华留学期间所学文化知识，并以反哺母校的方式义务为当地学生培训中文知识、传播中华文化。实践团自 2016 年 7 月组建以来，共有 21 支团队、163 名留学生和 60 名国内大学生利用寒暑假陆续前往泰国、印度尼西亚、老挝等国家的 12 个地区、31 所学校开展语言文化实践活动，共有 4900 余名中小学生参与活动，受到了中华优秀传统文化的感染和熏陶。活动得到了中国华文教育基金会、福建省侨办的关注和肯定。该团队获华侨大学 2018 年校长特别奖。同年，该项目荣获第四届中国青年志愿服务项目大赛金奖，并获得第三批福建省高校

① 闪菲娅：《40 余名海外华人艺术社团骨干来华侨大学参加“中华才艺培训基地”培训》，中国高校之窗，2018 年 11 月 23 日，http://www.gx211.com/news/20181123/n15429408267788.html，最近访问日期：2019 年 12 月 30 日。

② 参见校长办公室贾益民《在中华才艺（音乐舞蹈）培训基地等三个机构揭牌仪式上的讲话》，2013 年。

中华优秀传统文化教育示范基地立项建设。[①] 2019 年，“华文星火”中华文化海外传播实践团第四年前往海外在当地中小学开展中华文化传播实践，总共有 10 支队伍、13 名境内生与 73 名境外生，前往泰国、印度尼西亚、老挝、缅甸、蒙古国等五个国家，近 1500 名中小学生参与其中。同年，第 8 间“华文星火”中文书屋以及第 9 个中华文化海外传播基地在泰国乌纹府布达梅塔学校成立。“华文星火”书屋遍及泰国、印度尼西亚、老挝等多个国家，为中华文化的海外传播做出巨大贡献。2019 年，泰国四色菊府又有 5 名学生通过“华文星火”了解华侨大学，并成功来到华侨大学学习。[②]

2020 年，中央宣传部、中央文明办、共青团中央等 14 个部门联合评选 2019 年度学雷锋志愿服务“四个 100”先进典型暨百名疫情防控最美志愿者，“华文星火”中华文化海外传播志愿服务项目成功入选“最佳志愿服务项目”，成为福建省唯一上榜的高校项目。

截至 2020 年 9 月，“华文星火”中华文化海外传播志愿服务队已获第四届中国青年志愿服务项目大赛金奖、2018 年福建省志愿服务项目大赛金奖、第十六届“福建青年五四奖章集体”等荣誉，2016—2018 年连续三年获团中央全国大学生“一带一路”暑期社会实践专项行动“十佳团队”表彰。[③]

图 5-13 “华文星火”实践团

① 华侨大学：《华侨大学 2018 年工作总结》，2019 年 3 月 8 日。

② 参见华侨大学华文学院《华侨大学华文学院 2019 年工作总结》。

③ 康贤章：《华侨大学“华文星火”入选“四个 100”先进典型》，《华侨大学报》2020 年 9 月 1 日，https://hqdxb.hqu.edu.cn/media/user/2020-09-01/show2.html，最后访问日期：2020 年 9 月 7 日。

（五）“中华文化大乐园汉语教学（夏令营）”

“中华文化大乐园汉语教学（夏令营）”于2006年开办，2010年底国务院侨务办公室将其纳入海外华文教育品牌项目。在多年办营实践的基础上，华侨大学不断进行创新，针对不同国别和年龄层次的学生，创新教材教法，专门设计开发了绘本课程，突出该活动的“乐”字主题和“园”字内涵，让海外华裔青少年通过丰富多彩、有趣味性的活动中了解中华文化。至2018年，“中华文化大乐园汉语教学（夏令营）”在菲律宾12座城市的14所华校连续举办6届，在泰国4座城市的6所华校举办3届，共计5000余人次参加活动。①

图5－14　2017年，中华文化大乐园菲律宾马尼拉营

除了举办“中华文化大乐园汉语教学（夏令营）”之外，学校还举办了“海外华裔青少年寻根之旅”“海外华裔青少年中华文化大赛”等一系列特色项目，进一步扩大了华文教育品牌项目在海外华侨华人及当地主流社会中的影响力。

这一系列文化活动，使华侨大学传播中华文化的工作变得立体丰富，加强了与港澳台侨之间的华文教育互动、合作和交流，扩大了学校以及中华文化在海外的影响，促进了海外华人与中国之间的相互了解，为中华文化的发展做出了贡献。②

① 参见校长办公室《华侨大学对外交流情况和对台交流情况报告》，2011年。

② 根据2020年6月11日贾益民访谈录音整理。

图 5－15　2017 年，中华文化大乐园优秀学生才艺交流团赴缅甸、老挝演出

四　华文教育办学空间的不断拓展

（一）华文教师、高级人才培训以及海外基地建设

为缓解海外华文师资严重缺乏的现状，华侨大学把师资培训作为推进华文教育的重点，并形成了学历教育与短期培训相结合的师资教育培训体系。[①] 在学历教育方面，学校与泰国华文教师公会等单位联合举办"泰国华文教师暑期培训班"（2013 年改为华文教育学历班），共培训泰国本土华文教师千余人；开展海外函授华文师资本科学历教育，招收上百名来自泰国、印度尼西亚、马来西亚等国家的教师。[②] 在教师培训方面，2014 年与菲律宾侨中学院合作开展"121 留根工程"暨本土师资培养，连续 2 年招收华文教师 60 名；先后承办"华文教育·教师研习"美国班和欧美班、"华文教育·校长研习"亚非班，培训学员上百名；[③] 举办多期涉侨培训、全国侨务干部培训班、海外华文师资培训班、"华文教师证书"研习班及华侨华人专业人士回国创业研习班等，培训了 19 个国家的上百名华文教师、300 余名

① 参见校长办公室张禹东《凝聚两岸智慧和力量，携手推动华文教育发展——两岸华文教育协同创新研讨会主题发言》。

② 参见校长办公室《整合资源，协同创新，推进华文教育的拓展与创新》，2012 年；主要内容参见华侨大学华文学院 2011 年至 2019 年工作总结。

③ 参见校长办公室《整合资源，协同创新，推进华文教育的拓展与创新》，2012 年。

海外侨领和国内侨务干部。除了进行各种形式的学历教育、短期培训班之外，学校还直接选派教师到海外进行汉语教学。从2011年开始，为了进一步发掘全校华文教育资源，将相关院系纳入学校“大华文”教育的范畴，学校将志愿者的范围从华文学院扩大到文学院以及音乐舞蹈学院等相关学院。① 从2014年到2018年，华侨大学共选派上百名优秀汉语教师志愿者赴20多个国家进行汉语教学。这些经过培训的学员把华文教育和中华传统文化带入了居住地，扩大了中华文化的影响，也增强了华侨大学华文教育传播的力量。

为进一步发挥华侨大学的学科优势，同时也为海外培养高级传媒人才，国务院侨务办公室宣传司支持华侨大学举办了第七期和第十期海外华文媒体高级研修班。两届研修班共吸引近30个国家和地区的99名海外华文媒体青年骨干。此外，学校还于2018年开办了首届泰国华文媒体培训班。通过华文媒体高级研修班的举办，提升了学员的新闻理论和业务水平，加强了学员之间的交流，丰富了学员对传媒文化的认知，明确了海外华文传媒的责任和使命，增进了学员对祖国大陆的感情。同时，研究班的举办还进一步提升了学校新闻传媒学科建设的水平，提高了华侨大学在海内外的办学声誉。② 研修班的举办，进一步提高了海外华文媒体的竞争力和影响力，在对外报道中国改革开放以来的新变化、新成就，搭建中外文化交流和沟通桥梁方面，发挥了不可替代的独特作用。

华侨大学不仅为海外培训各类师资人才，还积极拓展海外基地建设，并开展各项和华文教育以及传播中华文化相关的工作。自2011年起，学校相继在泰国、印度尼西亚、菲律宾、美国设立了驻外代表处。这一时期，华侨大学与泰国普吉乐善局联合创办普吉中文国际学校，将其建设成为泰国南部的重要华文教育基地，为进一步提升泰国南部的华文教育水平做出贡献，同时依托该基地开展海外招生宣传、夏令营、师资培训教学实习等方面工作。此外，还在泰国普吉岛合作创办“中国华侨大学普吉泰华国际学校”，依托此“国际学校”开展海外招生宣传、夏令营、师资培训、教学实习等方面工作。2015年，华侨大学海外华文教育基地在西班牙巴塞罗那挂牌成立，并与新华社驻科伦坡分社开展交流合作，共建南亚研究中心，推进华侨大学与斯里兰卡合作。③

① 参见校长办公室《华侨大学华文教育工作汇报》，2011年10月30日。

② 参见校长办公室贾益民《立品牌，塑形象，提质量——国务院侨办许玉明司长莅校视察汇报》，2014年7月26日。

③ 参见华侨大学华文学院《华侨大学华文学院2015年工作总结》。

（二）共建孔子学院和孔子课堂

自2000年开始，学校利用丰富的汉语教学经验，积极推进孔子学院和孔子课堂建设。2006年5月，华侨大学与泰国农业大学共建了泰国农业大学孔子学院。2008年5月，国家汉办批准孔子学院设立汉语水平考试HSK考点，并于5月18日成功举办泰国农业大学孔子学院首次汉语水平考试。孔子学院成立以来，积极开展汉语教育教学工作和各种文化活动，同时还努力拓展新项目，与泰中经济文化协会合作举办“泰国政府官员高级汉语班”，与泰国教育部民教委、基教委、泰北华文民校协会合作，推进泰国中小学汉语教师本土化培养。2019年，华侨大学与菲律宾达沃雅典耀大学共建孔子学院——菲律宾达沃雅典耀大学孔子学院。这是继与泰国农业大学共建孔子学院之后，学校在海外共建的第二所孔子学院，进一步推动了学校汉语国际教学和中国文化的海外传播，更好地服务国家“一带一路”建设。①

在共建孔子学院的基础上拓展出来的孔子课堂也成为华侨大学拓展海外办学空间的一部分。华侨大学分别在泰国和缅甸承建和运行了孔子课堂，与奥地利维也纳中文学校也建立了孔子课堂。2008年，由国家汉办、华侨大学在仰光与本地合作共建的福星孔子课堂，成为仰光首家孔子课堂。历经多年发展，该课堂逐渐形成福星总部和5个分课堂、15个教学校区，成为缅甸南部地区汉语国际推广和中华文化传播的重要基地。② 2013年，泰国东方书院孔子课堂和曼谷基督教会学院孔子课堂获得汉办批准。2014年，又新成立了泰国东方书院分孔子课堂和曼谷基督教会学院分孔子课堂。③ 这些孔子课堂在海外有较大影响。各地的孔子学院以及孔子课堂已经成为承担当地华文传播的重要载体。

（三）海外华校普查课题的启动与华文教育专题网站的建立

遍及世界各地的华校及海外华文教育机构是华文教育的主要承担者，在发展华文教育事业工作中起着关键作用。然而，由于迄今为止尚未对世界范围内的华校及华文教育机构进行深层次的普查，世界华文教育整体格局有待深入了解和研究。鉴于以上情况，华侨大学于2012年启动该项普查工作，由专门的部门负责普查全球各

---

① 崔丽丽：《缅甸福星孔子课堂理事会在华侨大学召开》《华侨大学报》2019年12月17日，第4版，https://hqdxb.hqu.edu.cn/media/user/2019-12-17/show2.html，最后访问日期：2020年7月30日。

② 吴江辉：《国家汉办 华侨大学等合作共建缅甸福星孔子课堂第三届理事会在华侨大学召开》，《华侨大学报》2017年6月13日，第1版。

③ 参见校长办公室张禹东《凝聚两岸智慧和力量，携手推动华文教育发展——两岸华文教育协同创新研讨会主题发言》。

区域华校及华文教育机构的办学的相关信息、特点及规律、存在的问题等。此项工作，对于摸清全球华校及华文教育机构基本情况，掌握其地域分布、规模数量、组织结构，建立健全动态性的资源档案，科学地制定相关政策和规划，有针对性地开展海外华文教育工作，实现国家的华文教育战略均具有十分重要的意义。[①]

为充分利用现代网络技术开展华文教育工作，同时也为海外中文学习者和华教工作者提供一个交流互动的平台，经过认真的策划和准备，学校于2010年建立了中国高校首个以华文教育为主题的专题网站。网站设置“华教资讯、品牌项目、驻外机构、海外办学、华校巡礼、华教论坛”等多个版块，向华文教育工作者提供各类资源和互动平台。网站上线以来，访问量不断攀升，访问者遍布世界上20多个国家和地区。[②] 学校正继续进一步扩展丰富网站中各栏目的内容，同国内外各院校及机构展开合作，注重收集、传递各国华文教育资讯，加强网站从外观到内容的设计与包装，提升网站的点击率和增加访问人数，提高华侨大学在全世界范围内开展华文教育的服务水平。[③]

---

① 参见校长办公室张禹东《凝聚两岸智慧和力量，携手推动华文教育发展——两岸华文教育协同创新研讨会主题发言》，2012年；《华侨大学华文教育工作汇报》，2011年10月30日。

② 参见校长办公室张禹东《凝聚两岸智慧和力量，携手推动华文教育发展——两岸华文教育协同创新研讨会主题发言》，2012年。

③ 参见校长办公室《华侨大学华文教育工作汇报》，2011年10月30日。

第三节 “大统战”研究及服务国家外交

统一战线是中国革命的一大法宝，是中国共产党的事业取得胜利的重要法宝，也是中国国家建设的重要法宝。2019 年，党的十九届四中全会审议通过《中共中央关于坚持和完善中国特色社会主义制度、推进国家治理体系和治理能力现代化若干重大问题的决定》，明确提出“巩固和发展最广泛的爱国统一战线，坚持大统战工作格局，坚持一致性和多样性统一”。“大统战”理念的提出为做好新时代统战工作指明了方向。当年 12 月 12 日，华侨大学召开专题会议加强推进统战工作。会议提出，统战研究要坚持党对统战工作的领导，坚定正确的政治方向；要深化对构建“大统战”工作格局的认同感，主动融入和服务“大统战”工作格局；要加强顶层设计，培育特色研究方向，提高研究层次和质量；要将相关学院、研究机构和平台有机结合，打造学术共同体，形成研究合力；要加强资源涵养和人才培养，形成高水平的统战研究人才队伍，打造标志性研究成果。①

本章所指的“大统战”研究，除传统的统一战线研究外，还包括华侨华人研究及“一带一路”相关研究。

一 统一战线研究

学校根据中央统战部、省委统战部、省教育工委及泉州厦门相关单位的年度理论课题计划，精心组织校内专家学者做好课题申报工作，深化新时期对统战工作的理论认识及实践应用。

学校积极组织校内专家学者做好省委统战部统战课题申报、成果报送和结题工作。2011 年，组织申报并承担了“发达地区统一战线在加快转变经济发展方式中的

---

① 侯斌斌：《华侨大学召开专题会议 加强推进统战工作研究》，华侨大学官网，2019 年 12 月 13 日，https://www.hqu.edu.cn/info/1067/87029.htm，最后访问日期：2019 年 11 月 3 日。

作用研究”等11项省委统战部重点课题。[①] 2013年，经学校专家评审，向省委统战部提交重点课题立项申请17项，均顺利获得批准立项。[②] 2014年，向省委统战部提交立项课题11项。[③] 2015年，推荐7篇申请课题上报省委统战部，并成功获得立项。[④] 2016年，“台湾时代力量的走势与应对策略研究”等五项课题，获得省委统战部人文社科B类课题立项。[⑤] 2017年，共向省委统战部推荐8个人文社科B类项目，全部获得立项。[⑥] 2018年，积极组织申报省委统战部统战理论课题，共计推荐8个项目。[⑦] 2019年，学校共有6项统战理论课题获省委统战部立项，同年首次在校级课题中增设“统战工作研究专项”并立项资助5项课题。[⑧]

学校还积极推动非公有制经济基地理论研究。2013年，学校向福建省统一战线理论研究会提交非公基地课题立项申请3项，均顺利获得批准立项。2014年，针对泉州非公经济存在的难题，学校与泉州市委统战部密切配合，组建了6个课题组开展非公经济基地理论研究工作。2016年，学校承担省委统战部重点研究课题“新的社会阶层人士统战工作研究——私营企业和外资企业管理技术人员”。2019年，统筹推进基地理论课题研究，委托泉州市社科联招标立项资助“加强民营企业党建，促进‘两个健康’”等5项课题，积极协助非公基地研究专家申报省委统战部统战理论研究招标课题1项。

此外，学校还精心组织申报统一战线工作专项课题。2017年，申报“福建省中青年教师教育科研项目（统一战线工作专项）课题”。2018年，推荐4个项目申报福建省中青年教师教育科研项目“我为建设新福建献良策”（统一战线工作专项），全部获得立项（其中1项获得重点资助）。2018年，首次向厦门市委统战部报送统战理论研究课题并获立项7项。

二　华侨华人研究

2014年，学校分管涉侨研究工作的副校长张禹东提出华侨大学在涉侨研究方面，要达到国内一流的水平，乃至在国际上要有一定影响力、话语权；在智库建设

---

① 参见华侨大学党委统战部《华侨大学党委统战部2011年工作总结》。
② 参见华侨大学党委统战部《华侨大学党委统战部2013年工作总结》。
③ 参见华侨大学党委统战部《华侨大学党委统战部2014年工作总结》。
④ 参见华侨大学党委统战部《华侨大学党委统战部2015年工作总结》。
⑤ 参见华侨大学党委统战部《华侨大学党委统战部2016年工作总结》。
⑥ 参见华侨大学党委统战部《华侨大学党委统战部2017年工作总结》。
⑦ 参见华侨大学党委统战部《华侨大学党委统战部2018年工作总结》。
⑧ 参见华侨大学党委统战部《华侨大学党委统战部2019年工作总结》。

方面，学校至少应成为国家侨务部门一流的智库。[①] 2015 年，党委书记关一凡在华侨大学召开的海外华人研究与文献收藏机构国际会议上也指出，“涉侨研究是华侨大学的职责所在”。[②] 为了加快华侨华人研究，华侨大学于 2009 年成立了华侨华人研究院，并搭建“国务院侨务办公室侨务理论研究福建基地”“侨务理论研究基地”“泰国研究所”“华侨大学新侨研究中心”等科研创新平台和三个科研支持机构（华人华侨资料中心、四端文物馆和华侨华人网）。[③] 2013 年，又成立华侨华人信息中心、华侨华人史研究中心、华侨华人社会文化研究中心、侨情与侨务理论研究中心、国际移民与新侨研究中心和侨乡研究中心等研究机构。[④]

随着不同类型研究机构的成立，华侨大学的华侨华人研究在近十年的时间里取得了巨大的发展，承担高层次的项目，出版了一系列的研究著述，举办不同形式的学术交流活动，在海内外形成了广泛的影响。

学校在华侨华人研究方面承担很多高水平的研究项目。2010 年，以华侨大学特聘教授黄平为首席专家申请的课题“华侨华人在中国软实力建设中的作用研究”被批准为教育部重大攻关项目。2012 年，华侨大学华侨华人研究院承担了国务院侨务办公室文化司委托项目“全球华校及华文教育机构普查与信息系统建设”和国务院侨务办公室国外司委托项目“华侨华人人物数据库建设”。同年，由华侨大学讲座教授庄国土编著的《菲律宾华人通史》被列入国家“十二五”规划重点出版项目，并获得国家出版基金项目资助。[⑤]

华侨大学高度重视《华侨华人蓝皮书：华侨华人研究报告》的编写，将其作为学校华侨华人研究领域的战略性工程加以推进。学校邀请黄平、庄国土、清华大学龙登高、厦门大学李明欢等海内外一批知名涉侨研究专家参与编写，并围绕国家在不同阶段的侨务热点问题展开论述，通过编委会和审委会加强对著作质量的把握。《华侨华人蓝皮书：华侨华人研究报告》逐渐成为国家把握海外侨情、服务海外侨

① 张罗应：《张禹东：学术水准力争国内一流 打造有特色有影响力的国家智库》，华侨大学官网，2014 年 10 月 14 日，https://www.hqu.edu.cn/info/1220/62136.htm，最后访问日期：2019 年 11 月 24 日。

② 吴江辉：《中国华大、厦大，美国俄亥俄大学联办海外华人研究与文献收藏机构国际会议在华侨大学举行》《华侨大学报》2015 年 1 月 20 日，第 1 版。

③ 参见校长办公室张禹东《凝聚两岸智慧和力量，携手推动华文教育发展——两岸华文教育协同创新研讨会主题发言》；参见校长办公室贾益民《国务院侨办文化司雷振刚司长莅校视察汇报材料》，2012 年 9 月 4 日。

④ 参见校长办公室《贾益民校长在“中国海外利益与维护”国际研讨会开幕式上的讲话》，2014 年 11 月 23 日。

⑤ 参见校长办公室贾益民《国务院侨办文化司雷振刚司长莅校视察汇报材料》，2012 年 9 月 4 日。

胞、开展侨务外交工作的智囊库。[①] 该书自2011年起，已经连续出版九年，荣获多个奖项，包括4次优秀皮书奖（2013年、2016年、2017年、2018年）、4次优秀皮书报告奖（报告作者分别为饶志明、沈玲、赵凯、郝瑜鑫）、厦门市第十一次社会科学优秀成果奖二等奖，并且连续多年入选中国社会科学院创新工程学术出版项目的院外图书标识项目，已经成为华侨大学最具代表性的涉侨研究项目。[②]《华侨华人蓝皮书：华侨华人研究报告》在国内外侨界产生了重大的影响，华侨大学的华人华侨研究已经站在国内高校的第一梯队上，成为国家侨务和国际移民问题理论研究的重要基地。[③]

图5-16　2019年《华侨华人蓝皮书》发布会

除《华侨华人蓝皮书：华侨华人研究报告》之外，学校从2014年开始陆续编撰出版了《世界华文教育年鉴》等一系列著述。《世界华文教育年鉴》是我国海外华文教育领域的首部年鉴和华侨大学海外华文教育与中华文化传播协同创新中心的阶段性成果，对华文教育的政府决策、学术研究等都具有重要意义。此外，学校创办并出版华文教育研究专业期刊《世界华文教学》，为华文教育研究成果发表提供

① 参见校长办公室贾益民《立品牌塑形象提质量——国务院侨办许玉明司长莅校视察汇报》，2014年7月26日。

② 贾永会：《〈华侨华人蓝皮书：华侨华人研究报告（2019）〉在京发布》，华侨大学官网，2019年12月23日，https://www.hqu.edu.cn/info/1067/87119.htm，最后访问日期：2020年6月15日。

③ 参见校长办公室贾益民《国务院侨办文化司雷振刚司长莅校视察汇报材料》2012年9月4日；孟祥龙《国务院侨办指导华侨大学、社科文献出版社主办第五部华侨华人蓝皮书在京发布》，《华侨大学报》2015年12月29日，第1版。

平台。[①] 2015 年，学校出版了“侨务丛书”《中国侨务公共外交理论和实践》《世界华侨华人简史》《华侨华人在中国软实力建设中的作用研究》。2017 年，学校出版了《泰国蓝皮书（2017）》《汉语同语义类动词搭配研究——第二语言教学视角》《童心、童趣、童谣——海外华文歌曲集》《古琴与中华文化》《周末制中文学校教学大纲》等著作。[②]由庄国土教授编著的《菲律宾华人通史》（2013）一书被誉为 21 世纪东南亚华侨华人历史和中菲关系史研究的一个里程碑，荣获国家新闻出版广电局第四届“三个一百”原创图书。由庄国土教授和刘文正博士合著的《东亚华人社会形成和发展：华商网络、移民与一体化趋势》一书，获得中国图书出版政府奖和福建省优秀科研成果一等奖。[③] 这些专著的出版都是华侨大学在华人华侨理论研究上做出的突出贡献，也是深化华文教育、扩展中华文化做出积极努力的见证。

除了这些高水平的研究项目、著作之外，学校还为国家提供各种侨务方面的咨询报告。2014 年，华侨大学在国务院侨务办公室《专报信息》《侨情》等发表政策咨询报告 3 篇。2015 年，学校为中国侨联和国务院侨务办公室提交咨询报告 10 余篇。2018 年，华侨大学参与《中华人民共和国华侨权益保护法》的立法论证与初稿撰写工作，2 篇决策咨询报告获党和国家领导人批示，10 篇被中共中央办公厅采用，还向广西壮族自治区提交 4 份专报件，获自治区副主席的批示并转中国——东盟研究院。[④]

在华侨华人研究的基础上，华侨大学还积极开展不同程度的学术交流，举办各类研习班和国际国内学术会议。2014 年学校承办第九届中文教学现代化国际研讨会，提升了华侨大学在华文教育界的影响力，还召开了“中国利益与维护”国际研讨会等。

---

① 华侨大学：《华侨大学 2013—2014 学年第二学期工作总结》，2014 年 9 月 25 日；华侨大学：《华侨大学 2014—2015 学年第一学期工作总结》，2015 年 3 月 16 日；华侨大学：《华侨大学 2015 年上半年工作总结》，2015 年 9 月 18 日；华侨大学：《华侨大学 2015 年下半年工作总结》，2016 年 3 月 2 日；参见华侨大学华文学院《华侨大学华文学院 2014 年工作总结》《华侨大学华文学院 2015 年工作总结》。

② 华侨大学：《华侨大学 2015 年上半年工作总结》2015 年 9 月 18 日；华侨大学：《华侨大学 2015 年下半年工作总结》，2016 年 3 月 2 日；华侨大学：《华侨大学 2017 年工作总结》，2018 年 3 月 19 日；参见华侨大学华文学院《华侨大学华文学院 2015 年工作总结》，《华侨大学华文学院 2017 年工作总结》。

③ 张罗应：《涉侨研究系列报道之七：华侨华人研究院：侨务工作的重要智库》，华侨大学官网，2015 年 4 月 7 日，https://www.hqu.edu.cn/info/1220/61409.htm，最后访问日期：2019 年 12 月 5 日。

④ 华侨大学：《华侨大学 2013—2014 学年第二学期工作总结》，2014 年 9 月 25 日；华侨大学：《华侨大学 2014—2015 学年第一学期工作总结》，2015 年 3 月 16 日；华侨大学：《华侨大学 2015 年上半年工作总结》，2015 年 9 月 18 日；华侨大学：《华侨大学 2015 年下半年工作总结》，2016 年 3 月 2 日；华侨大学：《华侨大学 2018 年工作总结》，2019 年 3 月 8 日。

三 “一带一路”研究

随着“一带一路”区域链的逐渐建立，华侨大学为“一带一路”建设做了大量的工作。2015年，校长贾益民在“研讨侨务工作与‘一带一路’建设”开幕仪式上的讲话中指出，海外华侨华人是“一带一路”建设的天然合作者、积极贡献者和努力推动者，也将是直接受益者，要以“侨”为引领，发扬“丝路精神”；以“侨”为伙伴，助力“互联互通”；以“侨”为中介，实施“走出去”战略，在“一带一路”建设中用足用好华侨华人资源。这一时期，学校成立国际关系研究院、海上丝绸之路研究院、印度尼西亚研究中心等机构，围绕“一带一路”重大理论和现实问题展开研究，积极为我国及周边国家和地区提供培训服务，为福建省融入“一带一路”提供决策支持，为企业海外投资提供相关咨询，为构建大侨务工作格局提供智库服务。

（一）研究项目

2016年，华侨大学先后承担与“一带一路”相关的国家社科基金3项、省部级重大重点课题3项、其他项目10余项；资助了一批海丝研究专项课题，其中重点项目和一般项目合计32项；完成了泉州市委托课题“泉州市建设21世纪海上丝绸之路先行区研究”“发挥侨力携手建设21世纪海上丝绸之路先行区”；参与泉州市、厦门市建设21世纪海上丝绸之路行动方案讨论。① 2019年，华侨大学新增5项与“一带一路”相关的国家社科基金项目和中央统战部重点课题。② 截至2019年11月，学校承担“一带一路”相关科研项目110余项，其中国家社科基金19项（重大项目2项、重点项目2项），为“一带一路”建设提供决策支持。③在学校“一带一路”相关研究的基础上，华侨大学与新华社、德国电视台等全球50余个媒体合作，进行“一带一路”政策解读。

---

① 《华侨大学：全力打造服务国家海丝战略重要智库》，中国高校之窗，2016年12月19日，http://www.gx211.com/news/20161219/n8185419827.html，最后访问日期：2020年5月11日；吴江辉：《培育“一带一路”民心相通的使者》，中国教育新闻网，2017年5月22日，http://www.jyb.cn/zgjyb/201705/t20170522_643599.html，最后访问日期：2020年5月3日。

② 《全国政协委员、华侨大学校长徐西鹏：推动“一带一路”建设，用好华文教育抓手》，《华侨大学报》2020年5月26日，第1版，https://hqdxb.hqu.edu.cn/media/detail.php?dls_count=0&pos=218321，最后访问日期：2020年5月14日。

③ 《全国政协委员、华侨大学校长徐西鹏：推动“一带一路”建设，用好华文教育抓手》，《华侨大学报》2020年5月26日，第1版，https://hqdxb.hqu.edu.cn/media/detail.php?dls_count=0&pos=218321，最后访问日期：2020年5月14日。

“一带一路”相关研究为“一带一路”实地调研奠定了理论基础。2015 年，华侨大学海上丝绸之路研究院调研团队与新华社驻斯里兰卡分社组成联合调研组，开启建院以来的首次海外调研。调研团队到斯里兰卡走访多个中资企业总部、项目部及施工现场、华侨华人联合会、斯中友协、斯中文协等多个斯中关系友好社团以及拜会多位中资企业、华侨华人企业负责人，斯里兰卡著名的对外关系与战略研究学者等，获得“海上丝绸之路”西线重点国家斯里兰卡的大量第一手资料，为后继研究工作积累了宝贵的素材，调研成果已形成专报供国家有关部门决策参考。① 同年，贾益民校长又率相关调研团队深入走访中国—东盟合作的最前沿——广西，对南宁、钦州、防城港、东兴、靖西等市县进行调研，就中马钦州工业园区、中越跨境经济合作区等中国—东盟合作的新模式进行考察和研究，并就深化校市合作进行广泛交流、达成共识。②

（二）国际会议与交流

据不完全统计，仅 2013—2016 年，华侨大学主办、承办、协办与“一带一路”相关的高层次会议近 20 次，其中影响较大的有 21 世纪海上丝绸之路高端论坛、博鳌亚洲论坛 2015 年年会、21 世纪海上丝绸之路建设暨国际产能合作研讨会等。2014 年 9 月，华侨大学与福建省侨办、中国新闻社、福建省社科联、福建社科院联合主办首届“21 世纪海上丝绸之路高端论坛”，该论坛已成为华侨大学海丝研究院常态化举办的丝路论坛；2016 年 9 月，学校与马来西亚南方大学学院等联合举办“中马海上丝绸之路国际研讨会”，截至 2019 年，共举办了四届。此外，学校还积极组织相关专家、学者踊跃参加 21 世纪海上丝绸之路国际研讨会、第五届亚洲论坛、“一带一路”发展战略参事研讨会等重大学术会议。这些不仅深化了华侨大学对“一带一路”相关研究，而且加强了同其他国家和地区的交流与合作，提升了华侨大学的知名度。③

（三）“一带一路”人才培养

华侨大学非常重视“一带一路”相关专业人才的培养。2018 年，华侨大学校

① 周兴泰：《华侨大学海丝研究院调研团队完成斯里兰卡调研》，华侨大学官网，2019 年 9 月 14 日，https://www.hqu.edu.cn/info/1073/11423.htm，最后访问日期：2019 年 11 月 30 日。

② 周兴泰：《华侨大学海丝研究院调研团队完成斯里兰卡调研》，华侨大学官网，2019 年 9 月 14 日，https://www.hqu.edu.cn/info/1073/11423.htm，最后访问日期：2019 年 11 月 30 日。

③《第四届中马“一带一路：海上丝绸之路”国际学术研讨会在厦门召开》，中国新闻网，2019 年 11 月 12 日，http://www.chinanews.com/hr/2019/11-09/9003149.shtml，最后访问日期：2019 年 11 月 10 日。

长徐西鹏在全国政协侨联界别小组会议上指出，推进“一带一路”国际合作，人才是关键，教育是基础；今后华侨大学将加快构建与“一带一路”建设相适应的国际化人才培养体系，沿着“一带一路”培养输送人才。[①]学校在海上丝绸之路研究院增设应用经济学和国际政治硕士学位点，以“一带一路”为研究方向，2017年开始招收研究生，同时向“一带一路”沿线国家招生，培养“一带一路”建设专业人才。

此外，学校延伸东盟政府官员培训项目，为东盟各国政府官员提供中文、中国经济与文化、亚太经贸合作、中国—东盟自贸区等系列专题的培训，推动中国—东盟务实合作，打造中国—东盟利益和命运共同体。[②] 2017年，学校举办“‘一带一路·贸易畅通’人才培训研修班”，来自马来西亚、泰国、印度尼西亚、越南、密克罗尼西亚及中国等6个“一带一路”沿线国家商务领域的政府官员、企业高管、专家学者34人参加培训，并实地考察厦门自贸区、海沧创业广场和中欧班列等。[③]这些培训活动成为促进沿线国家民心相通的重要途径。

（四）智库建设

为服务国家“一带一路”建设，学校启动了“一带一路”相关智库及数据库建设，并取得了突出成效。校长徐西鹏指出华侨大学的“一带一路”理论研究要注重智库境外调研、国别研究；要发挥各自研究优势，有所分工；要依托“重点国家、重点领域、重点项目”推进“一带一路”建设，促进“一带一路”的高质量发展。[④] 2019年，由中国社会科学评价研究院（CASSES）主办的第二届中国智库建设与评价高峰论坛11月8日在北京举行，论坛发布了《全球智库评价研究报告（2019）》，华侨大学海上丝绸之路研究院入选该报告的中国20家“一带一路”研究特色智库名单，国际关系学院黄日涵老师入选“一带一路”公开发声的较多的30位专家，学校连续三年入选“一带一路”最具影响力高校智库，这是学校智库的重

---

① 《徐西鹏在全国政协侨联界别小组会议上为“一带一路”建言：进一步加强国际智库合作加强相关人才队伍建设》，《华侨大学报》2018年3月20日，第1版。

② 张罗应、陈奕静：《华侨大学：全力打造服务国家海丝战略重要智库》，华侨大学官网，2016年12月17日，https://www.hqu.edu.cn/info/1073/11423.htm，最后访问日期：2019年12月10日。

③ 林耀、盖宣中：《培育“一带一路”民心相通使者》，中国教育新闻网，2017年10月19日，http://www.jyb.cn/zgjyb/201705/t20170522_643599.html，最后访问日期：2020年3月1日。

④ 《全国政协委员、华侨大学校长徐西鹏：推动“‘一带一路’建设，用好华文教育抓手”》，《华侨大学报》2020年5月26日，第1版，https://hqdxb.hqu.edu.cn/media/detail.php?dls_count=0&pos=218321，最后访问日期：2020年5月14日。

大成果。[①] 学校还召开了华商领袖与华人智库圆桌会、第四届全球智库峰会等学术会议助力学校智库建设。

四 服务国家外交

在“大统战”理念的指导下，学校积极服务国家外交。

2005 年，华侨大学开办“泰国国防部军官中文学习班”为国防部军官培训汉语人才，在泰国引起较大关注。次年，泰国诗琳通公主首次到华侨大学访问，看望在华文学院学习的泰国学生及军官。随后她被学校聘为名誉教授，华侨大学成立了“诗琳通图书馆”，下设诗琳通公主展馆，主要展览诗琳通公主的作品及她所喜爱的一些中国现当代文学书籍。2009 年，泰国诗琳通公主再次访问华侨大学，在华侨大学校园里种下了象征中泰友谊的雪松，[②] 这成为中泰友好的见证。

图 5－17 诗琳通图书馆剪彩仪式

2010 年 11 月，华侨大学 50 周年校庆期间，诗琳通公主送来特别贺礼。2012 年 8 月，诗琳通公主在泰国曼谷借首届中泰战略研讨会开幕之机，在行宫接见华侨大

---

① 陈奕静：《〈全球智库评价研究报告（2019）〉“一带一路”研究特色智库华侨大学海上丝绸之路研究院入选》，《华侨大学报》2019 年 11 月 19 日，第 1 版，https://hqdxb.hqu.edu.cn/media/detail.php?dls_count = 1&pos = 1924571，最后访问日期：2020 年 2 月 2 日。

② 陈悦：《泰国诗琳通公主访问华侨大学》，华侨大学官网，2009 年 4 月 8 日，https://www.hqu.edu.cn/info/1215/23589.htm，最后访问日期：2019 年 4 月 21 日。

图 5－18　2009 年 4 月，诗琳通公主第二次访问华侨大学，在校园种下中泰友谊之树

学校长贾益民。她愉快地回忆起两次访问华侨大学的经历，感谢华侨大学为泰国培养人才。公主还曾出席由华侨大学等机构主办、筹划组织的“中华文化书画艺术

图 5－19　泰王国上议院议长尼空率团访问华侨大学

展”现场，题写“泰中一家亲”书法作品。除诗琳通公主外，泰国的王室、议会、政府甚至军界高层和商界领袖等主流社会群体也都与华侨大学有着密切而友好的联系，泰国前总理英拉、差瓦立·荣知育，前上议院议长素春·差里科、尼空，泰国前国会主席颂萨、前外长德·汶纳等诸多政要名人都曾访问华侨大学，或者接见过

华侨大学访泰代表团。2012 年 8 月，贾益民校长访问泰国时，享受到极高的礼遇——泰国诗琳通公主、总理英拉、枢密院主席炳·廷素拉暖上将、下议院副议长等都亲切会见贾校长。2013 年，泰王国上议院议长尼空率领一个 42 人的庞大泰国上议院代表团访问华侨大学，中国国务院侨务办公室主任裘援平专程赶赴厦门，同尼空议长会面。随后，尼空议长受聘华侨大学名誉教授，成为继泰国诗琳通公主、前上议院议长素春、国会主席兼下议院议长颂萨之后，受聘华侨大学名誉教授的又

图 5－20　贾益民校长为参猜博士颁发名誉教授聘书

一位泰国政要。[①] 2015 年，泰国前副总理颇欣、泰中文化经济协会副会长参猜也受聘为华侨大学名誉教授，泰国前外长德·汶纳被授予华侨大学名誉博士学位，成为

① 《泰王国上议院议长尼空率团访问华大国侨办主任裘援平会见 受聘华大名誉教授并作主题演讲》，《华侨大学报》2013 年 7 月 16 日，第 1 版。

华侨大学历史上第三位名誉博士。[①] 同年，学校成立诗琳通中泰关系研究中心。

华侨大学还通过中泰战略研讨会来促进中泰之间的交流与合作。2012 年，由泰国国家研究理事会、泰中文化经济协会和中国华侨大学联合主办的首届中泰战略研讨会在曼谷召开，到 2019 年，一共举办了八届。校长徐西鹏在第八届中泰战略研讨会中提出：“华侨大学是中泰友好交流的重要见证者，一年一度的中泰战略研讨会也已成为华侨大学进一步服务中泰友好关系的标志性品牌。华侨大学将在中央统战部的指导下，继续致力于推动研讨会成为两国友好关系的学术交流平台、智库互动平台、教育合作平台和文化融合平台，并以研讨会为桥梁继续开创华侨大学服务‘中泰一家亲’的新领域，为中泰友好事业做出新的积极贡献。”[②]

图 5-21　第六届中泰战略研讨会

华侨大学不仅推动中泰之间的交流与合作，也推动对周边国家外交的相关研究。2013 年，学校成立侨务公共外交研究所，服务于周边外交交流活动并做相应研究。2014 年，华侨大学召开了首届华侨华人与中国周边公共外交研讨会。研讨会由华侨大学国际关系学院/华侨华人研究院、国务院侨务办公室侨务理论研究福建基地、华侨大学侨务公共外交研究所共同主办，总结了新中国成立 70 年来中国周边外交的经验，探讨新形势下如何进一步推进中国与周边国家的公共外交与人文交流，发挥华侨华人在周边公共外交与“一带一路”建设中的作用。随后于 2016 年、2019 年分

① 张罗应：《华侨大学：中泰友好关系的重要推动者》，《华侨大学报》2015 年 7 月 28 日，第 4 版。

② 《第八届中泰战略研讨会在厦门举行 聚焦新时代中泰战略合作》，中国科技网，2019 年 6 月 29 日，http://www.fudsi.com/htm/ITyejie/2019/0629/76344.html，最后访问日期：2019 年 12 月 22 日。

别召开了第二、三届。华侨华人与中国周边公共外交研讨会在推动外交与国际关系学科建设，提升新时代外交和国际关系人才培养质量，更好地服务中国周边公共外交方面都起到推动作用。①

学校不仅服务中泰外交，还为“金砖”外交服务。金砖国家领导人第九次会晤于 2017 年 9 月在厦门召开。在 2017 年初，学校就出版国内首部综合研究金砖国家机制的学术著作《金砖国家概览》服务于 9 月的“金砖”会议。该书由华侨大学国际关系学院院长林宏宇教授主编，主要从“金砖国家概述”“金砖国家国情概貌”“金砖国家机制研究”3 个方面对金砖国家进行研究。《金砖国家概览》探讨了金砖国家的由来，历次金砖国家峰会的概况以及 2017 年厦门会晤的前瞻；为了更好地理解金砖国家合作机制，还分别从国别研究的角度介绍了金砖国家的国情概貌，并对当前国内外学界对金砖国家研究的现状进行系统梳理。② 此书的出版宣传了金砖国家机制对全球化进程的战略推动作用，更好地明晰了厦门会晤的意义。4 月下旬，学校举办了面向厦门市公务员队伍的“金砖国家理论培训班”，以提升服务国家外交的质量，提高服务人员的素质。6 月，华侨大学举办“金砖国家智库”国际学术研讨会和金砖国家国情专题业务培训班。“金砖国家智库”国际学术研讨会主题为“深化金砖国家国际合作、共创全球治理新未来”，来自美国、加拿大、英国、丹麦、澳大利亚等 14 个国家的 60 余名智库专家与会。与会学者围绕“金砖国家与全球治理”“金砖国家治理与‘一带一路’”“金砖国家发展与合作”“金砖国家治理与智库论坛”等议题进行研讨，为未来金砖国家如何合作与发展献计献策。③ 金砖会议期间，华侨大学选拔出 262 名志愿者服务厦门会晤，会晤期间媒体取证中心的志愿者全部由华侨大学志愿者构成。因华侨大学志愿者在“金砖”厦门会晤期间做出的贡献，华侨大学团委被福建省委、省政府，共青团厦门市委员会授予金砖会晤筹备和服务保障工作先进集体，3 人被福建省委、省政府授予金砖会晤筹备和服务保障工作先进个人。

---

① 范强、侯斌：《第三届华侨华人与中国周边公共外交论坛在华侨大学举行》，华侨大学官网，2019 年 11 月 2 日，https://www.hqu.edu.cn/info/1215/23589.htm，最后访问日期：2019 年 12 月 20 日。

② 《中国首部综合研究金砖国家机制著作〈金砖国家概览〉发布》，中国新闻网，2017 年 4 月 12 日，http://www.chinanews.com/gn/2017/04-12/8197733.shtml，最后访问日期：2019 年 12 月 30 日。

③ 郭婕妤：《金砖国家智库国际研讨会在厦举办 14 国智库专家参会》，东方网，2017 年 6 月 25 日，http://news.eastday.com/eastday/13news/auto/news/china/20170625/u7ai6878940.html，最后访问日期：2020 年 6 月 3 日。

图5－22　华侨大学“小白鹭”志愿者助力金砖国家领导人厦门会晤

第四节　学科建设与人才培养

一　增设教学研究机构

华侨大学在本时期的发展中，增设了一些教学研究机构，以满足不断发展的学科建设和人才培养需求。

在学院设置上，学校成立了马克思主义学院/通识教育学院、泛华学院/厦航学院、生物医学学院、国际关系学院、新闻与传播学院、统计学院等多个文、工、医科学院。

为建立具有侨校特色的通识教育体系，构建全方位、多层次、多类型学生的思想政治理论课，学校于2012年在原思想政治理论课教研部的基础上建立了马克思主义学院/通识教育学院，统一管理全校本科、硕士、博士思想政治理论课教学，统一负责马克思主义理论学科建设和队伍管理。学院下设8个教研部、若干省级本科教学团队、研究生创新基地等。

同年，学校与福建泛华矿业有限公司合作设立厦航学院（航空学院）/泛华学院，主要培养泛华企业和在印度尼西亚的中资企业所需专门人才，推进华文教育向纵深发展，推动中国与印度尼西亚在经济、教育、文化等方面的深层次交流。

华侨大学在创办时期即设立医科。2012年，学校在原有的分子药物研究所和分子药物教育部工程研究中心的基础上，成立生物医学学院。2017年，学校成立医学院，与生物医学学院合署办公。

为了更好地服务国家外交战略与侨务工作的大局，进一步突出华侨大学“会通中外、并育德才”的办学特色，2015年，学校在华侨华人研究院的基础上成立了国际关系学院，重点推进周边外交和亚太区域关系研究。

2016年，为探索先进的新闻与传播理念，推动新闻与传播教育和研究的发展，为海内外培养坚持社会主义方向、具有强烈的社会责任感和使命感的高素质新闻与传播人才，学校在文学院新闻传播系的基础上单独设立新闻与传播学院。

为了适应统计学学科发展的新需求，提升统计学学科建设水平，2015 年，学校在数量经济研究院的基础上，成立了统计学院（与数量经济研究院合署办公）。

在增设新学院的同时，学校还增设了一些校属研究机构。2014 年，学校为推进制造科学与技术的发展，成立了制造工程研究院。此外，这一时期还设立了地方法治研究中心、工业设计研究院、旅游安全研究院、经济发展与改革研究院、基因组学研究所等科研机构。

二　师资队伍建设

在这一时期，学校出台《“十二五”师资与人才队伍建设规划》《中长期人才发展规划（2010—2020 年）》，全力落实人才队伍建设。2016 年，学校在出台的《华侨大学建设一流学科行动方案》中提出，建立有利于一流人才聚集的政策环境，重视引进学科领军人才和高水平创新团队，通过建立和完善学科带头人负责制、协同创新团队建设模式、PI（首席科学家或首席研究员）等人才聘用和管理模式，进而吸引、培养和稳定人才，构建一支知识和年龄结构合理、素质高、能力强、富有创新意识和研发能力的人才队伍。[①]

同年，《建设高水平大学目标管理责任书（2016—2020）》对学校的教师队伍建设目标做出具体规划：到 2020 年，生师比力争达到 16：1，教师队伍中具有博士学位教师的比例达到 70%，45 岁以下具有半年以上境外学习工作经历的教师占 50%；教师队伍的年龄、学历、职称、学缘等结构更加合理，努力建成一支与高水平大学建设目标任务相适应的高素质教师队伍。[②]

（一）师资队伍的引进

自 2011 年以来，华侨大学出台并实施多项人才引进政策。2013 年，学校结合学科建设及现有人才实际情况，在总结“十一五”期间学校出台的“百名博士引进计划”的基础上，实施“青年英才引进计划”和“师资博士后计划”；2014 年，实施“百名海外博士引进计划”“紧缺专业台湾博士引进计划”，有针对性地加大引进博士人才的力度。各类人才计划为人才引进提供了良好的科研条件和优厚的生活待遇，增强了对人才的吸引力。2011 年以来，学校积极在原“985”“211”高校以及

① 华侨大学：《关于印发华侨大学建设一流学科行动方案的通知》，2016 年 9 月 30 日。

② 华侨大学：《建设高水平大学目标管理责任书（2016—2020）》，2016 年 8 月 4 日。

中科院、社科院系统招聘优秀人才，还参加福建省组织的“海外人才创业周”“海外博士海西行”等活动，其中引进博士具有海外留学经历的比例达30%以上。①

为推进人才强校战略，加快高层次人才队伍建设，努力在强势学科和优势领域吸引在国内外具有影响力的学科领军人才，2015年学校实施“荟萃高端人才行动三项计划”“急需专业教授引进计划”“学科带头人和学科方向带头人引进计划”，采用“一人一策一团队”的引进政策，积极开展高层次人才引进工作。为拓宽高层次人才引进渠道，学校还创新引进人才工作方式如引进科研团队、双聘院士等。2013年首次以团队形式引入的“杨帆团队”，成为人才的柔性引进成功范例。学校还以双聘方式聘用中国工程院院士卢秉恒、洪茂椿、陈芬儿、中国科学院院士吴硕贤、姚建年，欧洲科学院院士李保文。此外，学校还加强人才“软引进”工作，聘请国内外一流专家学者担任华侨大学名誉教授、客座教授、兼职教授，不定期邀请他们来校讲学。2016年，学校面向全球公开招聘经济与金融学院等10个学院的院长，提升学校的综合办学实力。

通过实施一系列人才引进措施，华侨大学人才引进的规模数量和质量水平均有较大增长和提升。从表5－4可以看出，学校在这一时期引进人才入选各类人才计划的数量节节攀升，学校引入的人才特别是博士的引入比例加大。从引入人才的来源来看，绝大部分毕业于海外的院校。② 人才的引入为华侨大学的发展注入了新的动力，有利于学科建设和人才培养水平的提高。

表5－4　华侨大学2011—2019年引进人才情况

时间（年）	引入人才数量	入选人才计划数量	入选人才团队数量/个
2011	79（博士）	21	
2012	79（博士）	42	1
2013	89（博士）	52	
2014	69（博士）	42	1
2015	69	61	1
2016	75/10位院长	83	1
2017	94	85	
2018	50	109	1
2019		61	

资料来源：华侨大学人事处引进人才资料2011—2019年。

① 参见华侨大学人事处《华侨大学人事处工作总结2011—2019年》。

② 数据来源：华侨大学人事处提供。

（二）师资队伍的培养

华侨大学不仅注重师资队伍的引进，也重视师资队伍的培养。为进一步促进中青年教师快速成长，学校大力支持中青年教师在国内访学、出国出境研修，同时还鼓励教师提高自身学历学位。2011 年，学校出台“教师访学留学计划”；2013 年，学校开始实施“教师在职学位提升项目”，鼓励教职工在职攻读研究生。① 这些措施拓宽了教师队伍视野和眼界，增强了业务能力，促进了青年教师追踪国外最新科研学术动态，提高了创新能力和学术水平。

为提升高等教育人才培养质量，华侨大学在这一时期尤其重视教师在教学工作中的作用，通过举办多种培训提高教师在教学业务上的能力。学校将全部教师岗位设置为教学科研型、教学为主型、科研为主型三类岗位，对教师承担本科教学任务提出明确要求，并在教师专业技术职务评聘工作中，实行“教学质量一票否决”等制度。② 学校还成立了教师发展中心，帮助教师提升执教水平。青年教师的培养、新的教学方法和手段的学习以及帮助部分老师转变观念，突出教学工作的中心地位成为教师发展中心的工作重点。③ 2018 年，学校下发的《华侨大学专业技术职务聘任实施办法补充规定》中第五条第三点规定：“自 2019 年 1 月 1 日起，晋升教师系列专业技术职务的人员，任现职以来需参加教师发展中心认定的教学培训并合格。”④ 教师可通过多种形式完成培训，如教学研讨会、课程培训、在线学习平台培训等。为提高教师教学能力和业务水平，推动优质教学资源的应用和共享，学校教师发展中心还筹建并投入使用“华侨大学教师在线学习中心”平台。2017 年，教师发展中心举办“福建省移动互联时代下的高校教师发展工作研讨会”“精品在线开放课程建设研讨会”“教职工英语提高班”，混合式教学工作坊和各类讲座、沙龙等活动。

为适应慕课（MOOC）教学的发展，学校在中国大学慕课平台引进了 20 门教师培训类课程，在教育部网络培训中心引进了 50 门慕课专业课程。此外，学校还开展以混合式教学、翻转课堂、智慧教学等新理念、新模式为主要内容的工作坊和针对教学秘书、系部主任、学科负责人、全英文教师等不同对象开展的专项培训，以此

---

① 华侨大学：《华侨大学 2011 工作总结》，2012 年 2 月 27 日；华侨大学：《华侨大学 2012—2013 学年第二学期工作总结》，2013 年 9 月 25 日；华侨大学：《华侨大学 2013—2014 学年第一学期工作总结》，2014 年 2 月 27 日。

② 参见华侨大学教务处《本科教学工作审核评估自评报告》，2018 年，第 10 页。

③ 吴天适：《教师发展中心：为教学服务为教师服务》，《华侨大学报》2018 年 3 月 20 日，第 2 版。

④ 华侨大学人事处、教务处、教师发展中心：《关于对〈华侨大学专业技术职务聘任实施办法补充规定〉中“教学培训要求”说明的通知》，2019 年 3 月 7 日。

全面提升老师们的教学能力。①

除开展各类业务培训外，学校还通过举办各类教学大赛，促进教师之间的学习交流。为了提高教师的执教能力，从 2012 年开始，学校进行了“精彩一堂课”的教学竞赛，着力打造学校教育教学的品牌活动。在这项活动中涌现出了如张华（工商管理学院）、叶勇（土木工程学院）等一批优秀的课程教师。校长徐西鹏也明确鼓励青年教师参加“精彩一堂课”竞赛。此类竞赛促进了教学的相辅相成，提升了教师教的积极性，也带动了学生学的积极性。此外，自 2015 年起，学校教务处与教育工会联合主办教师课件大赛，提升教师的课件制作水平。

学校还进行全英文授课教师资格评审，开展优秀典型表彰工作，比如评选师德模范、学术英才、学生最喜爱教师、优秀辅导员、优秀班主任、优秀管理服务工作者等。2016 年，华侨大学又出台了《华侨大学关于加强青年教师培养的若干意见》，从思想政治素质、教育教学能力、科研潜力发掘、队伍国际化、专业实践能力等 5 个方面，加强青年教师培养工作。

表 5－5　华侨大学 2011—2019 年教师培训进修情况

时间（年）	出境访学或留学	国内访学	考上博士硕士/取得学位	留学英语培训/取得资格
2011	30	12	44/18	
2012	5		5	
2013	15	12	16/15	
2014	37	8	16/27	64/58
2015	52	7	32/22	32/22
2016	54	6	15/52	24/20
2017	44	5	16/28	32/26
2018	35	3	9/24	26/26
2019	41	5	3/18	25/25

资料来源：华侨大学人事处提供。

通过实施一系列的人才引进与培养措施，特别是专任教师博士化、国际化的各项举措，华侨大学整体师资队伍水平得以提升。截至 2019 年，学校专任教师 1676 人，其中高级职称人员 873 人，占专任教师总数的 52%；具有博士学位教师 1075 人，占专任教师总数的 64%；45 岁以下中青年教师 1166 人，占专任教师总数的 70%。学校形成一支数量基本适中，机构比较合理，具有较强为侨服务能力和国际

① 吴天适：《教师发展中心：为教学服务为教师服务》，《华侨大学报》2018 年 3 月 20 日，第 2 版。

化背景、充满活力的教师队伍。[1]

从师资队伍的层次来看，截至2019年，学校拥有双聘院士、“国家杰出青年科学基金”获得者、国家“百千万人才工程”入选者、全国文化名家暨“四个一批”人才入选者、教育部“新世纪优秀人才支持计划”入选者等，以及历年享受国务院政府特殊津贴专家等各类高端人才575人，[2] 拥有科技部“创新人才推进计划”重点领域创新团队和教育部“长江学者和创新团队发展计划”创新团队。

三 学科建设

华侨大学一向重视学科建设。2014年，华侨大学瞄准国家侨务工作和海西经济区建设的重大战略和科技需要，出台了《华侨大学关于加强学科建设的若干意见》。此意见提出学校要致力于建设以华文教育为特色，以工程学科为优势，形成文理渗透、理工结合、工管相济、协调发展的学科体系，突出“侨”字特色，重点建设一批独具特色、竞争优势明显的学科。文件还要求探索创新学科建设模式，实行重点学科建设项目管理制，推行学科建设绩效考核管理；推进学科交叉渗透和学科群建设，搭建学科集成平台，组建跨领域研究团队，形成学科发展的规模效应和协同效应。[3] 2016年，为落实《国家中长期教育改革和发展规划纲要》和国务院《统筹推进世界一流大学和一流学科建设总体方案》精神，提升学校创新能力，提高科学研究水平和人才培养质量，学校制定了《华侨大学建设一流学科行动方案》，依据“坚持一流标准、结合重大需求、对接国家计划、强化绩效激励”这几项基本原则，提出一流学科的建设以“一流学科、一流贡献、一流成果”为总体目标。[4] 同年，华侨大学制定了学科建设的基本思路，主要坚持以工程学科为优势，以华文教育为特色，形成相互支撑、协调发展的学科体系；主动对接海峡西岸经济区产业发展需要，优先面向战略性新兴产业和高新技术产业，健全学科专业动态调整机制，优化学科专业布局，进一步优化工科专业。[5]

---

① 参见华侨大学人事处《华侨大学人事处2011—2019年工作总结》。

② 参见华侨大学人事处《华侨大学入选各类人才项目信息汇总》。

③ 李永杰：《华侨大学出台〈华侨大学关于加强学科建设的若干意见〉》，中国社会科学网，2014年9月11日，http://www.cssn.cn/gd/gd_rwhn/gd_zxjl/201409/t20140911_1324287.shtml，最后访问日期：2020年6月23日。

④ 华侨大学：《关于印发〈华侨大学建设一流学科行动方案〉的通知》，2016年9月30日。

⑤ 华侨大学：《建设高水平大学目标管理责任书（2016—2020）》，2016年8月4日。

（一）本科专业设置与建设

学校围绕国家战略与区域经济社会发展需求，积极建设战略性新兴产业相关专业。2011 年以来，学校对照国家《战略性新兴产业发展“十二五”规划》，增设功能材料等 5 个战略性新兴产业相关本科专业。在新增战略性专业的基础上，学校逐步完善专业门类。在现有专业的基础上，学校还设立了一些特色专业。学校从 2007 年开始启动本科教学质量工程“特色专业”建设工作，建成旅游管理等 6 个国家级特色专业、机械工程及自动化等 9 个省级特色专业；2016 年，华侨大学通信工程等 10 个专业获评福建省高等学校服务产业特色专业。此外，学校还有 5 个省创新创业改革试点专业、7 个省级人才培养模式创新实验区。截至 2018 年，学校共有本科专业 94 个，涵盖哲学、经济学、法学、教育学、文学、历史学、理学、工学、农学、医学、管理学、艺术学等 12 个学科门类，形成文理渗透、理工结合、工管相济、协调发展的学科体系。专业门类分布为哲学 1 个、经济学 4 个、法学 3 个、教育学 2 个、文学 10 个、理学 7 个、工学 36 个、农学 1 个、管理学 17 个、艺术学 11 个、医学 2 个。①

2019 年 6 月，学校为加快“双一流”建设开展了一流本科专业遴选工作。被遴选出来的学科项目将安排专项资金予以支持，这些项目的建设周期均为两年。经遴选哲学、电子商务、法学、汉语言文学、华文教育、英语、广播电视学、数学与应用数学、机械工程、材料科学与工程、应用化学、电子科学与技术、计算机科学与技术、软件工程、土木工程、给排水科学与工程、工程管理、化学工程与工艺、环境工程、建筑学、城乡规划、人力资源管理和旅游管理等 23 个专业被确定为 2019 年华侨大学一流本科专业重点建设项目，金融学等 16 个专业被评为 2019 年华侨大学一流本科专业培育项目。②

（二）研究生学位点动态调整

除了本科专业点的设置和立项培育建设外，学校在研究生专业点的设置上也有所增长。2012 年，学校共有一级学科博士点 3 个，二级学科博士点 6 个，一级学科硕士点 21 个，二级学科硕士点 16 个，自主设置目录外二级学科硕士点 2 个，硕士专业学位授权点 18 个。2012—2017 年，通过自主设置、审核增列及动态调整，新

---

① 参见华侨大学教务处《本科教学工作审核评估自评报告》，2018 年，第 35 ~ 36 页。

② 《华侨大学将重点建设一批一流本科专业和一流课程》，《华侨大学报》2019 年 6 月 11 日，第 1 版，https://hqdxb.hqu.edu.cn/media/detail.php?dls_count=1&pos=1011461，最后访问日期：2020 年 6 月 21 日。

增目录外二级学科博士点3个，一级学科硕士点4个，目录外二级学科硕士点5个，专业学位硕士点6个，撤销二级学科硕士点5个，专业学位硕士点4个。

表5-6　华侨大学2012—2019年新增与撤销学位点情况

年份	新增	撤销
2012		
2013		
2014	汉语国际教育（专业硕士点） 艺　术（专业硕士点）	
2015		
2016	马克思主义理论（一级硕士点） 世界史（一级硕士点） 控制科学与工程（一级硕士点） 生物医学工程（一级硕士点） 新闻与传播（专业硕士点） 体　育（专业硕士点） 翻　译（专业硕士点） 会　计（专业硕士点）	专门史（二级硕士点） 光　学（二级硕士点） 人文地理学（二级硕士点） 工程力学（二级硕士点） 电工理论与新技术（二级硕士点） 材料工程（专业硕士点） 环境工程（专业硕士点） 物流工程（专业硕士点） 工程管理（专业硕士点）
2017		
2018	哲　学（一级博士点） 应用经济学（一级博士点） 化　学（一级博士点） 土木工程（一级博士点）	科学社会主义与国际共产主义运动（二级博士点） 计算机科学与技术（一级硕士点） 管理科学与工程（一级硕士点）
	建筑学（一级博士点） 数　学（一级硕士点） 外国语言文学（一级硕士点） 环境科学与工程（一级硕士点） 公共管理（一级硕士点）	
2019	城市规划（专业硕士点） 电子信息（专业硕士点） 机　械（专业硕士点） 材料与化工（专业硕士点） 能源动力（专业硕士点） 土木水利（专业硕士点） 生物与医药（专业硕士点） 交通运输（专业硕士点） 工程管理（专业硕士点）	城乡规划学（一级硕士点） 机械工程（专业硕士点） 电气工程（专业硕士点） 电子与通信工程（专业硕士点） 计算机技术（专业硕士点） 建筑与土木工程（专业硕士点） 化学工程（专业硕士点） 生物工程（专业硕士点） 项目管理（专业硕士点）

资料来源：华侨大学研究生院提供。

2018年，学校新增哲学、应用经济学、化学、土木工程、建筑学5个一级学科博士点，新增数学、外国语言文学、环境科学与工程、公共管理4个一级学科硕士点，其中一级学科博士点数长了近2倍。这是学校学位与研究生教育发展中历史性的突破，具有里程碑式的意义。[①]到 2018 年，学校有 27 个一级学科硕士点、2 个二级学科硕士点，20 个专业学位硕士点，8 个一级学科博士点、2 个二级学科博士点，5 个博士后流动站。2019 年，经国务院学位委员会批准，学校获批增列 9 个硕士专业学位类别，其中调整增列电子信息、机械、材料与化工、能源动力、土木水利、生物与医药、交通运输、工程管理等 8 个硕士专业学位类别，动态调整撤销城乡规划学一级学科硕士点，新增城市规划硕士专业学位类别。截至 2019 年，学校硕士专业学位类别达到 21 个，一级学科硕士点达到 26 个。通过此次调整，丰富了学校硕士层次人才培养类型，优化了学位点布局和结构。[②]

经过发展，学校学科实力稳步提升。2012 年，福建省教育厅、福建省财政厅公布了福建省特色重点学科和福建省省级重点学科评审结果，华侨大学材料科学与工程、化学工程与技术、应用经济学、哲学、土木工程、中国语言文学 6 个学科入围福建省特色重点学科，入围学科数位列福建省第四；应用经济学、机械工程、材料科学与工程、化学工程与技术等 22 个学科入选福建省省级重点学科，入选数也位居福建省第四。[③] 2018 年，华侨大学精密制造技术及装备学科群、材料与化学学科群、化学工程与技术、应用经济学 4 个学科获评福建省高峰学科建设学科，土木工程、生命科学与医学学科群、建筑学学科群、光电信息学科群、软件工程学科群、数据科学学科群、哲学、工商管理、法学、海外华文教育与中华文化传播学科群、马克思主义理论、公共管理、国际政治与侨务公共外交等 13 个学科入选福建省高原学科建设学科。[④] 2018 年，软科正式发布“中国最好学科排名”，共有中国大陆 460 所高校的 4999 个学科点上榜，学校共有 20 个学科上榜，上榜学科数排名为并列第 83 位。[⑤]

四　人才培养

学校紧紧抓住人才培养这个办学之根本，定期修订培养方案，在本科教育、研

---

① 孙小语：《2018 年：学位与研究生教育成绩斐然》，《华侨大学报》2019 年 1 月 15 日，第 4 版，https://hqdxb.hqu.edu.cn/media/detail.php? dls_count = 1&pos = 159153，最后访问日期：2020 年 6 月 15 日。

② 李明海、罗奕高：《学校获批增列一批硕士专业学位授权点》，《华侨大学报》2019 年 6 月 4 日，第 1 版，https://hqdxb.hqu.edu.cn/media/detail.php? dls_count = 1&pos = 960582，最后访问日期：2020 年 1 月 4 日。

③ 《福建省教育厅 福建省财政厅关于福建省特色重点学科和福建省省级重点学科评审结果的公示》，福建省教育厅网站，2012 年 11 月 5 日，http://jyt.fujian.gov.cn/xxgk/gggs/201211/t20121105_3601640.htm，最后访问日期：2020 年 7 月 6 日。

④ 《福建省新增一批“双一流”建设高校及建设学科！厦门有一所！》，《厦门日报》2019 年 7 月 13 日，https://baijiahao.baidu.com/s? id = 1638914096727304437，最后访问日期：2020 年 1 月 4 日。

⑤ 庄蕾：《学校上榜多个国内外排行榜》，《华侨大学报》2019 年 2 月 26 日，第 4 版，https://hqdxb.hqu.edu.cn/media/detail.php? dls_count = 1&pos = 206512，最后访问日期：2020 年 1 月 4 日。

究生教育、继续教育方面都推出了针对性措施，获得明显成果。

（一）本科教育

1. 人才培养目标与人才培养方式

学校遵循高等教育规律，认真贯彻《高等教育法》《国家中长期教育改革和发展规划纲要（2010—2020）》和2016年全国高校思想政治工作会议精神，落实立德树人根本任务，将培养德、智、体、美全面发展的社会主义事业建设者和接班人，培养具有社会责任感、创新精神和实践能力的高级专门人才，作为人才培养目标。《华侨大学“十三五”规划》提出，着力培养国际化、创新型、重实践、有担当的优秀人才。针对港澳台侨学生的培养，学校围绕办学定位，结合港澳台侨学生特点，提出不同的培养目标，即将港澳学生培养成拥护祖国统一、拥护“一国两制”，爱国、爱港、爱澳，认同祖国的发展道路和模式，促进港澳地区繁荣稳定的合格建设人才；将台湾学生培养成为认同中华文化，认同一个中国，支持和促进祖国和平统一，在两岸和平统一大业中能够起到积极作用的合格建设人才；将华侨学生培养成热爱祖国，热爱中华优秀传统文化，认同一个中国原则，积极参与和推动中外文化交流的合格人才。①

为此，学校每四年修订一次本科专业培养方案，确保人才培养方案与学校办学定位、人才培养总目标保持一致，与社会经济和高等教育发展相适应。对于境外生，则单独制定培养方案，采取分类施教方式。“高等数学”“经济数学”“大学物理”“大学英语”等课程针对境外生单独开班，② 推行境外生导师制、学长制、朋辈制、“一帮一”互助制等制度。③

为更好地适应时代的发展，学校在2016年本科人才培养方案中融入了通识教育和创新创业教育理念。④ 为做好境外生教育培养工作，学校成立“境外生教育培养工作委员会”，由校长担任主任，分管校领导担任副主任，相关部处、学院为成员单位，统筹全校港澳台侨学生教育培养工作，在职能部门层面，招生处、教务处、学生处、港澳台侨事务办公室、校友工作办公室等部门设有专门管理岗位，承担境外生教育、管理、服务和保障职责。⑤

为深入落实教育部《关于全面提高高等教育质量的若干意见》，2014年，学校

---

① 参见华侨大学教务处《本科教学工作审核评估自评报告》，2018年，第101页。
② 参见华侨大学教务处《本科教学工作审核评估自评报告》，2018年，第54页。
③ 参见华侨大学教务处《本科教学工作审核评估自评报告》，2018年，第101页。
④ 参见华侨大学教务处《本科教学工作审核评估自评报告》，2018年，第7页。
⑤ 参见华侨大学教务处《本科教学工作审核评估自评报告》，2018年，第101页。

启动实施“本科教学质量提升计划”。根据该计划，学校在应用化学、高分子材料与工程、应用物理学等专业试行拔尖人才试点班，一年后学习成绩优异的学生可在学院内任选专业。同时，学校还实施卓越法律人才、卓越新闻传播人才、卓越金融人才、卓越药学人才等教育培养计划；实施卓越工程师培养计划，邀请行业企业参与制订培养计划，按照通用标准和行业标准培养人才，强化学生的工程实践能力和创新能力。此外，学校还在英语（辅修旅游管理专业）、数学与应用数学（辅修金融学专业）等专业试点推行主辅修双学位学位制度。学生修读完培养计划规定课程并达到授予学位条件可获辅修学位。另外，学校还与美方乔治梅森大学、威斯康星大学等合作学校共同制定培养方案，实施《中美人才培养计划》121 双学位项目。学生首尾两年在学校学习，中间两年到美方高校学习，美方定期派师资来校合作开展全英文教学，开设英语强化课程。①

2. 大类招生模式与境外生招生

招生是人才培养的首要环节。为适应高考改革需要，2018 年，华侨大学对招生模式做了微调，由原来的按专业招生调整为按专业大类招生与按专业招生相结合，大类招生模式主要在国际学院、经济与金融学院、旅游学院、新闻与传播学院、计算机科学与技术学院、土木工程学院和美术学院等 7 个学院推行。② 部分专业只招填志愿考生，临床医学专业单列招生。普通类专业（类）投档选定“分数优先”且“所有专业调剂考生的优先级均低于其他考生（其他考生指有专业志愿的考生）”的方式确定专业，即分数优先 + 志愿优先。③

对于境外生招生，学校极为重视。贾益民校长在 2016 年本科招生工作会议中明确提出了以“调整生源结构，突显侨校特色”为招生工作的指导思路，并指出，境外招生是学校的重要环节，是学校的办学使命、立校之本。④ 2017 年，国务院侨办主任裘援平在北京听取华侨大学工作汇报时，要求学校扩大境外招生规模，为港澳长期繁荣稳定、祖国和平统一、壮大海外友好力量做出新的贡献。⑤

2016 年，华侨大学成为首个试点招收香港副学位毕业生就读衔接本科学位课程的内地大学。2017 年，学校宣传小组赴香港岭南大学、香港浸会大学、香港职业训

① 参见华侨大学教务处《本科教学工作审核评估自评报告》，2018 年，第 49 ~ 50 页。

② 参见华侨大学教务处《华侨大学教务处 2018 年工作总结》。

③ 参见华侨大学教务处《华侨大学教务处 2018 年工作总结》。

④ 刘沛：《本科招生工作会议提出 调整生源结构 突显侨校特色》，《华侨大学报》2016 年 12 月 6 日，第 4 版。

⑤ 参见校长办公室《国务院侨办主任裘援平听取学校工作汇报时要求坚定不移地走“侨校 + 名校”发展道路》，《华侨大学报》2017 年 11 月 28 日，第 1 版。

练局、香港城市大学等学校，开展面向香港副学位毕业生招生宣传工作。[①] 在这一时期，学校还在亚洲、欧洲、非洲、美洲各国设立招生处，宣传对华侨的招生政策以及招生操作方法，传播中华文化。到 2018 年，华侨大学在全球共设立 77 个办事处和招生机构。

3. 课程与教材建设

课程建设是学校提升教学质量的重要抓手。2016 年，学校积极推进通识教育改革，将通识教育和专业教育有机结合，适当压缩专业教育学分和学时，优化通识教育课程结构和课程设置，提高教学效果。[②] 通识教育选修课分为文史哲经典与文化传承、社会科学理论与实践、自然科学与技术、艺术与审美、当代中国与世界、创新与创业等几个模块，进一步丰富和充实了学校通识教育课程内容。[③] 从 2016 年开始，学校进行了通识教育选修课程遴选，截至 2020 年，共完成 8 批通识教育课选修课的遴选，共遴选通识教育课程 205 门。

为推动教学的发展，加强教师对课堂教学的重视，引导教师建立课程资源体系，学校大力支持百门优质课程、精品在线课程及一流课程建设。学校在 2016 年推出百门优质课程评选活动，截至 2019 年，共遴选出 243 门百门优质课程。[④] 同年，华侨大学召开精品在线开放课程建设研讨会，并开始建设学校精品在线课程。截至 2020 年，学校共有校级精品在线开放课程 111 门。其中，黄天中校董主讲的《职业生涯规划—体验式教学》、张向前老师主讲的《组织行为与领导力》、艾小群老师主讲的

① 《建筑学院澳门班开展实地调研将陆续建立香港班台湾班》，《华侨大学报》2017 年 3 月 7 日，第 4 版。

② 吴天适：《对 2016 教学工作会议主题报告的解读》，《华侨大学报》2016 年 4 月 12 日，第 2 版。

③ 《关于公布 2016 年华侨大学通识教育选修课程评选结果的通知》，华侨大学马克思主义通识教育学院网站，2017 年 3 月 9 日，https://mkszy. hqu. edu. cn/info/1024/3642. htm，最后访问日期：2020 年 7 月 31 日；《关于华侨大学通识教育选修课程评选结果（第二批）的公示》，华侨大学教务处网站，2017 年 6 月 5 日，https://jwc. hqu. edu. cn/info/1019/3067. htm，最后访问日期：2020 年 7 月 30 日；《关于华侨大学通识教育选修课程评选结果（第三批）的公示》，华侨大学教务处网站，2017 年 12 月 6 日，https://jwc. hqu. edu. cn/info/1019/3385. htm，最后访问日期：2020 年 7 月 30 日；《关于华侨大学通识教育选修课程评选结果（第四批）的公示》，华侨大学教务处网站，2018 年 7 月 2 日，https://jwc. hqu. edu. cn/info/1016/3885. htm，最后访问日期：2020 年 7 月 30 日；《关于华侨大学通识教育选修课程评选结果（第五批）的公示》，华侨大学教务处网站，2019 年 1 月 3 日，https://jwc. hqu. edu. cn/info/1019/4043. htm，最后访问日期：2020 年 7 月 30 日。

④ 周永恒：《华侨大学开展百门优质课程评选工作》，华侨大学官网，2016 年 12 月 29 日，https://www. hqu. edu. cn/info/1215/23589. htm，最后访问日期：2020 年 7 月 30 日；《关于公布 2017 年华侨大学百门优质课　程评选结果的通知》，华侨大学教师发展中心网站，2018 年 1 月 19 日，https://jsfz. hqu. edu. cn/info/1024/1388. htm，最后访问日期：2020 年 7 月 15 日；张进军：《2018 年全校百门优质课程 5 门全英课程榜上有名》，华侨大学国际学院网站，2019 年 3 月 7 日，https://guoji. hqu. edu. cn/info/1129/6993. htm，最后访问日期：2020 年 7 月 15 日；《关于 2019 年度百门优质课程评选结果的公示》，华侨大学教师发展中心网站，2020 年 1 月 6 日，https://jsfz. hqu. edu. cn/info/1024/2105. htm，最后访问日期：2020 年 5 月 30 日。

《构美—空间形态设计》等3门课程通过国家级精品在线开放课程认定，[①] 30门课程获得省级精品在线开放课程建设或培育立项。2019年6月，为加快“双一流”建设，学校开展了一流课程建设工作，遴选出一流课程建设项目（第一批）38项、一流在线课程建设项目（线上“金课”）7项、一流线下课程建设项目（线下“金课”）22项及一流混合式课程建设项目（混合式“金课”）9项。[②]

为了适应新一轮科技革命和产业变革的新趋势，华侨大学于2019年启动新工科示范课程建设，通过课程建设合理提升学业挑战性、增大课程难度、拓展课程深度，切实提高课程教学质量。华侨大学新工科示范课程建设的课程类别包括专业基础课、专业核心课、专业实践课、专业选修课。课程主要关注学生工程伦理意识与职业道德培养，注重文化熏陶，努力培养以造福人类和可持续发展为理念的现代工程师。该示范课程建设着力提升学生解决复杂工程问题的能力，注重综合性项目训练，实现从学科导向转向产业需求导向、从专业分割转向跨界交叉融合、从适应服务转向支撑引领。按照国际认证要求，学校从设计、实施、评价、改进各环节加强规范建设，提高课程建设水平和质量。华侨大学新工科示范课程的建设周期为2年，目的是瞄准学科前沿和交叉领域，用三年时间建设100门左右新工科示范课程，每个工科专业建设2—4门，为学校课程建设起到示范引领作用。[③]

实验教学项目也是课程建设的一个部分。根据《教育部办公厅关于2017—2020年开展示范性虚拟仿真实验教学项目建设的通知》精神，到2020年，教育部将推出1000个示范性虚拟仿真实验教学项目。经评审，华侨大学机电及自动化学院林添良副教授主持申报的“新能源工程机械机电液一体化驱动系统虚拟仿真实验”成功入围。自2017年学校启动虚拟仿真实验教学项目建设活动以来，实验室与设备管理处通过政策解读、专家讲座、平台建设、技术支持等途径，大力推动各教学单位根据自身学科特色，将实验课程建设与信息技术有机结合，构建“智能+教育”的实验教学新模式。这是探索线上线下相结合的新型实验教学模式，推动现代信息技术与实验教学项目深度融合，加大实验教学课程改革力度，提升研究型、自主型实验课

---

① 周永恒：《华侨大学2门课程通过2018年国家级精品在线开放课程认定》，华侨大学官网，2019年1月23日，https://www.hqu.edu.cn/info/1067/84226.htm，最后访问日期：2020年8月3日。

② 《华侨大学将重点建设一批一流本科专业和一流课程》，《华侨大学报》2019年6月11日，第1版，https://hqdxb.hqu.edu.cn/media/detail.php?dls_count=1&pos=1011461，最后访问日期：2020年8月3日。

③ 《华大启动新工科示范课程建设》，《华侨大学报》2019年10月15日，第1版，https://hqdxb.hqu.edu.cn/media/detail.php?dls_count=1&pos=1652223，最后访问日期：2020年7月21日。

程建设比例，激发学生的学习兴趣和提升其动手实践能力的新举措。[①]

除重视课程建设外，学校还注重教材建设。学校先后出台《优秀教材奖评选办法（修订稿）》《教材编写立项资助实施办法（修订稿）》等文件，鼓励教师参与教材编写和建设。2012 年以来，立项建设教材 22 部，累计资助 46.8 万元，其中 3 部教材入选“十二五”国家级规划教材，2 部教材获评福建省 2017 年本科优秀特色教材。[②]

4. 创新创业教育

自国家提出创新创业驱动发展战略后，华侨大学将创新创业教育融入人才培养特别是本科生教育中。2016 年，学校召开以创新创业教育为主题的教学工作会议，提出要深化高等学校创新创业教育改革，将创新创业教育融入教育教学的全过程。[③]同年，为助力创新创业福建省高校创新创业联盟在华侨大学成立，校长贾益民在成立大会上指出：推进协同育人，是大学生创新创业教育的路径；完善教育体系，是大学生创新创业教育的保障。[④]

为了推动创新创业工作，学校成立创新创业基地等机构。2015 年，“华侨大学闽台青年创新创业服务中心”（简称“闽台青创”）在厦门软件园华侨大学产学研基地揭牌成立。这成为海峡两岸青年校友交流与合作的重要平台。[⑤] 同年，华侨大学（丰泽）创新创业园成为华侨大学大学生创新的平台、创新创业人才聚集培养基地、文化创意产业发展基地、海外华侨华人归国创业基地、大学生创业基地。2017 年 5 月，华侨大学成立了创新创业学院，致力于探索培养具有国际视野、创新能力、实践技能的高素质人才的道路。谈及创新创业教育的目标与作用，华侨大学创新创业学院副院长翁文旋认为：“我们鼓励广大教师积极转变教学理念，将创新教育理念融入教育全过程，让学生在课堂上接触到最前沿的知识，激发他们学习的兴趣，培养他们学习的能力，并以此促进学校的学风建设。”[⑥]

学校专门开设创新创业课程，并鼓励学生进行创新创业实践。2017 年，学校的通识教育课增加了创新与创业模块，截至 2019 年学校遴选出来的关于创新创业通识

---

① 金翊：《华侨大学获批首个国家虚拟仿真实验教学项目》，《华侨大学报》2019 年 4 月 9 日，第 1 版，https://hqdxb.hqu.edu.cn/media/detail.php? dls_count = 1&pos = 497979，最后访问日期：2020 年 7 月 5 日。

② 参见教务处《本科教学工作审核评估自评报告》，2018 年，第 39 页。

③ 吴天适：《对 2016 教学工作会议主题报告的解读》，《华侨大学报》2016 年 4 月 12 日，第 2 版。

④ 吴天适：《五高校发起 助力创新创业福建省高校创新创业教育联盟在华大成立　全省 88 所高校、14 家企事业单位首批加入》，《华侨大学报》2016 年 12 月 6 日，第 1 版。

⑤ 吴天适：《服务两岸创业青年“华侨大学闽台青年创新创业服务中心”成立》，《华侨大学报》2015 年 4 月 21 日，第 1 版。

⑥ 吴天适：《创新创业学院：创新教育理念 服务内涵式发展》，《华侨大学报》2018 年 1 月 9 日，第 2 版。

教育课程一共23门。[1] 学校在多方面鼓励学生进行创新创业，创业可计入学分。2018年，学校正式启动了本科学生创业学分积累与转换方案。该方案规定，国家部委举办的竞赛取得的成果认证可获得学分2—20分不等；著作、发明专利等经认定可获得1—6学分；参加学校的创业活动获奖经认定可获得1—2学分。[2] 为帮助学生更好地开展创新创业，学校实施创新训练项目、创业训练项目和创业实践项目三类训练计划，给予校级、省级、国家级项目0.5万—1万元资助，2016—2018年，共有169项国家级、191项省级创新创业训练项目得到资助。[3]

5. 新教学模式的运用

为适应互联网时代教学的需求，学校大力推行新的教学模式。2015年，学校将"慕课"课程引入正规的教学中，学生可通过选修"慕课"课程拿到学分。[4] 学校将教师录制的在线课程，放到智慧树网和中国大学慕课平台上全球共享，获得了较好的效果，如张向前教授的课程"组织行为与领导力"，在网上一学期的选修人数就突破万人。[5]

除推进慕课建设外，学校还引进新的教学模式。如引进清华大学研发的"雨课堂"教学软件，该软件功能强大，老师可以将PPT推送到学生手机上，学生可以把对知识的疑惑、学习心得实时反馈给老师，甚至在课堂上的一道练习题，老师都可以马上获取全班同学的正确率。[6]

新的教学方式除了要求教师树立先进的教学理念之外，对学校的硬件建设也提出了新的要求。2018年，由学校黄天中校董捐建的2间沉浸式直播互动教室启用，通过直播收视的方式，让学校学生能够实时与国内相关领域专家进行沟通交流，也让全国其他高校的学生领略华侨大学的风采。厦门校区已经兴建了4间互动式研讨

---

① 《关于公布2016年华侨大学通识教育选修课程评选结果的通知》，华侨大学马克思主义通识教育学院网站，2017年3月9日，https://mkszy.hqu.edu.cn/info/1024/3642.htm，最后访问日期：2020年7月31日；《关于华侨大学通识教育选修课程评选结果（第二批）的公示》，华侨大学教务处网站，2017年6月5日，https://jwc.hqu.edu.cn/info/1019/3067.htm，最后访问日期：2020年7月30日；《关于华侨大学通识教育选修课程评选结果（第三批）的公示》，华侨大学教务处网站，2017年12月6日，https://jwc.hqu.edu.cn/info/1019/3385.htm，最后访问日期：2020年7月30日；《关于华侨大学通识教育选修课程评选结果（第四批）的公示》，华侨大学教务处网站，2018年7月2日，https://jwc.hqu.edu.cn/info/1016/3885.htm，最后访问日期：2020年7月30日；《关于华侨大学通识教育选修课程评选结果（第五批）的公示》，华侨大学教务处网站，2019年1月3日，https://jwc.hqu.edu.cn/info/1019/4043.htm，最后 访问日期：2020年7月30日。

② 《2018级起，学校本科学生可进行创新创业学分积累与转换》，《华侨大学报》2018年6月5日，第1版。

③ 参见教务处《本科教学工作审核评估自评报告》，2018年，第54页。

④ 吴江辉：《华大试水"慕课"课程选修也可拿学分》，《华侨大学报》2015年3月17日，第1版。

⑤ 吴天适：《教师发展中心：为教学服务为教师服务》，《华侨大学报》2018年3月20日，第2版。

⑥ 吴天适：《教师发展中心：为教学服务为教师服务》，《华侨大学报》2018年3月20日，第2版。

教室，受到师生们的欢迎。学校还将分批次在两校区建设新型教室。[①]

6. 实验教学建设

在学校加强“名校＋侨校”的建设中，实验教学是人才培养中必不可少的一环。华侨大学自2011年以来稳步投入资金加强对实验室的建设，优先为申报国家级、省级虚拟仿真实验教学中心、虚拟仿真项目提供重要的支撑，重点保障工科专业按照工程教育专业认证的标准要求开展实验室建设，为理科、文科等专业参与专业评估和国际认证的实验室建设提供必要支持。2017年，实验室建设项目37项，其中文科实验室建设项目占比25%，理科占比13%，工科占比62%，初步改善了实验室均衡发展态势。

学校高度重视实验教学中心的建设。2012年，旅游实验教学中心获批“十二五”国家级实验教学示范中心，成为学校首个国家级实验教学示范中心。2015—2016年度，学校省级示范中心增加至16个，专业种类覆盖十几个学科门类，初步形成了形式多样、内容丰富的实验教学示范中心体系。2016年11月，建筑学院“风景园林实验教学中心”获评省级实验教学示范中心，土木工程学院“土木工程虚拟仿真实验教学中心”获评省级虚拟仿真实验教学中心。2017年增获两个实验教学中心：外国语学院的翻译实验教学中心获评省级实验教学示范中心，机电学院制造工程虚拟仿真实验教学中心获评省级虚拟仿真实验教学中心。截至2017年，学校拥有1个国家级实验教学示范中心、1个国家级虚拟仿真实验教学中心、17个省级实验教学示范中心、1个省级虚拟仿真实验教学中心。[②] 2018年，计算机科学与技术学院“信息安全虚拟仿真实验教学中心”、工学院“物联网技术虚拟仿真实验教学中心”获评省级虚拟仿真实验教学中心，机电及自动化学院“液压调速性能半物理虚拟仿真实验教学项目”、生物医学学院“本科实验教学涉及二级生物安全的操作训练虚拟仿真实验教学项目”、土木工程学院“工程项目施工4D虚拟仿真实验教学项目”、土木工程学院“建筑结构地震模拟振动台虚拟仿真实验教学项目”获评省级虚拟仿真实验教学项目。[③] 2019年，学校获评省级虚拟仿真实验项目3项、省级虚拟仿真实验教学中心2个。[④]

2017年，华侨大学推出了“实验室建设提升计划”。该计划包括“国家级实验教学平台拓展计划”“高水平实验教学成果培育计划”“文科实验室均衡发展计划”

---

① 吴天适：《教师发展中心：为教学服务为教师服务》，《华侨大学报》2018年3月20日，第2版。

② 《保障高水平大学建设华大推实验室建设提升计划》，《华侨大学报》2017年4月18日，第1版。

③ 参见华侨大学设备处《华侨大学设备处2018年工作总结》。

④ 参见华侨大学设备处《华侨大学设备处2019年工作总结》。

和“创新创业实践平台培育计划”，以培养和造就基础理论厚实、知识结构合理、富有创新精神和实践能力的应用型人才为目标，推进高水平实验教学中心建设，推进本科实验教学质量的整体提升；同时华侨大学实施贵重仪器共享平台提升计划，逐步形成校级统筹管理、集散安置相结合、线上线下协同运营的开放共享局面；实施分析测试中心重点建设计划，逐步建设拥有5000平方米空间的分析测试共享大平台。①

7. 本科教学审核评估

为提高学校办学质量，实现建设基础雄厚、特色鲜明、海内外著名的高水平大学的办学目标，2015年，学校制定了《华侨大学办学质量监控与绩效评估方案（试行）》。根据该方案，今后三年，华侨大学将在办学质量、办学条件、教育教学管理规范的监控与评价等方面开展相关评估工作，办学绩效评估工作每年开展一次，根据评估结果编制《华侨大学年度办学质量白皮书》。②

2016年开始的教育部本科教学工作审核评估是华侨大学继2003年以来又一次重要的教学评估，是对学校教学工作的一次全面的审核和检测。校长贾益民在动员会上提出：全校要以审核评估为契机，不断深化本科教学内涵建设，持续推动人才培养质量的提升。③

在学校自评的基础上，福建省教育厅委托第三方机构组织学科专家对全省210个省级重点学科进行了考核验收，华侨大学有22个省级重点学科参加审核。所有学科均通过考核验收，其中哲学、生物医学工程2个学科获评“优秀”等级，政治学、中国语言文学、机械工程、材料科学与工程、建筑学、土木工程、化学工程与技术、工商管理等8个学科获评“良好”等级，另有12个学科获评“合格”等级。④

2018年3月，学校为迎接6月教育部本科教学工作审核评估成立审核评估办公室。3月20日至23日，审核评估办公室综合协调组牵头组织开展校内自评整改检查工作。工作人员先后走访了生物医学学院、政治与公共管理学院、经济与金融学院、文学院、国际关系学院、新闻与传播学院、统计学院、厦航学院、音乐舞蹈学院和体育学院，了解了学院校内自评整改落实工作情况，查看了试卷、毕业论文等教学档案材料，并通过听课等形式了解课堂教学、教风学风情况，督促各学院进一

① 《保障高水平大学建设华大推实验室建设提升计划》，《华侨大学报》2017年4月18日，第1版。

② 《华大启动办学质量监控与绩效评估工作》，《华侨大学报》2015年10月27日，第1版。

③ 《华侨大学召开2016年教学工作会议暨“教学质量年”动员大会》，华侨大学官网，2016年4月6日，https://www.hqu.edu.cn/info/1071/2560.htm，最后访问日期：2020年4月3日。

④ 《省级重点学科考核验收学校2优秀8良好》，《华侨大学报》2016年3月8日，第1版。

步做好迎评促建工作。①

6月4日至7日，教育部本科教学工作审核评估专家组莅临华侨大学，全面考察学校本科教学工作。专家组组长西南大学校长张卫国指出，本次审核评估的核心是对学校人才培养目标、培养效果的实际情况进行评价。专家组重点围绕学校人才培养效果与培养目标的达成度、学校办学定位和人才培养目标与国家和区域经济社会发展需求的适应度、教师队伍和办学资源条件的保障度、教学和质量保障体系运行的有效度、学生和社会用人单位的满意度“五个度”等展开考察，内容涵盖学校的定位与目标、教师队伍、教学资源、培养过程、学生发展、质量保障及特色项目等方面。

图5－23 西南大学校长张卫国教授走访学院并考察实验室

资料来源：华侨大学本科教学工作审核评估网。

入校考察期间，专家组深度访谈校领导26人次，走访了所有教学单位和职能部门并深度访谈383人次，听课看课62次，调阅试卷47门共1986份，查阅毕业设计和毕业论文31个专业1418份，走访考察了5个实习基地和用人单位，实地考察了28个专业实验室、学生活动中心、创业孵化基地、学生宿舍、食堂等教学设施和公共基础设施，并调阅了相关支撑材料。②

① 陈拥华：《审核评估办公室组织开展校内自评整改检查工作》，华侨大学本科教学工作审核评估网，2018年3月26日，https://shpg.hqu.edu.cn/info/1023/1205.htm，最后访问日期：2020年8月3日。

② 吴天适、吴江辉：《教育部本科教学工作审核评估专家组向华侨大学反馈评估考察意见》，华侨大学本科教学工作审核评估网，2018年6月8日，https://shpg.hqu.edu.cn/info/1023/1336.htm，最后访问日期：2020年8月3日。

图 5－24　北京外国语大学原党委书记韩震教授与学院师生座谈

资料来源：华侨大学本科教学工作审核评估网。

张卫国代表专家组充分肯定了华侨大学多年来所取得的办学成绩。专家组认为：在长期的办学实践中，华侨大学坚持“面向海外、面向港澳台”的办学方针，秉承“为侨服务、传播中华文化”的办学宗旨，贯彻“会通中外、并育德才”的办学理念，确立了培养具有创新精神、实践能力、国际视野与社会责任感的服务海内外经济社会发展的高素质人才培养目标。建校以来，为海内外经济社会发展、中华文化传播做出了重要贡献。华侨大学是一所以工程学科为优势、以华文教育为特色、多学科并进的综合性大学，学校在高素质人才培养方面进行了积极的探索和实践，办学特色明显，人才培养效果与培养目标的达成度、办学定位和人才培养目标与国家和区域经济社会发展需求的适应度、教师和教学资源条件的保障度、教学和质量保障体系运行的有效度、学生和社会用人单位的满意度较高，为高水平大学建设目标和人才培养总目标的实现奠定了坚实基础。学校根据国家和区域经济社会发展需要，结合学校发展实际，形成了明确的办学定位；重视师资队伍建设，师德师风建设效果明显；坚持本科教学优先投入，教学资源得到有力保障；不断加强教育教学改革，促进了人才培养质量提升；坚持以学生发展为中心，学生质量得到社会认可；重视质量保障体系建设，基本实现了从人才选拔、人才培养到毕业就业的全程质量监控；办学特点突出，境外生培养取得突出成效。会上，各位评估专家分别针对学校本科教学工作在人才培养、专业建设、师资队伍、教学改革、课程设置、教学质量保障体系以及学校在新时期明确发展定位和办学目标等方面存在的问题，逐一进行意见反馈，提出了有针对性的意见和建议。[①]

图5-25　本科教学工作审核评估专家意见反馈会

资料来源：华侨大学本科教学工作审核评估网。

（二）研究生教育

为了更好地做好研究生招生和培养工作，学校于2012年成立研究生院。2016年，学校出台《华侨大学研究生创新型人才培养计划》。该计划指出，研究生培养应以立德树人为根本任务，以学位授权点内涵建设、服务需求、质量提高为主线，以研究生的创新能力和职业提升为核心，并提出“一体两翼”“六维一心”的工作思路。其中，“一体两翼”中“一体”指大力发展研究生教育，“两翼”指推进“学位授权点评估与申报”和“研究生创新型人才培养工程”；“六维一心”是指“研究生创新型人才培养工程”开展的六条具体工作路径，即培养方案优化、精品课程建设、实践基地拓展、学生能力培养、导师队伍提升、全过程质量监督体系构建。[②]

1. 扩大招生规模

为扩大研究生招生规模，学校对推免生制度、硕博连读制度进行改革。从2015年起，由于教育部办公厅发布《关于进一步完善推荐优秀应届本科毕业生免试攻读研究生工作办法的通知》，推免生可不受限制自主择校，学校面临极大压力。在这

① 吴天适、吴江辉：《教育部本科教学工作审核评估专家组向华侨大学反馈评估考察意见》，华侨大学本科教学工作审核评估网，2018年6月8日，https://shpg.hqu.edu.cn/info/1023/1336.htm，最后访问日期：2020年8月3日。

② 参见华侨大学研究生院《华侨大学研究生院2016年工作总结》。

种严峻形势下，学校推出推免生提前修读研究生课程方案，吸收优质本科生源，取得良好效果。① 学校还改革硕博连读选拔办法，不仅突破一级学科限制，允许基础和相关学科硕士研究生跨学科参加选拔，而且将硕博连读选拔次数从仅有一次调整为多次，还支持硕博科研的衔接。这些举措使硕博连读人数出现突破性增长，2013年硕博连读学生仅有 6 人，2016 年达 22 人，2018 年达 43 人。学校从 2012 年到 2019 年共招收了境内研究生 12564 名，其中博士 491 名，含全日制 289 名，非全日制 202 名；共招收硕士 12073 名，含学术硕士 4963 名，专业硕士 7110 名。②

学校在稳步招收境内研究生的同时，也在积极推进境外研究生招生工作，吸引外来生源。一方面，学校努力提高本校境外本科生向研究生的转化率，减少优质境外生源流失；另一方面，学校积极争取各类境外招生奖学金，在各地开设研究生班。2017—2018 年，学校先后成为厦门“陈嘉庚奖学金”、中国政府奖学金和孔子学院奖学金招生单位。2012 年，学校在泰国、印度尼西亚、马来西亚等国开设 3 个硕士研究生班，涉及语言学及应用语言学、中国古代文学、中国现当代文学、计算机应用技术等 4 个专业，共计招生 51 名。2013—2017 年，在中国澳门、台湾地区，缅甸、老挝、越南、泰国、菲律宾、马来西亚、印度尼西亚、日本、新加坡等十余个地区和国家开办 1 个博士研究生班、15 个硕士研究生班，涉及企业管理博士专业，华语与华文教育、汉语国际教育、企业管理、法律、建筑学、结构工程、中国哲学、工商管理、旅游管理等 14 个硕士专业。③ 2012—2019 年，学校共计招收境外研究生 918 人，其中，博士 36 人，硕士 882 人；港澳台 365 人，华侨 193 人，留学生 360 人；校本部就读 212 人，境外班 706 人。④

2. 加强导师队伍建设

学校先后出台《华侨大学研究生指导教师遴选办法》《华侨大学研究生指导教师招生和管理办法》等制度，通过新增导师遴选、招生资格审核与管理，强调导师在研究生培养中的第一责任，在专业学位研究生培养中，实行联合培养制度，推出双导师制。2012—2019 年，共新增博士生导师 103 人，硕士生导师 399 人。截至 2019 年，学校共有博士生导师 160 人，硕士生导师 864 人，校外实践导师 699 人。

---

① 参见华侨大学研究生院《华侨大学研究生教育发展工作报告（2012—2017）》。

② 数据来源：华侨大学研究生院提供。

③ 参见华侨大学研究生院《华侨大学研究生教育发展工作报告（2012—2017）》《研究生院“十三五”规划中期检查报告》。

④ 数据来源：华侨大学研究生院提供。

表 5－7 华侨大学 2012—2019 年研究生导师情况

年份	博士生导师	硕士生导师	校外实践导师
2012	57	465	0
2013	59	448	0
2014	83	501	102
2015	100	628	154
2016	142	695	276
2017	152	772	424
2018	161	827	582
2019	160	864	699

资料来源：华侨大学研究生院提供。

2019 年，福建省首次遴选省级专业学位研究生导师团队，全省共 14 家培养单位的 95 个团队获批立项，华侨大学共有 13 个团队入围。这些团队分别是：机电学院姜峰领衔的“脆性材料加工技术与装备导师团队”和张勇领衔的“关键车身结构智能设计与优化导师团队”，化工学院肖美添领衔的“生物化工技术导师团队”，计算机学院杜吉祥领衔的“计算机视觉与模式识别导师团队”和何霆领衔的“智慧计算与服务研究导师团队”，建筑学院费迎庆领衔的“建筑遗产保护及城市更新导师团队”，信息学院贺玉成领衔的“通信技术与应用导师团队”和郭新华领衔的“电气传动与电能变换技术导师团队”，土木学院黄群贤领衔的“建筑与土木工程专业导师团队”，医学院李招发领衔的“生物检测与药物研发导师团队”，旅游学院谢朝武领衔的“旅游管理导师团队”，经金学院苏梽芳领衔的“金融专业学位硕士生导师团队”，以及政管学院汤兆云领衔的“公共管理专业学位研究生导师团队”。[①]

3．建立学术规范，提高论文质量

学术道德规范是学术研究人员应遵循的基本原则。对不端的学术行为进行界定，并做出相关的处理规定。2012 年华侨大学制定了《华侨大学研究生学位论文学术道德规范及管理办法》，对学术不端行为的规范及处理做出明确规定。依据该文件，华侨大学成立研究生学术道德建设组，负责研究生学术道德建设的政策调研、咨询评估、宣传教育等工作，指导、协调、督促涉嫌违反学术道德行为的调查和处理。[②]

① 张洪雷、李明海：《华侨大学获批 13 个省级专业学位研究生导师团队》，《华侨大学报》2019 年 10 月 15 日，第 1 版，https://hqdxb.hqu.edu.cn/media/detail.php?dls_count=1&pos=1655463，最后访问日期：2020 年 8 月 3 日。

② 徐厚珍：《华侨大学研究生学位论文学术道德规范及管理办法》，中国社会科学网，2012 年 8 月 8 日，http://www.cssn.cn/zx/xrdt/201402/t20140226_1002572.shtml，最后访问日期：2020 年 8 月 3 日。

学校为深入贯彻习近平总书记关于科学道德和学风建设的重要指示和教育部《关于加强学术道德建设的若干意见》文件精神，于2018年7月召开了《研究生学术道德与学术修养》课程研讨会。此外，学校还通过开展新生入学教育、开设《学术道德与学术修养》课程、组织观看全国科学道德与学风建设宣讲教育报告会等多种方式致力于引导研究生牢固树立科研“红线意识”，系好科研“第一粒扣子”，走好科研每一步。[①]

华侨大学加强对学位论文质量把控，积极采取各种措施提升学位论文质量。从2013级起，学位论文重复率检测标准由30%提高到20%；从2014级起，检测标准从20%又提高到15%。从2017届研究生开始，学位论文实行全盲审。在重复率检测和盲审标准均提高的情况下，2012—2017年，学校学位论文重复率检测和盲审通过率始终维持在94%以上。2012—2018年，学校有16篇论文获福建省优秀博士学位论文，有87篇论文获福建省优秀硕士学位论文。[②]

表5-8　华侨大学2012—2017年学位论文盲审与重复率检测通过率

年份	盲审通过率	重复率检测通过率
2012	96.14%	94.18%
2013	96.80%	98.79%
2014	99.58%	98.91%
2015	99.34%	99.08%
2016	99.16%	99.28%
2017	98.13%	98.98%

资料来源：华侨大学研究生院提供。

在学位论文质量提高的同时，研究生学术论文水平也大幅提升。材料科学与工程学院博士生林克斌以第一作者身份首次在*Nature*发表论文Perovskite Light-Emitting Diodes with External Quantum Efficiency Exceeding 20 percent展示了钙钛矿电致发光领域的重大研究进展。论文提出了一种全新的薄膜制备策略并优化了LED器件结构，制备出了高亮度、高量子转换效率和较高稳定性的钙钛矿LED器件。其中，该钙钛矿LED器件的外量子效率高达20.3%，刷新了世界纪录。[③] 此外，学校化工学院

① 刘光耀：《华侨大学举办研究生学术道德与学风建设专题讲座》，华侨大学研究生院网站，2018年10月25日，https://grs.hqu.edu.cn/info/1066/3405.htm，最后访问日期：2020年8月4日。

② 数据由华侨大学研究生院提供。

③ 吴江辉：《零的突破！华侨大学科研成果首次登上〈Nature〉杂志》，华侨大学官网，2018年10月11日，https://www.hqu.edu.cn/info/1067/83129.htm，最后访问日期：2020年8月4日。

2016 级博士研究生麦少瑜，也在国际顶级期刊《德国应用化学》（*ANGEWANDTE CHEMIE-INTERNATIONAL EDITION*）发表了论文 Copper-Catalyzed Divergent Synthesis of Disulfanes and Benzenesulfonothioates Bearing 2 – Aminofurans from N-tosylhydrazone-Bearing Thiocarbamates。[①]

4. 拓展实践基地

为提升研究生创新创业能力，提高人才培养质量，学校积极创新产学研合作模式，建设一批省、校、院三级研究生科研、教学和实践基地，构建优势互补合作共赢的长效机制，服务社会。2014 年，出台《华侨大学研究生工作站建设与管理办法（试行）》，启动校级研究生工作站建设，由各培养单位联系具有一定科研水平的企事业单位设立研究生工作站，工作站为研究生提供实践岗位。到 2017 年，学校已有校级研究生工作站 48 家。同时，积极开展省级研究生实践基地申报，2013 年，学校新增 6 个福建省研究生教育创新基地，总数达到 11 个，实现翻番；2015 年，机械工程领域工程硕士专业学位研究生联合培养基地获批福建省专业学位研究生联合培养示范基地；2016 年，新增 4 个省专业学位研究生联合培养示范基地和 6 个省级研究生教学案例库。到 2019 年，学校共有省级研究生教育创新基地 11 个，专业学位研究生联合培养示范基地 5 个，研究生教学案例库 6 个。[②]

表 5 – 9 华侨大学 2012—2019 年实践基地与案例库情况

单位：个

年份	校研究生工作站	省研究生教育创新基地	省专业学位研究生联合培养示范基地	省级研究生教学案例库
2012	0	5	0	0
2013	0	11	0	0
2014	23	11	0	0
2015	33	11	1	0
2016	40	11	5	6
2017	53	11	5	6
2018	63	11	5	6
2019	77	11	5	6

资料来源：华侨大学研究生院提供。

① 朱舒娴：《华侨大学博士生在国际顶级期刊〈德国应用化学〉发表研究论文》，华侨大学研究生院网站，2017 年 5 月 18 日，https://grs.hqu.edu.cn/info/1066/2251.htm，最后访问日期：2020 年 8 月 4 日。

② 数据来源华侨大学研究生院 2012 年到 2018 年工作总结。

5．营造学术氛围，完善奖助体系

学校努力为研究生营造比较好的学术氛围，以研究生学术能力和创新能力提升为核心，搭建研究生学术交流平台，深入开展研究生学科竞赛，加强系统科研训练和职业发展引导，实现学术育人。仅2016—2017学年，整合校研究生会、青年理论研究会和各学院研究生的特色学术活动，首次开展“研究生学术文化月”，举办“一带一路”主题论文征集1次，承露讲坛5场，各类学术论坛及讲座44场。研究生在学科竞赛中获国家级奖项5项、省部级奖项7项，29人在国内外高级别学术会议上做论文交流，22名研究生被选派赴台湾高校交流学习。①

在研究生的培养中，学校也非常重视各类奖助学金的申请、评定以及发放，助力研究生的成长。2016—2017学年，共有86名研究生获国家奖学金，有22名博士生获博士一等、二等学业奖学金，617名硕士生获硕士一等、二等学业奖学金，有234名研究生新生获承志英才优秀新生奖学金，有67名研究生获评校研究生优秀学生干部，有88名研究生获评校三好学生。在资助方面，有140名研究生纳入阳光成长计划，38名研究生获国家助学贷款。在给予研究生资助的同时，学校通过阳光服务社、阳光大讲堂等平台开展活动，培养学生感恩意识，引导学生增强服务意识。②对于境外生学校一样给予相对应的奖励计划。2013年，学校获得中国华文教育基金会资助，成立了专门面向海外华文师资开展学历教育的完美奖学金项目，这是学校研究生层次的首个社会公募性基金奖学金项目，运行三年时间里共有208人次获奖，奖励金额达到144.2万元。同年，8人获福建省政府留学生奖学金，奖励金额为33万元。2014年以来，有215人次获教育部港澳侨及台湾学生奖学金，奖励金额为107万元；有11人次获福建省台湾学生奖学金，奖励金额为9.8万元。

（三）继续教育

这一时期，学校继续教育贯彻走侨校特色、服务地方方针政策，继续教育招生专业和规模都在不断扩大。

2011—2015年，学校成人高等学历教育（业余及函授）共开设高起专专业31个，高起本专业10个，专升本专业28个，从办学规模、招生数量及质量上都有所提升。学院自2012年开始增设的招生专业有建筑工程（独立本科段）、电子商务（独立本科段）、人力资源管理（独立本科段）、法律专业（基础科段、本科段）、社会工作与管理专业（独立本科段）、广告学专业（独立本科段）、工商企业管理

① 参见华侨大学研究生院《华侨大学研究生院2016年工作总结》《华侨大学研究生院2017年工作总结》。

② 参见华侨大学研究生院《华侨大学研究生院2016年工作总结》《华侨大学研究生院2017年工作总结》。

（独立本科段）、艺术设计（独立本科段）、数控技术（独立本科段）等39个。[①]

学校还与各类中职以及高职院校合作，完成各类继续教育的对接。合作的学校有莆田海峡职业中专、福建商贸学校（泉州分校）、福建省建阳农业工程学校、福建省惠安职业中专学校、厦门东海职业学院、福建信息职业技术学院、福建农业职业技术学院、福建艺术职业学院、泉州理工职业学院、闽北职业技术学院、福建船政交通职业学院、厦门海洋职业学院，几乎覆盖了全省的大部分地区。[②]

学校同时也承担起服务地方经济社会发展的职能，为地方政府开展各类培训。曾为地税系统、烟草系统、侨务系统、统战系统等政府系统开展培训，并首次把培训范围扩展到福建海事系统和监狱系统，先后为福州海事局、莆田海事局、泉州海事局开展培训，并为漳州监狱举办五期培训（学员共计333人）。此外，学校还拓展了港澳与境外培训工作，举办港澳侨界杰出青年培训班，为港澳和海外的知名侨领提供培训，更好地承担为侨服务、传播中华文化的办学职能。[③]

国际教育工作是学校继续教育新的业务增长点，也是践行华侨大学“国际化”发展的一块基石。学校积极探索，夯实基础，克服语言障碍、经济效益和社会效益的平衡等诸多实际困难，为学校国际化办学添砖加瓦。经过调研，学校联合澳门业余进修中心，获得澳门建筑、工程及城市规划委员会批准建筑类持续进修课程5项、土木类持续进修课程3项，最终开设7个持续培训课程班，结业学员489人。2017年，报送澳门高等教育辅助办公室的电子商务、物流管理、产品设计和广告学等4个专业本科学历班的申报材料已经批准，产品设计和广告学已经进入招生阶段。同年，在日本举办的汉语言文学业余本科学历班已经完成招生，巴西合作办学也得到批准。学校继续保持与华澳国际教育中心、珠海城市职业技术学院、北京金辉戎教育科技有限公司、衡达集团、脉维国际教育、蒙特利尔魁北克大学等单位的互动，推进继续教育合作办学。经国务院批准，珠海城市职业技术学院在华侨大学继续学院设立了函授站，并开始了自主招收澳门学生，2018年函授站招收了4名专升本工商管理专业澳门学生。[④]

---

① 参见华侨大学继续教育学院《华侨大学继续教育学院2011年工作总结》《华侨大学继续教育学院2012年工作总结》《华侨大学继续教育学院2013年工作总结》《华侨大学继续教育学院2014年工作总结》《华侨大学继续教育学院2015年工作总结》。

② 参见华侨大学继续教育学院《华侨大学继续教育学院2016年工作总结》《华侨大学继续教育学院2017年工作总结》。

③ 参见华侨大学继续教育学院《华侨大学继续教育学院2017年工作总结》。

④ 参见华侨大学继续教育学院《华侨大学继续教育学院2017年工作总结》《华侨大学继续教育学院2018年工作总结》。

（四）教学成果

学校在推进和深化教育教学改革、构建创新人才培养体系中，涌现出一批优秀的教学团队和教学改革成果。2018 年，学校共有 6 个教学团队入选福建省本科教学立项建设团队。其中，教学科研型教学团队 4 个，分别是机电学院李远领衔的“先进制造工程教学科研团队”、土木工程学院郭子雄领衔的“建筑结构设计与创新教学团队”、经济与金融学院苏梽芳领衔的“金融学专业教学科研团队”和马克思主义学院林怀艺领衔的“思想政治理论课教学团队”；慕课应用型教学团队 1 个，即工商管理学院张向前领衔的“《组织行为与领导力》慕课教学团队”；实验教学型教学团队 1 个，即旅游学院黄远水领衔的“旅游实验教学团队”。① 2014 年学校有 21 个项目获福建省第七届教育教学成果奖，其中“会通多元文化，并育四海英才——创新侨校特色大学生素质教育体系”“华侨大学‘竞教结合’篮球竞技人才培养体系建设与实践”获特等奖，另获一等奖 4 项、二等奖 15 项。② 2017 年学校有 6 项成果获福建省高等教育教学成果奖。其中，校长贾益民教授主持的“‘根·学·爱·梦’四位一体的港澳台侨学生培养体系的创新与实践”获特等奖；体育学院庄志勇副教授主持的“‘校队合作，文体并重’的顶尖体育人才培养模式探索与实践”、文学院马华祥教授主持的“培养海内外中华文化传播人才的特色专业建设探索与实践”、马克思主义学院林怀艺教授主持的“思想政治理论课教学中的经典著作学习引导——基于‘读讲诵写行’五位一体的探索”、副校长刘塨教授主持的“基于国际联合工作坊集成的建筑学硕士培养模式”等 4 项成果获一等奖；旅游学院陈金华副教授主持的“‘四位一体’旅游人才培养模式的探索与实践”获得二等奖。③ 2018 年，学校在福建省高等教育省级教学成果奖一等奖 3 个，分别是：黄辉等主持的“机械工程学科‘校企深度融合’的研究生培养体系改革与实践”、刘斌等主持的“全程化精准开展创新创业教育——华侨大学一体化创新创业教育生态链”、曾路等主持的“‘资源整合、多元协同’国际化拔尖人才培养模式创新与实践”；二等奖 1 个，即胡培安等主持的“以侨为桥，以文化人：基于‘一带一路’背景的华文教育体系构建与实施”。④

---

① 《六团队获得福建省本科教学团队立项》，《华侨大学报》2019 年 3 月 5 日，第 1 版，https://hqdxb.hqu.edu.cn/media/detail.php? dls_count = 1&pos = 227741，最后访问日期：2020 年 8 月 6 日。

② 《我省第七届高等教育教学成果奖公布》，福建省教育厅，2014 年 3 月 27 日，http://jyt.fujian.gov.cn/jyyw/jyt/201403/t20140327_2895554.htm，最后访问日期：2020 年 8 月 3 日。

③ 李金杰：《华侨大学六项成果荣获 2017 年福建省高等教育教学成果奖》，华侨大学官网，2017 年 9 月 20 日，https://www.hqu.edu.cn/info/1067/78915.htm，最后访问日期：2020 年 3 月 21 日。

④ 参见华侨大学教务处《华侨大学教务处 2018 年工作总结》。

第五节　科学研究与科技创新

一　自然科学研究与科技创新

（一）科技体制与政策的调整

为提高学校科研水平，促进学科建设，适应新形势下学校岗位聘任、教师职称评聘和科研管理制度改革的需要，学校修订完善科技管理办法，制定了理工科《华侨大学科研项目管理办法》《华侨大学科学技术研究项目和成果认定办法》等，使华侨大学的科研管理更加科学规范，也对科研的奖励做了明确的规定，调动了学校科研人员和团体的积极性。《华侨大学科研项目管理办法》23 条对科研奖励做出规定：各级各类纵向科研项目经主管部门批准立项后，学校根据《华侨大学高水平成果奖励暂行办法》发放奖励津贴的 50%（立项奖励），项目经费全部到校且按期完成研究任务（或延期申请获批后如期完成研究任务）并结题验收合格的，发放剩余奖励津贴的 50%（结题奖励）。①《华侨大学科研成果认定和奖励办法补充条例》对 SCI、EI、SSCI、A&HCI 收录论文的检索、认定，以及收录论文的分区、对应相应的奖励等都做出明确的规定。在学校第八届学术委员会讨论和广泛征求各教学科研单位、各学科意见的基础上，学校制定 2012 版期刊分类原则和方案。②

学校除制定相关的政策对科研成果进行认定、对高水平成果进行奖励之外，还积极鼓励青年教师致力于科研。2013 年，制订实施《华侨大学“中央高校基本科研业务费”中青年教师资助计划（自然科学研究）》，鼓励优秀中青年科技人才脱颖而出。该计划按照“公平合理、鼓励创新、择优支持”的原则，优先资助在科学研究中研究方向明确、学术前瞻性好、有培养潜力的中青年优秀教师。资助类别分优秀

① 华侨大学：《华侨大学科研项目管理办法》，2015 年 12 月 7 日。

② 参见华侨大学科学技术研究处《华侨大学科学技术研究处 2012 年工作总结》。

青年科技创新人才和培育型青年科技创新人才两类，计划资助研究期限为四年。[①]截至2018年，该计划一共进行了6次遴选，入选者达150人；仅2014年资助的优秀青年科技人才经费就多达80万元，培育型青年科技创新人才经费达40万元。[②]

此外，学校还对优秀的创新团队进行培育。2014年，学校开始实施“华侨大学科技创新团队和领军人才支持计划”，在创新团队的经费支持、聘任考核、专项津贴、职称晋升、人员聘用等方面给予更大的自主权，探索建立“学术特区”，深化学校科技创新体制改革。同年，学校首批遴选资助了15个科技创新团队（其中引领型创新团队3个、发展型创新团队7个、培育型创新团队5个），资助经费达4600万元。在该人才支持计划的扶持下，徐西鹏教授领衔的“脆性材料加工技术创新团队”入选国家科技部2014年科技创新人才推进计划“重点领域创新团队”，该创新团队为学校首次入选科技部“重点领域创新团队”，也是2014年度全国52个入选“重点领域创新团队”中福建省唯一入选的团队。[③]

（二）科研平台的建设

为增强学科实力，提高科研水平，学校努力建设科技创新基地和平台。截至2017年，学校共有以下科研平台：教育部工程技术研究中心3个；福建省重点实验室7个；福建省协同创新中心2个，福建省工程技术研究中心5个；福建省高校重点实验室4个；福建省科技创新平台6个；福建省经贸委行业技术开发基地3个；福建省高校工程研究中心1个；福建省行业技术开发基地2个；厦门市重点实验室7个；厦门市工程技术研究中心5个；厦门市智能电力设备系统研发检测中心1个；厦门市产品创新设计公共服务平台1个；厦门市国际科技合作基地1个。2018—2019年，学校又新增加13个各类科研平台。[④] 其中，学校2019年获批的脆性材料产品智能制造技术国家地方联合工程研究中心属于国家级科研平台。该研究中心是华侨大学首个国家级科技创新平台，主要依托学校制造工程研究院和机电及自动化学院，以促进脆性材料产品智能制造关键核心技术研发、加快科研成果向现实生产力转化为目标，致力于突破产业发展的关键技术瓶颈，建立具有自主知识产权和创

---

① 《华侨大学“中央高校基本科研业务费”中青年教师资助计划（自然科学研究）申报项目评审会召开》，华侨大学科学技术研究处网站，2013年9月30日，https://kyc.hqu.edu.cn/info/1066/1254.htm，最后访问日期：2020年5月13日。

② 参见华侨大学科学技术研究处《华侨大学科学技术研究处2013年工作总结》《华侨大学科学技术研究处2014年工作总结》《华侨大学科学技术研究处2015年工作总结》《华侨大学科学技术研究处2016年工作总结》《华侨大学科学技术研究处2017年工作总结》《华侨大学科学技术研究处2018年工作总结》。

③ 参见华侨大学科学技术研究处《华侨大学科学技术研究处2015年工作总结》。

④ 参见华侨大学科学技术研究处《华侨大学科学技术研究处年度工作总结汇编（2011—2019）》。

新能力的研发平台，推动区域电子信息和石材等脆性材料产品制造业的结构调整和升级，促进海西经济区的电子信息和石材等传统支柱产业发展，进而提升我国脆性材料制品及工具在国际市场上的竞争力。华侨大学校长、博士生导师、“国家杰出青年基金”获得者徐西鹏教授担任中心主任。[①] 至此，科技创新平台基本覆盖全校理工科的所有学科领域。

图 5－26　徐西鹏领导的脆性材料产品智能制造技术科研团队

这些平台已经成为学校会聚高层次科技人才的载体、承担重大项目的中坚、开展科技交流合作的窗口和提升学校科学研究水平的坚实基础。科技平台设立后，学校组建学术委员会/技术委员会，开放研究课题，加强平台的建设与运行，提升科研动力和实力。据不完全统计 2017—2019 年，学校共 15 个科技创新平台设立了 47 个开放性研究课题。[②]

（三）科研成果与科技创新

1. 科研成果

这一时期，学校所取得的科研项目和科研经费均有大幅度增长。不仅如此，获得的高层次的科研项目也在逐年增长。2011—2019 年华侨大学获立国家自然科学基

① 吴江辉、侯斌斌：《华侨大学首个国家级科技创新平台脆性材料产品智能制造技术国家地方联合工程研究中心揭牌　校长徐西鹏任中心主任》，《华侨大学报》2019 年 6 月 4 日，第 1 版，https://hqdxb.hqu.edu.cn/media/detail.php? dls_count＝1&pos＝957854，最后访问日期：2020 年 6 月 9 日。

② 参见华侨大学科学技术研究处《华侨大学科学技术研究处 2017 年工作总结》《华侨大学科学技术研究处 2018 年工作总结》《华侨大学科学技术研究处 2019 年工作总结》。

金项目数为 457 项。①

表 5-10　华侨大学 2011—2019 年科研经费情况

年份	项目数	经费（万元）
2011		2373.0
2012	162	4747.5
2013	293	5431.5
2014	191	5702.2
2015	353	9487.4
2016	310	6997.4
2017	403	8476.0
2018	387	9543.3
2019	596	10456.4

资料来源：华侨大学科学技术研究处提供。

不仅如此，学校发表的高水平论文在数量和质量上均取得突破。2012—2018 年，被 SCI、EI、CPCI-S 等三大检索收录的科技论文逐年增加，从 509 篇增加到 824 篇，增加比例达到 61.9%。2016 年，材料学科被引频次达到阈值的 97.5%。② 2019 年 11 月，根据 Web of Science 数据库查询收录华侨大学论文总数达 5650 篇，引文总数 64526 次，篇均 11.42 次，其中，领域中的热点论文 3 篇、领域中的高被引论文 53 篇。在英国自然出版集团发布的最新自然指数综合排名中，华侨大学从 2018 年起连续两年位列内地高校前 100 名。化学、工程学、材料科学等 3 个学科于 2018 年、2019 年连续两年进入 ESI 前 1%。③

在这一时期，涌现了许多优秀的科研工作者。2015 年，吴季怀教授受邀在国际学术领域顶级期刊 *Chemical Reviews* 发表论文，影响因子达 45.66，并连续五年入选爱思唯尔中国高被引学者榜单，还入选 2018 英国皇家化学会“Top 1% 高被引中国作者”榜单。④ 2018 年，材料科学与工程学院魏展画教授科研团队的钙钛矿 LED 研究成果在 *Nature* 上发表，在重大科技成果方面取得新突破。此外，化工学院周树锋

① 数据来自华侨大学科学技术研究处 2011 年到 2019 年的工作总结。

② 参见华侨大学科学技术研究处《华侨大学科学技术研究处 2012 年工作总结》《华侨大学科学技术研究处 2013 年工作总结》《华侨大学科学技术研究处 2014 年工作总结》《华侨大学科学技术研究处 2015 年工作总结》《华侨大学科学技术研究处 2016 年工作总结》《华侨大学科学技术研究处 2017 年工作总结》《华侨大学科学技术研究处 2018 年工作总结》。

③ 参见华侨大学科学技术研究处《华侨大学科学技术研究处 2018 年工作总结》《华侨大学科学技术研究处 2019 年工作总结》。

④ 参见华侨大学科学技术研究处《华侨大学科学技术研究处 2019 年工作总结》。

教授还入选科睿唯安 2017 年、2018 年“高被引科学家”名单。[①]

2. 科技成果转化

近十年，华侨大学的专利成果处于稳步增长的状态。表 5－11 中可以看出历年来的增长趋势。2016 年之后专利数增长比较快，特别是发明类专利数量明显有大幅度的增长。从专利技术领域上来看，华侨大学专利研发的优势领域是材料测试、材料化学与纳米、物理测量、有机化学这 4 个技术领域。

表 5－11　华侨大学 2011—2019 年专利成果

年份	专利数	发明型	实用性	外观设计	软件著作权备案/份
2011	32	6	26		
2012	127	16	110	1	6
2013	89	23	75	1	3
2014	114	31	83		
2015	174	40	102	32	12
2016	271	142	129		
2017	275	151	121	3	26
2018	302	188	112	2	29
2019	373	135	227	11	44

资料来源：华侨大学科学技术研究处提供。

这一时期，学校通过多种方式多种渠道推进科技成果的转化。仅 2018 年共计转让专利 4 项，转让金额 53.5 万元。其中：发明专利“一种液压挖掘机油电液混合驱动系统”专利权转让福建华南重工机械制造有限公司，转让金额 30 万元，在学校历年的单项转让金额上取得新突破；发明专利“三相永磁同步电动机相序检测和转子初始位置定位系统及方法”专利权转让厦门唯质电气科技有限公司，转让金额 15 万元；发明专利“一种微观尺度下基于超声振动的材料疲劳特性测试方法”实施许可至厦门金鹭特种合金有限公司，实施许可金额 6 万元；发明专利“石墨烯－多孔陶瓷复合吸附材料及其制备方法与应用”实施许可至厦门欧盛福科技有限公司，实施许可金额 2.5 万元。[②] 这些都促进了学校把科研成果转化成生产力，为福建地方建设做出了贡献。

3. 科技获奖

在近十年的发展中，华侨大学科技成果频频获奖。2011 年，徐西鹏团队的“石

① 参见华侨大学科学技术研究处《华侨大学科学技术研究处 2018 年工作总结》《华侨大学科学技术研究处 2019 年工作总结》。

② 参见华侨大学科学技术研究处《华侨大学科学技术研究处 2018 年工作总结》。

材高效加工用金刚石磨粒工具关键技术及应用”项目获得了教育部高等学校科学技术一等奖，并于2013年荣获国家科学技术进步奖二等奖。这是学校首次获得的国家科学技术进步奖，也是国务院侨务办公室所属院校首次获得国家级科学技术奖项。[①]福建是全国的石材大省，石材加工成为福建省特别是泉州市具有鲜明地域特色的产业。然而，石材加工成本高、效率低、能耗大等问题大大制约了石材加工业的进一步发展。徐西鹏团队从基础研究出发，寻找到石材加工中金刚石磨粒失效的主要根源和解决方法。研发了金刚石磨粒工具制备新技术，开发了一系列基于新型金刚石工具的石材加工新工艺与新技术。该项目成果在国内外石材加工领域得到广泛应用，实现了石材的高效率、低成本、低岩屑排放和低能耗加工，推动了我国石材加工整体技术水平的提升。[②]

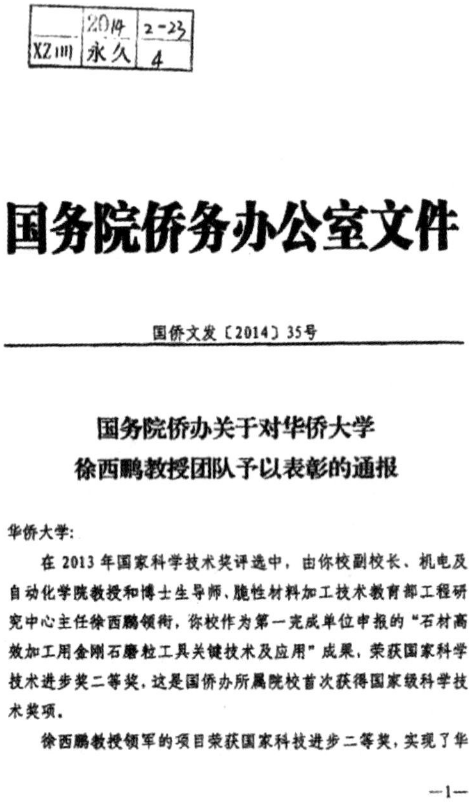

国务院侨务办公室文件

国侨文发〔2014〕35号

国务院侨办关于对华侨大学徐西鹏教授团队予以表彰的通报

华侨大学：

在2013年国家科学技术奖评选中，由你校副校长、机电及自动化学院教授和博士生导师、脆性材料加工技术教育部工程研究中心主任徐西鹏领衔，你校作为第一完成单位申报的“石材高效加工用金刚石磨粒工具关键技术及应用”成果，荣获国家科学技术进步奖二等奖，这是国侨办所属院校首次获得国家级科学技术奖项。

徐西鹏教授领军的项目荣获国家科技进步二等奖，实现了华

—1—

图5－27　国务院侨务办公室祝贺徐西鹏团队获奖贺信

① 舒然：《国务院侨办通报表彰华侨大学徐西鹏教授团队》，华侨大学官网，2014年3月27日 https://www.hqu.edu.cn/info/1212/71830.htm，最后访问日期：2020年9月6日。

② 吴江辉：《华大首捧国家科学技术奖徐西鹏团队荣获国家科学技术进步奖二等奖》，《华侨大学报》2014年1月14日，第1版。

图 5-28 徐西鹏团队获 2013 年国家科技进步二等奖奖状

华侨大学土木工程学院郭子雄教授作为第二完成人、华侨大学作为第二完成单位的“超高层建筑钢骨高强混凝土结构体系抗震关键技术及其应用”项目，获得了 2017 年度国家科学技术进步二等奖。该研究成果应用于大型工程中，推动了钢骨高强混凝土结构的推广应用，产生了显著的经济社会效益。①

除获得国家级科研成果奖项之外，学校还有多人获得省部级的科研奖项。由计算机科学与技术学院彭佳林副教授作为第三完成人、华侨大学作为第二完成单位的“腹部医学影像精准分析及其在肿瘤智能诊疗中的应用”项目成果，获 2018 年度教育部科技进步二等奖。② 学校医学院崔秀灵教授主持完成的“杂环化合物的绿色构筑”获 2018 年福建省自然科学奖三等奖。该项目研究注重耗能少、污染小、回报大的医药分子、重要医药和天然产物中间体的合成路线开发，加快具有重大潜在应用

① 温雅彬：《华侨大学科技成果获 2017 年度国家科学技术奖励》，中国高校之窗网站，2018 年 1 月 10 日，http://www.gx211.com/news/20180110/n15155486781083.html，最后访问日期：2020 年 6 月 10 日。

② 《我院教师参与的科研项目获 2018 年度教育部科技进步二等奖》，华侨大学计算机科学与技术学院网站，2019 年 3 月 13 日，https://cst.hqu.edu.cn/info/1051/1684.htm，最后访问日期：2020 年 4 月 9 日。

价值的药物先导物、海洋药物、天然药物原始性创新成果向现实生产力的转化，这具有十分重大的战略意义。此外，华侨大学还有6项科研成果获得2018年度福建省科学技术奖励。其中获得自然科学奖三等奖的2项，分别是由材料科学与工程学院吴季怀教授主持完成的“基于新型凝胶电解质和杂化电极的超级电容器研究”、医学院/生物医学学院崔秀灵教授主持完成的“杂环化合物的绿色构筑”；获得科技进步奖的4项：由信息科学与工程学院金福江教授主持完成的“间歇染色色泽在线测量关键技术及应用”与由学校作为第二完成单位、土木工程学院陈星欣副教授作为第二完成人完成的“新成岩法透水性地基防渗堵漏处理关键技术与应用”获科技进步奖二等奖；由计算机科学与技术学院蔡绍滨教授主持完成的“海洋探测无人系统协同关键技术及其应用推广”、土木工程学院霍静思教授主持完成的“混凝土与钢管混凝土结构抗火性能评估关键技术及应用”获科技进步奖三等奖。①

二　繁荣社会科学研究

（一）华侨大学哲学社会科学繁荣计划（2012—2020）

为推动社会科学研究的发展，2012年5月，学校成立了社会科学研究处。2013年，学校出台“华侨大学哲学社会科学繁荣计划（2012—2020）”，明确今后社会科学研究的指导思想，提出未来学校文科发展的战略目标。该文件提出，学校将深入实施学科培育与发展计划、人才队伍和团队建设计划、基地和平台建设计划、科学研究水平提升计划、科研评价体系改进计划、社会服务能力提高计划、人才素质培养提高计划、国际合作与交流推进计划等八大计划，全面提升学校哲学社会科学的综合实力和整体水平，服务国家和地方经济社会发展与文化建设。为全面贯彻落实“华侨大学哲学社会科学繁荣计划（2012—2020）”，学校相继出台《华侨大学哲学社会科学青年学者成长工程实施方案》《华侨大学哲学社会科学学术著作专项资助计划管理办法》等6个繁荣计划的配套文件，确保计划的内容落到实处。②

为解决人文社科学术论文认定标准问题，2012年，学校发布《华侨大学学术期刊分类目录（文科）》并于2018年进行了修订，为人文社科类教师发表高水平论文提供了指引。③ 针对科研成果的奖励，华侨大学于2017年出台了《华侨大学决策咨

① 孟祥龙：《华侨大学六项科研成果获2018年度福建省科技奖励》，中国高校之窗网站，2019年10月15日，http://www.gx211.com/news/20191015/n15711065305020.html，最后访问日期：2020年5月15日。

② 参见华侨大学社会科学研究处《华侨大学社会科学研究处2013年工作总结》。

③ 参见华侨大学社会科学研究处《华侨大学社会科学研究处2018年工作总结》。

询类成果认定与奖励补充规定》，进一步优化了学校决策咨询类成果的认定级别及奖励问题。

（二）科研队伍和团队建设

为促进科研队伍建设，2012—2013 年度学校启动了“华侨大学哲学社会科学三大工程项目”之“青年学者成长工程项目”（包括团队项目和个人项目），加大资金投入，合理利用中央高校基金和相关的经费，同步设立“首席专家负责制”，特别对省重点学科、特色学科加大投入力度，着手“华侨大学创新团队”的培育工作。①

表 5 - 12　华侨大学“哲学社会科学青年学者成长工程项目”2012—2019 年立项数及资助金额情况

年份	项目数（团队 + 个人）	资助金额（万元）
2012	36	279
2013	34	220
2014	28	147
2015	23	94
2016	22	115
2017	26	99
2018	23	104
2019	13	81
总计	205	1139

资料来源：华侨大学社会科学研究处提供。②

此外，学校还启动“百名优秀学者培育计划”，打造学校哲学社会科学学科领军人物和学术带头人，提升学校哲学社会科学的整体实力、社会影响力。2013 年度共资助了 29 名优秀学者，总资助经费达 1430 万元。受资助的教师中有 5 名入选福建省高校“新世纪优秀人才支持计划”、1 名教师入选“福建省高校杰出青年科研人才培育计划”。各学者在科研项目、学术成果、科研奖励和学术交流方面也建树显著，该计划的成效逐步显现。③

① 参见华侨大学社会科学研究处《华侨大学社会科学研究处 2012 年工作总结》《华侨大学社会科学研究处 2013 年工作总结》。

② 华侨大学社会科学研究处 2012 年 5 月成立，青年学者成长工程项目 2012 年才启动，故没有 2011 年数据。

③ 陈俊源、周新原：《华侨大学哲学社会科学“百名优秀学者培育计划”答辩会举行》，华侨大学官网，2015 年 4 月 13 日，https://www.hqu.edu.cn/info/1067/78915.htm，最后访问日期：2020 年 3 月 9 日。

为激发各学科、学者的学术创造力，产出更多具有创新性、高水平的学术成果，打造华侨大学学术精品力作，学校于2013年启动“华侨大学人文社会科学学科高水平论文、著作专项资助计划”“华侨大学哲学社会科学学术著作专项资助计划”。[①]该计划首批资助一类A档学术论文48篇，每篇资助3万元；一类B档学术论文91篇，每篇资助1.5万元；二类A档学术论文82篇，每篇资助0.8万元；高水平著作151部。从奖励的金额数，可以看出奖励的力度，这些都促进了整个学校的社会科学研究学术氛围。“华侨大学人文社会科学学科高水平论文、著作专项资助计划”共资助80位教师发表高水平论文共计120篇。截至2019年，已出版著作53部，其中已有10部著作获得福建省社会科学优秀成果奖。[②]音舞学院的青年教师副教授檀革胜的项目“新中国交响音乐创作观念研究”，获得2015年度国家社科基金艺术学项目资助。这是时隔15年来，华侨大学再次获得国家社科基金艺术学项目资助。他就是华侨大学新实施的一揽子支持科研的计划的受益者。[③]

为打造高水平学术共同体，2016年，学校启动“华侨大学哲学社会科学学术创新团队培育计划”，共计资助12个创新团队，其中引领型3个、发展型4个、培育型5个，团队资助总经费1960万元，首期拨款465万元。由该计划培育的“马克思主义哲学的当代价值研究创新团队”入选2018年福建省高校以马克思主义为指导的哲学社会科学学科基础理论研究创新团队。[④]

为促进社会科学研究的交流与合作，学校还召开了很多国际性的会议。如“两岸华文教育协同创新研讨会”、第五届华语文教学研究生论坛、“东亚文化与民俗、宗教”中日韩学术论坛、第三届东亚学术交流论坛、第三届国际东西方研究论坛暨2014年国际东西方研究学会年会、第九届中文教学现代化国际研讨会、东亚司法改革前沿问题国际研讨会、以“国际市场与中小企业”为主题的第六届东亚学术论坛暨华侨大学研究生学术论坛、中国－东盟旅游安全峰会及专题培训等。

（三）基地和平台建设

2011年以来，学校人文社科类科研机构增长迅速。2013年，学校人文社会科学类科研机构共有40个；2017年，新增设立科研机构6个，其中校属科研机构1个

---

① 周新原：《〈华侨大学哲学社会科学文库〉正式面世》，华侨大学网站，2015年7月9日，https://www.hqu.edu.cn/info/1067/78915.htm，最后访问日期：2020年3月9日。

② 参见华侨大学社会科学研究处《华侨大学社会科学研究处2019年工作总结》。

③ 张罗应：《受益繁荣计划 人文社科研究成果喜人》，《华侨大学报》2015年11月10日，第2版。

④ 参见华侨大学社会科学研究处《华侨大学社会科学研究处2016年工作总结》《华侨大学社会科学研究处2018年工作总结》。

（泉州工艺美术研究院）、院属科研机构5个（社会科学调查与数据研究中心，现代社会与政治哲学研究中心，港澳青年研究所、影视创作研究中心，国际漆艺研究中心）。2018年，新增设立5个科研机构，其中校属科研机构1个（华侨大学心理文化学研究所）、院属科研机构4个（案例法研究中心、中国特色社会主义理论体系研究中心、连环画、插画与绘本创作研究中心、生涯规划研究所）。2019年，新增设立4个科研机构，其中校属科研机构1个（中国产业经济研究中心）、院属科研机构3个（华文文献学研究中心、两岸关系研究中心、当代艺术研究中心）。截至2019年，学校共有文科科研机构110个，独立校属科研机构6个，挂靠校属科研机构6个，院属科研机构67个，与校外机构联合设立科研机构2个。①

为了加强学校社会科学研究基地的建设，华侨大学启动了“华侨大学人文社会科学研究基地培育计划”。2017年新增1个教育部国别和区域研究中心备案名单（泰国研究所）、1个福建省发展和改革委员会批准的数字福建“一带一路”服务业大数据研究所（现代应用统计与大数据研究中心）、1个福建省旅游发展委员会批准设立的“福建省智慧旅游产业示范基地”（智慧旅游研究所）。2019年新增中外文学与翻译研究中心、海峡两岸传播创新研究中心福建省高校人文社科研究基地。截至2019年，学校共有各类研究基地29个，其中包括省部级研究基地15个，校级重点研究基地4个，校级培育研究基地10个。其中，2014年学校“生活哲学研究中心”和东方企业管理研究中心2个福建省高校人文社会科学研究基地全部获评优秀。②在加大学校人文社科投入的同时，华侨大学还与社会科学文献出版社签署了学术资源建设基地战略合作框架协议，在学术成果出版、举办学术会议、成果数字化、成果“走出去”等方面开展全面的战略合作，以进一步提升学校社科研究的水平。2015年，华侨大学成为社会科学文献出版社与国内高校及科研机构签署的第一家学术资源建设基地。

2017年，华侨大学继续强化智库建设，成功举办多场“智库名家系列讲坛”，为智库建设搭建交流学习平台并走访调研北京、上海等高校和科研院所的知名智库。当年新增福建省高校特色新型智库1个，即“一带一路”旅游安全发展研究中心（旅游安全研究院）。2018年新增2个智库：港澳台青年研究中心、经济发展与改革研究院。③

---

① 参见华侨大学社会科学研究处《华侨大学社会科学研究处2015年工作总结》。

② 参见华侨大学社会科学研究处《华侨大学社会科学研究处2014年工作总结》《华侨大学社会科学研究处2017年工作总结》《华侨大学社会科学研究处2019年工作总结》。

③ 参见华侨大学社会科学研究处《华侨大学社会科学研究处2017年工作总结》《华侨大学社会科学研究处2018年工作总结》。

（四）科研成果

1. 科研立项

在这十年中，学校在科研立项上也有了长足的发展，各类项目无论在数量上还是质量上都有大幅度的提高。特别表现在国家社科基金年度项目立项数方面，近年来，华侨大学获立项数节节攀升，年年创新高：2011 年获立项 8 项；2013 年获立项 13 项，居福建省第三位；2014 年有 19 个项目获得资助立项，立项数与福建师范大学并列福建省第二位，在全国高校排名中跃居第 40 位；2015 年，全校共有 21 个项目获得资助立项，全国高校排名升至第 34 位，稳居福建省第二名；2016 年，学校获立项 24 项，项目覆盖七类国家社科基金项目中的五类，意味着华侨大学获得国家社科基金项目的广度和深度进一步提升；2017 年，获立项的国家社科基金年度项目数在全国高校中排名第 54 位；2019 年，华侨大学获立国家社科基金一般项目 13 项、青年项目 4 项，立项数在全国排名第 76 位、福建省第 3 位。①

众多的科研人员在获批各类科研项目中创造了历史：2014 年法学院王方玉副教授获立学校第一个国家社科基金后期资助项目；马克思主义学院吴苑华教授获立学校第一个教育部哲学社会科学研究后期资助项目；公共管理学院林怀艺教授获立学校第一个教育部哲学社会科学研究专项任务项目（高校思想政治理论课）；经济与金融学院张潜教授获立学校第一个文化部文化艺术科学研究项目；文学院青年教师朱晓雪获立学校第一个全国高等院校古籍整理研究工作委员会项目。②校长贾益民教授担纲的“华侨华人与中国梦”课题获中央财政重大专项资助，获资助经费 500 万元。③ 2017 年，学校外国语学院朱琳获立一项中华学术外译项目，实现了学校在该项目上的历史性突破。2019 年，华侨大学“华人华侨爱国故事青年绘本创作人才培养”项目入选国家艺术基金 2019 年度资助项目立项名单。这是学校首次获得国家艺术基金集体项目的立项，这极大地扩大了学校在美术领域的办学声誉，为学校美术学科的发展带来积极影响。④

---

① 卢建华、李雪芬：《2019 年度：华侨大学获立多项国家基金项目》，《华侨大学报》2019 年 8 月 27 日，第 1 版，https://hqdxb.hqu.edu.cn/media/detail.php?dls_count=1&pos=1255267，最后访问日期：2020 年 2 月 13 日。

② 参见华侨大学社会科学研究处《华侨大学社会科学研究处 2011 年工作总结》《华侨大学社会科学研究处 2012 年工作总结》《华侨大学社会科学研究处 2013 年工作总结》《华侨大学社会科学研究处 2014 年工作总结》。

③ 张罗应：《受益繁荣计划人文社科研究成果喜人》，《华侨大学报》2015 年 11 月 10 日，第 2 版。

④ 王大卫：《华侨大学首获国家艺术基金集体项目立项“华人华侨爱国故事青年绘本创作人才培养”课程班开班》，《华侨大学报》2019 年 5 月 21 日，第 1 版，https://hqdxb.hqu.edu.cn/media/detail.php?dls_count=1&pos=850533，最后访问日期：2020 年 2 月 11 日。

除了在纵向课题上发展迅速之外，学校还不断与地方政府、企事业单位加强科研合作，提供技术与政策咨询，在人文社会科学横向项目上有了很大的突破。表5－13显示，无论在横向项目数量还是金额上华侨大学社会科学研究都发展迅速，服务社会、服务地方的能力在不断加强。

表5－13　华侨大学社会科学研究2011—2019年横向项目

年份	课题数	金额（万元）
2011	79	393.5
2012	80	795.5
2013	121	591.5
2014	92	476.0
2015	89	712.1
2016	88	640.7
2017	101	745.4
2018	85	435.7
2019	112	592.3
总计	847	5382.7

资料来源：华侨大学社会科学研究处提供。

2. 社科成果

这一时期，学校在权威期刊上发表了一些高水平学术论文。2014年，华侨大学文学院蒋晓光博士在中国最高水平的综合类人文社会科学期刊《中国社会科学》上发表学术论文《宾祭之礼与赋体文本的构建及演变》，成为华侨大学教师在该杂志以第一署名单位和第一作者发表的第一篇文章，实现了学校社科研究人员在国内顶尖学术期刊上发表论文的历史性突破。蒋晓光博士也由此从讲师破格提拔成为教授。[①] 2018年，华侨大学哲学与社会发展学院李忠伟教授又在《中国社会科学》发表了《现象学与分析哲学融合进路中的自我问题研究》的独立署名文章。这是华侨大学教学科研人员以独立作者身份在《中国社会科学》上发表的第一篇文章。

除发表高水平的论文外，华侨大学教师还在各类社科成果奖上屡屡获奖。2013年，哲学与社会发展学院的杨楹、王福民教授的专著《马克思生活哲学引论——生活世界的哲学审视》获第六届高等学校科学研究优秀成果奖（人文社会科学）三等奖；2015年，哲学与社会发展学院的李志强教授的论文《存在论哲学的两个向度：马克思与海德格尔自由观比较研究》获第七届高等学校科学研究优秀成果奖（人文

① 张罗应：《受益繁荣计划人文社科研究成果喜人》，《华侨大学报》2015年11月10日，第2版。

社会科学）三等奖。① 2013—2019 年，华侨大学共计获得了 273 项社科成果奖，其中福建省级优秀成果 104 项、厦门市优秀成果 47 项、泉州市优秀成果 122 项。

二　服务地方

“服务地方建设”一直是华侨大学的重要使命。为了做好服务地方的工作，华侨大学专门成立了城市建设与经济发展研究院、泉州科学技术与社会发展研究院、厦门工程技术研究院等研究机构。2012 年 10 月，副校长徐西鹏在服务社会研讨会上指出：高校进行科研项目不能只是满足自身的研究兴趣，还要使之在社会上有一定的影响力。他要求各学院要主动承接项目，多沟通，多策划，建立发展的长效机制，使学校的科研水平再上一个大台阶。②

1.《华侨大学“十三五”服务地方社会发展专项规划》

2017 年，华侨大学在学校“十三五”规划的基础上出台了《华侨大学“十三五”服务地方社会发展专项规划》。该规划指出，华侨大学在人才培养、科学研究、社会服务和文化传承等方面，将更加紧密、更有针对性地为福建经济社会发展服务。

在人才培养方面，华侨大学将为福建发展提供各种人才保障。根据福建省建设发展需要，逐步加大省内人才培养力度；发挥高校引智作用，推动福建省人才库建设；加强与福建省各地市的合作与培训，为福建省全面发展提供人才支持；培养拔尖创新人才，推动福建省创新创业教育大发展。在科学研究方面，华侨大学将促进福建高等教育发展：以建设高水平大学为目标，优化学科布局，为福建省加速发展提供基本保障；提高学校科研水平，助力福建经济科技发展；深入贯彻“大华文教育”理念，推进中华文化传播，密切福建与海外经济文化交流合作；与其他高校深入合作，推动福建省高等教育整体发展。在产学研方面，华侨大学将全面贯彻国家战略，积极支持福建海丝核心区和自贸区建设；推进省校协同创新，积极建设政校合作科研平台；积极转化科技成果，推动产业转型升级；积极打造华大知识经济圈，推动福建省自由贸易区建设。在文化传承方面，华侨大学将发挥高端论坛作用，传播先进文化思想；发挥学校文化传承功能，做好精神引领工作；涵育生态育人文化，服务福建生态文明示范区建设；积极关注海洋产业发展，提升福建海洋经济发展水平，从而为福建精神文明创建、生态文明建设做出贡献。

---

① 参见华侨大学社会科学研究处网站，教育部获奖成果，https://skc. hqu. edu. cn/hjcg/jybhjcg. htm，最后访问日期：2020 年 8 月 15 日。

② 张为健：《华侨大学召开服务社会研讨会》，《华侨大学报》2012 年 10 月 23 日，第 4 版。

规划还提出，学校要发挥侨校优势，为福建侨务工作与对外交流服务，推动福建省与海外更密切地交流合作；利用学校校董、校友优势，为福建省对外发展牵线搭桥；发挥对台优势，为闽台融合发展服务等。①

2. 服务地方经济社会发展

华侨大学始终以服务地方社会经济文化建设为使命，主动结合福建经济社会发展需求，构建全方位为福建经济社会发展服务的体系，更全面地提升科技创新能力，主动服务区域经济发展，在福建人才培养和产学研用结合方面发挥了积极作用。

学校充分发挥学科优势，为地方建设提供科技支持。我国是世界石材大国，福建是全国的石材大省，石材加工成为福建省特别是泉州市国民经济发展的重要支柱产业，其发展壮大与华侨大学密不可分。华侨大学现任校长徐西鹏团队长期潜心于石材先进加工领域的研究工作，并凭借“石材高效加工用金刚石磨粒工具关键技术及应用”成果，荣获了2013年度国家科学技术进步奖二等奖。华侨大学工业设计团队，为泉州七匹狼、辉煌水暖，以及厦门厦工集团、金龙客车等一大批企业提供产品工业设计服务，为企业节约资金上千万元。其中为浔兴拉链提供消费市场研究、时尚趋势分析等服务，2011年就为其增加8000万元的收入。② 华侨大学充分发挥多学科的综合优势，积极推动和促进海西相关产业的基础研究和应用技术的发展，进行重大技术攻关与项目推广，成为海西经济社会发展的重要“助推器”和“发动机”。比如土木工程学院团队的“建筑结构灾损修复技术及灾损评估”新技术，已在泉州完成相关评估项目二十余项，为企业避免了数千万元经济损失；机电及自动化学院科研团队在制鞋机械、纺织机械、工程机械及制茶机械等领域，为地方相关企业开展了大量的技术支持与服务工作；材料科学与工程学院科研团队先后与雀氏实业、日盛化工、德立化工等企业合作开发新技术新产品。③

华侨大学主动服务地方，融入海峡西岸经济开发区建设，为福建省社会经济发展培养需要的优秀人才。学校主动适应海西经济发展与产业结构调整对人才的需求，及时改造现有的传统学科与专业。例如，紧密结合泉州市传统优势产业微波通信，新兴光电产业太阳能光伏、半导体照明工程以及正在兴起的物联网产业，2010年，学校在泉州校区设立了华侨大学工学院，设立通信工程、电子科学与技术、网络工

① 华侨大学：《华侨大学“十三五”服务地方社会发展专项规划》，2017年6月15日。

② 《携手合作 互惠共赢——华侨大学服务地方建设侧记》，华侨大学官网，2016年3月21日，https://www.hqu.edu.cn/info/1067/17051.htm，最后访问日期：2020年7月3日。

③ 《携手合作 互惠共赢——华侨大学服务地方建设侧记》，华侨大学官网，2016年3月21日，https://www.hqu.edu.cn/info/1067/17051.htm，最后访问日期：2020年7月3日。

程三个专业，走差异化道路，为地方经济服务。[①] 根据厦门市 2014 年提出的大力发展现代服务业的需求，华侨大学新增了投资学、会展经济与管理、产品设计等本科专业。2017 年华侨大学在莆田学院设立有关领域的专业硕士研究生教学点，并按照省教育厅的安排对口支援莆田学院建设等。[②] 学校与汇丰置业（中国）有限公司合作建设华侨大学高尔夫学院，与厦门航空联合办学，成立厦航学院，探索校企联合办学的人才培养新模式。另外，学校与匹克集团、富贵鸟集团等泉州企业，以及与厦门机电集团、金鹭特种合金有限公司等十多家厦门企业建立了订单式人才培养模式，实现校企联合培养专门的应用型人才。此外，学校还积极加强对海西高层次应用型人才的培养，注重提高与地方经济、社会发展密切相关的工商管理硕士、法律硕士、公共管理硕士、旅游管理硕士、工程硕士等专业学位研究生的培养水平。学校还积极利用继续教育平台和多学科优势，开办各类培训班，组建各类职业培训基地，在构建学习型社会、提高海西人才队伍整体素质等方面发挥重要作用。华侨大学的毕业生毕业之后，超过一半留在福建服务地方建设。《华侨大学 2018 年毕业生就业质量年度报告》显示，2018 届已就业的 4563 名毕业生中，有 2538 人选择留在福建地区，[③] 为福建社会经济发展做贡献。

华侨大学积极为地方政府及社会各界开展各类咨询服务，推进海西城市治理能力和体系的现代化。2012 年由城市建设与经济发展研究院承担组织的“厦漳泉原水联网输送工程前期研究”“厦门市城市人口规模控制与产业选择”“集美区城市建设与经济发展战略研究”等课题，为厦门市的城市建设发展提供了高质量的决策咨询服务。研究院受福建省政府委托开展的“中国（福建）自由贸易实验区若干政策研究”课题研究，2015 年 5 月得到时任副省长郑栅洁的充分肯定和高度评价，认为课题成果“对福建省自由贸易试验区工作很有指导意义”。[④] 学校整合企业管理、金融、市场营销、法律等领域专家组建课题组深入企业，为泉州民营企业抵御金融危机冲击提供协助，并为“十二五”规划泉州民营企业发展方式转变提供政策参考；学校为泉州企业家提供金融知识培训，2013 年以学校为主成立的“福建省东南大宗

---

① 张为健：《走差异化道路 为地方经济发展服务——访工学院院长郑力新》，《华侨大学报》2013 年 4 月 23 日，第 2 版。

② 刘沛：《华大与莆田市政府签约全面合作》，《华侨大学报》2017 年 2 月 21 日，第 1 版。

③ 《理工科专业优势明显 服务地方趋势突出——〈华侨大学 2018 年毕业生就业质量年度报告〉解读》，《华侨大学报》2019 年 1 月 15 日，第 2 版，https://hqdxb.hqu.edu.cn/media/detail.php?dls_count=1&pos=124402，最后访问日期：2020 年 6 月 5 日。

④ 李兵：《郑栅洁副省长肯定华侨大学课题研究对福建自贸区工作很有指导意义》，《华侨大学报》2015 年 5 月 19 日，第 1 版。

商品交易中心”，已成为国内重要的商品交易平台；[①] 学校为福建霞浦、泉州市及泉州鲤城区、台投区、晋江市、石狮市翔芝镇、惠安县、仙游县等市县区镇制定旅游观光总体规划，[②] 并有多名干部到福建各地市挂职，积极为地方经济社会建设发展献智献策。学校还提供智力支持协助惠安县做好美丽乡村建设规划；为素有“建筑之乡”之称的惠安县培养建筑行业工程的管理人才以及提供水质环境保护改造；为厦门市的古建筑设计社会保护方案；承担厦漳泉水电网输送工程等。[③] 2018 年，华侨大学体育学院还积极服务宁德地区体育产业发展。在该院的帮助下，宁德九鲤溪体育旅游项目入选国家体育产业示范项目，成为宁德市唯一入选项目，也是宁德地区首个国字号的体育产业示范项目；宁德屏南白水洋—鸳鸯溪旅游区入选首批“国家体育旅游示范基地”创建单位水上运动基地，成为该项目福建省唯一获列单位；宁德福安获批福建省首批体育产业示范基地称号，屏南白水洋体育旅游休闲健身项目上榜福建省体育产业示范项目。[④]

华侨大学还充分发挥大学文化高地的作用，为进一步提升所在城市的文化品位和影响力不懈努力。2009 年和 2013 年，学校分别联合泉州市委、市政府，厦门市集美区委、区政府推出了“华大讲堂”和“集美讲堂”，为学校师生、地方各级领导干部和企业家提供前沿理论、观念和信息，在推动经济社会发展、引领社会文化潮流方面起到了重要作用。学校同时借助地处闽南侨乡的“侨”“台”优势，打造“外国政府官员中文学习班”“海外华裔青少年中华文化大赛总决赛”“海峡两岸高校文化与创意论坛”“东亚学术交流论坛”等品牌活动，成为沟通泉州、厦门与世界，提升城市形象的美丽名片。[⑤] 2017 年华侨大学发挥学科优势，推动莆田市妈祖文化、工艺美术文化传播，促进莆田市文化与旅游融合发展；加强莆田特色文化研究，为莆田市文化建设、树立特色品牌文化服务。[⑥]

---

① 张为健：《华侨大学主办和发起东南大宗商品交易中心落户鲤城》，《华侨大学报》2013 年 7 月 2 日，第 4 版。

② 黄小敏：《旅游学院三名研究生到仙游县挂职华侨大学与仙游的合作渐入佳境》，《华侨大学报》2010 年 5 月 25 日，第 3 版。

③ 张为健：《输送人才提供决策咨询智助地方发展》，《华侨大学报》2015 年 11 月 10 日，第 2 版。

④ 张罗应：《华侨大学体育学院：精准服务地方需求的成功范例》，《华侨大学报》2018 年 7 月 10 日，第 4 版。

⑤ 《携手合作 互惠共赢——华侨大学服务地方建设侧记》，华侨大学官网，2016 年 3 月 21 日，https://www.hqu.edu.cn/info/1067/17051.htm，最后访问日期：2020 年 7 月 3 日。

⑥ 刘沛：《华大与莆田市政府签约全面合作》，《华侨大学报》2017 年 2 月 21 日，第 1 版。

第六节　国际化办学战略与实践

一　国际化办学战略

高等教育国际化是经济全球化、信息化、教育竞争、科技发展、文化交流、经济推动、人才需求变化及高校自身发展需求多种因素综合作用的产物，它已经成为当前世界高等教育的主流趋势。华大作为一所侨校，“面向海外、面向港澳台”的办学方针本身就蕴含了国际化的要素，这就决定了学校必须走开放式的办学道路，必须通过国际化办学来突显学校的侨校特色和优势，以保持和提高学校独特的存在和发展价值。

2011年，学校发布的《华侨大学“十二五”规划》《华侨大学中长期发展规划纲要》将对外交流合作工作纳入学校建设“基础雄厚、特色鲜明，海内外著名的高水平大学”的长远发展目标支撑体系中。2012年10月，为推进学校国际化战略实施，适应全球高等教育国际化发展趋势，学校成立华侨大学国际化战略委员会，用以规划、统筹、指导、协调全校的国际化工作①。国际化战略委员会由校长、分管副校长亲自挂帅，从机制上充分保障了全校国际化战略的推进，是学校国际化发展中具有里程碑意义的举措。2012年，学校新一届中层干部任期目标首次将国际化发展纳入学院领导班子的责任考核，促进了以学院为主体开展学校国际化工作机制的初步构建。2013年10月，学校召开首届国际化战略专题研讨会，会前公开向全校师生征集华侨大学国际化战略发展的意见与建议，努力调动学校上下参与国际化工作的主动性和积极性。同年11月，学校出台《华侨大学大力推进国际化战略实施意见》，明确了华大推进国际化战略指导思想、工作思路及实施目

---

① 《华侨大学报》记者：《推进学校国际化华大成立国际化战略委员会》，《华侨大学报》2012年10月19日。

标，这是今后一段时期学校国际化办学的行动指南。[①] 与此同时，学校将原外事处更名为国际交流合作处，使其职能进一步拓展，强化了国际交流合作的职责，其人员配置情况也较之前有了大幅度的改观；将国际交流学院更名为国际学院，使其成为办学主体，为开设全英文专业和课程创造了条件。以上诸项举措标志着学校国际化发展已经初步建立了制度框架，对全校上下围绕国际化战略统一思想提高认识、明确目标、落实责任，营造学校国际化氛围等方面起到了重要的奠基和推动作用。

学校将2015年定为学校的“国际化发展年”并致力于通过国际化办学带动发展。同年5月，学校再次召开国际化战略工作会议，这是继2013年学校召开首届国际化战略专题研讨会之后的又一次学校国际化办学的关键会议，会议目的在于齐心协力，凝聚共识。[②] 校长贾益民要求全校师生“将共识凝聚到国际化发展的战略上，并以此引领华侨大学各项事业实现跨越式发展，开创华侨大学发展的新篇章!”学校出台《华侨大学国际化发展行动计划》，围绕办学理念国际化、师资队伍国际化、人才培养国际化、科研国际化、管理服务国际化等方面提出40条实施措施和50个项目建设，至此，华大的国际化办学发展进入快车道。

学校高度重视通过境外培训提高管理干部的战略思维、世界眼光和领导水平，助力学校国际化办学战略的实施。“十二五”期间，累计派出32名处级领导干部到台湾中原大学、新竹交通大学、暨南国际大学、东海大学研修学习，派出24名处级领导干部到美国加州大学洛杉矶分校研修学习；派出70名中青年管理人员到台湾中原大学、澳门大学研修学习。[③] 2016—2019年，共选派57名处级管理干部到美国杜克大学、美国加州长滩州立大学、美国密歇根州立大学进行高等教育管理与创新培训。2016年，学校选拔资助18名学校优秀的中青年管理干部赴台湾、澳门研修学习15天。这些培训体系内容丰富、形式多样、针对性强，通过访问不同类别的学校，让管理干部队伍了解多样的管理理念和模式，系统地学习高等教育管理专业知识，提升管理干部队伍的高等教育管理服务水平。

总结来看，华大的国际化办学呈现全方位和系统化特征。一方面，由于侨校的特殊性，华大的国际化体现为全方位推进，业务渗透到很多相关单位和部门。另一方面，华大的国际化呈现出系统化特征，国际化体系由学校推进国际化办学及学院国际化办学实践构成。

---

① 华侨大学：《关于印发〈华侨大学大力推进国际化战略实施意见〉的通知》，2013年11月18日。

② 吴天适：《齐心协力 凝聚共识 华侨大学召开2015国际化战略工作会议》，华侨大学官网，2015年5月9日。https://www.hqu.edu.cn/info/1220/61273.htm，最后访问日期：2020年4月20日。

③ 参见华侨大学国际交流合作处《华侨大学国际化系列之工作纪实》，2016年3月。

二　国际化办学实践

（一）学校推进国际化办学

1. 积极拓展海外生源。这是学校践行“面向海外、面向港澳台”办学方针和“为侨服务，传播中华文化”办学宗旨的主要路径。2014 年，实际招收境外生 1310 人，境外生报到数创历史新高，全日制本科境外新生入学数较 6 年前增长 30%。[①] 在马达加斯加、美国、加拿大等多个国家建立新的海外招生处，与新加坡思马特管理学院达成硕士招生合作意向，与台湾校友会合作在台湾开展旅游管理硕士专业的招生工作。在日本、泰国、菲律宾、马来西亚、印度尼西亚、中国台湾、中国澳门等 8 个国家和地区开办 11 个博士、硕士研究生班，另有面向缅甸、越南、老挝等国进行招生的昆明境外研究生班。[②] 2016 年，学校招生全日制境外生 1448 人，数量继续保持高位。积极拓展研究生工作站，新增 5 个工作站，设立首个海外工作站。继续加大境内外招生宣传力度，加大海外招生处建设工程推进力度，先后与柬埔寨民生学校、印度尼西亚泗水新中三语学校、泰国东盟普吉泰华学校、华侨大学加拿大校友会等建立新的海外招生处，不断扩大学校在境内外的知名度。着力推进研究生创新型人才培养计划。积极拓展境外研究教育，在新加坡、泰国、马来西亚、中国澳门开办研究生专业 7 个、招收学员 113 名。[③] 2017 年，学校获批成为中国政府奖学金资格院校，境外招生录取人数达到 1236 人，生源国别增加到 55 个。境外研究生教育工作取得新进展，招收各类境外研究生 150 人，首次开展 2018 年境外研究生推免工作，共录取 28 人；与多所境外大学达成合作招收、交换、联合培养等协议。[④] 2018 年共招收境外生 1728 名，境外招生人数持续增加。新设立 7 个海外招生处，积极争取各类招生奖学金，46 名同学获优秀新生奖学金，60 名境外生获陈嘉庚奖学金。[⑤]

2. 学生双向交流。2011—2015 年，学校大力推进包括《中美人才培养计划》“1 +2 +1”双学位项目、英国名校硕士预备项目（MPP）、台湾学生交流项目在内的本科、硕士、博士国际交流项目，累计派出短期交换生 1300 余人；同时，加强全英文专业建设，吸引外国学生来校交流学习，五年共接受交换生 37 人。[⑥]

---

① 参见华侨大学《华侨大学 2014 年下半年工作总结》。
② 参见华侨大学《华侨大学 2014 年下半年工作总结》。
③ 参见华侨大学《华侨大学 2016 年下半年工作总结》。
④ 参见华侨大学《华侨大学 2017 年工作总结》。
⑤ 参见华侨大学《华侨大学 2018 年工作总结》。
⑥ 参见华侨大学国际交流合作处《华侨大学国际化系列之工作纪实》，2016 年 3 月。

图 5－29　中美大学校长论坛在华侨大学举办

2016 年，76 名学生通过《中美人才培养计划》121 双学位项目赴美留学；39 名学生通过英国名校硕士预备项目赴英国攻读硕士学位；332 名学生赴台湾高校交流学习。推动研究生赴境外高校学习交流，选派 1 名博士研究生、8 名硕士研究生，前往台湾高校交流学习。2 名硕士研究生被录取为 2016 年国家建设高水平大学公派博士研究生项目。[①] 2017 年，拓展国际交流合作，全年选派 413 名学生赴境外 47 所高校交流学习，接收 8 个国家的 48 名交流生来校学习。《中美人才培养计划》121 双学位项目连续 2 年获中方院校“特别贡献奖”。[②] 2018 年，全年选派 413 名学生赴境外 47 所高校交流学习，接收 8 个国家的 48 名交流生来校学习。《中美人才培养计划》121 双学位项目学生派出规模蝉联全国第一，获中方院校“特别贡献奖”。[③] 2019 年，全年选派 628 名学生前往 17 个国家和地区学习交流。[④]学校国际化办学成绩获得 2019 年中国最好大学学生国际化排名第 4（软科排名），中美人文交流高层磋商成果《中美人才培养计划》121 双学位项目派出学生规模及优秀毕业生人数连续 6 年全国第一。

积极通过国际交流合作项目及对外合作办学来实现学生国际交流。2006—2010 年，学校先后与美国圣迭戈州立大学、加州大学、托马斯大学，英国伦敦大学，白俄罗斯文化艺术大学，中国台湾辅仁大学等数十个教育机构或政府组织签订合作协议，共与 50 多个境外办学机构开展交流合作项目。[⑤]

① 参见华侨大学《华侨大学 2016 年工作总结》。

② 参见华侨大学《华侨大学 2017 年工作总结》。

③ 参见华侨大学《华侨大学 2018 年工作总结》。

④ 参见华侨大学国际交流合作处《华侨大学国际交流合作处 2019 年工作总结》。

⑤ 丘进：《拓宽思路 深化改革 锐意创新 扎实工作 为实现创建高水平大学目标而努力奋斗——在华侨大学第六届教代会暨工 代会上的工作报告（摘编）》，《华侨大学报》2011 年 6 月 21 日。

图 5-30　第八届《中美人才培养计划》121 项目启动仪式在华侨大学举行

图 5-31　华侨大学与香港科技大学签订合作协议

2011—2015 年，学校充分利用侨校优势，积极开拓海外优质资源，加强国际交流合作，与 106 所海外高校或教育机构建立了不同形式的合作关系。合作高校区域分布日趋合理，层次不断提高，合作领域不断拓宽。① 同一时期，学校接收美国关岛大学、乔治·梅森大学、西肯塔基大学、荷兰温德斯海姆应用科技大学、德国杜赛尔多夫大学等高校交流生，双向交流实现突破。② 另外，学校积极推动“走出去”办学，在泰国、日本、菲律宾、印度尼西亚、意大利等国开设教学点，泰国分校、新加坡南洋学院、意大利威尼斯学院、北美分校前期工作稳步推进。③ 2016—2019

① 参见华侨大学国际交流合作处《华侨大学国际化系列之工作纪实》2016 年 3 月。

② 贾益民：《全面深化改革 开创办学新局面——华侨大学第七届教代会暨工代会学校工作报告（摘要）》，《华侨大学报》2016 年 12 月 27 日。

③ 贾益民：《全面深化改革 开创办学新局面——华侨大学第七届教代会暨工代会学校工作报告（摘要）》，《华侨大学报》2016 年 12 月 27 日。

年，学校国际合作交流项目持续推进，整体交流态势表现出以下特点：一是交流院校层次不断提升，地域分布更加合理；二是与“一带一路”国家高校交流取得新进展；三是国际交流日趋下层，学院层面务实交流比较活跃。

图 5-32　华侨大学校长贾益民、澳大利亚西悉尼大学校长葛班尼分别代表双方在备忘录上签字

表 5-14　华侨大学 2016—2019 年国际化办学合作情况

时间	合作高校	合作高校所在国家或地区
2016 年	日惹大学、坤甸共同希望教育基金会	印度尼西亚
	温莎大学、加拿大约克大学	加拿大
	日本京都府立大学、日本法政大学、大东文化大学	日本
	英国博尔顿大学、英国林肯大学、威斯敏斯特大学	英国
2016 年	塞勒姆州立大学、加州州立大学弗雷斯诺分校、佐治亚西南州立大学、鲍尔州立大学、美国北亚利桑那大学、威斯康星大学欧克莱尔分校、宾夕法尼亚州米勒斯维尔大学、加州州立大学圣贝纳迪诺分校	美国
	台湾屏东大学、台北城市科技大学、南华大学、宜兰大学、台南大学	中国台湾
	澳门科技大学	中国澳门
	普吉东盟泰华学校	泰国
	瑞士酒店管理教育集团	瑞士
	意大利中国国际学校	意大利
	新西兰林肯大学、新西兰商学院	新西兰
	马来西亚拉曼大学	马来西亚
	香港中文大学	中国香港

续表

时间	合作高校	合作高校所在国家或地区
2017 年	法国拉罗谢尔高等商学院（旅游学院）、图卢兹第三大学、南锡高等商学院	法国
	台湾东吴大学、世新大学（厦航学院）、辅仁大学（哲社学院）、亚洲大学	中国台湾
	美国乔治梅森大学、威斯康星大学欧克莱尔分校、卡罗来纳海岸大学、北得克萨斯大学、田纳西大学	美国
	英国利物浦约翰摩尔大学、埃塞克斯大学	英国
	斯里兰卡斯里贾亚瓦德纳普拉大学	斯里兰卡
	土耳其 KOC 大学	土耳其
	印度尼西亚达国大学、亚洲国际友好学院	印度尼西亚
	西班牙马德里远程教育大学	西班牙
	意大利巴里理工大学	意大利
	泰国清迈皇家大学、农业大学（建筑学院）	泰国
	葡萄牙里斯本大学	葡萄牙
	日本长崎县立大学、千叶大学（美术学院）	日本
	荷兰温德斯海姆大学	荷兰
2018 年	澳大利亚西悉尼大学	澳大利亚
	英国利物浦约翰摩尔大学（机电学院）	英国
	长崎县立大学、新潟大学、千叶大学、京都府立大学	日本
	马来西亚新纪元大学	马来西亚
	菲律宾大学、达沃雅典耀大学	菲律宾
	印度尼西亚大学	印度尼西亚
2018 年	泰国农业大学、皇太后大学、瓦莱岚大学	泰国
	大南大学、河内第二师范大学	越南
	缅甸仰光外国语大学、曼德勒皎砌科技大学	缅甸
	柬埔寨王家研究院	柬埔寨
	北亚利桑那大学、宾夕法尼亚州曼斯菲尔德大学	美国
	肯尼亚内罗毕大学	肯尼亚
	台湾台中教育大学、台北教育大学、世新大学	中国台湾
	澳门业余进修中心	中国澳门
2019 年	日本桐荫横滨大学、日本香川大学（统计学院）	日本
	菲律宾达沃雅典耀大学	菲律宾
	元培医事科技大学	中国台湾
	韩国祥明大学	韩国
	泰国国家研究院（国关学院）	泰国
	波兰什切青大学、雅盖隆大学	波兰

续表

时间	合作高校	合作高校所在国家或地区
2019 年	美国伊利诺伊大学香槟分校（土木学院）	美国
	越南河内第二师范大学	越南
	老挝总理府	老挝
	缅甸中国企业商会	缅甸
	意大利那不勒斯东方大学	意大利
	澳大利亚西悉尼大学	澳大利亚
	乌干达尼德加大学	乌干达
	安哥拉总统基金会	安哥拉

资料来源：华侨大学国际交流合作处提供。

图 5-33　华侨大学与美国托莱多大学及五大湖集团合作意向书签署仪式

3. 全英文专业与课程建设。学校积极建设全英专业与全英课程，积极加快专业及课程建设的国际化步伐。2010 年学校成立国际交流学院，迈出了国际化专业与课程建设的步伐。2011—2015 年，学校开设全英专业班次 10 个、课程 82 门，全英专业学生人数达到 341 人。2016 年，新增金融学、会计学、软件工程三个专业的“1+2+1 中美联合培养国际班”。2017 年，在充分沟通交流的基础上，国际学院分别与经济与金融学院、工商管理学院采取“机场+航空公司”的共有共建模式合作建设金融学（CFA 全英文教学）、会计学（ACCA 全英文教学）等专业，并且积极推动承办中美联合培养 121 国际班多年、办学条件较为成熟的计算机科学与技术学院独立建设计算机科学与技术等全英文教学专业。2018 年，学校召开全英文专业建设研讨会，成立中教国际师资培训基地，制定“中国教师国际化培养方案”。遴选新增全英文授课教师 31 名，开设全英文国际课程 82 门。学校推动全英文教学团队开展以课程为中心的教学研讨会，2019 年，共召开、举办各类教学研讨会、座谈会 15 次，通过充分地研讨，密切的团队协作，提升了全英文教学质量。致力于国际化精英人才培养的聚焦，教改项目《国际双创技能与全英商科课程群》获批省级立项建设，到 2019 年 4 月，学校具有全英文授课资格的教师合计达 156 人。①

4. 坚持“请进来”，大力引进海内外优秀人才。学校充分利用国家外专局专项资助，吸引外国专家、学者以长期、短期外国专家及外籍教师充实学校的教学、科研力量，积极推动人才队伍的国际化。2011—2015 年期间学校争取到国家外专局专项经费累计 1971 万元，聘用外籍专家、教师 762 人；启动了世界杰出华人科学家讲堂，授予 36 名外籍名誉、客座、兼职教授。

2016—2019 年，学校持续推进引智工作，并取得了长足发展。（1）在聘请长短期外籍专家方面。2016 年，学校共有 32 位长期专家受聘学校工作，其中专业教学类外籍专家 19 位，语言教学类外籍专家 13 位。此外，共聘请了来自美国、英国、法国、德国、比利时等 20 余个国家和地区的各类专家及外籍教师 233 人次。② 2017 年，共有 39 位长期专家受聘学校工作，来自 19 个国家及地区，其中高层次及科研教学类外籍专家 18 位，境外教学型专家 21 位。此外，共聘请近 250 人次的短期外籍专家来校访学、开展合作科研或参加学术会议等。③ 2018 年，学校聘请及办理相关手续的长期境外专家共有 45 位，其中高层次及科研教学类外籍专家 21 位，境外教学型专家 22 位、行政管理专家 2 位。此外，本年度多渠道推动短期专家聘请工作，本年度共聘请近 220 人次的短期外籍专家来校访学、开展合作科研或参加学术会议等。④ 2019 年，学校聘请的长短期境外专家来自 33 个国家和地区，较于之前，外籍专家来源国别更广，结构比例更趋合理。学校聘请及办理相关手续的长期境外专家共有 52 位，其中高层次及科研教学类外籍专家 29 位，境外教学型专家 21 位、行政管理专家 2 位。此外，聘请短期境外专家 225 人次，主要为来校访学、开展合作科研或参加学术会议等。⑤（2）外专获得国家资助。在 2018 年外国文教专家聘请计划中，学校入选国家级外国文教专家项目的有 16 项，其中国家重大科技专项外国人才引进计划 2 项、“一带一路”教科文卫引智计划 1 项、高端外国专家项目（文教类）13 项，高校重点外国文教专家项目 2 项，国家外专局下拨项目经费共计 801 万元。⑥ 2019 年，学校共获批项目 22 个，获批外专经费 882 万元。⑦

5. 坚持“走出去”，积极鼓励教师到海外知名高校访学深造。学校持续通过

---

① 参见华侨大学国际学院《华侨大学国际学院 2019 年工作总结》。
② 参见华侨大学国际交流合作处《华侨大学国际交流合作处 2016 年工作总结》。
③ 参见华侨大学国际交流合作处《华侨大学国际交流合作处 2017 年工作总结》。
④ 参见华侨大学国际交流合作处《华侨大学国际交流合作处 2018 年工作总结》。
⑤ 参见华侨大学国际交流合作处《华侨大学国际交流合作处 2019 年工作总结》。
⑥ 参见华侨大学国际交流合作处《华侨大学国际交流合作处 2018 年工作总结》。
⑦ 参见华侨大学国际交流合作处《华侨大学国际交流合作处 2019 年工作总结》。

“教师访学留学计划”，提升教师国际视野和学术水平，2011 年，共有 30 余人出境留学或访学。[①] 2011—2012 学年下学期，推荐资助教师出国（境）留学，共有 30 余位教师出境留学、访学或研修。[②] 2012—2013 学年，学校共签约专任教师 94 人，其中具有一年以上海外留学经历者 31 人，签约教师中海外留学经历者达到 32.98%，为国际化教师队伍注入了新鲜力量。[③] 2011—2015 年，在 1477 名专职教师中，拥有海外博士学位人数为 78 人，拥有一年以上海外学习、工作经历的人数为 348 人。[④] 2016 年上半年，有 26 名教师由学校公派出国（境）访学研修。[⑤] 2016 年下半年，学校支持 40 名教师出国（境）访学研修。[⑥] 2017 年，继续实施“加强青年教师培养”“出国（境）留学研修”等一系列人才培养计划，推进教师队伍国际化建设，23 人获国家各类留学基金资助出国访学，45 人赴境外进修。[⑦] 2018 年，继续实施“出国（境）留学研修”教师培养计划，23 人获国家留学基金资助出国访学。[⑧]

（二）学院国际化办学实践

学院是学校开展一切学术活动的主体，也是学校实现国际化发展的载体。在推进国际化的过程中，学校注重推动国际化工作下沉到学院，发挥学院在国际化建设中的主导作用。在学校支持下，各学院结合自身特点，在人才引进、科研国际合作、教育教学国际化等方面各有特色并取得重要成果，学院国际化建设迈上了新的台阶。

旅游学院的国际交流办学之路开始于 2005 年。这年 6 月，华侨大学与泰国庄甲盛·叻察帕大学签署两校学术交流与合作协议。也是从这一年起，旅游学院不断探索、积极开拓，走出一条独特创新、兼益师生的国际化办学道路。精干有力的办学团队是国际化办学事业成功的基础。学院的主要做法有：①学院采取院长直接负责制，下设国际化办学委员会，由国际交流秘书直接管理国际交流具体事务，学院在学校首创并建立了一支由学生组成的国际交流助理团队。②学院在外出交流与实习的人员选拔上，有一套完整的选拔制度。③学院在国际化办学方面还有完备的保障方案。凡此种种，助力旅游学院国际化办学在近年来突飞猛进。2014 年 2 月，旅游

---

① 参见华侨大学《华侨大学 2011 年工作总结》。
② 参见华侨大学《华侨大学 2011—2012 学年下学期工作总结》。
③ 参见华侨大学《华侨大学 2012—2013 学年第二学期工作总结》。
④ 参见华侨大学国际交流合作处《华侨大学国际化系列之工作纪实》，2016 年 3 月。
⑤ 参见华侨大学《华侨大学 2016 年上半年工作总结》。
⑥ 参见华侨大学《华侨大学 2016 年下半年工作总结》。
⑦ 参见华侨大学《华侨大学 2017 年工作总结》。
⑧ 参见华侨大学《华侨大学 2018 年工作总结》。

学院首次选派学员赴美国关岛大学交流学习一年；2014年7月，旅游学院选派首批关岛和塞班岛酒店实习生赴美实习，为期9个月；2015年5月，华侨大学与瑞士SEG酒店教育集团签订框架合作协议；2016年9月，旅游学院与美国中佛罗里达大学签订短期交流学习（含迪斯尼实习）合作协议；2017年3月，旅游学院与法国拉罗谢尔高等商学院签订多层次合作协定，涉及本科“3+1”与研究生“4+2”合作项目；2017年3月，旅游学院与美国俄克拉荷马州立大学酒店管理学院签订本科“2+2”双学位合作备忘录……据不完全统计，仅2014—2016年，旅游学院就有22名学生前往泰国交流学习；20名同学前往关岛Kanoa Resort、塞班岛Fiesta Saipan酒店进行为期9个月的实习；11名同学参加“中美1+2+1人才培养计划”，合作院校包括美国卡罗来纳海岸大学、北亚利桑那大学、北得克萨斯大学、鲍尔大学等；5名同学赴关岛大学交流；另有数十名同学赴澳门、台湾等地学习。开展国际化办学十年来，旅游学院走出去的学生达到百余人次，范围包括了欧、亚、美三洲10余所高等学校。顺利前往境外交流的学生也反响热烈。值得一提的是，2017年4月12—16日，旅游学院举办十年国际化办学展系列活动。据悉，此次国际化办学展创下三个“第一”：华侨大学第一个由学院主办的国际化办学展、旅游学院第一次举办国际化办学展、华大第一个由学生班级发起并策划实施的院级国际化办学展。[1]

图5-34 旅游学院举办国际化办学展

资料来源：本图由旅游学院曾怡老师提供。

---

① 曾怡等：《旅游学院举办国际化办学展系列活动》，华侨大学官网，2017年4月12日，https://www.hqu.edu.cn/info/1075/70377.htm，最后访问日期：2020年4月23日。

哲学与社会发展学院坚持国际化的办学理念，重视师资队伍国际化、学生交流国际化，提升学生跨文化交流能力，培养学生国际视野，增强学生国际竞争力。学院一直重视师资队伍国际化。一方面，聘请长期专业外籍教师来校上课。另一方面，邀请海外知名专家教授开设短期课程、组织学术讨论等。学院鼓励学生以各种形式赴海外短期访学或长期深造，重视学生的国际交流。据不完全统计，2010级至2014级社会学本科5个年级的学生中，已先后有30余名学生前往美国、澳大利亚、英国、德国等地修读、深造，占培养学生总数的16.47%。[①] 工商管理学院重视通过专业的国际认证、推进教学形式和教学内容的双重国际化，开设全英文专业，举办国际学术会议等实施国际化办学，将“工商管理学院打造成国际化背景下的一流商学院”。[②]

机电学院开展国际化办学，注重拓展学生的国际化视野，与多个海内外著名高校保持着密切的合作交流，与英国博尔顿大学签订了本科生3+1双学位联合培养协议，与英国格拉斯哥大学、林肯大学、西班牙巴塞罗那大学、加拿大康考迪亚大学、澳大利亚伍伦贡大学签订了研究生联合培养协议。[③] 学院注重以国际标准，加强专业建设。学院的机电及自动化学院现有机械工程、测控技术及仪器、工业设计、材料成型与控制工程以及车辆工程5个本科专业全部进行专业认证范围。其中，工业设计专业获福建省IEET工程及科技教育认证首批试点专业，机械工程专业获学校组织的首批工程教育专业认证立项。[④]

信息学院以专业认证为指引，提升学院人才培养的国际化视野与能力。2014年以来，拥有7个本科专业的信息科学与工程学院，除了应用物理学外，电子信息工程、通信工程、电子科学与技术、电气工程及其自动化、自动化、集成电路设计与集成系统等6个工科专业全部申报工程教育专业认证。其中，“集成电路设计与集成系统”专业已获批福建省IEET工程及科技教育认证首批试点专业。2016年，9月12—13日，还接受了中华工程教育学会（IEET）的实地访评。[⑤] 此外，信息学院注重加强对外合作，先后派出教师赴美、德、日等国开展合作研究。与美国罗彻斯特大学、迈阿密大学、新加坡南洋理工大学、美国加州大学圣芭芭

① 吴江辉：《哲学与社会发展学院：培养具有国际视野、创新思维，重实践、有担当的卓越人才》，《华侨大学报》2017年3月14日。

② 张为健：《工商管理学院：打造国际化背景下的一流商学院》，《华侨大学报》2016年10月18日。

③ 学院介绍－华侨大学机电及自动化学院官网，https://med.hqu.edu.cn/info/1002/1135.htm，最后访问日期：2020年6月10日。

④ 吴江辉：《机电学院：以专业认证为抓手提高机械工程师培养质量》，《华侨大学报》2016年5月24日。

⑤ 吴江辉：《信息学院：以专业认证为指引培养适应专业需求的高级工程人才》，《华侨大学报》2016年9月22日。

拉分校、日本新潟大学、中国香港中文大学建立了联合培养研究生或合作研究的关系。①

建筑学院积极开展国际交流合作，国际化特色鲜明。与日本新潟大学、京都府立大学、早稻田大学，挪威卑尔根大学，英国卡迪夫大学，荷兰代尔夫特大学，英国伯明翰大学等高校和各国知名学者、建筑师建立包括交换生、联合设计工作坊、教师访学、学术讲座与研讨会等各种形式的合作交流，开阔师生学术视野，提高教学科研水平与专业素养，扩展学术影响力。② 生物医学学院与澳大利亚弗林德斯大学建立了“药学－生物技术”3＋1双学位项目，与美国伊利诺伊大学、瑞典乌普萨拉大学、美国南佛罗里达大学、英国威斯敏斯特大学、葡萄牙国立分子医学研究院等建立学生互派、英文师资合作等项目，并与牛津大学，宾夕法尼亚大学、芝加哥大学、耶鲁大学、奥克兰大学、新西兰皇家科学研究院等著名科研院校建立了密切的学术合作关系，为打造与国际接轨的办学模式奠定坚实的基础。③ 化工学院通过改进教学模式，师生共同提升，强调教师及学生要具备接轨国际的能力；跟紧国际脚步，优化课程设置；开设全英文课程，坚持工程认证提高整体水平，来培养高素质及国际化的工程技术人才。④

音乐舞蹈学院，优化师资，加强国际化办学，强化专业特色培养高水平海外艺术教育和表演人才。⑤ 学院聘任具有丰富国际舞台经验的世界著名女中音歌唱家梁宁担任音乐舞蹈学院院长，聘请世界著名指挥及钢琴家开设全英文课程。同时，音乐舞蹈学院开展“大师进课堂”活动，每个月至少邀请一位大师到校讲学，此举拉近了师生与国际一流大师的距离，提高了整体师资水平。学院还与音乐名校——英国伯明翰大学音乐学院签署合作协议，每年选派3—5名优秀学生赴英国学习，选派教师到该校培训、交流；接待了来自美国德保罗大学、美国伯克利音乐学院、意大利罗马音乐学院等音乐院校参访团来校交流；筹办“东西文化艺术周”活动等，不

---

① 学院简介－华侨大学－信息科学与工程学院官网，https://eee. hqu. edu. cn/xygk/xyjj. htm，最后访问日期：2020年6月10日。

② 学院介绍－华侨大学建筑学院官网 https://jzxy. hqu. edu. cn/xygk/xyjs. htm，最后访问日期：2020年6月10日。

③ 学院简介－华侨大学医学院官网，https://sbm. hqu. edu. cn/xygk/xyjj. htm，最后访问日期：2020年6月10日。

④ 刘沛：《化工学院：理念为先培养高素质、国际化的工程技术人才》，《华侨大学报》2016年9月27日，第850期。

⑤ 吴江辉：《音乐舞蹈学院：强化专业特色培养高水平海外艺术教育和表演人才》，《华侨大学报》2016年7月12日，第844期。

断加强国际交流与合作，拓宽师生的国际化视野。

图 5－35　英国伯明翰音乐学院师生来校交流

第七节　学校党建与统战工作

一　学校党建工作

（一）第五次党代会

中国共产党华侨大学第五次代表大会，2013 年 6 月 22 日至 23 日在陈嘉庚纪念堂隆重召开。国务院侨办党组书记、主任裘援平，国侨办党组成员、副主任马儒沛，福建省委常委、教育工委书记陈桦，国侨办文化司司长雷振刚、人事司司长许玉明，省委教育工委常务副书记、教育厅党组书记、厅长鞠维强，省侨办主任杨辉，泉州市委常委、宣传部部长、教育工委书记陈庆宗，国侨办文化司副巡视员梁智卫等出席会议。

裘援平在大会上作题为“凝心聚力 创新发展 以华侨高等教育新成就共筑中国梦”的重要讲话。她指出，华侨大学建校 53 年来在为侨胞服务、为国家和地方服务各方面都做出了积极贡献，为海内外培养了大批优秀人才，并肯定了改革开放以来特别是中国共产党华侨大学第四次代表大会以来，学校办学事业的飞速发展。她代表国务院侨办党组向产生的华侨大学新一届党委、向全体师生员工提出希望：一、认真学习贯彻落实党的十八大精神和全国侨务工作会议精神，为党和国家华侨高等教育事业做出新贡献；二、坚持抢抓机遇，科学谋划未来，推动学校科学发展跨越发展；三、坚持质量立校，推进内涵发展，为建设海内外著名的高水平大学奠定坚实基础；四、坚持为侨服务、凝聚力量，为共筑“中国梦”做出新贡献；五、坚持立足福建、服务社会，为推进区域经济社会发展做出新贡献；六、坚持加强和改进党的建设，为学校事业全面发展提供坚强保障。

会议听取了华侨大学党委书记李冀闽会向大会作主题为“以党的十八大精神为指导努力建设基础雄厚特色鲜明海内外著名的高水平大学”的报告。报告指出：今后五年乃至更长时期，华侨大学将紧紧围绕“建设基础雄厚、特色鲜明、海内外著名的高水平大学”的总目标，推进协同创新，全面提高教育教学质量，努力彰显侨校特色，以“深化体制机制改革，激发办学活力；汇聚人才资源，提高核心竞争实力；夯实办学基础，增强办学保障能力”这“三大支撑体系”建设为根本着力点，重点推进“七大工程”建设：①深入实施教育质量工程，提高人才培养质量；②深入实施人才汇聚工程，提高学校核心竞争力；③深入实施协同创新工程，推进学科建设和科研创新能力的提升；④深入实施侨校特色工程，提升为侨服务水平；⑤深入实施国际化办学工程，提升国际交流与合作水平；⑥深入实施管理体制优化工程，提升治校能力和办学活力；⑦深入实施美丽华园工程，改善办学条件和育人环境。

图5-36　中共华侨大学第五次代表大会隆重开幕

会议审议并通过了《关于中共华侨大学第五届委员会工作报告的决议》和《关于中共华侨大学纪律检查委员会工作报告的决议》，选举产生了华侨大学第五届党委以及华侨大学第五届纪律检查委员会。经选举，新一届华侨大学党委常委由朱琦环、刘斌、关一凡、吴季怀、张禹东、贾益民、徐西鹏组成，关一凡任党委书记，贾益民、朱琦环任党委副书记；新一届华侨大学纪律检查委员会常务委员会由毕明强、朱琦环、钟伟丽、骆景川、黄青山五人组成，朱琦环任纪委书记，毕明强任纪委副书记。[①]

第五次党代会的召开，是华侨大学政治生活和发展历程中的一件大事，是学校党员干部参加学校民主管理、民主决策、民主监督的一种重要形式。此次党代会是在我国全面建成小康社会的关键时期和认真分析学校在前进道路上面临的机遇和挑

① 张罗应：《中共华侨大学第五次代表大会隆重开幕》，华侨大学新闻中心，2013年6月22日。

战的情况下召开的。会议全面总结学校过去的工作，科学谋划学校未来的奋斗目标和工作重点，明确了今后一段时期学校发展的指导思想、目标任务、政策举措，为把华侨大学建设成基础雄厚、特色鲜明、海内外著名的高水平大学指明了前进方向，这对于学校加快发展、提高办学水平、为实现中国梦做出新贡献具有十分重要的意义。

（二）基层党组织工作

1. 创新基层党组织设置形式，增强基层党建活力。一是学校积极完善党支部的设置模式，科学、合理地设置基层党组织，进一步加强基层组织建设，充分发挥基层组织的战斗堡垒作用。根据学生党员数的变化，及时调整学生党支部的设置，进一步做好学生党支部建设，重点做好在高年级学生班级建立党支部工作。2011 年，全校共有 188 个学生党支部，其中学生班级党支部有 99 个。[①] 2013 年，全校共设置 28 个二级基层党委，348 个党支部，其中学生党支部 217 个，教职工党支部 131 个。[②] 二是学校加强教师党支部书记“双带头人”[③] 建设，2019 年 11 月实现了教师党支部书记“双带头人”全覆盖。[④] 三是积极推荐在科研团队、教研室、课题组建立党支部，优化党支部设置方式，确保基层党组织对全体师生的全覆盖。2018 年 12 月，化工学院化工教工党支部入选首批“全国党建工作样板支部”培育创建单位名单。

2. 规范支部党建工作。（1）通过开展党支部定级分类和薄弱党支部改善工作，提升支部党建工作水平。一是对党支部进行分类定级，要求各基层党委认真对照《华侨大学党支部分类定级评分表》进行自查，并做好定级分类工作。二是对各基层党委在党支部分类定级的基础上，倒排确定一定数量薄弱党支部作为提升工作水平的对象。对被列入提升工作水平的对象要分析原因、登记造册、建立台账。三是各基层党委按照“领导班子好、党员队伍好、工作机制好、发展业绩好、师生反映好”的要求，采取“一组织一对策”的办法，研究制定工作方案，提出整改提升措施，明确目标、时限和责任人。（2）制度建设促规范。2017—2019 年，学校逐年修订完善《华侨大学发展党员工作实用手册》《基层党组织选举工作手册》《华侨大学

① 参见中共华侨大学委员会组织部《党委组织部 2011 年工作总结》。

② 参见中共华侨大学委员会组织部《党委组织部 2012—2013 学年第二学期工作总结》。

③ 2018 年 5 月，教育部党组出台《中共教育部党组关于高校教师党支部书记“双带头人”培育工程的实施意见》，实施高校教师党支部书记“双带头人”培育工程，推动高校教师党支部书记普遍成为党建带头人和学术带头人。

④ 参见中共华侨大学委员会组织部《党委组织部 2019 年工作总结》。

组织关系排查处置工作手册》《党支部工作“立项活动”设计、总结的写作方法指南（试行）》等系列工作手册，为基层党组织工作提供指导服务。（3）通过召开好党建工作会，增强基层党建经验交流推广学习。2014 年 3 月和 2014 年 12 月学校党委先后召开了党建工作会议，总结了学校党建工作，通报了年度发展党员工作及存在的具体问题，交流党建工作经验，布置党建工作任务。（4）支部工作考核计量化。建立“双线式”督导和工作量化考核制度，按照《关于规范发展党员材料报送工作流程的通知》和《华侨大学党员材料量化评分标准》等文件要求对党支部工作进行量化考核，采取“纵向＋横向”方式开展经常性督导检查，着力解决工作思想重视不足、落实不到位、进度不平衡等问题，以查促改、以评促建。如 2019 年，检查组共组织检查 21 期，检查支部 190 余个，审查党员档案 400 余份，完成对全校 31 个基层党委党建工作情况检查。① 学校同时深化学院党委书记抓基层党建工作述职考核评议、党支部书记述职考核评议等，重点对学习工作完成情况进行考核。

3. 践行承诺争创示范岗，切实履行“为民服务”宗旨。2011 年至今，学校职能部门和党员管理干部向全校师生公开服务承诺，通过公开办事事项、再造工作流程等措施，进一步巩固管理服务年活动成果。一是认真践行承诺事项，以公开促落实、以督查促落实、以考核促落实。各级基层党组织纷纷通过网络、宣传栏、公告栏等形式公示承诺内容，自觉接受群众监督；采取党员民主评议、领导点评等方式，对各基层党组织和党员践行承诺情况进行监督指导；开展中层领导干部评议考核活

图 5－37　庆祝建党 92 周年表彰大会隆重举行

① 参见中共华侨大学委员会组织部《党委组织部 2019 年工作总结》。

动，对党组织和党员履行承诺情况进行考核，保证承诺事项得到落实。二是建立各类党员模范先锋岗，设岗定责。引导行政管理岗位党员重点围绕改进工作作风、提高效能、服务群众、推动发展、廉洁自律等方面做出承诺；引导教师党员重点围绕在贯彻党的教育方针、推进教育改革、做好教书育人、加强教学科研等方面做出承诺；引导学生党员重点围绕在刻苦学习、道德养成、遵纪守法、参加志愿服务活动等方面做出承诺。让学习教育效果融入工作、融入学习、融入生活，充分发挥党员的先锋模范作用，取得明显成效。

（三）加强领导班子和干部队伍建设

学校党委高度重视领导班子和干部队伍的选拔培养工作，建设高素质的干部人才队伍，为学校的发展提供人才保障。

1. 规范干部选拔任用工作体系

学校党委以加强干部队伍建设为着力点，提高基层党政班子执政能力和整体素质，坚持选人用人标准，严格选拔任用程序。重点整合、完善和优化各项管理制度，切实增强了工作制度的执行力和实效性。2019 年，校党委认真学习贯彻中央新出台的《党政领导干部选拔任用工作条例》精神，修订《华侨大学党政领导干部选拔任用工作规定》。在干部选拔工作中坚持原则、执行标准、履行程序、遵守纪律，努力营造风清气正的选人用人环境，着力提高选人用人公信度。

注重选拔优秀年轻干部，积极构建科学合理的干部梯次结构。2018 年，学校从福建省广播影视集团引进节目交流中心副主任（主持工作）曾峰同志担任新闻与传播学院院长，从解放军第一八〇医院（现为解放军第九一〇医院）引进院长董少良同志担任医学院副院长。学校党委树立导向，健全干部正向激励体系，落实正确的选人用人导向是对干部最好的正向激励的理念，通过正向激励给定力，激发正向发力效应，促进年轻干部快速成长，2019 年新提任的 6 名处级干部中，“80 后”干部占 50%，切实增强学校干部队伍活力。①

2. 建立科学的干部素质培养考核体系

学校完善党政职能部门和直属单位业绩绩效考核机制，强化推进学校科学发展实绩考核，组织实施党政职能部门和直属单位业绩绩效考核，坚持实施日常考核、分类考核和近距离考核，构建经常化、制度化和全覆盖的考核体系，多角度近距离考核，不断增强干部考核工作科学性和精准性。通过正向激励机制，使学校党政职

① 参见中共华侨大学委员会组织部《党委组织部 2019 年工作总结》。

能部门和直属单位领导干部保持持续的压力和动力。

学校贯彻落实《华侨大学2009—2012年干部教育培训规划》精神，坚持以推进干部理想信念教育和能力素质培养为切入点，优化“基地化建设、项目化管理、模块化研习”思路，以知名大学、在线学习中心、党校为基地，根据基地的特点、干部的类别、培训的重点等设置若干个研习模块，以项目化管理为手段，着力提高干部素质，推进学习型党组织建设，提高党建的科学化水平，构建干部素质培养科学化体系。（1）以“华侨大学干部在线学习中心”为基地，搭建科级及以上干部远程网络培训平台，实现干部培训的日常化和制度化。“干部在线学习中心”是学校与国家教育行政学院合作建设的网络学习平台，它依托国家教育行政学院优质的学习资源，采取“合作共建、数据同步、自主使用、自主管理”的模式运行。学校对处、科级干部每年累计在线学习做出具体规定。[①]（2）以知名大学和各级党校为基地，搭建干部分级分类教育培训工作平台。以境外知名大学为基地，搭建党政专职处级干部境外研修学习平台，2010年学校启动了处级干部境外轮修计划，在2—3年选派处级党政专职管理干部赴中国台湾、香港，以及新加坡等地的知名大学研修学习。2010年5月和12月，第一期和第二期管理干部境外研修班共22人赴台湾中原大学和台湾交通大学进行为期40天的研习，学习采取专题讲座、岗位挂职、深度交流、参访考察等形式进行。[②] 2011年5月，第三期管理干部境外研修班共11人赴台湾中原大学、台湾暨南国际大学、台湾东海大学进行为期40天的研习。为加强赴台研修成果的深化与应用，专门举办了8期《会通论坛》围绕大学理念、人才培养模式、现代大学制度等6个专题进行深入研讨。[③]（3）结合常规管理中干部教育需要，以学校党校为培训主阵地，加强对干部的培训。2017年，学校选派20名干部、骨干教师到中央党校、国家教育行政学院、国侨办侨务干部学校、福建行政学院等参加各种学习培训。组织举办科级干部岗位任职资格考试及相关培训，以外派挂职锻炼为契机，积极支持年轻干部“走出去”；评选“马有礼优秀中青年管理干部”，并组织赴港澳高校交流考察，努力培养造就一支政治素养高、业务素质好、管理能力强、工作作风硬的科级干部队伍。

3. 做好选人用人专项检查整改工作

学校党委根据国务院侨办专项检查反馈意见，建立落实台账制度，逐项列出问题清单，逐条细化整改措施，逐一明确责任主体，确保事事有人抓、件件有人管，

---

① 参见中共华侨大学委员会组织部《党委组织部2010年工作总结》。

② 参见中共华侨大学委员会组织部《党委组织部2010年工作总结》。

③ 参见中共华侨大学委员会组织部《党委组织部2011年工作总结》。

做到一项一项落实，一件一件过关。一是以《党政领导干部选拔任用工作条例》为依据，对《华侨大学党政领导干部选拔任用工作规定》进行修订。学校党委于2017年11月30日印发了修订后的《华侨大学党政领导干部选拔任用工作规定》（华大委〔2017〕105号）。新修订的规定体现十八大以来中央关于选人用人的新精神新要求，进一步规范干部选拔任用程序。二是牵头组织开展干部档案核查工作，重点是干部的“三龄两历一身份”的信息。三是按照中央有关政策规定，耐心做好宣传解释工作，对包括离退休厅级干部在内的所有因私出国（境）备案人员的因私出国（境）证件，做到应收尽收，集中管理。

（四）学校纪检工作

党的十八大以来，以习近平同志为核心的党中央，铁腕惩治腐败，强化监督执纪问责，夯实制度体系，着力构建不敢腐、不能腐、不想腐的机制体制，凝聚了党心，赢得了民心。学校纪委在校党委及上级纪检部门的领导下，积极作为。不断推动学校党风廉政建设向纵深发展。

1. 通过制度建设，强化标本兼治

建立治根本、管长远的反腐倡廉制度体系。学校先后制定《华侨大学学院领导班子成员党风廉政建设岗位职责〈试行〉》《华侨大学贯彻落实惩防体系建设五年工作规划实施方案》《华侨大学选拔任用干部书面征求纪委意见暂行规定》《关于落实党风廉政建设主体责任和纪委监督责任的实施细则》《华侨大学纪检监察信访举报及问题线索管理暂行办法》《关于贯彻〈中国共产党问责条例〉实施细则》等，修订《华侨大学领导班子成员党风廉政建设岗位职责》等文件。

通过专项检查传导压力、推动建章立制。组织开展办公用房整改落实情况督查等“1＋X”专项督查，发挥职能部门作用，形成齐抓共管的监督机制。学校健全作风建设制度体系，参与修订工作会议、公务接待、公车管理等配套规定。2013年底以来，牵头组织了三轮科研经费管理使用自查自纠，认真查找问题和漏洞，督促整改和约谈警示，督促部分科研项目负责人退回使用不当的科研经费170余万元。配合科研业务主管部门制定《华侨大学科研经费管理办法》《华侨大学科研经费管理实施细则》等，进一步规范科研经费的使用与管理；加强对科研人员的财经法规专题宣讲教育，对个别教师涉嫌违规的问题线索进行深入核查，促其整改。科研经费管理使用自查自纠工作得到了国务院侨务办公室原主任裘援平同志和中纪委驻侨办纪检组组长王杰同志的批示肯定。开展廉政风险防控机制建设“回头看”，围绕人、财、物管理工作流程中容易产生不廉洁行为的环节展开排查。推进人事处、设备处等单位实施“制度＋科技”防控手段，探索权力在网上公开运行的实时动态监控机制。

推进纪律教育常态化。既突出对中层干部等“关键少数”的教育，也加强对关键岗位干部的警示，既注重对干部职工的教育，也延伸到对学生党员的教育。组织两次96名新任处、科级干部进行集体廉政谈话；组织两批选调生、大学生村官考核人选110余人开展廉政教育主题教育活动，同时在6个学生分党校中专门开设党纪教育相关课程，两年来接受教育的学生数达300余人次。[①]

2 抓早抓小，严控风险

学校坚持抓早抓小，经常组织新任处科级干部进行集体廉政谈话，对新任处级干部进行廉政法规测试。梳理学校管理的干部遵守纪律情况，建设处级干部廉政档案资料库。加强重点岗位和关键环节的日常监督。紧盯制度执行、工作流程，做好学校物资采购、基建修缮、干部选拔任用、人事招聘等领域的日常监督工作；关注招生考试的廉政风险，参与本科和研究生招生考试工作，对音舞、美术、体育等特殊类型招生进行全过程监督。两年来，直接组织参加各类现场监督70余场、审阅各类招标文件130余份。[②] 加强政治生态建设，把握“树木”与“森林”关系，每半年对监督范围内的基本建设、物资采购、国有资产出租出借、科研经费使用管理等九个方面“森林”状况开展调查，及时掌握本校“树木森林”基本状况。建设处级干部廉政档案，实行动态管理，同时严把用人廉政意见关，近两年来为102位拟提拔处科干部考察对象及向校外推荐的教师干部出具意见。组织专项检查，实施精准监督。盯紧重点问题和重要时间节点，挺纪在前，抓早抓小，防患于未然。组织科研经费管理使用、公务接待、公务用车、办公用房等10个方面自查自纠。此外，还开展办公用房整改落实情况、学生奖助学金管理使用等“1＋X”专项督查，以及违规公款购买消费高档白酒问题排查、利用名贵特产类特殊资源谋取私利问题自查活动。

3. 强化责任追究，推动主体责任落实

强化主体责任。学校严抓领导干部深入学习党章、党规、党纪和习近平新时代中国特色社会主义思想，推动学党章、听党课、抓党建、正党风，组织开展专题学习，抓好纪律教育。据不完全统计，十八大以来组织召开全校性党风廉政建设工作

---

① 中共华侨大学纪委：《持之以恒正风肃纪，坚定不移推进党风廉政建设——华侨大学纪委履行全面从严治党监督职责工作报告》（2019年7月），第4页，华侨大学文书档案。

② 中共华侨大学纪委：《持之以恒正风肃纪，坚定不移推进党风廉政建设——华侨大学纪委履行全面从严治党监督职责工作报告》（2019年7月），第3页，华侨大学文书档案。

系列会议19次，不断强化校、院两级领导班子和成员的主体责任意识。

图5-38　坚持党的全面领导，推进校内基层党委巡察工作

强化责任体系建设。学校修订《华侨大学领导班子成员党风廉政建设岗位职责》《学院领导班子成员党风廉政岗位职责》《关于落实党风廉政建设主体责任和纪委监督责任的实施细则》等若干制度，构建符合校情的党风廉政工作机制和责任体系。

强化检查考核。学校把党风廉政建设责任制作为一项重要内容列入中层领导班子和领导干部任期目标责任书中。明确要求各单位每年工作计划、工作总结都要有落实主体责任内容。基层党委每年必须向学校党委、纪委提交落实主体责任专题书面报告。

4. 强化监督，问责必严

2011年，学校纪委收到群众信访、来电举报和上级转办信函19件，当年办结17件。[①] 2015年，全年接悉信访举报18件次，全年立案调查2起3人次，给相关责任人相应的党纪政纪处分。[②] 2016年，立案审查2件，给予党政纪律处分4人。[③] 学校制定《华侨大学纪检监察信访举报及问题线索管理暂行办法》，建立问题线索台账，进行集中统一管理，确保全程留痕。十八大以来受理信访举报154件次，其中

① 中共华侨大学纪委：《华侨大学关于报送2011年党风廉政建设工作总结和2012年工作计划的报告》（2011年12月），华侨大学文书档案。

② 中共华侨大学纪委：《中共华侨大学纪委关于2015年工作情况的报告》（2016年1月），华侨大学文书档案。

③ 中共华侨大学纪委：《中共华侨大学纪委关于2016年工作情况的报告》（2017年1月），华侨大学文书档案。

检举控告类103件次。[①] 十八大以来，学校纪委共梳理处置问题线索57条，从涉及领域看，比较突出的是涉及基建修缮后勤管理、物资采购、科研经费管理，各有7条，合作办学（5条）、学术不端师德师风（6条）、选人用人招生评聘（6条）等，这些是高校比较普遍和突出的共性问题。[②] 2014年以来立案审查7件，结案7件，给予党纪政纪处分10人次，四种形态[③]之比为77%∶18%∶5%∶0。[④] 十九大以来受理信访举报98件次，其中检举控告类59件次，涉及职称评审、人才招聘、招生就业、干部选拔等师生关心的问题。[⑤] 2014—2018年，学校纪委办理贪污和私分公款案、出访超期案、违规发放薪酬等违纪案件7件，给予党纪政纪处分10人次。从查处的人员结构看，正处级5人、副处级2人，涉及教授（高工）4人，副教授2人；从处分种类看，给予党纪处分5人次，政纪处分7人次（党政纪双重处分2人次）；其他处理6人次（免职、调整岗位等重大职务调整5人次，解聘1人次）；从经济效益上看，通过办案挽回的直接经济损失达到1280多万元。[⑥]

（五）党的主题教育实践活动

学校党委以“打铁还需自身硬”的鲜明态度，认真执行中央八项规定，以身作则、率先垂范，积极开展主题教育实践活动。

1. 党的群众路线教育实践活动

2013年4月19日，中央政治局召开会议，决定从2013年下半年开始，在全党自上而下分批开展党的群众路线教育实践活动，此次教育实践活动以“为民、务实、清廉”为主题，按照“照镜子、正衣冠、洗洗澡、治治病”的总要求，自上而下在中共全党深入开展。学校按照上级有关要求，有条不紊地开展教育实践活动。

（1）召开党的群众路线教育实践活动动员大会。2013年7月18日，学校组织

---

① 中共华侨大学纪委：《中共华侨大学纪委履行全面从严治党监督责任情况汇报》（2018年4月），华侨大学文书档案。

② 中共华侨大学纪委：《持之以恒正风肃纪，坚定不移推进党风廉政建设——华侨大学纪委履行全面从严治党监督职责工作报告》（2019年7月），华侨大学文书档案。

③ “四种形态”是指：经常开展批评和自我批评、约谈函询，让“红红脸、出出汗”成为常态；党纪轻处分、组织调整成为违纪处理的大多数；党纪重处分、重大职务调整的成为少数；严重违纪涉嫌违法立案审查的成为极少数。

④ 中共华侨大学纪委：《持之以恒正风肃纪，坚定不移推进党风廉政建设——华侨大学纪委履行全面从严治党监督职责工作报告》（2019年7月），华侨大学文书档案。

⑤ 中共华侨大学纪委：《持之以恒正风肃纪，坚定不移推进党风廉政建设——华侨大学纪委履行全面从严治党监督职责工作报告》（2019年7月），华侨大学文书档案。

⑥ 中共华侨大学纪委：《持之以恒正风肃纪，坚定不移推进党风廉政建设——华侨大学纪委履行全面从严治党监督职责工作报告》（2019年7月），华侨大学文书档案。

召开党的群众路线教育实践活动动员大会，会议传达学习贯彻中央、国务院侨办党组和福建省委关于开展党的群众路线教育实践活动的重要精神，对学校深入开展党的群众路线教育实践活动进行动员和部署。

图 5 –39　华侨大学举行党的群众路线教育实践活动专题辅导报告会

（2）加强组织领导，制定活动方案。根据国侨办要求，结合学校实际，及时制定了《华侨大学开展党的群众路线教育实践活动实施方案》，并下发到各基层党委、党支部，要求各基层党委、党支部按照方案要求，结合实际，精心组织党员职工开展好活动。同时，成立了党的群众路线教育实践活动领导小组和办公室，负责对整个活动的组织领导、组织实施、组织落实，并确定专人承办活动相关工作。学校还专门制作活动简报，让广大党员干部及时了解学校开展党的群众路线教育实践活动的动态。

（3）认真组织学习，确保学习质量。学习是首要任务，是搞好教育实践活动的基础环节。学校采取集中学习、专题培训和自学相结合的形式。组织全体中层以上干部集中听取三场的辅导报告，报告主题分别为“关于党的群众路线若干问题”“实干兴邦，反对形式主义”“从严治党，端正党的作风”。组织广大党员学习了《中共中央关于在全党深入开展群众路线教育实践活动的意见》《习近平总书记在教育实践活动工作会议上的重要讲话》《关于省委开展党的群众路线教育实践活动的意见》等内容。专门开通“华侨大学开展党的群众路线教育实践活动”网站，以“上级精神、工作动态、专家解读、学习辅导、资料汇编”等版块为主要内容，丰富学校师生学习的渠道。

（4）组织开展走访基层的调查研究活动，认真听取意见，做到立查立改。学校领导分别到联系的教学科研单位走访，共召开了 22 场座谈会，听取基层单位和一线教师、管理人员、离退休老同志对学校领导班子、职能部门和领导个人的意见和建议。通过各方面、各渠道听取意见，梳理汇总7个方面253条意见，并及时将意见反馈给学校领导班子成员和归口管理的相关职能部门，要求边学边查边改。

（5）组织开展民主评议活动及专题民主生活会。根据《华侨大学开展党的群众路线教育实践活动实施方案》安排，学校各基层党组织组织开展民主评议活动。教职工按照“照镜子、正衣冠、洗洗澡、治治病”的总要求，就各单位负责人及领导成员作风建设进行民主评议。2013年12月3日，学校组织召开了民主生活会的通报会。按照国侨办群众路线教育实践活动领导小组办公室的有关要求和《华侨大学开展党的群众路线教育实践活动“查摆问题、开展批评”环节工作安排》精神，学校各基层党委、机关党委各党支部组织开展了专题民主生活会。

2. “三严三实”专题教育活动

2014年3月9日，习近平总书记在参加全国人民代表大会第二次会议安徽代表团对政府工作报告的审议时提出了在推进作风建设中要“既严以修身、严以用权、严以律己；又谋事要实、创业要实、做人要实”的论述，称为“三严三实”讲话。2015年4月10日，中共中央办公厅印发《关于在县处级以上领导干部中开展“三严三实”专题教育方案》，对2015年在县处级以上领导干部中开展“三严三实”专题教育做出安排。结合学校实际情况，学校党委决定，2015年在全校处级及以上领导干部中开展“三严三实”专题教育，主要做法有以下几个。

（1）制定教育方案。根据中央和国务院侨办党组相关精神，结合学校实际，制定并印发了《华侨大学开展“三严三实”专题教育实施方案》（华大委〔2015〕24号），明确了专题教育的总体要求、方法措施和组织领导，切实将专题教育与学校工作紧密结合起来。

图5-40 全国政协委员、国家行政学院原副院长、中国行政体制改革研究会副会长周文彰解读“三严三实”

（2）学校领导带头上好党课。2015年6月3日，学校召开“三严三实”专题教育大会，党委书记关一凡带头上好党课，说明深入开展“三严三实”专题教育的背景，阐述深刻领会“三严三实”的重大意义，警示了“不严不实”的严重危害，并介绍中央开展“三严三实”专题的总体要求及学校开展“三严三实”专题教育的具体方式和内容。同年，7月3日，吴季怀副校长为全体处级及以上干部讲授了《“三严三实”与延安精神》。

（3）深入开展专题学习研讨。①认真自学。学校订购《习近平谈治国理政》、《习近平关于党风廉政建设和反腐败斗争论述摘编》、《优秀领导干部先进事迹选编》和《党员干部违纪违法典型案例警示录》等学习材料提供全体处级及以上领导干部自学。强调在学习过程中要注重读原著、学原文、悟原理，领会核心要义和精神实质。学校结合国家教育行政学院的视频资源，要求全校处级及以上领导干部通过干部在线学习平台开展“三严三实”专题教育网络学习。②组织干部赴东山县学习谷文昌精神。2015年10月23日，学校党委组织校领导及中层干部共100余人到漳州市东山县学习谷文昌精神。通过参观谷文昌纪念馆和邀请东山县谷文昌精神研究会会长黄石麟、谷文昌次子谷豫东讲述谷文昌事迹和精神，使处级以上领导干部接受了一次深刻的党性教育。③深入研讨。学校党委中心组把“三严三实”专题教育的学习研讨作为学习会的重要内容。贾益民校长、关一凡书记等校领导带头做出专题发言，中心组成员以“严以修身、严以律己，严守党的政治纪律和政治规矩”为题进行了学习研讨。④推动各基层单位和党员干部开展专题教育。学校党委书记上了专题党课以后，各基层单位按照学校专题教育的实施方案，制定了各单位的方案，以各种方式传达“三严三实”专题教育的相关内容。各基层党委书记和单位领导立足本职岗位，紧扣“三严三实”要求，联系本单位本部门实际，联系教职工、学生、党员、干部思想、工作、学习、生活和作风实际上了专题党课。学校党委要求各单位以分党校或基层党委、机关党支部为单位展开学习研讨。

3.“两学一做”学习教育活动

“两学一做”学习教育，指的是“学党章党规、学系列讲话，做合格党员”学习教育。2016年2月，中共中央办公厅印发了《关于在全体党员中开展“学党章党规、学系列讲话，做合格党员”学习教育方案》，并发出通知，要求各地区各部门认真贯彻执行。开展“两学一做”学习教育，是面向全体党员深化党内教育的重要实践，是推动党内教育从“关键少数”向广大党员拓展、从集中性教育向经常性教育延伸的重要举措。学校按照“学理论、议大事、出思路、促发展”的总体要求，采取校党委中心组“领学”、各级领导班子“研学”、党员领导干部“讲学”的做法，坚持以上率下，充分发挥领导干部的示范带头作用。

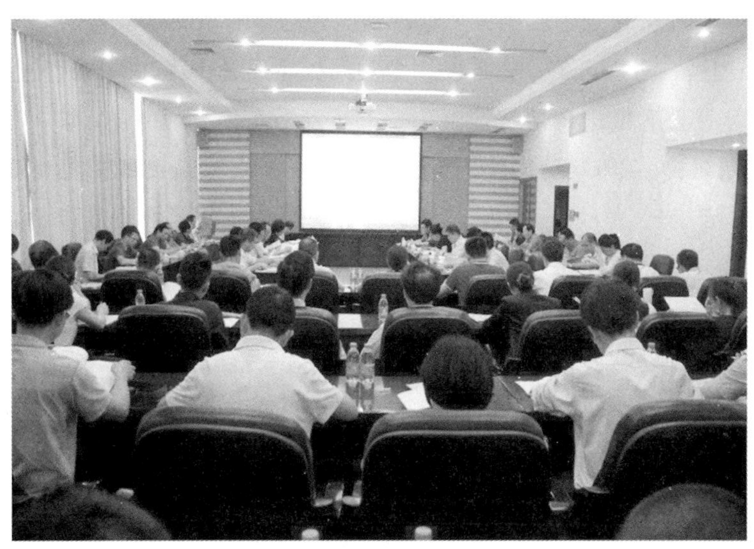

图5－41　学校召开党建工作会议部署推进“两学一做”学习教育常态化制度化工作

（1）建平台，健全载体，充分发挥教育实践作用。学校积极整合学习教育资源，致力于打造“大讲堂＋小课堂＋线上学＋实践学”的学习教育平台，构建起立体化的学习教育体系，充分发挥学习教育平台的教育实践作用，满足不同层次人员的学习需求，切实提高学习教育质量和成效。

（2）树典型，凝聚榜样，充分发挥示范引领作用。学校积极总结各类先进典型，加大宣传推广力度，充分发挥其示范引领作用。学校采用党支部立项申报、校党委组织部立项资助的方式，对党支部的学习教育工作采取“项目化运作”的方式，积极鼓励基层党组织创新学习教育新方式、新载体。学校党委组织部联合学生社区党工委在全校范围内开展“好党课、好故事、好体会、好案例”征集活动，并编印《华侨大学“两学一做”学习教育简报》。

（3）践职责，创先争优，充分发挥先锋模范作用。学校以“明、真、实”要求党员履职尽责，让“两学一做”学习教育效果融入工作、融入学习、融入生活，充分发挥党员的先锋模范作用。①职责事项“明”。学校针对不同群体党员实际情况，要求教学科研岗位党员要自觉践行“四有”好老师标准，着力围绕提高人才培养质量和提升科学研究水平，开展爱岗敬业活动，确保课堂讲坛风清气正，认真履行好教书育人职责。②践职行动“真”。岗位职责落实的关键在于做，党员先锋模范作用在于行。学校各基层党委认真落实工作要求，督促党员履职尽职，做到真履职，实现真成效。③评责工作“实”。学校以学年度工作考核、干部届满考核、党费专项检查工作、党员民主评议等工作为契机，推动党员践行“两学一做”学习教育的要求。省委“两学一做”学习教育第三督导组和福建省委组织部督导组到校进行实地考察的时候，充分肯定了学校“两学一做”学习教育取得的成效。①

（4）强制度，有规可依，充分发挥党支部战斗堡垒作用。①建章立制，提高规范化制度化水平。为推进“两学一做”学习教育常态化、制度化，切实推动全面从严治党向基层延伸。2017 年 5 月，学校颁布《关于规范党支部制度建设的指导意见》，通过规范“三会一课”等基本制度，使基层党支部工作有规可依，进一步提高党支部工作规范化制度化水平。②台账管理，确保有规必依执规必严。建立工作台账制度和经常性的督查机制，要求党支部建立《华侨大学党支部“三会一课”情况登记簿》《华侨大学党课计划安排表》《华侨大学入党申请人培养考察纪实表》《华侨大学入党积极分子培养考察纪实表》《华侨大学党员培养考察纪实表》等台账资料。

（5）三步走，精心组织，充分增强专题学习讨论实效。①精心制订计划，确保有序推进。②组织学习，确保突出实效。各基层党组织通过举办党校培训、研讨会，采取专题讲座、党员讲堂、主题党课、主题发言、实践教育、现场交流讨论、知识竞赛等方式，做好会前准备、学习工作，确保专题学习讨论有效开展。③开展研讨，确保深化认识。在交流发言中，党员各自畅谈了自己的感想和体会，并对照自己工作、学习、生活的实际情况，就强化“四个意识”、坚定“四个自信”集中查找自身存在的问题。同时针对问题寻求对策、拿出措施，列清单、建台账，并将此项内容作为党员 2018 年“三诺”工作重点内容。②

4.“不忘初心、牢记使命”主题教育

“不忘初心、牢记使命”主题教育是中国共产党在全党范围内开展的主题教育，是推动全党更加自觉地为实现新时代党的历史使命不懈奋斗的重要内容。2017 年 10 月 18 日，习近平总书记在十九大报告中指出，在全党开展“不忘初心、牢记使命”主题教育，用党的创新理论武装头脑，推动全党更加自觉地为实现新时代党的历史使命不懈奋斗。2019 年 5 月 13 日，中共中央政治局召开会议，决定从同年 6 月开始，在全党自上而下分两批开展“不忘初心、牢记使命”主题教育。

2019 年，学校党委以习近平新时代中国特色社会主义思想和习近平总书记视察暨南大学重要讲话精神为指导，统筹推进四项重点举措，扎实开展“不忘初心、牢记使命”主题教育。

（1）聚焦主题主线，紧抓学习教育。全面把握主题教育总要求，围绕学习贯彻习近平新时代中国特色社会主义思想这一主线，学校领导班子坚持先学一步，学深

① 参见中共华侨大学委员会组织部《组织部 2016 年工作总结》。

② 参见中共华侨大学委员会组织部《组织部 2017 年工作总结》。

一层，围绕“习近平总书记关于‘不忘初心、牢记使命’重要论述”“习近平总书记视察暨南大学重要讲话精神”等专题开展集中学习研讨10场。为提高学习效果，加强交流研讨，各单位结合党员领导干部人数实际，机关党委采取支部联合形式开展集中学习研讨29场，学院以分党校形式联合开展集中学习研讨47场，各单位自行组织学习研讨272场。学校各单位积极创新形式，通过学习报告辅导、走出校园考察实践等多种途径开展学习，确保学出深度、学出成效。

（2）下沉基层一线，深入调查研究。学校党委紧扣贯彻落实“专项行动计划”，下沉基层一线，扎身师生中开展调研。校领导班子围绕“发挥学院党政联席会议制度在办学治校中的作用”“科研创新能力提升存在的瓶颈及其对策”等专题，深入25个学院党委，访谈一线干部师生群众1000余人。全校31个基层党委围绕246项调研主题，通过座谈会、问卷调查、个别访谈、现场办公、专项调研等多种形式深入师生开展调查研究。在学习教育和调查研究的基础上，学校党委常委和各基层党组织书记完成专题党课要求。

（3）广泛征求意见，严格检视问题。学校党委坚持开门开展主题教育，广泛听取师生意见。学校面向68个二级单位发放征求意见表，原汁原味进行汇总，共征集对学校领导班子工作方面提出的意见建议141项、思想方面的意见建议32项；对7位校党委党委工作方面提出的意见建议240项、思想方面的意见建议81项。学校和各单位领导班子成员对照党章党规“18个是否”深入找差距，共提交《华侨大学领导干部对照党章党规找差距专项问题清单》170份。

（4）坚持问题导向，狠抓整改落实。学校党委坚持问题导向，围绕落实“专项行动计划”各项任务，坚持立行立改，即知即改。校党委通过召开班子调研成果交流会、“对照党章党规找差距”专题会议，结合调查研究最终确定校领导班子在思想和工作方面的问题20个，确定整改举措187项，除立行立改和拟在主题教育期间完成的措施外，建章立制、长期坚持措施54项。校领导班子成员深入开展自我剖析，最终在思想和工作方面梳理出82个问题，并确定95项整改措施。各基层党委积极推动存在问题的整改落实，形成上下联动的工作机制，基层党委梳理出最终问题清单532个，确定795项整改落实举措。各单位班子成员在思想和工作方面梳理出问题736个，确定839项整改落实举措。学校结合高校特点，精心制定《华侨大学开展专项整治工作方案》，在严格整治党中央提出的“8＋1”专项整治问题基础上，同时着力整改解决高校存在的5个突出问题。①

① 参见中共华侨大学委员会组织部《组织部2019年工作总结》。

二　学校统战工作

学校历来重视统战工作，归属中央统战部后，更加重视统战工作。2017 年，福建省委统战部、省人力资源和社会保障厅联合授予学校“2012—2015 年全省统战系统先进集体”荣誉称号，此次表彰是福建省统战系统近十年来首次，福建高校仅有华侨大学和福州大学获此荣誉。[①]

（一）重视统战团体的思想、制度及组织建设

1. 紧抓政治思想学习。学校一直认真组织统战团体及其成员定期开展思想教育活动，引导广大统战干部和统战成员树立正确的政治方向和坚定的政治立场。新时期在学校党委的统一部署安排下，坚持用习近平新时代中国特色社会主义思想教育统一战线广大成员，组织统战成员深入开展习近平新时代中国特色社会主义思想的学习，积极宣扬新中国成立 70 年来获得的辉煌成就，组织各民主党派无党派人士开展“不忘合作初心，继续携手前进”主题教育活动，不断巩固统一战线团结奋斗的共同思想政治基础，促进统一战线广大成员自觉传承多党合作优良传统，积极践行中国共产党领导的多党合作和政治协商制度。学校重视党外知识分子的思想政治建设，先后推荐多名民主党派骨干成员往省、市社会主义学院学习，并组织省级以上政协委员，以及学校各党派、团体负责人赴全国各地开展革命传统教育活动，不断增强学校党外人士“四个自信”，促进党派团体成员对多党合作的认识，有效提高统一战线成员合作共事的意愿，通过举办和选派参加统战理论培训班、统战信息研讨班等途径，进一步统一思想，增进共识。

2. 重视制度建设。2010 年，学校修订《华侨大学统战部经费使用管理办法》等工作制度。2013 年，修订《华侨大学党委常委对口联系各民主党派、群众团体制度》《华侨大学党委统战工作制度》《关于落实各民主党派群众团体组织经费及统一战线代表性人士有关待遇的实施意见》《华侨大学基层党委统战工作制度和工作职责》等有关文件。2014 年，出台《华侨大学优秀建言献策类统战信息奖励暂行办法》。2016 年，学校成立华侨大学统一战线工作领导小组，并重新编订《统一战线工作制度汇编》，为学校统一战线事业的继续向前发展奠定良好基础。2017 年，修订《华侨大学党委统战工作制度》《华侨大学基层党委统战工作职责和工作制度》，推动学校统战工作有序、规范开展。

3. 抓组织建设。主动帮助各党派物色、培养、发展新成员，提高党派团体基层

组织的整体素质。不断优化各民主党派、群众团体的组织结构，继续加强梯队建设。学校统战部门积极走访福建省、泉州市和厦门市统战部门和党派组织，探讨党派组织架构优化。支持致公党、民革、高知联、侨联、民建、农工党赴永春、平潭、广州、石狮等地开展考察、调研和联谊活动，不断增强组织活力。2010—2019 年积极协助各党派团体发展新成员 122 人，积极为多党合作事业奠定良好组织基础。[①] 做好民主党派干部的选拔及推荐工作。积极走访泉州市、丰泽区、厦门市、集美区等有关部门，增加学校在各级组织民主党派和人大、政协的席位和名额。2013 年成功推荐彭霈当选第九届全国侨联委员，学校致公党主委、土木学院副教授吕振利，数量经济研究院教授陈燕武获评“全国归侨侨眷先进个人”。[②] 2014 年，推荐 6 位同志担任新一届福建省新侨人才联谊会常务理事和理事；推荐骆克任教授担任中国和平统一促进会内地理事。[③] 2016 年，推荐刘埭和 8 位无党派人士拟任福建省党外知识分子联谊会副会长、理事职务。[④] 2017 年推荐 12 名党外人士担任学校第八届特邀监察员，7 位党外人士在福建省党外知识分子联谊会任职，4 名党外人士在福建省新侨人才联谊会任职，22 名党外人士担任泉州市党外知识分子联谊会会员。推荐宋秋玲、费迎庆担任厦门市第十六次归侨侨眷代表大会委员，推荐蒋楠任福建省台联第八届理事会理事。[⑤] 2018 年根据“第七届中国侨界贡献奖”相关通知，向国务院侨办和福建省侨联报送学校推荐人选各 1 人。[⑥] 2019 年，推荐近 10 名党外代表人士担任各类职务加强锻炼。向中国侨联推荐青年委员会委员候选人 2 人。[⑦]

（二）推进参政议政，服务地方发展

1. 推进参政议政。利用人大、政协的广阔政治舞台，组织学校各级人大代表和政协委员，深入群众、了解社情、反映民意，通过考察调研、提交议案、专题发言、咨询建议等形式积极参政议政，为地方经济和社会发展建言献策。学校支持、组织各级政协委员、人大代表以及非公有制经济基地专家开展各类专项视察调研工作，结合民生关注的重点、难点问题，各级政协委员人大代表在省、市两会上提交议案、提案。2011 年，各级人大代表、政协委员共递交了各级议案、提案 20 余篇。[⑧] 2012

① 参见华侨大学党委统战部《华侨大学党委统战部 2010—2019 年工作总结》。
② 参见华侨大学党委统战部《华侨大学党委统战部 2013—2014 学年上学期工作总结》。
③ 参见华侨大学党委统战部《华侨大学党委统战部 2014 年工作总结》。
④ 参见华侨大学党委统战部《华侨大学党委统战部 2016 年下半年工作总结》。
⑤ 参见华侨大学党委统战部《华侨大学党委统战部 2017 年工作总结》。
⑥ 参见华侨大学党委统战部《华侨大学党委统战部 2018 年工作总结》。
⑦ 参见华侨大学党委统战部《华侨大学党委统战部 2019 年工作总结》。
⑧ 参见华侨大学党委统战部《华侨大学党委统战部 2011 年工作总结》。

年，做好建言献策信息的编辑上报工作，共被中央统战部采用 2 条、省委办公厅八闽快讯采用 3 条、省委统战部采用 2 条；支持、组织各级政协委员、人大代表以及非公有制经济基地专家开展各类专项视察调研工作，各级政协委员人大代表在省、市两会上共提交议案、提案 13 份。[①] 2013 年，做好建言献策信息的编辑上报工作，共被中央统战部采用 4 条、省委办公厅八闽快讯采用 3 条、省委统战部采用 1 条，其中，被送呈中央政治局常委决策参考的《零讯》刊物采用 2 篇，实现了重大突破。[②] 2014 年，做好建言献策信息的编辑上报工作，共被中央统战部采用 4 条、省委办公厅八闽快讯采用 4 条、省委统战部采用 1 条，其中，被送呈中央政治局常委决策参考的《零讯》刊物采用 2 条、被福建省副省长郑晓松批示 1 条。[③] 2015 年，向中央统战部、省委办公厅和省委统战部报送《党外人士建议加强环保规划评估考核》等建言献策类信息 13 条。[④] 2016 年，在丰泽、集美人大和政协会议中，共提交涉及学校发展和教职工利益的提案、议案 4 项。[⑤] 2017 年，学校人大代表、政协委员在各级两会上提交涉及社会民生、政治经济、文化发展等方面的提案、议案、建议共 50 件，学校民主党派骨干共向各级党派组织提交调研报告、意见建议共 59 件。[⑥] 2018 年，学校人大代表、政协委员在 2018 年各级“两会”上提交涉及社会民生、政治、经济、文化发展等方面的提案、议案、建议超过 50 件。[⑦] 2019 年，学校人大代表、政协委员在 2019 年各级“两会”上提交涉及社会民生、政治、经济、文化发展等方面的提案、议案、建议超过 50 件。[⑧]

服务地方经济发展。发挥高校研究优势和大学生暑期社会实践平台作用，结合有关“三农”及社会民生的重大问题，发挥党外教师的专业特长，分层次、分步骤推进了服务社会主义新农村建设工作。2011 年，专门组织了学校各级政协委员 15 人重点考察泉州台商投资区的建设。同时，开展为社会主义新农村建设服务的“海西春雨行动”，同时，投入资金 2 万余元，共资助组织了 11 支实践团队服务社会主义新农村建设工作。[⑨] 2012 年至今，每年均完成多支团队的“海西春雨行动”调研，并将取得成果上报省委统战部，供省委、省政府有关部门参考；2016 年，围绕

① 参见华侨大学党委统战部《华侨大学党委统战部 2012 年工作总结》。
② 参见华侨大学党委统战部《华侨大学党委统战部 2013 年工作总结》。
③ 参见华侨大学党委统战部《华侨大学党委统战部 2014 年工作总结》。
④ 参见华侨大学党委统战部《华侨大学党委统战部 2015 年工作总结》。
⑤ 参见华侨大学党委统战部《华侨大学党委统战部 2016 年工作总结》。
⑥ 参见华侨大学党委统战部《华侨大学党委统战部 2017 年工作总结》。
⑦ 参见华侨大学党委统战部《华侨大学党委统战部 2018 年工作总结》。
⑧ 参见华侨大学党委统战部《华侨大学党委统战部 2019 年工作总结》。
⑨ 参见华侨大学党委统战部《华侨大学党委统战部 2011 年工作总结》。

泉州改革发展的重点项目，组织开展泉州市政协委员小组专项视察活动2次，协助九三学社华大委员会赴德化开展“数控干粉造粒生产线”调研活动，充分发挥学校人才资源和智力优势，服务社会经济发展。[①] 2018年，组织学校泉州市政协委员活动组赴安溪县视察创新驱动、产业转型升级情况，重点了解光电、现代农业、美丽乡村、文化旅游等新兴产业发展。2019年，组织学校泉州市政协委员活动组分别赴泉港和南安围绕“石化环保和厂居混杂拆迁”和“产业转型升级”的主题开展视察调研活动。

（三）抢抓新机遇，拓展海外统战工作

为充分发挥学校境外学生众多的优势，有效拓展海外统战工作，学校统战部门积极与泉州市相关部门密切合作，积极组织境外生开展各类活动不断增强境外学生对祖国的认同，定期走访福建省、泉州市、厦门市有关统战部门，进一步整合资源，拓宽开展港澳台侨学生爱国主义教育的平台和渠道。2011年，学校统战部门与泉州市政协合作，针对入学的港澳台侨新生，先后3次开展“看海西、爱海西”活动，通过参观福建省内名胜古迹、重大建设项目，以及座谈交流等方式，增进港澳台侨新生对祖国、福建的了解。2012年，组织在校境外生40人参加“看海西、爱海西”活动，通过参观市内名胜古迹、重大建设项目，以及座谈交流等方式，促进境外生对祖国的了解。[②] 2014年，组织近800名境外学生赴丰泽区、南靖县、漳浦县、集美区和同安区等地开展活动，有效增进了境外学生对求学所在地的了解，增强了他们的归属感。[③] 2015年，组织近400名境外新生赴泉州、厦门等开展“看海西、爱海西”系列主题活动，加强境外新生对祖（籍）国的认知和了解，做好人心回归工作。[④] 2016年，组织境外新生赴泉州、厦门等地开展“看海西、爱海西”主题教育活动，承办厦门地区高校港澳台侨学生暑期夏令营一期，联同学生处组织在校优秀境外生赴江、浙、沪等地开展国情教育活动。[⑤] 2017年，以中央统战部港澳台侨试点校为平台，成功申报“重走海丝路，共享中国梦”境外生教育专项（获资助经费20万元），通过积极争取，成功获得厦门市委统战部给予学校华裔学生嘉庚奖学金资助。[⑥] 2018年，积极参加厦门市委统战部统战系统港澳台海外工作联席会、厦门市高校侨联及新侨人才工作座谈会、厦门大学“文化闽南·逐梦中国——2018年高

---

① 参见华侨大学党委统战部《华侨大学党委统战部2016年工作总结》。

② 参见华侨大学党委统战部《华侨大学党委统战部2012年工作总结》。

③ 参见华侨大学党委统战部《华侨大学党委统战部2014年工作总结》。

④ 参见华侨大学党委统战部《华侨大学党委统战部2015年工作总结》。

⑤ 参见华侨大学党委统战部《华侨大学党委统战部2016年工作总结》。

⑥ 参见华侨大学党委统战部《华侨大学党委统战部2017年工作总结》。

校港澳台青年骨干峰会”等会议和活动，全力协助台湾同学会举办“2018 年两岸学术高端论坛”，组织学校专业教师、在读博士、台籍教师、台联会员及台湾学生参与学术交流和联谊交友。[①] 2019 年，组织台湾学生列席厦门市政协主席会议、参加第十一届海峡论坛·海峡百姓论坛，协助校团委组织参加海峡创意论坛的台湾“首来族”参观福建地方建设，积极发挥“五缘”优势。组织境外学生参加“泉州市统一战线庆祝新中国成立 70 周年‘我和我的祖国’音乐快闪活动”拍摄，协助致公党厦门市委举办华裔留学生座谈会，增强祖（籍）国认同感。[②]

（四）直面新挑战，牵头专项事务工作

1. 牵头建立宗教工作制度。按照中央统战部和教育系统中央巡视整改任务的相关要求，结合上级党委和学校整改任务的实施方案，牵头成立宗教工作领导小组。发挥领导小组综合协调作用，积极推动构建“党委统一领导、党政齐抓共管、职能部门分工负责”的工作机制，召开专题工作会，学习文件精神，通报工作开展情况、面临困难和下一步工作计划。为加强和改进新形势下学校宗教工作，牵头起草学校宗教管理相关实施细则，梳理学校教学科研和管理服务等活动中与宗教管理相关的内容，明确各相关单位的责任清单。

2. 牵头开展摸底排查工作。学校将宗教活动管控纳入日常工作机制。编印宗教工作相关宣传教育材料，普及宗教知识和宗教法律法规。联同党委宣传部编印《宗教工作相关宣传教育资料》，在华侨大学中层领导干部“学习党的十九大精神提高办学治校能力”专题研修班专门加入宗教专题，配合学生处举办高校安全稳定工作（政治和宗教安全）专题研修班，提高中层干部和宗教工作联络员对宗教问题的分析研判和处置能力。

3. 牵头落实宗教工作整改。对学校各相关单位宗教工作开展情况进行走访指导、督促检查，约谈相关重点人士进行教育引导。积极参加泉州市、厦门市及丰泽区、集美区宗教工作联席会议，妥善安排校外相关部门来校协调工作，配合相关单位开展宣传、教育引导和取证工作，按照属地管理原则积极配合地方相关部门开展排查和整治工作。截至目前，学校宗教工作领导体制和工作机制基本成型，宗教工作合力正在持续形成，学校宗教工作总体可控、平稳有序。

---

① 参见华侨大学党委统战部《华侨大学党委统战部 2018 年工作总结》。

② 参见华侨大学党委统战部《华侨大学党委统战部 2019 年工作总结》。

第八节　思想政治教育与校园文化

2016年12月7日至8日，全国高校思想政治工作会议在北京召开，中共中央总书记习近平在会上强调，高校思想政治工作关系高校培养什么样的人、如何培养人以及为谁培养人这个根本问题；要坚持把立德树人作为中心环节，把思想政治工作贯穿教育教学全过程，实现全程育人、全方位育人。此次会议深刻阐述了高校思想政治工作的重大意义、精神实质、战略举措，是新时期高校思想政治工作的根本遵循和行动指南。2018年9月10日，全国教育大会在北京召开，中共中央总书记习近平在会上强调，要在党的坚强领导下，坚持马克思主义指导地位，坚持社会主义办学方向，立足基本国情，遵循教育规律，坚持改革创新，以凝聚人心、完善人格、开发人力、培育人才、造福人民为工作目标，培养德智体美劳全面发展的社会主义建设者和接班人。此次会议上，习近平总书记对教育工作做出一系列重要论述，这为新时代教育改革发展指明了前进方向、提供了根本遵循。两个重要会议召开后，华侨大学坚决落实贯彻全国高校思想政治工作会议及全国教育大会精神，高度重视教师及学生思想政治教育工作。2018年，学校专门成立华侨大学思想政治工作领导小组，由学校党委书记及分管思想政治工作的校领导分别担任组长和副组长，狠抓落实师生思想政治教育工作。

一　教师思想政治教育工作

2018年4月，学校专门成立党委教师工作部，主管教师和师德师风建设，贯彻落实中央和国家、学校党委关于高校教师思想政治工作的决议、决定和工作部署，统筹教师的思想教育和管理服务工作。随后，学校党委成立师德师风建设工作领导小组，负责统筹规划全校师德师风建设工作，制定并完善师德建设相关制度和政策，组织协调、检查评估全校师德建设情况，指导各单位开展师德建设工作。领导小组下设办公室，挂靠党委教师工作部，负责全校师德师风建设工作的具体实施，包括计划制订实施、信息收集处理、调查研究等相关工作。各单位负责本单位师德师风建设工作的具体落实，单位负责人实行一岗双责，党政主要负责人为师德师风建设第一责任人。随着师德师风建设工作领导小组的设立，“党委统一领导、党政齐抓共管、单位具体落实、教师自我约束”的师德建设领导体制和工作机制逐渐形成。

学校始终将把师德师风作为评价教师队伍素质的第一标准，坚持师德师风建设并使之贯穿教师职业生涯全过程，陆续制定并出台《中共华侨大学委员会关于加强师德师风建设工作实施意见》《华侨大学全面落实研究生导师立德树人职责实施细则》《华侨大学师德失范行为负面清单及处理办法》《华侨大学师德教育实施办法》《华侨大学全面落实研究生导师立德树人职责实施细则》《华侨大学教学事故认定和处理暂行办法（修订）》《华侨大学预防与处理学术不端行为办法》等师德师风建设性文件。学校构建形成师德师风教育、宣传、考评、监督、激励和惩处“六位一体”工作机制，师德师风建设工作全面深化，取得实效。

学校坚持将师德教育摆在教师培养首位的原则，2018 年以来先后开展师德禁行行为“红七条”规定专题教育活动、“弘扬爱国奋斗精神、建功立业新时代”活动、贯彻教育部《新时代高校教师职业行为十项准则》和《关于高校教师师德失范行为处理的指导意见》宣传学习活动等，每年在新入职教师岗前培训和青年骨干教师轮训中开设师德师风专题讲座，并定期开展师德师风相关法律法规学习、教师廉洁自律警示教育、师德模范先进事迹宣讲和专业素养提升培训，引导广大教师坚定理想信念、提高综合素质。

学校加强师德师风考核，严把新进教职工聘用入口关，全面了解应聘者的综合情况，加强对拟聘人选思想政治和品德学风的综合考察。认真评议申请高校教师资格人员的思想品德和行为规范，严格高校教师资格准入制度。学校将师德师风建设情况作为各单位业绩考核评价的主要内容和基层党委年度述职工作内容。实施教职工师德年度考核，在各类评先推优中均安排师德师风考核环节等，建立形成了“一事一报、一年一考、一人一档”的师德师风考核评价工作体系。2019 年 9 月，学校召开全校师德师风建设大会，总结梳理师德师风建设工作成效，深入分析师德师风建设面临的形势，部署下一阶段加强师德师风建设的工作任务。学校每年在新教师入职培训中组织新入职教师宣誓仪式，建立退休教师谈话制度，每年召开教师节表彰大会，评选表彰、弘扬师德先进典型，逐步深化“入职庄严、在职荣耀、退休光荣”的教师职业荣誉体系，增强广大教师的职业荣誉感和自豪感。

学校坚持奖励先进与惩处失范并重原则，不断强化对师德考核评价结果的使用，将其作为评奖评优、职称评聘、职务晋升、岗位聘任、绩效分配、人才项目推荐、研究生导师遴选、访学进修的重要前提条件，优先考虑师德师风先进典型。对违反高校教师师德禁行行为“红七条”的行为，坚持“零容忍”态度，发现一起、查处一起，坚决实行师德“一票否决”。学校设立师德师风投诉举报平台，及时掌握师德师风信息动态，及时排查和处理师德失范的苗头和问题，建立并不断完善师德师风预警机制和行为失范阻断机制，努力形成学校、学院、教师、学生、家长和社会多方参与的师德师风监督体系。在师德师风建设中切实形成激励先进、惩处失范的制度保障。

二 学生思想政治工作

高校作为意识形态前沿阵地，是思想文化交锋最前沿的地方，也是多元文化表现最为集中的地方。学校坚持贯彻“以生为本”的理念，印发《中共华侨大学委员会、华侨大学关于贯彻落实全国全省高校思想政治工作质量提升工程实施方案》，围绕“国际化、重实践、能创新、有担当”的育人目标，紧紧抓住“学风建设”这条主线，实施“思想引领提升计划”“学生成长支撑计划”“管理服务创新计划”等三大计划，着力打造侨校学生思想政治工作品牌。

（一）思想引领提升计划

学校将加强青年学生思想政治引领和价值引领作为根本任务，坚持立德树人，遵循分层次、分类别的教育原则，加强学生理想信念教育，努力将内地学生培养成德、智、体、美、劳全面发展的社会主义建设者和接班人；将港澳台学生培养成自觉拥护祖国统一、拥护“一国两制”、为港澳长期繁荣稳定和实现祖国和平统一做贡献的坚定爱国者；将华侨华人学生培养成了解和热爱中华文化、对中国友好、主动担当中外交流的文化使者。

1. 打造易班[①]等新媒体平台，推进网络型思政

学校建立了华园先锋网、承志网、学生工作网、阳光网、就业网、学习实践科学发展观网、华大讲堂网等一批融思想性、知识性、趣味性、服务性于一体的思想政治教育主题网站，牢牢把握了网络思想政治教育主动权。还将易班作为落实全国全省高校思想政治工作质量提升工程的重要抓手和举措，以项目为载体，调动学院、班级参与易班建设的积极性和创造性，加快易班校本化、院本化进程，提升易班用

---

① 易班（http://www.yiban.cn）是集教育教学、生活服务和文化娱乐为一体的网络互动社区。易班致力于为“每个学生的终身发展”服务，在产品上关注师生需求，在资源上凸显独家优势，在平台上实现共享开放，是教育部面向全国高校推广使用的青年大学生线上思政教育平台。

户黏度。2019 年，在第三届全国高校网络教育优秀作品推选展示活动中，学校报送作品 47 个，王晶等 5 位老师分别获得一、二、三等奖各 1 项，学校易班工作经验介绍被《福建省高校网络思想政治工作中心 3 月工作简报》刊登。[①] 学校重视抓好“网上共青团”工作，坚持服务青年师生的工作生命线，建立“1 + 100”团干部直接联系青年工作制度，构建起团干部工作生活的网格化共青团朋友圈，切实做到直接联系、直接服务。[②] 2016 年，华侨大学团委微博登上全国团组织新浪微博排行榜共 9 次，官方微信公众号 3 次进入“全国基层团组织微信公众号综合影响力”和“单周文章阅读量”前十名。[③] 2017 年，华侨大学团委官方微信公众号在 5 月 28 日至 6 月 3 日的“单周文章阅读量”排名第四。[④] 2019 年，华侨大学团委官方微信公众号粉丝数达到 27000 余人。[⑤]

2. 建设高素质工作队伍，推进学习型思政

华侨大学以思想政治工作能力的培养和提升为核心，大力打造一支高素质的学习型思政工作队伍。不仅注重辅导员培训，还以辅导员协会为依托，举办辅导员沙龙、辅导员论坛等活动，着力提升辅导员职业能力，并将辅导员队伍建设与实施青年教师成长计划相结合，推进“辅导员在职攻读博士计划”“辅导员国内访学计划”的落实，依托形势与政策教研室、大学生心理健康教育教研室、大学生职业生涯规划与就业创业指导教研室、法律基础与思想道德修养教研室等平台，组建教学团队和科研团队，围绕专题开展研究，积极申报精品课程，培育教学名师。此外，学校还选聘具有较强工作责任心和教书育人意识、经验丰富的教师担任班主任，发挥班主任在“抓学风，保稳定，促就业”等方面的作用。[⑥]

截至 2018 年 10 月，全校选派 230 人次参加各类外出培训班学习，实现辅导员培训全覆盖。尤为突出的是，结合学校的办学使命，从 2017 年开始，先后举办六期港澳台侨学生教育培养专题培训班，内容涵盖中央对港澳的基本政策、香港和澳门社会的基本情况及当前形势、内地高校在香港和澳门招生基本政策、如何开展香港和澳门青年工作等。学校紧紧扭住辅导员职业能力提升这个“牛鼻子”，多次参加全国和福建省辅导员职业能力大赛，并屡创佳绩，不仅连续 5 年获得福建省高校辅导员职业能力大赛一等奖，辅导员吴楠还斩获第二届全国高校辅导员职业能力大赛

---

① 参见华侨大学学生处《学生工作部（处）2019 年工作总结》。

② 共青团华侨大学第九次代表大会工作报告：《不忘跟党初心，牢记青春使命，团结带领全校团员青年为建设特色鲜明、海内外著名的高水平大学贡献青春力量》，华侨大学文书档案。

③ 参见共青团华侨大学委员会《共青团华侨大学委员会 2016 年度工作总结》。

④ 参见共青团华侨大学委员会《共青团华侨大学委员会 2017 年上半年工作总结》。

⑤ 参见共青团华侨大学委员会《共青团华侨大学委员会 2019 年度工作总结》。

⑥ 参见华侨大学学生处《学生工作部（处）2016 年上半年工作总结》。

一等奖。此外，学校还设立港澳青年研究中心，引导辅导员开展主题研究，该中心被列为2018年福建省高校特色新型智库；开展辅导员工作室立项，促进辅导员结合工作实践和自身兴趣形成“研究共同体”。尤其值得一提的是，学生处处长陈捷教授入选2016年教育部“思想政治教育中青年杰出人才支持计划”，[①] 实现了华侨大学在该计划上零的突破。[②]

表5-15　华侨大学2012—2018年辅导员队伍获奖情况统计

时间	项目名称	获奖对象	奖项
2012年	第一届福建省高校辅导员职业能力大赛	孙娟娟	二等奖
	“福建省高校百名优秀（十佳）辅导员”	肖景川 袁　媛 谢　俊	荣誉称号
2013年	第二届全国高校辅导员职业能力大赛、 第二届福建省高校辅导员职业能力大赛	吴　楠	福建省一等奖 全国一等奖
2014年	第三届福建省高校十佳辅导员	蔡立强	荣誉称号
	第三届福建省高校优秀辅导员	王　巍	荣誉称号
	第三届全国高校辅导员职业能力大赛、 第三届福建省高校辅导员职业能力大赛	蔡立强	福建省一等奖、 华南赛区一等奖、 全国优秀奖
	福建省高校优秀思想政治教育工作者	陈雪琴	荣誉称号
	福建省高校优秀思想政治教育工作者	蔡立强	荣誉称号
2015年	第四届全国高校辅导员职业能力大赛、 第四届福建省高校辅导员职业能力大赛	王　蕾	福建省一等奖、 华南赛区二等奖
	第四届福建省高校十佳辅导员	郑志民	荣誉称号
	第四届福建省高校优秀辅导员	胡　璐	荣誉称号
2016年	第五届全国高校辅导员职业能力大赛、 第五届福建省辅导员职业能力大赛	胡　璐	福建省一等奖、 全国三等奖
	第五届“福建省高校十佳辅导员”	陈　颖	荣誉称号
	第五届“福建省高校优秀辅导员”	余　桦	荣誉称号
2017年	第六届全国高校辅导员职业能力大赛、 第六届福建省高校辅导员职业能力大赛	赵　鑫	福建省一等奖、 全国三等奖

① “思想政治教育中青年杰出人才支持计划”是教育部思政司于2014年开始实施的一项工作，旨在全面加强思想政治教育队伍建设，引导和鼓励中青年思想政治教育工作者注重理论水平和综合素质的提升，探索和创新实践工作模式，培养一批坚持正确的政治方向、工作业绩突出、学术水平较高、理论宣讲能力较强的名嘴、名家，推出一批理论联系实际的有影响力、说服力的名篇、名著，提升思想政治教育科学化水平。

② 陈永煌：《陈捷教授入选2016年“思想政治教育中青年杰出人才支持计划”》，华侨大学新闻网－https://www.hqu.edu.cn/info/1067/16313.htm，2016年11月15日，最后访问日期：2020年6月10日。

续表

时间	项目名称	获奖对象	奖项
2018 年	第七届福建省高校辅导员素质能力大赛	范雪莹	二等奖

资料来源：华侨大学学生处提供。

表 5-16　华侨大学 2011—2019 年“全国高校辅导员年度人物”情况统计

时间	届次	获奖者
2012 年	第四届“全国高校辅导员年度人物”入围奖	肖景川
2014 年	第六届“全国高校辅导员年度人物”提名奖	蔡立强
2015 年	第七届“全国高校辅导员年度人物”入围奖	吴　楠
2016 年	第八届“全国高校辅导员年度人物”入围奖	胡　璐
2018 年	第十届“全国高校辅导员年度人物”入围奖	余　桦

资料来源：华侨大学学生处提供。

表 5-17　华侨大学 2016—2019 年辅导员工作精品项目统计

时间	具体项目	项目名称	单位
2016 年	华侨大学港澳台侨学生中国梦主题教育活动的探索与实践	福建省大学生思想政治教育创新示范项目	学生处
	紧系根梦魂，促进人心归——华侨大学港澳台侨学生专职辅导员开展实践育人工作	福建省高校辅导员工作精品项目	学生处
2017 年	“华侨大学‘侨缘’文化共享空间建设与探索”	第二批福建省大学生思想政治教育创新示范项目	学生处
	“创‘六位一体’，筑心理防线——学院专职辅导员开展大学生心理健康教育工作实践”	福建省高校辅导员工作精品项目	旅游学院
	“承志新生训练营——大学新生特色主题教育模式探索”		学生处
2018 年	“我的中国心”港澳台侨学生实践育人工程	全国首批高校思想政治教育精品项目	学生处
	“‘华文星火’计划——打造中华文化海外传播的实践育人新模式”	福建省高校辅导员工作精品项目；第三批福建省大学生思想政治教育创新项目	华文学院
	“‘心灵之声’音乐疗愈辅导员工作室”		工学院
	“专业的生涯导航温暖的成长陪伴——华侨大学王晶生涯工作室”		学校就业指导中心
2019 年	构筑融合式管理体系，服务海内外人才培养	福建省高校思想政治工作精品项目	学生处
	学好中华文化，讲好中国故事——实施外国留学生“承志”中华传统文化教育工程		
	深化“科研+”三全育人，打造侨校特色“砼”心圆	福建省高校思想政治工作精品项目	土木工程学院

资料来源：华侨大学学生处提供。

加强共青团组织以及共青团干部队伍建设。建立干部素质培养科学化体系：2011—2014 年按照团中央下发的《思想引导大纲》，研究制定适合学校使用的《大学生思想引导大纲》，编写分类引导团干部培训教材。通过完善基层团组织建设、选聘校团委兼职干部，以及举办、组织、参加福建省院系团委书记培训班，选派团干挂职县级团委副书记和举办华侨大学共青团干部培训班等交流学习等形式，加强学校各级团干部队伍建设。①

图 5-42　王鑫宇在参加第十五届“挑战杯”全国大学生课外学术科技作品竞赛决赛现场

倡导树立先进典型，指引青年成长进步，形成以典型促发展的良效发展模式。如华侨大学工商管理学院 2015 级学生王鑫宇带领团队勇于创新，致力于内地高校香港学生国家认同的调查研究，斩获第十五届“挑战杯”全国大学生课外学术科技作

① 参见共青团华侨大学委员会《共青团华侨大学委员会 2011 年—2014 年度工作总结》。

品竞赛一等奖，获 2017 年“中国大学生自强之星十佳标兵”。

2017 年，经济与金融学院学生严雪获评第五届泉州市道德模范之“助人为乐模范”；2019 年，旅游学院 2017 级博士研究生李昊获第六届泉州市道德模范，分别成为当时泉州市唯一获此殊荣的高校学生代表。2019 年，学校共有 3 个集体和 4 位个人获得福建省共青团系统先进集体以及个人表彰，在本年度福建省“向上向善育人工程基金”和福建省“学校团干名师工作室”评选活动中，学校共有 21 名同学、5 支团队获奖学金，24 名教师获奖教金。

表 5－18　2011—2019 年共青团华侨大学委员会评优先进典型一览
（省级荣誉部分）

时间	2011 年	2012 年	2013 年	2014 年	2015 年	2016 年	2017 年	2018 年	2019 年
福建省五四红旗团委（个）	1	1	1	1	1	—	1	—	—
福建省五四红旗团支部（个）	2	2	2	2	2	1	1	1	1
福建省优秀共青团干部（人）	1	2	1	1	2	1	1	1	1
福建省优秀共青团员（人）	2	2	2	2	3	3	2	1	1
福建青年五四奖章（集体）	—	1	1	1	1	1	1	1	2
福建青年五四奖章（个人）	1	1	1	1	—	—	1	1	2
福建省十佳共青团员	—	—	—	—	—	—	—	—	1
奖章标兵	—	—	—	—	—	—	—	—	1

资料来源：共青团华侨大学委员会 2011—2019 年工作总结，华侨大学团委官网。

3. 加强三类学生思想道德教育，推进特色型思政

（1）重视各类学生的思想政治教育课程建设。

学校通过教学计划、教学材料和考试方案的三统一，规范课堂教学，积极开展师资选拔和集体备课，同时还组织编印《中国音乐》《中国武术》《中国舞蹈》三本中国文化之旅课程读本，丰富了港澳台侨学生国情教育课程。为巩固思想政治教育主阵地，学校积极开展“思政第一课”活动，先后邀请福建省委统战部部长邢善萍、泉州市委书记康涛、泉州市市长王永礼、海军少将吴方臣、国防大学李书吾大校、学校关一凡书记、徐西鹏校长、刘斌副书记等政府领导、名校名师及校领导为学生讲“思政第一课”，内容涉及习近平新时代中国特色社会主义思想、国家财税

改革、“两会”精神学习、全国教育大会精神学习、中美贸易摩擦本质等，引导学生听懂中国声音、接受中华文化、认同中国道路。

（2）组织主题活动教育。

校庆、开学和毕业典礼等重要节日、重大事件是深化学校精神认同，开展爱国主义、民族团结和时代精神教育的重要契机。学校每年举办国庆游园活动，增强学生对祖（籍）国的认同感和归属感。通过“了解华大”主题教育活动，以校标校训、办学理念、校园文化、校园精神、办学优势特色为主要教育内容，结合改革开放的伟大历程、华侨大学办学历史以及廖承志的光辉事迹，将大学生思想政治教育、青年理论教育、国防教育、安全教育、校规校纪等融入新生教育。开展“三爱”主题教育系列活动，加强对学生的基础文明教育、安全教育、爱国爱校教育、亲情教育和感恩教育等。坚持推广和普及校歌《一方沃土》，在重要典礼和仪式上奏唱校歌。学校编印《情系华园——校友觅踪》系列丛书，开设“华园印象——华园纪念品专卖店”，从各个方面展示校友风采，讲述华大故事，引导学生了解华大、感受华大、热爱华大，深化学生对学校精神的认同。学校开展“走近名家、走近经典、走近科学”系列活动，邀请知名文化学者、院士、专家到校举办各类讲座和报告会。

图 5-43　华文学院学生团队参加“我和我的祖国”庆祝新中国成立 70 周年朗诵大赛

（3）强化对港澳台侨及留学生的国情教育。

一是加强“菁英学堂”建设，探索境外生培养新模式。2013 年学校启动境外生特色培养工程——“菁英学堂”，采取精英培养与典型教育的模式全面提升境外生培养质量。该培养模式分为“根在中国”、“学在中国”、“爱在中国”和“梦在中

图 5－44　庆祝中华人民共和国成立七十周年升国旗仪式

国”四个体系，内容涵盖中国文化之旅文化考察、中华传统文化理论学习、“博雅课堂”通识教育、“纵横四海”国内外形势学习、创新能力学习与拓展训练、导师制及学长制、“爱心公益”类活动、“走进中国社会”调研活动及“校友讲坛”活动，采取理论学习、实践考察、素质拓展及文化交流等学习形式进行，其目的在于涵养侨务校友资源，培养优秀境外生领袖。截至 2019 年，菁英学堂已经开展五期，共计培养 194 名优秀境外生骨干力量。

图 5－45　学校举办“文化之旅”境外生夏令营

二是学校精心组织境外生社会实践活动，拓展境外生社会实践基地，完善涵盖境外生文化之旅、社会实践、志愿服务、素质拓展全方位的“大社会实践”体系。组织境外学生开展以“走进祖国、认识祖国、感受祖国、热爱祖国”为主要内容的“中国文化之旅”主题冬、夏令营活动。2012—2016 年学校先后组织了主题冬、夏令营十多个，足迹遍布十多个省、自治区、直辖市，参与学生达 3000 多人，[①] 开展“根在中国”之丝路文化、巴蜀文化、草原文化、江南文化、晋商文化、齐鲁文化、民族文化等 10 支中国文化之旅优秀港澳台学生冬夏令营，带领境外生走进祖国、了解祖国、感受祖国、热爱祖国。2018 年，组织 1500 名优秀港澳台侨学生参加“中国文化之旅”“名家故里行”“侨乡文化研习”“海丝文化考察”“美丽中国行”等实践考察项目。[②]

图 5－46　“红色文化研习营”营员在古田参观学习

同时，学校还以“弘扬同宗同文情，延续同根同祖缘”为主题，建立境外学生中华传统民俗社会实践基地，开展中华传统文化教育。2017 年，组织华侨学生赴福建省档案馆参加“寻找世界遗产的中华根脉——侨生读侨批”活动。同年 9 月，与福建省关工委合作举办第二期“海峡两岸青少年朱子文化研习营”。此外，学校还定期派出华文教育支教团赴东南亚国家华校开展海外支教活动，并积极参与国务院侨办组织的“文化中国·四海同春”“中华文化大乐园”等专项慰侨演出活动，向

① 数据为 2012—2016 年每年之和，具体参见 2012—2016 年国家大学生文化素质教育基地年报（华侨大学），华侨大学文书档案。

② 华侨大学：《华侨大学关于报送 2018 年国家大学生文化素质教育基地年报的函》，2019 年 3 月 8 日。

海外华侨华人传播中华传统文化，传递浓浓中国情。

图 5－47　华侨大学学生在“听见集美”周末音乐会上的演出

为培养学生“宽容、感恩、团结”的情怀，学校还开展了境外生志愿服务和团队素质拓展活动。截至 2015 年底，学校共有“归根情”情暖归国华侨侨眷境外学生志愿服务队、“安阳”境外生服务队、“未桥”境外生义工服务团队、萤火之光志愿服务队、爱无疆志愿服务队共 5 支以境外生为主体的五星级志愿服务队。

（二）学生成长支撑计划

1. 扎实有效推进学风建设工作

为加强学风建设，学校制定了一系列制度，推出了一系列举措。2016 年 5 月，学校出台《华侨大学关于进一步加强和改进学风建设的实施意见》，提出“通过端教风带学风、严管理促学风、立榜样树学风、重实践倡学风”并出台具体举措，全面强化学风建设。2017 年 1 月，学校召开以“学风建设”为主题的学生工作会议，决定将学风建设作为“十三五”期间学校学生工作的主线。同年 6 月，《华侨大学学风建设年工作方案》出台，确立了进一步凝练学风建设共识，强化人才培养工作的中心地位，以学生良好学习习惯的养成和学风建设长效机制的构建为目标，以教风带学风，以管理促学风，以榜样树学风，以实践倡学风，整合学风建设力量，加大教风学风投入力度，规范教育教学管理，坚持“校院共同抓，师生人人管”，推行学生自主教育管理，积极营造良好的育人氛围，全面提升学风建设整体水平的学风建设思路。2018 年 1 月，学校印发《关于开展华侨大学“承志·尚学”学风建设专项工作的通知》，从学风建设大讨论、加强学风督导、深化学风创建、加强学风激励四个阶段继续强化学风建设；2019 年 1 月，学校制定《学风建设常态化工作实施方案》，提出了“主题不改、保持力度”“责任不怠、保持效度”“重心不移，保持温度”的学风建设新要求，开启以开展学风建设专项行动工作总结、制定常态化学风建设方案、探索特色化学风建设项目、组织专题性学风建设研讨及推进系统性学风建设整改为主要内容的学风建设新常态。

为创建优良学风，学校对学生奖惩工作进行了进一步规范。一是提高评奖推优的公平性、透明度，发挥奖励先进典型的示范作用。每年评选优秀毕业生并制作《优秀毕业生风采》，完成先进个人和先进班级的评选、学生综合素质测评以及奖学金评定工作。针对新生入学奖学金，自2011年起，华大相继出台《华侨大学优秀新生奖学金实施办法》《华侨大学境外优秀新生奖学金实施办法》《华侨大学研究生优秀新生奖励办法》，实现了入学新生的全覆盖。2017年，华大出台《华侨大学本科学生奖学金实施办法》，包括国家级奖学金、校级奖学金、学院级奖学金和社会捐赠奖学金四大类，鼓励华大本科学生勤奋学习、积极向上，提高综合素质。2019年1月，华大出台《华侨大学港澳台侨学生教育管理办法（试行）》，学校为港澳台侨学生设立专项奖助学金。二是加强对违规违纪学生的教育工作。2017年，学校出台《华侨大学学生违纪处分办法》，坚持公开、公正、实事求是、教育与惩戒相结合的原则，对违法、违规、违纪的学生进行处分，做到程序正当、证据充分、依据明确、定性准确、处分适当。此外，在加强港澳台侨及留学生学风建设中，继续推进“导师制”“学长制”“一帮一”制等活动，如举办2018年港澳台侨学生及外国留学生学长制聘任仪式暨考风考纪承诺书签订仪式，两校区共有60余名学生受聘为2018年境外新生学长，① 发挥学生骨干的带头示范作用，以点带面，助力学风建设。

2. 强化科技创新工作，提升学生创新能力

为培养学生创新精神、提升实践能力，大力鼓励学生参与科技创新，学校设立学生科技文化创新基金，并推出科创保研等措施，积极开展学生科技创新活动。各学院结合自身专业特性，策划并开展了一批具有鲜明专业特色、理论与实践有机结合的文化科技活动。

表5－19　学校学院科技文化节特色品牌项目

单位	活动名称	单位	活动名称
国际学院	ACPE 全英外事礼仪服务队培训	信息科学与工程学院	信息之光科技文化节
经济与金融学院	商蕴文化节	计算机科学与技术学院	ACM 程序设计大赛
国际关系学院	全国外交外事礼仪服务大赛——华侨大学选拔赛	哲学与社会发展学院	社会调查技能与实务大赛

① 参见华侨大学学生处《学生工作部（处）2017年工作总结》。

续表

单位	活动名称	单位	活动名称
土木工程学院	卓越工程师读书计划	化工学院	“萤火虫之光”科技节
法学院	百问百答法律基础知识竞赛	建筑学院	海峡两岸光明之城实体建构体验营
体育学院	体育文化节	工学院	光微科技节
文学院	“觞鼎”中华文化节	生物医学学院	实验技能竞赛
华文学院	“未来名师”中外学生华文教学技能交流赛	工商管理学院	海外华商案例采编与分析大赛
外国语学院	“春之声”大型外语系列活动	政治与公共管理学院	公共危机应对模拟挑战赛
新闻与传播学院	“薪传”文化艺术节	旅游学院	旅游文化节暨旅游创新实践技能大赛
数学科学学院	“数之源”科技文化节	音乐舞蹈学院	华园艺苑
统计学院	数独寻宝大作战	美术学院	美术学院艺术节
机电及自动化学院	机电学院创新设计大赛	厦航学院	学风建设我先行主题演讲活动
材料科学与工程学院	实验技能大赛		

资料来源：华侨大学本科教学工作审核评估自评报告，2018 年 5 月，华侨大学教务处。

在各类各级别的科技文化赛事中，华侨大学屡屡获奖。2011—2016 年，华大共有 3074 人次在大学生计算机设计大赛、电子设计竞赛、数学建模竞赛、结构设计竞赛等国内外各类比赛中获得佳绩。[①] 2014 年，机电及自动化学院参赛作品荣获德国 Red Dot 设计概念大奖，学生林祥应设计的作品“Energy Saving Shower”（节能淋浴器）荣获 IF 概念设计特别奖“汉斯格雅节水设计奖”；土木工程学院的参赛作品《人生》荣获第八届全国大学生结构设计竞赛一等奖；美术学院康智鹏同学凭借作品《Fluxion Mall》一举夺得意大利 A设计大奖室内空间和展览设计类的银奖，实现此类大赛奖项零的突破。2015 年，化工学院学生张聪聪、蔡燕君等组成的 C－squad 队获得全国总决赛一等奖，取得了历史性突破。[②] 学校在 2015 年“挑战杯”国赛创新创业成果交易会上成为福建省唯一获得“青创板”的高校。全国政协原副主席王刚、国侨办主任裘援平在访校期间专门参观了学生科创作品展，并对侨校特色的学生科创之路予以肯定。[③]

2017 年，在全国高校商业精英挑战赛会展创新实践竞赛全国总决赛中，旅游学

① 《华侨大学报》记者：《紧抓“学风建设”主线 服务学生成长成才 构筑具有侨校特色的协同育人体系》，《华侨大学报》2017 年 1 月 12 日。

② 华侨大学：《华侨大学关于报送 2015 年国家大学生文化素质教育基地年报的函》，2016 年 3 月。

③ 《华侨大学报》记者：《紧抓“学风建设”主线 服务学生成长成才 构筑具有侨校特色的协同育人体系》，《华侨大学报》2017 年 1 月 12 日。

图5-48　国务院侨务办公室主任裘援平参观学生科创作品展，鼓励学生自主创新

院选派的4支队伍悉数获奖，并喜获全国高校商业精英挑战赛会展创新实践竞赛总冠军；[①] 2018年，学校学子荣获全国各类学科竞赛一等奖22项、二等奖70项，蝉联全国大学生英语竞赛福建省赛区总决赛A、B类组别第一名，获中国研究生数学建模竞赛全国一、二、三等奖14项（总成绩位居福建高校第一）。同年，在由共青团中央、教育部、人力资源和社会保障部、中国科学技术协会等联合主办的“创青春”全国大学生创业大赛终审决赛中，学校取得全国银奖1项、铜奖1项，这是自2012年以来，学校作品再次获得银奖。旅游学院参赛作品《“精卫”旅游扶贫公益服务机构》（参赛学生：刘丹丹等，指导教师：黄安民）获得公益创业赛国赛银奖。[②] 2019年，第十六届“挑战杯”全国大学生课外学术科技作品竞赛中，学校聚焦台湾青年项目《追梦、筑梦、圆梦祖国大陆：惠台31条对台湾青年的吸引力研究——基于18—29岁台湾青年的群体调查》（经济与金融学院，参赛作者：邱晔键等，指导教师：陈文寿）获得全国二等奖，另有5项作品获全国三等奖，学校参赛团队事迹获得《中国青年报》专题报道。[③]

---

① 孙盼盼：《华侨大学学子获2017年全国高校商业精英挑战赛会展创新实践竞赛总冠军》，华侨大学新闻网，2017年11月16日，https://www.hqu.edu.cn/info/1067/79784.htm，最后访问日期：2020年5月18日。

② 邓苏青、谭子恒：《华侨大学学子在2018年“创青春”全国大学生创业大赛中获佳绩》，华侨大学官网，2018年11月05日，https://www.hqu.edu.cn/info/1071/83407.htm，最后访问日期：2020年6月28日。

③ 校团委：《聚焦台湾青年 助力祖国统一 华侨大学科创项目获“挑战杯”国赛二等奖》，华侨大学官网，2019年11月14日，https://www.hqu.edu.cn/info/1067/86655.htm，最后访问日期：2020年6月28日。

3. 融入“服务学习”，深化实践育人

学校重视志愿服务建设。学校现有注册志愿者 26912 名，占全校总人数的 87.94%，其中港澳台侨及留学生志愿者占港澳台侨及留学生总人数的比例为 64%。① 截至2016 年，学校共打造80 个学生志愿服务基地，组建甘肃积石山志愿服务支教团、BRT 志愿服务队等75 支专业特色的志愿服务队。此外，全校共有境外生品牌志愿服务团队6 支。②2014 年，学校建立志愿者服务记录制度，学生志愿者每年参加服务的时间平均不少于48 小时。③ 2015 年，学校志愿服务工作实施“青春和谐战役”，以志愿服务品牌团队立项、品牌团队星级评审、“爱心日历”计划、“睦邻基地”计划四大制度为保障，以“服务育人”为理念，促进社区服务的规范化和常态化。学校积极探寻与地区政府、校外组织合作，打造校内外联动的志愿服务基地。2014 年5 月，与厦门市湖里区签订协议，合作共建志愿服务与社会实践基地。2018 年学校与厦门集美区文明办、集美团区委续约签订了厦门北站志愿服务共建协议；机电学院与厦门市残联建立合作基地；学校还与泉州丰泽区鹤山小学合作共建“鹤山微爱课堂”志愿助教活动。④

由于措施得力，学校的志愿服务工作成效显著。2012 年，学校共有4 名同学获得福建省的“学雷锋，我们身边的好榜样”的表彰；1 个单位获“2010—2012 年福建共青团关爱农民工子女志愿服务行动优秀组织奖”、2 支志愿服务团队荣获“2010—2012 年度福建共青团关爱农民工子女志愿服务行动优秀志愿服务团队”称号。⑤ 2014 年，学校黄翠婷等3 位同学获“福建青年志愿者优秀个人”，甘肃积石山支教团等3 个组织获“福建青年志愿者优秀组织”，萤火之光境外生志愿服务项目等2 个项目获“福建青年志愿者优秀项目”，材料学院星星之火志愿服务队等4 支队伍被评为五星级志愿服务团队。⑥ 2016 年，文化宣传与网络文明类项目《东盟侨声·志愿卫视——〈你好 BTU〉》、关爱农民工子弟（留守儿童）类项目《〈爱无疆，侨有情〉——华侨大学境外生关爱留守儿童志愿服务项目》获中国青年志愿服务项目大赛银奖2 项。⑦ 2018 年，在第四届中国青年志愿服务项目大赛中学校3 个志愿服务项目取得一金两银的历史最好成绩。其中，《“华文星火”中华文化海外传播志愿服务》获得华侨大学在该赛事项目上第一个金奖，实现历史性突

---

① 华侨大学：《华侨大学关于报送 2018 年国家大学生文化素质教育基地年报的函》，2019 年 3 月。

② 华侨大学：《华侨大学关于报送 2013 年国家大学生文化素质教育基地年报的函》，2014 年 3 月。

③ 华侨大学：《华侨大学关于报送 2014 年国家大学生文化素质教育基地年报的函》，2015 年 3 月。

④ 华侨大学：《华侨大学关于报送 2018 年国家大学生文化素质教育基地年报的函》，2019 年 3 月。

⑤ 华侨大学：《华侨大学关于报送 2012 年国家大学生文化素质教育基地年报的函》，2013 年 3 月。

⑥ 华侨大学：《华侨大学关于报送 2014 年国家大学生文化素质教育基地年报的函》，2015 年 3 月。

⑦ 华侨大学：《华侨大学关于报送 2016 年国家大学生文化素质教育基地年报的函》，2017 年 3 月。

破；《“粉刷匠行动”——墙绘美丽乡村志愿服务项目》和《光明之城红色筑梦城乡修补志愿服务团》两个项目获得银奖。2019年，“归根献深情 侨青志愿行”志愿服务项目获评大学生志愿服务社区示范项目，并入选全国青年志愿服务优秀项目库。

在注重志愿服务的同时，学校也努力提升社会实践的全方位育人功能。根据“受教育、长才干、做贡献”的目标，华侨大学通过项目化运作机制，广泛组织学生开展丰富多彩的社会调查、社会服务、社会考察等活动。自2014年起，学校将实践育人工作纳入学校的教学计划，各实践教学环节累计学分（学时）列入本科专业培养方案。学校开设了基本素质和社会实践类课程，实行学分制，其中社会实践（课外科技创新活动）计2学分。2012年，全校共有324个社会实践团队项目获得立项资助，13支团队被选拔为“福建省2012年学生社会实践重点团队”，参与实践活动学生3500余人，指导教师近450人次。[①] 2013年，甘肃积石山志愿服务支教团等13支实践团队被评为国家级和省级重点团队，有12支团队获得“海西春雨行动”项目支持。[②] 自2014年起，学校以服务海峡西岸经济区建设为出发点、以立项资助重点团队制度为主要形式，逐步凝练出“服务型、规范性、专业化、全方位、多样式”的社会实践工作特色。

（三）管理服务创新计划

学校积极创新教育管理方式，以大数据等科技手段提升工作质量，以良好的服务营造舒心的成长环境，不断提升学生满意度，更好地实现管理服务育人。

1. 资助育人

学校以“阳光成长计划”[③] 资助包为载体，不断完善经济资助体系，做好国家奖助学金、国家助学贷款、学费补偿贷款代偿、勤工助学、校内奖助学金、困难补助等多种方式并举的资助工作。学校对于家庭出现重大变故的困难学生，及时发放临时困难补助；定期对各类特殊困难学生群体发放困难补助等；耐心听取少数民族学生倾诉，每年召开“古尔邦节”新疆籍少数民族学生座谈会，帮助其解决实际问题。在教育部组织的高校2013年度学生资助工作绩效考评中，华侨大学

---

① 华侨大学：《华侨大学关于报送2012年国家大学生文化素质教育基地年报的函》，2013年3月。

② 华侨大学：《华侨大学关于报送2013年国家大学生文化素质教育基地年报的函》，2014年3月。

③ “阳光成长计划”是华侨大学针对家庭经济困难学生的具体困难情况而实施的“一揽子”经济资助计划，主要包括：助学贷款、生活补贴和临时困难补助，为学生本人在校期间的生活和学习提供必要的经济资助。“阳光成长计划”统筹各项资助项目、统一办理资助手续，形成特困资助与普困资助、重点资助与一般资助、长期资助与临时资助、无偿资助与有偿资助、助困与育人相结合的资助运行模式。

学生资助工作获评优秀，综合排名在121所中央部属高校中名列第24位，是福建省唯一一所获评优秀的高校。2016年，建立学院资助绩效数据统计机制，并将学院资助工作和辅导员年度考核相挂钩。2017年，以“学生资助管理规范年”建设为契机，不断推动学生资助工作规范化进程，实现“精准资助”落地有声，围绕“资助育人”中心不变。通过易班网对全体家庭经济困难学生开展了问卷调查，99%以上对学校资助的申请、审核、发放程序表示满意。[①] 2018年，坚持兜底与育人齐头并进，提升阳光资助效能，守住零辍学底线，当年将“陈进强贷学金”、香港道德会冬衣捐赠等社会助学力量作为有效补充，并于寒暑假开展家庭经济困难学生家访工作。

学校将资助与育人相结合，服务学生的健康成长，通过“阳光大讲堂”“阳光小课堂”“阳光在行动”“阳光文化节”“阳光自强之星”等平台，构建全方位、立体化的“阳光资助育人体系”。2018年，在福建省第三届“励志校园·感动福建”优秀学生典型宣传活动，学校获评优秀组织奖，国家奖学金获得者工学院陈月同学的优秀事迹在《人民日报》上刊发，外国语学院杨方荣同学填词并演唱的原创歌曲《还想听你的故事》得到全国学生资助管理中心宣传推广。2019年，学校从当年获得国家奖学金、国家励志奖学金学生中选拔担任学校“学生资助宣传大使”，提升资助育人工作的实效性。

2. 心理育人

学校心理健康教育工作围绕立德树人根本任务，构建“课程—活动—服务”网络，提升学生心理健康素养，培育学生理性平和、积极向上的健康心态。

在课程教学方面，为满足差异化成长需求，学校心理健康教育中心面向不同人群开设了不同的课程：面向全体学生开设必修课“生命关怀与心理健康”，培养学生自助性与他助性心理健康素养，切实提高学生的基本心理素养；面向学生个性化成长需求开设40余门通识教育选修课，提高他们在人际交往、恋爱、求职等方面的素养；面向港澳台侨及留学生开设定向特色课程，提高他们的跨文化整合能力。

在品牌式心理活动方面，学校将心理健康教育与课外实践有机融合，促进多元化心理育人。通过开展全校性的心理健康教育支撑活动，如已经连续举办15届的“5·25”、“心之韵”、校园心理情景剧等，形成规模效应，扩大覆盖面，营造良好氛围；通过学院特色心理健康教育活动，将心理健康教育理念渗透于学院的日常教

---

① 参见华侨大学学生处《学生工作部（处）2017年工作总结》。

育活动中；通过大学生朋辈互助心理健康教育活动，充分调动学生自我认识、自我教育、自我成长的积极性、主动性。

在提供专业化咨询服务方面，学校通过心理咨询与辅导，帮助学生改善情绪状态、纠正认知偏差，提升心理健康素养。学校制定了专业规范的咨询流程，建立并加强了预约与急诊并轨的运作机制，注重团体心理辅导。建设大学生网络依赖矫正、人际关系改善、压力管理、学习力提升、舞动心灵等10余个团体心理辅导项目，仅2016—2018年，三年开展团体辅导约5500人次。

2011年学校学生的心理问题发生率为2.2%，比全国高校平均水平低4—6个百分点。[①] 2015年，学校心理健康教育中心荣获“2010—2015年度全国大学生心理健康教育工作优秀机构”称号，中心副主任黄凌云获得“全国大学生心理健康教育优秀工作者”，是学校继2006年、2009年后再次荣获“双先进”。

3. 社区育人

华侨大学设立学生社区教育管理服务中心，打造学生社区一站式教育管理服务窗口。该窗口由学生社区服务大厅、侨缘邻里中心、毓秀侨苑、1960众创空间以及学生社区党建活动中心共同组成，以学生社区服务大厅为基地，在两校区48栋学生宿舍楼建立42个学生党支部、48个自律会，派学生社区辅导员、物业工作人员、学生干部团队“三支队伍”入驻，形成学生社区纵横交错的、全员共治的服务育人机制，[②] 为学生提供“最多跑一次”的窗口服务，以推进学生事务“一窗受理、集成服务、一次办结”的服务模式创新。

学校结合工作实际制定“标准化学生公寓服务创建标准”，优化一站式教育管理服务工作流程，努力为学生办好住宿调整、外住申请、宿舍维修、物业投诉、信息查询等窗口服务。并通过开展党员公开服务承诺，先进工作者、“最美楼管员”等创先争优评比活动，以及完善监督机制和“智慧社区”投诉渠道，保证学生社区一站式教育管理服务窗口不间断开展24小时“无缝隙”服务，年均服务学生10万余人次，做到无延期、无差错、无违规，实现投诉少、点赞多，学生满意率超98%。[①]通过完善一站式教育管理服务机制、住楼辅导员工作考核办法、物业服务量化评价指标、学生党员公益服务积分制等制度体系，将优秀的学生工作者培育成党的路线、方针和政策的“宣传员”、了解学生思想动态的“信息员”、协助参与管理宿舍的“助理员”、沟通学生感情的“联络员”、热心帮助学生的“服务员”、带头遵守校规校纪的“示范员”。

此外，学校还着力建强做优侨缘文化品牌及其运营团队。每年度组织开展具有

① 参见华侨大学学生处《学生工作部（处）2011年工作总结》。

② 参见华侨大学学生处《学生社区一站式教育管理服务窗口“福建省五一先锋号”申报材料》。

侨校特色的“学生社区文化节”“境外生学长制”及师生友谊拔河比赛等文体活动。在此基础上，以学生社区服务大厅为依托，进一步拓展搭建集“服务中心、学习空间、文艺展厅、社交窗口、发展基地”多功能为一体的文化实践综合体，配备现代化多媒体设施，实行“开放参与，共建共享”的运营模式，充分满足境内外学生在生活区慕课学习、小组讨论、讲座交流、文艺展示等需求。讨论室预约每月达600余次，月均开展10余项文化活动，组织各类志愿服务和社会实践活动30余项，定期开展棋艺、茶艺、剪纸等文化体验活动，不断将学生社区一站式教育管理服务窗口建设成传播中华优秀文化、促进境内外学生融合教育、助力学生创新创业实践及成长成才的校园文化地标。[①]

华侨大学学生社区教育管理服务中心先后获评福建省高校学生宿舍文明社区、全国高校学生公寓管理社团组织建设工作先进单位等一系列荣誉。

4. 组织育人

学校通过不断深化学生会（研究生会）及下属学生社团等学生组织改革，达到自我育人的目的。目前学校学生会组织架构已调整为“主席团 + 工作部门”模式，实行扁平化管理。学生会部门缩减为办公室、学习部、权益部、宣传媒体中心、身心发展部、港澳台侨及留学生联络部等6个部门，对部门人数进行总量控制。在学生会换届中，严格遴选程序，严明遴选条件，坚持学风引领原则，提高学习成绩要求，从各领域优秀学生典型中推荐产生学生会工作人员。校学生会（研究生会）秉持“全心全意为同学们服务”的宗旨，落实《学生会研究生会干部自律公约》，完善学生组织工作人员管理办法，建立健全学生会工作人员退出机制，签订《华侨大学学生会工作人员承诺书》，建立学生会工作人员述职评议制度。多年来坚持举办“校长见面会”，推动搭建学生组织与职能部门交流会、“华园益声”等权益平台，积极听取、收集同学们有关需求和现实困难的意见建议近400项，为学生提供有效的权益维护途径。创新“校长有约”交流平台，举办“校长有约”之香港学生专场、新生专场、毕业生专场等活动，有效地增进了学校领导与学生之间的联系交流。此外，校学生会还依托学生领袖拓展班、新生班长训练营、由港澳台侨学生骨干组成的菁英学堂、由陈嘉庚奖学金获得者组成的嘉庚学堂以及学生社团骨干培训班等，建立学生组织工作人员轮训机制，选拔优秀学生参加福建省大学生骨干培训班、海峡两岸学生交流活动等。每年组织百名述职评议考核优秀及表现突出的学生组织工作人员和志愿者，赴其他高校开展1—2次培训学习活动，不断提升学生组织工作人

① 参见华侨大学学生处《学生社区一站式教育管理服务窗口“福建省五一先锋号”申报材料》。

员的能力。①

学校重点推进与支持学生社团建设，将学生社团改革作为“不忘初心、牢记使命”主题教育的重要内容。加强学生社团调研工作，列出问题清单，加强整改；逐步推进学生社团党建工作，增设50万元作为学生社团专项活动经费，加大学生社团建设立项支持力度；通过举办学生社团骨干培训班，推进学生社团人才培养；将学生社团指导教师纳入全校政工培训范围，评选学生社团优秀指导教师，加大对指导教师的激励力度；定期开展学生社团新媒体、社团活动专项排查工作。

三　校园文化建设与成果

学校注重对特色、优势进行挖掘，扶持和培育一批文化团队、文化项目和文化活动，着力涵养校园文化资源，打造校园文化品牌，提升校园文化品位和师生人文素养。

（一）多彩的校园文化活动

1. 提升文化素质

依托国家大学生文化素质教育基地，利用校内外教育资源，推进素质文化教育。举办人文精神系列讲座活动，开展“走近名家、走近经典、走近科学”系列活动，邀请知名文化学者、院士、专家到校举办各类讲座和报告会。构建了层次分明、完整丰富的讲座体系，开设了“华大讲堂”“宽容论坛”“承露讲坛”“秋中畅想”“粉红讲坛”“国学论坛”“商道论坛”“新诗会”“集美讲堂”“道德讲堂”“人文与科学精神系列讲座”“华园艺苑”“校友讲坛”“励志大讲堂”“青年学者论坛”“鹭岛哲谭”“艺术论坛”等颇具影响力的讲座品牌，搭建了华侨大学师生与知名专家学者沟通交流的平台。

2011年，开展丰富多彩的庆祝建党90周年、红军长征胜利75周年纪念活动，举办“长征组歌”大型音乐舞蹈专场演出，生动再现红军长征艰苦卓绝的奋斗历程。2018年，围绕改革开放40周年、廖承志诞辰110周年，举办系列活动。主要包括缅怀仪式、系列讲座及调研活动、展览展播活动、文艺演出和艺文活动五大版块，共有廖承志校长缅怀仪式、纪念首任校长廖承志诞辰110周年专场报告会、“承志精神”课题调研、廖承志纪录片展播、纪念廖承志诞辰110周年专题图片展、“承志”侨史侨情原创诗歌舞台剧展演、“新时代新征程”纪念改革开放40周年暨

① 华侨大学学生处：《立足侨校特点 深化学生组织机构改革》，华侨大学新闻网，2020年7月6日，https://www.hqu.edu.cn/info/1067/88525.htm，最后访问日期：2020年7月16日。

廖承志诞辰110周年合唱比赛等14项内容。[①] 推出的首部学校师生原创，体现侨史侨情的原创舞台剧，“承志”侨史侨情原创诗歌舞台剧展演，近400名海内外学子、教师以及校友倾情演出，反响热烈。2019年，推进落实《华侨大学深入学习贯彻落实习近平总书记视察暨南大学重要讲话精神专项行动计划》，开展“中华经典诵读工程”、“礼敬中华优秀传统文化”、“承志·中华文化大观园”、“一带一路”沿线国家艺术精品展演等专项活动，举办新中国成立70周年专场文艺演出暨艺术团专场演出等优秀传统文化活动10余场。[②]

2014年，学校启动旨在纪念首任校长廖承志，鼓励文艺作品创作、推动校园文化大繁荣、大发展的文艺作品征集和评选平台“承志文艺奖”，内容涉及文学、美术、影像作品等，整理出了一批艺术价值较高、具有代表性的校园文艺作品，持续宣传和推广“承志文艺奖”文化品牌。

2. 建设“高端讲堂”

“华大讲堂”作为学校与泉州市合办的高端学术文化讲坛，深受泉州市地方政府和学校师生欢迎，已经逐步形成品牌效应，在省内高校和理论宣传领域享有较高的知名度，是校地合作的突出成果。十年间先后邀请龙永图、秦刚等80余位专家来校讲学。[③] 多年来，学校着眼于进一步提升“华大讲堂”的层次和水平，扩大品牌知名度和影响力，加强了与泉州市有关方面的交流协作与协调配合，丰富和充实了讲堂的内容。“华大讲堂”分别被省委宣传部和省委教育工委确定为2018年省级理论示范点项目和省高校哲学社会科学十佳讲坛。[④] 继续坚持“开放办讲堂，办开放讲堂”的工作理念，通过网站留言、微博互动等多渠道地听取意见和建议，并通过网络和有线电视现场直播、微博图文直播、设立视频分会场等多种方式分享讲堂的报告。将精彩报告结集成册，提高编排质量，增加互动环节。2011年至2019年12月，累计开展“华大讲堂”70讲。[②]

3. 校园学生文艺活动

依托学生组织、社团开展丰富多彩的品牌活动，如“艺术文化季”系列活动、艺术广角、新诗会、话剧公演、“华研杯”研究生辩论邀请赛、“会通杯”校园辩论赛暨精英辩手选拔赛、校园十佳歌手大赛、国庆游园晚会 、“爱我中华”新生文艺会演颁奖晚会、华园·印象摄影大赛、校园主持人大赛、“华厦之星”才艺大赛、

---

① 参见华侨大学学生处《学生工作部（处）2018年工作总结》。

② 参见华侨大学学生处《学生工作部（处）2019年工作总结》。

③ 参见华侨大学党委宣传部《党委宣传部2011—2019年工作总结》。

④ 参见华侨大学党委宣传部《党委宣传部2018年工作总结》。

礼仪文化大赛、“侨融汇”境内外学生大型户外交流活动等。2016—2019 年学生艺术团受福建省教育厅、福建省文化厅委派，面向泉州高校开展了 12 场“高雅艺术进校园”巡回演出；2017 年，组织师生参加第五届福建省大学生艺术节获得 29 个奖项，民乐合奏《采苹》获得乙组器乐类一等奖及优秀创作奖，无伴奏表演唱《赶鸟歌》获得乙组声乐类一等奖，在艺术表演类的乙组声乐及器乐类比赛中均实现零的突破，一举夺得一等奖。①学校话剧《十二公民》应邀参加第二届海峡两岸（厦门）大学生戏剧节展演，与台湾高校师生交流。2018 年，“承志”科技文化艺术节，全校共申报 70 项校园文化活动，打造“一院一品”，组织师生参加第五届全国大学生艺术展演，二十四节令鼓《破浪》获甲组器乐类三等奖，无伴奏表演唱《赶鸟歌》获乙组声乐类三等奖。华侨大学获得高校优秀组织奖；2018 年 4 月，华侨大学辩论队首次入围华语辩论世界杯十六强，同年 6 月，华侨大学辩论队获得第二届中马国际辩论交流赛亚军。②2019 年，学校原创校园话剧获福建省大学生戏剧节表演奖、导演奖等 6 项荣誉；③2020 年，舞剧《镯》获批泉州市优秀传统文化传承发展专项资金。

学校打造二十四节令鼓队及“粤海来风”剧社等境外生特色文艺团队。其中，源于马来西亚华人社会的二十四节令鼓，是海外华侨华人传承中华文化的成果，1997 年由马来西亚留学生创立的华大二十四节令鼓队如今已发展成一支拥有境内外

图 5-49　海内外学子们参加“中秋博饼”活动，共叙中国情缘

① 参见华侨大学学生处《学生工作部（处）2017 年工作总结》。

② 参见华侨大学学生处《学生工作部（处）2018 年工作总结》。

③ 参见华侨大学学生处《学生工作部（处）2019 年工作总结》。

学生 300 多人共同参与的学生团体，获得多项国家级荣誉、省厅级奖项。①

开展境外生多元文化系列活动，如“海峡缘深，情系中华”台湾文化展、华文学院“水灯节及水灯小姐大赛”“东南亚国家佛历新年泼水节”等境外生文化品牌活动。开展居住地文化系列活动，每年开展香港回归周年庆祝系列活动、澳门回归周年庆祝活动、泰国水灯节、东南亚四国泼水节、台湾文化周、澳门文化周、“澳友杯”体育比赛、“侨生杯”体育比赛、港澳台圣诞嘉年华、境外生美食节、四海来风“一带一路”沿线国家艺术精品展演等。

图 5-50 2017 年 4 月，中国歌剧舞剧院《中外经典歌剧片段音乐会》走进华侨大学

学校邀请艺术演出团体来校演出，积极开展高雅艺术、乡土艺术进校园与新年音乐会活动，提高学生艺术修养，丰富师生精神文化生活。2014 年，举办《恋爱的犀牛》话剧公演等多元化活动；2015 年，国家京剧院二度来访献演程派名剧《锁麟囊》；2016 年，安徽再芬黄梅艺术剧院演绎经典剧目《女驸马》，陕西省戏曲研究院演出秦腔现代戏《西京故事》，福州市歌舞剧院举办“闪亮的青春”音乐演唱会；2017 年，中国歌剧舞剧院《中外经典歌剧片段音乐会》走进华侨大学。法国歌舞剧《多彩巴黎》厦门站演出、韩国 U-SO 传统打击乐团、姜善英舞蹈团和越南新活力竹乐团精品节目展演等，为师生带来异域风情的精彩。2017 年，开展高雅艺术进校园高校艺术团巡演工作，赴泉州地方高校巡回演出 2 场，助力地方院校校园文化建设。2018 年，首推“承志”中华文化大观园，共举办三期系列活动，共有近 1 万名学生参与活动，让学生零距离感受中华传统文化的魅力。② 2019 年，举办浙江越剧

---

① 资料由华侨大学文明校园建设委员会办公室提供，华侨大学创建福建省第一届文明校园工作汇报材料。

② 参见华侨大学学生处《学生工作部（处）2018 年工作总结》。

团“越华如水”折子戏专场演出、福建人民艺术剧院话剧《活出你自己》专场演出。

图5－51　2020年1月，法国巴黎爱乐乐团倾情献演华侨大学2020新年音乐会

音乐舞蹈学院学子长期坚持每月一场的艺术实践汇报演出。每年学生参与的各类艺术实践演出活动以及参加各级专业比赛平均达到30余场次。其中，有国际、国内及省市的专业赛事，也有受国务院侨务办公室、学校委派的赴境外的演出任务，以及应地方政府有关部门之邀的演出活动。学子在专业赛事中取得优异成绩。

表5－20　2011—2019年音舞学院学生在文艺方面获奖情况

序号	学生姓名/团队名称	比赛及奖项名称	获奖时间	指导老师	主办单位
1	学院合唱团	第十二届中国合唱节比赛银奖	2013年	余幸平	中国合唱协会
2	学院合唱团	第七届海峡两岸合唱节比赛铜奖	2014年	余幸平	中国音乐家协会
3	学院合唱团	福建省第四届大学生艺术节合唱比赛专业组一等奖	2014年	余幸平	福建省教育厅
4	学院合唱团	第八届海峡两岸合唱节比赛银奖	2015年	余幸平	中国音乐家协会
5	学院合唱团	“纪念中国共产党成立95周年暨中国工农红军长征胜利80周年”福建省大学生合唱比赛一等奖	2016年	余幸平	福建省教育厅
6	学院合唱团	第七届中国魅力校园合唱节比赛一等奖	2016年	余幸平	中国合唱协会
7	学院合唱团	福建省第五届大学生艺术节合唱比赛专业组一等奖	2017年	余幸平	福建省教育厅
8	学院合唱团	第八届中国魅力校园合唱节比赛一等奖	2017年	余幸平	中国合唱协会
9	学院合唱团	第九届中国魅力校园合唱节比赛一等奖	2018年	余幸平	中国合唱协会

续表

序号	学生姓名/团队名称	比赛及奖项名称	获奖时间	指导老师	主办单位
10	学院合唱团	首届中国（厦门）“新时代、新作品”合唱展演一等奖	2019 年	余幸平	福建省合唱协会
11	学院合唱团	第七届“中国·内蒙古合唱艺术节”合唱比赛一等奖	2019 年	余幸平	中国合唱协会
12	学院舞蹈团	第四届全国大学生艺术表演比赛优秀创作奖	2014 年	王　岩 黄玫瑰	中华人民共和国教育部
13	学院舞蹈团	全国第四届大学生艺术展演活动艺术表演类比赛专业组二等奖	2015 年	王　岩 黄玫瑰	中华人民共和国教育部
14	学院舞蹈团	第七届华东六省一市专业舞蹈比赛创作三等奖	2016 年	王　岩 黄玫瑰	中国舞蹈家协会、上海市舞协
15	学院舞蹈团	第五届福建省“百合花”舞蹈比赛表演银奖	2019 年	王　岩 黄玫瑰	福建省文联、福建省文化厅
16	学院舞蹈团	第十一届中国舞蹈荷花奖古典舞终评展演	2017 年	王　岩 黄玫瑰	中国舞蹈家协会、中国文联
17	学院舞蹈团	第四届全国公安系统文艺会演金奖	2019 年	王　岩	中华人民共和国公安部
18	学院民乐团	第五届福建省大学生艺术展演一等奖	2017 年	梁继林	福建省教育厅
19	学院合唱团	2016 福建省大学生《牢记历史·唱响主旋律》合唱比赛一等奖	2016 年	张毅琛	福建省教育厅
20	声乐组合	福建省第五届大学生艺术节声乐类专业组指导奖一等奖	2017 年	张毅琛	福建省教育厅
21	声乐组合	全国第五届大学生艺术展演活动艺术表演类比赛专业组三等奖	2018 年	张毅琛	中华人民共和国教育部
22	声乐组合	福建省第四届大学生艺术节艺术表演类二等奖	2014 年	叶　彦 杨曦婷 李　岚	福建省教育厅
23	声乐组合	福建省第五届大学生艺术节艺术表演类二等奖	2017 年	叶　彦 周苑媛	福建省教育厅
24	弦乐组合	第四届福建省大学生艺术节专业重奏二等奖	2015 年	王　淼	福建省教育厅
25	弦乐组合	第五届福建省大学生艺术节专业组器乐重奏二等奖	2017 年	王　淼	福建省教育厅
26	何　迪	第二届香港国际音乐节金奖（青年笛子组第一名）	2015 年	章兴宝	
27	娜木日	第二届海峡两岸大学生舞蹈大赛银奖	2018 年	王　岩	福建省文联、福建省文化厅
28	高国航	2018 李斯特国际青少年钢琴大赛——中国区选拔赛金奖	2018 年	黄　妹	李斯特国际钢琴大赛组委会

续表

序号	学生姓名/团队名称	比赛及奖项名称	获奖时间	指导老师	主办单位
29	吴　童	2018 首届李斯特国际青少年钢琴大赛——中国二等奖	2018 年	杨曦婷	李斯特国际钢琴大赛组委会
30	雷楠等	“阳光梦·健康行”中国艺术素质教育声乐大赛金奖	2019 年	谷玉梅	中国关心下一代工作委员会等
31	欧阳志明	新加坡国际音乐节声乐项目青年组一等奖	2019 年	郭　伟	新加坡国家艺术理事会等
32	乔珂等	厦门市庆祝新中国成立 70 周年歌手比赛二等奖	2019 年	叶　彦	厦门市关心下一代工作委员会等
33	王钰绮	第 35 届上海之春国际音乐节金奖	2018 年	黄金韵	上海市文联等
34	郝苇笛	第二届盛世华筝国际古筝音乐节臻音杯青年 B 组第一名	2018 年	黄金韵	岭南文化艺术交流促进会
35	王艺蓉	新加坡国际琵琶大赛个人组银奖	2018 年	彭　佳	国际音乐舞蹈交流促进会
36	姬怡君等	“金钥匙”世界民乐大赛民乐重奏大学生组金奖	2019 年	彭　佳	
37	刘　畅	中国柳琴艺术大赛非职业 B 组银奖	2019 年	杨维琳	

资料来源：音乐舞蹈学院提供。

（二）活跃的校园学生体育活动

广泛开展阳光体育运动，成绩斐然。学校每年举办校运会，组织开展“新生杯”篮球赛、“华研杯”研究生趣味运动会、研究生杯羽毛球赛、CUBA 之约、“华研杯”篮球赛、3V3 篮球赛、全国大学生线上跑步排位赛等。2011 年 8 月，在福建省第十四届大学生运动会上，学校健儿共揽得 32 金 19 银 17 铜，打破 14 项省级纪录，并以总分 854 分获得团体总分第一名，实现历史性突破。① 2013 年，学校学子在“留动中国”在华留学生阳光运动文化之旅中获得全国总决赛民族传统体育项目冠军的佳绩。② 2016 年，由人民日报社人民网主办，人民体育、人民网舆情监测室联合发布的“2015 中国普通高校体育竞赛榜”中，华侨大学名列第六。③ 林丹、谌龙、李雪芮等华大学子在伦敦奥运会上为国争光。同年 10 月，福建省人民政府对在第 31 届夏季奥林匹克运动会上做出突出贡献的集体和个人进行了表彰，华侨大学学生谌龙以优异的成绩获得“福建省先进工作者”荣誉称号。2018 年，华侨大学获颁

① 数据来源：2011 年华侨大学大事记，华侨大学校办提供。

② 数据来源：2013 年华侨大学大事记，华侨大学校办提供。

③ 数据来源：2016 年华侨大学大事记，华侨大学校办提供。

中国大学生体育协会年度“国际交流贡献奖”。

图 5－52　奥运健儿谌龙、洪炜向学校领导赠送奥运战袍

男子篮球。2015 年，华侨大学队员张翰奇荣膺“总决赛最有价值球员”称号，主教练林小霖获得“最佳教练”称号。2016 年，郑毅入选 2016 年亚洲大学生篮球队最佳阵容。2017 年，华侨大学承办的世界大学生“三对三”篮球联赛被国际大学生体育联合会授予“最佳推广项目”奖。该奖项是从 2016—2017 年度 FISU 举办的 200 余个世界大学生锦标赛及学术论坛等项目中评选而出，华侨大学是唯一获此殊荣的高校。① 在 2018 年世界大学生“三对三”篮球联赛总决赛中，华侨大学男子篮

图 5－53　2018 年世界大学生三对三篮球联赛华侨大学男子篮球队勇夺总冠军

① 数据来源：2017 年华侨大学大事记，华侨大学校办提供。

球队喜获此次总决赛冠军，成为首支获得该项赛事男子世界冠军的中国高校篮球队。

表 5－21　华侨大学 2011—2019 年男子篮球获奖荣誉一览

<table>
<tr><th>年份</th><th>比赛名称</th><th>所获奖项</th><th>备注</th></tr>
<tr><td>2011</td><td>第十三届 CUBA 联赛男篮全国总决赛</td><td>总冠军</td><td>第七次加冕全国总冠军</td></tr>
<tr><td>2012</td><td>第十四届 CUBA 联赛男篮全国总决赛</td><td>总冠军</td><td></td></tr>
<tr><td rowspan="2">2013</td><td>第十五届 CUBA 中国大学生篮球联赛（男篮）</td><td>总冠军</td><td>第八次获得 CUBA 全国总冠军</td></tr>
<tr><td>张翰奇成功入选中国大学生篮球队</td><td></td><td>全国高校唯一没有注册的中国大学生篮球队学生球员</td></tr>
<tr><td rowspan="3">2014</td><td>第十六届 CUBA 中国大学生篮球联赛</td><td>联赛季军</td><td></td></tr>
<tr><td>中国大学生体育协会篮球分会六届二次常委（扩大）会议</td><td></td><td>“中国大学生体育协会篮球分会 2013—2014 年度突出贡献奖”</td></tr>
<tr><td>2014 世界华侨华人篮球赛决赛</td><td>总冠军</td><td></td></tr>
<tr><td>2015</td><td>第 17 届 CUBA 中国大学生篮球联赛男子决赛</td><td>总冠军</td><td>第九次夺得 CUBA 总冠军</td></tr>
<tr><td rowspan="2">2016</td><td>2016 新浪 3×3 篮球黄金联赛总决赛</td><td>总冠军</td><td></td></tr>
<tr><td>第六届亚洲大学生男子篮球锦标赛</td><td>季　军</td><td>代表中国大学生参赛</td></tr>
<tr><td>2018</td><td>2018 世界大学生三对三篮球联赛总决赛</td><td>总冠军</td><td>首支获得该项赛事男子世界冠军的中国高校篮球队</td></tr>
</table>

资料来源：华侨大学 2011—2019 年大事记，华侨大学校办提供。

羽毛球。2012 年 5 月，华侨大学与厦门市体育局在学校签约，以合作共建高水平羽毛球运动队。[①] 2013 年 4 月，八一羽毛球队总教练高路江率访问团莅临学校访问，并受聘学校兼职教授。[②] 学校羽毛球队取得不凡的成绩，并被中国大学生体育协会授予“中国大学生羽毛球运动（2007—2012 年）优秀贡献奖”。

表 5－22　华侨大学 2011—2019 年学子在羽毛球赛事中获奖一览

比赛名称	所获奖项	备注
2011 年参加第十五届中国大学生羽毛球锦标赛	获二金	
2012 年参加第十六届中国大学生羽毛球锦标赛	获二金	
2013 年参加第十七届中国大学生羽毛球锦标赛	获一金	
2014 年参加第十八届中国大学生羽毛球锦标赛	获二金	
2015 年参加第十九届中国大学生羽毛球锦标赛	获二金	
2016 年参加第二十届中国大学生羽毛球锦标赛	获三金	

① 数据来源：2012 年华侨大学大事记，华侨大学校办提供。

② 数据来源：2013 年华侨大学大事记，华侨大学校办提供。

续表

比赛名称	所获奖项	备注
2017 年参加第二十一届中国大学生羽毛球锦标赛	获二金	
2018 年参加第二十二届中国大学生羽毛球锦标赛	获二金	
2019 年参加第二十三届中国大学生羽毛球锦标赛	获第三名	
2012 年参加第二届中国大学生羽毛球超级赛	获混合团体第二	
2014 年参加第三届中国大学生羽毛球超级赛	获混合团体第一	
2016 年参加第四届中国大学生羽毛球超级赛	获混合团体第一	
2018 年参加第五届中国大学生羽毛球超级赛	获混合团体第一	
2012 年参加世界大学生羽毛球锦标赛	获二金	
2014 年参加世界大学生羽毛球锦标赛	获一金	
2016 年参加世界大学生羽毛球锦标赛	获一金	
2018 年参加世界大学生羽毛球锦标赛	获一银	

资料来源：华侨大学体育学院提供。

此外，学校学生在足球、田径及游泳等赛事中均取得佳绩，详见表 5 - 23。

表 5 - 23　华侨大学 2011—2019 年足球获奖荣誉一览

年份	比赛名称	所获奖项	备注
2011	2011—2012“李宁杯”中国大学生足球联赛福建赛区	冠军，王振获评福建赛区最佳教练员	
2012	2011—2012“李宁杯”中国大学生足球联赛南区比赛（进全国八强）	南区季军	代表福建省高校参加此项赛事获得的最佳成绩
	2011—2012“李宁杯”中国大学生足球联赛总决赛（八进四）	全国第八	代表福建省高校参加此项赛事获得的最佳成绩
2013	2012—2013“特步杯”中国大学生足球联赛福建赛区	冠军，魏佳获评福建赛区最佳运动员	
2014	2013—2014“特步杯”中国大学生足球联赛（CUFL）福建赛区	冠军，陈锦德获评福建赛区最佳运动员	连续两获得福建省大学生足球赛冠军
	2013—2014“特步杯”中国大学生五人制足球联赛（CUFL）福建赛区	冠军，王文迪获评福建赛区最佳运动员	首次获得福建省大五联赛冠军
	2013—2014“特步杯”中国大学生五人制足球赛（CCFL）南大区赛	四强，梁焱获评南大区最佳守门员	代表福建省高校参加此项赛事获得的最佳成绩
2015	2014—2015“特步杯”中国大学生足球联赛（CUFL）福建赛区	冠军，孟青获评福建赛区最佳教练员	五人制、十一人制首次福建省双冠，十一人制三连冠球队（2012—2013、2013—2014、2014—2015）
	2014—2015“特步杯”中国大学生五人制足球联赛福建赛区	冠军，林天赐获评最佳运动员	
	2014—2015“特步杯”中国大学生足球联赛（CUFL）全国总决赛	全国第六	代表福建省高校参加此项赛事获得的最佳成绩

续表

年份	比赛名称	所获奖项	备注
2016	2015—2016“特步杯”中国大学生足球联赛（CUFL）福建赛区	冠军，周宁洋获评最佳运动员	中国大足赛福建赛区超级组四连冠球队（2012—2013、2013—2014、2014—2015、2015—2016）
	2015—2016“特步杯”中国大学生五人制足球联赛（CUFL）福建赛区	冠军，林天赐获评最佳运动员	福建省大五联赛三连冠
	2015—2016“特步杯”中国大学生五人制足球联赛（CUFL）全国总决赛	全国第六	代表福建省高校参加此项赛事获得的最佳成绩
2017	2016—2017“阿迪达斯杯”中国大学生足球联赛福建赛区决赛	冠军，李涛获评福建赛区最佳教练员，陈志威获评最佳运动员	中国大足赛福建赛区超级组五连冠球队（2012—2013、2013—2014、2014—2015、2015—2016、2016—2017）
	2016—2017“阿迪达斯杯”中国大学生五人制足球联赛（CUFL）福建赛区	冠军，林泽锟获评最佳运动员	福建省大五联赛四连冠
	2016—2017“阿迪达斯杯”中国大学生五人制足球联赛南大区赛	南区季军 杨孟获评最佳守门员	代表福建省高校参加此项赛事获得的最佳成绩
2018	2017—2018“阿迪达斯杯”全国青少年校园足球联赛福建赛区	冠军	中国大足赛福建赛区超级组六连冠球队（2012—2013、2013—2014、2014—2015、2015—2016、2016—2017、2017—2018）
	2017—2018“阿迪达斯杯”全国青少年校园足球联赛福建赛区	冠军	福建省大五联赛五连冠
	福建省运动会（大学生部）男子足球	乙组冠军	
2019	2018—2019“阿迪达斯杯”中国大学生五人制足球联赛（CUFL）福建赛区	冠军，吴基星获评最佳教练员，陈运获评最佳运动员	中国大足赛福建赛区超级组七连冠球队（2012—2013、2013—2014、2014—2015、2015—2016、2016—2017、2017—2018，2018—2019）
	中华人民共和国第十四届全国学生运动会足球项目预赛	全国第六	代表福建省高校参加此项赛事获得的最佳成绩
	2018—2019“阿迪达斯杯”中国大学生五人制足球联赛（CUFL）南区决赛	亚军	代表福建省高校参加此项赛事获得的最佳成绩

资料来源：华侨大学体育学院提供。

表 5－24　华大学子 2011—2018 年田径和游泳获奖荣誉一览

年份	比赛名称	所获奖项	备注
2011	2011 年金门国际马拉松赛路跑组暨两岸大学路跑赛	王宁明、于志扬获冠亚军	

续表

年份	比赛名称	所获奖项	备注
2011	福建省第 14 届大学生运动会游泳比赛	14 枚金牌、5 枚银牌、1 枚铜牌；甲组团体总分第一名	打破 9 项省大学生纪录
	第十二届全国大学生游泳锦标赛	1 枚金牌、2 枚银牌	
2013	第六届金门国际马拉松	王宁明同获大学路跑赛冠军	
	2013 年海峡两岸马拉松赛	贾明获五公里赛段冠军	
	第十三届全国大学生田径锦标赛	1 枚银牌、2 枚铜牌	
2014	第七届金门国际马拉松比赛	邱文涛获两岸大学生路跑组男子总成绩第一名	打破赛会纪录；自 2011 年获得四连冠
	第十四届中国大学生游泳锦标赛	黄伟鹏夺得冠军	打破赛会纪录
2016	第十六届全国大学生田径锦标赛	4 枚金牌、2 枚银牌	
2017	2017 年第 29 届世界大学生夏季运动会游泳项目选拔赛	林鑫澜获女子 200 米个人混合泳和 50 米蝶泳 2 枚金牌	代表中国参加 2017 年第 29 届世界大学生夏季运动会
	第十七届全国大学生田径锦标赛	1 枚金牌、1 枚银牌、3 枚铜牌，总成绩排名福建高校第一，同时获得体育道德风尚奖	

资料来源：华侨大学体育学院提供。

表 5－25　华大学子 2011—2019 年其他体育运动获奖荣誉一览

种类	时间	比赛名称	所获奖项
帆船	2011 年	首届海峡两岸高校帆船赛	优秀奖和体育道德风尚奖
围棋	2014 年	福建省第十五届运动会（大学生部）围棋比赛	男子团体赛和男子个人赛 2 枚金牌，男女团体混合赛亚军
	2018 年	福建省第十六届运动会（大学生部）武术（套路）比赛	4 枚金牌、1 枚银牌
啦啦操	2018 年	福建省第十六届运动会（大学生部）啦啦操比赛	一等奖
舞龙舞狮	2013 年	第六届中国大学生舞龙舞狮锦标赛	舞龙（体育专业组）规定套路冠军、自选套路亚军；男子团体第二名；体育道德风尚奖运动队
	2016 年	第九届大学生舞龙舞狮锦标赛	女子乙组（体育专业组）舞龙规定套路冠军、舞龙自选套路冠军；詹志美获评体育道德风尚奖运动员
	2017 年	第十届全国大学生舞龙舞狮锦标赛	女子乙组（体育专业组）舞龙规定套路冠军
	2018 年	“龙舞桃乡”中国奉化舞龙争霸赛	银奖
		第十一届中国大学生舞龙舞狮锦标赛	女子乙组舞龙规定套路亚军、传统舞龙亚军、舞龙自选套路季军、女子团体第一名；张珂、余晶获评体育道德风尚奖运动员

资料来源：华侨大学体育学院提供。

（三）丰硕的校园文化成果

学校坚持传播中华优秀文化，制订了《华侨大学深入学习贯彻落实习近平总书记视察暨南大学重要讲话精神专项行动计划》。积极组织富有侨校特色的校园文化活动，将第一课堂与第二课堂有机结合，开展中国传统文化系列活动，在通过文体活动提升学生活动组织能力的同时，也展现了“一元主导、多元融合、和而不同”的校园文化特色，校园文化建设硕果累累。

表 5-26　校园文化成果一览

时间	校园文化名称	校园文化项目类别	等级
2011 年	《学在海西，爱在中国，路在脚下，根在中华——华侨大学境外生社会实践文化教育体系》	第五届全国高校校园文化建设优秀成果	一等奖
	《五洲学子聚华园，多元文化开奇葩——华侨大学“一元主导·多元交融”的境外生特色校园文化体系》	福建省高校校园文化建设优秀成果	三等奖
2012 年	《十五载传承“鼓”文化 聚海外侨子中华心——华侨大学 15 年培育二十四节令鼓校园文化品牌》	第六届全国高校校园文化建设优秀成果	一等奖
	《沐浴心灵，播撒微笑，与同学快乐成长——记华侨大学学生心理健康协会公益文化》	福建省高校校园文化建设优秀成果	三等奖
2013 年	《CUBA 八冠王 实践青春中国梦——华侨大学打造 CUBA 文化为特色的校园文化品牌》	第七届全国高校校园文化建设优秀成果	三等奖
	《圆五洲学子艺术梦 牵四海侨心中华情——华侨大学侨校特色艺术实践文化品牌》	福建省高校校园文化建设优秀成果	二等奖
2014 年	《因侨兴校聚桑梓承露涌泉惠五洲——华侨大学五十载传承传播中华传统文化》	第八届全国高校校园文化建设优秀成果	优秀奖
2015 年	《“觞鼎”传承中华文化 打造校园高雅艺术》	福建省高校校园文化建设优秀成果	二等奖
	《两岸携手 创意中华——华侨大学创办海峡两岸高校文化与创意论坛活动纪实》		三等奖
2016 年	《弘扬中华文化·培育家国情怀——华侨大学港澳台侨学生中华优秀传统文化教育体系的创新与实践》	福建省高校校园文化建设优秀成果	一等奖
2018 年	《〈而立〉二十四节令鼓乐》	教育部第二批全国高校原创文化推广行动计划	精品项目
2019 年	《承志》原创侨史侨情诗歌舞台	第五届全国高校“礼敬中华优秀传统文化”特色展示项目	学校首次，福建唯一，不分等级

资料来源：华侨大学学生处提供。

重要校园文化成果介绍。

1. 2011 年全国高校校园文化建设优秀成果一等奖《学在海西，爱在中国，路在脚下，根在中华——华侨大学境外生社会实践文化教育体系》

在 2011 年全国高校校园文化建设优秀成果评比中，学校申报的《学在海西，爱在中国，路在脚下，根在中华——华侨大学境外生社会实践文化教育体系》项目获一等奖，是福建高校中唯一获得一等奖的校园文化建设项目，实现了福建省在该项评选中一等奖零的突破。该项目从学校多年来境外生社会实践文化教育的概况、做法、成就及工作的思考等几个方面进行了总结。多年来，学校开展了中国文化之旅、寻根之旅、社会实践基地考察、志愿服务等品牌活动，带领境外生走进祖（籍）国、了解祖（籍）国、感受祖（籍）国、热爱祖（籍）国，让境外生感受中华文化、学习中华文化、传播中华文化，多年的社会实践形成了全方位的中华文化教育体系，活动已成为华侨大学校园文化的一项品牌，同时也受到海内外媒体的广泛关注。[①]

2. 2012 年全国高校校园文化建设优秀成果一等奖《十五载传承“鼓”文化 聚海外侨子中华心——华侨大学 15 年培育二十四节令鼓校园文化品牌》

《十五载传承“鼓”文化 聚海外侨子中华心——华侨大学 15 年培育二十四节令鼓校园文化品牌》是对华大二十四节令鼓十五年发展历程的梳理与总结。本着“为侨服务、传播中华文化”的宗旨，华大马来西亚留学生于 1997 年 1 月 1 日成立了中国第一支二十四节令鼓队，也是中国高校唯一一支二十四节令鼓队。成立后的华侨大学二十四节令鼓队队员勤学勤练，不断壮大、勇于创新，如今发展一支拥有 300 多人的学生团体。他们经历了从自发练习到规范排练、从模仿作品到创造精品、从娱乐表演到传播文化的过程，至今已参加各类演出比赛数百场。十五载风雨兼程，收获累累硕果。2005 年，二十四节令鼓《春秋》获“全国第一届大学生文艺展演器乐类二等奖”；2008 年，参加全国农运会开闭幕式演出；2009 年，应邀参加第一届二十四节令鼓国际观摩会暨马来西亚精英赛；2011 年，《痴》入围全国首届留学生才艺展演决赛及福建省政府新年团拜会；2012 年，惊艳亮相凤凰卫视向全球华侨华人拜年。迄今为止，华侨大学二十四节令鼓队已获得 8 项国家级荣誉、10 余个省厅级奖项，成为华侨大学乃至福建省高校校园文化的一个品牌。[②]

3. 《“而立”二十四节令鼓乐》入选全国校园原创文化精品推广行动计划

在教育部首次公布的“高校原创文化精品推广行动计划”入选名单中，华大申报的《〈而立〉二十四节令鼓乐》作为福建省高校唯一音乐类型项目入选。[③] 学校注重以文化人以文育人，着力提高思政工作质量，打造二十四节令鼓文化育人体系，

① 蔡立强：《华侨大学获 2011 年全国高校校园文化建设优秀成果一等奖》，华侨大学官网，2011 年 12 月 9 日 https://www.hqu.edu.cn/info/1220/66363.htm，最后访问日期：2020 年 5 月 28 日。

② 蔡立强：《华侨大学再度荣获全国高校校园文化建设优秀成果一等奖》，华侨大学官网，2012 年 12 月 17 日 https://www.hqu.edu.cn/info/1220/65214.htm，最后访问日期：2020 年 5 月 28 日。

③ 《华侨大学二十四节令鼓乐入选全国校园原创文化精品推广行动计划》，华侨大学官网，2019 月 1 月 24 日，https://www.hqu.edu.cn/info/1067/84233.htm，最后访问日期：2020 年 5 月 28 日。

通过抓好一支队伍，搭建三个平台，促进两类学生融合，引领中华优秀传统文化教育，繁荣校园文化：设立专项经费、选聘专业教练、开展骨干训练，做好节令鼓表演队伍建设；推动校园一年一度的公演制度、建立校外实践服务基地、鼓励参加国内外才艺竞赛，搭建起文化的交流、实践和竞技平台；以海外华侨华人社会生活故事为题材，创作出《立春》《木兰辞》《下南洋》等一批优秀校园原创文化作品，引起广大师生共鸣，有效促进境内外学生的交流融合。二十四节令鼓队从成立之初仅有十多名马来西亚侨生，发展到今天凝聚了两校区十多个国家和地区的300多名鼓手，已经成为一座传播中华文化的“桥”，有效推动“一带一路”沿线国家和地区的文化交流，累计举办了“气节”“华响”“岚亭击序”等13届校园公演，参加2019年全球华侨华人春晚、央视戏曲春晚等表演数百场，被CCTV、新华网、凤凰卫视、马来西亚《星洲日报》等媒体报道，获得全国高校校园文化建设优秀成果一等奖等奖项数十项。《而立》这部二十四节令鼓乐，以节令鼓为基础，配合打击乐、舞蹈、戏剧等表演形式，充分展现了二十四节令鼓三十年的发展历程，以及海外华侨华人的生存状态和精神面貌。据悉，高校原创文化精品推广行动计划旨在以习近平新时代中国特色社会主义思想为指引，全面贯彻落实全国教育大会和全国高校思想政治工作会议精神，切实推动高校广大师生积极创作体现时代精神，弘扬社会主义核心价值观，接地气、传得开、留得下的原创校园文化精品力作，持续推动校园文化繁荣发展。据了解，该计划遴选工作始于2018年11月，主要范围为高校师生原创的舞台剧、音乐、舞蹈、影视、文学等类型的校园文化作品，累计遴选2批共40个项目，入选高校包括北京大学、清华大学、厦门大学等。

图5－54　《而立》二十四节令鼓乐演出

4.《承志》原创侨史侨情诗歌舞台剧获批教育部第五届全国高校“礼敬中华优秀传统文化”特色展示项目

在第五届全国高校“礼敬中华优秀传统文化”示范项目、特色展示项目评选中，学校申报的《讲好华侨故事，弘扬华侨精神——排演〈承志〉原创诗歌情景舞台剧》项目荣获第五届全国高校“礼敬中华优秀传统文化”特色展示项目，成为本届福建高校中唯一获得该荣誉的项目。这也是学校首次获评全国高校“礼敬中华优秀传统文化”特色展示项目。

《承志》侨情侨史诗歌舞台剧于2018年12月9日在华侨大学陈嘉庚纪念堂举行首演。该剧是首部由高校师生原创，体现侨史侨情的原创舞台剧，也是首部将廖承志校长为华侨大学发展呕心沥血的感人故事搬上舞台的剧目。以华侨大学学生艺术团、音乐舞蹈学院、华文学院等海内外学子组成的艺术团队，以及教师、校友为主要演员班底，历时一年筹备，并经过半年的排练完成。其结合艺术性和思想性，将思想政治教育与艺术作品相结合，面向广大青年学子、面向海外华侨、面向社会大众传播华侨华人艰苦奋斗、爱国救国的光辉历史，以艺术作品为教育途径探索全员、全方位、全过程育人的思政教育模式。

该剧分为燃情岁月、承志前行、奋进时代、扬帆新征四幕。以“侨批”（海外华侨通过海内外民间机构汇寄至国内的汇款暨家书，是一种信、汇合一的特殊邮传载体）引入主题，以华侨大学的发展历程为时间轴，通过侨批吟诵、情景剧、合唱、原创歌舞、诗歌朗诵等多样的艺术形式，将广大华侨的移民史、创业史及广大侨胞对祖国经济社会发展所做贡献，以及著名国务活动家、华侨大学首任校长廖承志心系华侨，对华侨大学的建立和发展的贡献生动地演绎了出来。

图5－55　2019年12月，《承志》华侨大学侨史侨情诗歌舞台剧倾情上演

第九节　董事会和校友会

一　董事会工作

（一）第七、八届董事会召开

1. 第六届董事会成员的调整

第六届董事会任期从2010年11月至2014年11月，由全国政协副主席、澳门特别行政区原行政长官何厚铧担任名誉董事长。2010年11月6日，第六届董事会第一次会议召开，国务院侨办李海峰主任为新一届董事会成员颁发聘书。2012年12月1日，第六届董事会第二次会议召开。第六届董事会共聘任董事109名，其中境外董事86名。① 四年来，董事会根据学校发展的需要，特别是近年来海外华文教育工作发展的需要，结合海内外热心华侨教育人士在学校发展建设中做出的贡献，积极开展董事增聘工作，共增聘了澳门的马志成先生等8位非职务董事。同时，积极挖掘校友资源，发挥校友更大的作用，吸纳知名校友加入学校董事会，如魏腾雄、吴琳琳、杨恩辉等商业和科技精英相继加入董事会。

2. 第七届董事会的召开

2014年11月，华侨大学第七届董事会第一次会议在泉州举行。中共中央政治局原委员、第十一届全国政协副主席王刚出任董事长，第十二届全国政协副主席何厚铧连任名誉董事长。国务院侨办主任裘援平、国务院侨办副主任任启亮、香港中联办副主任王志民、副省长李红出席会议。此次会议，顺利完成了董事会换届工作。

① 华侨大学：《校董校友》，华侨大学官网，https://www.hqu.edu.cn/xdxy.htm，2018年5月，最后访问日期：2019年12月1日。

图 5－56 2014 年 11 月，华侨大学第七届董事会第一次会议召开

图 5－57 华侨大学第七届董事会董事长王刚

王刚，1942 年 10 月生，吉林扶余人，1971 年 6 月加入中国共产党，1967 年 9 月参加工作，吉林大学哲学系哲学专业毕业，大学学历。中共第十五届中央候补委员，第十六届、第十七届中央委员，第十六届中央政治局候补委员、中央书记处书记，第十七届中央政治局委员，任第十一届全国政协副主席。

王刚表示，作为华侨大学新一届董事会董事长，将与董事会全体成员一道，尽职尽责，为华侨大学的美好未来、为推动华侨高等教育事业的发展做出自己的努力。他指出，华侨大学为我国社会主义现代化建设、为国家侨务事业发展、为港澳地区的繁荣稳定和国家统一大业做出了积极贡献，并希望华侨大学紧紧抓住机遇，勇于开拓创新，立足于服务国家现代化建设、服务侨务事业发展、服务传播中华优秀文化、服务祖国统一大业，进一步办出特色、办出水平，努力争当一流大学、培养一流人才、创造一流成果，切实把华侨大学建设成在海内外有着重要影响的综合性大学，为实现中华民族伟大复兴的中国梦做出更大的贡献。

第七届董事会任期从 2014 年 11 月至 2019 年 12 月。2014 年 11 月 22 日，第七届董事会第一次会议在泉州召开，全国政协副主席、澳门特别行政区原行政长官何厚铧担任名誉董事长，中共中央政治局原委员、第十一届全国政协副主席王刚担任董事长。2016 年 10 月 29 日，第七届董事会第二次会议在泉州圆满召开，会上，新聘香港恒通资源集团董事施荣恒、马来西亚华人企业家胡瑞连 2 位企业界人士为董事，第七届董事会董事成员增至 117 位。[①]

---

① 华侨大学：董事会概况，华侨大学官网，https://dsh.hqu.edu.cn/dshjj/dshgk.htm，2020 年 3 月，最后访问日期：2020 年 8 月 29 日。

3. 第八届董事会的召开

华侨大学第八届董事会第一次会议于2019年12月14日在泉州召开。全国人大常委会副委员长、民进中央主席、华侨大学第八届董事会董事长蔡达峰，中央统战部副部长、国务院侨办主任许又声，中共福建省委常委、统战部部长邢善萍，福建省人大常委会副主任吴洪芹，中共泉州市委书记康涛，香港中联办教育科技部部长蒋建湘，福建省教育厅厅长林和平，民进福建省委主委、福州市副市长严可仕，华侨大学党委书记关一凡等出席会议。

图5-58　华侨大学第八届董事会董事长蔡达峰

蔡达峰，1960年6月生，浙江宁波人，民进成员，1985年7月参加工作，同济大学建筑系建筑历史与理论专业毕业，研究生学历，工学博士学位，教授。现任十三届全国人大常委会副委员长，民进中央主席。历任第十届全国人大代表，第十一届、十二届全国政协常务委员。2019年9月起兼任华侨大学第八届董事会董事长。

会上，中央统战部十局局长许玉明宣读《中央统战部关于华侨大学第八届董事会组成人员的批复》。华侨大学第八届董事会由103位董事组成，其中副董事长15位。[①] 许又声、邢善萍为与会的华侨大学第八届董事会董事颁发聘书。

图5-59　2019年12月，华侨大学第八届董事会第一次会议召开

① 刘沛：《华侨大学第八届董事会第一次会议隆重召开》，华侨大学官网，2019年12月14日，https://www.hqu.edu.cn/info/1067/87046.htm，最后访问日期：2020年8月29日。

蔡达峰董事长在讲话中指出，华侨大学是一所背景特殊、使命崇高的大学，华侨大学董事会在筹措办学经费、汇聚智力支持、助力学校建设发展方面发挥了重要作用。他希望华侨大学在中央统战部的坚强领导下，深入推进《学习贯彻落实习近平总书记视察暨南大学重要讲话精神专项行动计划》的实施，抢抓国家“双一流”建设和部部省共建的重大机遇，不忘建校初心，牢记办学使命，紧扣国家和地方经济社会发展需要，紧扣国家统战工作需要，坚持立德树人根本任务，精心擦亮侨校金字招牌，努力将中华优秀传统文化传播到五湖四海，为实现“双一流”与高水平大学建设奋勇向前，为保持港澳长期繁荣稳定，促进祖国和平统一大业，涵养对华友好力量培养更多高素质人才，为实现中华民族伟大复兴的中国梦贡献华大人的力量与智慧。

校长徐西鹏在会上代表学校作《聚力兴侨，励志名校——华侨大学 2017—2019 年工作报告》，向与会董事汇报三年来学校的办学成绩及今后对照“专项行动计划”的要求推进学校建设和发展的主要思路和遇到的问题。他表示，华侨大学将在中央统战部的领导下，在教育部，福建省委、省政府的指导下，在广大董事的帮助下，聚力兴侨、励志名校，精心擦亮侨校金字招牌。副董事长李碧葱代表华侨大学董事会作第七届董事会工作报告。

与会董事讨论审议了学校工作报告和董事会工作报告。校董们充分肯定了学校的工作和所取得的进步，为学校归属中央统战部领导深感高兴和备受鼓舞。并结合工作实际与行业经验，分别就如何办好学校 60 周年校庆、实施“侨校 + 名校”战略、加快“双一流”建设、提高人才培养质量以及加强董事会自身建设等方面畅所欲言、建言献策。有的校董对学校“产学研”发展提出新的思路——“学校应该制定相关政策，促进‘政校企’三方的合作，实现研究、合作、产出一体化的发展”“校庆要面向校友、面向社会，更好地链接全球校友，进一步加强文化的传承”“学校应该制定更长远的规划，加强自身师资队伍的建设，‘筑巢引凤’，吸纳更多优秀人才加入华大”“学校建立华侨华人数据库，更好地记录华侨华人事迹，为全球的华侨华人服务，更好地体现学校特色”。校长徐西鹏代表全校师生员工向出席座谈会的各位董事表示感谢，并指出，当前学校迎来新的发展机遇，学校归属中央统战部领导，实施“部部省”共建，任重道远。他希望各位董事能够在指导办学、学校基础建设、牵线搭桥、筹措资金等方面，一如既往地发挥重要作用，支持学校的建设与发展；在中央统战部的指导下，多动员、多参与，共同办好学校 60 周年校庆；整合资源，拓展渠道，协同推进学校发展和董事会工作再上新的台阶。

（二）董事会的工作成效及作用

华侨大学第六届至第八届董事会成立以来，董事们同心协力，不断加强董事会自身建设，密切与学校的联系和往来，支持学校人才培养工作，支持学校学科建设和科学研究，夯实学校建设发展的物质基础，助力学校发展华文教育和传播中华文化，为改善学校办学条件，提高学校整体综合实力积极贡献力量，取得突出成绩。

1. 支持学校人才培养

为帮助品学兼优的贫困学子完成学业，激励他们奋发成才，2011 年至 2014 年，校董和社会各界捐资设立了王彬成优秀华裔留学生奖学金、华商研究生助学金、泛华优秀学生奖学金、黄仲咸华侨华人及留学生奖助学金等 28 项奖学助学基金，总计 1420 多万元，用于奖励优秀学生，资助贫困学生成长成才，解决了许多学生的后顾之忧，在全校范围营造“让优秀成为习惯，让先进成为个性”的优良学风。[①] 广大校董及各界人士慷慨解囊，支持学校人才培养。2015 年至 2019 年，庄善春、庄永兴、许连捷等校董以及邱尚振等校友捐资新设立庄善春奖教奖学金、阳光爱心基金、向上向善奖学金、向上向善奖教金、林淑惠国际交流专项助学金等 18 项，继续颁发各类奖助学金共 25 项，极大地帮助了品学兼优的家庭困难学生解忧纾困，激励华大学子奋发向上。[②]

2. 支持学校改善办学条件

据不完全统计，2011 年至 2014 年，学校新增侨捐建筑 10 项，其中泉州校区 4 项，厦门校区 6 项，项目捐资总额折合人民币超 10420 万元。[③] 另外，陈明金、林昌华校董还分别捐赠车辆给学校；陈进强校董为改善教师工作环境，出资为学校教室安装空调；郑年锦校董、石汉基校董、石颖芝女士以及蔡素玉校董分别捐献了一批图书资料给学校。2015 年至 2019 年，校董累计向学校捐赠到款 6933.9 万元人民币，新增捐资主要有：庄善春校董 450 万港元、胡瑞连校董 1000 万元、黄天中校董捐建价值 300 万元的教学设施、王庭聪校董 500 万元、汪琼南校董家族 500 万元、骆钢校董 1000 万元、王锦强校董 1000 万元。特别是 2016 年 9 月，郑年锦、魏腾雄、庄永兴、黄天中、林玉唐、施良侨、罗宗正、张永青、张祥盛、李碧葱、丁良辉、石汉基、唐志坚、谢文盛、庄善春、李沛霖等 16 位校董在学校遭受“莫兰蒂”

---

① 华侨大学：《华侨大学第六届董事会工作报告》，华侨大学文书档案。

② 华侨大学：《华侨大学第六届董事会工作报告》，华侨大学文书档案。

③ 华侨大学：《华侨大学第六届董事会工作报告》，华侨大学文书档案。

台风重创时，第一时间慷慨捐资300余万元支持学校灾后重建工作。在校董们的支持下，善约善多楼、大马华教楼、德润楼、王庭聪黄锦珠行政大楼、大均秀莲楼、徐伟福体育教学大楼、杨连嘉体育训练大楼、陈延奎大楼、菲商楼以及“陈福绵数字医学联合实验室”等10项侨捐工程先后落成或揭牌。①

图5－60　2018年4月，校董庄善春捐资设立的陈福绵数字医学联合实验室揭牌

3. 支持学校学科建设和科学研究

（1）校董为了帮助教师安心教学，出资设立奖教基金，激励老师提高教学质量。如施良侨和陈展垣董事分别设立了“音乐舞蹈学院奖教奖学基金”“文科奖教奖学金”。校董为了提高学校管理水平，出资支持管理干部学习进修，如马有礼先生设立“马有礼优秀中青年管理干部奖励基金”，为学校管理效率的提高、管理水平的提升起到了积极的作用。（2）校董们积极利用自身影响力，多方帮助学校推进学科建设，提升教学科研水平。杜祖贻校董捐资设立“世界杰出华人科学家讲堂”，2014年至2018年，已经邀请了7位科学家莅校讲学；杨恩辉校董亲自担任统计学院现代应用统计与大数据研究中心名誉主任，指导建立高水平研究团队；颜延龄校董推动邀请经济学家厉以宁访校并主讲“华大讲堂”；黄天中校董亲自担任生涯规划研究所所长，其主讲的课程“职业生涯规划——体验式学习”入选首批国家精品在线开放课程；陈江和校董支持海上丝绸之路研究院成功承办两届“一带一路”贸易畅通高级研修班，为扩大学校“一带一路”学科影响力做出积极贡献。（3）积极协助学校推动产学研合作。校董们发挥自身企业优势，与学校开展校企产学研合作，推动学校科研成果转化。邱建新校董助推香港华丰公司与华侨大学合作，创新生活

① 华侨大学：《华侨大学第七届董事会工作报告》，华侨大学文书档案。

管理服务项目，构建起后勤保障体系的现代企业架构和企业化运营机制；陈芳校董与工商管理学院、华大青年联合会等密切联系，在青年人才培养、市场营销等方面开展了“双赢”合作；何中东校董与材料学院合作开发混凝土新型外加剂，取得显著经济效益。

图 5-61　2018 年 12 月 8 日大均秀莲楼落成典礼

图 5-62　2018 年 12 月 8 日徐伟福体育教学大楼、杨连嘉体育训练大楼落成典礼

4. 助力学校发展华文教育和传播中华文化

在林广场校董的支持下，加拿大福建同乡联谊会 2012 年、2013 年连续两年全权委托学校举办“情系华厦，根在福建”夏令营；蔡永亮校董每年资助 10 万元支持华文学院组织夏令营；陈永栽校董 2011 年捐 5000 万元巨资建设华文教育培训中心——陈延奎大楼。

林昌华校董 2012 捐资 500 万元支持创办泛华学院，建院后每年投入运行经费 100 万元，为泛华集团和印度尼西亚中资企业培养专门人才；在许丕新校董积极倡议和国侨办支持下，学校成功举办了“网络时代的海外华侨华人社团建设”研讨

图 5－63　2019 年 4 月 1 日出席陈延奎大楼落成典礼嘉宾合影留念

会，海内外百余名华社代表、华人问题研究专家、学者齐聚一堂，共话海外华侨华人社团建设，产生了良好的社会影响。陈永栽校董已连续 19 年每年资助百名菲律宾华裔学生来福建学习中文，并亲自率队。胡瑞连校董捐资 1000 万元人民币设立的“华文教育专项基金”，极大地推动了华文教育现代技术应用和发展。泰国、菲律宾、马来西亚、印度尼西亚等地校董积极帮助学校在当地开展华文教育。

5. 助推学校国际化办学持续深化

海内外校董充分发挥资源优势，依靠强大的人脉关系，为学校开展国际交流与合作牵线搭桥、创设良好条件。（1）为学校走向世界牵线搭桥，拓展国际合作办学领域。在黄玉山、林树哲校董的支持和推动下，促成了华侨大学与香港科技大学在教学及科研人员的交流、科研项目开发及青年教师赴港进修深造等多方面的合作，林树哲校董还代表福建海联投资有限公司提供 1000 万元经费支持两校合作；在陈亨利校董支持下，华侨大学与美国关岛大学签署合作备忘录，实现了两校在教育和科研方面的交流与合作；在陈明金校董支持下，华侨大学与澳门城市大学实现了在办学、师生交流、教学与科研等方面的合作；在罗宗正校董帮助下，华侨大学与泰国东方大学、商业大学等开展了交流与合作。沈祖尧校董支持和推动华侨大学与香港中文大学签署学术交流协议，双方在学者及学生互相访问、学术及教学研讨会、科研、交换学术资料等多方面展开合作与交流；郑年锦、李朝耀校董还分别促成学校与印度尼西亚塔鲁玛迦大学、日惹大学签署合作协议，双方在华文教育、华侨华人研究等方面开展合作；徐松华校董促成学校与西班牙马德里远程教育大学开展语言教育合作。（2）支持学校开展国际学术交流与合作。为了拓宽学校的国际学术视野，提高学校科研和学科的国际化水平，部分校董出资设立基金鼓励和支持学校教师赴海外参加学术交流与合作，并取得了显著成效。在江洋龙校董的支持下，日本东华财团每年支持学校教师赴日本参加学术会议，开展学术交流与访学；邱季端、姚志胜校董出资支持学校文学院教师赴香港参加饶宗颐与华学国际学术研讨会。

二 校友会

校友会在学校的大力支持下，在各地校友会和广大校友的共同努力下，校友总会和各校友会始终坚持爱国、荣校的精神，以“感情”为工作主线，秉承“服务校友，服务社会，服务母校”的理念，加强校友与母校的联系，携手并肩，团结海内外校友，共同为母校的建设和发展，开展了卓有成效的工作，取得了可喜的成绩。

（一）明确目标和方向，加强体系与机制建设

1. 不断健全校友会工作体系和工作机制

2014 年，学校出台《华侨大学关于加强校友工作的若干意见》，强调校友工作的重要性。校友总会坚持正确的办会方向和宗旨，明确将“服务校友的发展”作为校友总会工作的目标和方向。根据校内外不同国家和地区、不同行业、不同群体的实际，提出“开放、包容、合作、共赢”的校友会组织理念，充分发挥统筹、协调、指导和服务功能，逐步构建和形成了由校友总会、地域性校友会、学院校友会和专业（专门）校友会组成的“三位一体”的校友会工作组织架构和平台。校友总会积极指导各校友会建立完善管理制度，按照章程及有关规章科学运行、规范管理。依托学校校友工作办公室、学院校友工作小组，发挥各学院、职能部门在校友工作中的积极性和重要作用，校院二级校友工作体系日趋完善，形成校友会社团组织与学校行政力量“双轮驱动”的华侨大学校友工作大格局。

2. 探索网络信息时代的校友工作新形式，拓展交流平台

为全面掌握遍布海内外 17 万华大校友信息，方便联络校友，校友总会依托计算机学院技术力量，开发校友信息数据库，截至 2019 年 12 月，已完成收集整理超过 16 万条校友基础数据；同时，重视收集、整理、充实校友数据，及时了解“校友去哪儿了”，重视“华侨大学校友网”建设，不断完善栏目和功能设置，及时发布各类信息，使校友网成为校友总会的工作窗口和全球华大校友的网上家园；成为服务

校友交流、互动和共享的平台；升级“华侨大学一体化智慧校友服务平台”。此外，香港、澳门、北京、上海、泉州等地校友会也建立网站，打造面向校友的交流平台。《华大校友》持续向校友传播母校及校友信息。2010 年 11 月至 2015 年 11 月，校友总会与校报编辑部合作，采访、收集和撰写校友事迹，定期在校报和学校网站等刊发；在此基础上联合整理出版《情系华园》系列丛书通过不同角度记录了近 400 位校友的成长经历和创业故事等，让广大读者领略华大校友风采，成为展示华大校园文化和校友文化的良好平台。

（二）积极推动海内外校友会建设

1. 积极推动海内外校友会建设，开拓校友会工作新局面

校友总会明确“涵养一批，推动一批，成立一批”的思路，积极、稳健推进海内外校友会筹建工作。2013 年 7 月，华侨大学校友总会正式在民政部登记注册，第六届校友总会会长为贾益民同志，副会长为曾路同志。截至 2019 年 12 月 31 日，华侨大学已成立校友会 70 个，遍及世界各地，其中境外校友会 20 个，境内校友会 37 个，学院或行业校友会 13 个，基本覆盖了各主要行政区及境外校友集中地。[①]

2. 华大校友积极参与国家治理和社会服务

香港校友会充分发扬“爱国、爱港、爱校”的精神，除举办日常交流活动，还积极参加“反占中”等活动，在支持国家侨务统战工作、维护香港繁荣稳定和支持特区政府工作等方面发挥重要作用，成为香港地区最活跃、最有影响力的大学校友会组织之一，以组织能力强、凝聚度高、爱国爱港而广受称道。2019 年 8 月，针对香港发生的一系列暴力事件，华侨大学香港校友会踊跃发声，及时发布《华侨大学香港校友会倡议书》，呼吁止暴治乱，并号召所有华大香港校友旗帜鲜明地反对各种挑战“一国两制”的违法犯罪活动，支持特区政府和警队公正执法，坚决维护国家主权、安全、统一和香港的长期繁荣稳定。倡议一经校友总会官方公众号发出，立即得到海内外校友及校友会的积极响应，在全球校友圈引发广泛热议和关注，阅读量在全国 300 余所高校校友会公众号上居当月前三位。日本校友会等境外校友会也第一时间积极响应，联名发出号召，支持香港校友会倡议，充分体现了华大校友高度的政治站位意识和强烈的社会责任感。

成立于 1983 年的华侨大学澳门校友会，秉持“爱国、爱澳、爱校”的优良传统，是澳门历史最为悠久、规模影响最大的高等学校校友会之一，成为澳门社会爱

① 华侨大学：《华侨大学校友总会简介》，华侨大学校友网官网，https://alumni.hqu.edu.cn/xygz/xyzh/jj.htm，最后访问日期：2020 年 1 月 10 日。

国、爱澳的重要力量。自成立以来，澳门校友会协助新华社澳门分社及之后的澳门中联办做了大量的工作，为澳门顺利回归、促进澳门繁荣发展、保持澳门社会稳定做出重要贡献，也在沟通澳门社会、澳门校友与内地及母校联系方面发挥重要作用。迄今，华侨大学已经为澳门培养7000多名高级专门人才，为澳门的经济发展和社会进步做出重要贡献。在澳门的建筑、土木、公务员、司法、金融、资讯、科技、旅游、教育界等领域，都活跃着广大华大澳门校友的身影，并深具影响。据不完全统计，在澳门政府公务员队伍中，华大校友约占6%，处级或以上的校友有70多位，其中局、厅级40多位；澳门司法、警察及纪律部队系统中，华侨大学校友占了10%以上；澳门建筑师协会中，超过半数成员都是华侨大学的校友；中国银行澳门分行1400多位员工，华侨大学毕业生及在职兼读的将近100位，占总员工数超过7%。校友陈虹任全国政协委员、澳门立法会议员、澳门中华教育会会长；校友欧阳瑜任澳门特别行政区社会文化司司长；校友梁美玲荣获“中央企业劳动模范”称号，成为澳门首位女性中央企业劳动模范。①

华侨大学澳门校友会充分发挥创新精神，开创性地推出澳门文化周、优秀学生访澳交流团、澳门城市设计成果展等品牌活动，促进了内地与澳门的友好交往，加深内地对澳门的认识，向内地介绍澳门的文化。特别是在澳门校友会的推动及澳门政府相关部门的支持下，自2011年起，华侨大学建筑学院开启澳门城市的教学、科研合作，以澳门城市发展中面临的现实问题为课题，进行历史建筑测绘、旧城更新活化等活动，并每年举办一次“澳门城市设计成果展”，以触发更多人参与到澳门城市发展和对历史文化遗产的保护中，从而实现“建筑服务澳门，共创美好生活”，影响深远。2018年10月，时任中国建筑学会建筑教育评估分会副理事长沈中伟教授称，这一形式对内地各高校建筑学科探索国际化办学具有借鉴意义。华侨大学为澳门培养人才及澳门校友的卓越表现，深得澳门社会各界的称赞。澳门特别行政区行政长官崔世安连续多届担任华侨大学董事会副董事长，也多次会见华侨大学访问团，肯定华侨大学长期以来在培养澳门青年人才、服务澳门社会繁荣发展和增进闽澳交流合作等方面做出的贡献。他曾经评价称：“华侨大学的办学理念深受澳门社会各界认同。”澳门中联办高度评价华侨大学为澳门培养了大量优秀人才，称赞澳门校友在澳门社会各界有着良好声誉和影响力，为促进澳门繁荣发展和稳定做出了积极贡献。全国政协副主席何厚铧担任华侨大学董事会名誉董事长，曾莅校视察并看望澳门学生，他还多次会见到访澳门的华侨大学代表团，肯定华侨大学各项事业

① 张罗应：《华侨大学：中国内地与澳门的重要桥梁与纽带》，华侨大学官网，2019年12月20日，https://www.hqu.edu.cn/info/1067/87112.htm，最后访问日期：2020年1月10日。

取得不俗成就，称赞华侨大学及华大澳门校友为澳门社会发展和“一国两制”事业做出的贡献。[①]

台湾校友会组织校友会访京团，创建华侨大学闽台青年创新创业服务中心支持青年校友创业；日本校友会积极在海外办学等领域同母校开展合作；印度尼西亚、马来西亚等地校友会积极配合母校筹建境外代表处，为母校在当地开展华文教育、招生宣传工作做出重要贡献。泰国校友会积极支持学校开展海外华文教育，为华侨大学与泰国合作开展“外国政府官员中文学习班”项目牵线搭桥。截至2018年5月，学校已累计接收400余名泰国军官和政府官员来校接受中文学习与培训，[②] 为增进中泰两国友谊、扩大中国与东南亚国家友好交流往来做出了巨大贡献，逐渐成为华侨大学在海内外具有重要影响的华文教育知名品牌和侨务公共外交品牌。

（三）服务学校建设发展

1. “校友讲坛”等活动助力在校生成长

从2011年至2019年，校友总会先后邀请了60余名具有代表性的校友返校为在校生开办“校友讲坛”。[③] 此外，通过聘任校外导师等交流活动，校友以自身的成长经历和社会经验，鼓舞、启发在校生树立正确的人生观、价值观和择业观，帮助在校生健康成长，受到广大师生欢迎。

2. 捐资助学，支持母校办学发展

校友始终关注母校的建设发展，以捐资、捐物等多种行动感恩母校。2011—2015年广大校友为母校捐赠财物共计约2000万元人民币，为母校的建设发展提供了强有力的支持。[④] 如：魏腾雄校友捐资1000万元人民币建设泉州校区林淑真体育馆；许文立、吴琳琳校友伉俪捐资500万港元设立华侨大学康桥教育基金，捐资100万元人民币设立华侨大学康桥学生科技创新基金；葛欢庆校友捐赠价值100余万元人民币的仪器设备支持建立“艾而特工业自动化实验室”；许思政校友捐资50万元人民币支持学校建设等。2016年，校友邱尚振捐资设立“华侨大学临家向上向善奖学金”；香港校友李嘉燕捐赠学校25万港元用作香港学生奖学金等。[⑤]

---

① 张罗应：《华侨大学：中国内地与澳门的重要桥梁与纽带》，华侨大学官网，2019年12月20日，https://www.hqu.edu.cn/info/1067/87112.htm，最后访问日期：2020年1月10日。

② 华侨大学本科教学工作审核评估自评报告，2018年5月，第106页。

③ 李孟芹：《1981级物理系校友王刚做客校友讲坛 畅谈文旅融合的华侨城实践》，华侨大学官网，2019年11月27日。

④ 华侨大学：《华侨大学校友总会第五届理事会工作报告》，华侨大学文书档案。

⑤ 参见董事会办公室/校友工作办公室《董事会办公室/校友工作办公室2016年工作总结》。

图5-64　2019年5月7日，校友企业临家餐饮捐赠签约暨向上向善奖学金颁奖仪式

特别是2016年9月母校遭受超强台风袭击，损失惨重，各地校友会积极响应母校号召，纷纷组织爱心募捐，共募集善款100余万元人民币，为母校灾后重建工作提供了有力支持。2017年，陈建山校友捐资100万元人民币设立“青山励志奖学奖教金”、吴志松校友捐资5万元设立“统计学院兴教奖助学金”、85法律班级捐资近31万元设立法学院奖教奖学金。方峻校友捐资10万元支持华侨大学创建毕业生创展信息共享管理平台，李碧葱校友捐赠50万港元、汪琼南校友捐资500万元人民币、外国语学院1995届校友王秀德向母校捐资100万元人民币设立“华侨大学王秀德柳玲奖学金”，用于支持母校人才培养工作，同时王秀德校友的好友陈熹先生慷慨捐资10万元人民币，用于外国语学院多媒体建设。物资方面，台湾校友会捐赠200株桂花树、1986级机电学院研究生校友捐赠校园励志碑刻、魏腾雄校友在其所属企业专门增设一条生产流水线，供学校工学院学生生产实习之用。[①] 2018年，孙振兴校友捐赠100万元设立“励精学生科技创新基金”，陈一良校友捐资50万元设立“土木工程学院陈一良助学金”，杨永毅、孟凡光校友捐赠50万设立“美术学院杨光基金”，广州校友会捐资10万元“阳光爱心基金”，经济金融学院总裁班校友捐资11万元用于经金学院学生工作。[②] 2019年，工商管理学院2001届校友、厦门临家餐饮投资有限公司董事长邱尚振捐资母校800万元人民币，支持设立华侨大学“向上向善奖学金”、“向上向善奖教金”及“‘一带一路’华裔留学生助学金”；香港王钦贤校友捐资母校1000万元人民币，支持开展校园基础建设项目；夏希东校友慷慨捐赠其自主研发和录制的《职场千问系列》网络短视频课程原文件及3万个学

① 参见董事会办公室/校友工作办公室《董事会办公室/校友工作办公室2017年工作总结》。

② 参见董事会办公室/校友工作办公室《董事会办公室/校友工作办公室2018年工作总结》。

习账号。[①]

3. 积极支持学校教学科研及招生宣传等工作

近年来，杨恩辉、池宏、陈建伟等多位知名校友被母校聘为兼职教授，他们将国内外学科前沿动态、先进的研发技术、尖端的研究成果带回母校，有力推动了母校科研学术建设。美国校友会主动提出为学校的海外人才引进工作提供力所能及的帮助，并积极寻求建立母校与美国相关机构的合作交流平台。此外，还有一批校友被聘为创业实践导师。母校招生宣传小组赴湖南、广东、江苏、陕西、浙江、江西、河南、广西等生源基地开展招生宣传时，得到了当地校友会和校友的大力支持。港澳校友经常以他们自身的学习和成长经历，帮助宣传母校，吸引了一大批学生报考华大。学校在中国澳门、台湾，以及泰国、缅甸、印度尼西亚、马来西亚、澳大利亚、日本等境外地区开展华文教育及海外招生办学等工作也得到了当地校友的大力帮助。

4. 培育在校生爱校意识和校友意识，涵养校友资源

校友总会从 2011 年开始，每年向毕业生发放毕业纪念卡，方便毕业生与各校友会取得联系，为各校友会补充新鲜血液。从 2014 年 6 月开始，学校每年面向全体应届毕业生发放校友卡；从 2014 年 10 月起，面向全体校友开放校友卡申请。截至目前，已发放校友卡共计约 18000 张。为培养学生的校友意识，自 2011 年起，校友总会每年选聘班级校友联络员；2014 年底组建了校友工作志愿者服务队，培养未来校友工作骨干；2015 年新生入学教育“校情校史”环节加入“校友工作介绍”的内容，让新生能提前了解校友工作。此外，学校教职员工关爱在校生，培育学生对母校的感情，让“今天我以华大为荣，明天华大以我为荣”深入人心。

---

① 参见董事会办公室/校友工作办公室《董事会办公室/校友工作办公室 2019 年工作总结》。

第十节　财务工作

一　机构调整

2011—2020 年学校两校区快速发展，学生规模不断扩大，办学水平不断提高，同时，国家的财政政策发生了巨大的变化，财务处为适应此变化进行相应的机构调整。

2012 年，根据两校区发展的情况，学校机构进行了调整，财务处设立综合管理科、预算管理科、专项资金项目管理科、会计核算一科、会计核算二科、会计核算综合科、会计代理科、基建财务科、资金管理科。

2018 年，为适应政府会计制度改革的需要，财务处科室进行较大规模的调整，调整后的财务处设综合管理科、预算管理科、项目管理科、会计管理科、信息技术科、会计核算一科、会计核算二科、收费及薪酬核算科、资产与工程核算科、会计代理科、资金管理科、华文学院财务办，以全面推进政府会计制度改革的各项业务。

财会人才一直是学校财务发展的一个重要因素，复办时人才紧缺，而后随着学校的办学不断发展，各地的人才会聚：有省内外高校的毕业生，有海外学成归来的留学生，有从其他单位调入的人员。目前，在职财会人员 55 人，其中党员 31 人、入党积极分子 2 人；硕士学历 17 人（其中海外留学归国 2 人）、本科 36 人、大专及以下 2 人；高级职称 4 人、中级 25 人、初级 26 人；35 岁以下 23 人、35—45 岁 22 人、45 岁以上 10 人。复办以来退休人员 15 人。

二　财务管理进程

随着国家经济社会发展，各项改革进入深水区，国家财会方面的改革力度不断加大，对资金使用的绩效要求不断提高，对科研经费不断深化“放管服”管理，实施新的政府会计制度，学校财务管理紧紧围绕着制度改革、预算管理、项目绩效、科研经费松绑不断推进。

2011年中央高校基本支出财政生均拨款提高，项目支出竞争程度加强，学校制订出台了《华侨大学重大项目评估委员会章程》，规范全校重大项目的评估标准和程序。同年，出台了《华侨大学基本建设财务管理办法（暂行）》，进一步规范基建的经济业务。

2012年坚持"以人为本"的管理理念、"方便教职工"的工作原则，不断提升财务服务水平。继续教育学院、MBA中心、MPA中心及JM中心四套账合并到学校的财务账上，取消以上单位校内账户，实行现场报账，实时账务处理，提高相关师生的满意度。

2013年是财务制度年，财务处根据国家财政法规和财务规章制度，通过充分调研，结合学校实际情况，制定或修订了《华侨大学财务管理制度》《华侨大学预算管理办法》《华侨大学财务报销管理规定》《华侨大学基本建设财务管理办法》等18个学校财务管理制度，进一步规范学校财务管理。2014年升级财务系统以适应新的高校管理制度。

2015年财政部先后发布了《财政部关于推进中央部门财政规划管理的意见》（财预〔2015〕43号）、《财政部关于加强和改进中央部门项目支出预算管理的意见》（财预〔2015〕82号），中央财政专项严格进行三年规划、滚动建设项目库的措施，同时也发布了《财政部 教育部关于改革完善中央高校预算拨款制度的通知》（财教〔2015〕467号），大幅改革中央高校拨款制度，基本支出按生均定额拨款不变，项目支出分为六大类一级项目，各高校可在六大类一级项目下设立自己的二级项目，财政部和教育部按因素分配法来进行拨款。华侨大学及时安排人员学习和参加培训，按照财政部和教育部的要求，做好三年滚动项目库的储备，进行科学论证划分六大类项目，取得较好的效果，继续得到中央财政专项资金的大力支持，并有所拓展。2005年，会计代理方面，配合后勤部门制定经济效益、财务与资产等方面考核指标，并按年度进行严格考评，提高实体的经济效益，代理方面进一步深入调研，与各中心负责人进行面对面交流，推进实体历史遗留问题的解决，不断提高会计代理服务质量。

2016年认真落实《关于进一步完善中央财政科研项目资金管理等政策的若干意见》（中办发〔2016〕50号）文件的精神，重新修订了《华侨大学国内差旅费管理办法》、《华侨大学会议管理暂行办法》、《华侨大学科研经费管理》和《华侨大学科研经费管理实施细则》，将"放管服"精神及时落到实处。当年省财政资金开始实行零余额账户管理。

2018年可称为实施政府会计制度准备年，2013年，十八届三中全会提出“建立权责发生制的政府综合财务报告制度”，拉开政府会计改革的序幕，2017年财政部发布了《财政部关于印发〈政府制度—行政事业单位会计科目和报表〉的通知》（财会〔2017〕25号），按下了本次改革启动键。新的政府会计制度采取“财务会计与预算会计适度分离并互相衔接”的会计核算模式，彻底打破了行政事业单位一直以来实行的单一预算会计核算体系，是具有中国特色的制度创新。新制度体现了“双功能”——同一会计核算系统中实现财务会计和预算会计的功能，“双基础”——同一系统中财务会计采用权责发生制、预算会计采用收付实现制，“双报告”——通过财务会计核算形成财务报告、通过预算会计形成决算报告，“相互衔接”——同一会计核算系统中政府会计核算要素与财务会计要素互相协调、决算报告和财务报告互相补充。这次会计改革是行政事业单位会计的一次里程碑的事项，它深远影响今后行政事业单位经济活动、会计信息、成本核算、绩效考核，对高校的内涵式发展、“双一流”建设、提质增效产生重大而深远影响。

2018年6月1日，学校成立以刘斌副书记为组长、以詹儒章为副组长、各相关职能部门领导参加的“华侨大学政府会计制度实施工作领导小组”，制定了工作方案，7月13日发布了《华侨大学关于实施政府会计制度的有关事项的通知》（华大财〔2018〕32号），对政府会计制度实施工作进行了任务分解、时间安排、程序要求等全方位部署。按照政府会计制度要求进行落实解决。通过各职能部门及财务人员的通力合作，完成了摸清家底、资产清查、人员分类、往来账务清理、银行账户清退、股权投资划转、部分基建工程转固等工作，完成基建账务清理并入学校大账进行统一核算，做好“关停并转”实体的财务清算工作，完成独立核算单位清理等各项工作，同时对财务信息系统进行升级、与其他部门进行业财融合对接，为新制度的实施做了充分准备。

2019年为政府会计制度实施元年，财务处各科室负责人，全力以赴完成新旧制度转换、系统切换、科目体系构建、项目体系清理等工作，编写覆盖主要核算业务的账务处理手册，在处内开展了新制度培训讲座，在实施过程中加强日常账务稽核，不断调整改进、完善提高，较好地完成了政府会计制度的实施工作。

2019年也是个人所得税重大改革的年度，个人所得税实行六大专项附加扣除数、综合所得年度汇算清缴的模式，财务处第一时间进行宣传，协调泉州、厦门税务局干部来校进行现场培训，发布操作指引，更换工薪系统，及时将个人所得税改革落实到位。2019年进一步落实中央“放管服”精神，修订了《华侨大学科研经费管理办法》，适应政府会计制度的要求，修订了《华侨大学后勤餐饮服务中心财务管理办法（试行）》等。

当前，学校财务工作实行校长负责制，实行“统一领导，集中管理”的财务管理体制，两校区及华文学院实行统一财务制度、统一会计政策、统一信息系统，对华文学院实行会计委派制，独立核算单位实行会计代理制；预算实行零基预算制，校内年度预算与财政部的部门预算相衔接，专项资金项目实行竞争和绩效管理模式，政府会计制度顺利实施，并不断调整提高。2020年将落实中央“过紧日子”的政策，全面推行网报，同时为2021年高校全面实施成本核算做准备，并进一步为以后全面实施绩效评价奠定基础。

学校在财务信息化方面，也不断取得进展。2016年完成了财政票据开票管理的电子化，学校收费系统与财政部票据监管中心管理系统对接，在票据的领用、开具、核销等业务方面，直接与财政部对接，做到开票透明、核销及时、管理科学。2017年，启动票据电子化改革，对票据电子化改革的技术方案、实现路径、管理模式和内控转变等方面进行周密的考虑和部署，9月1日顺利实现非税收入电子票据系统的上线，成为全国第一家实现财政票据无纸化的中央高校。学生从缴费到收到电子票据的过程只要1—2秒钟的时间，大大提升了学生和家长的满意度。财政部票据监管中心组织中央高校到学校开展专项经验交流共享会，中国财经报对华侨大学的票据电子化改革进行采访报道。2017年，华侨大学核算系统的六个业务模块实现了网报，并在土木、工商、学生处等单位进行了试点。2018年实现财务系统与固定资产管理系统的实时对接，财务和固定资产由原来月末报表录入到实时对账，每月完成固定资产折旧的计提，2019年实现财务系统与采购系统的初步对接。2020年全面推行网报，实现疫情期间，无接触办理会计业务。

三　财务状况综述

2011—2019年厦门校区建设初步完成，厦门校区的教学、科研、后勤服务等各项工作步入正常状态，两校区进入协同发展时期，学校迎来了新一轮蓬勃发展的机会。国家2011年生均定额拨款本科生提高到1.2万元，硕士研究生2.2万元，博士研究生2.8万元，同时自2013年起，福建省高校的学费进行适当调整，华侨大学一般专业学生学费由原来的3900元/生·学年、4420元/生·学年，提高到5460元/生·学年，这两次调整为学校的发展提供较好的物质保障。此后，学校的各项收入来源和结构基本稳定，这一方面有利于学校持续地做好各项发展规划工作，另一方面 2015 年至 2017 年学校办学经费规模稳定在 14 亿元至 14.5 亿元，2018 年至 2019 年规模稳定在 16 亿元至 16.5 亿元，而学校的“双一流”建设、人才引进、国际化办学发展迅速，教职工福利水平有待提高，学校发展所需要的资金压力逐年增大。

2011 年至 2019 年，全校经费收入从 2011 年的 124879.82 万元，增长到 2019 年的 164350.38 万元，国家财政拨款相对稳定，是学校财力的主要来源，这期间财政拨款占全校总收入 58.95%，比上个时期的 47.00% 有较大比例的增幅，事业收入占总收入的 23.84%，其他收入占全校总收入的 16.72%。2018 年科研事业收入首次突破 1 个亿，达到 10122.98 万元，2019 年科研事业收入继续维持在 1 个亿元以上并有所增长，达到 10756.52 万元。

2018 年，学校归属中央统战部后，为进一步做好校地合作，经中央统战部协调，2019 年与省政府签订统战部、教育部、省政府共同建设华侨大学的意见，福建省支持的共建经费在上一轮 1.15 亿元的基础上增长到了 1.50 亿元，进一步促进学校的发展。

2011 年至 2019 年的 9 年间，学校资产由 2011 年的 206857.77 万元（其中固定资产 117723.04，占比 56.91%），增长到 2019 年的 596470.52 万元（其中固定资产 332679.62 万元，占比 55.77%），资产增长了 188.35%，固定资产占比小幅下降，平均占比 50.07%。

表 5－27　华侨大学 2011—2019 年收入支出情况

单位：万元

年度	收入				总支出	资产		
	总收入	其中：财政拨款	事业收入	其他收入		总资产	其中：固定资产	固定资产占比
2011	124879.82	88202.50	18046.22	18418.62	91057.43	206857.77	117723.04	56.91%
2012	114737.87	77604.06	19725.44	17119.78	107827.35	237593.33	130102.75	54.76%
2013	119809.73	73674.17	21989.38	22766.49	107515.42	417447.27	163398.81	39.14%
2014	127153.94	74251.98	34124.49	18409.87	118091.42	466578.44	214574.10	45.99%
2015	141931.23	82592.80	40448.29	17300.42	133756.36	513445.21	238702.10	46.49%
2016	145321.19	79660.04	39877.78	23581.59	136564.51	553680.16	263798.99	47.64%
2017	144186.13	80370.67	39128.20	24687.26	148967.23	584127.49	294338.42	50.39%
2018	160130.94	87279.80	40356.62	32494.52	167022.83	567476.92	319398.79	56.28%
2019	164350.38	88847.46	42488.52	33014.40	168586.55	596470.52	332679.62	55.77%
合计	1242501.23	732483.48	296184.95	207792.94	1179389.10	4143677.11	2074716.64	50.07%

注：为保证数据口径的一致性，2017—2019 年三年的固定资产数据按原值进行列示，同时资产总额加上固定资产的折旧数。

四　学校财务状况发展趋势

1. 总收入/总支出

2. 总收入/财政拨款收入

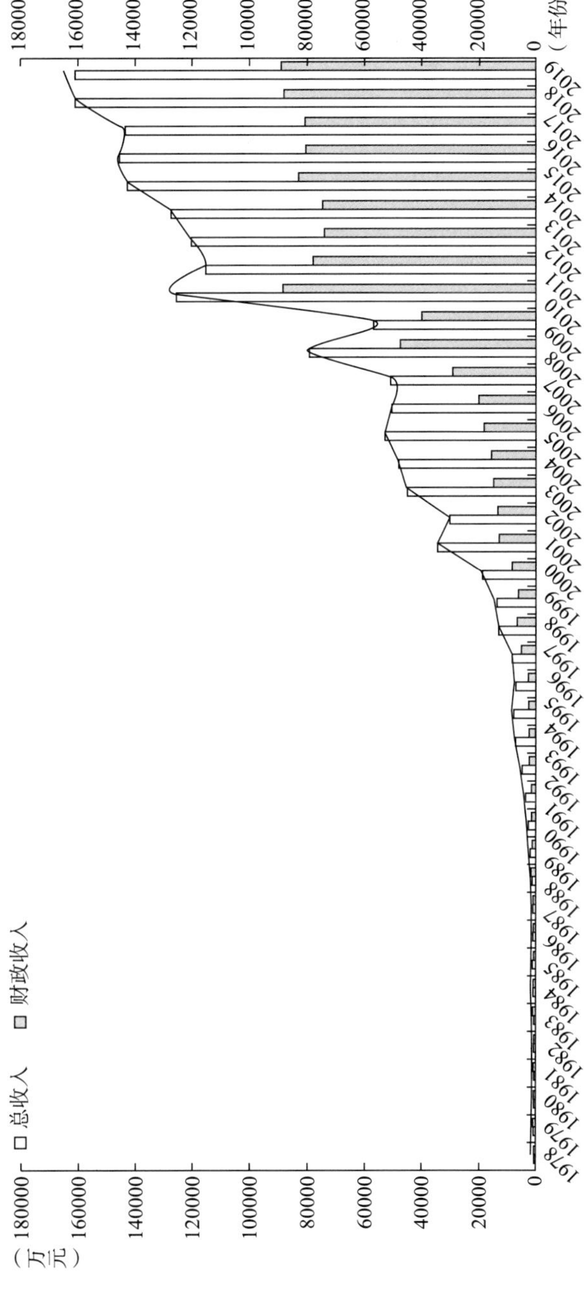
(万元)
总收入
财政收入
180000
160000
140000
120000
100000
80000
60000
40000
20000
0
(年份)
1978
1979
1980
1981
1982
1983
1984
1985
1986
1987
1988
1989
1990
1991
1992
1993
1994
1995
1996
1997
1998
1999
2000
2001
2002
2003
2004
2005
2006
2007
2008
2009
2010
2011
2012
2013
2014
2015
2016
2017
2018
2019

3. 省市共建经费

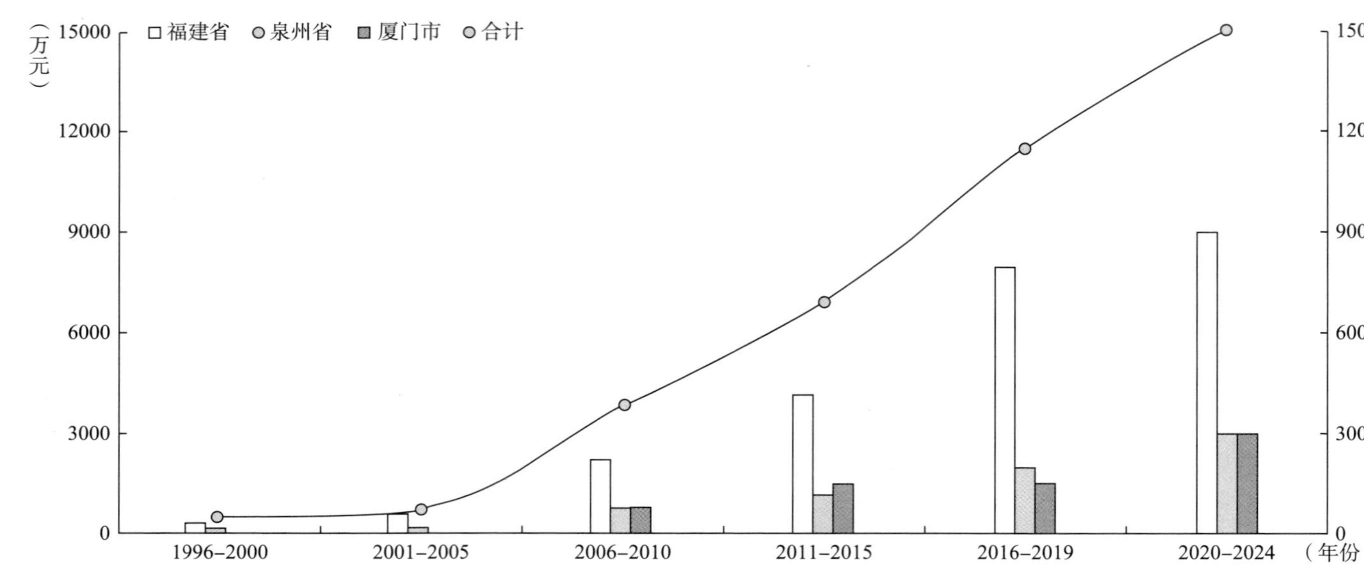
（万元）
15000
12000
9000
6000
3000
0
□福建省 ○泉州省 ■厦门市 ○合计
1996–2000
2001–2005
2006–2010
2011–2015
2016–2019
2020–2024
（年份）

4. 资产/固定资产

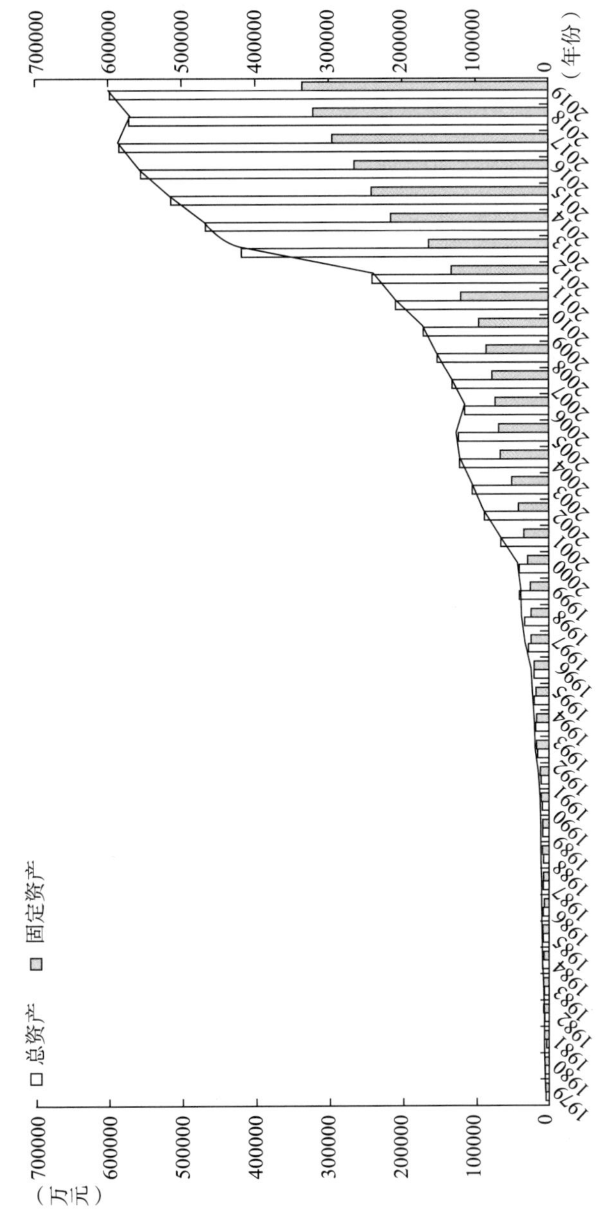
（万元）
700000
600000
500000
400000
300000
200000
100000
0
□ 总资产　■ 固定资产
（年份）
1979 1980 1981 1982 1983 1984 1985 1986 1987 1988 1989 1990 1991 1992 1993 1994 1995 1996 1997 1998 1999 2000 2001 2002 2003 2004 2005 2006 2007 2008 2009 2010 2011 2012 2013 2014 2015 2016 2017 2018 2019

5. 华侨大学教育基金会捐赠收入情况

华侨大学教育基金会，于2006年8月经福建省民政厅批准注册成立，是对国内外支持华侨大学教育事业的捐赠资金进行管理的民间非营利组织，原始基金为人民币200万元。基金会作为华侨大学对外筹集办学发展资金的主要窗口和平台，在服务学校建设和发展的过程中，发挥了重要的作用。海内外广大校董、校友和社会各界热心教育人士，通过捐赠校园基本建设、支持实验室建设、改善教学设施，资助基础研究、教学研究和著作出版等，设立奖助学金、奖教基金、人才培养基金等，为华大师生改善教学和科研条件、推动学校办学事业向前发展发挥重要作用。成立以来累计捐赠收入36429.27万元，年均2602.09万元，设立各类奖助学金近80项，襄建教学和生活等建筑设施近40项。自2009年起，国家设立中央高校捐赠配比专项资金，华侨大学在2009—2019年期间获得中央高校捐赠配比专项资金累计达28014.00万元。截至2019年12月31日，基金会资产总计18114.78万元，其中货币资金14314.78万元。

表5－28　华侨大学教育基金会捐赠收入情况

序号	年度	捐赠金额（万元）
1	2006	500.00
2	2007	1120.97
3	2008	1264.38
4	2009	1379.08
5	2010	5454.45
6	2011	3330.45
7	2012	4865.50
8	2013	5399.54
9	2014	2070.97
10	2015	1809.33
11	2016	3829.06
12	2017	1190.82
13	2018	2027.70
14	2019	2187.02
	合计	36429.27
	年均	2602.09

附件 1. 财务组织机构沿革图

财务机构历史沿革

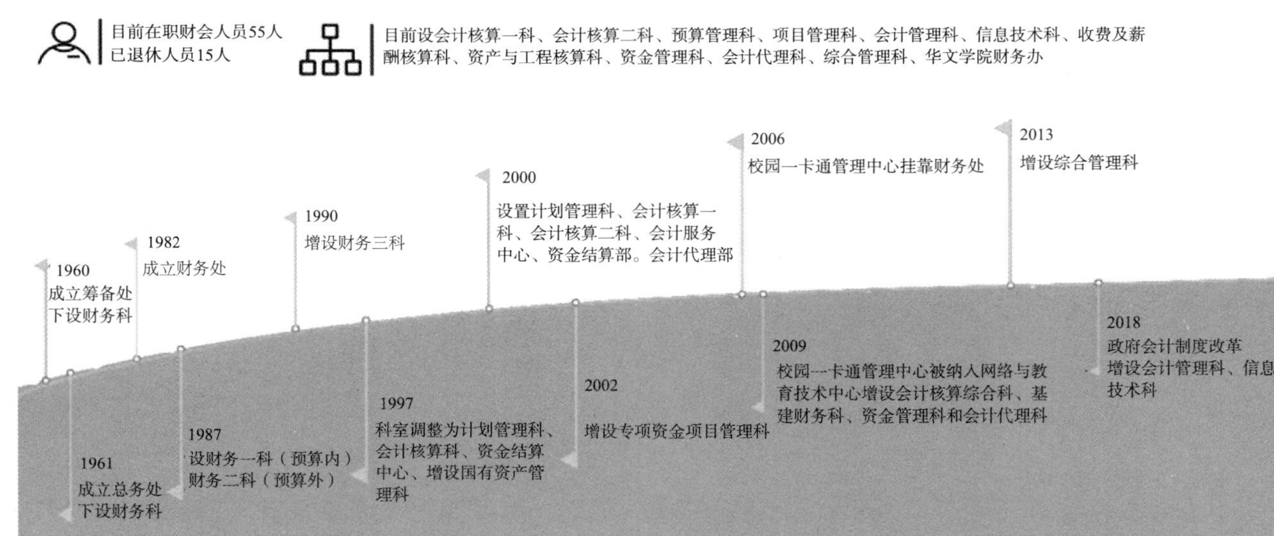

财务组织机构调整情况表

年度	组织机构调整
1960	成立学校筹备处办公室，下设财务科
1961	成立总务处，下设财务科
1982	成立财务处，设财务科
1987	分设财务一科（预算内）、财务二科（预算外）
1991	增设财务三科，也称校内银行，1997 年更名为校内资金结算中心
1997	科室调整为计划管理科、会计核算科、资金结算中心，增设国有资产管理科
2000	设立计划管理科、会计核算一科、会计核算二科，会计服务中心挂靠财务处，下设资金结算部和会计代理部
2002	增设专项资金项目管理科
2006	设立校园一卡通管理中心，挂靠财务处
2009	校园一卡通管理中心撤销，纳入网络与教育技术中心，撤销会计服务中心，增设会计核算综合科、基建财务科、资金管理科和会计代理科
2012	增设综合管理科
2018	政府会计制度改革，增设会计管理科、信息技术科
现在	在职财会人员 55 人，退休人员 15 人。 设综合管理科、预算管理科、专项资金项目管理科、会计管理科、信息技术管理科、会计核算一科、会计核算二科、薪酬与收费核算科、资产与工程核算科、会计代理科、资金管理科、华文学院财务办。华文学院实行会计委派

附件 2. 华侨大学财务业绩情况表

时间（年·月）	授予称号	授予单位
1992.03	获“福建省教育系统先进财会工作集体”称号	福建省教育委员会
1993.11	获首次先进团体会员单位	福建省教育会计学会
1995.10	获全国先进财会工作集体	财政部
1996.02	获国侨办一九九五年度先进财会工作集体	国侨办
1996.02	获国侨办一九九五年度清产核资工作先进单位	国侨办
1996.06	获华侨大学庆祝中国共产党成立七十五周年学理论党章知识竞赛组织奖	中共华侨大学委员会组织部、宣传部
1996.07	获先进基层党组织	中共华侨大学委员会
1997.01	获全校党章知识竞赛组织奖	中共华侨大学委员会组织部、宣传部
1999.06	获先进基层党组织	中共华侨大学委员会
1999.12	获 1994—1998 年度学会先进集体	福建省教育会计学会
2001.07	获先进基层党组织	中共华侨大学委员会
2003.09	获福建省高校党支部“立项活动”优秀成果	福建省委教育工作委员会

续表

时间（年·月）	授予称号	授予单位
2005. 07	国侨办获部门决算工作评选三等奖（华侨大学是其中主要编制单位）	财政部
2006. 07	国侨办获部门决算工作评选三等奖（华侨大学是其中主要编制单位）	财政部
2008. 07	获先进基层党组织	中共华侨大学委员会
2008. 10	2006—2007 年度纳税信用 A 级纳税人	泉州市地税局
2008. 11	获 2007—2008 学年党支部工作“立项活动”优秀成果	中共华侨大学委员会组织部
2009. 07	国侨办获部门决算工作评选三等奖（华侨大学是其中主要编制单位）	财政部
2010. 10	2008—2009 年度纳税信用 A 级纳税人	泉州市地税局
2012. 10	2010—2011 年度纳税信用 A 级纳税人	泉州市地税局
2013. 12	“先进财会单位”	福建教育会计学会
2014. 10	2012—2013 年度纳税信用 A 级纳税人	泉州市地税局
2017. 07	先进教工党支部	中共华侨大学委员会

第六章 省思与励志：返本契初心，开新争跨越

本章从宏观上考察华侨大学60年办学史。在中华干支纪年视野里，60年是甲子一轮回，是一个完整的生命周期。周而复始之际，反顾来路，复习初心，辨证盛衰之由，探求因革之道，殆为常经。章目标以“省思与励志：返本契初心，开新争跨越”，亦正为此：省思以总结经验，提撕理性；励志以坚定信心，奋发前行。返本者，不忘初心也；开新者，力争跨越也。本章尝试从“机遇与挑战”交织、“历史与现实”对照、“特色与水平”相长、“体制与文化”互进的角度，总结华侨大学办学规律，提炼华侨大学精神气质，探索华侨大学发展进路。具体内容展开分为以下三节。

第一节阐明华大六十年史是把握机遇砥砺奋进史。华大历史上曾遭逢四次大的机遇：因护侨而创校；复办及得到国家重点扶持；开辟厦门校区迈向教学研究型大学；归属中央统战部并获得中央统战部、教育部、福建省政府共建华侨大学的发展平台。学校始终以砥砺奋进的姿态，把握机遇，攻坚克难，创造了骄人业绩，为新跨越奠定了坚实基础。

第二节阐明“兴侨锻特色、革新促水平”是华大办学的基本经验。展开为七个方面：一、必须坚持“为侨服务、传播中华文化”的办学宗旨；二、必须主动配合党和国家的“重点扶持”政策；三、必须坚持“办出特色、办出水平”的办学方针；四、必须坚持“会通中外、并育德才”的办学理念；五、必须坚持“以生为本、因材施教”的育人路径；六、必须坚持“聚焦质量、善用人才”的兴校战略；七、必须坚持“砥砺奋进、宽和包容”的华大精神。第一次提出并深入阐释华大精神之“两种精神一个形态”：“砥砺奋进、追求卓越”的进取精神；“宽容为本、和而不同”的包容精神；“一元主导、多元交融”的文化形态。

第三节阐明跨越发展建设“一流大学”是华大的唯一选择。认为当今华大，必须清醒认识学校面临的严峻挑战；必须继承发扬办学的民主机制和科学机制；必须奋发蹈厉化挑战为机遇实现跨越发展，而其关键端在领导核心；必须加速实施“侨校+名校”战略向“一流大学”目标迈进。

第一节　华大六十年史是把握机遇砥砺奋进史

华侨大学在60年间从披荆斩棘草创，到成长为一所培养了20多万海内外学子，拥有泉州、厦门两校区三个办学点，在校学生3.2万多人，在国内外有良好声誉的大学，走过艰辛而又辉煌的历程。60年来，华大曾遭逢四次大的发展机遇，但也曾历经坎坷甚至重大挫折。值得欣慰的是，华大人始终以砥砺奋进的姿态把握机遇，攻坚克难，登上一个个台阶。

一　把握创校机遇快速把学校建成合格的高等学府

华侨大学是在国家经济极端困难之际，为了让因东南亚某些国家“排华”被迫归国的华侨青年能够接受高等教育，在周恩来总理关心下创办的，中侨委主任廖承志亲自担任校长。华侨大学肩负国家重托，迎来创办机遇。然而，国步艰难，经费有限，物资紧缺，难题接踵而至。

1. 校园建设不能满足招生要求

物质紧缺下基建不可能短期完成（一直到1966年5月才基本完成），而归侨学生又等着上学，只能采取“借”的办法。学校一度在福州、厦门、泉州、北京、海南、建宁等地，借用其他学校校舍上课。1963年2月校部一期基建初具规模，全校8个系仍分散在4个办学点。困窘之态，可想而知。如果华大人没有一股筚路蓝缕艰苦创业的闯劲，没有为国分忧的高度事业心责任感，学校是很难在数年间草创成型的。

2. 必须尽快建立适合创校需要的学科和专业体系

对于新创的华大来说，尽快形成适应侨生就业要求、符合教育教学规律、适合福建省发展需要的学科和专业体系，是一个很大的挑战。睿智的廖承志校长把曾任教育部副部长的著名教育家韦悫请来担任代校长，使问题得到解决。经过深入调查，韦悫对学校的学科和专业体系存在的问题以及如何调整了然于心，在中侨委支持下很快形成《华侨大学专业调整方案》并获教育部批准。在《华侨大学专业调整方案》指导下，学校学科布局趋于合理，教学秩序走向规范，教学质量明显提高，步入健康发展的轨道。

3. 必须尽快罗致一批高素质教师

廖承志校长认为，办好学校主要靠高水平的教师。他提出选教师要取“宁缺毋滥、择优组建、德才并重、重点培养”的方针，以“中青年教师为主、重点大学为主，政治素质和业务水平并重，急需先调、谨慎选择”。为了配好师资，他亲自走访教育部、中组部、统战部并得到鼎力支持，从清华、北大、人大、北师大、复旦、华东师大等重点大学商调了一批高水平教师和应届毕业生，包括若干在国内颇有影响的教授。

到 1965 年秋，学校已拥有专任教师 492 人，其中教授 7 人，副教授 7 人，讲师 65 人。他们中有专业领域的领军人物，有治学严谨的语言学家，有致力于教改的经济学家，还有幽默风趣的年轻学者。这在当时是一支了不起的力量。他们的到来，使初创的华大站上相当高的平台，成为国内外认同的合格的高等学府。

毫不夸张地说，华大人以不俗业绩回应了创办期的严峻挑战。

二　把握复办及国家重点扶持的机遇以改革开放促发展

1966 年“文化大革命”爆发，1970 年华大被解散，校园被入驻，教师被遣散，图书馆被分解。1978 年国家决定复办华侨大学。名曰“复办”，无异新办。

1. 化解复办初期讨校舍、聘教师、招学生、筹经费等困难

福建医科大学迟迟未撤。由于福建医科大学占用华大校园迟迟不能清退，复办之初土木工程系也只好暂寄福州大学上课。在当时华大主管单位教育部和福建省委省政府关心下，在校董事会督促下，福建医科大学到 1980 年初才让出 1/3，1984 年底才全部搬走。可以想见，那几年学校运作是何等困难，师生员工又吃了多少苦。

招不到侨生和港澳台生。此事关乎华大的建校初心和立校宗旨。如果招不到这两类学生，华大跟其他高校就没有区别，国家“重点扶持”就失去依据。翻看复办初期校领导的会议报告，对此事最为忧心，花费精力最大。

相当部分老教师没有回归。此事最为严重。这些来自名校的“老华大”时过十年正是年富力强出成果的时候，如果能全部回归，复办后的师资力量将颇为可观，坐拥快速发展的战略主动。由于相当多高水平教师未归，战略主动就无从谈起。学校虽然也引进了一批人才以济开课之急，但短期内毕竟难以达到创办期的水平。

经费严重不足，教学、科研设施设备短缺。当时国家百废待兴，拨款有限，华大则资源奇缺，艰困莫名。如学校教学楼太少不敷上课，专门的图书馆楼阙如，理工科的实验设施设备缺口很大。好在教育部体察华大困难，后来拨款逐年增加，学校抓紧兴建教学楼和师生宿舍以济急需。1980 年 1 月成立的华侨大学董事会急学校所急，在校领导的积极配合下，密切联系海外侨胞、港澳台同胞，不但动员他们捐赠了大批先进的仪器设备和图书资料以济教学科研之急需，而且制定了“把华大办成有特色、高水平、有国际声望的大学”的奋斗目标，提出“扩大对外宣传以利招生”“面向国际引进高级人才”“输送国内外名校访学加快师资培养”等有针对性的措施并立即付诸实行。

学校能在较短时间内克服诸多困难，董事会起到了重大作用。

2. “国家重点扶持”政策带来重大机遇

1983 年中央 24 号文件决定把华侨大学与暨南大学列为“国家重点扶持的大学”，“作为教育战线的重点项目进行投资”，其“基建、教学设备、图书资料和生活、文体等设施，标准应该适当高于国内其他大学”。这是学校创办以来获得的最为重大的发展机遇。华大本可据此争取国家在学科建设、设施设备升级特别是高层次人才引进等方面的重点扶持和重点投资，从而获得跨越发展。可惜的是，推动制定这项政策的廖公在当年遽然逝世。廖公在获得国家副主席提名后辞去众多兼职，却心有眷眷地保留“华侨大学校长”的职务，在身患重病之际还说：“我身后别的都不担心，就是担心华侨大学办不好。”其对华大感情之深，令人感动。以廖公的地位和声望，其健在，华大就有快速发展之依托。华大失去的绝不仅仅是一位可亲可敬的老校长，更是一位能全面落实国家“重点扶持”政策、引导学校腾飞的领航者。其后的校领导也很努力并获很大成就，但除第二任校长叶飞副委员长外，政治地位和社会声望都不足以比肩廖公，能起的作用自难同论。廖公的过早去世，是华大难以挽回的巨大损失。

历史就是这样吊诡。意外的因素使华大未能最大限度地利用这个机遇，留下遗憾。时耶？命耶？其然乎？不其然乎？

3. 把握机遇以大改革大开放促发展

华大复办并得到“国家重点扶持”，本身就得益于改革开放。“改革开放是我们党的一次伟大觉醒，正是这个伟大觉醒孕育了我们党从理论到实践的伟大创造。改革开放是中国人民和中华民族发展史上一次伟大革命，正是这个伟大革命推动了中国特色社会主义事业的伟大飞跃！”[①] 学校紧扣“伟大觉醒”“伟大革命”的脉搏，

① 《习近平：在庆祝改革开放 40 周年大会上的讲话》，新华网，2018 年 12 月 18 日，http://www.xinhuanet.com/2018-12/18/c_1123872025.htm。

以争一流的胆识、大改革的魄力、大开放的气度推动发展。诸如：提出力争在20世纪90年代末将华大办成海内外高水平著名大学的奋斗目标；广泛发动海外侨胞、港澳台同胞捐助学校建设并获得积极响应，掀起了捐建教学、科研、行政、学生活动用楼的高潮，还资助讲师以上教师购置电脑；使民主治校、从严治校的体制机制顺畅运转；大力度推进教学改革、科研改革；及时总结经验转移工作重点等，都是推动学校快速发展的有力措施。

三　把握开辟厦门新校区机遇阔步迈向教学研究型大学

1. 为解决校园不足兴办厦门新校区

早在1983年10月华大董事会一届二次会议上，就曾以董事会的名义“建议华侨大学在厦门经济特区设立教学点，以加强对外联系，加强为特区培养人才”。1997年2月，国务院侨办决定集美侨校成建制并入华侨大学，成立华侨大学（集美）华文教育中心。从这时起，华大实际上已经拥有厦门校区。20世纪末在中国高等教育掀起大众化浪潮，华大连年大幅扩招用地需求孔亟之际，厦门市主动伸出援手。2002年9月，厦门市决定供地2000亩以济华大之急需。国务院侨办从侨务工作开创新局面的战略需要和华大扩展规模的迫切需求出发，迅速做出与厦门市共建华侨大学厦门新校区的重大决策，并得到当时党和国家主要领导人的关注和支持。

厦门新校区的建设使华大形成了泉州、厦门两校区三个办学点的办学格局。虽然两校区相距较远，也会带来若干困难或不利因素，但这些都可以通过调整、改革和创新来缓解乃至于化解。从华大长远发展的角度看，厦门新校区的开辟不但纾解了华大的用地之困，还同时解决了华大因区位局限不易引进高端人才的难题，对学校提升办学优势，有效增强“为侨服务”的能力，影响十分深远。这是应该充分肯定的。

2. 阔步迈向教学研究型大学

2003年教育部本科评估获“优秀”等级，标志着经过复办后28年的拼搏，学校的学科建设、科学研究、办学质量已获重大进展，具备从教学型向教学研究型大学跨越的条件。学校紧握机遇，迅即制定2010年前完成这个跨越的规划，提出为此必须完成的三件大事。

一是要把迎评促建期间确认、提炼的办学宗旨、办学理念、培养模式、华大精神、校园文化，内化为师生员工的价值观念，从根本上提高办学的自觉性、主动性。二是推动重点学科建设的跨越性发展，强化资金挹注，实行重点学科带头人负责制，清除有碍于学科建设快速推进的传统观念和体制弊端。三是紧紧抓住党和国家高度关注并强力支持学校发展的难得机遇，以非凡的魄力引进若干旗帜性人才，从而大幅度提高专业队伍的学术层次和创新能力，提高学科的整合度和知名度。

这些都是富有远见、符合学科建设规律的重大举措。

四　把握“部部省共建”机遇励志建设“侨校 + 名校”

华大曾经有堪称“豪华”的校长阵容（廖承志、叶飞、代校长韦悫）和董事长阵容（全国侨联主席庄希泉，福建省省长胡平，副省长黄长溪，福建省委书记贾庆林、陈明义、宋德福，中共中央政治局原委员、全国政协副主席王刚，全国人大常委会副委员长蔡达峰）。他们政治地位高，社会影响大，有他们的直接领导和指引，运用“国家重点扶持”政策加快华大发展就有可靠依托。但后来没有继续实行高层领导兼任校长的体制，而华大也终于没有进入国家级“211”工程和“一流学科”行列，深可叹惜。

失之东隅或可收之桑榆。2018 年 10 月，习近平总书记视察暨南大学时专门提及华侨大学，指示两校“擦亮侨校的金字招牌”。中央书记处书记兼中央统战部部长尤权指示华大加快实施“侨校 + 名校”战略。中央统战部副部长兼国侨办主任许又声指示华大“要扎实推进‘侨校 + 名校’建设，加强学科建设，加强一流师资队伍特别是优秀学科带头人、学术领军人物的引进和培育，推动‘双一流’和高水平大学建设”。2019 年 5 月学校及时制定了《贯彻落实习近平总书记讲话精神专项行动计划》。2019 年 8 月中央统战部会同教育部、福建省人民政府出台的《关于共同建设华侨大学的意见》称：“把华大发展纳入中央统战部整体规划，与教育部、福建省人民政府在资金、政策、规划等方面对学校予以支持，助力学校发挥侨校特色与优势，擦亮侨校金字招牌，推动高水平大学的建设。”这是对“国家重点扶持”政策的深化，是华大实现跨越发展的又一宝贵机遇。

学校把握这一重大机遇，很快制定了富有前瞻性的奋斗目标及其实施方案。宜应进一步聚焦关键性问题即引进学术领军人才、旗帜性人才，设计有说服力的扶持项目，把宝贵机遇变成跨越发展的现实。

五　辉煌业绩为新跨越奠定坚实基础

1. 培育大批人才在海内外赢得良好声誉

华侨大学自草创以来，锐意进取，灿然有成，已经拥有从专科、本科到博士、博士后，从全日制教育到成人教育，涵盖12个学科门类，以及与之相配合的数十个研究机构，这样一个完整的高水平人才培育体系。60年间，学校为海内外培养各类优秀人才逾20万名，为国家的改革开放和现代化建设做出重大贡献。其中有5万多名校友在境外（主要是港澳台地区及海上丝绸之路沿线国家）工作。他们拥有良好的专业素质，具有深厚的爱国爱乡感情，乐于奉献，善于沟通，成为促进当地经济社会发展的重要力量和推动中外交流合作的友好使者。他们为港澳回归、发展、稳定和祖国统一大业，为国家统战工作、侨务工作所做的贡献，甚至非某些年年有国家巨资投入的名校所能比拟。倘若计以投入产出比，华大名列前茅当毫无疑义。这是一个巨大的成就。

在60年的风雨岁月中，华大紧紧围绕“为侨服务，传播中华文化”的宗旨，以亲侨、荣侨、兴侨为职志，使学校始终得到党和国家的“重点扶持”，得到中央统战部、教育部、国侨办和福建省的精心领导，得到泉州市、厦门市的大力支持，得到海外侨胞和港澳台同胞的鼎力帮助。乐育英才，嘉惠环瀛，学校杰出的办学成就得到海内外各界的高度肯定，赢得良好声誉。

2. 学科建设和科学研究的重大成就为跨越发展奠定坚实基础

为了培养高质量的人才，学校始终聚焦学科建设，不断提高教师的教学科研水平，获得重大进展。学校现有国家重点学科1个，工程学、材料科学、化学3个学科进入ESI全球排名前1%。2018年软科“中国最好大学”之综合大学榜单，华大列第28位，总榜单第86位；“中国最好学科”华大上榜20个学科，排名为并列第83位。学校师资力量较强，有国家领军人才入选者、“国家杰出青年科学基金”获得者、国家“百千万人才工程”入选者、全国文化名家暨“四个一批”人才入选者、教育部“新世纪优秀人才支持计划”入选者。科研成果曾荣获国家科技进步二等奖、教育部高等学校科学研究优秀成果一等奖等大批奖项。学校高水平论文影响力持续提升，在2020年自然指数排行榜中，华大居内地高校第85位，全球高校第417位。学校虽尚未进入国家级“双一流”学科高校行列，但应距之不远。学科建设和科学研究的重大成就，为下一步跨越发展奠定坚实基础。

3. 形成了一整套适合特殊校情的育才体系和校园文化

华大的境外生占全部学生的20%以上，是我国境外生最多的高校之一。根据这种校情，学校历届领导精心运筹，逐步建立了适应境内、境外两类学生，把他们一体培养成才的完整的育才体系和相应的校园文化。包括：与暨南大学联合的单独对外招生体制；多类型、多层次开班的教学体制；有针对性、形式活泼的境外生工作体制；有侨校特点的学科建设体制和科研体制；在新中国高校中最早建立的董事会体制；倡导“砥砺奋进宽和包容”的“华大精神”，促成“一元主导多元交融”的校园文化体制等。这些体制的有机整合，就形成适合特殊校情的育才机制。这是一整套烙有华大“为侨服务，传播中华文化”独特色彩的体制机制，是全体华大人60年不懈奋斗，海内外侨胞鼎力支持的共同成果，也是华大实现跨越式发展的重要体制机制基础和精神文化支撑。

第二节　“兴侨锻特色、革新促水平”是华大办学的基本经验

一　必须坚持“为侨服务、传播中华文化”的办学宗旨

（一）“为侨服务、传播中华文化”是华侨大学立校之本、兴校之托

这是立校之本。华侨大学因侨而生，“为侨服务，传播中华文化”是国家赋予的使命。新中国非常关心华侨在国外的生存发展。20 世纪五六十年代，东南亚某些国家屡屡爆发排华事件，华侨遭遇极大苦难。血浓于水，痛彻于心，祖国人民感同身受。在经济极端困难之际，国家毅然筹措巨资创办华侨大学以接纳归侨青年。亲侨、助侨、兴侨，这是华大人始终要体认的初心，要牢记的使命。学校的一切工作，都应围绕“为侨服务，传播中华文化”来展开。要紧扣华侨华人学生和港澳台学生的需要，结合国家统战工作和侨务工作的要求，在学科布局、专业设置、科研方向、设施设备配套等方面做好相应安排。要时刻考虑如何“办出特色办出水平”，建成“侨校 + 名校”，以求高水平、高质量地服务于侨生、侨界，服务于国家统战工作、侨务工作。做不到这些，国家创办华侨大学就失去意义。

这是兴校之托。“为侨服务，传播中华文化”的使命也是华大最宝贵的兴校资源。从 1960 年创校起，华大生均经费就高于普通院校；1983 年华大被国家列为“重点扶持的大学”；1997 年国侨办把集美补校成建制并入华大；2002 年国家拔出数亿资金支持华大建设新校区；20 世纪 90 年代中期以来国侨办与福建省、泉州市、厦门市多轮“共建华侨大学”，2018 年中央统战部、教育部与福建省“部部省”共建华侨大学；还有海外侨胞和港澳台同胞捐赠的数十座大楼、各种教学科研设备和大量资金等，都是明证。现在华大发展面临严峻挑战，与较具可比性的暨南大学、福州大学、宁波大学差距在拉大（三校都拥有国家级“一流学科”而华大没有）。当此之时，充分运用国家对侨校的“重点扶持”，实现跨越发展迎头赶上，就是

“兴校”的实质内容。

（二）要做好亲侨、荣侨、兴侨大文章

“为侨服务”要落到实处，就必须做好亲侨、荣侨、兴侨的大文章。

所谓“亲侨”，首先，指领导层要主动与侨胞港澳台同胞交朋友，在情感上亲近，深入了解他们对华大办学的想法。在学校的教学、管理和生活服务中，要设身处地帮助侨生港澳台生解决各种特殊困难。其次，要善于运用董事会的平台，既要有常规性的学校工作汇报，也要有个别沟通，做到想其所想急其所急，凡他们需要而学校又有可能做到的，都应尽心帮助。来往多了，情感近了，“亲”就在其中了。

所谓“荣侨”，就是对于对华大做出贡献的董事和侨界朋友，要及时由学校并提请各级政府给予应有的荣誉和褒奖，以扩大他们在侨社或港澳台社会的影响，增加他们参加国内政治生活、提高政治地位的机会。人心相通相感，这种激励对于发动更多港澳台侨同胞关心支持华大办学，必不可少。

所谓“兴侨”有两层意思。一是助力侨胞事业的兴旺发达。为他们培养子女亲属、帮他们提高政治地位和社会声望，为侨资企业和社会事业培养各类人才，是直接的帮助；为侨胞居住国政府培训官员和公务员，或在该国开设孔子学院、孔子课堂，密切两国关系，也直接或间接地对他们有所助益。二是助力国家的统一战线工作和侨务工作，为中央统战部和国侨办提供华侨高等教育平台和相关智库，为海内外侨社培养人才。学校“兴侨”工作做出成就，才有底气要求国家“重点扶持”，侨胞对我们才更有信心，更愿意尽心帮助。

（三）要培植传播中华优秀文化的浓厚氛围

“传播中华文化”是“为侨服务”的重要内容。文化的内核是价值取向和思维方式。尊祖爱国、眷恋乡土就是中华民族数千年积淀的价值取向和思维方式，也是海外侨胞世代传承的基因，是打不败、割不断、扑不灭，萦绕脑际、激荡胸怀、相随终生的生命之根。但是，不少华侨在国外的后代与祖国的文化疏离了，甚至连华语都不能说、华文都不能认了。为了回应侨胞的要求，让侨生在学习谋生技能的同时接受祖国语言文化的教育和熏陶，建立承接中华优秀传统而又融会外域文化积极因素的价值取向和思维方式，就是学校应倾力完成的光荣任务。

让中华文化在一个在异域长大的侨生心里扎根，是一个潜移默化的过程。这就要求学校形成富有中华优秀文化气息的育人环境，把中华文化的精华渗透到教书育人、管理育人、服务育人的全过程中。境外生固然应该努力学习中华文化通识课程，

积极参加包含中华文化内容的活动，华大的所有教职员工也必须自觉提升中华文化素养，在教学、管理、服务中体现这种精神气质，以潜移默化于学生。对于占学生大多数的境内生，也应鼓励他们选修相关课程，在与境外生交往中切磋学习心得，共同进步。这样久久为功，才能培植好传播中华优秀文化的浓厚氛围。

二　必须主动配合党和国家的“重点扶持”政策

（一）深刻理解“国家重点扶持”政策的丰富内涵

1983 年中共中央、国务院出台对暨南大学和华侨大学“重点扶持”的政策，目的就是促进两校快速提高办学质量，扩大办学规模，“面向海外，面向港澳台”招收更多学生，做好“为侨服务，传播中华文化”的工作。

“国家重点扶持”政策是华大立校兴校的重要依托，其丰富内涵是学校各级领导都必须深入学习精心研究的。因为国家对教育的布局、要求在变化，对教育的投入在增加，对统战工作侨务工作的需求在扩大；而华大“为侨服务，传播中华文化”和服务地方经济社会的能力也在提高，发展中的各种问题和困难也因时因势凸显。只有深入探究两者的结合点，才能准确研判国家当今对华大的新需要、新要求，探析国家“重点扶持”的可能方面、应该争取的内容等。有这样的思考，才能深入挖掘“重点扶持”政策的丰富内涵，做到心中有数。

（二）要善于运用“重点扶持”政策

“运用之妙，存乎一心。”“国家重点扶持”政策提供了宝贵平台，但如何结出硕果在很大程度上取决于学校的精心设计和巧妙运用。在深入探析政策内涵的基础上，必须形成全面运用政策资源之富有前瞻性、想象力的总体构想，做好顶层设计及实现设计意图的主要项目和推进步骤。为了以上工作的顺利开展，还须物色相关人才，组成精干的工作机构。没有这一步，工作就会长期停留于漂亮的规划而缺乏实质性的步骤。

要用好“重点扶持”政策必须善于与政府不断推出的相关举措相结合。当前尤其要与落实习近平总书记视察暨南大学重要讲话精神结合起来，充分运用好中央统战部、教育部与福建省“部部省共建”华侨大学形成的政策资源。结合得好，运用得好，才能争取更多的“国家重点扶持”。

三　必须坚持“办出特色、办出水平”的办学方针

（一）从“办出特色，办出水平”办学方针到“侨校＋名校”发展战略

“办出特色，办出水平”是1983年中央24号文件在明确把华大列为“国家重点扶植的大学”的同时，对华大提出的要求，华大也据此把“办出特色，办出水平”确定为学校的办学方针。贯彻好实现好这个方针，一直是华大办学的主题和中心任务。2017年中央统战部领导指示华侨大学建设“侨校＋名校”，是在新时代对“办出特色，办出水平”方针的新发展新要求。建设“侨校＋名校”也成为学校新的发展战略。

华大的特色都是围绕“为侨服务，传播中华文化”这个宗旨而形成的，“侨校”，就是华大最突出、最鲜明的特色。华大要为侨胞侨生提供良好的服务，就必须“办出水平”。不能建成高水平的“名校”，“为侨服务，传播中华文化”就要打折扣，甚至成为空话。可见，实施“侨校＋名校”发展战略就是新时代落实“办出特色，办出水平”办学方针的根本性举措。

（二）全面把握“特色”和“水平”的辩证关系

“特色”和“水平”确有一定矛盾。“为侨服务”是华大的特色，为了满足境外多类型多层次学生的不同需要，为了因应统战系统侨务部门培养人才的要求，学校必须开设各种类型各种层次的教学班、辅导班、培训班，甚至开各种各样的“小灶”。开设这些特殊的“班”不但责无旁贷，而且必须办出高质量。为此必然要降低生师比，增加教师的工作量，增加管理人员和管理资源，加大学校的财政支出。这对学校把更多资金投入学科建设即“办出水平”方面，包括人才引进、课题资助、项目攻坚等，肯定会有影响。

还应看到二者是可以互相转化的。不少在“为侨服务，传播中华文化”上很有“特色”的项目，因为屡创佳绩饮誉全国以至全球，就成为显示学校“水平”的重要方面。如华侨大学的华文教育研究、海外华侨华人研究、“一带一路”研究，在国内外都有重要影响，显示出高水平。又如有多位境外生加盟的华大篮球队，在全国CUBA大赛中9次荣获冠军，且曾豪夺“四连冠”，创造了至今无人打破的纪录。在2018年举办的世界大学生三对三篮球联赛全球总决赛中，华大男子篮球队力压群雄，成为中国首支加冕冠军的高校篮球队。而有些被认为是显示“水平”的领域，如作为华侨大学办学重点的工程学科，其中机械制造与自动化、材料科学与工程、

建筑学、土木工程等，因为办学质量优异，在境外生中享有盛誉，成为他们争相报考的专业，也因此成为学校的“特色”学科。

但更应清醒认识的是，学校在为海内外侨生港澳台生学习、生活服务，为国家统战工作侨务工作服务上体现高水平，只是“为侨服务”的一个方面。更重要的方面是，学校在整体学科建设上要体现高水平，要有一批学科成为国家级“一流学科”，跻身国家级“一流大学”；在学生培养上，要体现“外向型、应用型”的强能力。在境内许多“双一流”名校同样向境外生招生的情况下，华大如果不能在学科建设和学生培养上体现高水平、强能力，是吸引不到优质生源的。只有拥有国家级“一流学科”跻身国家级“一流大学”，且学生能体现“外向型、应用型”的优势，才能成为侨生争相报考、海内外侨界满意的大学。一言以蔽之，如果不能在“双一流”建设上不断突破，就不可能高质量地“为侨服务”。

四　必须坚持“会通中外、并育德才”的办学理念

（一）校训“会通中外、并育德才”准确揭示办学理念

“会通中外、并育德才”作为校训，是经学校反复研究于2000年确定，并由著名学者季羡林题写的。校训在本校师生员工中深入人心，在侨界和教育界也有良好的声誉。其所以获得好评，盖在于它准确揭示了学校的办学理念。

“会通中外”侧重于揭示治学的视野和方法。就视野而言，作为“面向海外、面向港澳台、面向经济特区”的“华侨”大学，理应倡导治学具备国际视野。只要是人类积累的科学技术成就和优秀文化成果，都应该无例外地学习、吸收，努力做到会而通之并有所创新。就方法而言，由于学生、教师来自不同历史文化背景，其治学方法、学习习惯各具特色，而要获得更有效的治学效果，“会通”也是最好的方法。引而申之，“会通”的含义除“会通中外”外，还有“会通古今”，即知晓中外学问及其来龙去脉，“通古今之变”；“会通文理”，即跳脱专业知识的局限而臻于知识整体的把握和对人类命运的关怀。会通产生优势，比较激发创新，“会通中外”既是华大的办学理念，也是学校育人的重要优势。

“并育德才”侧重于阐明办学方针，意指育人须以德才兼备为原则。“并育”强调育德与育才不可偏废，要须以育德促进育才，于育才涵容育德，相须而并进，相辅以相成。育德重在确立献身科学报效国家服务社会的宏大志向，育才重在培养追求真理开发新知的方法。有宏大的志向，才会有钻研学问之不竭动力，才会把所学奉献于社会；学到真学问真本领，奉献社会的抱负也才有可靠的依托。大学乃培养

高级人才的专门机构，理应在知识智慧追求和伦理道德践履上为社会做表率，以知识服务社会固为应尽之责，然更应以良好的教风学风影响学生，并通过学生而影响大众、提升社会，此则“并育德才”蕴藉之深意也。

（二）“会通中外、并育德才”办学理念得到海内外广泛认同

“会通中外，并育德才”作为华大校训，早已广为传播。一位老师在致学校的信中说：“我来华大工作年头不算长，但‘会通中外，并育德才’八字连同季老隽永的书法已是深入心中，觉得它很好诠释出了华大的办学特色和宗旨。这些年在我所见的几乎所有学校宣传册、纪念品上都有它的身影，想必许多华大学子、校友和合作伙伴对它已有深厚的情感。”

华侨大学50周年校庆时，从全国政协主席贾庆林、国务院副总理刘延东的贺信，到国侨办主任李海峰的讲话，都强调：希望学校“秉承‘会通中外，并育德才’的办学理念”。从2000年40周年校庆开始，“会通中外，并育德才”的办学理念已经成为校领导及各部门、各教学研究机构对内、对外介绍本校的重要内容。

（三）办学理念需要长期坚持精心维护

通观世界高等教育史，一所大学能否办好，与是否确立卓越的办学理念并长期坚守密切相关。这彰显了大学文化的重要。文化的特点是润物无声、化人无形，在不断返本开新中代代相承，在持久潜移默化中塑造人格。欧美名校校训多有历数百年而不改者，我国名校也多有坚持或恢复早年校训者。文化最需要的是在内涵上不断积累，而不是在形式上花样翻新。特别是其基本元素如办学宗旨、办学理念、校训校标、文化精神等，更不宜轻言改变。

校训、办学理念都不是可以量化的科学问题，而是价值导向的选择问题，此种价值导向所蕴含的力量，也是在办学的风雨历程中才会逐步凸显。它需要一代代师生员工精心维护，才能发扬光大，变得厚重。

五　必须坚持“以生为本、因材施教”的育人路径

（一）以生为本尊师爱生是华大的优良传统

奉行“以生为本”理念是现代高校的天经地义。其基本含义，一是在办学主体校方与就学主体学生的关系中，应该以受教主体学生为根本，一切工作以育人成才为中心。二是在教学主体教师与受教主体学生的关系中，同样应该以受教主体学生

为根本，全心全意为学生传道授业解惑。三是虽然学生处于根本地位，但绝不意味着校方、教师纯然处于被动地位。为了学生的健康成长，学校历来倡导“尊师爱生，教学相长”的伦理，实行“以学生为根本，以教师为主导”的方针。这才是现代师生平等关系与教育规律的完美结合。

华大创校的艰辛历程，书写着师生员工筚路蓝缕、胼手胝足的奋斗；后来的复办和开辟厦门新校区，续写着大家同心同德攻坚克难的拼搏。年久月深，自然而然，以生为本、尊师爱生蔚为风气，并不断充实提升，成为优良传统。

（二）因材施教精心培育是华大的突出特色

华大创办时，绝大部分学生是侨生。复办以来办学规模逐步扩大，现在的各类境外生达6000多人，约占学生总数的20%。境外生来自不同国家和地区，教育背景复杂多样，学业程度参差不齐，毕业后的就业需要也多有差异。要把他们全部培养成合格人才，殊非易事。学校采取的方针就是分类分层、按需配置、因材施教、精心培育。曾经采用过的措施办法不胜枚举。如为不同程度的学生举办高等数学补习班、计算机训练班，实行第一学年主修英语制，为境外生量身定制通识教育课，针对外国留学生举办各种层次的中文培训班等。不督促同学用心学习，绝不放心；不把学生培养成合格之才，绝不放手。“施不望报”，是教师的本色，殊不知，在这个过程中，却把“受不忘恩”的良知种在学生心里了。数十年的坚持，让华大的师生关系极为融洽，在境外也有口皆碑。因材施教、精心培育成为华大的突出特色。

六　必须坚持“聚焦质量、善用人才”的兴校战略

（一）高校的核心竞争力在于善用人才

当今高校鲜有不强调“聚焦质量、广揽人才”者，但真正做好让人印象深刻的并不多。何哉？未谙驭才之道、“善用”之方也。相对地说，聚才容易驭才难，“善用”才是关键。华为能取得巨大成功，关键正在于总裁任正非不但能聚集海内外大批英才，而且善于依才配位激发潜能，做到人尽其才、才尽其用。在回答“人才是不是华为的核心竞争力？”的提问时，任正非明确指出：“人才不是华为的核心竞争力，对人才进行管理的能力才是企业的核心竞争力。”

在引进、开发人才上，校、企虽质有异而理实通。在广揽人才的同时，要善于量才配位激发潜能，善于协调好原有人才与引进人才的关系，使其互促而非互制，相辅而得相成。在这里，过细的思想工作不可或缺，而且非常考验领导水平。这既

体现学校的诚意，也彰显学校鼓励干事业的良好环境。有这“英雄用武之地”，人才的积极性、创造性才会喷薄而出。

（二）可否跨越发展取决于是否善于引才用才

这是由华大肩负“为侨服务，传播中华文化”的重任决定的。在华大创校阶段，由于廖承志校长的积极争取，学校引进了一批来自清华、北大、人大、复旦、上海交大、华东师大、华东理工等名校的专家和年轻教师，这使学校一开始就站上较高平台。复办以来，也引进一大批教学、科研、管理人才，并较好地配置运用这些人才。例如，2009 年初，学校高瞻远瞩地提出今后 3 年每年引进 100 名博士补充师资的“百名博士引进计划”，且其后厉行不辍，至今博士学位教师比例已居福建省第二位（仅次于厦门大学）。这是华大取得巨大成就的根本保证，也是 2003 年能够在教育部首批本科教学工作水平评估中荣获优秀等级的主要支撑条件。

但正像学校在“‘十三五’规划中期评估”中指出的：“人才队伍建设任重道远。高层次人才总量不足，尤其缺少院士、长江学者、国家杰青等领军人才。有潜力的青年英才不足，在青年长江学者、青年拔尖人才、优秀青年基金入选者上还未取得突破。”

这是清醒的估计。确实是“任重道远”啊！但实事求是地说，在当今人才争夺如此酷烈的情况下，要超常规引进一流人才包括学术领军人才、旗帜性人才，没有国家的“重点扶持”是非常困难的。华大隶属于中央统战部，这是可以从国内外引进学术领军人才、旗帜性人才的有力依托。为此，学校应深入研究现有各学科有潜力的发展方向，结合国内外科学技术和经济社会的发展趋势，确定引进学术领军人才特别是旗帜性人才的学科和专业方向，并形成方案提请上级支持。这样的杰出人才来校，学校应尽力为其配备科研团队，提供经费和后勤保障，即使为此须减少其他人才的引进，也应忍痛割爱。纵观世界高等教育史，引进一位学术大师而根本改变学科面貌并大大提升学校地位者，屡见不鲜。

七 必须坚持砥砺奋进、宽和包容的华大精神

（一）“砥砺奋进、宽和包容”是华大独特的校园精神

周甲子自强不息，六十年风雨兼程。在一代代师生员工的不懈奋斗和海外侨胞、港澳台同胞的共同努力下，华侨大学形成了自己独特的精神风貌。多国化、多样化的学生，带来了多姿多彩的文化，在华大的“一方沃土”（校歌歌名）上，不断互

动交融，氤氲化成，终于合天时地利人和，成独特精神形态。我们把它概括为砥砺奋进、宽和包容的“华大精神”。它既体现了中华民族“自强不息，厚德载物”的基本精神，又汲取了海外侨社和港澳台文化中多元包容、开拓进取的精华，是一种综合创新的成果。

文化、精神的力量毋庸置疑。无论是国、族、校、企还是个人，要成就一番事业，均须仰仗强劲精神之支撑，这就是理念志向和价值追求。它必须刚柔并济、外圆内方，既能激发革故鼎新缔造大业的进取心，又能吸纳天下英才共同奋斗。有这样的精神方可“行非常之事，建不凡之功”。只执着于刚强进取的一面而忽视宽和包容的一面，容易陷入“水至清则无鱼，人至察则无徒”的窘境；反之，则容易困于散漫无归而失去凝聚力战斗力。只有兼顾两面且与时偕行，方能生成开明进取的校园精神，形成良好的育人环境，积之恒久而凝成校园文化。

“砥砺奋进、宽和包容”的“华大精神”可以展开为“两种精神，一个形态”，即“砥砺奋进、追求卓越”的进取精神，“宽容为本、和而不同”的包容精神，以及作为两者互动统一的“一元主导、多元交融”的文化形态。

（二）发扬“砥砺奋进、追求卓越”的进取精神

建校伊始，华大人就对肩负的历史使命感念于心，有强烈的筚路蓝缕、奋发蹈厉的开创精神。由于校园基建和招生几乎同时进行，起初只好借用福州、集美、泉州其他学校的校舍，有的条件极为艰苦，稍后也是边基建边进驻上课。师生员工都是克服辗转迁徙中的种种困难，学习、工作争分夺秒，建校劳动争先恐后，栉风沐雨毫无怨言。（在 1978 年华大复办、2003 年厦门校区开辟中，这种精神得到继承发扬。）不管是来自北大、清华、人大、复旦等名校的青年教师，还是福建省抽调的教师，都不畏艰辛，努力提高自己，以严谨的教学和良好的教风，让归国侨生们如沐春风，使这所初生之校很快成为可以信赖的高等学府。拓荒者筚路蓝缕、砥砺奋进的开创精神，默默耕耘、无怨无悔的敬业精神，奠定了“华大精神”的浓厚底色。

复办之后，这种精神又发展为砥砺奋进追求卓越的革新精神。1978 年既是华大复办之年，也是国家改革开放肇始之期，重获新生的华侨大学，扣紧时代鼓点，锐意改革创新，在招生数量、学科拓展、学位点数量层次、重点学科突破，国家级、省部级奖项提升等方面，取得显著进步。但当前高校竞争加剧，华大在国内、省内高校所处位置令人忧虑。当此之时，校领导勇于直面危机，敢于树立争创“双一流”的雄心壮志，敢于提出“综合实力进入全国大学排名前 50 名，建成‘综合性、

研究型、国际化’的高水平大学”的宏图伟略，敢于吹响“跨越发展”战斗号角，就是学校转危为机赢得挑战的关键环节。“沧海横流，方显出英雄本色”；生死“亮剑”，庶不负使命担当！没有“砥砺奋进追求卓越”的胆魄，何以力挽狂澜，跃上“一流”？

高校的任务是创新知识、传授知识，而只有能创新知识才能传授最高水平的知识。在这个意义上，创新知识才是高校的本质属性。要创新知识，心智上的首要条件就是要有“追求卓越”的强烈愿望。这种愿望才能产生源源不断的驱动力，才能不断斩关夺隘，发明发现。以美国哈佛大学为代表诸多世界名校，都是长期坚持“追求卓越”而取得耀世业绩的。学校要实现跨越发展，必大力倡导并践行“追求卓越”的精神，做到领导带头，师生力行，服务跟进，形成“追求卓越”理所当然、不“追求卓越”难以立足的浓厚风气。

“艰难困苦，玉汝于成。”“砥砺奋进、追求卓越”的进取精神始终是华大风雨兼程、凯歌频奏的强大动力。

（三）坚持“宽容为本，和而不同”的包容精神

“宽容为本，和而不同”是华侨大学精神的另一重要向度。

首先，“宽容为本，和而不同”中的“宽容”和“和”虽非一般意义上的世界观，却是华大人始终践行的价值观、教育观、人生观。“宽容为本，和而不同”就是以“宽容”和“和”为根本价值取向，以博大的气度和襟怀包容来自不同国度、不同文化背景、不同宗教信仰的学生，尊重他们带来的异域文化和生活习俗，与他们平等交流，取长补短，善意切磋，共同提高，使他们找到归属感，如沐春风，茁壮成长。经过长期的倡导践行，“宽容为本，和而不同”已经在全校师生员工中内化于心，外见于行，凝聚为一种历久弥新的文化精神。之于整个学校，它是一种价值观；之于教职员工尤其是教师，它是一种教育观；之于师生员工尤其是学生，它又是一种人生观。

其次，“宽容为本，和而不同”以“和”为出发点，“以和为贵”，蕴含相互提携共同进步的善意。正是“和”这个“善意”作为出发点，使华大在追求“明明德、亲民、止于至善”的“大学之道”中，精进不已。这种“和”，这种“善意”，就是“明德”，就是对学生的“大爱”。一所好的大学不仅要有“大楼”“大师”，更要有“大爱”。“大楼”是基础，是物质条件；“大师”是关键，是素质条件；“大爱”是精神，是本质条件。有了“大爱”精神，“大师”才能最好地发挥“传道授业解惑”的作用，“大楼”才物有所值。因此我们说，“宽容为本，和而不同”

的价值取向本身就蕴含着“大爱”精神。

华大办学历史尚短，虽有周甲之年，如扣去“文革”和“解散”浪费的12年，实际办学仅48年。它在近期殊难问鼎国内一流大学，但只要勇于践行“宽容为本，和而不同”的包容精神，却可以率先成为最宽容、最自由、最和谐的大学。

（四）维护“一元主导、多元交融”的文化形态

华侨大学“筚路蓝缕、砥砺奋进”的进取精神和“宽容为本，和而不同”的包容精神，是学校精神气质相辅相成的两个基本成分，在一代代师生员工的不懈努力下，其精神内涵不断丰富发展，相互发明，终于形成“一元主导、多元交融”的独特文化形态。进取精神和包容精神是华大精神的内容，“一元主导、多元交融”是华大精神的形式。

1.“一元”就是中华优秀文化

它包括中国古代的优秀传统文化及其在近代、现代和当代的发展形态。因为这是针对境外生的教育，学校强调的主要是其中的爱国主义传统。而其内涵又可以分成两个层次：就华侨和港澳台生而言，既要认同、热爱中华优秀文化，更要认同祖国，热爱祖国，认同中华人民共和国，拥护祖国统一大业；就海外华人而言，首先培养他们对中华优秀文化的认同和珍爱，也欢迎他们爱自己的祖籍国。可见，其最大公约数就是认同和珍爱中华优秀文化，主要是其中的爱国主义传统。

质言之，中华民族的爱国主义传统就是学校长期倡导并获得师生员工广泛认同和践履的基本价值，就是校园文化中起主导作用的“一元”。

2.“多元”就是来自各国的多样文化

爱国主义的主导作用是在与来自各国的多元文化的平等互动中呈现的。为此，学校倡导不同文化平等对话，“多元交融”。没有促使境外多元文化自由表达的氛围，没有境内外文化真正平等交流的环境，没有追求最大公约数、打造最大同心圆的诚意，“多元交融”就不可能形成。学校支持学生社团设计推行了一大批生动活泼、为境内外学生喜闻乐见的活动平台和互动形式，让他们尽情展示、交流。既有各种时事报告、文化讲坛、辩论赛，又有多姿多彩的民族服饰、赏心悦目的音乐舞蹈、五花八门的时令习俗、大快朵颐的特色小吃，等等。学校还专门为境外生设计了假期参访祖国名山大川、文物古迹、革命历史陈列、建设成就展览的各种夏令营。“长城雄关之壮伟，沙漠戈壁之苍凉，三山五岳之峻拔，雪域高原之神奇，长河落日之雄浑，烟雨湖山之旖旎——恰似彩屏开展，旷性怡情；三皇五帝之传奇，炎汉盛唐之气象，孔子讲道之杏坛，朱熹传经之书院，近代沉沦之痛史，百年奋斗之殊

勋——亦如史卷翻舒，广闻益智。是乃故国之情思，油然生焉；中华之血脉，豁然贯焉。”①

3. “一元主导、多元交融”文化形态是华大宝贵的精神财富

这一文化形态的形成，得益于学校对华侨大学独特禀赋的深刻理解和对一体多样校园文化的长期坚持。华大有境内境外两大类学生，他们赖以成长的社会制度环境、社会意识条件、社会生活习俗、个人价值旨趣都不可能没有差别甚至可能大不相同。如何使这些同学互相尊重、互相包容，进而互相学习以取长补短，以至于亲如一家和谐相处，对任何学校都是棘手的挑战，但华大做到了。2003 年学校在教育部本科评估中荣获“优秀”等级，教育部评估专家组这样评价华大的校园文化：“华侨大学在长期的办学实践中，始终坚持为侨服务，传播中华文化的办学宗旨，积极推进‘一校两生，因材施教’的教学模式，在办学定位、教学管理、专业和课程设置，大学生文化素质教育以及校园文化建设等方面，注重体现学校的办学特色，使其在人才培养过程中发挥特殊的作用。学校通过培育‘一元主导，多元交融’的校园文化，积极倡导‘宽容为本，和而不同’的校园精神，为广大师生营造了一个良好的人文环境，使‘会通中外，并育德才’的办学理念内化为全校师生的思想共识，从而使校园文化为人才培养工作提供了有力的精神保证。”

华大校园精神和文化形态的形成，与学校的成长壮大相伴随。它发轫于创办时期，于 20 世纪八九十年代逐渐成形。在 2000 年筹备 40 周年校庆时，校领导认为，除了应确定校训、校歌、校标外，提炼华大独特文化精神的时机也已经成熟。对它的概括和诠释，就是在这一阶段完成的。进入 21 世纪以来，校园精神及其形态又得到进一步丰富充实。这种“一元主导，多元交融”的校园文化，将成为今后学校发展的重要精神资源。

---

① 庄锡福：《华文学院献词》，见《华侨大学华文学院建校 50 周年专刊》，又载《泉州晚报》（海外版）2003 年 10 月 18 日，第 3 版。

第三节　跨越发展建设“一流大学”是华大的唯一选择

一　清醒认识华大的校情和面临的严峻挑战

（一）华大办学的特殊校情

华大肩负“为侨服务，传播中华文化”的使命，具有很大特殊性。特殊性带来特殊机遇，也会带来特殊困难。

1. 必须千方百计解决境外生类型、层次、程度差异大的问题

由于来自不同国家或地区，有不同的教育背景，境外生的中学学业程度与国内生往往有较大差距，而他们之间的程度也不尽一致。让这些学生的专业知识及时补缺并赶上国内生水平，就是学校无论如何必须完成的硬任务。为此，学校根据不同类型、不同层次、不同需要的学生，常年分设程度班，开设专科培训班，实行第一学年主修英语制、导师制等，因材施教，务求有成。这就需要更多教师、更多教学设施设备、更多经费。显然，华大的办学成本远高于一般高校。

2. 必须因应统战侨务工作需要创办相应的学科专业或研究机构

“为侨服务”的一个重要方面就是有机配合统战与侨务工作。为此必须配置相应的教学、研究机构。教学机构方面，有华文学院、国际关系学院/新侨学院、通识教育学院、体育学院、音乐舞蹈学院等；研究机构方面，有海上丝绸之路研究院、华侨华人研究院/国际关系研究院、华侨华人信息中心/中国海外发展研究中心、泰国研究所/诗琳通中泰关系研究中心、侨务公共外交研究所、华文教育研究院、华商研究院 、闽澳研究所等。一个典型的例子就是音乐舞蹈学院。国侨办每年新春到华侨众多的国家举办“四海同春”演出，华大音乐舞蹈学院就是一支可以依靠的重要力量。这些教学、研究机构，有些是一般大学可办可不办或完全可以不办的，但对华侨大学而言，却是必须办而且要办出高水平的。当然，这会在一定程度上分散办学力量，提高办学成本。

（二）在激烈的高校竞争中面临严峻挑战

1. 在全国高校中排位堪忧

2017 年教育部第四轮学科评估结果，华大只有 1 个 B 级 4 个 B－，未能进入国家级“双一流”行列。而同属中央统战部（国侨办）的暨南大学、同属福建省的福州大学、同属“联谊四校”的宁波大学都已进入国家级“一流学科”行列。

国家早在 1983 年就把华大列为“重点扶持大学”，时经 37 年，在华大办学 60 周年的今天，依然处于如此不利的地位。这既不符合国家创办华侨大学的初衷，也令广大校友和侨界很难接受，更是始终牵挂华大的廖公绝不愿意看到的。

2. 若干关键性发展目标迟迟未能实现

2017 年下半年，学校编制的《一流大学与一流学科建设方案》提出：“华侨大学的整体建设目标为：到本世纪中叶，学校综合实力进入全国大学排名前 50 名；建成‘综合性、研究型、国际化’的高水平大学，学校综合实力迈入世界先进大学行列。”目标鼓舞人心，难度显而易见。只要点检学校编制的历次五年计划和中长期规划就不难发现，往往是其他方面的任务都如期完成，就是学科建设、学术领军人才培养引进这两个关键性目标，屡屡不能如愿。而只有这两方面取得突破，实现跨越发展才是可能的。

3. 难以吸引优质生源

跨入 21 世纪以来，国家改变了只允许华侨大学和暨南大学招收港澳台侨学生的政策，若干国内名牌大学陆续招收港澳台侨生。这就使大量优质生源转而报考以北京大学、清华大学为代表的重点高校，对既未入列“985”“211”工程，现在又尚未跻身“双一流”的华侨大学，造成巨大压力。华大如不能实现跨越发展，用 10 年时间把办学实力提高到全国排名第 75 位左右，拥有“一流学科”，再用 10 年时间“到本世纪中叶”进一步提高到前 50 位，直至成为“一流大学”，就很难维持对外招生吸引力，很难高质量完成“为侨服务”的使命。

二　继承发展办学的民主机制和科学机制

面对激烈竞争下的严重危机，退缩即意味着失败，敢于逆水行舟迎难而上才是勇者之择，能够凝聚全校智慧力量才是智者所为。为此必须继承发展创校以来逐步形成的民主机制和科学机制。

（一）办学的民主机制和科学机制是推动华大发展的重要制度安排

民主和科学是欧洲近代文化的精华，而经过马克思主义创造性阐释的民主和科学，则是中国共产党领导革命、建设、改革的核心价值。华侨大学60年来的发展成就，得力于学校始终坚持民主机制和科学机制。民主机制与科学机制并非截然两分或对立，而是相对独立而又互相渗透的。民主机制蕴含科学成分，科学机制也蕴含民主精神。这两个机制，既为决策之合价值性、合规律性所不可或缺，又是广泛发动、凝聚师生员工同心同德推动学校跨越发展的利器。在华大60年历程里，就民主机制而言，设立过校务委员会、教代会工代会、校长见面会、民主党派季谈会等；就科学机制而言，设立过咨询委员会、学术委员会、教授会、老教授协会等，都发挥过重要作用。有的设置一直坚持着，作用比较显著；有的虽仍然存在，但很少建言献策；也有的没有坚持下来。

（二）发展民主机制和科学机制要抓住关键

一是大幅提高科学决策的水平，增强科学机制的“智囊”属性。运用好教授会（也可包括老教授会）这个制度性平台。教授会要成为“智囊”就不能停留于笼统的开会议事，而应形成专业化分工，分别设立小组进行深度研究，提出经过论证的不同方案供学校决策。经过决策确定的方案，还要进一步深化研究，形成实施方案，包括顶层设计、路线图和时间表等。

二是能够激发热情、凝聚人心。决策再好，落实在人。要充分利用校务委员会、教代会、校长见面会、民主党派季谈会等平台，通过广泛交流沟通，使学校跨越发展的雄心、志在必得的信念、扎实有力的措施激发起华大人的爱校热情和创造潜力，把学校的壮丽事业与个人人生出彩紧密结合，为华大的腾飞不懈奋斗。诚如是，则跨越可期，大业可兴。

三　奋发蹈厉化挑战为机遇实现跨越发展

经过60年持续努力，华大在校园拓展、学科建设、人才储备、办学声望等方面成就有目共睹；有“国家重点扶持”政策和“部部省共建”平台可资运用。但这些都属客观条件，能否运用好这些条件则取决于主观努力。只有内心强大的领导团队和教职员工队伍，才能有效地激活各种办学资源，开发其所有潜能。要之，主观条件可列以下数端。

（一）要有清醒的危机意识

这是前提。所谓危机意识，发端于执着追求奋斗目标的雄心壮志，形成于对现状与目标之间巨大反差的清醒认知。有追梦的雄心才不会安于现状，得过且过；有对巨大反差的清醒认知才会形成强烈的危机意识。而只有敢于驾驭雄心壮志与危机痛感之巨大张力的勇毅者，才会有背水一战的决心、卧薪尝胆的自觉、斩将搴旗的胆略和灭此朝食的斗志。

（二）要有跨越发展的胆识魄力

士不可以不弘毅，任重而道远。光阴似箭，敢闯者雄。“深圳的重要经验就是敢闯。没有一点闯的精神，没有一点‘冒’的精神，没有一股气呀、劲呀，就走不出一条好路，走不出一条新路，就干不出新的事业。”[①] 缺乏闯劲就开不出大格局，就不敢做跨越发展的“非常之事”，就不能建跻身一流的“不世之功”。人生能有几回搏？有了非常之志，雄豪之概，才会自觉卧薪尝胆，在严峻危机中朝乾夕惕，发愤自强。孟子曰：“故天将降大任于是人也，必先苦其心志，劳其筋骨，饿其体肤，空乏其身，行拂乱其所为，所以动心忍性，曾益其所不能。”敢于“亮剑”才有再创辉煌的机会，即使未竟全功，也可问心无愧；因循株守则贻误大业，辜负期待，愧对前贤，终至悔恨终生。

（三）要有实现跨越发展的宏图伟略

宏图伟略是实现雄心壮志的必要条件。“宏图”，就是催人奋进的奋斗目标。这个“宏图”，其实就是2017年学校编制的《一流大学与一流学科建设方案》提出的，“到本世纪中叶，学校综合实力进入全国大学排名前50名；建成‘综合性、研究型、国际化’的高水平大学，学校综合实力迈入世界先进大学行列。”2019年学校制定的落实习近平总书记视察暨大讲话精神的《专项行动计划》则提出，“对标国家一流学科标准，重点规划建设2—3个‘冲一流’学科，力争2020年有一个学科进入国家‘双一流’学科，力争在新一轮学科评估中实现A类学科的突破、10个左右达到B类学科”。建设“一流大学”是长期战略任务，入列“一流学科”是当务之急。立足长远，励志跨越，才能一步步逼近“一流大学”。

“伟略”，就是可以把“宏图”落到实处的实施方略。可以想见，实现上述目标

---

① 《邓小平文选》第3卷，人民出版社，1993，第372页。

必须在30年间在学科建设和办学质量上跨越50所以上高校，绝对不可能是轻松的。没有“伟略”，目标势必落空。所以，实施方略必须既不脱离现实条件，又富有想象力和创造性；既要有卓越的顶层设计，又要有切实的路线图、时间表；既要创建实施机制，又要打造行动团队。有了这样的宏图伟略，“争创一流”才能步步登高，如期实现。

（四）要把全校师生员工凝聚成有战斗力的团队

唯实情可以警醒人，唯激情可以感动人。要把学校面临的危机、学校实现跨越发展的雄心壮志、学校“争创一流”的宏图伟略原原本本告知全校师生，发动全校的大讨论，同时请大家想问题、出主意，使全校上下形成强大的凝聚力、战斗力，人人想学校所想，急学校所急，共同缔造兴校大业。有这样的精神状态，才可以让上级领导包括董事会看到学校砥砺奋进实现跨越发展的决心、信心，争取更大力度的“国家重点扶持”。

（五）化危为机实现跨越发展关键在领导核心

上面提出，清醒的危机意识、跨越发展的胆识魄力、实现跨越发展的宏图伟略、把全校师生员工凝聚成有战斗力的团队，是华大实现跨越发展必须具备的四项主观条件，但要把这些因素凝聚起来化为实际行动，“关键在领导核心”。[①] 也就是说，这四项主观条件中必须率先具备领导核心。纵观世界高等教育史，有眼光、有胆识的校长托起一所名校的事并不鲜见。国外如博克之于哈佛大学、桑德福之于杜克大学，国内如蔡元培之于北京大学、梅贻琦之于清华大学、张伯苓之于南开大学，都是显例。大业有待，事在人为。“历史只会眷顾坚定者、奋进者、搏击者，而不会等待犹豫者、懈怠者、畏难者。”[②] 有坚强的领导核心，自可凝聚有战斗力的团队，大开大合，决战决胜，实现跨越发展，带领学校在竞争中脱颖而出。

四　瞄准“一流大学”目标，加快跨越发展步伐

（一）要以大改革、大开放推动跨越发展

2019年5月学校制定的落实习近平总书记视察暨南大学讲话精神的《专项行动

---

① 《邓小平文选》第3卷，人民出版社，1993，第301页。

② 《习近平在中国共产党第十九次全国代表大会上的报告》，《泉州晚报》2017年10月28日，第5版。

计划》指出："对标国家一流学科标准，重点规划建设2—3个'冲一流'学科，力争2020年有一个学科进入国家'双一流'学科，力争在新一轮学科评估中实现A类学科的突破、10个左右达到B类学科。推进ESI学科建设，确保3个学科保持在世界前1%，争取到2020年有新的学科进入世界前1%。"这是基于学校现有实力而又有前瞻性的目标。形势逼人，目标催人，逆水行舟，不进则退。

新形势下的大改革，宜应聚焦学科建设"冲一流"的目标，对学校的学科布局和战略重点做进一步的确证，在高层次人才培养、旗帜性人才引进上紧密配合，在机构改革上加大力度，在后勤保障上合理倾斜，力争资源运用产生最大效益。

新形势下的大开放，同样应该聚焦"冲一流"的目标，围绕学科建设和人才培养来进行。要紧紧依托中央统战部和国侨办，推动人才的国际化培养，特别是要面向全世界引进学科建设所需的一流人才、旗帜性人才。要进一步做好亲侨、荣侨、兴侨工作，获取更多华侨华人和港澳台人士对学校实现跨越发展的支持和帮助。

实施大改革、大开放要有总览全局、高瞻远瞩的战略思维，以及足够的胆识、决心和魄力。要认准战略重点并围绕战略重点调整学科与专业布局。华大这种负有特殊使命的学校，切忌搞"大而全"。必须切实坚持"有所不为"，坚决缩减专业设置，清理过多过滥的新设机构，聚焦国家级"一流学科"的突破，"好钢用在刀刃上"。

世间万事万物，穷则变，变则通，通则久。任何大的历史进步，都是靠大改革推动的。应警醒的是，学校越大，掣肘改革的因素和力量就越多越大，对改革领导者的胆魄、能力的要求就越高，考验就越大。九万里风鹏正举，一流事业"闯"当先。华大人期待奋发蹈厉争跨越。

高校是教育和学术机构，有自己的运行规律。高校的一切工作，都必须围绕激发教学科研人员才尽其用、鼓励学生向学日新这一不可动摇的中心来展开，并从不同的角度为这个中心服务。一段时间以来，形式主义、官僚主义之风也严重侵入高等学府，高校行政化、衙门化成为痼疾。"帕森斯定律"告诉我们，"官僚"数量有自我扩大的冲动；管理超过"必要"的范围，势必层出不穷地"生事"来施加于其对象，使"必要"异化甚至变成祸害。教学科研人员为"填不完的表格"而劳心费力、"教授怕到机关办事"，就是例证。虽然破除形式主义、官僚主义绝非易事，但以求振兴、谋跨越为职志的华大领导，必然会排除各种干扰，尽力克服形式主义、官僚主义，同时着力建设一支明大局、有担当、精干高效的管理团队。

（二）加速实施"侨校+名校"战略向"一流大学"目标迈进

2017年学校编制的《一流大学与一流学科建设方案》提出："华侨大学的整体

建设目标为：到本世纪中叶，学校综合实力进入全国大学排名前50名。”2050年距现在30年。以目前在全国高校接近100名的排位，未来30年华大要跨越50名以上，任务非常艰巨，是决战决胜的关键阶段。如果再以10年为一个阶段来细分，则从现在起到2030年建校70周年时，至少应进入前75名，拥有国家级“一流学科”；到2040年建校80周年时进入前60名，增加若干“一流学科”；到2050年建校90周年时进入《一流大学与一流学科建设方案》规划的前50名，逼近“一流大学”，“建成‘综合性、研究型、国际化’的高水平大学，学校综合实力迈入世界先进大学行列”。到2060年建校100周年时，排名更进一步，进入国家级“一流大学”行列。

华大60年史是一部艰苦创业史、发愤改革史、追求卓越史。60年的骄人成就，就是新跨越的坚固基石。甲子复始，信心倍增。紧扣《一流大学与一流学科建设方案》，落实习近平总书记视察暨大讲话精神《专项行动计划》，加速实施“侨校＋名校”战略，实现跨越发展，把华大建成“一流大学”，是所有华大人的共同愿望。建功机遇遗谁？正待英豪奋起。深究之，吾生有涯而知无涯，个体生命难免悲剧意味；理想伟大而多牺牲，辉煌事业常染悲壮色彩。但是，有抱负有血性的华大人的选择必定是：奉献有涯生命，融入无限事业；功成不必在我，奋斗一定有我！

大事年表（1960—2020）

1960 年

是年春　国务院原则同意中侨委起草的关于创办一所招收归国华侨学生为主的华侨大学的报告。

是年　中国共产党华侨事务委员会党组、中国共产党教育部党组函请华东局加强对华侨大学领导，并在师资建设上给予支持。

2 月 10 日　中共晋江地委制订《关于创办泉州华侨大学计划（草案）》。

4 月 12 日　中央华侨事务委员会召开三届一次全体委员会议和全国侨联在京常委十四次会议，就《创办华侨大学方案（草案）》进行热烈讨论，一致同意在泉州创办华侨大学，并就此方案提出修改意见。

是月　福建省委派时任福州市委书记处书记谢白秋主持华侨大学筹备工作。

5 月 5 日　中共晋江地委成立华侨大学筹备处，筹备处下设办公室，办公室内设秘书、财务、基建三个科，由陈金源任主任，倪章屿、郭振声任副主任。

5 月 21 日　中共晋江地委向福建省委和中侨委呈报《关于华侨大学校址的报告》。该报告指出，经中共福建省委书记叶飞、书记处书记林一心和中侨委孔司长实地视察，确定华侨大学校址为泉州市郊福厦公路旁的五里亭附近。

6 月 22 日　《国务院批转中央华侨事务委员会、教育部〈关于建立各类华侨学校加强归国华侨学生教育工作的意见〉的通知》提出：创办华侨大学一所，校址设在福建省泉州市，学校的性质是包括文、理、工、农、医多科性的综合大学。学校校长建议由方方同志兼任，党委第一书记拟由中共福建省委书记处书记林一心同志担任，另选副书记若干人。学校由中侨委、教育部和中共福建省委双重领导，行政、教学以中侨委、教育部为主。毕业生由中侨委统一分配。

6 月 29 日　中侨委正式批准将学校建于泉州城东村五里亭附近。

7 月 9 日　福建省人民委员会颁发当年全省高等学校、中等专业学校招生计划，决定全省高等学校共招生 11655 人，其中分配给华侨大学的招生指标是 100 名侨生。

8 月 17 日　廖承志批示同意《关于华侨大学办学规模的意见》。华侨大学学生规模确定为 4000 人，基建面积为 10 万平方米，建筑投资总额为 940 万元。

9 月 18 日　中央批准廖承志兼任华侨大学校长、林一心兼任华侨大学党委第一书记。

9 月 20 日　中央华侨事务委员会在给中共福建省委林一心同志有关筹办华侨大学问题的几点意见中指出，学生规模以 5000 人为好，校舍筹建 1961 年上马，1967 年扫尾，分 7 年完成。

是日　中央华侨事务委员会将《关于华侨大学筹办情况报告》呈送周总理。

是月　华侨大学实行边建校边办学的方针。当年本科借福州师范学院校舍办学，预科则寄读在厦门集美华侨学生补习学校。本科开设政治、中文两系，实际招收本科生 84 人；预科学生 9 月中旬编班上课时为 154 人。

是月　中央华侨事务委员会副主任方方与中共福建省委候补书记林修德在泉州研究华侨大学发展规划时决定 1961 年增设数学系。

10 月　政治系编班学生人数较少而撤销，学生全部编入中文系。

11 月　中侨委副主任方方视察华侨大学，向全体师生做报告，并与学生亲切交谈。

11 月 5 日　华侨大学正式启用由福建省人委颁发的华侨大学铜铸图章。

12 月　预科学生达到 197 人。

1961 年

是年　中侨委副主任方方，福建省委书记处书记、华侨大学党委第一书记林一心来福州办学点看望学生。

2 月 24 日　中共晋江地委成立华侨大学建委会，主任李英贵，副主任谢白秋、张竹三、吴锦南、王今生，委员高剑峰、马进捷、刘愿田、陈金源、傅雄生、傅孙望。

3 月 28 日　成立华侨大学筹建委员会，由全国侨联主席庄希泉任主任，林修德、张桂如、庄明理任副主任，方方、王今生、王于畊、王汉杰、王源兴、尤扬祖、李英贵、林一心、张国基、黄洁、黄长水、董纯才、郭瑞人、许或青、谢白秋、颜乃卿、蚁美厚任委员，负责领导华侨大学筹建工作。

4月21日　中侨委函，李光前捐助华侨大学50万元转入中国银行，作为大学购置设备费用。

6月21日　两座乙型教工宿舍楼率先进行基建施工。

8月1日　全体师生共155人从福州迁至集美，本科和预科均借厦门集美华侨补习学校办学。

8月17日　中侨委、教育部呈报“创办华侨大学方案”。

9月　增设数学系、化学系。全校录取新生200人，1960级学生中有6人留级。行政机构设校部办公室、人事处、教务处、总务处、基建处（在泉州校部）。

10月4日　中侨委决定华侨大学预科班当年停止招收新生。

11月1日　国务院批复同意中央华侨事务委员会、教育部呈报的《创办华侨大学方案》。批准由廖承志同志兼任校长，林一心同志兼任党委第一书记。

11月8日　学校开始组织学习《教育部直属高等学校暂行工作条例（草案）》（简称“高校六十条”）。

11月11日　经中侨委同意，华侨大学将全校55名预科生全部转到集美华侨补校先修班就读。至此，办学一年多的华侨大学预科班宣告解散。

1962年

1月5日　中共厦门市委组织部同意华侨大学成立临时党总支，暂由宣传部管理。

1月25日　经中侨委批准，学校决定将全校本科专业学制由四年改为五年，学生在五年内学完四年课程，逐渐达到五年制水平。

6月11日　全国侨联常务委员会第十八次会议决议成立“陈嘉庚先生纪念堂筹建委员会”。

6月24日　学校将原寄厦门集美华侨学生补习学校上课的师生全部迁回泉州校址上课。

8月　中侨委在北京召开华侨大学基本建设会议，讨论华侨大学的设计方案等若干重要事项。

9月11日　华侨大学1962—1963学年开学仪式在泉州影剧院隆重举行，校党委副书记谢白秋、学校教务长张向毅、晋江地委副书记李英贵、教师代表、学生代表先后发言。

9月21日　教育部、中央华侨事务委员会批复同意华侨大学增设医疗系，系址暂设在原厦门医学院内。当年招生新生 60 名。

是月　增设政治系、物理系、热带作物系。泉州校部共录取新生 888 人。化学系、物理系和热作系三系借原泉州师范学院校舍（现解放军 910 医院所在地）办学，其余系则在校本部办学。行政机构增设生产处；党组织机构，有党委副书记 1 人、宣传部副部长 1 人。

10 月 29 日　中央华侨事务委员会副主任方方一行五人莅校视察。

12 月 3 日　教育部同意将北京华侨补习学校歌舞班并入华侨大学，在此基础上成立华侨大学艺术系。系址暂设在北京华侨补习学校，规模暂定为 100 人，设舞蹈、声乐、器乐三个专业，学制暂定为五年（预科一年）。

12 月 4 日　晋江地委在晋江专署交际处召开全委会议，专门研究华侨大学的教学、基建、生活等有关问题。晋江地委第一书记张桂如主持会议。

1963 年

1 月 3 日　共青团华侨大学委员会划归团省委直接领导，业务委托共青团晋江地委领导。

1 月 8 日　中央任命伍治之为华侨大学专职党委书记。

1 月 11 日　中共福建省委组织部同意由林一心、谢白秋、王西新、陈金源、方宁斯、乐澄清等六位同志组成华侨大学党委会，由林一心兼任书记，谢白秋任副书记。

3 月 6 日　谢白秋副书记作反修学习总结报告。

3 月 16 日　谢白秋副书记作《关于农村社教和陈嘉庚纪念堂奠基典礼问题》的报告。

3 月 19 日　中侨委向教育部报送《华侨大学“四定”方案》。

3 月 28 日　中共晋江地委通知：接省委批示，华侨大学党委第二书记伍治之同志出任晋江地委委员。

是月　中共福建省委组织部和中央华侨事务委员会党组通知：由林一心、伍治之、谢白秋、林汝楠、王西新、乐澄清、陈金源等组成华侨大学党委会。由林一心同志兼任第一书记，伍治之同志任第二书记，谢白秋同志任副书记。

4 月 5 日　“陈嘉庚纪念堂”奠基典礼举行。

4 月 7 日　中央华侨事务委员会副主任方方出席华侨大学干部座谈会并发表讲话。

4 月 23 日　校学生会主席李景来、刘培辉（团委会干部）当选为出席福建省第四次团代会代表。

4 月 23—24 日　中央华侨事务委员会副主任庄明理主持召开华侨大学基建现场会。

5 月 4 日　校党委第二书记伍治之向全校师生做学习雷锋的报告。

5 月 6 日　校学生会副主席贝朝光当选为出席共青团第九次全国代表大会代表。

9 月 29 日　校党委研究决定，由许常新、李业珍、杨竹志、刘培辉、郑鑫斯、杨秋君、马德荣、康玉琛、陈泽谋等九位同志组成共青团华侨大学委员会，许常新同志兼任副书记。

是月　增设外语系印度尼西亚语专业。全校录取新生 466 人（不含艺术系）。党委机构设党委办公室、组织部、宣传部、统战部、武装部。

是年　校党委第二书记、全国政协委员伍治之在全国政协会议上做《在党和国家的领导下和关怀下，华侨大学在迅速成长中》发言。

1964 年

1 月 10 日　中央华侨事务委员会批复同意华侨大学成立临时校务委员会，主任暂由林汝楠同志担任。

2 月 11 日　华侨大学艺术系在北京举行开学典礼，廖承志及中侨委干部悉数参加。

2 月 22 日　华侨大学师生员工 1911 人参加泉州市郊的东海、北峰、江南、满堂红、城东 5 个公社 315 个生产队面上社会主义教育运动，历时 23 天。

2 月 27 日　中央华侨事务委员会在京召开关于华侨大学专业调整问题的座谈会。

4 月 29 日　中央任命韦悫同志任华侨大学副校长、代理校长。

5 月　校党委部署开展增产节约和五反运动。

是月　增设土木建筑系（工业与民用建筑专业）、化工系（无机物工学专业）、外语系（英语专业、日语专业）。

1965 年

2 月 12 日　中文、政治两系师生及学校部分教职工共 746 人参加省委社教南安梅山分团，与晋江、宁化、省直单位人员混合编队下乡，与贫下中农同吃、同住、同劳动。

3 月 4 日　成立“华侨大学安全委员会”，主任委员杨曾艺、副主任委员朱扶成。

5 月 26 日　代理校长韦悫在全校教师教学改革经验交流会上讲话。

8 月 16 日　热带作物系师生 111 人从学校出发迁往海南岛兴隆华侨农场办学，进行半读半耕试点。出发前，中侨委副主任、华侨大学党委第一书记林一心专门来学校为师生送行。

9 月 10 日　政治系副主任方晓丘同志率领政治系三、四年级师生 120 人迁往福建省建宁县上课，师生共同建设建宁分校。

是月　第一届学生毕业（中文系中国语言文学专业 61 名学生）。

是月　全校录取新生 352 人。科系设置进行调整：数学系与物理系合并为数理系，化学系与化学工程系合并为化学化工系，医学系迁回校部。

10 月 27 日　学校隆重庆祝建校五周年纪念日，校党委第二书记伍治之作题为《高举毛泽东思想伟大红旗奋勇前进——建校五年来的回顾和展望》的报告。全国人大常委会副委员长何香凝，中央华侨事务委员会主任廖承志、副主任方方为华侨大学题词祝贺。

是年　蔡楚吟同志任华侨大学党委副书记。

1966 年

4 月　政治系和中文系一、二年级师生搬迁至华侨大学“三线建设”办学点建宁县上课。“文化大革命”开始，学生自动撤回校部。

是年　由于“文化大革命”爆发，学校停止招生。

8 月 29 日　华侨大学造反派与厦门八中、厦门大学等校学生赴福州参加福建省委大院集会，要求省委第一书记叶飞就王于畊“问题”表态并接受革命造反派的批判，向福建省委打响了第一炮。

11 月 6 日　造反派宣布夺校筹委会的权，领导学校的“文化大革命”，并组织批判“资产阶级反动路线”。

1967 年

1 月 16 日　华侨大学最大的红卫兵组织“革命造反战斗兵团”与厦门大学、厦门八中、福建林学院等学校造反派学生共同组织成立“福建省八·二九革命造反总司令部”，并将“福建省头号走资派”叶飞揪出来游街示众。

1 月 20 日　由华侨大学艺术系及另外两所中侨委下属学校北京归侨灭资兴无学校、北京外国语专科学校学生组成的红卫兵组织“首都归侨东方红公社”宣布夺了中侨委的权。

1 月 23 日　华侨大学造反派宣布夺了学校的大权，并成立接管委员会。同一天，学校造反派联合晋江地区其他群众组织接管地市委、市人委。

1 月 24 日　华侨大学造反派与省内其他群众组织一起夺了以叶飞为首的福建省委的党、政、财、文大权。

4 月　“革命造反战斗兵团”以永春县造反派受到压制为借口，串联校内外造反派 1000 多人开往永春夺权，与当地“保皇势力”战斗了四十天，双方发生较大规模的武斗。

7 月 3 日　造反派组织“泉红革”与其对立派“泉战总”在被列为泉州市文物保护单位的谯楼（即威远楼）发生武斗，致使 154 人受伤住院、1 人死亡。

9 月 8 日　“泉战总”“泉联战总”等造反派组织武装围攻清源山的红派，共有 7 人在战斗中被枪炮打死，数十人受伤。

1968 年

是年秋　中国人民解放军“6714”部队军宣队和泉州运输总站的工宣队进驻学校。

9 月 7 日　华侨大学八派、战革派、钢派三大造反派组织联合发文，要求所有在外的师生员工立即返校复课闹革命。

12 月 26 日　全校实现大联合。

1969 年

1 月 23 日　福建省革委会主任、福州军区司令员韩先楚同志来校向师生讲话。

2 月 8 日　华侨大学革委会成立。军代表段波同志任革委会主任。

6 月 13 日　曾任华侨大学党委副书记的蔡楚吟同志被迫害致死。

是年　中侨委被正式撤销。侨务工作归属外交部，中侨委设立留守处，由外交部代管。

1970 年

1 月 17 日　福建省革委会出台《关于撤销华侨大学的通知》。该通知决定：华侨大学撤销后，校址作为新合并成立的福建医科大学办学地点。原有校舍、营具、通信和生活设备移交给医科大学；土建系并入福州大学，外语系并入厦门大学，医疗系并入医科大学。三个系的教职工和教学仪器设备、图书资料等，分别由福大、厦大、医大对口选用。学校教职工，除工作需要留用外，其余人员都由晋江专区革委会和华侨大学革委会负责下放，到农村插队落户。

是月　成立华侨大学留守处，负责善后工作。留守处负责人为卢守德同志。

3 月 25 日　华侨大学革委会党的核心领导小组成立，该小组由刘伯玉（校宣传部部长）、卢守德、马焕清（军宣队代表）、邵明亮（军宣队代表）等四位同志组成，刘伯玉任组长。

1977 年

12 月　国家副主席李先念在中央侨务会议预备会上做关于恢复华侨大学的指示。

1978 年

1 月 16 日　教育部、外交部、国务院侨务办公室提出《关于恢复暨南大学、华侨大学的请示报告（讨论稿）》。

4 月 17 日　国务院批转《教育部、国务院侨务办公室关于恢复暨南大学、华侨大学有关问题的请示》（摘要），指出两所大学应以招收海外港澳同胞和台湾籍青年学生为主，同时也要招收少部分国内学生（以国内归侨和侨眷的子女为主），对华侨和港澳学生毕业实行“来去自由”政策，毕业后可自由返回原居住地就业，凡自愿留下参加祖国建设的由国家统一分配工作；华侨大学要办成一所工科大学，首先恢复土木建筑系和化工系，以后逐步增设一些其他系和专业；学制暂定为四年，学生规模暂定为 2000 人。领导体制实行教育部和所在省双重领导，以教育部为主；有关侨务政策工作由国务院侨务办公室负责。校长仍由全国人大常委会副委员长廖承志兼任。

是月　学校根据国发〔1978〕71号文件精神，成立华侨大学筹备领导小组，组长由林一心同志兼任，副组长由汪大铭同志担任，下设秘书组、政工组、教务组、总务组、设备组。

5月3日　福建省革委会《关于复办华侨大学、中医学院以及医科大学搬迁有关问题的通知》指出，中医学院、医科大学迁回福州，校址归还华侨大学。

7月4日　校筹备领导小组办事处由福州迁回泉州校部，并召开了为期五天的筹备扩大会议，传达中央、省委关于复办华侨大学的批示。

9月　设立土木建筑系、数学系、化学系。共录取新生181人。土木建筑系暂借福州大学上课。

10月23日　华侨大学复办挂牌典礼隆重举行。

10月25日　中共福建省委关于华侨大学机构设置的批复，同意华侨大学党委机构设党委办公室、组织部、宣传部、统战部、武装部；行政机构设：校长办公室（与党委办公室合署办公）、人事处（暂与组织部合署办公）、教务处、总务处、基建处、落实办、团委会、工会。

是年　数学系教师赖万才的论文《兰道定理中的海曼常数的准确值》获全国科学大会成果奖。

1979年

2月　学校为原党委副书记蔡楚吟同志平反昭雪，在福州枕峰公墓举行了追悼会和骨灰安放仪式。

3月24日　出台《华侨大学1979年海外华侨学生报考办法简介》。

4月19日　成立校工会筹备领导小组，白世林同志任组长，赵富足同志任副组长。

9月22日　教育部、国务院侨务办公室《关于华侨大学专业设置等问题的意见》的文件同意华侨大学恢复物理系、化工系并新增机械工程系。

是月　全校录取新生273人。土木建筑系由福州迁回校部上课，更名为土木工程系。

是月　国务院侨务办公室副主任林一心莅校看望师生。

12月13日　成立共青团华侨大学委员会。杨振东兼任书记，陈宝霞任副书记。

是年　选举产生华侨大学第一届学生会，主席黄敏雄（香港）、副主席蔡伊志（女）。

1980 年

1 月 8—9 日　华侨大学董事会成立，全国政协副主席、全国侨联主席庄希泉任董事长，林一心、连贯、蔡黎、董大林、林默涵、郭瑞人、王宽诚、甘文芳、许东亮、庄明理、王汉杰、汪大铭任副董事长，洪丝丝任秘书长。

1 月 26 日　成立“华侨大学学术委员会”，杨曾艺任主任。

3 月 19 日　民政部文件《关于为华侨大学抽调骨干教师的通知》指出，年内将从吉林等 23 省、市抽调 136 名教师到华侨大学任教。

4 月 4 日　中共教育部党组通知，汪大铭同志任华侨大学党委第一副书记、副校长；许金荣同志任华侨大学党委副书记、副校长；杨曾艺、白世林、王福起同志任华侨大学副校长。

4 月 9 日　中共教育部党组通知，雷霆同志任华侨大学副校长。

5 月 10 日　成立“中共华侨大学机关总支委员会”。

5 月 22 日　中共教育部党组通知，中央批准廖承志同志兼任华侨大学校长、蔡黎同志兼任华侨大学党委书记。

5 月 25 日　中共福建省委组织部通知，华侨大学党委会由蔡黎、汪大铭、许金荣、杨曾艺、白世林、雷霆、王福起同志组成，经中央批准蔡黎同志兼任党委书记，经中共教育部党组批准汪大铭同志任党委第一副书记、许金荣同志任党委副书记。

是月　华侨大学首次与暨南大学联合对外招收海外华侨及港澳学生，实行另设考场、独立命题、联合考试、分别录取的招生办法。

9 月　全校录取新生 342 人。华侨大学党委机构设党委办公室（与校长办公室合署办公）、组织部（与人事处合署办公）、宣传部、团委会、工会。

1981 年

4 月 4 日　全国侨联副主席、校董事会副董事长庄明理莅校视察陈嘉庚纪念堂施工建设情况。

4 月 16 日　教育部副部长周林莅校视察。

4 月 25 日　国务院副总理谭震林莅校视察。

9 月 9 日　成立中共华侨大学纪律检查委员会，许金荣任书记，池冲任副书记。

9月22日　中共教育部党组通知，刘培德任华侨大学副校长，任期四年。

是月　全校录取本专科新生346人。设立预科班，招收预科生26人。数学系增设计算机软件专业。

11月3日　设立“校基金委员会”，白世林任主任，叶荣恭、傅孙双同志任副主任。

是月　国家学位委员会授予华侨大学学士学位授予权，是全国首批获得学位授予权的高等学校之一。

1982年

2月7日　中共福建省委第一书记项南、国务院侨务办公室副主任林一心等领导莅校视察。

2月12日　成立校学位评定委员会。副校长杨曾艺教授任主席。

2月24—25日　召开中共华侨大学第一次代表大会，选举产生中共华侨大学第一届委员会和纪律检查委员会。

3月26日　中共福建省委组织部《关于中共华侨大学第一届委员会和纪律检查委员会组成人员的批复》通知，省委同意中共华侨大学第一次代表大会选举汪大铭、雷霆、白世林、杨曾艺、王福起、许金荣等同志组成中共华侨大学委员会，汪大铭同志经中央同意为书记，雷霆、许金荣同志为副书记。中共华侨大学纪律检查委员会由许金荣等七位同志组成，许金荣同志为书记，池冲同志为副书记。

9月　增设计算机科学系、电子工程系；化学系与化工系合并为化学化工系。全校录取本专科新生357人，录取硕士研究生8人。预科没有招生。行政机构增设生产设备处、财务处。

是月　学校试行学年学分制的教学管理体制，先在土木工程系和机械工程系等部分系科试行。

11月7日　中共中央书记处书记胡启立莅校视察。

1983年

1月24日　教育部批准华侨大学成立夜大学。

2月11日　增设精密仪器专业。

3月10日　成立“华侨大学技术职称评定委员会”，主任刘培德，副主任林蒲田、杨翔翔、孟宪武。

6月10日　杰出国务活动家、全国人大常委会副委员长、华侨大学校长廖承志同志因病在北京逝世。学校举行追悼会，深切缅怀廖校长创办华侨大学的丰功伟绩。

6月20日　中共中央、国务院批复中央宣传部、教育部、国务院侨务办公室《关于进一步办好暨南大学和华侨大学的意见》（摘要），决定将华侨大学列为国家重点扶持的大学，其隶属关系划归国务院侨务办公室，实行国务院侨务办公室、教育部和学校所在省省委共同领导，以国务院侨务办公室领导为主。招生主要对象是港澳同胞、海外侨胞、台湾青年和外籍华人，也适当招收少量在大陆的归侨、侨眷、港澳同胞子女和台湾籍青年；学制要灵活多样，除招收本科生和研究生外，也要办两年制专科和一年或更短的专修班，还可办预科和函授教育；实行学分制。允许两校（暨大、华大）单独招生，在内地、港澳均可设考场；实行学校推荐与考试相结合的办法招收新生；学校实行董事会下的校长负责制，学校建立党组。（中共中央〔1983〕24号文件）

7月19日　中共福建省委常委办公会议，听取了华侨大学雷霆和汪大铭同志关于学习和贯彻中共中央〔1983〕24号文件的情况和意见的汇报，并进行了讨论。建议将华侨大学办成一所具有特色的以工科为主的综合性大学，成为福建省对外交流的中心之一，专业设置要适应侨、台、港、澳学生的需要进行调整，现有理工各科要继续办好，创造条件逐步开设中文、外文、中医、美术（主要是国画）、旅游、法律、经济管理、国际贸易、计算机软件、土木、电子等专业，台湾籍生预科要复办。由华侨大学根据以上意见，提出具体方案呈报国务院侨务办公室、教育部审批。会议并就扩大对外宣传，扩大和发挥华侨大学董事会和校友会的作用等问题做了研究。

8月22日　中共福建省委第一书记项南、副省长张格心、晋江地委书记常登榜和泉州市委书记张田丁等领导莅校检查华侨大学贯彻执行中共中央〔1983〕24号文件和省委常委办公会议精神的情况。

9月9日　福建省人民政府省长胡平莅校视察陈嘉庚纪念堂施工和基建情况。

是月　土木系更名为土木建筑系。增设中国画、日语、英语三个专修班。全校录取本专科新生501人，录取硕士研究生6人，预科生40人，夜大学学生47人。

10月19日　国务院侨务办公室党组通知，根据中共中央组织部文件通知，中央同意叶飞同志兼任华侨大学校长。

10月23日　隆重举行陈嘉庚纪念堂落成典礼。叶飞、杨成武、项南等领导人为陈嘉庚纪念堂落成剪彩。

10 月 24 日　举行第一届校董事会第二次会议，增聘海外热心华侨教育事业知名人士担任董事，增选林丽蕴、卢嘉锡为副董事长。在香港、北京两地设董事会办事处，决定设立“奖学金”，选送青年教师和优秀毕业生出国进修深造。

10 月 25 日　学校举行第一届科学讨论会，会上交流论文 98 篇。

10 月 29 日　国家主席李先念莅校视察，参观了陈嘉庚纪念堂，并亲切接见了师生代表。

是月　学校提出教学改革八条意见：(1) 注意拓宽专业面，培养学生具备较合理的知识结构。专业设置要与东南亚和港澳地区的需要相适应，以利扩大海外生源。(2) 改革教学方法，减少必修课时数，增加选修课，重视智能的培养与开发。(3) 提高选修课质量，并与毕业设计（论文）相结合。(4) 重视英语、中文、计算机语言的教学，抓好人文、管理知识的教学。(5) 重视基础，加强辅导，注意对学生实际工作能力的培养。(6) 实行多层次办学，即实行研究生和本科生、专科生多层次学历教育，同时举办预科班及各种非学历的进修班、培训班的教育，采取灵活多样的学制。(7) 科研工作要突出重点，与培养研究生相结合，要为厦门特区和闽南三角区的经济建设服务，形成华侨大学的特色。(8) 加强爱国主义教育和学风、校风建设，使学生德智体全面发展。

11 月 1 日　中共中央候补委员、北京大学党委副书记、常务副校长王学珍莅校商谈筹办中国文化系事宜。

12 月 7 日　杨曾艺副校长在清华大学向教育部长何东昌同志汇报了华侨大学办学现状和学习中共中央〔1983〕24 号文件后的设想。何东昌同志提出华大是以对外为主，主要考虑华侨青年，对港台更加要考虑等。

1984 年

1 月 23 日　教育部同意华侨大学增设汉语言文学专业和旅游经济管理专业，学制均为四年。

3 月 23 日　教育部同意华侨大学设置英语专业，学制四年，待师资等条件具备时开始招生。

4 月 23 日　教育部《关于华侨大学要求更改专业名称的批复》，同意将化学专业改为应用化学专业，电子技术专业改为电子技术及应用专业。

4 月 25 日　国务院侨务办公室党组通知：雷霆同志为副校长、党组成员，刘培德同志为副校长，施玉山同志为副校长，杨翔翔同志为副校长、党组成员兼教务长，白世林同志为副校长、党组成员兼总务长，林蒲田同志为秘书长、党组成员，李孙忠同志为党组成员。党组工作由中共福建省委代管，日常工作由雷霆同志主持。

6月26日　中共中央宣传部部长邓力群莅校视察。

9月27日　福建省卫生厅《关于同意创办华侨大学医院的复函》，指出华侨大学医院属华侨大学直接领导的医疗预防机构，医院规模：设一百张病床。

是日　国务院侨务办公室同意华侨大学成立进修学院。

9月29日　中共福建省委宣传部通知，接中共中央宣传部干任字〔1984〕61号文通知，雷霆同志任华侨大学党组书记。学校设立党组，原纪律检查委员会改为纪检组。

是月　增设学生处、公共关系处、科研处。

是月　增设中国文化系、建筑系、外语系（英语专修班，学制两年）、旅游系（旅游经济管理、导游翻译专业、学制均为两年）、艺术系（中国画专修班，学制两年）。

10月4日　国务院办公厅转发国务院侨务办公室《关于办好暨南大学、华侨大学的报告》（摘要）指出，两校要面向海外和港澳地区，积极扩大学生来源，对华侨和归侨子女，应予适当照顾，对低于当地省、自治区、直辖市录取线的，可以择优招入预科班，也可以招收不包分配的收费生；两校要办出特色、办出水平，在海外具有吸引力，必须大胆改革；两校应与国内其他大学有所不同，在专业设置上，要从适应港、澳、台和国外就业需要出发；在办学形式上，要灵活多样，可以采取多层次、多种规格、多种形式，也可以采取扩大预科，增设函授，实行多种学制，允许插班、转系，试行两科文凭（双学位）等措施。扩大两校的自主权，实行校长负责制；扩大学校的人事权，教学、科研的业务权，对外活动权、经费使用权；等等。

10月12日　国务院侨务办公室同意华侨大学举办附中、复办附小。

12月1日　国务院侨务办公室《关于同意新设四个专业的批复》，同意华侨大学设置生物工程、建筑学、工商管理、国画四个专业，主要面向海外招生，国画专业近期应限制规模，只向海外招生。

1985年

1月9日　调整“华侨大学教学研究委员会”成员，主任刘培德，副主任杨翔翔、杨思讱。

1月28日　中国科学院院长卢嘉锡莅校做报告。

1月31日　成立《华侨大学报编委会》，主编林蒲田，副主编庄善裕、杜成金。

2月8日　外交部部长吴学谦莅校视察。

4月10日　原校党委第二书记伍治之同志莅校看望师生。

6月12日　全国侨联副主席蚁美厚莅校参观访问。

7月1日　国务院侨务办公室通知，预科班改称先修部。

9月　增设工商管理系（工商管理专业）。机械工程系更名精密机械工程系（机械制造工程及设备专业、精密仪器专业），化学工程系更名化工与生化工程系，数学系更名应用数学系，物理系更名应用物理系，化学系更名应用化学系。

是月　全校录取本专科新生1063人（本科598人、专科465人），硕士研究生15人，预科生58人，夜大学生49人。

10月15日　国务院侨务办公室党组通知，经中共福建省委批准，并征得多数正副董事长同意，任命陈觉万同志为副校长、党组成员。

11月1日　华侨大学隆重举行建校25周年校庆，3000多名师生和国内外500多位来宾、校友欢聚一堂，同欢共庆。

11月2日　“华侨大学校友会总会”成立，许东亮、伍治之、杨振志为名誉理事长，谢白秋为理事长。

11月27日　中共福建省委组织部通知，李孙忠同志任华侨大学纪检组组长（副厅级）。

12月10日　全国人大常委会常委胡继伟同志莅校参观访问。

12月11日　成立“华侨大学学生工作指导委员会”，主任陈觉万，副主任李孙忠。

12月12日　国务院侨务办公室主任廖晖莅校视察，并与部分学生座谈。

1986年

1月6日　“社会科学基础教研室”改为“社会科学基础部”。

1月30日　成立“华侨大学学衔评定复审领导小组”，组长陈觉万，副组长施玉山。

是日　成立“华侨大学教改领导小组”，组长施玉山，副组长林蒲田。

3月22日　原校党委副书记谢白秋同志莅校看望师生。

3 月 31 日至 4 月 2 日　召开华侨大学第一届工会会员代表大会，成立“华侨大学工会委员会”，黄风长、陈照愿任副主席。

6 月 18 日　国务院侨务办公室副主任林修德同志莅校视察。

7 月 20—21 日　召开华侨大学第二届董事会第一次会议，经国务院侨务办公室批复，胡平为董事长，王宽成、王汉杰、许东亮、庄启程、庄明理、李星浩、林一心、祖炳民、陈宗基、陈明义、陈觉万、黄辛白、黄长溪、梁披云、蔡明裕、郑龙溪为副董事长（以姓氏笔画为序）。

9 月 11 日　福建省教育厅厅长叶品樵莅校视察金川活动中心工地。

是日　福建省副省长黄长溪莅校看望菲律宾留学生。

9 月 27 日　国务院侨务办公室党组通知，陈觉万同志为华侨大学常务副校长，主持日常工作；庄善裕同志为华侨大学副校长。

是月　学校设有 14 个系 18 个专业（其中 5 个专修科：英语、日语专修科，学制两年；导游翻译、旅游经济管理专修科，学制两年；中国画专修科，学制两年），一个大学先修部。

是月　全校录取本专科新生 686 人（本科 523 人，专科 163 人），硕士研究生 13 人，预科生 120 人。夜大没有招生。

10 月 23 日　黄炎成、林品光同志任校长助理。

11 月 1 日　福建省教委关于建立“华侨大学教师职务评审委员会”的批复，施玉山同志任主任，杨思认同志任副主任。

11 月 11 日　在深圳召开海外和内地等 19 位董事参加的特别会议，并成立“华侨大学董事会基金会”，由许东亮先生任理事长。

1987 年

2 月 28 日　国务院侨务办公室副主任林水龙莅校视察。

3 月 16 日　成立“华侨大学专业技术职务评审委员会”及教师以外各类专业技术职务评议组（自然科学、社会科学、实验技术、工程技术、卫生、会计和图书资料等 7 个专业的中、初级职务评审权），陈觉万同志为主任委员。

4 月 2 日　国务院侨务办公室批复，同意在原建筑工程设计室的基础上成立“华侨大学建筑工程设计事务所”。

5 月 21—22 日　召开华侨大学首届科技工作会议。

6 月 5—6 日　建立“华侨大学校务委员会”和“华侨大学咨询委员会”。校务委员会主任委员陈觉万，咨询委员会主任委员杨翔翔。

6 月 19—20 日　召开华侨大学第一届教职工代表大会。

8 月 17 日　成立“华侨大学环境保护研究所”，李颂琛教授为名誉所长，岑传铨副教授、林一雄同志任副所长。

9 月 2—3 日　在厦门召开第二届董事会董事长、副董事长、秘书长（扩大）会议。

是月　增设法律系国际贸易法专业，旅游系旅游经济管理专业改为本科，学制均为四年。全校共 15 个系 19 个专业（其中四个专修科：英语、日语专修科，学制三年；中国画、工商管理系的会计专科，学制两年。一个先修部（即预科））。全校录取本专科新生 671 人（本科 487 人，专科 184 人），硕士研究生 18 人，预科生 110 人，夜大学生 31 人。

10 月 5 日　国务委员、国家教委副主任彭珮云莅校视察。

11 月 26 日　成立“华侨大学基金委员会”，主席施玉山，副主席庄善裕。

11 月 27 日　国务院侨务办公室对华侨大学开设法律专业的批复，经与国家教委商谈，同意开设四年制法律专业。

12 月 4 日　成立“华侨大学教学改革指导委员会”，主任杨翔翔，副主任杨思认、郑厚生。

1988 年

2 月 23 日　国务院侨务办公室教育司通知，国家教委〔1988〕教计字 021 号文同意华侨大学与福建省教委联合兴建华侨大学仰恩学院。

3 月 3 日　福建省人民政府副省长陈明义、省人大常委会副主任黄长溪、省教委副主任叶品樵莅校商谈仰恩学院建校事宜，吴庆星先生专程莅校参加。

3 月 5 日　成立“华侨大学老干部工作委员会”，主任庄善裕，副主任白世林。

是日　国务院侨务办公室人事司同意华侨大学计算机科学（计算机）系和社会科学基础部升格为处级机构。

6 月 14 日　福建省人民政府副省长高文一行莅校参观访问。

8 月 19 日　国务院侨务办公室通知，叶飞同志改任华侨大学名誉校长，陈觉万同志为华侨大学校长（任期四年）。

9 月 6 日　福建省人民政府通知，庄善裕同志兼任华侨大学仰恩学院院长。

9 月 8 日　中共福建省教委党组转发闽委宣干〔1988〕048 号文，吴道明同志任仰恩学院副院长，季进彬同志任仰恩学院副院长。

是月　法律系“国际贸易法专业”改为“国际经济法专业”。精密机械工程系增设“机械模具设计专业”，学制两年。

10 月 26 日　因胡平同志调任商业部部长，由黄长溪同志接任华侨大学第二届董事会董事长。

11 月 12 日　国务院侨务办公室人事司通知《关于对华侨大学设立外国语言等八个新增专业》升级为系级机构：英语专业设立外语系，电子技术应用专业设立电子工程系，法律专业设立法律系，国画专业设立艺术系，汉语言文学专业设立中国文化系，旅游经济管理专业设立旅游系，工商管理专业设立工商管理系，建筑学专业设立建筑系。

1989 年

1 月 25 日　国务院侨务办公室通知，任命黄炎成同志为华侨大学副校长。

2 月 14 日　国务院侨务办公室〔1989〕文教字第 047 号文给福建省教委，关于同意华侨大学调整“应用物理”和“应用数学”两个专业的复函，同意“应用物理”改为“电气技术专业”，“应用数学专业”改为“管理信息系统专业”。

2 月 28 日　成立“华侨大学测试技术与可靠性研究中心”。

6 月 2—3 日　召开中共华侨大学第二次代表大会。

6 月 23 日　国务院侨务办公室、国家教委、卫生部联合签署《关于对暨南大学、华侨大学的管理职责的暂行规定》。

6 月 30 日　中共福建省委组织部通知：施玉山同志为党委书记，杜成金同志为党委副书记，李孙忠同志为纪委书记。

9 月 8 日　中共福建省委组织部、省编制委员会《关于华侨大学党委工作机构设置的批复》，同意中共华侨大学委员会内设办公室、组织部、宣传部、学生工作部、统战部。

是月　全校共设 15 个系、20 个专业（其中三个专修科：机械模具、导游翻译、中国画）、一个先修部。

10 月 20 日　福建省人民政府通知，免去庄善裕仰恩学院兼职院长一职。

10 月 25 日　成立“华侨大学教授会”，会长为李颂琛教授。

11 月 20 日　国务院侨务办公室批复，同意华侨大学设立“监察审计室”。

12 月 14 日　国务院侨务办公室文教宣传司通知，同意华侨大学将体育教研室更名为“体育部”。

1990 年

9 月 20 日　成立“华侨大学国有资产管理办公室”，主任黄炎成，副主任林品光。

10 月 6 日　成立“华侨大学师资培训中心”，主任吴道明。

11 月 1 日　隆重举行庆祝华侨大学建校三十周年大会暨陈嘉庚和廖承志铜像揭幕典礼。同时举行“侨总图书馆”“菲华楼”落成典礼，举办《纪念陈嘉庚先生书画展览》。

是日　庆祝华侨大学建校三十周年，国民党元老陈立夫先生特地寄来贺词：“侨居海外心存祖国，文化崇高历史悠久；惟吾中华可助人类，和平幸福大同所求。”

1991 年

1 月 5 日　设立“华侨大学保卫处”。

5 月 4 日　“华侨大学明新电子研究所”成立。

5 月 7 日　“海外华人文学暨台港文学研究所”成立。

5 月 18 日　计算机系研制的“汽车客运站大屏幕微机控制 - 自动显示系统”在泉州市汽车新站通过福建省级鉴定填补了福建省自动控制显示系统的一项空白。

7 月 5 日　生产设备处更名为“设备物资处”。

8 月 15 日　菲律宾华侨蔡聪妙一行莅校参观，并捐款扩建和装备校医院。

11 月 25 日　经福建省教委批准，华侨大学法律系举办法学研究生课程进修班。

11 月 27 日　成立“华侨大学对外汉语教学部”。

1992 年

1 月 22 日　召开《政府特殊津贴证书》颁发仪式，陈觉万、杨翔翔、庄善裕、黄炎成等校领导向华侨大学获此津贴的王永初、许承晃、施建伟三名教授颁发证书。

4 月 11 日　“华侨大学青年学马列主义研究会”成立。

4 月 15 日　隆重举行楠芬楼落成典礼，黄长溪、陈觉万、郭荣辉等同志为该楼剪彩。

5 月 18 日　祖营楼落成典礼举行。

5 月 30 日　“华侨大学关心下一代协会”在陈嘉庚纪念堂科学厅成立，校党委副书记杜成金当选为主席。

8 月 18 日　颁布《华侨大学校内分配改革方案》。

8 月 26 日　颁布《华侨大学人事制度改革方案》。

8 月 28 日　社会科学基础部更名为“社会科学系”。

9 月 1 日　福建省华侨无线电厂正式划归华侨大学。

9 月 26 日　校党委统战部与宣传部合署办公。

是日　成立“华侨大学国际语言培训中心”。

10 月 22 日　“华侨大学建筑工程设计事务所”更名为“华侨大学建筑设计院”。

是日　成立“华侨大学毕业生就业指导中心”。

10 月 30 日　杨思椿科学馆落成典礼、李克砌纪念楼奠基典礼、中外合资华侨大学胶粘剂有限公司挂牌仪式先后举行。

12 月 12 日　接国务院侨务办公室通知，华侨大学应用化学、计算机及其应用、建筑学、电气技术和工商管理等 5 个学科被列为重点学科。

12 月 22 日　“华侨大学基建处修建队”更名为“华侨大学建筑工程公司”。

1993 年

1 月 11 日　成立“华侨大学金刚石工具厂”。

2 月 11 日　成立“华侨大学材料物化研究所高技术开发公司”。

2 月 19 日　华侨大学陈觉万、赖万才当选第八届全国政协委员。

3 月 7 日　成立“社会科学研究所”。

3 月 9 日　校科技开发总公司与校办产业委员会办公室合署。

3 月 30 日　华侨大学应用化学专业改建为材料化学专业，精密仪器专业改建为检测技术及仪器专业。

4 月 29 日　成立“华侨大学管理信息系资讯工程研究所”。

5 月 5 日　成立“华侨大学电气技术系电气技术研究所”。

是日　成立“石狮华大计算机技术应用研究所”。

6 月 5 日　成立“华侨大学电子工程系电子技术应用研究所”。

6 月 21 日　成立“华侨大学微控应用技术研究所”。

8 月 19 日　国务院侨务办公室通知，任命庄善裕为华侨大学校长，免去陈觉万同志的华侨大学校长职务。

9 月 20 日　中共福建省委组织部通知，庄善裕同志任中共华侨大学委员会副书记，免去陈觉万的中共华侨大学委员会委员职务。

10 月 11 日　国务院侨务办公室批复同意华侨大学筹建房地产经营管理本科专业。

10 月 25 日　成立“华侨大学化工与生化工程系生物技术研究开发中心”。

是日　成立“华侨大学台湾经济研究所”。

12 月 11 日　成立“台湾经济研究所”。

是日　国务院学位委员会批准：华侨大学马克思主义哲学、数量经济学、经济法学、测试计量技术及仪器、无机非金属材料、理论电工、物理电子学与光电子学、计算机应用、建筑设计及其理论、化学工程为第五批硕士学位授权学科、专业单位。

1994 年

1 月 4 日　华侨大学“研究生处”成立。

1 月 27 日　成立“华侨大学软科学研究中心”。

3 月 1 日　校监察审计室改设为监察与审计两个机构。

3 月 2 日　“华侨大学台港澳法研究所”更名为“华侨大学法学研究所”。

4 月 3 日　举行李克砌纪念楼落成典礼。李星浩、许东亮、杨振志、陈营官、林大穆和李群华先生为大楼剪彩。

4 月 6 日　国务院侨务办公室任命吴承业同志为华侨大学副校长。

6 月 27 日　国务院侨务办公室批复同意华侨大学设立“离退休处”。

6 月 29 日　成立“华侨大学华硕机电应用技术研究所”。

7 月 25 日　学校创办的“华达律师事务所”成立。

9 月 9 日　由香港实业家、旅港校友李泉清先生捐建的“泉清楼”举行落成典礼。

11 月 18 日　中共福建省委通知，李红同志任中共华侨大学委员会副书记；免去杜成金同志的中共华侨大学委员会副书记职务。

11 月 25 日　国务院侨务办公室任命杜成金同志为华侨大学副校长。

1995 年

3 月 8 日　成立“华侨大学信息中心”。

是日　成立“华侨大学研究生招生办公室”。

4 月 22 日　成立“华侨大学建筑研究所”。

5 月 4 日　华侨大学公共关系处更名为“华侨大学外事处”。

5 月 22 日　设立“华侨大学侨台港澳事务办事处”。

5 月 29 日　成立“华侨大学轻化工研究所”。

6 月 5 日　中共福建省委常委、宣传部部长赵学敏莅校视察。

7 月 11 日　成立“华侨大学环境保护研究所”。

9 月 28 日　成立“华侨大学华侨华人研究所”。

是日　成立“华侨大学留学生管理办公室”。

11 月 1 日　隆重庆祝华侨大学建校 35 周年。会后，还举行了敬萱堂、华丰楼落成典礼。

11 月 6 日　成立“华侨大学计算机工程应用研究所”。

11 月 22 日　成立“华侨大学高分子材料研究所”。

11 月 30 日　华侨大学首次获第四届“挑战杯”全国大学生课外学术科技作品竞赛“优秀组织奖”。

12 月 7 日　成立“泉州华大应用技术研究院”。

12 月 10 日　全国人大常委会常委胡继伟同志莅校参观访问。

1996 年

1 月 5 日　华侨大学与中国社科院研究生院草签合作协议并举行首届博士学位课程班开学典礼。

1 月 9 日　国家教委正式授予华侨大学经济学、政治学、中国语言文学、数学、化学、机械工程、电子学与通信、计算机科学与应用、化学等 9 个学科副教授任职资格评审权。

是日　工商系获国务院学位委员会批准设立企业管理硕士点。

2 月 26 日　国务院侨务办公室批复同意华侨大学设立新闻处，与党委宣传部实行“一套人马、两块牌子”，不另增编制。

3月28日　华侨大学陈嘉庚纪念堂被确定为泉州市爱国主义教育基地。

4月7日　国务院侨务办公室与福建省人民政府正式签订共建华侨大学协议。

5月17日　成立“华侨大学石材加工机械研究所”。

7月2日　国务院侨务办公室通知，同意关一凡同志任华侨大学校长助理。

7月17日　国务院侨务办公室与泉州市人民政府签订共建华侨大学协议；华侨大学与泉州市联合办学协议同时签订。

8月7日　国务院侨务办公室通知，任命郭亨群同志为华侨大学副校长。

9月3日　国家教委授予华侨大学“贯彻《学校体育工作条例》优秀学校”称号。

9月8日　成立“华侨大学应用技术研究院”。

是日　成立“华侨大学艺术研究所”。

10月29日　中共福建省委通知：吴承业同志任中共华侨大学委员会委员、书记；吴永年同志任中共华侨大学委员会副书记；增补黄炎成、郭亨群同志为中共华侨大学委员会委员。吴道明同志任中共华侨大学纪委检查委员会书记、委员职务。

是月　国务院侨务办公室主任郭东坡莅校视察。

12月20日　增设国际经济专业。

1997年

2月21—24日　成立华侨大学（集美）中国语言文化学校。李基杰任校长，金宁、邱凯华任副校长。

2月28日　社科所并入社科系。

3月2日　校进修学院更名为“成人教育学院”。

3月17日　“华侨大学泉州学院”正式成立，王建成同志兼任院长。

3月19日　全国计算机等级考试华侨大学考点获准成立。

4月8日　中共中央政治局委员、国务院副总理钱其琛在中共福建省委书记陈明义、省长贺国强，国务院侨务办公室主任廖晖，国务院台办主任陈云林、国家旅游局局长何光障及泉州市委书记邱广钟、市长何立峰等陪同下莅临华侨大学视察。

4月25日　华侨大学“社会科学系”更名为“国际经济系”。

5月19日　国务院侨务办公室批复同意李冀闽同志任华侨大学校长助理。

6月6日　经国务院侨务办公室同意，学校成立华侨大学（集美）华文教育中心，为华侨大学直属系级建制（正处级）。

6 月 9 日　成立“华侨大学先进制造技术研究所”。

6 月 14 日　华侨大学成为福建省唯一通过全国建筑工程专业评估的高校，跻身全国 18 强。

9 月 7—8 日　中共华侨大学第三次代表大会召开。会议审议通过了吴承业同志代表中共华侨大学第二届委员会做的党委工作报告和吴道明同志代表中共华侨大学纪律检查委员会做的纪委工作报告，选举产生了中共华侨大学第三届委员会和新一届纪律检查委员会。

9 月 22 日　成立华侨大学《华侨高等教育研究》编辑部。

11 月 13 日　国务院侨务办公室主任郭东坡莅校视察。

11 月 21—24 日　中国工程院院士岑可法莅校讲学并受聘华侨大学兼职教授。

12 月 19 日　华侨大学管理信息系统、砼结构与砌体结构、化工原理等 3 门课程被评为 1997 年福建省级优秀课程。

12 月 28 日　国家教委副主任周远清莅校视察。

1998 年

2 月 23 日　华侨大学新增“中国现代文学”和“旅游管理”两个硕士点。

3 月 22 日　华侨大学举行“中国海峡人才市场华侨大学办事处”成立揭牌仪式。

4 月 14 日　华侨大学获准新增美术学和汉语言两个本科专业。

5 月 2 日　华侨大学出台引进博士、博士后人员科研启动费管理办法。

5 月 5 日　著名经济学家乌家培教授受聘华侨大学名誉教授。

5 月 22 日　教育部副部长张保庆莅校视察，表示教育部将进一步支持华侨大学办好华文教育。

6 月 23 日　国务院学位委员会通知，国务院学位委员会第十六次会议批准华侨大学为新增博士学位授予单位，批准华侨大学机电系“机械制造及自动化”专业为博士学位授权学科、专业。

7 月 8 日　经国务院侨务办公室同意，华侨大学正式成立化工学院。

9 月 10 日　华侨大学隆重举行“胜骏楼”奠基和“化工学院”挂牌仪式。

10 月 18 日　华文教育中心（集美侨校）举行建校 45 周年庆典。

10 月 19 日　“永亮锦云楼”落成剪彩。

11 月　教育部副部长周远清莅校视察。

1999 年

1 月 11 日　华侨大学建筑设计院荣升甲级院。

2 月 1 日　国务院侨务办公室授权华侨大学开展同等学力人员申请硕士学位工作。

4 月 12 日　国务院侨务办公室文教宣传司批复，同意成立“华侨大学职业技术学院”。该院为校内二级学院，挂靠成人教育学院。

5 月 21 日　经国务院侨务办公室研究并商请教育部同意，决定华侨大学（集美）华文教育中心更名为华侨大学（集美）华文学院，保留原集美华侨学生补习学校校牌。

6 月 7 日　国务院侨务办公室文教宣传司批准华侨大学在澳门举办法学专业大专班。

6 月 17 日　李红同志兼任华侨大学（集美）华文学院院长；邱凯华、金宁、李辉同志任华侨大学（集美）华文学院副院长。

6 月 30 日　福建省政协主席林逸教授一行莅校视察。福建省政协副主席陈增光率领省政协党组调研组到华侨大学开展政协工作调研。

8 月 18 日　国务院侨务办公室与厦门市人民政府签订共同建设华侨大学（集美）华文学院协议。

9 月 2 日　机电控制与自动化、地震工程及防护工程两个学科入选福建省普通高等学校重点学科。

是月　华侨大学学报社科版荣获首届“全国百强社科学报”称号。

10 月 18 日　中共福建省委书记陈明义、代省长习近平、省委副书记何少川、副省长潘心城率领省委办公厅、省计委、省教委、财政厅、省科委部门负责人一行 21 人莅校视察。

10 月 21 日　成立华侨大学超硬工具研究所。

12 月 9 日　校石材加工研究室列入福建省高校首批重点实验室。

12 月 28 日　中共福建省委通知，李红同志任中共华侨大学委员会书记；吴承业同志任中共华侨大学委员会副书记；关一凡、李冀闽同志任中共华侨大学委员会常委。

12 月 30 日　国务院侨务办公室通知，任命吴承业同志为华侨大学校长；任命李红、关一凡、李冀闽同志为华侨大学副校长；杜成金、黄炎成同志改任助理巡视员。

是月　华侨大学继工商管理专业之后又争取到土木工程、英语和艺术设计等三个专业的夜大学专科升本科和国际经济与贸易、旅游管理两个函授专业专科升本科办学资格。

2000 年

1 月　校学术委员会批准在机械及其自动化、材料学、数量经济学、结构工程等四个学科设置首批特聘教授岗位。

2 月 6—7 日　中共福建省委书记、校董事会董事长陈明义莅校视察。

3 月 14 日　建立“校长信箱和校长接待日”制度，受理群众意见、建议和投诉。

4 月 4 日　增设材料科学与工程、市场营销两个本科专业。

4 月 9 日　校男篮荣获第二届 CUBA 男子总冠军。中共福建省委书记陈明义、副书记何少川、副省长潘心城，国务院侨务办公室文教宣传司、福建教育厅等向学校致专电表示祝贺。

4 月 21 日　经国务院港澳办公室批准，国务院侨务办公室批复同意华侨大学在香港设立董事会办事处，在澳门设立董事会联络处。

4 月 28 日　由华侨大学华文学院组织编写的《华侨华人中国文化常识（普及标准）》首发式在北京人民大会堂中央大厅举行。针对该书组织标准化考试的华侨华人中国文化常识达标工程同时启动。

5 月 12 日　华侨大学机械制造及其自动化、材料学两个学科获准设立“闽江学者计划”特聘教授岗位。

5 月 15 日　学校出台《华侨大学党政管理机构编制及其人事制度改革方案》，启动新一轮校内管理体制改革。

6 月 1 日　《华侨大学学报》（社科版）被确定为中国人文社会科学核心期刊。

6 月 15 日　新组建经济管理、信息科学与工程、外国语等 3 个学院：经济管理学院由管理信息科学系、工商管理系、国际经济系、旅游系等 4 个系组成；信息科学与工程学院由计算机科学系、电子工程系、电气工程与自动化系等 3 个系组成；外国语学院由外语系和大学英语部组成。

是月　教育部批准华侨大学成为培养高水平运动员试点大学。运动项目为田径、男子篮球和羽毛球，自2000年开始招生。

7月27日　经教育部和福建省人民政府批准，民办福建音乐学院挂靠华侨大学，建立华侨大学福建音乐学院。

9月5日　学校正式确定校训、校标和校歌。校训为“会通中外，并育德才”，校标（略），校歌为《一方沃土》（乔羽词，谷建芬曲）。

9月22日　华侨大学在澳门培养的第一届硕士研究生学满毕业。校长吴承业亲赴澳门为毕业生颁发学位证书。

10月18日　泉州华大环保工程有限公司揭牌成立。

11月1日　建校40周年庆典大会举行。

是日　国务院侨务办公室分别与福建省人民政府、泉州市人民政府签订新一轮共建华侨大学协议。

是日　举行8项侨捐工程落成剪彩或奠基开工仪式。落成的工程是：承露泉、捷中资讯大楼、林树哲椿楦楼、吕振万大楼、进强楼和柯信谋夫人学生宿舍楼；奠基开工的工程是：施良侨科技实验大楼和陈影鹤游泳馆。

11月2日　国务院侨务办公室“华文教育基地”在华侨大学集美华文学院挂牌。

12月28日　华侨大学数量经济学获准成为博士学位授权学科专业。

2001年

1月12日　出台《华侨大学教师在职攻读博士获得学位后享受优惠待遇等若干规定》。

2月19日　旅游管理与服务、机电技术、建筑工程、应用电子技术等4个专业被福建省教育厅确定为福建省高职高专专业教学改革试点专业。

3月9日　印发《华侨大学教职工聘任制实施办法》。

3月23日　国务院侨务办公室与泉州市人民政府签署继续共建华侨大学协议。

3月24日　国务院侨务办公室与福建省人民政府签署继续共建华侨大学协议。

4月17日　福建省学位委员会同意华侨大学增列工程管理专业为学士学位授予专业。

4月27—28日　全国政协副主席罗豪才一行莅校视察。

5月2日　新增工业设计、通信工程、电子科学与技术、电子商务等4个本科专业。

5 月 13 日　恢复华侨大学数学系，为正处级建制。

5 月 16 日　全国政协副主席、台盟中央主席张克辉莅校视察。

5 月 19 日　福建省学位委员会同意华侨大学国际经济与贸易专业（四年制）增列为经济学学士学位授予专业。

5 月 26 日　成立机电及自动化学院。

5 月 28 日　华侨大学数码科技有限公司揭牌成立。

6 月 11 日　成立华侨大学人文社会科学系，为正处级建制。

7 月 3 日　由华侨大学出资控股的泉州华大环保工程有限公司揭牌成立。

7 月 28 日　成立泉州华大超硬件工具科技有限公司。

10 月 17 日　教育部批准华侨大学旅游管理与服务专业为第二批部级高职高专教育专业教学改革试点。

12 月 8 日　“日立杯”第七届中国名校大学生辩论邀请赛结束，华侨大学代表队获得亚军，王雨竹同学获得辩论赛唯一一个“最佳辩手奖”。

12 月 10 日　成立数量经济与技术研究所，校长、博士生导师吴承业教授兼任所长。

2002 年

1 月 29 日　国务院侨务办公室副主任刘泽彭莅校视察，对华侨大学办学提出“立足侨校特色、培养名师、从严治校”的指导意见。

2 月 26 日　学校举行“陈守仁经济管理大楼”“洪祖杭综合教学大楼”“季端楼”“林广场大楼”落成（奠基）典礼。

是日　新增金融学、对外汉语、信息与计算科学、环境工程、人力资源管理、公共事业管理等 6 个本科专业，美术学专业调整为艺术设计专业。

2 月 27 日　经国务院侨务办公室批准，吴季怀、徐西鹏两位同志任华侨大学校长助理。

5 月 28 日　学校与中国社会科学院联合组建“应用经济学重点实验室”。

6 月 14 日　学校获招收在职人员攻读工程硕士专业学位资格。

6 月 19 日　国务院侨务办公室同意华侨大学（集美）华文学院更名为华侨大学华文学院。

8 月　徐西鹏教授荣获福建省第八届“运盛青年科技奖”。

9 月 2 日　成立华侨大学信息工程技术研究所。

10 月 15 日　国务院侨务办公室副主任刘泽彭莅校视察，并与厦门市主要党政领导就合作建设华侨大学厦门校区举行会谈。

11 月 1 日　全国政协副主席罗豪才率全国政协委员福建考察团莅校视察。

11 月 29 日　国务院侨务办公室与厦门市人民政府签署《合作建设华侨大学厦门校区协议书》。

12 月 21 日　安平延仁楼和陈明金大楼落成剪彩仪式举行。莅校出席第五届董事会第一次会议的校董、嘉宾出席剪彩仪式。

是月　国务院侨务办公室副主任、校董事会副董事长刘泽彭在香港为许东亮先生颁授华侨大学名誉博士学位。

2003 年

1 月 15 日　法律系副教授、民建泉州市副主委戴仲川同志当选全国人大代表。之后，他又连任两届。

1 月 23 日　校长吴承业当选第十届全国政协委员。

1 月 28 日　厦门市发展计划委员会批复同意华侨大学建设华侨大学厦门校区。

2 月 10 日　新增广播电视新闻学、生物技术、环境科学、城市规划、给排水工程、物流管理、土地资源管理等 7 个本科专业。

3 月 29 日　华侨大学第一个跨院系、独立建制的实验室——华侨大学新闻影像实验中心揭牌成立。

4 月 25 日　国务院侨务办公室批复，同意华侨大学在澳门开办旅游管理、高分子化学与物理、生物化工、经济法学、企业管理、建筑设计及其理论、结构工程等专业在职硕士研究生班。

6 月 12 日　福建省人民政府副省长汪毅夫莅校视察。

7 月　学校获高等学校教师在职攻读硕士学位授予权。

9 月 1 日　新增区域经济学、金融学、民商法学、中国古代文学、英语语言文学、光学、无机化学、物理化学、生物化学与分子生物学、机械电子工程、机械设计及理论、材料加工工程、信息与信息处理、防灾减灾工程及防护工程、应用化学、环境工程、管理学科与工程等 17 个硕士学位授权专业。

9 月 5 日　数量经济学、材料学、机械制造及其自动化、计算机应用技术、生物化工、物理电子、结构工程、企业管理学、马克思哲学、建筑设计及其理论等 10 个学科被列入国务院侨务办公室重点学科。

9月8日　新增材料学、结构工程、生物化工、企业管理4个博士学位授权学科。

是日　法学院揭牌成立。

10月15日　福建省劳动和社会保障厅同意华侨大学成立职业技能鉴定站。

11月9日　华侨大学夺得首届TBBA中国大学生三人制篮球联赛男子组冠军。

11月26日　华侨大学被确定为福建省重点建设的八所高校之一。

12月31日　中共福建省委通知，吴承业同志任中共华侨大学委员会书记；朱琦环同志任中共华侨大学委员会常委、中共华侨大学纪律检查委员会书记。

2004年

2月21日　华侨大学被深圳市、上海市、北京市列入2004年引进非本地生源本科毕业生主要院校名单。

是月　《华侨大学学报》（哲社版）入选“中国人文社科学报核心期刊”。

3月1日　校领导班子调整：吴承业同志任中共华侨大学委员会书记，朱琦环同志任中共华侨大学委员会常委、纪律检查委员会书记。

3月7日　吴承业校长在两会上关于华文教育的发言受到胡锦涛总书记关注。

4月11日　以全国政协常委、港澳台侨委员会主任郭东坡为组长的全国政协调研组莅校调研华文教育工作。

4月23日　全国人大常委会委员、中国科学院院士陈难先受聘华侨大学名誉教授。

是月　新增资源环境与城乡管理、自动化、软件工程和制药工程四个本科专业。

5月31日　黄华灿副教授的创新发明成果“可任意扩展的二进制键盘编码电路”荣获“第21届尤里卡万国发明博览会”金奖。该成果还入选中国国际交流促进委员会实施的“全国重点专利招商引资项目扶助计划”。

是月　新增市场营销、材料科学与工程、环境工程3个学士学位授予专业。

6月14日　2004年华侨大学、暨南大学两校联合对港澳台学生、华侨、华人及其他外籍学生秋季招生考试开考。当年考试首次采用“三+X”形式。

6月16日　教育部办公厅正式发文，确定华侨大学等42所高校本科教学工作评估结果，华侨大学评估结论为优秀。

6月25日　成立“校园精神”丛书编辑委员会。主任吴承业，副主任庄锡福、鲁锦寰、马拥军。

6 月 26 日　华侨大学学生王妍获 2004 环球洲际小姐中国总决赛亚军，同时摘得“最佳上镜奖”。

6 月 28 日　全国高等学校建筑学专业教育评估委员会决定，同意通过华侨大学建筑学专业（本科、硕士）的评估，合格有效期为 4 年，即 2004 年 6 月至 2008 年 5 月。

8 月 28 日　学校举行 2004 级部分内地新生军训动员大会。这是学校首次对境内部分新生进行军训试点工作。

是月　2000 级博士生李远获首届“中国青少年科技创新奖”。

9 月 14 日　继续教育学院揭牌成立。

是月　福建省教育厅、省财政厅、省发展改革委员会等部门联合出台《关于重点建设高等学校若干意见》，省财政将每年另行安排 1.5 亿元资金，用于支持华侨大学等八所在闽重点高校。

是月　蔡振翔研究员当选第七届中国和平统一促进会理事。

10 月 20 日　成立商学院、工商管理学院、旅游学院、土木工程学院、建筑学院、文学院、人文与公共管理学院，同时撤销经济管理学院。

10 月 29 日　国务院侨务办公室任命吴季怀、徐西鹏、刘塨三位同志为华侨大学副校长。

是月　《华侨大学学报》（自然科学版）入选最新中文核心期刊。

11 月 7 日　坐落于集美文教区、占地面积 2000 亩的华侨大学厦门校区正式动工建设。综合教学楼、郑年锦图书馆、王源兴国际会议中心等三项工程奠基典礼先期举行。

是日　新增 9 项侨捐工程：洪祖杭大楼、施良侨科技实验大楼、陈影鹤游泳馆、许书典大楼、季端楼、大众图书楼、郑年锦图书馆、王源兴国际会议中心、善春启銮艺术教学大楼。林淑惠助学金和延龄闽澳研究基金亦于今日签约。

11 月 28 日　旅游学院举行成立揭牌仪式暨“中国旅游业现状、问题与展望”学术研讨会。

11 月 29 日　经学校研究决定，设立华侨大学厦门校区（厦门工学院）建设指挥部。

2005 年

1 月 7 日　华侨大学－美国德州仪器数字信号处理方案实验室揭牌成立。

3 月 7—8 日　华侨大学南宁预科部和昆明预科部挂牌成立。

3 月 26—27 日　中国共产党华侨大学第四次代表大会隆重召开。吴承业当选中共华侨大学第四届委员会书记，吴永年、关一凡当选副书记；朱琦环当选纪律检查委员会书记。

是月　新增材料成型及控制工程、网络工程、财务管理、行政管理和福建音乐学院的音乐学、音乐表演 6 个本科专业。

是月　机械制造及其自动化、材料学、数量经济学、生物化工、海外华文教育、结构工程、物理电子学 7 个学科被列为福建省高校重点学科。

是月　由校董事会副董事长许连捷先生捐资设立的“华侨大学林淑惠助学金”正式启动。

4 月 4 日　“林秀华香港学生奖学金”首次颁奖。香港特别行政区立法会议员、董事会董事兼副秘书长蔡素玉出席颁奖仪式。

是月　数量经济学、机械制造及其自动化、结构工程、生物化工、材料学、企业管理等 6 个学科获教授和研究员任职资格评审权。

5 月 29 日　华侨大学知识产权研究中心律师部成立。

是月　蔡振翔教授主编的中国大陆第一部研究高校境外生教育体系的著作《中国大陆高校境外生教育研究》出版。

7 月 19 日　厦门校区建设指挥部领导班子调整：吴道明同志辞去总指挥职务，副校长李冀闽接任总指挥，副校长刘塨任第一副总指挥兼总工程师，张云波、陈克明同志任副总指挥。

7 月 21—24 日　泰国上议院议长素春差里科率泰国上议院代表团访问华侨大学。双方就向泰国派遣汉语教学志愿者、为泰国议会培养汉语人才、与泰国有关大学合作等问题达成多项共识。

是月　工程管理专业通过建设部高等教育工程管理专业评估委员会评估，有效期限为五年，自 2005 年 6 月起至 2010 年 5 月止。

是月　在全国首次大学生文艺调演中，华侨大学选送的四个节目全部获奖，其中一等奖 1 项、二等奖 1 项、三等奖 2 项。学校还被教育部授予“全国优秀组织奖”。

8 月 29 日　出台《华侨大学本专科学分制学籍管理规定》。

9 月 26 日　华侨大学 5 名抗战老战士荣获中共中央、国务院和中央军委颁发的“纪念抗日战争胜利 60 周年纪念章”。

10 月 13 日　华侨大学驻泰王国代表处在曼谷正式揭牌，泰国上议院议长素春差里科、中国驻泰王国大使张九桓、泰国中华总商会主席郑明如等出席典礼。

是月　华侨大学“2005 农村税费改革”实践团获首届中国大学生社会实践大奖赛“综合评审大奖”。

11 月 1 日　庆祝建校四十五周年大会举行。

11 月 11 日　学校和厦门市高级技工学校合作成立华侨大学厦门职业技术学院。

11 月 29 日　首届校务新闻发布会举行。

12 月 16 日　设立“林金城理工科优秀教师奖励基金”、“颜延龄理工科教师科研奖励基金”和“澳门胜生企业文科教师科研奖励基金”。

是月　吴承业教授主持的《非平稳非线性时间序列的长期关系研究》和徐西鹏教授主持的《天然石材的少岩屑锯切基础理论及关键技术研究》分别获得教育部 2005 年“高校博士学科点专项科研基金”和国家科技部 2005 年“重大基础研究前期研究”资助。

2006 年

1 月 6 日　国务院侨务办公室任命张禹东同志为华侨大学副校长。

是月　新增马克思主义哲学、科学社会主义和国际共产主义运动、旅游管理 3 个博士学位授予点；新增化学、机械工程、材料科学与工程、信息与通信工程、化学工程与技术、工商管理 6 个硕士学位授权一级学科；新增中国哲学、伦理学、宗教学、国际贸易学、刑法学、国际法学、政治学理论、马克思主义基本原理、思想政治教育、文艺学、汉语言文字学、专门史、人文地理学、微生物学、通信与信息系统、模式识别与智能系统、岩土工程、环境科学、行政管理 19 个硕士学位授予点。

2 月　吴季怀、郑向敏、黄安民、汪京强当选教育部高校教学指导委员会委员。

3 月 18 日　泰国诗琳通公主访问先行团到华侨大学华文学院考察工作，商议“诗琳通公主图书馆”揭牌活动整体方案。

3 月 21 日　华侨大学与解放军羽毛球队签订共建华侨大学羽毛球队协议书。

是月　成立比较文化研究所、新型结构体系研究所、酒店管理国际研究中心、华商研究中心、物流系统工程研究所。

是月　新增华文教育和园艺两个本科专业。

4 月 13 日　泰王国公主哈扎克里·诗琳通访问华侨大学华文学院。

4 月 24 日　成立华侨大学厦门校区管理委员会。

是月　孟凡兵同学获第七届福建省“十佳大学生”荣誉称号。

是月　数量经济研究中心和东方企业管理研究中心被确立为福建省高校首批建设人文社会科学研究基地；另有3个实验室被分别列为福建省高校工业生物技术重点实验室、福建省高校先进制造技术重点实验室、福建省高校功能材料重点实验室。

5月18日　华侨大学华文学院对外汉语专业获得学士学位授予权。

是月　华侨大学入选国家大学生文化素质教育基地。

是月　新增金融学、艺术设计、信息与计算科学、公共事业管理、人力资源管理、对外汉语和音乐学等7个学士学位授予专业。

6月1日　美国密歇根州环境保护厅环境岩土工程首席专家钱学德博士受聘华侨大学客座教授。

6月25日　华侨大学驻印度尼西亚代表处在印度尼西亚泗水市揭牌成立。

8月24日　厦门校区管委会和指挥部工作人员搬入新校区上班，教师临时周转房同时启用，标志着厦门校区开始正式运行。

10月16日　厦门校区启用仪式暨校区开学典礼举行。国务院侨务办公室副主任刘泽彭、暨南大学校长胡军、香港亚洲文化企业有限公司董事长李林林等出席仪式。

是月　张向前专著《人才战略与中华经济研究》获第五次全国人才人事科研优秀成果一等奖。

11月13日　由来自澳大利亚、美国、英国、德国、匈牙利、南非、菲律宾、印尼、日本、马来西亚、新加坡、泰国、加拿大、西班牙及中国香港、澳门等16个国家和地区的32家华文传媒的负责人和资深记者组成的“海外华文传媒聚焦海西”访问团来校访问。

11月22日　华侨大学“善春启銮艺术教学楼”落成典礼暨美术学院揭牌仪式举行。

12月　新增经济学、体育教育、音乐学（海外教育）和舞蹈学（海外教育）、高分子5个本科专业。

是月　《探索土木动向，规划职业生涯》学生实践团队获评第二届中国大学生社会实践成果大奖赛优秀团队，全国仅有两家。

2007年

1月13日　副校长吴季怀入选“海峡西岸群英谱”人物。

是月　华侨大学获2006年度福建省科学技术奖二等奖2项、三等奖2项。

是月　华侨大学电工电子实验中心、机械基础实验教学中心及经济与管理实验中心获评福建省首届高等学校实验教学示范中心。

是月　国务院侨务办公室批准华侨大学与香港能仁书院合作在港举办法学专业成人教育专科学历班。

4月9日　共青团中央书记处第一书记胡春华在中共福建省委教育工委书记陈桦，团中央统战部部长、全国青联秘书长安桂武等陪同下莅校视察。

4月20日　中国高校在菲律宾设立的第一个办事机构——华侨大学驻菲律宾代表处揭牌仪式在马尼拉举行。

4月23日　华侨大学泰国华侨语言培训中心在曼谷揭牌，这是中国高校在泰国创办的首家语言培训中心。

6月18日　泰国诗琳通中学访问团到华侨大学华文学院访问。

6月22日　数学科学学院揭牌成立。

7月4日　音乐舞蹈学院成立揭牌仪式暨庆祝晚会举行。该学院是全国第一所培养海外艺术教育人才的学院。

7月5日　华侨大学首届印度尼西亚泗水班学生毕业典礼举行。

7月18日　华侨大学厦门园区获准注册，首任主任吴承业。

7月24日　华侨华人资料中心揭牌成立。

是月　新增广播电视新闻学、生物技术、环境科学、给排水工程、物流管理、土地资源管理6个专业。

9月6日　“华侨大学厦门软件园产学研基地”揭牌仪式暨厦门软件园华侨大学嵌入式技术开放实验室授牌仪式在厦门举行，标志着华侨大学正式入驻厦门软件园。

9月22日　教育部副部长吴启迪在福建省教育厅厅长鞠维强陪同下视察华侨大学厦门校区。

是月　数量经济学被确立为教育部第三个数量经济学国家重点学科；机械工程学科获准设立博士后科研流动站。

是月　校学生会主席许晨获“全国优秀学生干部”荣誉称号。

10月19日　数量经济研究院揭牌成立。高鸿桢教授受聘为首任院长。

11月3日　柯伯诚学生宿舍大楼、柯翁秀清学生宿舍大楼、李碧葱学生宿舍大楼、王源兴国际会议中心、颜金炜陈秀吉行政大楼和陈捷中蔡蝴蝶行政大楼等6项侨捐工程落成剪彩仪式在厦门校区举行。

是月　华侨大学脆性材料加工技术和分子药物2项目获2007年度教育部工程研

究中心建设项目立项。

12 月　蔡振翔教授当选台盟中央委员。

2008 年

1 月　新增 3 项教育基金、奖学金：施良侨音乐舞蹈学院教育基金、郑崇诱教育基金、丁良辉财务管理专业优秀学生奖学金。

是月　蔡振翔当选福建省人大常委，刘塨、林峰当选福建省政协常委。

是月　新增广告学专业。

2 月 21 日　创办筹备工作并担任校党委副书记的老领导谢秋白同志因病在厦门逝世，享年 92 岁。

是月　校长吴承业当选第十一届全国政协委员；法学院副院长戴仲川连任第十一届全国人大代表。

3 月 5 日　泰王国诗琳通公主赠送华侨大学华文学院诗琳通图书馆《光即是色、色即是光》和《科学、技术与发展》两部珍贵书籍。

4 月 23 日　中华人民共和国国家发展和改革委员会批复，同意华侨大学“十一五”发展规划。

4 月 28 日　经国务院侨务办公室党组研究决定，李冀闽同志任华侨大学党委书记（仍保留副校长职务）；刘斌同志任华侨大学党委常委、副校长；朱琦环同志任华侨大学党委副书记；免去吴承业同志华侨大学党委书记职务，改任党委副书记。

是月　徐西鹏教授团队的科研项目“石材的金刚石磨粒加工及工具技术基础研究”荣获 2007 年度教育部科学技术奖自然科学奖一等奖。

是月　华侨大学旅游管理专业研究生教育入选全国 A 类阵营，居全国第 12 位。

5 月 5 日　法律硕士教育中心成立仪式暨首届法律硕士研究生班开学典礼举行。

5 月 13 日　泰王国诗琳通公主向华侨大学赠送《踏访龙的国土》等四部珍贵书籍。

是日　工商管理硕士教育中心成立揭牌仪式暨首届工商管理硕士（MBA）班开学典礼举行。

5 月 18 日　华侨大学泰国农业大学孔子学院成功举办首次汉语水平考试（HSK）。

5 月 28 日　华侨大学公共管理硕士（MPA）教育中心成立仪式暨首届 MPA 班开学典礼举行。

是月　新增制药工程、自动化、软件工程、城市规划、资源环境与城乡规划管理5个学士学位授予专业。

6月16日　成立信息科学与工程、计算机科学与技术、材料科学与工程、化工、体育等5个学院；在原外事办公室的基础上，成立外事处。

是月　无机化学、面向对象程序设计、现代汉语、结构力学和土木工程施工入选2008年度福建省级精品课程。

7月7日　华侨大学泰国农业大学孔子学院举行揭牌仪式。

7月13日　校男篮荣获第六届亚洲大学生篮球锦标赛总冠军。

9月25日　著名爱国侨领、华侨大学第一至五届董事会副董事长许东亮先生铜像在泉州校区春华园揭幕。许东亮纪念楼是日落成。

是日　学校举行戴国兴大楼、郑年锦图书馆、李常盛学生宿舍大楼、李碧葱音乐舞蹈大楼四项侨捐工程落成典礼和“陈展垣文科奖教奖学金”签约仪式。

10月8日　学校与福建省人民政府发展研究中心签署合作备忘录。

10月19日　华侨大学华文学院成立55周年庆典大会举行。

是月　徐西鹏教授获2008年度“国家杰出青年科学基金”。

是月　土木工程专业获评全国第三批高等学校特色专业建设点。

11月16日　邓碧瑜纪念楼落成典礼举行。

是月　“中国科技论文在线优秀期刊”评选结果揭晓，《华侨大学学报》（自然科学版）成为福建省高校唯一一家上榜刊物。

12月10日　国务院侨务办公室党组任命丘进为华侨大学校长、党委副书记。

2009年

1月12日　体育学院揭牌成立。

是月　新增车辆工程、集成电路设计与集成系统两个本科专业。

是月　福建省石材加工行业技术开发基地落户华侨大学。

3月9日　著名分子生物学家、中国科学院院士刘新垣莅校讲学，并受聘华侨大学名誉教授。

3月23日　由华侨大学与泉州市委、市政府联手打造的系列高端学术讲坛“华大讲堂”正式启动。

4月10日　最高人民法院副院长江必新莅校讲学，并受聘华侨大学名誉教授。

4月24日　法学院院长王敏远教授入选“首批中国当代法学名家”。

5 月 4 日　全国政协原副主席、致公党中央原主席、著名行政法学家罗豪才莅校调研。

是月　学生史良俊和贺勇分获“中国大学生自强之星”荣誉称号和“中国大学生自强之星”提名奖，并同时获得“中国大学生新东方自强奖学金”。

6 月 25 日　首届泰国中文硕士研究生班 24 名同学毕业。

是月　新增材料成型及控制工程、网络工程、财务管理、行政管理 4 个学士学位授予专业。

是月　材料科学与工程专业、工商管理专业入选 2009 年度福建省级第四批本科教育特色专业。

是月　华侨大学入选福建省首批“省级理论进基层示范点”。

8 月　郑向敏教授入选“共和国旅游文化杰出单位人物 100”提名名单。

9 月 2 日　中国工程院院士雷清泉教授莅校讲学。

9 月 9 日　机械工程及自动化和旅游管理两个专业入选全国第四批高等学校特色专业建设点。

是月　新增应用经济学、土木工程 2 个博士后科研流动站。

是月　副校长吴季怀教授荣膺“卢嘉锡优秀导师奖”。

11 月 18 日　中国工程院院士张乃通教授受聘华侨大学名誉教授并作学术报告。

12 月 12 日　国内首家旅游安全研究基地和海峡旅游发展研究院在华侨大学揭牌成立。首届（2009）中国旅游安全高峰论坛亦于当日在华侨大学举行。

12 月 18 日　由华侨大学华文学院和缅甸福星语言与电脑学苑合作开办的仰光首家孔子课堂正式揭牌。

12 月 25 日　由华侨大学和厦门技师学院合办的二级学院——华侨大学厦门工程技术学院在厦门技师学院举行揭牌仪式。

2010 年

1 月 5 日　经国侨办人事司批准，彭霈、张云波、曾路任华侨大学校长助理。

是月　中国工程院院士卢秉恒教授受聘，是学校第一位双聘院士。

3 月　先后成立校友与公共关系处、国际交流学院、发展规划办公室、人才项目办公室。

是月　学校成立华文教育工作领导小组，丘进任领导小组组长，副组长由朱琦环、吴季怀、张禹东担任。

是月　学校成立华文教育办公室，为正处级建制，作为华文教育工作领导小组的办事机构。

4月　学校辩论队获得第三届全国侨资高校辩论赛冠军。

8月　许瑞安教授荣获中国侨界（创新人才）贡献奖。

9月　为适应泉州经济建设发展和产业结构调整对人才的需要，成立华侨大学工学院。

11月5日　廖承志广场、潘伟民财务大楼、潘用碧保卫大楼、丁思强大楼、郑年锦图书馆、吕振万教学楼、陈展垣学生宿舍大楼、曾宪梓建筑学院大楼、林广场学术交流中心落成。

2011年

1月4日　吴季怀副校长代表学校与英国教育中心（UKEC）大中华区副总裁蒙淑娜女士签署合作协议，正式启动华侨大学首届“英国名校硕士预备项目”（MPP）。

1月25日　国务院侨务办公室与福建省政府在福州签署新一轮共建华侨大学协议。

3月　华侨大学新增机械工程、材料科学与工程、化学工程与技术3个一级学科博士点；新增哲学、应用经济学、法学、政治学、中国语言文学、光学工程、仪器科学与技术、电子科学与技术、计算机科学与技术、建筑学、土木工程等11个一级学科硕士点。

是月　华侨大学新增光电子技术科学、信息工程、数字媒体技术、物联网工程、药学和酒店管理等6个本科专业。

5月4日　聘请著名华侨华人研究专家、厦门大学国际关系学院暨南洋研究院院长庄国土教授为华侨大学讲座教授，这也是华侨大学办学历史上聘任的首位讲座教授。

是月　华侨大学经济与金融学院胡日东教授获国务院批准的2010年享受政府特殊津贴。

6月10日　华侨大学分子药物学研究所所长、国际口服基因疗法主要奠基人之一许瑞安教授荣获生命科学与基础医学领域的“科学中国人2010年度人物”。

是月　以机电及自动化学院黄辉教授为团队申报带头人、以副校长徐西鹏教授为团队学术带头人的“脆性材料加工技术与装备”科研团队成功入选教育部“长江学者和创新团队发展计划”创新团队。

7 月 5 日　华侨大学、雷克光微公司合作共建的“华大光微研究院”揭牌。

7 月 10 日　华侨大学与广西壮族自治区侨办在南宁签订合作协议，并为华侨大学南宁华文学院揭牌。

8 月 15 日　由华侨大学与社会科学文献出版社联合主办的“《华侨华人蓝皮书》首发式”在北京举行，会上发布了我国首部华侨华人蓝皮书——《华侨华人研究报告（2011）》。

是月　华侨大学统计学、建筑学、城乡规划学、软件工程 4 个一级学科通过硕士学位授权点对应调整的审议；对应调整后，原有一级学科“建筑学”硕士学位授权点自动撤销。通过本次学位授权点对应调整，华侨大学新增 3 个一级学科硕士学位授权点。

9 月 12 日　泛华科技大楼落成典礼。

9 月 27 日　华侨大学 FSC 方程式车队新车发布会在厦门校区国际会议中心 G101 会议室召开。

12 月　2011 年全国高校校园文化建设优秀成果评比结果日前揭晓，华侨大学学生处申报的《学在海西，爱在中国；路在脚下，根在中华——华侨大学境外生社会实践文化教育体系》项目获一等奖，是福建高校中唯一获得一等奖的校园文化建设项目。

2012 年

2 月　华侨大学旅游管理博士点和企业管理博士点获教育部高等学校博士学科点专项科研基金立项资助。

3 月 27 日　华侨大学与中国中建设计集团有限公司签署产学研创战略合作协议，并共同为“华侨大学－中国中建设计集团产学研创实践基地”揭牌。

是月　成立华文教育研究院。

是月　以华侨大学为唯一承担单位、由副校长徐西鹏教授及其学术团队完成的“石材高效加工用金刚石磨粒工具关键技术及应用”项目获得了教育股高等学校科学技术一等奖。

4 月 1 日　国务院侨办侨务理论研究福建基地在华侨大学挂牌成立。

4 月 24 日　华侨大学副校长徐西鹏教授入选“海西产业人才高地创新团队领军人才”，其负责的“脆性材料加工技术教育部工程研究中心”入选“海西产业人才高地”；分子药物所许瑞安教授创新团队入选“福建省引进高层次创业创新团队”；信息学院葛悦禾教授入选“引进高层次创业创新人才（百人计划）”。

4 月 28 日　华侨大学生物医学学院和分子药物研究院正式揭牌成立。

5 月 14 日　华侨大学泛华学院成立暨揭牌仪式隆重举行。

6 月 21 日　华侨大学研究生院揭牌成立。

8 月 4 日　华侨大学公共管理学院学生、“90 后”小将李雪芮获得奥运会羽毛球女单冠军。

8 月 5 日　华大学子林丹夺得奥运会男单冠军。

9 月　华侨大学新增哲学、化学工程与技术两个博士后流动站。

是月　教育部印发了《教育部关于批准北京大学环境与生态实验教学中心等 100 个“十二五”国家级实验教学示范中心的通知》（教高函〔2012〕13 号），公布“十二五”国家级实验教学示范中心名单，华侨大学旅游实验教学中心名列其中，成为我国目前唯一一个旅游学科国家级实验教学示范中心，同时也是华侨大学第一个国家级示范中心。

11 月　华侨大学机械工程学科的“高端装备制造创新平台”获得“福建省高校优势学科创新平台”，材料科学与工程学科的“材料科学与工程创新平台”获得“福建省高校优势学科创新平台培育项目”；材料科学与工程、化学工程与技术、应用经济学、哲学、土木工程、中国语言文学 6 个学科获得“福建省特色重点学科”建设项目；应用经济学、机械工程、材料科学与工程、化学工程与技术、哲学、中国语言文学、土木工程、政治学、电子科学与技术、建筑学、光学工程、生物医学工程、计算机科学与技术、法学、化学、管理科学与工程、信息与通信工程、仪器科学与技术、城乡规划学、软件工程、统计学、工商管理 22 个学科获得“福建省省级重点学科”建设项目。

11 月 18 日　新西兰皇家科学院院士、新西兰人文学院院士、奥克兰大学亚洲研究学院叶宋曼瑛教授来校交流访学并受聘华侨大学名誉教授，华侨华人研究院院长骆克任为其颁发聘书。

12 月 1—2 日　5 项侨捐工程奠基或落成典礼分别在泉州校区、厦门校区隆重举行，分别是：徐伟福体育教学大楼（奠基）、杨连嘉体育训练大楼（奠基）、陈延奎大楼（奠基）、万川行政大楼（落成）、陈明金大楼（落成）。

是月　华侨大学新引进的王可、仲伟周、孙道进、肖曙光、项后军、高晓智、董毓利入选闽江学者特聘教授，朱健强、陈建伟、郑文明、谭力、刘晨入选闽江学者讲座教授。

12 月 24 日　由国务院侨办主办、华侨大学承办的首届海外华裔青少年中华文化大赛总决赛暨颁奖典礼在厦门文化艺术中心举行。

12 月 29 日　泰国国会主席兼下议院议长颂萨·革素拉暖博士一行访问华侨大学。

2013 年

3 月 14 日　由华侨大学与中共集美区委、区人民政府联袂打造的公益性高端学术文化讲坛——“集美讲堂”在集美区行政中心正式启动。

是月　国务院公布了享受 2012 年政府特殊津贴人员名单，华侨大学丘进教授、吴季怀教授获此殊荣。

是月　福建省科技厅同意批准建设华侨大学申报的“福建省功能材料重点实验室”“福建省结构工程与防灾重点实验室”“福建省光传输与变换重点实验室”3 个重点实验室。

3 月 27 日　第十届全国人大常委会副委员长、中国关心下一代工作委员会主任顾秀莲莅临华侨大学视察。

4 月　华侨大学新增会计学、哲学、新闻学、国际商务、城市管理 5 个本科专业。

5 月 9 日　国务院侨办中华才艺（音乐·舞蹈）培训基地、华大侨务公共外交研究所、华侨华人信息中心，在华侨大学厦门校区揭牌成立。

是月　华侨大学新增测控技术实验教学中心、建筑学实验教学中心、材料类专业实验教学中心、土木工程实验教学中心、运动科学与健康实验中心等 5 个省级实验教学示范中心。

是月　华侨大学男篮队员、公共管理学院 2010 级学生张翰奇成功入选中国大学生篮球队，成为全国高校唯一没有注册的中国大学生篮球队学生球员。

5 月 23—25 日　第二届全国高校辅导员职业能力大赛复赛决赛在武汉大学举行。华侨大学辅导员吴楠一路过关斩将，获得全国一等奖。

5 月 27 日　第十一届全国人大常委会委员、全国人大内务司法委员会主任委员、全国人大常委会代表资格审查委员会主任委员黄镇东莅临华侨大学指导工作。

6 月 22 日　中国共产党华侨大学第五次代表大会在陈嘉庚纪念堂科学厅隆重开幕。经选举，新一届华侨大学党委常委由朱琦环、刘斌、关一凡、吴季怀、张禹东、贾益民、徐西鹏组成，关一凡任党委书记，贾益民、朱琦环任党委副书记；新一届华侨大学纪律检查委员会常务委员会由毕明强、朱琦环、钟伟丽、骆景川、黄青山五人组成，朱琦环任纪委书记，毕明强任纪委副书记。

6 月 24—26 日　学校副校长徐西鹏教授当选为福建省科协第八届委员会副主席。

7 月 6 日　中国科学院院士姚建年受聘华侨大学双聘院士。

7 月 12 日　泰王国上议院议长尼空博士受聘华侨大学名誉教授。

7 月 16 日　中国科学院院士洪茂椿受聘华侨大学双聘院士。

8 月　华侨大学新增“化学工程与技术”等 6 个研究生教育创新基地，总数实现了翻番。

是月　华侨大学校友会正式在中华人民共和国民政部登记成立，成为具有法人资格的全国性社团组织。

9 月 5 日　华侨大学再添名师：中国科学院院士吴硕贤受聘华侨大学双聘院士。

10 月 23 日　华侨大学校友魏腾雄慷慨捐资 1000 万元人民币在华侨大学泉州校区兴建体育馆。

10 月 24 日　原南京军区前线歌舞团团长、二胡演奏家、国家一级演奏员杨积强受聘华侨大学兼职教授。

是月　由华侨大学主编的《华侨华人蓝皮书》入选中国社会科学院“创新工程学术出版项目”。

11 月 22 日　第一届全国村镇综合防灾与绿色建筑技术研讨会在华侨大学召开。

是月　华侨大学副校长徐西鹏教授获国家自然科学基金“促进海峡两岸科技合作联合基金”重点项目资助，资助经费 300 万元。

2014 年

1 月 10 日　华侨大学机电学院徐西鹏团队荣获 2013 年度国家科学技术进步奖二等奖。

1 月 14 日　华侨大学教育工会荣获中华全国总工会“模范职工之家”称号。

2 月 18 日　学校出台《华侨大学关于全面加强和推进华侨华人研究的若干意见》，将举全校之力全面加强和推进华侨华人研究。

是月　学校获教育部审批新增了投资学、风景园林、会展经济与管理三个本科专业。

4 月　美术学院杨学太副教授入选科技部 2013 年创新人才推进计划名单。

5 月 21 日　华侨大学美国（纽约）招生处在美揭牌成立。郑棋同时受聘为该招生处主任。

5 月 26 日　华侨大学国际关系研究院在厦门校区揭牌，外交部前部长李肇星任名誉院长，国务院侨办副主任何亚非任院长。

是月　文学院讲师蒋晓光在《中国社会科学》2014 年第 5 期上以第一作者身份发表题为《宾祭之礼与赋体文本的构建及演变》的学术论文，这是华侨大学教学科研人员在该杂志上以第一署名单位和第一作者发表的首篇文章。

6 月　华侨大学徐西鹏教授、苏春翌教授入选 2013 年度福建省高校领军人才资助人选名单，为华侨大学教师首次入选该项目。

是月　国务院学位委员会正式下达 2014 年审核增列的硕士专业学位授权点名单，华侨大学申报的“汉语国际教育硕士”和“艺术硕士”获批通过。

8 月　华侨大学生活哲学研究中心入选首批福建省社会科学研究基地立项建设名单。

是月　华侨大学羽毛球队获第十三届世界大学生羽毛球锦标赛混双和混合团体 2 枚金牌及女单银牌。

9 月 8 日　华侨大学作为全球首个直播连线点，于 17：20—17：30 出现在央视中文国际频道中秋节当天推出大型直播特别节目《传奇中国节——中秋节》中。

9 月 14 日　华侨大学海上丝绸之路研究院揭牌成立，国务院侨办主任裘援平任名誉院长，校长贾益民兼任院长。研究院由华侨大学、中新社、福建省侨办、福建社会科学院、福建省社科联合作共建。

10 月 17 日　经国务院侨办党组研究决定，任命曾路、彭霈同志为华侨大学副校长、党委常委。

10 月 18 日　华侨大学承志车队在 2014 中国大学生方程式汽车大赛中荣获“轻量化（燃油组）”单项冠军。

11 月 10 日　华侨大学经济发展与改革研究院正式揭牌成立，著名经济学家，华侨大学特聘教授、博士生导师郭克莎任院长。

11 月 22—23 日　林淑真体育馆奠基仪式、李碧葱音乐舞蹈大楼及李朝耀大楼落成仪式、四端文物馆新馆开馆仪式、石颖芝女士赠书仪式等在两校区进行。

11 月 23 日　华侨大学男篮在 2014 世界华侨华人篮球赛决赛中夺得冠军。

12 月　华侨大学易定容入选 2014 年闽江学者特聘教授，张丹、吴杰、谢介仁、林瑞超入选 2014 年闽江学者讲座教授。

2015 年

1 月 23 日　香港特区政务司司长林郑月娥率香港特区政府代表团访问华侨大学。

3 月 4 日　根据美国 Thomson Reuters（汤森路透）的 ESI（Essential Science Indicators，基本科学指标）最新统计数据，华侨大学化学（Chemistry）和工程（Engineering）两个学科排名位列世界前 1%。

3 月 9 日　泰王国王普密蓬·阿杜德授予中国华侨大学校长贾益民“一等泰皇冠勋章”，泰王国驻中国大使醍乐堃·倪勇在华侨大学厦门校区代表泰国国王向贾益民校长颁授勋章。

是月　国务院公布了 2014 年享受政府特殊津贴人员名单，华侨大学贾益民教授获此荣誉。

是月　华侨大学副校长徐西鹏教授领衔的“脆性材料加工技术创新团队”入选科技部“重点领域创新团队”。

是月　华侨大学获批新增了国际事务与国际关系、翻译、统计学、城市地下空间工程等 4 个本科专业。

是月　由著名华文教育学家，华侨大学校长、华文教育研究院院长贾益民教授主编的《世界华文教学》由社会科学文献出版社出版发行。

5 月　华侨大学正式启动“荟萃高端人才行动计划”。

6 月 15 日　华侨大学代表团一行 15 日到访马达加斯加，宣布与马达加斯加华商总会合作在当地设立华侨大学海外招生处。

是月　2015 年国家社会科学基金项目立项结果公布，华侨大学 21 个项目获得资助立项，其中一般项目 10 项、青年项目 11 项，立项数在福建省内排名第二、全国高校排名跃升至第 34 位。

7 月 16 日　华侨大学与国家文化软实力研究协同创新中心签署合作协议，成为该创新中心的成员单位之一。

是月　《华侨大学哲学社会科学文库》首批 4 部学术著作由社会科学文献出版社正式印刷出版。

是月　福建省教育厅下发《关于建设“东南沿海生态人居环境福建省高校重点实验室”的批复》，同意依托华侨大学建设“东南沿海生态人居环境福建省高校重点实验室”，建设期为两年。

是月　福建省高校首批思想政治理论课教学改革试点入选项目名单公布，由华侨大学马克思主义学院/通识教育学院骆文伟副教授申报的《海西高校外招生思想品德教育课程体系改革与实践——以华侨大学为例》入选省级高校思想政治理论课教学改革试点一般项目。

10 月　华侨大学音乐舞蹈学院音乐舞蹈艺术实验教学中心、建筑学院城乡规划实验教学中心获评为 2015 年省级实验教学示范中心建设单位。

11 月 21 日　第一届国际华文教学研讨会在华侨大学华文学院开幕。

是月　根据汤森路透的 ESI（Essential Science Indicators，基本科学指标）数据库 2015 年 9 月更新的数据结果显示（2005 年 1 月至 2015 年 9 月数据），华侨大学的化学（Chemistry）和工程学（Engineering）2 个学科继续保持 ESI 学科世界排名前 1%。

12 月 21 日　由华侨大学与中国社会科学院财经战略研究院共建的“中国宏观经济研究中心”在厦门校区揭牌成立，华侨大学特聘教授、经济发展与改革研究院院长郭克莎担任首任主任。

12 月 22 日　泰王国驻华大使醍乐塑出席华侨大学诗琳通中泰关系研究中心揭牌仪式，为研究中心揭牌，并受聘为华侨大学名誉教授。

是月　华侨大学获批建设“工业智能化技术与系统福建省高校工程研究中心”。

是月　华侨大学新增“福建省生物化工技术重点实验室”“福建省特种能场制造重点实验室”“福建省分子医学重点实验室”3 个福建省重点实验室和“福建省隧道与城市地下空间工程技术研究中心”1 个福建省工程技术研究中心。

是月　华侨大学机电及自动化学院的“机械工程领域工程硕士专业学位研究生联合培养基地”获批福建省专业学位研究生联合培养示范基地。

2016 年

1 月　华侨大学“地方法治研究中心”和“旅游安全研究中心”双双获批福建省高校人文社科研究基地。

2 月 24 日　华侨大学与中国建设银行福建省分行签署战略合作框架协议书，就进一步建立长期稳定的全面战略合作关系达成协议。

是日　旅游虚拟仿真实验教学中心入选国家级虚拟仿真实验教学中心，成为华侨大学首个。

3 月 11 日　国务院侨务办公室与福建省人民政府在福州签署第五轮共建华侨大

学协议。根据协议，今后五年福建省将投入 4 亿元资金支持华侨大学的发展，把华侨大学纳入福建省高水平大学建设。

是日　国务院侨务办公室与泉州市人民政府在泉州签署新一轮共同建设华侨大学协议书。自此，国务院侨办将于 2016 年 1 月 1 日始与泉州市政府第五轮共建华侨大学，至 2020 年 12 月 31 日止的共建期内，泉州市将安排 1 亿元人民币支持华侨大学的办学。

是日　国务院侨办副主任任启亮与厦门市市长裴金佳分别代表国务院侨务办公室和厦门市人民政府签署第二轮共建华侨大学协议。据此，今后五年内，国务院侨办每年安排不少于 3000 万元专项经费，厦门市每年安排 1500 万元专项经费用于支持华侨大学厦门校区建设。

3 月 18 日　华侨大学正式推出《香港副学位毕业生升读华侨大学衔接学位课程的试行计划》。华侨大学将开放 11 个专业供香港副学位毕业生申请入读。

是月　华侨大学获批新增了应用语言学和绘画两个本科专业。

5 月 23 日　华侨大学分别与意大利中意国际学校、印度尼西亚坤甸共同希望教育基金会签署合作协议，将开展海外华文教育、海外招生等方面的合作。

6 月 15 日　中国工程院院士陈芬儿正式加盟华侨大学，成为华侨大学继卢秉恒、姚建年、洪茂椿、吴硕贤后的第五位双聘院士。

7 月 10 日　2016 新浪 3 × 3 篮球黄金联赛总决赛在北京五棵松 HI - PARK 收官。华侨大学队摘得 2016 年黄金联赛总冠军。

7 月 23 日　泰国前副总理 Trairong Suwankiri 来校访问。

8 月 17 日　华侨大学与龙岩市人民政府签订战略合作协议。

9 月 8 日　中国外交部前部长、中国公共外交协会会长、中国人民外交学会名誉会长李肇星受聘华侨大学名誉教授、华侨大学国际关系学院名誉院长。

10 月 20 日　中国人民解放军第 180 医院正式成为“华侨大学附属海峡医院”。

10 月 31 日　华侨大学 1982 级校友、第七届董事会董事，加拿大皇家科学院院士，加拿大工程院院士杨恩辉受聘为华侨大学现代应用统计与大数据研究中心名誉主任。

是月　福建省学位委员会公布了福建省学位动态调整撤销和增列学位授权点名单。经过培养单位申报、专家通讯评议、专家会议论证、学位评定委员会审定、公示和报批等环节，华侨大学新增马克思主义理论、世界史、控制科学与工程、生物医学工程等 4 个一级学科硕士学位授权点，新增体育、翻译、新闻与传播、会计等 4 个硕士专业学位授权点，共计新增 8 个硕士学位授权点；撤销了 5 个二级学科硕士学位授权点和4个专业学位授权点。

11月30日　福建省高校创新创业教育联盟成立大会在华侨大学陈嘉庚纪念堂观众厅举行。

是月　华侨大学新增两个省级实验教学中心。其中，建筑学院“风景园林　实验教学中心”获评省级实验教学示范中心，土木工程学院“土木工程虚拟仿真实验教学中心”获评省级虚拟仿真实验教学中心。

是月　陈捷教授首次入选2016年教育部“思想政治教育中青年杰出人才支持计划”，华侨大学首位。

12月　华侨大学华侨华人研究院入选福建省高校特色新型智库。

是月　由华侨大学申报的“侨乡优秀传统文化教育示范基地”被省委教育工委、教育厅确认为首批福建省高校中华优秀传统文化教育示范基地。

2017年

1月16日　华侨大学与福建省人民政府发展研究中心在福州签订关于合作开展研究工作的框架协议。

1月18日　华侨大学与莆田市人民政府签署合作协议，双方将在发展研究、科技合作、人才培养、文化研究等方面开展全面合作。

2月28日　华侨大学举行“福建省高校特色新型智库”揭牌仪式，启动华侨华人研究院建设福建省高校特色新型智库工作。

3月20日　华侨大学与新华网签署战略合作协议，双方将就深化合作、服务“一带一路”建设相关事项展开合作。

是月　华侨大学机电及自动化学院工业设计系2014级学生黄雅敏和2013级学生陈焜设计的作品《Folding - fan shower》获国际顶级设计大赛2017年德国iF概念设计奖。

是月　华侨大学获批新增信息安全、临床医学、播音与主持艺术、环境生态工程等四个本科专业。

是月　福建省科学技术厅公布2016年省级工程技术研究中心评估结果，依托华侨大学信息科学与工程学院申报的福建省电机控制与系统优化调度工程技术研究中心正式获得授牌。

3月31日　由华侨大学与中国孔子基金会合作共建的华侨大学国际儒学研究院在厦门校区揭牌成立。

4 月 7 日　华侨大学工业设计研究院与快速制造国家工程研究中心厦门研发中心签约，双方合作共建的华侨大学工业设计与智能制造协同创新中心同时在厦门校区揭牌。

4 月 12 日　由华侨大学编撰的《金砖国家概览》一书正式发布，该书是国内首部专业且全面介绍金砖国家国情、解读金砖国家机制的著作。

4 月 21 日　华侨大学成立医学院、临床医学院并举行揭牌仪式。

4 月 24 日　华侨大学海上丝绸之路研究院南亚研究中心在斯里兰卡揭牌。

是月　华侨大学材料科学学科首次进入 ESI 世界排名前 1%。

是月　华侨大学正式获批成为中国政府奖学金资格院校。

是月　华侨大学“一带一路”旅游安全发展研究中心（旅游安全研究院）入选福建省高校特色新型智库。

7 月 12 日　华侨大学与泉州市城镇集体工业联合社签署合作协议，双方联合设立“华侨大学泉州工艺美术研究院”。

是月　华侨大学在日本首次开设业余本科学历班，拟招收 80 人，学制 5 年。

7 月 21 日　香港德润集团董事长骆钢受聘为华侨大学第七届董事会董事，并捐资 500 万元人民币支持华侨大学建设发展。

7 月 21 日　华侨大学德润楼在泉州校区落成。

8 月　华侨大学贾益民教授受聘为国务院侨办专家咨询委员会华文教育分委员会委员，许少波教授、林宏宇教授受聘为国务院侨办专家咨询委员会政策法规分委员会委员。

是月　2017 年度国家自然科学基金评审结果日前揭晓，华侨大学机电及自动化学院苏春翌教授获重点项目立项资助，资助直接费用 270 万元。

9 月　华侨大学入选教育部公布的第二批全国创新创业教育改革示范高校。

9 月 29 日　国务院侨办党组成员江岩在华侨大学干部大会上宣布国务院侨办党组的任免决定：徐西鹏任华侨大学校长、党委副书记；刘斌任华侨大学党委副书记。

是月　福建省首届“最美教师”名单公布，华侨大学心理健康教育与辅导中心主任赵冰洁教授获此殊荣，并荣膺福建省“最美劳动者”称号。

10 月 11 日　华侨大学一批拟新增学位点通过福建省学位委员会审核。其中，包含哲学、应用经济学、化学、光学工程、建筑学、土木工程、软件工程、工商管理等 8 个拟申报一级学科博士学位授权点，以及外国语言文学、数学、环境科学与工程、公共管理等 4 个拟申报一级学科硕士学位授权点。

是月　华侨大学获批准建设2个福建省工程研究中心和数字福建物联网重点实验室，分别是“福建省脆性材料智能制造技术工程研究中心”和“数字福建海洋监测物联网实验室”。

是月　依托华侨大学化工学院申报的福建省工业废水生化处理工程技术研究中心获福建省科技厅正式授牌。

11月18日　第十五届“挑战杯”国赛落幕上海。华侨大学6件参赛作品获全国一等奖1项、二等奖2项、三等奖3项，团体总分位居全国第41名（福建省第2名），创近10年来最好成绩。

11月　华侨大学获批建设省级“翻译实验教学示范中心”和“制造工程虚拟仿真实验教学中心”。

是月　化工学院院长周树锋教授进入科睿唯安2017年“高被引科学家”名单，系药理学与毒理学领域唯一入选的中国大陆高校科学家。

12月　华侨大学建筑学院“时代匠人乡村建筑遗产保护调研团”获首届中国大学生农村支教铜奖。

是月　华侨大学获批建设2个福建省高校重点实验室，分别是“机电装备过程监测及系统优化福建省高校重点实验室”和“计算科学福建省高校重点实验室”。

12月17日　华侨大学海外招生联络处在南非开普敦挂牌。

2018年

1月2日　华侨大学设立意大利那不勒斯招生处。签约仪式在泉州校区李克砌纪念楼四层会议室举行，副校长吴季怀、意大利中意学校校长傅文武分别代表双方签字。

1月8日　华侨大学作为第二完成单位，土木工程学院郭子雄教授作为第二完成人完成的“超高层建筑钢骨高强混凝土结构体系抗震关键技术及其应用”科研项目获国家2017年科学技术进步二等奖。

1月24日　校长徐西鹏入选第十三届全国政协委员。

2月　华侨大学海上丝绸之路研究院组织编撰的首部《海丝蓝皮书：21世纪海上丝绸之路研究报告（2017）》由社会科学文献出版社出版发行。皮书主编、副主编分别为华侨大学贾益民教授、许培源教授。

3月　《华侨大学关于深化与宁德市人民政府合作机制的通知》出台，在战略研究、科技合作、人才培养、文化交流、合作机制等5个方面展开具体部署。

是月　华侨大学入选福建省一流大学建设高校名单。同时，材料与化学学科群、精密制造技术及装备学科群、化学工程与技术、应用经济学等4个学科入选福建省高峰学科建设学科；土木工程、生命科学与医学学科群、建筑学学科群、光电信息学科群、软件工程学科群、数据科学学科群、哲学、工商管理、法学、海外华文教育与中华文化传播学科群、马克思主义理论、公共管理、国际政治与侨务公共外交学科群等13个学科入选福建省高原学科建设学科。

是月　国务院学位委员会正式发布2017年审核增列的博士、硕士学位授权点名单，华侨大学新增哲学、应用经济学、化学、土木工程、建筑学5个一级学科博士点和数学、外国语言文学、环境科学与工程、公共管理4个一级学科硕士点，其中一级学科博士点数量增长了近2倍。这是华侨大学学位与研究生教育发展中历史性的突破，具有里程碑式的意义。

是月　中共中央印发的《深化党和国家机构改革方案》中指出，为加强党对海外统战工作的集中统一领导，更加广泛地团结联系海外侨胞和归侨侨眷，更好地发挥群众团体作用，将国务院侨务办公室并入中央统战部。中央统战部对外保留国务院侨务办公室牌子。随之，华侨大学成为中央统战部直属高校。

5月20日　华侨大学代表队获2018年ACM国际大学生程序设计竞赛全国邀请赛银奖。

是月　华侨大学王鑫宇同学获2017年度“中国大学生自强之星标兵”称号，全国仅有10位同学获此殊荣。这是华侨大学学子首获该荣誉称号。

6月4—7日　教育部本科教学工作审核评估专家组莅临华侨大学，全面考察华侨大学本科教学工作。

7月　华侨大学新增9位福建省特殊支持“双百计划”入选者。其中，制造工程研究院徐西鹏教授、机电及自动化学院江开勇教授入选科技创新领军人才，统计学院胡日东教授、外国语学院陈历明教授、哲学与社会发展学院李志强教授入选哲学社会科学领军人才，土木工程学院苑宝玲教授、文学院常彬教授入选百千万工程领军人才，文学院蒋晓光教授、信息科学与工程学院董泽教授入选青年拔尖人才。

8月　2018年度国家自然科学基金评审结果日前揭晓，校长徐西鹏教授获重点项目立项资助，资助直接费用300万元。

是月　“华大讲堂”入选福建省首批高校哲学社会科学十佳讲坛。

9月　华侨大学生活哲学研究中心获评首批福建省社科研究优秀基地。

9月29日　华侨大学教授菲利普·卡帕诺夫荣获2018年度中国政府友谊奖，

这是华侨大学首次获得该奖项。菲利普·卡帕诺夫也是本年度福建省唯一获奖的专家。

是月　福建省教育厅公布了2018年福建省高校特色新型智库名单，华侨大学港澳台青年研究中心、经济发展与改革研究院入选。

10月11日　国际顶级学术刊物*Nature*在线发表了华侨大学材料科学与工程学院魏展画教授为第一通讯作者、博士生林克斌为第一作者，华侨大学为第一完成单位的研究论文Perovskite Light - Emitting Diodes with External Quantum Efficiency Exceeding 20 percent，实现了华侨大学教师在*Nature*上发表研究论文零的突破。

10月24日　习近平总书记视察暨南大学过程中指出，“这样的学校共有两所，一所是暨南大学，一所是在福建的华侨大学，这种学校很独特”，充分体现了总书记对华侨高等教育事业的高度重视、对跨文化人才培养的殷切期望、对港澳台侨青年学生的关怀厚爱。

11月1日　华侨大学20个学科上榜中国软科发布的2018年度中国最好学科排名，分别是机械工程、哲学、建筑学、工商管理、应用经济学、法学、政治学、马克思主义理论、中国语言文学、数学、化学、材料科学与工程、信息与通信工程、控制科学与工程、土木工程、化学工程与技术、环境科学与工程、城乡规划学、软件工程、公共管理。其中，排名前25%的学科为机械工程、哲学、应用经济学、建筑学、工商管理5个学科，政治学、化学、材料科学与工程、软件工程4个学科为2018年首次上榜。

11月18日　2018世界大学生三对三篮球联赛总决赛在华侨大学厦门校区落幕，华侨大学男篮摘得男子总冠军，成为中国首支获得该项赛事男子世界冠军的球队。

11月24日　华侨大学陈嘉庚纪念堂入选“第三批中国20世纪建筑遗产名录”。

12月2日　第四届中国青年志愿服务项目大赛暨志愿服务交流会在四川德阳落下帷幕，华侨大学校3个志愿服务项目取得一金两银的历史最好成绩。

12月8日　大均秀莲楼在泉州校区落成。

12月8日　徐伟福体育教学大楼、杨连嘉体育训练大楼落成。

12月18日　在庆祝改革开放40周年大会上，王宽诚、马万祺、曾宪梓等校董和捐资人荣获改革开放四十年“改革先锋”称号。

12月20日　化工学院化工教工党支部入选首批“全国党建工作样板支部”培育创建单位名单。

12月27日　特聘教授葛汉彬入选日本工程院院士。

12月29日　李忠伟教授在《中国社会科学》发表《现象学与分析哲学融合进

路中的自我问题研究》的独立署名文章，这是华侨大学教学科研人员以独立作者身份在《中国社会科学》上发表的第一篇文章。

2019 年

1 月　“二十四节令鼓乐”入选全国校园原创文化精品推广行动计划。

2 月　华侨大学获批“脆性材料产品智能制造技术国家地方联合工程研究中心”，成为首个获批建设的国家级科技创新平台。

4 月 1 日　教育部公布了 2018 年度国家虚拟仿真实验教学项目认定结果，机电及自动化学院林添良副教授主持申报的“新能源工程机械机电液一体化驱动系统虚拟仿真实验”名列其中，与来自 184 所高校的 296 个国家虚拟仿真实验教学项目一并入选国家级“金课”，开启了实验教学“智能 + 教育”的新阶段。这是学校首次入选该项目。

4 月 24 日　2019 年美国大学生数学建模竞赛（MCM/ICM）结果揭晓，华侨大学数学科学学院 2017 级信息与计算科学专业学生陈航、曹珂和 2017 级数学与应用数学专业学生任泓瑾组成的参赛队获得 MCM 的一等奖“Meritorious Winner”奖，由 2016 级数学与应用数学专业学生余玥雯、2016 级计算机科学与技术专业学生唐李君和 2016 级网络工程专业学生曾梓杰组成的参赛队获得 ICM 的二等奖“Honorable Mention”奖。这是华侨大学近几年参加该项赛事取得的最好成绩。

是月　华侨大学连续 3 年获评“中国十佳会展院校”。

5 月 16 日　华侨大学香港杰出校友、香港金轮集团董事长王钦贤通过中国华侨公益基金会向母校捐赠 1000 万元人民币，用于校园基础建设项目，为母校 60 周年校庆献礼。

5 月 21 日　纳米尺度热传导专家、欧洲科学院院士李保文受聘为华侨大学名誉教授、系统科学研究所国际学术委员会委员。

5 月　经国务院学位委员会批准，华侨大学获批增列 9 个硕士专业学位类别，对原工程硕士专业学位类别下设 8 个专业领域的对应调整获批，调整后增列 8 个硕士专业学位类别为：电子信息、机械、材料与化工、能源动力、土木水利、生物与医药、交通运输、工程管理。此外，动态调整撤销城乡规划学一级学科硕士点，新增城市规划硕士专业学位类别。

6 月 3 日　华侨大学首个国家级科技创新平台—脆性材料产品智能制造技术国家地方联合工程研究中心，在厦门校区揭牌。

9 月　华侨大学获批教育部中国政府奖学金预科教育试点院校，首批招收 28 个国家 66 名预科生。

是月　华侨大学副校长、博士生导师吴季怀教授入选“综合化学”类期刊“Top 1% 高被引中国作者”榜单。

是月　全国人大常委会副委员长蔡达峰出任华侨大学董事会董事长。

9 月 29 日　华侨大学名誉教授、泰王国公主诗琳通获颁中华人民共和国“友谊勋章”。

10 月　华侨大学校长徐西鹏教授、制造工程研究院黄辉教授、土木工程学院郭子雄教授，以及 24 位中华人民共和国成立前参加革命工作的离休老干部、老同志获颁“庆祝中华人民共和国成立 70 周年”纪念章。

11 月 8 日　由中国社会科学评价研究院（CASSES）主办的第二届中国智库建设与评价高峰论坛发布了《全球智库评价研究报告（2019）》，华侨大学海上丝绸之路研究院入选该报告的中国 20 家“一带一路”研究特色智库名单。

是月　在中国科学技术信息研究所公布的百篇 2018 年最具影响国际学术论文中，材料科学与工程学院魏展画教授为第一通讯作者、博士生林克斌为第一作者发表于 *Nature* 上的“Perovskite Light - emitting Diodes with External Quantum Efficiency Exceeding 20 percent”科技论文上榜。

11 月 22 日　经中央统战部部务会会议研究决定，王秀勇同志任华侨大学副校长、党委常委；王丽霞同志任华侨大学副校长、党委常委。

12 月　在《教育部办公厅关于公布 2019 年度国家级和省级一流本科专业建设点名单的通知》中，公布首批一流本科专业建设“双万计划”建设点名单。华侨大学共有 20 个专业入选，其中，华文教育、汉语言文学、机械工程、计算机科学与技术、土木工程、给排水科学与工程、环境工程、建筑学、工程管理、人力资源管理、旅游管理等 11 个专业入选国家级一流本科专业建设点；金融学、法学、英语、广播电视学、应用化学、软件工程、化学工程与工艺、城乡规划、工商管理等 9 个专业入选省级一流本科专业建设点。

2020 年

1 月　校党委书记关一凡主持召开学校防控新型冠状病毒感染肺炎疫情工作专题会议，建立联防联控机制；成立以校党委书记关一凡、校长徐西鹏任组长的华侨大学新型冠状病毒感染肺炎疫情防控工作领导小组，下设综合协调、流动处置、安全保卫、医疗服务、后勤保障、宣传教育等6个工作组，统筹协调全校的防控工作，确保师生身心健康和学校安全稳定。

5—8月　学校组织各级各类学生分批、分年级返校，开始新学期的学习生活。

7月6日　根据中央统战部安排，华侨大学召开了干部大会。在大会上，中央统战部干部局副局长任允辉宣读了中央统战部关于徐西鹏同志任华侨大学党委书记、副校长，吴剑平同志任华侨大学校长、党委副书记的决定。

7月24日　华侨大学60周年校庆倒计时100天活动在泉州校区陈嘉庚纪念堂科学厅隆重举行。校党委书记徐西鹏、校长吴剑平、校董魏腾雄、校友郭景仁、副董事长许连捷代表刘莹共同启动倒计时牌，60周年校庆吉祥物和校园导览系统同时发布。

8月26日　2020年由中央宣传部、中央文明办、共青团中央等14部门联合评选的2019年度学雷锋志愿服务“四个100”先进典型暨百名疫情防控最美志愿者，“华文星火”中华文化海外传播志愿服务项目成功入选“最佳志愿服务项目”，成为福建省唯一上榜的高校项目。

华侨大学历任校领导名录

历任学校领导（以任命时间先后为序）

姓名	职务	任职时间（年・月）
廖承志	校长（兼）	1960.09—1970.01 1980.05—1983.06
谢白秋	党委副书记	1960.06—1970.01
林一心	党委第一书记（兼）	1960.09—1970.01
伍治之	党委第二书记	1963.01—1970.01
林汝楠	副校长	1963.09—1970.01
韦　悫	副校长、代理校长	1964.04—1970.01
蔡楚吟	党委副书记	1965.02—1969.06
汪大铭	副校长 党委第一副书记 党委书记	1980.04—1984.04 1980.04—1982.03 1982.03—1984.04
许金荣	党委副书记、副校长	1980.04—1984.04
杨曾艺	副校长	1980.04—1984.04
白世林	副校长	1980.04—1986.09

续表

姓名	职务	任职时间（年·月）
王福起	副校长	1980.04—1984.04
雷　霆	副校长 党委副书记 党组书记	1980.04—1986.07 1982.03—1984.04 1984.09—1986.07
蔡　黎	党委书记（兼）	1980.05—1982.03
刘培德	副校长	1981.09—1985.11
叶　飞	校长（兼） 名誉校长	1983.10—1988.08 1988.08—1999.04
施玉山	副校长 党委书记	1984.04—1996.10 1989.06—1996.10
杨翔翔	副校长	1984.04—1996.03
陈觉万	副校长 常务副校长 校长	1985.10—1986.09 1986.09—1988.08 1988.08—1993.08
李孙忠	纪检组组长 纪委书记	1985.11—1989.06 1989.06—1996.10
庄善裕	副校长 校长 党委副书记	1986.09—1993.08 1993.08—1999.12 1993.09—1999.12
黄炎成	副校长 助理巡视员	1989.01—1999.12 1999.12—2003.12
杜成金	党委副书记 副校长 助理巡视员	1989.06—1994.11 1994.11—1999.12 1999.12—2003.10
吴承业	副校长 党委书记 校长 党委副书记 党委书记 党委副书记	1994.04—1999.12 1996.10—1999.12 1999.12—2008.12 1999.12—2003.12 2003.12—2008.01 2008.01—2008.12
李　红	党委副书记 党委书记 副校长	1994.11—1999.12 1999.12—2003.12 1999.12—2004.02
郭亨群	副校长	1996.08—2004.10
吴永年	党委副书记	1996.10—2008.04
吴道明	纪委书记	1996.10—2004.03
李冀闽	副校长 党委书记	1999.12—2013.06 2008.01—2013.06

续表

姓名	职务	任职时间（年·月）
关一凡	副校长 党委副书记 党委书记	1999.12—2013.06 2005.03—2013.06 2013.06—2020.06
吴季怀	副校长	2004.10—2019.11
徐西鹏	副校长 校长 党委书记	2004.10—2017.08 2017.08—2020.06 2020.06—
朱琦环	纪委书记 党委副书记	2004.03—2017.8 2008.01—2017.8
刘　塨	副校长	2004.10—
张禹东	副校长	2005.10—2014.07
刘　斌	副校长 党委副书记	2008.01—2017.08 2017.08—
丘　进	校长 党委副书记	2008.12—2011.06 2008.12—2011.06
贾益民	校长	2011.06—2017.08
曾　路	副校长	2014.07—
彭　霈	副校长	2014.07—
毕明强	党委副书记、纪委书记	2017.08—
王秀勇	副校长	2019.11—
王丽霞	副校长	2019.11—
吴剑平	校长、党委副书记	2020.06—

资料来源：华侨大学50年、华侨大学志以及华侨大学档案馆。

华侨大学历届董事会一览表

年份	董事名单	
第一届 1980.1—1986.7	董事长	庄希泉
	副董事长 （按姓氏笔画为序）	王汉杰 王宽诚 甘文芳 卢嘉锡 庄明理 许东亮 汪大铭 连贯 林一心 林丽韫 林默涵 郭瑞人 童大林 蔡黎
	秘书长	洪丝丝（兼）
	副秘书长	张楚琨（兼）杨振志（兼）
	董　事 （按姓氏笔画为序）	于长城 千家驹 任礼增 任积龙 刘文善 吕振万 庄世平 庄启程 庄材雁 庄重文 吴家玮 张国基 张笃生 张楚琨 李礼阁 李庆丁 杨振志 陈永治 陈伯流 陈宗基 陈秋中 陈逸松 陈焜旺 陈影鹤 林开德 林兰英 林同春 林诚致 林珠光 郑忠高 柯伯诚 洪丝丝 徐四民 郭征甫 康良材 梁披云 黄长溪 黄光汉 黄克立 黄来传 黄林生 黄衍田 傅维丹 曾星如 程丽川 董寅初 廖灿辉 蔡钟长 蔡素玉 颜西岳 颜期仁

续表

年份	董事名单	
第二届 1986.7—1992.10	董事长	胡　平 黄长溪（1988年10月接任）
	副董事长 （按姓氏笔画为序）	王汉杰 王宽诚 卢嘉锡 庄世平 庄启程 庄炎林 许东亮 张楚琨 李星浩 陈永栽 陈明义 陈觉万 林一心 林水龙 郑龙溪 祖炳民 梁披云 黄辛白 蔡明裕
	秘书长	陈觉万（兼）
	副秘书长	杨振志（兼）
	董　事 （按姓氏笔画为序）	丁魁梧 于长城 王为谦 王孝岁 王灵智 叶品樵 田长霖 吕振万 庄明理 庄南芳 庄重文 江润祥 许天荣 许维新 何瑶煌 吴庆星 吴家玮 吴振声 张笃生 张钰磪 李玉树 李礼阁 杜祖贻 杨家庭 杨振志（兼副秘书长） 汪琼南 陈守仁 陈宗基 陈秋中 陈荣春 陈焜旺 林同春 林诚致 侯昭雄 俞唐生 姚荣辉 施振源 施嘉骅 柯伯诚 胡鸿烈 赵敬群 徐四民 桂华山 高培新 黄广坦 黄书汉 黄光汉 黄克立 黄志华 黄衍田 曾星如 谢文盛 赖庆辉 蔡素玉 蔡琼霞
第三届 1992.10—1997.10	董事长	贾庆林 陈明义（1997年3月接任）
	副董事长 （按姓氏笔画为序）	马临 王汉杰 王良溥 卢嘉锡 刘金美 庄启程 庄善裕 许东亮 吴家玮 张佑启 李星浩 陈觉万 林一心 郑龙溪 唐生 祖炳民 梁披云 黄长溪 黄辛白 黄保欣 黄涤岩 明裕
	秘书长	庄善裕 陈觉万（兼）
	副秘书长	叶品樵（兼）杨振志（兼）陈守仁（兼）蔡素玉（兼）
	董　事 （按姓氏笔画为序）	丁魁梧 王为谦 王灵智 丘进 叶品樵 田长霖 吕振万 庄世平 庄南芳 庄重文 江润祥 何立峰 何厚铧 何瑶煌 吴庆星 吴振声 张钰磪 张楚琨 李玉树 李礼阁 李群华 杜祖贻 杨孙西 杨家庭 杨振志 汪琼南 陈永栽 陈守仁 陈进强 陈荣春 陈焜旺 周颖南 林玉唐 林同春 林诚致 林铭侃 侯昭雄 姚荣辉 施子清 施世筑 施能翼 施嘉骅 柯伯诚 祖炳民 胡鸿烈 赵敬群 唐志坚 唐星樵 徐四民 诸有钧 郭荣辉 高培新 黄广坦 黄书汉 黄光汉 黄克立 黄呈辉 黄志华 黄衍田 曾星如 谢文盛 赖庆辉 廖胜带 蔡永业 蔡素玉 潘宗光
第四届 1997.10—2002.12	董事长	陈明义
	副董事长 （按姓氏笔画为序）	马临 王凤超 王良溥 车书剑 刘古昌 刘名启 刘泽彭 刘金美 庄启程 庄善裕 许东亮 何厚铧 吴承业 吴家玮 张佑启 李群华 杨振志 陈守仁 宗光耀 施子清 祖炳民 诸有钧 梁披云 黄长溪 黄光汉 黄保欣 黄涤岩 彭玉 潘心城
	秘书长	庄善裕（兼）吴承业（兼）
	副秘书长	朱之文（兼）朱永康（兼）陈捷中（兼）蔡素玉（兼）
	董　事 （按姓氏笔画排序）	王为谦 王灵智 丘进 卢文端 田长霖 任克雷 刘德章 吕振万 庄世平 庄南芳 朱之文 朱永康 江润祥 祁国明 何立峰 何瑶煌 吴庆星 吴振声 张健 张钰磪 张楚琨 李玉树 李星浩 李欲晞 李葆琳 杜祖贻 杨孙西 杨家庭

续表

<table>
<tr><th>年份</th><th colspan="2">董事名单</th></tr>
<tr><td>第四届
1997.10—2002.12</td><td>董　事
（按姓氏笔画排序）</td><td>汪琼南 邱季端 邱建新 陈永栽 陈成秀 陈进强 陈荣春 陈捷中 陈焜旺 周颖南 林一心 林玉唐 林同春 林树哲 林爱国 武东和 郑宗杰 郑河水 姚志胜 姚荣辉 施世筑 施良侨 施能翼 施嘉骅 柯伯诚 洪长存 洪祖杭 胡鸿烈 赵敬群 钟建华 唐志坚 唐星樵 徐四民 郭全强 郭瑞 高培新 黄书汉 黄克立 黄呈辉 黄志华 黄辛白 黄衍田 彭克玉 曾星如 谢文盛 赖庆辉 蔡永业 蔡永亮 蔡素玉 蔡清洁 潘宗光 颜章根 戴肖峰</td></tr>
<tr><td rowspan="6">第五届
2002.12—2010.11</td><td>董事长</td><td>宋德福</td></tr>
<tr><td>副董事长
（按姓氏笔画为序）</td><td>孔泉 王今翔 王凤超 丘进 刘古昌 刘泽彭 庄启程 许东亮 许连捷 何亚非 何厚铧 吴红波 吴承业 宋涛 李本钧 李刚 李群华 杨振志 汪毅夫 沈国放 陈永栽 陈守仁 陈进强 郑立中 郑年锦 郑道溪 施子清 施永康 施良侨 洪祖杭 赵阳 徐钢 崔世安 黄光汉 潘心城</td></tr>
<tr><td>秘书长</td><td>丘进（兼）吴承业（兼）</td></tr>
<tr><td>副秘书长</td><td>陈进强（兼）朱之文（兼）陈捷中（兼）唐志坚（兼）蔡素玉（兼）鞠维强（兼）</td></tr>
<tr><td>董　事
（按姓氏笔画为序）</td><td>丁文志 丁良辉 丁思强 马有礼 孔繁壮 方小榕 邓仲棉 卢文端 任克雷 刘家骧 刘晓航 刘辉 吕振万 吕振膑 庄凌 庄善春 庄善裕 朱之文 江洋龙 何瑶煌 吴清辉 吴端景 张永青 李欲晞 李焯芬 李碧葱 李霁生 杜祖贻 杨孙西 杨启秋 杨家庭 汪琼南 邱季端 邱建新 陈本显 陈成秀 陈江和 陈亨利 陈志成 陈明金 陈展垣 陈捷中 陈焜旺 周颖南 林广场 林文灿 林玉唐 林训明 林同春 林金城 林树哲 罗田广 罗宗正 郑河水 姚志胜 姚荣辉 施世筑 施嘉骅 柯伯诚 胡鸿烈 骆志鸿 唐志坚 徐松华 郭全强 高梧桐 梁维特 黄双安 黄天中 黄少萍 黄玉山 黄呈辉 曾晓民 谢文盛 赖庆辉 蔡永亮 蔡素玉 蔡聪妙 潘永华 潘宗光 颜延龄 颜金炜 戴肖峰 鞠维强 魏苇</td></tr>
<tr><td>荣誉董事</td><td>王为谦 庄世平 李玉树 林一心 赵敬群 唐星樵 徐四民 梁披云 黄书汉 黄克立 黄保欣 黄衍田 曾星如</td></tr>
<tr><td rowspan="6">第六届
2010.11—2014.11</td><td>名誉董事长</td><td>何厚铧</td></tr>
<tr><td>副董事长
（按姓氏笔画为序）</td><td>马儒沛 王志民 丘进 吕振万 任启亮 庄启程 许连捷 李本钧 李红 李群华 李碧葱 宋涛 陈永栽 陈成秀 陈守仁 陈进强 陈桦 陈捷中 陈斯喜 林广场 林昌华 林树哲 郑立中 郑年锦 赵阳 施子清 施良侨 洪祖杭 姚志胜 贾益民 黄少萍 崔世安 谢杭生</td></tr>
<tr><td>秘书长</td><td>丘　进（兼）贾益民（兼）</td></tr>
<tr><td>副秘书长</td><td>唐志坚（兼）蔡素玉（兼）鞠维强（兼）</td></tr>
<tr><td>董　事
（按姓氏笔画为序）</td><td>丁良辉 丁思强 马有礼 马志成 王亚君 王彬成 方小榕 邓仲绵 任克雷 庄永兴 庄凌 庄善春 刘长乐 刘泽彭 刘晓航 刘辉 江洋龙 许丕新 许慕韩 杜祖贻 李沛霖 李欲晞 李维一 李雯生 李鲁 杨孙西 杨连嘉 杨辉 吴承业 吴琳琳 吴辉体 吴端景 邱季端 邱建新 何中东 张永青 张志猛 张祥盛 陈江和 陈志成 陈亨利 陈明金 陈展垣 陈铭润 陈焜旺 林金城 罗宗正 柯少奇 柯伯诚 施天佑 施嘉骅 骆志鸿 徐伟福 徐松华 唐志坚 黄天中 黄玉山 黄呈辉 黄屏 梁维特 程金中 曾晓民 雷振刚 蔡子宜 蔡素玉 蔡聪妙 颜延龄 颜金炜 潘永华 潘伟民 戴国兴 鞠维强 魏腾雄</td></tr>
<tr><td>荣誉董事</td><td>丁文志 卢文端 汪琼南 陈本显 林玉唐 周颖南 胡鸿烈 黄保欣 谢文盛</td></tr>
</table>

续表

年份	董事名单	
第七届 2014. 11—2019. 12	名誉董事长	何厚铧
	董事长	王　刚（2014. 11—2017. 10）
	副董事长 （按姓氏笔画为序）	孔铉佑 许连捷 李红 李碧葱 陈桦 陈永栽 陈成秀 林广场 林昌华 林树哲 周波 郑立中 郑年锦 郑新聪 洪祖杭 姚志胜 徐西鹏 黄柳权 崔世安 谭铁牛 薛晓峰
	秘书长	贾益民（兼）（2014. 11—2017. 11）徐西鹏（兼）（2017. 12—）
	副秘书长	唐志坚（兼）蔡素玉（兼）鞠维强（兼）
第七届 2014. 11—2019. 12	董　事 （按姓氏笔画为序）	丁良辉 丁思强 马有礼 马志成 马儒沛 王亚君 王彬成 邓仲绵 石汉基 丘进 冯志农 朱志悦 庄永兴 庄凌 刘长乐 刘泽彭 刘晓航 江洋龙 许慕韩 杜祖贻 李沛霖 李朝耀 李雯生 李鲁 杨连嘉 杨恩辉 杨辉 吴承业 吴琳琳 吴辉体 吴端景 邱季端 邱建新 何中东 沈祖尧 张永青 张志猛 张祥盛 陈式海 陈江和 陈志成 陈芳 陈亨利 陈明金 陈虹 陈展垣 陈铭润 林金城 赵伟 赵阳 胡瑞连 柯少奇 施天佑 施荣恒 施嘉骅 骆志鸿 骆钢 贾益民 徐伟福 徐松华 徐婷 郭少春 唐志坚 黄天中 黄玉山 梁维特 程金中 雷振刚 蔡子宜 蔡素玉 蔡聪妙 颜延龄 颜金炜 潘伟民 戴国兴 鞠维强 魏腾雄
	永远荣誉董事 （按姓氏笔画为序）	丁文志 卢文端 吕振万 庄启程 庄善春 许丕新 杨孙西 李群华 汪琼南 陈本显 陈守仁 陈进强 陈焜旺 陈捷中 林玉唐 罗宗正 胡鸿烈 施子清 施良侨 黄保欣 谢文盛 蔡永亮
第八届 2019. 12—	名誉董事长	何厚铧
	董事长	蔡达峰
	副董事长	许连捷 李碧葱 陈永栽 陈成秀 林广场 林昌华 林树哲 姚志胜 洪祖杭 徐西鹏 唐志坚 康涛 崔世安 黄柳权 谭天星 谭铁牛
	秘书长	徐西鹏（兼）
	副秘书长	李沛霖（兼）蔡素玉（兼）林和平（兼）
	董　事	丁良辉 丁思强 马有礼 马志成 王秀德 王庭聪 王彬成 王锦强 石汉基 冯志农 刘长乐 庄永兴 庄凌 江洋龙 许玉明 杜祖贻 李雯生 李沛霖 杨连嘉 杨恩辉 吴炜 吴辉体 吴端景 吴琳琳 邱尚振 邱季端 邱建新 何中东 张永青 张志猛 张祥盛 沈祖尧 宋永华 汪宏超 陈式海 陈芳 陈虹 陈江和 陈志成 陈亨利 陈明金 陈铭润 陈展垣 林金城 林和平 郑临一 柯少奇 胡瑞连 骆志鸿 骆钢 施天佑 施荣恒 徐伟福 徐松华 徐婷 黄天中 黄玉山 崔爱民 蒋向前 蒋建湘 蔡子宜 蔡素玉 蔡聪妙 颜延龄 颜金炜 潘伟民 戴国兴 魏腾雄
	永远荣誉董事	丁文志 邓仲绵 卢文端 庄启程 许丕新 李群华 杨孙西 汪琼南 陈本显 陈守仁 陈进强 陈捷中 陈焜旺 林玉唐 罗宗正 郑年锦 胡鸿烈 施子清 施良侨 谢文盛 蔡永亮

资料来源：董事会办公室官方网站。

华侨大学校友会成立时间及历任会长一览表

校友会名称	成立时间（年）	历任会长	会址所在地
泰国校友会	1981	曾纪贞 郭少康 陈碧达 林如生	泰国曼谷
福州校友会	1982	马媛嫜 尤宗祥 赵海鹏 张志平 谢梅玲	福建福州
澳门校友会	1983	曹赐德 李志成 林思来 何蒋琪 毛良官 郭庆基 郭志忠 冯家辉 林辉莲 颜奕嘉	澳门
泉州校友会	1984	郭景仁魏腾雄	福建泉州
厦门校友会	1984	姜国文 曾雄 周岁红 刘宜量	福建厦门
三明校友会	1985	陈修庆 鲍聿平	福建三明
漳州校友会	1985	冯春禄 徐立群	福建漳州
广西校友会	1985	邱国华 张若锋 张敏	广西南宁
龙岩校友会	1985	张小珍 邱星 马一见	福建龙岩
深圳校友会	1986	陈国秀 汤毅	广东深圳
广州校友会	1986	陈运藻 潘敏琪 杨静山	广东广州
香港校友会	1987	杨家庭 谢文盛 汪琼南 潘耿福 王钦贤 李碧葱 曾敏丽 高峰 杨静 刘艳玲 黄若青	香港
晋江校友会	1988	李亚温	福建晋江
江西校友会	1988	周群珠 涂学东 章斌泉	江西南昌
华文学院（集美侨校）校友会	1988	赵明光 纪秀生	福建厦门
浙江校友会	1989	张　松 黄炳烈 林贤福 周方平刘蒙松 杨晓军	浙江杭州
石狮校友会	1995	洪金造 陈永义 吴志松	福建石狮
海南校友会	1995	黄来福 潘家森 符之波	海南海口
福清校友会	1997	李白 柯文涛	福建福清
上海校友会	2003	李景来 黄捷 欧阳煜 王简	上海
印度尼西亚校友总会	2004	邓仲绵	泗水
印度尼西亚雅加达校友会	2004	萧伟顺 刘新华	雅加达
潮汕校友会	2006	李镇永 苏维辉 金泽鹏	广东汕头
台湾校友会	2009	陈伟镇 许思政	台湾台北
新加坡校友会	2009	林龙飞 陈乙强	新加坡
马来西亚校友会	2009	苏耀原	巴生
加拿大校友会	2010	林圣奇 张小毅	多伦多
莆田校友会	2010	陈志华	福建莆田
漳浦校友会	2010	陈琪伟	福建漳浦
南平（武夷山）校友会	2010	林锋	福建武夷山
江苏校友会	2010	成杰思	江苏南京

续表

校友会名称	成立时间（年）	历任会长	会址所在地
北京校友会	2010	王云 屈稚量 陈世涛	北京
澳大利亚校友会	2011	黄永聪	悉尼
澳大利亚墨尔本校友会	2011	王毅斌 蔡健儆	墨尔本
山东校友会	2012	姚元坤	山东济南
苏州校友会	2012	毛博	江苏苏州
法学院校友联谊会	2012	康玉琛 陈展垣	福建泉州
工商学院 EDP 同学会	2013	洪朋友	福建泉州
东山校友会	2013	林慧	福建东山
天津校友会	2013	李易	天津
河南校友会	2013	吴永红	河南郑州
宁德校友会	2013	王启昭	福建宁德
湖南校友会	2014	魏业秋	湖南长沙
经管校友联合会	2014	黄维礼	华侨大学
人才学院校友会	2014	毛博	华侨大学
美国校友会	2015	李旗 许循一	新泽西
日本校友会	2015	李曼 孙虹虹	东京
陕西校友会	2015	林连枫	陕西西安
珠海校友会	2015	邱文斌	广东珠海
建筑学院校友会	2015	申晓辉	华侨大学
城市建设与经济发展研究院校友联谊会	2016	叶跃俊	华侨大学
体育学院校友会	2016	罗旌贵	华侨大学
东莞校友会	2016	刘勇健	广东东莞
缅甸校友会	2016	吕子态 黄定洋	曼德勒
马来西亚南马校友会	2016	彭喜德	柔佛州
工学院校友会	2017	苏江杰	华侨大学
马来西亚北马校友会	2017	郑洲升	槟城
平潭校友会	2017	林永强	福建平潭
安溪校友会	2017	李坤辉	福建安溪
湖北校友会	2017	王革	湖北武汉
柬埔寨校友会	2017	庄礼厚	金边
MTA 校友会	2017	施志忠	华侨大学
旅游学院校友会	2017	郑向敏	华侨大学
老挝校友会	2018	吴国锋	万象

续表

校友会名称	成立时间（年）	历任会长	会址所在地
长泰校友会	2018	林谋民	福建长泰
四川校友会	2018	谢士平	四川成都
经济与金融学院总裁班校友会	2019	林韶阳	华侨大学
马来西亚东马校友会	2019	廖国炜	砂拉越州
哲学与社会发展学院校友会	2019	杨帆	华侨大学
菲律宾校友会	2019	庄稼	马尼拉

资料来源：校友会办公室提供。

华侨大学1960—2019年各类毕业生情况统计表

单位：人

时间	合计	研究生		本科生	专科生	预科生	继续教育					其他
		博士	硕士				夜大学	函授	全日制脱产	自考	进修生	
1965年	61			61								
1966—1977年	2359			2359								
1978年												
1979年												
1980年												
1981年												
1982年	615			155								460
1983年	758			242								516
1984年	776			322								454
1985年	1149		8	358	123		38					622
1986年	976		6	355	78		34					503
1987年	1483		5	380	316		62				147	573
1988年	1167		14	402	208						155	388
1989年	1166		10	441	121		16				246	332
1990年	1384		16	459	121		24				551	213
1991年	1440		11	535	49		33				554	258
1992年	1611		10	533	38		39				736	255
1993年	1743		9	520	29		40				771	374
1994年	1906		8	511	134		16				810	427
1995年	2643		12	546	173		25				1360	527

续表

时间	合计	研究生		本科生	专科生	预科生	继续教育					其他
		博士	硕士				夜大学	函授	全日制脱产	自考	进修生	
1996 年	2776		11	714	212		31				1335	473
1997 年	2921		16	617	371		48				1270	545
1998 年	3492		30	719	163		188				1200	1192
1999 年	3419		44	775	288		402		54		1060	796
2000 年	3013		53	775	120		451		114		1107	393
2001 年	2587		59	1133	87	173	318	23	201	153		440
2002 年	3644	2	85	1160	668	161	282	166	255	215		650
2003 年	4552	1	101	1455	1223	226	218	749	266			313
2004 年	5624	2	123	2075	1560	238	210	742	270		127	277
2005 年	5553	3	169	2480	539	219	111	935	312		85	700
2006 年	6447	5	270	3358	620	280		122	312		450	1030
2007 年	8152	14	373	3567	655	237	373	817	457		611	1048
2008 年	8134	18	452	3613	676	233	513	740	236	183	295	1175
2009 年	7613	24	517	4064	369	353	593	667	150	119	0	757
2010 年	6613	25	630	4023	326	228	741	521	42	77	0	
2011 年	7050	36	658	4360	363	199	726	539	80	89	0	
2012 年	7449	36	793	4761	259	237	666	579	40	78	0	
2013 年	8110	36	825	5383	302	216	551	717	0	80	0	
2014 年	7604	31	858	5093	307	93	334	841	0	47	0	
2015 年	8557	35	990	5419	354	115	555	1022	0	67	0	
2016 年	8110	26	1017	5283	385	95	683	539	0	82	0	
2017 年	13174	19	938	5541	267	69	1104	4719	0	517	0	
2018 年	12322	49	1114	5564	303	121	301	4243	0	627	0	
2019 年	9776	69	1111	5839	164	139	53	1883	0	518	0	

资料来源：1. 1965—2010 年的数据来源于华侨大学 50 年；

2. 2011—2019 年的数据由研究生院、教务处、继续教育学院提供。

华侨大学历届学术委员会一览表

年份	委员名单	
1979. 10	主　任	杨曾艺
	秘　书	林蒲田
	委　员	杨曾艺 李颂琛 赖万才 陈允敦 麦淑良 林蒲田 陈兴钧 林星 贺泽 陈亚年 杨翔翔 刘钦庆 李紫庭 卢声

续表

<table>
<tr><th>年份</th><th colspan="2">委员名单</th></tr>
<tr><td rowspan="5">1981. 07</td><td>主　任</td><td>杨曾艺</td></tr>
<tr><td>副主任</td><td>雷霆 刘培德</td></tr>
<tr><td>秘书长</td><td>林蒲田</td></tr>
<tr><td>副秘书长</td><td>杨翔翔</td></tr>
<tr><td>委　员</td><td>杨曾艺 雷霆 刘培德 林蒲田 杨翔翔 陈允敦 李颂琛 麦淑良 林龙威 赖万才 林星 王轩孙 吴伯俦 施玉山 陈亚年 方志成 余大伟 姚祖斌 蔡金柏 陈兴钩 刘甲燿 庄玉树 庄世杰</td></tr>
<tr><td rowspan="3">1984. 11</td><td>主　任</td><td>刘培德</td></tr>
<tr><td>副主任</td><td>施玉山 林龙威 彭伟朗</td></tr>
<tr><td>委　员
（按姓氏笔画顺序）</td><td>方志成 刘培德 李颂琛 李硕卿 李紫庭 庄善裕 岑传铨 陈允敦 陈希达 陈荣萱 陈启泉 陈法今 林焘 林龙威 林美和 张渭滨 周达人 施玉山 麦淑良 夏正权 曾景春 彭伟朗 杨曾艺 杨翔翔 杨思讱 蔡大堂 蔡金柏 廖泰初 赖万才 魏祖烈</td></tr>
<tr><td rowspan="4">第六届
2001. 09—2005. 03</td><td>主任委员</td><td>吴承业</td></tr>
<tr><td>副主任委员</td><td>关一凡（2001. 09—2002. 09）
彭　霈（2001. 09—2002. 09）
徐西鹏（2002. 09—2005. 03）</td></tr>
<tr><td>委　员
（按姓氏笔画为序）</td><td>方柏山 王加贤 王永初 王建设 叶民强 刘埗 孙德明 庄锡福 汤黎虹（调离）吴季怀 吴清江 陈鸿儒 陈道明 林建华 郑向敏 金宁 徐西鹏 黄心中</td></tr>
<tr><td>增补委员
（2002. 09）</td><td>张渭滨 陈国华 江开勇 蔡灿辉 胡日东 陈海啸 邹立刚</td></tr>
<tr><td rowspan="3">第七届
2005. 03—2008. 12</td><td>主任委员</td><td>徐西鹏</td></tr>
<tr><td>副主任委员</td><td>陈鸿儒 洪尚任</td></tr>
<tr><td>委　员
（按姓氏笔画为序）</td><td>王加贤 王永初 王建设 方柏山 叶民强 庄锡福 关瑞明 江开勇 孙德明 吴清江 邹立刚 陈国华 陈海啸 陈鸿儒 陈道明 林金清 林建华 欧阳明安 金宁 郑向敏 胡日东 洪尚任 徐西鹏 黄心中 蔡灿辉</td></tr>
<tr><td rowspan="3">第八届
2008. 12—2013. 01</td><td>主任委员</td><td>徐西鹏</td></tr>
<tr><td>副主任委员</td><td>陈鸿儒</td></tr>
<tr><td>委　员
（按姓氏笔画为序）</td><td>王士斌 王加贤 王建设 王敏远 叶民强 江开勇 孙德明 吴清江 宋振镇 张云波 陈道明 林志勇 金宁 郑向敏 郑锦扬 胡日东 黄心中 彭晋媛 曾亚雄</td></tr>
<tr><td rowspan="3">第九届
2013. 01—2015. 10</td><td>主任委员</td><td>贾益民</td></tr>
<tr><td>副主任委员</td><td>徐西鹏 张禹东</td></tr>
<tr><td>委　员
（按姓氏笔画为序）</td><td>王士斌 王四达 龙元 许斗斗 许少波 许瑞安 孙锐 孙汝建 孙道进 庄国土 江开勇 杜志卿 杨楹 吴季怀 张认成 张向前 陈国华 陈旋波 陈缎生 宋振镇 苑宝玲 林志勇 郑向敏 郑锦扬 赵昕东 胡日东 郭子雄 黄心中 董毓利 傅心家 童昕 蒲继雄</td></tr>
</table>

续表

年份	委员名单	
第十届 2015. 10—2017. 11	主任委员	贾益民
	副主任委员	吴季怀 曾路
	委　员 （按姓氏笔画为序）	刁勇 马海生 王士斌 王丽霞 冉茂宇 江开勇 许少波 许斗斗 孙向英 杜吉祥 杜志卿 李志强 李拉亚 吴季怀 宋秋玲 张向前 陈少伟 陈文寿 陈国华 陈旋波 林青 郑向敏 项后军 胡日东 姜泽华 贾益民 徐西鹏 郭子雄 郭东强 崔长彩 董毓利 蒋晓光 曾路 曾志兴 蒲继雄
第十届 2017. 11—	主任委员	徐西鹏
	副主任委员	吴季怀 曾路
	委　员 （按姓氏笔画为序）	刁勇 马海生 王士斌 王丽霞 江开勇 许少波 李志强 李拉亚 肖美添 吴季怀 何霆 宋秋玲 张向前 陈历明 陈少伟 陈文寿 陈志宏 陈国华 陈旋波 林青 林怀艺 林俊国 郑向敏 赵昕东 胡日东 姜泽华 徐华 徐西鹏 郭子雄 郭东强 崔长彩 董毓利 曾路 曾志兴 蒲继雄

资料来源：档案馆提供。

华侨大学博士学位授权点一览表

一级学科博士点 8 个，二级学科博士点（一级学科未覆盖）2 个						
序号	一级学科名称（代码）	发文文号	发文时间（年．月）	二级学科名称（代码）	批文文号	时间（年．月）
1	哲学（0101）	学位（2018）9 号	2018. 03	010101　马克思主义哲学	学位（2006）3 号	2006. 01
2				010102　中国哲学	学位（2018）9 号	2018. 03
3				010103　外国哲学	学位（2018）9 号	2018. 03
4				010104　逻辑学	学位（2018）9 号	2018. 03
5				010105　伦理学	学位（2018）9 号	2018. 03
6				010106　美学	学位（2018）9 号	2018. 03
7				010107　宗教学	学位（2018）9 号	2018. 03
8				010108　科学技术哲学	学位（2018）9 号	2018. 03
9	应用经济学（0202）	学位（2018）9 号	2018. 03	020201　国民经济学	学位（2018）9 号	2018. 03
10				020202　区域经济学	学位（2018）9 号	2018. 03
11				020203　财政学	学位（2018）9 号	2018. 03
12				020204　金融学	学位（2018）9 号	2018. 03
13				020205　产业经济学	学位（2018）9 号	2018. 03
14				020206　国际贸易学	学位（2018）9 号	2018. 03
15				020207　劳动经济学	学位（2018）9 号	2018. 03
16				020209　数量经济学	学位（2000）57 号	2000. 12
17				020210　国防经济	学位（2018）9 号	2018. 03
18				0202Z1　信息经济学	学位（2018）9 号	2018. 03

续表

序号	一级学科名称（代码）	发文文号	发文时间（年.月）	二级学科名称（代码）	批文文号	时间（年.月）
19	化学（0703）	学位（2018）9号	2018.03	070301 无机化学		
20				070302 分析化学		
21				070303 有机化学		
22				070304 物理化学		
23				070305 高分子化学与物理		
24	建筑学（0813）	学位（2018）9号	2018.03	081301 建筑历史与理论		
25				081302 建筑设计及其理论		
26				081303 城市规划与设计		
27				081304 建筑技术科学		
28	土木工程（0814）	学位（2018）9号	2018.03	081401 岩土工程		
29				081402 结构工程	学位（2003）57号	2003.09
30				081403 市政工程		
31				081404 供热、供燃气、通风及空调工程		
32				081405 防灾减灾工程及防护工程		
33				081406 桥梁与隧道工程		
34	机械工程（0802）	学位（2011）8号	2011.03	080201 机械制造及其自动化	学位（1998）46号	1998.06
35				080202 机械电子工程	学位（2011）8号	2011.03
36				080203 机械设计及理论	学位（2011）8号	2011.03
37				080204 车辆工程	学位（2011）8号	2011.03
38	材料科学与工程（0805）	学位（2011）8号	2011.03	080501 材料物理与化学	学位（2000）57号	2000.12
39				080502 材料学	学位（2003）57号	2003.09
40				080503 材料加工工程	学位（2011）8号	2011.03
41				0805Z1 材料化学		2013.12
42				0805Z2 生物医学材料		2013.12

续表

序号	一级学科名称（代码）	发文文号	发文时间（年．月）	二级学科名称（代码）	批文文号	时间（年．月）
43	化学工程与技术（0817）	学位（2011）8号	2011.03	081701　化学工程	学位（2011）8号	2011.03
44				081702　化学工艺	学位（2011）8号	2011.03
45				081703　生物化工	学位（2003）57号	2003.09
46				081704　应用化学	学位（2011）8号	2011.03
47				081705　工业催化	学位（2011）8号	2011.03
48				0817Z2　环境化工		2015.12
49	工商管理（1202）			120202　企业管理	学位（2003）57号	2003.09
50				120203　旅游管理	学位（2006）3号	2006.01

资料来源：研究生院提供。

华侨大学学术硕士学位授权点一览表

一级学科硕士学位授权点27个，二级学科硕士学位授权点（一级学科未覆盖2个）

序号	一级学科名称（代码）	发文文号	发文时间（年．月）	二级学科名称（代码）	批文文号	发文时间（年．月）
1	哲学（0101）	学位（2011）8号	2011.03	010101　马克思主义哲学	学位（1993）39号	1993.12
2				010102　中国哲学	学位（2006）3号	2006.01
3				010103　外国哲学		
4				010104　逻辑学		
5				010105　伦理学	学位（2006）3号	2006.01
6				010106　美学		
7				010107　宗教学	学位（2006）3号	2006.01
8				010108　科学技术哲学		
9	应用经济学（0202）	学位（2011）8号	2011.03	020201　国民经济学		
10				020202　区域经济学	闽学位（2003）44号	2003.09
11				020203　财政学		
12				020204　金融学	闽学位（2003）44号	2003.09
13				020205　产业经济学		
14				020206　国际贸易学	学位（2006）3号	2006.01
15				020207　劳动经济学		
16				020209　数量经济学	学位（1998）45号	1998.06
17				020210　国防经济		
18				0202Z1　信息经济学		2011.12

续表

序号	一级学科名称（代码）	发文文号	发文时间（年．月）	二级学科名称（代码）	批文文号	发文时间（年．月）
19	法学（0301）	学位（2011）8号	2011.03	030101 法学理论		
20				030102 法律史		
21				030103 宪法学与行政法学		
22				030104 刑法学	学位（2006）3号	2006.01
23				030105 民商法学	闽学位（2003）44号	2003.09
24				030106 诉讼法学		
25				030107 经济法学	学位（1993）39号	1993.12
26				030108 环境与资源保护法学		
27				030109 国际法学	学位（2006）3号	2006.01
28				030110 军事法学		
29	政治学（0302）	学位（2011）8号	2011.03	030201 政治学理论	学位（2006）3号	2006.01
30				030202 中外政治制度		
31				030203 科学社会主义与国际共产主义运动	学位（1990）029号	1990.11
32				030204 中共党史		
33				030205 国际政治		
34				030206 国际关系		
35				030207 外交学		
36				0302Z1 侨务政策与理论		2012.12
37	马克思主义理论（0305）	学位（2016）23号	2016.09	030501 马克思主义基本原理	学位（2006）3号	2006.01
38				030502 马克思主义发展史		
39				030503 马克思主义中国化研究		
40				030504 国外马克思主义研究		
41				030505 思想政治教育	学位（2006）3号	2006.01
42				030506 中国近现代史基本问题研究		

续表

序号	一级学科名称（代码）	发文文号	发文时间（年．月）	二级学科名称（代码）	批文文号	发文时间（年．月）
43	中国语言文学（0501）	学位（2011）8号	2011.03	050101　文艺学	学位（2006）3号	2006.01
44				050102　语言学及应用语言学		
45				050103　汉语言文字学	学位（2006）3号	2006.01
46				050104　中国古典文献学		
47				050105　中国古代文学	闽学位（2003）44号	2003.09
48				050106 中国现当代文学		1998.02
49				050107　中国少数民族语言文学		
50				050108　比较文学与世界文学		
51				0501Z1　华语与华文教育		2011.12
52				0501Z2　媒介文化与传播		2011.12
53	外国语言文学（0502）	学位（2018）9号	2018.03	050201　英语语言文学	闽学位（2003）44号	2003.09
54				050202　俄语语言文学		
55				050203　法语语言文学		
56				050204　德语语言文学		
57				050205　日语语言文学		
58				050206　印度语言文学		
59				050207　西班牙语语言文学		
60				050208　阿拉伯语语言文学		
61				050209　欧洲语言文学		
62				050210　亚非语言文学		
63				050211　外国语言学及应用语言学		
64	世界史（0603）	学位（2016）23号	2016.09	060300　世界史		
65	数学（0701）	学位（2018）9号	2018.03	070101　基础数学	学位字（81）019号	1981.12
66				070102　计算数学		
67				070103　概率论与数理统计		
68				070104　应用数学		
69				070105　运筹学与控制论		

续表

序号	一级学科名称（代码）	发文文号	发文时间（年．月）	二级学科名称（代码）	批文文号	发文时间（年．月）
70	化学（0703）	学位（2006）3号	2006.01	070301 无机化学	闽学位（2003）44号	2003.09
71				070302 分析化学		1998.02
72				070303 有机化学	学位（2006）3号	2006.01
73				070304 物理化学	闽学位（2003）44号	2003.09
74				070305 高分子化学与物理	学位办（2000）92号	2000.12
75	系统科学（0711）	学位（2020）3号	2020.04	071101 系统理论		
76				071102 系统分析与集成		
77	统计学（0714）	学位（2011）51号	2011.8	071400 统计学	学位（2011）51号	2011.8
78	机械工程（0802）	学位（2006）3号	2006.01	080201 机械制造及其自动化		1986.01
79				080202 机械电子工程	闽学位（2003）44号	2003.09
80				080203 机械设计及理论	闽学位（2003）44号	2003.09
81				080204 车辆工程	学位（2006）3号	2006.01
82	光学工程（0803）	学位（2011）8号	2011.03	080300 光学工程		
83	材料科学与工程（0805）	学位（2006）3号	2006.01	080501 材料物理与化学	学位办（2000）92号	2000.12
84				080502 材料学	学位（1993）39号	1993.12
85				080503 材料加工工程	闽学位（2003）44号	2003.09
86				0805Z1 材料化学		
87				0805Z2 生物医学材料		
88	信息与通信工程（0810）	学位（2006）3号	2006.01	081001 通信与信息系统	学位（2006）3号	2006.01
89				081002 信号与信息处理	闽学位（2003）44号	2003.09
90	控制科学与工程（0811）	学位（2016）23号	2016.09	081101 控制理论与控制工程		
91				081102 检测技术与自动化装置	学位办（2000）92号	2000.12
92				081103 系统工程		
93				081104 模式识别与智能系统	学位（2006）3号	2006.01
94				081105 导航、制导与控制		

续表

序号	一级学科名称（代码）	发文文号	发文时间（年．月）	二级学科名称（代码）	批文文号	发文时间（年．月）
95	建筑学（0813）	学位（2011）8号	2011.03	081301　建筑历史与理论	学位办（2000）92号	2000.12
96				081302　建筑设计及其理论	学位（1993）39号	1993.12
97				081303 城市规划与设计		
98				081304　建筑技术科学		
99	土木工程（0814）	学位（2011）8号	2011.03	081401　岩土工程	学位（2006）3号	2006.01
100				081402　结构工程		1986.01
101				081403　市政工程		
102				081404　供热、供燃气、通风及空调工程		
103				081405　防灾减灾工程及防护工程	闽学位（2003）44号	2003.09
104				081406　桥梁与隧道工程		
105	化学工程与技术（0817）	学位（2006）3号	2006.01	081701　化学工程	学位（1993）39号	1993.12
106				081702　化学工艺	学位（2006）3号	2006.01
107				081703　生物化工	学位办（2000）92号	2000.12
108				081704　应用化学	闽学位（2003）44号	2003.09
109				081705　工业催化	学位（2006）3号	2006.01
110				0817Z1　制药工程		2013.12
111	环境科学与工程（0830）	学位（2018）9号	2018.03	083001　环境科学	学位（2006）3号	2006.01
112				083002　环境工程	闽学位（2003）44号	2003.09
113	生物医学工程（0831）	学位（2016）23号	2016.09			
114	软件工程（0835）	学位（2011）51号	2011.08	083500　软件工程	学位（2011）51号	2011.8
115	工商管理（1202）	学位（2006）3号	2006.01	120201　会计学	学位（2006）3号	2006.01
116				120202　企业管理	学位（1996）12号	1996.05
117				120203　旅游管理		1998.02
118				120204　技术经济及管理	学位办（2000）92号	2000.12
119	公共管理（1204）	学位（2018）9号	2018.03	120401　行政管理	学位（2006）3号	2006.01
120				120402　社会医学与卫生事业管理		
121				120403　教育经济与管理		
122				120404　社会保障		
123				120405　土地资源管理		

续表

序号	一级学科名称（代码）	发文文号	发文时间（年．月）	二级学科名称（代码）	批文文号	发文时间（年．月）
124	生物学（0710）			071005　微生物学	学位〔2006〕3号	2006.01
125				071010　生物化学与分子生物学	闽学位〔2003〕44号	2003.09

资料来源：研究生院提供。

华侨大学专业硕士学位授权点一览表

序号	学位类别名称（代码）	专业学位领域名称（代码）	批件文号	批件日期（年．月）
1	金融硕士（0251）		文化发〔2010〕82号	2010.09
2	法律硕士（0351）	035101　非法学	学位办〔2007〕28号	2007.05
		035102　法学	学位办〔2007〕28号	2007.05
3	体育（0452）		学位〔2016〕23号	2016.09
4	汉语国际教育硕士（0453）		学位〔2014〕14号	2014.05
5	翻译（0551）		学位〔2016〕23号	2016.09
6	新闻与传播（0552）		学位〔2016〕23号	2016.09
7	建筑学硕士（0851）		学位〔2012〕33号	2012.09
8	城市规划（0853）		学位〔2019〕8号	2019.05
9	电子信息（0854）		学位〔2019〕5号	2019.05
10	机械（0855）		学位〔2019〕5号	2019.05
11	材料与化工（0856）		学位〔2019〕5号	2019.05
12	能源动力（0858）		学位〔2019〕5号	2019.05
13	土木水利（0859）		学位〔2019〕5号	2019.05
14	生物与医药（0860）		学位〔2019〕5号	2019.05
15	交通运输（0861）		学位〔2019〕5号	2019.05
16	工商管理硕士（1251）		学位办〔2007〕28号	2007.05
17	公共管理硕士（1252）		学位办〔2007〕28号	2007.05
18	会计（1253）		学位〔2016〕23号	2016.09
19	旅游管理硕士（1254）		文化发〔2010〕82号	2010.09
20	工程管理（1256）		学位〔2019〕5号	2019.05
21	艺术硕士（1351）		学位〔2014〕14号	2014.05

资料来源：研究生院提供。

华侨大学省部级以上学科一览表

项目	学科	批建单位	获批时间（年．月．日）
国家重点学科	数量经济学	中华人民共和国教育部	2007.7.26

续表

项目	学科	批建单位	获批时间（年．月．日）
福建省重点学科	机械制造及其自动化	福建省教育厅	2005. 3. 12
	材料学	福建省教育厅	2005. 3. 12
	数量经济学	福建省教育厅	2005. 3. 12
	生物化工	福建省教育厅	2005. 3. 12
	海外华文教育	福建省教育厅	2005. 3. 12
	结构工程	福建省教育厅	2005. 3. 12
	物理电子学	福建省教育厅	2005. 3. 12
	马克思主义哲学	福建省教育厅	2005. 3. 12
国侨办重点学科	机械制造及其自动化	国务院侨务办公室	2003. 9. 5
	材料学	国务院侨务办公室	2003. 9. 5
	数量经济学	国务院侨务办公室	2003. 9. 5
	生物化工	国务院侨务办公室	2003. 9. 5
	结构工程	国务院侨务办公室	2003. 9. 5
	物理电子学	国务院侨务办公室	2003. 9. 5
	马克思主义哲学	国务院侨务办公室	2003. 9. 5
	企业管理	国务院侨务办公室	2003. 9. 5
	计算机应用技术	国务院侨务办公室	2003. 9. 5
	建筑设计及其理论	国务院侨务办公室	2003. 9. 5
博士后流动站	机械工程	中华人民共和国人事部	2007. 8
	应用经济学	中华人民共和国人事部	2009. 9
	土木工程	中华人民共和国人事部	2009. 9
	哲学	人力资源和社会保障部	2012. 9
	化学工程与技术	人力资源和社会保障部	2012. 9
教育部工程研究中心	脆性材料加工技术	中华人民共和国教育部	2007. 9
	分子药物	中华人民共和国教育部	2007. 9
	环境友好功能材料	中华人民共和国教育部	2009. 9
福建省省级重点学科	应用经济学	福建省教育厅、福建省财政厅	2012. 10
	机械工程	福建省教育厅、福建省财政厅	2012. 10
	材料科学与工程	福建省教育厅、福建省财政厅	2012. 10
	化学工程与技术	福建省教育厅、福建省财政厅	2012. 10
	哲学	福建省教育厅、福建省财政厅	2012. 10
	中国语言文学	福建省教育厅、福建省财政厅	2012. 10
	土木工程	福建省教育厅、福建省财政厅	2012. 10
	政治学	福建省教育厅、福建省财政厅	2012. 10
	电子科学与技术	福建省教育厅、福建省财政厅	2012. 10
	建筑学	福建省教育厅、福建省财政厅	2012. 10

续表

项目	学科	批建单位	获批时间（年.月.日）
福建省特色重点学科	光学工程	福建省教育厅、福建省财政厅	2012. 10
	生物医学工程	福建省教育厅、福建省财政厅	2012. 10
	计算机科学与技术	福建省教育厅、福建省财政厅	2012. 10
	法学	福建省教育厅、福建省财政厅	2012. 10
	化学	福建省教育厅、福建省财政厅	2012. 10
	管理科学与工程	福建省教育厅、福建省财政厅	2012. 10
	信息与通信工程	福建省教育厅、福建省财政厅	2012. 10
	仪器科学与技术	福建省教育厅、福建省财政厅	2012. 10
	城乡规划学	福建省教育厅、福建省财政厅	2012. 10
	软件 工程	福建省教育厅、福建省财政厅	2012. 10
	统计学	福建省教育厅、福建省财政厅	2012. 10
	工商管理	福建省教育厅、福建省财政厅	2012. 10
福建省特色重点学科	材料科学与工程	福建省教育厅、福建省财政厅	2012. 10
	化学工程与技术	福建省教育厅、福建省财政厅	2012. 10
	应用经济学	福建省教育厅、福建省财政厅	2012. 10
	哲学	福建省教育厅、福建省财政厅	2012. 10
	土木工程	福建省教育厅、福建省财政厅	2012. 10
	中国语言文学	福建省教育厅、福建省财政厅	2012. 10
福建省高校优势学科创新平台	高端装备制造创新平台	福建省教育厅、福建省财政厅、福建省科技厅、福建省发改委、福建省经贸委	2012. 11
福建省高校优势学科创新平台（培育项目）	材料科学与工程创新平台	福建省教育厅、福建省财政厅、福建省科技厅、福建省发改委、福建省经贸委	2012. 11
福建省高峰学科	精密制造技术及装备学科群	福建省教育厅、福建省财政厅、福建省科技厅、福建省发改委、	2018. 3
	材料与化学学科群	福建省教育厅、福建省财政厅、福建省科技厅、福建省发改委、	2018. 3
	化学工程与技术	福建省教育厅、福建省财政厅、福建省科技厅、福建省发改委、	2018. 3
	应用经济学	福建省教育厅、福建省财政厅、福建省科技厅、福建省发改委、	2018. 3
福建省高原学科	海外华文教育与中华文化传播学科群	福建省教育厅、福建省财政厅、福建省科技厅、福建省发改委、	2018. 3
	土木工程	福建省教育厅、福建省财政厅、福建省科技厅、福建省发改委、	2018. 3
	生命科学与医学学科群	福建省教育厅、福建省财政厅、福建省科技厅、福建省发改委、	2018. 3

续表

项目	学科	批建单位	获批时间（年．月．日）
福建省高原学科	建筑学学科群	福建省教育厅、福建省财政厅、福建省科技厅、福建省发改委、	2018. 3
	光电信息学科群	福建省教育厅、福建省财政厅、福建省科技厅、福建省发改委、	2018. 3
	软件工程学科群	福建省教育厅、福建省财政厅、福建省科技厅、福建省发改委、	2018. 3
福建省高原学科	数据科学学科群	福建省教育厅、福建省财政厅、福建省科技厅、福建省发改委、	2018. 3
	哲学	福建省教育厅、福建省财政厅、福建省科技厅、福建省发改委、	2018. 3
	工商管理	福建省教育厅、福建省财政厅、福建省科技厅、福建省发改委、	2018. 3
	法学	福建省教育厅、福建省财政厅、福建省科技厅、福建省发改委、	2018. 3
	马克思主义理论	福建省教育厅、福建省财政厅、福建省科技厅、福建省发改委、	2018. 3
	公共管理	福建省教育厅、福建省财政厅、福建省科技厅、福建省发改委、	2018. 3
	国际政治与侨务公共外交学科群	福建省教育厅、福建省财政厅、福建省科技厅、福建省发改委、	2018. 3

资料来源：发展规划处提供。

华侨大学获国家级、省部级荣誉称号人员名单
（截至2019）

人才项目

1. 中国工程院院士（双聘） 卢秉恒　姚建年　洪茂椿　吴硕贤　陈芬儿

2. 加拿大科学院院士（双聘） 杨恩辉

3. 国家杰出青年科学基金获得者 徐西鹏

4. 国家领军人才

国家科技创新领军人才　徐西鹏

国家哲学社会科学领军人才　胡日东

国家科技创业领军人才　杨学太

5. 百千万人才工程国家级人选 郭克莎　徐西鹏　胡日东　黄　辉　常　彬　魏展画

6. 科技部创新人才推进计划

重点领域创新团队负责人徐西鹏

科技创新创业人才　杨学太

7. 教育部长江学者和创新团队发展计划

创新团队负责人　黄辉

长江学者讲座教授　苏春翌

8. 中宣部文化名家暨四个一批人才　胡日东

9. 全国百篇优秀博士学位论文获得者　郑志刚

10. 享受国务院政府特殊津贴专家

王永初　赖万才　马时冬　林新波　吴承业　黄元锦　陈燊年　张宗欣

林文銮　郑宗汉　蔡灿津　黄继泰　刘甲耀　汤东华　翁荣周　张上泰

张文珍　郑永树　金　丽　杨翔翔　龚德恩　李国南　施玉山　庄善裕

徐金瑞　曾文平　洪尚任　郭克莎　徐西鹏　郭亨群　张云波　胡日东

吴季怀　丘　进　贾益民　江开勇　黄　辉　常　彬　郭子雄　杨学太

黄如良　洪捷序　黄维礼　方　拥　施建伟

颜文礼　陈启泉　王全凤　王连阳　何志成　许承晃　吴绍敏

刘华信　姜传宗　郑厚生　顾圣皓　叶民强　方建成

11. 教育部新世纪优秀人才支持计划入选者

徐西鹏　陈国华　郭子雄　谭援强　黄　辉　许　斌　杜吉祥　崔长彩

张　潜　荆国华　李　远　苑宝玲　霍静思　常　彬　赵昕东　刘荣军

李念北　许培源　王晓平　蔡绍滨

12. 国家旅游局旅游业青年专家培养计划　谢朝武　林美珍　周春梅

13. 教育部思想政治教育中青年杰出人才支持计划培育对象　陈　捷

14. 福建省海西产业人才高地创新团队领军人才　徐西鹏

15. 福建省引进高层次创业创新人才（百人计划）

葛悦禾　苏春翌　宋秋玲　Philipp Kapranov　易定容　郭克莎　马凯光

Thomas Gregory Driver　陈新开　柯荣秦　孙　涛　郑志刚　陈　凌

尚会鹏 Bahram M. Shahrooz　常　彬　Sumiyoshi Abe　陈建伟　梁　宁

许瑞安团队　何春艳

16. 福建省科技创新（创业）领军人才

吴季怀　郭子雄　刁　勇　陈国华　董毓利　徐西鹏　江开勇　杨学太

17. 福建省百千万工程领军人才　黄　辉　胡日东　苑宝玲　常　彬

18. 福建省哲学社会科学领军人才　王福民　胡日东　陈历明　李志强

19. 福建省青年拔尖人才　兰　章　蒋晓光　董　泽

20. 福建省文化名家 曾　峰

21. 福建省高校领军人才 徐西鹏　苏春翌　Philipp Kapranov　胡日东　杨学太

22. 福建省高校青年拔尖人才 柯荣秦　黄国钦

23. 福建省引进台湾高层次人才百人计划 游国龙

24. 福建省百千万人才工程人选

吴季怀　徐西鹏　胡日东　蒲继雄　刘　堦　高轩能　王士斌　林碧洲　金福江　陈国华　陈金龙　孙向英　郑锦扬　许斗斗　苑宝玲　黄　辉　陈爱政　王　田

25. 福建省闽江学者奖励计划特聘教授

崔秀灵　龙　元　董毓利　董　泽　杨　帆　仲伟周　易定容　常　彬　郑志刚　柯荣秦　刘荣军　吕延方　刘红生　李三暑　魏下海　莫毓昌　蔡绍滨　许　斌　邓圣福　李念北　詹国武　高振国　王建飞　常　旭　Sergei Timoshin　吴正旺　吴跃勤　夏永辉　孙道进　项后军　李拉亚　肖曙光　王　可

26. 福建省自然科学基金杰出青年项目入选者

黄　辉　杜吉祥　兰　章　林志立　董　泽　谢水奋　陈子阳　林添良　胡红松蒋妮娜　陈宏伟　曾焕强

27. 福建省高端外国专家团队引进计划负责人 Philipp Kapranov

28. 福建省外专百人计划入选者

Osami Sasaki　Bahram M. Shahrooz　周树锋

29. 福建省青年外国专家引进计划入选者 Ranjith Kumar Kankala

30. 福建省引进高层次人才

穆德魁　郑志刚　宋　武　刘荣军　许　斌　胡红松　魏展画　周树锋　蔡绍滨　何　霆　谭援强　李弼程　陈　昊　李念北　黄华林　林宏宇　常　彬　段　放　花　丹　詹国武　莫毓昌　董　泽　刘红生　范文涛　王　晨　蒋妮娜　高利柱　梁　宁　郭东生　王尔义　吕延方　刘玉龙　李　艳　李三暑　潘玉彪　吴国春　颜丙功　吴志芳　高振国　魏下海　马　雷　马　溧　邓圣福　陈丽婵　李倩茹　黄鹭红

31. 福建省高等学校新世纪优秀人才支持计划入选者

林碧洲　林　毅　郭子雄　刘　强　孙　锐　陈旋波　郑力新　钱　浩　陈宏文　黄　辉　曾志兴　陈燕武　陈金龙　徐　华　方瑞明　刘　斌

张光亚　许培源　吴苑华　罗继亮　荆国华　徐玉野　张向前　赵昕东
曾文婷　苑宝玲　林　青　王　靖　熊兴泉　陈爱政　陈行堤　苏梽芳
衣长军　林怀艺　杨建红　兰　章　骆翔宇　谢朝武　赵林海　薛秀军
王晓平　刘源岗　范乐庆　欧聪杰　林添良　连朝毅　邢尊明　郑文智
李宝良　冯　兵　陈永红　李　勇　胡国鹏　王怀谦　毛浩然　蒋晓光
刘　超　檀革胜　林志立　钟必能　俞　缙　陈　国　骆耿耿　田　晖
汤龙坤　姚敏峰　黄国钦　李海林　李志强　陈斌彬　吕晓玲　杨默如
侯志阳　杨少涵　程国林　陈林聪　张　勇　欧达毅　谢水奋　缑　锦
陆　静　路　平　李勇泉　徐　晞　赵　凯　王　伟　陈斯彬　马拥军
董秀良　刘素民　陈　誉

32. 福建省高校杰出青年科研人才培育计划人选者

罗继亮　杜吉祥　徐玉野　谢朝武　连朝毅　王　靖　熊兴泉　苏梽芳
檀革胜　魏燕侠　欧聪杰　缑　锦　兰　章　刘源岗　黄国钦　杨默如
陈斌彬　侯志阳　陆　静　钟必能　骆耿耿　王怀谦　李宝良　邢尊明
张　华　林志立　程国林　姜　峰　李　飞　易立涛　李海林　刘　超
孙琼如　朱　铁　陈子阳　陈林聪　田　晖　吴文果　吴丽华　刘卫卫
刘　鎏　林春培　傅联英　欧达毅　汪东树　言　兰　李东旭　蔡燕燕
花　威　魏清达　邓晓懿　万　婉　李忠伟　赵　凯　邹永广　李　飞
王　田　蒋妮娜　蔡奇鹏　皮定恒　黄剑华　陈宏伟　李海锋　翟术英
郭东生　王连会　黄日涵　周　飞　梁发超　叶　芳　吕晓玲　王启钊
陈　誉

33. 福建省思想政治教育中青年杰出人才　薛秀军　林怀艺

34. 福建省高校以马克思主义为指导的哲学社会科学青年理论人才

薛秀军　汤兆云

35. 福建省管理型会计领军人才　吴泽福

36. 厦门市海外高层次人才（双百计划）

葛悦禾　杨　帆　许　斌　李三暑　周树锋　董　泽　孙　涛　魏展画
詹国武　陈建伟　柯荣秦　沈江珊

37. 全国优秀教师　曾志兴　顾立志　陈玛添

38. 全国高校黄大年式教师团队负责人　张向前

39. 中国政府友谊奖　Philipp Kapranov

40. 福建省优秀专家　王永初　吴季怀

41. 福建省杰出科技人才　徐西鹏

42. 福建省优秀教师

王建设　陈克明　徐西鹏　张渭滨　黄心中　王士斌　江开勇　金福江　孙锐　林志勇　林怀艺　马华祥　郭子雄　程一辉　黄秋玉　肖美添　周克民　陈历明　张全伙

43. 福建省教学名师

张禹东　黄宜坚　曾　路　吴承业　曾志兴　吴季怀　王士斌　张云波
林　峰　戴秋莲　胡日东　王建设　孙　锐　方柏山

资料来源：人事处提供。

历年学校荣获各级五一劳动奖章、劳动模范（先进工作者）名单

一 全 国

序号	个人	获奖名称	奖励级别	获奖时间（年．月）
1	吴季怀	全国五一劳动奖章	中华全国总工会	1997. 04
2	王永初	全国五一劳动奖章	中华全国总工会	2001. 04
3	林松柏	全国师德先进个人	中国教育工会	2001. 09
4	庄锡福	全国师德先进个人	中国教育工会	2004. 09
3	徐西鹏	全国五一劳动奖章	中华全国总工会	2014. 04

二 省 级

序号	个人	获奖名称	奖励级别	获奖时间（年．月）
1	赵富足	福建省教育、文化、卫生、体育、新闻方面社会主义先进工作者（享受省部级劳动模范待遇）	福建省人民政府	1960. 05
2	施玉山	福建省劳动模范（先进工作者）	福建省人民政府	1982. 05
3	陈玛添	福建省五一劳动奖章	福建省总工会	1985. 05
4	许天佑	福建省劳动模范	福建省人民政府	1991. 05
5	吴承业	福建省五一劳动奖章	福建省总工会	1992. 05
6	徐金瑞	福建省劳动模范	福建省人民政府	1994. 05
7	吴季怀	福建省劳动模范	福建省人民政府	1997. 05

续表

序号	个人	获奖名称	奖励级别	获奖时间（年．月）
8	王永初	福建省劳动模范（先进工作者）	福建省人民政府	2003. 05
9	徐西鹏	福建省劳动模范（先进工作者）	福建省人民政府	2003. 05
10	赵冰洁	福建省五一劳动奖章	福建省总工会	2007. 05
11	曾志兴	全国模范教师（享受省部级劳动模范待遇）	人事部教育部	2007. 09
12	赵冰洁	福建省劳动模范（先进工作者）	福建省人民政府	2008. 04
13	陈国华	福建省五一劳动奖章	福建省总工会	2009. 04
14	童　昕	福建省五一劳动奖章	福建省总工会	2010. 04
15	严捍东	福建省五一劳动奖章	福建省总工会	2011. 04
16	王建设	福建省五一劳动奖章	福建省总工会	2012. 04
17	黄　辉	福建省五一劳动奖章	福建省总工会	2016. 05
18	肖美添	福建省劳动模范（先进工作者）	福建省人民政府	2018. 04

三　市　级

序号	个人	获奖名称	奖励级别	获奖时间（年．月）
1	吴季怀	泉州劳动模范（先进工作者）	泉州市人民政府	1997. 04
2	刘雄伟	泉州劳动模范（先进工作者）	泉州市人民政府	1999. 04
3	黄世碧	省老干工作先进工作者（享受市级劳动模范待遇）	福建省人事厅	2000. 03
4	黄华灿	泉州市五一劳动奖章	泉州市总工会	2004. 12
5	王建设	泉州劳动模范（先进工作者）	泉州市人民政府	2006. 04
6	严捍卫	泉州劳动模范（先进工作者）	泉州市人民政府	2009. 04
7	林志勇	泉州市五一劳动奖章	泉州市总工会	2009. 12
8	李明春	泉州市五一劳动奖章	泉州市总工会	2009. 12
9	黄宜坚	泉州市五一劳动奖章	泉州市总工会	2011. 12
10	胡日东	泉州劳动模范	泉州市总工会	2012. 04
11	王士斌	泉州市五一劳动奖章	泉州市总工会	2015. 02
12	刘源岗	泉州市五一劳动奖章	泉州市总工会	2015. 02
13	林金清	泉州市五一劳动奖章	泉州市总工会	2015. 02
14	肖美添	泉州劳动模范（先进工作者）	泉州市总工会	2015. 04
15	杨建红	泉州市五一劳动奖章	泉州市总工会	2017. 03
16	王佳斌	泉州市五一劳动奖章	泉州市总工会	2017. 03
17	林添良	泉州市五一劳动奖章	泉州市总工会	2017. 03
18	兰　章	泉州劳动模范（先进工作者）	泉州市总工会	2018. 04
19	张景红	泉州市五一劳动奖章	泉州市总工会	2019. 02

资料来源：教育工会提供。

后　记

华侨大学是担负“为侨服务，传播中华文化”特殊使命的大学，及时总结办学经验一直是学校工作的重要课题。为此，学校曾先后编撰了《华侨大学三十年》《华侨大学四十年》《华侨大学五十年》《华侨大学志》等著作。编撰《华侨大学史》（1960—2020 年），是一项承前启后的工作。

学校主要领导十分重视校史编撰工作，视之为筹备 60 周年庆典的重要事项。编委会主任、校党委书记徐西鹏教授提出编撰的总体设想，并在我们会稿时亲临现场看望、勉励大家。前任党委书记关一凡，编委会主任、校长吴剑平教授均关切编撰进展情况。彭霈副校长出席第一次编撰组会议，介绍以前校史编写情况，鼓励大家不负所托，克期完成。初稿完成后，王秀勇副校长审看了全稿并提出指导性意见。校领导的关心和支持是我们完成书稿的重要保障。

本书由庄锡福教授担任编撰组组长。主要撰写人员（按篇章次序）有以下几位：蔡若坤、任智勇、蒋楠、疏会玲、林俊杰、何强毅、张磊屏、董艺乐、庄锡福、施彦军。其中，蔡若坤撰写第一章第一、五、六节，任智勇撰写第一章第二、三、四、七、八节并负责全章统稿；蒋楠撰写第二章；疏会玲撰写第三章并由林俊杰协助；何强毅撰写第四章；张磊屏撰写第五章第一至五节，董艺乐撰写第六至九节；庄锡福撰写第六章；施彦军编撰《大事年表》及《附录》。编撰组副组长、校办董成雄副主任、宣传部赵小波部长参加了初期的几次讨论，提出许多中肯的建议并提供了相关资料。

全书由组长提出编撰宗旨：循大学之道，阐侨校之特，探名校之由，成周甲之史，资兴校之政，达爱校之诚；编撰目标：在总结华侨大学办学规律、提炼华侨大学精神气质、探索华侨大学发展进路方面，在写成一部“可信、可读、规范”的《华侨大学史》上有所前进。在 60 年史如何分期方面，组长充分听取同人意见，决定以五个时期设章定题：第一章 创办初期（1960—1970 年）；第二章 复办调整及初步改革时期（1978—1990 年）；第三章 持续改革稳定发展时期（1991—2000 年）；第四章 建设两校区协同、向教学研究型大学迈进时期（2001—2010 年）；第五章 全面深化改革、实施“侨校 + 名校”时期（2011—2020 年）。

根据工作重心的改变，编撰组采取不同的工作方法。从 2019 年 4 月到 2020 年 4 月一年间，采取的方法是：各章撰写人分头运作，边搜集资料边撰写；每个月开“碰头会”交流进展情况并部署下阶段工作。其间共召开 12 次“碰头会”，由于受疫情影响，最后两次通过腾讯会议 App 采用线上会议的方式进行。到初稿基本完成的 2020 年 6—7 月份一个月时间内，则采取“会稿”的方法：交叉审稿，指出问题，提出修改建议。其间“会稿”四次，用时 15 天。后两次会稿，针对部分篇章修改任务较重的情况，编撰组分成两个小组，由庄锡福、任智勇分别带领逐章逐节修改。初稿形成后送校领导审阅，复又根据审阅意见再次做较多修改，并于 8 月进行第五次会稿。会稿后于 9 月 12 日提交社会科学文献出版社。全书最后由庄锡福统稿，任智勇协助。

本书是真正意义上的集体智慧结晶。在一年多的奋斗中编撰组同人几乎放弃了所有休闲时间，在档案馆、在书房里孜孜矻矻，案牍劳形；为一条资料食不甘味，为一个难题寝不安席；忍受病痛，带伤上阵；失约了孩子逛公园，婉谢了好友新聚会……在共同奋斗中我们成为名副其实的“同人”：同心同德，同切同磋，会稿时甚至同吃同住。宜乎众人所长，相得益彰；编友情谊，与时俱进。

各人任务确定之后，任智勇动手最早并较早完成初稿。他应组长之邀经常协助审看稿子，贡献修改意见，提出推进工作的建议，起了组长主要助手的作用。

为了取得第一手资料，使文章更具历史感和可读性，我们采访了陈觉万、吴承业、李冀闽、丘进、贾益民、吴道明、李孙忠等老领导，他们不但生动介绍了办学思路、任内大事、关键细节、难忘记忆等，还就如何编撰校史提出建设性意见。陈觉万老校长还专门撰写了近 2 万字的回忆材料供我们参考。这些都使我们深受启发，获益良多。我们还采访了创校时期政治系副主任方晓丘、首批入校教师康玉琛、政治系 1969 届毕业生郭景仁等。创校时期中文系教师孙绍振应编撰组之约撰写了回忆性文字并提供相关文章。创校时期副校长林汝楠之子林志军提供了其父照片。

校庆办林诗锋主任负责编撰小组的后勤保障，指挥一班人完成了大量联络、协调工作和各种琐碎事务，李兵、荆亚璟等时时在线响应，及时解决各种难题。档案馆、宣传部提供清晰的照片，赖小玫负责图片嵌入。这些工作劳心费力，但对编撰工作帮助很大。

中华人民共和国成立后国内高校所编校史，大多未系统介绍学校财政情况。我们认为，一部完整校史，缺乏“财政”这一基础性要素是很大的缺憾。我们商诸校财务处领导，他们深以为然，并由詹儒章、张燕晖、林婉玲撰写了超过 2 万字的

《华侨大学财政简史》，该篇大部分内容被各章直接采用。

校纪委支持校史编撰工作，提供了纪检监察方面简要的历史沿革和相关资料。图书馆李志强馆长、校纪检办钟炎生副主任审看全稿并提出修改建议。档案馆、教务处、科研处、社科处、后勤处、招生处等部门积极配合，提供大量相关资料。

从2020年6月18日到9月8日，我们曾先后五次到华文学院会稿，一应工作和生活设施，均由胡培安院长、纪秀生书记等领导及院办主任黄乌密精心安排。

2019年8月29日，香港校友会名誉会长兼常务副会长许碧珍（化工系62级）、香港校友会宣传部部长江显锥（政治系63级）专程返校与编撰组座谈。许碧珍校友捐赠了相关照片，江显锥校友之后又多次提供文字资料和照片。拳拳爱校之心令人感动。

本书参考了建校以来历届领导人的讲话、教职员工的言论、校友的回忆等资料，不能一一尽述。在初稿形成过程中和完成之后，有关部门负责人提出不少建设性意见，促进我们不断修改完善书稿。

社会科学文献出版社是华侨大学战略合作单位，十分重视本书的编辑工作。谢寿光社长非常关心编辑情况并多次提出指导意见，政法传媒分社的王绯社长及责任编辑张建中、岳璘同志一直在编辑规范上指导我们的工作。

廖公承志是我们最尊敬的创校校长，华侨大学校名就是他题写的。我们有幸从他手书的一首诗中提取一个“史”字，放在他题写的校名后面，集成“华侨大学史”五个字。廖公地下有知，应感欣慰。

在本书付梓之际，谨向以各种形式帮助我们完成编撰任务的领导、老师、同学、校友暨各界朋友，致以衷心感谢！

书中图片除特别说明资料来源外，均由华侨大学相关部门提供，版权归华侨大学所有。

需要说明的是，编撰组除组长外，均属初次涉足此项工作，对校史了解不多，经验欠缺；加上时间太短，许多想补充、改进、完善的内容来不及从容处理；在篇章结构安排、各章行文风格、遣词造句用字等方面，也仍有不尽合理、不够统一、未臻畅达之处。因此，除了请读者见谅外，衷心希望多多指出本书缺失，以利今后续编时更正或充实。

《华侨大学史》编撰组

2020年7月

图书在版编目(CIP)数据

华侨大学史：1960－2020：全两卷/《华侨大学史》编委会编. -- 北京：社会科学文献出版社，2021.1
ISBN 978－7－5201－8000－9

Ⅰ.①华… Ⅱ.①华… Ⅲ.①华侨大学－校史－1960－2020 Ⅳ.①G649.285.73

中国版本图书馆CIP数据核字(2021)第032190号

华侨大学史（1960—2020）（全两卷）

编　　者／《华侨大学史》编委会

出 版 人／王利民
责任编辑／岳　璘　张建中

出　　版／社会科学文献出版社·政法传媒分社（010）59367156
　　　　地址：北京市北三环中路甲29号院华龙大厦　邮编：100029
　　　　网址：www.ssap.com.cn
发　　行／市场营销中心（010）59367081　59367083
印　　装／三河市东方印刷有限公司

规　　格／开　本：787mm×1092mm　1/16
　　　　印　张：65　字　数：1223千字
版　　次／2021年1月第1版　2021年1月第1次印刷
书　　号／ISBN 978－7－5201－8000－9
定　　价／598.00元（全两卷）

本书如有印装质量问题，请与读者服务中心（010－59367028）联系

版权所有 翻印必究

《华侨大学史》编委会

主　任

徐西鹏　　吴剑平

委　员

刘　埗　　刘　斌　　曾　路　　彭　霈　　毕明强　　王秀勇

王丽霞　　张云波　　庄锡福

编撰组

组　长

庄锡福

副组长

赵小波　　董成雄

成　员

（按姓氏笔画为序）

任智勇　　何强毅　　张磊屏　　林俊杰　　施彦军　　董艺乐

蒋　楠　　疏会玲　　蔡若坤

華僑大學史

［第一卷］

1960—2000

THE HISTORY OF HUAQIAO UNIVERSITY

Volume 1 : 1960-2000

《华侨大学史》编委会 编

社会科学文献出版社
SOCIAL SCIENCES ACADEMIC PRESS (CHINA)

序

2020年11月1日，华侨大学将迎来建校60周年。编写一部好的校史，是全校3万多名师生员工、20多万名海内外校友及鼎力帮助学校发展的校董都很期待的。之前，学校曾先后编印《华侨大学30年》《华侨大学40年》《华侨大学50年》，但皆未正式出版。2019年初开始筹备60周年校庆时，作为庆典的一个重要项目，我们决定邀请庄锡福教授担纲组建编撰团队，撰写一部较有分量、能正式出版的《华侨大学史》。现在，两卷本的《华侨大学史》即将由社会科学文献出版社出版，我感到非常高兴。庄教授请我作序，我想，首先应对编辑组表示衷心感谢和诚挚祝贺！另外，我从1992年毕业来到华大工作至今，担任校领导职务也有16年了，还是有许多感想可与大家分享。

“大学之道，在明明德，在亲民，在止于至善”这句话，“明德”就是爱心，“明明德”就是读懂爱心，明白办“大学”为什么要有爱心。“亲民”就是用爱心去服务社会、感化社会。“止于至善”就是与此同时也改变自己提升自己，使造福社会和丰富自我二者都臻于完美。这实际上揭示了教书育人的根本指向。我的理解未必准确，但我坚信有爱心就是办学的首要条件。人性有善、恶两端，倡导爱心就是高举向善的旗帜，培养学生的社会责任感，启发学生学会服务社会的本领。所以爱心应当作为学校倡导的根本价值，融入教职员工心里，体现于教书育人、管理育人、服务育人的全过程。

“有志者事竟成”。办好一所大学要有雄心，敢于高瞻远瞩，取法乎上，放眼于外，立志开出大格局，干成大事业；敢于设梦、追梦、圆梦，瞄准高目标，打造高平台，实现高水平；敢于不拘一格用人才，聚集大批以兴校强校为志的才俊共图大业；敢于为天下先，做不凡之事，建非常之功。有了雄心壮志，追求卓越就顺理成章，有了这股精气神，跨越发展、争创一流才是可梦、可期、可成的。

“公生明，廉生威”，要办好学，还需要公心。公心不仅是领导者个人要出以公心，更重要的是要把公正作为制度设计的指导原则，渗透于整个制度体系。公正就是排除私心，勇于正道直行、守正创新。“正”就是被实践所证明的办学规律，“正道”就是遵循办学规律的制度设计。世界各国的大学五花八门，历史传统、制度背景、文化特点各不相同，但在如何育人成才上仍有共通之处。简单地说，就是创造能够鼓励教师学生专心致志从教从学的育人环境，培养出视野开阔、具备科学精神和文明素养的高层次人才。要形成这样的育人环境，就必须把“公正”落实到制度上，保证教师的主导地位、学生的主体地位和学科建设的中心地位；保证“在制度面前一律平等”，不徇私情，赏罚分明；形成能者上、优者奖、庸者下、劣者汰的用人生态。

“路漫漫其修远兮，吾将上下而求索”。大学制度的制定和执行，一定会触及灵魂、触动利益。这就需要下决心推动改革。历史上大的进步，都是通过下决心破阻力的大改革推动的。习近平总书记强调，改革要“敢于向顽瘴痼疾开刀，勇于突破利益固化藩篱”,[①]“需要‘明知山有虎，偏向虎山行’的勇气”。[②] 要推动事业大发展，就只有痛下决心厉行改革，激励改革者，教育落伍者，惩戒阻碍者，化消极力量为积极力量，形成改革的强大气势。

“行百里者半九十”。办一所学校，需要“以恒心保长久”，而长期坚持又是最难的。有什么办法可以使“恒心”不落空呢？个人修为、上级监督是一个方面，但更重要的是建立民主监督制度。抗战期间，毛泽东同志在回答黄炎培关于共产党能否跳出“其兴也勃，其亡也忽”的“历史周期率”时说：“我们共产党已经找到了新路，能够跳出这个历史周期率。这条新路，就是民主。只有让人民来监督政府，政府才不敢松懈；只有人人起来负责，才不会人亡政息。”[③] 只要把监督制度化，保证监督者处于“当家作主”的主体地位，能说话，敢说话，说对的话管用，领导者就没有机会懈怠，“以恒心保长久”就能实现。

华侨大学办学60年了，总结经验、汲取教训、砥砺初心、开辟新路都是切时之务。现在，我们站在更高的发展平台上，只要切实持有“爱心、雄心、公心、决心、恒心”，瞄准“双一流”标准，坚定实施“侨校＋名校”发展战略，以开创之势治校，以改革之力兴校，就一定能创造华大更美好的未来。

记得把主持编撰工作的任务交给庄锡福教授不久，在一次校庆筹备会上，他说了这样的心愿和目标：循大学之道，阐侨校之特，探名校之由，成周甲之史，达爱校之诚；在写成一部“可信、可读”的《华侨大学史》上有所突破。我说，有这五句话、四个字，我就“有信心、挺放心”。今天有这个成绩，确实得来不易。这本

① 习近平：在博鳌亚洲论坛2018年年会开幕式上的主旨演讲。《人民日报》2018年4月11日第1版。

② 习近平：在布鲁日欧洲学院的演讲。《人民日报》2014年4月2日第1版。

③ 转引自朱相远《延安“窑洞对”中用的确是“周期率”》,《北京日报》2015年11月23日。

书生动再现了60年来华侨大学师生员工筚路蓝缕、奋发蹈厉的艰辛而又光荣的历程，总结了宝贵的办学经验和丰硕的办学成就，提炼了“砥砺奋进、追求卓越”的“华大精神”，这都是很可喜的成绩。我想，作者们的辛勤耕耘，体现的正是这种“砥砺奋进、追求卓越”的精神。今后，每隔若干年校史还要不断续写，我认为这种精神应当不断发扬光大。是为序。

华侨大学党委书记

徐西鹏

2020年9月

目　录

第一卷（1960—2000）

第三章
持续改革稳定发展时期　361

第二卷（2001—2020）

第四章
建设两校区协同，向教学研究型大学迈进时期　545

第五章
全面深化改革、实施“侨校＋名校”时期　721

第一章
创办初期

本章记载华侨大学从1960年创办到1970年被撤销停办共10年的发展历史。

华侨大学60年的文脉，肇始自20世纪60年代初。在“为侨服务”办学宗旨和“教育为无产阶级政治服务，教育与生产劳动相结合”教育方针的指引下，华侨大学开启了艰辛的创办历程，并在领导体制、科系设置、师资建设等方面开展了一系列有益的探索。在领导体制方面，创办时期学校受中华人民共和国华侨事务委员会（简称“中侨委”）、教育部和福建省人民委员会[①]（简称“福建省人委”）三重领导，以中侨委为主，实行党委领导下的以校长为首的校务委员会负责制；在科系设置方面，先后开设中文系、数学系、化学系、政治系、物理系、亚热带作物系（简称“热作系”）、医疗系、艺术系、外语系等科系，1964年以后又进行了科系调整，增设工科，适当压缩理科，扩大外语系语种和规模，不仅优化了当时的学科布局，形成了学校的学科特色，而且为复办后的学科专业设置提供了指引；在师资建设方面，这一时期的师资主要由国家计委分配，骨干教师则由教育部指定复旦大学、华东师范大学等高校对口支援，或由中侨委从北京大学、清华大学、北京师范大学等名校及被调整停办的高校中物色挖掘，师资队伍起点较高、潜力巨大、名师辈出。

本章共分为八节。第一节主要从新中国成立及国外排华事件引出华侨大学创办的历史背景，第二节讲述了为创办华侨大学所做的一系列准备工作，第三节从历史逻辑详细描述了整个办学过程。在前三节对办学史实进行总体介绍的基础上，接下来几节对重要办学内容进行了分别叙说：第四节对领导体制、领导班子与党政机构做了介绍，第五节聚焦于师资建设与教学改革，第六节再现了校园生活场景，第七节记述了“文化大革命”初期的学校状况及学校被撤销的经过，第八节从毕业生成就的角度彰显这一时期的办学成效。

---

① 我国的人民委员会是指1954年颁布的《中华人民共和国宪法》规定的我国地方各级国家行政机关，即地方各级人民政府，是地方各级人民代表大会的执行机关，1967年2月以后被革命委员会替代。

第一节　华侨大学创办背景

几个世纪以来，中国人民尤其是沿海一带的劳动人民，为改善生活，远渡重洋到海外谋生，源源不绝，足迹遍布世界五大洲。这些居住在海外的华侨、华人与居住地人民长期友好相处，为居住国的社会发展做出了巨大贡献，他们心系祖国的兴衰，与祖国同呼吸、共命运，始终关心和支持着祖国的建设与发展。尤其是到了近代，由于清政府的腐败无能，中国被西方列强所侵略，逐步沦为半殖民地半封建社会，在民族危亡的时刻，广大海外侨胞为民族的解放和独立，为中国人民革命的胜利，做出了极其可贵的贡献，孙中山先生称他们是“革命之母”。

一　新中国成立

1949 年，中华人民共和国宣告成立，标志中国彻底结束了半殖民地半封建社会，走上了独立自主的社会主义发展道路。中国人民在以毛泽东为代表的中国共产党的领导下，由此迈入了一个新时代。祖国面貌的巨大变化，使身处海外、饱受殖民统治欺凌的广大侨胞深受鼓舞，他们感到“海外孤儿有了娘”，爱国热情空前高涨。一些活跃的青少年也从当地的新闻资讯和图文并茂的《人民画报》中看到了祖国的兴起，在强烈的爱国信念驱使下，他们怀着建设新中国的志向，决意回国求学，把个人艰苦奋斗的小梦寄托在国强民富的大梦之中。从此，一批批来自印度尼西亚（简称“印尼”）、新加坡、马来西亚、泰国、越南、缅甸以及日本、澳大利亚、欧洲、美国的侨生，离开温暖的家庭，携带着一件件由父母精选的、从求学到结婚的大行李，胸怀着爱国心，背负着父辈的期望，远涉重洋，只身登陆陌生、贫穷的祖国。据统计，万隆会议（见图 1－1）后 10 年间，有超过 10 万侨生回国，仅 1949—1957 年，回国求学的华侨青年就有 4.3 万余人。①

① 暨南大学校史编写组编《暨南大学史》（1906—2016），暨南大学出版社，2016，第 201 页。

图 1-1　1955 年，周恩来在万隆会议上发言

资料来源：罗昱、高红霞：《回顾 60 年前万隆会议：周恩来发言力挽狂澜》，人民网，http://sc.eople.com.cn/n/2015/0422/c345528-24590945.html，最后访问日期：2020 年 8 月 19 日。

最早从清华大学调来支援华侨大学建设的印尼华侨麦淑良副教授，于 1951 年归国。他曾回忆道：

> 1949 年 10 月 1 日中华人民共和国宣布成立了，我们海外侨胞除反动派外，无不欢欣鼓舞，在学校的走廊空地上，师生们都跳起了秧歌舞，我不会跳的也跟着跳，心里非常高兴和激动。中华中学是当地较进步的华侨学校，我从进步的学生中学习了不少的进步思想，热爱、敬爱伟大的领袖毛主席，热爱共产党，热爱新生的社会主义祖国。新生祖国和当时印尼政府建交后，不断地传来许多改造旧社会，天翻地覆的喜讯，并时有新中国成立后的电影如《中华儿女》等放映，我看了很感动。1950 年秋新生的祖国为了粉碎美国的侵略，奋起抗美援朝，中国人民志愿军渡过鸭绿江，神速地打得美国侵略军落花流水，狼狈败退。这时，我认识了美帝反动的本质。当时我非常兴奋，并对毛主席亲自缔造的中国人民解放军感到无限的敬佩，真是给我们中国人民扬眉吐气，身处海外的我们侨胞引以为自豪。在教学中我除了专心教好课外，也经常谈起回到新生的社会主义祖国学习和参加社会主义建设的事。1949、1950 年先回国的学生也经常有消息报道，我也是想着重新回到新生的社会主义祖国参加社会主义建设。1951 年 7 月我和二百多个学生一道离开印尼，同船回到新生的祖国来了。在船上学生选我当这一期回国团的负责人之一，在船上我们发起抗美援朝捐献运动，我也把母亲给我留纪念的金戒指和

药物捐献了出来。[①]

华侨大学1962级化工系校友许碧珍也是当年归国求学的青年之一。许碧珍既是越南也是柬埔寨华侨，家境优渥。1955年亚非会议后，新中国周恩来总理的魅力旋风席卷东南亚，她也希望自己像其他热血青年一样，投身于建设伟大社会主义祖国的行列中。1959年4月，许碧珍回国，在北京华侨学生补习学校（简称“北京华侨补校”）读高中，并留校协助该校接待当时印尼排华回国的侨生。1956年8月，17岁的陈克繁怀揣在泰国积攒了整整两年的些许收入，悄悄告别父母，回到日思夜想的祖国，先后被送到北京华侨补校和石家庄中学学习，1962年考入华侨大学化学系。[②]

中国政府十分重视和关怀海外侨胞，毛泽东等党和国家领导人多次亲切接见归国华侨知名人士和代表。早在1945年中共七大，毛泽东就代表中共中央明确提出了“保护华侨利益，扶助回国的华侨”的护侨原则，并建议将之作为联合政府建立后一项重要施政纲领。新中国成立后，遵照中共中央关于“不使华侨学生失学”的指示，对华侨学生回国升学，一直实行适当照顾的政策。1951年，教育部颁发了《关于照顾归国华侨学生（包括港澳学生）入学的暂行办法》，规定各地区招生委员会在确定录取标准时，适当照顾华侨学生，录取后在学习上给予必要的帮助。1953年，周恩来总理批准了中侨委、高等教育部、教育部共同草拟的《长期收容处理华侨学生工作的方针与政策》，其中规定，对华侨学生回国升学，采取积极的有准备的大量收容的方针。处理回国华侨学生工作的办法，就是将侨生分送国内各地各级学校，由国内各地各级学校按规定有计划地大量录取与收容。为执行这一方针，从1954年4月起，国家在广州建立了常设的接待机构——归国华侨学生投考中等学校招生委员会，统一办理华侨学生回国就学的接待、分送等工作。

从新中国成立到华侨大学创办之前，国家接待华侨子女回国就学的工作大致可以分为三个阶段。第一阶段，1949年10月至1953年上半年。由于新中国成立不久，对于接待华侨子女回国就学的工作缺乏经验，尚来不及制定出明确的方针、政策。这一阶段，回国的华侨学生逐年增多，共达到1万多人。这些学生的原有文化程度，初中生占59.3%，高中生占28.5%，小学生占10.5%，大学生占1.7%。第二阶段，1953年5月至1959年。在毛泽东主席、周恩来总理的亲自指导下，制定

① 麦淑良：《我的自传、履历及政治历史》，1968年12月23日，华侨大学文书档案。

② 张罗应：《追忆陈克繁》，华侨大学校友网，https://alumni.hqu.edu.cn/info/1164/2622.htm，最后访问日期：2020年9月6日。

了新中国的侨务方针和政策，保护华侨的正当权益。与此相适应，制定了华侨教育工作的方针、政策，遂使这方面的工作进入了正常发展的阶段。这一阶段，回国的华侨学生共有2万多人，其中大部分进入各地的普通中学，约20%考入高等学校。从1949年10月至1959年10月，共有4000余名华侨学生从国内高等学校及中等专业学校毕业。第三阶段，1960年1月至11月华侨大学成立。这一阶段受国外排华事件影响，回国的华侨学生数量骤增。仅1960年回国的华侨学生及有学习条件的职业青年共2万人左右。1961年报考国内高等学校的华侨学生共4471人，从中录取2248人。①

随着海外华侨青年回国升学数量与日俱增，要求学习本领以参加祖国建设愿望日趋迫切。国家为满足他们的良好愿望和合理要求，不断扩大其升学机会，曾采取“集中接待、分散入学”的方针，安排回国的华侨学生在华南、华中、华东、华北等地区30多个城市的各级学校就学，各省区市先后创办了一批华侨学生班、华侨学校。1951年，教育部在燕山大学设立了华侨先修班，承担部分侨教任务，在广州南方大学设立了华侨学院。1954年，广州设立了归国华侨学生投考中等学校委员会，负责办理华侨学生升学问题，对于适龄侨生，相关部门根据侨生祖籍及其在国外已完成的学业进行酌情分配，分别安置广东、福建、云南等省。及至50年代中后期，国家现有的华侨教育资源远不能满足华侨青年学生的升学需求，且鉴于华侨青年学生来自世界不同的国家和地区，其社会、家庭背景各异，生活习惯、学业程度亦与国内学生颇有差异，国家据此采取集中办学和分散入学相结合原则，逐步扩大办学规模，谋求更广泛地满足华侨学生的升学要求：曾先后在北京、广州、厦门、汕头、昆明、南宁、武昌等地创办归国华侨学生中等补习学校；在广东、福建的许多侨乡又先后创办大批华侨中学，为华侨学生升入高等学府深造创造条件；同时还分别在湖北武昌、厦门杏林设立归侨中等工业技术学校，在海南设立归侨中等农业技术学校。厦门集美华侨学生补习学校（简称“集美华侨补校”）是最早创办的华侨学生补习学校之一，由陈嘉庚倡办，1954年开始正式招生，担负接待安置、补习教育、政治审查、分送入学等任务。这类华侨学生补习学校是专为协助侨生升学而准备的。1956年，在厦门大学成立了华侨函授部。1958年，国家在广州重建了暨南大学，专门招收海外华侨。由于归国学生人数众多，暨大也满足不了他们升学的需要，越来越多的华侨学生渴望接受高等教育。

---

① 《中国教育年鉴》编辑部：《中国教育年鉴（1949—1981）》，中国大百科全书出版社，1984，第648页。

二　国外排华事件

历史上，华侨的侨居地已发生过多次排华浪潮。第二次世界大战后，北美、拉丁美洲国家及澳大利亚、新西兰对华侨的政策（包括移民、国籍和社会政策）逐渐趋向正常，排华立法大抵至20世纪60年代已成为历史。战后的排华活动的多发区在东南亚。从20世纪40年代中期起至80年代中期，东南亚新独立的国家如印尼、菲律宾、缅甸、柬埔寨和越南等相继地，某些国家甚至连续地发生由当局指使的大规模排华运动。

20世纪50年代，在华侨最多的东南亚，各国相继摆脱西方殖民统治，获得民族独立，但地方民族主义思潮开始兴起，制定了新的华侨政策，华侨教育受到严格限制。处于少数族群地位的华侨，处境十分艰难。为图生存与发展，大部分华侨只得加入居住地国籍，有相当一部分华侨青年，选择回国升学。50年代后期，以美国为首的一些西方国家加紧推行孤立新中国的政策，煽动敌视新中国，随之海外一些国家也相继出现不同程度的排斥华侨华人事件，使海外华侨华人的处境更加艰难。

尤其是在印尼，出现了严重的反华、排华活动。中国政府对此次印尼排华事件高度重视。1959年12月9日，国务院副总理兼外交部部长陈毅公开致信苏班德里约，要求印尼方面“切实保护自愿保留中国国籍或者选择印度尼西亚国籍而未获批准的华侨的正当权利和利益”，对于流离失所或不愿继续留居的华侨，中国政府准备安排他们回国。自1960年起，中国政府开始大规模安排印尼难侨回国，国务院于2月2日发布《关于接待和安置归国华侨的指示》，要求在广州、汕头、湛江等归国华侨入境港口设立接待机构，并责成广东、福建、广西等省、自治区的人民委员会做好归国华侨的安置工作等。在国家有关政策的感召和鼓舞下，自行返国和等待中国政府救援的归国华侨数量日益上升。1960年2月18—19日，自行返国的华侨909人抵达深圳，其中860人是从印尼归国的。这批归国华侨中有290多人是回国升学的归侨学生。北京、广州和福建等地的归国华侨学生中等补习学校以及福建体育学院都派出人员到深圳欢迎。2月29日，中国首批派往海外接运归国华侨的轮船——“美上美”号（见图1-2）、“大宝康”号、“福安”号、“海皇”号共接运归国华侨2100余人。3月3日，中国政府派往印尼两艘轮船——“俄罗斯”号和“亚库契亚”号，接回华侨1600多人。根据中侨委副主任方方的报告，1960年第一季度中国接待并妥善安置了近15000名印尼归国华侨。为接待安置归国华侨，在1960年第一季度，中央就调拨各项物资400多吨，归国华侨绝大部分安置在广东、福建、广西、云南等地的国营华侨农场，还有一部分在工矿企业或农村人民公社中安家落户。此外，农垦部表示1960年内计划新建和扩建20个华侨农场，全部用于安置归国华侨。[①] 自此大批华侨青年学生，或随父母回国定居，或只身回国升学，导致50年代后期归国华侨学生数量剧增，仅1960年归国侨生就达到2万余人。

图1－2　印尼排华期间侨生乘坐“美上美”号客轮返回祖国

资料来源：由华侨大学华文学院颜志伟提供。

① 张小欣：《印尼排华事件与两国关系的波动及稳定（1957—1961年）》，《当代中国史研究》2016年第6期。

第二节　创办的酝酿和准备

鉴于归国华侨学生渴望接受高等教育的强烈要求，1959 年，中侨委酝酿并起草关于创办一所招收归国华侨学生为主的华侨大学的报告，由中侨委主任廖承志亲自呈送国务院总理周恩来。建校报告呈送不久，国家就陷入了严重的经济困难中。为了减轻国家负担，从中央到地方各级政府，以及各类企事业单位都对机构数量和人员编制进行了压缩，全国的高等院校也由原来的 800 多所，压缩为 400 多所。但在这种情况下，周恩来总理特事特办，于 1960 年初仍原则同意创办华侨大学。华侨大学能在这种背景下上马，体现了周总理对侨务工作的长期战略思想。①

一　办学校址的确定

1960 年春节刚过，创办华侨大学的一系列准备工作随即全面展开。首先是创办地的问题，廖承志主任多次召开会议研讨。在这所学校办在哪里的问题上，当时主要有北京、广州和福建的福州、厦门、泉州、漳州几种主张。主张北京者，缘于北京是全国的政治、经济和文化中心，又有许多高等院校，聘请教师比较容易；主张广东和福建者，则在于这两省皆是全国最大的侨乡，作为专门为华侨创办的学校，建在侨乡理所应当。考虑到广东已有一所华侨高等学府暨南大学，意见后来就集中在北京和福建泉州两地。鉴于北京已有许多高校，学校过于集中不好，而福建泉州既是我国著名三大侨乡之一，居住在海外的华侨华人约有 670 余万人，对闽南籍海外华侨青年回国深造具有很大吸引力，又是历史文化名城、“海上丝绸之路”的起点城市，历来是闽南政治、经济、文化中心，而且在气候上，泉州地处亚热带，与华侨学生的主要来源地——东南亚各国相近，中侨委采纳时任中侨委副主任庄明理的建议，决定把学校建在福建泉州。

① 黄英湖：《华侨大学的创办和初期情况》，华侨大学校友网，https://alumni.hqu.edu.cn/info/1014/1422.htm，最后访问日期：2020 年 8 月 24 日。

关于将华侨大学创办地申请设在泉州的这段历史，原晋江地委（泉州撤地改市前的地方党委）统战部华侨统战科科长郑炳山曾有过亲身经历：

1960 年初春的一天，中共晋江地委副书记兼宣传部部长李英贵突然告诉我："中侨委要创办一所华侨大学，但地点尚未确定。你赶快前往北京，向中侨委申述，争取把华侨大学办在泉州。我们晋江地区（即现在的泉州市）海外华侨很多，归侨、侨眷也不少。你是地委统战部的华侨统战科科长，对这些侨情熟悉，对晋江地区的历史、地理和人文情况，你也懂一点，所以地委选派你去，希望你为争取把华侨大学办在泉州出一份力量。至于办学地点，经地委研究，可考虑两个：一是泉州清源山麓；[①] 一是清源山东侧，在新前乡至五里亭一带，沿福厦公路以西，距市区 7 公里左右，那里的面积比较大，如果不够，还可以向福厦公路东边扩展一点。那里依山面海，风景优美，是个教学的好地方。"

…………

我首先（向中侨委文化司）转达了晋江地委和专署欢迎并希望华侨大学能办在泉州的诚意，因为晋江地区是全国重点侨乡之一，旅居海外的华侨和归侨、侨眷各有好几百万人，但至今还没有一所正规的大学。海外侨生和归侨、侨眷子弟每年上大学的人数很多，但本地区没有一所大学，上大学都要到厦门、福州、广州、上海、北京等地去读，很不方便。如果这所大学能办在泉州，海外华侨和归侨、侨眷闻讯，一定会欢欣鼓舞，非常高兴的。

听完我的汇报后，他们（指文化司的同志）提出许多问题，要我一一回答。归纳起来，主要有这么几个方面：一、晋江地区绝大部分是农村，泉州市（即现在的鲤城、丰泽、洛江三个区）是个小城市，泉州有可能、有条件创办一所全国性、正规的华侨大学吗？二、如果华侨大学创办在泉州，但泉州是个小地方，届时能保证充足的生源吗？三、如果同意华侨大学办在泉州，晋江地委和专署的意见是要把这所大学建在泉州的什么地方？四、如果华侨大学创办在泉州，晋江地委和专署能保证其物资供应，保障供给吗？五、如果华侨大学办在那里，教职员工很多，其子女的入学问题要如何解决？

这些事谈完后，孔副司长让我们在华侨服务社多住几天，等待汇报的结果才（再）回去。

…………

① 即现中国人民解放军联勤保障部队第 910 医院所在地。

> 正当我们为围垦工程申报顺利而感到高兴时，文教司[①]孔副司长派人告诉我更加令人高兴的喜讯：文教司听我陈述后，经过认真研究，同意在福建泉州创办华侨大学，并迅速向中侨委主任廖承志、副主任方方作了汇报，两位领导也表示同意，并由廖承志、方方同志亲自向我们敬爱的周恩来总理汇报，周恩来同志已经批准。[②]

华侨大学的创办地确定后，中侨委副主任方方专程到福建，向福建省委书记处书记林一心、候补书记林修德和晋江地委有关领导通报了中央要在泉州创办华侨大学的决定及中侨委关于学校创办的基本设想，并就有关问题进行商议。华侨大学的校址选择工作随即展开。

最初，晋江地委考虑将泉州市北郊清源山下泉州师范专科学校（泉州师范学院前身）右侧所在地作为华侨大学校址，那里是共青团亚热带作物农场，有2000多亩山坡荒地农地可用，而且气候温和、交通（主要指陆路交通）便利、水电方便、[③]地质好宜于基建。[④] 后经有关部门到多处勘察，认为泉州市郊的城东村五里亭附近（学校现校址）更适宜办学。因为那里背山面水、风景秀丽；水陆交通便利，离泉州市区6公里，福厦公路从前面经过；地方开阔，当前可利用面积3000亩以上，将来还可以向西南和东北部发展；离泉州市亚热带作物试验场和晋江县国营双阳华侨农场较近，方便将来农学系学生实习；附近有群生和草邦两个水库，学校用水充裕，适合归侨学生的学习生活习惯；地质好，附近土石建筑材料多，便于基建取材，降低造价。[⑤]

1960年5月，中侨委副主任方方、庄明理到泉州实地勘察校址，他们先后勘察了泉州北门外清源山麓周边、东海法石乡、丰泽华侨中学及城东五里亭等地，还到著名爱国侨领李光前先生创办的南安国光中学所在地看过。[⑥] 在此期间，福建省委书记叶飞、书记处书记林一心也曾来泉州进行勘察。经反复比较，大家一致认为城东五里亭附近适合作校址。6月29日，中侨委正式批准将学校建于泉州城东村五里

---

① 实际名称为“文化司”。

② 郑炳山：《1960年地委派我赴京申请华侨大学办在泉州的经过》，闽南文化生态保护区网，http://www.mnwhstq.com/szzy/qzwszlqwk/201608/t20160816_100767.htm，最后访问日期：2020年9月6日。

③ 当时泉州市计划在该处建设自来水塔，且该处距离现有电厂仅1000多米。

④ 中国共产党福建省晋江地方委员会：《中共晋江地委关于创办泉州华侨大学计划（草案）》，1960年2月10日，华侨大学文书档案。

⑤ 中国共产党福建省晋江地方委员会：《关于华侨大学校址的报告》（1960年5月21日），华侨大学文书档案。

⑥ 华侨大学校史编写组编《华侨大学五十年（1960—2010）》，2010，第6页。

亭附近（见图1-3）。

图1-3 1960年所摄的泉州城东村五里亭校址

二 学校名称的变动

1959年，中侨委在酝酿创办华侨大学时并未给学校命名。1960年，在讨论校名问题时，晋江地委、福建省委、中侨委均认为应该在校名里保留“华侨”二字以体现学校因侨而立、为侨服务的办学宗旨。8月，中侨委就校名中是否应加入“国立”二字展开讨论。有同志认为，“国立”是区别于“私立”而言的，社会主义国家没有私立大学，不主张加“国立”二字；也有同志认为，为区别于福建一些侨办学校或省办大学，应该加上“国立”二字。[①] 经廖承志批准，学校命名为“国立华侨大学”。为扩大对外政治影响，中侨委呈请周恩来总理为学校题写校名，后因故未能如愿，校名最终由廖承志题写（见图1-4）。1961年8月17日，中侨委、教育部在联合呈报《创办华侨大学方案》时，又将学校名称改为“华侨大学”，得到国务院批准。此后，学校一直沿用“华侨大学”这一全称。

图1-4 创办初期首任校长廖承志为学校题写的校名

① 中华人民共和国华侨事务委员会：《关于华侨大学校名的讨论结果》，华侨大学文书档案。

在学校简称问题上，现存的档案资料充分显示，华侨大学筹办及创办初期，“侨大”这一简称获得普遍认可。这主要体现在以下几方面。

1. 具体负责学校筹办工作的地方党委将华侨大学简称为“侨大”。华侨大学创办地定在泉州后，晋江地委成为学校筹办工作的最直接的领导单位。1960 年 5 月 21 日，晋江地委向福建省委和中侨委呈报《关于华侨大学校址的报告》，发文办理单上的抄送单位就有“侨大筹备处”这一单位。在这份汇报有关华侨大学选址过程和选址结果的重要文件的正文中，明确将“华侨大学”简称为“侨大”。①

2. 华侨大学在正式场合均将学校简称“侨大”。1960 年 9 月 28 日，华侨大学向福建省委和中侨委党组提交《华侨大学工作情况报告》，反映学校教学工作及基建工作进展情况。在汇报学校招生情况、入学侨生的思想状况时，先后七次用“侨大”来称呼学校。② 同年 11 月 4 日，华侨大学向国务院、中侨委、教育部、福建省委、福建省人委、福建省教育厅等主送单位呈报办学史上第一份正式公函，宣布从 1960 年 11 月 5 日起正式启用由福建省人委颁发的“华侨大学”铜铸图章，当时使用的文号是：侨大（60）字第 0001 号。③ 1961 年 9 月 19 日，华侨大学向中侨委主任廖承志、副主任方方，中央教育部，省委书记处书记林一心、候补书记林修德主送的《关于开学工作的报告》中，也多次用“侨大”作为学校的简称。④

3. 师生对华侨大学也简称“侨大”。创办时期，归国华侨学生占全校学生的绝大多数。他们在参加课余文体活动时，所印制的学校标识物上就明显刻有“侨大”字样。笔者曾见过两张分别拍摄于 1960 年和 1963 年以学生打篮球为背景的照片，球衣上均印有“侨大”字样。据 1963 级政治系校友江显锥介绍，当时学生之间日常交流或给父母亲人写信汇报学习生活情况时，都用“侨大”来称呼学校。此外，一些 20 世纪 60 年代在华侨大学工作生活过的教师，在追忆当时的办学情况时，也使用“侨大”作为学校的简称。

华侨大学创办中后期，由于“华大”这一简称更符合民间传播习惯，⑤ 逐渐在晋江地区及学校师生中开始传播，学校官方也在民间的带动下逐渐改称“华大”。

---

① 中国共产党福建省晋江地方委员会：《关于华侨大学校址的报告》，1960 年 5 月 21 日，华侨大学文书档案。

② 华侨大学：《华侨大学工作情况报告》，1960 年 9 月 28 日，华侨大学文书档案。

③ 华侨大学：《公函（侨大（60）字第字第 0001 号）》，1960 年 11 月 4 日，华侨大学文书档案。

④ 华侨大学：《关于开学工作的报告》，1961 年 9 月 19 日，华侨大学文书档案。

⑤ 按民间习惯，对四个字的大学校名进行简称时，大多取第一个和第三个字的组合。如北大、武大、南大、山大等。

学校复办以后，继续沿用“华大”这一简称。为保护学校的校名，维护自身无形资产不受侵犯，华侨大学曾申请将“华大”这一简称注册为普通商标，但发现已被四川大学[①]注册（见图 1－5）。2005 年 12 月 7 日，华侨大学再次向有关部门提出商标注册申请，拟改用“侨大”这一校名简称，获得批准（见图 1－6）。即便如此，不管是民间还是官方，目前将学校简称为“华大”，仍较为普遍。

商 标 档 案

注册号	1479321	華大 HUA DA
商标名称	华大 huada	
商标类型	普通商标	
国际分类	41	
申请日期	1999-1-4	
公告期号	初审 748 期 / 注册 760 期	
注册人	四川大学	
注册人地址	四川省成都市一环路南一段24号	
专用期限	自 2010-11-21 起 至 2020-11-20 止	
代理人名称	成都市商标事务所	
类似群组	4101;4102;4103;4104;4105	
商品/服务	学校(教育)；组织和安排会议；图书馆；录像带制作；体育场设施出租；书籍出版；学术交流(中心，所，院)；教育信息；实际培训(示范)；文娱活动	

图 1－5 “华大”被四川大学注册

① 四川大学华西医学中心前身为华西医科大学，其渊源于 1910 年美国、英国、加拿大等 5 个教会组织在成都华西坝创办的私立华西协合大学，是中国最早的医学综合性大学，1951 年学校更名为华西大学，1953 年再次更名为四川医学院，1985 年学校更名为华西医科大学，2000 年与四川大学合并组建成新的四川大学。

商 标 档 案

注册号	5047813	僑大
商标名称	侨大	
商标类型	普通商标	
国际分类	41	
申请日期	2005-12-7	
公告期号	初审 1157 期 / 注册 1169 期	
注册人	华侨大学	
注册人地址	福建省泉州市丰泽区城东	
专用期限	自 2009-5-28 起 至 2019-5-27 止	
代理人名称	泉州市丰泽区新格商标事务所	
类似群组	4101;4102;4103;4104;4105;4106;4107	
商品/服务	学校(教育);教学;函授课程;培训;安排和组织学术讨论会;收费图书馆;书籍出版;翻译;动物园;经营彩票	

图 1－6 华侨大学获准注册为“侨大”

三 创办方案的研制

早在华侨大学的创办地尚未确定前，晋江地委就开始对创办华侨大学事宜进行酝酿。1960 年 2 月 10 日，晋江地委拟就《中共晋江地委关于创办泉州华侨大学计划（草案）》（见图 1－7），对学校的性质任务、办校方针、专业设置、师资干部、教学设备、基本建设等问题提出设想和规划。中侨委确定将华侨大学校址设在泉州后，晋江地委随即委派时任泉州师范专科学校校长陈金源和福建省第五建筑公司工程师陈庆植赴京，并先到福州听取林一心、林修德对这一草案的指示和意见。3 月 16 日，二人抵达北京同中侨委文化司的有关同志就《中共晋江地委关于创办泉州华侨大学计划（草案）》进行了进一步的讨论，形成《创办华侨大学方案（草案）》

（见图 1－8），随后这一草案以简报形式呈送给中侨委领导。4 月 12 日，中侨委召开三届一次全体委员会议和全国侨联在京常委第十四次会议，就《创办华侨大学方案（草案）》进行讨论。6 月 17 日，中侨委召开接待和安置归侨工作会议，对这一草案做了进一步的讨论。会后，中侨委邀请国家计划委员会（简称“国家计委”）、教育部、财政部、建筑工程部（简称“建工部”）等部委领导座谈，商议创办华侨大学的有关问题。1961 年 8 月 17 日，中侨委、教育部联合向国务院正式呈报《创办华侨大学方案》。11 月 1 日，国务院正式批准了这一方案（见图 1－9）。

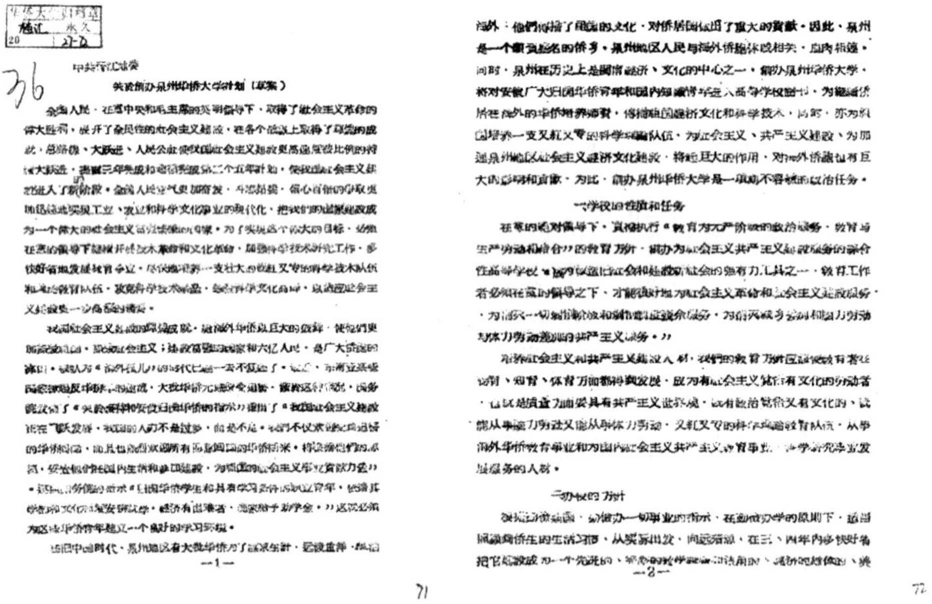

图 1－7　中共晋江地委关于创办泉州华侨大学计划（草案）

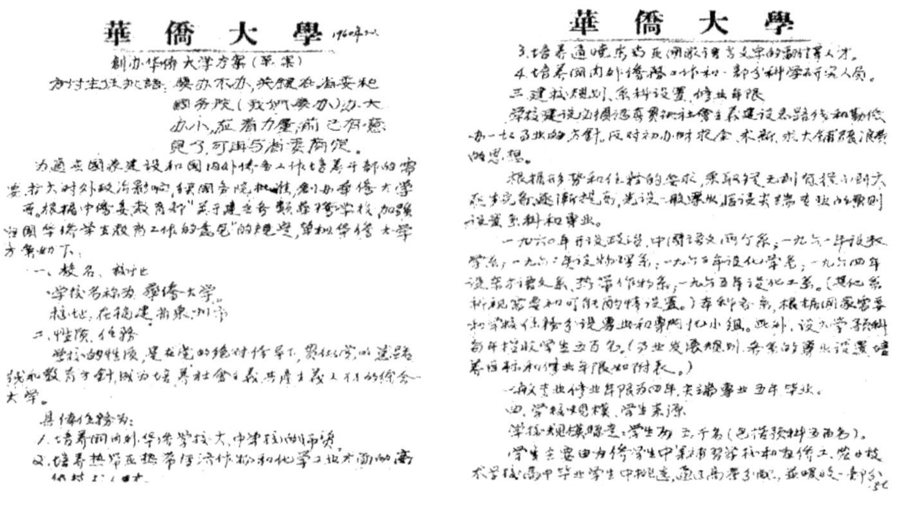

图 1－8　创办华侨大学方案（草案）

创办华侨大学方案

为适应国家建设和国内外侨务工作的需要，扩大对外政治影响，经国务院批准，创办华侨大学一所。

一、校名、校址：

学校名称为华侨大学。

校址在福建省泉州市。

二、性质、任务：

华侨大学是多科性的综合大学。其具体任务是：

1.培养热带亚热带经济作物和化学工业方面的高级技术人才。

2.培养通晓东南亚国家语言文字的翻译人才。

3.培养国内外侨务工作干部、国内外华侨学校师资和一部分科学研究人员。

三、建校规划、系科设置、修业年限：

学校建设必须认真贯彻勤俭建国、勤俭办学的方针。

根据形势和任务的要求，采取逐步完备、逐渐提高的原则，先设置一些系科和专业。1960年开设中国语文系；1961年设数学系、化学系；1962年设政治系、物理系、热带作物系；1963年设化学工业系；1964年设东方语文系。其他系科视需要和可能陆续设置。本科各系，根据国家需要和学校任务分设专业和专门化。

修业年限一般为四年，个别系科专业，需要而又有条件时，可改为五年。

-79-

四、学校规模、学生来源、毕业生分配：

学校规模学生暂定为四千名。

华侨大学参加高等学校全国统一招生。归侨学生中等补习学校和归侨工农业技术学校、高中毕业学生报考华侨大学，通过高考分配，并吸收一部分国内工农子弟和回国较久的华侨学生作为骨干。归国华侨学生占百分之六十——百分之八十，国内学生占百分之二十——百分之四十。

学生毕业后，由国家统一分配工作，适当照顾地方。

五、师资、干部及其来源：

设校长一人和付校长若干人，校长由廖承志同志兼任。学校党委第一书记一人和付书记若干人，第一书记由林一心同志兼任。由校长、付校长和党委书记、付书记建立学校领导核心。

学校党政干部和师资，由教育部、华侨事务委员会和福建省人委共同商量解决。学校党政领导和教学骨干，由华侨事务委员会和教育部报请中央组织部调配。每年所需作为师资用的高等学校毕业生，由华侨事务委员会报请国家计委分配。

教职员与学生的比例，按一般综合大学标准，最高不超过1：3.5——4，其中教师与学生的比例可按1：6.6——7计算。

鉴于学校新建，在师资、干部以及教学等方面，由教育部指定以下几所学校支援：由复旦大学、华东师范大学支援政治、中文、数、理、化方面的骨干师资；由华东化工学院支援化工方面的骨干师资；

-80-

由福建农学院支援热带作物的师资。东语系的师资由华侨事务委员会设法解决。

复旦大学和华东师范大学如何分系科支援的问题，拟由教育部和上海市人委与两校具体商定。

上述学校支援的方式如下：(1)以代为培养师资为主（由华侨大学保送国家分配其作师资的大学毕业生前往学习）；(2)由指定负责支援的系，抽调二至三名在政治上和业务上能胜任的讲师或老助教前往该校作为骨干力量；(3)由负责支援的学校选派有关专业教师前往短期讲学和帮助建立实验室。

六、基本建设：

学校基本建设应按照全面规划、分期施工的原则进行设计。

建筑面积，每个本科学生按二十四平方米计算（包括教学、科学研究用房、教职员工和学生的生活用房及附属用房，不包括生产工厂厂房）。建筑造价每平方米八十五元，外加室外工程费百分之十。该校全部建筑面积为十万平方米，建筑投资总额九百四十万元。

校舍建筑计划四年全部落成，其进度安排为：1961年建二万平方米；1962年三万平方米；1963年三万平方米；1964年二万平方米。请建筑工程部协助作总体设计。

七、领导关系：

学校由华侨事务委员会、教育部和福建省人委三重领导，而以华

-81-

侨事务委员会为主。学校教学计划、教学大纲由福建省人委审核，再报教育部、华侨事务委员会审定。学校每年的经费列入华侨事务委员会预算。每年的预决算先请示福建省人委后，报华侨事务委员会、教育部核定。

八、贯彻教育方针和侨务政策：

学校应认真贯彻党的"教育为无产阶级政治服务，教育与生产劳动相结合"的方针；针对归国华侨学生的特点，学校在加强政治思想教育工作的同时，还要进行爱国主义、社会主义的补课教育。

九、筹备建校工作：

由华侨事务委员会、教育部和福建省人委物色人选组成建校委员会，并请福建省人委组织有关部门成立办公室，根据上述方案进行筹划。

华侨事务委员会

教　育　部

1961年8月17日

-82-

图 1－9　国务院批转教育部、中侨委呈报的《创办华侨大学方案》

《创办华侨大学方案》对学校的办学性质、办学任务、教育方针、建设方针、科系设置、修业年限、办学规模、学生来源、师资干部、基本建设、领导关系等办学的诸多重要内容做出了明确的规定，是华侨大学办学史上第一个里程碑式的文献。

它的主要内容有：

第一，规定了学校的性质和任务。华侨大学应办成多科性的综合大学。学校的任务是：培养热带亚热带经济作物和化学工业方面的高级技术人才；培养通晓东南亚国家语言文字的翻译人才；培养国内外侨务工作干部、国内外华侨学校师资和一部分科学研究人员。

第二，提出了学校的教育方针和建设方针。学校应认真贯彻党的“教育为无产阶级政治服务，教育与生产劳动相结合”的教育方针和“勤俭建国、勤俭办学”的建设方针。

第三，规划了科系设置与修业年限。1960 年开设中国语文系，1961 年增设数学系、化学系，1962 年再设政治系、物理系、热作系，1963 年设化学工业系，1964 年新设东方语文系。其他系科视需要和可能酌情设置。修业年限一般为四年，个别专业因需要又具备条件时，可改为五年。

第四，明确了学校规模与学生来源。学校的学生规模暂定为 4000 人。华侨大学参加高等学校全国统一招生。除招收归侨学生外，同时招收一部分国内工农学生和回国较久的华侨学生。归国华侨学生占 60%—80%，国内学生占 20%—40%。

第五，提出了干部和师资问题的解决方式。华侨大学设校长一人，副校长若干人，校长由廖承志兼任；设学校党委第一书记一人，副书记若干人，党委第一书记由林一心兼任。教职员与学生的比例，按一般综合大学标准，不超过 1∶3.5—1∶4，其中教师与学生的比例可按 1∶6.6—1∶7 计算。学校党政领导和教学骨干，由中侨委和教育部报请中央组织部调配，每年所需作为师资用的高校毕业生，由中侨委报请国家计委分配。鉴于学校新建，在师资、干部以及教学等方面，由教育部指定以下几所学校支援：复旦大学、华东师范大学支援政治、中文、数、理、化方面的骨干师资；华东化工学院支援化工方面的骨干师资；福建农学院支援热带作物的师资。

第六，筹划了基本建设施工进度。校舍全部建筑面积为 10 万平方米，建筑投资总额 940 万元。校舍建筑计划分四年完成，其中 1961 年完成 2 万平方米，1962 年完成 3 万平方米，1963 年完成 3 万平方米，1964 年完成 2 万平方米。

第七，确立了学校隶属关系。华侨大学由中侨委、教育部、福建省人委三重领导，以中侨委为主。学校教学计划、教学大纲由福建省人委审核，再报教育部、中侨委审定。学校每年的经费列入中侨委预算，每年的预决算先请示福建省人委后，报中侨委、教育部核定。[①]

四　筹建机构的设立

1960 年 4 月，福建省委派谢白秋主持华侨大学筹备工作。5 月上旬，遵照福建省委通知，晋江地委正式成立华侨大学筹备处，筹备处设办公室，陈金源被任命为办公室主任，倪章屿、郭振声任副主任，办公室下设秘书科、财务科、基建科三科。[②] 6 月 15 日，中国共产党晋江地委直属机关委员会批准华侨大学筹备处成立党支部，陈金源担任党支部书记。[③] 当月，在中侨委召开的接待和安置归侨工作会议上，方方代表中侨委党组宣布：谢白秋任华侨大学党委副书记。

图 1－10　华侨大学党委副书记谢白秋（1960—1970 年在任）

资料来源：由谢白秋之女李晓琴提供。

谢白秋（1917—2008），原名谢鸿玉，马来西亚归侨，福建漳州人。1917 年 10 月出生于泰国曼谷，11 岁迁到马来西亚槟城，1936 年 9 月参加马来西亚共产党，1938 年 8 月回到中国。1939 年 5 月，在新四军教导队加入中国共产党，曾担任新四军政治委员项英的随从副官、华东野战军十兵团政治部科长。新中国成立后，历任福州市公安局副局长、局长，福州市政法委员会主任、政法党组书记，福州市副市长，福州市委书记处书记等职。1960 年，受党组织委派，主持华侨大学筹办工作，随后担任华侨大学党委副书记。“文化大革命”时期受到迫害。1973 年 5 月调任厦门大学党委副书记。1983 年 3 月离休，因工作需要，直到 1985 年 9 月才实际离开工作岗位。正式离休后担任福建省侨联第三、四、五届顾问，福建省高等学校老年人体育协会副主席、顾问等职。2008 年 2 月 21 日在厦门辞世。作为华侨大学筹备工作的主持者及华侨大学创办时期任命最早、任职时间最长的校领导，谢白秋为华侨大学的建设发展做了大量的工作，为华侨大学的创办做出了重要贡献。离休后，还曾担任华侨大学校友

① 中华人民共和国国务院：《国务院转发华侨事务委员会、教育部所报的“创办华侨大学方案”》，1961 年 11 月 1 日，华侨大学文书档案。

② 中国共产党福建省晋江地方委员会：《任命陈金源等三人为筹备处主任、副主任》，1960 年 5 月 9 日，华侨大学文书档案。

③ 中国共产党晋江地委直属机关委员会：《同意华侨大学筹备处成立党的支部》，1960 年 6 月 15 日，华侨大学文书档案。

总会第一届理事会理事长，致力加强校友与母校的联系，团结海内外校友共同为母校的建设和发展做贡献。

为加强领导，加快建校进度，1961 年 2 月，晋江地委组建“华侨大学建委会”，由书记处书记李英贵任主任，谢白秋等 4 人任副主任。3 月 28 日，中侨委成立“华侨大学建校委员会”，负责领导华侨大学的筹建工作，委员由方方、黄长水、王源兴、尤扬祖、蚁美厚、王汉杰、李英贵、林一心、谢白秋等 21 人组成，中侨委副主任、全国侨联副主席庄希泉担任主任委员，中侨委副主任庄明理、福建省委书记处候补书记林修德、晋江地委第一书记张桂如担任副主任委员。①

五　基建工作的推进

华侨大学的办学地址确定之后，校舍的基本建设就成为筹办工作的重点之一。对此，中侨委强调要勤俭办学，并提出“经济、实用，在可能条件下注意美观”的基建方针。②

廖承志对学校的基建工作极为重视，多次做出专门指示，并提出一些具体意见。1962 年 3 月 24 日，廖承志与谢白秋等人座谈，在谈到学校基建工作时指出：“教学楼要盖起来，基本的东西要盖好，如数学、化学、热作系、图书馆必须盖好，基建上不去，盖二层也可以。……教职工的宿舍可以盖草棚，但学生要住好一点的宿舍，使他们住的宽一点。男女生一定要分开住，不要住在一个楼。学校如果没有医院，找一些材料建小型医疗所，设手术室。九月份完成现有计划，把运动场也要搞起来。”③ 8 月 4 日，廖承志在接见出席由中侨委在北京主持召开的华侨大学基本建设会议的代表时，再次做出“为学生服务，为教学服务”的指示意见。

1. 前期施工准备

学校筹备处成立后，主要任务之一是做好学校开工建设前期准备工作。筹备处的工作人员最初只有 13 名，其办公和住宿地点先是借用泉州市文化馆的两间房子，后又迁往华侨大厦对面一间正在拆迁但尚未拆完的旧房，每日三餐到街道居民食堂用餐。更为困难的是干部的住宿与工地相距 8 公里，在当时交通不便的条件下，每

---

① 中华人民共和国华侨事务委员会：《关于组建华侨大学建校委员会的通知》，1961 年 3 月 28 日，华侨大学文书档案。

② 中华人民共和国华侨事务委员会：《华侨大学基本建设会议纪要》，1962 年 8 月 16 日，华侨大学文书档案。

③ 中华人民共和国华侨事务委员会文化司：《廖校长对华侨大学工作的指示》，1962 年 3 月 26 日，华侨大学文书档案。

天早出晚归往返奔跑，经常处于饥饿、劳累之中。1960 年 6 月，施工单位福建省第五建筑公司（即晋江专区建筑工程公司）初步完成校址的勘定测量和绘图工作。[①] 为了减小测量、绘图工作带来的误差，6 月 22 日，学校筹备处邀请泉州市长王今生及建设局局长、技术员等一行同赴工地进行相关数据复核工作，核对图样，核实测距，同时预算第一期平整土地的工作量。[②] 7 月底，筹备处派出 8 位同志到福州大学、福建农学院（福建农林大学前身）观摩学习，吸取兄弟学校建设经验。[③] 8 月初，中侨委钟育民专员来工地视察基建情况并协助解决有关问题。同时晋江专区召开有关部门会议，研究华侨大学的地方材料筹备问题。当月，筹备处编制学校设计任务书的远景规划和原材料用料计划。8 月下旬，为确保首批招生学生顺利入学，筹备处除将秘书科、财务科各 1 人和基建整科留在泉州负责基建工作外，其余人员（共 5 人）均派往福州筹办开学事宜。

9 月 20 日，中侨委批准华侨大学 1960 年经费 99.2111 万元（其中基建备料费 50 万元），首期拨发经常费、开办费 20 万元，基建备料费 30 万元。[④] 根据中央关于国家建设方针的指示精神，中侨委决定华侨大学在下半年只做勘测、设计、准备地方材料等工作，不向国家申请基建材料费用。10 月 26 日，晋江专员公署副专员张竹三召集专署计委等有关部门和建筑公司讨论华侨大学的地方材料备料问题。[⑤] 会后，打石工人首先进场，随后江砖、瓦片、壳灰、工棚等也陆续进行备料。为保证 1961 年的基建任务，在校园总平面布置图确定后，土地征购工作也随即展开。

由于福建省设计院勘察队在地质钻探工作结束后，迟迟没有整理出地质资料，因而设计单位无法进行校舍单体设计；而设计工作进展迟缓又使得建筑材料具体的规格要求无法确定，从而影响到中央材料的备料。在地方材料的备料上，由于基建备料费列支手续不畅、施工单位行动迟缓等原因，进展极为缓慢。截至 1960 年 12 月底，石料完成不及 9%，砖瓦完成不及 1%，壳灰不及 0.5%，并且均是未进一步加工的毛胚或原料。[⑥] 审批手续的烦琐，也影响到基建的进展。1960 年 11 月，为开辟基建材料的水上运输路线，需征用 10 多亩土地用来建码头和公路，筹备处工作人员往返奔波于泉州市建设局、基建部门、房管处、汽车保修厂、公社等多个部门，

---

① 华侨大学筹备处：《工作简报第一期》，1960 年 6 月 17 日，华侨大学文书档案。

② 华侨大学筹备处：《工作简报第二期》，1960 年 6 月 24 日，华侨大学文书档案。

③ 华侨大学筹备处：《华侨大学 7、8 月份工作报告》，1960 年 9 月 7 日，华侨大学文书档案。

④ 中华人民共和国华侨事务委员会：《有关筹办华侨大学问题的几点意见》，1960 年 9 月 20 日，华侨大学文书档案。

⑤ 华侨大学筹备处：《工作简报》，1960 年 10 月 30 日，华侨大学文书档案。

⑥ 华侨大学：《华侨大学基建工作进展情况和存在问题向省委的报告》，1961 年 1 月 30 日，华侨大学文书档案。

频繁办理有关手续，直到次年1月才获批准，影响了材料进场等工作。1961年2月，在晋江地委的直接推动下，“华侨大学建委会”成立，建校进度加快。

2. 规划设计进展

1960年7月，建工部将华侨大学的总体规划和设计任务交给上海华东工业建筑设计院。8月，该院派工程师到工地现场勘察地形，要求对部分土地进行补测。由于施工单位直到9月底才提交补测后的地形图，设计准备工作相应延迟。随后，平面布置设计工作展开。11月19日，方方批准了平面布置设计方案。11月中旬，福建省设计院勘察队代替因路途遥远、不便开展勘察工作的上海华东工业建筑设计院勘察院，来校进行地质钻探工作。1961年2月，在获取有关钻探地质资料的基础上，随即进行单体设计工作。截至5月底，上海华东工业建筑设计院已制作完成乙、丙型教工宿舍及教工食堂的设计图纸，数学楼的设计工作亦基本完成。

在校舍的总体规划上，设计单位的专家们提出两种设计方案供中侨委选择。一种是根据学校所在地多丘陵小山的地形地貌，围绕一个个小山包，将各式各样的楼房散建于山坡上，以呈现一种“众星拱月”的态势；另一种方案则是模仿中山大学的建筑样式，面对校门建一个大礼堂，在礼堂前的左右两侧，对称地各建一排大楼。这两种方案前者比较浪漫，后者则比较严肃，可以说是各有千秋。

为了对上述两种方案进行深入考察研究，1962年8月，中侨委专门在北京召开华侨大学基本建设会议（见图1-11），会议由中侨委副主任庄明理主持，中侨委副主任庄希泉、黄长水，全国侨联副主席王源兴等领导出席会议。除了华侨大学及担任设计、施工任务的代表之外，中侨委还专门邀请建工部设计院、北京设计院、北京市城市规划局、上海民用建筑设计院、广州市建工局、福建省建设厅等单位的许

图1-11　1962年华侨大学基建会议，专家们在讨论建筑设计方案，站立者为北京建筑设计院总工程师张镈

多专家与会，就学校总体规划、单项设计等问题听取他们的意见。随后，中侨委专门派人将有关设计图纸带到福建，进一步征求叶飞等福建省委领导的意见。经过讨论研究，集思广益，中侨委决定把两个方案糅合起来，各取其优点：教学区采用后一个方案，这样比较集中，也显得庄重；而住宿区则采用前一个方案，那样比较分散、“自由”，有浪漫情调。

在具体设计时，设计师们还利用丘陵起伏的地形，在建筑底层设计修建储藏室、地下室、仓库、车棚等，既节省工程量和土方量，又增加使用面积，提高利用率；同时还注意保留基建工地上的原有果树；尽量采用本地出产的花岗岩，既经济、牢固又美观。在单体设计中，校舍造型多样，同时注意造型上的适用、美观、朴素、大方，适应南方气候炎热的特点，阳光充足，空气流通，冬暖夏凉。① 为便利教学和生活，各建筑楼高以三层至四层为宜，不安装电梯；文理工各专业教学楼分开，相近专业楼距离近一些；学生宿舍和教工住宅分区建筑；合理利用丘陵地形做好校园绿化。②

3. 施工进展情况

在中侨委、建工部和晋江地委的领导和大力支持下，经各方面的协作，基建施工努力推进。1960 年 11 月，施工单位福建省第五建筑公司进入工地现场，次年 4 月前后工程方案定案后正式开始施工准备。1961 年，国家计委批准华侨大学基建投资 170 万元，一期工程共 10 个项目，包含数学楼 1 幢、教工宿舍 6 幢、学生宿舍 2 幢、教工食堂 1 幢，以数学楼为主导工程，总建筑面积 2 万平方米。③ 1961 年 6 月 21 日，两座乙型教工宿舍楼率先动工，随后丙型教工宿舍楼、数学楼、教工食堂、学生宿舍楼等工程项目相继展开。由于材料进场、设计与施工不能有效衔接，再加上施工力量不足等原因，工程进度较为缓慢，截至 1962 年 7 月初仅有 5 幢校舍（含 3 幢教工宿舍楼、1 幢学生宿舍楼、1 幢教工食堂）基本竣工。

为了加快完成学校的基建任务，建筑材料的及时供应显得极为重要。基建初期材料供应上的最大问题是水泥的供应赶不上工程进展的需要。1961 年初，国家拟调发水泥 1700 吨，但直至当年 9 月仅提到手 190 吨，通过向省计委、省侨委购买、借用部分水泥，仍存缺口 1293 吨。④ 为解燃眉之急，承担材料调运的工作人员常常夙

---

① 华侨大学：《华侨大学三年来基建工作的意见》，1964 年 1 月 7 日，华侨大学文书档案。

② 中华人民共和国华侨事务委员会：《华侨大学基本建设会议纪要》，1962 年 8 月 16 日，华侨大学文书档案。

③ 华侨大学基建工程指挥部：《华侨大学基建工程简报（第一期）》，1961 年 7 月 14 日，华侨大学文书档案。

④ 华侨大学：《当前本校基建情况的报告》，1961 年 9 月 12 日，华侨大学文书档案。

兴夜寐、来回奔波。当时学校有位采购员，到南京水泥厂提调水泥，因厂方无法供应，他只好留下来，边耐心等待，边参加厂里劳动，持续20多天，他的行为终于感动了厂长，特准将水泥提前调出。① 为解决水泥紧张问题，在提请国家有关部门按计划迅速调拨的同时，还想方设法从国外进口。

为争取时间，降低造价，减轻国家负担，学校还发扬精打细算、厉行节约的精神，在确保学校整体布局和单体结构的基础上，大胆采用本地丰富的花岗岩取代楼房的部分钢筋水泥结构，用方块花岗岩取代水泥铺设所有路面。这在当时是一项创举，不仅实现省时、节约的预期目标，还形成了学校建筑的独特风格，同时也推动了泉州市花岗岩建筑业的兴起。为了使学校的建筑群更富有南方亚热带的特点，营造适应东南亚华侨学生居住和学习的良好环境，建校初期兴建校舍的所有门窗均采用钢窗钢门结构。中侨委不惜动用国家外汇，特地从海外进口。为了节约成本，当时把进口钢窗钢门的包装木料也充分利用起来铺设了教工三号楼的地板。

由于华侨大学、施工单位、设计单位等各方及时总结经验教训，施工进度明显加快。1963年11月，总建筑面积为23063平方米的一期工程②终于全部完工。其中，最具象征意义、颇具规模和特色的第一座教学大楼——数学楼建筑面积6548平方米，蔚为壮观，在当时古城泉州亦属罕见，为来校参观者所赞叹，成为创校时期华侨大学的标志性建筑（见图1－12）。

图1－12　1962年，全校第一座教学楼——数学楼竣工

图1－13　1963年7月，华侨大学新建的学生餐厅外景

1963年1月15日，中侨委下发通知，华侨大学第二期基建工程项目以化学楼、

① 华侨大学校史编写组编《华侨大学三十年（1960—1990）》，1990，第16～17页。

② 实际建设的一期工程，与计划相比，有所变动，包括如下10幢建筑：数学楼1幢、教工宿舍5幢、学生宿舍2幢、教工食堂1幢，学生食堂1幢。

学生宿舍、水厂等为主，包括附属工程、室外工程在内共 20 项，总建筑面积 21805 平方米，投资 358 万元。[①] 上半年，男女学生宿舍、自来水厂、教工宿舍甲 2[②] 等四个项目相继开工。下半年，教工单身宿舍、附属小学、化学楼、学生食堂 2、校区道路、运动场等工程也陆续上马。当年共完成学生宿舍 2 幢、教工宿舍 1 幢及校区南北干道、校区内外高低压线、挡土墙等附属工程。截至 1963 年年底，三年实际完成工程投资总额为 528.12 万元，占三年计划投资额的 86.06%；共完成建筑面积 32437 平方米，占三年计划建筑面积 70.97%。[③]

为保证施工质量、加快工程进度、更好地完成投资计划，1964 年 1 月 10 日，中侨委邀请建工部办公厅、国家设计局、国家施工局、福建省建设厅、福建省计委、福建省侨委、晋江专区地委、建设银行晋江专区支行及设计施工单位召开华侨大学基建现场会议。[④] 2 月起，自来水厂、附属小学、教工单身宿舍、学生食堂 2、化学楼、运动场等二期工程相继竣工。与此同时，以文科楼、土建物理楼、图书楼为重点的三期工程也陆续开始施工。1964 年，新开工校舍的建筑面积达 30438 平方米，竣工面积 18320 平方米，全年实际完成投资额 311.02 万元，[⑤] 是创校时期基建工作推进最快的一年。

图 1-14　1964 年 5 月，华侨大学“南区”教工宿舍楼一瞥

1965 年 2 月，面积达 8439 平方米的文科楼全部竣工。8 月起，图书楼、土建物理楼、游泳池等建筑也先后交付使用。9 月 21 日，土建水力学实验楼开工。10 月

① 华侨大学：《关于 1963 年基建工作准备情况的报告》，1963 年 2 月 26 日，华侨大学文书档案。

② 指第 2 栋甲型宿舍。

③ 华侨大学：《华侨大学三年来基建工作的意见》，1964 年 1 月 7 日，华侨大学文书档案。

④ 中华人民共和国华侨事务委员会：《函请参加华侨大学基建现场会议》，1963 年 12 月 23 日，华侨大学文书档案。

⑤ 华侨大学：《一九六四年基本建设投资统计年报基层表》，1965 年 1 月 6 日，华侨大学文书档案。

25 日，化工实验楼开始施工。12 月 31 日，医学实验楼也开始兴建。与此同时，热作系在海南兴隆华侨农场的基建工程也于当年夏季动工。1965 年，校本部施工面积 21681 平方米、竣工面积 17267 平方米（见图 1 - 15），全年实际完成投资 195.75 万元（含兴隆华侨农场的基建款 18.6 万元）。[①] 1966 年 4 月，化工实验楼、土建水力学实验楼先后竣工。5 月 30 日，医学实验楼交付使用，原计划建筑面积 2249 平方米，实际只建 704 平方米（一层）。

图 1 - 15　1965 年华侨大学全景

截至 1966 年 5 月底，华侨大学竣工的校舍总面积达 70893 平方米，基建总投资金额达 1085.54 万元（见表 1 - 1、表 1 - 2）。

表 1 - 1　创校时期各年度竣工的主要工程

年份	竣工的主要工程
1961	无
1962	数学楼 1 幢、教工食堂 1 幢、乙型教工宿舍楼 2 幢、丙型教工宿舍楼 1 幢、学生宿舍楼 1 幢
1963	学生食堂 1 幢、甲型教工宿舍楼 2 幢、丙型教工宿舍楼 1 幢、学生宿舍楼 3 幢
1964	化学楼 1 幢、丙型教工宿舍楼 3 幢、丁型教工宿舍楼 2 幢、教工单身宿舍 4 幢、学生食堂 1 幢、附属小学 1 座、运动场 1 个、自来水厂 1 个
1965	文科楼、图书楼、土建物理楼各 1 幢，丁型教工宿舍楼 4 幢、学生宿舍楼 1 幢、学生食堂 2 幢、学生行李仓库 1 座、游泳池 1 个
1966	化工实验楼、土建水力学实验楼、医学实验楼各 1 幢

资料来源：华侨大学：《一九六二年基本建设投资统计年报基层表》，1963 年 1 月 8 日、《华侨大学三年来基建工作的意见》，1964 年 1 月 7 日、《华侨大学一九六四年基本建设投资统计年报基层表》，1965 年 1 月 6 日、《华侨大学 1965 年 12 月基本建设完成情况一览表》，1966 年 1 月 7 日、《华侨大学 1966 年 1—5 月基本建设完成情况一览表》，华侨大学文书档案。

① 华侨大学：《1965 年 12 月基本建设完成情况一览表》，1966 年 1 月 7 日，华侨大学文书档案。

表 1-2 创校时期各年度完成的基建面积及投资金额

单位：平方米，万元

年份	竣工的建筑面积	投资金额
1961	0	76.31
1962	15438	214.42
1963	16999	252.88
1964	18320	311.02
1965	17267	195.75
1966	2869	35.16
合计	70893	1085.54

注：1966 年的数据统计至当年 5 月底。

资料来源：华侨大学：《一九六二年基本建设投资统计年报基层表》，1963 年 1 月 8 日、《一九六三年基本建设投资统计年报基层表》，1964 年 1 月 6 日、《华侨大学一九六四年基本建设投资统计年报基层表》，1965 年 1 月 6 日、《华侨大学 1965 年 12 月基本建设完成情况一览表》，1966 年 1 月 7 日、《华侨大学 1966 年 1—5 月基本建设完成情况一览表》，华侨大学文书档案。

在全部的校舍基建中，有一项前后横跨 20 年的富有特殊意义的伟大工程，那就是陈嘉庚纪念堂。1961 年 8 月 12 日，全国政协副主席、全国人大常委会委员、全国侨联主席、著名爱国华侨领袖陈嘉庚因病在北京逝世。为纪念这位被毛泽东主席誉为“华侨旗帜、民族光辉”的华侨领袖，中华全国归国华侨联合会向海内外发出倡议，决定筹资在华侨大学建造一座以陈嘉庚名字命名的纪念性历史建筑，得到广大华侨及港澳同胞的积极响应。经多方协商，这座建筑被命名为“陈嘉庚纪念堂”。1963 年 4 月，中华全国归国华侨联合会在华侨大学举行“陈嘉庚纪念堂”奠基典礼（见图 1-16）。中侨委副主任方方、黄长水、庄明理，中侨委副主任、全国侨联代

图 1-16 1963 年 4 月，全校师生参加陈嘉庚纪念堂奠基典礼

理主席庄希泉，全国侨联副主席王源兴、尤扬祖、蚁美厚，福建省委书记处书记、省长魏金水，福建省副省长陈绍宽，广东省副省长兼省侨联副主任黄洁，以及北京、上海、福建侨联负责人，晋江地区、泉州市党委负责人，海外华侨、港澳同胞及全校师生共2000多人参加典礼。在典礼大会上，庄希泉主席致辞并奠基，陈绍宽副省长、黄洁副省长分别在大会上致贺词。陈嘉庚纪念堂动工后不久，因“文化大革命”等原因被迫停建。华侨大学复办后，福建省批准陈嘉庚纪念堂继续兴建，终于在1983年10月宣告建成。这座巍峨壮观、宏伟典雅、建筑总面积达7436平方米的陈嘉庚纪念堂后来成为华侨大学最具标志性的建筑。

4. 校园绿化情况

1961年9月，在华侨大学基建总体规划确定后，根据林修德对绿化布置指示精神，学校制定了《华侨大学绿化规划方案（草案）》。方案提出，在基建的同时，根据建校地区的土壤气候，初步规划于1961—1964年在学校及周围完成1470.49亩（共491300株树木）以亚热带作物和部分适宜热带作物为主的绿化，实现学校的园林化，使学校既成为师生的生产劳动基地，又作为热作系教学实习场所和科学研究试验场所，同时又达到防风和美化环境的目的。①

1961年7—9月，基建处工作人员分四批购进伊拉克蜜枣、百千层、木瓜、香蕉等22种作物种苗共7062株，并建立起2—3亩的苗圃。② 热作系设立后，校园绿化工作主要由该系承担。1963年2月，为进一步推进校园绿化工作，校委办公会议决定成立绿化委员会，由谢白秋担任主任委员，陈金源、金作栋（热作系主任）为副主任委员，基建处、总务处、生产处、热作系有关同志任委员。③ 及至当年上半年，全校共计种下各种果树、亚热带经济作物及观赏树苗72种3106株，其中果树18种170多株，亚热带经济作物11种600株，观赏树苗43种2336株。此外，还植种红绿草、高丽芝草以及铺设草皮1056平方米。④

据当时负责校园绿化任务的热作系教师庄振伟后来回忆，当年学校选择树种有几个原则：第一，要适应泉州的气候；第二，要选泉州没有的；第三，要体现侨大的品格。为了给东南亚侨生创造一个适宜的生活环境，让他们感觉到家乡的气息，学校栽种了木棉、芒果、假槟榔等侨生们特别熟悉的作物。由于侨生不习惯挂蚊帐，校园毗邻大海海风较大，而柠檬桉这一植物既能阻挡海风又能驱蚊，因而在校园里

---

① 华侨大学：《华侨大学绿化规划方案（草案）》，1961年9月11日，华侨大学文书档案。

② 华侨大学基建处：《华侨大学1961年第三季度绿化工作情况简单报告》，1961年9月30日，华侨大学文书档案。

③ 华侨大学校委办公室：《华侨大学校委办公会议纪要》，1963年2月16日，华侨大学文书档案。

④ 华侨大学校史编写组编《华侨大学五十年（1960—2010）》，2010，第12页。

得到了广泛栽种，成为华侨大学的代表性树种。在校园种类繁多的热带亚热带作物中，最名贵的是数学楼前面的3棵南洋杉，一棵1000多元，是专门从法国空运过来的。[①] 尤其值得称道的是，创办时期的校园绿化工作全部由师生自己动手完成（见图1－17）。

图1－17 1962年学生在植树

① 庄振伟：《热作系的点滴记忆（上）》，《华侨大学报》2010年5月25日，第4版。

第三节　办学过程

一　双城办学

1960 年 6 月，中侨委文化司副司长孔筱在接待和安置归侨工作会议上向谢白秋传达了中侨委关于华侨大学边筹建、边招生并于当年秋季开学的意见。由于校舍还未正式动工，短期内无法在原址办学，学校只得借地办学。

7 月 9 日，福建省人委颁发当年全省高等学校、中等专业学校招生计划，决定全省高等学校共招生 11655 人，其中分配给华侨大学的招生指标是 100 名侨生。[①] 根据当时实际，经与福建省委商定，学校决定先开设中文、政治两个系，两系各招收一个班，每班 50 人，并设立预科班，招收预科生 500 名。[②] 经与福州市委和厦门集美华侨补校商议，学校将本科办学点暂设福州师范学院（简称“福州师院”）内（见图 1 - 18），预科班学生暂寄集美华侨补校就读。

因招生时全国高等学校统一招生考试时间已过，经中侨委和教育部同意，在福建省委支持下，学校委托福建省招生机构从参加当年高考的集美华侨补校学生中挑选优秀生源。由于生源不足，中侨委只得临时通知各地华侨学生补习学校选送。同时，一批求学欲望强烈、有一定知识基础的华侨学生也被推荐进入学校预科班学习。

（一）本科初创

为了迎接新生，保证按时开学，晋江地委从所辖中学、党政部门紧急调配 16 名干部到福州筹办开学事宜。为加强分工协作，行政上成立了政治教育处、教务处、

---

① 福建省人民委员会：《福建省人民委员会颁发 1960 年高等学校、中等专业学校招生计划》，1960 年 7 月 9 日，华侨大学文书档案。

② 中华人民共和国华侨事务委员会：《关于华侨大学筹办情况报告》，1960 年 9 月 20 日，华侨大学文书档案。

图 1－18　1960 年福州办学点

总务处三个部门，原南安县（现泉州市下辖的县级市南安的前身）妇联主任谢秀华、安溪县粮站主任桑太华分别担任政治教育处、总务处临时负责人；调去的党员干部成立临时党支部，受福州师院党委会领导，原泉州华侨中学（现泉州华侨职业中专学校的前身）党支部书记杨竹志任临时党支部书记。[①]

在师资分配方面，经中侨委和福建省委多方接洽，国家计委、内务部人事局、教育部、福建省人事局等部门陆续派来新教师。截至 9 月下旬，共调配新教师 19 名（4 人尚未报到），其中大学应届毕业生 12 名、中学教师调入的 4 人、专科学校教师调入的 2 人、大学教师调入的 1 人。这些教师专业背景各不相同，其中历史系毕业的 4 人，中文、政法、化学系毕业各 3 人，其他教师则毕业于物理、经济、英语、数学等系。这 19 名教师均来自名牌大学和科研院所，其中毕业于厦门大学的 8 人，中国人民大学、北京师范大学的各 3 人，华东师范大学、东北师范大学的各 2 人，另外 1 人毕业于新中国最早建立的社会科学院——上海社会科学院。在教育资源极其匮乏、高级专门人才极其稀缺的 20 世纪 60 年代，能有如此高起点的师资队伍，让人感到惊叹。由于教师中大学毕业生缺乏实际教学经验，再加上从中学和专科学校调入的教师均不是中文和政治二系毕业，实际能承担当学年教学工作的只有一名北京师范大学中文系毕业的助教林琪英。经与福州师院和福建省委党校协商，决定

① 华侨大学：《华侨大学工作情况报告》，1960 年 9 月 28 日，华侨大学文书档案。

中文系主要由福州师院教师代课，两位化学系毕业有专科学校教学经验的教师则到福州师院边任教边进修，政治系由福建省委党校派人开课，林琪英、黄讯吉（厦门大学中文系应届毕业生）和康玉琛（中国人民大学政法系应届毕业生）分别承担中文、政治两系的部分功课和辅导工作，其他教师均送往厦门大学培养进修，以备来年开课。

在做好师资工作的同时，学校筹备处积极与泉州新华书店联络做好图书资料采购工作。参照泉州师范学院购书情况，按照厚今薄古的原则，采购学校即将逐年开设的八个系所需要的图书资料，并尽可能购置一部分外文书籍和资料，特别是关于东方的政治经济文献、关于科学技术和尖端科学的文献资料以及各种语文工具书籍。①

8 月 31 日，首批被录取的来自集美华侨补校的 50 名学生到福州报到。这批学生除 4 人是 1956 年以前归国外，其余皆于当年刚从印尼归国。从 9 月初开始，第二批由各地华侨学生补习学校选送的学生也陆续来校报到。截至 9 月下旬，共 35 名学生到校，其中广州华侨学生补习学校选送来的 16 名，大多于 1956 年前从越南、马来亚、② 印尼归国；北京华侨补校选送来的 9 名，集美华侨补校来的 10 名，都是当年和上一年归国的。为了尽快开学，学校采取“分批次报到，分批次上课”的办法。1960 年 9 月 2 日，华侨大学开学。③ 9 月 12 日，学校将已报到注册的本科学生编入中文系并正式上课。不久，学校从中文系学生中挑选出思想政治条件较好的 25 名学生编入政治系，并计划于 9 月底正式上课。9 月中旬，集美的 154 名预科班学生也编班上课。华侨大学的开学授课，标志着华侨大学办学的正式开始。

中侨委酝酿创办华侨大学始于 1959 年，周恩来总理于 1960 年初原则同意创办华侨大学，学校于 1960 年 9 月 2 日首次正式开学，国务院正式批准《创办华侨大学方案》则是在 1961 年 11 月 1 日。如何确定华侨大学的建校日期？这既要参照国内其他大学的做法，也需要考虑以往惯例的延续。国内大学以开学日期作为建校日期的居多，如：清华大学一直以清华学堂正式开学日期（1911 年 4 月 29 日）为建校日期，厦门大学以 1921 年 4 月 6 日举行开校式日期为校庆日。也有些大学将开学日期、筹建时间、批准创办时间、重大政治事件等因素综合考虑来确定该校的校庆日。

---

① 华侨大学筹备处：《工作简报》，1960 年 10 月 30 日，华侨大学文书档案。

② 1957 年 8 月 31 日，马来亚联合邦独立。1963 年 9 月 16 日，马来亚联合邦成员（共 11 州）与新加坡（1959 年 6 月 3 日起自治建邦）、英属砂拉越（1963 年 7 月 22 日起自治）、北婆罗洲（1963 年 8 月 31 日起自治并改称“沙巴”）组成了马来西亚，成为新的联邦制国家。1965 年 8 月 9 日，马来西亚国会将新加坡驱逐出联邦，新加坡共和国独立。

③ 中华人民共和国华侨事务委员会：《关于华侨大学筹办情况报告》，1960 年 9 月 20 日，华侨大学文书档案。

如：北京大学一直以 1898 年光绪帝正式批准设立京师大学堂为创校年份，同时在 1951 年前以恢复重建后的京师大学堂举行开学典礼日期（12 月 17 日）为校庆日，1954 年后以“五四”运动爆发日期为建校日期沿用至今；上海交通大学则以南洋公学 1896 年筹建作为创始年份，以 4 月 8 日师范院开学日期为校庆日。华侨大学最早的一次校庆是 1965 年举行的五周年校庆，在筹备校庆时学校决定将 11 月 1 日定为校庆日。此后学校历次重大建校庆典都选择在 11 月 1 日这天。这说明华侨大学校庆日将学校筹建时间与正式批准创办时间做了组合，即以 1960 年筹建为创办年份，而以国务院正式批准《创办华侨大学方案》日期（11 月 1 日）为建校具体日期。

在借住的福州师院外语系教学基地里，华侨大学正式开始了办学活动（见图 1－19）。该教学基地地处福州郊区温泉乡一片田野和菜地之间，只有几座破旧不堪的楼房，里面没有自来水、没有厕所、没有洗澡间，有些连窗户也没有安装。来校侨生[①]对学校的反映一般还是好的，如印尼归国的学生说：在印尼要念大学不是容易的，而且要有钱才行，祖国对华侨很照顾，在大建设中，还拿钱办华侨大学，让侨生念书很受感动；有的学生听说侨大是中央办的全国性综合大学，信心很大，说要写信到海外告诉亲友。但由于侨生中新归国的多，加之学校借地办学，办学条件差，因此思想问题较多，主要表现在有些学生不服从国家分配，不愿念文科，对当前生活不习惯等。如首批参加过当年高考的 50 名学生，只有 10 名志愿读文科，其余 40 名都是志愿报考理工科，其中 6 人初到校即表示坚决不念中文系，毕业后要当工程师、技术员，怕当教师，强调中文基础差，认为念中文没前途没出息，要求转系或回集美去或到外省升学，不吃饭、不学习，甚至威胁达不到志愿要跳楼自杀，不办理入学手续。也有少数侨生怕当前条件较差，并说在集美听说侨大是综合大学，来了一看，只有一座宿舍和膳厅，竹棚作课堂，运动场所小，厕所远，没电灯，不如集美华侨补校，没信心，很失望。

根据以上情况，学校在初期工作中着重抓政治思想教育工作，并尽可能改善生活和学校设备，以保证如期上课。在思想教育方面，主要是组织学习国内时事，从勤俭建国、勤俭建校、发愤图强、艰苦奋斗的教育入手，引导学生们既看到社会主义、共产主义的美好远景及给侨大带来的远大发展前途，同时也看到当前国家要改变一穷二白和学校新办从无到有、从小到大所面临的困难。针对不少侨生不愿念中文系的情况，学校向学生们做了服从国家需要、为祖国学习、为人民服务的教育，结合学习陶铸同志《理想　情操　精神生活》的文章，着重正面教育、耐心说服，

① 在 1960 级本科学生中，除 1 名是侨属外，其余皆是归国华侨。为叙述方便，我们用“侨生”指称全部 1960 级本科学生。

图 1－19　1960 年学生在福州办学点教室上课

对那些不服从分配的学生也帮助指出其错误，教育方式有做大会报告，组织学习有关文件、看电影、参观工厂、小组讨论、个别谈心，进行新旧中国对比、两种社会制度对比等多种。在抓思想教育的同时，学校尽力安排好侨生生活，根据他们的特点，安排好宿舍、浴室，组织全校师生与福州师院师生同种 16 亩蔬菜，同时按国家规定①向新归国侨生及时、足额供应生活必需品。依据国内大学不收学费、只收书本费、对困难工农子弟有 80% 助学金（平均每人 13.5 元人民币）的规定，对先行注册的 74 名学生的家庭经济情况进行初步摸底，42 人提出伙食费补助申请，19 人提出书本费补助申请，24 人要求补助棉被，20 人要求补助蚊帐。学校均予以批准。

通过上述一系列措施，多数侨生政治觉悟有了较大提高，表示要服从国家需要，许多同学表示要克服困难，搞好学习，自己动手做建校主人，提出开农场、开运动场和养猪等许多建议。在一次停课三天的劳动中，学生们仅利用两个下午，就自己清理开辟出一块操场和篮球场。原来表示坚决不服从分配的 6 名学生，经过反复教育后，除 1 人因家庭坚持要他回家准备明年考理工科不愿注册外，其余 5 人均已注册，思想初步安定。

按照学校招生计划，原定在中文、政治两个系各设立一个班，每班招收 50 名学生。但由于办学前准备工作不够充分、招生工作经验缺乏等，学校实际招收到的本科学生人数不及预期，截至 10 月中旬，在校本科学生仍然只有 84 人。由于学生政治条件限制，被编入政治系的学生人数一直没有增加。经学校研究决定，暂不开设政治系，从中文系中挑选出来的 25 名政治系学生重新编入中文系。

① 按国家规定，应向新归国侨生每人每月供应大米男 35 斤，女 33 斤，肉 3 两，糖 4 两。

表 1－3　华侨大学 1960 年本科招生基本情况

单位：人，%

计划招生人数	实际入学人数	学生类别				学生来源					
		归国华侨	占比	国内生	占比	集美华侨补校	占比	广州华侨补校	占比	北京华侨补校	占比
100	84	83	98.8	1（侨属）	1.2	59	70.2	16	19.0	9	10.7

注：以上数据截至 1960 年 10 月 20 日。

资料来源：华侨大学：《高等学校报表（1960 年度）》，华侨大学文书档案。

办学初期，条件异常艰苦，但师生们以顽强乐观的精神加以面对。曾担任 1960 级学生教学工作并兼任班主任的教师康玉琛多年后回忆起这段福州岁月，如此述说：

> 学校安排我担任教学并兼任班主任工作。校领导特别重视思想工作，要求我们把这些远离海外家人回国读书的侨生当作自己的亲人，关心和爱护他们。我除了认真备课搞好课堂教学外，投入大量时间和精力与他们在一起同吃、同住、同劳动，言传身教，用自己的行动团结和带动他们克服困难，适应国内生活。
>
> 当时的生活条件非常艰苦，我们住在福州师院一座破旧楼房里，宿舍简陋、破旧不堪，连窗户都没有安装，同学们就用床板、草帘顶住挡风遮雨，阻挡蚊蝇的叮咬。没有食堂和课堂就搭建草棚，在草棚里坚持上课和吃饭。没有洗澡房也难不倒习惯天天洗澡的侨生们，男同学就在楼前空地的水井旁打水冲洗，女同学则用四块木板围起来提井水冲洗。同学们开玩笑称作“露天澡堂”。1960 年正值国家困难时期，物资供应短缺，经常吃空心菜，同学们不叫苦反而风趣地说：“吃无缝钢管”！粮食供应不足，我就和同学们在课余时间上山采野果，笑迎困难，共渡难关。中文系 1960 级学生顽强乐观的精神深深感动和教育了我，从他们身上我看到了老一辈华侨艰苦奋斗，吃苦耐劳，爱国爱乡的中华民族优良传统。①

1959—1961 年，我国进入三年困难时期，粮、油和蔬菜、副食品等极度短缺，严重危害到人民群众的健康和生命。包括华侨大学在内的许多学校师生患病人数急

① 康玉琛：《难忘华大初创时期的福州岁月》，华侨大学校友网，https://alumni.hqu.edu.cn/info/1014/1406.htm，最后访问日期：2019 年 12 月 17 日。

剧增加，其中以患浮肿病、妇女病和其他传染病为多，学生视力衰退的现象也相当严重。为了改善师生们的生活，学校向侨生每人每月发两块饼，为女同胞发放一些米糠，中侨委还委托福建省侨办用化肥到莆田换回一些海蛏。①

1960年12月21日，中共中央和国务院发布了《关于保证学生、教师身体健康的紧急通知》，指示"要立即抓紧治疗学生和教师的疾病，把办好学校伙食作为当前的一项中心任务，抓紧落实""不再安排学生参加校外义务劳动，严格控制校内重体力劳动"。12月27日，福建省教育厅颁发最急件《关于当前学校进一步贯彻劳逸结合问题的几点意见》，要求省内各学校充分利用校内一切可以利用的空地增种各种蔬菜、杂粮，尽可能使种植品种多样化以增加师生营养，切实改进食堂工作，做到"政治进食堂，书记下伙房"，同时大抓疾病治疗和保健工作。此外，还提出要坚决贯彻8小时工作制，高校教师、干部工作时间及学生学习、劳动时间（包括上课、实验、科研、自习、劳动和各种集体活动时间在内）每天规定为8小时，切实保证师生8小时的睡眠时间，同时严格控制会议、精简会议；适当控制学生劳动时间，笨重体力劳动（如开荒）和消耗体力较大的劳动可以暂停，校内生产劳动一般控制在每周半天，也可以隔周安排，每天连续劳动的时间不超过6小时；教学科研工作不要安排太紧，因为农忙所缺课程不要利用自修或休息时间进行补课，课程进度确不能完成时可放到下学期，不许加班加点，除主要学科可以布置适当的课外作业外，一般学科原则上不布置作业，对于运动量大、体力消耗大的体育活动和民兵活动，可以暂停。②

福州办学期间，中文系的课堂教学工作由福州师院教师承担，侨大中文系主要负责抓教学计划、抓备课（见图1-20）和提高课堂教学质量，同时巩固学生专业思想、建立健全教学制度、组织教师为学生补课加强辅导。第一学期共开设八门课程，分别是"文学理论""现代汉语""现代中国文学史""古典文学""文选习作""毛泽东文艺思想""中国革命史""英语"。在学习中，学生对"文选习作"和"现代汉语"两门课程的教学较满意，成绩也提高较快。如在"现代汉语"期末考试中，成绩5分的有44人，占学生总人数（78人参加考试）的56.4%，4分的23人，占29.5%，3分的9人，占11.5%，不及格的仅2人。但是，他们对"毛泽东文艺思想"、"现代中国文学史"及"古典文学"等课程的学习则有一定障碍。如讲

① 林菊花：《难忘在福州工作的日子》，华侨大学校友网，https://alumni.hqu.edu.cn/info/1014/1430.htm，最后访问日期：2019年12月17日。

② 福建省教育厅：《关于当前学校进一步贯彻劳逸结合问题的几点意见》，1960年12月27日，华侨大学文书档案。

到“毛泽东文艺思想”的哲学基础时，学生不懂什么是唯物论和唯心论；“中国革命史”及许多现代文学作品学生没有读过；古典文学作品读得少，文字障碍多，与现代生活距离远，不易理解；教师讲解也不够清楚。英语学习也存在一些困难，主观原因是教师教学经验不足，课外辅导不够，客观原因是学生基础参差不齐，有7人水平较高，有6人则只有初中一二年级程度，经过下半学期对不同基础的学生分别教学后，问题基本得到解决。从学生期末考试总体学习成绩来看，学习质量较好、基本上达到大学水平的有21人（其中特别优秀者7人），学习质量一般的35人，学习质量差的共27人（其中特别差的15人）。[①]

图1－20　1961年，教师在宿舍备课，左为黄讯吉，中为康玉琛，右为饶福生

资料来源：由校友康玉琛提供。

针对侨生基础知识薄弱的特点，中文系严格保证教学时间不被侵占，除每周劳动半天、政治理论教学一天外，其余时间均用于基础教学，提高基础理论的教学质量，加强对学生的辅导和作文面批工作，[②] 同时对课程设置做出调整，使之更切合侨生实际。这些措施取得了一定的效果，学生的学习成绩得到一定程度的提升，1961—1962学年初，60级中文系学生仅有6人留级。

随着学校办学进程的加快，1960年11月4日，学校发布侨大（60）字第0001号公函，宣布从11月5日起正式启用由福建省人委颁发的“华侨大学”铜铸图章，[③] 这标志着华侨大学办学进一步规范化。11月5日，中侨委副主任方方向华侨

① 华侨大学：《1960—1961学年度第一学期中文系学期工作总结报告》，1961年2月9日，华侨大学文书档案。

② 华侨大学中文系党支部：《中文系4—5月份主要工作情况秉报》，1961年1月2日，华侨大学文书档案。

③ 华侨大学：《本校各科印章启用函》，1960年11月4日，华侨大学文书档案。

大学全体师生做报告，分析国内外形势，引导师生正确认识印尼反华、排华运动，介绍国家的侨务政策和斗争策略，并向师生提出要求。次日，在谢白秋的陪同下，方方视察学生的生活和住宿，与学生亲切交谈，勉励大家巩固专业思想，安心在侨大学习。方方的报告和视察，有力地鼓舞了全体师生。

在福州办学期间，方方、林一心等领导时常看望师生，带来中侨委和福建省委的关心和问候，激励大家为办好华侨大学而奋斗（见图 1－21 和图 1－22）。

图 1－21　1961 年春，中侨委副主任方方来福州办学点教室与学生座谈

资料来源：由校友康玉琛提供。

图 1－22　1961 年，福建省委书记处书记、华侨大学党委第一书记林一心来福州办学点看望学生

资料来源：由校友康玉琛提供。

（二）预科初创

在福州办学的同时，在集美的预科办学也在稳步推进。截至 12 月中旬，预科共设三个班，共有学生197人，其中男生109人，女生88人。从归国时间来看：1960年以前归国的23人，占11.7%；1960年归国的174人，占88.3%。从原有文化程度来看，高二上学期水平的28人，高二下学期96人，高三上学期30人，高三下学期44人。与本科侨生一样，强调个人志愿和学习兴趣，重理轻文思想在预科生中同样存在。根据摸底排查，在197名学生中，志愿念理工科的135人，占68.5%，志愿念医科和农科的44人，占22.3%，志愿念文科的18人，仅占9.1%。由于学校新办，办学条件较差，学生不免对发展前途担忧，再加上学生来自不同的补习学校，团结互助氛围不浓。针对以上情况，学校组织了为期两周的关于党的教育方针和世界观、人生观的教育，开展了以学习目的性和为谁学习为主题的鸣放辩论，批判只强调个人志愿、不服从国家需要等资产阶级个人主义思想。通过教育，广大学生政治思想觉悟大大提高，明确了学习目的，端正了学习态度，加强了学习纪律，基本稳定了学习情绪，有97%侨生表示要服从祖国需要，同学之间的互助友爱精神也得到了发扬。

图1-23　1960年预科生在集美华侨补校办公楼前合影

在教学工作方面，针对侨生基础知识差、水平不一、学习方法不当等情况，学校组织了学习经验交流会，组织学生针对学习方法展开热烈讨论。通过讨论，形成了以抓紧平时学习、课堂认真听讲、课后复习巩固、学深钻透、重点突破、全面掌握的学习方法来代替过去死读书、平时学习不抓紧、考前临时抱佛脚等不正确方法的共识。[①] 同时，学生间还订立学习互助合同，教师加强了课后辅导，行政人员经常深入课堂听课，发现问题，解决问题。这些措施使得侨生的学习信心得到增强，学习成绩显著提高。仅从预科1、2两班154名学生化学测验成绩来看，不及格人数

① 华侨大学预科班级学习经验交流会关于学习方法的经验总结，得到了集美华侨补校党支部的重视，他们向校内各班级通报、介绍了这一方法，并要求组织学习。

由原来的58人减至3人。

在生活安排方面，学校认真贯彻上级劳逸结合要求，干部下伙房抓食堂工作，经常关心学生生活，并对经济困难的学生发放助学金或临时补助。第一学期共发放助学金182人次共2169元人民币、伙食贷款194人次共1192元、伙食补助3人次共29元、临时补助1人计15元，补助被套3条、棉胎3条、棉衣1件。

此外，学校对侨生还进行了劳动教育，发动师生参加支援“五秋”劳动。在劳动中，预科1、2两班被评为劳动红旗班（见图1－24），得到劳动生产指挥部通报表扬。同时在校内还大力组织种植蔬菜（见图1－25），预科1、2两班超额完成蔬菜生产任务，预科2班还被评为蔬菜生产红旗班。①

图1－24　预科1、2班荣获“劳动红旗”称号

图1－25　预科生在集美华侨补校外开垦的菜地里种菜

① 华侨大学：《华侨大学预科学期工作总结报告》，1961年3月1日，华侨大学文书档案。

二　会师集美

1961 年 3 月 28 日，华侨大学向中侨委、教育部、福建省教育厅报送 1961 年度招生计划（草案），拟招收政治、中文、数学、化学 4 个系 13 个专业（包括绝密、机密、一般三类）本科新生共计 575 名。[①] 4 月 30 日，中侨委就学校的招生问题做了回复，建议暂设一般专业，绝密和机密专业等条件具备后再设立。[②] 7 月 13 日，教育部给福建省教育厅电报指示：华侨大学 1961 年招收中文、化学、数学三个系本科学生共 170 名。

因考虑到学校面向东南亚华侨的特点，华侨大学决定着重招收福建、广东、广西、北京、上海等地区考生。当年度，华侨大学首次参加全国高等学校统一招生。8 月，学校派出五位干部前往北京、上海、广州、南宁考区，实地审查挑选新生。由于考生对新办的华侨大学不太了解，在各考区协助下，工作人员动员考生补报志愿，安排第二批录取。最后在上述四个考区共录取 77 人，其中广州考区 32 人、北京考区 25 人、上海考区 10 人、南宁考区 10 人。加上福建考区分配的 112 人（含本校预科生 92 人），华侨大学先期共录取新生 189 人。[③] 招生录取工作结束后，学校预科生中有 16 名侨生统考成绩虽达到录取线，但因当年度各高校招生名额限制未被任何一所高校录取，为满足他们的升学愿望，经研究学校将其全部补录进校。

由于学校首批校舍还在建设中，福州师院校舍又无法容纳如此多的学生，经请示中侨委和福建省委，并征得集美华侨补校同意，学校决定将本科办学点也迁往集美华侨补校，与预科办学合兵一处。8 月 1 日，在福州的全体教职工及学生共 155 人集体迁至集美（见图 1－26）。至此，福州办学告一段落，华侨大学也迎来了历史上第一次集中办学时期。9 月 13 日，华侨大学举行开学典礼，次日正式上课，全校本科生被分为七个班：61 级数学系一个班，60 级中文系、61 级中文系、61 级化学系各两个班。截至 9 月 20 日，全校共有本科生 280 人，其中 60 级学生 74 人、61 级学生 206 人（含留级生 6 人）；专任教师 82 人，其中副教授 1 人、助教 38 人、见习助教 43 人；行政、教学辅助及工勤人员共 65 人（不含基建处工作人员）。[④]

---

① 华侨大学：《华侨大学一九六一年度招生计划（草案）》，1961 年 3 月 28 日，华侨大学文书档案。

② 中华人民共和国华侨事务委员会：《有关华侨大学招生问题》，1961 年 4 月 30 日，华侨大学文书档案。

③ 华侨大学：《关于开学工作的报告》，1961 年 9 月 19 日，华侨大学文书档案。

④ 华侨大学：《高等学校快速报表》，1961 年 9 月，华侨大学文书档案。

图 1－26　1961 年 7 月，在本科迁至集美办学前，全体师生在福州办学点宿舍楼前合影留恋

图 1－27　1961 年 9 月，学校会师集美后，老同学欢迎新生入学

表 1－4　华侨大学 1961 年本科招生基本情况

单位：人，%

系别	计划招生人数	实际入学人数	学生类别				学生来源			
			归国华侨	占比	国内生	占比	本省学生人数	占比	外省学生人数	占比
中文系	70	83	79	95.2	4	4.8	55	66.3	28	33.7
数学系	40	50	44	88.0	6	12.0	31	62.0	19	38.0

续表

系别	计划招生人数	实际入学人数	学生类别				学生来源			
			归国华侨	占比	国内生	占比	本省学生人数	占比	外省学生人数	占比
化学系	60	67	63	94.0	4	6.0	47	70.1	20	29.9
合计	170	200	186	93.0	14	7.0	133	66.5	67	33.5

注：以上数据截至1961年9月20日。

资料来源：华侨大学：《高等学校快速报表》，1961年9月，华侨大学文书档案。

为加强对各项工作的管理，继设立基建处之后，学校又设置校部办公室、人事处、总务处、教务处四个正式行政机构，成立了党总支委员会，按教学与行政两部分成立党支部，同时成立团总支委员会，并筹备成立工会与学生会组织。各系也配备了党政领导干部，原福建省教育厅办公室主任乐澄清、原北京大学副教授郭良夫分别调任中文系正副系主任，杨竹志被任命为中文系党总支副书记，原福建师范学院（现福建师范大学的前身）数学系党总支书记方宁斯担任数学系党总支书记，原北京农业大学（现中国农业大学的前身）系党总支副书记杨习之则被任命为化学系党总支副书记。在教学方面，学校成立政治、外语、体育三个教研室，专门负责公共课的教学工作，各系根据所开设的业务课，陆续设立各类教研组和教学小组，如中文系成立了现代汉语、文学概论、中国文学史、通史和写作五个教研组，数学系成立了代数、几何、数学分析三个教学小组，化学系则成立了无机化学教研组。

在各项工作不断推进的过程中，师生心中的许多思想问题也开始暴露出来。一种是由于对学校的性质、任务不明确，产生了各种疑问和错误的看法。例如：有的侨生被录取后，被人嘲笑“考上补校”，思想不稳定；大部分外地来的侨生普遍认为侨大新创办，师资弱、设备差，担心会影响学习质量；有的国内生产生疑惑：“我又不是侨生，为什么把我分配到侨大？”另一种是专业思想不牢固。有的侨生原来志愿念理工科，被录取到中文系后，思想波动大，认为在资本主义国家当教师最被人轻视，只有理工科毕业当工程师才吃香；有的侨生不愿念中文系是觉得自己中文基础差，学习有困难，他们怕写作、怕背诗文、怕分析文章、怕阅读长篇小说；也有的学生被分配到数学系后，感到数学这门学科枯燥无味，老是跟数字打交道，会患神经衰弱症。在教师身上，过高估计自己，急于开课，不乐意去进修或担任教学辅导工作的倾向比较突出；在一些党政干部那里，由于他们刚从行政机关调来，对学校业务不熟悉，碰到困难或受到批评，就闹情绪，不安心工作。为此，学校采取从上到下、从党团内到群众层层发动的办法，认真进行思想教育工作，先后召开了入学新生、未录取的预科生、新教师会议和各种类型的座谈会，通过领导动员，讲清学校性质与任务，然后在群众中开展讨论，进一步提高群众的思想认识。同时，尽力安排好师生的生活，积极解决遇到的问题，把教职工和学生的思想引导到搞好教学和学习上面来。

1961 年春，面对自然灾害及“大跃进”、人民公社化运动带来的严重经济困难，中共中央全面调整国民经济，提出“调整、巩固、充实、提高”的八字方针。根据这一方针，教育部对 1958 年以来“教育大革命”的经验教训进行总结，对高等教育进行全面整顿。为了遏制高等学校数量迅猛增长的态势，[①] 1961 年 7 月，教育部决定对全国高校进行裁减，全国高校数量调整为 800 余所。当年，福建省内高校数量由 1960 年的 46 所下降到 17 所。[②]

9 月 15 日，中共中央批准《教育部直属高等学校暂行工作条例（草案）》（简称“高校六十条”），要求在教育部直属的 26 所高校试行，并在全国所有全日制高校进行讨论。针对以往工作中出现的劳动、科学研究、社会活动过多，同知识分子的团结合作被忽视等问题，该条例做出纠正。条例规定：

①高等学校必须以教学为主，努力提高教学质量。生产劳动、科学研究、社会活动的时间，应该安排得当，以利教学。具体规定了高等学校平均每学年应该有八个月以上的时间用于教学；专业设置、教学方案、教学计划、教学大纲和教材要力求稳定，不得轻易变动，课程和学科体系的重大改变，必须经过教育部批准；切实加强基础理论和基本知识课程的教学，加强基本技能训练；学生参加生产劳动的时间一般为每学年一个月至一个半月，教师一般平均半个月到 1 个月；科学研究以教师为主，科研时间大体可以占教师工作量的 10%—30%，对低年级学生不规定科研任务；严格执行中央关于保证知识分子至少有 5/6 的工作日用在业务工作上的决定。②正确执行党的知识分子政策，团结一切可以团结的知识分子，为社会主义高等教育服务。正确执行百花齐放、百家争鸣的方针，提高学术水平；在处理具体问题的时候，必须正确划分政治问题、世界观问题、学术问题之间的界线，政治问题又应该划分人民内部矛盾和敌我矛盾的界线。③加强和改善党的领导，充分发挥行政领导的作用。高等学校的党委会，是学校工作的领导核心，对学校工作实行统一领导；实行党委领导下的以校长为首的校务委员会负责制，充分发挥校长、校务委员会和

---

① 1957 年全国高校共 229 所，从 1958 年开始，全民办学热潮兴起，全国高校数量迅猛增长，1960 年达到 1289 所，大大超出国民经济的负担能力，造成了学校工作的极大困难。

② 《高等学校分省、市、自治区的学校数》，载《中国教育年鉴（1949—1981）》，中国大百科全书出版社，1984，第 975 ~ 976 页。

各级行政组织的作用。①

11 月 8 日，谢白秋向华侨大学全体教职工作“高校六十条”学习动员报告，介绍条例出台的背景，解读条例的重要内容，并对条例学习的目的、人员组织、方式方法、时间安排等提出要求和部署。1962 年 2 月 28 日，学校向学生就学习“高校六十条”做动员报告；3 月 5 日，又向全体教职工做“高校六十条”的学习初步总结和继续学习的动员报告，并组织学习和讨论。

在学习贯彻“高校六十条”的过程中，学校将条例的学习与教学工作紧密结合，教师的教学方法、作风有了很大改进，教学质量有了显著的提高。学校领导时常抽出时间与教师谈心、座谈解决他们的实际困难，并深入课堂参加教学活动，进行调查研究。② 创办初期，骨干教师缺乏，来校工作的教师绝大多数为刚毕业的大学生和教龄在两年以下的教师。对于新教师，学校分类别、有计划、有目的进行培养。除组织毫无教学经验的年轻教师听课外，还选派十多位教师到兄弟院校进修。对于主讲教师，则经常组织他们参加教研组活动，采取公开教学、试教、听课等办法来提高他们的教学水平。中文系各教研组还采取集体备课形式，明确分工，交流经验，分段备课，轮流教学。这些措施使得教师的教学能力得到提升，如中文系在学期开始时，有三门课程由厦门大学教师讲授，不久即实现了所有课程全部自己开课。在着力抓好课堂教学的同时，学校还加强了对侨生的调查研究，深入细致地对他们进行辅导。各系（教研组）通过各种方式对侨生的思想情况和基础知识进行调查、排队和分析，根据不同情况进行有的放矢的辅导。如：有些学生基础差，就进行补缺补漏；有的学生学习方法不得当，就召开学习经验交流会。针对侨生基础普遍较差的特点，经中侨委批准，1962 年 1 月 25 日，学校决定将全校本科专业学制由四年改为五年，学生在五年内学完四年课程，逐渐达到五年制水平。③ 此外，学校还对各系教学工作中涌现出来的好的经验和做法，及时进行总结、交流和推广。经过以上努力，教学质量逐步提高。在 1961—1962 学年第二学期的期末考试中，成绩为“优等”的本科生共 42 人，占实际参加考试学生人数（共 271 人）的 15.5%；成绩“良好”的 124 人，占 45.8%；“及格”82 人，占 30.3%；被评为“不及格”的 23 人（其中一门不及格的 21 人，两门不及格的 2 人），仅占 8.5%。④

为集中力量办好本科，1961 年 10 月 4 日，中侨委决定华侨大学预科班当年停

① 中华人民共和国教育部：《中华人民共和国教育部直属高等学校暂行工作条例（草案）》，载《中国教育年鉴（1949—1981）》，中国大百科全书出版社，1984，第 693 ~ 699 页。

② 华侨大学：《两个多月来教学工作情况报告》，1961 年 12 月 7 日，华侨大学文书档案。

③ 中华人民共和国华侨事务委员会：《报送四定方案》，1963 年 3 月 19 日，华侨大学文书档案。

④ 华侨大学：《函报 1961—1962 学年度第二学期工作情况报告由》，1962 年 9 月 1 日，华侨大学文书档案。

止招收新生。[1] 11 月 11 日，经中侨委同意，华侨大学将全校 55 名预科生全部转到集美华侨补校先修班就读。[2] 至此，办学一年多的华侨大学预科班宣告解散。

三 扩大招生

（一）千人扩招

1962 年全国归国华侨学生及侨属生达到 50000 多人，其中即将参加高考的侨生 5000 多人，仅福建本省就有 2000 多人。由于全国高校数量和办学规模均遭到较大压缩，华侨大学的招生任务反而变得艰巨。中央文教小组提出，暨南大学、华侨大学和厦门大学这三所大学要多招侨生，其中暨南大学、华侨大学各招生 1000 名，厦门大学招 500 名。在中侨委会议上，廖承志强调“招生要从爱国主义教育出发，过严、过宽都不好，现在主要是过严，而不是过宽”，他要求学校“今年招侨生不要从招生出发，要从争取侨汇出发，先招后提高，尽量多招本省侨生，福建有困难，全国也是一样”。[3]

根据《创办华侨大学方案》科系设置的规划，学校决定在 1962 年增设政治系、物理系、热作系三个系。在接到招收 1000 名新生的任务后，华侨大学成立了招生委员会，同时抽调 34 人组成 8 个工作组，分赴广东、广西、北京、云南、江苏、河北、上海及福建省等八省市开展招生工作。

由于招生规模明显扩大，集美华侨补校无法容纳新学年人数众多的师生，学校只得搬回原址办学。1962 年 1 月，谢白秋主持召开学校科处长会议，研究有关学校搬迁工作问题。经会议讨论研究，确定搬迁工作分三个步骤进行：第一步，由各处、系先抽调一批人员组成搬迁筹备人员，于 1 月底前迁往泉州原校址，研究一切搬迁的筹备工作；第二步，除承担教学任务和具体负责生活的教职工以外，所有各处、科、自修的教职工于 2 月底前完成搬迁；第三步，全体学生及其他教职工于 5 月 10 日前迁往泉州。为顺利完成搬迁任务，学校专门成立搬家办公室，下设计划分配组、采购保管组、物资调运组、生产组四个组，各处、系也成立搬家小组。由于学校教学楼及食堂等校舍均未竣工，会议决定将工交干校作为学校上课、实验及就餐临时

① 中华人民共和国华侨事务委员会：《关于华侨大学预科班停止招收新生的通知》，1961 年 10 月 4 日，华侨大学文书档案。

② 中华人民共和国华侨事务委员会：《答复预科生转到补校先修班》，1961 年 11 月 11 日，华侨大学文书档案。

③《谢书记在科长级以上会议传达报告纪要》，1962 年 6 月 26 日，会议记录，1961 年 12 月 29 日—1962 年 10 月 4 日，华侨大学文书档案。

地点，保修厂的小楼房作为临时图书阅览室及工会、共青团办公地址，并要求校内新建的两幢教工乙型宿舍楼与一幢教工丙型宿舍楼于2月15日交付使用，用作教职工宿舍及办公用房，学生宿舍楼应于4月中旬交付使用。[①] 6月24日，全校师生搬回泉州。[②] 至此，学校结束了两年外地办学的历史，真正开始在原校址办学。

由于基建工程进展缓慢，截至7月初，仅有3幢教工宿舍楼、1幢学生宿舍楼、1幢教工食堂共5幢建筑基本竣工，无法满足全部办学需求，学校只得想办法再次借地办学。适逢泉州师范学院在福建省高校调整中停办，原校址（现中国人民解放军联勤保障部队第910医院所在地）改作晋江专区华侨子弟补习学校校址，经协商同意，学校决定将部分系放在停办的泉州师范学院校舍里办学。当年9月，华侨大学借用原泉州师范学院部分校舍和校产家具、教学仪器等设备办学，其中：校舍面积为6181平方米；家具6299件，原价54424.11元；图书资料6071本，原价8433.13元；仪器、体育器材363项，原价61847.32元；化学试剂778项，原价17682.10元。[③]

在学生招生人数大幅增加的同时，由于中央、省委的重视，再加上省内外兄弟院校的大力支援，教师队伍有了质的飞跃，不仅数量充足，而且教学经验丰富的骨干教师明显增多。在福建省高校调整中，漳州农学院（现福建农林大学的前身之一）、泉州师范学院等高校被撤销后，部分教师分别调入华侨大学热作系和化学系，其中包括2名四级正教授（金作栋、胡光烈）和1名副教授（陈淑元）。由此，华侨大学正高职称教师人数实现了零的突破，高级职称总数也达到4名。此外，还从北京大学、清华大学、中国人民大学、北京师范大学、复旦大学等40所院校（其中14所为重点大学）调来讲师20名，老助教69名。[④] 截至10月8日，华侨大学共有教师224名（见表1－5）。

表1－5　华侨大学1962—1963学年各系、教研组教师人数分布情况

单位：人

系别	教授	副教授	讲师	教员*	助教	总数	本学年不从事教学人数
政治系			6	4	22	32	10
中文系		1	1	3	42	47	11

① 华侨大学：《华侨大学搬家工作计划》，1962年1月13日，华侨大学文书档案。

② 华侨大学：《迁移校址通知》，1962年6月24日，华侨大学文书档案。

③ 华侨大学：《关于借用泉州师院校舍和各项设备处理意见的报告》，1963年11月11日，华侨大学文书档案。

④ 《谢白秋给省委两位林书记的工作报告》，1962年9月22日，华侨大学文书档案。

续表

系别	教授	副教授	讲师	教员	助教	总数	本学年不从事教学人数
数学系			4		25	29	3
物理系			3	4	17	24	3
化学系		1	4	2	25	32	3
热作系	2		4	2	19	27	18
外语教研组			2	9	14	25	3
体育教研组				3	5	8	
合计	2	2	24	27	169	224	51

注：以上数据截至1962年10月8日，不包括医疗系、艺术系的教师人数。
＊此处的“教员”，特指未定职称的教师。
资料来源：华侨大学：《高等学校学年初报表（1962—1963学年初）》，华侨大学文书档案。

9月6—8日，全体学生来校报到注册。1962级新生共录取903名，报到888名，其中归国侨生861名（见表1－6）。学校6个系新生分布如下：政治系55名，中文系203名，数学系225名，物理系115名，化学系197名，热作系93名。

表1－6　华侨大学1962年本科招生分地区基本情况

单位：人，%

招生地区	招生计划	实际录取	实际报到	新生类别				学生来源			
				归国华侨	占比	国内生		侨校	占比	其他学校	占比
						侨属	其他				
福建	500	481	478	461	96.4	14	3	298	62.3	180	37.7
广东	125	144	142	140	98.6	1	1	111	78.2	31	21.8
广西	120	73	73	70	95.9	3		39	53.4	34	46.6
北京	120	102	96	95	99.0	1		76	79.2	20	20.8
云南	50	25	25	25	100			18	72.0	7	28.0
江苏	30	24	24	24	100					24	100
河北	30	30	29	29	100					29	100
上海	25	24	21	17	81.0		4			21	100
合计	1000	903	888	861	97.0	19	8	542	61.0	346	39.0

注：以上数据不包括医疗系、艺术系的招生。
资料来源：华侨大学：《1962—1963学年度学生基本情况汇总》，1962年9月，华侨大学文书档案。

9月11日，华侨大学1962—1963学年开学仪式在泉州影剧院隆重举行，全校1000多名师生参加会议（见图1－28）。开学式上，校党委副书记谢白秋、学校教务长张向毅、晋江地委副书记李英贵、教师代表、学生代表先后发言。谢白秋在讲话中回顾了华侨大学办学两年来克服重重困难在学校规模、基本建设、教学质量等各方面取得的成绩，描绘了未来几年学校的发展规划和美好前景，勉励全校师生进一步发扬延安作风，团结一心、鼓足干劲、满怀信心去克服前进中的困难，争取新学年的新胜利。他还转达了陈毅副总理要办好华侨大学的指示和廖承志校长“华大的成绩，是令人高兴的”“北京支持华大”的鼓励。张向毅向新同学介绍了学校的教师队伍、设备图书、教学经验等教学方面的情况，并提出今后的若干项教学措施，同时勉励同学们将学习当成政治任务对待，热爱所学专业，在学习中不怕困难、刻苦钻研。李英贵在致辞中介绍了晋江专区的基本情况并对新来的同学和老师表示热烈欢迎，他认为华侨大学的建立发展具有重大的意义，学校办在晋江是晋江人民的光荣，是晋江专区文化发展的新象征。中文系副主任郭良夫副教授代表全体教师在会上表达了切实做好教学工作、努力提高教学质量、不断改造思想的决心，老生代表和新生代表在讲话中表示要艰苦奋斗、与学校共同成长。①

图 1-28　1962 年华侨大学开学典礼会场一角

入学后，化学系、物理系及热作系三系 483 名学生和 123 名教职工被安置在原泉州师范学院校舍，师生们在 3 幢房舍 91 间房间里学习、生活，住宿甚为拥挤，每 10 平方米的宿舍都要住 4 人。剩下的师生在本校办学，由于仅有的一幢学生宿舍楼只能容纳 400 人，部分男生、全部女生及单身教职工只能暂时被安排在刚竣工的数学楼的第一、四层住宿，第二、三层则用作教室。② 回泉州办学后，由于高校的生活供应标准均按地方标准执行，因此侨大的粮食和副食品定量标准均低于福州、厦

① 《华侨大学 1962—1963 学年开学式》（1962 年 9 月 11 日），华侨大学文书档案。

② 华侨大学：《给林一心、林修德书记函汇报招生、教工、开学等情况和请示需要解决的问题》，1962 年 2 月 2 日，华侨大学文书档案。

门所在地大学的水平，也低于过去办学时的标准，生活水平骤然下降，一些师生感到吃不饱，难以坚持上课。如：学生粮食定量标准为每月 26 斤，低于厦门大学标准 2 斤；教师粮食定量标准为每月 25 斤，低于厦门大学标准 1 斤；油每月 1 大两，[①]也低于厦门大学标准（2 大两）。

图 1－29 化学系 1962 级 1 班在清源山办学点校舍前合影

由于大幅扩招，1962 级新生招生质量有所下降，高考成绩较差。据统计，高考总平均分在 80 分以上的 11 名，占 1.2%，60—80 分的 647 名，占 72.9%，不及格的 230 名，占 25.9%；高考主科平均成绩在 60 分以上的 560 名，占 63.1%，60 分以下的 328 名，占 36.9%（见表 1－7）。[②] 从生源地而言，上海、广东生源质量较好，福建、河北、北京等地较差，甚至出现主科平均成绩 20 多分被录取的情况；从各系来看，政治、中文等系录取质量较好，数学、化学两系则较差，尤其是数学系，高考主科平均分低于 60 分的竟高达 48.9%（见表 1－8）。

表 1－7 华侨大学 1962 级新生高考主科平均成绩分布情况

单位：人，%

生源地	入学人数	60 分以下						60 分以上
		20—30 分	30—40 分	40—50 分	50—60 分	不及格总数	不及格占比	
福建	478		4	69	148	221	46.2	257
广东	142		3	2	22	27	19.0	115
广西	73			1	18	19	26.0	54
北京	96	2	5	12	15	34	35.4	62

① 旧制 16 两为 1 斤，今市制 10 两为 1 斤，因此称今市制的两为大两。

② 华侨大学办公室：《华大校情纪要》，1962 年 10 月，华侨大学文书档案。

续表

生源地	入学人数	60 分以下						60 分以上
		20—30 分	30—40 分	40—50 分	50—60 分	不及格总数	不及格占比	
云南	25			1	4	5	20.0	20
江苏	24			4	2	6	25.0	18
河北	29		3	4	5	12	41.4	17
上海	21			1	3	4	19.0	17
合计	888	2	15	94	217	328	36.90	560

注：以上数据不包括医疗系、艺术系的招生。

资料来源：华侨大学人事处：《华侨大学 1962—1963 学年度学生基本情况汇总》，1962 年 9 月，华侨大学文书档案。

表 1－8　数学系 1962 级新生高考平均成绩分布情况

单位：人，%

系别	入学人数	总平均成绩				主科平均成绩				总平均与主科平均成绩	
		70 分以上	60—70 分	60 分以下	不及格占比	70 分以上	60—70 分	60 分以下	不及格占比	60 分以下	不及格占比
数学系	225	52	102	71	31.6	45	70	110	48.9	48	21.3

资料来源：华侨大学数学系：《数学系关于加强一年级学生教学工作的意见》，1963 年 3 月 1 日，华侨大学文书档案。

针对学生入学门槛低、学习困难学生较多的难题，学校在上学年认真学习“高校六十条”的基础上，结合实际深入贯彻有关精神，努力改进教学工作。主要采取了以下措施。

第一，贯彻以教学为主的原则，全面安排好教学、劳动、社会活动和科研时间。1962—1963 学年第一学期共 19 周又 4 天，其中教学 16 周，复习考试 13 天，集中劳动 1 周，机动时间 5 天。每周教学与社会活动总时数控制在 54 小时内，其中社会活动（包括师生政治学习、党团工会组织生活）不超过 8 小时，科研时间暂不做统一要求，其余时间均为教学时间。[①] 学生的政治学习和党团班级活动一般安排在周五下午和周一下午，教职工的政治学习和党团活动一般安排在周三下午和周一晚上，工会活动每月一次，师生兼职以一人一职为原则。为加强工作的计划性，学校要求各系（教研组）于开学两周内制订出本学期教学工作计划，对教学、劳动、社会活

① 华侨大学教务处：《1962—1963 学年第一学期教学工作计划纲要（草案）》，1962 年 11 月，华侨大学文书档案。

动、教学法研究以及讲课、实验、习题课、辅导课、复习课、考查、考试等环节做出全面安排。

第二，充分发挥教师的主导作用，抓紧各个教学环节。贯彻理论联系实际原则和“少而精”的精神，要求主讲教师在明确教学大纲要求、精通教材内容的基础上集中力量对教材的关键内容进行讲解，强化对学生基本理论、基本知识的训练，对于次要内容少讲；认真做好实验和习题课的教学，严格对学生进行基本技能的训练，同时要求主讲教师参与指导实验和习题课，实验员和实验教师在上实验课前试做实验，习题课教师从学生实际水平出发稳扎稳打指导学生练好基本功，适当控制习题数量；在对侨生进行深入调查研究的基础上采用开讲座、集体辅导、质疑、答疑等方式加强课外辅导，使他们尽快熟悉大学的学习规律，培养正确的治学方法和独立的工作能力，同时对文科的作文和理科的习题、实验报告进行精批细改，对学习差的学生尽量做到面批。

第三，加强教研组的领导，做好班主任的选拔工作。学校充分发挥教研组的作用，各个教研组经常组织教师讨论、修改、充实讲稿，确定习题，进行试讲，互相听课，举行教学观摩，开展教学研究活动，总结交流教学经验，组织教学方法的研究，改进教学方法，同时还领导所属的实验室工作，组织教师进行课外辅导、复习备考等。此外，各系还选派优秀教师或干部担任一、二年级的班主任，加强思想政治工作和学习的指导，关心学生的生活和健康，合理安排班级的各种活动，平衡各科考试和作业，了解和反映学生对教学的意见。

第四，继续充实图书资料和仪器设备，发挥图书资料和仪器设备为教学服务的作用。1962—1963 学年第一学期购置图书 2 万多册，连同原有的 83837 册，合计图书 10 万多册总价 10 万多元，在清仓核资基础上，学校完成了 25000 册图书的分类、编目和造卡工作。到 1962 年 5 月底，学校已购置各种仪器、试剂、器材 2413 项共 47 万多元，加上暂借原泉州师范学院资产（价值约 8 万元左右）及当年下半年采购的仪器设备（价值约 17 万元），大体上满足当学年的教学需要。①

第五，建立健全各项教学工作制度。建立了系领导汇报制度：系主任每月向学校领导汇报一次所在系的教学和行政工作情况，第九周以书面总结报告一次；规范了对各类会议及活动的审批：教研组组长、班主任和学生干部会议一般隔周一次，教研组活动每周一次，教师召开学生会议需经系办公室批准，抽调师生参加社会工作或在校内外进行文娱体育活动要经教务处批准，师生停课参加社会工作或劳动应

① 华侨大学教务处、办公室：《华侨大学教学工作情况汇报要点》，1962 年 12 月 7 日，华侨大学文书档案。

经校党委批准；加强对教学计划的管理：课程和主讲教师的确定与变动需经教务处同意，主讲教师和主管教学的干部一周以上的请假应经教务处批准，各课程教学大纲的制定和教材的编选应经系主任审批并报教务处；严格执行学校的纪律制度：要求系领导和班主任严格执行《学生请假规则》《学生成绩考核暂行规程和奖惩办法》等规章制度，对于违反纪律的学生坚决进行教育和纠正，个别屡教不改、品质恶劣的学生要进行严肃处理，学生的留级、休学、退学、转学、转系和处分由各系提出意见报教务处或人事处审查批准。

通过以上措施，学生中的“四多”（即考试多、作业多、“开车”多、病号多）和“二少”（即分数少、休息少）现象大大克服，教学质量有所提高。以数学系为例，在1962—1963学年第一学期的期末考试中，不及格的大一学生高达111人，占参加考试总人数（共223人）的49.8%，其中：一门不及格的58人，占学生总人数的26%；两门不及格的25人，占11.2%；三门不及格的19人，占8.5%；四门不及格的9人，占4%。[①] 而到了第三个学期，这批学生的期末考试成绩有了较为明显的进步，其中不及格人数降到62人，占参加考试总人数（共164人）[②]的37.8%。[③]

华侨大学迁回泉州后，中侨委、晋江地委及泉州市委对学校的办学给予了极大的支持。10月29日，受廖承志所托，方方一行五人莅临学校。方方全面视察了学校各项工作，亲自主持了教工和领导干部等三个座谈会，广泛听取了师生们的意见，对学校工作做出明确的指示。11月3日，方方向全校师生做形势报告。方方的指示和报告，使广大师生深入地领会了中共八届十中全会精神，认清了当时的国内外形势，特别是进一步理解了“坚决而彻底地反对现代修正主义是当前及今后一个长期的主要任务”，自觉地批判了阶级观念不强、忽视政治学习和思想改造等错误，从而初步树立了意气风发、谈笑风生的活跃的政治学习空气。[④] 同时也进一步改变了广大师生对侨大的许多不正确的看法，大大激励了他们的工作热情和进取创造精神，全面树立了“以校为家”“与校共苦同荣”“把一生献给侨大”的决心，出现了许多一条心一股劲“办好侨大”的新气象。教师更理解学校的办学困难，主动想办法解决。如为保证实验教学的顺利开展，在库存仪器不足的条件下，物理系教师亲自

① 华侨大学数学系：《数学系关于加强一年级学生教学工作的意见》，1963年3月1日，华侨大学文书档案。

② 1962级数学系学生在1963—1964学年初留级的共55人。再加上休学退学人数，1963年底实际参加期末考试学生人数仅为164人。

③ 华侨大学数学系：《数学系学生学习质量调查报告》，1964年1月，华侨大学文书档案。

④ 华侨大学办公室：《关于方副主任莅校指导工作的报告》，1963年1月24日，华侨大学文书档案。

动手自制、安装和改装，在1962—1963学年第一学期自制和安装了无线电工实验中总值约1800元的教学仪器，[①] 在第二学期该系开设的15个实验中，就有7个实验所需的设备是由该系教师自行动手改装和装配的。[②] 师生关系更为密切，绝大多数教师经常在晚自修时进行辅导，而后继续备课到深夜。学生反映“教师辅导很认真，学习质量有了提高”，更加尊重教师。在一星期集中劳动中，化学系学生每餐都偷偷添米在教师的饭罐里，教师深受感动，不少老教师说这在他们一生的教学中还是第一次。在同学中，互助友爱之风日盛，各系均出现很多男同学为女同学挑水、女同学为男同学缝补衣服的现象，化学系一位新生甚至将自己300斤大米的定量调整给该班不够吃的同学。

十天后，方方离校。根据方方的指示，随行的钟育民专员留校近一个月，继续深入调查研究，解决具体问题。在钟专员的直接指导和推动下，华侨大学在教学、基建、生产、生活等工作中遇到的许多实际问题得到重视和解决。

12月4日，晋江地委在晋江专署交际处召开全委会议，专门研究解决华侨大学的教学、基建、生活等有关问题。晋江地委第一书记张桂如，书记处书记李子中、孟进城、王德秀（兼专员）、张连，晋江专员公署副专员张竹三、武振刚，地委秘书长江崎，以及统战部、宣传部、财贸部、公安处、检察院、法院等部门负责同志共20人出席会议。泉州市委第一书记姜瑞峰、书记兼市长崔连亮、财贸部长王福起，中侨委钟育民专员，华侨大学教务长张向毅及宣传、人事、基建、生产等部门负责同志应邀列席会议。会议由张桂如主持，就有关华侨大学办学中的实际问题进行分组讨论，凡是能立即解决的都给予答复解决，需待研究的也都做了商讨。会议着重讨论了华侨大学的生活供应问题，王德秀专员向华侨大学有关同志保证：学校的供应标准基本上不低于厦门大学。具体而言，粮食定量标准如下：将学生的标准提高2斤到每月28斤，1960年回国的侨生按30斤供应；将教师的标准提高1斤到每月26斤，原规定从下一年1月份起实行，现可提前供应；干部和职员暂时维持地方标准（24斤补1斤），待下一年1月份全面调整；普通体育队队员标准提高4斤到每月36斤；体育教师标准提高4斤到每月32斤。副食品标准如下：将油的供应标准提高到每月2大两，1960年回国的侨生按3大两供应；面粉供应1万斤（下一年每人每月5斤），照顾高级知识分子；1960年以前回国的侨生每月供应糖2大两，1960年以后回国的再补2大两；水产品供应每人每月1—2斤，

① 华侨大学物理系：《物理系1962—1963学年第一学期教学工作总结》，1963年1月23日，华侨大学文书档案。

② 华侨大学物理系：《物理系学期教学工作总结》，1963年7月20日，华侨大学文书档案。

一般按1.5斤算；蛋品供应每人每月1—2个；豆腐干每人每月供应10块；猪肉1960年以后回国的侨生每人每月13两，其余的2大两。另外，七级到三级高级知识分子及十三级以上行政干部每人每月可以供应3斤肉。[①] 此外，会议还讨论了其他问题。在报刊发行订阅问题上，宣传部负责同志表示已将华侨大学列入报刊发行重点单位，全国几大报刊订阅是可以满足的，但各省报刊的供应还存在困难。在交通问题上，张竹三副专员提出在华侨大学附近设立停靠站，校车每天开出6班，周六增加1班，周日增加2班。在侨务工作问题上，统战部负责人决心加强与华侨大学侨生的联系，宣传贯彻侨务政策，做些报告，开些座谈会，每个系聘请两三位侨生参加侨联，利用周六、周日举行文化娱乐活动，每月开一两次舞会。在保卫工作问题上，公安部门负责人就华侨大学的保卫机构配备及如何开展工作提出建议。张桂如在会上强调，地、市委要大力支持华侨大学的办学，进一步落实会议要求，解决问题。

在中侨委和地方党委的关心下，华侨大学的办学日渐步入正轨。随着校内基建步伐的加快，更多的校舍相继竣工，学校的办学空间进一步扩大。1963年春，物理系从原泉州师范学院校舍搬回学校。同年暑假，热作系也迁至学校原址办学。1964年8月，化学系最后一个搬离清源山办学点。至此，华侨大学结束了在泉州借地办学的历史。

（二）厦门办学

1962年7月，为进一步贯彻执行中央“调整、巩固、充实、提高”的八字方针，福建省委决定撤销厦门医学院，原有学生并入福建医学院（福建医科大学前身）。随后，福建省卫生厅、厦门市委、厦门市人民委员会（简称“厦门市人委”）、福建医学院、原厦门医学院等单位就厦门医学院撤销后的有关问题制定了调整方案。根据该方案，厦门医学院撤销后，二、三年级学生转入福建医学院，四、五年级学生仍留厦门，成立福建医学院医疗系厦门分部；原厦门卫生学校并入厦门医学院的部分仍分出，恢复厦门卫生学校，以接收厦门鼓浪屿卫生学校的学生；教工除视福建医学院和厦门卫生学校的需要保留外，其余均应进行调整安置。[②]

为适当照顾当年归侨学生报考医疗专业志愿要求，满足国外华侨热心于发展祖国医疗事业的愿望，经教育部和中侨委研究，同意华侨大学增设医疗系，所招学生人数列入当年一千人的招生计划内，办学点暂设原厦门医学院校内，所需干部和教

---

① 《晋江地委全委会议讨论华大问题纪要》，1962年12月，华侨大学文书档案。

② 福建省卫生厅党组：《关于华侨大学医疗系处理意见的报告》，1962年9月15日，华侨大学文书档案。

师由福建省教育厅协助调配，实习实验所需设备和图书资料等由原厦门医学院协助借用。[①] 10月5日，福建省教育厅通知华侨大学派人与原厦门医学院接洽，妥善安排师生的教学和生活。不久，由福建省侨委、福建省教育厅、福建省卫生厅、厦门市委及华侨大学各派干部一人，组成工作组，由厦门市委宣传部长任组长，福建省侨委同志任副组长，前往原厦门医学院办理财产、人员、经费核算及交接手续。1963年2月5日，为了处理厦门医学院转为华侨大学医疗系后的一些具体问题，林修德召集省侨委王汉杰、吴锦南，省教育厅肖枫，省卫生厅尚书翰，厦门市委杨云，华侨大学谢白秋等同志开会磋商，就干部的选留、校舍仪器的移接、教学医院及其领导关系等具体问题达成一致意见。根据会议精神：原厦门医学院101名教职工（其中教学人员72名）由华侨大学进行选留；原厦门医学院仪器设备（价值约20万元）全部折价转让给华侨大学医疗系，如仍不敷使用，厦门卫生学校的仪器设备应借给医疗系或与医疗系共同使用；原厦门医学院教学大楼按投资价88万多元转让给华侨大学医疗系，供学生上课和师生住宿之用，厦门卫生学校现有的部分职工宿舍可暂借医疗系安排有家属的教工住宿，厦门卫生学校的食堂和医疗系的实验室，暂时共同使用；厦门市立第一医院仍然作为华侨大学医疗系的教学医院，第一医院和医疗系的党组织合并为一个党总支，由厦门市委和华侨大学党委双重领导。[②] 3月，原厦门医学院与华侨大学医疗系的移交手续基本完成。随后，华侨大学医疗系与厦门卫生学校对校内原属厦门卫生学校的教学仪器进行了清点、造册，完成移交工作。[③] 不久，原在鼓浪屿办学的厦门卫生学校也搬到原厦门医学院校舍内。6月，经福建省委研究同意，原厦门医学院第一副书记孟献武、院长王志超分别被任命为华侨大学医疗系第一任党总支书记、系主任。[④]

1962年9月10日，华侨大学医疗系在厦门石泉山原厦门医学院校址内开学，修业年限定为五年，首批入学的新生共60名。[⑤] 医疗系师生在仅有的一座教学楼里学习、工作、生活，教室、实验室、办公室、图书阅览室和学生、教职员工宿舍全部设于此处（见图1－30）。因办学、生活场所有限，医疗系只得临时借用厦门卫生

---

① 中华人民共和国华侨事务委员会、中华人民共和国教育部：《教育部、中侨委批复同意增设华大医疗系》，1962年9月21日，华侨大学文书档案。

② 福建省华侨事务委员会党组：《关于厦门医学院转为华侨大学医疗系后一些具体问题的处理意见》，1963年2月25日，华侨大学机要档案。

③ 福建省卫生厅：《福建省卫生厅关于处理原厦门卫生学校仪器问题的意见的函》，1963年5月13日，华侨大学文书档案。

④ 中共华侨大学委员会组织部：《关于华侨大学医疗系党总支书记、系主任的任命通知》，1963年7月15日，华侨大学文书档案。

⑤ 华侨大学：《高等学校学年初报表（1962—1963学年初）》，1962年10月20日，华侨大学文书档案。

学校的部分教职工家属宿舍和食堂。

图 1－30　医疗系在厦门办学期间的教学大楼，现为厦门第一医院办公楼

1963 年 3 月，经中侨委同意，学校将医疗系学制改为六年，学生规模定为 600 名。① 同年 9 月，医疗系招收第二批新生共 58 名。② 学生入学后，全系师生将近 200 人，在唯一的一座教学楼里办学，已显得异常拥挤。厦门卫生学校进驻后，医疗系借用的教工宿舍和食堂也被要求让出。此外，运动场所一直缺乏给师生的健康也带来不利影响。

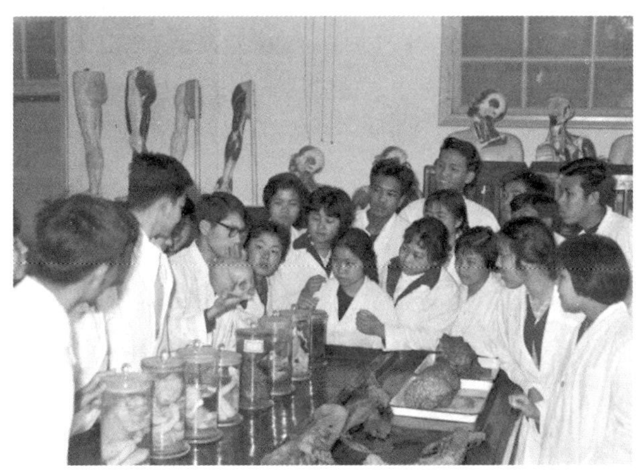

图 1－31　医疗系 1962 级学生在上实验课

面对以上问题，学校计划在当年先建食堂，次年开始建学生宿舍，分期分批在今后三五年内完成 600 名学生所需要的教学、生活用房约 1 万平方米的基建任务。

① 中华人民共和国华侨事务委员会：《报送四定方案》，1963 年 3 月 19 日，华侨大学文书档案。

② 华侨大学医疗系：《高等学校学年初报表（1963—1964 学年初）》，1963 年 12 月 20 日，华侨大学文书档案。

但经过与厦门市委、厦门市人委有关同志接洽和实地调查，发现医疗系校址周围无空地可用于基建。学校原拟将教学楼西南原厦门造纸厂临时草棚所在地规划为学生食堂用地，东北角厦门中医院与部分俱乐部之间的空地安排为教工宿舍区，北面原部队高炮阵地和连营房所在地建成运动场，西面民房所在地安排学生宿舍。但由于部队用地无法获批，西南、东北角土地已在8月份分别被划给厦门第一医院、厦门中医院，仅剩西面一角土地可以利用。如果要建食堂、教职工宿舍、学生宿舍、图书资料室等校舍，必须大量拆迁民房，而且运动场地仍无着落。大量拆迁民房搞基建，与当时中央提出的“勤俭建国、勤俭办一切事业”的方针不符，不仅投资成本比在泉州搞基建多出200万—300万元，而且工期要延长两倍，也无法满足下一年的办学需求。

此外，附属医院问题也成为医疗系在厦门办学遇到的重大难题。附属医院是办好医疗系的关键。1962年决定将华侨大学医疗系暂设厦门，也是考虑将原厦门医学院的附属医院（厦门第一医院）继续作为医疗系的附属医院使用。但医疗系设立后，福建省卫生厅一直不同意将厦门第一医院作为华侨大学医疗系的附属医院。厦门市委也认为厦门第一医院与华侨大学医疗系的关系是协作关系，不是领导关系；厦门第一医院可作为教学医院，不宜为附属医院。

为解决以上两大困难，1963年9月，华侨大学向福建省委和中侨委党组建议1964年暑假将医疗系迁回泉州校部，并就校舍、附属医院、临床课师资等问题提出解决方案。在医疗系校舍问题上，学校建议1964年着手在校部修建医疗系教学大楼和学生宿舍楼，如果中央不能增加投资，可从学校当年基建任务中调整，推迟图书馆的基建；同时采取措施，将1964年基建工程中的文科楼和学生宿舍楼提前到9月前完成以保证医疗系迁入后当年的办学需求。在附属医院问题上，运用李光前先生捐赠的300万元款项自行建设附属医院，1964年开始第一期工程，修建200张病床的医院和门诊部，1965年开始门诊和接收病号；在附属医院未建成前，将晋江专区医院作为临时附属医院，以解决四年级学生临床课和见习的问题。在临床课师资问题上，四年级以后的临床课，已征得晋江地委、泉州市委同意，请泉州各医院主治医师来校任课；可同本省有关方面联系，聘请一些老医师来校讲学；请求省计委分配部分医疗研究生和质量较高的新毕业生给学校，以解决师资缺乏的困难。[①] 1964年1月4日，中侨委回复华侨大学，同意将医疗系迁回校本部，但认为学校尚不具备自己创办附属医院的条件，待做好附属医院、基建、师资等问题的准备工作后再

① 中共华侨大学委员会：《关于医疗系办学问题的报告》，1963年9月19日，华侨大学文书档案。

具体确定迁移时间。[①]

1964 年 2 月，林修德召开华侨大学医疗系工作会议，决定将晋江专区第一医院转为华侨大学医疗系附属医院。3 月 28 日，华侨大学、省卫生厅、晋江地委、晋江专署卫生局在晋江专署交际处就相关具体问题进行协商讨论，一致同意将晋江专区第一医院作为华侨大学医学系[②]附属医院、第二医院作为教学医院之一，两家医院均应扩建和充实以办成综合性医院，其人员根据教学、医疗需要和专长做必要调整，做到互相照顾、互不削弱。[③] 同时，为解决晋江专区的医疗任务，要求中侨委将第一医院 300 张病床位留给省卫生部门，并将该院原传染科分出去，建立一个具有 100 张病床规模的传染病院（包括基建和全套门诊医疗设备）。6 月下旬，中侨委来福建省就华侨大学医学系的基建、附属医院、师资等一系列重要问题进行研究，决定将医学系的基建地点定在泉州校址南面的南埔山公路边的山脊中，并从该处开一条路直达南区食堂，1965 年建教学楼、教工宿舍，并设临时门诊部；晋江专区第一医院不作为华侨大学医学系附属医院，而只作为教学医院，附属医院将来争取华侨捐建。[④]

因诸多办学问题尚未解决，医学系只得继续留在厦门。1964 年 9 月 13 日，医学系迎来了第三批入学新生。截至 12 月下旬，医疗系共有三个年级在校学生 169 人，教职工 70 人。全系设有生物化学教研组、生理教研组等 14 个教研组，共有专业教师 41 人，其中副教授 1 人，讲师 5 人。[⑤] 因厦门办学点无法容纳日益增长的师生规模，自 1964 年起，学生不得不分别在厦门和泉州两地上课。再加上医学系教学楼的 2000 平方米的基建计划当年未获批准，同时即将迈入临床实习阶段的学生尚无医院接收，医学系办学面临重重困难。为解决这些难题，林一心建议将华侨大学医学系整体迁往福建医学院寄读。福建医学院召开党委扩大会，同意寄读，并拟专门为华侨大学医学系学生开班，将高年级学生实习点设在其附属医院福州协和医院，同时就人员、经费等问题提出要求。1965 年 2 月 10 日，华侨大学召开医学系教学工作会议，决定下学年将医学系 1962 级学生暂寄福建医学

---

① 中华人民共和国华侨事务委员会：《同意华大医疗系由泉州市迁回泉州校本部并速报迁移方案》，1964 年 1 月 4 日，华侨大学文书档案。

② 1964 年春，医疗系改称医学系。

③ 福建省晋江专员公署、华侨大学：《关于晋江专区第一医院转为华侨大学医疗系附属医院几个具体问题的报告》，1964 年 4 月 14 日，华侨大学文书档案。

④ 华侨大学党委扩大会议记录，1964 年 6 月 29 日，华侨大学文书档案。

⑤ 华侨大学医疗系：《高等学校学年初报表（1964—1965 学年初）》，1964 年 12 月 22 日，华侨大学文书档案。

院，并派教务长杨曾艺和医学系领导前往福建医学院商谈具体事宜。[①] 经两校协商，双方就寄读福建医学院的有关事项达成一致。5 月份起，华侨大学医学系陆续组织医师 10 人、技术员 1 人、班主任 1 人前往福建医学院做好前期各项准备工作。下学年入学前，师生员工的党团、工会、户口、粮油、供应关系等转入福建医学院。[②]

1965 年 2 月 13 日，华侨大学向中侨委汇报医学系办学中的困难，并建议将医学实验楼和附属医院的基建做整体设计，分期建成，先建造最急需的 2000 平方米的实验楼，医院按 300 张病床规模设计，先建 100 张病床的病房。[③] 经批复同意后，基建地点位于学生食堂北面丘陵地带的医学实验楼于当年 12 月 31 日正式开工，原计划建设的建筑面积 2249 平方米，因全国政治形势发展，1966 年 5 月 30 日土建工程完成一层（704 平方米）后，医学实验楼即宣布竣工。[④] 至于附属医院，则一直并未动工。

在加快医学系基建进度的同时，华侨大学也加强了与晋江专区医院的合作。经晋江专署和华侨大学协商，确定将晋江专区第一医院、第二医院暂时作为华侨大学的教学医院。1965 年 8 月，晋江专员公署与华侨大学共同制定《关于晋江专区第一医院第二医院承担华侨大学教学医院的实施方案》。该实施方案规定自 1966 年 9 月起，晋江专区第一医院、第二医院承担为华侨大学医学系高年级学生（平均每学年约 50 名）提供临床教学和实习任务。方案还明确：成立以杨曾艺（华侨大学教务长）和钱青（晋江专署卫生局局长）为组长的临床教学领导小组，负责筹备、组织和检查临床教学工作；临床教学先设内科、外科、妇科、儿科四个教研组，由华侨大学教师和担任临床教学的医院人员共同组成，先期华侨大学配备讲课人员 6 人、辅导人员 10 人，医院方面配备 5—8 人；华侨大学负责在两所医院之间投资建一座为教学服务的简易房子，供师生上课和相关人员住宿之用；两所医院承担临床教学任务后人员编制增加问题，由华侨大学上报解决。[⑤]

1965 年暑假，在厦门办学三年的医学系终于迁回泉州校本部。

---

① 华侨大学党委扩大会议记录，1965 年 2 月 10 日，华侨大学文书档案。

② 《中共华侨大学医学系总支委员会关于 1964—1965 学年第二学期工作要点》，1965 年 4 月 17 日，华侨大学文书档案。

③ 中共华大委员会：《关于医学系基建问题的请示报告》，1965 年 2 月 13 日，华侨大学文书档案。

④ 华侨大学：《基本建设完成情况一览表》，1966 年 5 月，华侨大学文书档案。

⑤ 福建省晋江专员公署、华侨大学：《关于晋江专区第一医院第二医院承担华侨大学教学医院的实施方案》，1965 年 8 月 26 日，华侨大学文书档案。

表 1－9　华侨大学医学系（医疗系）厦门办学期间招生情况

单位：人，%

年度	实际招生	新生类别			
		归国华侨	占比	国内生	
				侨属	其他
1962 年	60	59	98.3	1	
1963 年	58	54	93.1	3	1
1964 年	53	49	92.5	1	3
总计	171	162	94.7	5	4

资料来源：华侨大学：《高等学校学年初报表（1962—1963 学年初）》（1962 年 10 月 20 日）、《高等学校学年初报表（1963—1964 学年初）》（1963 年 12 月 20 日）、《高等学校学年初报表（1964—1965 学年初）》（1964 年 12 月 22 日），华侨大学文书档案。

（三）北京办学

1962 年，华侨大学在厦门增设医疗系的同时，在北京又成立了艺术系。

华侨大学艺术系的成立是和当时的国际形势、侨务工作及廖承志的外交策略紧紧相连的。1958 年“八二三”金门炮战①后，中央各部委均派出了自己的文工团或演出队到福建前线慰问三军，唯独中侨委没有自己的演出队，只好抽调北京、广州、集美三所华侨补校的业余宣传队，组成中侨委、全国侨联福建前线慰问团演出队，这使得慰问福建前线的工作更添姿彩。另因 1957—1962 年间，东南亚的一些国家出现了大规模的反华排华浪潮，国内外侨务工作显得更加重要，光靠几所补校的业余宣传队，已经完成不了接待及慰问华侨、宣传侨务政策的工作。廖承志曾在讲话中指出，现时在与没有建交的国家交往中，外交工作往往由文化交流先行。出于侨务工作及国际形势发展的需要，中侨委开始组建自己的文工团。1960 年 3 月，中侨委从北京、广州、集美等地华侨补校中选调文娱骨干，经过考核，组成了中侨委文工团筹备处。廖承志的最终目标，是准备成立下设歌舞团、话剧团、管弦乐团的华侨艺术剧院，以培养华侨文艺骨干，协助侨务政策的宣传和推行。

但由于当时正逢国家经济困难时期，周总理对全国的文工团工作做出指示，要求各部委及各省、市文工团精简机构、节约开支，未成立的一律不准成立。为了不增加国家负担同时又保留原有文工团队伍，1960 年 9 月，中侨委在北京华侨补校设立歌舞班，原文工团成员转为歌舞班学员。11 月，在北京华侨补校刘采石副校长带

① “八二三”金门炮战，又称第二次台海危机，是指 1958 年 8 月 23 日至 10 月 5 日，发生于金门及其周边的一场战役。国共双方以隔海炮击为主要战术行动，因此被称为炮战。

领下，歌舞班学员被下放到远离北京的西南边陲——云南甘庄坝华侨农场，边劳动边学习。1962 年 1 月，歌舞班学员返京。

1962 年是包括文教战线在内的全国各条战线贯彻执行中央“调整、巩固、充实、提高”八字方针的重要一年，全国各类学校的招生规模均遭到压缩，众多学校和专业被调整停办。北京华侨补校的歌舞班要不要下马？这帮归侨青年该何去何从？这些问题始终牵动着中侨委的心。经中侨委反复研究，考虑到侨务工作发展需要和对国外华侨统一战线的影响及学生的求学意愿，决定让这批青年继续深造。1962 年 5、6 月间，廖承志委托方方主持召开歌舞班师生座谈会，一司（指国外司）司长吴济生、二司（指文化司）司长张帆、专员钟育民等列席，廖承志也在百忙之中参加了座谈会。在听了歌舞班师生对侨务工作的意见及对文艺工作的决心后，廖承志以华侨大学校长名义宣布，华侨大学从当年 7 月起成立艺术系，系址仍设在北京华侨补校原址，并且由中侨委二司领导，歌舞班 68 名同学全部直升艺术系。[①] 艺术系宣布成立后，刘采石被任命为艺术系主任。随后，中侨委制定了华侨大学艺术系的办学方案。该方案规定：艺术系按专业文工团方向培养，达到高等艺术院校毕业文化程度和有相当艺术造诣的东南亚歌舞演员水平；系的规模暂定为 100 人，分设舞蹈、声乐、器乐三个专业班和一个舞台专业小组，学制暂定为五年（预科一年、本科四年），以原有学生为基础，由预科直接升入本科，不足名额从各地补习学校或其他农校侨生中个别录取，额满不再招生，办至毕业为止；专业课教师拟请文化部、戏剧协会、音乐协会、中央戏剧学院、北京舞蹈学校等文化艺术部门和院校支援调配。[②] 国庆前后，艺术系师生首次以华侨大学艺术系名义参加国庆华侨观光团招待演出，博得华侨欢迎和赞扬。12 月 3 日，教育部批准华侨大学增设艺术系。[③]

1963 年 2 月 11 日，中共中央委员、中侨委主任、华侨大学校长廖承志，偕同中侨委副主任庄明理、一司司长吴济生、二司司长张帆、专员钟育民及其他侨委干部，专程出席只有几十名学生的华侨大学艺术系开学典礼（见图 1－32）。廖承志在典礼上明确指出，艺术系的服务对象是国内外的华侨和侨眷，要面向东南亚。他要求艺术系的同学们学好艺术、学好外语，做只会下蛋的“母鸡”，将来要到东南亚“下蛋”。

此后，艺术系学生开始了正规的学习和严格的训练。他们的导师分别来自中央

① 吴健鸿：《艺术系小档案——廖承志主任与华大艺术系》，《足迹（北京华侨大学艺术系建系 40 周年专辑）》，2002 年 8 月，华侨大学文书档案。

② 《中华人民共和国华侨事务委员会关于增设华侨大学艺术系报告》，1962 年 8 月 10 日，华侨大学文书档案。

③ 中华人民共和国教育部：《同意华侨大学增设艺术系》，1962 年 12 月 3 日，华侨大学文书档案。

图 1－32　1963 年 2 月 11 日，廖承志及中侨委干部在北京参加完华侨大学艺术系开学典礼后与艺术系全体师生合影

音乐学院、北京舞蹈学校（北京舞蹈学院前身）、中央戏剧学院、北京人民艺术剧院、中央歌舞团、中央歌剧舞剧院、东方歌舞团、解放军总政治部文工团等著名高校和艺术团体。在廖承志主任和中侨委领导的直接关怀下，当时的不少名家，如作曲家时乐蒙（时任解放军总政治部歌舞团团长）、表演艺术家陈强（电影《白毛女》中的黄世仁的扮演者）、著名舞蹈编导李承祥（舞剧《鱼美人》编导）、声乐家钱瑛、散文家杨朔、芭蕾舞蹈家石圣芳，以及中央歌舞团、中央歌剧舞剧团的编导及著名演员，都先后到艺术系讲学或授课。著名舞蹈家戴爱莲还担任艺术系的艺术顾问。1964 年日本舞蹈家花柳德彬维率团到北京做文化交流演出，廖承志曾当面向他提出希望该团能指导华侨大学艺术系的同学。为此，剧团在百忙的演出中安排了著名演员给艺术系同学上课，并传授了该团的保留节目。

除了专业学习，华侨大学艺术系与其他艺术院校有一个最大的不同点就是边学习边实践，学生艺术实践机会特别多。每年，他们除了为华侨、侨眷演出外，还为全国政协、中联部及外事办等部门招待外宾演出（见图 1－33）；遇有外国艺术团体到北京演出或文化交流，文化部往往会安排东方歌舞团与华侨大学艺术系去交流学习。正因为如此，与其他艺术院校的学生相比，艺术系学生舞蹈经验更为丰富，对外国音乐、舞蹈素材等的掌握更精到。

艺术系的办学除了得到中侨委的厚待外，也受到了海外华侨的关心和重视，各地华侨纷纷将优质的音响、设备及宝贵的音乐舞蹈资料赠送给艺术系，如艺术系就曾收到过当年已价值十多万人民币的缅甸套鼓（全国只有两套，东方歌舞团及侨大艺术系各一套，缅甸大使馆还专门派出专家向艺术系学生传授演奏法）。[①]

---

① 吴健鸿：《艺术系小档案——廖承志主任与华大艺术系》，《足迹（北京华侨大学艺术系建系 40 周年专辑）》，2002 年 8 月，华侨大学文书档案。

图 1－33　1963 年，廖承志与参加招待外宾演出的华侨大学艺术系学生合影

在社会各界的支持下，艺术系学生的学习热情得以激发，创造力勃发。这批满怀爱国热忱，从印尼、缅甸、越南、泰国、菲律宾、柬埔寨、日本等国归来的华侨青年，排练出了许多色彩缤纷、风格各异、充满东南亚风情的节目，如锡兰罐舞、巴基斯坦脚铃舞、印尼伞舞（见图 1－34）、老挝民歌小合唱等，深受欢迎。当时东方歌舞团主要表演亚非拉节目，而华侨大学艺术系则主要是东南亚风情的节目。由于艺术系节目表演水平丝毫不逊色于东方歌舞团，因而常被称作“小东方”。① 用印尼打击乐昂格龙来演奏中国民歌，侨大艺术系是首创；婀娜多姿的缅甸舞蹈《曼德勒之夜》、印尼民歌小合唱是艺术系的拿手节目；印度拍球舞也是他们的保留节目之一……60 年代中期，以援越抗美为主题的大型歌舞剧《椰林怒火》的成功排演，是艺术系在艺术实践上的一大飞跃。1965 年，艺术系师生还首次集体创作了大型表演合唱《焦裕禄组歌》，向祖国国庆献礼。

图 1－34　华侨大学艺术系学生表演印尼伞舞

① 张罗应：《追寻华大“小东方”》，《华侨大学报》专刊，2005 年 3 月 29 日，第 5 版。

华侨大学艺术系自成立起一直在北京办学，共培养艺术人才84名。[①]

经过1962年的大幅扩招后，华侨大学的办学规模明显扩大。截至1963年2月15日，学校共设有4个办学点——泉州主校区、原泉州师范学院办学点、厦门办学点、北京办学点，4个学科——文科、理科、农科、医科，8个系——中文系、数学系、化学系、政治系、物理系、热作系、医疗系、艺术系，在校学生共1225人（不含艺术系），在校教职工共471人（不含艺术系）。[②]

四　科系调整

《创办华侨大学方案》规定，华侨大学应办成“多科性的综合大学”，学生规模“暂定为4000人”，并明确了学校的办学任务、科系设置、修业年限、生师配比、基建规模等内容。[③] 为了做好教育事业的调整、巩固、充实、提高的工作，1961年7月，教育部召开全国高等学校及中等学校调整工作会议，提出今后三年（1961—1963年）内应当继续缩短教育战线，压缩城镇中等以上学校在校学生人数，并要求全国各类高校根据最近三五年内高等教育的发展速度，确定各个学校的发展规模和专业设置，“各省、市、自治区及中央各部门直属的基础较好的老学校的规模，一般的应在4000人以下；1958年以后新建的学校，一般的应在3000人以下，专、市的学校一般的应在1000人以下”。[④] 根据会议有关精神，同年12月21日，中侨委组织起草了《华侨大学的专业设置和培养目标的意见（草案）》。该草案将华侨大学初步设置为八个系：政治系（含科学社会主义、中国革命史、哲学、政治经济学四个专业）、中国语文系（含汉语言文学和中国文学两个专业）、东方语文系（含印度尼西亚、缅甸、暹罗、[⑤] 菲律宾四个语言专业）、数学系（设数学专业）、物理系（设物理专业）、化学系（设化学专业）、亚热带作物系（含亚热带作物、热作加工两个专业）、化工系（设无机物工学和基本有机合成两个专业），所有专业学制均为五年，并为各系拟定了具体的培养目标。[⑥]

---

① 《华侨大学学生学年初报表（1965—1966学年）》，1965年9月25日，华侨大学文书档案。

② 《华侨大学第二学期初简速报表（1962—1963学年）》，1963年2月15日，华侨大学文书档案。

③ 中华人民共和国国务院：《国务院转发华侨事务委员会、教育部所报的“创办华侨大学方案”》，1961年11月1日，华侨大学文书档案。

④ 中华人民共和国教育部：《全国高等学校及中等学校调整工作会议纪要（摘录）》（1961年8月9日），载《中国教育年鉴（1949—1981）》，中国大百科全书出版社，1984，第692～693页。

⑤ 暹罗是泰国的旧名。

⑥ 中华人民共和国华侨事务委员会：《关于华侨大学的专业设置问题》，1962年1月19日，华侨大学文书档案。

1962 年 1 月 19 日，中侨委就草案内容向福建省教育厅和华侨大学征求意见。华侨大学随即召集各系科负责同志进行学习讨论，认为：政治系设四个专业规模过大，设一个政治专业即可满足培养中学政治教师和侨务工作干部的需要；中文系如果培养目标是中学师资，仅设置汉语言文学专业即可，如果培养目标还包括大学师资，则可以增设中国文学专业。① 11 月，中侨委专员钟育民莅临学校与全校教职工代表座谈，代表们反映东方语文系的四个语种招生数很少，以大量的教学资源培养少量的学生，颇不相宜，建议学校的科系设置应有重点，突出侨大特色。②

为进一步做好全国高校的调整工作，尽快稳定学校秩序，教育部决定于 1963 年 3 月下旬召开全国高校专业调整会议，以便拟定全国高校的专业调整方案，并结合专业调整，研究确定各校的发展规模和机构编制。根据教育部的要求，学校组织有关干部和教师研究讨论学校的“四定”③ 工作。经充分酝酿和研究，1963 年 3 月 19 日，中侨委向教育部报送《华侨大学“四定”方案》。该方案的主要内容有：

学生规模和基建面积。对 1961 年《创办华侨大学方案》中规定的“学生规模 4000 人”“校舍全部建筑面积为 10 万平方米”内容给予重申。

科系设置和发展规模。全校共设立中文系（汉语言文学专业，发展规模 600 人）、数学系（数学专业，发展规模 650 人）、化学系（化学专业，发展规模 450 人）、政治系（政治专业，发展规模 200 人）、物理系（物理专业，发展规模 450 人）、亚热带作物系（亚热带作物专业，发展规模 300 人）、医疗系（医疗专业，发展规模 600 人）、艺术系（分舞蹈、声乐、器乐三个专业，发展规模共 100 人）、外语系（分印尼语、泰语、英语三个专业，发展规模分别为 150 人、150 人、350 人）等 9 个系 13 个专业。

培养目标和毕业去向。中文系、政治系、数学系、物理系、化学系这五个系主要培养中学师资，也培养少量的科研人员和侨务工作干部，毕业生主要为福建、广东、广西等南方省市服务；医疗系培养城乡医务人员，毕业生为南方省市服务；亚热带作物系为亚热带地区国营农场和农业科学机关培养技术干部；外语系为国家培养翻译人才、师资和科研人员，毕业生为全国服务；艺术系为中侨委培养文艺工作者。

学制调整。除医疗系学制改为六年、艺术系设为四年④外，其余各系均为五年。

---

① 华侨大学办公室：《关于华侨大学的“专业设置”和培养目标的讨论意见》，1962 年 2 月 12 日，华侨大学文书档案。

② 华侨大学办公室：《教职工座谈会纪要》，1962 年 11 月 20 日，华侨大学文书档案。

③ 四定，即定发展规模、定学制、定专业、定人员编制。

④ 艺术系 1962 年为预科，1963 年转为本科，实际修业年限也为五年。

人员定编。全校教职工定编1200人，其中教师编制为620人。①

7月2日，中侨委对上报的方案进行了修改，对华侨大学的办学规模及专业设置做了一些变更，主要有：华侨大学的发展规模，远期仍保持4000人不变，近期可定为2500—3000人；亚热带作物专业改为热带作物栽培专业，规模由300人减为200人；政治专业改为政治教育专业；印尼语专业从1963年起招生，计划当年招收25人；医疗学专业继续办下去，计划1963年招生75人；将艺术系现有的70名预科生全部转入本科，所缺的名额1963年一次招满。②

7月19日，中侨委将华侨大学1963年招生计划调整方案函告教育部，华侨大学的政治教育、汉语言文学、数学、物理、化学、医疗、热带作物栽培、印尼语、声乐、器乐、舞蹈等11个本科专业面向福建、广东、广西、云南、湖北、北京、上海、天津等8个省市招生500人。③ 同年9月，新招录的学生446人来校报到。

表1-10 1963—1964学年初各科系在校学生人数情况

单位：人，%

科系名称 \ 科系人数	文科			理科			农科	医科
	中文系	政治系	外语系	数学系	化学系	物理系	热作系	医疗系
各系人数	439	95	15	342	321	187	143	118
学科人数	549			850			143	118
学科人数占比	33.1			51.2			8.6	7.1
全校总人数	1660							

注：因艺术系1963年实际招生人数不详，故此表格中的文科并未包含艺术系。

资料来源：华侨大学：《高等学校学年初报表（1963—1964学年初）》，1963年9月25日，华侨大学文书档案。

1964年1月，教育部副部长、著名教育家兼文字改革家韦悫，应方方邀请以全国人大代表身份视察了华侨大学，并对学校的办学发表意见与建议。他认为：华侨大学现有科系除医疗、亚热带作物和艺术三个系外，其余科系与其他院校的科系重复；福建的师资已供过于求，培养师资又不适合华侨学生的志趣；建议增设水利工程、结构工程（如桥梁）、化学工程等工科专业，调整数学、物理和化学三个系。④ 2月27日，根据韦悫的意见，中侨委专门在北京召开华侨大学专业调整座谈会。会

① 中华人民共和国华侨事务委员会：《报送四定方案》，1963年3月19日，华侨大学文书档案。

② 中华人民共和国华侨事务委员会：《报送华侨大学专业设置及其规模的变更》，1963年7月2日，华侨大学文书档案。

③ 中华人民共和国华侨事务委员会：《关于华侨大学一九六三年招生计划的调整意见》，1963年7月19日，华侨大学文书档案。

④ 华侨大学校史编写组编《华侨大学五十年（1960—2010）》，2010，第17~18页。

议由方方主持，参加座谈会的有：教育部高教二司司长胡沙、国家计委文教局王汝之，华侨大学副校长林汝楠，中侨委副主任庄希泉、林修德、黄长水、庄明理等，韦悫也应邀参加了座谈会。会上，廖承志做了重要指示。他指出，华侨大学的学科和专业设置要考虑到三方面：一是应考虑到福建的特点和需要，但应同福建的其他高校有所分工；二是要服从国家工农业生产发展的需要，即要服从以农业为基础，以工业为主导的发展国民经济的总方针；三是要考虑到国外工作的需要。他同意办些工科专业，但办学初期不要贪多，要把基础搞扎实，逐步上马。他还强调，办学校、设专业，要利用华侨学生的特点，发挥他们的所长，“华侨学生一般具有一定的外语基础，要好好发展外语教学，首先要办好英语、日语”。经会议讨论研究确定：压缩数学、物理、化学三个系；增设土木建筑工程系（简称“土建系”），先设置工业与民用建筑和农田水利工程两个专业，并积极筹备增设化学工程系（简称“化工系”）；为突出学校特色和重点，中文系的规模适当压缩，扩大外语系的语种和规模。会议向教育部、卫生部和其他有关部门、高校提出建议，在师资、专业教学和业务领导等方面多给予华侨大学支持和协助；会上还建议同福建省委商议，将福州大学调整下马的土木建筑工程系师资转调给华侨大学。[①] 会后将相关意见写入《华侨大学专业调整方案》上报教育部审核。

5 月，教育部批复了《华侨大学专业调整方案》，批准学校的近期和远期发展规模，同意将政治专业改为政治教育专业、亚热带作物专业改为热带作物栽培专业；医疗系改为医学系，学制由五年改为六年；外语系增设英语、日语两个专业，学制五年；艺术系的舞蹈、声乐、器乐三个专业停止招生，学制四年，办至学生毕业为止。[②]

1964 年 5 月，为解决数学、化学两系由于学生人数过多而造成的师资、设备等困难，同时也为了满足部分理科学生要求学习工科的愿望，[③] 学校根据“学生自愿与说服教育相结合”的原则，将 1962、1963 级数学系共 120 名学生转入拟开设的土建系，分别作为该系 1963 级和 1964 级学生，同时将 1962 级化学系 83 名学生转入拟开设的化工系，以该系 1963 级学生的身份继续学习，转专业学生的在校总修业年限均为 6 年。

1964 年 4 月起，罗孝登、钱钟毅等一批原福州大学土木建筑工程系的教师陆续

---

① 中华人民共和国华侨事务委员会：《发“华侨大学专业调整座谈会纪要”》，1964 年 3 月 12 日，华侨大学机要档案。

② 华侨大学校史编写组编《华侨大学五十年（1960—2010）》，2010，第 18 页。

③ 华侨大学：《关于增设工科、调整理科各专业的初步实施方案》，1964 年 5 月 7 日，华侨大学文书档案。

调入，华侨大学土建系随后成立。土建系先设立工业与民用建筑专业，当年实际招收新生 39 人。同时，学校设立化工系，先设无机物工学专业，实际招收新生 50 人。外语系新增设的英语和日语两个专业也于当年秋季开始办学，实际共招收新生 67 人。[①]

1965 年秋，土建系再设农田水利工程专业，当年实际招收新生 30 人。同年，学校将数学系和物理系合并为数理系，化学系与化工系合并为化学化工系。至此，在韦悫主导下进行的科系调整工作宣告完成（见表 1－11）。

表 1－11　1965—1966 学年初各科系在校学生人数情况

单位：人，%

科系名称 / 科系人数	文科				理科			农科	医科	工科	
	中文系	政治系	外语系	艺术系	数学系	化学系	物理系	热作系	医疗系	化工系	土建系
各系人数	445	144	177	84	247	283	232	185	208	172	218
学科人数	850				762			185	208	390	
学科人数占比	35.5				31.8			7.7	8.7	16.3	
全校总人数	2395										

资料来源：华侨大学人事处：《华侨大学学生学年初报表（1965—1966 学年）》，1965 年 9 月 25 日，华侨大学文书档案。

五　半工（农）半读

自 1958 年中央首次提出"党的教育工作方针是教育为无产阶级政治服务，教育与生产劳动结合"[②] 以来，在随后的一二十年时间里，劳动在教育中的地位和作用一直备受重视。当年 1 月，毛泽东在武汉等地视察时，首次提出学校办工厂、农场，实行半工半读。他在《工作方法 60 条》第 48 条中说："半工半读，可以从初中一直读到大学毕业，实行这种办法，将使工人群众知识分子化的过程能够大大缩短，使脑力劳动与体力劳动的差别能够很快消除。"[③] 1964 年夏，刘少奇在天津、山东、广西和北京等地视察中指出：半工半读既是劳动制度，又是教育制度，从当前看，即能够办学校，有希望普及教育，又能减轻国家和家庭负担，从长远看，能够培养

① 华侨大学：《高等学校学年初报表（1964—1965 学年初）》，1964 年 9 月 25 日，华侨大学文书档案。

② 《中共中央、国务院关于教育工作的指示》，1958 年 9 月 19 日，载《中国教育年鉴（1949—1981）》，中国大百科全书出版社，1984，第 688 页。

③ 《毛泽东文集》第 7 卷，人民出版社，1999，第 360 页。

新人，培养既能从事脑力劳动又能从事体力劳动的人，建议各省、市、自治区和每个大城市着手试验和试办。同年11月17日，中共中央在《关于发展半工（农）半读教育制度问题的批示》中指出：从1958年以来，“这些坚持下来的半工半读、半农半读的学校，虽然数量是小的，但是它们代表了我们今后教育的发展方向，因而是十分重要的。”①

（一）海南办学

1965年春，因考虑到海南地理气候条件更适宜热带作物栽培，中侨委党组决定从1965—1966学年度起将华侨大学热物系迁往当时东南亚最大的农场——海南岛兴隆华侨农场办学，进行半读半耕试点，这样既有利于教学联系实际，又可协助兴隆华侨农场种植热带作物。按照计划，热作系师生利用1965年和1966年暑假分两批迁往海南，首批入迁人员为1962级学生及部分教职工，剩下的师生作为第二批。②1965年8月16日，包括学生、教师、干部、司机在内的111名师生从学校出发。出发前，中侨委副主任、华侨大学党委第一书记林一心专门来学校为首批赴海南师生送行，并与热作系全体师生合影留念（见图1-35）。一行人先坐车到广州，再从广州坐船至海口，最后抵达兴隆华侨农场。

图1-35　1965年8月，林一心为赴海南兴隆办学的热作系师生送行

迁入海南前，中侨委对热作系在兴隆华侨农场的基建工作做出安排。3月，下达给热作系当年的基建面积2000平方米，基建款18.6万元，用于建师生宿舍和实验楼。③ 中侨委将4000平方米（含兴隆华侨农业学校的基建面积2000平方米）、32

① 《教育与生产劳动相结合的实施过程》，载《中国教育年鉴（1949—1981）》，中国大百科全书出版社，1984，第468页。

② 华侨大学党委：《请发出关于华大热作系迁往海南岛的通知》，1965年7月27日，华侨大学文书档案。

③ 华侨大学：《关于热作系在海南岛基建几个问题的请示》，1965年8月3日，华侨大学文书档案。

万元（含兴隆华侨农业学校的基建款13.4万元）的工程委托给华侨大学土建系来设计，由兴隆华侨农场工程队负责施工，同时两校的基建任务由兴隆华侨农业学校统一安排，财务上也统一管理。[①] 但由于施工力量有限，截至7月底，仅完成学生宿舍和教工宿舍各1幢，基建面积仅565平方米，教学试验楼还未动工。在此困境下，首批迁入海南的师生以极大的热情参加了建校劳动，在一路辗转到达兴隆当天就参加到挑沙子、挖基础、修路、种树等基建劳动中。

热作系师生迁往海南后，根据中侨委副主任林修德的指示精神，热作系在组织领导方面与兴隆华侨农业学校实行合署办公，党、团、工会统一领导，并成立了由中侨委专员张帆、热作系党总支书记李正山、系主任金作栋等5人组成的领导小组，下设教务、行政、生产、组织四个组，但在教学业务上归华侨大学领导。[②]

图1-36　热作系在海南教学楼

到达兴隆华侨农场后不久，热作系暂借兴隆华侨农业学校的教学用房上课，并在教学试验农场里开设了胡椒种植、割胶等实习课程。按照“半农半读”的教育模式，学校要求热作系从事生产，经济上实现自给自足。为此，热作系师生每人分配一把锄头、一个斗笠、一个畚箕，每周劳动2—3天。他们开荒了250亩教学农场，一面从事教学活动，一面种植胡椒、橡胶等经济价值高的作物，还零星种些地瓜和蔬菜（见图1-37）。

海南岛地处偏远，生活条件较为落后，宿舍缺门窗、电灯电线，没有通电，居民没有种菜习惯，买菜要去200多里外的集市，想吃蔬菜、肉都很困难，而且天气炎热，没有冰箱，食物不便保存。面对艰苦的生活条件，师生们创造了好几项“发

① 中华人民共和国华侨事务委员会办公厅：《复关于热作系在海南岛基建的几个问题》，1965年8月19日，华侨大学文书档案。

② 华侨大学校史编写组编《华侨大学五十年（1960—2010）》，2010，第20页。

图 1－37 热作系师生在海南兴隆劳动后合影

明”，一项是“发明”了榨椰油方法，把椰壳捣烂，渣过滤后，将水分蒸发，剩下的就是椰油；还发明了鸡蛋储存法，先自制饱和盐水，再将煮熟的鸡蛋用铅笔写上存放日期，放入饱和盐水中，这种方法大大延长了鸡蛋的存放时间。①

热作系全部迁往海南后，学校将在泉州市城东生产大队碗窑村建立的10.11亩②试验农场及附近建筑物③无偿地移交给泉州市人委，农场的果苗移栽校部。④

至“文化大革命”爆发前，热作系在兴隆华侨农场共完成试验楼、食堂、礼堂、7栋教工宿舍、3栋学生宿舍、3个篮球场等多个基建工程项目。特别是三层的试验楼建成后，成为当时兴隆最高的标志性建筑。⑤“文化大革命”爆发后，热作系师生返回泉州校部闹革命，校舍被原广州军区生产建设兵团二师接管，后来师生被分配到海南岛生产建设兵团所属农场劳动。热作系停办后，一些仪器设备被兴隆华侨农场试验队接收，还有一批珍贵的教学仪器设备则辗转到了华南热作学院和华南热作研究院。⑥

---

① 庄振伟：《热作系的点滴记忆（下）》，《华侨大学报》2010年6月1日，第4版。

② 试验农场含旱地8.44亩、水田1.67亩，每亩单价分别为120元和180元，共付土地征购费1316.4元。

③ 华侨大学在试验农场附近修建平房4间计98.42平方米、厕所1间19.32平方米，维修旧民房3间计76.95平方米，共支付建筑材料费3856.85元。

④ 华侨大学总务处：《报告》，1966年5月25日，华侨大学文书档案。

⑤ 华侨大学校史编写组编《华侨大学五十年（1960—2010）》，2010，第21页。

⑥ 华侨大学校史编写组编《华侨大学五十年（1960—2010）》，2010，第20页。

（二）建宁分校

在海南办学的同时，学校也在福建建宁建立分校。自 1958 年“金门炮战”后，台湾海峡两岸关系一直处于敌对状态，战争的阴云持续笼罩在海峡两岸，处于战争前线的福建省不得不对高校的备战工作提前做出部署。1965 年春，鉴于当时国际国内形势，福建省委要求沿海各大学在本省内地建立“三线”建设的办学点作为学校备战后方基地。华侨大学在选择“三线”建设办学点地址时，曾考虑过几个地方，主要有长汀和永安。长汀因有厦门大学分校，不宜再设其他分校，以免地方负担过重；永安方面，拟选抗日战争时期省政府驻地旧址作校址，并派人前往考察，没有结果。经多方考察研究，学校决定将分校设在福建西北部山区最偏僻的建宁县，这里交通不便，距离沿海远，且是山区，容易疏散，可做长久之计。根据中央和省委指示精神，学校党委计划将后方建设和平时的劳动实习以及将来的半工（农）半读结合起来。起初，学校准备将中文系（约 500 人）全部迁入建宁。8 月 13 日，学校派教务长杨曾艺、中文系党总支书记王福起带领工作组和中文系高年级学生共 30 多人赴建宁着手筹备中文系搬迁事宜。[①] 由于可供办学的处所有限，学校决定改变原定方案，先派人数较少且专业联系更为紧密的政治系去入驻。

1965 年 9 月 11 日，政治系 1962 级、1963 级学生及教职工共 120 人由该系副主任方晓丘率领，坐上大卡车，启程前往建宁。[②]“大卡车没有座位，我们坐在大件行李上，下午抵达福州，随即转乘火车到三明过夜；9 月 12 日早霞已退，我们坐上公交车，沿着崎岖峭拔的山路上爬，到了泰宁金湖，汽车驶进大筵船渡湖，再上行到武夷山脉中段，经过了两天的颠簸，黄昏时分抵达这个海拔 1500 公尺的闽西北山城。”[③] 次年 3 月，土建系 1965 级师生来到建宁。4 月，政治系 1964 级、1965 级和中文系 1963 级、1964 级、1965 级师生也一同抵达建宁。至此，学校在建宁分校总人数接近 500 人。

迁入建宁后，学校成立了建宁筹备处，由王福起（中文系党总支书记）、乐澄清（中文系主任）、方晓丘（政治系副系主任）、倪章屿（基建处副处长）等同志组成，有着丰富地方工作经验的王福起同志担任组长。分校设立之初，借用当地原有场地办学，教学和生活场所分散各处。据政治系 1963 级学生江显锥介绍，起初政

---

① 华侨大学党委：《介绍信》，1965 年 8 月 13 日，华侨大学文书档案。

② 华侨大学党委：《介绍方晓丘同志率领政治系三、四年级师生迁往建宁上课》，1965 年 9 月 10 日，华侨大学文书档案。

③ 文字资料由江显锥提供。

治系的宿舍、教室和食堂被分别安置在县委党校、森工局、粮食局仓库等地。第二批师生进驻建宁后，教学和生活场所更为分散：县委党校为校部驻地；师生宿舍则分散在党校、南门、粮食局宿舍、万桂坊农业局旧址、黄舟坊等处；教学场所以系为单位相对集中，政治系设在万桂坊，中文系排在县委党校，土建系安在黄舟坊。[①]学生在建宁分校，一边学习，一边劳动，通常是白天劳动，晚上学习，碰到下雨天，就以学习为主。由于学校内迁时，仅带了部分图书资料、铁架双层双人床等物件，生活用具、办公用品、教具等物资都较为匮乏，老师办公、备课的办公桌都没有，课桌也不全，只能向建宁有关单位借用和陆续添置。面对条件艰苦、物资缺乏带来的困难和不便，师生们自己动手，乐观面对。没有浴室，就用木条、茅草搭建简房，供师生提水冲凉；宿舍没有书架，就自钉自造；冬夜冷冻，就捡柴烧火取暖；没有什么娱乐，就结伴唱歌跳舞、打羽毛球……

设立建宁分校，是当时形势下的一项长久之计，必须要有自己的校园。根据中侨委和福建省委指示精神，建宁分校按照备战备荒、勤俭办校的方针，由土建系进行校园规划设计并组织施工，尽可能师生自己动手搞基建、劳动建校。根据基建方案，建宁县综合农场所属黄舟坊生产队在黄舟坊印刷厂、车站、加油站一带划出八九十亩地作为校舍基建场地，还准备在印刷厂建设配备 100 张病床的校医院，同时向中侨委申请第一期建设经费 30 万元，计划从 1967 年开始大规模基建，第二期拟投资三四百万元。

1966 年 3 月，著名建筑工程师、华侨大学教务长杨曾艺来到建宁做建校技术指导。他在师生会上指出，建校劳动不是把学生当作劳动力，而是让学生在建校中多方面接触，文科学生也要学习理工科知识，学习土木建筑技术。[②] 在教务长的亲自指导下，建宁分校学生先后成立了测量组、电工组、木工组、土坯组、放样组和卫生员组六个小组，各司其职，相互配合。4 月起，建宁分校全体师生投入建校基建中，全部工程除建宁县派出部分泥水工及木工负责技术性要求较高的劳动及指导学生劳动外，其余全部由师生自己动手参与。据王福起后来回忆："当时房子是'干打垒'，自己打土坯，修的都是平房，用水泥糊起来，就像兵营一样。当时修了三四栋房子，一栋作为材料库，一栋作为学生宿舍，一栋作为食堂和筹备组的办公室。……房子是自己建的，连瓦片都是自己生产的，那时买了几台瓦片机，搞水泥瓦，没有经验就自己试验，一次试验不成，试验几次就成功了。当时还造土砖，农

---

① 政协福建省建宁县委员会、文史资料研究委员会编《史料钩沉第六期——华侨大学建宁分校》，1994 年 6 月 23 日，华侨大学文书档案。

② 文字资料由江显锥提供。

民修房子就是土坯，我们学生还讲科学化，在泥巴中加入水泥、黄土、沙石、稻草、石灰等，造出来的土砖很坚固，质量非常好。当时空地也多，学生就自己种菜。而从建宁县城到分校的路，也是我们学生修的。”① 在建宁分校办学期间，林一心、伍治之、韦悫等校领导多次前往建宁看望师生，指导工作（见图1－38）。据王福起口述，70多岁的代理校长韦悫去建宁分校看到学生劳动，还亲自参加劳动，让在场的建宁县委书记、县长非常感动，也一起来参加劳动。

图1－38 1965年10月，华侨大学代理校长韦悫来建宁考察，与政治系1963级师生合影

华侨大学在建宁的办学得到了建宁县的大力支持。建宁县委党校、农业局、粮食局、森工局、农业加工厂等单位将空余房子修缮后暂供分校办学之用，供销部门专门设立华侨商店帮助解决侨生的侨汇供应问题，建宁县相关部门还尽可能为分校建设提供基建材料。建宁分校师生也积极为当地人民服务，利用课余和节假日深入农村宣传党的方针政策，参加当地民兵训练，帮助城郊农村秋收（见图1－39），教农民小孩识字，为建宁党政机关及各界群众举行慰问演出，受到地方党政部门和群众的热烈欢迎。韦悫每次去建宁，都要为师生及建宁县党政领导做政治形势报告，对建宁政治、经济、文化教育、科学实验等发展起到了积极的促进作用。王福起回忆说：“当时学校与地方的关系真的是亲如一家。地方对学校什么都支持，同学很感动，对地方也非常关心。老百姓有什么困难，自告奋勇去帮忙。一次离县城十几公里的一个村庄有个农民被蛇咬了有生命危险，我们学生一听到这个消息，不管三更半夜，十几个人就跑去了，到山上把人抬下来，再用学校的卡车把他送到县城的

① 王福起：《王福起口述华大建宁分校历史及创办初期办学情况》，华侨大学文书档案。

医院去抢救。”[①]

图 1－39　在建宁办学的政治系学生参加城郊农村秋收

建宁办学不久，“文化大革命”爆发。1966 年 6 月底，建宁分校绝大多数师生返校闹革命，筹备处仅剩倪章屿、李文治（总务处膳食科副科长）等 19 位工作人员留守。1967 年 2 月，华侨大学接管临时委员会函请建宁县有关部门将建宁分校空闲的土地收回耕种，并决定将借用的住所还给有关单位，工地现存的钢材、木材就地销售，砖头由建宁县手工业联社协助外调，喂养的 11 头生猪全部售给食品公司。[②] 建宁分校停办后，房舍、教学设备、图书资料、办公用品、生活用具等全部移交当地政府。如今在建宁县委党校、文化馆、档案局、图书馆、医院等单位，标有“华侨大学”字样的图书、双层铁床、课桌椅、书架等仍在使用着，它们见证了华侨大学 20 世纪 60 年代在建宁办学的那段短暂而难忘的历史。[③]

六　首届毕业生

1965 年夏，华侨大学办学史上的首届毕业生顺利毕业。这些毕业生共 61 名，来自中文系汉语言文学专业，全部是归国华侨学生，大多数于 1960 年回国。毕业前夕，校领导伍治之、韦悫与毕业生座谈，鼓励他们走上工作岗位后努力工作（见图 1－40）。林一心及福建省侨委副主任吴锦南还专程来校看望毕业生。8 月，伍治之、

① 王福起：《王福起口述华大建宁分校历史及创办初期办学情况》，华侨大学文书档案。

② 华侨大学接管临时委员会：《关于建宁分校几个问题的处理意见》，1967 年 2 月 15 日，华侨大学文书档案。

③ 华侨大学校史编写组编《华侨大学五十年（1960—2010）》，2010，第 22 页。

韦悫、谢白秋、林汝楠等学校领导与首届毕业生在数学楼前合影留念（见图1－41）。9月，学校向每位毕业生颁发了有廖承志校长签名的毕业文凭。

图1－40　1965年，华侨大学党委第二书记伍治之（中左）、代理校长韦悫（中右）和第一届毕业生座谈

图1－41　伍治之、韦悫等校领导与第一届毕业生合影

根据国家计委对华侨大学毕业生调配计划的指示，61名毕业生被分别分配到：福建38名（其中16名下基层），广东9名，广西7名（其中6名下基层），辽宁3名，浙江2名，北京1名，甘肃1名。从工作性质看，除下基层外，搞学校教育的（包括高校、中等学校、业余教育等）20名，做文化宣传工作的（包括报社、文化馆、博物馆等）9名，从事商业、青年、妇女等工作的10名。[①] 在分配方案下达前，

① 《关于1965年毕业生分配工作的总结（草稿）》，1965年11月27日，华侨大学文书档案。

58 名毕业生向党组织主动要求下基层，到农村去，到最艰苦的地方去。分配方案下达后，绝大多数毕业生都能愉快地服从国家分配，特别是被安排到广西工作的 7 名毕业生的举动，为华侨大学赢得了荣誉，在社会上传为美谈。

原本分配到广西壮族自治区的 7 名侨生中，下基层的有 6 名，去广西民族学院从事高校教育的 1 名。但由于广西历年来就有照顾华侨毕业生的传统，人事局担心被分配到农村工作的 6 名侨生吃不了苦，于是准备将他们改派到南宁、桂林等城市，有的去教育厅，有的去劳动大学，将赵丽芳同学仍按原计划分配到高校当老师。得知这一消息后，7 名侨生对党的关怀、照顾极为感动，但是，又感到归国华侨学生也是应该彻底革命的，总是和“照顾”两个字联系起来是极不光彩的，于是他们联名写了决心书，表达彻底革命的决心，坚决要求到农村去，不要照顾，在基层中很好地锻炼自己，走与工农相结合的道路，在改造客观世界的同时改造自己的主观世界，当好无产阶级革命事业的接班人。赵丽芳同学说：“我不去广西民族学院而要求到农村去，也许有人会笑我是个‘大傻瓜’，大学教师不当，偏要跑到农村去‘受苦’。但是我要骄傲地回答：我要永远做这样的‘大傻瓜’，因为革命正需要这样的‘傻瓜’。”（见图 1－42）自治区党委和人事局看到他们决心那样大，就批准他们的请求，分配他们到河池山区和梧州地区下基层锻炼，继续参加农村“四清”运动。[①] 对他们这种自觉革命的精神，自治区人事局当即予以表扬，赞美他们是华侨的好榜样，并且以此教育那些赖在南宁，不肯下基层、不服从分配的毕业生。随

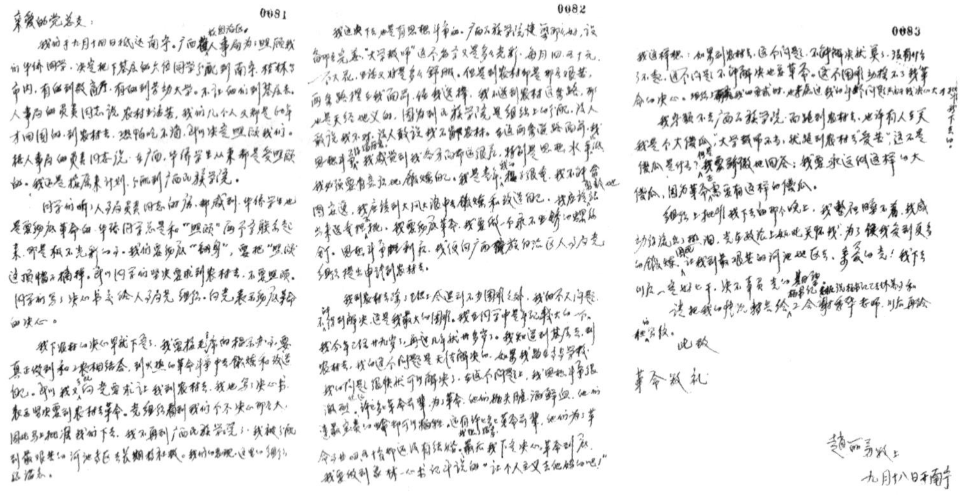
0081

亲爱的党总支：

0082

0083

此致

革命敬礼

赵丽芳敬上

九月十八日于南宁

图 1－42　赵丽芳放弃大学教师职业，坚决要求下基层

① “四清”运动是指 1963 年至 1966 年上半年，中共中央在全国城乡开展的社会主义教育运动。运动的内容，前期在农村中是“清工分，清账目，清仓库和清财物”，后期在城乡中表现为“清思想，清政治，清组织和清经济”。

后，广西壮族自治区人事局还给华侨大学党委写信，赞扬这 7 名毕业生。9 月 25 日，华侨大学党委专程给 7 位侨生发去贺电，称赞他们彻底革命的表现“是华侨大学学生的好榜样，是华侨大学的光荣”，并将他们写给校党委汇报分配情况的信通过广播站和校刊大力宣扬。①

在这种榜样的鼓舞下，其他毕业生到达报到地点后，表现也很好。如分配到本省下基层的 16 名毕业生，到达省委党校的第二天清晨，就主动打扫环境卫生，深得领导好评。他们在赴各地下基层的途中，自觉做好事，让座位、当服务员、关心老弱的同志，也受到旅客的称赞。又如分配到广州南方日报社的潘秋华同学一到单位，就主动下厨房劳动，被同事们传为美谈，他们对他的行为贴大字报进行表扬。分配到其他地区的毕业生，大多数人也向领导表示：愿意到国家需要的地方去，到艰苦的地方去。

华侨大学首届毕业生在以后的工作岗位上，以“永不生锈的螺丝钉”自喻，在教育界、侨界、政界、文艺界、新闻出版界、农业界、商界等众多领域发展得风生水起，为我国及居住地的经济建设和社会发展做出了重要贡献，也为促进中外文化交流奉献了宝贵力量。

七　五周年校庆

1965 年秋，华侨大学创办已达五年，全校共设有 9 个系 16 个专业，除主体在泉州办学外，还在北京、海南、建宁三地设有办学点，全校共有教职工 885 人（其中专任教师 492 人）（见表 1－12）、在校学生 2395 人（其中归国侨生 2289 人，侨属生 48 人），归国侨生分别来自印尼、马来亚、泰国、柬埔寨等 18 个国家和地区（见表 1－13），并已培养出首届毕业生 61 人，各项工作均已走上良性发展的轨道，初步办成具有文、理、工、农、医五大学科门类的多科性综合大学。

表 1－12　1965 年秋华侨大学各系（教研组）专任教师人数

单位：人

系别	教授	副教授	讲师	教员	助教	各系（教研组）合计
中文系		1	8	3	39	51
政治系		1	11	3	34	49

① 华侨大学党委：《广西七位毕业生要求下基层的信及学校贺电》，1965 年 9 月 28 日，华侨大学文书档案。

续表

系别	教授	副教授	讲师	教员	助教	各系（教研组）合计
数理系		1	18	2	65	86
化学化工系	1		10	2	59	72
外语系			2	21	38	61
热作系	2		5	3	28	38
医学系		2	11	1	63	77
土建系	3	1	4		24	32
艺术系				8		8
创作组				4		4
体育教研组				2	12	14
全校合计	6	6	69	49	362	

资料来源：华侨大学人事处：《华侨大学全日制、半工（农）半读高等学校学年初报表（1965—1966 学年初）》，1965 年 9 月 29 日，华侨大学文书档案。

表 1－13 1965 年秋华侨大学在校归国侨生侨居地来源情况

在校侨生总数	印尼	马来亚	新加坡	越南北方	越南南方	缅甸	泰国	柬埔寨	老挝	日本	菲律宾	沙劳越	北婆罗洲	奥地利	朝鲜	印度	澳大利亚	所罗门群岛
2205	1831	106	27	13	29	34	61	47	4	13	15	13	6	1	1	2	1	1

注：此表未将艺术系侨生的侨居地统计入内，在校侨生总数也未包含艺术系。

资料来源：华侨大学人事处：《华侨大学学生学年初报表（1965—1966 学年）》，1965 年 9 月 25 日，华侨大学文书档案。

为总结办学经验，传承优良传统，更好地推动华侨高等教育事业的发展，学校决定举办建校五周年庆典。在筹备五周年校庆时，学校决定将国务院正式批准《创办华侨大学方案》的日期即 11 月 1 日定为校庆日。10 月 12 日，中侨委主任、华侨大学校长廖承志为五周年校庆题词："贯彻党的教育方针，培养社会主义的建设人才，准备世界革命的接班人，养育坚持忠实毛泽东思想的第三代和第四、五代"（见图 1－43）。全国人大常委会副委员长何香凝、中侨委副主任方方等人也纷纷为校庆题词祝贺。

1965 年 10 月 27 日上午，华侨大学建校五周年庆典在文科楼中心广场隆重举行（见图 1－44）。这是华侨大学创办以来的第一次校庆活动。晋江地委书记洪椰子、晋江专署专员张连、解放军第二十八军副政委高占杰以及全校师生 2000 多人出席庆典大会。会上，华侨大学党委第二书记伍治之做报告，全面回顾总结了建校五年来，在毛泽东思想的指引下，在中侨委、高教部和福建省委、省人委的领导下，在晋江

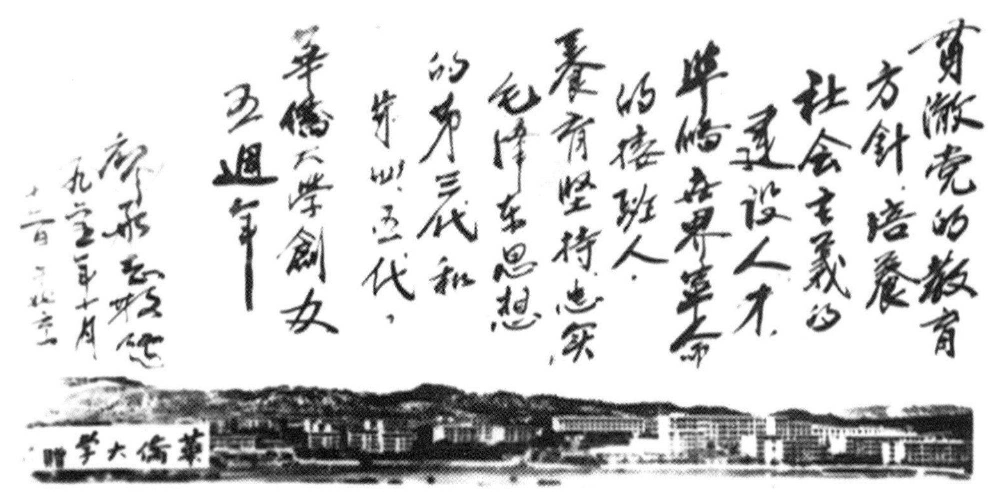

图 1－43　1965 年 10 月 12 日，廖承志校长为华侨大学建校五周年题词

地委和专署的支持下，全体师生员工共同努力，认真贯彻执行党的教育方针，发扬艰苦奋斗优良作风，战胜前进道路上的各种困难，在政治思想教育和教育教学改革等方面取得骄人成绩的艰难办学历程，并号召大家戒骄戒躁、奋勇前进，争取更大的成就。洪椰子和高占杰也在会上做了热情洋溢的讲话。

11 月 1 日，学校出版建校五周年特刊，刊发校庆筹委会文章《高举毛泽东思想伟大红旗奋勇前进——建校五年来的回顾和展望》。

图 1－44　1965 年 10 月 27 日，华侨大学建校五周年庆典在文科楼中心广场隆重举行

第四节　领导体制、领导班子与党政机构

一　新中国成立初期全国高校领导体制的调整

新中国成立后，相继经历了三大改造、“大跃进”、人民公社化等政治运动，各项社会秩序逐渐建立，教育制度也处于初创摸索中，高校领导体制在这一时期变动频繁。

在《创办华侨大学方案》正式获得国务院批准前，全国高校领导体制已进行了四次调整。

第一次是校务委员会制。新中国成立后，政府按照严格保护、维持原状、加以必要与可能的改良的指导思想，对高校采取先接管、接收、接办，然后予以改造的方法。在管理体制上，各高校成立校务委员会作为临时性、过渡性的领导体制，行使管理学校的权力，维持高校教学秩序。校务委员会由校长、教务长、秘书长及各院院长、教授若干人及讲师助教代表、学生代表组成，由校长担任主席。校务委员会为全校最高权力机关，主持全校教务，并商定全校应兴应革事宜，其运作采用民主集中制，主席有最后决定权，并对主管机关负责。这一阶段，高校党的组织结束了地下党的秘密工作状态，正式公开身份，但高校党的组织还没有建立，实行的是行政领导体制，校长是领导的核心。这种体制与当时过渡期的政治背景是相适应的。

第二次是校（院）长负责制。1950 年 7 月 28 日，政务院颁布《高等学校领导关系问题的决定》，规定：“大学及专门学院采取校（院）长负责制；大学设校长一人，设副校长一人或二人，协助校（院）长处理校（院）务。”[①] 同年 8 月 14 日，教育部正式颁布《高等学校暂行规程》，明确校（院）长的职责：“一、代表学校；二、领导全校（院）一切教学、科研及行政事宜；三领导全校（院）教师、学生、

① 何东昌主编《中华人民共和国重要教育文献（1949—1975）》，海南出版社，1998，第 45 页。

职员、工警的政治学习；四、任免教师、职员、工警；五、批准校（院）务委员会的决议。”[①] 1952 年开始，全国高等学校进行院系调整，进一步确立了校（院）长负责制。高校党组织实行党组制，在政治上起核心作用，和学校行政互相没有领导或指导关系。这一阶段，高校领导体制明显受到当时苏联一长制的影响。但在当时的历史条件下对稳定学校，迅速恢复正常教学秩序，推动高校的调整和改造，起到了积极的作用，并取得良好的效果。

第三次是党委领导下的校务委员会负责制。1956 年 9 月，中共第八次全国代表大会通过的党章第 51 条明确规定：“学校和部队中的党的基层组织，应当领导和监督本单位行政机构和群众组织，积极地实现上级党组织和上级国家机关的决议，不断改进本单位的工作。”[②] 1958 年 9 月 19 日，根据当时教育工作存在的忽视政治、忽视党的领导问题，中共中央、国务院发布《关于教育工作的指示》，指出：“一切教育行政机关和一切学校，应该受党委的领导。在高等学校中，应该实行学校党委领导下的校务委员会负责制。”[③] 根据这些规定，我国高校领导体制逐步实行党委领导下的校务委员会负责制，党委全面领导学校的工作，校务委员会是党委领导下的权力机构，实行集体领导，由校长主持。学校工作中的重大问题，由校长提交校务委员会讨论做出决定，由校长负责组织执行。这一阶段，中央加强了党对高校的领导，确立了党在高校中的领导地位，这在当时是十分必要的。但随着当时我国政治形势的发展，党委领导下的校务委员会负责制实际上成为党委书记负责制，出现以党代政、党政不分的情况，党委包办了学校的行政事务，校务委员会有名无实，校长的作用难以正常发挥，对高等教育事业的发展有明显的消极影响。

第四次是党委领导下的以校长为首的校务委员会负责制。1961 年 9 月，中央对新中国成立十二年来高等教育发展的经验和教训进行了认真总结，为巩固成绩、纠正错误，保证党的教育方针的真正贯彻，中央批转了《教育部直属高等学校暂行工作条例（草案）》（即“高校六十条”），明确了高校领导制度以及党委会、校长、校务委员会各自的权责。“高校六十条”规定：“高等学校的领导制度，是党委领导下的以校长为首的校务委员会负责制。高等学校的校长，是国家任命的学校行政负责人，对外代表学校，对内主持校务委员会和学校的经常工作。……高等学校设立校务委员会，作为学校行政工作的集体领导组织。学校工作中的重大问题，应该由

① 中华人民共和国教育部：《高等学校暂行规程》，载《中国教育年鉴（1949—1981）》，中国大百科全书出版社，1984，第 777～778 页。

② 《中国共产党第八次全国代表大会文件》，人民出版社，1956，第 114 页。

③ 《中共中央、国务院关于教育工作指示》，载《中国教育年鉴（1949—1981）》，中国大百科全书出版社，1984，第 688～690 页。

校长提交校务委员会讨论，作出决定，由校长负责组织执行。高等学校校务委员会由校长、副校长、党委书记、教务长、总务长、系主任、若干教授和其他必要人员组成。校务委员会的人数不宜过多，党外人士一般应该不少于三分之一。人选由校长商同学校党委会提出名单，报请教育部批准任命。正副校长担任校务委员会的正副主任。……高等学校的党委会，是中国共产党在高等学校中的基层组织，是学校工作的领导核心，对学校工作实行统一领导。"①

二　有侨大特色的领导体制的建立

早在 1960 年 5 月 30 日华侨大学筹建时，中侨委、教育部联合向国务院上报的《关于建立各类华侨学校，加强归国华侨学生教育工作的意见》里便提到对华侨大学党政领导设置及领导关系的设想："学校校长建议由方方同志兼任，党委第一书记拟由福建省委书记处书记林一心同志担任，另选副书记若干人。学校由中侨委、教育部和福建省委双重领导，行政、教学以中侨委、教育部为主，毕业生由中侨委统一分配。"② 同年 6 月 22 日，国务院批转了这份文件。

为便于领导华侨大学的筹建工作，1960 年 6 月中下旬，在中侨委主持召开的接待和安置归侨工作会议期间，方方代表中侨委党组宣布：谢白秋任华侨大学党委副书记。③ 9 月 18 日，中央批准廖承志兼任华侨大学校长、林一心兼任华侨大学党委第一书记。④

1961 年 11 月 1 日，在国务院正式批准的中侨委、教育部联合呈报的《创办华侨大学方案》里，对华侨大学的党政领导安排及领导关系做出了一定的调整。这份文献规定："（华侨大学）设校长一人和副校长若干人，校长由廖承志同志兼任。学校党委第一书记一人和副书记若干人，第一书记由林一心同志兼任。由校长、副校长和党委书记、副书记建立学校领导核心。……学校由华侨事务委员会、教育部和福建省人委三重领导，而以华侨事务委员会为主。学校教学计划、教学大纲由福建省人委审核，再报教育部、华侨事务委员会审定。学校每年的经费列入华侨事务委

① 《中华人民共和国教育部直属高等学校暂行工作条例（草案）》，载《中国教育年鉴（1949—1981）》，中国大百科全书出版社，1984，第 693～699 页。

② 中华人民共和国国务院：《国务院批转华侨事务委员会、教育部关于建立各类华侨学校加强归国华侨学生教育工作的意见的通知》，1960 年 6 月 22 日，华侨大学文书档案。

③ 华侨大学校史编写组编《华侨大学 50 年（1960—2010）》，2010，第 6 页。

④ 中华人民共和国华侨事务委员会、教育部：《中侨委、教育部呈报廖承志同志兼任华侨大学校长》，1961 年 1 月 11 日，华侨大学文书档案。

员会预算。每年的预决算先请示福建省人委后，报华侨事务委员会、教育部核定。”[①] 该文献明确了华侨大学的外部领导体制和职责，但对学校内部采取何种领导体制却只字未提。笔者认为，主要原因有二：一是当时学校的党政领导配备不够齐全，党委会、校务委员会也均未成立，考虑校长、党委会、校务委员会的职责分工和对内领导关系问题，尚为时过早；二是“高校六十条”刚颁布不久，且教育部仅要求在其直属的26所高等学校试行，该条例草案确立的“党委领导下的以校长为首的校务委员会负责制”是否适合在以招收华侨学生为主的大学推行，中侨委、教育部和福建省人委尚无把握。

为加强党对学校工作的领导，1963年1月8日，中央任命伍治之为华侨大学专职党委书记（见图1－45），[②] 实际主持华侨大学的工作。

图1－45　华侨大学党委第二书记伍治之（1963—1970年在任）

伍治之（1905—2000），广东普宁人。1924年进入广州农民运动讲习所学习，并加入广东新学生社，开始革命工作。1925年加入中国共产党，曾任共青团汕头地委书记、共青团海陆丰地委书记、共青团广东临时省委书记。1927年3月当选为共青团“四大”代表，并列席4月27日在武汉召开的中国共产党第五次代表大会。1928年赴暹罗（泰国），在华侨学校任教，同时参加当地的暹罗反帝大同盟。1929年12月，被中共南洋临委任命为中共暹罗特委秘书，从事恢复被破坏的党的组织的工作。翌年4月，任暹共临委宣传委员。1930年10月，由于国际间谍告密，在曼谷被捕，随后被暹罗法庭以“布尔什维克阴谋暴动罪”判处15年徒刑，投入曼谷监狱第二特别监狱。进监不久，被选为党支部书记，在狱中组织绝食斗争，迫使监狱当局适当改善了政治犯的生活条件。1939年3月，经过3次“大赦”减刑，期满出狱，被驱逐出境回到汕头。回国后，先后在中共南方局华侨组、中共香港局华南分局侨委工作，曾任中共华南分局侨委书记。新中国成立后，历任中央统战部三室研究组副组长、中共中央华南分局侨委书记兼广东省侨委主任、中侨委生产救济司副司长、中国驻越南大使

① 中华人民共和国国务院：《国务院转发华侨事务委员会、教育部所报的“创办华侨大学方案”》，1961年11月1日，华侨大学文书档案。

② 中共中央统一战线工作部：《通知任免事项》，1963年2月1日，华侨大学文书档案。

馆参赞兼领事部主任、中侨委国外司副司长等职。①

1959 年 10 月，印尼政府发布法令，取缔县以下华侨小商小贩的营业，使数十万当地华侨无法谋生。我国外交部决定：一面与印尼政府成立中印（尼）华侨双重国籍问题联合委员会，进行直接谈判；一面派船前往雅加达等港口接载因被取缔而失业的侨胞回国安置。翌年 2 月，中侨委主任廖承志派伍治之乘第一艘接侨船前往雅加达接侨，并作为以黄镇大使为首席代表的我方谈判代表团成员之一参与谈判。经过近两年的努力，在 1961 年夏两国外长于北京直接会谈之后，终于达成了自愿选籍的协议。直至当年年底选籍工作结束，伍治之才返回中侨委。② 1963 年 1 月至 1970 年 1 月，伍治之担任华侨大学专职党委书记。“文化大革命”中，遭受不公正的待遇。1971 年 7 月，调任福建省革委会外事组副组长兼侨务组组长，1976 年 12 月离休。曾任第二、三、四届全国政协委员，离休后享受副省级待遇。2000 年 4 月 22 日在福州逝世。

伍治之在主持华侨大学工作期间，认真贯彻执行中央侨务方针政策，积极实施《创办华侨大学方案》，克服种种困难，使各项工作迅速走上轨道，各项事业蒸蒸日上，校风学风良好，培养了大批归国华侨青年学生，为华侨高等教育事业做出了重要贡献，赢得了海内外人士的广泛赞扬。

随着华侨大学创办进程的不断推进，成立基层党委已刻不容缓。1963 年 1 月 11 日，福建省委组织部发来通知：经福建省委批准，华侨大学党委会正式成立，由林一心、谢白秋、王西新、陈金源、方宁斯、乐澄清六位同志组成，由林一心同志兼任书记，谢白秋同志任副书记。③ 伍治之到校后，华侨大学党委会成员进行了调整：由林一心、伍治之、谢白秋、林汝楠、王西新、乐澄清、方宁斯、陈金源等同志组成华侨大学党委会，林一心同志兼任第一书记，伍治之同志任第二书记，谢白秋同志任副书记。④ 华侨大学党委会的成立，有利于发挥基层党组织的领导核心和政治核心作用，确保党对学校工作实行集中统一领导。3 月 22 日，福建省委对华侨大学的领导关系给予进一步明确：华侨大学的教学、行政、计划、基建等由中侨委及其委托的有关行政部门领导；学校党的工作由省委直接领导，党的组织关系属晋江地委，重大政治运动和经常政治思想工作由省委委托地委领导；为加强地委对学校的领导，决定伍治之同志参加晋江地委，为地委委员；学校的干部管理按照管理范围

---

① 《伍治之的党员登记表》，载蔡诚编《两位老共产党员奋斗的一生》，2000，第 17 ~ 19 页。

② 参见百度百科“伍治之”词条。

③ 中国共产党福建省委员会组织部：《省委研究同意由林一心、谢白秋等六位同志组成华侨大学党委会》，1963 年 1 月 11 日，华侨大学文书档案。

④ 中共华侨大学委员会组织部：《成立华侨大学党委会（林一心兼任第一书记、伍治之任第二书记、谢白秋任副书记）》，1963 年 4 月 25 日，华侨大学文书档案。

分别由中央、中侨委、省委管理。[①] 9月5日，中央批准林汝楠任华侨大学副校长；1964年10月31日，国务院第148次全体会议批准任命林汝楠为华侨大学副校长（见图1-46）。至此，华侨大学的党政领导班子得到进一步加强。

图1-46　华侨大学副校长林汝楠（1963—1970年在任）

资料来源：由林汝楠之子林志军提供。

林汝楠（1914—1974），福建莆田人。青年时期先后就读于莆田师范学校、厦门大学，1939年加入中国共产党，任厦大总支宣传委员、学生支部书记，组织抗日救亡活动。1943年大学毕业后，在莆田中山中学任教，从事党的地下工作。同年年底，因身份暴露调入省委机关担任机要工作。1944年10月任福建人民抗日游击队闽中司令部政治部主任。1945年5月任闽中游击队直属支队政委。1947年2月任闽中地委副书记、游击队副政委。1948年6月初，当选闽中地委副书记兼天章中心县委书记，负责长乐、林森、福清、莆田、惠安等地工作。1949年初任闽浙赣人民游击纵队闽中支队副政委，接应和配合中国人民解放军南下解放闽中地区。新中国成立后，历任晋江行署副专员、福建省统计局局长、省教育厅厅长等职。[②] 1963年9月至1970年1月，任华侨大学副校长。"文化大革命"中，受到不公正的待遇。1971年任厦门大学党委副书记、副校长。1973年，调任福州大学党委副书记。1974年4月8日在福州病逝。作为华侨大学办学史上任命最早的副校长，林汝楠和其他校领导团结协作，为学校发展倾注了全部心血和精力。

随着"高校六十条"在全国各高校学习讨论的深入，非教育部直属高校也纷纷开始试行该条例，[③] 党委领导下的以校长为首的校务委员会负责制逐渐在全国高校推广。1963年3月4日，根据林一心的指示，经校党委研究，拟成立华侨大学校务委员会，廖承志为主任，林汝楠、谢白秋为副主任，伍治之等其他12位同志为委员，名单如下：伍治之、罗芬（政治系主任）、乐澄清（中文系主任）、王志超（农工党，医疗系主任）、金作栋（热作系主任）、胡光烈（民盟，热作系教授）、郭良夫（中文系副

---

① 中国共产党福建省委员会：《华侨大学领导关系问题的意见》，1963年3月22日，华侨大学文书档案。

② 参见百度百科"林汝楠"词条。

③ 根据中国大百科全书出版社1984年出版的《中国教育年鉴（1949—1981）》的数据，1963年初，全国试行"高校六十条"的高等学校共220多所，除教育部直属高校外，还包括其他部委领导的71所及各省、市、自治区领导的127所。其余高等学校也大都参照这个条例的精神改进了工作。

教授）、朱扶成（人事处副处长）、王福起（总务处副处长）、陈金源（基建处副处长）、池冲（生产处副处长）、郭福长（化学系教师）。① 1964 年 1 月 10 日，鉴于学校的负责干部和各系的主要干部尚未配备齐全，中侨委通知华侨大学先成立临时校务委员会，廖承志不参加临时校务委员会，临时校务委员会主任暂由林汝楠同志担任。②临时校务委员会成立后，校党委、校长（副校长）、临时校务委员会的权责关系进一步理顺，校长（副校长）和临时校务委员会在学校行政管理中的主导作用得以发挥。

为加强对学校教学工作的领导，经廖承志提议，1964 年 4 月 29 日，中央批准我国著名教育家、曾是廖承志老师的韦悫担任华侨大学副校长、代理校长。7 月 20 日，国务院第 147 次全体会议批准任命韦悫为华侨大学副校长。③

图 1－47　华侨大学副校长、代理校长韦悫（1964—1970 年在任）

韦悫（1896—1976），原名韦乃坤，笔名普天，别号捧丹，清光绪二十二年九月十五日出生于广东省香山县翠微乡（今属珠海市）。早年加入同盟会，1911 年参加辛亥革命，曾参与刺杀清廷广州将军凤山而被通缉。辛亥革命后，愤于袁世凯窃国，1913 年参加讨袁之役。1914 年起先后到英国格拉斯哥大学、美国奥柏林学院、芝加哥大学留学，先学机械工程，后改选哲学为主科、政治学为副科，先后获得文学士和哲学博士学位。1921 年 1 月回国，到新中国成立前，曾历任岭南大学、广州高等师范大学、中央大学、复旦大学、大夏大学、光华大学等校教授，讲授哲学、政治学、心理学、教育哲学等课程。1921 年 5 月，任护法军政府外交部秘书，兼孙中山秘书。6 月，受孙中山委派，出席在檀香山举行的太平洋教育会议并以中国代表团代表的名义在大会发表演说。1923 年任广东省教育委员会委员，后改任广州市政府参事。1924 年国共合作后，得廖仲恺帮助，返故乡香山县从事农民运动工作。1925 年 4 月任武汉国民政府外交部秘书、司长和教育行政委员会委员。同年 6 月，由苏兆征介绍加入中国共产党，但未履行入党手续。翌年 11 月，随国民革命军北伐，办理前方的外交和教育事

① 中共华侨大学委员会组织部：《呈报成立华侨大学校务委员会由》，1963 年 3 月 4 日，华侨大学文书档案。

② 中华人民共和国华侨事务委员会：《复华侨大学成立临时校务委员会》，1964 年 1 月 10 日，华侨大学文书档案。

③ 中华人民共和国华侨事务委员会：《转知国务院通过任命韦悫为华大副校长》，1964 年 8 月 18 日，华侨大学文书档案。

宜。1927 年 1 月，发表《国民政府教育方针草案》一文。“四一二”政变发生后，受到蒋介石的迫害，于 6 月开始流亡欧美，出席在加拿大温哥华举行的世界教育会议，并到英国利物浦大学和牛津大学讲学。1927 年 12 月，由伦敦乘船回国。次年 4 月，经蔡元培推荐，任上海教育局局长。在任职期间，用科学方法办理上海教育，并提倡“行验教学法”，主张以行动为学习的方法，学习为行动的试验。1929 年 5 月，到南京任中央大学教育学院院长、南京中央实验小学校长。1930 年 8 月至 1931 年 7 月，他还任上海青年会中学校长，在校实行“行验教学法”，在课目设置上，除普通科目外，还设分组的职业选科，使该校成为上海市成绩最优良和设备最完善的中学之一。1931 年 1 月，任上海商务印书馆编审部主任。1937 年，抗日战争爆发后，积极参加抗日救国的各种活动，接办了上海进步舆论界的权威报纸《上海译报》，任总经理；同时又创办《上海周报》，任总编辑。1942 年 9 月，任江淮大学校长。建校期间，他历尽艰辛，从物色教员、视察校舍、课程设置和思想教育等方面努力做好创校工作。1943 年，他由陈毅、张云逸介绍重新入党，长期为秘密党员。1945 年 10 月至 1946 年 12 月，任苏皖边区政府副主席。1946 年 1 月至 1947 年 9 月，任苏鲁皖解总华中分会主任，为根据地政权的建设做了大量工作。1948 年夏，奉华东局之命回山东潍县筹办华东大学（后迁入济南），并被任命为校长。1949 年 5 月，出任上海市副市长兼高等教育处处长。

新中国成立后，任教育部副部长。1950 年 9 月后，任中国文字改革委员会常务委员、副主任等职务。同年，发表《共同纲领底教育政策》《略谈新民主主义教育》等文章，论述了新民主主义教育的内容、方法、实施和政策，以及教育与经济基础的关系。1950 年又发表了《教育是什么?》，论述了教育与生活、教育与社会的关系及教育的阶级性。此后，陆续撰写了《全面发展的教育》、《巩固和发展新中国的初等教育和师范教育》（1951）、《加强学习，改进教学，为培养建设人才提高人民文化水平而奋斗》（1953）、《新中国普及义务教育的前景》（1956）、《在儿童教育中贯彻实现毛主席的教育方针》等有关教育文章五六十篇。此外，还担任《中国语文》杂志社社长、中华全国体育总会副主席等职，为第一届全国人民政治协商会议委员，第一、二、三届全国人民代表大会代表。1964 年，担任华侨大学副校长、代理校长。在“文化大革命”中，被错误认定为“资产阶级当权派”与“资产阶级反动学术权威”，遭到造反派批斗。1970 年 1 月，华侨大学被撤销停办，韦悫从泉州回到北京。1976 年 11 月 25 日，韦悫在湖北省宜昌市病逝，终年 80 岁。①

① 参见百度百科“韦悫”词条。

作为我国知名的教育家、文字改革家，韦悫为华侨大学的科系调整、教学改革、师资引进等工作呕心沥血、鞠躬尽瘁，做出了重大贡献。特别是科系调整工作，不仅优化了当时的学科布局，形成了学校的学科特色，而且为华侨大学复办后的学科专业设置提供了指引。在韦悫尚未到任前，就曾应邀以全国人大代表身份视察华侨大学，对学校的科系设置发表意见与建议。华侨大学专业调整方案正是中侨委根据他的意见，并充分听取华侨大学专业调整座谈会与会专家建议而形成的。韦悫担任华侨大学副校长、代理校长后，根据学校的特点以及侨生的专业兴趣将以“增设工科，压缩理科，扩大外语系语种”为主要内容的科系调整工作不断推向深入。截至1965年9月25日，与两年前相比，华侨大学工科实现了从无到有的转变，在校学生人数占到全校总学生数的16.3%；理科学生占比则从51.2%迅速降至31.8%；外语系语种从印尼语单一语种增至包含印尼语、英语、日语在内的三个语种，学生数也从仅有的15人快速上升到177人。他还从理论与实践相统一的原则出发主张理科和工科应该统一，在他的直接推动下，化学系和化工系于1965年秋合并成化学化工系，这一做法在华侨大学复办时期也得以沿袭。在教学改革方面，韦悫强调要根据毛泽东的《实践论》来进行教学，他反对凯洛夫的“以课堂教学为主”“以老师为主”的教学法，提倡“以实践现场为主”“以学生为主”的教学法。①

韦悫到任后，华侨大学的党政领导班子基本配备到位，学校的教学管理能力得到极大提升，各项工作开始向纵深化方向发展。

1965年2月，为进一步加强学校领导，充实校领导班子，蔡楚吟同志被任命为华侨大学党委副书记（见图1－48）。

图1－48 华侨大学党委副书记蔡楚吟（1965—1969年在任）

蔡楚吟（1910—1969），女，广东澄海人。1925年在澄海中学读书时加入共青团，翌年1月加入中国共产党。同月，协助邓颖超组织召开澄海县妇女解放协会成立筹备会议；4月，当选为共青团汕头地委候补委员；7月，作为岭东学生联合会代表，出席广东省学生联合会代表大会；9月，与丈夫伍治之一起调往中共海陆丰地委工作，任共青团地委妇委书记。1927年蒋介石背叛革命，蔡楚吟夫妇被迫避难泰国。1931年5月回国后到上海，任中共中央军委秘

① 《韦代校长在全校教师教学改革经验交流会上的讲话》（1965年5月26日），华侨大学文书档案。

密交通员。卢沟桥事变后，参加上海妇女抗日运动，先后在重庆中共中央南方局华侨组、香港中侨委工作。新中国成立后，历任广东省侨委副主任、中国驻越南大使馆领事部副主任、中侨委国内司副司长、中国驻印尼大使馆选籍办公室主任。[①] 1965 年 2 月调任华侨大学党委副书记。“文化大革命”期间被打为“叛徒、特务、走资派”，1969 年 6 月 13 日被迫害致死。[②] 1978 年 12 月，福建省委为其平反昭雪、恢复名誉。[③] 蔡楚吟在华侨大学担任校领导期间，为发展侨务工作和教育事业做出了应有的贡献。

蔡楚吟的上任，标志着华侨大学党政领导班子完全配齐，党委领导下的以校长为首的校务委员会负责制进一步得到加强。随后，班子成员进行了重新分工：党委第二书记伍治之全面主持学校日常工作，副校长、代理校长韦悫分管教学，党委副书记蔡楚吟分管人事和党群工作，党委副书记谢白秋负责基建、总务和统战工作，副校长林汝楠分管其他工作。[④]

与同时期其他实行党委领导下的以校长为首的校务委员会负责制的高校相比，华侨大学的领导体制具有一定的特殊性，其特殊性主要表现在校长由主管部门主要负责人兼任，且不参与到校务委员会中来，而由其他人代为主持校务委员会。由中侨委主任廖承志亲自兼任华侨大学校长，体现了中央和中侨委对这所肩负特殊办学使命的大学的重视。也正是由于推行了这种较为特殊的领导制度，华侨大学才能通过校长的崇高威望和巨大影响力，在短期内凝聚多方办学资源，使学校迅速走上良性发展轨道。由代理校长（副校长）[⑤] 在校党委领导下主持校务委员会，一方面保证了党的统一领导，加强了党的思想政治工作，另一方面也使得代理校长（副校长）的作用得到发挥，行政系统的积极性得以调动，对高等教育事业的发展产生了很好的推动作用。

三 华侨大学首任校长廖承志

廖承志（1908—1983），曾用名何柳华，广东惠阳人，民主革命先驱廖仲恺、何香凝之子。1908 年 9 月 25 日出生于日本东京。从小受到民主革命的熏陶，在学

① 参见百度百科“蔡楚吟”词条。

② 伍治之：《蔡楚吟传》（1985 年 9 月 18 日），载蔡诚编《两位老共产党员奋斗的一生》，2000，第 215 页。

③ 中国共产党福建省委员会：《中共福建省委关于为蔡楚吟同志平反昭雪、举行追悼会的批复》，载蔡诚编《两位老共产党员奋斗的一生》，2000，第 221 ~ 223 页。

④ 伍治之：《蔡楚吟传》（1985 年 9 月 18 日），载蔡诚编《两位老共产党员奋斗的一生》，2000，第 211 页。

⑤ 由于档案资料缺失，韦悫到任后临时校务委员会的主持者是否发生变化，尚不得而知。

图 1－49　华侨大学校长廖承志（1960—1970，1980—1983 年在任）

生时代就接受马克思主义。1925 年参加广州学生运动并参与领导所在学校岭南大学的工人罢工斗争。6 月参加沙基反帝游行示威。同年加入国民党。1927 年蒋介石发动“四一二”政变后，愤而脱离国民党，去日本入早稻田大学第一高等学院学习。1928 年 5 月，因参加声讨日本帝国主义制造的济南惨案，被日本当局拘捕并驱逐出境。8 月在上海加入中国共产党。1928 年 11 月起，受党的委派，先后到德国、荷兰组织和领导中国海员工作，其间参加在莫斯科召开的共产国际第五次代表大会，并于 1930 年冬进入莫斯科中山大学学习。1932 年回国，任中华全国总工会宣传部部长、全国海员总工会中共党团书记。1933 年 3 月被国民党逮捕，经营救获释。9 月参加中国工农红军，任川陕苏区省委常委。1934 年任红军第四方面军总政治部秘书长。12 月因反对张国焘的错误被张关押并被开除党籍。后被押解参加长征。1936 年冬，红军第一、二、四方面军在甘肃会宁会师后，经周恩来解救获释，恢复党籍。1937 年 4 月任中共中央党报委员会秘书，参加筹备出版中共中央政治理论刊物《解放》杂志。10 月到南京八路军办事处工作。1938 年 1 月任八路军香港办事处负责人，负责领导南方各省的工作及八路军广州办事处，兼任“保卫中国同盟”秘书长。4 月任中共广东省委委员。为协助宋庆龄领导的“保卫中国同盟”开展国际反法西斯统一战线工作，做出积极努力。1941 年皖南事变后，创办和领导香港《华商报》。1942 年 1 月，到粤北参加领导中共南方工委的工作。1945 年 6 月，在中国共产党第七次全国代表大会上被选为候补中央委员。1946 年 9 月，任新华通讯社社长。1946—1948 年，历任中共南方局委员、军调部重庆三人小组中共代表、中共南京局外事委员会副书记、十八集团军办事处发言人、中共晋冀鲁豫中央局宣传部长、中共中央宣传部副部长。1949 年 3 月，在中共七届二中全会上被递补为中央委员；4 月被选为中国新民主主义青年团中央副书记；5 月当选为中华全国民主青年联合总会主席；9 月出席中国人民政治协商会议第一届全体会议。

1949 年 10 月任政务院华侨事务委员会副主任委员。1951 年 3 月，作为中国人民赴朝慰问团团长，到朝鲜慰问中国人民志愿军。1952 年 12 月任中共中央统战部副部长。1953 年 7 月被选为团中央书记处书记。1958 年 3 月任国务院外事办公室副主任。1959 年 4 月任华侨事务委员会主任。1960 年 9 月 18 日起兼任华侨大学校长。1963 年 10 月，任中日友好协会会长。“文化大革命”期间受到冲击，受周恩来保护，住进中南海，与外界隔绝。1972 年任外交部顾问。1978 年 3 月，当选为五届全国人大常委会副委员长，12 月被推举为全国侨联名誉主席。同年任国务院侨办主任。华侨大学复办后，再次兼任华侨大学校长。1982 年 9 月 12 日，在中共十二届一中全会上当选为中央政治局委员。1983 年 6 月 4 日，被选为六届全国人大主席团成员。6 月 6 日，在六届全国人大第一次会议上，被提名为国家副主席候选人。1983 年 6 月 10 日因病在北京逝世。6 月 24 日，廖承志追悼会在北京举行，时任国家主席李先念致悼词。廖承志是历届全国人大代表，第一、第四届全国人大常委会委员，中共七届中央候补委员，中共八届、十届、十一届、十二届中央委员。①

廖承志是我国侨务战线的奠基人，也是我们党侨务工作的先驱者、开拓者和躬行者。② 他心系侨胞安危冷暖，关心华侨高等教育，新中国成立后不仅担任国立暨南大学董事会董事长，还创办了国立华侨大学，并亲自担任该校的首任校长（1960—1970，1980—1983）；“文化大革命”结束后他率先在侨务领域进行拨乱反正，全力支持复办暨南大学和华侨大学，并推动这两所华侨最高学府被列为国家重点扶植大学。

作为华侨大学的创始人和首任校长，廖承志为华侨大学的办学倾注毕生心血，功勋卓著。他不仅在办学宗旨、办学方针等重大问题上给予方向上的引领，而且在办学细节上也提出悉心的指导意见和具体要求，并亲自出面解决办学过程中遇到的诸多难题。

（一）引领学校办学方向

廖承志亲自主持审定《创办华侨大学方案》。1960 年初中侨委创办华侨大学的提议得到国务院原则同意后，制定创校方案成为当务之急。从当年 4 月开始，廖承志亲自主持召开中侨委全体委员会议、全国侨联在京常委会议等多个会议，就《创办华侨大学方案（草案）》进行反复讨论，并邀请国家计委、教育部、财政部、建工部等中央部委领导座谈，就华侨大学办学的有关问题进行商议。经过一年多的修改和完善，经廖承志亲自审定的《创办华侨大学方案》于 1961 年 8 月 17 日以中侨委和教育部的名义呈报给国务院，得到国务院的批准。《创办华侨大学方案》对学校的办学性质、办学任务、系科设置、修业年限、办学规模、学生来源、师资干部、

① 参见百度百科“廖承志”词条。

② 李海峰：《在纪念廖承志同志诞辰 100 周年座谈会上的发言》，《人民日报》2008 年 9 月 26 日。

基本建设、领导关系等办学的基本内容做出明确的规定与规划，[①] 是华侨大学的办学之源、办学之基。

为体现学校因侨而立、为侨服务的宗旨，廖承志将学校命名为"国立华侨大学"，并亲自为学校题写校名。他多次召开会议研讨学校的创办地，在北京、广州、福州、厦门、泉州、漳州等多个候选城市中反复比较，最后决定把学校建在泉州。1960 年 5 月，廖承志委托方方、庄明理等人去泉州实地勘察校址。经过反复比较和多方协调，最终确定将学校建于泉州城东村五里亭附近。

在学校的基本建设工程启动后，中侨委专门邀请业内知名的上海华东工业建筑设计院承担学校校舍的总体规划和设计任务。规划设计工作就在中侨委机关大院里进行，各种图纸都挂在机关食堂的餐厅里。廖承志白天工作繁忙，分不开身，经常利用晚上休息时间，专门到那里审阅图纸，了解专家们的设计构想，及时掌握工作进展情况。专家们向中侨委提出了两种设计方案：一种是偏浪漫式的，围绕一个个小山包，将各式各样的楼房散建于学校所在地的山坡上，呈现一种"众星拱月"的态势；另一种方案则是偏严肃式的，以校门对面的大礼堂为中心，在左右两侧对称地各建一排大楼。[②] 为了对这两种方案进行审阅比较，廖承志派人到北京其他高校去参观考察，1962 年 8 月，他委托中侨委副主任庄明理专门在北京召开华侨大学基本建设会议，请来建工部设计院、北京设计院、北京市城市规划局、上海民用建筑设计院、广州市建工局、福建省建设厅等单位的许多专家与会，听取他们的意见。随后，中侨委专门派人将有关设计图纸带到福建，进一步征求叶飞等福建省委领导的意见。经过集思广益，廖承志决定以陈嘉庚纪念堂为中心，将两种方案结合起来：教学区采用"对称式"设计，凸显庄重；住宿区则采用"自由式"设计，以适应侨生追求自由浪漫的个性。

（二）指导学校脚踏实地办学

在创办华侨大学的过程中，廖承志强调要勤俭办学，由小到大，少而精，贪多嚼不烂。[③] 1960 年 9 月 20 日，他专门指示："华侨大学的规模，原订最高可达八千五百名（内预科五百名）。经我委再三考虑，学校规模不宜过大，仍以五千人为好。

---

① 中华人民共和国国务院：《国务院转发华侨事务委员会、教育部所报的"创办华侨大学方案"》，1961 年 11 月 11 日，华侨大学文书档案。

② 黄英湖：《华侨大学的创办和初期情况》，华侨大学校友网，https://alumni.hqu.edu.cn/info/1014/1422.htm，最后访问日期：2019 年 12 月 17 日。

③ 中华人民共和国华侨事务委员会文化司：《廖校长对华侨大学工作的指示》，1962 年 3 月 26 日，华侨大学文书档案。

校舍建筑拉长，从 1961 年上马，1967 年扫尾，分 7 年建成。系科比原计划可减少航海、水产、医疗三个系。”① 1962 年 4 月，他在侨务工作扩大会议上强调，华侨大学要贯彻勤俭办学的方针，“要少而精，不要多而滥”“五、七年把五个系（指中文、数学、化学、热作、东语五系）办好，这样有了好的影响再发展”。② 同年 8 月 4 日，他在接见赴北京参加华侨大学基本建设会议的代表时，对学校基建方针做出“为学生服务，为教学服务”的指示意见。③

廖承志要求学校扎扎实实把教学工作做好，保证教育质量，培养出合格的学生。学校创办初期，中侨委就在教育部的支持下对学校的师资问题做出了合理的规划：由复旦大学、华东师范大学支援政治、中文、数、理、化方面的骨干师资；由华东化工学院支援化工方面的骨干师资；由福建农学院支援热带作物的师资，并对具体的支援方式也提出明确的要求。④ 为了提高教学质量，他亲自找教育部有关领导寻求支持，从北京、上海、天津等地的知名高校中抽调了一批教学能力突出的教师到学校工作，1962 年 8 月 3 日他还专门接见从北京大学、清华大学、北京师范大学等北京高校赴华侨大学任教的教师。除重视选拔培养国内师资力量，廖承志还指示学校要创造条件聘请外国专家来校工作。自 1961 年至 1963 年，他多次要华侨大学盖专家楼，为外国专家提供较好的生活和工作环境，使他们能够请得来，留得住；他还亲自出面做工作，把一位回国访问的印尼华人挽留下来专职搞科研。⑤

廖承志还十分重视学校的作风建设。他曾在侨务工作会议上说：“初办的学校校风很重要，要多搞为学生服务的，要放下书记、主任、什么长的架子，要团结学生。我们的学校不是衙门，要严禁军队作风、公安作风。党委招牌不要搞得那么大，党委办公室要搞小小的地方，让群众敢来。不要一竿子插到底，不要书记说了算，多听他们（指群众）的意见，最好少发言，党委办公室退到下面去。”⑥ 那些闪烁着真理和智慧光芒的讲话，对现今高校还有巨大的启迪作用。

---

① 中华人民共和国华侨事务委员会：《有关筹办华侨大学问题的几点意见》，1960 年 9 月 20 日，华侨大学文书档案。

② 《陈主任传达中侨委会议精神》，1962 年 4 月 13 日，会议记录，1961 年 12 月 29 日—1962 年 10 月 4 日，华侨大学文书档案。

③ 中华人民共和国华侨事务委员会：《华侨大学基本建设会议纪要》，1962 年 8 月 16 日，华侨大学文书档案。

④ 中华人民共和国国务院：《国务院转发华侨事务委员会、教育部所报的“创办华侨大学方案”》，1961 年 11 月 11 日，华侨大学文书档案。

⑤ 张罗应：《创校校长廖承志：华大永远在他心中》，《华侨大学报》2010 年 11 月 2 日，第 18 版。

⑥ 《谢书记在科长级以上会议传达报告纪要》，1962 年 6 月 26 日，会议记录，1961 年 12 月 29 日—1962 年 10 月 4 日，华侨大学文书档案。

（三）关心爱护华侨学生

廖承志熟悉侨情，理解和尊重华侨学生的特点，提出对侨生的教育不能简单化，要一视同仁，不得歧视；根据特点，适当照顾；要正确地、耐心地、生动活泼地进行工作，使学生感到像在家里一样温暖。①

廖承志对华侨学生的生活起居极为关心，在设计学生宿舍时，他强调设计要新颖，要适应学生的需要，宁可教师住差些，也要让学生住得好一点。他建议：学生宿舍一律采取单向外廊结构，这样室内光线充足，夏天凉快，也留有较大的活动空间，适应青年学生喜欢活动的特点；宿舍的地板要光滑，不能有钉子，以适应东南亚侨生喜欢光脚跳舞的习惯；女生宿舍要有卫生间，以照顾她们的生理特点和需要；不论男生还是女生宿舍，都要附设淋浴室，因为热带来的侨生喜欢冲澡。廖承志的这些指示意见，考虑得既周到又细致，字字句句渗透着对海外侨胞的深厚感情。

图 1 - 50　1967 年湛江接侨时，廖承志（中）接见侨大艺术系师生

他对在北京办学的华侨大学艺术系特别关注，将他们视为掌上明珠。不仅安排艺术界名家担任他们的专兼职老师，为他们创造大量的艺术实践机会，还时常去看望他们，观看他们的演出。1967 年，在湛江接侨时，廖承志还专门接见在那里的艺术系师生（见图 1 - 50）。1969 年，艺术系同学分两批被下放到福建与海南岛的农场。1970 年春天，在“文化大革命”中被打倒的廖承志仍以大无畏的精神关心艺术系同学的去向问题，他亲自指导艺术系学生给中央写信反映艺术系师生的前途问题，并将信由北京市革委会转交中央，这封信后来转到毛泽东主席手上，不久中央下达

① 中国新闻社：《廖公在人间》，三联书店，1984，第 145 页。

文件：华侨大学艺术系结束农场生活，重新分配，分配的地方不得小于中等城市。[①]

四　华侨大学首任党委第一书记林一心

图 1－51　华侨大学党委第一书记林一心（1960—1970 年在任）

林一心（1912—2010），曾用名林多王、林有文、林兼三、林志周，福建永春人。1929 年春加入中国共产党领导的外围组织反帝大同盟，参加反帝反封建反军阀的秘密宣传活动。1930 年 10 月调到党的秘密印刷厂工作，1931 年加入中国共产党。1936 年秋冬，先后担任反帝大同盟上海大场区负责人，中共沪东区委组织部部长、区委书记。1938 年 12 月至 1939 年 10 月任中共浙江省金衢特别区委员会书记，负责下属东阳、永康、兰溪、金华、义乌、浦江、江山、龙游等县党组织工作。1939 年 7 月至 1942 年 2 月任中共浙江省委候补委员。1941 年 1 月进中共中央党校一部学习，参加整风学习。1944 年至 1945 年 6 月任中央党校一部秘书科科长。1945 年后，先后任东北人民自治军北安军区政治部主任、中共黑龙江省委委员、中共嫩江省黑河中心县工作委员会书记、东北民主联军西满军区第五军分区政治委员、中共黑河地委书记等职。1949 年 8 月至 1952 年 1 月任厦门市委书记，是新中国成立后的首任厦门市委书记。1951 年后历任中共福建省委组织部副部长、中共福建省委组织部部长、福建省人民检察院检察长等职。1956 年 5 月至 1965 年 7 月任中共福建省委常委、副书记、书记处书记。其间兼任中共福建省委监委书记。1960 年 9 月 18 日起兼任华侨大学党委第一书记。1965 年后调任中侨委党组副书记兼政治部主任、中侨委副主任。“文化大革命”中，受到不公正待遇。1975 年 6 月至 1979 年 3 月任中共福建省委书记处书记、省纪律检查委员会书记。1979 年 2 月至 1984 年 4 月任国务院侨务办公室副主任、党组副书记。1982 年 9 月至 1985 年 9 月任中共中央纪律检查委员会委员、中国海外交流协会常务理事、中华全国归国华侨联合会顾问。1994 年在北京离休。2010 年 3 月 6 日在北京逝世。林一心是第一、二、三届全国人大代表，第五届全国政协常委，福建省第二、三、四届政协副主席，

---

① 刘才昌：《谁言寸草心，报得三春晖》，载《足迹（北京华侨大学艺术系建系 40 周年专辑）》，2002 年 8 月，华侨大学文书档案。

中共七大、十二大代表。

作为华侨大学的党委第一书记，林一心为学校的创办、复办做出了巨大贡献，是华侨大学的杰出领导者、奠基人和筹建人之一。

1960 年 3 月，时任福建省委书记处书记林一心在得知中央要在泉州创办华侨大学后，便对中央的决定表示热烈拥护和全力支持。他一面指示晋江地委做好华侨大学创办计划的草拟与修订工作，一面与著名侨领庄希泉、庄明理、张楚琨等积极奔走于北京、福建之间，就有关办学问题协调中侨委与地方党委的意见，为学校的创办倾注了大量心血。5 月，他还亲自来泉州实地勘察选择校址。

创办之初，华侨大学面临着“两大难”——师资和物资。为解决师资问题，林一心多方奔走，专门向廖承志汇报，获得中央同意支持，从北京、上海等地商调了一大批名师到学校任教，如韦悫、杨曾艺、麦淑良等，因此建校之初的华侨大学，可谓人才济济。办学初期正值国家困难时期，物资非常紧张，师生副食品供应非常困难。学校向林一心报告此事后，他把当时负责泉州物资供应的泉州市委财贸部部长王福起调来华侨大学专管物资供应工作，学校副食品供应困难的问题得到了很好的解决。①

1978 年，国家决定复办华侨大学，时任福建省委书记处书记林一心兼任复办华侨大学工作筹备领导小组组长，为华侨大学复办再次殚精竭虑、呕心沥血。华侨大学董事会成立后，林一心先后当选为华侨大学第一、二、三届董事会副董事长，第四届董事会董事，第五届董事会荣誉董事，多次拜访海外侨胞、港澳同胞等，鼓励他们支持华侨大学办学。此外，他还担任华侨大学校友总会名誉会长。

五　校系党政机构

（一）校党政机构及负责人

1960 年 9 月，被抽调到福州筹办开学事宜的 16 位干部（其中党员 13 人、团员 1 人）组成临时党支部，受福州师院党委会领导，杨竹志任临时党支部书记。在行政上则成立了政治教育处、教务处、总务处三个学校最早的部门，采用临时分工负责的办法，谢秀华、桑太华分别担任政治教育处、总务处临时负责人，部门领导的职务未正式确认。②

---

① 《林一心先生的“华大心”》，华侨大学校友网，https://alumni.hqu.edu.cn/info/1016/1468.htm，最后访问日期：2019 年 12 月 17 日。

② 华侨大学：《华侨大学工作情况报告》，1960 年 9 月 28 日，华侨大学文书档案。

学校从福州迁往厦门集美后，成立党总支委员会，并按教学与行政两部分成立党支部。为加强对学校各项工作的管理，相继设立基建处、校部办公室、人事处、总务处、教务处等五个行政机构。[①] 1962 年，增设生产处。[②] 1963 年 2 月，中侨委党组和福建省委组织部通知：中共华侨大学委员会设立党委办公室、组织部、宣传部、统战部、武装部等办事机构。[③] 4 月 25 日，校部机关总支部委员会成立，王福起任书记，陈毓洸为副书记。[④] 1964 年，为加强学校的科研工作，学校成立科研处。同年，华侨大学派出所成立，与从人事处分离出来的保卫科合署办公。1965 年，基建处被撤销。[⑤]

“文化大革命”前学校党政机构及负责人详见表 1 - 14。

表 1 - 14　学校党政机构负责人一览（1960 年 9 月—1965 年 7 月）

机构名称	包含科室	正职	副职	备注
教务长		张向毅（1962） 杨曾艺（1964）		
党委办公室		顾爱华（1963. 10）	黄晞（任职时间不详）	
党委宣传部		刘伯玉（任职时间不详）	王西新（1961. 12） 卢守德（1965. 8）	党委统战部与宣传部合署
基建处	材运科、工程科、财务科		陈金源（1962. 7） 郭振声（1962. 7） 倪章屿（1962. 7）	1965 年撤销基建处，在总务处下设基建科
生产处	生产科		池冲（1962. 7）	
人事处	学生科、保卫科、干部科	黄文清（任职时间不详）	朱扶成（1962. 9）	党委组织部与人事处合署
总务处	行政科、校产科、财务科、膳食科、生产科、卫生保健科	许民安（任职时间不详）	王福起（1962. 12） 池冲（1963. 11） 黄少伟（1963）	
教务处	教务科、教材科、设备科	乐澄清（兼，任职时间不详）		
科研处	科研科	科研科科长：吴铉铉（1964. 6）		

① 华侨大学：《关于开学工作的报告》，1961 年 9 月 19 日，华侨大学文书档案。

② 贾益民主编《华侨大学志（1960—2010）》，中国文史出版社，2015，第 16 页。

③ 贾益民主编《华侨大学志（1960—2010）》，中国文史出版社，2015，第 370 页。

④ 中共华侨大学委员会组织部：《关于成立校部机关总支部委员会的任命通知》，1963 年 4 月 25 日，华侨大学文书档案。

⑤ 华侨大学：《关于撤销基建处机构的报告》，1965 年 9 月 30 日，华侨大学文书档案。

续表

机构名称	包含科室	正职	副职	备注
保卫科		负责人：汤天来（1963.8）		1964 年从人事处分离出来与华侨大学派出所合署
工会		谢白秋 （兼，任职时间不详）	谢秀华（1961.9）	科级编制
团委			张维贤（1962.8） 许常新（1964.8）	科级编制
图书馆		采编科科长： 杨章熹（1962.8） 林文芳（任职时间不详） 胡启宽（任职时间不详）	科级编制	

注：省管干部的任职时间以福建省委组织部批准任命的时间为准。

资料来源：

1. 中共华侨大学党委组织部：《中央、省委管理的干部简明登记表》，1964 年 8 月 12 日，华侨大学文书档案。
2. 中共福建省委组织部：《关于顾爱华等同志任免问题的批示》，1963 年 10 月 29 日，华侨大学文书档案。
3. 中共福建省委组织部：《关于池冲同志的任免通知》，1963 年 11 月 12 日，华侨大学文书档案。
4. 中共福建省委组织部：《关于乐澄清等同志任免问题的批示》，1962 年 7 月 23 日，华侨大学文书档案。
5. 中共福建省委组织部：《关于朱扶成、李正山两位同志的任免通知》，1962 年 9 月 13 日，华侨大学文书档案。
6. 华侨大学人事处：《科级、讲师以上人员名册》，1962 年 11 月，华侨大学文书档案。
7. 中共福建省委统一战线工作部：《关于王西新同志的任免通知》，1961 年 12 月 6 日，华侨大学文书档案。
8. 华侨大学：《有关科级干部的任命通知》，1964 年 6 月 1 日，华侨大学文书档案。
9. 华侨大学：《各单位负责同志名单》，华侨大学文书档案。
10. 华侨大学：《会议记录》，1961 年 12 月 29 日—1962 年 10 月 4 日，华侨大学文书档案。

（二）系党政负责人

创办时期，学校实行校、系两级办学体制。办学上，虽然从苏联引入“专业”这一名称，但从学校主管部门、学校领导到全校师生，大多数人对这个词语概念模糊，常与“系”混淆，如“政教系”“热带作物栽培系”等错误称呼时常在当时正式文件和后来教师、校友的回忆性文章及口述中出现。

系一级的党组织称为党总支。与校党委一样，系党总支也是先任命负责人，随后再正式设立党总支。这主要是因为创办初期，各系党员人数少，无法达到成立党总支的条件，有的系甚至连成立党支部（正式党员 3 人以上）的条件也不具备。

1961 年秋，为加强教学和党政管理工作，学校最早为中文系、数学系、化学系三个系配备了党政领导，乐澄清、郭良夫分别担任中文系第一任主任、副主任，杨竹志则被任命为中文系第一任党总支副书记，方宁斯担任数学系第一任党总支书记，[①] 杨

① 按照规定，省管干部（指县处级干部）的任免必须经福建省委组织部批准同意。乐澄清、方宁斯两位同志的任免通知于 1962 年 7 月下达。

习之被任命为化学系第一任党总支副书记。[①] 由于党员人数少，中文系成立党支部，数学系则与化学系、政治教研室组成联合党支部。1963 年 1 月华侨大学党委会正式成立后，各系的党总支建设步伐逐渐加快。随着各系师生人数和党员人数的不断增加，为加强基层党组织的集体领导，各系的总支部委员会陆续设立。1960 年 9 月至 1965 年 7 月期间各系党政负责人见表 1－15。

表 1－15　各系党政负责人一览（1960 年 9 月—1965 年 7 月）

系别	开办专业	党总支领导	系领导
中文系	中国语言文学	副书记：杨竹志（1961）	系主任：乐澄清（1962） 系副主任：郭良夫（1961）
数学系	数学	书记：方宁斯（1962）	系副主任：洪宗禀（1963）
化学系	化学	副书记：杨习之（1961） 马德荣（1964）	系副主任：林文芳（1962） 陈淑元（1962）
政治系	政治学（政治教育）	副书记：李业珍（1962）	系主任：罗芬（1963） 系副主任：方晓丘（1962）
物理系	物理学	副书记：张伟贤（1962）	
艺术系	舞蹈、声乐、器乐		系主任：刘采石（1963）
热作系	亚热带作物栽培	书记：李正山（1962）	系主任：金作栋（1963）
医疗系（医学系）	医疗（医学）	书记：孟献武（1963）	系主任：王志超（1963）罗芬（1964） 系副主任：王华尧（1964）
外语系	印尼语、英语、日语	副书记：蔡仁龙 （任职时间不详）	系副主任：何希銮（1962）
土建系	工业与民用建筑		系主任：罗孝登（1964）
化工系	无机物工学	副书记：贺泽（1964）	系副主任：杨翔翔（1964）

注：省管干部的任职时间以福建省委组织部批准任命的时间为准。

资料来源：1. 中共华侨大学党委组织部：《中央、省委管理的干部简明登记表》，1964 年 8 月 12 日，华侨大学文书档案。

2. 华侨大学人事处：《关于许常新等同志的任命通知》，1964 年 8 月 28 日，华侨大学文书档案。

3. 华侨大学人事处：《职工调整工资花名册》，1963 年 11 月 23 日，华侨大学文书档案。

4. 华侨大学人事处：《科级、讲师以上人员名册》，1962 年 11 月，华侨大学文书档案。

5. 华侨大学：《各单位负责同志名单》，华侨大学文书档案。

① 华侨大学：《关于开学工作的报告》，1961 年 9 月 19 日，华侨大学文书档案。

第五节　师资建设与教学改革

一　师资队伍的组建

校长廖承志认为，要办好一所学校，主要是靠教师。因此，华侨大学从创办之初对师资队伍的组建，就采取“宁缺毋滥、择优组建、德才并重、重点培养”的方针，在具体操作上坚持以“中青年教师为主、重点大学为主，政治素质和业务水平并重，急需先调、谨慎选择”的原则，取得了良好的效果。

建校初期，华侨大学的师资力量非常缺乏，而此时恰逢国家对高等教育采取“调整、充实、巩固、提高”的方针，有不少高等学校或被压缩规模，或合并，或停办，这从客观上为华侨大学师资队伍的组建提供了可供选择的余地。还在创办时期的华侨大学，在师资和干部的调配方面，得到了教育部及中央各部委的大力支持。当时，中侨委决定在北京等高校中调一部分教师到华侨大学，作为教师骨干。廖承志亲自找到时任教育部副部长的蒋南翔，[①] 希望教育部予以支持。教育部便在下属高校中，为华侨大学抽调了一些业务素质较好的教师，如北京大学的郭辅成、清华大学的麦淑良和北京师范大学的梁梦兰等人，仅是清华大学建筑系，就选派了好几个人。教育部还让中侨委自己到高校去物色，凡是华侨大学需要的，看中哪一个，就调哪一个去。考虑到华侨大学的特殊性，中侨委还找到中央统战部，要求在教师和干部方面给予支持。统战部也是一路绿灯，他们拿出花名册，让中侨委自己挑选。当时，除北京外，天津等其他一些城市也有一些教师被选调到华侨大学工作。[②]

廖承志不仅积极协调各大高校的教师来校任教，还努力聘请外国专家来提升办

---

① 蒋南翔：江苏宜兴人，曾任中央教育部副部长、党组副书记，高教部部长、党委书记，清华大学校长、党委书记，北京市委常委、北京市高等学校党委第一书记。

② 黄英湖：《华侨大学的创办和初期情况》，华侨大学校友网，https://alumni.hqu.edu.cn/info/1014/1422.htm，最后访问日期：2020 年 8 月 24 日。

图 1－52　1962 年 8 月 3 日，中侨委主任、华侨大学校长廖承志（前排中）、中侨委副主任方方、黄长水、庄明理，在北京接见从中国人民大学、北京大学、清华大学、北京师范大学准备前往华侨大学任教的教师

学层次。自 1961 至 1963 年，他多次要华侨大学盖专家楼，想要为外国专家提供较好的生活和工作环境，使他们能够请得来，留得住。他还亲自出面做工作，把荷兰籍印尼华人郭福长教授挽留下来，并把他的宿舍专门安排在南区教授楼。① 由此，学校的师资队伍开始慢慢组建起来。

1960 年，华侨大学中文、政治两系附设在福州师院，中文系由福州师院教师代课，政治系经省委党校答应派人开课。第一学期至 9 月 28 日，已由中侨委、省人事局等部门派来新教师 19 名（当时还有 4 名教师未报到）（见表 1－16），在这些教师中，除林中汀、吴其庄二人被安排到福州师院边任教边进修外，其中有 4 人是从朝鲜中国人中学回国的教师，1 人是助教，12 人是高等学校的应届毕业生，因此只拟留中文系的林琪英、黄讯吉和政治系的康玉琛担任一部分功课和辅导工作，其余计划分别送福建省内的高等学校培养准备第二年开课。②

表 1－16　1960 年新调至华侨大学教师情况

姓名	性别	学历	原任职务	拟安排职务
吴其庄	女	厦门大学化学系毕业	山西林业专科教员	福州师院边任教边进修
林中汀	男	厦门大学化学系毕业	太原煤矿学校	福州师院边任教边进修
华青	男	上海社会科学院政法系	学生	送高校进修
谢为坤	男	华东师大数学系毕业	学生	送高校进修

① 黄英湖：《华大诞生记之北京来的老师》，华侨大学校友网，https://alumni.hqu.edu.cn/info/1014/1426.htm，最后访问日期：2020 年 8 月 24 日。

② 华侨大学：《华侨大学工作情况报告》，1960 年 9 月 28 日，华侨大学文书档案。

续表

姓名	性别	学历	原任职务	拟安排职务
杨兴华	男	华东师大历史系毕业	学生	送高校进修
饶福生	男	厦门大学中文系毕业	学生	送高校进修
洪锦棠	男	厦门大学经济系毕业	学生	送高校进修
陈元	男	厦门大学历史系毕业	学生	送高校进修东方语言学
丘楚琴	女	厦门大学历史系毕业	学生	送高校进修东方语言学
吴世宗	男	厦门大学英文系毕业	学生	送高校进修英文系
钟永城	男	人民大学政法系毕业	学生	送高校进修
金邦和	男	人民大学工业经济学毕业	学生	送高校进修
鲁承武	男	北师大物理系毕业	从朝鲜中国人中学回国教师	送高校进修（未报到）
马德荣	男	东北师大化学系毕业	从朝鲜中国人中学回国教师	送高校进修（未报到）
徐春九	男	东北师大历史系毕业	从朝鲜中国人中学回国教师	送高校进修（未报到）
郭静芳	女	北师大物理系毕业	从朝鲜中国人中学回国教师	送高校进修（未报到）
林琪英	女	北师大中文系毕业	北师大助教	留校教学
黄讯吉	男	厦门大学中文系毕业	学生	留校教学
康玉琛	男	人民大学政法系毕业	学生	留校教学

资料来源：华侨大学人事处：《新调来教师情况表》，1960 年 9 月 28 日，华侨大学文书档案。

1961 年 6 月 21 日，经中侨委与教育部、计委、人事局多次联系，并通过统战部、中宣部等有关方面的协助，计委计划分配 29 名应届高等学校毕业生给华侨大学，其中，数学 5 名、化学 3 名、物理 2 名、文学 2 名、历史 3 名，哲学、政治经济学、中共党史、文学、语言、东南亚史各 1 名，另外还有师范类专业的中文 3 名、历史 2 名、数学 2 名、化学 1 名。教育部同意从北大、人大、华东师大抽调 13 名主讲教师支援华侨大学，其中，中文 6 名，数学 4 名、政治 3 名。内务部人事局同意在具体分配应届高等学校毕业生时，在质量上给予华侨大学一定的照顾，但由于当年高等学校毕业生交计委统一分配的数量不多，毕业生分配实际上也存在一定的困难，人事司也设法联系，争取在分配前看到毕业生档案材料，以便挑选师资分配给华侨大学。① 1961 年 6 月 26 日，为解决师资配备的问题，教育部决定抽调复旦大学、北京大学和中国人民大学一部分能讲课的讲师或助教支援华侨大学。其中：由复旦大学支援现代文学、现代汉语、文艺理论、高等数学、函数论、代数几何各 1 人；由北京大学支援现代汉语 2 人，文学史 1 人；由中国人民大学支援中共党史 2

① 中华人民共和国华侨事务委员会：《关于师资配备问题函》，1961 年 6 月 21 日，华侨大学文书档案。

人、哲学1人。[①]

1962年夏，厦门医学院、漳州农学院、泉州师范学院部分专业并入华侨大学，学校对这几所学院的专业教师并没有全部接受同步调进，而是坚持既定原则，逐一考核筛选，择优调入，从而进一步增强学校的师资力量。

1962年8月18日，中侨委接国家计委《关于一九六二年高等学校毕业生分配计划草案的通知》，向教育部函告其所办各校被分配的30名毕业生（毕业生24名，研究生6名），其中分配给华侨大学的毕业生有7名，包括小提琴专业毕业生1名，汉语音韵研究生1名，先秦隋唐文学研究生1名，中共党史研究生1名，复变函数研究生1名，固体物理研究生1名和高分子化学研究生1名。[②] 1963年暑假，中侨委接教育部关于《函发1963年暑、寒假外文类毕业生调配计划的通知》，分配给华侨大学英语本科毕业生6名（福建省）。[③] 1963年12月12日，教育部分配给华侨大学2名中国人民大学政治理论研究班的毕业生，分别是中共党史专业的王朝瑞和政治经济学专业的叶镜华。[④] 截至1964年10月，华侨大学师资情况见表1－17。

表1－17　1964年华侨大学教师职别情况

单位：人

系别	教授	讲师	教员	助教	总计
中文	1	9	3	40	53
政治	1	11	2	34	48
外语		2	21	32	55
数学		8		36	44
物理	1	10	2	31	44
化学	1	7	2	32	42
土建	4	3		25	32
化工		3		19	22
医疗	2	7	1	60	70
热作	2	5	3	28	38
体育			3	12	15
总计	12	65	37	349	463

注：以上数据截至1964年10月，不包括艺术系的教师统计情况。

资料来源：华侨大学人事处：《教师职别情况统计表》，1964年10月，华侨大学文书档案。

① 中华人民共和国教育部：《关于抽调教师支援华侨大学》，1961年6月26日，华侨大学文书档案。

② 中华人民共和国华侨事务委员会：《函告侨大中计委已分配30名研究班毕业生》，1962年8月18日，华侨大学文书档案。

③ 中华人民共和国华侨事务委员会：《关于外文类毕业生调配计划通知及为华侨大学外语调配问题的文件》，1963年8月9日，华侨大学文书档案。

④ 中华人民共和国教育部：《下达中国人民大学政治理论研究生班毕业生分配方案》，1963年12月12日，华侨大学文书档案。

创办时期，华侨大学共有高级职称教师14人，名单见表1－18。

表1－18　创办时期华侨大学高级职称教师名单

系别	姓名	职称	入校时间
校领导	韦悫	教授	1964年
土建	罗孝登	教授	1964年
	钱钟毅	研究员	1964年
	杨曾艺	教授	1964年
	李颂琛	教授	1964年9月
	麦淑良	副教授	1964年9月
热作	金作栋	教授	1962年
	胡光烈	教授	1962年
中文	郭良夫	副教授	1961年
化学	郭福长	教授	1963年6月
	陈淑元	副教授	1962年
政治	梁梦兰	副教授	
医疗	王华尧	副教授	
	王湘兰	副教授	
物理	强元康	副教授	1963年

资料来源：华侨大学：《原省管干部名单》，1971年12月华侨大学文书档案；华侨大学人事处：《科级、讲师以上人员名册》，1962年11月，华侨大学文书档案。

华侨大学建校之初的教师队伍里面，有专业领域的领军人物，有心念祖国的华人教授，有治学严谨的语言学家，有致力教改的经济学家，还有幽默风趣的年轻学者，他们当初克服困难支援华侨大学建设，为学校学科专业的发展，奠定了良好的基础。

1. “清华三剑客”

图1－53　杨曾艺

建校之初，清华大学土木建筑系杨曾艺教授、李颂琛教授和麦淑良副教授先后调来华侨大学任教，他们发挥专业所长，为华侨大学的建设做出了积极的贡献。

杨曾艺（1910—1998）（见图1－53），曾任华侨大学教务长，是清华大学最早调任华侨大学的土木工程专家。杨曾艺主要从事建筑施工的教学和研究，专于建筑施工技术与组织规划，主编过《建筑施工技术与机械化》《建筑施工组织与规划》。调任华侨大学之前，杨曾艺一直在北京学习、工作，他的祖籍在江苏武进县，8岁时随父迁入北京。1932 年，杨曾艺从清华大学土木工程专业毕业，1947 年，在北京大学任职副教授。1952 年，由于当时北京大学土木系并入清华大学，杨曾艺遂转入清华大学任教。在清华大学任教。其间，杨曾艺升任教授。1950 年，杨曾艺加入中国共产党并在党组织的指示下，加入九三学社，做了一段时间的统战工作。1955 年，他赴苏联莫斯科建筑工程学院进修，学习建筑施工技术，1958 年学习期满回国。1964 年，经过中侨委的精心挑选和廖承志的亲自斡旋，时年 54 岁的清华大学土木建筑系副主任杨曾艺教授，告别家属，离京南下，来到了刚刚创建不久的华侨大学。从此，他的后半生便与华侨大学的命运紧密联系在一起。

杨曾艺为华侨大学的创办和复办做了很大贡献，在筹备建设建宁分校期间，杨曾艺发挥业务特长，亲自到工地巡视，拉着皮尺在工地搞测量。1970 年，受“文化大革命”影响，华侨大学停办，杨曾艺也被下放到福建建瓯农村参加劳动，两年后，被调到福建省委党校学习，1972 年 10 月被分配至福州大学任教。1978 年，华侨大学复办，为支援学校建设，杨曾艺从福州大学返回华侨大学，并担任副校长。复办期间，他为学生讲授结构工程、建筑施工等课程，辅导结构工程系研究生，还担任福建省土木建筑学会第二届理事长，1993 年退休后，他继续为华侨大学发光发热，83 岁高龄依然亲自为土木系 78 级学生和电脑系教师教授科技英语，并为建筑系编写“建筑结构”课程讲义。杨曾艺最小的儿子杨祖航，也曾和父亲一起奉献华大。1998 年，杨曾艺因病去世，享年 88 岁。

图 1－54　李颂琛

李颂琛（1909—1999）（见图 1－54），广东梅县人，印尼归侨。李颂琛中学时代曾在厦门集美中学读书。1964 年 9 月，李颂琛由清华大学调任华侨大学，来校前已是清华大学教授，并担任土建系给排水教研组主任。在清华大学时，李颂琛曾与人合编给排水全国高校交流教材，发表关于水的沉淀问题文章。他领导的给排水专业毕业设计教师小组，两次获得清华大学先进集体奖，他还参加过北京市的都市规划，是市政工程和给排水工程方面的专家。

李颂琛曾回忆过他调到华侨大学的经过：

1964 年 5 月清华土建系党总支副书记刘鸿亮、系主任陶葆楷把我叫到实验室办公室，对我说华侨大学要开办土木系，培养专业面要广一些的，因此需老教师去帮助办起来，组织上决定调你去。但没有给排水专业，恐怕要小改行。我表示服从组织分配，同意调我去。但现在指导毕业设计，恐须到学期结束才

> 能去。他们说那当然。刘鸿亮又说杨曾艺已经调去了，这次调去的还有麦淑良，你们都是熟人，交情好办一些。1964年5月，杨曾艺和韦校长先来的，杨曾艺到华大后曾给我写过一封信，说我的住房已经组织上分配在六号楼，家具有一些，但不够，还要带一些。1964年8月5日，我、麦淑良及杨曾艺爱人三家老小，由人事科长陪同离北京南下，于8月12日到达华侨大学。①

在华侨大学期间，李颂琛被学校派到上海华东建筑设计院参加土建系水力学实验室设计，1966年，李颂琛代表华侨大学参加北京建筑工程部给排水专业教材编审会议，审查建筑设备等教材，并经中侨委介绍到水利部了解农田水利专业情况。1985—1986学年，李颂琛获华侨大学教学优秀奖。1987年退休。1999年，李颂琛因病去世，享年90岁。

图1－55　麦淑良

麦淑良（1921—1999）（见图1－55），广东梅县人，印尼归侨。1946年毕业于广西大学土木工程系，1947年在桂林广西大学任助教，1947年回印尼，先后在中华中学、椰城中学担任高中教员，1951年在清华大学土木系读研究生，1952年留校担任助教，1954年任讲师，1961年任清华大学副教授。1964年9月，麦淑良调任华侨大学，并担任力学结构教研组主任。1970年华侨大学停办，麦淑良被安排到福州大学工作。1979年，因华侨大学复办需要，麦淑良重新回到华侨大学，并升任教授。麦淑良教授在华侨大学期间曾主讲结构力学、木结构等多门课程，教学经验丰富，他在木结构等方面有较深造诣，参加过全国通用教材《木结构》的编写及主审，发表《断裂力学在木结构中的应用》《结构的安全度》等文章，翻译俄文结构力学课本，与北京林业科学院合作进行木结构连接试验研究，参加国家建研院结构安全度科研项目。麦淑良还担任过福建省政协委员。

2. 爱国华人郭福长

郭福长（1912—1993），荷兰籍印尼华人，化学工程师。郭福长出生于印尼爪哇省博弈奥拉镇，是第三代侨生，自小读荷兰文学校，不会讲中文，高中毕业后赴荷兰代尔夫特科技大学攻读化学专业，获化学工程师学位。郭福长对自己的祖国一

① 李颂琛：《交代我的详细历史》，1968年3月7日，华侨大学人事档案。

直充满感情。在荷兰求学期间，郭福长参加了当地学生创办的中华会，对于中国当时正在进行的抗日战争十分关注，也曾有过想要去延安的想法。1946年印尼独立，郭福长被召唤回印尼为出生地做贡献，并被印尼总统苏加诺任命为教授，安排到艾朗加大学医学院任教。在印尼，郭福长仍然关心关注着祖国新中国成立后的建设发展，并且为争取华裔在印尼享受平等待遇积极奔走。印尼排华事件以后，郭福长想要回祖国参加社会主义建设的念头更加强烈，他不顾兄弟姐妹反对，向印尼总统提出辞呈，决定同当时印尼医学界的高级知识分子一起回国。1961年1月第一批高级知识分子回国以后，中国因顾及与印尼关系不再提倡高级知识分子回国，而此时的郭福长已经辞职，家人遂劝说其去荷兰或者到其他学校任教，但是郭福长心念祖国，还是坚持要回到自己的祖国。最后，他通过一个去印度参加世界和平理事会的朋友，向时任中国代表团团长的廖承志反映情况，在廖承志的帮助下，郭福长一家于1961年10月16日乘光华轮由雅加达抵达广州。

回到祖国后，郭福长被中侨委安排到华侨大学化学系任教。在华侨大学他一边继续努力学中文，一边用印尼文教化学课，讲的课文由学生翻译成中文。1964年，郭福长担任中国人民政治协商会议第四届全国委员会委员，出席在人民大会堂举办的政协四届一次会议。“文革”后，郭福长被分到福州第二化工厂工作。1974年，郭福长全家赴旧金山定居，1993年去世，其子女遵其遗嘱，将其骨灰撒入厦门鼓浪屿。①

3. 语言学家郭良夫

图1-56 郭良夫

郭良夫（1916—2010）（见图1-56），语言学家，师从闻一多先生，山东巨野人。1943年10月至1946年7月在昆明西南联合大学中文系就读，1947年清华大学中文系毕业后留校，任助教、讲师。1949年7月加入中国共产党。1952年9月起在北京大学中文系任副教授、汉语教研室主任，1961年9月起在华侨大学中文系任副教授、副主任。在华侨大学任教期间，郭良夫曾教授《楚辞》。1972年10月起在福建师范大学中文系任副教授，1977年11月起在中国社会科学院文学研究所工作，1978年后在商务印书馆任汉语编辑室主任、编审。郭良夫是中国语言学会理事、北京市语言学会常务理事、中国音韵

① 资料由郭福长儿子郭汉明、郭汉民、郭汉禄提供，任智勇、蔡若坤整理。

学研究会理事、北京美术学会常务理事。1992年起享受国务院政府特殊津贴。2010年5月辞世。①

郭良夫的语言文字研究，侧重于现代汉语的词汇和语法研究，以及字典、词典编纂理论和实践的探讨。早在1948年就曾在清华大学中国文学会主编的《语言与文学》周刊上发表《论言语》一文；1958年在北京大学主编《汉语教科书》，这是新中国成立后最早的一部对外汉语教学所用的教材。1978年调任商务印书馆。其间，先后发表《汉语词汇规范问题》《论缩略》《论意义》《现代汉语的前缀和后缀》《词典编写与语言研究》《立目与立解——汉语词典编写问题之一》《字典词典编写问题》等数十篇重要论文。1990年出版专著《词典与词汇》，2002年出版他主编的《应用汉语大词典》。②

4. 人大经济学家方晓丘

图1－57　方晓丘

资料来源：由方晓丘之子方迈提供。

方晓丘（1930—）（见图1－57），江苏南通人，著名经济学家。1953年，方晓丘从中国人民大学财政系经济学专业研究生班毕业后留校任教，之后担任人大财政系讲师、教研室主任，享受北京市高级知识分子食油补助。1962年8月，方晓丘接受教育部调配，与人大马列主义政治学讲师刘开通、国际共产主义运动史助教潘进才共同支援华侨大学建设，并担任华侨大学政治系副主任。1970年1月华侨大学撤销，10月方晓丘被下放到福建永安县水泥厂劳动，1971底调至福建省委办公厅，1973年调往福建师范大学任政教系主任、副校长。1979年，方晓丘调往福建省社会科学研究所（福建省社会科学院前身），1983年1月至1985年5月任福建省社会科学院第一任院长。③ 方晓丘在福建期间，曾任福建太平洋证券经济研究会会长，福建省政府经济研究中心研究员，福建省人大常委、政协常委。1986—1989年，方晓丘调往北京，任财政部财政科学研究所（现中国财政科学研究院）所长。现已退休。

方晓丘在担任华侨大学政治系副主任时，积极推动教学改革，把人大的教研模

① 参见百度百科“郭良夫“词条”。

② 王景山：《悼念郭良夫学长》，清华大学校友联络网，http://www.tsinghua.org.cn/xxfb/xxfbAction.do?ms=ViewFbxxDetail_detail0&xxid=10084839&lmid=4000351&nj=，最后访问日期：2020年8月24日。

③ 资料由方晓丘儿子方迈提供，任智勇、蔡若坤整理。

式与教学经验分享到华侨大学：政治系低年级就开始实施原本只有高年级才进行的讨论式、答辩式的教学方式，如党史、经济学、哲学，每学过一个章节就开展课堂讨论或正反方辩论；在考试方面也有创新，如抽签考试就是老师出 90 道考试题，学生抽签一张，一张 3 道题，接着准备 30 分钟，然后口试。这种面对面问答，弥补了笔试的不足，更锻炼了学生口才；中国人民大学的精彩教例也成功移植到华侨大学。① 1965 年 9 月，华侨大学决定将备战后方基地建在建宁，并将其作为政治系实行半农半读的试点，9 月 11 日，方晓丘率领政治系三、四年级学生 91 人，以及教职工共计 120 人，迁往建宁上课。② 据方老回忆，华侨大学复办时期，廖承志校长曾邀请他回校任教，但因当时已经接受了福建师范大学的邀请，故而没有再回到华侨大学。1998 年 3 月，方晓丘以福建省对外经济关系研究会会长、福建省经济研究中心研究员的身份再次回到华侨大学，并在学校开展了一场关于“东南亚金融危机和我们的防范对策”的专题形势报告，全校科级以上干部、讲师、各民主党派负责人、离退休老同志参加。③

5. 北大才子孙绍振

图 1－58　孙绍振

资料来源：由校友孙绍振提供。

孙绍振（1936—）（见图 1－58），福建长乐人，国内著名文学评论家、文艺理论专家，曾任中国文艺理论学会副会长、福建省作家协会副主席、福建省写作学会会长、中外文论学会常务理事等。1960 年，孙绍振从北京大学中文系毕业并留校担任助教，1961 年调至华侨大学任教，1970 年华侨大学撤销，孙绍振被下放到泉州市德化县参加劳动，之后被安排到德化一中教英语，1973 年调至福建师范大学任教，后被聘为文学院教授、博士生导师，现已退休。

从 20 世纪 50 年代至今，孙绍振共有著作 30 余部，涉及诗歌、文学理论、美学理论、幽默学、文学等诸多领域，曾荣获教育部高等学校科学研究优秀成果（人文社会科学）二等奖两次、福建省社会科学优秀成果一等奖四次，并多次获得福建省社会科学优秀成果二

① 江显锥：《政治系：从招生到毕业》，华侨大学校友网，https://alumni.hqu.edu.cn/info/1014/1404.htm，最后访问日期：2020 年 8 月 24 日。

② 华侨大学党委办公室：《介绍方晓丘同志率领政治系三、四年级师生迁往建宁上课》，1965 年 9 月 10 日，华侨大学文书档案。

③ 华侨大学党委办公室：《关于组织参加 3 月 26 日方晓丘教授讲学报告的通知》，1998 年 3 月 23 日，华侨大学文书档案。

等、三等奖。20 世纪 80 年代初，孙绍振致力于诗歌创作，并在《诗刊》上发表了《新的美学原则在崛起》一文，此文直接推动了 80 年代朦胧诗的发展，成为中国当代文学史上具有划时代意义的“三崛起”[①] 之一。1981 年以后，孙绍振集中力量从事文艺理论研究，学术思想以其独创的真善美三维错位及形象之三维结构理论为基础，自成系统，代表作有《文学创作论》《论变异》《美的结构》等，特别是《文学创作论》在学术界影响很大，出版后深受作家和文学爱好者喜爱，被多次再版重印，并且获得福建省 10 年优秀成果奖、台湾郭枫文学奖、全国写作学会一等奖等荣誉。90 年代中期，孙绍振将三维错位学说拓展到幽默理论研究，代表有《幽默答辩五十法》《幽默逻辑探秘》等，他自己也开始从事幽默散文创作，代表作有《面对陌生人》《美女危险论》《灵魂的喜剧》《孙绍振幽默文集》等。21 世纪初期，孙绍振开始致力于文本解读并在 2015 年出版了《文学文本解读学》，该书自觉批评西方前卫文论，在中国古典文论创作论的基础上，发出中国文学理论的声音。

孙氏理论对中国当代作家影响深远。1985 年，孙绍振应邀到解放军艺术学院文学系讲课，他以《文学创作论》为教材连续开讲一周，广受学生欢迎，创造了文学系连续开讲的最高纪录，也因此成为该学院唯一连续五年受聘讲课的老师。该文学系后来培养出莫言、阎连科、李存葆、钱刚、王海鸰、麦家、石钟山、柳建伟等诸多当代中国文学名家，包括 1 位诺贝尔文学奖得主、1 位卡夫卡文学奖得主、4 位茅盾文学奖得主和 20 位鲁迅文学奖得主，孙绍振功不可没。作家莫言曾在《莫言、王尧对话录》中特别感谢孙绍振对他的影响，莫言获得诺贝尔文学奖以后，曾多次在公开场合表示自己的创作得益于孙绍振当年讲授的《文学创作论》；作家宋学武更是直接以孙绍振的理论术语“心口误差”为题，创作了一篇短篇小说，发表于《上海文学》。[②]

孙绍振是创办早期调到华侨大学的教师之一。1961 年夏，为支持华侨大学办学，孙绍振接受北京大学的选派，放弃继续攻读研究生的资格，离开已经工作一年的母校，只身前往福建华侨大学任教。据孙绍振介绍，当时与他同时调来中文系的，除了一位北京大学的副教授，几乎全是重点大学尚未毕业的研究生，他们分别来自北京大学、北京师范大学、复旦大学、武汉大学、中山大学、山东大学、中国人民

---

① 1980 年，文坛因“朦胧诗”而引发论争。1980 年 5 月 7 日，《光明日报》发表谢冕《在新的崛起面前》，1981 年第 3 期《诗刊》发表孙绍振《新的美学原则的崛起》，1983 年第 1 期《当代文艺思潮》发表徐敬亚《崛起的诗群》，这三篇文章，史称“三崛起”。“三崛起”从形式到内容把朦胧诗的艺术主张系统化，肯定了朦胧诗的价值，被称为朦胧诗的“伯乐”。

② 孙绍振：《从〈文学创作论〉到〈文学文本解读学〉——我的学术道路》，《名作欣赏·别册》2020 年第 2 期。

大学等高校。孙绍振调入华侨大学时，适逢学校在福州办学，多年后孙老如此回忆起他来校报到的第一夜情形：

> 这一夜，是我到达福建，也是到达华侨大学的第一夜。当夜躺在临时搭起来的木板床上，究竟有什么感受，我现在完全记不得了。只记得既没有浪漫的感觉，也没有悲壮的感觉。也许由于旅途劳累，我一躺下去就沉沉睡去，第二天一早醒来阳光已经照上我的脸了。我伸了一个懒腰十分轻松地跳下床来，看着四周的田野。而和我同来的那位同学说："你昨夜睡得好沉，而我却一夜都没有合眼。蚊子太多，一抓一把。我只好把床单拿在手中挥舞了一夜。"他把手臂伸给我看，上面有好些红点。我不觉想到了自己，一看自己的手臂、手背、大腿、小腿、脚面上满是密密麻麻的蚊子点。我同学拿了镜子来，我看到自己变成了红脸麻子。也不知为什么，我现在还能清楚地记得，我一点没有痛苦、委屈之感，甚至连悲壮之感都没有，只有一种好玩的感觉。我在北京六年，从来没有挂过蚊帐，福建的蚊子这样一视同仁，不把我当外乡人，反而使我淡化了的浪漫之情油然而生。我因此而想起了许多美丽的诗句。例如，那里的鸟不飞，草不长，那里就是我应该选择的地方。不仅如此，我还在日记上写了誓言：要经得起祖国的考验，不能有丝毫的自私自利之心。要在这里扎下根来，在这里开花结果。①

在中文系的第一年，孙绍振担任"现代文学"课的主讲教师，后被安排协助一位讲师批改学生作文，很少再上讲台。虽然工作量很少，但是他却改得很认真，有时甚至批语比学生的文章还要长。这也让孙绍振意外地拥有了大量的时间自由阅读，他开始系统阅读马列著作和中西哲学经典，特别是到了"文化大革命"期间，长达七个月孙绍振只能读一本《毛泽东选集》，于是他从第一个字一直读到最后一个注解，来来回回一共读了四五遍，逐渐体悟到了毛泽东思想的精华。十年间，海量的阅读让孙绍振的思维得到拓展、知识面变得广阔、思想厚度得以增加，这些都为他以后的学术大成打下了基础。

华侨大学十年，孙绍振曾在四个不同的地方上过课：泉州、福州师院、集美华侨补校及建宁办学点。在福州，学生上课是在一座长达几十米的大席棚里，大自然同时就是饭厅，教师则借住在农民家里。而建宁，由于太偏远，孙绍振和师生们还

---

① 孙绍振：《华大第一夜》，华侨大学校友网，https://alumni.hqu.edu.cn/info/1014/1423.htm，最后访问日期：2020 年 8 月 24 日。

得自己挑石头修筑进校的路。这十年学校的发展也留在孙绍振的记忆中：栽种学校第一批芒果树、从国外进口的钢窗钢门、全国一流的学生住宿条件等。[①] 时至今日，孙绍振依然相当感慨："是华侨大学造就了我，养肥了我。没有这十年，就没有今天的我。我要感谢华侨大学图书馆，虽然他比不上北大图书馆，但是，在建校两三年那么短的时间内不知用什么办法收罗了那么丰富的典籍，充分满足了我的求知欲。这段时间成了我超长的学术营养期。我还要感谢华侨大学的是，它让我保持着我对英语的爱好，力争每天早晨读半小时，'文革'开始，停课了，我是绝对地被孤立起来了，我有更多的时间，每天坚持读英文。就是在先后两次被审查失去自由的时间，也没有放弃。到了1987年，教育部规定，凡副教授以上，党委批准，通过英语熟练考试（EPT）可出国进修讲学。当时，全省才有七个人敢报名，最后考取了三个，文科就我一个考取了，后来我到德国进修，美国大学英语系讲学，全靠的华侨大学打下的英语底子。我还要感谢华侨大学的是，它让我遇到了那么好的学生。虽然我一直挨整，上课也很少，但是，许多学生还是很尊敬我，在我破帽遮颜的时候，和我保持密切的关系。他们的爱护和同情，让我在逆境中对生命感到绝望的时候，感到人性的温暖，特别是香港的林子坚夫妇，'文革'后许多年，一直保持着亲密的往来。"[②]

至1965年10月，在教育部、中侨委和国家各部委多方关怀、支持以及全国许多高校的无私援助下，全校教职工总数增至862人，其中教师525人，行政干部242人，工人95人（见表1－19、表1－20）。[③]

表1－19　1965年华侨大学教师人数统计

单位：人

单位	教师人数										
	总数	其中									35岁以下
		男	女	归侨	国内	15—25岁	26—45岁	46岁以上	党员	团员	
合计	525	408	118	24	501	28	475	22	92	137	396
中文系	57	51	6	1	56		54	3	8	19	28
外文系	61	46	15	22	39	8	49	4	6	9	43
政治系	51	42	9	1	50		51		26	10	42

① 张罗应：《孙绍振：华大十年的磨练》，《华侨大学报》2005年4月12日。

② 资料由孙绍振提供，任智勇、蔡若坤整理。

③ 华侨大学人事处：《干部教师情况统计表》，1965年10月30日，华侨大学文书档案。

续表

单位	教师人数										
	总数	其中									35 岁以下
		男	女	归侨	国内	15—25 岁	26—45 岁	46 岁以上	党员	团员	
土建系	39	31	8		39	1	36	2	7	15	32
数理系	93	84	9		93	1	88	4	14	24	66
化学化工系	78	53	25		78	8	68	2	13	20	57
医学系	89	57	32		89	8	78	3	11	24	77
热作系	43	32	11		43	1	39	3	6	11	35
体育组	14	11	3		14	1	12	1	1	5	13

注：各系教师人数包括教学辅助人员、资料员、实验员。医疗系教师人数包括医师、护士、技术员。此表数据截至 1965 年 11 月 30 日，不包括艺术系教师人数。资料来源：华侨大学人事处：《干部、教师情况统计表》，1965 年 11 月 30 日，华侨大学文书档案。

表 1－20　1965 年华侨大学行政干部人数统计

单位：人

单位	行政干部人数										
	总数	其中									35 岁以下
		男	女	归侨	国内	15—25 岁	26—45 岁	46 岁以上	党员	团员	
合计	242	181	61	9	233	3	216	23	146	18	76
中文系	8	6	2	2	6		7	1	7		1
外文系	6	4	2	4	2		5	1	4		3
政治系	4	3	1		4		4		4		1
土建系	4	4			4		3	1	3		3
数理系	10	9	1	1	9	1	9		5	4	4
化学化工系	9	7	2		9		9		7		2
医学系	9	6	3		9		9		5		6
热作系	6	6		1	5		5	1	6		2
体育组											
图书馆	24	13	11	1	23		20	4	8	4	11
教务处	26	19	7		26	1	22	3	12	3	15
总务处	76	58	18		76		70	6	34	5	23
党团工	60	46	14		60	1	53	6	51	2	5

注：此表数据截至 1965 年 11 月 30 日，不包括艺术系行政干部人数。资料来源：华侨大学人事处：《干部、教师情况统计表》，1965 年 11 月 30 日，华侨大学文书档案。

根据《华侨大学建校 30 年事业发展统计资料汇编（1960—1990）》统计，至 1965 年，校本部人员 877 人，全校教职工总数 885 人，专任教师 492 人，行政人员 206 人，教辅人员 85 人，工勤人员 94 人。其中专任教师中，教授 6 人，副教授 6 人，讲师 69 人，教员 49 人，助教 362 人（见图 1－21、图 1－22）。

表 1－21　1960—1965 年华侨大学教职工数

单位：人

类别 \ 学年		1960 年	1961 年	1962 年	1963 年	1964 年	1965 年
合计		81	158	441	652	790	885
校本部	小计	81	158	433	633	775	877
	专任教师	26	91	224	331	436	492
	行政人员	53	51	155	195	197	206
	教辅人员		3	10	40	65	85
	工勤人员	2	13	44	67	77	94
附属工厂人员				8	8	2	
其他附设机构人员					11	13	8

资料来源：《1965—1989 年全校教职工数》，载华侨大学校长办公室编《华侨大学建校 30 年事业发展统计资料汇编 1960—1990》，1990 年 10 月。

表 1－22　1960—1965 年华侨大学专任教师职称情况

单位：人

职称 \ 学年	1960 年	1961 年	1962 年	1963 年	1964 年	1965 年
总计	26	91	224	331	436	492
教授			2	2	6	6
副教授		1	2	3	6	6
讲师			24	50	66	69
教员		21	27	21	37	49
助教	19	69	169	255	321	362

资料来源：《1965—1989 年全校专任教师职称情况》，载华侨大学校长办公室编《华侨大学建校 30 年事业发展统计资料汇编 1960—1990》，1990 年 10 月。

二　师资队伍的培养

（一）教师进修

1962 年 2 月，为争取教育部把华侨大学教师进修列入全国计划，学校根据新学年教学任务和现有教师人数，拟定教师进修初步意见。新学年又增设政治、物理、热作物三个系，新教师多，骨干教师少，因此除向中央申请调派部分骨干教师来校任教外，学校自己也做出了培养要求：①抽调一定数理政治业务水平较好，有一二年级教学实践经验的教师到重点大学进修，系统地提高他们的政治和业务水平，以便在进修之后能够胜任所担任的教学任务，并逐步成为教学骨干。②根据学校规划，先培养基础理论课的教师，以提高基础理论课的教学质量，同时注重培养必要的专业课的教师以解决专业化课的教学需要。③其他教师则可到其他大学进行较短时间的学习，以提高政治水平，丰富知识，使其经过进修之后能较好地完成所担任的教学任务。[①] 1962 年 3 月 26 日，厦门大学在《复有关周申兰等进修教师事由》的文件中，同意丘荣章进修课程改为实验物理，进修至 1962 年 8 月止；林齐芳进修无线电课程，进修年限一年至 1963 年 2 月止；同意在厦大化学系进修的周申兰教师，因患肝病暂以请假三个月处理，待痊愈后继续学习。[②]

1963 年 3 月 21 日，中侨委向教育部转发了《华侨大学一九六三年教师进修计划》，文件指出，随着华侨大学规模的迅速发展和年级逐年提高，教师的教学质量也必须相应提高，然而截至当年，在 279 名教师中（年末将达到 449 名）仅有教授、副教授 3 人，讲师 29 人，80% 是 1960 年以后毕业的青年助教，知识基础和教学经验远远不能适应教学的要求，故需要派出一部分老师到其他兄弟院校进修。[③] 7 月 25 日，中侨委向华侨大学转发了教育部《关于一九六三至一九六四学年度高等学校教师进修工作的通知》，文件指出：

> （一）教育部和有关部门分配给我委的全国重点高等学校接受进修教师的名额共 18 名（中国人民大学 3 名除外），各接收单位的名额分配如下：清华大学 1 名，北京大学 5 名，复旦大学 2 名，南开大学 1 名，南京大学 1 名，武汉大学 1 名，中山大学 1 名，北京师范大学 1 名，北京农业大学 1 名，北京医学院 1 名，上海第一医学院 1 名，中国医科大学 1 名。另外，教育部分配给我委的省、市领导的部分高等学校接受进修教师的名额为 1 人，即厦门大学，只接受数、理、化、生、文、史等课的进修教师。上述各校接受进修教师的名额，全部分配给你校。除上述安排外，尚有一部分不能安排，希望你校直接向省内

① 华侨大学党委办公室：《1962 年华大教师进修初步意见》，1962 年 2 月 27 日，华侨大学文书档案。

② 厦门大学：《复有关周申兰等进修教师事由》，1962 年 3 月 26 日，华侨大学文书档案馆。

③ 中华人民共和国华侨事务委员会：《转送华侨大学一九六三年教师进修计划请予安排》，1963 年 3 月 21 日，华侨大学文书档案。

其他高等学校联系解决。

（二）你校在接到通知后，立即根据上述分配的选送名额和教育部规定的选送进修教师的条件，提出具体的选送教师计划（包括接受学校、人数、进修的专业或课程），今年八月三日以前报我委，以便我委审核后再送各有关接受学校。①

1963 年 8 月 3 日，学校将选送的进修教师计划（见表 1－23）上报给中侨委。②

表 1－23　1963—1964 年度华侨大学选送进修教师计划

接受学校	姓名	进修的专业或课程		进修年限	
		专业名称	课程名称	年限	起讫时间
清华大学	李天赐	基础课	数学分析	1 年	1963. 9—1964. 8
北京大学	鲁承武	物理	理论物理	1 年	1963. 9—1964. 7
北京大学	卓家明	化学	有机化学	1 年	1963. 9—1964. 7
北京大学	朱国清	化学	物理化学	1 年	1963. 9—1964. 7
北京大学	蔡同安	语言学	语言学史	1 年	1963. 9—1964. 7
北京大学	简启梅	中国文学	中国文学史（宋元明清）	1 年	1963. 9—1964. 7
复旦大学	林宏国	理论物理	热力学统计物理	1 年	1963. 9—1964. 7
复旦大学	林中汀	化学	高等无机化学	1 年	1963. 9—1964. 7
南京大学	车济方	物理	数学方程	1 年	1963. 9—1964. 7
南京大学	张克农	数学	复变函数	1 年	1963. 9—1964. 7
南开大学	张艺声	汉语言文学	古典文学批评史	1 年	1963. 9—1964. 7
武汉大学	李谋□	数学	线性代数	1 年	1963. 9—1964. 7
北京师范大学	吴紫□	数学	一般代数	1 年	1963. 9—1964. 8
中山大学	蔡少谷	英语	英语基础课	1 年	1963. 9—1964. 7
北京医学院	林可馨		病理课解剖学	1 年	
上海第一医学院	黄连兴		医用物理学	半年	1963. 9—1964. 2
中国医科大学	商铮		生理学	半年	1963. 9—1964. 2
北京农业大学	未定	遗传专业	普通遗传学		
厦门大学	陈文裕	数学	微分几何	1 年	1963. 9—1964. 7
南开大学	苏介生	有机理论	有机理论	1 年	1963. 9—1964. 7

资料来源：华侨大学：《选送进修教师计划》，1963 年 8 月 3 日，华侨大学文书档案。

① 中华人民共和国华侨事务委员会：《关于转发教育部“关于一九六三至一九六四学年度高等学校教师进修工作的通知”的通知》，1963 年 7 月 25 日，华侨大学文书档案。

② 华侨大学教务处：《报送 1963—1964 年度全国重点高校教师进修计划》，1963 年 8 月 3 日，华侨大学文书档案。

1963 年 8 月 8 日，华侨大学向中国医科大学商请派送教师进修的文件指出：

根据中侨委关于转发教育部“关于一九六三至一九六四学年度高等学校进修教师工作的通知”的通知，分配华侨大学在你校进修一名。又根据卫生部关于一九六三至一九六四学年度全国医药院校接受进修教师的通知和计划，华侨大学决定选派商铮去你校进修生理学课程。因为华侨大学医疗系新办，专业基础课教师不足，业务水平较差，急需提高他们的业务能力，以胜任当前的教学工作，故请你校在接受进修课程计划之外，积极协助安排，如该课程接受进修确有困难，华侨大学再提出：1. 病理生理学，2. 微生物学，3. 人体解剖学三种课程，由你校任定，华侨大学当根据规定条件选派合适教师前去你校进修，其教师登记表和健康情况检查表待你校通知后即送，望大力协助解决。①

1964 年 6 月 1 日，华侨大学向中侨委上报了 1964—1965 学年教师进修计划（见表 1 - 24）。②

表 1 - 24 1964—1965 学年华侨大学教师进修计划

专业	进修课程	进修人数	进修年限	接受进修院校		
				第一	第二	第三
中文	当代文学	1 人	1 年	北京大学	南京大学	中国人民大学
中文	近代文学史	1 人	1 年	北京大学	科学院文学研究所	中国人民大学
外语	英语	2 人	1 年	复旦大学	南京大学	北京外语学院
数学	数学分析	1 人	1 年	北京大学	复旦大学	南京大学
数学	初等数学研究	1 人	1 年	华东师大	北师大	福建师院
化学	分析化学	1 人	1 年	复旦大学	南京大学	中山大学
化工	无机物工学原理	1 人	1 年	华东化工学院	天津大学	大连工学院
化工	有机物工艺过程原理	1 人	1 年	华东化工学院	天津大学	大连工学院
土建	土力学地基基础	1 人	1 年	同济大学	南京水利电力学院	华东水利电力学院
土建	建筑施工技术与组织计划	1 人	1 年	清华大学	同济大学	武汉水利电力学院
物理	无线电基础脉冲技术专门组实验毕业论文	1 人	1—2 年	北京工业学院	清华大学	中山大学

① 华侨大学：《商请派教师进修函》，1963 年 8 月 8 日，华侨大学文书档案。
② 华侨大学教务处：《上报 1964—1965 学年教师进修计划》，1964 年 6 月 1 日，华侨大学文书档案。

续表

专业	进修课程	进修人数	进修年限	接受进修院校		
				第一	第二	第三
物理	微波技术专门组实验毕业论文	1人	1—2年	成都电讯工程学院	华东师大	北京大学

资料来源：华侨大学教务处：《华侨大学1964—1965学年教师进修计划表》，1964年6月1日，华侨大文书档案。

1964年6月8日，教育部根据《关于一九六四——一九六五学年度高等学校教师进修工作的通知》，再次分配给学校8名教师进修名额，其中：华东化工学院3名，中国人民大学1名，北京大学1名，中山大学1名，厦门大学2名。①

（二）师资培养计划

为改变师资队伍的面貌，除了选派教师进修，学校又根据教育部《关于高等学校制订师资十年规划》文件要求，以系（组）为单位，逐学年、逐门课程编定师资规划。经反复讨论修订后，于1964年1月制定了《华侨大学1963—1967年师资培养规划》（初稿）。规划根据教育部《关于高等学校制定今年十年培养提高师资规划的通知》文件精神，计划在五年内建立一支既有一定政治水平又有坚实业务基础的师资队伍。具体要求是：

（1）除了争取上级领导的支持，继续配全配足1—3年级基础课的教师和陆续配齐高年级课程的教师以外，对现有教师应根据“普遍提高和重点培养”的原则，在普遍提高的同时，着重做好重点专业基础课尤其是40位骨干教师的培养工作；充实教学组织的核心力量，逐步建立和健全教研室的组织，发挥教研室的作用；切实保证基础课，特别是重点基础课的教学质量，使其达到全国一般综合性大学的教学水平；积极筹备和开设各专业所必需的若干专门化组课或选修课，使其具有一定的质量。（2）各系应在以教学为主，切实过好“教学关”的同时，有计划地筹备和开展科研和学术活动，着重做好教材、资料等的基本建设和教学中重要问题的研究（包括教学法的研究），医疗、化学、政治、热作、物理等系条件较好的教研组，应结合教学实践、社会调查和小型试验，开展科学研究，并做出成绩。此外，各系应在五年内，有计划有步骤地安排科研活动或会议，逐步地建立科研小组，搜集和积累科技情报资料，加强科研方法和基础技能的训练，为今后提高教学质量和开展科研工作打下基础。（3）对各级教师培养提高的要求，除应严格执行国务院《关于高

① 中华人民共和国华侨事务委员会：《通知教师进修名额》，1964年7月4日，华侨大学文书档案。

等学校教师职务名称及其确定与提升办法的暂行规定》以外，根据学校教学任务重，教学水平低，图书仪器缺乏的特点，应着重提高教师的教学水平，切实过好“教学观”。对教师的要求是：新助教和一般助教主要是做好教学工作，掌握本专业所必需的基础理论、基础知识、基础技能和一定的专门知识，切实练好“基本功”，可以胜任1—2门课程辅导、课堂讨论、习题课、实验课、作业批改等环节的教学工作；老助教则要加深和扩大知识领域，逐步做到独立讲授一门课程。科研和外语也应达到规定要求。基础较差和教学水平一般的讲师，应在教学实践中认真研究教材，不断充实内容，保证教学质量，同时根据“缺什么补什么”的原则，系统地提高基础理论知识，注意基本功的训练，逐步过好教学关；教学水平较好的讲师应不断充实教材，改进教法，并有计划开展科研工作。教授、副教授应进一步提高所教课程的教学质量，通过教学和科研不断提高学术水平，组织指导所属教研组的教师开好课，培养青年教师2—3人，使其具有独立开课和科研的能力。①

文件还指出，培养提高师资必须坚持又专又红的方向和贯彻理论联系实际的原则：一要加强思想政治教育；二要组织教师努力进修，提高教师的业务能力和学术水平；三要有计划地开展科学研究活动；四要加强骨干教师的培养工作；五要加强图书资料和教学仪器的基本建设，逐步满足科学和科研的需要。另外，还要加强师资培养工作的领导，建立健全各种制度：一是在校党委领导下，成立师资培养工作领导小组；二是除特殊情况外，应保证教师的教学时间和业务进修时间，认真执行教育部规定的“六分之五”的时间用于教学；三是定期对教师的进修进行检查，每学期检查2—3次，尚未开课和跟班听课的老师应于每学期结束时写“进修总结”，并举行必要的考查、考试。四是加强对各级教师职务的确定与提升工作的领导，严格执行国务院“关于高等学校教师职务名称及其确定与提升办法的暂行规定”和教育部“关于高等学校教师职务提升工作问题的通知”的规定精神。②

根据师资培养规划，学校有计划地选派老助教到重点大学进修，对新助教则以通过教学实践和在职进修为主，同时也选派一些业务基础较扎实、有培养潜力的新助教到重点大学进修。在职进修的助教，要求在老教师的指导下，达到能胜任一门课程的开课要求，并参与各教学环节的工作；离职进修的教师，要求带有明确的进修任务和目标，期限以半年到一年为准；对当时已是教学中坚力量的讲师，要求他

① 华侨大学教务处：《华侨大学1963—1967年师资培养规划（初稿）》，1964年1月21日，华侨大学文书档案。

② 华侨大学教务处：《华侨大学1963—1967年师资培养规划（初稿）》，1964年1月21日，华侨大学文书档案。

们根据自身实际情况，着重提高专业理论水平，重视教学研究以提高教学质量，并承担在教学实践中指导青年教师的任务（见图 1－59）。

图 1－59　1963 年，热作系金作栋教授帮助青年教师制订进修计划

创办初期，华侨大学十分重视对教师的培养和合理使用，认真执行五年师资培养规划，过程顺利，颇有成效。后来因 1965 年“社会主义教育运动”开展和“文革”的冲击，被迫中断。华侨大学被迫停办后，原华侨大学的教师进入新单位。这些教师都展现出自己的能力，相当多教师成长为教授、学科带头人，或成为各高等学校的骨干力量，充分说明原华侨大学的这支师资队伍具有相当高的水平。

三　教学与教学改革

1958 年 8 月毛泽东视察天津大学时指出：“高等学校应抓住三个东西：一是单位领导，二是群众路线，三是教育和生产劳动结合起来。”毛泽东的讲话精神后来在中共中央、国务院于 1958 年 9 月发布的《关于教育工作的指示》中得到进一步的阐述。《关于教育工作的指示》文件强调，党的教育工作方针，是教育为无产阶级的政治服务，教育与生产劳动相结合；在一切学校中，必须把生产劳动列为正式课程。每个学生必须依照规定参加一定时间的劳动。还指出要争取在 15 年左右的时间内，基本做到全国的青年和成年，凡是有条件和自愿的，都可以受到高等教育。[①]

---

① 上海市高等教育局研究室，华东师范大学高校干部进修班、教育科学研究所合编《中华人民共和国建国以来高等教育重要文献选编（上）》，第 236～243 页。

此后，以“政治挂帅”、勤工俭学、教育与生产劳动相结合为指导方针的“教育大革命”在全国开展起来。

1960年，华侨大学只开设了中文、政治两个系，学校还处于建设阶段，根据中央指示，学校统一安排劳动课，组织师生参加生产和建校劳动，有时甚至要暂停专业课进行劳动。然而劳动过多、强度过大，打乱了正常的教学秩序，学生的学习时间得不到保证，极大地加重了师生的负担。1960年12月27日，福建省教育厅发出《关于当前学校进一步贯彻劳逸结合问题的几点意见》的通知，文件强调应适当控制学生劳动时间，不再组织学生参加校外劳动，校内生产劳动一般控制在每周半天，每天连续劳动不超过6小时等。①

1961年9月15日，中央批准了“高校六十条”。“高校六十条”最初的试行范围是26所教育部直属高等学校，1962年3月，周恩来在二届全国人大三次会议上宣布：全国的高等学校，凡是具备条件的，都应该试行。

“高校六十条”指示指出，在高等学校工作中应该着重解决的几个问题：一是高等学校必须以教学为主努力提高教学质量。生产劳动、科学研究、社会活动的时间，应该安排得当，以利教学。二是正确执行党的知识分子政策，团结一切可以团结的知识分子，为社会主义高等教育服务。正确执行百花齐放、百家争鸣的方针，提高学术水平。三是实行党委领导下的以校长为首的校务委员会负责制，充分发挥校长、校务委员会和各级行政组织的作用。四是做好总务工作，保证教学和生活的物质条件。五是改进党的领导方法和领导作风，加强思想政治工作。② “高校六十条”明确了高等学校的基本任务，是贯彻执行教育为无产阶级的政治服务、教育和生产劳动相结合的方针，培养为社会主义建设做需要的各种专门人才。在教学方面的要求是：高等学校平均每学年应该有八个月以上的时间用于教学。学生参加生产劳动的时间一般为一个月至一个半月。在教学计划以外，不对学生规定科学研究任务。生产劳动过多、科学研究过多、社会活动过多等妨碍和削弱教学工作的现象，应该纠正。高等学校的专业设置，应该根据国家的需要、科学的发展和学校的可能条件来决定。各专业都要制定教学方案、教学计划，确定培养目标、课程设置。学校必须按照教育部制订或者批准的教学方案、教学计划组织教学工作。③

---

① 福建省教育厅：《关于当前学校进一步贯彻劳逸结合问题的几点意见》，1960年12月27日，华侨大学文书档案。

② 上海市高等教育局研究室，华东师范大学高校干部进修班、教育科学研究所合编《中华人民共和国建国以来高等教育重要文献选编（上）》，第260页。

③ 上海市高等教育局研究室，华东师范大学高校干部进修班、教育科学研究所合编《中华人民共和国建国以来高等教育重要文献选编（上）》，第264~265页。

华侨大学学习并贯彻“高校六十条”，对教学改革工作做了相应的调整。

一是加强政治思想品德教育。认真贯彻党的教育方针和以“教学为主”的教学原则，明确把学生的政治思想品德教育放在首位，加强“三基”（基础知识、基本理论、基本技能）、“三性”（思想性、科学性、系统性）和“因材施教”教学。通过报告、学习相关文章的形式对教师进行教学目的和教学态度的教育，对学生进行学习目的性和专业思想教育。学校还组织学生参观工厂、展览馆、博物馆，使其了解社会主义的优越性。在课程设置上，要求教师要运用辩证唯物主义和历史唯物主义的观点来分析教学内容，提高教学的政治思想性，逐步培养学生的辩证唯物主义世界观；教师还要结合教材内容介绍祖国的科学成就，尤其是解放以来科学发展的新成就，使学生充分认识到社会主义制度的优越性。

二是明确以教学为主的指导思想。学校要求教师确立以教学为主、为教学服务的思想，把5/6的时间用于教学，遵循高等学校的教学规律，从学生实际出发，认真搞好教学工作。学校还要求学生树立以学习为主的思想，明确学习目的，端正学习态度，确保有5/6的时间用于学习，切实理解德、智、体全面发展对青年学生成长过程中的意义。要求领导干部，树立为教学服务的思想，做好先导和后勤工作，建立正常的教学秩序，合理安排教学、生产劳动、政治学习和社会活动等，确保教师有5/6的时间用于教学，学生有5/6的时间用于学习，正确处理好政治与业务、红与专的关系。①

三是建立正常的教学秩序，保证教学工作的有序开展。创办初期，各系相继建立教研组制定教学大纲、教学计划，保障教学任务顺利进行，如建立了语言学、文学、无机化学、数学、社会科学基础知识、中国革命史、外语、体育等教研组。

1960年初由于还没有部颁计划，学校参考其他学校计划制订出中文系计划，1960年夏部颁计划下达，华侨大学立即结合学校情况订出数学、化学两系计划，并修订中文系计划，1961年又订出热作、政治、物理三个系计划，至此，华侨大学六个系的教学计划便有了一个初步基础。1962年起，又陆续制订并试行了“学生成绩考核暂行办法”“学生请假条例”等各种规章制度。② 学校还规定了学时安排，每学期20周，每周学习总时数在48—49学时，每天学习时数10学时。这些教学组织和教学制度的建立保障了华侨大学在建校初期教学工作的顺利开展。

四是提高教学质量，确保教学工作落到实处。建校初期，华侨大学坚持贯彻以改进课堂为主的原则，充分发挥各教学环节的作用。从侨生的知识基础出发，对侨

---

① 华侨大学校史编写组编《华侨大学五十年（1960—2010）》，2010，第23页。

② 华侨大学：《华侨大学教学工作情况汇报要点》，1962年12月7日，华侨大学文书档案。

生采取“按程度编班，分别上课”的办法，针对性地实施教学。全体教师在教学工作中采用集体备课的方式，正确领会教学大纲的要求和每单元的教学目的，从学生实际出发，教好基础课，为学生进一步学好专门知识，掌握专门技能创造条件。学校还以集体和个别辅导相结合的方式，巩固课堂讲授知识，各系（组）每学期订出调查研究和辅导计划，教师课前指导学生预习新课，扫除讲课障碍，课后了解学生的疑难点，进行精准辅导，假期开办补习班进行课外辅导，补缺补差。为巩固复习成果，每单元、每阶段学习结束都会有小结，期末考之前会进行系统、重点地复习，抓线索，抓比较，让学生深入掌握理论知识，连贯所学内容。这种“管教又管导，教书又教人”的方式让学生成绩进步很快，及格以上的占89%左右。[①]

图1-60　数学系教学经验交流会

五是加强教学管理，保障教学任务。学校坚持实事求是原则，在成绩考核方面严格执行计划和教学大纲的规定。当时为保证教学质量的提高，各系（组）领导还深入课堂听课，每周3—5节，给教师以鼓励、以帮助。除此之外，各系（组）领导经常参加教研组备课，讨论和审批讲稿，抽查作业，分析优缺点，给予具体帮助。

六是积极进行教学基本建设。建校之初，华侨大学就不断购置图书资料，图书数目逐年增长且种类逐渐完备，对图书馆和资料室进行整顿，建立健全图书馆管理制度，对图书分类编目、造卡等。学校对教学急需的仪器、试剂、标本、模型等也是陆续购进，并逐步完善对教学仪器设备清查、核对、分类、编号、造卡、登账等

① 华侨大学：《华侨大学概况》，1963年10月27日，华侨大学文书档案。

工作，边购置边加强仪器设备的管理工作，健全各种制度，制订实验室建设规划。华侨大学在创办短短的五年中，就购置教学实验仪器设备达 5226 台件，图书馆藏书达 23 万册。①

1962 年 8 月 24 日由中侨委介绍的李应瞻②从武汉调派来校。据李应瞻先生回忆：

> 那时上课时大班听课，一个班级有时多达八十余人。没有大礼堂、梯形教室，陈嘉庚纪念堂尚无踪影，后来才奠基，复办后才建成。中文系当时只有文学和语言两个教研组，却包揽了所有课程。施效人是语言组长，而我人未报到，即宣布任命为文学组长，使我报到后内心不安，诚惶诚恐。为了加强侨生的语文水平，语言组里存在一个大写作组，几乎占其全教研组的半数人马。当时学制是五年，一至五年级都有写作课程，很具特色。五年的培育，终于出现了两位颇有声望的作家：一个是印尼侨生黄东涛，现居香港，出版了几部小说、散文；另一位是马来西亚的侨生蒋明元，笔名马阳，现居广州，是既得过奖，也出了名的专业作家，出过诗集、小说单行本，侠义小说等多部，在海外名声日盛，也当过某杂志的主编，多才多艺，该生未回国前，在马来西亚已有作品出版问世。中文系对教师走上讲台，要求非常严格，不管你教龄长短，资格多老，讲课之前需有较详细讲稿，以供审阅；并须经过集体试讲，经认可之后方能上台开讲。我来校时虽已在武汉师院中文系任教六年，依然须经“试讲”通过。当时“试讲”在新建好的南区教工食堂进行，全系教师、领导二三十人集体听你讲课，形似考核，毫不留情，一律照办。一切为了对学生负责，保证教学质量。正式上课后，校、系领导，教研组长，还常不定时的跟班听课，课后评议，以便改进教学。③

自教学工作开展以来，学校根据学生实际，在教学内容、教学方法、考试方法等方面不断进行教学改革探索，提高教学质量。

1964 年 2 月 13 日，毛泽东在春节座谈会上发表关于“教育革命”的谈话，认

---

① 华侨大学校史编写组编《华侨大学五十年（1960—2010）》，2010 年 10 月，第 24 页。

② 李应瞻，1929 年生，大学毕业后先后于武汉师范学院中文系，华侨大学中文系、艺术系，福建师范大学中文系、艺术系任教和兼教研室主任。大学任教期间曾是地方语文学会、文学学会的会员或兼任学会理事。

③ 李应瞻：《回顾历史再创辉煌》，华侨大学校友网，https://alumni.hqu.edu.cn/info/1014/1448.htm，最后访问日期：2020 年 8 月 24 日。

为学校教育存在的问题“一是课多，一是书多，压得太重”，提出“学制可以缩短”“课程可以减掉一半”。毛泽东的这次重要谈话，标志着党和国家对教育发展形势在基本认识上的一个重要转变。1965 年，毛泽东在关于北京师范学院学生过度紧张导致健康状况下降的材料中批示，建议从学生一切活动总量中，砍掉 1/3。毛泽东的谈话和批示，对教育界一再强调了“减负”的要求。于是，减轻学生学业负担，成为我国基础教育界的一项重要任务。

1964 年 5 月 21 日，为贯彻毛泽东春节谈话精神，改进教学方法，减轻学生负担，华侨大学对教学工作做出暂行规定：

为了解学生的学习情况，可用各种适当方法举行平时测验，平时测验课程不得超过两门，测验结果不必记分。

作业必须减少，有些课程的作业可以取消，节日和休息日不布置任何作业。

上课记不记笔记，怎样记，由学生自己决定，凡有教科书或讲义的课程，应按教科书或讲义命题考试。

课堂讨论不得在课外布置提纲，不得占用课外时间进行讨论。

课外辅导和习题课不得变成变相的讲授课，课外辅导应该着重培养学生的独立思考能力，但不要变成考查或口试。

实验课应在规定的时间内进行，不要超学时。

教师不要提前上课或拖课，保证学生课前课后的休息时间。

在自修时间内，学生复习何种课程由学生自己决定，教师不得加以干涉。

保证不占用学生文体活动和自修时间；班级和社团活动应按规定的时间进行。

除了必须预习的课程和重点预习外，其他课程的预习可以取消。[①]

1965 年 5 月，中侨委召开归国华侨学生教育工作会议，传达毛泽东主席有关教育问题的“春节座谈会讲话”及中共中央宣传部部长陆定一[②]对教育工作的指示；会上讨论了进一步贯彻党的教育方针、减轻学生负担、提高教学质量等有关问题。会后，学校多次召开会议，研究贯彻中侨委召开的归国华侨学生教育工作会议精神，提出并落实两方面改进教学工作措施。

首先，改善教学管理，切实减轻学生负担。学校发动全体干部、教师、学生，学习和领会毛泽东主席“春节座谈会的讲话”精神，进一步学习和贯彻教育部制定的《直属高等学校暂行工作条例》。加强教师集体研究活动，发挥集体力量采取措

① 华侨大学：《华侨大学当前教学工作暂行规定（草案）》，1964 年 5 月 21 日，华侨大学文书档案。

② 陆定一，1906 年出生于江苏无锡，新中国成立后曾任中共中央宣传部部长、国务院副总理、中央书记处书记、文化部部长、全国政协副主席。1926 年毕业于交通大学（现西安交通大学和上海交通大学）。

施解决问题，进一步确立以教学为主的教育管理体制，保证教学时间来完成教学计划所规定的教学任务；建立教师开课审批制度，把有经验的教师安排到教学第一线，以保证教学质量；合理布置作业，减少数量，提高质量，合理安排考试和考查课程，减少平时测验，改进考试方法，以减轻学生负担；控制周学时，平衡协调各门课程负担；进一步完善学生学籍管理，坚持学生升级和毕业标准，促进学生努力学习。

其次，改革教学内容与教学方法。学校仍是围绕减轻学生负担，提高教学质量的基本目标，组织教师到学生中去调查研究，着重了解学生负担情况以及对学生德智体诸方面全面发展的影响，分析原因，改进教学。一方面加强“三基”教学，即加强基础知识、基础理论和基本技能的教学和训练。要求各系教师在教学中帮助学生提高运用祖国语言的能力；对课程基础理论要讲深讲透，使学生牢固掌握；通过作业练习和各种实验、实习，培养学生理论联系实际和动手实践的能力，同时加强对学生的实验和实习的指导，以加强学生实践能力的培养。另一方面贯彻“少而精”的教学原则。要求教师要精选教材，调整进度和要求，适当取舍，备课紧扣教材，精选内容并讲透，避免不分主次面面俱到，各教研小组也要审核教材，围绕精选教学内容认真研究。在讲课过程中，要做到有讲有练，注重思想性、实用性、系统性，务求精炼；指导学生做好听课笔记，培养学生记笔记能力，提高效率，减少课后学习时间。同时贯彻“因材施教”原则，根据各年级学习不同的情况，确定不同的重点，加强关键环节的训练，有的放矢地进行教学。要求教师在教学中从华侨学生的实际知识水平和接受能力出发，循循诱导，突出重点，提高课堂讲课质量；加强课外辅导，教师对学生不仅要进行有针对性的辅导，还要给予学习方法的指导，

图 1－61　中文系林棋英（右）老师对印尼学生进行个别辅导

提高学习效率，让他们能逐步跟上教学进度和要求；同时倡导教师采用“启发式”教学，逐步废除“注入式”教学方法。

最后，总结教改经验，组织全校交流。学校鼓励各系结合实践，选择条件较好的课程，对课程基本内容与学科体系作大胆的改革尝试，创造新的教学方法；并要求各系有重点地总结各门课程改革教学方法和考试方法方面的经验，以及政治课结合学生思想进行教学的经验，好的经验加以推广，不足的加以改进；深入地对学生在教学改革过程中种种思想进行调查研究分析。学校各系也建立科室教学档案制度，总结经验，改进教学工作，逐步建立各科资料卡片和教学档案，逐步累积教学改革的经验。除了各系内部、系与系之间的交流，学校也多次组织全校性的教学改革经验交流会，使教学改革经验成果能得到进一步的提高和推广。如 1965 年在学校三次全校性的教学改革经验交流会上，代理校长韦悫特别强调以毛泽东的《实践论》指导教学，理论联系实际，认为这是教改的根本问题。韦悫以其国际视野，纵论国际高等教育经验得失，并结合学校理工专业办学实际指出：最好的学习场所在现场，而不是课堂和教室，教学要以现场为主、实践为主，课堂为辅；要以学生为主，老师帮助学生实践，指导学生活学活用。作为著名教育家，代理校长韦悫的教改思想对学校的教学改革工作深入开展起了重大推动作用。化工系、土建系等系分别组织师生到仙游糖厂、惠安化工厂、学校建筑工地进行现场教学，教学效果显著。①

学校进行的以提高教学质量、减轻学生负担为目标的教学改革，因 1966 年开始的“文化大革命”而被迫中断。

---

① 华侨大学校史编写组编《华侨大学五十年（1960—2010）》，2010，第 25 页。

第六节　校园生活

一　政治活动

20 世纪 60 年代，中国的教育革命一波未平一波又起，前期是对于教育方针“教育为无产阶级政治服务，教育与生产劳动相结合”的强调与实施，中后期是全国性的政治运动风高浪急，不断冲击着华侨大学的正常教学秩序。

（一）“四清”运动

1962 年 8、9 月间，毛泽东在北戴河会议和八届十中全会上重新强调阶级斗争，不久之后，一场以反修防修、防止和平演变为主旨的运动在全国展开了。中央决定在城市搞“五反”，[①] 在农村搞“四清”，后统称社会主义教育运动。1964 年 9 月 11 日，中共中央、国务院发出《关于组织高等学校文科师生参加社会主义教育运动的通知》。1965 年 2 月 2 日，又发出《关于组织高等学校理、工科师生参加社会主义教育运动的通知》。随着运动的进一步深入，中共中央又于 1964 年底至 1965 年初制定了《农村社会主义教育运动中目前提出的一些问题》（简称“二十三条”），决定城乡社会主义教育运动的内容一律为清政治、清经济、清组织、清思想，通称“四清”。

为深入响应中央指示精神，华侨大学也开展了“四清”运动。1963 年 10 月 14 日，教育部向各省、市教育厅（局）及部直属有关高等学校下发《关于高等学校文科学生参加农村社会主义教育运动问题的通知》。[②] 11 月 4 日，华侨大学向福建省教育厅报送了组织文科学生参加农村社会主义教育运动的初步计划，计划政治系学生约 85 人、教师 15 人参加运动的全部过程；计划中文系学生约 400 人，教师、干部

---

① 五反，即反对贪污盗窃、反对投机倒把、反对铺张浪费、反对分散主义、反对官僚主义。

② 中华人民共和国教育部：《教育部关于文科学生参加社教的通知》，1963 年 10 月 14 日，华侨大学文书档案。

50 人参加运动的主要过程，时间为 1.5—2 个月；计划印尼语专业学生 15 人、教师 5 人参加运动主要过程的一段，时间为 1 个月。参加运动的地区拟定以晋江、南安、泉州等县（市）工作基础较好的社队为主，时间安排在 1963、1964 两年内。[①] 1964 年 1 月 31 日，福建省教育厅向各高等学校转发教育部文件《关于高等学校理工农医各科学生参加农村社会主义教育运动问题的通知》。2 月 17 日，伍治之对文件做出批示，拟提党委会议讨论后，由教务处和宣传部执行。[②]

1964 年 2 月 22 日，华侨大学 7 个系，共计师生员工 1915 名参加泉州市农村社会主义教育运动，分别到东海、城东、北峰、满堂红、江南五个公社，各系根据驻地公社面上社教运动的需要，分布到 42 个大队协助开展运动，下乡师生到队后，开始参加集体劳动，许多到江南、满堂红和东海公社参加运动的师生，甚至步行了十几公里到驻地。在下乡期间，师生还经常到泉州市和洛阳镇等地搞积肥卫生运动。3 月 5 日，物理系全系师生 166 人到泉州市中菜市、南菜市、汽车总站、小汽车站、中山路等地拾肥及打扫卫生。3 月 6 日，全系再出动 159 人从涂门街，沿着群众戏院、侨光戏院等拾肥、打扫卫生及挑粪，两天共积肥 27800 斤。[③] 化学系师生下乡后，除进行访贫问苦，帮助农民写村史、写家史外，还邀请了新中国成立前受压迫的农村干部和社员中的归国华侨向师生们做忆苦思甜报告。[④] 中文系全体师生参加了城东公社九个大队的农村社会主义教育运动，组织师生和农民一起学习中央两个“十条”，在进行生产劳动的 24 天中，师生共出工 5898 人次，平均每人劳动 11 天半，劳动种类有：修水库、积肥、犁田、挖地瓜、种花生、种豆子等。在开展运动之初，这样的劳动令师生们感到疑惑，并产生抵触情绪，许多师生对参加劳动，特别是捡粪、积肥、运肥这些劳动是不愿意做的，有的同学开始捡粪时，不敢走大路，怕人看见，不敢捡湿粪，怕臭，后来他们渐渐感到自己做的是有利生产的事，才放下顾虑。[⑤] 此次“四清”运动历时 24 天，学校组织各系于 3 月 16 日前返校。

1964 年 6 月 25 日，中共晋江地委“五反”运动办公室“四清”小组发布了《关于开展“四清”工作有关具体问题的通知》，伍治之和谢白秋分别对此通知做出批示，建议华侨大学在开展“五反”“四清”运动时参照执行。文件指出，“四清”工作必须结合在地方各机关、各单位的“五反”运动中进行，机关的“四清”工作

---

① 华侨大学：《文科参加社教计划》，1963 年 11 月 4 日，华侨大学文书档案。

② 福建省教育厅：《教育部转发理工科参加社教运动的通知》，1964 年 1 月 31 日，华侨大学文书档案。

③ 中国共产党华侨大学党委办公室：《社会主义教育运动情况简报》（第七期），1964 年 3 月 7 日，华侨大学文书档案。

④ 中国共产党华侨大学党委办公室：《社会主义教育运动情况简报》（第五期），1964 年 3 月 6 日，华侨大学文书档案。

⑤ 华侨大学中文系：《中文系师生参加农村社会主义教育运动总结》，华侨大学文书档案。

是：清理账目、清理资金、清理财产物资、清理文件档案。由于仍然存在分散国家资金、违反财政制度、乱挪乱用等现象，因此必须在“五反”运动中做好清理“小钱柜”“小仓库”工作，不但要挖掉分散主义、本位主义的经济基础，更重要的是严肃批判分散主义、本文主义的错误思想，通过“四清”整顿各单位账目、资财和物资，改变管理混乱现象。“四清”工作的目的，首先是把思想搞清，就是公私分清，大公和小公分清，树立全局观点，按照党的方针、政策、按照国家的制度规定办事，再就是把自己单位一切账目、资财、物资、文件档案搞清，堵塞漏洞，建立健全各项管理制度，提高管理水平。具体分为三个步骤：一是做好各项准备工作。主要是把思想发动透、解决透，通过学习“五反”和“四清”的有关文件，提高认识，并让全体干部职工讨论自己单位究竟是四清或四不清，不清在什么地方，充分发动群众和揭发问题；另一方面，组织专业力量，组织财会、总务、保管、文书等有关人员进行材料的准备工作等。二是全面开展“四清”。群众深入揭发问题，专业人员清理核对账册、凭证、文件档案，并将属于“小钱柜”“小仓库”的资金和物资具体明细账目逐笔开出来，弄清来龙去脉，交代清楚。三是总结经验，接受教训，建立健全各项制度。要求各单位在开展“五反”运动的同时，必须将“四清”工作同时进行，有些尚未开展“五反”运动的单位可以先进行“四清”，“四清”搞多长时间，应当以真正达到四清的目的，视各单位具体情况而定。①

1964 年，根据福建省委指示，要求学校派出一批师生与地方干部混合编成工作团，按照省委训练工作队的要求，学校结合师生特点进行了训练，训练内容为：学习中央有关社教运动的文件；揭阶级斗争的盖子，领导上“反右倾”；三查（查阶级、查立场、查思想作风）划阶级；进村的准备工作等。经过前期的训练准备，学校派出中文、政治两系师生及各系、处、室部分教职工共 746 人，参加省委社教南安工作团梅山区分团的社会主义教育运动，其中教师 140 人，职工 62 人，学生 544 人。② 10 月，政治系 62 级的学生作为中侨委和广东省委联合组成的社会主义教育运动工作团，赴海南岛兴隆华侨农场参加“四清”运动。不久之后，政治系 63 级的学生也到南安县参加“四清”，与地方干部、中专学生混编为福建省社教工作队，与贫下中农“三共同”，即与贫下中农同吃、同住、同劳动。工作队员有很多工作要做，白天参加繁重的劳动，晚上开会，还要一边倾听贫农“忆苦思甜”，一边教育农民，参与扫盲或讲课，学珠算的同时还要查账、抓贪污。12 月 24 日学校又组

① 中国共产党福建省晋江地方委员会：《关于开展”四清”工作有关具体问题的通知》，1965 年 6 月 25 日，华侨大学文书档案。

② 中国共产党华侨大学委员会：《四清运动小结》，1965 年 2 月 11 日，华侨大学文书档案。

织师生与晋江、宁化、省直等单位混合编队下乡。师生进一步了解农村形势，校党委强调教工要在运动中给学生树立榜样，许多教工在学习和下乡。其间，开展批评和自我批评，以此促进同学自觉革命。由于适应工作队混编的需要，华侨大学师生和领导力量分布比较分散，领导上也难以掌握师生的全面情况，因此没能进行很好的总结和交流经验。①

图 1－62　在灯星队浦西村劳动的学生为村里修路、搞卫生

1965 年 3 月 8 日，福建省教育厅要求报送 1965 年暑期后即参加社会主义教育运动的理、工科师生的安排方案，② 7 月 24 日，华侨大学按照中央教育部和福建省委的指示，向福建省委宣传部报送学校理工科及外语系学生参加“四清”的计划，具体内容为：华侨大学理科（数学、物理、化学）的三、四、五年级学生，工科（土建、化工）和外语系的三年级学生，合计 799 人，准备在 1965 年秋季参加城市工厂或农村的“四清”运动，理工科及外语系部分教师和学校各科室行政干部约计 100 人随同学生参加，共计人数约为 899 人。如安排不下，可以先去数学系三、四、五年级学生 204 人，物理系四年级学生 101 人，化学系四、五年级学生 148 人，化工系三年级学生 85 人，合计 536 人，随同学生参加的教师和各科室行政干部 60 人，共计 596 人。拟在 1965 年秋季参加一期“四清”，或参加一期的主要过程，时间不超过一学期。③

① 华侨大学：《四清运动小结》，1965 年 2 月 11 日，华侨大学文书档案。

② 福建省教育厅：《理工科参加社教运动通知》，1965 年 3 月 8 日，华侨大学文书档案。

③ 华侨大学党委办公室：《理工科参加四清运动计划》，1965 年 7 月 24 日，华侨大学文书档案。

表1－25　华侨大学1965年秋季准备参加四清系别及师生人数情况

单位：人

系别	年级	人数	拟去地点
数学	五	39	常山华侨农场
	四	67	福州工厂
	三	98	福州工厂
	教师	20	福州工厂
物理	四	101	福州工厂
	三	81	福州工厂
	教师	15	福州工厂
化学	五	61	福州工厂
	四	87	福州工厂
	三	87	福州工厂
	教师	20	福州工厂
土建	三	80	福州工厂
	教师	5	福州工厂
化工	三	83	福州工厂
	教师	5	福州工厂
外语	三	15	常山华侨农场
	教师	5	常山华侨农场
行政	干部	30	福州工厂

资料来源：华侨大学：《华侨大学1965年秋季准备参加四清系别及师生人数表》，1965年7月24日，华侨大学文书档案。

1965年冬，学校又奉命派出以理工科专业为主的师生1000多人（除一年级学生及少数在校上课的教师外），参加云霄县的常山华侨农场，晋江县河市乡、马甲乡、双阳华侨农场，惠安县洛阳镇的“四清”运动，直到“文化大革命”开始，才提前结束返校。“四清”运动中的“三共同”也导致不少学生出现皮肤病、胃病、营养不良等症状，学校发现问题后，立刻向福建省委反映，并利用开大会的时间给学生们送来一点饼干和“三合面”，四个月后，福建省工作队总部也承认“三共同”存在弊端，纠正了一些极左措施，原定参加一年“四清”的学生，半年多就让撤回了。[①]

1981年中共十一届六中全会通过的《关于建国以来党的若干历史问题的决议》

① 江显锥：《政治系：从招生到毕业》，华侨大学校友网，https://alumni.hqu.edu.cn/info/1014/1404.htm，最后访问日期：2020年8月24日。

以下简称《决议》，对“四清”运动做出了实事求是的评价，《决议》指出，“社会主义教育运动是八届十中全会关于阶级斗争的错误理论在相当大范围内的一次实践”。社会主义教育运动一度冲击了华侨大学正常的教学秩序，师生在参加生产劳动时，也不得不放弃一部分课堂教学活动，这给学校的教育、教学工作留下了深刻的教训。

图 1－63　学生在农村参加劳动

（二）反对修正主义

60 年代初，苏共领导人挑起中苏两党论战，并把两党论战扩大为两国之间的争端，在苏共理论的意识形态界定上，中国共产党认为是“修正主义”，因而提出了“反对修正主义”的口号，并以此在党内开展“反修防修”的斗争。

1963 年开学初，根据福建省委宣传部的指示，学校停课一周，进行反对现代修正主义的学习。全校以党委会为核心，成立了学习领导小组，各系、处、室也以党总支为核心，组成了本单位的学习领导小组，并事先向教职员和学生进行思想动员工作，对学习的目的要求、学习内容、学习时间、学习方式和辅导工作分别做了安排。在教职员中，学习时间从 2 月 11 日开始，学生随后于 2 月 14 日集中学习，这次为期一周的集中学习，先后于 2 月 13 日和 21 日结束。在学习做法上，由校党委副书记谢秋白向教职员和学生做了报告，并结合学习四篇文件，即《全世界共产者联合起来反对我们共同的敌人》《陶里亚蒂同志同我们的分歧》《列宁主义和现代修正主义》《在莫斯科宣言和莫斯科声明的基础上团结起来》，组织大家进行讨论。为使班主任及学习辅导员更好地掌握学生方面的学习，还召开会议强调在学习中要注意侨生的特点，进行正面教育，注意方式方法等，在提高认识的基础上，再转入学习文件。①

1963 年 2 月，数学系成立学习领导小组，把全系学生分成 18 个学习小组，其中二年级 3 个，一年级 15 个，每个小组配有团员、积极分子。在学习前一天，召开了全系学生干部和积极分子大会，由总支部书记做学习反对现代修正主义的动员报告，除了规定每天晚上为阅读文件的时间外，还安排讨论帝国主义的本性，讨论战争与和平，并把这一专题作为学习重点，讨论现代修正主义的产生根源和危害性。②

自 3 月开始，学校又在上述学习的基础上，有计划地转入经常性学习。主要是组织学习《人民日报》陆续发表的《分歧从何而来》、《评美国共产党声明》和《修正主义者的一面镜子》三篇社论。第 13 周（5 月初）至第 18 周（6 月上旬），采取边学边议方法，组织学习《红旗》编辑部文章《再论陶里亚蒂同志同我们的分歧》，教职员学到书中第六部分，学生学到第五部分。③ 6 月 11 日，受学习雷锋运动影响，学校决定从第 19 周起暂停反对修正主义的学习，计划在学习雷锋教育运动之后，下学期再进行反修正主义的学习。④ 至此，反对修正主义的学习运动告一段落。

（三）学雷锋运动

1963 年 3 月 2 日，《中国青年》杂志中首先刊登了毛泽东“向雷锋同志学习”的题词，号召全国人民学习雷锋的共产主义精神品质。为响应毛泽东主席的号召，华侨大学党委第二书记伍治之向全校师生做“关于向雷锋同志学习”的动员报告，学校组织开展了“人为什么活着”、“为谁而学习”和“什么是人生最大的幸福”等专题讨论。1963 年 5 月 10 日，伍治之对《数学系学生学习雷锋计划》做出批示，指出此计划中肯、实际、具体可行，可作为各系制定学生学习雷锋计划和各总支制订教工学习雷锋计划时参考。文件指出学习目的在于通过学习雷锋，比自己，进行自我检讨、自我批评，及互相批评、互相帮助，激发同学政治热情，把学习雷锋引到坚持红专方向，努力学习，刻苦读书。⑤

数学系在学习雷锋活动中，总结了教工在学习初期的三种人：第一种人有比较

① 华侨大学党委宣传部：《关于反修学习的学期总结（草稿）》，1963 年 7 月 6 日，华侨大学文书档案。
② 华侨大学数学系：《数学系集中学习反对现代修正主义的小结》，1963 年 2 月，华侨大学文书档案。
③ 华侨大学党委宣传部：《关于反修学习的学期总结（草稿）》，1963 年 7 月 6 日，华侨大学文书档案。
④ 华侨大学党委宣传部：《关于暂停反修正主义学习的报告》，1963 年 6 月 11 日，华侨大学文书档案。
⑤ 中国共产党华侨大学数学系总支部委员会：《伍书记批示数学系学习雷锋计划》，1963 年 5 月 10 日，华侨大学文书档案。

明确的要求，但决心还不大；第二种人，有条件的学、容易的学，不容易的不学；第三种人，不想学习，学不来。第二种人最多，占到一半。经过两个月的学习，绝大多数人都愿意投入学习。[①] 中文系开展了以学习小组为单位的座谈讨论会、普通话观摩比赛和以学习雷锋、歌颂雷锋为主题的“五四”晚会等活动，[②] 大部分同学对学习雷锋的重要意义有了更加深刻的认识。

1963 年 5 月 20 日，华侨大学党委宣传部根据伍治之的批示，将《政治系学生学习雷锋计划》的第二、三部分印发各系、机关党、团总支参考。[③] 6 月 15 日，政治系党总支发布名为《学习和运动两不误》的学习雷锋运动小结，总结了在开展学习雷锋运动时，主要结合专题讨论端正学习目的。但在运动中，先后出现过一些思想偏差，如说，“积压功课太多了”“没时间检查”“没有时间准备专题讨论”等，政治系通过各种会议反复说明运动和学习的关系，扫除各种思想障碍使同学们明白解决这个矛盾的主要途径是充分利用学习时间，提高学习效率。强调学习雷锋必须落实到学习中去，学习雷锋的“钉子精神”和活学活用毛主席著作的精神，学生充分利用零碎时间，甚至在路上也互相提问，在劳动休息时讨论功课，使运动和学习两不误。6 月 19 日，伍治之提出将政治系党总支写的《学习和运动两不误》印发各单位党总支作为月底学习雷锋运动小结的参考。[④]

1963 年 7 月，在抗洪护堤中，不少师生冒着危险，用身体阻挡洪水；附近村子失火，师生奋勇抢救农民的生命财产，扑灭火灾。师生通过参与活动，学习讨论，联系思想实际，对照比较差异，提高了认识，澄清了某些错误和片面的思想，学校呈现出刻苦学习、热爱劳动、艰苦朴素、助人为乐的良好风气。

（四）学习毛泽东著作及思想

1964 年 5 月 4 日，华侨大学党委第二书记伍治之向全校学生传达了毛泽东春节谈话和高校会议的精神，根据校党委的指示，组织开展学习毛泽东教育思想的活动。学校组织学生学习《五四运动》《青年运动的方向》《改造我们的学习》《关于正确处理人民内部矛盾的问题》中有关段落及整顿党的作风有关段落等毛泽东著作。选择有关阐述毛泽东教育思想方面的文章，作为参考文件组织学生阅读，如：一九五

---

① 华侨大学数学系：《数学系教工学习雷锋小结》，1963 年 9 月，华侨大学文书档案。

② 中国共产党华侨大学中文系总支部委员会：《中文系学生学习雷锋小结报告》，1963 年 6 月 30 日，华侨大学文书档案。

③ 华侨大学党委宣传部、中国共产党华侨大学政治系总支部委员会：《伍书记批示政治系学生学习雷锋计划》，1963 年 5 月 20 日，华侨大学文书档案。

④ 中国共产党华侨大学政治系总支部委员会：《伍书记对政治系“学习与运动两不误”的批示》，1963 年 6 月 19 日，华侨大学文书档案。

八年《红旗》杂志第7期陆定一《教育必须与生产劳动相结合》、《人民日报》4月20日社论《培养生动活泼的主动的学习风气》、《人民日报》5月4日社论《知识青年要和工农群众变成一体》等。[①] 有些系组织了“知识分子劳动化”与“红与专关系”等专题讨论。但一部分同学对“知识分子劳动化”和“红与专关系”的问题持反面意见。之后，学校党委宣传部将所谓的反面意见整理成材料，并按照伍治之的指示，要求各学习毛泽东著作中心小组认真研究，将错误观点在学习毛泽东著作的过程中予以纠正。[②]

二　建校劳动

1957年，毛泽东指出我国的教育应当是培养具有社会主义觉悟的有文化的劳动者，为后续劳动教育思想的改造做出铺垫。1958年，国家提出“教育必须为无产阶级政治服务，必须同生产劳动相结合。劳动人民要知识化，知识分子要劳动化”。同年12月，陆定一发表《教育必须与生产劳动相结合》，教育结合生产劳动为中心指导思想的劳动教育全面展开，劳教结合上升为党的教育方针。1960年，为响应国家的劳动号召和中侨委“艰苦创业、勤俭办学”的精神主旨，华侨大学秉持专业授课教育和思想政治教育两手抓、两不误的理念，在按质按量完成教学目标任务的同时，积极鼓励学校师生也参与到建校活动和生产劳动中。

华侨大学创办初期借住在福州师院，次年搬到集美，直到1962年搬至泉州。在泉州建校初期，各方面条件都非常艰苦，很多基础设施并不完善，整个校园是一片荒凉的山坡，遍地野草丛生，没有道路。华侨大学领导重视依靠地方力量建校，省委、晋江地委各级领导大力支持，抽调大批干部来参与建设工作，大田县的池冲就是其中被抽调的干部之一。当时学校的数学楼刚打好地基，第一、第二、第三教工宿舍和教工食堂，学生宿舍和食堂也正在施工。据池冲2010年回忆：

> 我们刚来时住在城东供销社边的一座二层楼房。有几件事值得回忆。
>
> 首先，开辟一条从教工宿舍到学生食堂的通道，都由我们教工参加劳动，抡锄头挖土，抬箩运土，开出一条平坦大道。
>
> 其次，校园绿化由热作系金教授负责全面规划，种什么树做具体指导。学校组织师生员工在校里植树，从市里买来树苗，在校园四周，大楼前后、大道

① 华侨大学党委宣传部：《组织学生学习毛主席教育思想安排》，1964年5月11日，华侨大学文书档案。
② 华侨大学党委宣传部：《学生学习毛主席教育思想提高的问题》，1965年5月28日，华侨大学文书档案。

两旁挖坑种树。种的最多的是杨树、桉树，因为这种树成活率高，长得又快，所以今天我们校园里那些参天高大的桉树、数学楼前的松柏，文科楼前的银杏都是当年华大员工亲手栽成的，它们是华大50年建校最亲密的见证者。

每年暑假前后，学校安排各系师生前往学校周边的农村，如西福、法花尾、后路等一些生产队，参加夏收或秋收。学校把学生下乡参加劳动，作为学生思想锻炼的活动，作为密切学校和农村关系的举措。每次师生下乡之前，学校领导都亲自动员，各系领导做好安排，师生们个个热情饱满。尽管当时处于经济困难时期，每个师生一个月只有口粮26市斤，副食供应短缺，又没有任何补贴，条件虽然艰苦，但大家劳动积极性很高，每次下乡都给各生产队有力的支援。因而深得农民的欢迎。同学们也通过下乡劳动，不仅培养了爱劳动的习惯，而且有机会接触农村，接触农民，增进了他们对社会的责任感。①

1961年11月10日至30日，华侨大学师生共326人分三个批次轮流参与建校劳动，其中包括公共课教师和职工在内，化学系师生80人、数学系50人、中文系196人（见图1-64）。第一批中文一年级，实际劳动4天，途中和参观共用6天，第二批化学系实际劳动3天，共用7天，第三批中文二年级和数学系，实际劳动4天，共用7天。劳动内容包括：挖了一栋学生宿舍的基槽，一间学生宿舍地下室基槽，一个油库基槽，一间大仓库周围的排水沟，教工食堂周围土地平井，修建了一条宽6米、长500米的校路，两条100米长的临时汽车路，挖了一条2米深、10米长的排水沟，还管理苗圃、整理果树等。师生的这次建校劳动，大大加快了工程的进展速度。据工地的技术员讲，一个学生的劳动效率可以顶得上两个工人的效率，在劳动中，一些师生抢着干重活，有的为了要干重活，就把尖锥、锄头等体力劳动工具藏起来，生怕别人抢走。按工程科估计，原本只能修1/3的校路，在学校师生的帮助下，最后全线都贯通了。中文系一年级同学和工地工人开联欢晚会，化学系的师生帮助农民抢收谷子，替群众抢收了七八箩谷子，群众十分感激。在劳动期间，宣传工作也很活跃，几乎每天都出版工地快报，师生有感而发，写了很多好文章、好诗歌，描述他们参与劳动时的情景。过去害怕劳动的黄文昌同学说："通过双手劳动才会体会劳动的光荣伟大。"本想请假不参加劳动的叶文瑞同学说："不容易啊，要建一个崭新的学校是需要几千万人的双手创造出来的。"②

① 池冲：《劳动之花盛开昔日华园》，华侨大学校友网，https://alumni.hqu.edu.cn/info/1014/1399.htm，最后访问日期：2020年8月24日。

② 华侨大学党委办公室：《师生劳动建校的情况汇报》，1961年12月15日，华侨大学文书档案。

图 1－64　1961 年 11 月学生参加建校劳动

时任数学系团总支书记的康玉琛也亲身参与了建校劳动，后来他在《追忆参与建校劳动》一文中讲道：

> 这些同学绝大部分是来自东南亚各国的归国华侨学生，他们当中的多数人在境外生活比较安逸，很少参加劳动。但他们都热爱祖国、热爱学校，积极响应学校的号召，决心用双手建设美丽的校园。记得还寄读在集美华侨补校时，我就和同学们一起远程赶来校部，并抢时间赶在 8·15 大潮来临之前参加了加固海边堤防工作，种植防护林，挖建海边游泳池。搬来泉州后，我又和全校师生一道开辟道路、挖地基、挖游泳池、建运动场、植树绿化等。在挖校内游泳池时，学校提出“工具不休息，人轮班干”的口号，白天头顶烈日，晚上挑灯夜战，同学们分成不同的小组相互追赶，开展了热火朝天的劳动竞赛。不少人手上起了泡，肩膀肿了，皮肤晒黑了，都没有人叫苦叫累，相反人人都以参加建校劳动为荣，以苦为乐。在劳动休息时，工地上歌声笑声一片，同学们还以快板、诗歌、歌舞等多种形式表演小节目，表扬劳动中的好人好事，鼓舞大家的干劲，充分体现了乐观向上、团结奋斗、艰苦创业的良好精神面貌。[①]

---

① 康玉琛：《追忆参与建校劳动》，华侨大学校友网，https://alumni.hqu.edu.cn/info/1014/1413.htm，最后访问日期：2020 年 8 月 24 日。

现在贯通学校南北的华园大道，就是由寄读于集美华侨补校的师生，远程来校部参加劳动开通的。

图 1－65　1962 年侨生参加建校劳动

1962 年的副食品供应紧张，学校从长远打算，开辟副食品门路，为改善全校人员生活和长远打算，计划兴建养鱼池，加上侨生喜爱游泳和学校教学之急，还计划修建简易游泳池。1963 年，经方方副主任 4 月来校时同意后，学校进行规划并组织全校师生员工在劳动课和义务劳动时间，进行修建养鱼池和游泳池。[①] 4 月至 9 月，教师和学生利用劳动时间参与到兴建两池的劳动中，自己挖、填土方，同时进行闸门砌石等工程。

1963 年新学期开学初，学校组织全校师生参加为期一周的围海堤劳动，之后又转入了每周半天的经常性劳动，各系领导亲自动员组织，指定专人管理，取得了一定的成绩。下半学期学校又布置了继续加深鱼池工程的任务，由政治、中文、数学、物理、外语等五个系参加，而热作系则参加热作实验农场劳动。[②] 热作系迁往海南兴隆后，由于海南岛相对落后，办学存在很大困难，然而师生们依然积极参加劳动，自己动手，参加了挑沙子、挖基础、修路、种树等劳动，他们每周劳动两三天，每人分配锄头、畚箕等劳动工具。后按中侨委要求，热作系在海南要进行生产，经济自给，因此热作系决定开荒 250 亩教学农场，种植胡椒、橡胶等作物。

60 年代，福建沿海处于备战状态，福建所有高校都要求建立后方基地，华侨大学后方基地在建宁，1966 年，学校成立建宁分校筹备领导小组。学生过去建宁后，一边学习一边劳动，建宁分校的建设没有请工程队，都是师生自己在建，组织了办

① 华侨大学：《关于修建养鱼池和游泳池问题的补充报告》，1963 年 9 月 25 日，华侨大学文书档案。

② 华侨大学校委办公室：《关于学生生产劳动几个问题的意见》，1963 年 11 月 20 日，华侨大学文书档案。

图 1-66　1962 年 9 月，中文系、政治系、数学系学生在校本部劳动建校

公室、后勤组、施工组、工程组、群众工作组，自己建设，自我管理。学校的领导、教师一样参加建校劳动，土木系杨曾艺、麦淑良两位老教授，还运用其业务专长，亲自到工地巡视，检查施工质量。1964 级中文系校友黄结义回忆道：

> 在建宁主要的任务就是建校劳动，在一块杂草丛生的地方，开路，开荒，平整土地，建校舍，挖路基。当时我配合杨曾艺教务长拉皮尺，测量一下多宽，然后挖山开路。杨教务长是搞施工建筑的，过去帮忙建宁分校搞基建，大家都很佩服他。当时搞好了一些基础工程，开通了路，并架起了电线杆准备通电。我们帮忙竖电线杆，拉电线，爬电线杆接电线，学校的电工教我们怎么接、拉、吊电线，我们还扛木头，森工局买的木头，国家调拨给华大的水泥、电缆、木头等材料都我们自己搬。虽然艰苦，但是很有乐趣。①

20 世纪 60 年代初期，是劳动教育改革的过渡时期，强调教育与生产劳动相结合，规定了学校必须要把教学放在第一位，但全体师生必须参加一定的生产劳动。学校在抓好各系专业课教学的同时，通过有计划地安排建校劳动培养师生热爱劳动、热爱学校的品德。但也有一些同学反映当时的劳动强度是较大的，每周日都要参加半天的劳动。② 师生在参加生产劳动的同时，造成实际课堂教学时间减少，过多的

① 华侨大学：《黄结义口述建宁分校时期建校劳动情况》，华侨大学文书档案。

② 张罗应：《潘耿福的回忆》，华侨大学校友网，https://alumni.hqu.edu.cn/info/1165/2703.htm，最后访问日期：2020 年 8 月 24 日。

生产劳动在一定程度上对正常教学产生了冲击。

三　文娱活动

文娱活动是华侨学生兴趣之一，开展丰富多彩的文娱活动，不仅为富有文艺才能的华侨学生提供表演的舞台，而且极大地活跃学校文化生活。

1963 年 2 月 11 日，廖承志偕同庄明理等其他中侨委领导，出席华侨大学艺术系开学典礼。他在典礼上明确指出，华侨大学艺术系的服务对象是国内外的华侨和侨眷，要面向东南亚。将艺术系建设成为“第二个东方歌舞团”，是当年廖承志筹办华侨大学艺术系的初衷。由此，华侨大学艺术系 1962 级完全按照文工团的模式建制，设有舞蹈班、声乐班、器乐班和舞美班。同年，华侨大学成立文工团，购买各种乐器、道具，学生按班级或者按系组织各种文艺表演队，定期进行演练，既表演东南亚各国的歌舞，也表演国内歌舞。10 月 4 日，学校考虑减轻学生课余活动负担，决定重新整编校业余文工团，人数由原来的 300 余人压缩到 150 人以内，下设 5 个队组：舞蹈队 45 人、器乐队 40 人、小合唱队 25 人（包括独唱演员）、后台灯光组 10 人、服装组 3 人，共计 123 人。经校党委宣传部和教务处商定，每逢星期二下午第 7 节后的自由活动时间内及星期六下午第 6 节后为文工团固定活动时间，以便进行排练，不断提高演出水平。文工团热爱艺术的归侨青年们，从世界各地回到祖国，聚集北京，一心把自己的一生献给艺术、献给祖国。1962 级艺术系学生在北京得到正规的学习和严格的训练，也获得了更多艺术实践的机会。这批华侨青年，排练出了许多风格各异的节目：锡兰罐舞、巴基斯坦脚铃舞、印尼伞舞、缅甸舞蹈“曼德勒之夜”，以及用印尼乐器昂格龙演奏中国民歌等，被称为“小东方”。①

学校没有大礼堂，学生们就在两层长方形的学生食堂举办各种演讲会、表演等活动。每逢周末，学生们会组织交谊舞会或者电影放映的活动，到了节日，学校文工团就会在此表演歌舞。食堂当时也是学生的信息中心，例如玻璃窗上贴着《人民日报》《福建日报》《光明日报》等；食堂前面架放着反映学生动态的《一周生活》白板报；食堂的入口处经常贴着各种临时通知，传达一些演讲或比赛的消息。②

---

① 张罗应：《追寻华大“小东方”》，华侨大学校友网，https://alumni.hqu.edu.cn/info/1014/1420.htm，最后访问日期：2020 年 8 月 24 日。

② 江显锥：《建校初期的多彩生活》，华侨大学校友网，https://alumni.hqu.edu.cn/info/1014/1433.htm，最后访问日期：2020 年 8 月 24 日。

图 1－67　1961 年，归侨学生们在课余时间跳集体舞

图 1－68　1963 年晚会——棠古舞

作为国庆 15 周年献礼的大型史诗歌舞剧《东方红》在北京献演后，随即在全国掀起了热潮。华侨大学也决定排练歌舞剧《东方红》，经研究把八场歌舞剧分开，各系包演一场，约 20 分钟，文工团成员回到各系做骨干，参演师生达 500 多人，从导演、演员到演奏、指挥等，全部由师生担任，学生利用课余时间以班系为单位反复排练，之后又进行了配乐彩排与观摩彩排，纠正节拍、动作等细节问题，群舞部分要求脚步、手势整齐，朗诵、对话部分要求声线、眼神、表情神似，经过半年的准备与勤练，1965 年初夏，《东方红》在空地上搭起大舞台，奉献了一次精彩的演出，演员们造型优美，表演认真，歌声激荡，舞姿轻捷，服饰化妆、道具布景一丝不苟，此次歌舞剧《东方红》的表演规模宏大、乐器齐全、歌声宏亮、场面壮观，演出非常成功。化学系1961级的陈汇祥至今感叹不已："1964年，我们学校就敢演《东方红》……我全程负责伴奏，只觉得这真是太了不起了！……我们班的同学负责演炼钢工人。"中文系1964级校友韩烈光回忆，当时有一位学姐到北京看了演出，记住了剧本，回来就带领大家编排演出。"那时全校都很团结，几乎是全员参与，许多没有演出任务的同学就参加了合唱队，或者负责准备服装。"韩烈光说："没有道具服装大家就自制，没有场地就在学校的工地上演出，这一演，就出了名，演到了泉州市去。"①

1964年，在国庆15周年的庆祝活动中，学校组织安排了丰富的文娱活动：组织看一场电影，举办一次大游园，10月1日晚举行庆祝国庆文娱晚会，以歌舞、曲艺等形式歌颂祖国等。各系、各班级还组织小型演出队，经常到学校附近农村演出。物理系师生在下乡参加社会主义教育运动的同时，开展了农村文艺宣传活动，共为农民演出了近40场节目，其中就地取材、自编自演的有10个，包括相声、快板、话剧和演唱等。师生们在文艺宣传方面十分主动、热情，每次演出几乎全班人马出动。3月，物理系各队又结合"三八妇女节""俱乐部开幕""民校开学典礼"，在各大队掀起声势浩大的文艺宣传演出，师生及社员情绪高涨。这种演出活动，对活跃农村文化生活，密切学校与周边农村群众关系，起到了良好的作用。实际上，学

图1-69　学生排练话剧

① 刘沛、吴江辉：《深切怀念依然眷恋——广州老校友回忆建校初年侧记》，华侨大学官网，https://www.hqu.edu.cn/info/1067/84826.htm，最后访问日期：2020年8月24日。

生在组织排练和演出过程中，既获得艺术熏陶，也获得自我教育，思想得到净化。①此外，学生还组织小型演出队，他们或自编自演，或进行改编，如自编歌剧《红河怨》、改编歌剧《白毛女》的演出，十分成功，颇受观众喜爱。

四　体育运动

华侨学生喜欢游泳，学校建造了两个室外游泳池，并优先修建运动场所，购置各种体育器材，结合华侨学生的特点，多方支持其开展丰富多彩的体育活动，并加以鼓励和引导。学生热爱各种体育运动，打篮球、打羽毛球等在校园中随处可见。学校组织了各项体育运动的校队，有篮球、排球、足球、游泳队等。每逢周末，8个篮球场、4个排球场和所有的运动场都爆满，既有客队来校的友谊赛，也有系际赛、练习赛，无论是场上的运动员，还是场下的观众，都热情地参与到活动中来。②

1964年第二学期，医疗系在开设田径、体操、球类、武术等项目的同时，也开始进行游泳课的教学。在下水前，体育组安排了游泳理论课，向学生们介绍游泳活动的价值、游泳安全常识、游泳技术的介绍等，通过调查摸底，进一步了解学生的游泳情况，并划分了游泳活动小组，选择了会游泳并且工作责任心较强的同学担任小组长。侨生多数都非常喜爱游泳，在还没有上游泳课之前，学生们就希望能提早上这门课，等到了真正上游泳课的时候，大家都非常高兴，一下游泳池都积极锻炼，顾不上休息，很多同学的练习时间已到，还不愿意上来。此外，这学期还开展了数次校内外篮球友谊赛，如与木器厂、市医院、第二师院一中、农村公社，以及校内班与班、教工与学生等的篮球友谊赛，举办了班级间的足球友谊赛、羽毛球对抗赛，还以小组为单位组织游泳活动，体育活动非常丰富。③

华侨大学是当时福建省体育运动的佼佼者，不仅在省高校运动会屡屡夺冠，而且在省运动会上亦成绩斐然。1964年2月13日至17日，泉州市举行了全市民兵军事检阅大会。华侨大学取得了不错的成绩：在男子400公尺武装赛跑中，华侨大学彭世美以1.59分的成绩获得第二名，钟启生则以1.65分的成绩获得第三名；在手榴弹掷远项目中，黎玉宝以35.15公尺的成绩获得女子组的第一名，许碧珍以29.90公尺的成绩获得第三名；在拔河比赛中，华侨大学获得男子组第二名；乒乓

---

① 中国共产党华侨大学物理系总支部委员会：《物理系文艺宣传活动情况汇报》，1964年3月16日，华侨大学文书档案。

② 江显锥：《建校初期的多彩生活》，华侨大学校友网，https://alumni.hqu.edu.cn/info/1014/1433.htm，最后访问日期：2020年8月24日。

③ 华侨大学医疗系体育组：《体育教研组教学工作总结》，1964年7月16日，华侨大学文书档案。

球团体项目，获得女子团体第一名，男子团体第二名；在篮球项目中，男子获得乙组第一名，女子也获得第一名；还有足球项目的第一名、团体总分的第一名。[①]

图 1－70　1963 学生上体育课——体操

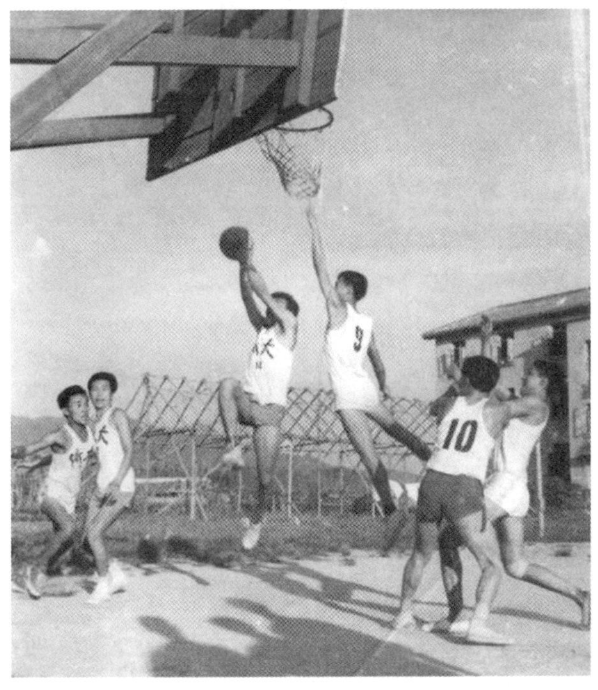

图 1－71　1963 年学生篮球赛

① 华侨大学党委办公室：《一九六四年春节泉州民兵军事体育检阅工作总结》，1964 年 2 月 27 日，华侨大学文书档案。

1964 年，女篮获省高校冠军。当年上海工人女子篮球队远征福建，所向披靡，但在与华侨大学女篮的两场较量中，均告失利，足见当年学校学生体育运动之实力。1965 年，福建省大学生运动会上，华侨大学获得田径总分和游泳总分第一，篮球、排球均获冠军；学校的男篮、男排球队，曾代表晋江地区参加福建省运动会，获得男篮冠军和男排亚军。这些体育成绩都与学校平时积极开展体育活动分不开，如学校组织运动队定期训练、经常开展校内比赛、每年召开一次全校运动会等，为学生发挥体育运动特长，创造良好的条件和环境。

图 1－72　1965 年福建省高校田径运动会在华侨大学举行

第七节　华侨大学被撤销

经过六年的初步发展，华侨大学各项工作都步入了良性发展的轨道，“华侨最高学府”日渐焕发出青春活力。正当华侨大学进入蓬勃发展之际，“文化大革命”爆发。它完全打乱了华侨大学的正常办学秩序，招生停止，师生停课闹革命，全校各项工作停滞不前。

1969 年 10 月 26 日，中共中央发出《关于高等院校下放问题的通知》，决定国务院各部门所属的高等院校，凡设在外地或迁往外地的，交由当地省、区、市领导。根据这一指示和国务院所发的 18 号文件，华侨大学被下放福建省革委会领导。

1969 年 11 月，福建省革委会领导小组在“关于干部下放、教育革命问题”的会议上，决定撤销华侨大学。根据这一会议精神，1970 年 1 月 17 日，福建省革委会正式发出《关于撤销华侨大学的通知》。就这样，这所在特殊年代由中侨委精心筹划创办、众多侨大人为之呕心沥血、被无数海内外华侨华人寄予厚望的侨界高等学府，被迫停办。

根据文件要求，学校撤销后，校址被安排给 1969 年由福建医学院和福建中医学院合并成立的福建医科大学做校址，学校原有校舍、营具、通讯和生活设备也移交给福建医科大学；学校的土木建筑工程系并入福州大学，外语系并入厦门大学，医学系并入福建医科大学，三个系的教职员工和教学仪器、设备、图书资料等分别由这三所学校选用。①

华侨大学停办前，全校共有师生 1679 人，其中教职员工 821 人，1969、1970、1971 届学生共 858 人。学校停办后，福建省革委会“四个面向”办公室对这三届学生进行了统一分配，大多数同学被分配到福建、广东、广西、江西、四川、云南等地的生产建设兵团、军垦农场参加劳动。② 教职工除部分被其他高校调走和因工作

---

① 福建省革命委员会：《关于撤销华侨大学的通知》，1970 年 1 月 17 日，华侨大学文书档案。

② 华侨大学革命委员会：《华侨大学 1969—1971 届毕业生分配名册》，1970 年 1 月 17 日，华侨大学文书档案。

需要留校外，多数被下放到晋江专区的安溪、永春、德化等地和外专区的农村插队落户，接受贫下中农的再教育。

在学校被撤销停办后，由接收单位尚未落实而暂时留校的人员组成了留守处，卢守德担任负责人。留守处除了做好学校资产的清点、移交等工作之外，最主要任务是做好下放干部教师的安置及“文化大革命”的其他工作。1972 年末留守处人员 54 人，[①] 到“文化大革命”结束后的 1977 年 9 月底，留守处还剩下 16 人，其中干部 11 人、教师 1 人、工人 4 人。[②] 据留守处人员赖奕永口述，留守处的办公地址设在学校教工食堂左侧、数学楼前的南区教工宿舍 6 号楼，最初整栋楼都属于留守处，后来在福建医科大学的要求下，留守处退缩到该楼二楼一层狭小的空间里办公，直到学校复办。[③]

---

① 华侨大学：《华侨大学 1970—1972 年职工减少情况表》，1973 年 1 月 16 日，华侨大学文书档案。

② 华侨大学留守处：《华侨大学留守处 1977 年全民所有制单位职工调资情况汇总表》，1977 年 11 月 10 日，华侨大学文书档案。

③ 《赖奕永口述华侨大学留守处历史》，华侨大学文书档案。

第八节　毕业生成就

从1960年秋到1970年春这十年间，华侨大学共培养出七届毕业生，总人数2420人（见表1-26）。

表1-26　1960—1970年华侨大学毕业生情况

单位：人

毕业年份	毕业科系	毕业人数	学制	备注
1965年	中文系	61	除医学系学制为六年外，其他各系学制均为五年。	
1966年	中文系、数理系、化学化工系	167		
1967年	中文系、数理系、化学化工系、艺术系、政治系、热作系	618		
1968年	中文系、数理系、化学化工系、政治系、热作系、外语系、医学系、土建系	668		
1969年	中文系、数理系、化学化工系、政治系、热作系、外语系、医学系、土建系	483		
1970年	中文系、数理系、化学化工系、政治系、热作系、外语系、医学系、土建系	384		因学校被撤销，学生提前毕业
1971年	医学系	39		因学校被撤销，学生提前毕业
总计		2420		

资料来源：《1965—1990年本专科毕业生数》，载华侨大学校长办公室编《华侨大学建校30年事业发展统计资料汇编1960—1990》，1990年10月。科系名称（以毕业当年的名称为准）有变动。

第一届（1965届）学生毕业时，学校向每位毕业生颁发廖承志校长签名的毕业文凭（见图1-73），韦悫、伍治之与毕业生座谈，鼓励他们走上工作岗位后努力工作。1965年8月，伍治之、韦悫、谢白秋、林汝楠等学校领导，校部机关领导、中文系领导与中文系毕业生在数学楼前合影留恋。随后的六届学生毕业时，因为适逢“文化大革命”，学校正常办学秩序遭受毁灭性地冲击，学校领导、老师被打倒，学校完全处于无政府状态，没有师生团聚，没有毕业典礼，没有毕业证书，连一纸学

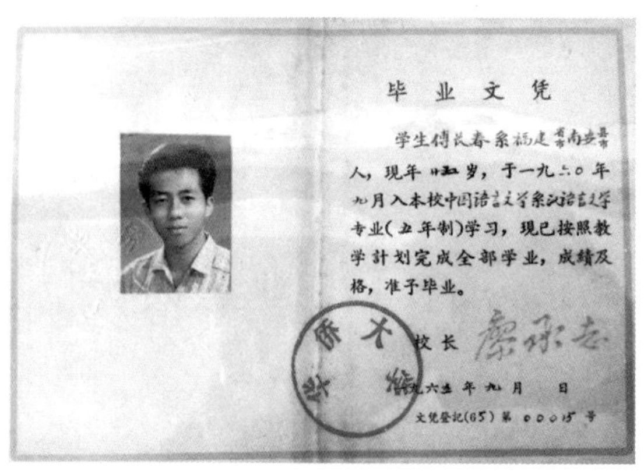

毕 业 文 凭

学生傅长春系福建省南安县人，现年廿五岁，于一九六〇年九月入本校中国语言文学系汉语言文学专业（五年制）学习，现已按照教学计划完成全部学业，成绩及格，准予毕业。

校长 廖承志

一九六五年九月 日

文凭登记(65)第 00015 号

图 1－73 1965 年学校为首届毕业生颁发的毕业文凭

资料来源：由校友江显锥提供。

历证明也没有。[1] 当时的口号是：知识分子要到社会大学去接受再教育，到工农兵那里去拿毕业证书。“文化大革命”后期，政治运动形势稍稍缓和，一些校友曾到学校停办后设立的华侨大学留守处申办学历证明，获得批准。1978 年秋华侨大学复办后，校友们纷纷写信要求补发毕业文凭。学校同意补发学历证明，但鉴于当时的国内外形势，港澳及海外校友申领学历证明手续繁复，需经法院审理及办理涉外公证，且不能将开具的学历证明寄给本人。随着华侨大学的办学逐渐走入正轨，学校决定为先前的毕业生补发文凭，于是就出现了 1982 年上半年的“奖状式”版本的毕业文凭（见图 1－74）。1982 年秋，华侨大学复办后的第一届毕业生顺利毕业，学校决定对新旧毕业生一视同仁，统一颁发“手册式”且带有英文页的毕业证书（见图 1－75），并可将证书直接寄交港澳及海外校友。

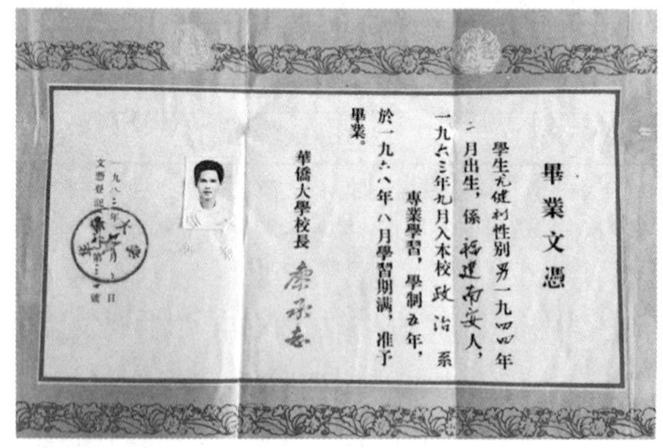

畢業文憑

學生尤健利性別男一九四四年二月出生，係福建南安人，一九六三年九月入本校政治系專業學習，學制五年，於一九六八年八月學習期滿，准予畢業。

華僑大學校長 廖承志

图 1－74 1982 年学校为“文化大革命”期间毕业学生补发的毕业文凭

资料来源：由校友江显锥提供。

---

① 江显锥：《政治系：从招生到毕业》，华侨大学校友网，https://alumni.hqu.edu.cn/info/1014/1404.htm，最后访问日期：2019 年 12 月 17 日。

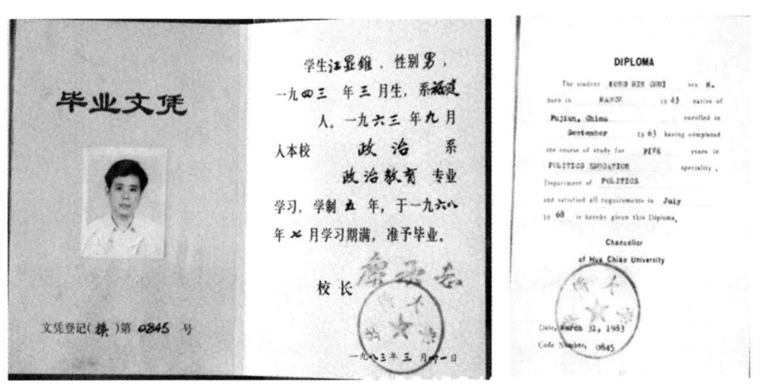

毕业文凭

学生江显锥，性别男，一九四三年三月生，系福建人。一九六三年九月入本校政治系政治教育专业学习，学制五年，于一九六八年七月学习期满，准予毕业。

校长

文凭登记（换）第0845号

一九八三年三月卅一日

DIPLOMA

Fujian, China

September 19 63

FIVE

POLITICS EDUCATION

POLITICS

July

19 68

Chancellor

of Hua Chiao University

March 31, 1983

0845

图 1－75　1983 年学校为“文化大革命”期间毕业学生换发的毕业文凭（英文页）

资料来源：由校友江显锥提供。

按照《创办华侨大学方案》，学生毕业后，由国家统一分配工作，在分配地区上适当照顾。1965 年暑假，华侨大学办学史上首届 61 名毕业生被分配到福建、广东、广西等七个地区，其中，下基层的 23 名，搞学校教育的（包括高校、中等学校、业余教育等）19 名，做文化宣传工作的（包括报社、文化馆、博物馆等）9 名，从事商业、青年、妇女等工作的 10 名。① 1966—1968 届毕业生毕业时，由于举国上下忙于“闹革命”，分配被延迟。其中，1966 届、1967 届毕业生直到 1968 年 8 月底分配才有着落，1968 届毕业生也被拖延到当年 12 月初才分配。1970 年初学校被撤销后，1969—1971 届学生尽数毕业离校，被分配到各地。从分配单位来看，这六届毕业生大都被分配到全国各地的生产建设兵团、军垦农场、工厂参加劳动。劳动结束后，部分毕业生留在国内接受二次分配，部分毕业生移居国外或港澳台地区。

经过华侨大学精心培育的毕业生，后来很多都成为社会俊彦、民族精英、行业翘楚，在教育界、侨界、政界、文艺界、新闻出版界、农业界、商界等众多领域做出了斐然的成绩，为我国及居住地的经济建设和社会发展做出了重要贡献，也为促进中外文化经济交流奉献了宝贵力量。

一　教育界的麦田守望者

为学校培养师资是华侨大学特别是文理学科创办时期最主要的办学目标。这一时期的华侨大学毕业生大部分都有担任学校教师的经历，由于历史境遇和个人选择等原因，相当一部分校友后来转行到其他领域。部分毕业生选择了以教书育人为志

---

① 《关于 1965 年毕业生分配工作的总结（草稿）》，1965 年 11 月 27 日，华侨大学文书档案。

业，默默耕耘，诲人不倦，孜孜矻矻，朝斯夕斯。

1. 厦大教授姜国文

朝鲜华侨姜国文1960年归国后，入读北京华侨补校，担任学生会宣传部长，两年后考上刚创办不久的华侨大学，并到当时极为热门的政治系就读，从此与华侨大学结下一生不解的情缘。在华侨大学，姜国文同样担起了校学生会宣传部长一职，活跃的性格，良好的个人素质，使他受益颇深，锻炼各方面能力的同时亦结交了众多良师益友，也为其后来做校友工作带来极大便利。

姜国文毕业后先是被下放到山东某军垦农场劳动，后担任农村中学教员。1978年厦门大学哲学系复办，姜国文从山东调到厦大任教，人生由此掀开新的一页。在厦大，他潜心教学科研，担任哲学系逻辑学教研室主任，其教授的“形式逻辑”课程成为最受学生欢迎的课程之一，著有《逻辑学》《形式逻辑》《普通逻辑学概论》等著作，并致力于经济预测和决策的逻辑艺术合理性原则的研究，在中国逻辑学研究领域引起关注。姜国文还利用自己精通朝鲜语这一特长，从事论著翻译，把大量最新的韩国经济动态介绍给中国读者，他的名字由此载入了《中国当代社会科学大词典》《中国当代经济科学学者辞典》。此外，他也曾担任厦大统战部部长、校办公室负责人等行政职务，并是福建省逻辑学研究会副会长，福建省侨联三、四届常委，厦门市人大华侨委员会委员。他还为筹备成立厦门校友会而奔走忙碌，1984年，华侨大学厦门校友会正式成立，成为华侨大学最早成立的校友会之一，姜国文任首任会长，并随后担任华侨大学校友总会副理事长。

1998年，姜国文从教学岗位退休。退休后的他，仍壮心不已，老当益壮，将更多精力倾注于校友会工作，同时在龙岩创办了日兴食品有限公司，并亲自担任总经理。①

2. 教学名师叶伟年

叶伟年是20世纪60年代入校的少有的国内生之一。1962年高中毕业后，叶伟年考入华侨大学数学系。两年后土木建筑工程系成立，他又申请转系，成为工业与民用建筑专业1963级学生，并于1968年毕业。叶伟年说，自己一直都很喜欢工科，当时就希望能借此机会做自己真正想做的事，为祖国的社会主义建设添砖加瓦。②

1979年，叶伟年考入武汉工业大学结构工程专业攻读硕士学位，研究方向是结

---

① 雷伟军：《老校友姜国文》，载《华侨大学报》编辑部编《情系华园》（《华侨大学报》“校友觅踪”第二辑），2007年11月，第19～20页。

② 孟玥：《叶伟年：难忘当年校园时光》，载《华侨大学报》编辑部编《情系华园》（《华侨大学报》“校友觅踪”第四辑），2015年3月，第217页。

构计算的计算机方法。1982 年毕业以后，他先后在广西大学土木系、华南建设学院东院建工系、广东工业大学建设学院任教。曾任广东工业大学建工系、土木系主任，建设学院院长兼建筑设计研究院院长，广东工业大学华立学院土木工程系主任、教务处长，是广东工业大学华立学院的教学名师、副教授，其主讲的课程有“混凝土结构”“砌体结构”“材料力学”“结构力学”等。多年来，叶伟年在专业领域收获颇丰，著有《高层建筑框架剪力墙结构设计》一书，《结构力学计算机辅助教学课件》获国家教委优秀教材二等奖，《结构力学试题库计算机管理系统》获广西优秀教学成果三等奖，曾荣获 1995 年广东省南粤教书育人优秀教师称号。[①]

3. 终生耕耘的中小学教育工作者

印尼华侨陈松杰 1960 年 9 月回国后，先是在集美华侨补校就读，一年后以第一志愿考上华侨大学，是数学系首批入学学生。酷爱舞蹈的他，入学后即加入校文工团舞蹈队，是学校舞蹈队的元老。毕业后他先后到江西上饶和广东广州的中学任教，坚守数学教师岗位 35 年，桃李芬芳。任教期间，曾组织学生排练舞蹈等参加学校文艺演出或比赛，个人也曾参加上饶市教师歌唱比赛并获得二等奖等。[②]

印尼归侨黄结义是中文系 1969 届校友。建宁分校时期那段艰苦岁月磨炼出来的不惧困难与坚韧的精神，让黄结义受益终身。“文化大革命”时期，当其他人忙着派系斗争时，黄结义和同学兼密友黄东涛（即后来的香港著名作家东瑞）两人躲在图书馆里忙着看书，有时还根据形势发展一起写他们两人的“桐江评论”。1970 年毕业分配，黄结义被分配到厦门部队军垦农场劳动。1971 年分配到泉州 727 中学（即泉州二中，现在的泉州培元中学）。就这样，黄结义在培元中学教了一辈子的书。[③]

印尼归侨张述英是数学系 1963 级学生。毕业后，她先是去了连江官坂农场，在部队的军事化管理下生活了 1 年零 3 个月。在那里，她获选为唯一的女大学生班长，而且被评为军垦农场唯一的女“五好学员”。1970 年，张述英被分配到宁德市柘荣一中。在“知识无用论”席卷全国、老师成为“臭老九”的特殊年代，她依然把自己的一切奉献给了学生，用自己的汗水改写了山区孩子的命运——她担任过班主任和数学科任老师的几个班级，在 1978 年恢复高考后的一次考试中，基本都考上大中

① 参见广东工业大学华立学院城建学院官网之“名师风采”栏目关于叶伟年的介绍，http://www.hualixy.edu.cn/tmx/newshow.asp?id=55，最后访问日期：2019 年 12 月 17 日。

② 吴江辉：《华大舞蹈队的“元老”陈松杰》，华侨大学新闻网，https://news.hqu.edu.cn/info/1004/6886.htm，最后访问日期：2019 年 12 月 17 日。

③ 雷伟军：《建宁分校的见证者黄结义》，载《华侨大学报》编辑部编《情系华园》（《华侨大学报》“校友觅踪”第四辑），2015 年 3 月，第 11 页。

专。1978 年，张述英调到泉州三中，担任过年段备课组长、校际备课副组长。由于工作需要，她服从学校安排，1986 年脱产专职从事工会工作，1994 年又兼起学校的保卫工作。在 17 年执教，13 年脱产从事工会、妇女、保卫工作的整整 30 年教育工作生涯里，她获得过“福建省五一劳动奖章”“福建省女职工标兵”“福建省未成年人保护先进工作者”等诸多荣誉。[①]

印尼归侨李裕华是热作系 1967 届校友。1970 年，在部队农场结束劳动锻炼的李裕华，被分配到海南的昌江，在接下来的 10 年内先后转战了汉河电厂、水泥厂等多家单位。1980 年，李裕华被调往昌江中学担任教导主任，这一当就是 20 多年。李裕华这位教导主任，不仅要负责学校的教学事务，还主管学校每年的书本征订、高考招生等工作，每一项都是累人的活儿，比如教学上，因师资贫乏，物理、化学、英语、生物，不管哪门课程，不管初中还是高中，哪里缺，李裕华就补上，且每周在完成行政事务外最少要上 25 节课，工作压力之大可想而知。而李裕华就这样长年累月地走过来了，他轻描淡写地笑着说，这得益于热作系那段艰苦岁月的历练。1984 年，生物高级教师李裕华当选为昌江县政协副主席，此后连任三届。在其任上，他先后负责了昌江县科技、抗战、文史等资料的收集编撰工作。2002 年退休的他，还担任了昌江县老年大学校长一职。2010 年是海南解放 60 周年，身为昌江县关工委成员的李裕华，也忙着下乡做巡回报告，对中小学生进行海南革命历史的爱国主义教育。[②]

二　“三胞”的贴心人

华侨大学因侨而立，因侨而兴，培养侨务工作干部自然也是华侨大学创办时期重要的办学任务。20 世纪 70 年代末，随着国内外局势的变化，台湾同胞、港澳同胞在支援祖国现代化建设、促进祖国统一等方面，日益发挥着重要的积极作用。如何充分发挥台湾同胞、港澳同胞、海外侨胞（简称“三胞”）的积极性，做好新时期爱国统一战线工作，成为国家的一项重要任务。华侨大学毕业生以服务“三胞”为己任，选择去地方政协、侨联任职，为广大台湾同胞、港澳同胞、归侨、侨眷和海外侨胞做了大量的工作，被称为“三胞”的贴心人。

① 张罗应：《张述英：师生情谊铭记终生》，载《华侨大学报》编辑部编《情系华园》（《华侨大学报》“校友觅踪”第三辑），2010 年 11 月，第 32 ~ 33 页。

② 雷伟军：《教导主任李裕华》，载《华侨大学报》编辑部编《情系华园》（《华侨大学报》“校友觅踪”第四辑），2015 年 3 月，第 20 页。

1. “三胞”的知心人许双金

许双金是金门籍印尼华侨，1960 年归国，两年后以优异的成绩考上华侨大学中文系。品学兼优的许双金在毕业分配时，选择了祖国最艰苦的边陲地区——新疆、内蒙和辽宁，并如愿以偿地被分配到乌鲁木齐铁路局，自此在新疆扎根。他做过工人、中学教师，最终与他结下情缘的是“三胞”工作。

许双金先后担任过全国台联理事、新疆台联会长、自治区三胞委员会副主任、新疆海联会理事、自治区侨联和乌鲁木齐市侨联常委、乌鲁木齐铁路局侨联主席等职务，成了侨务政策的具体执行者和“三胞”的最佳代言人，为广大港澳同胞、台湾同胞、海外侨胞和归侨人士及其眷属排忧解难，操碎了心。

乌鲁木齐铁路局配件厂台属尤秀锦新寡，上有老迈婆母，下有两个在学孩子，经济特别困难。许双金与有关部门协商，解决了她两个儿子的上学和就业问题；

田相福老先生新中国成立前夕匆匆去台湾，与妻女离散 40 多年，回大陆五六趟均未寻找到自己的亲人，怀着唯一的希望来到了乌鲁木齐铁路局。许双金满腔热情地接待了他，并与外省的公安局联系，想方设法为其寻找，仅用四个多小时就帮田老先生找到了居住在沈阳、与他别离 40 余载的亲骨肉；

年近古稀的台湾老人杜叶清回来探亲，却心脏病发作，生命垂危，幸得许双金及时送医院抢救，并悉心护理，才得以康复；

此外，许双金还协助解决了 60 多户“三胞”眷属的住房问题；为 10 多位“三胞”子女解决了升学就业问题；协助昭雪冤假错案 11 件；为铁路局 8 位归侨职工协办了全年的生活补助；还为 200 多位“三胞”眷属联系探亲火车票免票事宜，使他们享受天伦之乐……

可以说，哪里需要代言人去沟通，哪里需要热心人去协办，无论风来雨去，严寒酷暑，都有“三胞”代言人许双金的身影。

许双金的努力也获得了丰厚的回报。他先后荣获了乌鲁木齐铁路局工业学大庆、科技教育、教育系统先进个人和自治区、市侨联先进个人。1991 年，许双金还被评为中国侨联先进个人。许双金的先进事迹被选编入《归侨华侨精英传》丛书新疆分册，还屡见于侨报侨讯。许双金的校友、侨友见到他，都禁不住由衷赞叹：万万没有想到双金能一个人坚持扎根在祖国边陲新疆，为他取得的成就而高兴。而许双金自己则说：“我不为名，不为利，只有一颗忠于祖国、忠于人民的红心。”

退休后，许双金还兼任自治区台联名誉会长、侨联名誉委员，新市区政协委员、侨联副主席，纪委和建设局监督员等职务。他还以特邀代表的身份参加乌鲁木齐市侨代会。许双金表示：“我有信心有决心继续把这些工作做好，为新疆的稳定团结发展、为祖国的统一大业、为中华民族的崛起再做奉献。”①

2. 侨胞的贴心人

同为金门籍印尼归侨的黄利群是中文系 1968 届校友。1984 年，黄利群从一名普通医务工作者被推向山东菏泽地区外事侨务和青岛市侨联的领导岗位，先后担任菏泽地区侨联主席兼菏泽行署外办、侨办副主任，菏泽行署外办、侨办、侨联、民族宗教办机关党支部书记，青岛市侨联副主席、党组成员、机关党总支书记等。②在任上，她和同事一道，兢兢业业，足迹遍及鲁西南各角落，为落实国家的侨务政策做了大量的工作：为巴西华侨杨正民先生落实了华侨房屋政策，杨教授十分感谢，把得到的一大笔赔款全部捐献给了家乡的教育事业；协助海外华侨杨老先生找回了失散 20 年的女儿；找人帮助美国侨眷宋老太太买好砖瓦盖起了新房子……二十年如一日，黄利群和同事们一起，摸侨情，解侨困，暖侨心，引侨资，使单位的侨务政策落实工作在山东省名列前茅，使鲁西南侨属企业的发展处于山东省先进工作者行列。在 25 年的外事侨务工作中，黄利群收获了诸多荣誉：当选第八届全国人大代表，第六、七、九届山东省人大代表；连续 20 年担任第二、三、四、五届全国侨代会代表和第二、三、四、五届山东省侨代会代表；光荣地参加了第八届全国妇女代表大会，并曾荣获全国侨联先进工作者、山东省侨联先进工作者、山东省优秀归侨知识分子和山东省“三八”红旗手等光荣称号，曾先后受到邓小平、江泽民、胡锦涛等党和国家领导人的接见。③

马来西亚归侨韦绍广是政治系 1968 届校友。毕业后，韦绍广回到籍贯所在地广西容县当中学教师。1984 年，他兼任容县侨联副主席，开始从事侨联工作。改革开放之初，很多人不知道如何开展侨务工作，韦绍广与时任玉林地区侨联主席黄镛琨一起把侨乡许多因“文化大革命”中断了的海外关系重新联结起来，并耐心地引导侨乡人民以正确的态度对待海外的乡亲。由于工作业绩突出，1995 年韦绍广当选玉林市侨联主席，1997 年又当选广西壮族自治区侨联副主席。作为一名东南亚归侨，并且成长于侨校，韦绍广十分了解侨胞的感情、家情和生活，这非常有利于他与海外侨胞的沟通与交流。他把侨联工作分为两个端口：对在国内的侨属侨胞注重生活、工作和与海外联络的帮助；对在海外的乡亲，向他们介绍祖国的建设成就和投资生活环境，真诚邀请他们归访。韦绍广说侨联工作就是联络侨亲，因此逢年过节他都

① 严作楫：《扎根新疆的归侨许双金》，载《华侨大学报》编辑部编《情系华园》（《华侨大学报》“校友觅踪”第一辑），2005 年 10 月，第 65 ~ 67 页。

② 参见百度百科“黄利群”词条。

③ 远影：《鲁西南侨胞的贴心人黄利群》，载《华侨大学报》编辑部编《情系华园》（《华侨大学报》“校友觅踪”第四辑），2015 年 3 月，第 35 页。

会给海外乡亲寄去贺卡和温暖的问候，令众多海内外亲友心有感触。像马来西亚国会下议院院长曾永森、泰国外长顾问封家正等广西老乡，都和他保持着密切的联系。①

印尼归侨郭景仁是政治系 1969 届校友。20 世纪 80 年代，郭景仁进入侨联工作，曾担任泉州市侨联副主席。郭景仁把为归侨、侨胞服务当作神圣的职责。残疾归侨张嘉滨久病卧床，他多年热心照顾；他还为侨胞寻根谒祖、升学就业、调动工作提供帮助。仅近几年，郭景仁利用假日看望慰问归侨侨胞就有 600 多人次，但对于自己的祖籍地海南博鳌，却从未回过。泉州华侨历史博物馆能够建成有影响的爱国主义教育基地和侨史研究资料中心，郭景仁功不可没。从 1982 年筹建，到 2000 年第一个陈列馆——“出国史馆”对外开放，他忙于抓基建、征资料、布展室、征集侨史文物。而今，馆藏的 6000 多册书，约 1/3 来自郭景仁的搜集。他还为爱国侨胞回乡兴办公益事业牵线搭桥：旅菲乡亲林志中先生捐建的儿童医院落成泉州，印尼乡贤捐资兴建的科洋幼儿园落户安溪，印尼侨领黄衍田先生的海涛皮革厂、马来西亚南安社团联合会主席黄先生的南联工业园先后落户南安，等等，都是通过他牵线搭桥，或接转款项。郭景仁热心为侨胞服务，赢得海内外乡亲的尊敬和爱戴，他也因此被人事部、中国侨联授予“中国侨联系统先进工作者”称号，并当选中国侨联第四、五、六届委员，福建省第九届人大代表。在繁忙的工作之余，郭景仁还担任华侨大学泉州校友会会长，为加强海内外及侨乡校友与母校的联系，快乐地工作着。②

3. 台胞的暖心人曾雄

马来西亚华侨曾雄祖籍台湾高雄，1954 年归国，是医学系 1970 届校友。毕业后，他先在清流建设兵团劳动一年，后到仙游度峰糖厂担任厂医，1979 年回到厦门卫校任教，实现了当医生与做老师的人生职业理想。

1991 年，身为台胞的曾雄走上台盟厦门委员会的领导岗位。他广泛接触台胞台商，广交朋友，经常深入台资企业，走访台胞家庭，了解实际情况，诚心倾听台胞们的意见建议。台胞遇到困难，不论生活上、学习上，还是事业上，只要曾雄得知，一定竭尽全力为他们排忧解难。对台胞们所提的合理化建议，曾雄及时形成报告、提案、呈阅件等向有关部门反映，以自己的实际行动，成了在厦台胞最可信赖的朋

① 王俊杰：《侨联主席韦绍广》，载《华侨大学报》编辑部编《情系华园》（《华侨大学报》“校友觅踪”第一辑），2005 年 10 月，第 119 页。

② 平怀芝：《归侨郭景仁》，载《华侨大学报》编辑部编《情系华园》（《华侨大学报》“校友觅踪”第一辑），2005 年 10 月，第 104 ~ 105 页。

友和贴心人。在台盟工作期间，曾雄写了大量信息和调研报告，其中如《建议开通厦门—金门定期航班》等一批提案，荣获厦门市政协优秀提案，得到有关单位采纳实施，或得到省领导的肯定、批示。

曾雄是福建省人民代表大会第九届、第十届两届代表。任职期间，履行代表职责始终贯穿曾雄的日常生活，尽管已年过半百，他仍奔忙于各部门之间为台胞反映情况、解决问题，不知疲累，由此得到在厦台胞的高度评价。当了十年代表，曾雄幽默地说，“我是属于呼喊派的”。他的事迹得到媒体关注，《海峡导报》《厦门政协》等报刊媒体都曾以人物专访的形式做过报道。

为了照顾台湾广大果农实际利益，曾雄第一个向有关部门提交台湾水果零关税进大陆的提案，这一提案得到中央的采纳。2005 年 8 月 1 日，大陆宣布当日起正式对原产台湾地区的菠萝、番荔枝、木瓜等 15 种水果实施进口零关税。自此一批又一批来自祖国宝岛台湾的新鲜水果进入大陆市场。

尽管工作繁忙，但是曾雄一直心系母校。2002 年，退休在家的他担任华侨大学厦门校友会会长。①

三　传播中华文化的旗手

为侨服务，传播中华文化是华侨大学的办学宗旨。在“一元主导、多元融合、和而不同”校园文化的熏陶和感召下，侨大学子形成了宽厚包容的人文品质。学生毕业后，将自己的聪明才智服务于居住地人民，为促进文化发展、推介华文创作、推动文化交流做出了积极努力。

1. 作家兼出版商东瑞

东瑞，原名黄东涛，金门籍印尼华侨。1960 年归国，1964 年进入华侨大学中文系学习。1969 年毕业后，曾在安徽省合肥市某中学执教，1972 年移居香港。他几十年笔耕不辍，先后创作小小说作品集 10 多部（800 余篇），为小小说文体在香港和东南亚的推广做出了多方面的努力，2011 年荣获“中国小小说创作终身成就奖”，被誉为“香港新时期小小说领域的掌门人”，现任香港作家协会秘书长、香港华文微型小说学会会长、香港儿童文艺协会会长、香港作家联会永久会员。东瑞先生著作出版的单行本多达 120 种，其在小说方面的成就尤为显著，代表作有《父亲·母亲》《童年》《良师益友》《美丽的香港》等。他主编、出版中国香港以及东南亚其

① 雷伟军：《台胞贴心人曾雄》，载《华侨大学报》编辑部编《情系华园》（《华侨大学报》“校友觅踪”第二辑），2007 年 11 月，第 93 ~ 94 页。

他国家和地区的小小说作家作品专集在30部以上，还常到香港各中小学举办小小说创作和欣赏讲座，促进教育、出版和小小说的结合；他组建香港的华文小小说学会，团结和培养了香港的小小说新人；他从精神、物质多方面扶持印尼等地的华文小小说创作，在东南亚的华文创作界享有极高的声誉。

他与夫人蔡瑞芬一起创办获益出版事业有限公司，坚持扶持香港本地的中文作家，出版青少年读物，为香港社会的文化事业尽职尽力，得到香港社会广泛赞扬。获益出版事业有限公司也因“热切关心社会下一代的文化素质，全力出版以青少年为对象的书籍和刊物，出版社免收稿费，为社会服务机构刊物撰写专栏文章，并经常到学校及社团为家长及中小学做‘亲子阅读’‘读书与写作’的讲座，关怀下一代心智的健康成长”而获得香港特区政府授予的“商界展关怀”标志公司的荣誉。[①]

纵观获益公司出版的450多种书籍，大多是青少年读物和海外华文文学作品。一位名叫陈荭的香港某中学中文科教师，在获益公司的帮助下出版了第一本著作《青春出于蓝》，被香港特区政府评为中文文学双年奖，自此走上文学创作的道路，成为香港文坛颇有影响的少儿读物作家，并被聘为中学的副校长。在香港这个以利润为目的的商业社会里，不为经济利益所驱使，努力为青少年出版健康读物，东瑞说，这是获益创办的宗旨。[②]

2. 诗人作家蒋明元

蒋明元，新加坡华侨，中学期间开始用蒋惠、马阳等笔名在新加坡、马来西亚、香港等地华文报刊发表作品，1961年归国，1962年进入中文系学习。毕业后曾在福建安溪任中学教师，1979年调回广东罗定，曾任中学校长、县侨联主席，1986年调广东省侨联任《华夏》杂志社主编。[③] 1993年，他辞去《华夏》主编之职，专心致志搞创作。现为中国作家协会会员，广东省归侨作家联谊会副会长，以及多家文化团体理事。

蒋明元的作品种类繁多，有诗歌、散文、长篇小说等，计有诗集《山民曲》、散文集《爱情·诗情·世情》《瀛外诉评》，长篇小说《回龙山庄》《南洋大侠》《涛声没有远去》等13部，文字达300万字，2万—3万诗行。经常发表于海内外报刊的短文、短诗等不计其数。蒋明元的大部分作品都以华侨、华人和归侨经历、情怀为素材，他耳濡目染与艰难痛苦煎熬的生活旅程成为他创作的源泉：从马来半岛

① 参见百度百科“东瑞”词条。

② 赵小波：《再访东瑞先生》，载《华侨大学报》编辑部编《情系华园》（《华侨大学报》“校友觅踪”第一辑），2005年10月，第41～42页。

③ 参见百度百科“蒋明元”词条。

橡胶丛林到闽南深山密林，从异国中小学到大学，再到社会大学，种种环境的磨砺，以及他作家特有的睿智、敏锐的洞察力和丰富的情感，使他的作品写得有血、有肉、有情、有景，因而深受海内外读者喜爱。其散文《铁观音缘》还获得由新华社《瞭望》周刊面向海内外华侨、华人举办的“情系中华散文大赛”一等奖。

2008 年 6 月，蒋明元（马阳）在新加坡、马来西亚文坛掀起一阵“马阳旋风”。他 20 世纪 50 年代在马来西亚发表的处女诗集《山民曲》在当地再版、新作《我瘦瘦长长的身影》（长诗）在当地出版发行。他参加了推介签名售书演讲活动，马来西亚高教部副部长何国忠博士亲莅主持。马、新著名文学评论家庄华兴评论马阳的《山民曲》《河岸上的恋歌》等作品成就了马华文学，对马、中文化交流起到不可替代的桥梁作用。此外，马来西亚的《星洲日报》、《南洋商报》和《中国报》等重要华人报纸都多次做了采访报道。[①]

3. 中法文化交流的使者陈湃

陈湃原名陈旺祺，是柬埔寨华侨，早在柬埔寨北燕华文初级小学“实用学校”和省城柴桢市“公立华侨学校”修业。其间，其文学才能已初露头角。初中期间，他的作品常在金边《棉华日报》上发表，还考取了柬埔寨皇国政府教育部颁发的华文教师证。1960 年回国升学，1964 年以第一志愿考进华侨大学中文系深造。

1966 年春，陈湃被福州军区挑选入伍，先后随沈阳军区空军高炮第一师（31 支队）和广州军区陆军高炮第七十师（170 支队）两度秘密进入越南，为“援越抗美”的中国军队当越语翻译。1968 年底，越美巴黎和谈取得进展，陈湃顺利完成任务归国，获越南政府颁发两枚勋章。1969 年转业到广州“广雅中学”任级组长。70 年代初，在香港任珠宝金行经理十年。

1982 年底，陈湃一家到巴黎定居，从事餐饮业，创“金荷酒家”。在异国他乡，他利用空余时间从事写作，弘扬中华文化，反映侨社生活，推动中法文化交流，20 年来笔耕不辍：他的《甜蜜的微笑》和《猫姐 - 织姐 - 积姐》分别夺得《欧洲时报》作文比赛冠军和亚军；《碧玉归》获香港回归征文第二名，并获毛笔字比赛第三名；《见证〈欧洲时报〉的成长》获“庆祝《欧洲时报》成立 20 周年征文”二等奖；《半生大事如追记　最是中法建交时》获《欧洲时报》“庆祝中法建交 40 周年征文”一等奖……

陈湃参与发起创办“欧洲龙吟诗社”，并连任三届社长，在漫长的十年里，致力于古典诗词的弘扬，为诗社的成长、壮大呕心沥血，把一个寂寂无闻的诗社推向

---

① 林民富：《诗人作家蒋明元》，载《华侨大学报》编辑部编《情系华园》（《华侨大学报》“校友觅踪”第三辑），2010 年 11 月，第 46～47 页。

了世界。他自身的诗词写作也收获成功：《纪念第一次世界大战华工丰碑巴黎竖立》获中华诗词学会“世纪颂”诗词大赛佳作奖；七律《国庆五十周年感赋》获《广州诗社》庆祝共和国五十周年大庆诗词大赛荣誉奖；《欢迎中国海军编队首次访法》获“‘世界和平杯’全球华人诗词大赛”荣誉奖……

1996 年 11 月 7 日下午 6 时，在法国巴黎市政府贵宾厅，为表彰陈湃多年来坚持业余写作及领导“欧洲龙吟诗社”走向兴盛，为中法文化交流做出贡献，巴黎市长授予他“巴黎市一级文化奖章”。

近年，陈湃觉得巴黎已有诗社，唯独没有文学社，像一条东方文化巨龙缺少了一只眼睛，有损于巴黎“文化艺术之都”的美誉。于是，2000 年 3 月，他成立了“巴黎中华文学社”并亲任社长，出钱出力定期出版《中华文学》杂志季刊，还兼任总编。为了节省经费，从选稿、打字、编辑、排版、装订、发行等，陈湃都一手包办。截至 2006 年，《中华文学》已出版到第 23 期，深受侨社各界和全球文友的欢迎，影响甚远。

陈湃说：“弘扬中华文化，以文会友，为侨社增光，我无怨无悔。我希望在欧洲这块大地上，能长出一片中华文化的青苗。”①

四　会下蛋的艺苑“母鸡”

培养适应侨务工作需要的艺术人才是华侨大学艺术系的办学目标。这个规模最小的系虽然只招收了 84 名学生，但却受到中侨委和廖承志的青睐，被廖承志视为“宝贝”。学生毕业后，他们大都活跃在内地、中国香港、中国台湾、新加坡等地的艺术界，或编排歌舞，或培训学员，或担任舞蹈评判，或创立舞蹈社团，或开办艺术学校，或从事声乐教学，或专修舞台艺术，可谓星光熠熠，人才辈出，他们将艺术才情和中华文化播撒到世界各地，完成了廖公的期望，成为会下蛋的“母鸡”。尤其是在香港，侨大艺术系更是贡献卓越——他们在 20 世纪 80 年代的香港辛勤耕耘，悉心育苗，在这片文化沙漠上浇灌出一片文化艺术的绿洲。

1. “明星教父”钟浩

印尼华侨钟浩 1960 年归国，在印尼上学时就喜欢跳舞的他，回国后继续学习舞蹈，成了侨大艺术系 1962 级的一员。

1972 年，钟浩离开大陆去香港，服务香港无线电视台（TVB）26 年，曾任舞蹈

① 张罗应：《陈湃：中法文化交流的使者》，《东鸟西飞》文集序文，巴黎陈湃的搜狐博客，http://chen-pai. blog. sohu. com/40560861. html，2006 年 5 月。最后访问日期：2019 年 12 月 17 日。

组主任，为介绍及推动中国舞蹈不遗余力。此外，他还兼顾TVB艺员训练班的身段、形体训练等。钟浩刚进TVB时，正赶上周润发那一届艺员训练班；1996年离开TVB时，正好又赶上了古天乐那一届。在TVB的26年中，他曾培训过26届学员，香港娱乐圈鼎盛时期几乎所有演艺明星皆出自其门下，周润发、刘德华、黄日华、梁朝伟、刘嘉玲、郭富城、古天乐等明星都是他的学生，堪称为当之无愧的“明星教父”。

除在TVB任职外，钟浩还担任香港两项著名舞蹈比赛——香港校际舞蹈节和全港公开舞蹈比赛的评判达25年之久；曾任多届香港小姐选举舞蹈监督及舞台总监，负责的港姐选举节目还曾获得过国际金奖；还曾主管中华模特大赛的舞步设计等。①

从TVB退休后，闲不住的他，2002年曾在上海浦东开办艺员训练学校，悉心培育艺术新苗。

2. 舞者刘素琴

刘素琴是缅甸侨生，1957年回国就读广州华侨补校，后进入华侨大学艺术系学习。20世纪70年代初，刘素琴和丈夫吴健鸿移居香港。

在香港，刘素琴曾服务于丽的电视及后来的亚洲电视，以及无线电视，近20年来任电视台艺员训练班的舞蹈导师和总监，负责中国舞的编导和舞蹈训练等工作。同时，她与同学戴丽姝创立香港青年民族舞蹈团，任团长及艺术总监，在推展东方舞蹈艺术方面不遗余力，并赢得极大欣赏与赞许。

30多年来，作为著名的中国舞蹈导师和舞蹈编导，刘素琴的身影一直活跃于香港舞蹈界：1974年国庆25周年，她和丈夫吴健鸿编排的歌舞剧《鱼水情》参加了香港庆祝国庆会演；1989年世界小姐总决赛在香港举行，刘素琴应邀任舞蹈编导；1990年广州举办第一届华侨艺术节，刘素琴受邀率领香港青年舞蹈团赴穗演出；1991年，香港学生舞蹈团赴海外巡回演出，刘素琴获邀出任舞蹈导师及编导；2000年，刘素琴率香港青年舞蹈团参加新千年访问缅甸友好代表团，为当地妇女及儿童基金会筹款义演，随即又为中印建交50周年到雅加达、泗水等地做文化交流，取得圆满成功……此外，她还担任香港天才儿童艺能训练中心的舞蹈顾问及导师，并和同学合作创作、表演了《敦煌梦》《石头姑娘》《柳毅传书》等多个节目。和同学钟浩一样，她也长期担任香港学校舞蹈节和全港公开舞蹈比赛的评判。

刘素琴不仅是一位杰出的舞蹈艺术家和表演者，更是一位出色的舞蹈教师。踏入香港社会30多年来，她一直坚持悉心培育舞蹈新苗，培养出如郑文雅、梅卓燕等

① 张罗应：《香港娱乐圈活跃的钟浩》，载《华侨大学报》编辑部编《情系华园》（《华侨大学报》“校友觅踪”第二辑），2007年11月，第1～2页。

出色的学生。1979年“香港小姐”及“最上镜小姐”郑文雅自小醉心舞蹈，早在学生时代就追随刘素琴学习中国舞蹈。后来，郑文雅投身影艺界，出演了《少年黄飞鸿》等多部电视连续剧和影片。而香港城市当代舞蹈团客席编舞梅卓燕，也曾于1973年起随刘素琴学习中国古典民间舞及东南亚舞蹈。20世纪80年代前期，梅卓燕成为香港舞蹈团的台柱人物，现在是著名的独立舞蹈工作者，作品及荣誉良多。①

3. 艺苑群芳

印尼归侨郑书正来到香港后，先以教舞为生，之后考入香港政府舞蹈团。1995年，郑书正转到台湾继续从事舞蹈教学工作，在台湾，他编排了很多支成功的舞蹈，并且到世界各国表演。他精通许多不同民族的舞蹈，如敦煌的胡旋舞，还有56个民族舞蹈、东南亚风情舞蹈等。在华侨大学50周年校庆的校友晚会上，他和他的几位学生带来的唐朝胡旋舞，惊艳全场。②

林彩兰在香港开办舞蹈学校，桃李满门，并与同学蓝玲莹、李尧兴、李志扬等人组织香港东方舞蹈团，也担任香港校际舞蹈节和全港公开舞蹈比赛的评判多年；许仕金活跃于香港侨界文化艺术团体，为多个侨团的舞蹈导师及顾问；丘玉清终生从事舞蹈教学，并担任香港规模最大的舞蹈学校——王仁曼芭蕾舞蹈学校分校校长。③ 留在内地的同学也取得了相当的成就：黄秀芬是北京市政协委员、国家高级舞蹈教师，陶金、章子怡是她的爱徒；游国屏曾为广州市歌舞团副团长，率团到香港、印尼、马来西亚及毛里求斯等国家演出，现为广州市政协委员、广州市侨联副主席。

除了舞蹈，艺术系校友在声乐、舞美等领域也大放异彩。郭红不仅歌唱事业有所成就，在香港及印尼、缅甸、新加坡等地演唱赢得声誉外，而且还创办郭红艺术学院，在钢琴教学上再攀新峰；陈静德、叶秀芳从事声乐教学多年，诸多明星艺人相继登门拜师学艺，影星李丽珍就曾是叶秀芳的学生，而陈静德则给莫少聪上过声乐课；许永祥专修舞台艺术，曾服务亚洲电视台，移居新加坡后，曾任新加坡电视台舞美部门的负责人，业余作画，其两幅作品被新加坡前总理李光耀收藏，新加坡国立博物馆也馆藏其作品；在大陆的戴英杰曾任海南省艺术研究所副所长，致力研究和开发海南音乐，多个作品获奖。④

---

① 张罗应：《舞者刘素琴》，载《华侨大学报》编辑部编《情系华园》（《华侨大学报》“校友觅踪”第二辑），2007年11月，第57~58页。

② 殷斯麒：《郑书正：舞蹈演绎生命的精彩》，载《华侨大学报》编辑部编《情系华园》（《华侨大学报》“校友觅踪”第四辑），2015年3月，第56页。

③ 吴江辉：《丘玉清：我们没有辜负廖公的期望》，载《华侨大学报》编辑部编《情系华园》（《华侨大学报》“校友觅踪”第四辑），2015年3月，第134页。

④ 张罗应：《追寻华大“小东方”》，《华侨大学报》专刊，2005年3月29日，第5版。

五　农业界绿色发展的先行者

为国家培养热带亚热带经济作物方面的高级技术人才是华侨大学热作系的办学目标。热作系及其他系学生毕业后利用所学知识或自学成才，在热带作物栽培、杂交水稻试种、农业技术推广等领域为当地社会农业发展和环境保护做出了重要贡献。

1. 热带雨林筑梦师郑文泰

海南兴隆热带花园董事长郑文泰是印尼归侨，1964 年在华侨大学热作系学习。毕业后移居香港，进入建筑设计、酒店经营管理行业，成为一名商人。20 世纪 80 年代末期，他所经营产业的年收入已达上亿元人民币。

然而，流水般的钱财并没有带给他真正的快乐。1992 年，一场大病差点让郑文泰撒手人寰，生病的经历让他开始考虑做自己真正想做的事情。“不能让建筑取代环境”，在建筑设计行业深耕多年的郑文泰说，他历来反对“先发展后治理”的理念。于是他卖掉在香港、广州等地的产业，与海南兴隆华侨农场合作，在 5800 亩的荒地野坡上启动热带雨林修复工程。

郑文泰和诸多专家顾问、工作人员一起，普查热带北缘多区域的地质、水文、森林植被、物种资源以及热带雨林的生态结构，从自然界里找样本、找蓝本来丰富兴隆热带花园的物种。他们从风小、抗旱能力强的山脚下开始，引种、育种、扩繁，进行林相结构恢复，像攻城拔寨一般，将绿色一步步、一片片延伸。

有一次，郑文泰在寻找国家一级保护植物、濒危物种“海南苏铁”时，不慎从悬崖上跌落，腿被摔伤，几个月内只能蹒跚行走。“海南苏铁”引入不久，又因为强台风袭击，许多树木被拦腰折断，郑文泰想都没想，立即带领大家重新种植。

功夫不负有心人。如今，兴隆热带花园面积已扩大到约 1.2 万亩，涵盖物种 4000 多种，许多濒临灭绝的植物在这里得到迁地保护、繁殖，并形成群落，良性循环的生态环境逐渐恢复。

郑文泰几十年如一日筑梦热带雨林，将沙化贫瘠的上万亩荒地野坡改造成鸟栖虫鸣的绿色乐园的创举，在社会上备受关注。2019 年 1 月 4 日，由中国新闻社主办的“2018‘侨鑫杯’全球华侨华人年度评选”颁奖典礼在北京举行，郑文泰荣获“2018 全球华侨华人年度人物”称号。①

---

① 马秀秀：《归侨“愚公”郑文泰：从亿万富商到林间“农夫”》，中国新闻网官方博客，https://baijiahao.baidu.com/s?id=1621989868097521215&wfr=spider&for=pc，2019 年 1 月 7 日。

2. 杂交水稻专家林豪

印尼归侨林豪是中文系1967届校友。从华侨大学毕业后，林豪的人生轨迹发生的最大变化就是投身印尼杂交水稻的研究。从一个中文系的毕业生，到自己之前从未接触过的、与所学专业毫无瓜葛的水稻品种开发，他所付出的努力和心血是他人难以想象的。但林豪做到了，并且成功了。

在印尼泗水东爪哇农业厅的帮助下，林豪和他的同伴试验培植出了适合东爪哇农田特点的中国杂交高产稻种，并在泗水几个地区试种后成绩良好，产量都在每公顷12至15吨，比用传统方法、传统品种种植出来的水稻增产一倍以上。而且林豪试验出来的稻种，比常规水稻分蘖多（一棵稻种20至27分蘖），谷粒大且多（每枝稻穗大约280谷料），抗疫性强，深受当地农民朋友的欢迎。印尼巴厘大班兰县、达巴南县等地领导去泗水拜访东爪哇农业厅时，会经常前往林豪在Mojosari的杂交水稻优良品种培种稻田参观取经，林豪也会经常赠送自己培植的优良稻种给这些客人，让他们在印尼发展中国杂交高产水稻。

为发展印尼杂交水稻事业，林豪呕心沥血。他的家坐落在豪华住宅区，在这里，一般人都会在自己的屋前园地种植美丽的花卉，林豪却迥异他人，他把自家的花园变成了示范良田：在他的住屋前，种的是多分蘖的玉米和杂交水稻，以及其他多分蘖玉蜀黍优良品种。在高级住宅区的家园种植谷物，足见一个个杂交水稻的细胞早已贯注于林豪的人生。

在林豪的心血管第二次装环通道后，医生吩咐他不要操劳过度，他的两个儿子千方百计阻止老爸到农田去忙碌去试验。但林豪不达目的不罢休，杂交水稻永存于他的心中，他"唯我独尊"，每天依然定要老伴陪自己到水稻优良品种培种稻田去看看，松松筋骨解解闷。

林豪数年来为发展印尼杂交水稻事业所做的努力既为印尼农业带来了美好的前景，更获得了印尼社会的广泛承认。2004年11月和2005年3月，印尼《千岛日报》相继以《中国杂交高产稻种在吉利安试种成功每公顷产量12至15吨》和《喜看巴厘杂交水稻试种成功林豪为发展我国杂交水稻努力初见成果》为题，报道了林豪在这方面的努力和成就。[①]

3. 农艺师洪子园

洪子园出生于印尼，1958年归国，1964年考上华侨大学热作系。1970年，洪子园和夫人被分配到同安县（今厦门市同安区）从事农业技术工作，直至2003年

---

① 张罗应：《林豪：从中文到水稻的跨越》，载《华侨大学报》编辑部编《情系华园》（《华侨大学报》"校友觅踪"第一辑），2005年10月，第157～159页。

退休。

在农业技术推广中，特别是在当地的龙眼生产栽培中，他不迷信权威，果断改变传统作业中的“秋剪”为“秋轻剪，春重修剪”，耕作上采取“免耕、生草、复盖”等农业技术措施，倡导农民“上山一担土，下山一担草”，项项作业都注重保护农田，调节作物营养生长。他与同事们选育的“凤梨穗”龙眼品种，果大，穗长，肉质好，风味独特，产量高，既可鲜食又可加工成龙眼肉，至今仍然是当地龙眼种植的当家品种。

退休后，洪子园发挥了他创导的农业生物链的观念，造就了绿化生物链耕作法，一切措施取之于天然，产出天然（有机）农产品。比如他笼养了一批豚鼠，就近在菜市场收集残菜叶、玉米皮等作饲料，动物排出的粪便、尿液渗混在吃剩的残渣中，又用作作物的有机肥料，自然就生产出有机的果实。他还种植了木瓜、辣椒、四时蔬菜、山苏（鸟巢蕨，蔬菜类）、冬瓜、南瓜等，更有金不换、玫瑰茄、kelor（一种引进的小乔木，叶可食用）等珍稀的热带、亚热带植物品种，琳琅满目，品质天然。①

六　语言学航船的奋楫者

为国家培养通晓东南亚国家语言文字的翻译人才曾是华侨大学的办学目标之一。先后开办印尼语、英语和日语三个专业的外语系，虽然学生人数不多，但毕业生在祖国外语教育与翻译事业的征途上，留下了一串串坚实的足迹。他们中多人后来成了书面对译工作者，在暨南大学、广东外国语学院（广东外语外贸大学前身）、香港公开大学、香港法院、香港公立医院等单位从事翻译和教学等工作，为内地和香港的语言文化事业发挥了不可忽视的作用。

1. 暨南大学研究员温北炎

温北炎是印尼华侨，他出生于印尼万隆，在万隆华侨中学初步接受了中华文化的教育。1955 年，温北炎作为优秀华侨青年代表参加了欢迎以周总理为首的中国代表团前来出席万隆会议的隆重庆典。1959 年，在印尼刮起排华浪潮前夕，他回到祖国。1963 年考入华侨大学外语系印尼语专业，是外语系首批招收的学生。在校期间，他不仅在专业上刻苦认真，成绩优秀，而且还担任班级团支书和校学生会副主席等职务，诚挚待人，热心为同学们服务，是系里众口称道的好学长，曾被评为校

① 林民富：《洪子园与“金不换”》，载《华侨大学报》编辑部编《情系华园》（《华侨大学报》“校友觅踪”第四辑），2015 年 3 月，第 139 ~ 140 页。

优秀团干。毕业后曾到安徽某部接受解放军再教育，受到许世友司令员的接见。学校与部队的锤炼铸成了他坚强而儒雅、博学且谦虚的品德。[①] 1971 年，他到广东外国语学院担任印尼语专业教师。1985 年调入暨南大学东南亚研究所工作，任研究员，主要从事印尼政治、经济、社会、华人及东南亚华人研究，他与黄元焕合著的《印尼教育》一书填补了当时国内有关外国教育系列丛书的空白，[②] 曾出版《印度尼西亚经济与社会》等专著，译著《苏哈托总统传》，并主编《战后东南亚华人经济》。

2. 持牌印尼语传译员陈秀兰

同样出生于印尼万隆的陈秀兰，1960 年归国后回福建永春华侨中学念书，1965 年考上华侨大学外语系印尼语专业，是“文化大革命”前最后一批通过全国高考入学的华侨女学生。她在校时努力学习，虽然在课堂上真正学习专业仅有 10 个月，但是“活到老，学到老”的优秀品德，始终鼓励着她奋发不已。毕业后，和众多侨大校友一样，她只身来到香港，不断丰富自己的印尼语和中文知识储备，并掌握了粤语方言。她以过人的记忆以及中印（尼）双语全方位的词汇量，通过了双语口头和笔试考核，从众多申请者之中脱颖而出，成为香港特区仅有的 20 位持牌印尼语传译员之一员。她始终保持谦逊低调的态度和蕙质兰心的品格，不辜负“侨大毕业生”的光荣称呼，为香港特别行政区的繁荣稳定默默做出贡献。作为特区政府编内的印尼语传译笔译员，陈秀兰现仍在香港海关、廉政公署、警务署、劳工处、人民入境事务处等政府政法部门，负责中印（尼）传译笔译工作。[③]

3. 港澳地区普通话评审倪国成

印尼华侨倪国成 1964 年回国后在集美华侨补校学习，一年后考入华侨大学外语系印尼语专业。在校期间，他被选为外语系学生会文娱部长，并任学校广播电台播音员。1978 年移居香港后，先后在香港中文大学和北京语言学院修读中国国学与教学法等，获国家语委颁发的普通话水平测试一级证书，并于香港理工大学双语及翻译学院攻读研究生，获文学硕士。退休前任香港汉基国际学校中国语文课程统筹主任、大学预科中国语文教师。作为香港政府教育署检定的中国语文教师（终身教职），他致力于传承中国历史文化，提升香港年轻一代对国家历史的认知，培育家国观念。1998 年，曾带领“爱我中华，建树香江”香港学生大使交流团赴京参观学习，并获时任国家副主席胡锦涛在人民大会堂接见。退休后，倪国成任北京大学语

---

① 资料由江显锥提供，倪国成整理。

② 朱鸿：《刺桐花里生命如火：访暨大东南亚研究所副所长》，载华侨大学新闻处编《星汉灿烂：华侨大学校友撷英》，1995 年 10 月，第 79 ~ 80 页。

③ 资料由江显锥提供，倪国成整理。

文教育研究所港澳地区普通话评审、香港公开大学人文学院考官。①

七　实业精英逞英豪

泰国校友、著名实业家曾纪贞在庆祝母校建校45周年大会的发言中，曾动情地说："在中国十几年，我们接受了优秀中华文化的教育，受到艰苦生活的磨练，铸就了我们坚强的意志、勇敢奋斗的精神和必胜的信心。……是恩师给了我们知识，指引我们在人生旅途中的前进方向。……成功归功于祖国的培养，归功于母校恩师的教诲。"正是凭着在华侨大学的精心打磨和社会的砥砺锻造，一批批实业界的桢干美玉才得以在校友中不断涌现。

1. 泰国校友会首任会长曾纪贞

泰国华侨曾纪贞1956年回国，先在北京华侨补校学习，后被调到武汉华侨工业学校做接待归侨的工作。1963年考入华侨大学化学系，毕业后被分配到福建连江军垦农场锻炼，后又被分配到长汀当教师。

1972年，曾纪贞回到侨居地泰国，两三年后，她的先生也来到泰国，开始独立创业做化妆品生意。尽管都是化学系毕业，但夫妻俩对搞化妆品却没什么经验，也不知道从哪里入手。而且由于先生是厦门人，在泰国语言不通，所以创业之初，曾纪贞非常辛苦。但靠着母校老师教给的化学知识，靠着自己从书本上查来查去的摸索，靠着坚忍不拔的毅力和勤劳的双手，本着质量第一、大众化和周到的服务理念，曾纪贞的化妆品公司从最初只有四五个工人的家庭工业发展为今天拥有员工上千人的规模，并且市场做得非常之大：不仅覆盖整个东南亚市场，欧洲市场也有，泰国市场则占了一定的比例。由化妆品出发，曾纪贞还开拓其他领域。目前她的旗下，拥有利亿实业、雅龙化妆业、春善事业、富泽川国际贸易和贝尔科技开发等多家有限公司，在泰国开创出一片自己的化妆品、塑料和印刷的天地。

在开创自己的商业帝国的同时，曾纪贞也没有忘记祖国和母校的教育和培养，她尽力参加华侨大学泰国校友会的活动和其他社会活动，尽自己能力之所及，为母校做贡献，为社会做贡献，为泰中友好做贡献。在担任泰国校友会会长期间，她团结老、中、青校友，带领校友会为协助母校走进泰国社会搭桥牵线，促进母校与泰国各高校的合作，加强母校与泰国各侨社团体的联系，积极进行招生宣传、开展夏令营活动，为母校在泰国开展华文教育立下汗马功劳。也正是在曾纪贞等泰国校友

① 资料由江显锥提供，倪国成整理。

的努力下，华侨大学与泰国政府建立了联络渠道，成立了华侨大学驻泰王国代表处，海外华文教育工作得到进一步拓展。①

2. 香港校友会老会长曾敏丽

祖籍福建晋江的侨属曾敏丽也是华侨大学化学系63级学生。毕业后，她先是被分配去晋江军垦农场工作，后到宁德一中任教。

1974年，她移居香港，适逢香港经济的衰退时期，经朋友介绍，她来到了邵氏电影公司从事胶片制作工作，并且享有较好的待遇和生活条件。半年后，由于要照顾家庭和孩子，曾敏丽辞去邵氏电影公司的工作，自己在家从事收音机零件的加工；为学到技术，她不辞辛苦到工厂当了半个月的学徒。1976年，曾敏丽和丈夫许宏全依靠平时积攒的一万多块港币创办宏升公司，经营收音机线圈生意，后与朋友合作创办港怡公司。1982年，港怡公司将企业生产线迁移内地，初期亏本，股东退股，曾敏丽与丈夫继续经营，开始了独立的艰苦创业，终使港怡企业不断发展壮大。

改革开放初始，港怡成为最早投资内地的香港公司之一，先后与福日公司合作，成立福日包装材料有限公司，后来独资创立福建福包纸业有限公司。经过20多年的奋斗，港怡机构旗下拥有港怡企业、天福金行等多家香港和内地的公司，并投资参与厦门中药厂有限公司的改制，获得良好的效益。

在繁忙的商务之余，曾敏丽热心校友会工作，曾担任香港校友会会长。在她的带领下，香港校友会在加强校友联谊、协助对外招生、捐资建设母校等方面做了很多工作。②

3. 化工之子陈庆良

1960年，原籍福建莆田的华侨陈庆良从印尼归国，进入厦门集美华侨补校学习，4年后入读华侨大学化工系。③

1969年，陈庆良从学校毕业，时逢上海支援全国100套年产3000吨的小合成氨设备，在泉州南安刚刚建起了一个小型的合成氨厂，陈庆良加盟该厂。1985年5月20日，由商业部和福建省共同投资2268万元兴建的泉州赖氨酸厂动工，该厂成为全国4个年产千吨赖氨酸的重点企业之一，陈庆良由此申请调回泉州，进入该厂。无论是南安合成氨厂还是泉州赖氨酸厂，他都是元老级人物。

1989年，泉州赖氨酸厂、福建省饲料工业公司和泰国正大集团合资成立了年产

---

① 张罗应：《曾纪贞：我为母校骄傲》，载《华侨大学报》编辑部编《情系华园》（《华侨大学报》“校友觅踪”第二辑），2007年11月，第11~12页。

② 赵小波：《行政总裁曾敏丽》，载《华侨大学报》编辑部编《情系华园》（《华侨大学报》“校友觅踪”第一辑），2005年10月，第32-33页。

③ 化工系1964级学生学籍卡，华侨大学学籍档案。

3000 吨赖氨酸的泉州大泉赖氨酸有限公司，并于 1991 年 10 月正式投产，主要生产饲料级－L 赖氨酸盐酸盐。而陈庆良由于工作出色、业务能力强，被委任为公司副总经理。作为公司董事会董事和中方推荐的副总经理，陈庆良的工作主要是协助外方总经理开展业务，在总经理不在期间代理其职务，并在工作中保护中方利益，力争中方利益不受损害。如今的大泉公司，是中国赖氨酸生产的主要基地，2005 年时年产量已经达到了 10000 吨。①

4. 热心大姐周丽云

周丽云是泰国归侨。她于 1955 年回国，1962 年由北京华侨补校考入华侨大学化学系。毕业之后，周丽云在国内工作了一段时间，20 世纪的 80 年代，她举家迁居泰国曼谷，开始经商历程。如今，周丽云与夫婿经营泰中有色金属国际有限公司和新月实业有限公司，与中国合作从事有色金属的加工和产品贸易，取得可喜的业绩。

20 世纪 90 年代末，华侨大学华文学院常务副院长金宁率团出访泰国，促成华侨大学泰国校友会的成立，周丽云当选副会长。校友会团结泰国校友，时刻关心母校的发展，为学校在泰国做了许多工作。中国驻泰国大使馆举办中国高等教育展览，虽然华侨大学并未委托代办，但校友会组织校友收集资料，制作展板，参与展览，校友会热爱母校的精神，得到中国驻泰王国大使馆教育参赞的夸奖。②

八　商界巨子竞风流

华侨素有爱国爱乡的优良传统和赤子情怀，正如华侨大学校友、香港侨界社团联会常务副会长王钦贤所说："祖国始终是广大华人华侨的坚强后盾。香港有几十万华侨华人，他们不仅是促进香港稳定和发展的一支重要力量，也是推动祖国建设不可缺少的一个组成部分。作为一名香港同胞、印度尼西亚归侨，又是侨社负责人，我有义务凝聚侨心侨力，为祖国发展添砖加瓦。"广大校友在商界闯出一片天地后，时刻感念祖国和母校的培养，竭尽所能回馈母校，书写着捐资助学的时代风流。

1. 香港侨界领袖李碧葱

李碧葱出生于印尼椰城一个爱国华侨家庭，祖籍广东惠阳。1957 年回国，先后

---

① 张罗应：《印尼归侨陈庆良》，载《华侨大学报》编辑部编《情系华园》（《华侨大学报》"校友觅踪"第一辑），2005 年 10 月，第 143 页。

② 赵小波：《大姐周丽云》，载《华侨大学报》编辑部编《情系华园》（《华侨大学报》"校友觅踪"第一辑），2005 年 10 月，第 120～121 页。

在广州、桂林、漳州、泉州等地学校求学，1964 年考入华侨大学医学系。[①]

1972 年，李碧葱和丈夫李常盛由福建来香港发展。他们做过士多店、[②] 超级市场，做印尼出入口生意，输出输入印尼布、中国布、食品，后来开了间地产铺头，从做地产代理开始学做房地产、楼宇买卖，凭借市场情况和自身能力去做生意，不浮夸、不急进，实事求是、量力而行，终于事业成功。先后创办了康业财务有限公司、柏宏地产有限公司及香港商机有限公司，担任康业财务有限公司和康业信贷有限公司董事长，以及康业国际集团有限公司、康业企业拓展有限公司、柏宠发展有限公司、益盛（中国）投资有限公司和圣多沙（印尼）有限公司等多家公司董事，[③] 在金融业、地产业及工商业这三大产业中大展宏图，业务遍及香港、中国内地及印尼，事业发展如日中天。

事业有成的同时，李碧葱热心公益事业和社团工作。她曾担任中国高校联历届会长联谊会主席（2007—2008）、中国高等院校香港校友会联合会名誉会长和常务副会长、香港侨界社团联会副会长兼妇女主任，香港华侨华人总会名誉会长和监事长、香港李氏宗亲会荣誉会长、福建社团总会常董、福建省妇委特约代表、广东社团总会副会长、港区妇联代表联谊会名誉会长、第八届中国侨联委员等多项社会职务。2012 年 6 月，她荣任香港华侨华人总会会长。

此外，她还积极参加华侨大学的校友会和董事会工作，对学校的发展贡献良多。自 2001 年开始，连续担任华侨大学香港校友会第七、八届会长，并被授予“华侨大学香港校友会永远荣誉会长”称号。“亲力亲为、作风务实”是李碧葱开展会务工作的又一特色，她善于调动方方面面的积极性拓展校友会工作，从各个方面关心爱护校友，多次捐款并带动其他校友捐资，扶持校友会开展丰富多彩的活动。[④] 据统计，李碧葱为华侨大学香港校友会的会务拓展以及校友的成长就业先后捐资 35 万元。[⑤] 在前几任会长和她的带领下，华侨大学香港校友会成为香港地区组织力最强、凝聚力最高、影响力最大的大学校友会。

2002 年，李碧葱被聘为华侨大学第五届董事会董事。2010 年至今，连任华侨大

---

① 医学系医学专业 1964 级学生学籍卡，华侨大学学籍档案。

② 英文“store”的译音，是小杂货店的意思。这个说法首先出现在中英文混用的香港，后来引入大陆。

③ 《华侨大学香港校友会会长李碧葱捐资百万》，中国侨网，http://www.chinaqw.com/node2/node2796/node2883/node3169/userobject6ai243038.html，最后访问日期：2019 年 12 月 17 日。

④ 郭维国：《李碧葱：关心校友热心会务》，载《华侨大学报》编辑部编《情系华园》（《华侨大学报》“校友觅踪”第一辑），2005 年 10 月，第 27～28 页。

⑤ 梭罗河：《李碧葱的完美人生》，老归侨的故事（第 197 篇），南洋侨网－梭罗河的博客，http://blog.sina.com.cn/s/blog－649f7a400102ye5n.html，最后访问日期：2019 年 12 月 17 日。

学第六、七、八届董事会副董事长。[①] 她对母校情深义重，多次捐资建设母校：2005 年捐资 100 万元建设“李碧葱学生宿舍大楼”，2008 年以丈夫李常盛名义捐资 100 万元建设“李常盛学生宿舍大楼”，后又捐资 500 万元建设“李碧葱音乐舞蹈大楼”。[②]

2. 七届校董谢文盛

自 20 世纪 80 年代华侨大学实行董事会制度以来，在由海内外知名人士、专家学者和社会贤达组成的华侨大学历届董事会里，校友董事并不多见，而谢文盛更是校友董事里的“奇迹”。从 1986 年起，他连续担任华侨大学第二届至第五届董事会董事，2010 年又被聘为第六届董事会荣誉董事，2014 年、2019 年则分别被第七届、第八届董事会授予“永远荣誉董事”。

谢文盛是印尼华侨，祖籍广东梅县（今梅州）。1960 年回国，1961 年从北京华侨补校考入华侨大学化学系。1968 年，他被分配到江西军垦农场工作，1970 年调到福州第二化工厂任职。1972 年谢文盛定居香港后，开始涉足商场，先后经营洗衣店、时装店和贸易公司，积累了较为丰富的从商经验。大学时代掌握的学习方法给予他有益的帮助。化学专业毕业的谢文盛一方面从事商业活动，另一方面自学所涉及行业的专业知识，包括法律、建筑、财务等。1983 年他创建武夷装修工程有限公司，1988 年创立迪臣发展有限公司。如今，谢文盛拥有迪臣发展国际集团有限公司和基电控股有限公司两家香港上市企业，涉及房地产、建筑工程和健身会所等行业，在海口、北京、上海、武汉、乌鲁木齐等城市均有自己的事业。他开发的海口亚洲豪苑，被评为“全国优秀住宅社区环境金奖”；在上海淮海路首先创立的“美格菲”健身中心深受当地市民的欢迎，已成为知名品牌，并在武汉、深圳和乌鲁木齐等城市开办了连锁健身中心。2004 年伊始，他又中标香港政府的污水处理工程。[③]

除了关注事业，谢文盛还时刻心系母校，关心母校发展。1987 年，他积极参与筹备创建华侨大学香港校友会，并连续担任第二到第四届校友会会长。卸任后，被授予“华侨大学校友总会荣誉会长”的他依然热心并资助校友会的活动，把对母校的爱和怀念，倾注于校友会的会务之中。他持续不断地为学校发展捐资：1995 年，通过泉州校友会捐助 3 万元资助边远山区的校友回校参加母校 35 周年校庆活动；[④]

---

① 参见华侨大学董事会官网“董事会简介”栏目之历届董事芳名录，https://dsh.hqu.edu.cn/dshjj/ljdsfml.htm，最后访问日期：2019 年 12 月 17 日。

② 康振辉：《校友李碧葱出任香港华侨华人总会会长》，《华侨大学报》，2012 年 6 月 19 日，第 1 版。

③ 赵小波：《博学的谢文盛》，载《华侨大学报》编辑部编《情系华园》（《华侨大学报》“校友觅踪”第一辑），2005 年 10 月，第 37 页。

④ 华侨大学校史编写组编《华侨大学四十年（1960—2000）》，2000，第 248 页。

1997 年，捐资 30 万元，设立谢文盛奖教基金，用来资助学校的学术研究；2003 年，参与资助购置董事会香港办事处会所；2008 年，为学校老体协活动提供经费；2014 年，捐赠 15 万港币作为华侨大学校友会活动经费。此外，他还为校男篮赴港比赛提供体育奖金，为遭受“莫兰蒂”特大台风侵袭的母校提供救灾款等。

3. 全球杰出华商王钦贤

2018 年 7 月，在马来西亚古城马六甲举行的“2018 全球杰出华人高峰会”上，华侨大学物理系校友、香港金轮集团董事长王钦贤荣膺“全球杰出华商奖”，是十位获奖者中香港侨界的唯一代表。[①]

王钦贤是印尼华侨，祖籍福建厦门。1960 年 9 月从印尼万隆归国，进入厦门集美华侨补校学习，1962 年考入华侨大学物理系。[②] 毕业后，先后在江西和福建工作一段时间，20 世纪 80 年代移居香港后开始经商，最初做鼻罩、眼罩、五金机械等产品的转口生意，打好基础后开始尝试做本地批发，先后创办了五金机械厂、家庭用品厂。经过坚持不懈的努力发展，很快成为香港五金机械最大的批发商之一，拥有 1000 多家客户，包括吉之岛、实惠、优惠各大超级市场，还有遍布港九、新界、澳门大大小小的零售商。[③] 1994 年，王钦贤大胆创立金轮集团，并把投资目光转向了内地房地产业，以南京为起点，足迹逐渐覆盖江苏、湖南、广西等地，产业涉及开发综合型商业、住宅物业，建起南京金轮国际广场、株洲金轮时代广场等城市地标，并完成了多个与地铁相连或交通枢纽相通的商业物业项目。[④] 2013 年 1 月，金轮集团旗下金轮天地控股有限公司在香港成功上市。如今的香港金轮集团，已经发展成为跨国的多元化企业，主要经营房地产开发、购物中心、国际五金贸易和纺织工业等多个项目，各项事业欣欣向荣。

在事业成功之余，王钦贤热心侨界事务和社会公益事业。他不仅长年活跃于香港侨界社团，热心维护侨胞权益，为香港特区的长期繁荣与稳定贡献力量，还积极践行社会责任，支持社会公益事业，现担任中国侨联顾问、中国海外交流协会常务理事、中国侨商联合会常务副会长、香港集美校友会永远荣誉主席兼监事长、香港侨爱基金会主席兼董事长、香港侨界社团联会常务副会长、香港侨友社永远荣誉会长兼监事长、香港华侨华人总会永远名誉会长等多个社会职务，已成为内地和香港

① 《王钦贤——香港侨界的光荣》，中国华侨传媒网，http://www.cnhqcm.com/news/rwjj/187161729878.html，最后访问日期：2019 年 12 月 17 日。

② 物理系 1962 级学生学籍卡，华侨大学学籍档案。

③ 黄如才：《香港新榜富绅王钦贤》，《华人时刊》1997 年第 15 期。

④ 李春玲：《香港地产商在内地的华丽转身》，华声晨报网，http://www.hscbw.com/a/2015/1015/26382.html，最后访问日期：2019 年 12 月 17 日。

颇具影响力的侨界知名人士。

作为校友，王钦贤始终心系母校发展，曾任华侨大学香港校友会会长、荣誉会长、华侨大学校友总会副理事长等。多年来，王钦贤校友多次回到母校，积极捐资，建言献策，推动学校与香港侨界的交流往来，帮助提升学校在香港的知名度和影响力，为母校教育事业发展做出积极贡献。2019 年 5 月 16 日，在华侨大学庆祝建校 60 周年工作启动之际，王钦贤通过中国华侨公益基金会向母校捐赠 1000 万人民币，用于校园基础建设项目，为母校 60 周年校庆献礼。①

4. 爱国爱乡的汪琼南

汪琼南是印尼华侨，祖籍福建漳州，1960 年回国，是化学系 1961 级校友，② 现任达力勤贸易公司、圣丰化学有限公司、印度尼西亚富雅有限公司、印度尼西亚富辉有限公司的董事总经理。和谢文盛一样，她也是任职时间最长的仅有的两个校友校董之一，自 1986 年被聘为华侨大学第二届董事会董事起，历届董事会都有她的芳名。③ 汪琼南家族是爱国爱乡的典范。

汪琼南的父亲汪大均先生为印尼著名爱国侨领。抗战时曾协助胡愈之创办《南侨日报》，积极投入抗日救亡工作。1955 年万隆亚非会议期间，出于对中国政府代表团安全的考虑，印尼华侨组成“印度尼西亚华侨支持祖国亲人委员会”，专门组织、安排周恩来总理和中国代表团的起居、饮食、外围保卫等项事宜。为保卫周恩来总理的出行安全，汪大均先生开着自己的私家车在周恩来总理的车队通过前行进在雅加达和会议所在地万隆之间的危险山路上，为周恩来总理的车队“扫雷”。他与华人社团一起为中国代表团做了大量周到细致的保卫和服务工作，为会议的成功举行做出了贡献。20 世纪 60 年代初，汪老先生被推举为雅加达中华侨团总会秘书长。汪老先生倾情侨校教育，曾在雅加达新华学校任教，并于 1991 年向华侨大学捐资 100 万元港币用于支持侨总图书馆建设。

汪琼南的母亲杨秀莲女士，同样热爱祖国，热心公益和教育事业。杨女士早年投身教育界，先后在福建安海，印尼泗水、玛琅和雅加达执教，可谓桃李满天下。离开教育岗位后，仍心系祖国和印尼的文教事业，除了大力支持十位退休女教师创办福建安海苗苗幼儿园，更在逾 80 岁高龄之时，与丈夫一同出资献策，襄助创立雅加达新雅学院，为一度被禁锢 30 多年的华文教育事业重获新生做出令人感动的奉

① 陈琳琳：《香港杰出校友王钦贤再捐 1000 万人民币献礼母校 60 周年校庆》，华侨大学董事会官网，https://dsh.hqu.edu.cn/info/1061/3961.htm，最后访问日期：2019 年 12 月 17 日。

② 化学系 1961 级学生学籍卡，华侨大学学籍档案。

③ 参见华侨大学董事会官网“董事会简介”栏目之历届董事芳名录，https://dsh.hqu.edu.cn/dshjj/ljdsfml.htm，最后访问日期：2019 年 12 月 17 日。

献。她亦非常关心妇女福祉，在出任雅加达中华妇女协会主席的10多年间，为华侨妇女同胞排忧解难，其后更被推举为中华侨团总会副主席，在1956年应邀回国，出席北京天安门国庆观礼，受到毛泽东主席等国家领导人的接见。20世纪60年代，在印尼排华时的遣侨工作中，她和团队发动医护人员，积极为受难华侨提供医护和保健服务。①

作为汪大均先生和杨秀莲女士的长女，汪琼南继承了父母亲的爱国爱乡精神。她曾任《镜报》董事，奔走于内地、香港以及新加坡、印尼之间，开拓新事业，为国服务。她还积极参与创立华侨大学香港校友会，历任香港校友会理事长、监事长、永远名誉会长，曾参与出资为华侨大学董事会香港办事处购置写字楼。2017年9月，她代表家族与学校签署捐赠协议，慷慨向学校捐资500万元人民币。汪琼南及家族为促进学校教育事业发展做出了重要贡献。

① 王延喜：《汪琼南校董家族慷慨捐资华侨大学》，华侨大学官网，https://www.hqu.edu.cn/info/1067/78778.htm，最后访问日期：2019年12月17日。

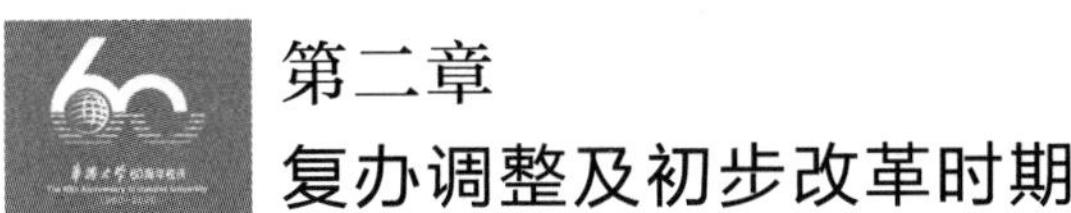

第二章
复办调整及初步改革时期

本章主要内容是与改革开放一同进步发展的1978—1990年的华侨大学，“与改革开放同行”是本章的主题。在此阶段，改革与发展开始成为时代的主旋律。从“文化大革命”中恢复过来的华侨大学，在复办之初连校舍都无法全部收回，境外生仅有几十人。1983年，“中央24号文件”将华侨大学确定为“国家重点扶植的大学”，这是华侨大学发展历史上的重要节点，华侨大学迎来了发展良机，1987年，境外学生占比达到复办后几十年里的最高值36%。这阶段华侨大学进行了教学、科研、师资建设、管理模式、学生工作等各个方面的改革，迎接了诸多挑战，完成了复办到初期发展的阶段性任务。1978—1990年的华侨大学与改革开放之初的中国一起，走过了一段艰辛而丰富的历程。

本章共分为九节。第一节介绍华侨大学复办的背景、时代需求和具体过程，复办初期的华大百废待兴，师生勠力同心，打下了发展的基础。第二节的主要内容是华侨大学被“中央24号”文件列为国家重点扶植的大学，要“作为教育战线的重点项目进行投资”。文件指示华大要办出特色、办出水平，要坚持“面向海外、面向港澳台、面向经济特区”的办学宗旨。为落实“中央24号”文件，华大也进行了各种改革，实现了办学宗旨的扩展。第三节的内容是师资与教学，本节从复办后师资力量的流失开始，介绍了华侨大学如何稳定师资队伍，提升师资水平，采取多种措施、提高教师素质，优化教师结构。在师资队伍有效建设背景下，华侨大学完成了本科教学改革，初次开展了研究生教育，并办成了多层次的非学历教育，培养了改革开放、经济建设需要的多种人才。在第四节，介绍了华侨大学复办后学科建设与科研工作的发展。本阶段，学科建设有其时代特色，是与华侨大学的办学宗旨相适应的。尽管条件简陋、困难众多，华侨大学仍进行了科研工作改革，健全了科研管理体制，在有限的条件下取得了不少科研成果。华大是一所面向海外、面向港澳台的外向型高校，第五节的主要内容是境外生的招生与培养。20世纪80年代境内外社会情况、生活水平差异很大。为了吸引境外学生，华侨大学对境外生的招生办法、培养方式都进行了改革，在几十年里，成功培养了许多人才。我们对复办后华侨大学境内外学生的学籍卡做了一些统计，发现境外学生，尤其是港澳学生的家庭背景大部分是工人和底层职员家庭，是华侨大学的境外生培养，给了这些家庭的孩子接受高等教育的机会，改变了他们的命运。第六节的主要内容是华侨大学在国内大学中曾独树一帜的董事会制度。本节从董事会运作的方式和董事会成员成分入手，分析了20世纪80年代华侨大学董事会的发展历程和职权变迁。第七节简述了党的组织建设、两次党员代表大会的举行和华侨大学各群团组织的发展。第八节的主要内容是学生工作。华侨大学在20世纪80年代曾经组织过被许多兄弟院校参观学习的学生会民主竞选，能组织这样的竞选是因为华大加强对学生民主管理能力的培养。学生的思想品德教育、校园文化生活和毕业生分配也是本节的内容。第九节的主题是后勤与基建。得益于国家的支持和海内外热心人士的捐建，华侨大学复办后建设了各种校园基础设施。在陈嘉庚纪念堂收到的建设捐赠余款的基础上，华大设立了华侨大学基金会。后勤也是这个时期华侨大学校园生活的亮点之一。最后是复办后华侨大学1978—1990年的校园财政改革与管理。

第一节　华侨大学复办（1978—1983）

1978年春，国务院决定复办华侨大学，这使十年“文化大革命”之后的华侨大学重获新生。华侨大学的复办与调整改革，与改革开放是同行的，既是改革开放后发展高等教育的需要，也是发展经济的需要，更是服务华侨华人、为改革开放取得更好的国际环境的需要。

一　华侨大学复办的背景与时代需求

1977年8月，教育部在北京召开全国高等学校招生工作会议，决定恢复已经停止了10年的全国高等院校招生考试。紧接着，1978年12月十一届三中全会在北京召开，正式宣告“文化大革命”结束，中国的发展轨迹，转向以经济建设为中心。新时期的教育、经济国策和对外交往政策，以及华侨华人社会与国际环境的变迁，成为华侨大学复办的背景和时代需求。

（一）高考制度恢复

改革开放是从农村自发开始的，随之是中央领导下的城市经济体制改革、科技体制改革和教育体制改革。教育体制改革开始于1977年，首先是从恢复高考开始的。

“文化大革命”期间，统一高考制度遭到否定，被认为是一种落后反动的教育制度，[①] 推荐上大学取代了高考制度。推荐制在“文化大革命”后期大行其道，所谓“黑五类”家庭出身的学生被排除在招生范围之外，正如梁晨、李中清、张浩等人的研究所表明的，任何形式的大学推荐入学，都不利于底层人民的高等教育公平。[②] 邓

---

① 刘海峰、刘亮：《恢复高考40年的发展与变化》，《高等教育研究》2017年第10期。

② 原文摘要为“1949年以来，中国高等教育领域出现了一场革命。高等精英教育生源开始多样化，以往为社会上层子女所垄断的状况被打破，工农等社会较低阶层子女逐渐在其中占据相当比重，并成功地将这一比重保持到20世纪末。”梁晨、李中清、张浩：《无声的革命：北京大学与苏州大学学生社会来源研究（1952—2002）》，《中国社会科学》2012年第1期。

小平等国家领导人，在“文化大革命”后期就开始酝酿恢复高考制度，保证高等教育的大门向所有人敞开。1977年年中，邓小平多次在讲话中提及重点大学应该经过严格考试来招收优秀学生，而后在8月科学和教育工作座谈会上，确定恢复高考。为了抓紧时间，会议还决定当年就要恢复高考，因此教育部将高校和中专在当年的招生推迟到第四季度，以便考生能来得及报名准备，第一批高考新生将在次年2月底入学。1977年10月，国务院批转了教育部《关于1977年高等学校招生工作的意见》，10月21日向全国通知，至此高考制度正式恢复。①

恢复高考有力地推动了拨乱反正工作的进行，也需要有更多的高校来满足高考招生的需要。在这样的背景下，“文化大革命”期间停办的华侨大学和暨南大学的复办被提上日程（见图2-1）。而随着教育改革的深入，1983年邓小平同志提出著名的三个面向，即“教育要面向现代化、面向世界、面向未来”。20世纪70—80年代华侨大学复办的背景及其地理区位、发展趋向，决定了它的复办与发展，必然将是与改革开放同行的历史。

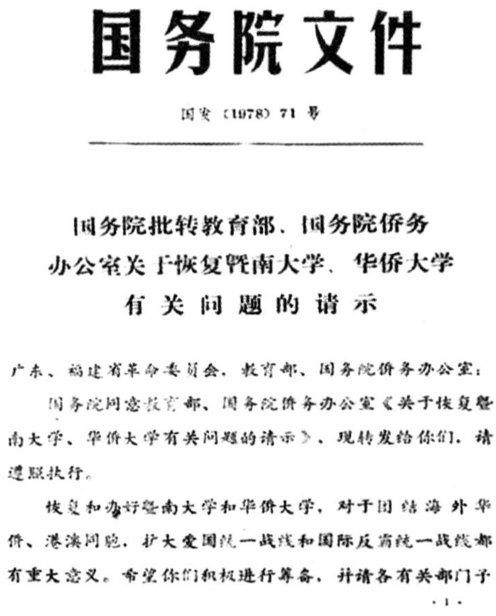

国务院文件

国发〔1978〕71号

国务院批转教育部、国务院侨务办公室关于恢复暨南大学、华侨大学有关问题的请示

广东、福建省革命委员会，教育部、国务院侨务办公室：

国务院同意教育部、国务院侨务办公室《关于恢复暨南大学、华侨大学有关问题的请示》，现转发给你们，请遵照执行。

恢复和办好暨南大学和华侨大学，对于团结海外华侨、港澳同胞，扩大爱国统一战线和国际反霸统一战线都有重大意义。希望你们积极进行筹备，并请各有关部门予

·1·

图2-1　1978年国务院71号文批准恢复华侨大学

（二）新时期侨务工作的拨乱反正

土地改革时期，按照阶级斗争的观点，大量海外华侨华人不属于劳动阶级，在阶级成分划分上，以店员、中小工商业者为主（据《福建农村调查》，石狮的著名

① 刘海峰、刘亮：《恢复高考40年的发展与变化》，《高等教育研究》2017年第10期。

侨乡彭田村，在华侨家庭中，属于贫下中农的仅占148户中的10户，商业资本家和地主合计7户，而其他131户都是小商人、店员和自由职业者），[①] 他们留在国内的侨眷，因自身无力耕种土地，又大多数不从事或少从事劳动，还有些使用雇工劳动，这就成了社会主义改造的对象。因此20世纪50年代，对华侨在国内的土地和房产的处理上，引起了一些华侨的不满。同时，二战结束后，东南亚国家纷纷独立，并掀起民族主义浪潮，为保护华侨，减少华侨所在国疑虑，1955年万隆会议后中国宣布不再承认双重国籍，鼓励华侨在当地落地生根（仍有中国国籍持中国护照者为华侨，持所在国国籍和护照者为华人）。到70年代末80年代初，海外华侨社会已经基本转型为华人社会。而在国内阶级斗争为纲的风潮下，“海外关系”变成避之唯恐不及的社会关系。有能力的归侨侨眷，也在政策允许下，离开大陆，往海外投亲靠友，侨汇陷入低谷。

“文化大革命”时期，侨务机构被撤销，侨务政策被视为“修正主义路线”而受到批判，海外关系变成了反动的政治关系”。[②] “文化大革命”结束后，中央陆续清除了“左”的思想路线影响，侨务政策冲破了“海外关系复杂论”等极左思想的禁锢。1977年10月，邓小平同志在接见港澳同胞国庆代表团时，明确提出“海外关系是个好东西”的崭新论断，此后邓小平又多次批判“海外关系复杂论”，为“海外关系”平反。

1977年11月邓小平复出后到广东视察，因广东农民的逃港问题他开始反思经济政策。这种思考在暨大和华大复办后已经成形。1979年1月17日，邓小平在同工商界领导人谈话时提出：“可以利用外国的资金和技术，华侨、华裔也可以回来办工厂。吸收外资可以采取补偿贸易的办法，也可以搞合营，先选择资金周转快的行业做起。”[③] 1979年4月习仲勋到北京向中共中央政治局汇报工作，提出广东邻近港澳，华侨众多，应充分利用这个有利条件。[④] 邓小平听取了汇报后，认为广东和福建有条件可以实行特殊政策，利用华侨的资金、技术，包括设立工厂，“只要不出大杠杠，不几年就可以上去。如果广东这样搞，每人收入搞到1000至2000元，起码不用向中央要钱嘛。广东、福建两省8000万人，人口相当于一个国家，先富起来没什么坏处”。[⑤] 这表明“文化大革命”结束后，中央对华侨华人的力量，已经有

① 华东军政委员会土地改革委员会编《晋江县侨区农村调查》，华东农村经济资料第三分册《福建省农村调查》，1952年。

② 李黎明、石增业：《侨务领域拨乱反正述略》，《当代中国史研究》2009年第2期。

③ 中共中央文献研究室编《邓小平年谱（1975—1997）》，中央文献出版社，2004，第471页。

④ 钟坚：《经济特区的酝酿、创办与发展》，《特区理论与实践》2010年第5期。

⑤ 中共中央文献研究室编《邓小平年谱（1975—1997）》，中央文献出版社，2004，第506页。

了新的认识。根据庄国土的研究，从20世纪70年代中期以来，约有250万人以上的华人从大陆、香港、台湾向海外移民。政策上允许大陆居民往海外移民是1978年以后中国政府放松了出入境限制，但是在福建广东，早在20世纪70年代初这种趋势就已经开始了。①

1977年11月28日至12月20日，全国侨务会议预备会在北京召开。会议指出华侨中大部分是劳动人民，是爱国统一战线应该团结和依靠的对象，会议形成了《关于全国侨务会议预备会议的情况报告》，1978年1月11日中央通过了这份报告，并以中央文件形式下发各部门。这份以中央名义下发的报告，重申了正确对待海外关系的问题，以及如何处理侨汇、华侨农场、侨房、侨生回国升学等问题。文件还首次提出了侨务工作的“一视同仁、不得歧视、根据特点、适当照顾”十六字方针。1978—2017年，中国政府召开过8次全国性的侨务工作会议，② 这些会议对中国的侨务政策有路线性作用，1978年的全国侨务工作会议是第一次会议，是为以后的侨务工作指出重点、明确方向的大会。故而1978年1月中央设立了国务院侨务办公室，由廖承志担任主任。国务院侨务办公室作为中央政府专司侨务的机构，接过了原来“中华人民共和国华侨事务委员会”的职权，恢复并进一步制定了华侨教育的方针政策，随后各地侨务办公室也陆续设立。可以说，全国侨务工作会议及其预备会，对华侨大学的复办起到了至关重要的作用。

1978年12月中国共产党十一届三中全会确定了改革开放的基本路线，全党工作重心向经济领域转移，中国的侨务政策也发生根本变化，其最重要的精神是在侨务工作中贯彻邓小平同志一贯提倡的“实事求是”的方针。③ 1979年底，项南南下，担任福建省委书记，积极推动拨乱反正，退还侨房，落实政策。以退还侨房为例，1982年12月31日以前，福建省的4个主要城市福州、厦门、泉州、漳州全部下令归还“文化大革命”期间占用的华侨私房，到1988年底已归还使用权97%以上。④

改革开放后中国转向全力进行经济建设，而现代化建设需要天文数字的启动资金，80年代捉襟见肘的外汇存底（1980年因负外债，外汇存底为负12.96亿美元）令中央和地方政府开始关注几乎被忽略近30年的海外华侨华人群体，而这30年，

---

① 庄国土：《1978年以来中国政府对华侨华人态度和政策的变化》，《南洋问题研究》2000年第3期。

② 赵健：《改革开放40年中国侨务政策的回顾》，《华侨华人历史研究》2018年第4期。

③ 庄国土：《1978年以来中国政府对华侨华人态度和政策的变化》，《南洋问题研究》2000年第3期。

④ 山岸猛：《对外开放后福建侨乡的经济发展与海外华侨华人的经济作用——以晋江市为中心》，《南洋资料译丛》，2007年第1期。

也是海外华侨华人群体的经济实力突飞猛进的30年。[①] 华人经济在东南亚等地有长达数百年的历史，但是此前任何时候华人经济的增长都没有二战后30年的发展为人所瞩目。在20世纪60—80年代，海外华人财富和资金的快速积累，“亚洲四小龙”中的台湾、香港、新加坡都创造了经济发展奇迹，其年经济增长率接近10%，而当时韩国在四小龙里仅敬陪末座。20世纪70至80年代，海外华人的主要聚居地泰国、马来西亚和印度尼西亚也经历经济高速发展时期，泰国与马来西亚一起成为经济发展“亚洲四小虎”之二，而华人华侨被认为是这一时期东亚经济奇迹的最大受益者与重要创就者，他们的经济实力因此快速增长。据世界银行估计，海外华人企业的产值由1991年的4000亿美元迅速上升到1999年的6000亿美元。有些专家甚至认为海外华人主导了东南亚的经济：华人控制了印度尼西亚80%的企业资产；控制了泰国90%的制造业和50%的服务业；菲律宾1000家大型企业中超过1/3由华人掌握；华人控制马来西亚60%的资本市场。[②] 时任总书记胡耀邦说：“华侨华人资金2000亿美元，如果侨务部门能引进百分之十，就是200亿，就很了不起。”[③]

1980年，国务院批准了外交部、国务院侨务办公室颁发的《对外籍华人工作方针政策的请示报告》，这一政策对华侨和华人做了政治区别，但又不把华人当作一般外国人看待。1983年，国家又就“关于加强华侨、外籍华人工作问题”进一步做出规定，主要为避免侨务工作的两种偏向，一是注意华侨华人的国籍界限，二是不把华人当作一般外国人等同看待，要照顾华人与华侨的共同民族感情和利益，以及他们与我国的密切联系。1985年，全国人大侨委会、国务院侨务办公室、全国侨联联合召开侨务工作会议，会议强调在积极开展华侨工作的同时，要重点做好华人的工作。[④] 与改革开放和新的国际环境相适应，国务院侨务办公室成立之初的工作重点，就包含开展已入籍外国华人的工作。1986年，时任国务院侨务办公室主任廖晖明确指出：在华侨与华人中，华人不论在人数上，还是在拥有的资金人才和对台工作关系上，都具有绝对优势。因此，开展国外侨务工作，应该以华人工作为重点，这是改革开放后侨务政策最重要的特点。华侨华人的海外移民史与其他国家的国际移民史虽然有共通之处，但实际上侨乡是世界移民史上独一无二的现象，这种独特之处就是华侨华人与祖籍地之间的黏性，其根源深植于中国历史发展脉络之中，可以说全世界都有移民，但是只有中国有侨乡。国务院和国务院侨务办公室对华侨华

① 庄国土：《1978年以来中国政府对华侨华人态度和政策的变化》，《南洋问题研究》2000年第3期。

② 庄国土：《1978年以来中国政府对华侨华人态度和政策的变化》，《南洋问题研究》2000年第3期。

③ 1985年3月16日，叶飞在全国侨务工作会议上的讲话。

④ 庄国土：《新时期中国政府对海外华侨华人的政策》，《南洋问题研究》1996年第2期。

人的区分与对应方式，既照顾了现实国际政治的敏感问题，又考虑到中国历史文化的特殊性，有利于维系华侨华人与中国的联系。

福建是我国的第二大侨乡，华侨总人数约有800多万人，侨眷、归侨有500多万人。主要侨乡分布在东南沿海的漳州、厦门、泉州和福州等地，其中以泉州市侨眷、归侨最多，占归侨、侨眷总数的50%以上。[①] 这是一开始华侨大学建立时择址泉州的主要原因。1979年中国侨务政策改变，开始欢迎和鼓励港澳台及东南亚等地的华人资本投资内地，并出台相应优惠政策，华人华侨和港澳台同胞可享受比一般外商更优惠的投资条件。同时，广东、福建地方政府也制定了一些鼓励投资的地方政策法规。邓小平同志1992年在谈到经济特区时说：“那一年确定四个经济特区，主要是从地理条件考虑，深圳毗邻香港，珠海靠近澳门，汕头是因为东南亚国家潮州人多，厦门是因为闽南人在外国经商的很多。”[②]

总而言之，保证华侨华人与原乡的联系，增加华侨华人对中国的了解与感情、助力改革开放，是位处福建侨乡的华侨大学与位处广东侨乡的暨南大学复办的目的之一。加强华侨华人的中文教育，有助于维系他们与中国的联系，华侨华人自身的强大，是持续与中国保持密切联系的基础，这是新时期华侨社会向华人社会转向后依然要复办和发展华侨大学的重要理由。同时，在大陆经济发展尚且逊色于台湾地区的20世纪80年代初期，中央争取海外华人华侨支持的措施，还都面临着台湾当局的竞争，在对华侨华人教育方面尤甚。

（三）两岸在华侨教育上的竞争

华侨是重要的政治和经济资源，自1893年清政府正式承认华侨的合法地位后，中国政府历来积极争取华侨。新中国建立后，从法理上继承了国民政府对华侨的权利和义务，1949年《中国人民政治协商会议共同纲领》规定国外华侨为中国人民政治协商会议的必要组成部分。作为统一战线的一部分，新中国政府对华侨和侨务政策历来十分重视，1955年万隆会议中国和印度尼西亚签订了《关于双重国籍问题的条约》后不再承认双重国籍，统一战线也开始调整为团结华侨华人。

中华人民共和国成立之初，美国为遏制中国，竭力挑拨中国与侨居地国家的关系，国民党政权败退台湾后，也更加重视争取华侨力量，[③] 台湾经济起飞在一定程度上也是依靠华侨资本的支持。20世纪70年代，中国重新恢复联合国席位，台湾

---

① 福建省地方志编纂委员会：《〈福建省志·华侨志〉概述》，《福建史志》2004年第3期。

② 彭黎明：《海外华资对侨乡的投资探讨——以广东侨乡为例》，《华侨华人历史研究》2002年第4期。

③ 王素君：《1950—1965年间的华侨回国观光旅行》，《云南大学学报》（社会科学版）2018年第3期。

从联合国退出，台湾的国际地位一落千丈，与台湾保持正式“外交”关系的国家越来越少。在这种情况下，台湾企图通过华侨华人来开展第二轨道“外交”（或民间“外交”），故台湾当局一直非常重视侨务工作，在“行政院”下设“华侨事务委员会”（即台湾“侨委会”）来处理华侨事务。

长期以来，台湾“侨委会”在开展海外侨务工作、促进海外华文教育与发展、推广中华文化在海外的传播、推行第二轨道“外交”、吸引华侨资本和人才参与台湾经济文化建设等方面有一定成效。1951 年 4 月，台湾“行政院”鼓励海外侨民尽量取得当地公民权，1952 年 5 月，台湾“立法院”又通过对侨务政策的补充，里面提到奖励华侨青年回国就学，对于侨生入台、入学予以切实便利与辅导。1978 年，蒋经国开始担任台湾地区领导人，自 1979 年台美断交后，台湾的侨务政策与工作更加积极。蒋经国执政时期的侨务政策重点，就是高度重视吸引华侨到台湾投资，吸引侨资以促进台湾产业升级，台湾“侨委会”还于 1975 年 5 月在台北成立世华商业银行，满足华侨对资金的需求。其他工作规划理念重点包含：加强华裔青年辅导，培养侨社华裔青年干部，办理华裔青年及港华青年观摩研习活动，对毕业侨生加强联系辅导；加强海外华侨教育，延续中华文化；开拓全球反共新形势，巩固各地侨团。①

故而长期以来，海峡两岸在争取海外侨社的支持上存在着竞争关系，这种竞争也体现在华文教育上，台湾当局为了争取海外华侨华人的支持，历来十分重视吸引海外侨生赴台升学。

中国对外教育及政策源于清代晚期，半个世纪以来，逐渐发展成一种专门面对海外侨民之独特教育形式。民国时期，南京国民政府在中央机构中设置侨务委员会，主要职责在促进发展华侨教育，加强海外教育与国内教育的联系，维系华侨对祖国的感情和凝聚力，蒋介石败退台湾后仍然维持了其运作。② 历任台湾“侨委会”委员长都强调“没有侨教就没有侨务”。此种教育，在大陆称为“华文教育”，台湾称为“华语文教育”。

海外侨生赴台升学始于 20 世纪 50 年代初。其动因主要是海外华侨的教育需求和台湾当局的政策吸引。二战刚结束时，东南亚各国华文学校曾经达到鼎盛状态，华文中小学教育完成后，还可以进入中文教学的新加坡南洋大学深造。然而随着东南亚各国民族主义的兴起，土著优先的政策陆续实行，大量中文学校被关闭或被迫转型，标志性事件就是南洋大学的学历迟迟不被承认且该校最终被迫关闭。到 1967 年，海外华

① 曹云华、蔡秋燕：《台湾的侨务政策：嬗变与延续》，《东南亚研究》2012 年第 1 期。

② 丘进：《大陆与台湾的海外华文教育比较》，《新视野》2010 年第 6 期。

校总数虽达5300所，但85%均已被迫在地化，成为当地政府严加限制之“华文学校”。[①] 至20世纪六七十年代，海外“华侨教育”已经式微，代之以“华文教育”。[②]

与此同时，海峡两岸都在接收侨生，由于绝大部分华侨华人故乡在大陆和过去的升学习惯，新中国成立初期大陆接收了2.3万人，数字远高于台湾。退守台湾地区的国民党当局，则在1950年制定了《华侨学生申请保送来台升学办法》，规定凡海外侨生志愿来台升学均可申请保送，免试分派到中等以上学校学习。自1951年起，台湾当局还每年在香港招考中学毕业生，按成绩、志愿送入台湾大专院校入读，当年即招收海外侨生60人，1953年在台湾学习的侨生数有502人。为削弱新中国在东南亚的政治影响，美国极力支持蒋介石吸引海外侨生。1954年，台湾成立“中美华侨教育委员会”，制定教育援助方案，利用美国的经济援助招收海外华侨学生。台湾学校每招收1名华侨学生，可获得美援专款新台币2万元。1958年，台“教育部”会同“侨委会”颁布侨生入台就学及辅导办法相关文件，后经多次修订，该文件成为台湾开展侨生教育的基本依据。1954—1963年，台湾各大学共得到美援经费新台币3亿2000余万元，赴台升学的海外侨生急涨，人数从1954年的1289人逐年升至1960年的高峰值8218人。1951—1960学年度实际来台就读侨生计达15621人。[③]

台湾招收的侨生人数渐渐超过大陆，除了在1961—1964年因暨南大学复办和华侨大学创立开始招生，其他时候台湾的在学侨生人数逐年上升，即使在1965学年度，也有7162人。（1965年秋，暨南大学、华侨大学在校华侨、港澳学生分别有2201人和2289人。）“文化大革命”期间，暨南大学和华侨大学停办，中国大陆停止招收海外学生，大陆侨生教育陷入停滞。而与此同时，东南亚国家对华文学校的限制越来越严格，有的国家甚至完全取缔华文教育，日本在这段时间仅有五所中文中小学，海外侨生遂纷纷赴台升学。1970学年度，赴台就读的侨生有3200人，在学侨生数达到第二个高峰值9776人。[④]

与台湾争夺华侨华人生源，扩大政治影响，这是华侨大学和暨南大学复办的一个契机。虽然20世纪80年代以来，受到多种因素影响，台湾岛内侨生教育逐渐陷入困境，[⑤] 但是对华侨大学和暨南大学来说，当时一方面面临台湾的竞争，另一方面海外华文教育受到所在国压制，尚未复兴，两校在争取海外生源的路上尚任重而道远。

---

① 庄国土：《论台湾当局的华侨教育政策》，《台湾研究》1994年第2期。

② 姚兰：《六十年台湾海外侨民教育之沿革》，《海外华文教育》2015年第2期。

③ 张亚群：《海外侨生赴台湾升学述评》，《台湾研究集刊》2002年第3期。

④ 姚兰：《六十年台湾海外侨民教育之沿革》，《海外华文教育》2015年第2期。

⑤ 张亚群：《海外侨生赴台湾升学述评》，《台湾研究集刊》2002年第3期。

二　华侨大学的复办过程（1978—1980）

图 2－2　1978 年 10 月 23 日，华侨大学隆重举行复办挂牌仪式，师生们挂起廖承志校长亲笔题写的校牌

（一）中央的决策

为落实关怀、爱护、团结广大海外侨胞、港澳台同胞的一贯政策，满足海外华侨学生、港澳台青年回国、回内地求学的需求，中央早在十一届三中全会之前，就将恢复暨南大学、华侨大学两校的工作提上议事日程。

华侨大学和暨南大学都是侨务委员会所属大学，两校在“文化大革命”期间，因中国和世界政治形势的影响双双停办。1977 年底，时任国务院副总理李先念在全国华侨工作会议预备会上，提出要恢复暨南大学和华侨大学。1978 年 1 月 11 日，中共中央转发外交部《关于全国侨务会议预备会议的情况报告》，在报告中明确要求要“逐步恢复暨南大学、华侨大学和若干华侨补习学校”。1 月 16 日，教育部、外交部和国务院侨务办公室约请广东省、福建省教育和侨务部门共同商讨恢复“两校”事宜，随后将提出恢复“两校”有关问题的讨论稿报送国务院。1978 年 2、3 月，国务院侨务办公室主任廖承志和中央军委秘书长罗瑞卿还专门研究了暨南大学和华侨大学复办的校舍问题。[①] 1978 年 4 月 17 日，国务院批准了教育部、侨务办公室《关于恢复暨南大学和华侨大学的决定》，指出“恢复和办好暨南大学、华侨大

---

① 侯月祥：《1978：暨南大学的复办》，《岭南文史》2013 年第 2 期。

学对于团结海内外华侨、港澳同胞，扩大统一战线具有重大意义”；要求积极进行筹备，并请有关部门给予支持，争取早日复办，赶上恢复高考、教育体制改革的大潮。1978 年秋华侨大学在泉州正式复办招生。

华侨大学的复办，得到各方面的大力支持，在人力、财力、物力和精神上得到了诸多帮助。福建省委书记项南说道：“全国只有华大、暨大是面向海外招生的大学，办好华侨大学不仅是泉州市、晋江专区的事，也是福建省的事”“要千方百计复办好华侨大学，把它当作掌上明珠那样关心爱护好”。福建省为此还成立了由省委书记处书记林一心任组长、厦门市委第二副书记汪大铭任副组长的复办华侨大学筹备领导小组。后来林一心成为华大第一届董事会副董事长，汪大铭成为华大复办初期的副校长和校长。

（二）复办初期的努力

为了尽快复办，对华侨大学的校址校舍、招生、师资、归属、设备经费、办学方针、管理体制等问题，各方面积极应对，努力解决困难。

首先是调集人员，组建教师队伍，积极解决校舍、实验仪器和图书资料等教学设备，为建立正常的教学秩序打下初步基础。

复办后华大校址不变，仍设在著名侨乡泉州（当时为晋江地区）。华侨大学由于中途停办长达 9 年，造成的破坏和损失十分惨重。人员调离下放，仪器设备、图书资料散失殆尽。尤其校舍被福建医科大学借用，一时无法清退。1978 年秋季，华侨大学就抓紧时间招生开学（见图 2－3），首先恢复了数学、化学、土木建筑工程三个系，共招收学生 181 人。由于福建医科大学当时尚来不及清退校舍，校舍不足，故只好当时让土木建筑工程系学生暂寄在福州大学上课，到 1979 年暑假才迁回泉州校部。至 1980 年初，在中共福建省委的关心和校董事会的督促下，福建医科大学配合清退，已经让出了约 1/3 的校舍。只是搬迁速度仍然比较慢，特别是医科大学的附属医院，仍未有搬迁计划。总体来说，福建医科大学仍然占用着华大大片教学楼和教职员宿舍，还占用了学生宿舍，而且就医病人出入校园，影响了学校的教学安宁。为适应开学后教学和生活用房的急需，在教育部的大力支持下，1978 年和 1979 年两年拨给华大基本建设资金约 400 多万元。至 1980 年新建成或基本建成 10000 多平方米房屋，包括教工宿舍 3 栋、学生宿舍 2 栋。此外，在华大创办初期收到海外华侨捐资的约有 3000 个座位的大礼堂（即陈嘉庚纪念堂）也预备动工。①

① 《华侨大学复办以来工作报告》，华侨大学文书档案。

图 2-3　1978 年 10 月华侨大学举行复办开学典礼，首批数学、化学、土木三个系学生按时入学，圆满实现中央当年复办当年开学的托付

为落实侨务政策，适应海外华侨学生和港澳青年回国、回内地升学的要求，在条件十分困难的情况下，复办当年秋季就恢复招生。次年总共有 6 个系招生，共招收了 273 名学生。至 1980 年，在校学生有 11 个班级，总数 465 人。其中境外生和港澳生 80 多人，占比 17% 以上，这其中港澳学生较多，还有一些越南归侨，也有新从日本、朝鲜和非洲塞舌尔回来的华侨学生。

“文化大革命”学校停办期间，师资损失惨重，一些教授被下放农场，平反后他们返回了北京、上海等大城市。复办后，调回的原华侨大学教学人员是 108 人，远无法支撑华大的运行和教学。故上级部门出面，从全国各地和福建省内其他学校新调来 283 人，至 1980 年，恢复了近 400 人的教学队伍和 285 人党政后勤干部职工队伍。教师中大部分是“文化大革命”前高等学校毕业的，具有一定教学和科学研究实践经验，392 人的教师队伍中有正副教授 6 人，讲师 111 人，为今后教师队伍的提高和发展打下了基础。同时董事会出面，邀请了国内外一些专家教授来校座谈和讲学，进行学术交流。

华侨大学创办时归属中侨委，复办后决定学校直属于教育部，仍由全国人大常务委员会副委员长、国务院侨务办公室主任廖承志兼任校长，实行教育部和福建省双重领导，以教育部为主。学校的有关侨务方面的工作，则由国务院侨务办公室负责，福建省侨务部门积极协助。

在教学设备上，为了适应教学和科学研究的需要，购置了价值人民币 350 多万元的仪器设备，基本上解决了当时上基础课的需要。在校董事会和爱国华侨的资助下，引进了一套有 60 个座位的外语视听教学设备和一批微型电子计算机，供教学和科研之用，为筹建电脑系做准备。经过一年多努力，图书馆已搜集、新购和获得国内外捐赠的图书共10余万册，其中有一部分是海外华侨、港澳同胞赠送和国家用外汇进口的外文原版书刊。新订国内外的理工方面的书籍和情报资料2000多种，建设了教师、学生阅览室和6个学科资料室。

其次，确定学校的办学方向、培养目标、专业设置、学制和招生方法等，以求保证教学质量，办出自己的特点，使毕业的学生在境内外工作都能受到各方面欢迎。

复办后，华侨大学是一所以工科为主、理工科结合的工科大学，学制四年，办学宗旨是“面向海外、面向港澳台”，主要招收海外华侨、港澳台青年和归侨子女，兼收少部分国内学生（主要是归侨和侨眷子女），培养德智体全面发展并具有专业知识和技能的工程技术人才、科学研究人才及大专院校教师。过去，回国升学的华侨学生多数是侨居在东南亚各国。20世纪六七十年代，东南亚国家对青年学生来华都有限制，因此，在一段时间内，回国升学的大多数是港澳学生，还有部分符合条件的归侨学生侨眷侨属（包括港澳同胞、台湾同胞）的子女。他们与海外有着广泛的联系，对培养人才和促进国内外华侨的爱国统一战线能起到积极的作用。

根据国家的需要和同暨南大学的分工，华侨大学要办成一所有较高水平的多科性的工科大学。复办初期由于条件限制，专业无法设置太多，因此本着少而精的原则，一个系先开一个专业，先集中力量办好已经开设的6个专业。同时抓紧筹建电脑系，争取尽快招生，并创造条件办无线电技术专业。

最后，努力提高教学质量，并开展科学研究，提高学术水平。

建立各项教学规章制度和良好的教学秩序。各专业根据培养目标制定了教学计划，确定了课程设置。各门课程按照教学计划的要求，制定了教学大纲，选用或自

图2-4　20世纪80年代的华侨大学校门

行编印各项教材，组织教学。特别注重一二年级各基础课的教学质量。一些老教授也亲临教学第一线，上讲台讲课。采取各种办法，以提高教学效果，比如英语课采取分班教学，各年级分快、中、慢班，既满足程度较好的学生的要求，又照顾程度差的学生易于接受，收到较好的教学效果。建立答疑、辅导制度，课后教师下班级或宿舍，进行答疑与辅导，有时还采取个别辅导办法，帮助学习困难的学生学习好功课。

复办初期，以抓好教学为优先，且实验室还没有装备齐全，资金困难，还没有能力大力开展科研，但各系仍尽力在先搞好教学的情况下，开展一定的科研工作，还有的在困难的条件下取得了一些初步成果。如化学系教师取得了“高灵敏度有机试剂的合成”和“抗癌多糖——麦麸多糖的分离和结构的研究”等成果。

第二节　华侨大学被列为国家重点扶植大学

一　复办初期的发展（1980—1983）

这个阶段，华侨大学巩固了复办的成果，开始步入以办出特色、办出水平、综合发展、走向世界，逐步地、尽快地以招收港澳同胞、海外侨胞、台湾青年和外籍华人学生为主，把华侨大学办得更好为目标的新的发展时期。

在复办初期三个系三个专业的基础上，1980—1983 年，华大先后开办电子工程系的电子技术专业、计算机科学系的计算机应用软件专业。同时又对部分专业进行了调整，将化学系与化工系合并为化学化工系，原化学专业改为应用化学专业，并增设微生物化工专业；1983 年将土木工程系改为土木建筑系，将工业与民用建筑专业改为建筑结构和建筑学两个专业；机械工程系增设精密仪器专业；数学系的数学专业改为应用数学专业。[①] 1982 年，经国务院学位委员会的审批核准，同意在华侨大学的土木建筑工程系、机械工程系、电子工程系和数学系，设立建筑结构、精密机械、应用电子及基础数学 4 个硕士学位点，当年招收硕士研究生 8 名。1981 年 9 月华侨大学初设预科班，并招收预科学生 26 人；1983 年元月，教育部批准成立“华侨大学夜大学”，当年招收夜大学生 47 人，同年主办了中国书画艺术、日语等职业教育专业或专门化课程。在复办后的 5 年里，华侨大学总共开设了数学、化学、工业与民用建筑、物理、化学工程、机械制造、计算机科学系、电子技术、精密仪器等 9 个专业。此外，华大还肩负起了培训任务，为福建省有关部门和全国华侨农场开办了 2 年制的英语、塑料加工、中学师资等专修班。总而言之，华大各种层次的办学工作都得到了推进。在师资方面，至 1983 年，全校的教职工已达 1139 人，其中教师为 567 人，教师中教授、副教授为 33 人，讲师 382 人，来自全国 22 个省、

① 华侨大学校史编写组编《华侨大学四十年》，2000，第 56 页。

市和20多所重点大学，初步满足当时的教学需要。虽然在这支教师队伍的结构中，存在学术带头人少、年龄偏大、知识更新跟不上和外语水平偏低等弱点，但多数教师基础知识比较扎实，有一定的教学经验，且工作认真，师生关系融洽，得到同学们的好评。教师梯队中也有不少是具有一定知名度的学者、专家。如学校副校长、土木建筑专家杨曾艺教授，副校长、金属切削和刀具专家、博士生导师刘培德教授，木结构专家、印尼归侨麦淑良教授（见图2－5），土木建筑专家李颂琛教授，化学专家陈允敦教授等。同时又先后派出10多位副教授和青年教师，到国外做学术访问或攻读学位，以进一步提高教师队伍的实力。为加强外语教学，以适应海外青年学生的需要，学校还先后聘请29位外籍教师，专门从事外语教学。[①] 在管理和后勤上，组建起了500多人的职工队伍，他们为学校的恢复也做出了努力和贡献。

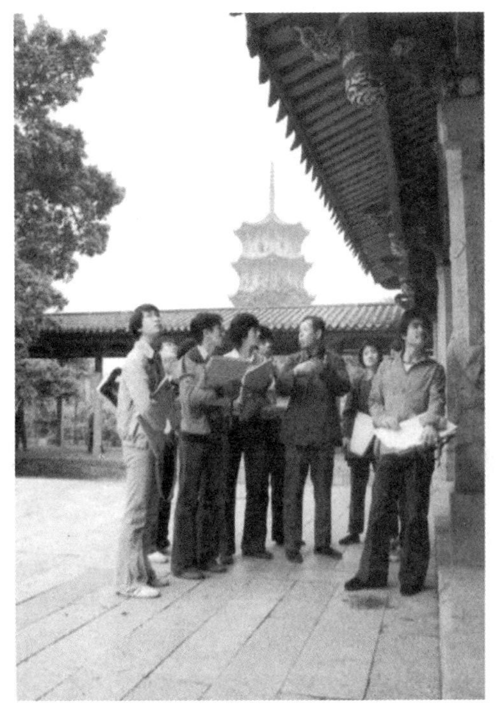

图2－5　麦淑良教授给土木工程系学生讲解中国古代建筑的木结构特点

复办5年里，国家共给华大拨款人民币3584万元，其中基建拨款1389万元。同时许多海外华侨和港澳同胞也热心捐助了不少款项。5年来由董事会香港办事处许东亮、杨振志、李礼阁先生等经手收到各方面捐助华侨大学用于购置仪器设备、图书资料、聘请专家学者来校讲学等费用的款项约港币400多万元。还有“文化大

① 华侨大学校史编写组编《华侨大学四十年》，2000，第61页。

革命”前李光前先生等100多位爱国侨胞和港澳同胞集资兴建陈嘉庚先生纪念堂的专款和利息，加上1980年后由庄明理、许东亮先生经手收到的纪念堂新捐款，总共约人民币500万元。这些捐款提供了扶植华侨大学办学的又一种渠道和形式。

1978年复办时，华侨大学的8万多平方米的校舍仍处于被其他院校借用中。经过5年的协调与努力，原有校舍的大约80%已经收回。复办5年里，校区又新建了陈嘉庚纪念堂、教学楼、学生宿舍和教工宿舍共5万余平方米。截至1983年底，全校总建筑面积14万平方米，校园面积也扩展到750亩。

图2-6 土木工程楼

在实验室仪器设备和图书资料的建设方面，至1983年底，基本建成电脑中心、电化教育中心，测试中心正在建设中。此外，理工各科实验室已建成24个，另23个还在积极建设。1983年，华大的实验设备总共可进行625个实验项目，占教育部规定高等教育应开实验项目的83%。图书馆的藏书也达到36万余册。在这些设备中：有的是从海外购进的，如各种型号的微型计算机、录音录像设备、语言教学视听设备等，为教学手段现代化奠定基础；有的是接受海外华侨和港澳同胞的资助或馈赠，如价值50万元人民币的PDP11/34型计算机一台（当时属省内先进）、语言教学视听设备一套、外文原版图书4万册等。这些从海外引进的教学设备，在当时均属较先进的设备。由华侨和港澳同胞捐赠的外文新书和先进仪器设备，对建设华大是有力的支持，同时也显示了华大的特色。这些教学图书、设备基本上保证教学的必需。

从复办初期开始，华侨大学就特别重视教学质量。1981 年 9 月，教育部聘请大连理工大学教授、博士生导师刘培德任华侨大学副校长，以加强学校教学和科研工作的领导。① 1982 年数学、化学和工民建专业诞生了复办后的第一届毕业生，紧接着在 1983 年物理、机械和化工三个专业也有了第一届毕业生，这两届毕业生一共有 394 人，其中 369 人取得了学士学位。据调查在国内分配工作的毕业生普遍表现良好，得到用人单位的好评。1982 年教育部在重庆举办部属工科大学毕业设计展览会，参加展出的除华大外其他都是全国重点大学，华大送展的工民建专业毕业设计，因课题难度较大，学生做得比较全面深入，图纸整洁，表达清晰，得到了好评。同年教育部组织的部属工科院校毕业生毕业设计和论文选编，全国 14 所部属大学共选了 98 篇，华侨大学土木、化学、数学 3 个系有 5 位毕业生的论文也被选入。1982 年数学系两位优秀毕业生池宏、陈小明分配到中国科学院应用数学研究所后，著名数学家华罗庚教授对他们在华大已学习过 FORTRAN 算法语言，并能上机操作表示满意。82 届化学系毕业生吴大伟考入美国衣阿华州立大学研究生院，并取得助教奖学金。土木系 82 届香港毕业生黄文杰报考英国威尔士大学研究生院被录取。83 届毕业生中又有 6 人考取了中国科学院金属研究所、厦门大学等单位的研究生。

图 2－7　校园一角——小溪

对外交流也有进展，1980—1983 年，到校参观访问的有来自 20 多个国家和地区的海外华侨、港澳台同胞和外宾共 250 多批 1200 余人。学校也曾几次派人到香港

① 华侨大学校史编写组编《华侨大学四十年》，2000，第 52 页。

访问和招生，还先后派出 12 名教师到美国、日本、西德等地进修访问。

截至 1983 年 11 月，华大在校学生已达 1740 人，其中本科生 1483 人，研究生 14 人，专修班 228 人，预科班 15 人，初步实现国家要求华侨大学办成以工科为主，理工结合的工科大学。[①]

二　华侨大学发展的重要节点："中央 24 号文件"

1983 年是华大发展史上的一个重要节点。1983 年 6 月，中共中央、国务院批复中宣部、教育部、国务院侨务办公室《关于进一步办好暨南大学和华侨大学的意见）（以下简称"中央 24 号文件"），决定把暨南大学和华侨大学"列为国家重点扶植的大学"。"中央 24 号文件"的下达，对华侨大学提出了更高的要求、指明了努力的方向、提供了良好的条件和机遇。早在 1978 年 2 月，国务院下达了《国务院转发教育部关于恢复和办好全国重点高等学校的报告的通知》，在恢复原有重点大学的基础上又增补了一批，总数达到 88 所，这 88 所重点大学代表了当时中国高等教育的最高水平，能得到国家教育资源的倾斜。华侨大学虽然无缘这 88 所重点大学，但是 1983 年的"中央 24 号文件"将华大列入"重点扶植的大学"，对华大的发展无疑至关重要。中央专门为两所学校发布文件，这在共和国历史上是绝无仅有的。

在"中央 24 号文件"中，中央决定把华侨大学列为"国家重点扶植的大学"，"作为教育战线的重点项目进行投资"，"采取切实措施"把华侨大学"办得更好"。文件要求华侨大学办出特色，办出水平，并具体就学校的招生政策、专业设置、课程安排、教学要求、人才培养、学校管理等方面做出指示：

其一，要进一步明确办学方针。今后学校招生的主要对象是港澳同胞、海外侨胞、台湾青年和外籍华人，此外适当招收在大陆的归侨、侨眷、港澳同胞子女和台湾地区青年，培养他们成为德智体全面发展、热爱祖国、能够为其居住地区发展各项实业、事业做出良好服务的专业人才。学校在院系专业设置课程安排、教学要求、学校管理等方面，可以与国内其他大学有些不同。

其二，允许华侨大学和暨南大学两校单独招生。两校在大陆、港澳均可设考场，实行学校推荐与考试相结合的办法招收新生。对来校学习的港澳同胞、海外华侨、台湾青年和外籍华人实行来去自由的政策。

其三，专业和课程设置上要充分考虑港、澳、台和国外的需要，为毕业生回到

---

① 《华侨大学董事会第二次会议材料汇编》，1983，华侨大学文书档案。

当地能够被优先录用创造有利的条件。教学中要重视各门学科的基础理论，注意突出应用学科部分和现代科学技术新成果的内容，拓宽专业面。政治教育的内容包括祖（籍）国的地理、历史、现状，特别是中国近现代史，以及华侨史等。

其四，华侨大学的“基建、教学设备、图书资料和生活、文体等设施，标准应该适当高于国内其他大学”。

其五，华侨大学的隶属关系划归国务院侨务办公室，实行国务院侨务办公室、教育部和学校所在省委共同领导，以国务院侨务办公室领导为主。学校实行校长负责制，学校建立党组。

显而易见，“中央 24 号文件”对华大的发展路线和办学特色有非常重大的影响，是华大办学历史上最重要的一份文件，在文件指导下，华大的招生方式、培养方式、管理方式，都不同于国内其他大学。“中央 24 号文件”的下达，使华侨大学迎来了难得的重大历史发展机遇。“中央 24 号文件”下发后，国家有关部门和福建省按照文件指示精神，大力改善华侨大学的办学和生活环境，华大收回了被占用的全部校舍，得到了更多的资源倾斜。“中央 24 号文件”对推动华侨大学改革和调整工作的全面展开有不可替代的作用，华侨大学的发展步伐由此大大加快。

三　李先念等国家领导人视察华大

1983 年 10 月 23 日，华侨大学隆重举行陈嘉庚纪念堂落成典礼。时任党和国家领导人叶飞、杨成武，中央有关部门和福建省领导人何英、庄炎林、项南、张克辉、黄长溪，国内外高等学校代表，华侨大学董事会成员，以及来自美国、日本、东南亚等 10 多个国家和地区的嘉宾、记者近 300 人，校友和全校师生共 3000 多人与外宾参与庆典。叶飞、杨成武、项南等领导人为陈嘉庚纪念堂落成剪彩。在庆典大会上，嘉宾们纷纷致辞祝贺，表达学习陈嘉庚先生献身教育、倾资兴学的可贵精神，表示愿为祖国的繁荣昌盛和华侨教育事业的发展做出积极贡献，祝愿华侨大学办得更好、发展更快。①

1983 年 10 月 29 日，中华人民共和国国家主席李先念，在福建视察工作后来到华大。在福建省委书记项南的陪同下，李先念主席轻车简从，特地到学校视察，参观了新落成的陈嘉庚纪念堂，并亲切接见了在纪念堂外等候的学校领导和师生代表。随后走进正在排练节目的陈嘉庚纪念堂，校艺术团的同学们发现后蜂拥而至，热烈

① 华侨大学校史编写组编《华侨大学四十年》，2000，第 69 页。

图 2-8　1983 年 10 月 23 日，全国人大常务委员会副委员长、校长叶飞（左四），全国政协副主席杨成武（左一）莅校参加陈嘉庚纪念堂落成典礼

鼓掌。李先念主席在校副董事长庄明理，副校长汪大铭、雷霆等人陪同下，参观了陈嘉庚纪念堂，并同海外回来学习的侨生、港澳台学生代表、教职工代表亲切交谈，一一握手，最后合影留念。这是华侨大学首次迎来国家主席的视察，国家领导人的视察表达了国家对华侨教育事业的关怀，也对办好华侨大学寄予殷切厚望。

四　廖承志逝世与第二任校长叶飞到任

1983 年 6 月 10 日，杰出国务活动家、全国人大常务委员会副委员长、华侨大学创始人、华侨大学首任校长廖承志，因病不幸逝世。廖承志校长长期从事侨务工作，对海外华侨、港澳同胞的子女就学接受教育非常关心，正是在他倡议下创办了华侨大学，并亲自兼任校长。华侨大学复办后，廖承志仍继续担任校长，这在国内大学中是绝无仅有的。廖承志校长为办好华侨大学，从学校的办学规模、专业设置、教师队伍建设、学校设备和设施等，无不亲自过问，呕心沥血。华侨大学是廖承志校长的心血，也正是在廖承志校长的力主下，华大在“中央 24 号文件”之后从归属教育部转为归属国务院侨务办公室，更明确“侨校”的办学宗旨。

1983 年 10 月，中央任命全国人大常委会副委员长叶飞兼任华侨大学第二任校长，华大延续了由中央领导人兼任校长的传统。

叶飞（1914—1999）原名叶启亨，曾用名叶琛，出生于菲律宾吕宋岛奎松省一个华侨家庭，祖籍为福建省南安市金淘镇，自幼回国就学，中共党员。中学时代接受革命思想，于 1928 年在厦门参加共青团，曾担共青团福建省委宣传部部长、代理团省委书记。1932 年 3 月转为中共党员，接受党的派遣到闽东工作；1933—1937

图 2-9　华侨大学校长叶飞（1983—1988）

年，领导闽东武装暴动，创建闽东革命根据地，历任中共闽东军政委员会主席、闽东独立师政委、闽东特委书记等职。抗日战争期间，红军闽东独立师编为新四军第三支队第六团，叶飞任团长，在苏皖与日军辗转奋战，屡建功勋，先后担任江南抗日义勇军副指挥、新四军挺进纵队副司令员、苏北指挥部第一纵队司令员兼政委。“皖南事变”后，历任新四军第一师第一旅旅长兼政委、新四军第一师师长等职。解放战争期间，参加过著名的孟良崮战役、渡江战役，历任华东野战军第一纵队司令员兼政委、第三野战军第十兵团司令员等职务。中华人民共和国成立后，叶飞历任南京军区副司令员、福州军区司令员兼政委、福建省省长、中共福建省委第一书记、中共中央华东局书记处书记等职务，1955 年被授予上将军衔。1975 年出任交通运输部长，1979 年调任海军第一政委、司令员。1983 年、1988 年，叶飞连续当选为第六、七届全国人大常委会副委员长，兼任全国人大华侨委员会主任委员。叶飞是第一、二、三届国防委员会委员，中共八届、十一届、十二届中央委员，中共十届中央候补委员，中共七大、十三大代表，十五大特邀代表。1983 年 10 月至 1988 年 3 月，叶飞兼任华侨大学校长。由全国人大常务委员会副委员长廖承志、叶飞相继担任华侨大学校长，这在中国教育史上实属罕见，从而不难理解国家对海外广大华侨华人的关怀、对华侨高等教育事业的重视。①

五　改革与提高（1984—1990）

（一）从厦门经济特区到闽南金三角开放区

1979 年 4 月邓小平听取了习仲勋的工作汇报后，认为广东和福建有条件可以实行特殊政策，利用华侨的资金、技术，包括设立工厂。这是邓小平首次提出设立经济特区的设想，并把福建与广东相提并论，如果广东有设立经济特区的条件，福建也必然会向广东看齐。

1979 年 5 月到 6 月，根据邓小平的意见，国务院副总理谷牧带领工作组到广东、福建考察，指导两省起草向中央的请示报告。6 月 6 日、6 月 9 日，中共广东、

① 华侨大学校史编写组编《华侨大学四十年》，2000，第 71 页。

福建省委分别向中央上报《关于发挥广东优势条件，扩大对外贸易、加快经济发展的报告》和《关于利用侨资、外资、发展对外贸易，加速福建社会主义建设的请示报告》，提出在深圳、珠海、汕头、厦门试办“出口特区”（还不是经济特区）。[①] 1979 年 7 月 15 日，中共中央、国务院批转两个报告，决定在深圳、珠海、汕头和厦门试办出口特区。1979 年 10 月，出口特区进一步修正为内涵更加丰富的“经济特区”，以承担对外开放先试先行的重任。

1980 年 1 月，国务院侨务办公室和全国侨联在福建泉州联合召开全国侨乡、侨联工作座谈会，提出侨务工作需要更好地为经济建设服务。1980 年 12 月 10 日，继深圳、珠海、汕头之后，国务院正式批准成立厦门经济特区。经济特区是华侨之乡，对引进外资和先进技术、扩展对外贸易有先天优势，吸引华侨回国投资是经济特区的天然任务。厦门是晚清到民国时期闽南地区华侨出埠过番的主要港口，孙中山先生在《建国方略》里认为厦门应是面对南洋诸岛的新式商埠。1984 年 10 月 20 日十二届三中全会上通过了《中共中央关于经济体制改革的决定》，改革开放走向深入。1985 年，闽南三角区（厦漳泉）跟长江三角洲、珠江三角洲一起被批准为沿海经济开放区，同年，“中央 85 号文件”将厦门经济特区扩大到全岛，并实行自由港的某些政策。

需要说明的是，在改革开放刚起步的 20 世纪 80 年代，内地与沿海开放区之间的差距比较大，政策的灵活度、经济的活跃度都有差异，因此，将在改革开放后成为对外开放窗口的闽南侨乡，需要提前做好人才储备和加强统一战线工作、吸引华侨华人回乡投资的准备。

1983 年的“中央 24 号文件”决定把华侨大学列为“国家重点扶植的大学”，作为“教育战线的重点项目”进行投资，是复办后的华侨大学具有为改革开放和经济特区服务功能的政策体现。该文件指示学校要办出特色、办出水平，要坚持“面向海外、面向港澳台”的办学宗旨。而经过五年的恢复、重建工作，百废俱兴的华侨大学各项工作开始走上正轨，随着国家改革开放步伐的加快，华侨大学也进入改革进步的新时期。

（二）华侨大学的学科定位调整为综合性大学

1983 年 7 月，中共福建省委召开常委办公会议，省委第一书记项南、省长胡平，以及省委、省政府的文教、宣传、组织、统战、侨务、外事、对台工作等有关

---

① 钟坚：《经济特区的酝酿、创办与发展》，《特区理论与实践》2010 年第 5 期。

部门负责人出席会议。会议听取华侨大学负责人的工作汇报，认真学习和讨论如何贯彻“中央24号文件”关于进一步办好华侨大学文件精神。会议一致认为中央为进一步办好华侨大学所制定的方针和各项措施是符合广大海外侨胞心意的，对团结拥护祖国统一的爱国者、完成祖国统一大业，对福建的改革开放、加速“两个文明”建设，都具有重大的战略意义。福建一定要认真贯彻执行，对待华侨大学应该与对待厦门大学一样，作为重点大学给予支持和扶植。会议建议：将华侨大学由以工为主、理工结合的工科大学，逐步转向，办成具有特色、适应海外及特区需要的综合性大学；专业设置和培养目标逐步进行调整，以适应开放改革及毕业生在海外就业的实际需要；要积极创造条件，逐步开设中文、外语、艺术（国画）、旅游、法律、经济管理、国际贸易、计算机软件等专业；进一步扩大办学规模，开办成人高等教育；要大力宣传华侨大学的办学方针及中央重点扶植的意义，特别向东南亚及港澳台宣传华侨大学的办学宗旨，介绍华侨大学概况、办学条件、师资队伍、学校环境，以扩大境外生源；可以通过我国驻外使领馆协助开展宣传，同时加强董事会和校友会的工作，发挥它们的作用，以增强办学活力，扩大华侨大学在海内外的影响；学校应增强与海外高等学校的交往，加强对外学术交流，聘请一些海内外专家、学者、学术界名人来华侨大学任教或讲学，以提高华侨大学在海外的声誉和知名度，促进办学水平的提高。省委、省政府希望华侨大学力争办成福建对外文化交流中心之一，并为改善华侨大学的办学条件，采取两项措施：一是拨出专款作为医科大学的搬迁费，要求福建医科大学于1983年底连同附属医院一道，全部迁离华侨大学；二是要求晋江地委、行署和泉州市委、市政府做好华侨大学附近农村的工作，批准一次性征购校园尚未办手续的土地和果树。会议要求华侨大学根据以上意见，提出具体方案呈报国务院侨务办公室、教育部审批。这次会议做出的一系列决定极大地改善学校的办学和生活环境，支持和推动华侨大学改革和调整工作的全面展开。①

1984年5月，全国人大常务委员会副委员长、华侨委员会主任、华侨大学校长叶飞，专门邀请中央有关部门和福建、广东两省领导及暨南大学、华侨大学负责人，就如何贯彻中央指示进行座谈，并将讨论情况由国务院侨务办公室形成文件向国务院做出报告。同年10月，国务院办公厅转发了侨务办公室《关于办好暨南大学、华侨大学的报告》，指出暨南大学、华侨大学要进一步实行特殊政策，灵活措施，简政放权，扩大两校办学的自主权，充分体现国家确定暨南大学、华侨大学为“国

---

① 华侨大学校史编写组编《华侨大学四十年》，2000，第75~76页。

家重点扶植的大学”的精神，以办出特色、办出水平。

1984 年 10 月 29 日，即《中共中央关于经济体制改革的决定》通过一周后，中共中央书记处开会讨论决定，将科技与教育改革提上日程，并成立领导小组。1985 年 5 月，中共中央发布了《关于教育体制改革决定》（以下简称《决定》），国务院侨务办公室随即召开侨务系统教育工作座谈会，以《决定》为指针，就新形势下暨大、华大两所学校的办学思想和体制改革，进行认真的研究部署，要求华侨大学要以建立健全民主管理体制，立足改革，把学校办出特色、办出水平作为办学的指导思想。要发扬社会主义民主治校精神，实行校长负责制，简政放权，扩大办学自主权，提高办学效益；要以教学科研为中心，深化教学改革，切实办出特色；在专业、课程设置方面，根据海外华侨、港澳地区和福建经济特区的需要，摸索一条与之相适应的办学路子，敢于独树一帜；围绕服务方向和培养目标，不断提高教育质量和学术水平，重视培养德、智、体全面发展的外向型人才，使毕业生具有较强的就业竞争能力；重视加强对外联系和学术交流，扩大学校影响，提高办学水平，加速学校的建设和发展。

根据“中央 24 号文件”，福建省委、省政府及国务院侨务办公室所做出的各项批示和要求，华大加快改革步伐，到 1986 年，基本实现从原定的理工大学逐步办成一所多科性综合大学的目标。当年在校学生共 2500 余人，计划内学生包括研究生、本科生、专科生和预科生 1970 多人，侨生、港澳生约 500 人，占计划内学生数的 25%；接受外单位委培代培的本科、专科、短训班学生和夜大学学生 600 人。1986 年全校有教职工 1360 多人，其中教学、科研及其辅助人员 700 余人，干部 240 人，校医院等附属机构的人员 70 人，工人 330 多人。校园占地约 100 万平方米，校舍建筑面积 15 万 5000 余平方米。学校固定资产共值 4500 多万元人民币，其中教学、科研仪器设备 1400 余万元。图书馆藏书约 50 万册。

（三）管理体制改革

1. 改革领导体制

1983 年 6 月，“中央 24 号文件”决定：华侨大学的隶属关系从教育部划归国务院侨务办公室，实行国务院侨务办公室、教育部和学校所在省委共同领导，以国务院侨务办公室领导为主。同时确定华侨大学实行校长负责制。

1984 年，根据中共中央关于各级领导机构实行新老交替、保持干部队伍阶梯结构的指示精神和对干部“革命化、年轻化、知识化、专业化”的要求，以及“中央 24 号文件”对华大实行校长负责制的要求，华侨大学的领导梯队进行了调整。1984

年4月，中共国务院侨务办公室党组任命雷霆、刘培德、施玉山为华侨大学副校长，任命杨翔翔为副校长兼教务长，白世林为副校长兼总务长，林蒲田为秘书长。1985年10月，国务院侨务办公室党组征得学校董事会多数董事长副董事长的同意，经中共福建省委批准，任命陈觉万为副校长。在此期间，学校行政机构又增设了学生处、公共关系处、科研处。①

1986年1月，国家教委复函国务院侨务办公室，同意暨南大学、华侨大学试行董事会领导下的校长负责制。校长必须定期向董事会报告工作听取董事会意见，接受董事会的监督，凡属学校的办学方针和重大决策，应经董事会研究决定，然后由校长负责实施。1986年9月，国务院批准，任命陈觉万为华侨大学常务副校长，主持日常工作，施玉山、杨翔翔、庄善裕为副校长。1988年8月，国务院批文通知：原华侨大学校长叶飞改任华侨大学名誉校长；任命陈觉万为华侨大学校长。

图2－10　华侨大学校长陈觉万（1988.8—1993.8）

陈觉万（1932—），福建安溪人，中共党员，教授。1932年出生于印度尼西亚泗水市教育世家，自幼接受爱国主义和民主革命思想熏陶，同情革命。1948年获印尼爱国华侨社团推荐保送回国深造，先后进入福建省国立海疆高等专科学校、东北人民大学、吉林大学，修读专科、本科及研究生班，1953年吉林大学研究生毕业后，留校任教。从此长期在高等学校从事教学、科学研究和领导工作。曾先后讲授政治学原理、科学社会主义原理、哲学、华侨史、苏联与东欧剧变分析、特区理论等近20门本科和硕士课程。先后出版《科学社会主义概论》《科学社会主义教学大纲》《科学社会主义百题解答》《国际共产主义运动史》等专著，并发表论文40余篇。担任科学社会主义学科专业硕士生导师。1980年参加中国共产党，1985年调任华侨大学副校长、常务副校长。此前历任吉林省政治学研究会副会长、华侨历史学会副会长、东南亚历史学会副会长、苏颂科技研究会理事长、全国苏联与东欧学会理事、全国科学社会主义学会常务理事、全国华侨历史学会常务理事、全国华文文学研究会副会长等学术机构职务。曾先后任全国侨联委员、吉林省侨联主席、吉林省人大代表、吉林省政协委员和吉林省政协常委。1987年当选第六届全国人大代表；1992年任第七届全国政协委员；1988年成为华侨大学第三任校长（见图2－10）。②

---

① 华侨大学校史编写组编《华侨大学四十年》，2000，第78页。

② 华侨大学校史编写组编《华侨大学四十年》，2000，第79页。

2. “校务工作会议”制度

1985年5月，国务院侨务办公室召开全国侨务系统教育工作座谈会，要求华侨大学建立健全民主管理体制、发扬社会主义民主治校精神，学校要以办出特色、办出水平作为办学的指导思想，认真实行校长负责制。学校为贯彻国务院侨务办公室对华侨大学建立健全民主管理体制、实行校长负责制的要求，进行了认真研究讨论，认为实行民主管理是实现科学决策的前提，是实行校长负责制的基础，同时认为要实现民主管理，必须建立与之相适应的管理机制，并使之正常运行，方能获得可靠的保证。为此，学校进行了许多有益的探索，“校务工作会议制度”是其中之一。

1986年以后，学校规定每周一下午召开“校务工作会议”，作为学校领导议事的例会，坚持实行。校务工作会议是学校党政领导联席会议的一种集体决策机制，它有利于共商办学重大决策，通过商议取得共识，并就每周的具体工作安排做出决定，分工负责落实，使学校各项工作得以有序运行。事实上校务工作会议制是体现学校办学集体领导很好形式，也是避免学校领导决策失误的保障机制之一。

3. “华侨大学校务委员会”和“华侨大学咨询委员会”

建立决策审议制度，是体现民主管理学校的重要运行机制。学校根据国家教委颁发的《关于高等院校校务委员会暂行条例》的精神，于1987年6月分别成立“华侨大学校务委员会”和“华侨大学咨询委员会”。这两个“委员会”的组建，就其基本目标而言，是为谋求实现决策民主化、科学化的民主管理；然而，就其职能而论，前者系审议机构，具有相当的权威性，而后者属咨询机构，仅具参照性。鉴于两个机构职能各异，故其人员组成和规程制订亦各有特色。

依照“华侨大学校务委员会暂行条例”规定，①校务委员会的主要任务有：审定或审议学校发展规划、专业设置、年度工作计划、重点学科和师资队伍建设、重大改革方案、重要规章制度、学校经费的预决算、其他重大事项等。②议事规则：每次待审议内容都应印制文稿，事先发给各委员；审议会议采取协商制，意见不一致时，暂缓执行，以待复议，审议结果要记录备案；校务委员会每学期召开两次，必要时可随即召开。③人员组成及任期：学校校长（或常务副校长）、党委书记、副校长、校长助理、工会主席、团委书记、学生会主席为当然委员；系主任（研究所长）、机关处长（室主任）、教师代表、职工代表、学生代表，采取协商推荐办法，各产生1—3名，为委员会成员，成员确定后，由校长聘任。每届委员任期3—4年。华侨大学校务委员会第一届委员会由19位委员组成，包括陈觉万、施玉山、麦淑良、杨振东、郑厚生等人。

校咨询委员会的主要任务与校务委员会类同，其最重要区别在于只有建议权没有审议权，但可接受校长的委托，就某项专题进行调研，并写出专题报告，供校长决策参考。其议事规则亦与校务委员会有别，对学校所提出的咨询问题，可以发表意见或建议及提出专题报告，但对学校的最后决策没有约束力。咨询委员会召开会议，可以与校务委员会同步进行，亦可单独召集。人员组成及任期：由一位副校长任主任委员，可聘请离任副校长，有丰富教学管理经验的教授、副教授、教师或干部组成，由校长聘任，但人员名额没有严格限制，一般与校务委员会成员等额，其任期亦参照校务委员会。华侨大学第一届咨询委员会由20人组成，有杨翔翔、杨曾艺、白世林、彭伟朗、林蒲田等成员。

4. 教职工代表大会制度

学校建立教职工代表大会制，目的为使教职工行使民主权利，参与对学校民主管理和对校长、行政系统的民主监督，使校长负责制的实施有更为广泛的群众基础。校长定期向教职工代表大会报告工作，听取意见，接受审议；同时也通过教职工代表大会，使学校工作获得广大教职工的支持，有利于学校各项工作的顺利实施。

1987年6月19日—20日，华侨大学首届教职工代表大会在陈嘉庚纪念堂召开，出席教职工代表共171人，其中：教师91人，占53.2%；职工80人，占46.8%。大会讨论了《华侨大学“七五”期间发展规划》，会议通过了王章聘、方稻香、庄玉树等15人的首届教职工代表大会主席团成员建议名单。会议最后审议通过了《校长工作报告》《关于“七五”规划修订情况的说明》等，选举产生学校住房分配委员会，讨论通过《教职工住房分配和管理办法》、民主推荐行政处级干部人选，推选产生华侨大学教职工代表大会提案审查小组。首届教职工代表大会共收到提案84件，经审核，由正式代表提出并符合规定程序要求的提案77件，提交大会做提案处理。经整理归类后可大体分为六类：①政治思想方面的提案6件；②属组织人事方面的提案16件；③属于教学科研方面的提案3件；④属于生产设备方面的提案9件；⑤属生活福利方面的提案43件；⑥其他方面的提案7件。[①] 1987年7月，华侨大学工会全体委员会议无记名投票选举，并经党组批准，增补化学系副教授王毓明为华侨大学工会副主席。

教职工代表大会让广大教职工了解学校未来的发展规划、工作布局，让他们参与讨论，并做出决议，从而增强民主管理意识和责任，同时也让学校了解广大教职工当时所关注的实际问题，并及时妥善解决，也进一步调动广大教职工的积极性。这些都有利于学校各方面工作的改革。

---

① 贾益民主编《华侨大学志》，中国文史出版社，2015，第387页。

5. 华侨大学教授会

1989 年 10 月，华侨大学召开“华侨大学教授会成立大会”（见图 2－11）。会上通过了《华侨大学教授会章程》，并推选李颂琛教授为会长，陈子文、张上泰二位教授为副会长。教授会章程确立：“教授会的宗旨为组织本校教授在校长指导下，充分发挥教授的专长，献计献策，协助学校领导把华侨大学办出特色、办出水平”“接受校长的委托，对学校教学、科研等重大问题进行讨论、评议，便于领导规划决策”，并提出“应加强教授自身建设做到德才兼备，协助学校创造良好的学术气氛，推动学校树立良好学风”。会上还确定教授会 1989 年上半年的工作要点。

图 2－11　教授会成立大会

6. 简政放权

“中央 24 号文件”给予了华侨大学实行特殊政策、灵活措施，实行校长负责制的权力。校长负责制扩大了学校人事、教学、科研、对外活动、经费使用等办学自主权，确认学校有权确定院系设置、机构设置、科研规划，有权聘请国内外知名学者、专家来校担任或兼任教学工作，有权审批副教授以下的学衔，有权决定副教授以下教学人员的调动等。在学校管理中，华大利用这些优势，实行简政放权，在高校管理改革上走在全国高校前列。

学校根据民主治校、民主管理以及简政放权的精神，经研究认为，应给予院系一级有相应较大的教学、人事、科研、经费使用的办学自主权，这有利于校领导可以集中精力，致力于深化改革，提高教学质量、科研水平和管理水平方面的工作。为此，决定下放给各院系如下的权限：系主任根据学校给予的人员定编额度，有权与教师、干部、工人依工作岗位责任签订聘任合同；有权制订教学计划，确定课程开设；有权承担科研项目；经费使用实行切块包干下拨到系，各系的教学、科研经费有支配使用权；本着国家、集体、个人兼顾，在不影响教学、科研的前提下，开展服务创收，可根据“多劳多得、合理分配”原则，有自主分配权。实行系主任对校长负责制和系主任任期制（任期两年）。系副主任由系主任提名，学校任命。系设党总支或支部，配合系主任开展工作，实行职、权、责统一原则，强化民主管理，增强办学活力，不断提高办学水平。

为实现简政放权、强化民主管理、加快改革步伐，学校领导实行分工定期到系、处现场办公制度。根据各系、处提出或存在有待解决的问题，校长或副校长亲自与各系、处约定，下基层听取汇报，了解情况，或进行调查研究，实行现场办公解决问题。实践结果效率高、效果好，很受各系、处的欢迎。为更广泛及时了解师生的意见和建议，学校还特设校长信箱，设立校长接待日（每周半天）。这些措施，既有利于发扬办学民主，又有利于接受师生监督。①

7. 加强行政干部队伍建设

高等学校的行政干部队伍，既是办学的一支重要力量，又是办好学校的重要因素之一。学校为不断加强干部队伍建设，实行民主管理，努力提高行政干部的思想素质和管理水平，做了有益的探索和尝试工作。

一是实行系、处领导干部的民主推荐和任期目标责任制。学校对系、处领导干部，根据干部选拔的“革命化、知识化、专业化、年轻化”原则，由各单位的教师、干部推荐，由学校组织专门的考核小组，对群众推荐的人选进行全面考核，而后由学校领导根据推荐、考核的情况决定聘任人选，最后由校长根据各单位的任期目标和责任，与各单位的领导干部签订聘任合同。各系、处的领导干部任期届满，经考核合格，群众推荐，可以继续聘任，也可以根据工作需要，改换岗位聘用。

二是实行行政工作人员的岗位责任定期考核制。对一般行政干部、工作人员，实行分级管理、单位领导负责制。各系、处及教学、研究单位的行政干部、工作人员，由各单位编制岗位责任，并根据学校制定的《关于干部管理、考核暂行条例》，对他们进行管理、考核和聘任。经考核合格者，可继续聘用；经考核不合格者，单位领导有权不予聘用。当然干部或工作人员亦可拒聘。对不予聘用或拒聘人员，可上交给学校人才交流中心，在校内外实行流动，合理使用。

三是实行行政人员定编定员制。学校本着精简机构、提高效率的精神，1989 年 8 月，调整华侨大学定编工作领导小组，按国家教委规定高等学校行政人员与学生比例定编的要求，重新审定各行政部、处、室的职能，岗位的设置，对其进行必要的调整，并根据调整后各职能部门的职能及相应的岗位，确定人员定编。

---

① 华侨大学校史编写组编《华侨大学四十年》，2000，第 85 页。

四是实行系、处领导干部定期培训制。为提高各系、部、处及其他相关单位领导干部的思想素质和领导管理水平，学校对他们实行分期分批脱产或半脱产短期学习培训，学习政治理论、学习政策，也可以就学校重大改革问题，深入讨论。领导干部通过学习，可以交流思想、交流经验，达到互相促进、共同提高的目的。①

8. 严格执行考勤制度、加强劳动纪律

坚持考勤制度。华大自1985年建立教职工请假制度和考勤制度，取得了一定的效果。大多数单位都能认真坚持考勤制度，普遍提高了教职工的出勤率，增强了劳动纪律，推动了各项工作。1987年进一步把考勤工作与经济利益挂钩起来，每月发放岗位补贴之前，要求各单位报送考勤表，不按规定报送的单位就停发，对缺勤者适当扣发岗位补贴和奖金，实行必要的经济制裁。② 严格执行请假制度，也是对教职工进行考勤的重要内容之一。华大对教职工请假时间的长短，实行分级审批管理，登记备查，按规定扣发超假人员的工资、岗位补贴和奖金。大多数教职工都能自觉做到事前请假、事后销假。对违反劳动纪律造成事故和请假超过期限的人员，都严格按学校的有关规定进行纪律处分和经济制裁。

（四）调整办学方向和专业结构

“中央24号文件”决定华侨大学不仅要为海外华侨、港澳培养专门人才，同时还要在充分为福建经济特区培养专门人才方面做出贡献。华侨大学的办学宗旨，已经由原来“面向海外、面向港澳台”，调整为“面向海外、面向港澳台、面向经济特区”。首先华侨大学的办学对象和位于沿海开放区的区位优势，决定了华大是一所外向型的学校，学校里两类学生（境外与国内学生）将在较长的时间内共存；其次学校培养人才要为经济建设和改革开放服务。为此，学校曾多次就办学方向和专业结构调整问题进行了深入、慎重地研究和讨论，特别是1987年，先后召开八次“校务委员会”和“咨询委员会”扩大会议，历时半年，充分讨论了深化教学改革中的重大问题，主要在调整专业结构。从1984年起，学校逐年加大专业结构调整的力度。1984年在1983年的基础上，学校增设了5个科系6个专业，学校办成12个科系16个专业。1989年，华侨大学初步成为具有15个科系20个专业的文、理、工、管、法、艺的多科性综合大学。由于做了一系列专业调整，学校的生源有很大改善，学校在此期间，对专业结构实施全面调整，既有利实行理工结合、文理渗透，

---

① 华侨大学校史编写组编《华侨大学四十年》，2000，第121～122页。

② 《华侨大学人事工作总结》，1987，华侨大学文书档案。

培养复合型人才，使毕业生更好地适应社会发展对人才的需求，亦为学校提高办学水平奠定良好的基础。如土木工程系的工业与民用建筑专业、机械工程系的机械制造专业，就在此期间确定为重点学科，参加全国重点高等学校招生。

改革是全面的、持续深入的，教学、科研、后勤方面的改革，将在后文中分节详述。

第三节　师资与教学

一　复办初期师资力量的流失

在创办初期，华侨大学得到了全国一流高校的支援，教育部和中央各部委除了指定清华大学向华大支援师资力量，且允许华大可以到全国各高校商调教师，这使得华大在创办初期拥有一支优秀的师资队伍。“文化大革命”期间学校停办，教师除小部分重新安排外，绝大部分下放农场劳动。由于学校复办当年就招生，师资奇缺，虽尽力召回，但缓不济急。而在组建师资队伍的过程中，因条件困难又流失过一批师资。这些优秀的教师或选择返回原校，或选择离开泉州去大城市，甚至华大的特色师资——归侨教师，也有一部分在80年代出国潮中选择出国。因此华侨大学的师资力量，在复办初期受到了很大冲击。

“文化大革命”期间，教师队伍受到不公正对待，形成了一批冤假错案。其间全校被立案审查的师生员工计219人，包括知识分子135人，省管干部24人，地管干部12人，其中高级知识分子42人，科技人员（其他知识分子）62人。1978年学校复办后，遵照中央及福建省委关于落实政策的指示精神，成立了校落实政策领导小组，设立落实政策办公室。首先，抓冤、假、错案的平反昭雪、纠错，做好受害者遗属的抚恤工作；其次，抓省管干部和高级知识分子的案件；再次，抓定为敌我矛盾和反映较强烈的案件；最后抓一般案件。所有受到不公正对待的教职工均按党的政策给予复查落实，做出结论并给予平反纠错。经福建省委1980年12月检查验收，全部合格。“文化大革命”被迫所写的违心材料退还本人，档案中的不实材料清理销毁，并做好消除影响工作。给6位教师补发“文化大革命”中被扣发的工资共计26757元，[①] 发给3位教师困难补助共计1310元。“文化大革命”期间有1位教师的200

① 《落实党的知识分子政策报告》，1986，华侨大学文书档案。

元被上缴国库，也退还本人。至 1981 年复查落实了绝大部分知识分子的政策。

135 名知识分子中被逼害致死 3 人，还有一批教师被打成“反动学术权威”“走资派”，下放山区劳动。虽然“文化大革命”后学校重视召回这些同志，给予工作上的积极安排，根据其身体条件及工作能力充分发挥他们的积极作用（比如土木系教授杨曾艺“文化大革命”中被打成“反动学术权威”“走资派”，后来调福州大学任教务处副处长。华大复办后，经报上级批准回来担任分管教学的副校长，以 70 岁高龄亲自参加教学工作，亲自给工民建 79 级学生上课），但是很遗憾，大量的优秀教职工还是流失，创建时期其他地区其他高校来到华大支援的教师，许多选择返回原籍原校。1978 年 7 月华大复办时首批报到的教职工有 130 人，里面只有 23 人是专任教师。

面对师资困境，1978 年 9 月，教育部专门向全国各重点高等院校及有关部门发出《关于商调人员到暨南大学、华侨大学的通知》，因此在党中央、国务院有关部门及福建省委的关怀、支持下，华大得以调回一部分原华大的教师，并先后三次到全国各地选调教师，总共得到全国 22 个省、市和 24 所重点大学以及许多研究所、工厂的支持，先后商调 200 多名教师分批来校工作。[①] 1980 年，国家向有关省市和部门发出《关于为华侨大学抽调骨干教师的通知》，华大先后从吉林、北京、上海等 23 个省市商调 136 名教师到校。至 1981 年 3 月 25 日止，共计有教师 432 人，其中教授 5 人、副教授 12 人、高级工程师 2 人、讲师 213 人、助理研究员 12 人、工程师 25 人、主治医生 4 人，初步组建了一支教师队伍。

但是 1981—1986 年，华侨大学共计调出讲师以上教师 35 人，其中副教授以上 9 人，他们调走的主要原因有三个。第一是住房问题未能得到及时解决，住宿条件差且过于潮湿（比如从黑龙江调来的一位归侨外语教师，因其爱人身体原因想调换住房，没能解决就调往厦门了；同样的原因也使甘肃调来的一位计算机骨干教师选择调往江苏常州工作）。第二是子女升学、就业无法解决，或家属户口“农转非”未能解决（“农转非”及农业户口转为非农业户口，是那个时代的特殊问题，1985 年以前，福建省规定“农转非”必须 15 年工龄，这属于当时学校无能为力解决的问题）。第三是为解决夫妻分居问题而调走，多达 11 人，其中高级职称的 2 人。

此外，华侨大学组建时的“特色”师资——归侨侨眷教师，在 20 世纪 80 年代末 90 年代初，也呈现流失之势。早在“文化大革命”后期，经审批出境的归侨侨眷、港澳同胞（不包括台胞）就呈增加态势；改革开放以后，随着“出国潮”的到

① 贾益民主编《华侨大学志》，中国文史出版社，2015，第 243 页。

来，出境人数更急剧攀升。从表 2－1 可见，仅 1980 年，有 11 位归侨侨眷教师申请出境，只有两位被成功劝留，其他 9 位选择离开。

表 2－1 1980 年华侨大学归侨侨眷人才外流情况

姓名	性别	年龄	归侨或侨眷	工作单位	文化程度	职称和等级	何时从何地回国	已于何时出境（或特批劝留）
许谷水	男	48 岁	侨眷	化学系	大学毕业	助教		劝留
黄元璋	男	55 岁	侨眷	物理系	大学毕业	讲师		劝留
林中坚	男	42 岁	侨眷	机械系	大学毕业	技术员		特批
李再得	男	46 岁	侨眷	体育组	大专毕业	讲师		特批
杜雪玉	女	41 岁	侨眷	体育组	大学毕业	助教		特批
黄奕桐	男	43 岁	侨眷	校办	高中	干部		特批
王美莲	女	41 岁	归侨	图书馆	大学毕业	干部	1959 年从印度尼西亚归国	特批
黄碧洲	女	51 岁	侨眷	图书馆	大学毕业	干部		特批
李鹤鸣	男	56 岁	归侨	医务室	大学毕业	主治医师	1952 年从日本归国	已批
洪苍洋	女	55 岁	侨眷	外语室	大学毕业	讲师	1952 年从日本归国	已批
徐贞凤	女	37 岁	侨眷	马列室	中专	干部		1979 年 3 月出境

资料来源：华侨大学归侨侨眷科技人才外流情况登记表，1980 年，华侨大学文书档案。

二 稳定师资队伍，提升师资水平（1982—1987）

在师资不足的情况下，学校采取多种方式留住人才、引进人才、培养人才。自 1984 年起，学校连续三年对专业设置进行改造，科系和专业数量均大幅扩充，因此充实师资力量，促进教师的学习转型，成为师资队伍建设的主要任务。至 1987 年，全校师资队伍已经有一定规模。

（一）改善生活条件，解决教师困难

复办初期，学校生活条件仍较差。当时住房较紧张，尚有一部分教师无法在校内住宿，给工作、生活上都带来不少困难。为此华侨大学尽力解决教师住宿困难问题。1982 年到 1986 年，投资 174 万元兴建 152 套住房；1986 年兴建高知楼 4 栋 40 套住房，学校还利用自筹资金建造讲师楼 1 栋 20 套住房。① 此外，为了解决部分在

① 《落实知识分子政策报告》，1987，华侨大学文书档案。

泉州市区工作的教职工家属的住房困难，学校在泉州市区购买了40套住房，并拨款34万元维修教职工宿舍。

两地分居是个老大难问题，为了解决知识分子夫妻两地分居的困难，1982年至1986年，华大通过内部“消化”调入44位教师家属来校工作，其中讲师以上职称的家属21位；按照政策办理了63户家属“农转非”，户粮（当时非农户口吃商品粮，户口本与粮食供应证是挂钩的）迁入华大共计220人，其中讲师以上的60户迁入211人。

学校又努力解决教职工子女就学难的问题。当时职工子女有150多人在泉州市内重点中学就读，学校每天安排三辆客车接送小孩到泉州市区上学，同时接送家住泉州市区的教职工上下班。此外从人力、物力、财力支援华大教职工子女就读较多的城东中学和第三中心小学，从华大编制中调配14人到城东中学任教，5人到第三中心小学任教，以及努力办好华大幼儿园。

学校又从教职工子女中招收全民所有制的合同制工人，解决了一批教职工子女的就业问题，让教职工没有后顾之忧，仅在1985年就招收了25人。

学校还提高了教师工资待遇。根据《中共中央、国务院关于国家机关和事业单位工作人员工资制度改革问题的通知》，1985年6月开始发动各单位进行工资改革摸底测算工作。各单位组织了大批人员进行查阅档案、发函或外出调查等工作，以核实教师的上山下乡时间、上学时间等问题。华大的工资改革方案于1985年10月底上报批准通过后，11月上旬就补发了应加的工资。当年华大归入国家机关、事业单位工作人员工资制度改革的教职工有1312人，全校每月增发工资27965.91元，分两年兑现。1985年7月增发24012.07元，1986年7月增发3954.84元，每人每月平均增加工资21.32元。这是新中国成立以来增加工资最多的一次，进一步改善了教职工的生活，调动了工作积极性。[①]

华侨大学通过种种措施，稳定了“军心”，保证了教师队伍稳定。1983年，全校教职工达到1139人，其中教师568人，教师中教授、副教授33人，讲师383人，还有29名外籍教师专门从事外语教学。[②] 到1987年12月底，全校教职工总人数共1468人，其中专职教师670人，包括教授5人，副教授72人，讲师305人，工程师15人，助理研究员3人，助教189人，教员5人，未定职务76人，教辅人员112人，行政、政工干部265人，工人328人，附属医院医务人员50人，附属中小幼教师43人。

---

① 《华侨大学人事工作报告》，1985，华侨大学文书档案。

② 贾益民主编《华侨大学志》，中国文史出版社，2015，第243页。

（二）争取高学历人才来校工作

20 世纪 80 年代我国高校毕业生的工作取向采取毕业分配制度。1980 年至 1983 年，华侨大学没有分配到研究生毕业的教师。1983 年在教育部的大力支持下，得到了 15 名研究生教师的分配名额，实际到校报到 12 人。为补足缺额，华大与福建省联系，由省里再分配 3 位研究生，计 15 人。这些高学历人才都按其所学专业分配到各相关系任教，他们中绝大部分是“文化大革命”期间的大学毕业生，年龄较大，但有较丰富的实践经验，又经过几年研究生的学习，有较强的工作能力和业务水平，来校后普遍表现较好。学校也很重视对他们的使用和培养，尽量创造条件让他们能在校内外继续进修提高，还选送了两位到国外深造。对他们的一些具体困难，也尽力帮助解决，比如解决夫妻两地分居问题，使他们安心工作。

（三）补充新生力量，逐步优化教师结构

为了把华大办出特色、办出水平，以便毕业生在海外、在港澳地区有竞争能力，学校把师资队伍建设工作的重点放在调整队伍结构和提高教师素质万面。

从表 2 -2 中可以看出，当时教师队伍的构成是两头小、中间大：教授、副教授一级人员的比例过小，缺少技术权威或学术带头人；讲师一级人员的比例过大，往往在一个课程组内同一级人员过分集中，有可能造成限制他们才智的发挥，影响团结；而助教一级比重过小，有青黄不接之忧。

表 2 -2　1982 年华侨大学教师结构比例

单位：人，%

教师总数	教授副教授级		讲师级		助教	
	人数	占比	人数	占比	人数	占比
490	30	6.1	317	64.6	143	29.2

资料来源：房世明《管窥学校科研》，1982，华侨大学文书档案。

复办初期，尽管从全国各地抽调教师重新组织，也避免不了出现教师年龄老化和青黄不接的状况，从表 2 -3 中可以看出：处在科学研究的最佳年龄区（36—45 岁）的中年教师并不多，占 36.9%，这些人受过系统的基础知识教育，又经过一二十年实践锻炼，有一定的实际工作能力，当前或十年后，他们都属骨干力量；处于 35 岁以下的青年教师的比重很小，只有 12.5%，跟职称梯队一样，也有青黄不接之忧。

表 2－3　1982 年华侨大学教师队伍年龄分布情况

年龄区间	35—以下	36—45 岁	46—55 岁	56—60 岁	61 岁以上	合计
人数	61	181	222	16	10	490
占比	12.5	36.9	45.3	3.3	2.0	100

资料来源：房世明《管窥学校科研》，1982，华侨大学文书档案。

经过逐渐调整，1986 年初，华侨大学教师队伍中 46 岁以上的教师占 60%。为避免他们退休后再来补充教师而出现接班不上的现象，华大采取有进有出的办法：对超编单位，只要不影响教学工作，有需求调出者，都给予联系；对于调进教师，超编单位从严控制，并规定 50 岁以上的非高级职称者一般不调。1985 年还争取到应届毕业研究生 17 人（其中一人是博士生），是复办以来历年补充研究生最多的一年，此外又录用应届毕业本科生 27 人来补充缺编单位的师资。经过这样调整，1987 年初就将华大当时 46 岁以上的教师从原来 60% 下降为 50%。[①]

（四）采取多种措施，提高教师素质

为了迅速提高教师素质，华侨大学把师资培训工作列为工作的重点，优先保证师资培训的经费，制定了《师资队伍建设的几点意见》鼓励青年教师采用多种方法进修提高，通过各种渠道，争取选派出国进修的名额。[②]

加强领导，学校的主要负责人亲自抓师资培训工作，并且各系都有一位领导负责抓师资培训工作。对青年教师的培训，在当时条件下主要采取在职进修为主的方式，坚持做到“三定”（即定方向、定任务、定方式）与“四落实”（即落实人员、落实时间、落实进修课程和指导老师）。

提高青年教师的学历水平。上文提到 1980 年到 1983 年华大引进 15 名研究生实际报到 12 人，[③] 而到 1985 年，华大具有研究生学历的教师增加到 51 人，1986 年又进一步增加到了 67 人，占当时教师总数的 10%，比之前有了长足进步。同时为了提升本科毕业来校工作教师的学历，采取多种手段督促他们去进修。第一，在不严重影响工作的前提下，鼓励他们报考研究生，1986 年报考了 6 人；第二，推荐青年教师报考助教进修班，1986 年考取 2 人；第三，选送青年教师到外校进修硕士研究生学位课程，1986 年送去进修半年以上的有 11 人；第四，凡有研究生学位点的教学单位，安排青年教师有计划地分期分批跟班听取研究生学位课程，使他们边工作

① 《师资队伍建设工作总结报告》，1987，华侨大学文书档案。

② 《师资队伍建设工作总结报告》，1987，华侨大学文书档案。

③ 《关于 1980—1983 年分配学校毕业研究生的情况汇报》，1983 年，华侨大学文书档案。

边得到提高。

积极创造条件，选送优秀中青年教师出国进修学习。20世纪80年代教育经费还很紧张，公派出国的留学生和访问学者都非常优秀，在国外过的也是相当拮据的“紧日子”，[①] 出国进修的名额大多被各重点大学获得，而华大的出国进修名额历来较少。1986年在国家教委和国务院侨务办公室的支持下，华侨大学终于得到每年3个公派出国进修名额。此外，至1987年，振兴中华教育基金会[②]资助2人，华大自筹资金资助4人，校际交流8人，其他渠道1人，自费公派1人，自费留学1人。[③]出国进修的老师分布在美国、联邦德国、[④] 意大利、日本、菲律宾、英国、新西兰等地，以美国、日本、菲律宾人数为最多。

开展各种学术活动，开阔中青年教师的视野。学校尽量创造条件，让教学一线的中青年教师到国内兄弟院校听专家讲学和新技术新理论讲座，或派往国外参加学术会议，以及请外籍专家和国内著名专家来校讲学。复办后四年里先后有来自美国、英国、加拿大、法国、日本、荷兰、澳大利亚、新西兰以及东南亚国家和港澳地区等20多个国家和地区的华侨、华裔学者和外国专家，计253批，1170人次，来校参观访问或讲学，其中有美国匹兹堡大学化学系教授李宗基博士、美国威斯康星大学机械系教授吴贤铭博士、美国堪萨斯州立大学机械系教授黄启伦博士、美籍建筑专家李启文博士、美国夏威夷大学土木系吴天潘教授、美国福丹姆大学数学系主任陈玉清教授、美国贝尔实验室研究员张文卿博士等。此外，应聘来校任教的外语教师达29位。时任中国科学院院长卢嘉锡教授、时任中国科协主席周培源教授、数学家苏步青教授、中国科学院半导体专家林兰英教授、复旦大学谢希德教授、物理学家张文裕教授这些著名的国内学界人士也来校指导讲学。此外还开展各类学术活动，开阔教师的眼界。有的系青年教师建立“俱乐部”，由毕业研究生来一起交流硕士论文，共同提高学术水平、交流新知识。

实行职称改革、评定教师职务。1978年，国家恢复高等学校教师职称评定制

---

① 基本生活费用紧张是当时出国进修的留学生、访问学者的生活常态，公派出国留学生和访问学者的生活条件得到改善不早于2000年。

② 振兴中华教育科学基金会成立于1978年，由爱国侨胞陈水俊先生捐资倡办，是改革开放后第一个在民政部登记注册的社团基金。1979年，会长新加坡籍华人陈水俊先一次性为基金会捐赠500万美金，用于选送优秀人才出国培训。1986—1989年，基金会从华侨大学、暨南大学、清华大学、复旦大学和吉林大学选派了20名符合条件的中青年教师，分赴美国、日本进修。崔利贞、何光先主编《基金会指南》，工人出版社，1990，第169页。

③ 当年（1987）华大在国外留学或办完手续即将出国留学的共有24人，有一人超期未归（这是当时常见的现象）。

④ 苏联解体前夕，东德和西德于1990年合并，西德指的是联邦德国。

度。[①] 根据国家规定及福建省的部署，1979 年 10 月，华侨大学组成“职称评定委员会”。但是当时国家的职称制度刚刚恢复，职称评定工作中存在一些问题，[②] 还需要整顿调整，因此职称评定工作在 1983 年 9 月后暂停。1985 年 12 月，中央职称改革领导小组向中央书记处和国务院提交《关于改革职称评定、实行专业技术职务聘任制度的报告》，1986 年 2 月开始执行，华侨大学的职称工作，于当年恢复。自“文化大革命”到职称评定恢复这段时间，华大的高级教师职称评定只评过一次，比其他兄弟院校少评了 2—3 次，且 1983 年开始一冻结就是三年。职称评定恢复后学校积极工作，职称评定工作由校学术委员会负责，根据国家教委《高等学校教师职务试行条例》及《实施细则》和国务院侨务办公室的规定，华大于 1986 年 5 月开始，对 1983、1984 和 1985 年由校学术委员会、学衔委员会评议过的教授、副教授有关材料进行复查整理；又于 1986 年 7 月对一批申报教授、副教授的任职资格进行评议。当年全校先后评定教授 6 人、副教授 78 人，经报送福建省高等学校教师高级职务评委会审批通过的有教授 5 人、副教授 70 人。这次晋升教授的平均年龄为 53 岁，最低年龄为 50 岁，晋升副放授的平均年龄为 51 岁，最低年龄 40 岁，华大的教授、副教授梯队得到充实，职称评定工作得到有序开展。

1986—1987 年，华大对 1978 年以来晋升的教师职称进行了复查验收。职称复查验收中全校有教师职称的共 465 人，教授、副教授和助教职称的教师全部复查合格。

三　20 世纪 80 年代末的师资队伍建设（1987—1990）

党的十三大（1987 年 10 月）以前，通过各种措施，华大基本完成知识分子落实政策的任务，校部机关处级领导干部的知识结构也得到改善，33 人中大专毕业 22 人，其中副教授 5 人，讲师 13 人。至 1987 年，全校师资队伍已经有一定规模，但其结构和水平与学校办出特色、办出水平的办学要求尚有一定距离。1988 年，全校专业课程设置和教学计划全面修订，师资队伍的培养管理按照“充实、调整、提

① 我国高校教师的职称制度，自新中国成立以来经历了任命制、评聘制到聘任制三种模式的变革。1960 年国务院通过《关于高等学校教师职务名称及其确定与提升办法的暂行规定》，将高等学校教师职务的名称定为教授、副教授、讲师、助教四级。但是“文化大革命”期间，教师职称被取消。1978 年 2 月，国务院批准教育部恢复执行 1960 年的职称办法，因此 1978—1983 年，职称评定仍依照 1960 年的规定执行，这个阶段被认为是我国高校教师职称制度的恢复时期。参见单丙波《试论改革开放以来中国高校教师职称制度之变迁》，山东大学硕士学位论文，2008，第 7 ~ 21 页。

② 问题主要有审批权没有统一、评定职称范围不适当、把职称级别等同于工资级别等。参见单丙波《试论改革开放以来中国高校教师职称制度之变迁》，第 21 页。

高”的原则同步大力实施，全面加强了师资培养力度。

（一）进一步优化教师结构

1987 年开始，引进人员从重视数量转向重视质量。为了控制人员超编，华大逐步改变教职工队伍的知识结构、职务结构和年龄结构的不合理现象，大力提高师资队伍的素质。一方面采取措施严格控制编制，把好进人关，着重于引进研究生学历的教师和紧缺专业的教师，一般不再调进行政干部和工人；另一方面腾出编制，坚决执行国务院有关离退休的规定，对已达到离休、退休年龄的教职工，除个别高级专业技术职务的专家因工作需要经批准可继续延聘外，其他人员一律办理离休、退休手续，以更新师资队伍；还调整部分富余人员到外单位工作。从而改善了师资队伍结构，使之逐步趋向合理化。①

（二）实行教师定编聘任制、定岗考核制

根据国家规定的师生比例，按办学规模对各系及公共课教学部的教师实行名额定编聘任制，采取定任务、定要求、定人员的聘任任期合同制，系部及教师实行“双向选择”的民主管理方式，有的教师可能不被聘任，教师也可以拒聘，允许教师在校内外流动。从 1985 年开始试行。聘任制对教师业务水平的提高起了促进作用。

经聘任的教师，有明确的岗位任务，或担任教学，或负责科研；受聘期间，必须履行岗位职责，每年考核。考核合格，聘期届满可继续受聘；考核不合格，可以不聘、缓聘或降级聘任。考核与聘任制同步进行。

（三）建立师资培养制度

在师资培养上采取在职进修为主、脱产进修为辅的方针。1988 年学校制定了《华侨大学关于师资培养和管理暂行条例》，对教师培养的要求、途径做出明确规定。要求：①凡调入任教的人员要求有较高层次的学历水平，以硕士毕业生、博士毕业生为主。本科毕业生必须在一定时间内，边工作边进修硕士研究生课程，或由学校选派脱产进修或攻读硕士学位；②讲师以上教师主要通过自学、参加科研，提高水平。对开设新课（包括选修课）、参加科研都有明确要求，凡未达规定要求者，须重新考虑聘任问题。③部分教师脱产在校内或到国内重点校进修。学校自 1979 年

---

① 《人事工作总结》，1987 年，华侨大学文书档案。

起，年年举办教师脱产外语进修班，以提高教师的外语水平。④选派部分教师到国外或港澳进修。副教授以上教师以访问学者身份与国外学者、教授合作研究，讲师、助教则攻读学位或短期进修。复办以来，先后选派出国及到港澳进行学术访问、进修的教师达 73 名，占教师总数的 12%。

1987 年 6 月 1 日，中央职称改革领导小组下达《关于实行专业技术职务聘任制工作中若干问题的原则意见》，1988 年 3 月又下达《关于完善专业技术职务聘任制度的原则意见》。1989 年 10 月人事部印发《关于对专业技术职务评审聘任工作进行复查的通知》，认为首次专业技术职务聘任工作已基本完成，要求各地对评聘工作中的问题进行认真复查，由此，高校教师专业技术职务评聘工作又一次暂停。1990 年国务院决定将职称工作导向经常化，并引入考核制度。①

华侨大学先后评定中、初级教师职称 8 次，评定教师高级职称 5 次。至 1990 年，已有正、副教授（包括相当的高级职称）159 人，讲师和相当的中级职称 305 人。

四　教学工作

（一）本科教学改革

图 2-12　新生入学参观

通过师资队伍的建设，华侨大学能够胜任 20 世纪 80 年代的精英路线高等教育。从 1977 年高考恢复到 1999 年大学开始扩招的这段时间里，中国的高等教育奉行的

① 单丙波：《试论改革开放以来中国高校教师职称制度之变迁》，山东大学硕士学位论文，2008，第 22 页。

是精英教育路线，高考录取率长期低于30%（高中毕业生升学的比例）。从表2-4可见，尽管经过努力，华侨大学招收、培养本科生的科系已有20个之多，每年本科招生人数却不到六百人，是不折不扣的精英教育，因此在教学实践和改革上的措施，与当时的高等学校精英教育路线也是配套的。

表2-4　1978—1990年华侨大学本科生招生规模

单位：人，个

年份	1978年	1979年	1980年	1981年	1982年	1983年	1984年	1985年	1986年	1987年	1988年	1989年	1990年
人数	181	273	342	346	357	443	436	598	523	487	518	547	580
招生专业数	3	6	6	7	8	11	12	13	18	19	20	20	20

资料来源：《华侨大学四十年发展统计资料》，华侨大学内部资料，1999，第2~3页、第9~10页。

1. 初步教学改革

复办初期，教学是学校的中心工作。复办初期学校条件较差，基础较弱。当时全校各方面的工作都围绕以教学工作为中心开展，以“规模小、基础牢、质量好、有特色”为要求，狠抓教学、加强教学管理，在实验、设备、图书资料上，都优先保证教学上的迫切需要。

第一，着重加强教学第一线的师资，把各系各专业最有教学经验的教师安排到教学第一线。当时各系都把系主任、系副主任教授、副教授和老讲师安排上台主讲，亲自辅导答疑，如副校长杨曾艺教授亲自给工业和民用建筑专业79级学生上课，应用数学专业全部基础课和专业课都由副教授、老讲师担任。

第二，认真制订教学计划，进行个别辅导。复办初期的师生比是非常高的，除了复办第一年为1∶7.8，接下来都是1比一点几、一比二点几、1比三点几的师生比（见表2-5），直到压缩在职教职工人数后才于1990年后上升到1∶18。[①] 这样的生师比下，能认真制订教学计划，能对学生个别辅导，是精英教育的路线和方式。当时教务处也把制订教学计划作为教学管理的重点，除了参照教育部颁发的相关专业的教学计划，各系还根据各自的条件，适当开设一些具有特色的选修课。如：土木系四年修业期间，除开设24门必修课总学时为2560小时外，还开设10门选修课；数学系增设8门选修课。力争达到“加强基础，拓宽专业、增强适应性”的要求。

① 1999年扩招后师生比上升至1∶18以上。华侨大学校长办公室编《华侨大学四十年发展统计资料》，1999，第24页。

表 2-5　1978—1990 年华侨大学师生比

单位：人

项目	1978 年	1979 年	1980 年	1981 年	1982 年	1983 年	1984 年	1985 年	1986 年	1987 年	1988 年	1989 年	1990 年
专任教师人数	23	287	368	439	533	567	596	609	631	667	614	607	572
师生比	1∶7.8	1∶1.6	1∶2.1	1∶2.6	1∶2.4	1∶2.7	1∶2.9	1∶3.6	1∶3.9	1∶3.5	1∶3.9	1∶4.0	1∶4.2

资料来源：华侨大学校长办公室编《华侨大学四十年发展统计资料》，1999 年，第 24 页。

第三，重视实践教学和外语教学。实践教学需要实验设备有可靠的保证。复办初期，学校采取经费优先保证的方式，集中采购力量，确保实验设备的供应。经过努力，至 1982 年，已筹建 45 个实验室，可开出实验 625 个，可以进行课本要求的大部分实验。以“算法语言”课程为例，这门计算机相关课程是华大学生的必修课，但是改革开放初期，计算机方面的任课教师及设备均不足，学校故而采取了边培训教师边引进设备的方法，以确保教学时数和基本质量要求。外语教学也备受重视，各系采取了许多相应措施，首先使外语教学学时有充分保证，有条件的系，还开出专业英语课。

第四，初步建立教学规章制度，严格学籍管理。为保证教学的顺利开展，教务处与学生科配合，在教学管理上逐步制定了各种教学管理规章制度，编印了《教学一览》《学生守则》《学生学籍管理暂行规定》《学生奖励和处分暂行规定》《关于试行奖学金制度》等，对教学质量的不断提高起了一定促进作用。学校重视严格学籍管理，严格执行考试、升留级、休学、退学制度，坚持必要的筛选制，保证学生的培养质量。

第五，开展教学研究工作，促进教学水平的不断改进提高。1981 年，成立校教学研究委员会，由各系、处抽调 17 名有教学、管理经验的教师干部兼职参加研究，分设教学理论和教学法两个小组，开展研究活动。各系也成立教学研究小组。教学研究委员会编印了《教学法若干基本原则》手册，以供全校教师参考，推动了教学工作的进展。①

2. 两个中央文件与华侨大学的教学改革实践

早在 1983 年 10 月“中央 24 号文件”下达之后，学校就提出教学改革的八条意见：①注意拓宽专业面，培养学生具备较合理的知识结构，以利扩大海外生源；②改进教学方法，减少必修课，增加选修课，重视智能的培养与开发；③提高选修课质量，并与毕业设计（论文）相结合；④重视基础、加强辅导、注意对学生实际工作能力的

① 华侨大学校史编写组编《华侨大学三十年》，1990，第 48 页。

培养；⑤重视英语、汉语、计算机语言的教学，抓好人文、管理知识的教学；⑥实行多层次办学，即实行研究生、本科生、专科生多层次学历教育，同时举办预科班及各种非学历的进修班、培训班的教育，采取灵活多样的学制；⑦科研工作要突出重点，与培养研究生相结合，要为厦门特区和闽南三角区的经济建设服务，形成华侨大学的特色；⑧加强爱国主义教育和学风、校风建设，使学生德、智、体全面发展。[①] 这八条教学改革意见，具有较宽的覆盖面，较强的指导性，在教学改革上，与后来《中共中央关于教育体制改革的决定》有若干相似之处。

1985 年 5 月 27 日，中共中央颁布了《关于教育体制改革的决定》，由此拉开了中国教育体制改革的帷幕。此后华侨大学以教学为中心深化改革是以《关于教育体制改革的决定》为指导的。此前，有 1983 年邓小平同志为北京景山学校“教育要面向现代化，面向世界、面向未来”的题词，还有中共中央连续在 1984 年和 1985 年出台了《关于经济体制改革的决定》和《关于科学技术体制改革的决定》，由此，我们可以看到改革的层层递进关系。为了起草《中共中央关于教育体制改革的决定》，中央派员进行了历时半个多月的调研，辗转四个省，前后到过几十所学校，大大小小开了近百个座谈会，与逾千人座谈、交流、讨论。[②] 在最后形成的《中共中央关于教育体制改革的决定》中，我们可以看到，关于高等教育的内容，第一是强调给高校松绑，扩大高校自主权，第二是改革教学内容、教学方法、教学制度，提高教学质量，第三是改革高校后勤服务工作。

在教学改革上，《中共中央关于教育体制改革的决定》要求的是改变专业过于狭窄的现状，精简和更新教学内容，增加实践环节，减少必修课，增加选修课，实行学分制和双学位制，增加自学时间和课外学习活动，有指导地开展勤工助学活动等。1985 年 5 月国务院召开侨务系统教育工作座谈会，向华侨大学提出办学新要求，华大需要充分行使办学自主权，在“特色”和“水平”上深化教改，提高质量。自 1986 年 7 月华侨大学第二届董事会成立以来，学校围绕“办出特色、办出水平”这个中心，深入开展教学改革。1987 年，学校又先后召开八次“校务委员会”和“咨询委员会”扩大会议，历时半年，充分研讨了深化教改的重大问题，明确坚持“面向海外、面向港澳台，面向经济特区”的办学方向，培养“外向型”“应用型”人才，努力为海外华侨社会、港澳地区和经济特区发展培养专门人才，以此作为深化教改的指导思想来进行改革。

从过去的实践结果看，华大在培养工作中的主要弊病有二：一是“窄”，二是

① 华侨大学校史编写组编《华侨大学四十年》，2000，第 95～96 页。

② 胡启立：《〈中共中央关于教育体制改革的决定〉出台前后》，《炎黄春秋》2008 年第 12 期。

"死"。专业越分越细，门数越来越多，专业面也越来越狭窄。因此学生毕业后走上工作岗位时很难"对号入座"，导致适应性差，有的学生刚毕业工作就想转行。但是同时，当时我国的人才又面临很大的缺口，有些专业设置不合适，使得大学毕业生无法符合经济发展的需要。而"死"指的是学校对教学没有多少自主权，千人一面，模式统一，学生的学习更没有自主权，有些学生进度快，有些学生跟不上。不克服这种教学上的"平均主义"，就难以培养出拔尖的人才，因此改革是必需的。[①]

两个中央文件颁布后，华大在教学改革上的实践，主要包括以下五个方面。

（1）调整和完善专业设置

首先，压缩长线专业。1988 年，华侨大学把应用数学专业转向为管理信息系统专业，把应用物理专业转向为电气技术专业。这之前，这两个专业报考者很少，分配也成问题；专业转向后，生源充足，分配情况也很好。其次，调整一些系科的专业方向。如：艺术系中国画专业，增加实用美术和装潢设计；汉语言文学专业，增加中文秘书的选修方向；外语专业，增加外贸函电等专业内容。最后，增设若干社会急需的专科专业，比如，机械模具、环保、市场与会计、高分子材料、电气等，在当时是社会上急需的。至 1990 年，华侨大学已发展成为一所科类齐全、各科类专业设置少而精的综合性华侨高等学府，专业设置基本上可满足海外、港澳地区以及内地经济特区对人才的要求。

（2）优化课程设置

优化课程设置，改善学生的知识结构，以适应海外、港澳台地区和内地经济特区对人才整体知识结构的要求。华侨大学是一所外向型学校，课程设置不能照搬某些国内大学相关专业的课程设置，而要适应境外学生的特点和要求，不断优化课程设置。在优化课程设置中：首先，按照学校人才培养规格的特色优化课程设置，在加强基础、扩大专业知识方面，加强"三语"（英语、计算机语言、汉语言）教学方面，加强综合能力方面以及加强管理知识和国际法知识方面，都要有明显体现。其次，增开一些海外和经济特区需要的专业课程。如工商管理专业，开设了西方经济学、西方财务会计、促销策略、经营战略、中外合资企业管理、中外合资企业会计、中外合资企业财务、谈判学、投资可行性研究、香港经济、台湾经济等多种课程。最后，增加校定和系定任选课，仅校定任选课，就开设了 40 多门人文社会科学课程，供海内外学生自由选读。

---

① 雷霆：《试谈学分制》，1981，华侨大学文书档案。

（3）加强“三语”教学

为了加强外语教学，华侨大学聘请了为数不少的外籍语言教师，特别注重加强英语师资队伍的建设，加强英语视听设备的建设（见图2－13）。建立了外语学习的电视和无线电广播系统，还在两座主教学楼内装设无线听音系统。从1990年起，在计算机、工商、机械、旅游、国际经济法5个专业，实行本科第一学年主修英语制，从第二学年起，有若干专业课程采用英文原版教材或用英语讲课。本科第一学年主修英语，就是本科学生在第一学年强化英语学习，每周有18节英语课，包括英语精读、泛读、口语和听力4门课程，使学生打下较好的英语基础，英语水平有了较大提高。相形之下，华侨大学的国家大学英语四级统考的通过率明显高于国内一般大学的平均值（1986年，我国大学首次举行英语四级考试），已达到全国重点院校的平均通过率，在福建省高校中也名列前茅。

图2－13　华侨大学早期的语音室

在计算机教学上，同样采取许多措施来加强，也取得明显效果。1990年，华大一位澳门毕业生，在澳门计算机程序设计竞赛中荣获第一名。在汉语教学方面，在福建省大学生作文竞赛中，华大学生荣获综合奖第一名。

（4）加强实践性教学环节和开展学生第二课堂活动

为培养学生理论联系实际、学以致用能力，使之具有较强的应用能力和动手能力，华大十分重视实践性教学环节。理工科各专业都切实保证实验、学习、课程设计和毕业设计环节。文科各专业，特别重视专业实习和社会调查活动（见图2－14）。旅游经济管理和国际经济法专业的学生，分别到全国各省大宾馆、饭店、酒家，或各省高级法院、律师事务所进行为期半年的实习。旅游系还创办校内教学实验酒吧（见图2－15），受到福建省教委有关部门的好评。此外，在寒暑假期间，还组织许多社会调查团，赴全国各地进行社会实践活动，取得了较好的效果。

图 2－14　金工实习工厂

图 2－15　20 世纪 80 年代，华侨大学旅游系实验酒吧教学模式，引领全国高校旅游实践教育风尚

学校重视学生的第二课堂活动，经常举办各种演唱会、朗诵会、辩论会，英语角、知识竞赛等活动，并组织各种学生社团、学生话剧团到福州等地演出。这些活动对培养学生的活动能力、社交能力，丰富学生文化生活，都起了很好的作用。当时不少毕业生到厦门经济特区有关企业进行就业面试，在日常英语会话对答如流以及人际关系处理等方面应变自如，颇受好评。①

（5）开展多种教学评估工作

为了促进学校教学水平的提高，华大开展了多种教学评估工作。这方面的工作包括系级办学水平评估、专业教育工作评估、优秀课程评估、教师教学工作评估、

① 《华侨大学董事会通讯》1987 年第 6 期，华侨大学文书档案。

学生民主评教和专家评教等。到 1991 年底，能够开展系级办学水平评估。

20 世纪 80 年代，华大在全校评出一些优秀课程组，1989 年开始着重建设全校 30 门重点课程。学生民主评教和专家评教活动年年举行，每两年评选一次教学优秀奖，并支持学生会开展”最受学生喜爱的十佳教师”评选活动。

上述评估工作和评选活动讲求实效，推动了教学改革的深化，促进了办学和教学水平的提高。

教学改革的成果，主要体现在培养人才的特色和质量上。根据学生的特点和就业环境，华侨大学的人才培养规格除了要有比较扎实的基础知识和较宽的知识面外，还要具有三个特色：①有较高的外语水平；②有较强的综合能力；③有较好的国际法知识和管理知识。简而言之，就是培养“应用型”人才。

3. 实行学年学分制与绩点制

1982 年华侨大学开始试行学分制，雷霆副校长为此撰文《谈谈学分制》，阐释了华侨大学学分制与西方国家学分制和我们新中国成立以来一些大学所实行的苏联式学分制的差异，认为华大的学分制符合华大的特点，有其优势。20 世纪 80 年代初的中国大学，很多仍采用的是苏联在 50 年代初期的那一套，有 800 多种专业。而西方的学分制和苏联的学分制都在发展改进，我们不能不改革。由于华大的特殊性，国家要求华大主要招收港澳台、海外华侨和华裔学生，而且以“来去自由”为原则，学生毕业后多数回到原居住地去自谋职业，跟当时其他大学的毕业分配制是不一样的。因此，在教学上一定要适应他们原居住地的需要，以便他们能尽早就业，这就必须容许他们在学习上有比国内其他大学更大的灵活性。在学分制和学年制之间进行抉择时，华侨大学经过两相权衡，认为学分制更适合一些。这是因为：第一，学生毕业后回去要自谋职业，需要学习上有较大的灵活性或自由度。第二，他们不由国家包分配，不会影响国家计划。但这又不完全是西方的那种学分制，要考虑与学年制的平衡。

1978 年以来，国内许多高校纷纷试行学分制，当时也有提出要实行绩点制与之配套。但是大多数高校的学分制只是简单地将学时换成学分。1985 年我国开始倡导学分制与绩点制。学分绩点制是一种以学分衡量学生完成学业情况，以平均绩点评价学生学习质量的教学管理制度。学分以学习时间为计量，是学生所学课程在培养方案中的重要程度、难易程度及所用时间的量化反映；绩点是学生学习质量的评价指标，按考试成绩的高低分成若干级。①

① 刘占柱、尚微微、姚丹：《学分绩点制的研究》，《农业教育研究》2012 年第 2 期。

中国最早引进学分绩点制是 1919 年，由张伯苓在南开大学实施，后中断至 1985 年重新倡导。从 20 世纪 90 年代开始，我国高校陆续将绩点制配套到学分制的教学管理体系当中，但在实际运用过程中，学分制因其易于操作，人们对学分制的实践应用、理论研究比较多，却忽视了绩点制的探讨。[①] 学分绩点制在中国高校的学业评价体系中并未大范围地施行。

绩点制是计算学生成绩的一种方法，将百分制或五级制计分按照某种规定转换为等效的数值计分，如 A=4，B=3，C=2，D=1，F=0，则这种等效数值就称为绩点。[②] 根据学分制的管理原则，学分是计算学生学习量的单位，不同课程的学分其价值是相等的。提出绩点制的概念，正是为了既考虑到学生修习某门课程的成绩，又考虑到该门课程的学分数，学分只能反映学生学习量的多少，而绩点则能显示学生学习质量的优劣。绩点制是在学分制的基础上产生的．它于 20 世纪 20 年代初开始在美国的一些大学采用，而后推广到其他一些国家，我国的一些大学在 20 世纪 20 年代末至 50 年代初曾采用过绩点制。我国高校直到 20 世纪 90 年代初开始全面推行学分制以来，才基本采用绩点制作为配套措施。

《中共中央关于教育体制改革的决定》中指出，“在高等教育体制改革的同时，按照理论联系实际的原则，在辩证唯物主义和历史唯物主义的思想指导下，改革教学内容、教学方法、教学制度，提高教学质量，是一项十分重要而迫切的任务”，并明确提出要进行学分制等教学制度改革的试验。[③] 自 1978 年全国科学大会之后，我国部分重点大学开始试行学分制。试验阶段的学分制，还带着学年学时制的痕迹，必修课门门必修，选修课学分比例少，学生选课的自由度不大。[④] 相形之下，华侨大学是国内率先采取绩点制跟学年学分制配套的学校，学年学分制也实行得比较彻底。

学年学分制的实行必须在几个前提下：①需要必修与选修相结合。②总学分数应该是学生最后毕业取得学位的必备条件之一。③学分制与绩点制相结合。办法是将各门课程的学分绩（某门课程的学分数乘以该门课程的绩点数为学分绩。绩点数是：成绩 90—100 分的为 5 点，80—89 分为 4 点，70—79 分为 3 点，60—69 分的为 2 点，59 分以下为 1 点）之和除以这些课程的学分数之和，为平均的学分绩。它是学生能否毕业、升级乃至能否继续学习的主要依据。凡升级、毕业都要达到一定的

---

① 吕晓芹：《我国高校学分绩点制建构定位》，《高教探索》2017 年第 6 期。

② 郑鹰：《关于绩点制问题的研讨》，《辽宁师范大学学报》（自然科学版）2002 年第 2 期。

③ 《中共中央关于教育体制改革的决定》，《经济日报》1985 年 5 月 29 日。

④ 娄延常：《学分制探源、模式与展望》，《高等教育研究》1986 年第 1 期。

平均学分绩。④规定各专业毕业所需的最低总学分数，学习好的可以多修一些。⑤经过自学，提出申请，凡通过严格考试的课程，可以免修，授给学分。但政治课、体育课和实验课、学习课不能免修。⑥各专业仍都规定学习年限，即学制。凡修满总学分和达到一定平均学分绩的，可提前毕业取得学位和报考研究生；按学习年限未达到规定的总学分和平均学分绩的，可以延长学习一年，到时仍达不到的，必须离校，但可发给修业政书。

为了积极准备实行学分制，华侨大学还要求教师们加紧学习，要全体教师懂得为什么要实行学分制，要全面检查和修订各专业的教学大纲和教学计划，要大大压缩必修课的学时数，要精选选修课，要鼓励教师多开选修课，要实行导师制。①

华侨大学学年学分制的改革，先在土木工程系、机械工程系等部分科系试行，取得了一定的经验，颇受海外学生欢迎。因此，华大从1984年开始，对当年入学的学生，全部实行学年学分制。这种学年学分制，不同于以往我国实行学年制的管理模式，也有别于完全学分制的管理，而是从中国国情的实际出发，具有中国特色的教学管理制度。因为，学年制有利于对学生进行较全面的素质教育的管理，但不利于调动学生学习的积极性和主动性，以及学生个人兴趣、爱好、专长的发挥。而完全学分制，虽符合世界高教改革的潮流，亦便于与国际接轨，但其对学校各项设施、师资水平、配套措施等都提出更高的要求，而华大的条件尚不具备。实行学年学分制，既保证教学的基本要求，又使有才华的学生多修读课程，增长知识和才干，有利于因材施教，实施素质教育，调动学生学习的积极性和主动性，有利于人才的成长，也适应学生未来就业的需要，在当时，是比较符合中国的国情和高校的实际的。

（二）研究生教育

研究生教育是高等教育的重要组成部分和最高层次，新中国成立初期，我国研究生教育有一定发展，后因“文化大革命”而中断。1978年，国家恢复了研究生招生制度，1981年开始实施《中华人民共和国学位条例》，并公布首批正式批准的博士学位和硕士学位授予单位及其学科、专业。此后，我国研究生教育开始蓬勃发展。复办初期，华大只有数学、化学、工业与民用建筑三个专业，这三个专业中，数学系的师资和科研力量是最强的，因此早在1979年，数学专业就向教育部提出了招收硕士研究生的申请。1980年，华侨大学又向教育部申请招收工业与民用建筑、市政工程、激光、数学、材料化学工程、合成化学、激光化学等专业的硕士研究生。经

① 雷霆：《学年学分制浅谈》，《高等工程教育研究》1984年第1期。

过努力，1981 年，经国务院学位委员会审批，华侨大学基础数学专业获得硕士学位授予权，1982 年首批招生硕士研究生 4 人（见图 2－16）。次年，华侨大学的土木建筑工程系、机械工程系、电子工程系也获得了建筑结构、精密机械、应用电子 3 个硕士学位点。华侨大学于 1982 年有了第一批硕士研究生之后，逐年缓慢增长，但是徘徊在每年 10 多人，且 1991 年只剩下 9 人，直到 1995 年当年招生 37 人，此后迅速增长。[①] 华大的第一批博士研究生是 1999 年开始招生，因此整个 20 世纪 80 年代没有博士研究生。

当时研究生招生的专业，有 1982 年开始招生的基础数学（当年 6 人）、[②] 电工理论与新技术（当年 1 人）、结构工程（当年 1 人）；1983 年招生的有初次招生的机械制造及其自动化（当年 4 人）及第二次招生的结构工程（当年 2 人）；1984 年招生的有机械制造及其自动化（当年 4 人）、首次开始招生的材料学（当年 2 人）；1985 年招生的有隔了两年再次招生的基础数学（当年 1 人）、机械制造及其自动化（当年 9 人）、第二年招生的材料学（当年 4 人）、隔了一年没有招生的结构工程（当年 1 人）；1986 年招生的专业有机械制造及其自动化（当年 12 人）、结构工程（当年 1 人）；1987 年招生的专业有基础数学（当年 1 人）、机械制造及自动化（当年 12 人）、隔了一年没招生的材料学（当年 1 人）、结构工程（当年 3 人）；1988 年招生的专业有基础数学（当年 2 人）、机械制造及其自动化（当年 6 人）、材料学（当年 4 人）、结构工程（当年 2 人）；1989 年招生的专业有机械制造及其自动化（当年 8 人）、结构工程（当年 2 人），其他专业均未招生；1990 年招生的专业有基础数学（当年 2 人）、机械制造及其自动化（当年 5 人）、结构工程（当年 3 人）（见表 2－6）。[③]

表 2－6　1982—1990 年华侨大学研究生招生专业及人数

单位：人

专业	1982	1983	1984	1985	1986	1987	1988	1989	1990
基础数学	6			1		1	2		2
机械制造及其自动化		4	4	9	12	12	6	8	5
材料学			2	4		2	4		
电工理论与新技术	1								

① 华侨大学校长办公室编《华侨大学四十年发展统计资料》，1999 年，第 2～3 页。

② 《华侨大学五十年》《华侨大学志》《华侨大学四十年发展统计资料》各自数据有冲突，表 2－6 以《华侨大学四十年发展统计资料》为准制作。

③ 《华侨大学董事会通讯》1987 年第 6 期，华侨大学文书档案。

续表

专业	1982	1983	1984	1985	1986	1987	1988	1989	1990
结构工程	1	2		1	1	3	2	2	3
总计	8	6	6	15	13	18	14	10	10

资料来源：华侨大学校长办公室编《华侨大学四十年发展统计资料》，1999，第15页。

图2-16　1981年，华侨大学基础数学专业获得硕士学位授予权，研究生教育自此启动。图为基础数学硕士生学位论文答辩

（三）多层次、多形式办学

多层次办学，指的是本专科硕士研究生并举；而所谓多形式办学，包括了学历教育与非学历教育。1982年前，华侨大学各个专业只招收本科学生，1982年开始招收硕士研究生。1983年，学校深感办学层次过于单一，不利于学校办出特色，开始探索开办专科。1983年起先试办英语、日语及中国文化专修班，学制为两年。1984年又根据国内旅游业市场发展的需求，开办导游翻译和旅游经济管理专修班。1981年9月设立预科班，招收预科学生26人。另外，又通过经教育部批准创办的夜大学，先后开办机械、电子、电气、电脑、外语、土木等专业的专科学历教育。1983年后夜大学设机械制造工艺与设备、电子技术应用、电气技术、计算机应用、工民建、工商管理、英语等7个专业。这样，大多数专业都不仅承担本科教育，也开办专科层次的教育。当然，就整个学校而言，还是以本科教育为主，兼办专科教育。实际上，学校在开办专科教育的过程中，也不断地积累教学经验、积蓄师资力量，为开办本科专业教育创造条件。如学校旅游系、工商管理系、法律系、外语系，都是经历从先办专科后办本科教育的。

多形式教育中的非学历教育，有委托培养和联合办学，长期正规教育或短期进修培训。1982 年，华侨大学成立职工教育科，开始接受有关部门和单位的委托开办在职脱产进修，进行文化与技能等多方面的培训。1984 年，经国务院侨务办公室批准，成立“华侨大学进修学院”，担负成人高等教育、职业技术培训，也接受海外华侨、外国人培训等任务，使学校办学的灵活性大为增强。接受委托办学是华侨大学实行多形式办学的发端。1984 年开办旅游经济管理、导游翻译、国际贸易法、环保工程四个专业的干部专修科，毕业 177 人。1985 年，接受福建省教委委托，开办了机械、土木、电子三个专业的职业高中师范专修班；应泉州市的委托，开办了建筑施工、塑料、食品、电子技术、机械模具、环境工程、石油化工、高分子材料、市场会计、英语、日语等职业进修培训，培训期从半年到两年不等，大多属非学历教育。同年起，又先后接受美国、日本、菲律宾、泰国、朝鲜等国学生或华裔青年分三批来校先修部（预科）和中文系学习中文。在委托办学的进程中，特别值得记述的是 1987 年接受福建省教育委员会的委托，协助创办仰恩学院。①

总而言之，华侨大学开办的成人高等教育，包括举办夜大、师资专修班、干部专修班、专业证书教育、职业技术培训及对外中文教学。下面择其要者简单介绍之。

1983 年元月，成立华侨大学夜大，当年招收夜大学生 47 人。夜大学于 1983 年经教育部审核同意举办大专班以来，已先后开设过机械制造工艺及设备、电子技术应用、工业与民用建筑、英语等 7 个专业，8 个班级，至 1989 年 12 月，毕业学生 151 人。②

华侨大学夜大学的开办是根据国家教委《关于改革和发展成人教育的决定》中关于加强职业教育的内容，以及教育部 1980 年 8 月发文的《关于高等学校举办函授教育和夜大学等审批工作的意见》，目的是为闽南金三角地区的经济建设，特别是泉州侨乡的经济开发培养人才。华大于 1981 年 12 月向教育部申请举办夜大学。

1983 年华侨大学夜大开始招生，1984 年招收电子技术及应用专业专科班，招生名额 40 人。

华大所在地，泉州市的工厂、企业单位等许多青年职工迫切需要业余学习的机会。华大自己也有不少青年职工，在实验室、电脑中心和图书馆等部门工作，有继续提高文化水平以适应教学和科研的需要。为此，学校决定筹办夜大学。③ 一开始年龄限制在 30 岁以下，后来放宽到 40 岁。

华侨大学夜大学面向社会招生，凡户口在泉州市（包括近郊）的工矿企事业单

① 华侨大学校史编写组编《华侨大学四十年》，2000，第 89 ~ 90 页。

② 《华侨大学关于申请升格试办夜大学大专起点本科班的报告》，1989，华侨大学文书档案。

③ 《关于申请举办夜大学的报告》，1982，华侨大学文书档案。

位的正式职工，年龄在35周岁以下，具有高中、中专毕业或相当于高中毕业文化程度，工龄满2年，工作性质与招生专业相应对口，身体健康、具备走读条件，并经所在工作单位审查同意，均可报名参加入学考试。报名费1元。考试由华侨大学教务处成人教育科负责，考试科目包括政治、语文、数学、物理、外语、历史、地理。新生入学须缴纳学杂费15元，书籍费10元。学生上课时交通费由学生所在工作单位负担。夜大的学制多数为四年，夜大四年的业余学习相当于全日二年制大专毕业水平。比如：电气技术，学制二年，学习年限四年；工商管理专业，学制二年，学习期限三年。

华大夜大学经教育部批准在案，毕业生的学历、工资待遇与全日制同类高等院校的毕业生同等对待。夜大学属于在职业余的学习性质，根据教学计划的安排，四年中实习与毕业设计时间，学生必须脱产学习。[①] 1983年至1987年，华侨大学夜大开设了机械制造、电子技术及应用、电气技术、工商管理四个专业，1987年在校生155人，1987年有了首届毕业生。1987年至1990年的计算机应用、应用化学、工业与民用建筑、英语、机械制造、汉语言文学、电子技术、工商管理等专业学制均为三年半，1988年起每年招收2个专业，每班40人。夜大每周授课时间为12—15学时。[②] 1985年还招收少数城镇社会待业青年。城镇待业青年只缴国家规定的收费标准的1/2。[③] 1986年也曾因土木工程系教学任务繁重，而取消原定招收的工业与民用建筑专业夜大专科班。[④]

华大夜大每周上课4次，每次上课需由学校汽车队派专车两部接送，而泉州市区至华大的公交汽车费为每人0.3元，每学期20周，每人每学期要付交通费96元。华大向学生收取的交通费每人每学期是30元。泉州市财政局曾经连续两年，每年拨给5000元作为夜大学的交通费用补贴。1985年在时任泉州市市长薛祖亮的主持下，泉州公交公司与华侨大学进修学院订立了增开市区至华大夜间专车的协议。从1985年9月1日起，公交公司为支持华大办学，准点安排车辆接送夜大学生到校上课和返回市区，上下车地点在文化宫。夜大学生每学期一次性向公交公司缴纳交通费30元，公交公司发给乘车证。不足部分，市政府同意由市财政一次性补贴3000元。[⑤]

当时有的学校函授是本科，比如厦门大学当时是函授本科，武汉大学的夜大学也是本科。但比较多的还是将夜大和函授办成专科，比如中山大学就是函授专科。

---

① 《华侨大学夜大学一九八四年招生简章》，1984，华侨大学文书档案。

② 《华侨大学夜大学（专科）1987—1990学年招生规划》，1986，华侨大学文书档案。

③ 《华侨大学一九八五年成人高等教育招生简章》，1985，华侨大学文书档案。

④ 《关于提请取消一九八六年度华侨大学夜大学招生计划的报告》，1986，华侨大学文书档案。

⑤ 《关于再次报请解决泉州市学生来华侨大学夜大学上课交通问题的报告》，1988，华侨大学文书档案。

在当时的举措下，华侨大学的夜大为泉州培养了对改革开放十分重要的专业人才，至1989年，尚有机械制造与设备、计算机应用、工业与民用建筑、英语四个专业的129人在校学习。1989年开始向工人文化宫内的职工教育培训中心租用教室一间，每学年再拨出1000元，作为夜大英语专科班夜间上课之用，周日上午则仍由学校派车接送到校内上口语和听力课。①

1990年国家教委发文《关于暂停函授、夜大学审批、备案工作的通知》，1989年以前已经批准举办函授、夜大学的普通高校进行治理整顿。其间应根据国家教委以及学校主管部门的工作部署开展工作，注意控制规模、增加投入、加强管理、切实保证质量。② 夜大的流行告一段落。

图2－17　华侨大学夜大学教育评估大会

2. 干部专修班

1985年，受福建省委组织部委托，华侨大学开设国际法专业干部专修班，对晋江地区的政法干部进行脱产培训。随后，开设文秘、旅游、经济管理、环境保护工程等干部专修班。

干部专修班主要面向福建中旅系统和晋江地区所属外经、外贸和政法机关。干部专修班学制二年，全脱产学习。具有五年以上工龄的在职干部，少数民族、台籍、归侨干部报考时工龄可放宽为三年。

3. 全国华侨农场教师培训班

1982年秋，鉴于国营华侨农场中学师资薄弱，教育水平亟待提高，国务院侨务办公室下文要求华侨大学和暨南大学两校对云南、广东、广西、福建诸省（当时海

① 《关于申请学校夜大学办学经费补贴的报告》，1989，华侨大学文书档案。

② 《关于转发国家教育委员会“关于暂停函授、夜大学审批、备案工作”的通知》，1990，华侨大学文书档案。

南省尚未从广东省划分）的华侨农场附属中学师资进行培训。华侨大学负责培训中文、物理、化学三个师资专科班，并由两校自行组织入学考试，择优入学。培训时间为一年或两年，结业后返回原农场中学任教，办学经费由国务院侨务办公室直接拨付。①

图 2－18　1983 年华侨农场中学教师中文专修班毕业留影

① 贾益民主编《华侨大学志》，中国文史出版社，2015，第 241 页。

第四节　学科建设与科研工作的发展

一　复办后的学科建设

（一）学科设置的时代印记

华侨大学在1978年复办当年，只有数学、化学、土木建筑工程三个系恢复招生（土木建筑工程系暂寄福州大学上课），当年共招收本科生181名，没有招收硕士研究生，更遑论博士研究生。其实复办前，校方呈报教育部审批的本科办学方案是：华侨大学是以工科为主、理工结合的工科大学。理科方面设置数学、物理、化学3个系；工科方面设置土木建筑工程、计算机科学、机械工程、化学工程、电子工程5个系。其中计算机科学、机械工程、电子工程都是创校时期没有的专业，是在改革开放、经济发展需求之下设立的专业，复办当年还没有条件马上招生。机械工程和化学工程专业复办次年开始招生，1979年招收新生273人，而受到学校和董事会强烈关注的计算机软件专业直到1981年才有能力初次招生。1980年12月，国家学位委员会正式授予华侨大学学士学位的授予权，华大成为全国首批获得学位授予权的高等学校之一，[①] 并成立了“华侨大学学位评定委员会”，由副校长杨曾艺教授担任主席，当时仅有的三个培养本科生的科系——数学系、化学化工系、土木工程系也成立了学位评定分委员会。1980至1983年，先后开办电子工程系的电子技术专业、计算机科学系的应用软件专业。同时又对部分专业进行调整，将化学系与化工系合并为化学化工系，原化学专业改为应用化学专业，并增设微生物化工专业。1983年土木建筑工程系改为土木建筑系，工业与民用建筑专业改为建筑结构和建筑学两个专业，机械工程系增设精密仪器专业，数学系的数学专业改为应用数学

① 华侨大学校史编写组编《华侨大学四十年》，2000，第53页。

专业。①

1983年，华侨大学开始试办建筑学、微生物化学工程、中国书画艺术、日语等专业或专修班（所有专修班学制都是两年）。因此从1978年复办到1983年的五年里，华侨大学先后开设了数学、化学、工业与民用建筑、物理、化学工程、机械制造、计算机科学系、电子技术、精密仪器等9个专业。截至1983年11月，华大在校学生已达1740人，其中本科生1483人，研究生14人，专修班228人，预科班15人。至1985年，学校共设13个系、16个专业：数学系应用数学专业；物理系应用物理学专业；化学系应用化学专业；化工系化学工程专业及生物化学专业；土木工程系工业与民用建筑专业；建筑系建筑学专业（五年）；精密机械工程系的机械制造工艺及设备专业、精密仪器专业；计算机科学系的计算机及应用专业；电子工程系电子技术及应用专业；中国文化系汉语言文学专业；外语系英语专修班；旅游系英语导游翻译专修班、旅游经济管理专修班；艺术系中国画专修班。②

20世纪80年代，改革开放在经济领域首先展开，开放的步伐先从沿海开始。1980年1月，国务院侨务办公室和全国侨联在福建泉州联合召开全国侨乡、侨联工作座谈会，提出侨务工作更好地为经济建设服务；1980年10月，厦门设立了经济特区，1984年经济特区扩大到全岛；1984年10月20日十二届三中全会上通过了《中共中央关于经济体制改革的决定》；1985年，闽南金三角的厦漳泉与长江三角洲、珠江三角洲一起被列入沿海经济开放区。位于泉州的华侨大学，处于1985年开放的沿海经济开放区，与1980年设立的厦门经济特区只有100公里的距离。

而1983年“中央24号文件”发布后华大调整办学宗旨，充分考虑华侨大学应在为福建经济特区培养专门人才方面做出贡献，除了“面向海外、面向港澳台”，还要“面向经济特区”，既适应海外华侨社会、港澳台地区的需要，也面对内地特区发展的需求，以增强办学适应性和提高办学效益。

与创校时期相比，复办后及20世纪80年代的院系设置有非常明显的时代特色。创校时期，基础学科在院系设置里占了很大比重，实用型学科主要为外语、化工、建筑、医学、水利和热带作物栽培。复办后，面对的是打开国门后的世界潮流，专业设置不仅要考虑有利于境外生回到所在国家和地区就业，还要考虑适应福建改革开放和经济发展的需要，因此有益于经济发展、学生就业的实用型科系数量大大增加。比如早在第一届董事会成立时，就有很多董事建议设立电脑系。1983年后，更进一步从比较单一的工科大学转为以工为主，理、工、文、管、

① 华侨大学校史编写组编《华侨大学四十年》，2000，第55页。

② 华侨大学校史编写组编《华侨大学三十年》，1990，第55页。

法、艺的多科性综合大学，逐步发展文、法、管、艺等系科，不断扩大专业范围，以适应海外、港澳台地区和特区的实际需要，其中不乏一些现在的大学已经不存在的专业，比如工业与民用建筑专业、旅游经济管理专业、导游翻译专修科、机械模具专修科等。

（二）学科建设初具规模

从 1978 年复办至 1983 年的五年间，华侨大学开办 7 个科系 11 个本科专业，开设 3 个专科班，并设立预科班，成立夜大学，在校本、专科学生达 1519 人，并已培养毕业生 397 名，从而基本上实现国家要求华侨大学办成以工科为主、理工结合的工科大学。后来又增加了建筑系建筑学专业，中文系汉语言文学专业，旅游系导游翻译、旅游经济管理两个专修班，外语系英语专修班，艺术系中国国画专修班。这样，学校办成 12 个科系，16 个专业。1985 年，应用化学专业从化学化工系分出来，成立应用化学系，设应用化学专业，原化学化工系改为化工与生化工程系；物理系改为应用物理系，设应用物理学专业；外语系又增设日语专修科；同时成立工商管理系，设工商管理专业。1987 年成立法律系，设国际贸易法专业；所有专修班一律改为专科。为适应社会对人才的需求，1989 年对部分科系的专业做了重大改革：应用数学系的应用数学专业，改为管理信息系统专业；应用物理系的应用物理专业，改为电气技术工程专业；原外语系的英语和日语专修科，改为四年制的本科；法律系的国际贸易法专业，也改为国际经济法专业。从而使学校初步形成了具有 15 个科系、20 个专业的文、理、工、管、法、艺的多科性综合大学。由于做了一系列的专业调整，学校的生源有很大的改善，学校在此期间，对专业结构实施全面调整，既有利实行理工结合、文理渗透，培养复合型人才，使毕业生更好地适应社会发展对人才的需求，亦为学校提高办学水平莫定良好的基础。如土木工程系的工业与民用建筑专业、机械工程系的机械制造专业，就在此期间确定为重点学科，参加全国重点高等学校招生。

从复办至 1990 年，经过 10 多年的发展，华侨大学招生的专业有 20 个，包括工业与民用建筑、计算机及应用、生化工程、汉语言文学、精密仪器、管理信息工程、应用化学、日语、电气技术、化学工程、机械制造、国际经济法、旅游经济管理、英语、应用电子技术、建筑学、工商管理、机械模具专修科、中国画专修科、导游翻译专修科。这些专业分别属于应用数学系、土木系、建筑系、旅游系、应用物理系、电子工程系、化学系、外语系、化工与生化工程系、法律系、工商管理系、计算机科学系、精密机械工程系和中国文化系等 16 个系。

二 科研工作的恢复和发展

（一）复办初期的科研工作

华侨大学复办初期，主要力量集中在保证教学工作的顺利进行和教学质量上，科研工作尚处在起步阶段，有部分教师在艰苦的条件下坚持科学研究，取得了一定成绩。

华侨大学停办后，仪器设备全部散失，1978 年复办时实际上是重新创业。在复办初期经费紧张的情况下，至 1981 年华大投资在购置仪器设备的经费共计 700 多万元，仪器价值如表 2 -7 所示。

表 2 -7 华侨大学复办初期科研仪器投入

单位：万元，%

项目	1978	1979	1980	1981	合计	占比
2 万元以上的设备总价	49. 1	48. 85	40. 5	37. 65	176. 1	25. 1
单价 100 元以上的仪器总价		142	122. 5	133. 9	398. 4	56. 8
低值仪器和药品		19. 54	13. 42	40. 34	53. 08	18. 0

资料来源：房世明：《管窥学校科研》，1982，华侨大学文书档案。

从表 2 -7 可见，复办初期科研经费整体有限，且增长停滞，单价 2 万元以下 100 元以上的仪器设备占的比重为 56. 8%，这些设备是适应复办当时的教学需要的，而对复办期后的正常科研发展而言，则远不敷使用。

参加科研的教师人数也比较少。如表 2 -8 所示，复办三年时期，华大共有七个系下设 39 个教研室，参加科研的人数比例也相当低。如数学系有教师 49 人，参加科研的教师仅有 1 人。

表 2 -8 1982 年各系教师科研项目科研人数

单位：人，个

系别	教师人数	科研项目	参加科研人数
数学	49	1	1
物理	56	4	8
化学化工	125	10	34
土建	50	5	20

续表

系别	教师人数	科研项目	参加科研人数
机械	65	10	26
电子工程	28	3	3
电脑	23		
合计	396	33	92（扣除工人实际 86 人）

资料来源：房世明：《管窥学校科研》，1982，华侨大学文书档案。

根据表 2－8，1982 年各系总计教师 396 人，参加科研的只有 86 位，占比仅为 21.7%，科研项目总计为 33 项，且多为较低等级的科研项目。从表 2－9 可以看出，讲师一级参加科研者只有 17%，从数量上讲，也还未充分发挥中年教师的骨干作用。

表 2－9 1982 年学校参加科研教师的职称结构比例

单位：人，%

	教授副教授级	讲师级	助 教
总人数	30	317	143
参加科研数	15	54	17
百分比	50	17	12

资料来源：房世明：《管窥学校科研》，1982，华侨大学文书档案。

总而言之，在复办初期，科研工作的重要性不如教学工作，科研比较不受重视，科研经费增长停滞，面临各种不利条件，但是在这种背景下还是有一些坚持科研的教职工取得了不俗的成果。例如：数学系赖万才教授的论文《兰道定理中的海曼常数的准确值》，推导并论证了英国著名数学家海曼猜想的常数，解决了数学界几十年来悬而未决的难题，获得了 1978 年全国科学大会成果奖，在当时要获得全国科学大会成果奖是非常不容易的，侧面证明了赖教授研究成果的珍贵与前沿；机械系的“脆硬材料加工”在花岗岩板材加工方面的研究也取得较大进展，对 20 世纪 80 年代为福建省出口创汇主力的花岗岩石材加工业也有积极意义；化学化工系生化教研室的“甘蔗糖蜜生物合成赖氨酸”研究，获得了福建省 1979—1980 年度科研成果奖。

图 2－19 赖万才教授指导研究生

赖万才，男，1934 年生，福建永定县合溪乡人，

1956 年毕业于厦门大学数学系，同年考取复旦大学数学系副博士研究生，1959 年毕业后，任上海数学研究所实习研究员。1962 年奉调支援新成立的华侨大学。“文化大革命”期间，华侨大学停办，赖万才也下放农村劳动，后调任福建师范大学数学系任教直至华侨大学复办。更可惜的是早在 1965 年就由《数学学报》编辑部审查完毕的两篇论文因“文化大革命”未能及时发表，十几年后文章终于问世时，里面重要的成果已经有一半被国外同行攻克，只好删去大量篇幅。1978 年，赖万才以被耽搁了 15 年之久的论文《兰道定理中的海曼常数的准确值》获得全国科学大会重大科技成果奖。此后赖万才继续在华侨大学数学系任教（见图 2 - 20），并历任全国政协第六、七、八届委员，福建科学技术协会第二、三届委员，福建省数学学会第二、三、四、五届副理事长，1981—1998 年任国家教委《数学年报》编委，1978 年被评为福建省先进科技工作者，从事解析函数论与拟共形映照的研究，并旁及数学规划领域，发表中、德、英文论文 20 余篇。1978 年获得全国科技大会重大科技成果奖、福建省科学大会科技成果奖。1984 年获福建省高等教育厅科技成果一等奖。[①]

（二）完善科研管理体制

1983 年，华侨大学的办学方针从工科大学调整为综合性大学，随着改革开放的深入，华侨大学的科研工作也开始了改革和更新，走向制度化、常态化。1985 年 3 月 13 日，中共中央发出《中共中央关于科学技术体制改革的决定》，强调应当按照经济建设必须依靠科学技术、科学技术工作必须面向经济建设的战略方针，尊重科学技术发展规律，从我国的实际出发，对科学技术体制进行坚决的、有步骤的改革。[②]《中共中央关于科学技术体制改革的决定》是我党继《中共中央关于经济体制改革的决定》后的又一重要文件，科技体制改革的重点在于推动科技和生产的进一步结合，使科技和经济、社会得到协调发展。[③] 在华大的科研工作改革中，也可以看到这种导向。

因此，在《中共中央关于科学技术体制改革的决定》的推动下，华侨大学逐步加强了对科研的领导和管理。1985 年《中共中央关于科学技术体制改革的决定》发布后，学校结合具体实际，对科研工作进行了一系列的改革，加强科研管理，加快

① 《永定客家人物》编委会编《永定客家人物》，龙岩市文化与出版局内部参考资料，2008 年，第 636 ~ 643 页。

② 《中共中央关于科学技术体制改革的决定》，《人民日报》1985 年 3 月 13 日。

③ 陈民强、王岑：《改革科技体制推动科技与生产紧密结合——学习〈中共中央关于科学技术体制改革的决定〉的体会》，《中共福建省委党校学报》1985 年第 6 期。

科研步伐，科研工作得以有长足发展，并促进办学水平不断提高。

1. 成立科研处和学术工作委员会

1984 年 10 月，华大把原附属于教务处的科研科，独立建制成立科研处，由一位副校长直接主管。科研处着手制订华侨大学科研计划，负责管辖全校的科学研究、科技服务、学术交流、科技情报、学报等组织管理工作，制定了《华侨大学科研管理条例》。

1987 年，为了在组织科研管理工作中更好地发挥专家的咨询、参谋与监督作用，华大成立了学术工作委员会。学术委员会这个当代大学的必备机构，在 20 世纪 80 年代尚未普及。华大学术工作委员会的成立是华大改革的成效之一，在协助评选各类课题、确定成果鉴定和申请报奖项，安排国内外学术交流计划，审定科研经费和科技人员编制等方面解决了不少棘手的难题。学术工作委员会的有效经验，一是发挥了专家的咨询和参谋的作用，二是加强了民主作风和决策权威，三是沟通了上层的与基层的联系。

2. 落实科研编制、科研人员独立设编

1984 年前，科研没有单列编制，大多数教师主业教学，兼职搞科学研究，只有少数教师把工作重点放在开展科学研究上，科研进展比较缓慢。为加速科研进程，1984 年底学校向国务院侨务办公室申请专职科研编制 110 名（自然科学 100 名、社会科学 10 名），使教学、科研人员适当分离，大部分教师以教学为主兼科研，一部分教师以科研为主兼顾教学。确立专职科研人员的编制，在当时加速了科学研究的进程。1989 年初，学校专职科研人员的编制又增加 40 名（从 110 名增至 150 名）。

3. 整顿科研机构、设立研究室/所

1985 年后，学校重视完善科研管理体制，对科研机构进行整顿，凡有条件建立研究所或研究室的，学校从人员编制、经费设备给予扶植，独立成为研究所/室。研究室在当时是科研的基础机构。华大原来仅有两个研究室（精密机械研究室和高等教育研究室），经过两年筹建整顿，华大设立了 11 个研究室，其中由国务院侨务办公室审批建立的 4 个：精密机械研究室、材料物化研究室、建筑结构研究室、电子电脑研究室；由教育部审批建立的 1 个：华侨史研究室。此外还有近代光学研究室、高等教育研究室、社会科学研究室、应用数学研究室。为方便科研管理，学校对研究机构实行分级管理，分为校、系两级负责管理。学校只主管其中少数的科研机构，其他多数由系分管。至 1990 年上半年，全校已建立 5 个研究所、一个研究中心和 9 个研究室，它们是：材料物理化学研究所、华侨研究所、测试技术和可靠性研究中心、土木建筑与环境工程研究所、环境保护研究所、台湾台商法研究所、高等教育研究室、精密机械研究室、电子电脑研究室、台湾香港及海外文学研究室、社会科学研究室、现代光学研究室、高分子材料研究室、环境监测研究室等。

复办时华侨大学是一个以理工科教学和科研为主要任务的大学，社会人文学科相对比较薄弱，1983 年开始，华侨大学向综合性大学转变，1983—1984 年先后增设了中国文化、外语、旅游、工商管理、艺术、国际贸易等系科，从比较单一的工科大学转为以工为主，理、工、文、管、法、艺的多科性综合大学。因此，人文社会科学研究也取得了一定成果。除了华侨研究所和高等教育研究室，华大还建立了社会科学研究室、台湾香港及华文文学研究室、台湾台商法研究室等人文社会科学研究机构。体现华侨大学办学特色的华侨研究所，当时是国内仅有的四个同名研究所之一。1981 年，为筹建陈嘉庚纪念堂中心展厅——陈嘉庚先生的生平事迹陈列室，学校在陈列室筹备组基础上成立了华侨史研究室，借 1983 年陈嘉庚纪念堂落成庆典的契机，华侨史研究室成了全国陈嘉庚资料的主要收藏中心之一，同时发表了一些有影响的陈嘉庚研究论文，华侨史研究室开始受到国内华侨史学界的注目。1986 年华侨史研究室升格为华侨史研究所，成为华大人文学科的主要研究基地之一。华侨革命史的研究，在当时内地华侨史学界，填补了研究空白，也被列为校重点课题，尤其是关于南桥机工的研究、新中国成立后福建华侨投资的研究，属于开拓性工作，在学术界有一定地位。

高等教育研究室于 1983 年建立，当时有两名专职人员进行专职研究，以及校教学研究委员会 20 多位成员进行兼职研究。高教研究室的“华侨大学教学管理改革”“高等教育评估问题”“港澳、东南亚高等教育比较研究”等课题被列为学校文科的重点科研课题，其中“港澳、东南亚高等教育比较研究”被列入省社科重点课题。

4. 协调教学科研关系

高等学校的科研工作必须协调与教学的关系，以促进教学水平的不断提高。科研与教学的结合、协调是出人才、出成果最有效的重要途径。为了促进教学，注意科研方向、内容尽可能与专业方向、课程设置保持一致，科研点与学位点建设协调，以求有利促进师资队伍水平的提高。1989 年，学校认真落实科研人员编制后，要求专职科研人员可兼教学，但须有足够时间搞科研，教学人员可以兼搞科研，但必须完成教学工作量，把教师参加科研纳入考核的条件，调动教师参加科研的积极性，促进教学科研关系的协调，不断提高教学、学术水平。

5. 进行科研课题评审和验收改革

1985 年以来，对科学研究课题管理进行改革，分级管理，实行科研课题评审制和科研成果验收制，制定评审、验收、管理办法。1985 年后，制定《华侨大学科研课题管理暂行办法》《华侨大学科研课题验收办法》，建立“华侨大学学术工作委员会”，主管科研课题的评审、验收工作。严格管理体制，既保证科研的质量，又体现科研管理的科学性、严肃性，使学校科研工作逐步走上正轨。

6. 实行科研经费管理改革

1986 年 1 月 23 日，国务院发布《国务院关于科学技术拨款管理的暂行规定》，标志着我国拨款制度改革的正式开始。1986—1987 年，华大就组织全校教职工进行了三次国家项目的申请。因此，华大的科研经费主要来源形成了几个梯队：一是以科研课题的立题，向国家或省、部申请科学研究基金；二是承担国家或省级重点科研任务的研究经费；三是由国务院侨务办公室拨给的科研“三项费”；四是学校事业费拨给 5% 的科研费；五是开展与企业横向联合进行科技开发，由企业提供的研制经费；六是科技成果转让及对外科技咨询的收入；七是华侨、港澳同胞的资助。所有这些科研经费的来源，属国家省级科研基金或重点科研经费，各系对外所进行的科技开发、科技咨询或成果转让，原则上由各承担科研机构或系支配，按学校有关管理条例规定的百分比上缴；学校掌握的科研经费，采用切块分到各系掌握使用。1985 年后，实行科研课题分级管理及评审、验收管理、科研经费主要按课题拨给，实行专款专用，逐步缩小科研经费切块到系的部分。科研经费还有另一分配方式，即实行科技开发有息贷款，资助和鼓励各科研机构或系积极开展科技开发，促进科学技术转化为生产力，提高科学技术的社会效益和经济效益。为此，学校制定了“科研经费管理”“科技成果管理”“科技开发管理”等办法和条例。

7. 试行科学研究评估奖励

为改变单纯依靠行政手段管理科学技术工作和学校管得过多、统得过死、吃大锅饭的弊端，1987 年华大开始改革科研经费的分配制度。①试行“科学研究成果奖励制”，凡各科研课题按质、按量、按期完成科研任务，经验收合格者，给予适当奖励，成绩优秀得大奖，成绩突出者给重奖，②试行“科研工作量评估奖励制”，对参加科研工作的教师或专职科研人员，对他们投入科研工作量进行评估，凡超工作量者，超额给予奖励。③制定“科研评估条例”，对现有科研机构的组织、设备、人员构成，科研进展及效益等进行评估，以促进科研机构的建设，提高工作效益。

比如 1987 年，靠培训班和科技咨询，总共创收 102.9 万元，其中校内外办培训班收入 84.9 万元，科技咨询收入 18 万元。按规定上缴学校教学、行政经费 29.2 万元，学校福利基金 19.8 万元，其余为科技咨询后备基金和各系分成。[①]

---

① 《华侨大学科技咨询发展中心董事会第二次董事会纪要》，1989 年 12 月，华侨大学文书档案。

经过一系列科研体制改革，华侨大学的科研工作有了长足的进步。为了将科研改革常态化，20 世纪 80 年代下半期，华大还召开过两次全校的科研工作会议，来确立科研工作在提高办学水平中的重要地位。华大作为国家重点扶植的高等学校，还是外向型大学，若不大力发展科研、通过科研提高办学水平和知名度，就很难完成使命。这两次全校性较大规模的科技工作会议分别于 1987 年 7 月和 1989 年 7 月召开，会议的主要内容是总结科研工作经验，交流科研情况；会议对进一步在全校开展科研工作起着很大的推动作用，特别在 1989 年，学校把科研工作作为学校工作重点，提出“加快科研步伐，提高学术水平”的要求，并制定了华侨大学的科学研究七年规划。

《华侨大学科技工作七年规划（1989—1995）》主要有以下几个内容：①至 1995 年科研指标要达到和超过国家各部委高等院校的科研平均水平。②确定学校重点扶植材料物化研究所、测试技术和可靠性研究中心、华侨研究所三个研究机构，争取成为博士点或硕士点；结合硕士点建设，确立 10 个科研点作为各系的科研重点。③科研投入和产出要逐年有较大提高。七年中科研经费的投入年增长 18%；人才的投入年增长 11%；科研产出年增长 25%。最终目标，是要让华侨大学的科研能力达到部属院校的中等水平。

三　科研取得的进步

（一）科研项目

华大复办初期，国家的科研工作也在起步当中，对科研的支持还未形成体系，华大自身的科研力量也很薄弱，因此取得的科研项目数量很少。复办初期的研究成果，除了之前提到的赖万才教授的《兰道定理中的海曼常数的准确值》、机械系的“脆硬材料加工”和化学化工系生化教研室的“甘蔗糖蜜生物合成赖氨酸”研究，处于国内领先地位的还有材料物化研究所的“色心晶体”；化工与生化工程系研究的“螺旋悬浮燃烧退火炉”，经全国 29 个单位鉴定，达国内先进水平。此外还有一批研究项目，获得了全国实用技术展览会的金奖、国际科技发明博览会的铜牌奖、福建省高新科技产品优秀奖、福建省科技成果奖、全国园林设计比赛二等奖等奖项。

而 1985—1990 年，科研就有了比较大的进展。这期间，科研成果中经省部级鉴定验收项目有 10 项，属厅局级鉴定验收项目 31 项，其中有 6 项达到国际水平，属于国内首创的 8 项，达到国内先进水平的有 18 项，获国家专利 7 项，成果转让并投入生产的有 40 项，科研获奖项目 32 项。

表 2－10　20 世纪 80 年代中期华侨大学科研发展情况

单位：万元

年份	国家基金	省基金	国家教委和国务院侨务办公室基金	校直接支持科研经费
1984	1984 及以前为 0	3		5.5
1985	4	14	4	88.58
1986	2	13	11	77.5

资料来源：《科研报告》,《华侨大学董事会通讯》1987 年第 6 期，华侨大学文书档案。

复办后到 1985 年以前，所有的项目加起来，华大只拿到 38 项（见表 2－10），20 世纪 80 年代下半期，总量则达到 288 项。随着中国内地经济改革的深入，企业对新技术的需求量巨大，高校成为一个重要的技术来源，因此企业委托的科研项目，成了这个时期的特色之一。国家自然科学基金的门槛较高，华大历来的做法是在全校征集选拔的基础上去申请国家自然科学基金。1984 年以前，组织选拔的项目为零。1985 年，组织 7 项参评，最后获准 4 项，1990 年中标 7 项，比之前进步可谓巨大。出色的研究成果有电子工程系方志成副教授主持研制成功 JD－802 型大型应力扭摆式金属材料阻尼性能测试仪和 F26 交流恒流电源，为当时国内首创。物理系近代光学研究室致力于研究当时世界上比较先进的 CPM 固体激光器。1986 年，光学研究室的"激光微秒机"通过鉴定，1987 年，关于激光在生物领域的研究课题得到了国家自然科学基金。

（二）科研论著

复办头五年，学校教职工发表论文、译文共 362 篇，其中译文 29 篇。出版专著译著教材共 25 部，其中译著 3 部，教材 9 部。通过鉴定的科研成果 6 项。1985—1990 年，在论著方面，出版专著译著 68 部，在国内外学术刊物上发表论文 1377 篇，其中在国外刊物上发表 54 篇，国际学术会议录用 33 篇，国内学术会议录用 103 篇，获奖论文 38 篇。出版了《高等教育研究论文集》（上、下册），刊登在省级以上刊物的教改论文有 64 篇。

自 1980 年起，华大先后出版学术性刊物有《华侨大学学报》（自然科学版）（先国内发行，1985 年取得国外发行权）、《华侨大学学报》（社会科学版）（国内发行），以及《华侨高等教育研究》（内部交流）。《华侨大学学报》（自然科学版）尤其受到好评。

根据国务院侨务办公室和国家教委的指示，华大从 1984 年开始，开设了华侨史课程，华侨史研究室也肩负起科研和教学的双重任务，编写了《华侨史讲义》。

1981—1986年，研究所教师们在各类刊物上发表了50余篇论文，1986年编印了《华侨史研究论文集》第一辑，“华侨族谱研究”被列为福建省“七五”计划的社会科学研究重点项目。1983年，高等教育研究室组织研讨了“理工科教学若干原则”问题，汇编出版了《教学法若干基本原则》作为教学指导手册，为全国60所工科院校提供教学参考。该书中的“毕业设计”一章，被汇编入武汉工学院编的高等工业学校《教学论简明教程》作为教材使用。华侨大学是一所面向海外的特色高等学府，为了给师生们提供国外高教研究的最新研究情况，高教研究室筹办了《华侨高等教育研究》专刊，着重探讨华侨高等教育的一些规律性问题，为促进学校的教学改革、提高教育质量做出了贡献。

（三）科研成果转化

1986年的中央科技体制改革，也强调在组织结构方面要为促进科技成果的商品化和生产力转化服务，并为促进学校和企业之间的协作与联合服务。因此华侨大学当时首先致力于发掘本校的各类科技成果，并将其推向社会，进入技术市场。以彩色玻璃涂料（1987年初，在全国第一届专利交易会上，彩色玻璃涂料一举成名）（见图2-20）、防窥涂膜彩色镜等9项成果为例，签约成交的金额为42.5万元，在80年代中期，确实是一笔巨款（1985年全民所有制单位职工平均年薪为1213元，相对其他部门已是比较高的工资水平）。[①] 其次，学校发动科技人员走上社会，参与国家、省、市各种科研项目的投标，承包或联合研制，以促进横向科研的发展，到1987年已经和20个单位进行联系科研合作，和9个厂家准备校企联合生产，争取到了横向科研经费22.4万元，其中电子工程系一项接标就是18万元。最后，做好科技扶贫，服务社会。多次组织科技人员下县、下乡镇，将有利于扶贫的成果如辣椒油浓缩、果品保鲜等推广出去。[②]

此外，还有为地方改造旧设备、进行工程设计等项目。例如：为江西省南城引进西装业产线设备一套；电子工程系与省科协联合开办“福建省传感器智能仪器开发公司”，来促进本省电子工业及其他新产品的开发；物理系为南平机床维修中心改造旧设备；工商管理系与厦门感光厂建立了长期协作关系；机械系为安溪县石材加工进行可行性考察报告；电脑系与泉州无线电五厂联合开办“华新新技术应用服务公司”；土木系、建筑系与晋江地区设计院联合设计的“台湾大饭店”荣获一

① 《中国统计年鉴—1987》，中国统计出版社，1987，第688页。

② 《华侨大学科研处工作总结》，1987，华侨大学文书档案。

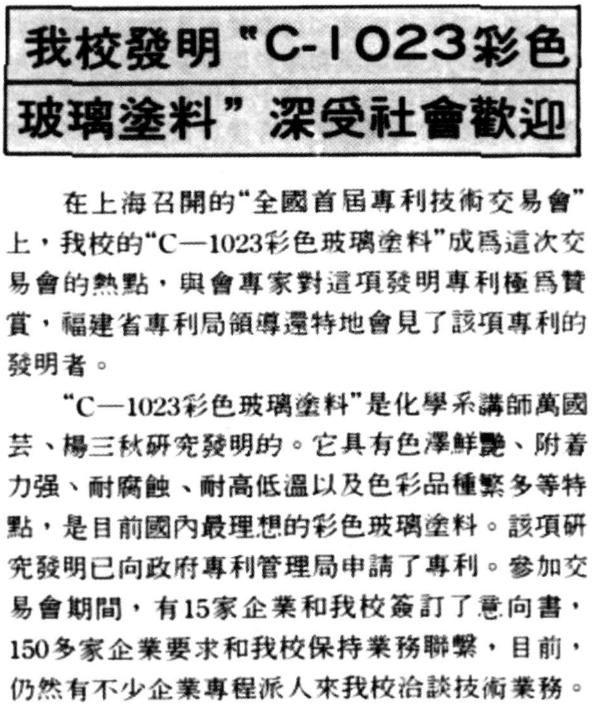

我校發明"C-1023彩色玻璃塗料"深受社會歡迎

在上海召開的"全國首屆專利技術交易會"上，我校的"C—1023彩色玻璃塗料"成爲這次交易會的熱點，與會專家對這項發明專利極爲贊賞，福建省專利局領導還特地會見了該項專利的發明者。

"C—1023彩色玻璃塗料"是化學系講師萬國芸、楊三秋研究發明的。它具有色澤鮮艷、附着力强、耐腐蝕、耐高低溫以及色彩品種繁多等特點，是目前國內最理想的彩色玻璃塗料。該項研究發明已向政府專利管理局申請了專利。參加交易會期間，有15家企業和我校簽訂了意向書，150多家企業要求和我校保持業務聯繫，目前，仍然有不少企業專程派人來我校洽談技術業務。

图 2-20　1987 年《董事会通讯》上关于"C-1023 彩色玻璃涂料"的报道

等奖。①

1983 年，华侨大学把办学宗旨调整为"面向海外、面向港澳台、面向经济特区"。科研方向也为此调整，科研成果的转化，正是为了实现高等院校的科研为经济改革和经济发展服务的目标。

① 《华侨大学科技咨询发展中心董事会第二次董事会纪要》，1989 年 12 月，华侨大学文书档案。

第五节　境外招生与境外生培养

华侨大学的设立是为了培养海外华侨、港澳台同胞及归侨侨眷，因此境外招生宣传与境外生培养是华侨大学历来工作重心之一。境外招生宣传及境外生培养，在20世纪80年代面临的困难，在今日或许很难体会。改革开放之初，境内外科研和生活条件差距较大，华侨大学排除万难，给回国求学的境外生创造良好的学习生活条件，并因应时代变化，培养他们回国后自立自强、服务社会的能力与信念。由于除了越南、蒙古、部分朝鲜归侨外，一般归侨侨眷早已在中国内地生活学习，参加的是中国内地的统一高考，因此本节内容将不涉及一般归侨侨眷的情况。此外，由于当时海峡两岸交往并未解禁，大陆大学在20世纪80年代招收的台籍学生，大部分是居住在大陆的台湾籍贯学生，极少部分是生活在国外的台湾人，故本节不做深入讨论。

在国家和学校的努力下，华大的境外生比例于1987年达到了36%。为了更好地教育境外生，学校还出台了各种教学、生活上的特色措施。但是因境外生的主要来源是港澳地区，20世纪80年代末，港澳地区的高等学校建设与招生发生了变化，与此同时内地高等教育的需求也在增加，因此1987年也成为华大复办以来境外生比例最高的一年。

尽管境外生比例不如创办时期，但是华侨大学的办学特色和办学宗旨仍然是“面向海外、面向港澳台”，让港澳台地区和海外许多国家的华侨华人学生得到接受高等教育的机会，培养了一批人才，他们返回故乡后也在各自的岗位上服务当地社会，让知识与文化的薪传之火，跨越重洋。

一　境外招生与宣传

（一）复办初期境外生招生概况

1978年华侨大学恢复招生，当年已有境外生报考并就学，但是由于招生工作沿用以往方式，学生需要参加全国统一高考，因此一开始境外生的报考人数并不多，181 名学生中仅仅有 44 人是港澳学生、海外华侨和归侨学生，扣除归侨学生就只剩下 9 人，与创办时期 95% 学生来自境外相去甚远。1978 年，在传统上华大比较有影响力的香港录取了 7 人，在澳门录取了 1 人。1978 年越南入侵缅甸，华大该年录取的缅甸侨生 10 人，为前后四年的巅峰值，1979 年到 1981 年三年间再进入华大的缅甸侨生仅有 1 人。1978 年在印尼录取 20 人，也是前后四年的巅峰值，此外录取的印尼学生仅有 2 人。在菲律宾的录取工作，从 1978 年至 1979 年都没有突破，直到 1980 年才录取了第 1 位菲律宾侨生，1981 年录取第 2 位。1978 年，华侨大学在新加坡录取 3 人，此后三年就再也没有新加坡学生进入华大。闽籍华侨华人在泰国人数较少，华大在泰国的招生也因此缺乏基础，1978—1980 年华大没有在泰国招收任何学生，直到 1981 年才录取了第 1 人。马来西亚闽籍华侨华人众多，但是录取工作也未能突破，除了 1978 年录取了 1 人，1979—1981 年可谓颗粒无收。日本考生在 1978 年有一人进入华大学习，此后人数也为零。1978—1979 年，华大录取了 2 名朝鲜侨生及 1 名塞舌尔侨生，在 1979、1980 年两年录取的越南归侨却高达 31 人，1981 年也有 4 人。从学籍卡看，朝鲜侨生是当时朝鲜政府派出的留学进修人员，塞舌尔侨生则是罕见的个例。复办初期缅甸和越南归侨学生的数量较多，明显是受到了中南半岛政治军事局势的影响。1978 年对越自卫反击战爆发，一些缅甸、越南华侨陆续大量返回中国，这也体现在了华侨大学的境外生招生人数上（见表 2-11、表 2-12）。①

表 2-11　1978—1981 年华侨大学境外学生招生人数
（数字为减掉未报到学生的实际入学人数）

单位：人

年份	香港	澳门	缅甸	菲律宾	新加坡	印尼	泰国	马来西亚	日本	朝鲜	塞舌尔	越南	归侨侨眷	境外生录取数（不含台籍）
1978	7	1	10	0	3	20	0	1	0	1	1	0	23	44（台籍 19）
1979	17	26	0	0	0	0	0	0	1	1	0	14	100	65（台籍 1）
1980	21	33	0	1	0	2	0	0	0	0	0	17		96（台籍 0）
1981	10	26	0	1	0	0	1	0	0	0	0	4	41	67（台籍 2）

资料来源：《1978—1980 年华侨大学侨生、台籍生、归侨子女学生统计表》，1981，华侨大学文书档案。

① 几份材料中学生数字略有出入，应是两者的统计口径（计不计入归侨）有所差异所致。因档案材料中的地区划分更为详细，故采用档案材料里的记载。表 2-11、表 2-12 体现的趋势是相似的，复办初期境外生的人数和比例未能尽如人意。

表 2 - 12 1978—1983 年复办时期在校生数及境外学生所占比例

单位：人，%

年份	在校学生总数	境外学生总数	境外学生所占比例
1978	181	47	26
1979	460	100	22
1980	803	194	24
1981	1139	225	20
1982	1303	214	16
1983	1519	293	19

资料来源：华侨大学校史编写组编《华侨大学四十年》，2000，附表二，第 141 页。

1978 年招收了复办后第一批境外生后，华侨大学发现 1979 年的港澳生报考形势没有改善，不仅如此，港澳地区学生的不报到率、退学率也很高，这引起了校方的重视。[①] 为了符合学校的办学方针，增加境外生比例，吸引境外生报考，华大开始重视对外招生宣传和改进培养方案，宣传重点首先放在了香港和澳门。

1979 年的境外生报考人数低于 1978 年，且有应届生人数少尤其是港澳地区历来有赴内地升学习惯的几间中学报考人数减少的特点（如香港香岛中学和澳门濠江中学，香港香岛中学 1978 年近 200 人报名，1979 年则只有 70 多名）。1979 年报考华大的港澳生共计 586 人，其中文科 193 人，理科 393 人，还有东北的丹东考场（针对朝鲜华侨青年）36 人，共 622 人，这些考生分别来自英国、日本、泰国、缅甸、柬埔寨、越南难侨、朝鲜、香港、澳门等地的学校，共计 198 所（不包括丹东考场），实际到考人数 521 人（不包括丹东 36 人），华大总共录取了 65 名，其中华侨 16 名，香港 22 名，澳门 27 名。[②] 总考生比 1978 年减少多达 200 多人，且香港地区考生减少程度最高，澳门地区则与 1978 年大致相等。比较有意思的是过去没有内地升学习惯的多所香港教会学校反而均有考生前来报考。为了找到考生数量下降的原因，华大校方举行了与考生和家长的座谈，座谈中发现考生下降的原因主要是家长们仍有所顾虑，主要顾虑在“文化大革命”残留的不良印象、担忧到内地读书是否能来去自由、考试内容和考试难度跟境外生在本地学习的对接不上、华大教学质量能否保障、生活条件如何、专业设置是不是有利于找工作等诸方面问题上。

针对这些问题，华侨大学在其后几年慢慢调整了招生和培养政策，20 世纪 80

① 《华侨大学海外招生情况》，1987，华侨大学文书档案。

② 《华侨大学海外招生情况》，1979，华侨大学文书档案。

年代中期，境外生报考人数呈显著上升趋势。1980 年港澳学生报考人数比 1979 年还进一步降低，只有 567 人，但是经过努力，1984 年，港澳地区报考人数已经达到 1100 多人，1987 年境外生人数比例达到整个 20 世纪 80 年代的峰值，为 36%，同时也是复办后的最高比例。

20 世纪 80 年代初，华侨大学对境外招生策略做了以下调整。

（二）加强宣传工作、增加对外交流

做好宣传工作是搞好招生工作的前提，宣传工作的及时、经常化，多样化，可以改变招生的被动情形。

因此当时华大采取了下列宣传措施。

首先，派专人前往港澳进行招生宣传。在港澳报纸上定期介绍、报道学校的情况，和华侨、港澳学生在校学习、生活、文体活动等情况，以扩大影响、加深了解。1985 年华侨大学 25 周年校庆时，校方邀请了香港《大公报》、《文汇报》和《明报》记者前来参加（见图 2－21）。之后，他们在各自的报纸上做了翔实的报道，增加了港澳同胞对华大的了解。

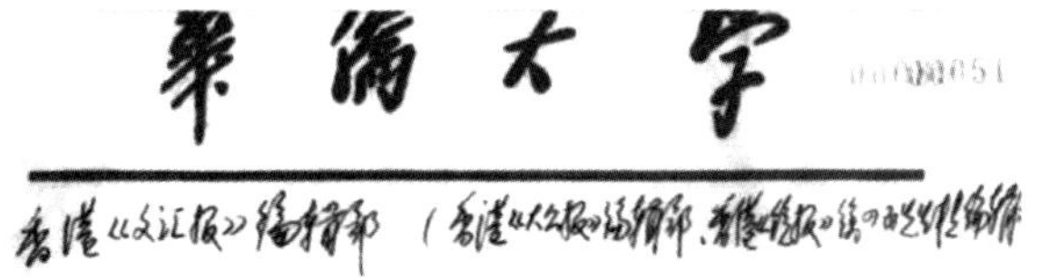

華僑大學

香港《文汇报》编辑部

我校系由国家创办的一所华侨高等学校，主要招收海外华侨、港澳和台湾青年学生。今年招生报名时间定于六月十五日至十八日，考试时间在七月七日、八日、九日三天，时间紧迫，需尽速向港澳和海外发出招生消息报道，介绍我校的专业情况，鼓励更多有志回祖国深造的青年学生报考我校。今又付上招生简章贰份（前曾寄上一批），请贵报支持编发消息报道。

图 2－21　华侨大学给香港《文汇报》的信函，希望报纸帮忙宣传

其次，与港澳一些学校建立密切联系，邀请香港高等学校的校长及各中学校长来校参观。1982 年春，香港中文大学校长马临等访问华侨大学，这是香港高等学校校长首次访问华大，也是对华大两位副校长 1981 年访问香港中文大学的回访。1983 年，学校曾多次邀请港澳中学校长、教师访问团来访华侨大学。如当年 8 月澳门中华教育会参观团一行 10 余人来校参观访问，其成员均是中学校长。10 月份陈嘉庚纪念堂落成时，学校也邀请 10 位香港、澳门的中学校长来校参加盛典，并就华侨大学的办学及在港澳招生有关问题举行座谈。此后还多次邀请香港和澳门的中、英文

中学校长、师生来校访问。这种努力使得港澳有愈来愈多中学毕业生报考华大，香岛中学、汉华中学、培侨中学、中业中学、港九潮州公学校、笃信中学、迦密英文中学、真光中学、番禺中学、福建中学、九龙岭东中学、岭南中学、邓肇坚英文中学、邓镜波书院，利玛窦书院、能仁书院等，澳门濠江中学、劳工子弟中学、粤华中学、慈幼中学、永提中学、培道中学、教业中学、培正中学等都成为华侨大学的生源学校。从 1979 年到 1983 年，学校先后邀请港澳中学参观团 7 批，总计 121 人次，对招生工作产生了积极的影响。

最后，积极开展对外友好交往。1979 年华大首次派杨曾艺副校长、办公室负责人张伟贤等往香港访问。先后到过香港大学、福建同乡会、福建商会、华丰公司、华闽公司等单位，为校董事会成立做准备。1981 年 11 月，学校又派出以杨曾艺、刘培德两位副校长为正副团长的 7 人代表团，赴港考察访问。考察的重点是香港的有关大学和中学，了解高等学校的办学经验、中学的学制及教学情况，探索香港的生源问题，同时在香港开展宣传，广泛地介绍华侨大学。这次考察先后访问了香港大学、香港中文大学、香港理工学院、浸会学院及香岛中学、福建中学、伊丽莎白英文中学等，同时还参观了中国银行电脑中心、IBM 香港公司、电脑商行和机械展览会等，向在港的董事汇报学校工作，返校后写了专题报告。1982 年夏，由白世林副校长带领三人赴港考察，重点是了解香港高等学校设备情况，同时使用华侨赠款采购学校所需的计算机及其他仪器设备。1984 年 11 月，华侨大学校董事会副董事长庄明理，华侨大学副校长雷霆、施玉山组团访问香港，这次访问的主要任务是为学校专业调整进行调查研究，并探讨在港澳扩大招生事宜。华侨大学于 1984 年 9 月成立公共关系处，使公关工作归口管辖，有利推进对外交往。多年来华侨大学迎来许多中外专家、学者，学校也陆续派出教师、干部到国外及港澳进行考察、学术访问、讲学、进修，以增进友谊、扩大华侨大学影响。

此外，华大还委托我国 123 处驻外使领馆代办招生。

（三）改进招生办法

首先，改进了考试的内容。1979 年的招生考试，华侨、港澳学生用的全国统一试题，导致他们不太适应，部分内容考生没有学过，因此考试成绩偏低，这样既反映不了考生的实际水平和实际质量，又影响考生报考的积极性。1980 年，第一次对境外生考试方式做出改革。经与国务院侨务办公室商定，教育部核准，自 1980 年起，华侨大学与暨南大学举行联合考试，对海外华侨和港澳学生，实行另设考场、独立命题、联合考试、分别录取的招生办法。1981 年对华侨、港澳学生、台湾青年单独招生考试的命题工作，由华侨大学主持，集结了各高校教师共 29 人，其中暨南大学 14 人，福建师范大学 3 人，厦门大学 2 人，华侨大学 10 人，提高了出题的质量和针对性。命题的依据以国内高中各科课程基本内容（教学大纲，总复习纲要等）为主，适当参照境外（主要是港澳地区）的中学课程基本内容。因为中国内地中学所学习的内容，即高中毕业生的文化程度，是大学进行教学的依据；而对外招生面向港澳和海外其他各国，但他们的中学从学制到学习内容，都不相同。比如香港地区各个中学所采用的课本就都不一样，如果以他们之中某一种教材作为命题依据，对其他考生是很不公平的。然而同时，有的学科如生物，当时中国内地初、高中生物教材编得比较不成熟，而且只限考高中生物，对比港澳台地区，其中学教材要浅得很多，故而 20 世纪 80 年代初境外中学毕业生的生物水平普遍比中国内地的高。因此，对这类科目，则更多地参照港澳教材出题，类似这种情况的还有英语等科目。对命题的深浅程度和分量比例也做了改革，采用双语试卷方式。以往试卷采用中文，并要求学生用中文答卷，但由于海外华侨及港澳学生，中文水平普遍偏低，用中文答卷困难较大。为此，学校自 1983 年起，采用中、英文内容相同的两份试卷（中国语文试卷除外），答卷的两项语种任考生选择。中文偏低的学生，录取后再为他们补习。又取消原定的政治科目作为必考的科目。

增设报名和考试地点。把华侨、港澳学生考试地点，从原设在广州和厦门集美两地，扩大到香港、澳门设报名点及考场。特殊情况下还对境外生采取随到随考方式。有少数海外侨生，远道而来，如果未能及时赶上考期，他们可持我国驻外使、领馆或侨团推荐（或证明），到广州、厦门集美、香港、澳门任何一个报名地点，或到校本部报名，随到随考，择优录取。这些做法主要是方便华侨、港澳考生，确保新生录取质量。

其次，实行申请免试和推荐的招生办法。①凡已在海外任何国家或港澳台的高等学校学习的学生，申请转学插班学习者，都必须由学生所在高等学校，出具成绩和品行证明，并持学生所在居住地我国驻外使领馆或侨团或所在高校校长的推荐信，可向学校申请免试插班入学资格和相应的学位，经华侨大学面试合格，可以进入华侨大学继续修业。②凡海外华侨持有相当于高中三年级成绩良好的证明，经我国驻外使领馆、侨团、学生所在中学校长推荐，或港澳学生经中六会考成绩合格，均可向学校申请免试入学资格以及申请学位，经面试合格，可予录取。③凡符合下列条件之一的港澳学生，并经学生所在学校校长的推荐保送，可以申请免试入学资格，申请学位或专科学习。其所要求条件是：凡中六结业或高三毕业生，参加当年香港中学会考中，有包括中国语文、英文在内的五科获 E 级以上成绩者；凡中六结业考试或高三毕业考试中，包括中国语文、英文在内的三科成绩在良好以上者。④港澳学生，凡中五毕业生在当年香港会考中，有包括中国语文、英文在内的五科获E级成绩以上，或应届中五毕业生，在毕业考试中有三科成绩良好，经学生所在学校校长推荐，可申请免试进专科的入学资格。⑤凡港澳中五毕业生，毕业考试成绩全部合格，可申请华侨大学先修部学习入学资格。

（四）改善境外生的生活条件

20世纪80年代初，中国内地的物质生活还比较短缺、困难，与境外相比有比较大的生活水平落差，往往有家长担心其子女回内地生活上不太适应，这也影响了报考人数。因此华大决定对境外生在生活上给予适当照顾，生活上照顾得好坏，也是关系到生源的一个要点。曾经广州的华侨补习学校，因复办初期没经验，没有给华侨学生一些特殊照顾，华侨学生为改善生活每天上街下馆子，这样既花钱又不卫生，还浪费时间、影响学习，家长也不放心，最后学生家长跑到学校提出要求给其子女照顾。

为此，首先华侨大学设立了侨生、港澳生食堂，办好伙食，在生活方面，华侨、港澳学生大多较内地学生经济上宽裕，且有不同的饮食习惯，对华侨、港澳学生给予尽可能的照顾。如给予粮、油、副食品方面的特殊供应，为他们提供条件优越的专用食堂。其次住宿条件亦较内地诸大学优越。国内大学的宿舍更新普遍在2000年以后，20世纪八九十年代大学学生宿舍的住宿条件普遍都比较差，复办初期的华大也不例外。境外生当时不习惯居住集体宿舍，尤其不习惯寝室内没有厕所，需要出外使用公共厕所，复办初期也确有少数同学因此在入学之后又退学回去了。为了让港澳、华侨学生方便生活，安心学习，校董们和一些华侨、港澳同胞曾多次建议学校适当建设公寓，供学生收费居住。但是，由于学生公寓的投资大大超过了国家关于学生宿舍的投资标准，一直没有得到上级领导部门的批准。1984年，国务院侨务办公室积极向国家有关部门反映华侨大学和暨南大学关于建学生公寓的要求，同年，华大和暨大在国家尚没有增拨经费的情况下，挤出其他基建经费，将新建的学生宿舍盖为公寓式（见图2－22），并决定超过国家投资部分适当收取房租填补。之后华大两栋每栋造价约人民币70万元的学生公寓建成并投入使用。由于缺乏经验，当时规定的收费标准（每人每月约合港币40元）偏低，因此按贷款计算，收取的房租还不足以偿还利息，同时暨大的收费标准是每人每月约港币100元，因此后来又上调了收费标准，考虑到华大与暨大的地区物价差别，收费仍低于暨大的学生公寓。学生公寓是华大和暨南大学考虑到港澳、华侨学生的特点和特殊性而建的，建筑标准较高，有单独的洗手间，且居住学生公寓完全以自愿为原则，如果同学确有经济困难而不住公寓，学校按内地学生的居住标准负责安排。

图 2－22　华侨大学学生公寓

此外，为满足华侨、港澳学生对文娱、体育的兴趣和爱好，学校尽可能地提供文娱、体育设备和设施。如足球场（见图 2－23）、室内外篮球场、体操馆、游泳池、旱冰场、网球场，专供学生开展文娱活动的“金川活动中心”等，这些设备和设施在当时内地规模相近的诸大学中，硬件上是有较明显优势的。同时还积极开展丰富多彩的文娱、体育活动（见图 2－24），利用节假日、寒暑假举办省内外游览活动，自 1985 年以来，先后组织 10 多个旅游考察团，如“经济特区考察团”“爱我中华北上考察团”“华侨学生旅游夏令营”“丝绸之路考察团”“民族社会风情考察团”等，让境外学生，利用假期饱览和领略祖国大好河山，了解改革开放和社会主义国情，以丰富学生的物质文化生活。

图 2－23　20 世纪 80 年代的足球场

图 2-24 港澳及华侨学生课余在排练小组唱

经过招生办法的改革，海外华侨、港澳学生来校就读的人数，有明显的增加。境外生所占比例渐渐提高（见表 2-13）。1987 年，在校就读的港澳学生，海外华侨、华人学生已占当时在校学生的 36%，为复办以后最高。但是此后海外、港澳学生比例逐年降低，其中主要是香港学生明显减少。华大复办之后所招收的境外学生，主要是港澳学生，其中又以香港学生为多。随着香港在 20 世纪 80 年代中期大力扩充学位，已基本可以满足香港青年的求学，使华大的境外生源明显减少。但是在 20 世纪 80 年代后期，澳门生源有增加趋势，且随着两岸交往解禁，台籍学生有所上升。

表 2-13 1984—1990 年改革调整时期在校学生与境外生所占比例

单位：人，%

年份	在校生总数	境外生总数	境外学生所占比例
1984	1765	380	22
1985	2199	552	25
1986	2478	751	30
1987	2394	842	36
1988	2425	590	24
1989	2470	403	16
1990	2412	257	11

资料来源：华侨大学校史编写组编《华侨大学四十年》，2000，第 141 页。

二 境外生的培养

1983 年 6 月 20 日，中共中央、国务院批复中宣部、教育部、国务院侨务办公室《关于进一步办好暨南大学和华侨大学的意见》，决定将华侨大学“列为国家重点扶植的大学”，进一步明确华侨大学招生的主要对象是海外侨胞、港澳同胞、台湾青年和外籍华人，也适当招收少量在内地的归侨、侨眷、港澳同胞子女和台籍青年。这样，既适应海外华侨社会、港澳地区的需要，也面对内地特区发展的需求，以增强办学适应性和提高办学效益。在此背景下，学校逐步形成了招收“外四类”（华侨、港澳、台青年、外籍华人学生）和“内四类”（归侨、侨眷、港澳同胞子女、台籍学生）为主的结构。因此，对境外生的培养和教育，是华侨大学十分重要的办学内容。

（一）改进培养模式

1. 专业设置的调整

华大在系科专业设置、课程安排等方面，要与国内其他大学有所不同，所设置的专业需要充分考虑港澳和国外的需要，要考虑为毕业生回到居住地能顺利就业。在教学课程安排上，既要重视各门学科的基础理论，又要注意突出学科应用和学科实践，拓宽知识面专业面、增强动手能力，以适应不同国家和地区的需要，增强适应性。

为此，华大进行了专业方向的调整。根据“面向海外、面向港澳台、面向经济特区”的办学宗旨，针对海外、港澳台学生和内地学生需要，总结原有专业办学经验，以原有理工科专业为基础，逐步开设文、法、管、艺等系科，不断扩大专业范围，以适应海外、港澳台和特区的实际需要。1983—1984 年先后增设了中国文化、外语、旅游、工商管理、艺术、国际贸易等系科，从比较单一的工科大学转为以工为主，理、工、文、管、法、艺的多科性综合大学。至 1985 年，学校共设 13 个系、16 个专业，境外生超过全校平均比重即 25% 的，有艺术（中国画）、外语、建筑、工商管理、计算机（软件）、电子工程、旅游、中国文化等 8 个系和专业，不及平均比重的有精密机械、土木工程、化工与生化工程、化学、物理、数学 6 个系，尤其是理科数理化 3 个系比重更小。据了解，广大华侨、港澳学生对电子工程中的电脑技术，无线电技术，对土木建筑工程、机械工程、激光物理、外语、旅游均很感兴趣，他们普遍认为只要掌握了无线电技术原理、土建、机械、外语等知识，不管港英当局是否承认文凭，都不怕找不到工作，同时有了这些方面的知识也可自行开张营业，较有出路，而对于数学、化学、理论物理等基础性学科兴趣不大，因此实用性较强的文科和工科专业比较受到欢迎。1988 年，学校把应用数学专业转向为管理信息系统专业，把应用物理专业转向为电气技术专业。这之前，这两个专业报考者很少，毕业分配工作也成问题，专业转向后，生源充足，分配情况也很好。接着继续调整一些科系专业方向，如：艺术系中国画专业，增加了实用美术和装潢设计；汉语言文学专业，增加了中文秘书的选修方向；外语专业，增加了外贸函电等专业内容。再者，又增设若干社会急需的专科专业如机械模具、环保、市场与会计、高分子材料、电气等，很受社会欢迎。至1990年，华侨大学已发展成为一所科类齐全、各科类专业设置少而精的综合性华侨高等学府，专业设置基本可满足海外、港澳地区以及内地经济特区对人才的要求。

这些受欢迎的旅游等文科系和部分工科的系，大多是新办的，筹备较仓促，因而当时师资等都较欠缺。在这种情况下，学校也狠抓了教学质量。

2. 加强外语教学，注意实践能力的培养

对于一所主要招收境外学生的外向型华侨高等学校，如果不能让学生有充分的英语应用能力、计算机使用能力、中文使用能力，那他们归国归乡就业就会遇到很大障碍。因此华大在深化教学改革时，非常重视加强“三语”（英语、计算机语言、汉语）教学。

学校尤其注重加强外语教学，为此聘请了为数不少的外籍语言教师，特别注重英语师资队伍的建设，加强英语视听设备的建设，建立了外语学习的电视和无线电广播系统，还在两座主教学楼内装设无线听音系统。从1990年起，在计算机、工商、机械、旅游、国际经济法5个专业，实行本科第一学年主修英语、从第二学年起有若干专业课程采用英文原版教材或用英语讲课的制度。本科第一学年主修英语，就是本科学生在第一学年强化英语学习，每周有18节英语课，包括英语精读、泛读、口语和听力4门课程，使学生打下较好的英语基础，很受境外学生和家长的欢迎，学生的英语水平有了较大提高。因此华大在国家大学英语四级统考的通过率明显高于国内一般大学的平均值，已达到全国重点院校的平均通过率，在本省高校中也名列前茅。①

在计算机教学、汉语教学方面的强化措施也取得了明显效果。1990年，华大一位澳门毕业生，在澳门计算器程序设计竞赛中荣获第一名；在福建省大学生作文竞赛中，华大学生还荣获综合奖第一名。

（二）完善管理方式

华侨大学主要招收海外华侨华人、港澳台青年学生，同时兼收内地少量的归侨、

---

① 《华侨大学董事会通讯》1992，华侨大学文书档案。

侨属和台籍青年学生，存在境外“两类学生”并存的局面。于是华侨大学便出现许多与国内外高等学校不同的特点，比如两类学生在思想观念、价值准则、兴趣爱好上的差异。1985 年，华大校领导收到了来自 84 级部分港澳生的一封信，校领导把这封信又转发给了各系、处和直属单位。在信中，港澳生提出了一些十分尖锐的问题，措辞亦颇为激烈，“我等入读华大虽只半载，但对华大之普遍学生品德，几及无法忍受之地步”。主要的矛盾点是学生素质和卫生习惯问题，如图书馆占座、随地吐痰、便后不冲水等，他们提出了校内多设垃圾箱，设立“卫生管理处”，订立完整的卫生条例、违者需要罚款，图书馆食堂加强秩序管理等意见。[①] 其实这些事并无关品德，主要是当时中国尚且贫穷，个人素质未能实现“仓廪实、知礼节”，卫生习惯不够好导致的。但是折射出了两类学生在思想观念上的一些差异。

而在内地学生这边，由于境外生学业基础参差，学力相对于通过了 20 世纪 80 年代千军万马过独木桥的高考的内地生来说较差，内地生也有心理不平衡的时候。再加上两类学生的就业取向不同，决定其就学的专业取向和要求也不同。而境外生的生源的稳定性又受到制约。这些特殊性使学校的教育经受严峻的考验。在不断摸索中，华大总结了一些对境外生的管理方式。

1. 实行“一视同仁、适当照顾”和“严格要求、耐心教育”原则。

华侨大学的学生，来自二十多个国家和地区，以及内地二十多个省、市，他们之间的家庭环境、生活习惯、学习基础、学习目的、价值观念等，存在现实的差异是无可指摘的。首先，学校必须予以充分的重视，本着关心爱护与严格要求的教育原则、求大同存小异的精神，对学生进行教育和培养。所谓“一视同仁”，指的是在思想品德教育方面，在专业学习方面，对两类学生都要严格要求，一视同仁。

考虑到华侨、港澳学生与内地学生在生活习惯、兴趣爱好、就业取向等方面存在的实际差异，在生活方面对华侨、港澳学生给予尽可能的照顾。境外生的家长拜访时，发现境外生的住宿条件在当时国内大学里属于一流水平，国内生一房七人，每两间房合用一个卫生间，有淋浴设备，境外生的学生公寓则为二至三人一房；三个学生食堂尤其是境外生食堂也办得很好，食品花样多，窗明几净。[②] 而在专业和培养方案上，对来内地学习的华侨、港澳学生，实行“来去自由”的政策。与内地学生高考填报志愿后就不能改专业不同，学校考虑到境外生学成回原居住地就业的需要，允许其入学后可重新选择专业志愿，课程选修的自由度较大，以增强其将来就业的社会适应性。总之，学校对华侨、港澳学生实行“一视同仁，适当照顾”的

① 《关于转发八四级部分港澳学生给校领导的一封信的通知》，1985，华侨大学文书档案。

② 《华大一游》，《华侨大学董事会通讯》1987 年第 6 期，华侨大学文书档案。

原则，并采取多种措施确保原则的实现。

其次，实行“严格要求、耐心教育”的原则。鉴于华侨大学学生来源的多元性，学生学习目的、学习基础的不一致性将长期存在，有些学生还存在着语言上的困难，种种特殊状况都增加了学校在人才培养上的难度。为此，学校以“严格要求、耐心教育”的原则，既坚持控制学生的入学标准，又坚持保证人才培养的质量标准。学生入学必须达到学校规定的录取标准，未能达到修读学位的入学标准者，可进入预科先修部。学生在修业期间，思想品德修养、身体素质均应达到要求，学业要修满学分，各科成绩合格，方能毕业。为保证绝大多数入学学生达到人才培养的质量标准，学校采取“耐心教育”的方式，以达到严格要求、确保质量的目标，包括：①增强学位课程的弹性，部分基础课程按程度分班上课；②适当减少必修课程，增设选修课程，以利学生发挥各自优势；③加强个别辅导，帮助少数学习困难的学生；④允许延长修业年限，如果少数学生因学业基础较差，跟班学习有困难，可延长一年学习年限。如 1979 年塞舌尔华侨学生刘南来校学习时不会讲中文也不会写汉字，土木系派了一位老教授专门辅导他（见图 2－25），借助英语来教中文，加上其本人的努力，他到二年级已可跟班上课，用中文完成作业，最后以优良成绩按期毕业；又如朝鲜归侨到校时基础也比较差，学校把他们都放到城东中学补习中文三个月，后来他们也跟上了教学进度。

图 2－25　李颂琛教授辅导塞舌尔籍学生刘南

2. 实行学年学分制，增强教学活力。

1982 年起，华侨大学试行学年学分制的教学管理体制。先在土木工程系和机械工程系等部分系科试行，积累了经验后从 84 级学生入学开始，全面实行学年学分制。学年学分制有利于使教学计划具有灵活性，因材施教，既能保证教学的基本要求，又使有余力的学生可以多选读一些课程，甚至可以提前毕业。

实行学年学分制，对师资水平、教材建设、图书资料、仪器设备都有更高的要求，也促进教学管理体制进行相应的改革。华侨大学为此试行了导师制、“双学位制”“中期选拔”“主辅修制”等当时国内高等教育界比较少见的新兴教育模式。学习优秀者可申请攻读与专业相近的第二学位；在预科班和大专，凡学习优秀学生达到规定要求可选送到本科学习；本科生学习两年后，成绩赶不上，则转入专科；鼓励学习优秀的学生可辅修一些邻近专业课程。如果学习成绩优异，提前修满学分，可以提前毕业，大大灵活了境外生的求学。

3. 加强学籍管理，实行严格与灵活相结合原则

“严格”就是对华侨、港澳学生，在学习要求、学业成绩学位标准审定、遵守学校所规定的学习纪律和制度等方面，与内地学生同等严格要求，但就学生的转学、插班、入学后或学习中途的转系、转专业，选修跨专业课程方面，则从侨生、港澳生的实际出发，采取灵活的管理方式。只要要求合理，学校一般尊重学生意愿。

4. 跟踪调查学校部分港澳毕业生的就业情况，为学校深化教学改革提供有参考价值的信息

在这方面，董事会驻港办事处做了大量工作。学校不仅就便就地调查了解香港地区毕业生的情况，而且还多次到澳门，调查学校近期毕业生在澳门的就业情况、工作表现及用人单位的意见等，并形成文字材料反馈给学校，为学校各系进一步调整专业，优化课程设置，提供第一手的参考材料和有力的依据。①

在奖学金颁布上，境外生不仅享受中国内地的奖学金，学校还帮其中佼佼者争取中国内地的奖学金。1986 年开始香港森那美有限公司决定向华大校提供连续 4 年的奖学金，每年授予 5 人，每人 2500 港元。该奖学金发给在华大就读的品学兼优的本科香港学生，这笔奖学金的款项由该公司交新华社香港分社文教部收转华大，再由华大转给学生。

1986 年，华侨大学也开始对海外华侨、港澳和台湾招收硕士研究生。凡被录取的硕士研究生，一律免缴学费，并可享受助学金、书籍及公费医疗待遇。根据“来去自由”的政策，毕业后可返回原居住地就业，愿意留在内地服务的，由国家安排工作。

尽管侨生、港澳生在学业基础、学习要求、思想认识、价值观念、生活习惯等方面与内地生有所不同，但是人同此心、心同此理。学校的重视、老师同学们的帮助，也令境外生对中国内地有了感情：当 1983 年龙溪地区（今漳州龙海市）遭到

---

① 《华侨大学第二届董事会工作报告》，1989，华侨大学文书档案。

大水灾时，不少港澳同学纷纷捐赠多余衣物运往灾区；1984年四川竹子大面积开花，为了抢救国宝大熊猫，境外生也同境内生一起节省零用钱寄去；1985年人民解放军老山前线英雄模范报告团来校报告，境外生也深受教育，他们对我国女排荣获“四连冠”也欢呼雀跃不已。

图2－26　海外华侨、港澳台学生兴趣广泛，积极组织各类社团活动。图为港澳生自行车队周末出游

三　港澳生预科班（先修部）的设立

华侨大学受福建省政府的委托，于1981年10月20日正式开始举办台籍青年理科预科班。1981年华大的台籍预科班，共招收台籍生14人（天津市1人，福建省13人）。此外，作为试点，征得对外招生办公室的同意，又招收了华侨、港澳预科生8人；又经国务院侨务办公室和教育部计划司同意，招收侨属生2人；经福建省对台办同意，招收台属生2人。总共26人。这是华侨大学预科班的源头。

预科班是学生于班内学习一年后，经学期考试，各课程都取得及格以上成绩者，可以根据本人的志愿和学习成绩，于下学年度直接转入华大理工各系的本科班学习。如果在学期考试中，有一门不及格课程，经补考后尚不及格者，则不能转入华大本科班学习。不够条件转入本科学习的学生，华大将发给修业证明书，这些学生仍可以参加该年度的对外招生单独命题考试，如成绩合格，也同样可以录取。预科班的学费起初是每人每学期缴学费（包括住宿费）港币1000元，后改为港币500元，书籍及其他生活费自理。经一年预科学习考试合格录取到本校本科后，即按华大本科生待遇，不再收取学费。

预科班起初的目的是给予分数差了一点的台籍青年一个升学的途径，但是本节导言提到的，20 世纪 80 年代初台湾方面尚未开放两岸交流，台籍青年实际上是在大陆生活持大陆身份证的青年，他们跟普通内地生只有籍贯上的区别，设立台籍青年预科班是处于统战的需要。而华大校方意识到由于海外、港澳学生入学时的基础水平相差较大，毕业之际又需有较宽广的知识面以适应就业竞争，因此，预科班也可以解决他们基础较差的问题。于是华大在 1981 年开班时，就招收了港澳侨学生，以及比较有影响的去台人员子女 2 人和侨属生 2 人。在预科结束后，他们如成绩合格，跟台籍青年一样可直接升入本科，实行专业主辅修制。此外，对部分有特殊情况的境外学生，实行自费试读制，经一年试读后，如成绩合格，可转为正式学生。[①]

1978 年，福建省教育局和省侨务办公室主持复办集美华侨学生补习学校（以下简称“集美华侨补校”）。由于对越自卫反击战的缘故，有紧急接待越南归国难侨的需要，所以预定接纳归侨学生 300 名，主要对象是高中生。[②] 由于华侨大学的预科班主要学习内容是补习高中课程的基本内容，集美华侨补校对此较有经验，同时由于华大招收的本科生逐年增加，福建医大又迟迟未能完全退还校舍，华大学生的住房和教室都非常困难，因此华大委托集美补校举办预科班，此举持续到 1984 年华大将预科班搬回本部，集美华侨补校则也有自己的预科班。2000 年华大的先修部又并入集美华侨补校的后身华文学院，[③] 而不久后华文学院又带着先修部一起“回到”华侨大学。

台籍青年预科班原定只招收福建的台籍学生，1981 年在天津台办的强烈要求下招收了一名天津的台籍青年，预科班 1983 年招收台籍青年的地区已经从福建省扩大到全国 14 个省份。1984 年 5 月，叶飞同志邀请中央和广东、福建两省有关方面举行座谈会，建议华侨大学和暨南大学应增设国内归侨青年、华侨子女和归侨子女预科班。福建省归侨子女报考高校人数自恢复高考以来年年升高，至 1984 年已经多达 927 人。因当时录取率低，华侨大学和暨南大学即使对这类群体降分 10 分予以照顾，也只能录取 234 人，因此有些考生连续两三年都未能考上大学。福建省侨务办公室经过调查，发现有些考生是志愿填写错误，有些考生分数与分数线差距在 20 分以内，这些学生合在一起总共有 49 人，他们本人及其海内外亲属都恳切盼望能够升学。因此福建省侨务办公室在 6 月亦向国务院侨务办公室和教育部提交报告，请求落实叶飞同志的建议。[④] 华大的预科班因此继续扩大规模，1984 年，招收侨、台、

---

① 《华侨大学董事会通讯》1987 年第 6 期，华侨大学文书档案。

② 《关于复办集美华侨学生补习学校有关问题的该示报告》，1978，华侨大学文书档案。

③ 《学校予科班继续委托集美华侨补校开办的请示报告》，1984，华侨大学文书档案。

④ 福建省人民政府侨务办公室：《再次要求华侨大学、暨南大学增设预科班的报告》，1984，华侨大学文书档案。

港、澳学生预科班班共50人，除了理科，也扩展到文科。①

1984年华大向国务院侨务办公室申请将预科班升级为预科学院，国务院侨务办公室认为不必设立预科学院，预科班可改称先修部。1984年12月25日，华侨大学先修部教学委员会成立，由华大和集美华侨补校有关人员组成，文、理先修班的程度均以香港中五毕业为基准，学习一年，主要补习高中基础课程并适当考虑与大学课程的衔接问题，同时培养学生逐渐适应大学的学习方法。从此华大预科班改称先修部，2000年先修部并入集美华文学院，但保留“先修部”牌子。自2000年起新招的学生即在集美华文学院上课，先修部完成了它的历史使命。

四　其他培训班

除了普通本硕教育和预科班外，学校还承担了一些针对境外学员的培训任务。

1984年，经国务院侨务办公室批准，成立“华侨大学进修学院”，担负成人高等教育、职业技术培训，也接受海外华侨、外国人培训等任务。1985年起，先后接受美国、日本、菲律宾、泰国、朝鲜等国学生或华裔青年分三批来校先修部（预科）和中文系学习中文。1987年，学校又与福建中医学院联合举办“海外②针灸进修班”（见图2－27），前来学习的有新加坡、法国、泰国、日本、印尼的华侨和华人，还有港澳同胞，共计30多人。但是这个进修班仅办了两期，没能继续下去。

图2－27　海外针灸进修班开学典礼

为了提高在菲律宾中等学校讲授华文的师资水平，由旅菲华人组成的“福州烟

① 《关于学校试办台籍预科班近一年情况和对今后意见的报告》，1982，华侨大学文书档案。

② 编者注：此处应为“境外”。

草公司教育基金会”资助华文教师来华侨大学学习汉语，一期两年，1986 年抵达第一批 15 人。

总而言之，至 1988 年，复办后的 11 届学生毕业共有 5609 人，其中海外、港澳毕业生 943 人，占毕业生总数的 16.8%。20 世纪 80 年代后期香港学生减少，来自东南亚的学生则增加了。旅居菲律宾的校董陈永栽先生，先后于 1986 年和 1988 年两次派菲律宾留学生共 38 人来校学习汉语。1986 年的第一批菲律宾留学生，在华园留下多年后让人会心一笑的轶事趣闻。1987 年 2 月底，香港报纸传来消息说 3 月 7 日闽南一带将发生 8.2 级大地震，20 世纪 80 年代这种地震传闻在中国每个地方似乎都曾出现，但是香港家长焦急之下纷纷打来电报、电话，催促子女离校。地震局人员来校解释，并贴出无地震的辟谣通告，许多学生仍然不相信。菲律宾留学生难免也受到影响，有十来人不让学校知道，于 3 月 5 日逃震离校去了厦门，准备乘飞机回菲律宾。没有走的几位男同学还买了胶卷，准备拍下大地震镜头以示历险。结果，什么事情也没有发生，校方派人到厦门、福州等地寻找“逃震”的学生，把他们带回学校后有关领导还和他们共进晚餐，为他们压惊。①

海外和港澳毕业生基本上回原居住地就业，为当地发展各项实业、事业服务。走上工作岗位的毕业生，不论在港澳或内地，多数表现良好，博得使用单位的好评。如 1984 届计算机系毕业生练国华，回香港后现已担任香港中国旅行社的计算机室副主任，又如 1984 届土木工程系毕业生柯庆耀，回澳门后现已担任管理 300 多工人的施工地盘工程师。1987 年，香港校友何溥贤亦来信告知母校，他拿下了两项发明专利——“高速传声机”和“大容量可遥控声频计算机”。

五 山海无垠、润物无声：学籍卡所见的华侨大学境内外学生家庭背景结构分析（1978—1990）

华侨大学复办时的办学宗旨是“面向海外、面向港澳台”，同时也招收境内学生，为国家改革开放、经济建设培养人才。我们想了解华侨大学是否在人才培养中真的做到了其办学宗旨，想了解学生家庭背景影响他们进入华大的几率，故在本节中尝试从学籍卡登记的信息入手，进行定量分析。

（一）样本和分析路径的说明

1999 年高等院校扩招前，中国的高等教育属于精英教育，每年的高中毕业生，

① 《华侨大学第三届董事会通讯》，1992，华侨大学文书档案。

仅有30%多能进入大专以上院校深造，在高考恢复初期，更是只有4%—6%的录取率（见表2-14）。在同龄人中，大专生以上的比例比高考录取率更低，例如1980年出生的1560万新生儿，[①] 以他们都在1998年参加高考计，当年高考录取了108.36万人，即同龄人中考上大专以上院校者，只有6.9%。因此扩招以前的高等教育，进入本科院校的就是精英，而华侨大学在1983年被列入国家重点扶植的大学，能够进入华大读书的内地学子，在当时无疑是天之骄子。

表2-14　1978-1990年扩招前高考本专科录取率（高中毕业生升学比例）

单位：人，%

年份	报考人数	录取人数	录取率	年份	报考人数	录取人数	录取率
1977	573.16万	27.8万	4.85	1984	164.36万	42.69万	25.97
1978	610.26万	40.2万	6.59	1985	175.9万	49.93万	28.39
1979	468.48万	28.41万	6.06	1986	191.43万	57.21万	29.89
1980	332.79万	28.81万	8.66	1987	227.51万	59.67万	26.23
1981	258.9万	28.3万	10.93	1988	271.64万	69.48万	25.58
1982	186.7万	30.49万	16.33	1989	266.21万	61.89万	23.25
1983	167.27万	35.98万	21.51	1990	283.28万	61.81万	21.82

资料来源：卢晓梅：《发展与困惑：我国高等教育大众化政策研究》，华中师范大学出版社，2012，第41~48页。

从表2-14中可见，1977年、1978年两年的报考人数特别多，这是因为在消化“文化大革命”停止高考期间积压的考生，1981年后报考人数即趋于稳定，录取率上升至10%以上。梁晨、李中清等学者引发了广泛讨论的《无声的革命：北京大学与苏州大学学生社会来源研究（1952—2002）》（以下简称《无声的革命》）一文中，[②] 认为恢复高考初期，城市考生的录取率明显较高，因其备考条件会比较好。华侨大学在1978年恢复招生，为排除积压考生的影响，及手中掌握资料有限，本文对复办初期的华大学生学籍卡，只统计1979—1981年的部分卡片。因本章执笔人能力有限，无法对所有学籍卡进行统计，故对20世纪80年代中后期的学生群体，则抽取1984级和1987级（当年华大境外生比例达到最高值）的部分院系进行统计。

统计的方法是根据学籍卡内容统计家庭背景，在范围上包括抽取的几个年级的部分理科、工科和极少部分文科学生，包括抽取的班级的所有境内生和境外生，但不计入在华侨大学培训的全国各地华侨农场中小学带薪教师，也不计入只有名字和

① 梁中堂：《中国生育政策研究》，山西人民出版社，2014，第14页。

② 梁晨、李中清等：《无声的革命：北京大学与苏州大学学生社会来源研究（1952—2002）》，《中国社会科学》2012年第1期。

学号的空白学籍卡。统计途径分成两大类，一是按学生登记的家庭住址区分城乡，二是按学生登记的父母职业区分家庭成分。分析时将境内生和境外生分别统计，境内生分析其城乡差别和家庭成分差别，港澳生、归侨学生和境外侨生则另作一批分析。

本分析受梁晨、李中清等人对1952年至2002年北京大学和苏州大学学籍卡研究的启发。梁晨、李中清团队将学生家庭地址分为城市、乡镇和农村三类，设计的程序严格要求地址中必须含有“村+公社、村+乡、村+镇、队+公社、队+乡、队+镇、庄+公社、庄+乡、庄+镇、村+队、村+组、镇+组”这些组合中有其中一项才能归为“农村”，只有“公社”、“镇”或“乡”其中一项时归为乡镇，其他归为城市。我们参考了他们的分类方法，但是在具体的划分上，因本文的分析时段主要在20世纪80年代，基层的行政组织有所差异，所以做了一些调整。比如在遇到“城关公社X大队”“城关”等地址字样时，因城关都是指县城、府城所在地，虽然行政编制是公社某生产队，实质是县城，有些城市居民可能还会被划入菜农户口，故出现这些地址时，我们将其作为城市处理。还有一类是大型国营工厂的地址，也归入城市，而林站、林场职工的地址归入乡镇；再有一些大专院校的地址，可能落款是X村X队，比如华侨大学的教工子弟，他们的地址有些会写城东公社法石大队，这种情况也归入城市地址；又有集美学村现在所在地的行政编制是厦门市集美区，而在当时，只能作为乡镇处理。最后是华侨农场的职工子弟，全部都是归侨子女，也确实全部都在乡村，在划分上会归入乡村，但是会做特别说明。

在具体的家庭成分上，在梁晨、李中清团队分析的北大学生和苏大学生的学籍卡里，北大学生需要填写父母双方的职业，苏大学生则只需要填写一方家长的职业，且基本是父亲的职业。因此他们基于学籍卡所做的统计，是基于父母双方任何一方从事某职业的数量。考虑到华侨大学虽然是中央部属院校，但招生结构却更类似于苏州大学，本省学生占多数，还有侨属侨眷子女、境外生因素的影响，故不采用《无声的革命》一文中的家庭背景划分办法。华侨大学的学籍卡，是需要填写家庭成分和父母双方的职业。在20世纪80年代，家庭成分写贫农的未必是贫农，写小土地出租者的反而可能是贫农，写干部的可能只是普通职工，因这书面成分是根据新中国成立初期土地改革的结果划定的成分。所以本文所做的分类，首先，不根据书面成分而根据当时学籍卡上填写的父母职业。其次，以就高不就低原则，父亲是市委、县委干部而母亲是农民的，按父亲的职业统计；父亲在家而母亲是职员干部的，按母亲的职业统计；父母双亡的，按长兄长姐的职业统计；只有出现一种情况时例外，即父母任何一方为教师的，都统计为教师子女，教师不包括高级知识分子，主要是指中小学、中专、幼儿园教师；把干部区分普通职工和国家单位科级以上职务，普通职工和工人归并计算；高级知识分子指的是父母双方中有一方为大专院校讲师以上、工程师或县级以上医院医生，基层医疗单位医生则计入普通职工。故而在本文的统计里，父母任何一方为农民的不会被计入农民家庭，只有父母双方都是农民才会计入“全家务农”家庭（在学籍卡上多次出现母亲是农民然而父亲是政府干部的情况，我们认为不适合计入农民家庭），因此在统计结果上，会出现比苏州大学和北京大学的农民子女比例更低的情况。苏州大学农民子女比例在1978年是13%，此后就上升到25%左右，北大农民子女比例在20世纪80年代基本维持在15%—20%。在后文可以看到，华侨大学学生里，全家务农家庭占所有样本的平均比例为13%（76/582）。

华侨大学的特色是“面向海外、面向港澳台”。20世纪80年代，因海峡两岸直接交往尚未解禁，因此实质上华侨大学几乎没有招收台湾学生，所谓的“台籍学生”，是1949年后留在大陆的台湾同胞子女，身份认定方式以户口本上的“籍贯”一栏是否填写台湾为准。恢复高考后，国家政策对台籍学生有加分照顾，华侨大学为他们还设立了台籍预科班。但是在普通院系中，他们的人数十分稀少，且家庭背景几乎没有在农村的，故本文的表格虽然有统计这类学生的数量，但不会加以分析。

华侨大学的学生与《无声的革命》所统计的北大、苏大相比，最大的变量是“三侨”学生。多年来国家对“三侨”考生（华侨、归侨、侨眷）一直执行高考加分政策，从新中国成立初期至今，一直享受最高加分待遇。根据教育部2005年的招生规定，归侨、华侨子女、归侨子女和台湾地区考生参加高考可以降分录取，降分幅度不超过20分。教育部在2013年的《普通高等学校招生工作规定》里还是仍有“归侨、华侨子女、归侨子女”可降低20分投档的规定，各省市目前仍执行5—15分不等的加分照顾。[①] 因此在本文对华大学籍卡的分析中，对“三侨”学生的分析会是一个重点。20世纪80年代，北大和苏大也尚未扩大招收留学生，暨南大学和华侨大学应是当时境外生比例最高的学校，这也是两校复办的宗旨。本文最后，会对港澳生和境外侨生、归侨学生的家庭背景做专门分析。

（二）华侨大学境内生家庭背景结构分析

本段统计分析华大境内生的学籍卡。分别有：1979—1981年数学系应用数学专业，软件专业，物理系的应用物理专业，化学化工系的化学专业、化工专业，工业与民用建筑专业共计三个年级368份学籍卡；1984年的旅游系专业翻译专业、土木

① 罗立祝：《高校招生考试政策研究》，华中师范大学出版社，2007，第224页；高考加分政策改革研究课题组：《高考加分政策研究》，湖南教育出版社，2015，第215～216页。

系工业与民用建筑专业、机械系、化工系化学工程专业、艺术系中国画专业共195份学籍卡；1987级化工与生化系化工专业、建筑系建筑学专业、机械系精密机械专业、工商系市场学与会计专业共119份学籍卡。

经过统计分析，复办初期1979—1981年的368份境内生学籍卡中：家庭地址在乡村的97份，其中教师子女13人，归侨子女6人（2人同时是教师子女），华侨农场职工子女16人，乡村地址学生占此368份学籍卡的26.35%；家庭地址是乡镇的49份，占13.31%；家庭地址为城市的222份，占60.32%。根据《无声的革命》的结论，同时期苏州大学农村学生占比为30%—40%，北京大学则只有20%以下。华侨大学的农村学生比例介于两者之间，可能与华侨大学所招收的本省学生的比例也介于两者之间，[①] 以及本文将华侨农场职工计入乡村学生有关。各地华侨农场的建立是为了吸纳东南亚排华时归国的华侨，1978年因越南局势紧张撤回国内的越南归侨也被安置在华侨农场。总体来说，他们虽然名为农民，但受教育程度较高，家庭条件较好，与一般全家务农的农民家庭不能相提并论。家庭地址为乡村的97名学生中其实只有46人是真正的纯农民家庭出身，其他要么是乡村职工家庭、要么是教师家庭出身。

在父母职业上，出身教师家庭的学生占368人的19.83%，干部家庭占12.22%，工人职工家庭占44.56%，高级知识分子家庭为10.87%，而父母双方都是农民的学生只有12.5%。在1979—1981级统计的433人中，女生有86人，占比19.86%，而出身全家务农的农民的，只有2人。若是以1984级和1987级的学籍卡观之，没有统计到出身纯农民的女大学生。可见20世纪80年代的高等教育，女性上大学难，上理工科院校难，农村女性上大学更难。

值得注意的是归侨、侨眷子女的学生占了1979—1981级368名境内生中的25%，在大学求学路上相对比较艰难的纯农民家庭中也有4人是归侨侨眷子女。1984级的24位出身纯农家学生中有6人是归侨侨眷子女，1987年统计到的仅仅6位出身纯农家的学生中归侨侨眷子女4人、台籍学生1人。福建是我国两大侨乡之一，大量的出国华侨只有少部分能衣锦还乡，因此在福建乡间仍有大量有海外关系的农民。由上可知，归侨侨眷子女和台籍学生高考可享受加分照顾，可想而知，华侨大学给“归侨侨眷子女”的录取照顾，改变了一些纯农家学生的命运。

以下是1979—1981级、1984级、1987级部分华侨大学学生家庭背景结构详表（见表2-15—表2-17）。

---

① 1982年江苏师范学院改名为苏州大学之前，招收的本省学生比例高达96.2%，北京大学则只有27%。统计了300份内地生学籍卡后发现，华侨大学的本省学生占比约为80%，除福建省之外的第二大生源地是广东。

表 2-15　1979～1981 级华侨大学境内生家庭背景结构（总数 433 份，小数点后第 5 位四舍五入）

单位：人，%

区位	数量	比例 1	比例 2	备注	家庭成分	数量	比例 1	比例 2	备注
乡村	97	22.4	26.35	其中教师子女 13 人、归侨子女 6 人（2 人同时是教师家庭）、华侨农场职工家庭 16 人（2 人同时是教师、3 个是医生家庭）地址为大队、村，及华侨农场	教师家庭	73	16.86	19.83	父母为中小学教师、中专教师家庭，只要有一方父母为教师就计入
乡镇	49	11.31	13.31	公社、镇一级。地址为集美区、杏林区的计入乡镇	干部家庭	45	10.39	12.22	其中有 1 人是公社社长家庭。父母为国营工厂、政府部门科长以上家庭
城市	222	51.27	60.32	县城以上，地址带“城关”的计入；地址为大型工厂的计入；地址为大学的计入	工人职工家庭	164	37.83	44.56	父母为普通工人、职工，国营工厂、公司、政府部门经理科长以下家庭
归侨、侨眷	92	21.24	25	归侨子女、侨眷子女。侨眷的认定在当时比较宽泛	全家务农家庭	46	10.62	12.5	父母任何一方都是农民。其中 4 个家庭同时是侨眷家庭。女大学生 2 人
台籍	4	0.9	1.87	户口本上登记籍贯为台湾，实际持大陆身份证	高级知识分子家庭	40	9.23	10.87	父母为科研单位研究人员、工程师、大专院校讲师以上
境内生学籍卡总数 368 份，比例 1 为占所有 433 份学籍卡比例，表格中比例 2 为占内地生总数比例									
其他身份学生（占比为占所有学籍卡的比例）									
女生	86	19.86	全家务农 2	香港青年	20	4.61	工人 13 职员 4 资料不明 2 小商人 1		

续表

区位	数量	比例 1	比例 2	备注	家庭成分	数量	比例 1	比例 2	备注
澳门青年	33	7.62	职工 4 工人 21 农民 1 小贩 3 工程师 1 教师 1 小商人 2	境外侨生	5	1.15	朝鲜 1　职工 菲律宾 2　商人 泰国 1　商人 印尼 1　商人		
归侨学生	7	1.61	越南 7 华侨农场 51 教师						
总数	433 份								

表 2－16　1984 级华侨大学境内生家庭阶层结构
（占比为占境内生学籍卡总数比例）

单位：人，%

区位	数量	比例	备注	家庭成分	数量	比例	备注
乡村	36	18.46	教师家庭 4 侨属 11 台籍 1 华侨农场职工 3	教师家庭	30	15.38	
乡镇	9	6		干部家庭	36	18.46	
城市	150	76.92		工人职员家庭	66	33.85	
归侨侨眷子女	127	65.13		全家务农家庭	24	12.31	8 个归侨侨属子女
台籍	6	3.07		高级知识分子家庭	39	20	
女生	44	22.56					
境内生学籍卡总数 195 份，加境外生为 235 份							

表 2－17　1987 级华侨大学境内生家庭阶层结构

区位	数量	比例	备注	家庭成分	数量	比例	备注
乡村	17	14.28	归侨侨眷 5 台籍 1 教师家庭 1 华侨农场职工 1	教师家庭	29	24.37	
乡镇	9	7.56		干部家庭	16	13.44	
城市	93	78.15		工人职员家庭	35	29.41	
归侨侨眷子女	83	69.74		全家务农家庭	6	5.04	归侨侨眷 4 台籍 1
台籍	3	2.52		高级知识分子家庭	33	27.73	
女生	28	23.52					
境内生学籍卡总数 119 份，加境外生为 159 份							

从表 2－15、2－16、2－17 可见，20 世纪 80 年代中后期，华侨大学出身乡村的学生比例略有上升，城市出身的学生比例也在攀升，从 1979—1981 级的 60.32%，发展到 1984 级的 76.92%、1987 级的 78.15%，可能是闽南作为华大学生最大的生源地，在改革开放中城市化进程加快的缘故。教师家庭、高级知识分子家庭的比例都相当幅度地上升，知识家庭的子女在高考中的优势日渐显现。考虑到统

计误差，干部家庭的比例略有上升，工人职工家庭比例略有下降。女生的比例也略有增加。

数据攀升最明显的是归侨、侨眷子女学生的比例，从1979—1981级的25%急剧上升至1984级的65.13%、1987级的69.74%（见表2－18）。20世纪80年代中后期正是华大的“三侨”学生比例大量增加的时期，这种变化如实地体现在归侨侨眷子女学生的比例上，也带给双亲务农家庭的农村学生更多希望。1984级、1987级的纯农家学生中归侨侨眷子女的比例也增加了很多。

（三）华侨大学境外生家庭背景结构分析

表2－18 1984级、1987级华侨大学境外生家庭背景结构

单位：人

<table>
<tr><th>年级</th><th>区位</th><th>人数</th><th>工人
小贩</th><th>职员</th><th>商人</th><th>农民</th><th>公务员、
教师、
医生</th><th>资料不明</th></tr>
<tr><td>1984级</td><td>澳门青年</td><td>10</td><td>6</td><td></td><td>1</td><td></td><td>3</td><td></td></tr>
<tr><td>1984级</td><td>香港青年</td><td>28</td><td>16</td><td>2</td><td>4</td><td></td><td>3</td><td>3</td></tr>
<tr><td>1987级</td><td>澳门青年</td><td>15</td><td>8</td><td>1</td><td>1</td><td>1</td><td>3</td><td>1</td></tr>
<tr><td>1987级</td><td>香港青年</td><td>21</td><td>5</td><td>4</td><td>2</td><td>1</td><td>5</td><td>4</td></tr>
<tr><td>1984级</td><td>境外侨生</td><td>1</td><td colspan="6">菲律宾侨生1人（商人家庭）</td></tr>
<tr><td>1984级</td><td>归侨学生</td><td>1</td><td colspan="6">备注：朝鲜归侨1人（医生家庭）</td></tr>
<tr><td>1987级</td><td>境外侨生</td><td>0</td><td colspan="6"></td></tr>
<tr><td>1987级</td><td>归侨学生</td><td>4</td><td colspan="6">备注：蒙古归侨3人（工人家庭）、朝鲜归侨1人</td></tr>
<tr><td colspan="9">1984级总数40人，1987级总数40人</td></tr>
</table>

在境外生的分析上，我们不需再区分城乡，主要分析的是境外生双亲的职业。朝鲜、越南、归侨学生因人数较少、归国时间短暂，也归入此间分析。

从表2－15、2－18可见，香港和澳门学生的家庭背景共性是底层职员、工人、小贩家庭占多数。统计的1979—1981级的20位香港学生中，工人和职员、小贩家庭出身的学生就有17人；澳门学生33人中，职工家庭4人、工人家庭21人、渔民家庭1人、小贩家庭3人，工程师、教师家庭只有2人，小商人家庭2人。1984级和1987级的澳门学生合计25人，工人、小贩、职员家庭出身的学生有24人，店主、经理级商人1人，教师、公务员家庭只有3人，且教师家长多数在华侨大学传统生源校澳门劳工子弟学校工作。统计的1984级、1987级的香港学生共有49人，工人、职员家庭背景的27人，农民1人。相对来说，澳门学生的家庭背景中，职员、工人的成分更高，可能跟华侨大学在澳门的生源校有关。华大在澳门最大的两间生源校是澳门劳工子弟学校和濠江中学。劳工子弟学校是 1950 年澳门工会倡议筹办的，长期坚持面向劳工子女、照顾贫困学生、不收或少收学费的政策。濠江中学在 1949 年新中国成立时，率先于校园内升起五星红旗，不少由晋江地区前往澳门的新移民乐意就读，也因此愿意返乡选择华侨大学升学。华大在香港的最大生源校香岛中学则一直是一间左派学校，但香港相对来说没有澳门的生源那么集中。

这时期从海外来就学的侨生比较少，而他们基本是商人家庭出身。越南、蒙古归侨则都被安置在国内的华侨农场或华侨工厂，朝鲜侨生有一部分举家返回国内的，也有父母仍在朝鲜工作的。

（四）小结

20 世纪 70、80 年代，高等教育属于珍稀资源，这点在内地然，在港澳、海外亦然。华侨大学作为华侨教育的最高学府，秉持“面向海外、面向港澳台、面向经济特区”的宗旨，给福建省、给内地，给港澳台及海外培养了大批人才。因其华侨教育的特色，更多归侨侨眷子女获得了高等教育的机会，尤其是双亲务农的纯农家子弟。在港澳，给当时无力接受高等教育的底层职工、工人、农民子女提供了一条高质而所费微薄的大学之路，他们用得到的文凭和技能，改变了命运。山海无垠、润物无声，知识改变命运，华园之爱无疆！

第六节　办学特色：华侨大学的董事会制度

图 2－28　华侨大学在 20 世纪 80 年代初使用过的抬头式信纸，校名和地址的拼音方式为港澳地区通用的韦氏拼音

华侨大学的董事会制度始于 1980 年，在当时是中国内地仅有的两所实行董事会制度的大学之一（另一所就是同属国务院侨务办公室领导的暨南大学）。作为公立大学，1985 年后一段时间里华侨大学曾实行董事会领导下的校长负责制（后改为党委领导下的校长负责制）。因此董事会制度，在 20 世纪 80 年代是华侨大学一项重要的办学特色。

一　董事会领导下的校长负责制

大学董事会制度起源于欧美，哈佛大学在 1642 年建立了世界上第一个大学董事会，在大学的管理中起到决定性作用，是大学的最高权力机构和决策机构。民国时期，中国有诸多私立大学，董事会在它们的发展管理中具有重要地位。新中国成立时，全国普通高校共有 205 所，其中公立占 60%，[①] 新中国成立后因政治体制变革，国家接管了高校，加强了党对大学的领导，中国内地所有大学都成为公立大学。在 1952 年的高校调整中，决定高校不再设董事会，董事会管理模式遂消失于中国内地高校。唯一的例外是 1958 年在广州重建的暨南大学。暨南大学重建时，考虑到暨大办学的特殊性，国家决定在暨南大学设立董事会，并聘请当时中央侨务委员会主任

① 黄宇智、秦国柱、邬大光：《当代中国高等教育论要》，汕头大学出版社，1994，第 49 页。

廖承志为首任董事长。暨南大学的董事会制度，在当时内地所有大学里是独一无二的，而同属性的华侨大学在当时并未设立董事会。跟华大一样，暨南大学 1970 年因“文化大革命”停办，其董事会也随之废止，直至 1978 年暨南大学复办，董事会制度同时恢复。①

华侨大学复办后，在 1980 年也设立了董事会。然直至 1987 年李嘉诚捐资的汕头大学成立董事会前，华侨大学和暨南大学是中国内地仅有两所实行董事会制度的公立高校。1985 年国家颁布《中共中央关于教育体制改革的决定》，明确提出了简政放权的号召，鼓励高校自主探索办学方式的改革。此后在高等教育改革中，一些学校陆续建立董事会，当前全国拥有董事会的高校达到 300 所以上，其中既有公立的大学，也有私立的大学。

一般来说，私立高校的董事会是学校的最高决策机构，具有法人资格，学校实行的是“董事会领导下的校长负责制”，董事会有权决定校长人选，也负有筹集资金、列支预算的职责。而公立学校的董事会，基本是指导、咨询、监督型的董事会，董事会在高校管理中的职责仅仅是指导、咨询，而不包含有任何的决策功能，是党委领导下的校长负责制这一体制的一个辅助机构。② 而根据国务院侨务办公室 1985 年 10 月 10 日关于教育工作座谈会给国家教委的报告和 1986 年 1 月 18 日国家教委的回函，暨南大学试行的是与私立高校有一定共通之处的董事会领导下的校长负责制，这在公立大学里是十分罕见的。一些论文认为在实行董事会制度的公立高校里：五邑大学、嘉应大学、汕头大学是一类，因为侨资的比例大，董事会有话语权；华侨大学、暨南大学和安徽大学、内蒙古大学是一类，是主动谋求海外资金支持的公立大学。③ 实则在这些学校里，只有华侨大学、暨南大学、汕头大学曾实行董事会领导下的校长负责制，其他公立学校始终都是党委领导下的校长负责制。在董事会领导下的校长负责制里，董事会不是法人代表，法人代表由校长担任，董事会有权推荐校长人选，后经上级政府部门批准任命；学校党委书记是董事会成员，起到令董事会注意贯彻落实党和政府的方针政策的作用；董事会尊重学校党委的意见，校党委重视发挥董事会的作用。20 世纪 80 年代的华侨大学董事会可定期听取校长工作报告，有权审议华侨大学发展规划和工作报告；可对华侨大学工作提出质询；可监督检查港澳台同胞及社会各界热心人士捐赠款项的管理和使用情况。当时华大的

---

① 符悦虹：《董事会在暨南大学办学中的作用和定位》，《暨南大学学报》（哲学社会科学版）1999 年第 5 期。

② 王宗正：《法人治理结构视域下的我国公立高校董事会》，《高等教育研究》2014 年第 1 期。

③ 林贞和、方壮友：《关于高校董事会地位与作用问题的探讨》，《中国高教研究》2001 年第 10 期；郭炜煜：《构建中国特色高校董事会制度研究》，武汉大学硕士学位论文，2005。

董事会，在学校发展中起到了重要作用。

二　华侨大学董事会的设立

华侨大学董事会，是学校与海内外广大华侨、港澳同胞建立广泛联系的纽带和桥梁。学校通过董事会，向海外华侨、港澳同胞通报学校办学的情况和各种信息，广泛地听取他们的意见和建议，以获得多方的支持。特别是学校的重大决策要通过董事会，征求董事们的意见，获得董事的认可和支持。而海外华侨、港澳同胞也通过董事会获得学校的信息，了解学校的情况，采取各种方式来表达对学校的意见和支持。

1978 年华侨大学复办并招生后，就开始积极筹备设立董事会。1979 年 1 月，为筹备成立华侨大学董事会，预先成立了董事会的筹备委员会，并分别在北京和香港设立了办事处。香港办事处由许东亮和杨振志两先生作为负责人，负责在香港举行座谈会和其他活动。他们两人也是预定的董事会成员人选。北京和香港办事处用的即是华侨大学董事会的名义，可以说，1979 年初华侨大学董事会就有了雏形。

到 1979 年年中，对董事会成员的人选名单，国务院侨务办公室已经有了初步的意见。海外侨胞提了建议，认为国内董事比例太多，而海外、港澳董事比例太少，因此有必要适当调整一下，增加一些在海外、港澳比较有名望的、有影响的人士。华侨大学校方将意见传达给国务院侨务办公室，① 因此后来对名单进行了慎重的调整。此后董事会结构还在不断改善，第二届董事会与第一届董事会相比，海外董事的比例更加扩大。

1979 年 11 月国务院侨务办公室、华侨大学、地方各级政府开始筹备董事会成立大会的准备工作。国务院侨务办公室领导林一心、连贯亲自布置任务，林一心还提前来到泉州解决董事聘书的盖章问题。因聘书印好，海外董事反映不能盖公章，需要改为盖校长廖承志和福建省省长马兴元的私章。此时距离董事会成立大会正式召开只剩下十多天，又正值福建省人民政府尚未正式成立（“文化大革命”期间地方人大和政府体制停摆），国务院侨务办公室领导亲自前去解决问题起到了非常重要的作用。

在各方努力下，1980 年元月，经国务院批准，华侨大学董事会正式成立，并于元月 8 日举行成立大会（见 P2－20）。实际上当时华侨大学校舍只退还了 2/5，陈

---

① 1979 年 6 月 24 日华侨大学给国务院侨务办公室的公函，华侨大学文书档案。

嘉庚纪念堂也尚未落成，会议是借华大的老邻居——城东公社礼堂举行。当时中国内地的电力供应尚不稳定，泉州同样如此，为了第一届董事会大会的顺利进行，校方还专门向泉州地方水电部门打了招呼，要求会议期间不停水停电，以保证会议顺利进行。经费开支上也很节俭，会议餐是四菜一汤，会议上提供香烟（当时开会的惯例），此外既无宴会，也无另外提供的香烟水果。认真而简朴的会议，给海外董事来宾留下了良好的印象。

图 2－29　华侨董事会成立大会

董事会成立大会的主要任务是：推选华侨大学董事会董事长和副董事长；讨论并通过《华侨大学董事会章程》；讨论董事会今后的工作。

会上，通过了校董事会章程并向 45 名董事颁发了由全国人大常务委员会副委员长、国务院侨务办公室主任廖承志和福建省省长马兴元联合签署的聘书。经过反复酝酿讨论，会议推举全国政协副主席、全国侨联主席庄希泉为华侨大学董事会董事长，林一心、连贯、蔡黎、童大林、林默涵、郭瑞人、王宽诚（香港中华总商会副会长）、甘文芳（日本东京华侨总会会长）、许东亮（旅港福建商会理事长）、庄明理、王汉杰、王大铭为副董事长，洪丝丝为秘书长（详细名单见下文）。会议期间校董和来宾参观了学校图书馆、教学大楼、学生宿舍、实验室、电化教室、微型电脑设备等。

参加这次会议的有被聘为董事的港澳知名人士和国内有关部门领导、知名学者，国务院侨务办公室副主任林一心、连贯，福建省常委蔡黎，副省长张格心、郭瑞人，省委宣传部、统战部，省教育局，省侨务办公室和晋江地区、泉州市党政领导出席了会议，华侨大学领导和各部、处、系负责人也参加了会议。开幕典礼由连贯主持，林一心代表国务院侨务办公室在会上致辞，对教学、科研工作和基建计划等提出许多宝贵意见。港澳代表由许东亮，庄重文、梁雪予，林诚等人致辞。

图 2－30　华侨大学第一届董事会董事长庄希泉（1980.1—1986.7）

庄希泉（1888—1988），男，祖籍福建安溪，中共党员。华侨大学第一届董事会董事长（任期 1980.1—1986.7）。一生充满传奇色彩，在海内外侨界享有崇高声誉。庄希泉先生早年在上海经商，1911 年赴南洋为辛亥革命筹款，1912 年加入中国同盟会；1915 年在新加坡成立中华国货公司并任经理，1916 年参与创办南洋女子师范学校；1920 年回国，1922 年在厦门创办厦门女子师范学校，1925 年任国民党福建临时省党部执行委员；1934 年赴菲律宾创办《前驱日报》；1938 年赴香港主持福建救亡同志会、香港台湾革命同盟会；1941 年在桂林组织闽台协会；1946 年再度赴新加坡经商，1947 年加入中国民主同盟；1949 年回国后历任国家侨委副主任，全国侨联第一届副主席、第二届主席、第三届名誉主席，中国华侨历史学会第一届会长，第五、六届全国政协副主席；1982 年加入中国共产党，第一、二届全国人大代表，第三至五届全国人大常委会委员。

图 2－31　华侨大学党委书记蔡黎（1980.5—1982.3）

蔡黎（1915—1995），原名蔡盖耀，广东潮州南澳岛人，中共党员。蔡黎出身渔民，13 岁辍学，受到族兄蔡盖清的影响接受革命思想，为躲避国民党政府的缉捕前往香港，后转赴泰国。1938 年 7 月在曼谷参与救国活动，任泰国华侨抗日救国联合会秘书、华侨文化界救国会主席。同年 8 月回国，进入延安抗日军政大学政治部学习。1939 年 2 月加入中国共产党。1942 年至新中国成立前，蔡黎先后任中共中央山东分局宣传部教育干事，分局党校政治教员，中共莒南县委常委、宣传部部长，滨海区党委宣传部宣传科长，佳木斯市委副书记，桦川县土改工作团团长、县委书记兼四分区中心县委委员。1947 年 11 月调任中共中央东北局组织部部长。20 世纪 50—60 年代，先后任辽宁省委委员、省委常委兼宣传部部长，省委副书记兼秘书长，旅大市委书记、抚顺市委书记。1974 年 1 月，出任抚顺市石油一厂革委会副主任，后任辽宁省委副主任、党组副书记。1979 年 4 月，调任福建省委常委、副书记，后任福建省人大常委会党组书记、副主任。华侨大学党委组建时兼任华侨大学党委书记。

在成立大会上，新上任的海外校董们，为复办后的华侨大学如何更好地发展，纷纷建言献策。

许东亮先生建议校董事会的香港办事处，可以由香港新华分社出面召集成立，以利开展活动；建议组织在港华大校友会，由学校给一些活动经费，再找几位积极分子去召集，董事会驻港办事处可以从旁给予协助；建议华大要办工商管理系，董事会帮忙物色该方面的人才回来当教授；指出许多老华侨千方百要让子弟学点中文，建议学校设置科系专业要考虑这方面的需求；他还建议福建省对华大从港澳进口教学仪器设备的审批尽量快点审批，或简化手续。

庄重文先生建议华大对侨生的教学培养要考虑到将来他们对世界有贡献，对自己前途有利；他提议华大应派教师、学生赴国外进修，他和美中贸易咨询组织有签订合同（他是该组织香港地区主席），该组织联系美国知名大学接收 100 名中国留学生并给予奖学金，他上年为教育部要了 5 个名额，以后这个名额可以联系给华大；他还建议华侨大学可以建立华侨事务系，研究海外华侨历史和现状，研究国内侨乡情况，对东南亚华侨集中的地方做研究，搜集资料，提高研究水平，这样，学校可以办出一点特色，同时也可以宣传国家侨务政策，培养侨务工作的基层干部。

梁雪予先生建议华大在招收港澳学生时，可以仿照伦敦大学，由华大出考题来委托港澳当地学校代招考。陈逸先生针对华大当时是个工科大学的特点，认为“四化”建设没有自然科学不行，但要有管理知识，建议华大应该办个工商管理系；他也赞成办华侨学系，这样可以办得有特色、有生源。张楚琨先生提议根据福建省的特点，可以办一些校办工厂，与华侨联系来争取外汇；土建系还可以为泉州市的建设做规划，为建筑物做设计。林诚致先生建议华大要打通对外联系，要想办法把香港校友会联系起来，通过他们去联系同学，扩大生源。

国务院侨务办公室的连贯同志，赞同研究海外华人的历史，认为可以在东南亚、欧美、港澳多地有华侨的地方设立国际友好史研究的基金会，还可由华大、暨大和有关学术界，联合召开国际友好史学术交流会，设立国际友好史学术论文奖金。

以上许多建议，不乏真知灼见，即便跨越 40 余年时空，仍为之击节赞叹，为校董们的拳拳爱国爱校之心和远见卓识所倾倒。

第一届董事会成立大会的召开，不仅扩大了华侨大学的对外影响，争取了国外华侨、港澳同胞、台湾同胞对华大的帮助与支持，而且进一步促进华侨大学的教学、科研等多项工作，加快了华大建设的步伐。

三　华侨大学董事会在 20 世纪 80 年代的初始运行

第一届董事会任期从 1980 年 1 月至 1986 年 7 月，由全国侨联主席庄希泉担任董事长，董事由海内外热心华侨高等教育事业的知名人士、专家学者和社会贤达组成，共 45 名。

1983 年 10 月 24 日在华侨大学召开了第一届董事会第二次会议。此次参加会议的国内外董事共有 26 人。全国台联会长林丽韫、国务院经济体制改革委员会副主任童大林、国务院侨务办公室副主任庄炎林、国务院侨务办公室宣教司副司长王舜华、教育部办公厅主任王文友、福建省人民政府副省长黄长溪、福建省高教厅副厅长叶品樵、福建省国务院侨务办公室主任许良枫等出席了会议。暨南大学、深圳大学、汕头大学、厦门大学等兄弟院校也派代表出席了会议。此外还有港澳来宾、校友代表和学校的几位领导列席会议，总共到会人数有 47 人。

会议的主要议程有：第一，听取汪大铭副校长代表华侨大学做的工作报告和审议华侨捐款开支情况的书面报告。第二，讨论和通过董事会章程修改草案。第三，讨论和通过董事会近期工作。

会上董事们的发言认为：邓小平同志在 1982 年给北京景山学校的题词“教育要面向代化，西向世界，面向未来”具有普遍的战略意义，华侨大学更应该按此去做，今后要使华侨大学走向世界，办出特色，办出水平。面向世界，面向未来，应该注意以下几方面的工作：①华侨大学要起到联系广大海外华侨与国内人民之间的桥梁作用，成为一个联络基地，这是面向世界的一个具体内容。②改进教学，在加强理论教育的同时，加强运用先进技术、使用计算机能力的训练。逐步做到采用英语教学。③要选准一批专业，下本钱聘请有真才实学的或各个不问流派的教授学者来校讲学，开展科学研究，逐步形成一定的“中心”和“权威”。④华侨大学一定要为开发以厦门经济特区为中心的闽南金三角地区培养人才贡献力量。⑤要树立良好的学风和校风，发扬艰苦奋斗的精神，加强学生的爱国主义思想教育，讲求工作效率和效果。此外，为了适应和吸引海外华侨学生和港澳学生来校学习，还必须经过调查研究，调整专业设置，除办好原有理工科类的专业之外，还应筹办文科、经济管理学科等新的专业，搞好图书、资抖和实验室建设，改进学生的文体设施。

会上履行了董事会的筹款和监督职能，许东亮先生代表董事会报告了董事会香港办事处成立以来代理华侨捐款捐物的开支情况。庄明理、张春琨两位同事还提议，以陈嘉庚纪念堂余款为基础成立陈嘉庚奖学金，用于奖励资助华侨大学优秀学生和教师出国进修之用。董事会建议华侨大学在厦门经济特区设立教学点，以加强对外联系，加强为特区培养人才。最后许东亮先生提出了“关于董事会近期工作要点的倡议”，大家一致赞同通过。

八条倡议是：①加强对外宣传、扩大学校影响；②着力开拓海外、港澳生源，关心和指导对外招生和报考工作；③对返回海外、港澳居住的华侨大学毕业生给予就业辅导和深造咨询；④介绍一批学术造诣较高的学者、教授到华侨大学讲学、任教或学术交流；⑤为学校优秀教师出国留学、进修开辟途径，并为之争取奖学金或其他形式的资助；⑥帮助学校建设一座足以反映当代文化科技发展、获取并积累最新信息的现代化情报资料中心；⑦建立华侨大学基金会，动员热心华侨教育事业人士为华侨大学捐资；⑧定期出版董事会刊物，密切董事会及各界人士与华侨大学的联系。

董事会希望华侨大学师生员工，继承廖校长的遗志，再接再厉，把华大办成一所有特色、高水平、有国际声望的大学。第一届董事们的意见，在当时，也表明了华侨大学配合改革开放的办学方向。

1986 年 7 月 20 日，华侨大学第二届董事会第一次会议召开。第二届董事会有董事 59 人。参加会议的国内外、港澳董事 38 人，应邀来宾 14 人，到会人数共 52 人。

这次会议主要解决了以下问题：一、酝酿通过华侨大学第二届董事会董事长、副董事长、董事和秘书长；二、通过第二届董事会章程草案；三、听取和审议庄明理副董事长代表第一届董事会做的工作报告；四、听取和审议雷霆副校长做的学校工作报告；五、围绕如何发挥董事会对华侨大学的领导作用和如何把华侨大学办出水平、办出特色这个中心题进行了充分讨论。

与会校董赞同华侨大学的工作报告，对华侨大学几年来的工作表示满意。为了发挥董事会对学校的领导作用，经过充分讨论，第二届董事会提出以下意见。

一是加强对外宣传，广泛深入地介绍华侨大学各方面的情况，迅速扩大华侨大学的对外影响，着力开拓海外、港澳及台湾的生源，使华侨大学海外、港澳生逐年增加。

二是对返回海外及港澳地区的毕业生提供帮助就业及继续深造的咨询指导。

三是疏通对外文化科技交流渠道，介绍一批有真才实学的学者、教授到华侨大学讲学或合作搞科研，积极创造条件，逐步派出华侨大学的教师出外深造提高。

四是会议议定在董事会领导下设立华侨大学基金会。委托许东亮、庄明理、陈觉万为发起人，欢迎其他董事以及海外华侨、港澳同胞、台湾同胞及热心华侨教育事业的中外人士自愿参加，基金会章程待定。基金会以兴建陈嘉庚纪念堂的余款为基础，积极争取董事会及国内外热心人士的赞助。基金会于1986年底前在香港注册成立。基金的使用主要是为华侨大学优秀师生提供出国进修、留学的资金，并为学校引进先进的教学设备，不断改善办学条件。

五是在专业设置和学制方面，要注意学术性、适应性、服务性，不断改善学生的学习和生活条件，以吸引更多海外学生回国升学。

六是董事会办公室定期出版《校董通讯》，密切学校与董事及各界人士的联系，沟通讯息，以取得董事对学校工作的了解与及时指导。

这次会议，审查了华侨大学第一届董事会的工作报告、华侨大学工作报告和财务情况报告，通过了华侨大学董事会章程，选举了董事长、副董事长、秘书长，组成了本届董事会的常务执行机构。同时，全体董事对华侨大学办学方针、规划、教学和科研等重大问题，进行审议，并发表了很好的意见。这些意见，对进一步办好华侨大学，将起很大作用。

在这次会议上，各位董事对国家教育委员会、国务院侨务办公室、福建省人民政府、新华社香港分社、香港中旅社、香港华闽集团有限公司、福建旅港同乡会和香港福建商会等表示衷心感谢，感谢他们对华侨大学的领导、关心和支持。经过讨论，全体董事一致认为华侨大学工作的重心应该在巩固、充实、提高上，力争尽快把学校办得更适合港澳和海外的需要，使之成为深受华侨学生和港澳学生欢迎的华侨高等学府。

在这次会议上，董事们表示要为华侨大学办出特色、办出水平贡献力量。第一，尽力为华侨大学广开对外联系渠道、实现“面向海外、走向世界”的目标；第二，介绍国外高水平的师资来校任教或讲学，并为学校教师出国深造提供条件；第三，积极推荐品学兼优的学生来校学习，努力扩大海外生源，并对学生毕业后回原居住地就业给予关心；第四，帮助学校不断改善办学的物质条件。

图2-32　华侨大学第二届董事会董事长胡平（1986.7—1988.10）

第二届董事会任期从1986年7月至1992年10月。1986年7月至1988年10月由时任福建省省长胡平担任董事长，1988年10月至1992年10月由时任全国侨联副主席黄长溪接任董事长。

胡平（1930—2020），男，祖籍浙江嘉兴，中共党员。华侨大学第二届董事会董事长（任期1986.7—1988.10）。1945年考入江苏省常州中学，积极参加地下党组织领导的“反饥饿、反内战、反迫害”国统区学生运动；1948 年赴苏北解放区参加革命；1949 年在中共常州地委青委工作，后随南下部队参加福建接管工作，历任厦门市委办公室副主任，中共福建省委副书记、省长，国家经委副主任（党组副书记），商业部部长，国务院特区办公室主任等职，中共第十二至十四届中央委员，第八、九届全国政协常委。

图 2-33　华侨大学第二届董事会董事长黄长溪（1988.10—1992.10）

黄长溪（1929—2007），男，出生于厦门，祖籍福建南安，中共党员。华侨大学第一届董事会董事、第二届董事会董事长（任期 1988.10—1992.10）、第三、四届董事会副董事长。1948 年秋就读于上海新中国学院经济系，后转上海大夏大学外文系；1949 年 8 月回厦门，在祖父爱国侨领黄奕住创建的商办厦门电话公司鼓浪屿交换所任主任；1952 年后担任厦门电话公司业务课主任兼厦禾汽车公司经理、厦门电话公司代经理；1953 年加入中国民主建国会；1954 年 9 月任厦门电话公司第一副经理；1958 年担任厦门市工商联副秘书长、副主委、主委；1980 年后担任厦门市副市长、厦门市工商联主委、福建省工商联副主委、厦门建设发展公司副总经理、厦门经济特区管委会副主任；1982 年 10 月起任福建省副省长兼省华侨投资公司董事长；1988 年 1 月任福建省第四届人大常委会副主任兼华侨委员会主任，全国工商联副主席；1989 年 12 月后任福建省人大常委会副主任、全国侨联副主席、全国工商联副主席、第八届全国人大常委会委员、华侨委员会副主任委员、第七届全国政协常委；1998 年 3 月后任第九届全国人大常委会委员、全国侨联副主席、全国工商联副主席。

四　董事会制度对 20 世纪 80 年代华侨大学办学贡献卓著

第一届董事会以降，校董们对祖国的教育事业，特别是对华侨大学更加关怀，大家在侨居国和香港、澳门等地，从精神上、人力上、物质上和经济上都给予大力的支持。

（一）教学科研上的支持

校董们在侨居国和香港、澳门，为华大的复办四处奔波、广泛宣传，并代华大物色、聘请华裔、外籍教授、专家学者来校举行学术报告、短期讲座和课堂教学等。这对提高教学质量和开展研究工作起了促进作用。

如1989年，经第二届校董推荐，先后来华大讲学的有：美国著名教授李宗基博士，台湾著名学者陈大络教授，台湾著名会计师王人瑞先生等。

此外，根据第一届董事会第二次会议的决议，将陈嘉庚纪念堂建设余款150万港元作为奖学金，资助华大派出教师前往国外、香港进修。到第二届董事会任期前，已有留美攻读博士学位的土木系教师陈锐、留英攻读博士学位的化学系教师陈小明、赴港进修的工商管理系教师金式容、陈超和刘和生等。还有第二届董事会校董蔡琼霞设立以其名字命名的奖学金，每年资助一名教师赴欧美留学。董事会副秘书长陈守仁先生的家族基金会与菲律宾大学签订留学协议，每年资助三名教师赴菲律宾大学留学，并于1987年6月正式派王秉安、陈兢克、王安等三位教师前往菲大深造。所有这些，为学校开辟了一条提高师资水平的良好渠道，对学校教学质量的提高产生了积极的作用。

（二）经济上的支持

“文化大革命”前，华侨大学就收到李光前先生等100多位爱国侨胞和港澳同胞集资兴建陈嘉庚纪念堂的专款和利息，1980年后继续收到纪念堂新的捐款，由校董庄明理、许东亮先生经手，这笔钱总共达到500万元。

第一届董事会期间，海外陈先生、港澳康先生等先后捐赠华大的资金，计有人民币20万元一宗，1万元一宗，6000元一宗，1000元一宗，港币18万元一宗，供华侨大学购买急需仪器设备之用。华大用这笔钱立即订购了一台PDP 11/34型电脑和10台TRS－80型微型电脑，为训练师生学会使用电脑、建立电子计算机系打下了初步基础。

华侨大学复办后五年来，由董事会香港办事处许东亮、杨振志、李礼阁先生等经手收到各方面捐助华侨大学用于购置仪器设备、图书资料、聘请专家来校讲学等费用的款项约有港币400多万元（20世纪80年代港币与人民币汇率一直在上涨，1983为100港币∶25.5人民币，到1990年为100港币∶62人民币。实际上由于外汇紧缺，港币无法与人民币自由兑换，进入内地的港币需要兑换成外汇券。当时持外汇券在各地的友谊商场可以购买市面紧俏商品，所以外汇券的实际使用价值大大高于等值人民币。1985年的100元港币在银行只能换取37.2人民币等值的外汇券，但是在黑市上，外汇券与人民币的比值高达1∶1.8—1∶2。也就是说港币的实际汇率要高于官方汇率，400万港元的实际价值至少是700万元人民币）。

1983 年董事会第一次提出设立华侨大学基金会，经过一段时间的筹备，1986 年基金会在深圳正式成立，并在香港设立办事处。华侨大学基金会成立以来，校董事会驻香港办事处在许东亮副董事长、杨振志副秘书长的亲自主持和积极努力下，已在香港地区筹集到将近 800 万港币的基金。副董事长蔡明裕先生和董事王为谦先生、何瑶煌先生、吕振万先生、曾星如先生、黄光汉先生、李玉树先生、赵敬群先生等均慷慨解囊，各向基金会捐赠数十万乃至上百万元港币。在许东亮先生和杨振志先生的热心动员下，一些海外侨胞和港澳同胞也热情赞助基金会。菲律宾侨胞杨思椿先生乐捐 100 万港币、黄先生乐捐 50 万港币，傅养初先生、大众动力机械有限公司、华丰国货有限公司、华人银行均各捐赠数十万元港币，使董事会拥有一笔可观的基金，可供学校随时应急之用，甚至教职工宿舍，也从华侨大学董事会基金中拨款。

董事们还赠送教学仪器、车辆和图书资料。第一届董事会的李新图、颜期仁等先生，捐献了具有 60 个座位的日本 SONY 制造的外语教学用彩色视听设备一套，并派技师前来华大安装，使用后效果很好。此外一批工商界知名人士还捐赠了汽车，摩托车，金相显微镜一架并附照相机、复印机，以及各种理工科外文图书资料。第二届校董蔡素玉女士、江润祥教授积极捐书；在校董和其他方面人士的联络下，一些爱国侨胞也热情赠书华大。香港中南图书有限公司董事长施世筑先生乐捐 50 万元港币作为购书之用，书目由华大选定。①

（三）对外宣传与联系

华大是一所外向型大学，无论从办好学校的总体观念来讲，或从招生的角度来说，都需要加强对外宣传。董事会利用自己的方便条件，把这项工作作为经常性的重要工作来抓。主要途径有二：①发行《董事会通讯》，有计划、有步骤、有重点地介绍学校工作和改革的进展，增进外界对华大的了解；②结合每年招生，通过在港澳地区召开记者招待会、举办展览会、向报刊投稿等方式方法向海外青年、港澳青年介绍华大学生的学习和生活状况。

因校董事会驻港办事处在开展对外宣传和在港澳招生方面做了大量工作，加上各方面的努力，海外华侨、港澳青年学生报名人数有较大增加，到第二届董事会任期开始时，华侨、港澳学生占在校学生比例，由 1983 年的 12% 增加到 25%。

---

① 《董事会通讯》，1987 年第 5 期，华侨大学文书档案。

港澳地区毕业生回港澳后，校董会还协助开展就业指导，跟踪调查学校部分港澳毕业生的就业情况，为学校深化教学改革提供有参考价值的信息。在这方面，董事会驻港办事处做了大量工作。蔡真枝先生不仅就便就地调查了解香港地区毕业生的情况，还多次到澳门，调查学校近期毕业生在澳门的就业情况、工作表现及用人单位的意见等，并形成文字材料反馈给学校，为学校各系进一步调整专业，优化课程设置，提供第一手的参考材料和有力的依据。

（四）其他方面

校董们对如何办好华大，提供了许多建设性的意见和实际帮助。第一届董事会校董、缅甸著名侨领、香港《镜报》创始人、人称“徐大炮”的徐四民先生20世纪80年代初参观华大后直截了当地提了意见，认为校舍过于紧张，应迅速讨回校舍，做好学校环境卫生工作；又在《文汇报》上发文，题为《华侨大学复建校舍何其缓慢》，提出了尖锐批评，引起了地方政府的重视，敦促了校舍尽快归还华大。第一届董事会副董事长许东亮先生经营的香港华丰百货公司，对考上华大的学生，购买日用百货、文具等给予折价优待。港澳许多进步中学的领导和教师还为华大的招生做了大量工作。又如中国科学院力学专家陈宗基教授还从华侨大学的办学特点出发，提出要求在校的教师和学生，认真学习外语和电子计算机。

五　20世纪80年代华侨大学董事会结构的变化

为了更好地发挥董事会领导下校长负责制的作用，华侨大学董事会的结构经历过不断调整。

董事会章程规定，每届董事任期为四年。第一届董事会因种种原因，任期超了两年，直到1986年为止。在此期间，国务院侨务办公室认为为了华侨大学扩大在海外的影响，需要加强董事会的作用，因此国务院侨务办公室决定华侨大学和暨南大学实行董事会领导下的校长负责制，董事会要有职有权，学校办学方针、重大改革都必须通过董事会讨论决定或向董事会报告。

因此，国务院侨务办公室和福建省侨务办公室，对第一届董事会的结构做了检讨。第一，当时刚改革开放不久，对国外及港澳地区的情况不太了解和熟悉，所以在推荐董事人选时有所欠缺。当选的董事绝大部分是“左派”，在一定程度上限制了来源，在发挥作用时可能有局限性。第二，各国家地区董事分布不均衡，海外董事除了3名日本校董，其他全部都是香港和澳门的，而在香港董事中，原籍为闽南地区的又占了绝大部分。第三，各级领导，尤其是国务院侨务办公室和侨联领导比重过高，45 名董事中占了 18 个名额，不利于发挥港澳同胞、海外侨胞的办学积极性。

故而，1983 年召开第一届董事会第二次会议时，就做出了增聘 20 名校董，改善第一届董事会结构的决定。

第一届董事会名单及第二次会议增聘名单

董 事 长：庄希泉　全国政协副主席、全国侨联主席

副董事长：林一心　国务院侨务办公室副主任

连　贯　国务院侨务办公室副主任

林丽韫　全国人大常委会委员、全国台联会长

卢嘉锡　中国科学院院长

童大林　国家经济体制改革委员会副主任

林默涵　国务院原文化部副部长

蔡　黎　福建省人大常委会副主任

郭瑞人　全国侨联副主席、福建省侨联主席

王宽诚　香港中华总商会会长

甘文芳　日本东京华侨总会会长

许东亮　香港华丰国货有限公司、大众动力机械有限公司董事长，原籍福建金门

庄明理　全国侨联副主席

王汉杰　全国侨联副主席

汪大铭　华侨大学副校长

董　　事：庄世平　香港南洋商业银行董事长

庄材雁　香港福建体育会有限公司董事长

庄重文　香港庄士（集团）有限公司主席，美中贸易咨询组织副主席香港区主席

李礼阁　香港信成船务有限公司董事长

陈伯流　金城银行常务董事香港分行总经理

陈宗基　中国科学院地球物理研究所力学专家

陈逸松　全国人大常委会委员

陈焜旺　日本东京华侨总会会长

陈影鹤　香港大庆有限公司董事长
林开德　香港福建商会副理事长
林同春　日本大阪华侨总会负责人
林诚致　香港中华总商会会董，香港福建体育会理事长
林珠光　福州市侨联主席
张国基　北京市文史馆馆长
张楚琨　全国侨联副秘书长
杨振志　香港南洋烟草有限公司常务董事兼总经理
洪丝丝　全国侨联副主席
柯伯诚　旅港福建商会副理事长
徐四民　香港《镜报》文化企业有限公司董事长
郭征甫　香港福建商会监事长
梁雪予　澳门归侨联合会主席
黄来传　香港泉昌有限公司副经理
黄丰州　香港尚平有限公司董事长
程丽川　香港建兴隆企业有限公司董事长
康良才　香港大丰行有限公司总经理
傅维丹　晋江地区侨联主席
蔡钟长　全国侨联委员
董寅初　上海市侨联主席
颜西岳　厦门市侨联主席
颜期仁　旅港福建商会副理事长
廖灿辉　天津市侨联主席
新增董事：千家驹　全国政协委员、民盟中央常委
林兰英　中国科学院半导体研究所所长
黄长溪　福建省副省长
张笃生　泰国福建会馆理事长
任礼增　美国美东福建同乡会华盛顿分会主席
陈永洽　美国美东福建同乡会永远名誉会长
刘文善　美国华人联合会会长，美中福建同乡会副理事长
郑忠高　美国美东福建同乡会会长
黄克立　香港工商银行副董事长兼常务董事

陈秋中　菲律宾化学博士，美国孟克国际公司副总经理
吴家玮　美国旧金山州立大学校长
黄光汉　香港福建商会理事长
庄启程　香港维德行董事长
任积龙　美国美东福建同乡会名誉会长
于长城　美国以同咨询服务公司董事长
李庆丁　荷兰医学博士
黄林生　联合国驻日内瓦机构
——国际电讯联盟频率登记委员会工程师
吕振万　香港建南行出入口有限公司、南大棉纺织厂、爪哇地产有限公司、奇全货仓有限公司等企业董事长
曾星如　香港源美公司、大洋水产公司董事主席
蔡素玉　香港新鸿基国际服务有限公司总经理

秘 书 长：洪丝丝　全国侨联副主席
副秘书长：张楚琨　全国侨联副秘书长
杨振志　香港南洋烟草有限公司常务董事兼总经理
张伟贤　华闽公司经济发展部经理

北京办事处负责人：庄明理　全国侨联副主席
洪丝丝　全国侨联副主席
张楚琨　全国侨联副秘书长

香港办事处负责人：许东亮　香港华丰国货有限公司、大众动力机械有限公司董事长
杨振志　香港南洋烟草有限公司常务董事兼总经理
李礼阁　香港信诚船务有限公司董事长
黄丰州　香港福建商会理事长

此次董事会的增聘，是经过征求各方面意见和本人意见，由国务院侨务办公室审批通过。林丽韫为副董事长，卢嘉锡同志由董事改任副董事长，董事会从45人增加到65人。

这次增聘一个非常明显的特点是，董事会的海外和港澳的董事人数比例大幅度增加，增聘的20人里有17人来自海外及香港地区，这17人里港澳地区校董也不再一枝独秀，除了本来的3位日本校董，还出现了来自泰国、瑞士、日内瓦和美国的

校董，代表性也更加广泛。尤其是美国的校董，一次就增加了 8 人，这 8 人里具有学界背景的有 2 人。这次增聘是第一次在华侨大学董事会里出现了 2 位具有海外学界背景的董事，此前，包含华侨大学副校长汪大铭在内，董事会只有 4 名具有内地学界背景的董事。增加海外学界背景的董事，表明了国家把华侨大学办成与世界接轨的为侨服务、为现代化建设服务的大学的愿望。

1986 年，第一届董事会圆满结束任期，第二届董事会开始履行职责。以下是第二届董事会名单。

第二届董事会成员（1986—1992）名单（带＊号的为第一届董事会成员延聘）

董事长

时任福建省省长胡平在 1986 年 7 月至 1988 年 10 月间担任董事长，1988 年 10 月至 1992 年 10 月则由全国侨联副主席黄长溪＊接任董事长。

副董事长： 19 人

王汉杰＊　全国侨联副主席

王宽诚＊　香港中华总商会会长

卢嘉锡＊　物理化学家、中国科学院院长，台湾台南人，祖籍福建永定

庄世平＊　香港南洋商业银行董事长

庄启程＊　香港维德行董事长

庄炎林　国务院侨务办公室副主任

许东亮＊　香港华丰国货有限公司、大众动力机械有限公司董事长

张楚琨＊　全国侨联副秘书长

李星浩　香港福建社团联合会会长

陈永栽　菲律宾首富，原籍福建晋江

陈明义　福建省委副书记

陈觉万　华侨大学校长

林一心＊　国务院侨务办公室副主任

林水龙　国务院侨务办公室副主任

郑龙溪　菲律宾华商联合总会创始人，原籍福建晋江

祖炳民　美国亚太裔社区教育家和政治活动家，布什总统竞选团成员

梁披云　全国政协委员，澳门归侨总会创会会长，澳门文化研究会会长

黄辛白　全国政协委员，教育部副部长，国务院学位委员会秘书长

蔡明裕　日本华侨企业家，原籍台湾

秘书长：陈觉万（兼）

董　事：55人（以姓氏笔画为序）

丁魁梧　菲律宾丁氏兄弟体育纪念基金会董事长，原籍福建晋江

于长城＊　美国以同咨询服务公司董事长

王为谦　香港晋江同乡会首任董事会长，原籍福建晋江

王孝岁　菲华商联总会常务顾问，菲律宾太平洋铁业公司总经理，原籍福建晋江

王灵智　美国加州大学教授，原籍福建厦门

叶品樵　福建省高等教育厅副厅长

田长霖　美国加州大学伯克利分校研究副校长，原籍湖北黄陂

吕振万　香港建南财务有限公司董事长，
香港厦门联谊总会永远名誉会长，原籍福建南安

庄明理　全国侨联副主席

庄南芳　福建省委原副书记

庄重文＊　香港庄士（集团）有限公司主席，美中贸易咨询组织副主席香港区主席，原籍福建泉州

江润祥　香港中文大学教授

许天荣　菲律宾晋江同乡会理事长，原籍福建晋江

许维新　菲律宾义孝堂永远名誉理事长，原籍福建晋江

何瑶煌　新加坡华商，泉州贤銮福利基金会创办人，原籍福建泉州

吴庆星　缅甸华侨，香港和昌集团董事会主席，仰恩基金会理事长，原籍福建泉州

吴家玮＊　美国旧金山州立大学校长，原籍上海

吴振声　旧金山建东银行总裁，改革开放后在厦门设立分行，原籍福建晋江

张笃生＊　泰国福建会馆理事长，原籍福建云霄

张钰璉　美国国会特邀顾问

李玉树　菲律宾华商，原籍福建南安

李礼阁＊　香港信成船务有限公司董事长，原籍福建同安

杜祖贻　香港中文大学教授，祖籍福建同安

杨家庭　旅港华侨大学校友会有限公司理事长

杨振志（兼副秘书长）＊　香港南洋烟草有限公司常务董事兼总经理

汪琼南　61级化学系校友、印尼《生活报》创始人后裔
陈守仁　香港联泰集团董事长，原籍福建泉州
陈宗基＊　中国科学院地球物理研究所力学专家
陈秋中＊　菲律宾化学博士，美国孟克国际公司副总经理
陈荣春　泉州市市长、市委副书记
陈焜旺＊　日本东京华侨总会会长，台湾人
林同春＊　日本大阪华侨总会负责人，原籍福建福清
林诚致＊　香港中华总商会会董，香港福建体育会理事长，原籍福建安溪
侯昭雄　福建省国务院侨务办公室副书记
俞唐生　香港，具体资料匮乏
姚荣辉　菲律宾华商，原籍福建晋江
施振源　菲律宾晋江同乡会理事长，原籍福建晋江
施嘉骅　菲律宾华商，原籍福建晋江
柯伯诚＊　旅港福建商会副理事长，原籍福建
胡鸿烈　香港树人书院创办人，原籍浙江绍兴
赵敬群　资料匮乏
徐四民＊　香港《镜报》文化企业有限公司董事长
桂华山　菲律宾中华总商会董事，原籍福建晋江
高培新　香港华闽集团有限公司总经理，原籍山东青岛
黄广坦　福建省侨联副主席
黄书汉　菲律宾华商，原籍福建晋江
黄光汉＊　香港福建商会理事长
黄克立　香港工商银行副董事长兼常务董事，原籍福建泉州，毕业于厦门大学
黄志华　资料匮乏
黄衍田　印尼侨领，原籍福建南安
曾星如＊　香港源美公司、大洋水产公司董事主席，原籍福建安溪
谢文盛　化学系校友，香港迪臣发展国际集团有限公司主席
赖庆辉　香港永升实业集团有限公司董事局主席，全国政协委员，原籍福建
蔡素玉＊　香港新鸿基国际服务有限公司总经理，太平绅士，原籍福建晋江
蔡琼霞　菲律宾华侨，陈永裁母亲，原籍福建晋江

表 2－19　第一届、第二届董事会构成对比

单位：人

	总人数	政府背景	内地学界背景	海外学界背景	海外背景	香港＋澳门	日本	泰国	菲律宾	美国	印尼	其他国家
第一届	45	18	4	0	23	20（澳门 1）	3	0	0	0	0	0
第一届二次会议	新增董事 20	2	1	2	17	6		1	0	8		荷兰 1 日内瓦 1
第二届	76	14	3（均包括华大董事）	7	58（2 位资料不明不计入）	27（澳门 1）	3	1	13	8	2	新加坡 1 缅甸 1

吸取了第一届的经验和教训，在第二届董事会聘任时，与第一届校董会情况有很大变化。第一届校董共有 65 名（增补后），其中国内校董 25 人，占 38.5%，比例过大，而且有一些校董因工作变动或年事已高，无法再兼顾董事会的工作。国务院侨务办公室和福建省侨务办公室对第二届董事会的构成提出了几个注意事项。

第一，考虑各地区的人数比例和各阶层人士的组成成分，主要考虑社会活动家、企业家、专家学者的人数比例。特别是增加一些专家学者和较年轻的校董，使董事会更有代表性、更有活力，这对办好华侨大学，必将起到重要作用。

第二，第一届“左派”占大多数，第二届就要争取一些中的和右的，以扩大华侨大学在海外的影响。

第三，在删减董事的问题上，海外董事以原则上不变动为原则，所以第一届海外董事没有续聘的都是因无法胜任而主动请辞的。

第四，由于各地区情况不尽相同，考虑到他们的安全，有的校董身份不宜公开。像这类不宜公开的，就要找出一个折中的办法。当时暨南大学有特设秘密董事，华大也可以参考。后来华大董事会就产生了名誉董事这个荣衔。

在聘任各个地区董事时，因此有不同的考虑和做法。比如在美国，华侨华人的财力和地位有局限性，对美国的校董，期望是可以通过他们搞智力引进，请些专家、学者来讲学。对新加坡，主要考虑一些既是社会活动家、华人领袖，同时又不是当地政党成员这样的人士。在马来西亚，由于政治上的原因，考虑设秘密董事或名誉董事。菲律宾的马尼拉和宿雾地区，华侨集中、资本雄厚，祖籍为闽南的华侨占大多数，因此主要考虑闽南籍、福州籍的校董，同时排除客家籍贯（即闽西），因为当时闽西要筹备闽西大学（最后成立的是在广东梅州的嘉应大学），会形成竞争。

香港、澳门的校董一直是董事会的重要组成部分，之前“左派”居多，这一届就要增加些企业家。而其他地区则暂时不考虑加大力度发展校董。

在这样的指导原则下，第二届董事会的人数增加到 76 人，其中明确是海外校董的为 58 人（有两位校董资料无法确定），占比至少达到 76%，比第一届董事会有了比较明显的提升。其中 25 人是完成第一届董事会任期后续聘的，占比 33%，保证了延续性。学界校董境内外加起来共有 10 人，比第一届实现了跃进。在地区分布上也更加均衡，港澳校董在境外校董里占比为 48%，远低于第一届董事会增聘后的 65%，更远远低于未增聘前的 87%，董事会结构实现了均衡化合理化。值得一提的是，华侨大学与暨南大学分属福建、广东两省，因此在校董的籍贯构成上各自有所倾斜，华侨大学的校董以福建籍，尤其是闽南籍为主，暨南大学以广东籍为主。华侨大学当时校区所在地的泉州，更是福建省最重要的侨乡，在菲律宾泉州晋江籍华侨占总数可以达到九成，但是第一届董事会里却没有来自菲律宾的校董。这个数字在第二届董事会里更新为 13 人，仅次于港澳地区校董，这也是一个比较合理的数字，可见为组织第二届董事会，国务院侨务办公室在菲律宾地区做了很多工作。

董事会结构的改善，为董事会更好地发挥作用打下基础，董事会的筹款和管理能力也进一步提高。

五　从董事会章程看华侨大学董事会的职权变迁（1978—1990）

华侨大学董事会章程的草案诞生于 1978 年，与华侨大学的复办是同一时间，显然，华侨大学与暨南大学一样，在复办之初就考虑了董事会的创设。1980 年董事会成立大会上，董事会章程有所修改，并获得正式通过，以下是两版章程的正文。

华侨大学董事会章程（草案）

（1978 年 6 月 5 日通过）

华侨大学是在伟大领袖和导师毛主席和敬爱的周总理亲切关怀下，为便于华侨青年回国升学，于 1960 年经国务院批准创办的，曾为国家培养了一批又红又专的人才，为社会主义革命和建设做出了贡献。1970 年，由于受林彪、“四人邦”反革命修正主义路线的破坏，而被迫停办。最近，以华主席为首的党中央为落实毛主席的侨务政策，经国务院决定，恢复华侨大学，全国人大常委会副委员长廖承志兼任校长。复办后，华侨大学将办成主要招收华侨、港澳、台湾地区青年兼招收少部分国内学生（以归侨和侨眷子女为主）的一所以工科为主，理工结合的大学。

为了调动爱国华侨、港澳和台湾省籍同胞及归国华侨支援祖国社会主义革命和建设的积极性，协助政府办好华侨大学，特成立华侨大学董事会，并通过以下各条为本董事会章程。

第一条：华侨大学董事会是为协助政府办好华侨大学的顾问性指导机构。

第二条：华侨大学董事会的人选，由国务院侨务办公室会同教育部、福建省革委会聘请中央和福建省党、政、侨务、教育等有关部门的负责同志以及华侨、港澳和归侨爱国知名人士担任董事。

第三条：董事会设董事长一人，副董事长若干人和董事若干人。

第四条：董事会的职责如下：

1. 联系海外华侨、港澳和台湾省籍同胞，宣传国家的教育方针和政策，宣传华侨大学的办学宗旨；

2. 审议学校的远景规划和年度计划，对学校的教学、科研工作、财政经济收支情况和基建计划等重大问题给予审议；

3. 听取学校的工作报告，提出改进意见和建议；

4. 反映海外爱国华侨、港澳、台湾省籍同胞的意见和要求，指导华侨、港澳和台湾省籍同胞子女回来华侨大学升学，并与学生家长取得密切联系；

5. 争取爱国华侨、港澳和台湾省籍同胞从各方面大力支持和协助华侨大学的迅速恢复和发展；

6. 推荐和组织国外专家来校讲学，担任学术指导，或从事科学研究工作。

第五条：董事会每年开会一次，必要时得由董事长召开临时会议。

第六条：董事会设秘书长一人，副秘书长若干人，负责处理董事会的日常工作并经常和董事联系。

第七条：本章程由董事会全体会议通过，报请教育部、国务院侨务办公室和福建省改革委备案，其修改亦同。

华侨大学筹备领导小组

华侨大学董事会章程（定稿）[①]

（1980年1月9日通过）

华侨大学是在毛主席和周总理亲切关怀下，为便于华侨青年回国升学，于

① 《华侨大学董事会章程（定稿）》，1980年，华侨大学文书档案。

1960年由国务院决定创办的。曾为国家培养了一批德才兼备的专业人才，为祖国社会主义建设和中外文化交流做出了贡献。“文化大革命”期间，由于受林彪、“四人帮”反革命修正主义路线的破坏而被迫停办。一九七八年一月，中共中央和国务院为落实毛主席和周总理制定的侨务政策，决定恢复华侨大学，仍由廖承志同志任校长。复办后，华侨大学是一所以工科为主、理工结合的工科大学，主要招收海外华侨、港澳、台湾青年和归侨子女。

为了更好地发挥国外华侨、港澳台同胞、归国华侨等爱国爱乡人士的积极性，协助政府办好华侨大学，对实现祖国四个现代化和促进中外文化交流做出贡献，特成立华侨大学董事会，并订章程如下：

第一条：华侨大学董事会是协助政府办好华侨大学的机构，在国务院办公室、教育部和福建省人民政府指导下开展工作。

第二条：华侨大学董事会的董事，由国务院侨务办公室会同福建省人民政府聘请有关部门的负责同志，以及海外华侨、港澳台同胞、归国华侨等方面的知名人士担任。

第三条：董事会设董事长一人，副董事长若干人，秘书长一人，副秘书长若干人。

第四条：董事会的职责是：

1. 对学校规划、教学、科研工作，基建计划和财务等重大问题，提出意见和建议；

2. 联系海外华侨、港澳和台湾同胞，宣传国家的教育方针和政策，宣传华侨大学的办学宗旨，鼓励、帮助海外华侨、港澳和台湾青年来校学习；

3. 反映海外华侨、港澳同胞和归国华侨对学校的意见、要求，争取他们从各方面协助学校加快建设；

4. 推荐和组织国外华侨专家和外籍专家来校讲学、任教或从事科学研究工作。

第五条：董事会每年开会一次，听取学校工作报告和讨论学校有关事宜，必要时得由董事长提前或推迟召开会议。

第六条：董事会办公室设在华侨大学，在北京、香港和其他需要的地方设立办事处或联络处。

第七条：本章程由董事会全体会议通过，报国务院侨务办公室、教育部和福建省人民政府备案。修改时亦同。

正式版与草案相比，首先措辞上政治色彩更少，因为中国停止输出革命，在囊括海内外校董的董事会章程里也不适宜这般措辞；同时强调了社会主义现代化建设和中外文化交流，这是符合华侨大学复办后的办学路线的，也反映了改革开放的时代要求。

在董事会机构上，正式版增加了秘书长和副秘书长，且要求在北京、香港和其他需要的地方设立办事处或联络处，机构更加完善。

在董事会具体职能上，去掉了董事会的“顾问性机构”性质，但主要职能依旧是对学校的办学方针行政提供咨询和指导，亦即本节第一小节提及的现在大多数公立学校董事会的参考型、咨询型董事会。而且正式版去掉了董事会对学校的远景规划和年度计划，以及对学校的教学、科研工作，财政经济收支情况和基建计划等重大问题的审议权，措辞修改为董事会有权对学校规划、教学、科研工作，基建计划和财务等重大问题，提出意见和建议，也就是从审议权变为建议权。

总而言之，第一届董事会的前三年任期里，华侨大学的董事会尚且不是一个同时具有监督、筹资和咨询三个职能的董事会，当时的董事会实质是一个顾问型机构。

在 20 世纪 80 年代，华侨大学董事会的章程经过两次修订，分别是 1983 年和 1986 年。董事会“协助政府办好华侨大学”的宗旨虽没有改变，但其职能和性质在不断演进。最大的变化，就是董事会从一个顾问型董事会，演变成董事会领导下的校长负责制类型，董事会具有监督、筹资、咨询三种职能。

1983 年 10 月，第一届董事会第一次会议对原董事会章程的第一条和第五条提出了修改意见，并在会上予以通过。

华侨大学董事会章程

（1983 年 10 月 24 日通过）①

华侨大学是国家为了便于华侨青年回国升学，于一九六〇年由国务院决定创办的，曾为国家培养了一批德才兼备的专业人才，为祖国社会主义建设和中外文化交流作出了贡献。十年动乱中被迫停办。一九七八年四月，国务院为落实党的侨务政策，决定恢复华侨大学，一九八三年六月又列入国家重点扶植的大学，主要招收港澳同胞、海外侨胞、台湾青年和外籍华人学生。

为了更好地发挥海外华侨、港澳台同胞、归国华侨等爱国爱乡人士的积极性，协助政府共同办好华侨大学，对实现祖国四个现代化和促进祖国统一大业

① 《董事会通讯》，1983 年第 2 期，华侨大学文书档案。

的完成作出贡献，特成立侨华大学董事会，制定章程如下：

第一条：华侨大学董事会以协助政府办好华侨大学为宗旨，在国务院侨务办公室、教育部和福建省人民政府指导下开展工作。

第二条：董事会设董事长一人，副董事长若干人，秘书长一人，副秘书长若干人。有必要时可设名誉董事长一人。

第三条：华侨大学董事会的正副董事长和董事，由国务院侨务办公室征询有关方面意见后聘请有关部门的负责同志以及海外华侨、港澳台同胞、归国华侨和外籍华人等方面热心华侨教育事业的知名人士担任。

第四条：董事会的职责是：

1. 就学校规划、教学、科研工作，基建计划和财务等重大问题，进行指导。

2. 联系海外华侨、港澳和台湾同胞、外籍华人，宣传华侨大学的办学宗旨，鼓励、帮助港澳同胞、海外侨胞、台湾青年和外籍华人来校学习，学生毕业回原居留地就业给予关心帮助。

3. 反映海外华侨、港澳同胞和归国华侨的有关办好华大的意见、要求、建议，争取他们从包括物质在内的各方面协助学校加快建设步伐。

4. 推荐和组织海外华侨专家和外籍专家来校讲学、任教或从事科学研究工作。

第五条：根据工作需要董事会下可设立若干专门委员会和奖学金基金委员会、扩大生源招生委员会等。委员会委员可由董事兼任，也可由董事长聘请专家名流担任。

第六条：董事会每年召开例会一次，听取学校工作报告和讨论学校有关事宜，必要时可由董事长提前或推迟召开会议。

第七条：董事会办公室设在华侨大学。在北京、香港和其他需要的地方设立办事处或联络点。

第八条：本章程由董事会全体会议通过，报国务院侨务办公室、教育部和福建省人民政府备案。修改时亦同。

相比较下，章程正文第一条的修改其实很小，共同点是肯定了董事会在办学中的协助地位，要接受国务院侨务办公室、教育部和福建省政府的领导，也表明此时的校董事会仍然属于咨询型、顾问型董事会。其次增加了第五条，章程总条款从7条增加到8条。第五条扩大了董事会的组织机构，提出根据工作需要董事会下可设立若干专门委员会和奖学金基金委员会、招生委员会，加强董事会的日常职能和在学生工作中的作用。在机构变革上，提出设立董事会名誉董事长，这与第二届董事会的改组是相呼应的，是考虑到一些敏感地区校董的人身安全。

此外，引导语里删除了“四人帮”等词汇，进一步冲淡政治色彩，以及增加“促进祖国统一大业”也表明改革开放持续发展，社会已经完全进入“后文化大革命”时代。

1985 年教育工作座谈会后，国务院侨务办公室在暨南大学和华侨大学试行董事会领导下的校长负责制。因此第二届董事会第一次会议时通过的新董事会章程，与此前的三个版本有了本质的不同。

华侨大学董事会章程①

（1986 年 7 月 21 日通过）

华侨大学是一所面向海外、面向港澳台、面向特区的文、理、工、商多科性的综合性大学。为了把华侨大学办出特色，办出水平，使之适应海外华侨和港澳地区的需要，特成立华侨大学董事会，实行董事会领导下的校长负责制。

第一条：华侨大学董事会是由国务院侨务办公室会同福建省人民政府商议，聘请海外华侨、港澳台同胞、归国华侨和外籍华人等方面热心华侨教育事业的知名人士以及国内有关人士组成。

第二条：董事会设董事长一人，副董事长若干人，秘书长一人，副秘书长若干人，每届董事任期四年。

第三条：董事会的职责是：

1. 提名华侨大学校长人选，报请国务院任命；

2. 就学校办学方针、规划、教学、科研、基建、财务等重大问题，进行指导和审议；

3. 向海内外人士宣传华侨大学办学宗旨，反映他们的意见、要求、建议，争取他们的支持和帮助；

4. 推荐和组织海外专家学者来校讲学或从事科学研究，给学校出国进修人员和开展国际学术交流积极创造条件；

5. 扩大海外生源，推荐品学兼优学生来校学习，学生毕业回原居住地就业给予关心帮助。

---

① 《董事会通讯》，1986 年第 5 期，华侨大学文书档案。

第四条：根据工作需要董事会下可设立若干专门委员会。委员会委员可由董事兼任，也可由董事长聘请专家名流担任。

第五条：董事会每两年召开一次，必要时由董事长和副董事长决定可以召开特别会议。

第六条：董事会办公室设在华侨大学。在香港设立办事处。

第七条：董事会闭会期间，授权秘书长主持董事会日常工作，并对董事会负责。

第八条：本章程由董事会全体会议通过，报国务院侨务办公室、国家教育委员会和福建省人民政府备案。

第九条：本章程解释权与修改权均属华侨大学董事会。

增加了第九条，关于章程解释权和修改权的归属，表明了华侨大学维护校董事会的地位与作用的决心。

从1986年董事会章程正文可见，首先是引导语大幅减少，华侨大学确立其性质为一所面向海外、面向港澳台、面向特区的文、理、工、商多科性的综合性大学。说明了华侨大学在改革开放时期的办学方针。其次，董事会任期确立为四年。最后，明确提出华侨大学实行董事会领导下的校长负责制。

国务院侨务办公室主任廖晖在给第二届董事会第一次会议的致辞中说："华侨大学的办学方针是以招收港澳台和海外同胞青年学生为主，提供良好的学习条件，使其成为能够为居住地社会发展的有用人才。根据这个方针，华侨大学在专业设置、招生办法、教学内容、教材、教法、师资选聘、规章制度、学校管理以及办学条件等方面都必须与海外的办学方针相适应，积极而稳妥地进行改革和探索，不能完全照搬国内大学的模式，要求学校不断地提高教学质量和学术水平，逐步形成适应海外的社会需求的若干骨干学科和专业，以提高毕业生在海外、港澳就业的竞争能力。此外，学校地处闽南，还要为厦门经济特区和闽南经济三角区培养一些专门人才，为福建经济振兴和'两个文明'建设作出应有的贡献。要做到这些，任重道远。有赖于董事会对学校的有力领导。……华侨大学实行董事会领导下的校长负责制。"进一步确立了董事会的权力与责任。

总而言之，第一届董事会的职能是对学校办学大政方针提供咨询、进行指导的机构。随着学校试行董事会领导下的校长负责制，董事会职能亦随之改变，第二届董事会修改章程后，董事会有权向国家推荐校长，有权对学校的办学方针、规划、教学、科研、基建、财务等重大问题进行审议。董事会在20世纪80年代后期转型为具有一定决策权的公立大学中少见的董事会。此外，董事会工作制度的改革，也提高了董事会的工作效益。为了使董事会的工作更切合实际，1986 年的新章程规定“必要时由董事长和副董事长决定，可以召开特别会议”“董事会闭会期间，授权秘书长主持董事会日常工作，并对董事会负责”。这些规定大大增强了董事会工作体制的灵活性，既可缓解诸董事为开会长途跋涉之难，又可提高董事会办事的有效性。今日华侨大学实行的是党委领导下的校长负责制，董事会职能早已经转型为侧重咨询与建议，但是 20 世纪 80 年代，华侨大学曾有过特殊的管理模式，其董事会曾经发挥过重要作用，完成了其阶段性的使命。

第七节　党的建设与群团工作

一　华侨大学党组织变迁

1978 年 10 月，中共福建省委批复华侨大学建立党委会的机构设置，同意华侨大学党委要下设党委办公室、组织部、宣传部、统战部、武装部等办事机构。行政机构设置校长办公室、人事处、教务处、总务处、基建处、落实办、团委会、工会等办事机构。这样学校的党委和行政的办事机构基本齐全并开始运作。为使学校领导机构进一步健全和加强，1980 年 4 月，教育部党组任命汪大铭为华侨大学党委第一副书记、副校长，许金荣为党委副书记、副校长，杨曾艺、白世林、王福起为副校长；随后又任命雷霆为副校长。1980 年 5 月，福建省委批准组织中共华侨大学委员会，由蔡黎、汪大铭、许金荣、杨曾艺、白世林、雷霆、王福起组成，经中央批准由福建省委常委、省人大常委会副主任蔡黎兼任华侨大学党委书记，汪大铭任党委第一副书记，许金荣任党委副书记，杨曾艺、白世林、雷霆、王福起任委员。1981 年 9 月，成立党的纪律检查委员会，许金荣任书记，池冲任副书记。1981 年，全校党员共有 263 人，其中干部党员 106 人，教师党员 101 人，工人党员 51 人，学生党员 5 人。1982 年，全校党员 290 人，其中教工党员 288 人，学生党员 2 人。[①] 1982 年 2 月中共华侨大学第一次代表大会举行，大会选举产生了中共华侨大学第一任委员会和纪律检查委员会。3 月，经中共福建省委批复同意，由汪大铭、雷霆、白世林、杨曾艺、王福起、林蒲田、许金荣 7 人组成中共华侨大学委员会，汪大铭任书记。

汪大铭（1919—1993），上海宝山城厢人，中共党员。1935 年 12 月参加革命，1938 年参加新四军，抗战时期曾任江苏江宁县委书记、茅山地委书记、浙东区党委

① 贾益民主编《华侨大学志》，中国文史出版社，2015，第 366 ~ 367 页。

图 2－34　华侨大学党委书记汪大铭（1982.3—1984.4）

组织部部长，新四军第一纵队政治部组织部部长，一纵二旅政治部副主任，中国人民解放军华北野战军一纵二旅四团政委，一纵三师政治部主任，第九兵团政治部组织部部长。新中国成立后，历任中国人民志愿军司令部派赴朝鲜人民军第三军团联络组组长，志愿军二十军六十师政委，中国人民解放军华东军区政治部干部部副部长，二十八军政治部主任兼党委副书记。1961 年初转地方工作后，历任中共福建省委财贸部副部长、组织部副部长、厦门市委书记、华侨大学党委书记兼副校长。汪大铭 1934 年曾在江苏宝山县淞江小学和上海德润英文补习学校自学世界语，20 世纪 80 年代后积极参加世界语运动。曾荣获国家二级独立自由勋章、二级解放勋章，朝鲜民主主义人民共和国自由二级勋章。

1983 年 6 月，根据“中央 24 号文件”精神，华侨大学建立党组。1984 年 9 月，根据中共中央关于各级领导机构试行新老交替、保持干部队伍阶梯结构的指示精神和对干部“革命化、年轻化、知识化、专业化”的要求，依据“中央 24 号文件”关于华大“实行校长负责制，学校建立党组”的指示，学校党的组织由党委建制改为党组建制，设立华侨大学党组。1984 年 4 月，中共国务院侨务办公室党组任命雷霆、杨翔翔、白世林、林蒲田、李孙忠为党组成员，党组工作由福建省委代管，日常工作由雷霆主持。1984 年 9 月，中共福建省委根据中央宣传部通知，任命雷霆为华侨大学党组书记，原纪律检查委员会改为纪律检查组。1984 年，学校成立“中共华侨大学机关委员会”，主要负责学校党的建设和群众思想教育工作，李孙忠任机关党委会书记。1985 年 10 月，国务院侨务办公室党组征得学校董事会多数正副董事长的同意，经中共福建省委批准，任命陈觉万为副校长、党组成员。1985 年 11 月，福建省委组织部征得国务院侨务办公室党组同意，任命李孙忠兼任华侨大学纪律检查组组长。

图 2－35　华侨大学党组书记雷霆（1984.9—1986.7）

雷霆（1922—1995），上海市松江人，中共党员。1936 年 12 月参加革命，1938 年 10 月加入中国共产党。先后担任过上海光华附中党支部书记，大同大学党支委，上海学生界救亡协会非教会大学区党团书记，非教会中学区党的区委委员，东吴大学、泸江书院党支部书记。1941年底到苏北解放区，在中共中央华中局调查研究室工作。1943 年至 1944 年在华中局党校学习。结业后任浙东区党委秘书处、组织部干事，浙东行署人事科副科长兼机关党的分总支书记。1945 年任松江县党的特派员、中共松县党的特派员、中共松江工委秘书长。1947 年转入浦东游击区。1948 年 1 月被国民党政府逮捕，坐牢近一年，后经组织营救出狱。1949 年重返浦东游击队工作至新中国成立。新中国成立后任中共松江地委青委宣传部部长、中共南汇县委青委书记等，1951 年调动至福建，历任中共福建省委宣传部理论教育处副处长、文教部、学校教育处副处长、福建省科委副主任等职务。1963 年任福州大学党委副书记。1980 年 4 月任华侨大学副校长，后任党组书记兼副校长。雷霆是政协福建省第二、三、四、五届委员，第三、五届常委。①

1985 年，国务院侨务办公室党组给福建省委去函建议华侨大学党组改设为党委，福建省委经研究，同意华大党组改设为党委，要求学校按照党章规定，召开党的代表大会，选举产生党委。1986 年，全校党员共有 504 人，其中教工党员 424 人，学生党员 80 人。1989 年 3 月华侨大学恢复了党委建制，于 3 月 14 至 17 日召开中共华侨大学第二次党代会，选举并经福建省委批准，成立中共华侨大学党委会。党委会由施玉山、杜成金、陈觉万、何志成、李孙忠、李红、吴永年组成，施主山任书记，杜成金任副书记。党委会下设党委办公室、组织部、宣传部、学生工作部、统战部。同时经选举产生并成立党的纪律检查委员会，李孙忠任书记。为健全党的基层组织，系、处设党总支或直属党支部，健全民主集中制，建设好领导班子，密切党群关系，抓党风和廉政建设，加强思想教育工作，保证党的教育方针、政策的贯彻执行。

1990 年，党员重新登记。华大按照“坚持标准，保证质量、改善结构、慎重发展”的方针，根据《中国共产党发展党员工作细则（试行）》等规章制度的要求发展党的组织。

党委会下设党委办公室、组织部、宣传部、统战部、武装部等办事机构。这些机构也发生过一些变迁。

1. 党委办公室

1978 年 10 月，党委办公室设立，行政上则设置校长办公室等机构。1989 年，为适应学校领导管理体制，党委办公室与校长办公室开始合署办公，校长办公室、

① 林强：《中共福建党史人物·社会主义时期》，中央文献出版社，2007，第 2 卷第 782 页。

党委办公室主要职能是围绕学校中心工作，积极发挥作为参谋助手、学校的信息枢纽的作用，做好部门的综合协调、工作的督促落实等工作，服务领导、把握大局、服务部门、服务基层，做好组织协调、督察督办、公文处理、会议组织、信息沟通、信访接待、机要保密、对外联络、重要活动组织、综合管理服务和领导交办的其他工作。

2. 组织部

1978 年，学校复办后，福建省委同意华侨大学党委机构设立党委组织部（暂与人事处合署）1983 年 6 月，根据“中央 24 号文件”要求，华侨大学建立党组，设立组织部和宣传部。1984 年党委组织部撤销，党委组织部干部工作划归人事处，发展党员、党费收缴划归华侨大学机关党委。1989 年，学校恢复党委建制的同时设立党委组织部，具体负责全校组织建设工作、干部工作和知识分子工作。1990 年校党委设立的党校也挂靠党委组织部。

3. 宣传部

1978 年复办时，学校成立宣传组。学校党委恢复后，再次设立宣传部，下设宣传科（含新闻、摄影、电影队、有线广播）、理论教育科。1984 年 11 月，华侨大学党委改为党组，宣传部停止工作，其职能基本由新成立的机关党委会宣传部执行。宣传部下属的《华侨大学报》于 1980 年复刊。1985 年 1 月，根据“中央 24 号文件”精神和华大面向海外招生的特点，中共福建省委宣传部同意《华侨大学报》改为以对外宣传为主的报纸，要求《华侨大学报》“办成一张适合海外对象阅读的引人入胜的报纸”，《华侨大学报》由此获得刊号 CN－35（Q）第 0018 号，成为全国最早拥有正式出版刊号的高校校报。党委宣传部下属的机构还有华侨大学广播台，这是直属于校党委宣传部领导的校园宣传媒体，是学校重要的宣传阵地和文化窗口。

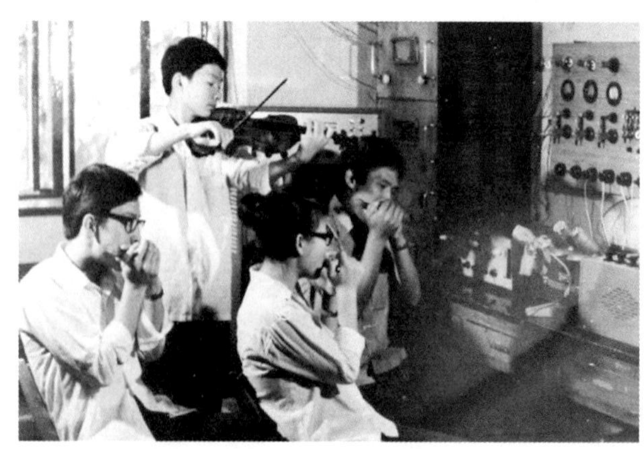

图 2－36　1979 年，校广播台直播文艺节目

华侨大学广播台的前身是校园有线广播，设立于复办初期，当时主要负责对校内开展宣传教育活动，由党委宣传部负责管理。1981 年起，有线广播的内容由党委宣传部负责，技术管理和行政管理由新成立的影音管理部门电化教学中心负责。1989 年，学校恢复党委建制。9 月，校党委决定，党委统战部与宣传部合署办公，人员、机构合署办公，统战部的工作由宣传部代管。

4. 统战部

1978 年，复办初期校党组认真贯彻党的各项统战政策，积极支持民主党派建立组织、开展活动。“中央 24 号文件”提出“办好华侨大学，对于在海内外建立广泛的统一战线，具有重要意义。”1989 年 9 月，学校正式恢复设立统战部。

5. 纪律检查委员会

1981 年 9 月，中共华侨大学纪律检查委员会成立，许金荣、池冲、孟宪武、杨翔翔、张文涛为委员，许金荣为书记、池冲为副书记。1982 年 2 月，中共华侨大学第一次代表大会选举产生第一届纪委。1984 年 9 月，中共福建省委通知，原中共华侨大学纪律检查委员会改为纪律检查组。1985 年 11 月，李孙忠兼任中共华侨大学纪检组组长。1989 年 6 月，中共华侨大学第二次代表大会选举产生并成立纪律检查委员会，许天佑、李孙忠、陈玛添、林文枝、康玉琛为委员，李孙忠为书记。①

二　华侨大学党员代表大会

（一）第一次党代会

1981 年 3 月，学校决定召开华侨大学复办后党的第一次代表大会，成立了由雷霆为秘书长的党代会筹备工作秘书处，开展党代会代表选举等相关工作。

1982 年 2 月 24—25 日，中共华侨大学第一次代表大会在教学楼梯形教室举行，93 名党员代表参加大会，16 名非党员代表应邀参加。汪大铭代表学校党委做题为《同心同德、扎扎实实地为办好华侨大学而努力奋斗》的工作报告，总结华大复办三年多来的工作，探讨了今后如何办好华大，并按照“质量高”“有特色”的建设华大原则提出了学校今后的工作任务。大会讨论并通过了汪大铭所做的党委工作报告，讨论了《华侨大学“六五”发展规划初步意见》，选举产生了中共华大第一届委员会和纪律检查委员会，并报请福建省委批准。3 月 26 日，中共福建省委批复同意，由汪大铭、雷霆、白世林、杨曾艺、王福起、林蒲田、许金荣 7 人组成中共华

① 贾益民主编《华侨大学志》，中国文史出版社，2015，第 373 ~ 378 页。

侨大学委员会，经中央同意，汪大铭任书记，雷霆、许金荣任副书记，白世林、杨曾艺、林莆田任委员，中共华侨大学纪律检查委员会由许金荣、池冲、张文涛、孟宪武、叶荣恭、李紫庭、李常胜等7人组成，许金荣任书记，池冲任副书记。

图2－37　中国共产党华侨大学第一届代表大会

（二）第二次党代会

1989年6月2—3日，召开第二次党代会，全校101名党代表参加会议。

第二次党代会工作报告明确指出，在实行校长负责制的华侨大学，恢复党委建制。校长对外代表学校，对内掌管一切校务。党委是党在学校的基层组织，其最基本的职能是对党和国家的方针政策在学校的贯彻执行实行保障和监督。具体可概括为五个方面：①在加强党的思想建设和组织建设上起领导作用；②在学校的思想政治上起核心作用；③在学校全面完成各项任务上起保证作用；④在贯彻执行党的方针政策上起监督作用；⑤在党、政、工、团等各种关系上起协调、指导作用。因此，以校长为首的行政和校党委是分工合作关系，各司其职，各负其责，互相协调，共同完成培养经济建设和社会发展需要的合格人才这一根本任务。为了使“校长负责、党委保证监督”的领导管理体制协调配合，保证党的监督和开展工作的需要，党委办公室和校长办公室合署办公，实行一套人马，两块牌子；建立党委正、副书记参加由校长主持的校务委员会和“校务工作会议”制度，直接参与学校战略决策的审议工作，以便沟通情况，对学校工作中的重大问题提出意见、建议，协助校长决策；教职工代表大会，领导干部生活会、工作通报会等都是保证监督的基本会议制度。报告特别强调，党政分开是指职能上要分，而工作目标上要合，团结一致、和衷共济，各司其职，各执其事。第二次党代会报告为实行“校长负责制”的华侨大学党委今后工作理顺了关系，指明了方向。

大会选举产生由施玉山、杜成金、陈觉万、何志成、李孙忠、李红、吴永年7人组成的党委会，施玉山任书记；选举产生了由许天佑、李孙忠、陈玛添、林文枝、康玉琛5人组成纪律检查委员会，李孙忠任书记。1989年6月30日，福建省委批复同意选举结果。

图2-38　华侨大学党委书记施玉山（1989.6—1996.10）

施玉山（1933—），男，福建泉州人，中共党员，研究员，原华侨大学党委书记、副校长。1953年考入南京工学院土木工程系工业与民用建筑专业，1957年提前半年毕业，被选送到清华大学工程力学研究生班深造。1959—1972年，分别在上海国防部五院和北京七机部下属单位从事航天技术工作。曾参加中国第一枚高空探测火箭的研制和发射，任总体设计和协调组组长（该型号火箭获1978年全国科学大会重大发明奖）。1972年调入福州大学土木建筑系从事教学和工程设计。在此期间，曾受福建省广播事业局委托，负责《高小自立电视调频塔》的设计，该设计项目经中央广播事业局鉴定认可，并推广到其他沿海省份应用。1979年调入华侨大学土木工程系，任系主任、副教授，主要从事结构动力学的教学和科研，建立福建省首个建筑结构硕士学位授予点；筹建建筑设计事务所（现华侨大学设计院前身）。主编的《石结构房屋抗震设计规范》《石结构房屋抗震鉴定和加固规程》等著作，于1994年、1999年先后荣获国务院侨务办公室授予的“科技进步三等奖”。1981年加入中国共产党。1982年获福建省“劳动模范”称号。1984年4月至1996年10月，任华侨大学副校长。1988年6月至1996年10月，任华侨大学党委书记，曾到中共中央党校进修半年。1995年评为研究员，1997年起享受国务院政府特殊津贴。是中共福建省第五、六届代表大会代表，第七、八届福建省人大代表。曾兼任中国力学学会理事、中国土木工程学会理事、中国基建优化研究会理事和福建省力学学会副理事长、福建省土木建筑学会副理事长、福建省科学技术协会常委。①

① 《世界优秀专家人才名典（中华卷第一卷（中））》，中国国际交流出版社、世界科技出版社，1999，第753页；《华侨大学五十年（1960—2010）》第58页；《泉州市劳模传（第三卷）》，中国工人出版社，2001，第67页；贾益民主编《华侨大学志（1960—2010）》，中国文史出版社，2015，第25页、第280页。

三 落实政策

（一）解决知识分子入党难问题

为解决知识分子入党难的问题，肃清党建工作中“左”的思想影响，要积极、慎重地做好知识分子中的党建工作，发展知识分子党员。[①]

发展知识分子党员，是落实党的知识分子政策、调动广大知识分子的积极性、增加党的新鲜血液的重要保证。因此，校党委要求各级基层党组织要把这项工作抓紧抓好，做到有计划、有措施，专人负责落实，成熟一个发展一个。1981—1982 年就发展了 7 名讲师入党。之前因受“左”的路线影响，有一些知识分子入党积极分子长期被关在党外。曾经有一位马列教研室的讲师，从求学到工作的二十多年来，一贯表现较好，多次被评为优秀团员、“三好学生”和先进工作者，本人多次申请入党。只是因其父兄在菲律宾从事华侨教育事业，而被认为是“海外关系”，“无法查清”，长期不能入党。落实政策后，他成功入党。由于重视落实知识分子政策，华大的知识分子党员不断增多。通过贯彻党中央关于解决知识分子入党难问题的指示，知识分子入党难的状况有所改变。知识分子中新党员比例逐年有所增长，复办至 1985 年，共发展新党员 111 人，其中大专文化程度以上的知识分子 98 人，占新党员总数的 88.3%。1986 年，全校党员 504 人中有 424 人是教工党员。发展速度不断加快，1986 年又在中青年教师和青年学生中发展新党员 49 人，占复办以来发展总数的 44.1%，其中大专文化程度以上的 47 人，占 95.9%，较好地改变了党员队伍中的知识结构和年龄结构。[②]

（二）解决地下党遗留问题

根据福建省委有关文件规定的精神，为了做好福建省地下党遗留问题落实政策工作，华大成立了落实地下党遗留问题办公室，抽调干部具体负责这项工作，还找了一批对地下党情况比较熟悉的离休老干部参加调查研究工作。

华大需要落实地下党政策的对象共有 14 人，学校根据本人反映的情况和提供的材料，通过内查外调，做了大量工作，落实了他们的多年悬案，调动了他们的工作积极性。由于过去“左”的思想影响，对他们安排使用不当的，按照党的政策规

---

① 《落实知识分子政策基本情况汇报》，1981，华侨大学文书档案。

② 《落实党的知识分子政策报告》，1986，华侨大学文书档案。

定，给予重新安排工作的有 5 人，其中提升副处级的 2 人，正副科级的 3 人，给 9 位同志提升了工资，其中提升两级工资的 2 人，提升一级工资的 7 人。[①] 通过落实政策，解决了这些同志背了多年的包袱，大大地调动了他们的工作积极性。

四　离退休干部工作

随着干部离退休制度的执行，学校的离退休干部逐年增加。截至 1987 年，全校共有离休干部 17 人，退休干部和工人 44 人。1982—1988 年，华大离退休教职工的服务管理工作由人事处干部科负责。1988 年 2 月，学校在人事处设立老干部科，作为服务离退休教职工的专门职能科室。1988 年，学校成立第一届老干部工作委员会。

为了做好离退休干部的安置和服务工作，华大对离退休工作进行一次全面检查落实。通过召开座谈会和个别登门访问，虚心听取他们的意见。对他们提出的合理要求，能够做到的就马上解决，如家住泉州市区的离休老同志，回校看病有困难，要求提供方便。学校经与校医院商量，同意照顾他们在住址附近医院就医。他们要求到外地看病，学校就组织他们去青岛等地治疗、参观。有些难以办理的，也及时做好解释工作，请他们体谅，并向校领导汇报，建议给予统筹解决。

在政治上和生活上对离退休干部给予关心照顾，按规定他们可以阅看的文件和参加的会议，学校都及时通知他们，为他们传阅文件。此外，还有派车接送到泉州市区上老年大学，分发学校招待的电影票，以及经常为老干部活动室订购和分发报刊，增添文娱活动用品，让他们有个学习和开展文娱活动的场所。还为离休老干部发放了交通费，组织他们往深圳等地参观。[②]

五　华侨大学群团组织

（一）工会

华侨大学复办以后工会筹备工作时期，根据省市总工会的要求和学校实际情况，经研究成立华大工会筹备领导小组，由华大领导小组成员白世林任组长，人事处干部赵富足任副组长。

---

① 《人事工作总结》，1985，华侨大学文书档案。
② 《人事工作总结》，1985，华侨大学文书档案。

华侨大学工会筹备领导小组1979年4月12日召开了第一次会议，传达省市总工会会议精神和有关文件。会议认为：为了适应全党工作的着重点转移到社会主义现代化建设上来的形势和学校复办后教学科研任务的要求，恢复工会组织，积极开展工会活动，是完全必要的，会议提出，当前必须抓紧3项工作：①老会员进行恢复登记会籍，同时按工会章程规定大力发展新会员；②在校工会筹备领导小组领导下，以处、室、系为单位成立工会小组，成员由3—5人组成，设小组长一人；③组织教职工学习工会“九大”文件和工会章程，进行工会性质、任务和作用以及会员的权利和义务教育。

1979年至1986年3月，华侨大学首届工代会召开之前，肖亭曾担任工会副主席主持工作，肖亭调离后李常胜担任工会副主席，1983年至1986年黄风长任工会副主席主持工作。

1986年4月31日—4月2日，华侨大学工会首届代表大会在陈嘉庚纪念堂召开（见图2－39），大会推选工会代表116人，会议的主要议程，一是审议和通过校工会工作报告，二是选举产生华大首届工会委员会和首届工会经费审查委员会。大会经无记名投票选举产生华大首届工会委员会委员23人。经费审查委员会由7人构成。至1986年2月，华侨大学工会会员达1264人，其中女会员355人，加入工会会员的占教职工总数的95%，全校有15个部门工会，84个工会小组，17个直属工会组织。1987年7月，华侨大学工会全体委员会议无记名投票选举，并经党组批准，增补化学系副教授王毓明为华侨大学工会副主席。

图2－39　华侨大学首届工会代表大会召开

1989年11月，召开了华侨大学工会第二次代表大会。大会听取和审议了首届工会委员会的工作报告和工会经费审查委员会的工作报告，并选举产生第二届工会委员会和经费审查委员会。出席大会的正式代表161人，特邀代表17人，来宾63

人。福建省教育工会、泉州市总工会、泉州市教育工会及鲤城区教育工会的负责同志和学校党政领导、离退休干部代表、各民主党派负责人等，应邀参加了大会。[①]

1987 年 6 月 19 日—20 日，由工会负责组织的华侨大学首届教职工代表大会在陈嘉庚纪念堂召开，民主选举教代会代表 172 人。会议审议通过了《校长工作报告》《关于“七五”规划修订情况的说明》等，选举产生学校住房分配委员会，讨论通过《教职工住房分配和管理办法》、民主推荐行政处级干部。推选产生华侨大学教职工代表大会提案审查小组。首届教职工代表大会共收到提案 84 件，经审核，由正式代表提出并符合规定程序要求的提案 77 件，提交大会做提案处理，经整理归类后可大体分为六类：①政治思想方面的提案 6 件；②组织人事方面的提案 16 件；③教学科研方面的提案 3 件；④生产设备方面的提案 9 件；⑤生活福利方面的提案 43 件；⑥其他方面的提案 7 件。

（二）共青团

复办后，共青团华侨大学委员会于 1979 年 12 月 13 日重新建立，团委书记是杨振东，1986 年由李红接任。[②] 共青团华侨大学委员会下设办公室、组织部、宣传部、文体部等部门，当时还没有社会实践服务指导中心、科技创新服务指导中心、青年志愿服务指导中心和素质服务指导中心等 4 个部门。共青团主要职能是围绕校党委的工作中心，扎实有效地开展具有共青团特色的大学生思想政治教育活动。

（三）民主党派

1978 年复办初期，校党组认真贯彻党的各项统战政策，积极支持民主党派建立组织，开展活动。1987 年 9 月，学校正式恢复设立统战部并延续至今，从此，学校的统战工作逐步走向制度化、规范化和常态化，各民主党派和群众团体的组织发展、组织建设和组织生活也逐步常态化。1981 年，华侨大学归国华侨联合会率先成立。1982 年，首个民主党派组织“中国民主同盟华侨大学支部委员会”成立。1983 年，华侨大学台湾同胞联谊会成立。1985 年，中国农工民主党华侨大学支部委员会、九三学社华侨大学支部委员会、台湾民主自治同盟华侨大学支部委员会和福建省留学生同学会华侨大学分会等组织团体陆续成立。1986—1989 年，中国国民党革命委员会华侨大学支部委员会、中国致公党华侨大学支部委员会、中国民主建国会华侨大学支部委员会、中国民主促进会华侨大学支部委员会先后成立。至此，8 个民主党

---

① 贾益民主编《华侨大学志》，中国文史出版社，2015，第 385 页。

② 贾益民主编《华侨大学志》，中国文史出版社，2015，第 403 页

派在华侨大学都成立了自己的组织。①

民盟华侨大学支部委员会成立于1982年，首任支部主委为麦淑良。

九三学社华侨大学支社成立于1985年，首任支社主委为李颂琛，1990年由万嘉铸接任。

台盟华侨大学支部委员会成立于1985年，首任支部主委为蔡济世。

农工民主党华侨大学支部委员会成立于1985年，首任支部主委是陈亚年。

民革华侨大学支部委员会成立于1986年，首任支部主委为张伯庆。

致公党华侨大学支部委员会成立于1987年，首任支部委员为麦淑良。②

民建华侨大学支部委员会成立于1989年，首任主委为王志雄。

民主促进会华侨大学支部委员会成立于1989年，首任支部主委为吴伯俦。③

（四）校友会

华侨大学的学生来自海内外，特别是自创办起到1966年暂停招生止，学校共招收学生2479名，其中来自东南亚等17个国家和地区的学生2351名，占学生总数的95%。他们毕业后除了一小部分留在国内参加工作外，很大一部分回海外原住地或到香港、澳门工作。复办后，港澳台及海外学生也占有一定比例，因此华大校友足迹遍布海内外。

华大校友工作始于20世纪80年代，在建校25周年之际（1985年），国务院侨务办公室同意学校成立华侨大学校友会总会，挂靠公共关系处（1995年更名为外事处）。

1984年底，学校成立了5人校友会筹备小组，着手与各地校友会联系，草拟《华侨大学校友总会章程（草案）》。1985年初，学校以1985年第39号文《关于举行建校25周年庆祝活动、召开第二届校董事会和成立校友会总会的请示报告》向国务院侨务办公室申请成立校友会总会。1985年3月，国务院侨务办公室发文批复同意成立华侨大学校友会总会。1985年7月在华大召开成立校友总会筹备会议，讨论章程草案，酝酿校友总会理事人选及校友总会成立大会的代表名额分配，筹备会后，曾在《华声报》《参考消息》上刊发启事，征集校友通信地址及校友事迹。

1985年11月1日，举行建校25周年庆祝活动，邀请各地校友参加并于11月2日召开“华侨大学校友总会成立大会”，参加大会的各地校友代表400余人。会议

---

① 贾益民主编《华侨大学志》，中国文史出版社，2015，第410页。

② 早期民主党派人数少，支部主委有兼任的情况。

③ 贾益民主编《华侨大学志》，中国文史出版社，2015，第417页。

讨论通过《华侨大学校友总会章程》，选举成立华侨大学校友总会理事会。校友总会宗旨规定："遵守宪法、法律、法规和国家政策，遵守社会公共道德风尚，发扬校友爱国、爱乡、爱校的精神，加强校友与母校的联系，团结海内外校友共同为振兴中华、建设四化、为增进国际学术交流和友好往来，为母校的发展而贡献力量。"大会选举47人组成第一届理事会，理事会聘请许东亮、伍治之、杨振志为名誉理事长，推选谢白秋为理事长，郭景仁、杨家庭、黄志华、邱国华、马媛璋、蔡冬雪、陈修庆、曹赐德、林碧玉、姜国文、李亚温等11人为副理事长，李亚温兼任秘书长。

华侨大学校友总会第二届理事会于1988年在深圳召开，大会聘请许东亮、林一心、吴治之、杨振志为名誉会长，推选谢白秋为会长，杨翔翔为理事长，杨家庭、谢文盛、黄志华、郭景仁、李亚温等10人为副理事长，李亚温兼任秘书长。各地校友会交流了工作经验，特别着重研究如何搞经济实体为校友会活动筹集资金问题。1990年华大30周年校庆之时校友会召开了第二届第二次理事扩大会议，会上增补杨振强、潘耿福、尤肖其、尤宗祥为副理事长，由于人事变动，杨振强接替李亚温兼任校友总会秘书长。

（五）其他群众组织

1. 留学生同学会

1985年成立留学生同学会，是在1978年复办后较早成立的一个群众团体，在校党委统战部的直接领导和大力支持下，其组织规模不断发展壮大，已经成为华侨大学民主党派、人民团体中最为活跃的群体之一。华侨大学留学生同学会首任会长为副校长杨翔翔教授。华侨大学留学生同学会是福建省留学生同学会的一个分会。多年来，华侨大学留学生同学会坚持举办学术讲座、外出参观考察、联欢联谊等活动。①

2. 华侨大学归国华侨联合会

华侨大学侨联成立于1981年，首届主席为赖奕永，1984年李亚温接任主席，1988年辛杰雄接任。

3. 华侨大学台湾同胞联谊会

华侨大学台湾同胞联谊会（简称台联）成立于1983年，首任会长为蔡大堂。1988年由方稻香接任。

---

① 贾益民主编《华侨大学志》，中国文史出版社，2015，第415页。

4. 华文学院（集美华侨学生补习学校）校友会

华文学院校友会有海外及港澳校友会6个，内地校友会5个。包括印尼泗水华文学院校友会、印尼雅加达华文学院校友会、香港集美侨校同学会、集美侨校香港校友会、华文学院（集美侨校）澳门校友会、泰国集美校友会、集美侨校福州校友会、集美侨校泉州校友会、集美侨校厦门校友会、集美侨校三明校友会、集美侨校深圳校友会。

第八节　学生工作

20 世纪 80 年代中国刚刚打开国门，各种思潮蜂拥而来，学生思维活跃，对政治文化、社会活动都有很高的热情。华侨大学又是一个外向型的大学，“两类学生”（境外学生和境内学生）长期共存是客观事实，两者的教育背景、成长背景、经济能力都有客观差异，华大的学生们甚至在学费缴纳上都能分成多种标准，包括三种货币或流通券（见表 2－20），实在纷繁复杂，彼此之间生活消费水平差异也很大。学校在学生管理上不仅面临诸多挑战，如何在学生中开展思想品德教育，亦是一个难题，因此华大在学生工作上做了许多尝试。

表 2－20　华侨大学 1989 年新生每学期收费标准

<table>
<tr><th>学生类别</th><th>学科</th><th>学杂费</th><th>培养费</th><th>住宿费</th><th>备注</th></tr>
<tr><td>公费内地生</td><td>全科</td><td>100 元</td><td></td><td>15 元</td><td></td></tr>
<tr><td>公费定居国内的朝鲜、蒙古学生</td><td>全科</td><td>100 元</td><td></td><td>15 元</td><td></td></tr>
<tr><td>公费未定居朝蒙学生</td><td>全科</td><td>100 元外汇券</td><td></td><td>15 元外汇券</td><td></td></tr>
<tr><td rowspan="3">境外生</td><td>理工艺术</td><td>1600 港元</td><td rowspan="3"></td><td rowspan="3">520 港元</td><td rowspan="3">住学生公寓</td></tr>
<tr><td>文科</td><td>1400 港元</td></tr>
<tr><td>预科</td><td>1000 港元</td></tr>
<tr><td rowspan="4">自费内地生</td><td colspan="2">理工艺本科</td><td rowspan="4">100 元</td><td>650 元</td><td rowspan="4">80～100 元</td></tr>
<tr><td colspan="2">理工艺专科</td><td>550 元</td></tr>
<tr><td colspan="2">文科本科</td><td>550 元</td></tr>
<tr><td colspan="2">文科专科</td><td>450 元</td></tr>
<tr><td>自费朝蒙生同内地标准</td><td></td><td></td><td></td><td></td><td></td></tr>
<tr><td rowspan="3">自费境外生</td><td>理工艺</td><td>2500 港元</td><td rowspan="3"></td><td rowspan="3">520 港元</td><td rowspan="3">住学生公寓</td></tr>
<tr><td>文科</td><td>2500 港元</td></tr>
<tr><td>预科</td><td>1500 港元</td></tr>
</table>

续表

学生类别	学科	学杂费	培养费	住宿费	备注
代培生	理工艺本科	1250 元			
	理工艺专科	900 元			
	文科本科	1100 元			
	文科专科	900 元			
内地进修生（结业）	理工艺术	650 元		80 ~ 100 元	
	文科	550 元			
	外语	650 元			
	中文专业证书	450 元			
	建筑专业证书	750 元			
境外进修生（结业）	理工艺	2500 港元		520 港元	住学生公寓
	文科	2000 港元			

资料来源：《华侨大学 1989 年新生每学期收费标准》，1989，华侨大学文书档案。

一　培养学生民主管理的能力

管理是一种约束，也是自我教育的一种形式。20 世纪 80 年代华侨大学有意识地培育学生民主管理意识，提高学生的管理能力，为此做了多种尝试。

（一）培养学生管理能力

1987 年，学校吸收若干学生代表分别参加“华侨大学校务委员会”和“华侨大学学生工作指导委员会”，让学生了解学校对重大办学问题的审议和决策过程，了解学校开展学生工作的指导思想、目的要求、工作内容和方法措施等决策过程，赋予他们对所讨论的问题发表见解的权利，从而不断增强民主管理意识，增强责任感，逐步提高对问题的分析、判断和决策能力和水平。

（二）组织学生代表参加管理工作

让学生代表分别到教务处、学生处、总务处，利用课余时间承担助理工作，让他们对这些部门的工作有所了解，了解工作内容，学习工作方法，发表改进工作意见。这样有利于强化学生参与民主办学的主人翁责任感，又可达到上下沟通，互相理解，合作共事，以提高学生处理问题和解决问题的能力。

（三）组织学生会民主竞选

学生会是学生民主自我管理能力的一个集中体现，学校在1986年尝试让学生自己竞选华大学生会的主席，华侨大学第六次学生代表大会以竞选的方式产生了新一届学生会。全校学生以推荐、自荐的形式产生学生会主席和秘书长候选人，全校学生积极响应，各系产生了6对候选人。1986年12月6—7日，举行华侨大学第六次学代会，在学代会上，候选人逐一发表竞选演说，并回答代表提问，每对候选人有三十分钟时间回答提问。代表们就学生会的性质、对上届学生会工作的评估、今后学生会工作的设想等问题对候选人进行了热烈的质询。经过三轮演说、问答和投票，最后其中一对候选人以超过半数的优势票当选为新一届学生会主席和秘书长。通过竞选方式产生学生会班子，在当时是福建省本科院校的“头一份”，是学校办学以来的创举，也是一次大胆的尝试。作为一次学生民主自我管理的重大实践，是很有意义的，也引起学生家长及有关单位的广泛关注。福建省团省委、省学联、泉州市委的负责人前来指导。从整个选举过程来看，进行得很顺利，也很正常，表明大学生中潜藏着很强的民主管理意识和管理能力，需要的是给予信任、支持和指导。

（四）学生宿舍管理

20世纪80年代，学生宿舍的管理是个大难题，脏乱差现象普遍存在。当时学生普遍的想法是只要卫生做到位了，其他事情学校不可以管，学生在宿舍里爱做什么做什么，有些学生把黑漆、黑纸涂在、贴在窗户上。而且由于华侨大学是一所外向型大学，境外生居住在学生公寓中，他们认为检查卫生是“私闯民宅”，有的境外生在学校里搞间房子、租个电话做生意，即便人回香港了，回来办事还是住在宿舍。除了安全问题，还有作息问题，影响了学风。学校作息时间表规定晚上10：30熄灯，早晨6点起床。但是一个时期以来，学生宿舍的秩序不太好，许多学生不按作息时间熄灯，早操就起不来，有的学生连第一节课上课都迟到。还有一些学生不分时间开录音机、收音机，影响他人学习和休息，又或者在宿舍内私拉电线、私用电炉。比如1984年3月9日晚上，校内北区六号楼土木系学生宿舍209房间发生火灾，烧毁收录机3部、电视机一台、电风扇2台、电吹风2个、电子钟一个，以及棉被、蚊帐等日用品若干，宿舍内的物品几乎全被烧毁，损失达3668元人民币。[①]起火原因是一个学生违反了学校关于宿舍用电的规定，在床铺和蚊帐边私接电线，

① 《关于土木系学生宿舍发生火灾的情况报告及整改意见》，1984，华侨大学文书档案。

插座接触不良产生的火花引燃了化纤蚊帐（一间宿舍6个人）。

这些现象是不能出现在一所高等院校的学生宿舍里的，学校认为宿舍管理一定要抓要管，不能让步。为此，华侨大学总务处于1985年正式成立了学生宿舍管理科，由总务处、学生处、团委会、保卫科以及部分系做学生工作的干部参加，将原先学生宿舍管理科改为该委员会的办公室，对公共教室和学生进行综合管理，制定了一套较完善的管理制度，初步建立了一支管理、服务队伍，负责对安全保卫、卫生、房屋管理、家具配备、水电维修、生活服务等一系列的综合管理。对清洁卫生的工人，实行浮动工资制，任务分配公平，加强检查评比，把劳动成果与工资直接挂钩，提高了劳动效率，学生宿舍区域内，安全保卫、卫生工作效果都有明显提高。

学校发给每一位同学的《学生手册》，对宿舍、教室的纪律、秩序已经做了明确规定。宿舍灯火由学校统一管理，每晚10：30熄灯，学生个人不得擅自启闭宿舍总开关。不能在午休、晚自习期间和熄灯后开收录机，也要注意不要播放过于嘈杂的音乐，或者当时所谓的“靡靡之音”（这是时代所致，把新出现的流行音乐称为靡靡之音）。

1987年2月成立华侨大学学生宿舍管理委员会，下设学生宿舍管理委员会办公室，撤销原总务处公共教室、学生宿舍管理科。管委会由15人组成，黄炎成任主任，管委会办公室由万向成任主任。[①] 学生宿舍管理委员会，作为学生宿舍的规章制定和领导机构，加强学生宿舍管理科的力量，在学生宿舍配备巡视员，学生公寓配备舍监和值班管理员，加强学生宿舍的管理和安全工作。从1987年春季学期起，各系选派一二名班主任或学生专职干部住到学生宿舍，作为导师，对本系学生的学习作息和生活给予指导。吸收学生参加学生宿舍的自我管理。学生宿舍各楼建立楼长、层长，定期开展文明宿舍的检查评比。[②]

（五）完善规章制度

尽管学生有很强的民主管理意识和较强的管理能力，但建立健全学生工作管理教育机构还是十分必要的。问题的关键在于要转变传统的管理观念，不能把学生置于管理的对立面，而是应以平等、信任、服务的态度来对待学生管理工作，帮助和指导他们，对其施加教育和影响。为此，学校于1985年成立“华侨大学学生工作指导委员会”，建立健全学生工作管理教育机构，主要是对学生制定必要的管理条例，使学生行为规范化。高等学校是学生进入社会角色的特殊模拟场所，通过学校所制

---

① 《关于成立华侨大学学生宿舍管理委员会的通知》，1987，华侨大学文书档案。

② 《关于加强学生宿舍管理工作的纪要》，1987，华侨大学文书档案。

定的各种规章制度，来规范学生的行为，是十分必要的，从而达到管理规范化、“法制”化。民主与法制是相辅相成的，只有强化法制管理，才能保障行使民主权利。为此，学校相继制订了若干必要的管理规章，如《大学生行为规范条例》《学生学籍管理条例》《课堂管理规则》《学生奖励和处分规定》《文明宿舍评选办法》《先进班级评选办法》《学生素质综合测评暂行办法》等。其中心主旨就在促使学生自觉遵守，形成行为规范。[①]

建立机构、制定条例的目的在于加强教育与管理，更好地发扬民主。为此，在加强管理的同时，1988 年设立“校长信箱”和“校长接待日”，倡导民主精神，接受师生对学校的批评和建议；校系领导还定期与学生座谈，广泛吸取学生意见。各系还设专职学生干部、各班级建立班主任制或导师制，目的在于提供服务，帮助学生解决学习、思想、生活方面的困难，促进学生自我教育、自我管理。

二　学生思想品德教育

华侨大学开展学生思想品德教育，经多年探索，认为其基点应当是：根据“两类学生”共存的客观实际，本着“一视同仁、适当照顾”的原则，让学生达到“既要学会做事，更要学会做人”的基本要求。1988 年，华大成立“思想政治教育教研室”，主要是对学生开设德育课程，并着重研究学生思想品德教育的规律，因势利导地做好学生工作。1989 年，建立“学生工作部”，并相应地制订《华侨大学关于学生思想教育工作意见》，其中特别指出，对学生的思想教育，要结合学生的特点，要坚持正面教育引导。在思想品德教育上，学校主要开展下列诸方面的工作。

（一）开展以爱国主义为主线的国情教育

从改革政治课教学入手，内地学生依照国家教委规定，必须修读《中国革命史》《政治经济学》《马克思主义哲学原理》三门政治课；而特为境外学生开设《中国近代史》《中国地理》《华侨史》三门课程。允许境外学生从上述六门课程中任选修三门。从正规教育中对其树立正确人生观、世界观施以影响。

通过国庆、“一二·九”“五四”“七一”等重要节日，举办报告会、庆祝或纪念大会、晚会等形式，由学生自我组织、自我参与，达到自我教育的目的。利用假期组织学生到祖国各地进行考察旅游活动。自 1985 年以来，学生先后组织十多个旅

① 华侨大学校史编写组编《华侨大学四十年》，2000，第 127 页。

游考察团，如“经济特区考察团”“爱我中华北上考察团”“华侨学生旅游夏令营”“丝绸之路考察团”“民族社会风情考察团”等。内地学生利用假期，进行社会调查。他们的足迹遍及厦门、广西、南昌、海南、北京、西安、重庆、新疆等地。让华侨、港澳台学生，饱览和领略祖国大好河山，了解改革开放、经济发展和社会主义国情，既增长见识，又陶冶情操。这种既有正面教育，又有学生自我参与、自我教育，既有校内教育，又有社会教育，是开展思想教育较为有效的形式。

（二）开展以弘扬中华优秀传统文化为主线的品德教育

1988 年，学校将劳动教育纳入教学计划，安排在校学生每学年参加为期一周的美化绿化校园的劳动（见图 2－40）。不少学生是第一次拿起锄头、第一次扁担上肩的，让他们体会劳动的艰辛和领略收获劳动成果的喜悦，继承和发扬艰苦创业、勤俭办学的优良传统。

图 2－40　学校将劳动教育纳入教学计划，安排在校学生参加为期一周的美化校园活动。图为同学们积极参加植树劳动

1987 年，学校把基本法律知识教育纳入教学计划，作为全校各专业的公共必修课程，让学生接受基本法律知识的教育，使之初步树立法制观念，增强法制意识，亦为学校营造良好治安环境奠定思想基础。

学校成立“德育教研室”，系统地向学生开设人生观、基本道德修养及人际交往等讲座，供学生自由选修。向学生比较系统地介绍中国传统的人生哲学、道德修养及人际关系的基本准则等。这不仅使学生对中国优良文化有所了解，也对学生正确人生观、世界观的形成，产生积极和深远的影响。

从 1990 年春开始，每年在学校广泛开展学习雷锋活动，倡导助人为乐、严已宽人、勇于奉献的精神，使学生在参与活动中接受为人民服务高尚品德教育。

学校还开展建设“学生文明宿舍”活动。文明宿舍活动不仅要求宿舍清洁整齐，而且要求语言文明、行为文明，使学生有个安静舒适的休息和学习环境，更重要的是培养学生具有自我管理、自我约束能力，养成良好的生活习惯，培育集体主义精神。①

三　多姿多彩的校园文化

（一）华大文坛

在文学艺术上，这时期华大也有丰硕成果。20 世纪 80 年代，席卷中国大地的新时期文学浪潮，也冲击着华侨大学这座地处东南沿海边陲的校园，校园文学氛围的浓厚程度，已为一段文坛佳话。无论是散文、诗歌，还是小说创作，包括文学评论，都在福建高校甚至全国高校影响颇广。②

华大复办初期，一些爱好文学的学生发起创立了文学社，聚会讨论文学，交流作品，探究人生。大约是 1979 年，青年作家谢春池从闽西调到华大教务处任职，由于文学的共同追求，他的身边聚集了一批文学青年。在谢春池的筹划下，教务处与学生会联合创办文学刊物《习作园地》，刊登学生的文学作品，时任校党组书记雷霆题写刊名。1984 年 3 月，《习作园地》出版第一期，陈如刚、王粤海、陈鸿、陈迎庆、苏秋芳、温劲松等一批学生作者开始亮相华大文坛。但不知何故，《习作园地》出版到第二期之后就停刊。此后，华大文学社编印刊物《华大文汇》，刊登社员作品，用于交流学习。

华大文坛最繁荣的时期，在 1984 年至 1988 年这几年间。当时华大复办中文系，并与北京大学中文系合作，由北京大学中文系派出教师来校为学生授课。这个阶段，谢冕、钱理群、佘树森、林焘等北大中文系的著名教授分批抵校，为中文系 1984 级和 1985 级学生授课。当时，正处新旧文艺理论争论交锋时期，意识流、魔幻现实主义、象征主义、黑色幽默等新奇的文学创作手法风云文坛，形成中国拨乱反正之后文坛最繁华时期。北大教授的到来，无疑也把新时期的文学思潮带到东南沿海的华

① 华侨大学校史编写组编《华侨大学四十年》，2000，第 123 页。

② “华大文坛”大部转载自《华侨大学报・五十周年校庆特刊》2010 年 11 月 2 日，第 40 版。

大校园，带来全新的文学理念和作品的解读方法，在校园里特别是在中文系的学生中产生强烈的反响。北大的教授不仅为学生授课，还在课余时间指导学生创作，并编辑出版了学生作文选《华侨大学之春》和《走山访水》两本小册子。

大约是1986年下半年，著名诗歌理论家谢冕来到华大，为学生开设现当代文艺理论课程。谢冕教授是中国“崛起”诗论三大人物之一，甫一到学校，便聚拢了一批文学青年与他一起讨论文学。谢冕白天上课，晚上与各位作者交谈，或开设讲座，传播文学信息，文学氛围在华大校园空前浓郁。在谢冕教授的指导下，谢春池等教师筹划创办了一本纯文学刊物。1987年3月，在学生处处长李冀闽的大力支持下，由谢冕担任顾问、谢春池任主编，教务处、学生处、校团委联合创办的《华侨大学文坛》报创办，谢冕教授亲自撰写发刊词《花的使命是创造春天》，称赞“以华侨大学的有限条件而注目于中国文坛的整体，这是一项壮举”。文章还在上海的《文学报》刊登，向中国文坛传递华侨大学的文学创作信息。《华侨大学文坛》报为师生作者提供了发表作品的阵地，团结了一大批作者，刘小新、朱立立、赵然、王士华、张清、杨青、莫日从、吴嘉宁、江蓉晖、萧延平、张开玫、石程、夏志宏、苏耿聪、谢新亮、陆昭环、朱学群、黄河、李原、阮温陵、张志平、张天培等师生活跃在华大文坛，成为当时福建高校里最为活跃的创作群体，在全国高校文坛反响强烈。

与此同时，华大的文学作者注重与外校和社会文学界的交流，利用文学扩大学校的影响。1987年下半年，经过一段时间的筹备，教务处、学生处、校团委联合举办“首届华侨大学文学周”，邀请地方作家来校座谈，向社会上的文学报刊推介师生作品，开展世界著名影片观摩、诗歌朗诵会等活动，厦门大学、福建师大等高校文学作者应邀来校参加活动，交流文学创作经验和体会。文学周开幕当天，《泉州晚报》文艺副刊整版刊载华大学生作品，当月出版的《泉州文学》开辟了“华侨大学文学”专栏。《文学报》《福建作家报》等文学报纸刊发活动消息。诗歌朗诵冠名为“蒲公英诗歌朗诵会”，每年举办一届，成为校园文化的品牌。

这个时期，师生文学作者创作热情空前高涨，作品层出不穷。除了《华侨大学文坛》报和文学社《华大文汇》之外，《华侨大学报》《华大教学》等校级报刊，以及各院系出版的刊物，也都开辟专门的文学版面，刊登师生的文学作品。良好的文学氛围，推动着创作的发展，一批作者陆续走向文坛。

其中最突出的是校办老师陆昭环的小说《双镯》。《新中国70年中短篇小说精选1949—2019》（上中下）三卷本，是由中篇小说选刊杂志社编辑的，汇聚新中国各个阶段的优秀作家与作品。该丛书展现新中国70年中短篇小说的丰硕成果，入选作品共58篇，华侨大学教师、著名作家陆昭环的中篇小说《双镯》入选其中卷，也是福建省唯一一位。[①]

图2-41　著名作家陆昭环

资料来源：陆昭环之子陆一峰提供。

陆昭环（1942—2006），笔名君丰，福建惠安人。1966年毕业于福建师范学院中文系，1970年后历任惠安县县委干部，惠安县文化馆馆长、文化局副局长，华侨大学校刊室主任，副处级调研员，晋江市政府党组成员、市长助理。中国作协会员，福建省作协第五届理事。1962年开始发表作品，著有长篇小说《烈女哀鸿》《末代江山》，中短篇小说集《双镯》《胭脂碧》，短篇小说集《女人的一半是男人》《五十年私人日记》《寻梦·红叶》，《陆昭环小说集》（3卷），随笔集《文事风尘录》，诗集《如菊真言录》，影视剧本专集《银屏一勺录》等。中篇小说《双镯》被改编为电影文学剧本并拍摄发行，获1986年全国白玉兰奖、福建省第三届文学奖，《胭脂碧》获福建省第四届文学奖，散文《掘井记》获1981年华东地区一等奖。[②]

1986年4月，陆昭环的中篇小說《双镯》发表于《福建文学》第四期，后转载于同年的《小说选刊》第七期、《中篇小说选刊》第四期、台湾《联合文学》第十期，又选载于1987年香港《文汇报》副刊、1988年香港《君子》杂志创刊号等，并获1988年福建省优秀文学作品奖，多次被选入台湾、香港、内地多种版本的小说选集中。1988年2月，由福建省广播电台改编的广播剧《双镯》获全国首届“白玉兰”奖二等奖。1987年、1988年《双镯》（小说集）相继在香港明窗出版社、台湾风云时代出版社、福建海峡文艺出版社出版。《双镯》广被选载出版评论，著名导演黄健中有意拍成电影，作者改定电影剧本后，因故而没有按计划拍成；台湾年代电影公司导演黄玉珊三度来访，因两岸时未沟通，1990年3月，《双镯》由她在香港拍成同名电影在台湾首映，并在海外发行放映，内地没有公映。由朱水涌、周英雄主编，福建人民出版社2008年8月出版的《闽南文学》指出：“小说创作一向是泉州的弱项，但20世纪80年代以来不再是这样。陆昭环的‘惠女’的系列为泉州

---

① 《中篇小说选刊》杂志社编《新中国70年中短篇小说精选1949—2019》（上中下）三卷本，海峡书局，2019，中卷本，第744页。

② 大部材料来源于陆一峰编著《陆昭环年谱》，中国广播电视出版社，2007。本节陆昭环及《双镯》相关内容由何强毅编写。

的小说赢得了不小的声誉。"[①] 陆昭环的《双镯》《胭脂碧》等描写"惠女"的系列小说是80年代闽南文学的亮点，它们以极浓厚的地域色彩和渔村的传奇性，抒写了惠安女们长期被遮蔽的苦痛命运，引起文坛的很大关注。

时至今日，纯文学式微，《小说界》《十月》等往日知名的全国性纯文学刊物在市面上已难觅踪影，然而华大却仍有《雪太阳》等有一定水准的学生纯文学刊物持续发行，《华大青年报》《华大学生报》等学生报刊仍旧设置文学副刊。由谢冕、孙绍振、唐晓渡等担任顾问的《华侨大学报》"中国高校诗歌联展"也依然健在，仍在延续华侨大学的诗歌传统。[②]

（二）社团活动

学校复办后，积极开展健康多样的社团活动。

多年来学校的社团组织名目繁多，有"中国书画协会""文学社""新闻社""艺术团""演艺社""摄影协会""影评协会""集邮协会""音乐协会""棋牌协会""武术协会""管理协会"等。学校为这些社团提供"金川活动中心"作为活动场所，内设有展览厅、排演厅、舞厅及各种活动室，并为之备有钢琴、电子琴等全套中西乐器，为学生开展社团活动创造比较理想的条件和环境。学生们充分运用这些有利条件，利用课余时间，积极开展活动并通过种种机会展现各自活动成果。自1985年以来，历年都组织比较大型的文娱活动，如"五四"举办音乐周、"一二·九"举办艺术节等。同时创办《华侨大学文坛》《华大学生》《华大周报》《学生会通讯》《习作园地》等刊物，发表学生的作品，仅1981—1988年，在省内外报刊上发表文学作品、评论达数十篇。有些社团还经常参加省内外各种比赛，如：摄影、美术、书法等协会参加福建省首届大学生摄影、美术和书法展览，并获优秀奖；1987年4月"福建省高校演讲邀请赛"在华侨大学举行，中文系张清荣获第一名。1987年11月举办"华侨大学首届文学周"，以其文采、声势吸引了校内外的关注，《人民日报》（海外版）、《福建日报》、《泉州晚报》做了专门报道；有的社团还举办展览、讲座，如港澳学生举办"介绍香港、澳门"展览会，图文并茂地介绍了香港、澳门的经济、文教、风情，深受师生欢迎。1988年有些社团与石狮市侨联服装厂联合举办时装表演，轰动全校。其他各项竞赛、表演，亦颇为丰富多彩。总之，通过众多的学生社团活动，确为学生施展才华、增长才干，开辟了广阔的天地。

---

① 朱水涌、周英雄主编《闽南文学》，福建人民出版社，2008，第313页。

② 《华大文坛》，《华侨大学报·五十周年校庆特刊》2010年11月2日，第40版。

图 2-42 愉快的课余生活（陈行宪摄）

图 2-43 美术协会同学在泉州湾后渚港写生

同时，各项体育活动也积极开展。海外华侨、港澳台学生兴趣广泛、多才多艺，不仅积极参加文化艺术社团活动，而且对体育活动兴趣更浓。学生的体育活动多种多样，许多项目在福建省高等学校中享有盛誉。比如华侨大学传统的强项男篮，可以追溯到 20 世纪 80 年代。早在 1985 年，华大男篮就获得了福建省高校比赛冠军，并于 1986 年代表福建省参加全国第二届大学生运动会。1988 年又在福建省高校男篮比赛中第二次夺冠，再次代表福建省参加第三届全国大学生运动会。1986 年 11 月学校男篮应邀访问香港，与香港各高校比赛，获五战五捷佳绩，饮誉港澳。足球是华侨、港澳学生的强项，1983 年学校代表福建省高校到广西参加全国大学生足球比赛，取得好成绩。在田径项目中，中文系学生林锦英打破福建省女子 400 米纪录，参加全国第三届大学生运动会。土木系学生唐兆良打破了福建省大学生非体育专业

400 米、800 米、1500 米的中、长跑纪录。①

图 2－44　学生积极参加体育锻炼

四　学生毕业分配

如前文所述，20 世纪 80 年代的中国高等教育是精英教育，大学毕业生由国家统一分配工作，总体看来，华侨大学毕业生分配的去向，都是国家部委和地方政企单位，都是今天所说的“铁饭碗”，少数考取了研究生，在国内或国外深造。由于华侨大学有大量的境外生，他们是不由国家包分配的，绝大部分返回原居住地工作，因此在华大的毕业生就业工作中，又有一些不同于一般大学的特点。

复办后华侨大学的第一届毕业生是 1982 届毕业生，共计 155 人，其中数学专业 40 人，化学专业 41 人，工业与民用建筑专业 74 人。根据教育部、国家人事局和国家计委下达的 1982 年高等学校毕业生分配计划，分配到中央部委 36 人，占 23%，分配本省的 89 人，占 57%，分配其他省市、自治区的 20 人，占 13%。此外尚有 10 人出国，到香港、澳门就业和考取研究生的占 7%。这届毕业生分配到科研单位、高等院校、设计院的 36 人，占 23%。这届毕业生是华侨大学复办后的第一届毕业生，由于经验不足，在分配工作过程中产生了一些问题。为了解决问题，除了对学生进行思想教育，召开部分学生家长座谈会，给每个毕业生的家长去信，将 1982 年毕业分配的方针、政策、具体困难向家长说明，要求家长与学校密切配合，鼓励子女服从国家统一分配，比如化学系苏琳同学主动要求去新疆工作。各系也都注意了解毕业生的政治思想表现、遵守学校守则和各项规章制度的情况、学业成绩有何特

① 华侨大学校史编写组编《华侨大学四十年》，2000，第 129 页。

长、适合何种工作、毕业生家庭主要成员基本情况、有何困难和要求、是否有影响的统战对象子女等。

对每个毕业生除平时掌握的情况外，还通过填表调查、开座谈会、个别谈心等方式了解毕业生家庭成员变化的情况、学业成绩、思想动态等。校党委和各系总支部坚持按照毕业生分配的原则，通过集体讨论来决定分配名额。1. 首先保证高等院校、科研单位、设计院的要求；2. 保证按用人单位的特殊要求选派毕业生；3. 严格掌握特殊困难的条件，照顾那些真正符合照顾条件的毕业生；4. 对有明显违反学生守则的毕业生，坚决不予照顾留校；5. 坚决抵制不正之风，做到一视同仁。在毕业生分配期间，数学系一个毕业生的父母，为了把他们的孩子分配到厦门工作，来华大住了好几天，多次找到校、系领导，要求把他们的孩子分配回厦门。校、系领导按政策办事，没有迁就家长的无理要求，仍然把这个学生分配回三明地区，而将另一位应该照顾的毕业生分配回厦门。化学系林美玲同学，其兄妹均系聋哑残疾，学校根据其家庭具体困难，照顾她回厦门工作。东北林学院有一个名额，有一位同学坚决要求前去，但其学习成绩较差，不适宜到高校任教，学校就坚决没有同意，另分配一名适合教学工作的同学去。①

20 世纪 80 年代，毕业生渐渐增加，当然跟今天相比，当时的毕业生人数十分稀少。1985 年华侨大学有各类毕业生 477 人，其中本科毕业生 9 个专业（工民建、机械制造、精密仪器、软件、化工、生化、应用数学、应用物理、应用化学）合计 358 人。当中有华侨、港澳毕业生 38 人，实际参加全国统一分配的毕业生 320 人。其中福建毕业生 245 人，占 76.6%，归侨学生、归侨子女、台籍生、华侨子女等 74 人，占毕业生总数 23.1%。有 13 人考取硕士研究生，60 人分配到中央 20 个部委所属单位，247 人分配到 12 个省市自治区。

华侨大学不断改进毕业分配工作，经国务院侨务办公室、教育部同意，华大的毕业生分配建议计划全部由学校与用人单位直接联系、供需见面后提出。学校主要做了以下几方面工作。

（一）注重毕业生社会需求的调查研究

毕业生分配从 1984 年 11 月开始着手准备。为了适应毕业生分配工作的改革，了解经济改革和社会对毕业生的需求情况，华大一方面组织了由各系派人参加的小组，分片走访了福建省生源比较集中的一些地区、省直机关和部分工厂企业科研设

① 《毕业生毕业分配工作总结》，1982，华侨大学文书档案。

计单位。对 1985 年的经济形势和各地区、各单位对毕业生的专业、数量、质量的要求做了初步的调查，掌握毕业生需求的信息。1984 年 12 月，华大将本校各专业毕业生的培养目标、课程设置、适应的工作范围印刷成毕业生专业介绍，连同需要学校毕业生的计划表分寄各省市部委和福建省各地市厅局等用人单位，主动挂钩联系。在寒假期间，学生处、学生会还专门组织学生进行社会调查，主要调查华大历届毕业生的工作适应情况以及他们对毕业分配的意见和建议。另一方面华大积极派人参加全国各地各部委召开的毕业生分配工作会议、人才交流会、供需见面洽谈会等，为华大编制毕业生分配建议计划提供了重要信息。

经过工作，扩大了学校与用人单位的相互了解，共有 20 个中央部委、19 个省市自治区的用人单位与学校建立了联系，向学校提出多达 3900 多人的毕业生需求。社会需求的信息反馈给学校，对学校的教学改革起了促进作用。1985 年，计算机软件专业的毕业生供不应求，数学系调整应用数学专业班的课程，增加了计算机理论教学和上机实践的课时，受到了用人单位的欢迎。

（二）加强领导，做好毕业生的思想工作

学校召开全校毕业生大会，向毕业生宣传本年毕业生分配改革的目的、意义和做法，还邀请庄善裕老师给毕业生做了《为中华而腾飞》的报告。为了鼓励毕业生到边远省区、福建省的山区工作，对来源于这些地区的毕业生，学校及时征求毕业生的意见，并和这些地区的用人单位和人事调配部门密切联系，妥善安排。无特殊困难，原地区需要，又能专业对口、安排合适的，原则上分配回去，同时又结合同学的思想实际做细致的思想工作。

（三）做好毕业生分配计划的编制工作

1985 年的毕业生分配建议计划是由学校自下而上，通过供需见面而编制的。这个方法扩大了学校的自主权。编制分配建议计划是搞好毕业生分配工作的一个中心环节。学校通过供需见面和用人单位进行信息交流，学校了解社会对毕业生的需求情况，用人单位了解学校的专业设置、培养方向、毕业生的情况。1985 年，华侨大学采用保证重点、兼顾一般、学以致用、量才用人的原则，对国家重点保证的行业和部门，如能源、交通、教育、轻纺、食品、建材、外贸、科技等给予优先安排，占计划数的 43%，比往年的 32% 有较大增长，并基本上做到了一次性派遣。

华大学生情况比较特殊，毕业生中，华侨、港澳生、归侨学生、归侨子女、台籍生等比例较大。

从华大的情况看，华侨、港澳毕业生留内地工作的，虽然为数很少，但历年都有。他们对工作地点、工作条件、报酬待遇的要求较高，用人单位也往往有顾虑。这些毕业生要求留在内地工作的，可以由本人提出申请，学校协助与用人单位联系，列入计划外报给国务院审批后，分配派遣。同时，做好港澳毕业生回原居住地就业的推荐和协助他们找到比较合适的工作。①

1986 年，华侨大学有本专科毕业生 447 人（华侨港澳学生 53 人）。其中，本科有工业与民用建筑、机械制造、工艺及自动化、精密仪器、计算机及应用、应用电子工程、化学工程、生物化学工程、应用数学、应用物理、应用化学等 11 个专业的毕业生 355 人；专科有导游翻译、旅游、经济管理、中国画、英语等 5 个专业毕业生 92 人，扣除回原居住地就业的华侨、港澳毕业生和代培生外，参加全国统一分配计划的毕业生有 358 人，其中，本科毕业生 340 人（包括要求留在内地工作的港澳生 2 人），专科毕业生 8 人（包括港澳生 1 人）。当年的毕业生分配工作，在国家毕业生分配原则方针政策的指导下，除考上研究生的以外，有 69 名毕业生被分配到中央 29 个部委所属单位工作，有 274 名毕业生被分配到全国 22 个省市自治区。分配方案既体现了毕业生分配的重点，又照顾到华侨大学毕业生的特点，尽量做到学以致用、专业对口。

为了让用人单位了解华大的毕业生专业情况，一方面华大修订和重印了华大各专业毕业生的培养目标、课程设置、适合的工作范围等毕业生专业介绍小册子，连同需要学校毕业生的计划表，于 1985 年 11—12 月分寄各省市、部委和福建省各地市厅局的人事主管部门和部分用人单位，主动挂钩联系。另一方面，积极争取参加国家教委、国家其他部委和福建省的各种有关毕业生分配会议，直接与各省市部委的用人单位或人事部门见面恰谈，互通信息。经过工作，当年共有 39 个部委，28 个省市自治区的用人单位与华大联系，希望分配的毕业生达 3500 多人。在建议计划获得批准并由国务院侨务办公室下达派遣后，华大即采取“三榜”分配的办法。第一榜是将计划公布并让毕业生填写志愿，特别是对将分配到同一地区、不同单位的那些毕业生，提倡互相协商、互相谦让，对有实际困难的主动给予照顾。在“第二榜”“对号入座"和第三榜正式宣布派遣方案前，注重做好那一小部分对分配不甚满意的毕业生的思想工作，与他们个别谈话，充分听取他们的意见，对确有困难和分配不当的，调整方案；对分配得当而本人思想一时不通的，学校反复做好疏导工作，避免第三榜公布后有意外事件发生。

① 《华侨大学一九八五年毕业生分配工作总结》，1985，华侨大学文书档案。

（四）改进离校手续，促使毕业生按时文明离校

为了使毕业生能在规定的三天时间内离校，学校简化了五道毕业生的高校签章手续，并把派出所的户籍、膳食科的粮食迁移证（大学入学时要迁移粮食关系的制度在中国是取消于 2001 年 5 月）、食堂的伙食补贴证明、财务处的派遣费领单以及报到证等都事先由学生处逐一办理，每人各归成一份，然后由集体统一领取，给毕业生以很大的方便，改变了往年那种毕业生为办手续而满校跑的忙乱现象。校总务处、校产科也积极配合做好毕业生的离校工作，制定了一系列切实可行的离校规定，并把办公地点搬到了学生宿舍区，毕业生凭家具卡片随时可以办理离校手续。校产科的工作人员分楼包干、全力以赴，到现场清点财产，退还押金，使学校的家具、门窗、玻璃的损坏降到了最低限度。有部分毕业生离校时还把房间打扫得干干净净，真正做到文明离校。

20 世纪 80 年代后期，随着招生制度的逐步改革，自费生已成为国家计划招生的形式之一。从 1985 年开始，华大每年来都招收部分自费生，截至 1989 年 7 月，共毕业了本科自费生 3 人，专科自费生 101 人。[①]

20 世纪 80 年代末期，毕业生分配制度已经有所松动，随之而来的是“走关系”的也越来越多。1989 年，除各地市侨务办公室来函骤增以外，“递条子”、家长托海外亲戚来信托本校教职工说情的也比往年多，这些现象对华大毕业分配的整个工作有一定的干扰。1988 年 10 月开始，华大就着手进行 1989 届毕业生的思想情况和工作志愿去向的调研，重视做毕业生及家长的思想工作，以各种方式疏通毕业生的思想，并通过他们向家长及海外亲朋们做工作，减少分配工作中的问题和阻力。1989 年华侨大学共有毕业生 540 人，其中硕士研究生 10 人，本科毕业生 419 人（包括华侨、港澳毕业生 104 人，中国石化总公司委托培养 48 人，自费生 3 人），专科毕业生 111 人（包括华侨、港澳毕业生 46 人，自费生 56 人）。除回原居住地就业的华侨、港澳毕业生，不包分配的自费毕业生，考取硕士研究生和推迟分配的毕业生外，实际参加分配的共 327 人，其中硕士研究生 10 人，本科毕业生 305 人（包括华侨学生 5 人、华侨农场代培生 7 人），专科毕业生 12 人（包括华侨学生 3 人）。

1989 年春夏之交的政治风波期间，学校的教学秩序受到了冲击，但由于学校各级领导和班主任做了大量的思想工作，毕业生的思想始终比较稳定，坚持做毕业论文和设计，按规定的时间完成学业。毕业生的鉴定、毕业教育和分配派遣工作也比

---

① 《八九年华侨大学毕业分配工作》，1989，华侨大学文书档案。

较顺利，毕业生安全、文明、有序地按时离校。

关于对归侨学生、华侨子女和归侨子女毕业分配，愿意留在内地工作的，有进行一定照顾。1983 年国务院侨务办公室和教育部曾发文，要求各地对归侨学生、华侨子女和归侨子女在毕业分配时给予适当照顾。此后，在学校和有关部门的努力下，这项政策得到了比较好的贯彻和落实，大部分毕业生的家长也都比较满意。20 世纪 80 年代末，由于毕业生社会需求量减少，各地人事部门又都采取“地域保护政策”，对非本地（市）生源的毕业生分配实行限制，虽然华大为此做了大量的工作，但是落实这项政策时遇到了很大的困难，境外生源普遍只想在经济特区和大城市工作，因此，华大归侨、华侨子女、归侨子女当中一些有特殊困难需要跨地区照顾的比较难实现，一些长期留居海外的华侨要求照顾其子女和亲属分配的合理要求也比较难办到。

从 1988 年开始，实行“毕业后留国内（内地）分配参加工作的华侨、港澳毕业生，应持录用单位主管部门的证明，经劳动人事部门核准后，连同本人护照（回乡证）前往当地公安部门办理常住户口”的办法。但从华侨大学的情况看，两年中申请留国内（内地）分配工作的主要是朝鲜和蒙古的华侨学生，虽然人数不多，但却碰到了比较大的困难。主要的原因是，这些毕业生入学时一般基础较差，因此大都选读中文、日语等专业；社会需求较小，就业面较窄；用人单位不了解如何接收，处理有关的户口问题也比较麻烦，普遍不愿接收；这些毕业生原籍多在北方，却多要求在南方大城市就业；对单位的待遇、条件也要求较高。虽然学校也尽了最大的努力，做了大量的工作，但实际收效不大。①

① 《八六年毕业生分配工作》，1986，华侨大学文书档案。

第九节　后勤与基建

一　20世纪80年代后勤的改革与发展

在复办初期，华侨大学的后勤部门，为保障华大的顺利运作，在几个方面竭尽全力优先处理。首先，为解决教学、科研的场所问题，承担基建任务的后勤部门（基建处）加快基建进度。1984至1990年的7年中，基建处共建成教学、科研用房（包括教室、实验室、图书馆、体育用房）18526平方米，基本满足教学、科研用房的需要。其次，为确保教学、科研仪器设备和设施的需要，承担购置仪器设备的后勤部门（设备处），千方百计精打细算，四处奔波采购，共投入资金1060多万元，占本时期学校固定资产总投入的21.1%，完成采购各种设备5066台/件。至1990年，共为15个系20个专业建成实验室29个，可为97门课程开出624个实验，实验开出率（应开实验与已开实验之比）达98%，比1984年的74%，提高24个百分点，为教学和科研提供了有效保障。最后，图书资料的购置。经校图书馆的多方努力，使图书馆藏书达66万多册，仅这7年中就购置了27万多册。①

在计划经济的体制下，每个高校曾经自成一个生态完整的“小社会”。虽然没有同时代的国企“从出生到死亡都要管起来”这么夸张，华侨大学的后勤部门，因为校区相对远离市区，也要负责对学校的运作和职工生活提供所有物质保障。从烧开水、提供三餐到建房子，后勤部门不仅是学校行政机构的组成部分，也是校园日常运转的后盾。而进入21世纪，“企业办社会”“高校办社会”已然成为历史名词。所以在20世纪80年代，华大的后勤工作在改革开放的背景下，也进行了改革，甚至是领风气之先的改革。

① 华侨大学校史编写组编《华侨大学四十年》，2000，第131页。

图 2－45　材料力学实验室

图 2－46　土力学实验室

图 2-47　电视实验室

图 2-48　20 世纪 80 年代后期的教学楼

图 2-49　化学楼

图 2－50　学生阅览室

说到高校的后勤改革，就不能不再次提及1985年的重要文件《中共中央关于教育体制改革的决定》。这份文件不仅是改革开放后教育领域改革的指引性文件，也是首次提及“后勤服务社会化”概念的中央文件，文件中提出“高等学校后勤服务工作的改革，对于保证教育改革的顺利进行极为重要，改革的方向是实行社会化”。实则在该文件出台之前，华大的食堂已经开始试行承包制，这在全国大学里是属于“吃螃蟹”的一批。华侨大学在全国大学里率先进行后勤改革试点，后勤部门的改革都围绕一个中心，就是怎样更好地为教学和科研服务。早在1981年，学校率先对学生食堂试行承包经营责任制，把竞争机制引入食堂管理，以此作为后勤改革的试点。当时试行承包的条件是：食堂经理由学校选聘，经理对学校负责。经理有权录用、解聘工作人员；有权决定工作人员的工资、奖金；实行经济独立核算、自负盈亏。经过试行，效果良好，随后在全校四个食堂全面推行。改革后，华侨大学食堂连续多年被评为福建省、泉州市标兵食堂和后勤先进单位，其先进事迹在《人民日报》《光明日报》《华声报》均有报道。全国许多兄弟院校及后勤部门领导纷纷前来参观取经。因此，在某种意义上说，华侨大学食堂改革是开高校后勤工作改革之先河。

对车队管理也进行了改革，提高了社会效益和经济效益。校车队从1985年开始，实行单车核算，1986年又对汽车修理工实行工时订单管理办法。把行车公里数、油材料消耗数以及服务态度的好坏与奖金、酬金挂钩，打破了大锅饭，充分发挥人、财、物的综合效益。做到了教学、科研以及生活用车，随叫随到，1986年，全车队共跑42万公里，增收节支89000元。

位于20世纪80年代首批沿海经济开放区的华侨大学，是一所外向型大学，在改革开放初期高校各种管理体制改革中承担了试点和先锋的工作。为此，华大后勤诸部门本着“三服务”（为教学、科研、生活服务）和“两育人”（服务育人、管理育人）的基本宗旨，进行了改革创新，不断扩大服务项目，努力提高服务质量和管理水平，为学校的教学、科研、生活办了许多实事。1990 年 3 月，华侨大学后勤部门获国家教委授予“全国高等学校后勤先进集体”称号。①

二　学校基础设施初步完善

1978 年 4 月，国务院批准复办华侨大学文件下达后，福建省根据国务院关于复办华侨大学的指示精神，提出成立复办华侨大学筹备领导小组方案，领导小组下设基建、总务等办事机构，负责复办后的基建工作。首先是建成“文化大革命”期间停建的陈嘉庚纪念堂。

（一）陈嘉庚纪念堂落成

虽然华侨大学不是由陈嘉庚先生创建，但华大创立实乃有海内外福建乡亲受嘉庚先生办学感召之缘故，因此创校时就准备在校内修建陈嘉庚纪念堂，纪念堂的产权属于中国侨联。纪念堂兼礼堂之功能，为海外华侨及港澳台同胞筹资兴建，早在 1963 年已经奠基准备施工，华大被迫停办时工程遂停止。1978 年秋，福建省批准华侨大学的“陈嘉庚纪念堂”工程复工，财政部亦将之前 200 多万元（人民币，下同）的捐款解冻交还华大。“文化大革命”前陈嘉庚纪念堂共收到捐款 212 万 8573. 12 元，1969 年 9 月由全国侨联转入中侨委的银行账号。1969 年 9 月至 1978 年这笔钱转汇到福建统战部为止，其间北京人民银行共付给存款利息 52 万 3514. 27 元。“文化大革命”前全国侨联也有拨给陈嘉庚纪念堂 4 万元基建费，还有曾连发先生 1964 年 3000 元捐款的余额 2428. 3 元，这两笔钱连同其在泉州中国银行的利息 8634. 04 元一并返还。

著名侨领李光前先生在世时原有一笔专项给华大建医院的捐款，数额原为 142 万 1798. 42 元，“文化大革命”前购买行政设备已用去 19 万 3432. 47 元，“文化大革命”后返还的数额为 122 万 8365. 95 元。因纪念堂原投资不敷使用，征得李光前先生代理人同意后，将这笔捐款先用于建设纪念堂，故两项合计共有人民币 339 万 9367. 37 元。1980 年 1 月纪念堂正式开工以后，海外华侨华人、港澳台同胞以及校友也积极捐款，在香港的华侨大学董事会办事处陆续收到了陈影鹤等先生为陈嘉庚纪念堂捐款，共计港币 311 万 1077. 36 元，按当时的官方汇率，折合人民币 93 万 3323. 12 元。复办后华侨直接给华大的纪念堂捐款另有 15 万元。

---

① 华侨大学校史编写组编《华侨大学四十年》，2000，第 130 页。

故华大复办后收到的陈嘉庚纪念堂的建设经费林林总总，合计有501万4838.80元。纪念堂在港受到的捐款，经学校建议，征得有关部门同意后，留在香港作为购买国外仪器设备和图书之用，由学校从设备、图书经费中拨还给纪念堂。纪念堂的建设经费（见表2－21），来自广大华侨华人、港澳同胞和校友的拳拳之心和集腋成裘，须得小心使用，不可辜负他们的心意。时任副校长白世林，在1983年第一届董事会第二次会议上，做了《关于华侨捐款开支情况的报告》，将纪念堂的支出概算向董事会做了报告。[①]

表2－21　陈嘉庚纪念堂修建经费

单位：元

项目	来源	数额	时间
上缴后拨还的纪念堂捐款	捐款	2128573.12	“文化大革命”前
上缴后拨还的全国侨联拨给纪念堂基建费	上级拨款	40000	“文化大革命”前
上缴后拨还的曾连发先生捐款余额	捐款	2428.30	“文化大革命”前
“文化大革命”前捐款在北京人民银行的利息	利息	523514.27	1969—1978年
侨联拨给基建费和曾连发先生捐款余额在泉州中国银行的利息	利息	8634.04	1969—1978年
李光前先生捐款余额	捐款	1228365.95	“文化大革命”前
复办后港澳同胞捐款	捐款	933323.12	复办后
复办后华侨捐款	捐款	150000	复办后
合计		5014838.80	

资料来源：《关于华侨捐款收支情况向董事会的财务报告》，1983，华侨大学文书档案。

陈嘉庚纪念堂核算列支如下：

征用土地的各项补偿费和设计费共140000元。

付给福建省第五建筑工程公司的土建工程费3175000元。

付给福建省水电安装公司的水电安装费390000元。

室外工程费170000元。

材料差价费173011.58元。

大礼堂观众席座椅费179347.04元。

各种配套设备（电影机、布幕、地毯、窗帘、陈列室和各个会议室、会客室、舞台用家具等）244963元。

以上各项共计开支4472321.62元。各项经费和实物的收支管理，在香港的存款

① 《关于华侨捐款收支情况向董事会的财务报告》，1983，华侨大学文书档案。

部分，由董事会香港办事处的许东亮、杨振志、李礼阁等先生经手管理，在大陆的部分，由华侨大学财务处、基建处、设备处分别管理，总的收支账目，则由华侨大学财务处统一审核。最终落成的陈嘉庚纪念堂，经上海工业建筑设计院重新设计和修订了施工图纸，由福建省第五建筑公司于1979年12月正式动工修建。至1983年10月23日，陈嘉庚纪念堂宣告建成，费时近四年，华侨大学为纪念堂隆重举行了落成典礼（见图2－51）。陈嘉庚纪念堂的落成，是华侨大学校史上的一件大事。纪念堂占地12000平方米，建筑面积7436平方米，整个建筑包括可容纳3000人以上的礼堂、陈嘉庚先生生平事迹陈列室、接待室和其他会议室。陈嘉庚纪念堂是一座巍峨壮观，体现闽南石结构、典雅风貌的高层花岗岩大厦，以其宏伟的气势矗立于校园中心，有诗赞曰“巍巍崇阁啸天风，胜概东南气象隆”。

图2－51　1983年，华侨大学陈嘉庚纪念堂落成庆典

从陈嘉庚纪念堂的建设和经费管理流程看，华侨大学的基建得到华侨华人、港澳同胞物质上的很大帮助，而华大基建部门对捐款的小心使用、账目透明，确保了钱花到刀刃上，给海外华侨华人及港澳同胞留下了深刻印象，吸引更多华侨和港澳同胞踊跃捐款，让华侨大学的基础设施开始初具规模。在广大华侨华人和港澳同胞的关心帮助下，陈嘉庚纪念堂完工后尚有余款，根据华大第一届董事会第二次会议的决议，将陈嘉庚纪念堂基建余款150万港元作为奖学金，以资助华大派出教师前往海外进修。

（二）改善办学基础设施

复办初期，校园还有一大部分被福建医科大学及其附属医院占用。1983年，被占用的校舍已经陆续退还华大。为清理校园，平整建设用地，从1983年起，国家陆续拨专款272万余元，在泉州市政府的协助下，完成了华大校园内原属于附近农民所有的147亩田地和727株龙眼等果树的征购工作，将之完全纳入校园（据校友回忆，当时学校内还有田地有牛在游荡）。从此，后勤部门就有可能对整个校园进行有效管理。基建部门趁此机会，在校内新建了机械系大楼、侨生公寓、教工宿舍等，合计建筑面积 15800 余平方米，使全校校舍的总面积增加到了约 155000 平方米。国家增加了对华大的基建投入，由此使全校的教学和生活用房的紧张状态有所缓和；但因学校复办初期“欠账”太多，发展需求也很大，所以 20 世纪 80 年代，华大一直受到校舍不足的困扰。

复办初期添置的设备主要是为教学、科研所需的仪器，尤其是充实计算机、电教两个中心。1984 计算机中心添置了 65 台微机，使全校微机拥有量达到了百台，稍缓解了师生上机难的问题；电教中心添置了 3 套视听设备，使全校达到了 4 套，共 156 个座位，并建立了听音室和英文打字室。复办初期资金不足，实验室的完善多于新建，完善了原有的 44 个实验室，使实验开出数达到 74%，占规定开出数 838 个的 88%（见图 2－52）。校图书馆藏书有 50 万册，中外期刊 3500 余种，但是图书馆建筑面积只有 3600 余平方米，学生阅览室只能容纳 700 人，亟待扩建。截至 1984 年，复办 6 年的华侨大学共得到教育部正常经费拨款 2195 万元。其中用于购置图书 128 万元，教学设备 753 万元，实验器材 190 万元，行政设备 120 万元，房屋修缮 125 万元，以上各项合计 1316 万元，占正常经费的 60%。基建拨款 1389 万元，其中单价 2 万元以上教学设备共 237 万元，行政设备 54 万元。至 1984 年，华侨大学共有校舍 1353 万平方米，有 44 个实验室，三个中心，三个工厂，拥有较先进的教学仪器设备 9864 台。①

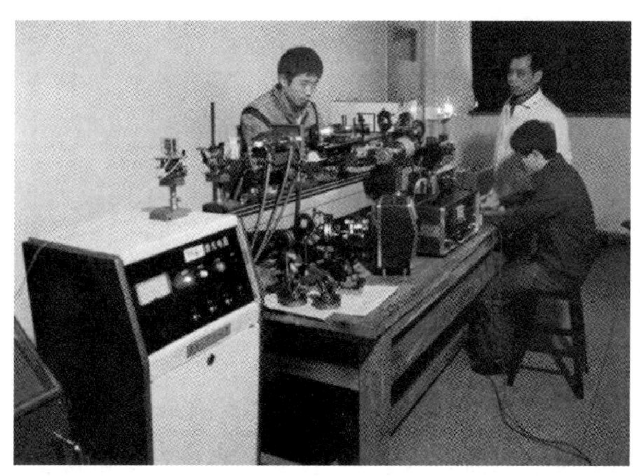

图 2－52　学生在激光实验室做固体激光器倍频实验

1986—1991 年，学校基建部门兴建了 16 项教学、文体活动工程，建筑面积共

① 《第三届董事会通讯》，1992，华侨大学文书档案。

3.2万平方米。1986—1991年，学校后勤部门新建的校舍建筑面积占建校至1985年时全校总建筑面积的47%，发展迅速，校舍不足的难题有所缓解。1991年全校总建筑面积共22万平方米，校图书馆拥有藏书70万册，全校的教学、科研、生产仪器设备共15300件，总价值2462万元。

（三）改善师生生活条件

第一，居住条件是生活条件之首。在经费极为有限的条件下，学校后勤部门克服困难，1978—1985年，建造了21054平方米的教职工宿舍，特别是力排众议建造了7幢“高知楼”，为70户正副教授改善了居住条件，对稳定教师队伍、促进教学科研起着不可忽视的作用。[①] 又建造了9084平方米的境外生学生公寓。1986—1990年，学校在基建方面投资2230万元，又新增建设了一批教工宿舍和学生宿舍，建筑面积共3.98万平方米。学校还为职工家庭供应液化气、建设卫星地面站，为职工家庭安装了有线电视，建设了地下饮水工程。[②] 又改造公共浴室，学生和教职工大部分都使用公共浴室，而原浴室小而且锅炉只有0.5吨，每天除了供应开水外，还得保证食堂蒸饭使用，满足不了师生洗澡的需要。1986年，学校后勤部门新建浴室749平方米，购置一吨锅炉1台，将新洗澡房分上、下两层，装淋浴86个（其中女用26个），每星期开放5天。这些工程极大改善了学生们的学习生活环境和教职工的工作生活条件。

第二，为师生员工提供健康保障和育儿保障。1985年，学校将校医务室扩大规模升级为校医院。校医院具备为师生进行体检、防疫、保健、治疗、手术的能力，保障了师生健康。校医院四层楼建筑面积2000平方米，医护人员53人，病床50张，设有中医、内科、外科、五官科、口腔科、皮肤科、检验科、放射科、心电图室、中西药房等科室，能做基本的普外科手术，同时还能方便校外部分病人就诊。1987年上半年，校医院党支部被评为福建省先进党支部。由于设备已初具规模，一般常见病、多发病能自己诊治和住院治疗，解决离市区医院远的不便。校医院的良好服务，使学校自复办以来从未发生过传染病、流行病、食物中毒之类事件，曾被评为“福建省高等学校卫生优良单位”。校幼儿园也初具规模，保育人员15人，收教幼儿150多人。[③] 医院和幼儿园的建立与健全，保证师生医疗，解决教职工后顾之忧。

第三，保持校区的交通和通讯。当时交通条件下，华大校区离泉州市区稍远，

---

① 华侨大学校史编写组编《华侨大学四十年》，2000，第133页。

② 《华侨大学第二届董事会工作报告》，1992，华侨大学文书档案。

③ 《华侨大学后勤工作点滴》，1987，华侨大学文书档案。

师生称“去泉州市区”为“到泉州”，交通比较不便。学校汽车队努力为方便交通提供服务，每天定时开班车进城，假期为师生代购返乡的车、船、机票，并派专车送到厦门、福州登车、登船。当时学校尚未安装程控电话（在各用户电话之间通讯需要用电话交换机来接线，国内通信网在程控电话出现前是由人工接线的），为给师生提供通讯方便，各教工、学生楼房均设置公用电话，电话总机还日夜为师生提供长途电话服务。

第四，后勤部门尽力确保水、电的稳定供应。20 世纪 80 年代停电、停水乃是常事，当时的校友记忆中也是经常停电。因此学校自设自来水厂，泉州市也为华侨大学提供特殊供电，极力避免校区停电。但水、电维修诚属难免，学校后勤部门为方便师生的生活，把停水、停电维修次数尽量降到最低限度，即使需要维修，也妥善安排，尽可能地不影响师生正常生活。

第五，校园美化。为了使师生有个优美、安静的生活、学习、工作环境，学校后勤部门把校园绿化、环境卫生工作作为学校两个文明建设的重要组成部分，设立校卫队确保学校治安之余，及时种草栽花、修篱剪树，美化校园。卫生工作上还有一支专门队伍，每天打扫石板路面 3 万平方米。1987 年购置垃圾车一辆，校园内放置垃圾桶 80 个，每天清理一次。在美化校园上，特别要提到 1989 年修建“秋中湖”，湖中有亭，桥亭相连，垂柳依依，山色湖光，倒影成趣，成为华侨大学一道亮丽的风景线，是师生员工和校外游客休闲之地，校园面貌出现改观。1990 年华大校园面积约 100 万平方米，除了建筑面积、体育设施、大小道路外，绿化覆盖地面约占 55%，当时花圃占地 2 亩，花木 100 多种，盆花 3712 盆，苗圃 10 亩，苗木 30 多种，风景树 4574 株，建成校园绿篱近万米。

三　食在华园：食堂改革与一代华大人的美食回忆

华侨大学的后勤改革，是从伙食为中心开始的。1978 年 8 月，华大筹办了一个为港澳生、侨生提供膳食的小食堂（即后来的第二食堂），当时用膳学生 120 人左右，有七八个工作人员，每月营业额 4000 多元。然因管理不善，浪费严重，学生嫌菜贵，意见颇多。1981 年，学校开始第一次社会办食堂的试点，把第二食堂交给泉州鲤中商场承办并免费提供设备、水电、房舍，食堂实行自负盈亏。鲤中商场派来 9 人的团队经营食堂，每月营业额能有 4000 元左右，核算过后有 13% 的毛利，运营状况似乎颇佳。然而所有工作人员的基本工资每月就要 430 元，再加上福利、奖金、税收等开支，实际入不敷出，鲤中商场难以为继，而就餐者也不满意，嫌饭菜单调且贵，最终这次社会办食堂的尝试就失败了。

第二次社会办食堂的改革尝试，采取的是承包责任制的方式。从1981年8月开始，到1983年12月，除招待所食堂外的所有学校食堂都进行了经济承包责任制的改革。伙食改革仍然是从学生第二食堂（原侨生食堂）开始的。1981年上半年学校组织工作组专门到学生食堂调研。当时参加调查组的化学系干部杜祥瑞是一名归侨，他看到学生们伙食不好，认为会影响华大在海外的形象，因此决心改变食堂现状。他毛遂自荐向校领导提出承包一个食堂，保证三个月内改变食堂面貌，不然可被撤职。他提出两个承包条件：一个是他必须有解雇权，只要有员工不遵守规定，即行解雇；第二个是财政权，按总营业额比例提取的经费，他应该有权支配。校领导研究后把承包权交给了他，经过积极筹办，新生的第二食堂1981年9月1日正式开业。

第二食堂的改革采取了很多新的措施。包括：专人分管，建立健全膳食委员会，各类人员岗位责任实行承包制，做到多劳多得；制定进出仓验收制度，饭菜及时清点验收；搞好成本核验，提高饭菜质量，价格合理、经济实惠、一视同仁；做病号饭，为过生日的教职工做生日面，讲究烹饪技术，做到色香味俱佳，花色品种多样，夏令时节及时准备防暑降温食品和冷饮供应；杜绝出售腐败、变质饭菜，做到容器用具经常消毒，工具堆放整齐，严防鼠害；炊事管理人员定期体检；[①] 第二食堂里还摆了各种应季盆花，在窗户上挂上浅蓝色窗帘，并播放音乐，一下子把食堂变成了轻松舒适的所在，且备有碗筷汤匙和杯子给师生取用（当时的食堂需要自备餐具，我国的大学食堂提供制式餐具是20世纪90年代开始的）。

实践证明第二食堂基本可以做到：服务时间延长、卫生条件改善、花色品种增多、价格比较合理。不仅师生较满意，且学校每年可节约炊事费25万元。当时高等院校的所有职工都是“铁饭碗”，按杜祥瑞的条件，正式工人不愿意在第二食堂工作，因此除了他本人外，都是临时工。月营业额的18%他有权提取，以作为工资奖金、补贴、福利和100元以下零星设备的购置费。杜祥瑞制定了一套管理制度，很快改变了食堂面貌，就餐人员由原来的100多人、每月营业额4000多元，增加到1000多人就餐、营业额每月40000多元，比第一次食堂改革时的营业额增加了9倍。很多兄弟院校来参观后也都称赞第二食堂办得好。由于杜祥瑞成绩突出，1983年，学校给他晋升一级工资，以资奖励。

随着全校食堂饭菜票通用，第二食堂广受学生欢迎，给其他食堂也带来了竞争的压力（其他食堂改革后，营业额都只是面积比较小的第二食堂的一半左右，教工

① 《华大食堂为泉州市职工先进食堂主要先进事迹》，1990，华侨大学文书档案。

食堂更差一些）。学生第一、第三食堂和教工食堂，都分别在 1983 年 12 月以前按第二食堂的办法，进行了改革，实行了承包制度。①

图 2－53　学生第二食堂

经过改革，各食堂都有较大的进步。学校大胆放权，赋予食堂充分的人权、财权和经营管理主权，实行企业化管理。各食堂都按营业额的 18% 提取管理费，进行独立核算，开展了有益的竞争，提高了伙食质量。饭菜花色品种、营养卫生、服务态度都有明显提高。各食堂的主食多达 10 多种，副食 20 多种，且价格合理，各食堂基本上全天开放，没有排长队现象，还能送病号饭，广大师生普遍感到满意。②这其中仍然以第二食堂表现最令人惊艳。首先，第二食堂能充分调动炊事人员的积极性，延长了食堂的服务时间。改革后，师生到食堂随时都能吃上热饭热菜，特殊

① 在学生守则里也添加了食堂纪律的内容，包括：1. 保持清洁卫生，饭厅卫生工作由学生值日，每班轮流一周，每周洗地板和饭桌椅一次。2. 餐具应放进碗橱中，不要放在饭桌上。以保持卫生和便于工友收拾饭桌。3. 购买饭菜要排队。提倡互让精神，反对强挤硬钻，共同维护饭堂公共秩序。4. 按时开饭，保证饭热菜热做到卫生可口，定量充足，价格公道，花样多变。5. 民主管理。按月公布伙食开支情况，听取同学意见，协力办好食堂。《华侨大学关于学生宿舍、食堂、教室若干管理规定的重申》，1989，华侨大学文书档案。

② 《华侨大学后勤工作点滴》，1987，华侨大学文书档案。

图 2-54　学生第三食堂

情况下还可以定制饭菜。除了每日三餐饭点外，第二食堂长期坚持做宵夜至晚上10点多。由于饭菜质量和卫生条件较好，有的教职工干脆完全在食堂解决一日三餐，有的教职工行动不便时第二食堂还给送饭到家。其次，第二食堂的整洁卫生在师生中有口皆碑，员工一天数次打扫卫生，食材都经过几道工序洗得干干净净。最后，提高了服务质量，炊事人员穿着整洁，服务态度热情礼貌，各食堂主副食品能供应几十种，菜价从3分钱、5分钱、8分钱、1角钱到5角钱一份不等。想吃更好一点还可以点小炒。第二食堂和第三食堂还有面包房提供新鲜的面包、蛋糕，这在20世纪80年代是比较稀奇的，当时整个泉州市区都没有一家面包房，在百货商场出售的蛋糕往往陈列过久，价格昂贵。

至1985年，华大共有3个学生食堂，1个教工食堂，还有1个招待所小食堂。20世纪80年代中期，物价上涨较快。当时高等院校学生伙食上有补贴，以1985年为例，华大学生每人每月有1元钱的猪肉补贴，还有每半年2.5元的水产品补贴是直接发到学生手上的。但是食堂除了粮、油、煤是平价供应外，其余都是高价物资，对经营也造成了一定压力。① 即使在这种情况下，华侨大学的食堂仍旧维持了水准，1990年被评为泉州市职工先进食堂。

表 2-22　港澳生每人每月生活开支情况

单位：元

项目	合计	伙食	零食	夜点	购书	生活用品	文娱	观光	其他
机械系	88.6	45.0	9.7	5.4	10.0	9.0	1.4	3.6	4.7
电脑系	119.6	52.0	9.7	4.7	12.0	10.0	2.5	17.0	11.8

① 《关于学校食堂改革情况的报告》，1985，华侨大学文书档案。

表 2-23　内地生每人每月生活开支情况

单位：元

项目	合计	伙食	零食	夜点	购书	生活用品	文娱	观光	其他
机械系	43.5	31.6	2.3	1.9	2.2	3.6	1.2	0.6	1.8
电脑系	46	31.3	1.6	2.0	4.5	3.5	1.3	1.0	0.6

表 2-24　内地生每人每月生活费用来源情况

单位：元

项目	家庭资助	助学金	奖学金
机械系	33.6	5.6	6.3
电脑系	31.2	2.7	9.9

资料来源：华侨大学学生会对机械系、电脑系学生进行的调查，《华侨大学学生工作通讯》1985 年第 1 期。

根据对校友的问卷调查，[①] 20 世纪 80 年代后期境外生生活费每个月生活开支达到 200～300 元的占多数，[②] 也有少数境外生比较节俭，消费水平向内地生看齐。内地生生活费则从每月 15 元至 50 元不等，鲜少超过 50 元的。虽然内地一般大学生在 20 世纪 80 年代都享有国家发放的生活补贴和粮票（境外生享受的优惠不固定，有的是免学费，有的是生活补贴），但境内生与境外生之间消费水平的差异仍是客观存在的事实，这也是一开始设置单独侨生食堂（第二食堂）的初衷。但是食堂改革后，化解了这种差异，提高了所有学生的生活水平。对校友的问卷调查结果显示，第二食堂在当时极受欢迎。在回收的 46 份有效问卷中，明确认为第二食堂最好吃的有 36 份，把第一食堂和教工食堂列为最佳的各 5 份（其中有一份因答者在校年代较早，表示当时只有第一食堂一个选择，还有一些回答同时选择了教工食堂和第二食堂），第三食堂则获得 3 票支持。而提出“每家食堂都好吃”的温柔“骑墙派”答案也有 3 份。关于“最好吃的一道食堂菜”问题，第二食堂的瓦罐排骨汤表现一骑绝尘，获得 4 次提名，炸酱面则获得两次提名，教工食堂的肉包也获得两次提名，第一食堂则因其菜价较低获得了提名。

四　20 世纪 80 年代华侨大学侨捐工程

（一）侨捐基础设施

复办以来，得华侨华人和港澳台同胞厚爱，华侨大学收到了为数众多的捐款和

① 在此对接受问卷调查的华侨大学福州校友微信群和上海校友微信群表示感谢。

② 据《华侨大学学生工作通讯》1985 年第 1 期对机械系、电脑系学生进行的调查，港澳生每月生活开支平均是国内生的一倍。80 年代末物价上涨后境外生生活费可能更多。

物资。比如陈永栽先生等华侨捐资和直接赠送仪器设备、图书资料以及热情接待华大参观团费用等计港币 383 万 7407.84 元，按当时官方汇率折合人民币 115 万 1222.35 元（其中直接赠送仪器设备 47 台，价值港币 10 万 1275.65 元，折合人民币 30383 元）。[①] 这些捐助后来修完陈嘉庚纪念堂之后有一些存留。加上其他捐款，华大在香港银行共有存款港币 4145747.95 元，其中包括陈嘉庚纪念堂捐款未使用的部分合计约合人民币 959010 元。复办初期几年，华侨支援华大各种仪器及较先进的设备 538 台，还有图书 3869 册，如：旅港同胞杨思桩先生捐资 50 万港元，蔡素玉小姐、美国王保硕教授、国内蔡镏生教授给华大图书馆捐赠了大批图书。[②] 这些物资占当时全校设备投资的 12.5%，从而加速了学校计算机中心、电教中心、测试中心、电子工程系的建设步伐，使教学科研获得了一些较先进的测试、数据处理手段，如材料物理化学研究室的激光新材料的研究、电子工程系的测试仪器的微处理机应用，都是运用华侨华人及港澳同胞捐赠引进的新设备做的。这些华侨华人、港澳同胞的姓名，被镌刻在陈嘉庚纪念堂的碑铭上，以垂永久。

表 2－25　陈嘉庚纪念堂捐赠情况

<table>
<tr><td colspan="4">“文化大革命”前捐助人及款项</td></tr>
<tr><td>姓名</td><td>时间</td><td>款项（元）</td><td>用途</td></tr>
<tr><td>李光前</td><td>1961 年起</td><td>1228365.95</td><td rowspan="4">陈嘉庚纪念堂</td></tr>
<tr><td>全国侨联</td><td>1964.4.4</td><td>40000</td></tr>
<tr><td>曾连发</td><td>1964.7.2</td><td>3000</td></tr>
<tr><td>中国务院侨务
办公室募款</td><td></td><td>2128573.12</td></tr>
<tr><td colspan="4">复办后捐助人及款项（截至 1983 年）</td></tr>
<tr><td>姓名</td><td>款项（港元）</td><td>款项（元）</td><td>用途</td></tr>
<tr><td>黄元昌</td><td></td><td>50000</td><td rowspan="7">捐购仪器设备</td></tr>
<tr><td>李礼阁</td><td></td><td>100000</td></tr>
<tr><td>丁魁梧</td><td></td><td>15000</td></tr>
<tr><td>张水基</td><td></td><td>5000</td></tr>
<tr><td>陈永裁</td><td>1695490</td><td></td></tr>
<tr><td>丰字系机构</td><td>150000</td><td></td></tr>
<tr><td>大众动力机械公司</td><td>50000</td><td></td></tr>
</table>

① 《关于华侨捐款收支情况向董事会的财务报告》，1983，华侨大学文书档案。

② 《华侨大学第一届董事会工作报告》，1986，华侨大学文书档案。

续表

<table>
<tr><th colspan="4">复办后捐助人及款项（截至 1983 年）</th></tr>
<tr><th>姓名</th><th>款项（港元）</th><th>款项（元）</th><th>用途</th></tr>
<tr><td>菲律宾韩应翘
先生等十位华侨</td><td>1111</td><td></td><td rowspan="6"></td></tr>
<tr><td>丁马成</td><td>32883.90</td><td></td></tr>
<tr><td>张克彩</td><td>3288.40</td><td></td></tr>
<tr><td>郭瑞人</td><td>50000</td><td></td></tr>
<tr><td>郑年锦</td><td>200000</td><td></td></tr>
<tr><td>陈苏</td><td>1000000</td><td></td></tr>
<tr><td>黄克立</td><td>100000</td><td></td><td rowspan="6">捐建陈嘉庚纪念堂</td></tr>
<tr><td>李立光</td><td>100000</td><td></td></tr>
<tr><td>张明添</td><td>100000</td><td></td></tr>
<tr><td>嘉洛有限公司</td><td>250000</td><td></td></tr>
<tr><td>陈影鹤</td><td>269814.50</td><td></td></tr>
<tr><td>大众动力机械公司</td><td>100000</td><td></td></tr>
<tr><td>董真如</td><td>300000</td><td></td><td rowspan="2"></td></tr>
<tr><td>何瑶焜</td><td>100000</td><td></td></tr>
<tr><td>王为谦</td><td>100000</td><td></td><td rowspan="14">捐建陈嘉庚纪念堂</td></tr>
<tr><td>林国良</td><td>50000</td><td></td></tr>
<tr><td>南伟有限公司</td><td>100000</td><td></td></tr>
<tr><td>黄贵成等 14 人</td><td>335457.90</td><td></td></tr>
<tr><td>林松桦</td><td>117410.26</td><td></td></tr>
<tr><td>施性义</td><td>50318.68</td><td></td></tr>
<tr><td>许天相</td><td>67091.58</td><td></td></tr>
<tr><td>许松柏</td><td>16772.90</td><td></td></tr>
<tr><td>周景良</td><td>16772.90</td><td></td></tr>
<tr><td>庄惠娥</td><td>6709.16</td><td></td></tr>
<tr><td>吴礼旭</td><td>167728.95</td><td></td></tr>
<tr><td>陈伟伟夫人</td><td>117410.26</td><td></td></tr>
<tr><td>黄衍河</td><td>50318.68</td><td></td></tr>
<tr><td>李炳光</td><td>33545.79</td><td></td></tr>
<tr><td>周景忠</td><td>16772.90</td><td></td><td rowspan="8"></td></tr>
<tr><td>孙淑仪</td><td>10063.74</td><td></td></tr>
<tr><td>吴三川</td><td>6709.16</td><td></td></tr>
<tr><td>黄哲禧</td><td>40000</td><td></td></tr>
<tr><td>刘春江</td><td>20000</td><td></td></tr>
<tr><td>吴世和</td><td>168180</td><td></td></tr>
<tr><td>庄重文</td><td>150000</td><td></td></tr>
<tr><td>华侨大学</td><td>150000</td><td></td></tr>
</table>

资料来源：《关于华侨捐款收支情况向董事会的财务报告》，1983，华侨大学文书档案。

在华大的基础设施建设上，华侨华人和港澳同胞的捐款也带来了很大的帮助。华侨华人和港澳同胞先后捐赠了“李回咜体育馆”“尤梅幼儿园”“丁氏体操馆”“金川活动中心”等重要基础设施。

李回咜体育馆由祖籍泉州的菲律宾乡亲李国箴捐资35万元人民币兴建，以纪念其父李回咜先生。体育馆建筑面积1278平方米，包括4100个田径场看台座位，落成于1984年。1994年5月，李国箴先生又捐资25万元人民币，修建了运动场的主席台。“尤梅幼儿园”由菲律宾华侨李先生捐建，于1986年落成。1987年菲律宾校董丁魁梧先生为捐建“丁氏体操馆”专程来校磋商，因丁魁梧先生曾任菲律宾球协董事长，亲率菲律宾球队到日本等国参赛，又兼华大校董之故，对华大的体育事业特别关注，体操馆落成后其还为购置室内体操器械捐款1.5万元；[①] 同年，香港维德集团董事长庄启程先生捐建了“金川活动中心”。1988年，经校董丁魁悟先生及校咨询委员曾汉源先生、庄善多先生热情联络，由菲律宾侨胞施文钟先生、白留海先生捐建的“教锯楼”和“莲雪楼”以及由李国箴先生和白留海先生一同捐建的“田径运动场”又相继落成。随后校董陈秋中先生的遗孀王如琪女士捐建的“秋中湖”1989年竣工落成。1990年华侨大学建校30周年之际，“华侨大学侨总图书馆”建成，图书馆是由副董事长许东亮先生主持，向印尼华侨总会筹集港币600万元而成的。同年副董事长郑龙溪先生、副秘书长陈守仁先生、校董陈永栽先生等旅菲校董、咨询委员集资兴建的“菲华教学大楼”也落成竣工。此外，庄明理副董事长、蔡素玉校董还分别集资，于1990年在校园里铸建了陈嘉庚先生和廖承志先生两尊伟人铜像。

（二）华侨大学基金会成立

在海内外华侨华人、港澳台同胞和董事、校友的热情资助下，陈嘉庚纪念堂建成后仍有一笔可观的余款。如果这笔钱只是存在香港银行里收一些利息，不仅于教育事业无补，校方认为这也有违捐款人的本意。且在20世纪80年代，国家外汇非常紧缺，华侨大学董事会认为，在香港存着的这笔带有外汇的捐款，是一项可以引进先进技术设备和进行对外人才学术交流的款项，必须精打细算地使用。建议可以这笔钱为基础，建立华侨大学基金，并成立基金委员会，来管理及合理使用这笔基金。成立华侨大学基金，也有利于进一步接受华侨、港澳同胞的捐赠逐步扩大基金。存在香港银行的基金和捐款，可以直接采购境外先进的仪器设备、原版外文图书，

---

① 林菊花：《校董丁魁梧来校审议丁氏体操馆落成有关事宜》，《华侨大学董事会通讯》，1987，华侨大学文书档案。

以及支付校方一些必要的派出人员在境外的开支外，还可以聘请外籍教师来校工作、讲学，或者用来派遣留学进修人员。

1986年11月，华侨大学第二届董事会在深圳举行华侨大学基金会成立大会，国务院侨务办公室主任廖晖、华大常务副校长陈觉万出席了会议。来自国内外的19位校董对基金会资金的筹集、管理及使用提出了许多有益的建议，一致通过了《华侨大学基金会章程》。会议推选许东亮为基金会理事长，王宽诚实、庄明理、蔡先生、张钰𥑮、黄广坦等为副理事长；杨振志、陈守仁分别为正、副秘书长；黄光汉、黄丰州、杨振志（兼）、许东亮（兼）为司库。

华侨大学基金会是应海内外热心华侨教育事业人士的要求成立的非营利性机构，在华侨大学董事会的领导下开展工作，其宗旨在于更好地发挥国内外各界人士及团体热心资助华侨大学的积极性，加速华侨大学的现代化建设，提高教育质量和科研水平。基金会章程如下：

《华侨大学基金会章程》

（一九八六年十一月十一日通过）

一、名称

本会定名为“中国华侨大学基金会”（以下简称本会）

二、宗旨

本会为非牟利机构。其宗旨在于：更好地发挥国内外各界人士及团体热心资助华侨大学的积极性，加速华侨大学的现代化建设，提高教学质量和科研水平。

三、任务

本会的基本任务是：

（一）宣传基金会的宗旨；

（二）接纳捐款；

（三）拟定提供基金的计划；

（四）确定基金的运营方式；

（五）负责基金的管理；

（六）监督基金的使用。

四、基金的来源

（一）热心华侨教青事业的海外侨胞、港澳同胞、台湾同胞和国内外友好人士的自愿捐赠；

（二）外国基金会无条件的赞助；

（三）国内有关部门和机构的赞助。

五、基金的使用

（一）资助教师出国深造；

（二）邀请国内外或港澳专家来校讲学；

（三）设立奖学金，选派毕业生出国留学；

（四）引进先进教材、图书数据和仪器设备；

（五）进行人才培训；

（六）举办各种学术交流活动；

（七）经基金会理事会同意的其他正当用途。

六、财务管理原则

（一）本会基金由理事会委托国内外指定银行储存；

（二）本会一切财务活动，在于推广本会宗旨，其收入及财产不能用于违背本会宗旨或与本会宗旨无关的任何事项上；

（三）本会一切收支项目须如实记入账内，每年决算一次，向理事会报告并呈送董事会备案。

七、会员

（一）凡热心赞助华侨大学教育事业的人士及社团，由校董会董事或基金会理事推荐，经基金会理事会同意就可成为本会会员；

（二）本会会员有权参加会务活动，对本会工作提出咨询和建议；

（三）凡在财力、物力及其他方面对基金会有贡献者，将列入本会芸名录，对有重大贡献者，华侨大学给予设立永久性纪念标志。

八、组织机构

本会设立华侨大学基金理事会，作为执行机构。理事会设理事长一人、副理事长若干人、理事若干人。任期四年，可以连选连任。理事会下设秘书长一人、副秘书长若干人，组成秘书处，负责基金的筹集、保管、运用等日常工作并向理事会负责。华侨大学基金会接受华侨大学董事会领导。

九、会址

本会会址设在华侨大学。在香港等地设办事处。

十、附则

本章程经基金会通过后生效执行，基金会理事会得根据本章程，制定实施的细则。

本章程的解释和修改权属于华侨大学基金会理事会。

《华侨大学基金会章程》中提到基金会在香港等地设立办事处，事因基金会成立大会中，杨振志秘书长提出建议：根据基金会章程有关会员有义务宣传本会宗旨、扩大本会影响，协同完成本会各项任务的规定，基金会宜按照美国、日本、菲律宾、香港等地区分成四个大组进行工作。鉴于香港校董较多，香港地区的大组还可以再分成四个小组，每个大组和小组确定专人负责。争取在两年内，使基金会初具规模。最先成立的是菲律宾基金会。会后，时任校董兼副秘书长陈守仁先生于 1986 年 12 月前往菲律宾拜访郑龙溪副董事长，报告在泉州及深圳召开第二届董事会和成立基金会的情况，并洽商在菲开展筹集基金工作。1987 年元月陈守仁先生再度赴菲，请庄善多、曾汉源先生与郑龙溪副董事长邀请有关人士举行座谈会。1987 年 2 月 8 日陈守仁先生邀请我驻菲大使陈嵩禄先生及诸旅菲校董，在马尼拉召开了座谈筹备会。出席会议的有校董郑龙溪、陈守仁、施嘉骅、丁魁梧、李玉树、黄书汉、庄善多、曾汉源诸君。会议的中心议题是如何为华侨大学在菲开展筹集基金工作。经过热烈讨论。做出如下几点决议：①

第一，成立菲律宾地区中国华侨大学董事会联谊会，由菲全体校董组成。召集人为郑龙溪先生（正）、黄书汉先生（副）、施嘉骅先生（副）。其他董事为委员。聘陈守仁先生、庄启程先生、于长城先生为常务顾问。

第二，筹备成立中国华侨大学基金会菲律宾筹备会，由中国华侨大学菲董事联谊会负责招聘热心教育人士任委员。全体董事及陈守仁、庄善多、曾汉源先生为委员，我驻菲大使馆协助开展工作。

第三，筹委会活动经费由各委员乐捐。

第四，筹委会拟三月份再召集一次座谈筹备会。

在海内外各界的努力下，华侨大学基金会进展很大，在原有基金的基础上，又收到了很多海内外人士的慷慨捐赠。到 1989 年，校董事会驻香港办事处在许东亮、杨振志先生的努力下，已在香港地区筹集到近 800 万港币的基金。副董事长蔡先生和董事王为谦先生、何瑶煌先生、吕振万先生、曾星如先生、黄光汉先生、李玉树先生、赵敬群先生等均慷慨解囊，各向基金会捐赠数十万乃至上百万港元。其他地区的侨胞也热情赞助基金会，菲律宾侨胞杨思椿乐捐 100 万港元，傅养初先生、大众动力机械有限公司、华丰国货有限公司、华人银行等在陈嘉庚纪念堂的建设中已

---

① 《董事会通讯》，1987 年第 6 期，华侨大学文书档案。

经出钱出力的热心人士和公司机构，继续支持华大，为基金会各捐赠数十万港元。至1991年，基金会筹集的资金已达到1300多万港元，主要用于资助学校教师到香港和海外进修及开展学术活动，还用于购置教学科研仪器设备、外文图书。①

五 财政

（一）复办及调整改革时期的财务组织演化（1978—1990）

该阶段，国家经济社会处于蓬勃发展时期，学校各项业务发展迅速，与学校发展相适应，在这一阶段，学校单独设立了财务处，同时在基建处、总务处、校办产业办公室下设财务科，在校医院下设财务室，以分类核算相应的经济业务。

1978年4月，华侨大学成立复办筹备领导小组，下设总务组，财务业务并在总务组下运行。随着学校复办工作的进展，学校各项业务逐步走上正轨，1982年1月学校成立财务处，由白世林副校长兼财务处处长，叶荣恭任财务处财务科长（主持财务工作）。1987年3月，根据业务的规模，以及国家财政改革的需要，财务处新增财务一科和财务二科，由财务一科负责预算内资金的管理和核算，财务二科负责预算外资金的管理和核算。1988年11月，傅孙双任财务处副处长（主持工作），1993年2月任财务处长，1995年其被授予“全国先进会计工作者”称号。

（二）财务管理

复办及调整改革时期，学校的财务管理分为预算内和预算外经费，科技三项费用由教育部拨款、省里给一定的补充，用于建立实验室、开展科研实验、开展对外协作和科技交流；设立学校基金，鼓励学校自行挖掘潜力，形成预算外资金。1978年9月国务院发布《会计人员职权条例》，学校财务工作逐步得到重视，将财务科从总务处独立出来，单独设立财务处，人员由1978年4人增加到1987年的37人。1985年1月21日第六届全国人民代表大会常务委员会第九次会议通过《中华人民共和国会计法》，也促进了学校进一步规范财务管理。

学校复办之初，办学经费十分紧张，资金来源仅靠国家财政拨款维持业务运转。1980年，随着财政部、教育部《关于高等学校建立学校基金和试行奖励制度的暂行办法》的颁布，学校自上而下开展学习活动，要求管好学校的经费、增收节支，学校经费实行统一平衡调整、分口管理。一方面大力节约水电费、办公费等开支，另

① 《第三届董事会通讯》，1992，华侨大学文书档案。

一方面积极组织经费来源，通过举办学习培训班、开放实验室、开展无线电培训、承接设计等方式挖掘学校的潜力，增加收入，同时对资产进行了全面清查。1981 年学校成立华侨大学基金委员会，进一步加强各部门开源节流、增收节支的工作，随后，培训、办班、校办产业上缴利润、资金运营增值等逐年增加，至 1996 年学校基金的年收入已达 1034.28 万元，是当时预算外资金的最重要组成部分。1982 年在第二食堂实行改革，采取浮动工资加奖金的办法，试行经济效益考核，取得良好的效果。

1982 年设立财务处，标志着学校的财务工作翻开了新的篇章。1984 年成立科技服务中心，鼓励开展对外创收，按规定扣除成本后，70% 归系、教研组。1987 年预算内资金减少，学校在预算分配上采取“统筹兼顾、保证重点、兼顾一般”的原则，资金安排采取“精打细算、量入为出”的原则，将经费切块分配至各个处室，各处室按照“预算包干、超支不补、节余留用、自求平衡”的经费管理原则再往下安排，大家共同节约增支，提高经费使用效益，打破全校一起吃大锅饭的状态。

1988 年实行一定程度的财务公开，增加财务透明度，每季度将切块经费的使用情况进行公布，让各个职能部门了解自己经费使用情况，同时也让群众监督各切块经费使用情况，此举较大减少了差旅费等行政业务方面的支出。1989 年制定了《华侨大学财务管理制度》，是学校财务管理走向规范化、制度化的新起点。

随着《中华人民共和国会计法》颁布，财会人员在行使权力、规范业务行为、保证会计资料真实完整、加强财务管理、提高经济效益等方面有了法律保障。财务实现“转轨变型”，由单纯的核算型——记账、算账、报账——向核算管理型转变，形成事前预算、事中控制监督，事后分析、信息反馈的全过程管理。财务管理也在学校增收节支、提高经费使用效率上发挥着积极的作用，在经费统筹、打破大锅饭方面做了许多有益的探索，在业务上开始走向制度化、规范化的道路。

（三）财务状况综述

复办及调整改革时期（1978—1990）。学校复办之初，办学经费十分紧张，经费主要靠国家财政拨款，且持续增加，到 1990 年学校的财政拨款已经达到千万元级别，同时学校大力拓展经费来源渠道，预算外资金作为改革发展的补充，起到一定激励作用。

从 1978 年至 1990 年，这 13 年中的 10 年（其中 1983 年及 1985 年报表缺失），学校累计总收入 7159.60 万元，财政拨款累计 6663.90 万元，财政拨款率占 93.08%，其余为学校的预算外收入。总支出累计为 6854.05 万元，支出占总收入的

95.73%，财政拨款与总支出比为97.22%，可见这时期学校的运行高度依赖于国家财政拨款（见表2-26）。

在预算外收入方面，1980年随着财政部、教育部《关于高等学校建立学校基金和试行奖励制度的暂行办法》的颁布，学校开始进行对外培训、办班、发展校办产业、存量资金增值等创收活动。1981年学校成立校基金委员会，进一步调动开源节流、增收节支的积极性。学校一方面充分挖掘校内资源，发挥经济效益，另一方面，这些预算外资金用于补充教学科研不足，用于集体的福利、校内的奖励和激励等，这期间学校基金6年共取得184.26万元的收入，年均30.71万元。在当时那个时期，在所谓“铁饭碗”和“工资条”的情况下，这些补充无疑对调动教职工的积极性、解决学校发展中的一些燃眉之急，起到应有的作用。

学校资产从1979年的415.64万元（其中固定资产413.79万元，占99.55%），到1990年增长到6915.27万元（其中固定资产6625.83万元，占95.81%），资产呈现大幅上涨，1990年比1979年增长1563.76%，同时学校的资产相对单一，以固定资产为主。

表2-26　复办及调整改革时期财务情况

单位：万元

年份	收入			总支出	资产	
	总收入	其中：财政拨款	学校基金收入		总资产	其中：固定资产
1978	171.36	171.36		171.36		
1979	312.91	301.00		314.78	415.64	413.79
1980	405.51	377.00	9.17	60.30	1882.34	1834.88
1981	465.67	429.00	18.58	438.32	2374.70	2298.15
1982	483.42	431.74	18.82	486.84	2695.50	2602.42
1984	688.88	574.00	56.49	677.73	3670.09	3583.43
1986	1018.46	873.00	51.20	1003.91	5581.04	5420.84
1987	782.00	752.00	30.00	779.51	6180.55	5964.91
1988	942.39	865.80		902.52	6547.18	6284.66
1989	887.00	887.00		1012.21	6758.58	6522.51
1990	1002.00	1002.00		1006.57	6915.27	6625.83
合计	7159.60	6663.90	184.26	6854.05	43020.88	41551.42

注：1.1978年的报表缺失，1978年的支出在1979年报表中显示1713588元，从1979年资产数与固定资产的差额仅为1万多元，可见银行存款数额非常有限，因此1978年的拨款数以支出数代替。

2.1987年报表上没有学校基金这张表，根据报表的说明，这一年学校基金收入不畅，预计30万元，因此补充。1988年至1990年报表上没有体现学校基金的数字，故空缺。

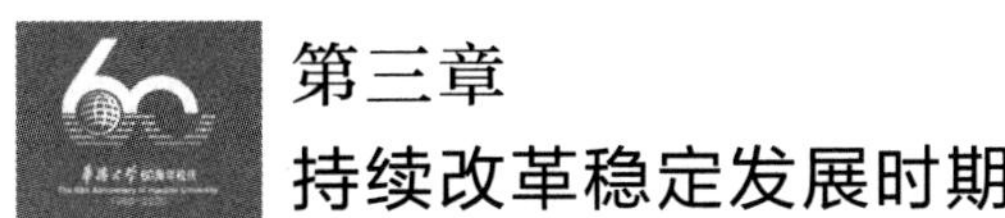

第三章
持续改革稳定发展时期

本章介绍从1991年到2000年华侨大学办学的基本情况。20世纪90年代，随着改革开放的持续深入，商业化、全球化和计算机化的时代浪潮开始席卷中国高等教育界。伴随着以社会主义市场经济为导向的体制性改革，中国高等院校纷纷经历了市场化、多元化以及国际化的变革与发展，核心目标趋于一致即深化素质教育，面向21世纪培养具有创新意识的应用型人才，加速教学科研的现代化、高等院校学生的多元化以及高等教育信息的国际化。在这样的背景下，华侨大学也在21世纪到来前迎来了快速发展的十年。

学校始终扣紧这一时代主旋律。一方面，作为一所以“侨”命名的高等院校，华侨大学始终坚持“面向海外、面向港澳台”的办学方针，秉承“为侨服务、传播中华文化”的办学宗旨，为侨务工作贡献力量，并立足于集美华侨补习学校（后为华文学院）推广华文教育和研究。另一方面，基于教育为经济建设服务的理念，华侨大学与时俱进地调整了人才培养目标和模式以及学科布局，开展教学改革，推广电子化教学模式，引入以聘用制、考核制等为代表的竞争机制优化师资队伍，并建立与市场经济相适应的科技工作新体制，旨在将教育与知识经济合拍，与信息时代同步。

90年代的教学改革是持续而复杂的系统工程，它为华侨大学创造了很多个从无到有的第一次：在教学改革上，首次尝试推行主修英语制、学分制和导师制；在学院制探索上，创立了第一个专业学院——化工学院（1998年）；在教学管理上，开展了建校以来首次全校性系级办学水平评估工作（1991年）；在研究生教育上，首次通过竞争上岗的形式遴选研究生导师（1998年）；在师资建设上，首次选拔出青年学科带头人和骨干教师作为培养对象（1993年）；在学位点建设上，华侨大学成为博士授予单位，“机械制造及其自动化”成为第一个博士学位授予学科（1998年）；在学生工作上，第一次用科学量化的方法对学生管理工作进行试验性评估（1994年）；在科研方面，第一次争取到高等教育学科类的国家重点课题（1997年）；在干部制度改革上，在福建省高校当中首次实行公开选拔处级干部制度（1996年）；在国际化方面，国际经济本科专业开创了首次向海内外招生的先例（1997年）；在继续教育上，首次推行了夜大学专升本招生考试（1998年）。诸如此类的开创性举措为华侨大学在90年代的持续改革和稳定发展注入了活力。

在章节安排上，第一节以“八五计划”和“九五计划”为核心的十年发展规划、国侨办与省市共建、管理体制改革、人事制度改革以及财务管理制度改革等综合改革为内容，解读了学校十年发展所依托的制度根基。第二—第四节分别从学院制改革、学科布局和建设、师资队伍建设与人才培养、教育教学改革以及科学研究与社会服务等三个层面展开叙述。学校是一所立足于为华侨华人服务、同时日趋国际化的高等院校，其中，华文教育和国际交流是学校工作的一大重点，本章第五节主要叙述了学校在90年代的国际化办学情况，主要包括华文教育和对外交流与合作。第六节重点关注党建工作、学生工作、校园文化以及校训、校歌与校徽，体现学校在注重教学和科研的同时也致力于党建工作和学生工作，并为师生创造良好的生活氛围和集体文化。第七节梳理了以“社会化”为重点的后勤改革、食堂和水电改革以及校办产业。最后一节重点阐述了董事会（主要是第三届和第四届董事会）、校友会以及90年代举行的两次重大校庆活动。

第一节　发展规划与管理体制综合改革

用改革与创新迎接21世纪是90年代华侨大学发展的主旋律。进入90年代后，邓小平南方谈话的发表和党的“十四大”“十五大”的召开，为华侨大学的办学指明了前进的方向，推动学校发展。

一　十年发展规划

复办以来，学校本着改革的精神，始终不渝地围绕一个目标，实现两个转变，采取三项措施。其中，一个目标就是实现国家对华侨大学提出的“面向海外、面向港澳台、面向经济特区”的办学方针和“办出特色、办出水平”的办学要求。两个转变：一是学校的学科专业结构，由复办时以工为主、理工结合的工科大学，逐步发展成为理、工、文、管、法、艺等学科门类比较齐全的综合性大学；二是由复办初期仅办本科层次的单一办学模式，逐步发展成为具有博士、硕士、本科、专科多层次的学历教育，以及发展具有本、专科学历和职业培训非学历的成人教育，基本形成多层次、多形式的办学模式。

围绕学校短期及长远发展的问题，90年代的华侨大学继续集思广益，组织和发动有关部门和专家进行调研、论证，通过科学研究与合理设计，分别于1991年7月和1996年8月提出了两项发展规划——“八五”计划与“九五”计划。这项十年发展规划针对涉及学校发展的众多层面提出了相应的、合理的目标，在坚持现有发展规模和路径的基础上，提出了多项改革和调整的目标，为华侨大学在90年代的有序扩大和良好发展指引了方向。

（一）十年规划与“八五”计划

值建校三十周年之际，学校对建校尤其是复办以来的工作进行了总结，并开始着手规划未来十年的发展蓝图。与此同时，党和国家的大力扶持以及广大海外华侨华人、港澳台同胞的支持，也共同为华侨大学的发展创造了良好的外部条件。在改革开放的大潮下，华侨大学与时俱进，深化管理体制综合改革，在制度建设方面力求高效、科学。1992 年 4 月，时任副校长庄善裕率中层干部 8 人，前往复旦大学、上海交大、东南大学、南京大学等高校考察学习校内管理体制改革经验。[①] 随后学校又分别召开民主党派、系处领导、教师和学生代表座谈会，就校内管理体制改革有关问题广泛听取意见。1992 年 5 月 25 日下午和 26 日上午，学校连续举行党政联席会议，对管理体制改革草案进行专题研究，并制订《华侨大学事业发展十年规划和“八五”计划要点》,[②] 改革人事制度和财务管理体系，高层管理制度得到进一步完善，继续为学校在 90 年代的整体发展保驾护航。

1. 十年规划的主要目标

学校为十年规划设置的主要目标是：在十年内，创造向高层次发展的必要条件；并争取在第三个五年中培养出来的人才，具有明显的特色和长足的实力，在某些方面赶上国内某些名牌大学。同时，科研方面应致力于提高科研能力和水平，争取有若干学科，至少有两三个重点学科能处于国内领先地位，并积极开拓国际学术交流和协作。为此，要为达到上述目标创造必要的条件。

其一，大力改善办学条件。在校舍建设、师资队伍、仪器设备、图书资料等四个基本办学条件方面，要努力赶上或接近重点大学的水平。特别是师资队伍的建设，经过十年努力，应建立一支结构合理、优化精干、充满朝气的师资队伍。重点学科和重点系，更应该具备较高的师资水平。

其二，优化育人环境，全面贯彻党和国家的教育方针，建立优良的校风和学风。学校教职员工，应致力于建设良好的育人环境，以确保造就人才的工作能顺利进行。优化育人环境，关键是建立良好的校风和学风，这项工作要和全面贯彻教育方针密切联系起来，争取十年之内，在学校内部建立稳定的体制和健全的机制，在这种体制和机制的运转下，不论外界发生什么变化，学校都能始终如一贯彻教育方针，推动校风、学风建设。

其三，进一步深化教改，形成特色。根据人才培养的高要求，进一步优化专业结构和课程设置，加强教材建设，改革教育管理制度，使学校的教学计划、教学内容、教学活动具有十分明显的特色，准确反映外向型人才所必须具备的智能结构，确保学校培养的人才在某些方面具有较高的水平。

---

① 华侨大学校长办公室：《学校组团赴宁沪高校学习考察》，《华侨大学报》1992 年 5 月 18 日。

② 华侨大学校长办公室：《华侨大学事业发展十年规划和“八五”计划要点》，1991 年 7 月 5 日，华侨大学文书档案。

其四，加强科研工作。要加强重点学科建设，加强学术带头人的培养，把科研转向为国民经济服务的主战场。同时，有重点地开展基础研究和高技术研究。科研工作要有所突破，至少有两三个重点学科处于国内领先位置。以科研促教学，全面提高学校学术水平和教学水平。

其五，深化管理体制的改革。现代化的管理，必须具备民主、信息、竞争三种机制。在管理体制中，要以民主作为龙头，信息作为手段，竞争作为内涵，深化改革，加强管理，提高效率。争取在十年之内，建立民主管理、信息管理、竞争机制三位一体的科学管理体制和办学机制，使学校充满活力，能够不断适应外界的变化，自我调整，自我完善，自强不息。①

2. “八五”计划的提出与目标

在“八五”计划提出之前，学校领导对“七五”计划的落实情况进行了总结，旨在补差补缺，并在此基础上提出了十年发展规划。“八五”计划的具体目标和实施措施如下。

首先，坚持社会主义办学方向，加强政治思想教育工作。目标是在全校教师和干部中牢固树立全面贯彻教育方针的思想，把培养德才兼备的人才作为学校首要和根本的任务；基本形成具有学校特色的思想政治工作新格局；进一步优化育人环境，基本形成“勤奋求知，严谨治学，自立图强，求实创新”的良好校风和学风。

其次，加强师资队伍和管理队伍建设。一方面要建设一支政治思想和业务素质都较好的师资队伍，目标是建立一支热爱社会主义祖国，坚持四项基本原则，结构合理，优化精干，充满朝气的师资队伍；各系要有一支在教学、科研方面居全国高校中等以上水平的师资队伍；全面提高教师的外语水平。另一方面，深化管理机构改革和加强管理队伍建设。目标是探索和提出具有学校特色的管理机构设置和管理体制的改革方案。

最后，加强后勤工作，努力改善办学条件。一方面，更新仪器设备，加强实验室建设。优先增添学生受益面大的基本设备，优先扶植重点学科和综合改革试点系及海外学生多的系，优先充实做出重大科研成果的科研单位。另一方面，加强校舍和教工住宅建设，改善住房条件，同时改善生活保障条件，加强校园绿化卫生管理。坚持科学管理，发扬勤俭办学的精神，提高服务质量，努力解除师生员工的后顾之忧，创造良好的育人环境，做到服务育人和管理育人。

“八五”计划还要求学校在管理体制综合改革方面推行企业化管理，主要从以

① 摘选自华侨大学校长办公室《华侨大学事业发展十年规划和“八五”计划要点》，1991 年 7 月 5 日，华侨大学文书档案。

下两个方面入手：一方面实行政企分开，精简机构，减员增效；另一方面建立健全激励机制，实行经理责任制，把个人劳动与经济效益挂钩，有效地驱动积极对外开展经营服务；引入竞争机制，不断完善人员聘用制度与劳动分配制度，实现人员的聘用与劳动力市场接轨，以此促进服务水平和服务质量的提高。

为进一步实施学校十年规划和“八五计划”，使学校工作上新台阶，陈觉万校长于1991年10月30日—11月19日，相继主持召开民主党派代表、老教授、科协成员代表、中年教师代表、青年教师代表、离退休干部、教师代表、机关干部代表和群众团体代表等多个座谈会，广泛征求不同阶层人士对办学的意见和建议。[①] 会上，与会者主要围绕如何创造条件上新台阶这个中心问题，从各自的角度就学校在师资队伍建设方面出现的人才断层等问题提出大胆批评并对加速中年教师的培养、加强青年教师的思想政治教育和提高管理水平等献上宝贵的建议。

（二）“九五”计划

在“八五”计划的基础上，时任校长庄善裕在华侨大学第三届董事会第三次会议上发表《改革发展“九五”规划和2010年目标》的报告，随后学校于1996年正式制定和出台《华侨大学“九五”计划和2010年发展规划纲要》,[②] 以应对教育工作面临的两个重要转变，一是要全面适应现代化建设对各类人才培养的需要，二是要全面提高办学的质量和效益。“九五”计划需要达成的目标如下：全日制学生规模控制在5000人，其中，研究生250人，境外生1500人，建设1—2个博士点，22个硕士点，争取将4个学科建设成福建省重点学科，并有计划地准备将1—2个学科建设成为国家重点学科。[③] 与此同时，组建面向21世纪的具有前沿性、交叉性的新学科群，以推动学校在教学和科研水平上的有序发展。“九五”期间，学校将组织建设好机电、土建、化工、管理、文法5个学科群，充分发挥学校学科门类齐全的综合优势，进一步促进学科间的交叉渗透，促使老学科更具活力，新学科尽快形成，不断发展壮大学科整体实力。

“九五”计划涵盖了从学科建设、科学研究到学生管理等方方面面，对众多领域的发展作出了翔实的规划和指导。第一，在学科建设方面，学校的首要目标在于巩固和发展7个重点学科，重点建设的目标是使现有的重点学科率先成为福建省重

---

① 宗文：《集思广益，群策群力，方向明确，目标在望》，《华侨大学报》1991年11月30日。

② 华侨大学校长办公室：《华侨大学“九五”计划和2010年发展规划纲要》，1996年6月19日，华侨大学文书档案。

③ 华侨大学校史编写组编《华侨大学五十年（1960—2010）》，2010，第96页。

点学科并向国家重点学科靠拢。与此同时，学校还要发展新学科，改造老学科，组建新学科群，构建具有优势和特色的学科体系。同时做好博士点与硕士点的策划、组织和申报工作，力争到2010年，全校共有30个硕士点，4—5个博士点。此外，学校还将继续争取港澳台同胞、华侨、华人及社会各界的支持，多渠道筹措资金，加大学科建设投入，重点支持重点学科、基础学科、新建学科和学科群的建设与发展。

第二，在人才培养方面。一方面，实施招生并轨，提高生源质量并逐步扩大研究生规模，制定、完善一系列奖助学金等条例，采取有力措施，奖励品学兼优的学生，并切实帮助家庭经济困难的学生解决在学期间所需的学习、生活费用，使他们不因实施招生并轨缴费上学困难而中断学业。与此同时，加快完善学分制教学管理体系，通过实行学分制进一步调动学生学习的主动性、积极性。另一方面，加强基础课和骨干课程的重点建设，力争创出一批体现学校特色和优势的名牌课程，积极开展面向21世纪的教学内容与课程体系改革。积极调整专业结构，根据社会、经济的发展和跨世纪科学发展的需要，继续调整一些专业和增设若干新专业，优先发展若干社会急需的应用型专业及面向21世纪的高新技术专业。加大教学投入，积极推进运用现代化教学方法和教学手段，开展高教理论和教学方法的研究，逐步更新现有的教学手段和设备。继续加强对教学各个环节的管理，积极推进教学管理科学化和计算机化。加强研究生教育，努力发挥培养高层次人才的作用。积极而稳妥地开展成人高等教育。

第三，就科学研究方面而言，要牢固树立“科学技术是第一生产力”的思想，充分认识到科研在高校工作中的重要地位，教学与科研有机结合，相互促进的密切关系。从学校现有基础和特色出发，主动适应学科发展趋势和未来社会发展需要。加强应用开发研究，努力为福建省和泉州市的社会发展和国民经济建设服务。重视和加强国家自然科学基金、国家社科基金、省自然科学基金、省社科基金的申报和实施工作。在科研管理上实行分类导向、分层次管理，针对基础、应用和高新技术等不同性质、不同研究领域和不同层次的研究群体，实施能综合反映学术水平和社会经济效益的考核办法及职称晋升条例。增加对科研的投入，加强研究基地的建设，添置一批具有国际先进水平的科研专用设备，安排一定数量的资金用于扶持经论证认可、确实需要倾斜扶持和重点建设的学科或研究方向，尤其是高新技术的研究与开发。

第四，在师资队伍建设方面，根据“高素质产生高效益”的原则，控制教师数量的发展规模，注重提高质量，努力建设一支面向21世纪政治思想素质好、业务水平高、结构优化、人员精干、充满活力、相对稳定的师资队伍。调整和优化教师结构，利用教师队伍即将出现较大幅度更新的契机，改善教师结构，努力实现职务结构合理化、学历结构高层化、年龄结构年轻化。积极引进高层次人才，根据需要和可能，采取特殊措施和政策、通过多种渠道和方式，吸引国内外高层次优秀人才来校任教，特别是大力引进教授、博士生和著名专家。加强对现有队伍的培养，根据现有教师队伍的不同层次、拓宽培养途径。重点培养和扶植中青年骨干教师，一手抓学术带头人，一手抓中青年骨干教师培养。加强和完善师资队伍管理工作，积极为优秀的中青年教师脱颖而出创造条件，强调真才实学，不拘一格选拔人才。

第五，管理体制改革方面，核心是坚持社会主义办学方向，探索办好具有中国特色社会主义大学的新路子。推进办学体制改革，增强办学综合实力。推进校内行政机构改革，提高行政管理整体效能，建立与完善学校管理系统，加强决策的科学化与民主化。全面深化校内管理体制改革，不断提高管理水平和办学效益。

第六，在对外交流方面，加强校际交流与合作，扩大对外影响，进一步加强和深化与菲律宾、日本、马来西亚和中国香港等国家和地区一批知名度较高的学府发展稳定的、有实际效果的学术交流与合作。继续做好聘请外籍教师的工作，引进国外智力，进一步做好聘请国外专家学者包括诺贝尔奖得主兼任教授、来校讲学、讲座和进行合作研究等工作。扩大对外教育规模，逐步形成完整的境外生培养体系，要进一步拓宽对外教育办学渠道，努力扩大留学生和港澳生规模。①

实践证明，十年发展规划为学校在90年代的发展绘制了宏伟的蓝图，并提供了科学的指导。经过认真实践，学校在众多领域都取得可喜的成绩，到2000年无论在学校规模、招生数量还是在办学实力等方面，华侨大学都取得了一定的成效，1965—2000年学校发展规模见表3－1。

表3－1　华侨大学发展规模

项目＼年份	1965	1985	1992	1996	2000
在校学生（人）	2395	3162	4794	8165	11902
招生专业（个）	17	13	23	32	48
教职工（人）	885	1296	1424	1398	1420
设备投资（万元）	—	68	115	209	—
年基建投资（万元）	—	540	300	350	3606

① 摘选自《华侨大学“九五”计划和2020年发展规划纲要》，1996年6月19日，华侨大学文书档案。

续表

项目＼年份	1965	1985	1992	1996	2000
建筑面积（m^2）	83628	152887	217390	268698	364216
科研论文（篇）	—	170	298	497	—
毕业学生（人）	61	1149	1611	2776	3013

资料来源：《华侨大学发展规模一览表》，《华侨大学报》2000 年 10 月 30 日。

二　国务院侨务办公室与福建省、泉州市共建华侨大学

为深化高等教育管理体制改革，进一步贯彻落实国家于 1993 年制定和出台的《中国教育改革和发展纲要》，① 支持学校进一步办出特色、办出水平，使学校在团结和服务海外华侨华人及港澳台同胞、促进福建省和泉州市经济社会发展方面发挥更大作用，20 世纪 90 年代初，国务院侨务办公室与福建省人民政府、泉州市人民政府开始酝酿共建华侨大学事宜。

（一）国务院侨务办公室与福建省共建华侨大学

在考虑共建之初，国务院侨务办公室和福建省、泉州市人民政府对共建华侨大学工作高度重视，国务院侨务办公室领导多次来闽，会晤福建省和泉州市政府相关领导，磋商共建华侨大学工作。1995 年 12 月泉州市委市政府领导与学校领导座谈，商讨共建大计。座谈会召开期间，市委书记丘广钟，市委副书记、代市长何立峰都高度赞扬了华侨大学为泉州市的人才培养和科技服务做出的重大贡献。参与座谈的市委市政府领导们一致认为，共建华侨大学是一件好事情，是双方的共同需要，要通过共建找到双方的结合点。福建省领导也多次表达了支持国侨办与省市共建的政策意向。1996 年 1 月，陈明义省长在全省经济工作会议主题报告中，就曾专门强调，要做好福建省人民政府与国务院侨务办公室共建华侨大学的有关工作，这在很大程度上表明省政府旨在办好华侨大学的决心。

经过前期的筹划和准备工作，国务院侨务办公室与福建省政府于 1996 年 4 月 7 日下午在福州正式签订《国务院侨务办公室与福建省人民政府关于共同建设华侨大

① 中共十四大明确提出“必须把教育摆在优先发展的战略地位，努力提高全民族的思想道德和科学文化水平，这是实现我国现代化的根本大计”。为了实现这一战略任务，1993 年 3 月，国家制定和出台了《中国教育改革和发展纲要》，用以指导 20 世纪 90 年代乃至 21 世纪初教育的改革和发展，使教育更好地为社会主义现代化建设服务。

学协议书》。[①] 国务院侨务办公室副主任刘泽彭和福建省副省长王良溥分别代表双方在协议书上签字。中共福建省委书记贾庆林、福建省省长陈明义、中共福建省委副书记何少川、国务院侨务办公室文教宣传司司长丘进以及省有关部门、泉州市和学校部分领导出席签字仪式。陈明义省长在签字仪式上表示，华侨大学办在福建，福建省是直接受益者，福建省把华侨大学看作是福建的大学、泉州的大学，有责任把华侨大学办好。[②]

图 3-1　国务院侨务办公室与福建省人民政府共建华侨大学协议书签字仪式

《国务院侨务办公室与福建省人民政府关于共同建设华侨大学协议书》的主要条款摘选如下：

第一，国务院侨务办公室与福建省人民政府共同建设华侨大学，努力把华侨大学办成在国内外有影响的大学，不断提高办学水平和教育质量，在团结与服务海外华侨、华人和港澳台同胞，促进福建省经济、社会的发展方面发挥更大的作用。

第二，华侨大学为国务院侨办直属高校，其行政隶属关系、经费投资渠道和人事管理体制仍保持不变。在双方共建后，国务院侨办根据华侨大学的发展规模，加快建设，逐渐增加对学校的投入，福建省人民政府将华侨大学的发展列入福建省高等教育和科学技术发展规划，从福建省的整体发展规划上考虑华侨大学的发展。

第三，福建省人民政府从人力、财力和物力等方面支持华侨大学提高办学层次。从1996—2000年，每年从省财政中增拨专项资金与国务院侨务办公室按1∶2的投资比例配套支持学校重点学科建设，将学校列入福建省高等教育和科技发展规划，从

① 《国务院侨务办公室与福建省人民政府关于共同建设华侨大学协议书》（讨论稿），1996年4月，华侨大学文书档案。

② 华侨大学校史编写组编《华侨大学五十年（1960—2010）》，2010，第97页。

各方面支持学校提高办学水平和办学层次。福建省在改善省属高校教职工待遇及各项补贴等方面的相关政策，也适用于华侨大学，经费由福建省人民政府拨给，同时发动企事业单位、社会团体多渠道地筹集资金支持华侨大学的改革与发展，使华侨大学更好地为福建省经济建设服务。

第四，国务院侨办支持学校积极为福建省培养高层次人才，接受福建省教育主管部门的管理和指导，不断提高教学质量和科研水平，开展科技开发活动，为福建省经济建设和社会发展提供良好服务。基于此，学校将努力培养福建省急需的高级专门人才，在专业设置和调整、科研与科技开发等方面更好地面向福建省经济发展需要；与此同时，也将加强与福建省高校的交流与合作，做到优势互补、资源共享、共同发展。

第五，华侨大学要不断提高教学质量和科研水平，办出特色，办出水平，为我国改革开放和现代化建设培养高质量专门人才，为发展我国高等教育，弘扬中华文化，促进祖国统一事业多做贡献。

得益于国务院侨办与福建省共建华侨大学，学校得到了来自国家和福建省的高度关注，这在很大程度上促进了学校的长远发展。

（二）国务院侨务办公室与泉州市共建华侨大学

1. 部市共建华侨大学

继国务院侨务办公室与福建省共建华侨大学协议签订之后，1996 年 7 月 17 日，国务院侨务办公室与泉州市人民政府签订共建华侨大学协议。根据协议，作为主管部门，国务院侨务办公室将在现行管理体制下，继续核发学校的正常办学经费，并力求逐年增加。作为受益方，华侨大学首先需要保证完成国务院侨务办公室下达的各项任务，承担作为国家重点扶植的外向型大学应尽的义务。泉州市人民政府根据泉州市经济建设与社会发展需要，组织对华侨大学的教学和科研的投资，从 1996 年起，连续 5 年，每年从市财政中安排专项经费 150 万元支持华侨大学的学科建设，同时以各种形式支持学校不断改善办学条件。不仅如此，泉州市政府出台的改善事业单位职工待遇的各项政策将同样适用于学校教职员工，而所涉及的补贴经费则由市政府拨给。在承担相应的义务方面，学校需要为泉州市提出的“科技兴市”战略目标做贡献，并在成人高等教育、高等职业培训、应用性和开发性研究方面为泉州市经济和社会发展提供更好的服务。[①]

① 华侨大学校史编写组编《华侨大学五十年（1960—2010）》，2010，第 97 页。

共建华侨大学协议签订后，国务院侨务办公室和福建省、泉州市政府根据共建协议精神，加大了对华侨大学的资金投入和政策扶持，学校迎来了1978年复办后最为宝贵的发展机遇，学校的办学层次和办学水平都得到迅速的提高。

2. 部市共建华侨大学泉州学院

为促进泉州市教育科技事业的进步，更好地服务于泉州地区的经济建设和社会发展，1996年7月，国务院侨务办公室还与泉州市政府商议共建“华侨大学泉州学院”，实施共建后，作为主管部门，国务院侨办将在现行管理体制下进一步加强对华侨大学的领导，继续核发学校正常的办学经费，并力求逐年增加。华侨大学首先要保证完成国务院侨办下达的各项任务，承担作为国家重点扶植的外向型大学应尽的义务。泉州市人民政府根据泉州市经济建设和社会发展以及华侨大学各项事业发展的需要，组织对华侨大学的教育和科研的投资。①

1997年，学校与泉州市共同创办的“华侨大学泉州学院”正式宣告成立，标志着学校办学体制改革又迈出了大步。泉州学院学制为四年制本科，院长由学校教务处处长王建成兼任，学院理事会由泉州市人民政府和学校各派员组成。“华侨大学泉州学院”侧重为泉州地区培养师资人才，为泉州“科教兴市”战略作贡献。依据协议，泉州市政府每年拨款150万元，用于学院的教育经费和各项建设。在需要承担的义务方面，学院每年定向为泉州地区培养100名教师，持续五年。②

图3－2　华侨大学泉州学院挂牌仪式

此外，华侨大学泉州学院的招生指标纳入国家计划，在当年华侨大学的本科招生指标中调节，而其招生计划由泉州市政府召集计委、人事、教育等部门研究后提

---

① 赵小波：《国侨办与泉州市府共建华侨大学》，《华侨大学报》1996年9月10日。

② 张罗应：《华侨大学泉州学院成立》，《华侨大学报》1997年3月25日。

出。学院的招生工作由泉州市教委派员参加，在福建省招生委员会的领导下，依据国家教委批准的学院招生规定和省招生委员会的有关规定进行。作为泉州地区培养师资人才的重要基地，泉州学院定向泉州地区招生，其录取分数线可能参照当年福建省招生委员会划定的本科定向培养生分数线，也可能在此基础上所有优惠。

在具体的招生和培养方面，根据协议，华侨大学泉州学院招收的学生根据实际招生数按国家教委及华侨大学有关规定进行缴费上学，并享有一定的补助。该学院学生在校。其间享受华侨大学统招生待遇，并承担同等义务。学习期满，考试合格，符合华侨大学有关学籍规定者，由华侨大学发给毕业证书；符合《中华人民共和国学位条例》及有关规定者，由华侨大学发给相应的学位证书。学院的毕业生，实行就业双向选择，纳入省毕业生分配计划，根据需要由泉州市政府和毕业生就业主管部门分配或推荐在泉州地区工作。

（三）新一轮部省市共建

2000 年 9 月 15 日上午，中共福建省委书记、校董事会董事长陈明义莅校视察，在省委办公厅、省教育厅负责人以及泉州市领导刘德章、洪辉煌、吴汉民、黄少萍等的陪同下前来学校调研，指出华侨大学要按照科教兴省的要求，加快校内管理体制改革与重点学科建设，努力把华侨大学办成创新人才的培养基地、关键技术攻关的攻关基地、高新技术的孵化基地、知识创新的研究基地和海外华文教育的发展基地；要按照跨世纪高校发展的需求，在搞好学校布局总体规划、美化校园环境的同时，充分利用学科门类齐全的优势，加强各学科间的交叉渗透和资源共享；要按照知识经济时代对人才的要求，着力培养外向型、应用型、知识型、创新型的高素质人才。福建省、泉州市要继续做好与国务院侨务办公室共建工作，满腔热情地支持华侨大学的发展。

2000 年 11 月 1 日下午，在泉州华侨大厦国务院侨务办公室副主任刘泽彭、福建省副省长黄小晶、泉州市市长施永康分别代表国侨办、福建省政府、泉州市政府在新一轮共同建设华侨大学协议书上签字，以推动华侨大学办学水平和教育质量的提高，进一步促进福建省、泉州市经济和社会的发展。①

中共福建省委书记陈明义，卫生部副部长彭玉，国务院原侨务办公室副主任林一心以及福建省、泉州市和学校领导、校董刘金美、车书剑、黄光汉、陈焜旺、施子清、李群华、陈守仁、刘德章、施永康、黄印春、黄少萍、吴承业、李红等出席

① 《国务院侨办与省、市政府——继续共同建设华侨大学》，《华侨大学报》2000 年 11 月 10 日。

了签字仪式。根据协议，2001—2005 年，福建省和国务院侨务办公室每年按1∶2 的投资比例增设专项基金，即福建省每年安排 500 万元，国务院侨务办公室每年安排 1000 万元，支持华侨大学重点学科、重点实验室建设等。福建省出台的各类岗位津贴、补贴等政策性补助仍按原核定标准继续给予安排华侨大学。华侨大学引进高级人才享有与福建省属高校同等政策。而泉州市政府 2001—2005 年则每年从市财政或其他渠道安排 150 万元共建费支持华侨大学 8 个重点学科和电子信息学科及博士点的建设。国务院侨办按 2∶1 的投资比例增拨专项基金，每年安排 300 万元。泉州市政府支持华侨大学根据事业发展需要扩大校园用地。其出台的改善事业单位职工待遇的各项政策，也原则上适用于华桥大学。华侨大学要努力为福建省、泉州市培养急需的各类高级专门入才，在专业设置、招生、科研和科技开发等方面更好地面向福建省、泉州市经济社会发展的需要。华侨大学继续与泉州市政府联办“华侨大学泉州学院”。

三　校领导调整与领导关怀

（一）校领导调整

20 世纪 90 年代，结合学校的实际情况以及历任领导的个人情况，学校有序地完成了领导层的调整，保障了学校领导机构的稳定性和管理的有效性。1990—2000 年，学校领导班子主要成员的调整如下：

（1）1993 年 8 月 19 日，国务院侨务办公室任命在国内外侨界和法学界颇负盛名的庄善裕教授为华侨大学校长，成为学校继廖承志、叶飞、陈觉万之后的第四任校长，同时，陈觉万同志不再担任华侨大学校长。

图 3－3　华侨大学校长庄善裕

庄善裕（1936—2020），福建泉州人，中共党员，教授。出生于泉州市华侨教员家庭。1955 年 8 月毕业于华东政法学院，1956 年考入上海司法鉴定科学研究所研究生深造，直至 1958 年毕业。此后于华东政法学院和长春等地高校从事法学教学与科学研究达二十年。自 1978 年 8 月调到华侨大学任教后，历任华侨大学教务处副处长，法律系主任、副校长等职。在华侨大学任职。其间，庄教授除了承担繁重行政事务和本科生、研究生的教学工作外，还积极从事兼职律师和社会工作，声誉日隆。他充分利用自己的声望与影响，积极联络广大爱国华侨，关心支持华侨大学建设，为复办后的华侨大学办出特色，办出水平做出了贡献。90 年代，庄善裕教授在法学理论研究领域，特别是“香港商事法”“外商投资法律问题”等研究上颇有建树，出版专著，在海内外报刊发表论文多篇，为新时期法学研究做出了贡献。

（2）1994 年 11 月，国务院侨务办公室任命杜成金同志为华侨大学副校长；中共福建省委任命李红同志为华侨大学党委副书记，杜成金同志不再担任华侨大学党委副书记职务。

（3）1996 年 7 月，国务院侨务办公室任命关一凡同志为华侨大学校长助理。1996 年 8 月，国务院侨务办公室任命郭亨群教授为华侨大学副校长。1996 年 10 月，中共福建省委任命吴承业教授为华侨大学党委书记、委员，增补黄炎成、郭亨群同志为华侨大学党委委员，任命吴道明同志为华侨大学纪委书记、党委委员。施玉山同志不再担任华侨大学党委书记、委员，李孙忠同志不再担任华侨大学纪委书记、党委委员。

（4）1997 年 5 月，国务院侨务办公室任命李冀闽同志为华侨大学校长助理。1997 年 9 月，中国共产党华侨大学第三次代表大会选举庄善裕、杜成金、李红、吴永年、吴承业、吴道明、郭亨群、黄炎成同志为华侨大学党委常委；吴承业同志被选举为华侨大学党委书记，吴道明同志被选举为华侨大学纪委书记。

（5）1999 年 12 月 28 日，中共福建省委任命李红同志为华侨大学党委书记，吴承业同志改任华侨大学党委副书记，不再担任华侨大学党委书记职务；任命关一凡、李冀闽同志为华侨大学党委常委；黄炎成、杜成金同志不再担任华侨大学党委常委职务；庄善裕同志不再担任华侨大学党委副书记、常委、委员职务。

图 3－4　华侨大学党委书记李红

李红（1956—），女，1956 年 9 月生，山西临猗人，中共党员，研究员。1978 年考入厦门大学历史系，1982 年分配到华侨大学工作。1993 年 5 月当选共青团第十三届中央委员；1996 年 3 月当选泉州市人大代表。历任华侨大学团委副书记，学生处副处长，党委委员、宣传部副部长、团委书记，宣传部部长。1994 年 11 月任华侨大学党委副书记，1999 年 12 月任华侨大学党委书记、副校长。后履任福建省委教育工委副书记、福建省委组织部副部长、福建省人大常委会副主任、福建省政府副省长、福建省政协副主席，并曾任第七届中共福建省委候补委员，第八届、九届中共福建省委委员，第十一届福建省人大常委会委员。①

（6）1999 年 12 月 30 日，国务院侨务办公室任命吴承业教授为华侨大学校长，任命李红、关一凡、李冀闽同志为华侨大学副校长；庄善裕同志不再担任华侨大学校长职务；杜成金、黄炎成同志不再担任华侨大学副校长职务，改任华侨大学助理巡视员。

图 3－5　华侨大学校长吴承业

吴承业（1947—），江西进贤人，中共党员，教授，博士生导师，国家重点学科“数量经济学”学科带头人，日本创价大学名誉博士，全国政协委员，享受国务院政府特殊津贴专家。1947 年出生后随母到台湾，1950 年回北京定居。1968 年赴青海石油局当钻工、技术员，1977 年考入郑州大学数学系，曾就读于美国加州大学在中国举办的“经济计量学”研究生班。1982 年到河南财经学院任教，任经济科学研究所副所长。1990 年调华侨大学任教，历任华侨大学工商管理系主任、副校长、党委书记、校长等职。曾获评河南财经学院优秀教师、优秀共产党员，河南省优秀人民教师，福建省优秀人民教师，中国数量经济学十佳、福建省“五一劳动奖章”。现兼任中国数量经济学会副理事长、中国信息经济学会副理事长、中国社会经济系统工程学会副理事长等职。从 1998 年起连任三届全国政协委员（第九、十、十一届）。现担任中华全国归国华侨联合会顾问。吴承业教授长期从事数量经济学的教学及研究工作，曾主持、参与多项课题研究，其研究成果多次获国家或省（部）级奖励。学术上有较高造诣，先后在学术刊物上发表学术论文达 40 篇，其中《论次优化期望控制理论》被国内经济学界认定为国内首次提出的理论；《论台湾超额外汇储备之出路》被译成多国文字在海内外学术刊物转载，出版有《经济计量学概论》《应用经济计量学》《宏观经济控制论》《金融市场的理论与实践》等 4 部学术专著和教材，其中《宏观经济控制论》被国家教委列为全国高等学校教材。

（二）各级领导关怀

华侨大学自成立至今的发展离不开国家（尤其是国务院侨务办公室）、福建省

① 资料来源：华侨大学校史编写组编《华侨大学五十年（1960—2010）》，2010，第 109 ~ 110 页；《李红当选福建省政协副主席梁建勇辞去副省长职务》，新华网站，http://www. xinhuanet. com//renshi/2017 - 01/23/c_129458676. htm，最后访问日期：2020 年 6 月 18 日。

和泉州市（以及此后的厦门市）众多领导的重视和关怀。90 年代，学校先后接待了众多领导来校视察和指导。[①] 1992 年 2 月 24 日，全国政协副主席程思远在省、市政协有关领导陪同下视察学校。在校期间，程思远副主席先后与学校领导座谈、参观校园、瞻仰陈嘉庚和廖承志铜像，并欣然为学校即将竣工的侨捐工程"杨思椿科学馆"挥毫题字。[②] 1994 年来泉州考察工作的全国人大常委会副委员长卢嘉锡专程来校探望 93 岁高龄的陈允敦教授。随后，卢嘉锡副委员长还参观了由他题写馆名的侨总图书馆。

图 3－6　1992 年 2 月 24 日，全国政协副主席程思远来校视察

1997 年 4 月 8 日，中共中央政治局委员、国务院副总理兼外交部长钱其琛在福建省委书记陈明义、省长贺国强、国务院侨务办公室主任廖晖、国务院台湾事务办公室主任陈云林等人陪同下莅临学校视察。庄善裕校长陪同钱副总理参观学校，并汇报学校改革与发展情况，特别就学校"一校两生"的教育培养特点和成效进行了详细的汇报，钱副总理表示满意，并欣然挥毫题词"努力办好华侨大学"。钱副总理瞻仰了陈嘉庚铜像和廖承志铜像，参观了陈嘉庚纪念馆和校史馆，称赞这些都很有教育意义，要充分发挥其教育作用。

1998 年 11 月 2 日，全国政协副主席罗豪才在省市政协有关负责人陪同下莅校调研学校。罗豪才副主席充分肯定了学校在对台文化交流方面所做的大量工作和取得的可喜成绩。他指出，华侨大学在对台文化交流方面有独特的优势，今后应继续认真学习贯彻中央对台工作政策，进一步总结经验，发挥优势，做好对台文化交流工作，把华侨大学建成对台文化交流的重要基地，为祖国统一大业做出贡献。[③]

① 内容参见华侨大学校史编写组编《华侨大学五十年（1960—2010）》，2010，第 107 页。

② 王士华：《全国政协副主席程思远莅校视察》，《华侨大学报》1992 年 3 月 10 日。

③ 林鼎文：《全国政协副主席罗豪才莅校调研》，《华侨大学报》1998 年 11 月 10 日。

图 3-7　1997 年 4 月 8 日，国务院副总理兼外交部长钱其琛来校视察

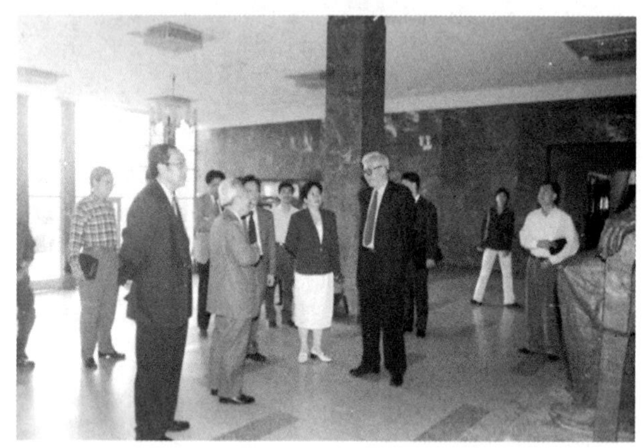

图 3-8　1998 年 11 月 2 日，全国政协副主席罗豪才来校视察

1999 年 7 月 29 日下午，全国人大常委会副委员长、民建中央主席成思危在省市有关方面负责人陪同下莅校视察。视察期间，校领导庄善裕、吴永年等介绍了学校办学情况，汇报了学校统战工作、民主党派工作以及各民主党派尤其是民建会员在学校各项事业中的突出贡献。成思危还参加了学校民建支部的活动，与民建会员就如何加强民建自身建设，发挥特有优势，积极参政议政，为两个文明建设做贡献进行了会谈。①

同年 10 月 18 日上午，中共福建省委书记、华侨大学董事会董事长陈明义，福建省代省长习近平，中共福建省委副书记何少川，副省长、华侨大学董事会副董事长潘心城一行莅校视察调研。陈明义一行参观了学校先进制造技术研究所和计算机应用研究所，详细了解研究所在教学、科研、学术交流、产学研结合以及为地方经

① 《全国人大常委会副委员长、民建中央主席成思危莅校调研》，《华侨大学报》1999 年 9 月 5 日。

济建设服务等方面的情况，对研究所近年来所取得的成就表示赞赏。陈明义、习近平还认真听取了同学们的发言。陈明义书记充分肯定同学们强烈的进取心、成才意识和爱国热情，对同学们在华大所受到的教育和取得进步表示欣慰。他向全校同学提出三点希望，一是树立远大理想和科学的世界观和人生观；二是要在本科阶段打好知识积累的基础，在研究生阶段要用于创新；三是要团结友爱、互相关心，努力建设文明的校风。习近平代省长对学校工作作出重要指示，他希望，华侨大学继续贯彻省委六届十次会议关于实施科教兴省战略的决定精神，全方位深化教育体制改革；继续保持科研工作的良好态势，促进科技成果转化为现实生产力；继续做好学校的思想政治教育工作；继续发挥华侨大学在侨务工作中的独特作用，加强与三千万海外华人华侨的联系和服务。他还表示，福建省人民政府将继续与国务院侨务办公室做好共建华侨大学工作，履行职责，支持华侨大学进一步办出特色，办出水平。[①]

四　管理体制改革

（一）目标管理责任制

华侨大学在管理体制上的改革是一项具有综合性、持续性特征的复杂工程，涉及教学改革、人事分配制度改革、财务管理制度改革以及后勤管理改革等学校管理的众多方面，但总体而言，在管理体制改革中，受到了目标管理责任制的引导和保障。

1992 年 5 月 8 日至 9 日，时任校长陈觉万召集全校中层干部会议，讨论学校诸方面管理体制改革的初步设想。陈校长在汇报会上指出，华侨大学的振兴面临一次新的挑战，也同样面临一次新的机遇。高校体制改革已经成为一个不可阻挡的潮流，这股潮流席卷全国，其特点有二：一是从单项的改革向综合的改革发展，一是高校改革以内部管理体制的改革为重点，说明改革已经进入实质性阶段。这是学校进一步改变面貌，登上高层次的一个极好契机。要认识到在竞争中我们的优势和弱点，要用比兄弟院校更大的决心更强的措施，才能取得更好的成效。走老路不行，很多弊病也不是常规可以破除的，要借用于当前的大浪潮和重大的变革，把华侨大学办成具有特色的高层次的大学。[②]

---

① 赵小波、张罗应：《陈明义习近平莅校视察》，《华侨大学报》1999 年 10 月 25 日。

② 文平：《华侨大学开始三周管理体制改革大讨论》，《华侨大学报》1992 年 5 月 18 日。

1993 年，在管理体制改革方面，学校提出了新的思路，开始推行目标管理责任制。目标管理制的作用和意义主要有三个方面：首先，它将学校要登上新台阶的总任务分解到系、处，由系处切实地完成，使学校实现“登高”的目标有所依托。要登上高层次，必须大幅度提高教学与科研的质量，大幅度提高师资队伍素质和水平，后勤部门必须为教学科研提供优质服务。实行目标管理责任制，系处必然要围绕上述基本要求，制定本单位的“登高”目标。明确本部门应尽的职责使工作效益倍增。其次，它将大大加重系、处领导班子的担子，从而推动系处班子千方百计去完成任务。实现目标管理责任制，一方面学校必须向系、处放权以保证后者有必要的权力去统筹和驾驭工作；另一方面，系、处要向学校负完全责任，保证完成、实现责任书中规定的本单位的基本任务和目标以及各项指标。最后，它将增强系、处的活力，有利于系、处根据自身情况创造性开展各种工作。①

为了使推行目标管理制能取得预期效果，首先，各单位制定目标管理制时，要参照并根据学校的发展规划，提出本单位“登高”的具体目标和任务，责任期为三年。其次，校内管理体制改革要服从于深化教改的需要并为之服务，同时也应看到只有其他配套改革向纵深发展，教学改革才能深入开展。最后，系、处在制定目标管理责任书时，要制定明确目标、任务以及相应的措施：提高教学质量和科研水平；改进和完善科学管理方式；重点科学和高水平学位点的建设；师资队伍的建设；校办产业和科技开发等。

（二）关于权力下放的呼声与回应

1993 年 5 月，随着校内管理体制改革的深化，系、处的第一把手与学校签订目标管理责任合同书。为便于目标管理，系处负责人提出学校应进一步放权。这个呼声符合体制改革的要求，为此，学校专门开了两次会，请系主任提出为了办好本系希望放哪些权。此后，学校召开校长办公扩大会，认真地研究了系主任提出的意见和要求，做出学校向系放权的若干决定。②

首先，放权是相对的，不是绝对的。不论是学校作为一级或系作为二级管理，均要受到国家方针、政策、计划的制约和受上级主管部门的制约，这说明无论哪个机构、哪级组织都是国家统一整体的一部分，都要按照中央指引的方向运转。否则会出现无政府状态，葬送我们的事业。

其次，放权要根据需要和可能。一要根据需要，即根据增强活力、提高办学主

---

① 《陈校长提出：推行目标管理责任制刻不容缓》，《华侨大学报》1993 年 5 月 20 日。

② 黄锦辉：《陈校长提出应注意的重要问题》，《华侨大学报》1993 年 4 月 10 日。

动适应能力的需要，根据目标管理的需要为此要注意避免两种倾向，第一种是什么“权”都放，增加系的负担。属于职能部门应该服务的“权”不能放。第二种是能带来好的“权”我要，带来矛盾的“权”我不要。二是根据可能性。有些“权”是不能或不可能放的，至少有两种因素，其一是受国家的规定、规划以及方针、政策所限制，一级组织都没有权，更谈不上权力下放；其二是受具体条件的制约，如师资队伍、仪器设备本来就很复杂，人事调配权、设备所有权一下放，就不利于学校发展，不利于学校通盘考虑实行重点扶植的政策。

再次，“权”和“责”必须统一。放权意味着责任加重。大家要增强责任感：小权力的运用必须紧扣和服从于目标管理。权力下放，目的是为了增强活力，提高办学层次。每一个举措都要把眼前利益和长远利益结合起来，达到整体的优化。如人员调配权，学校尊重系的权力，基本上按系的意见调人，但系在考虑进人时一定要严格把关，要根据切实的需要调入切实的人才，以利于队伍的优化。当然，权力下放要与“后果自负的”结合起来。

最后，权力下放是新事物，具体制度的完善要有个过程，希望大家齐心协力、互相配合、共同做好，增强系的活力，提高办学层次，也是大家的共同心愿。但应该进一步下放哪些权？新下放的权如何妥善运用？权力下放后过去的规章制度也应有相应的调整，如何调整？这些都需要一个熟悉和探索的过程。

经过讨论后，学校认为，从实际出发，放权主要包括：①基本上全面放权，如聘任教师，学校只聘任各单位第一把手，其余人员由各单位领导聘任。再如科研纵向课题经费部分包干使用基本上全面下放。②部分放权，有些权是校、系级共享的，如人事调配权，原则上尊重系的意见，学校根据整个发展需要实行监控。再如干部、教师的考核，也应是两级共享共有，以利队伍成长和优化。③只给政策，在不增加人、财、物投入的前提下，放权给系。系里有权自聘校外教授、专家前来讲学，实行对外学术交流等。

（三）新一轮管理体制改革

自 2000 年起，学校继续在教学管理体制改革、行政管理体制、人事体制、分配体制、后勤社会化等方面进行大胆探索和改革，以改革促发展，加强综合协调，提高管理水平，增强整体效能，形成充满活力的管理体制和运行机制。

学校于 2000 年元月开始酝酿准备，学校的主要领导在该学期初的党委会和中层干部会，特别是在召开的教代会上代表学校党政领导班子，做有关改革的动员讲话。学校机关、各院系也都组织教职工多次学习有关改革的文件，学校也利用各种宣传手段，对改革进行了全方位的宣传，学校有利于改革的舆论氛围已经形成，全校上下对于改革的必要性，不改革就没有出路的认识已经基本统一，改革的时机已基本成熟。

学校于2月底成立由党委书记李红为组长、党委副书记吴永年为副组长的“华侨大学机构编制改革领导小组”,[①] 3月份学校成立了吴承业校长为组长、李冀闽副校长为副组长的后勤改革领导小组。这两个小组通过多次外出向兄弟院校学习和在校内机关各单位进行逐一的调研，初步形成了方案。与此同时又将方案初稿分别在民主党派、老干部等会上进行交流和征求意见。尤其是多次召开各院系党政负责人会议充分听取意见，在原有方案的基础上进行了十几稿的修订，目前可以说改革的第一步实施的方案已经形成。

经过充分调研和广泛征求意见，《华侨大学党政管理机构编制及人事制度改革方案》[②] 于4月29日提交华侨大学第四届第一次双代会上审议通过，并于5月15日正式公布。此举标志华侨大学新一轮校内管理体制改革的全面启动。

同年4月29日，吴承业校长在四届一次教代会暨工代会上所作《深化改革命，继往开来，开拓进取，迎接建校四十周年》的工作报告中指出：2000年是关键的一年，我们要认清形势，明确任务，抓住机遇，开拓进取，积极稳妥地做好华侨大学的各项工作，特别是适应学校发展的体制机制的改革工作。[③]

改革的主要思路是：①加快机构和编制改革，精简学校党政管理机构，努力提高办学水平和用人效益。要精简机构，减员增效。校部机关部处压缩到17个；部处级领导干部不超过35名，全校党政管理人员不超过230名，校部机关党政管理人员不超过140名。②深化用人制度改革，积极推行教师聘任制和全员聘用合同制，总的原则是：按需设岗、公开招聘、平等竞争、择优聘任、严格考核、合约管理，要从“身份管理”转向“岗位管理”。③加快后勤社会化改革，建立新型的后勤保障体系。认真贯彻执行国务院办公厅转发的教育部等部门《关于进一步加快高等学校后勤社会化改革意见》精神，切实改革当前后勤服务模式落后，后勤社会化改革滞后、后勤负担沉重等状况。④加快学院制改革，推进重点学科建设。要理顺教学科研组织管理体制，以学科建设为龙头，推进学院制改革。要继续以学科群组建新的学院，充分发挥各学科的综合优势，避免重复建设，优化资源配置。⑤加大分配制度改革力度，建立适合学校特点的工资分配制度和工资管理体制。要按照“绩效优

---

① 华侨大学校史编写组编《华侨大学五十年（1960—2010）》，2010，第156页。

② 参见《华侨大学党政管理机构编制及人事制度改革方案》，2000年5月，华侨大学文书档案。

③ 吴承业：《深化改革命，继往开来，开拓进取，迎接建校40周年》，《华侨大学报》2000年5月5日。

先、兼顾公平”的原则，改革现行的分配制度和工资管理体制。要进一步加强学校宏观调控能力，进一步巩固“收支两条线”工作成果。教职工的工资收入要与岗位职责、工作业绩和贡献大小直接挂钩，真正实现按劳分配、优劳优酬。

2000 年 5 月 15 日，李红书记在处级干部竞争上岗动员会议上的讲话指出，改革的任务有五大块：①机构编制改革。这块改革包括两大内容：即机构改革和人员的合理定编。机构为什么要改，说到底就是要改革学校现有的内部管理模式，实行事企分开，实行机关职能相近单位的合并，突出机关的管理职能，人员定编关键在于合理设岗和人员的分类。②用人制度改革。主要是全面推行包括教师以及专业技术人员在内的聘任制、职员聘任制、行政管理职务聘任制和后勤服务人员劳动合同的全员聘用合同制度。③后勤改革。改革的方向是社会化，主要目的是实现后勤管理模式与运行机制的根本转变，建立事企分开、两权分离的管理体制。④分配体制改革。主要是针对校内分配的改革，通过改革加强学校在校内工资这一块上的宏观调配能力。教职工的校内工资收入要与岗位职责、工作业业绩和贡献大小直接挂钩，真正实现按劳分配、优劳优酬、整个学校的分配要向教学第一线倾斜。⑤院系一级改革，主要内容有继续推进学院制改革和教师管理体制改革等。[①]

五　人事分配制度改革

人事分配制度改革是学校实施管理体制综合改革的重要内容之一。到 90 年代，学校在学科专业结构方面的调整基本结束，科研工作的布局也日趋合理，各领域的工作保持着稳定运行的状态。基于此，为调动广大教职工的工作热情，提高他们的工作效率，人事制度改革被提上学校议事日程。

（一）人事制度改革

1. 部署人事制度改革

早在制订“八五”计划时，学校就着重强调深化管理体制改革、完善民主办学体制对学校发展的重要性和紧迫性。其间深化管理体制改革的主要目标：其一，探索和提出具有学校特色的管理机构设置和管理体制的改革方案，精简机构，明确职责，提高管理服务水平。其二，实行岗位责任制、聘任制、考核制和奖惩制，建立检查和监督的有力措施。其三，引进竞争机制，促进干部管理工作的规范化、制度

① 《李红书记在处级干部竞争上岗动员会议上的讲话》，《华侨大学报》2000 年 6 月 6 日。

化和科学化，建设一支有较高政治素质和业务素质的管理队伍。其四，建立全校管理信息中心，使学校管理水平迈上新台阶。“八五”计划中的一系列宏观目标奠定了人事制度改革的基调。

1991 年 5 月 8 日，陈觉万校长于纪念堂召开各系、处（室）、直属单位党政负责人，部署学校人事制度的改革工作，人事处处长吴道明首先在会上报告了人事管理制度改革的实施情况。①

根据国家教委的指示精神和学校实际，陈觉万校长提出学校关于人事制度改革的部署：一方面，对存在的问题进行管理整顿，包括整顿思想、整顿纪律、整顿不合理现象。另一方面，深化人事制度的改革，包括三点：首先，进一步完善岗位责任制和聘任制及相应配套措施；其次，进一步探索完善人才交流和建立能上能下的管理机制；最后，积极探索重点扶植中青年骨干教师，使拔尖人才脱颖而出的规章制度和方法方式。党委书记、副校长施玉山也在会上做了讲话，他进一步阐述人事管理的几种现状，要求与会者要在人事制度改革上达成共识。

此次会议之后，人事处向全校通报了当年第一季度全校考勤的具体情况，随后制定了加强劳动纪律严格考勤制度和补充规定。非教学人员应实行坐班制、执行签到制度；教师不实行坐班制，但要按教务处有关教师的基本岗位职责规定进行必要的考勤。对于新分配到校或新调入的教职员工，于每年 9 月份开学前一周集中进行上岗前培训。学校拟建立“校风校纪检察员”制度。由有关部门安排党政机关副科级以上干部对各系办公室、科室和各教室检查巡视，主要职责是：反映师生员工对学校工作的建议和意见；检查学校各部门教职工遵守劳动纪律和执行规章制度的情况，及时记录好人好事和违章违纪情况。

2. 确立人事制度改革年

1992 年 3 月，时任校长陈觉万在北京向国务院侨务办公室汇报学校当年工作计划时，提出要将人事改革作为其他工作开展的突破口，并将 1992 年作为人事制度的改革年，把前几年有关人事制度改革的设想、构思以及计划在当年内贯彻落实。主要突出两方面内容：一是精兵简政，包括抓定编、岗位制、聘任制和奖惩制，适当引进竞争机制，提高工作效率；二是抓队伍建设，侧重抓好师资队伍和干部队伍建设。②

同年 7 月，学校正式审议通过《华侨大学人事制度改革方案》，开启了包括定

---

① 宗文：《整顿劳动纪律，严格考勤制度》，《华侨大学报》1991 年 5 月 27 日。

② 宗文：《学校新学期制定深化改革新措施，确定今年为学校人事制度改革年》，《华侨大学报》1992 年 3 月 10 日。

编制、岗位聘任制和年度考核制等在内的一系列人事制度改革。

根据学校深化校内管理体制改革工作的部署，学校定编小组于1992年暑假进行了教学、科研、实验图书技术人员、党务系统和行政系统、直属单位、科技开发及校办产业等6个系列人员的分类定编工作。定编工作向教学科研单位倾斜，教学编制定编为494人（含专职政工干部20人）；科研编制定编为175人；机关管理人员编制压缩20%，减少人员编制42人。[①] 同时，在人事编制方面，学校开始尝试固定编制与流动编制相结合、专职聘任与兼职聘任并举的运行模式。一方面，学校在后勤部门实行自然减员的办法，逐渐减少固定编制，大量使用临时工。另一方面，为解决当前师资紧缺，优化师资结构，学校返聘有丰富经验的离退休老同志继续从事教学科研工作，此外，还加大了聘请校外专家担任兼职教授的力度。

同年11月，学校在严格定编制和职位数的基础上，开始实施岗位聘任制。岗位聘任实行分级聘任，处级干部由校党政会议研究决定，校长聘任；科级以下人员允许双向选择，各单位研究确定后，择优聘任上岗。各处、系、直属单位的第一把手实行目标管理，按目标管理要求与校长签订目标管理责任书；各单位应聘人员实行过程管理，与单位领导签订任务书。岗位聘任分全聘、半聘和缓聘三种情况，聘任情况与分配挂钩。对满工作量且质量符合要求的职工实行全聘；对工作量达到2/3但不满全额的职工实行半聘；对工作量低于2/3的职工实行缓聘。富余人员由学校人才交流中心统一管理，通过培训转岗、充实到校办产业、借用到三资企业、鼓励组建新实体等多种渠道进行安置。

3. 新人事管理政策和措施

1993年5月，为深化和完善学校内部管理体制改革，建立主动适应社会和经济发展的运行机制，学校颁布了《关于落实岗位责任制和聘任制的实施细则（试行）》。细则以坚持按岗聘任、择优聘任以及职责权利一致为原则，实行简政放权、分级聘任的办法，学校对各单位实行目标管理，单位领导与校长签订目标管理责任书，单位实行过程管理，每个应聘人员与单位领导签订聘书（岗位职责任务书）。强调各单位领导在选聘各类人员时，应根据教学、科研等各项工作的实际需要出发，注意听取群众意见，任人唯贤，秉公办事，不徇私情。学校成立聘任仲裁小组，教职工如对聘任工作有意见或发生争执可向仲裁小组投诉，由仲裁小组裁定。[②]

---

① 华侨大学校史编写组编《华侨大学五十年（1960—2010）》，2010，第99页。

② 苏朝晖：《华侨大学岗位责任制和聘任制实施细则（试行）出台》，《华侨大学报》1993年5月20日。

同年，学校出台了新的人事管理政策和措施，主要有以下六个方面：①

其一，落实岗位职责任务考核以巩固和扩大聘任制的成果，为合理进行校内分配提供重要保证。通过对教职员工的岗位完成情况的检查，全面公正地评价每个教职工工作的实绩，激励先进，推动后进，并作为升级和奖惩的重要依据。

其二，为培养优秀青年骨干教师和学科带头人创造优良的环境和条件。学校将从 40 周岁以下受聘为讲师（含讲师）以上职务的教师中选拔优秀青年骨干教师；从 50 周岁以下受聘为副教授职务的教师中选拔学科带头人。学校将向被列为学科带头人培养对象的教师，每人每年资料费 200 元，校内特殊津贴每人每月 100 元；向被列为优秀青年骨干教师培养对象的教师，每人每年资料费 100 元，校内特殊津贴每人每月 50 元。

其三，为加速学校高学位点和重点学科的建设，优化师资队伍结构，学校将积极引进学科带头人和骨干教师。对引进人员实行优惠待遇。同时，学校随时欢迎符合学校教学、科研及学科发展方向需要的并获硕士学位和博士学位的出国留学人员来校工作。

其四，为保证学校正常的教学、科研秩序和聘任工作的顺利进行，学校规定在职教职工校外兼职者一律要到本单位登记、申报，并经单位批准，纳入单位管理体系，报人事处备案。凡未经批准，擅自校外兼职者，单位有权解聘。党政机关、后勤单位干部、职工、科研人员、实验人员及一切坐班人员及已列入优秀骨干教师和学科带头人者一律不许到校外兼职。

其五，针对学校目前干部队伍年龄断层突出，思想断层也很突出，难以适应学校事业发展的状况，学校将采取有效措施，选拔培养德才兼备的优秀年轻干部，加强干部队伍建设。

其六，继定编和岗位聘任制改革后，学校建立了对全校教职工进行年度考核的制度。同时配套出台了《华侨大学工作人员考核暂行规定》，逐步推动考核工作科学化、制度化和规范化。依据工作性质的不同，将教职工划分为教师、专职科研人员、实验技术人员、其他专业技术人员、领导干部、党政管理干部和工人等七个考核系列，不同系列设计出不同的考核标准和实施细则，考核结果与职务晋升、职称评聘、评选先进挂钩。

4. 20 世纪 90 年代中后期的人事制度改革

1994 年，学校又开展了进一步的人事制度改革，出台了《华侨大学教职员工岗

---

① 苏朝晖：《人事制度改革势在必行——华侨大学新出台的人事管理文件简介》，《华侨大学报》1994 年 3 月 30 日。

位任务考核办法总则》《关于培养优秀青年骨干教师和学科带头人的暂行办法》等规定，将改革措施具体化。不仅引入激励与竞争机制，调动广大教师的积极性，还建立健全各项规章制度，将师资工作制度化、规范化和科学化。同时，落实岗位职责任务考核以巩固和扩大聘任制的成果，为培养优秀青年骨干教师和学科带头人创造了优良的环境和条件。①

1995 年 3 月 28 日，学校调整了“华侨大学职称改革领导小组”，组长吴承业，副组长李冀闽。1996 年 11 月，学校迎来一项干部任用制度的重大改革，开始实行公开选拔副处级干部制度，此举在福建省高校当中系首次。② 第二年，学校进一步引入竞争机制，开始公开选拔科级干部。为了建设具有较高政治业务素质的科级干部队伍，提高管理水平，1998 年，学校试行科级干部岗位任职资格考试制度。凡拟晋升副科级、正科级的干部，必须首先参加科级干部岗位任职资格考试。对已经取得任职资格的干部，有关部门会进行再考核，并择优录取。

继 90 年代人事制度改革后，学校在 2000 年启动了关于党政管理机构编制及其人事制度的改革。根据改革动员报告，依据学校的实际需要和精简、高效、事企分开的原则，改革后校部设立 17 个党政管理机构（不包括校工会、团委），其中，撤销、合并或改制 5 个，新成立 3 个。全校党政管理人员编制控制在 230 名，占全校事业编制教职工人数的 14.7%，其中校部党政管理人员编制 140 名，占全校事业编制数的 8.9%。处级领导职数不超过 35 名。③ 在校部党政管理机构中，除校办党办、组织部、人事处、财务处等 4 个单位主要负责人由学校委任及个别任期不满一年的处级领导干部可续任外，其他党政管理工作人员全面推行竞争上岗。

同年，学校出台《华侨大学特聘教授岗位制度试行办法》，④ 尝试以年薪十万港元以及优厚福利待遇向海内外公开聘请教授。⑤ 凡具有博士学位或正高级职称、学术造诣高深，在学科研究方面取得国内外同行公认的重要成就，有承当国家重要科研项目的能力，能从事科研教学第一线工作，胜任核心课程讲授任务，对本学科建设和学术研究工作具有创造性构想，具有领导本学科在其前沿领域赶超或保持保内

① 苏朝晖：《人事制度改革势在必行——学校新出台的人事管理文件简介》，《华侨大学报》1994 年 3 月 30 日。

② 张灯：《华侨大学首次公开选拔副处级领导干部》，《华侨大学报》1996 年 11 月 25 日。

③ 《机构及人事制度改革正式启动》，《华侨大学报》2000 年 5 月 25 日。

④ 华侨大学校长办公室：《华侨大学特聘教授岗位制度试行办法》，1999 年 12 月 17 日，华侨大学文书档案。

⑤ 1999 年底，学校从福建省“闽江学者计划”争取到两名特聘教授名额，为学校继续引进更高端的人才创造了有利条件。

外先进水平的能力，年龄在五十周岁以下的人才均可应聘。[①] 这是继 1999 年初学校公开招聘系主任后，在人事制度改革方面的又一重大举措。同年，教育部开始启动高等学校职员制度试点工作，要求高校各级职员岗位有明确的岗位职责、任职条件和任期。要在确定职能、机构、编制的基础上，根据管理、服务工作的繁简、难易程度，制定符合高校特点的设岗方案。并要求教师及其他专业技术人员实行专业技术职务聘任制，工勤服务人员实行劳动合同制。高校管理人员也必须实行职员聘任制，实行竞聘上岗与合同化管理。职员聘任制应当坚持按需设岗、竞争上岗、按岗聘任的原则，坚持德才兼备的用人标准，实行公开、公平和公正的原则，规范聘任行为。

（二）分配制度改革

1. 出台津贴改革方案

校内分配制度改革是学校管理改革的重要组成部分。1992 年 7 月，学校领导层在正式审议通过《华侨大学人事制度改革方案》的同时，也审议通过了《华侨大学校内结构津贴改革方案》，开启了针对分配制度的一系列改革，旨在剔除 80 年代遗留的一些问题，建立更为科学、合理以及符合校情的津贴分配制度。总体而言，校内分配制度改革是以人事制度改革为龙头的一项配套改革，目的是通过学校创收的财力投入，在严格定编、定岗、定任务和聘任的基础上，打破“铁饭碗”和平均主义，调动全体教职工的积极性，提高工作效率，促进教学科研迈上新台阶，增加学校收入，改善教职工生活待遇的良性循环。

具体而言，学校分配改革的基本思路体现在以下三点。其一，改革现行的校内分配制度，取消原来平均发放的岗位津贴和奖金，将校内岗补奖金等工资外收入纳入新的结构工资制，实行国家工资和校内津贴双轨运行机制：即新的结构工资 = 国家结构工资（基本工资、奖励工资、国家补贴） + 校内津贴（岗位津贴、奖励津贴、特殊津贴、职务津贴）。[②] 其二，校内岗位津贴应根据各人所承担的工作，按照责任大小，拉开档次，体现多劳多得；奖励津贴根据各部门各人的工作实绩和效益。对受聘不同岗位的工作人员发放相应的岗位津贴，津贴采用津贴分的办法，分值每年依学校财力而定，工分不变，工分值可变。将暑假停发的两个月岗位津贴作为奖励津贴，根据教职工考核业绩进行奖励。其三，根据国家教委关于改善高等学校管

---

① 林永传：《华侨大学十万港元聘教授》，《华侨大学报》2000 年 1 月 5 日。

② 华侨大学校史编写组编《华侨大学五十年（1960—2010）》，2010，第 100 页。

理人员待遇的原则意见，建立校内党政管理干部与教学科研人员工资基本对应的标准，以改善党政管理干部的待遇，有利于学校人事干部制度的改革，促进人才流动。此外，参照国家关于发放政府特殊津贴的有关规定，学校还向在学校教育事业中有突出贡献的教职工发放校级特殊津贴。

2. 住房制度改革

住房问题与教职工的生活和工作密不可分，在进行人事制度改革的同时，出于关怀教职工福祉、完善人事制度配套服务的目的，学校开展了住房制度改革。90 年代初，国家每年划拨给学校的基建投资只有 300 万元左右，只能安排部分用于住房建设。为了加快改善教师住房条件步伐，学校统筹规划，采取多渠道筹措资金的办法，并与当前住房制度改革相衔接，建立国家、学校、个人共同负担的建设投资机制。考虑到学校主校园内已无用地供建设住房，学校从 1992 年开始在主校园东面，利用回收“文革”期间被其他单位占用的部分土地，规划东区住宅小区建设。采取集资的办法，即国务院侨务办公室将学校国家基建投资适当倾斜于住房建设，其他基建多争取华侨捐资解决；教职工个人出资不低于成本价的 30%（控制分房面积以内个人出资地面造价的 50%，超标准部分为 100%—200%）；小区的水、电、路等公共工程由学校自筹资金解决。1992—1997 年分四批共集资建成教师住房 12 幢计 342 套，总建筑面积 31570 平方米，保障全校约 1/4 教职工住上新房。同时，为引进高学历师资，1996—1998 年学校还立项建设人才公寓四幢，建筑面积 9456 平方米。[①]

为进一步缓解教职工住宅紧张情况，90 年代中后期，学校启动了新南区教工住宅建设计划。1997 年 7 月 27 日，泉州市政府批准学校有偿征用鲤城区华侨大学办事处城东村水田 3.528 公顷（52.8 亩），作为教工住宅新区建设用地。1998 年 4 月 30 日，泉州市政府决定将学校新建的教工住宅区纳入泉州市经济适用房计划，明确由市统建事务所与学校组织建设、销售。新南区教工住宅规划总面积 63000 平方米，预计总投入 6300 万元，建设住宅 396 套。与此同时，学校还积极推动住房制度改革，逐步实现住房商品化。1998 年，根据泉州市政府房改政策有关要求，完成东区集资房产权办理及泉州金山南区 18 号楼 40 套住房产权过户工作。[②]

在公平公正的分配制度和更为合理的住房保障体系下，学校帮助解决了教师的生活之忧，调动了教师的工作积极性，从长远角度看，也推动了学校的持续发展。

---

① 华侨大学校史编写组编《华侨大学五十年（1960—2010）》，2010，第 143 页。

② 华侨大学校史编写组编《华侨大学五十年（1960—2010）》，2010，第 143 页。

六　财务管理制度改革

（一）财务工作会议

1992 年，为加强学校财务管理，交流各校财务工作遵循经济规律，运用价值法规，有效地生财、聚财、用财的理财经验，国务院侨务办公室于 4 月 10—13 日在华侨大学召开所属暨南大学、华侨大学以及北京、广州、集美华侨补习学校财务工作会议，参加会议的有侨办秘书行政司李声华司长和财务处、基建处领导以及五校主管财物校领导和财务、基建部门负责人。

这次会议，重点传达学习国务院颁发的《国家预算管理条例》① 和财政部文教司在国务院部分部、委、局财务处长座谈会上的讲话，并交流各校财务管理方面的做法与经验，在管好钱、用好钱，提高办学投资效益上下功夫，取长补短，共同提高财务管理水平。各校汇报、研究、磋商预算经费安排，并研究有关部门资助暨大、华侨大学改善教学、科研条件，购置设备的资金安排事宜。与会同志就促进教育事业发展，提高资金使用效益，优化支出结构，强化财务管理，完善制度建设，多渠道筹集资金，搞好增收节支等方面进行了认真的讨论与交流。②

（二）90 年代学校的收支状况

自 1990 年开始，国家财政政策迎来调整，高等学校的收入区分为预算内和预算外收入两部分，预算内收入主要是国家财政拨款收入，按生均拨款补助，采取包干形式，同时允许学校开展预算外收入。预算外收入主要包括特种资金收入、学校基金收入、科研三项费用收入、对外服务收入等。华侨大学也不例外。

1. 第一阶段

1991—1996 年，学校的收入呈现跨越式增长，总收入由 1991 年的 1948.60 万元，增长到 1996 年的 7877.82 万元，增长了 304.28%。从总规模看，1991—1996 年累计总收入 27761.13 万元，财政拨款累计 9285.95 万元，占总收入的 33.45%，预算外收入累计 18475.18 万元，占总收入的 66.55%。总支出累计 21524.46 万元，总支出占总收入的 77.53%，收支状况持续好转，学校积累持续增加，财政拨款占总支出的 43.14%，学校预算外资金占总支出的 56.86%。学校自筹经费来源得到了

---

① 1991 年 10 月 21 日国务院颁布《国家预算管理条例》，到 1995 年 1 月 1 日废止，由《中华人民共和国预算法》替代。

② 付孙双：《国务院侨办五校财务工作会议在华侨大学召开》，《华侨大学报》1992 年 4 月 17 日。

较大的拓展，华侨捐赠、学校基金、对外服务等方面收入增加显著，从增长趋势看，预算外收入从 1991 年的 885.60 万元，占全校总收入的 45.45%，到 1996 年的 5656.12 万元，占全校收入的 71.80%，预算外收入 6 年间增长了 538.68%。这一时期预算外的特种收入主要来源为华侨的捐赠收入，取得的捐赠收入主要用于学校的基建投资。

此外，学校持续拓展经费来源渠道，1996 年预算外资金已占学校总资产的 2/3，对学校的改革发展起到关键作用，是学校教学、科研、基建的重要经费来源和支撑。资产呈现大幅上涨，1996 年比 1991 年增长 138.65%，同时资产的形式摆脱了单一的固定资金形式，呈现相对多样化。

从数据上看，学校总资产从 1991 年的 7505.62 万元（其中固定资产 7054.88 万元，占 93.99%），到 1996 年的 17912.52 万元（其中固定资产 13424.71 万元，占 74.95%）。

表 3－2　华侨大学 1991—1996 年收支

单位：万元

年度	总收入	其中：财政拨款	预算外总收入	其中			总支出	资产	
				特种资金	学校基金收入	对外服务收入		总资产	其中：固定资产
1991	1948.60	1063.00	885.60	268.00	194.00	——	1167.08	7505.62	7054.88
1992	2838.60	1151.70	1686.90	596.00	362.00	544.00	1196.57	8010.93	7378.22
1993	3468.84	1232.00	2236.84	693.92	414.18	964.08	3587.69	8436.40	7867.95
1994	4964.93	1743.05	3221.88	726.52	838.50	1389.12	4714.53	13554.00	12189.00
1995	6662.34	1874.50	4787.84	2058.67	813.52	1492.66	5284.01	15422.60	12815.96
1996	7877.82	2221.70	5656.12	2002.29	1034.28	1470.48	5574.58	17912.52	13424.71
合计	27761.13	9285.95	18475.18	6345.40	3656.48	5860.34	21524.46	70842.07	60730.71

注：1. 1995 年特种资金涨幅较大，主要是 1995 年开始，学生由公费生改为缴费生，增加了学杂费收入，另外华侨捐赠收入大幅提高所致。

2. 特种资金里的华侨捐赠收入 1991—1996 年共计 3836.67 万元，占特种经费的 60.46%。华侨捐赠收入：1991 年 234.00 万元，1992 年 542.00 万元，1993 年 567.30，1994 年 473.10 万元，1995 年 1026.80 万元，1996 年 993.47 万元。

资料来源：华侨大学财务处提供。

2. 第二阶段

1996 年，为加强和规范预算外资金的管理，国家颁发了《国务院关于加强预算外资金管理的决定》（国发〔1996〕29 号），[①] 与此同时，财政部制定了《预算外资

① 《国务院关于加强预算外资金管理的决定》于 1996 年 7 月 6 日发布，自 1996 年 7 月 6 日起施行。

金管理实施办法》（财综字〔1996〕104号），从1997年开始预算外资金实行财政专户管理，由财政部门建立统一财政专户，实行收支两条线。预算外资金收入上缴同级财政专户，支出由同级财政部门按预算外资金收支计划，从财政专户中拨付。国家财政拨款按生均定额核拨补助，学生学费住宿费收入为学校的事业收入，华侨捐赠收入、学校基金收入调整为其他收入。全部预算内、外的收入编入预算，统筹用于学校的教育事业、科研事业、结转自筹基建等各项支出。

1999年的全校收入突破亿元大关，1997—2000年四年累计，国家财政拨款占全校的收入47.40%，事业收入占29.46%，其他收入18.48%，国家财政拨款的支持力度增大，同时学校各项收入更加规范有序。

资产总量持续增长，固定资产所占比重逐步下降，资产形式呈现多元趋势。学校除了继续开源的同时，更加注重规范化管理，严格预算外资金的管理，严格执行收支两条线管理。在这一时期，财务管理不断调整适应学校的快速发展。

表3－3　华侨大学1997—2000年收支

单位：万元，%

年度	收入				总支出	资产		
	总收入	其中：财政拨款	事业收入	其他收入		总资产	其中：固定资产	固定资产占比
1997	6956.00	2650.00	2538.00	1621.00	7106.00	20718.00	15344.00	74.06
1998	8146.00	4942.00	1769.00	842.00	7466.00	28807.00	20632.00	71.62
1999	13073.00	6750.00	3413.00	2348.00	10242.00	34411.00	22497.00	65.38
2000	14358.00	5821.00	4813.00	3048.00	15069.00	35205.00	24282.00	68.97
合计	42533.00	20163.00	12533.00	7859.00	39883.00	119141.00	82755.00	69.46

资料来源：华侨大学财务处提供。

（三）校内银行的创设与改革

就华侨大学而言，学校财务管理方面的改革主要表现在校内银行的创设和改革上。20世纪90年代初，学校的财务及其管理工作主要依托校内财务部门，由于机构组织不尽完善以及专业人员相对缺乏，加之资金周转率逐步提高，原有的机构很难再适应新的发展。基于此，1991年1月，学校在福建省高校中率先成立了校内银行，[①] 将财务管理的繁复工作进行分流整合，适应时代要求的同时也大幅提高了财

① 又称财务三科，1997年更名为校内资金结算中心。1997年3月，财务处业务科室进一步调整为计划管理科、会计核算科、资金结算中心，同年5月增设国有资产管理科。

务工作的效率。成立后的校内银行在较短时间内就有效克服了此前困扰学校的宏观管理失控的现象，解决了诸如实行财务管理上的综合预算计划时所出现的银行账户增多和资金分散等难题，使得所有聚集的资金通过校内银行在校内融通，校内银行也由此成为校内资金的“蓄水池”。

具体而言，校内银行所发挥的重要作用主要体现在以下几点：首先，校内银行解决了财权下放后带来的资金分散的矛盾，缓解了学校多年来教育事业费年年紧缺的困难局面。1991 年学校预算外收入补充教育经费同比增长 18%，达到 87 万元。其次，在保证学校经费正常周转之外，校内银行利用资金使用的时间差购买有价债券，或发放校内贷款，或转成定期存款，促进资金增值，为学校基金增加财源，有效补充了教育经费。再次，校内银行以优惠利率向创收单位发放贷款，帮助其解决生产资金困难问题，提高了资金使用的效率。最后，通过组织校内金融活动，校内银行成为校内出纳中心、结算中心以及信贷中心，有效地发挥了融通和控制作用，为学校财务管理的宏观控制打下了基础，发挥了会计事务中的监督功能。①

由于学校所创办的校内银行走在了全国前列，产生了良好的示范效应，从而引起了全国高校同行的关注。在成立后的几年间，省内外 10 多所高校先后来校观摩，交流校内银行的管理方法和运行机制方面的经验。基于所取得的一些成绩，1995 年，学校财务处被财政部评为“全国先进财会工作集体”，傅孙双同志被授予“全国先进会计工作者”称号，成为全国侨务系统和福建省高校唯一获此殊荣的单位和个人（见表 3－4）。

表 3－4　20 世纪 90 年代华大财务处所获荣誉称号

时间	授予称号	授予单位
1992.03	获福建省教育系统先进财会工作集体称号	福建省教育委员会
1993.11	获先进团体会员单位	福建省教育会计学会
1995.10	获全国先进财会工作集体	财政部
1996.02	获国侨办 1995 年度先进财会工作集体	国务院侨务办公室
1996.02	获国侨办 1995 年度清产核资工作先进单位	国务院侨务办公室
1996.06	获华侨大学庆祝中国共产党成立 75 周年学理论党章知识竞赛组织奖	中共华侨大学委员会组织部、宣传部
1996.07	获先进基层党组织	中共华侨大学委员会
1997.01	获全校党章知识竞赛组织奖	中共华侨大学委员会组织部、宣传部

① 华侨大学校史编写组编《华侨大学五十年（1960—2010）》，2010，第 100 页。

续表

时间	授予称号	授予单位
1999. 06	获先进基层党组织	中共华侨大学委员会
1999. 12	获 1994—1998 年度学会先进集体	福建省教育会计学会

资料来源：华侨大学财务处提供。

经过近 10 年的发展，校内银行已经渐趋完善，在此基础上，秉持改革与创新的理念，校内银行也不断探索财务管理方面的革新。1999 年初，为响应党中央、国务院关于所有党政机关都要落实行政事业性收费、罚没收入“收支两条线”的规定精神，学校也将全部收支纳入预算安排，由财务处统收统支，实行收支两条线的财务管理规定。

第二节　学院制改革、学科建设与师资建设

一　探索学院制

学院制是欧洲中世纪大学运作的一种传统模式，改革开放后，该制度逐渐在我国高等教育体系内普及开来，包括华侨大学在内的众多高校开始在传统的系部基础上探索学院制，进一步推动学校的现代化和专业化发展。

（一）成立化工学院

早在 1992 年，华侨大学进行校内管理体制改革时就曾提出组建学院、实行学院制的构想，并提交校务委员会和校咨询委员会做专题讨论。经讨论，学校拟合并工商管理系、法律系、旅游系、台湾经济研究所和台港澳法律研究所成立经济管理学院。以经济管理学院为试点，逐步探索学院制规律，待运行顺畅、取得经验之后，再全面推行学院制工作，后因条件不具备而暂时搁置。

随着国家高等教育改革的深化，我国高等教育体制改革也进入新的历史时期。1998 年学校经反复酝酿、审慎考虑后，决定在新起点上展开学院制改革。改革的基本思路是：①把若干学科组建为一个学院，实行校、院两级管理，淡化系级管理；②学院由相邻学科组成，形成学科群，实现学科互相渗透，逐步打破学科界限，改善学生的知识与能力结构，促进学科发展，逐步形成新的学科；③统筹兼顾，实现人力、物力、财力、信息资源共享，优化资源配置，提高办学效益；④精简机构，压缩行政编制，充实教学、科研力量。具体实施持积极谨慎态度，成熟一个组建一个，先组建条件较为成熟的化工学院，条件和时机逐渐成熟后再逐步推行。[①]

在此基础上，经过科学筹划和反复论证后，华侨大学提出了将化学与生物工程

① 华侨大学校史编写组编《华侨大学四十年（1960—2000）》，2000，第 195 页。

系、应用化学系以及材料物理化学研究所三个单位合并组建化工学院的方案，并上报国务院侨务办公室。1998 年 7 月，国务院侨务办公室批复同意成立化工学院，要求学校根据建院方案，认真搞好筹建工作，确保该院办出特色、办出水平。至此，华侨大学化工学院正式宣告成立，标志着华侨大学办学体制开始向学院制管理模式转变。校方同时任命徐金瑞教授为院长、林松柏副教授为学院党总支书记。

图 3－9　1998 年 9 月 10 日，化工学院成立挂牌仪式

化工学院组建后，成立学院党总支和学院办公室，大幅减少行政人员。学院打破原有系际和专业之间的界限，集中各专业人才、图书资料和仪器设备，实行资源共享，优势互补，发挥群体优势，改造老学科，发展新学科，组建面向 21 世纪的学科群，主动为地方经济建设服务。[①] 化工学院成立后，完全实行学分制度，并增设材料工程专业。由此开创了学校实施校院两级管理的先河，同时也成为学校建设学科群并向建立学院制办学体制转变的开端。

（二）化工学院改革

第一个成立的化工学院有着极强的人才优势和科研优势，从建院之初，该院领导就把改革课程体系以及管理体系作为实施学院制的重要内容来考虑，同时秉持革新理念，在诸多方面都提出了具体的变革措施，力争打造出一个高效科学、与时俱进的专业学院。

首先，化工学院在 20 世纪 90 年代提出“素质教育观”，是教育思想和教育观念上的革新，实质是把教育工作的重点放在促进受教育者综合素质的全面提高及注重受教育者的创新精神和能力的培养上，充分发挥受教育者的主观能动性。因此，

① 《华侨大学化工学院正式成立》，《华侨大学报》1998 年 7 月 10 日。

只有以受教育者为主体，不片面强调教师的教学工作量，才可望减少按教师设课，过分强调各门课教学时数的影响。

其次，压缩现行学时，给学生更多的自主学习时间，是近年来课程设置中所强调的重要内容，并已逐步被人们所认同。因此，化工学院认真研究学校的公共基础课体系，以更好地与国内外接轨，培养符合现代社会、经济、科技、文化发展趋势，符合时代要求和我国现代化建设要求的，能够有效参与国内外交流与竞争的专业技术人才。

再次，实践性教学环节是高等学校“培养具有创新精神和实践能力的高级专门人才”的重要环节。化工学院成立后，首先统一不同专业的必修课实验的时数。从1999 年开始拟结合面向 21 世纪课程体系改革的课题，先把原独立开设相关性较强的无机化学、有机化学、分析化学和物理化学实验课重新组合形成三门实验课，为学生的课外科技活动和逐步实现实验室开放奠定基础。

最后，在学籍管理方面，为了鞭策学生刻苦学习、提高学习的积极性和挖掘优秀学生的学习潜力，化工学院从 1998 级新生开始试行完全学分制。除了实行校定必修课不补考、准予选修外，把该项规定扩展到学院必修课。为了鼓励学生超前学习，对于修满学分的学生准予提前就业，毕业当年领取毕业证书。此外，对于学生课外科技活动，化工学院还给予适当的学分；对于毕业环节，化工学院院强调真题真做，力求既促进教师争取和完成好科研项目，又提高教学经费的效益，尤其是有利于培养学生解决实际问题和从事科研活动的能力。[①] 此外，为了适应科学技术的迅速发展，化工学院除了培养学生养成良好的自学习惯外，还着重培养学生掌握自学的手段，以便不断拓展和更新知识。

成立之初的化工学院拥有教授 10 人，副教授 26 人，跨世纪人才培养对象 9 人。[②] 经过全院上下的共同努力，至 1999 年初，学院各项工作已实现平稳过渡，教学、科研等方面成效突显。

具体而言，该学院在行政上，完成了基层单位的合并，按照“双向选择、上岗优先、保留部分待遇”的原则，顺利分流了 8 名富余人员，学院党政工作步入正轨；发展新学科，改造老学科，增设了具有学校优势和特色的材料科学与工程专业，完成了教学与实验室评估；1998 年，全院获国家自然科学基金课题 2 项、国家教委“国际科技合作”课题 1 项、国家发展计划委员会重点项目 1 项、省基金课题 5 项，在研国家自然科学基金课题 3 项、国家科委“国际合作”课题 1 项、省基金课题 8

---

① 方柏山：《化工学院课程体系改革初探》，《华侨大学报》1999 年 4 月 5 日。

② 单双荣：《化工学院加快学科建设》，《华侨大学报》1998 年 9 月 25 日。

项。1999 年申报国家自然科学基金项目 7 项、国际合作项目 1 项、省基金课题 15 项；在国内外学术刊物上发表论文 60 余篇；集中 3 个单位的专业人才，精心培育学科交叉、优势互补、资源共享的学科群体，进行“材料学”博士点的申报准备工作。[①] 教学和科研力量得到加强，学科优势得到进一步发挥。

（三）组建第二批学院

在总结前一轮学院制改革经验的基础上，学校按照“四个有利于”的原则推动新一轮学院制改革。“四个有利于”：即有利于学科的建设、发展和调整改造，以及相关学科的互相渗透；有利于组成新的学科群体；有利于在教学科研上形成团体力量，面向经济建设，提高教学科研水平和人才培养质量；有利于加强管理、提高效能、提高办学效益原则。学校通过深化学院制改革，进一步打破原有各系、各专业间的界限，促进学科间的交叉融合，加强学科和学科群建设，提高科学研究水平，提高人才培养质量，提高管理效率和办学效益，增强学院的自主性和主动性，优化资源配置，激活办学机制，使之有利于资源共享、优势互补。

2000 年，学校经过一段时间的筹备，开始酝酿按照化工学院模式推进第二批学院的组建。同年，经济管理学院、信息科学与工程学院以及外国语学院宣告成立，其中，经济管理学院由管理信息系、工商管理系、旅游系和国际经济系组成；[②] 信息科学与工程学院由电子工程系、电气技术与自动化系、电脑系组成；外国语学院由外语系、大学英语部组成。经过多方协商和认真的准备，当年 6 月 15 日，三个学院同时在“陈嘉庚纪念堂”召开了隆重的成立大会。[③] 三个学院的建立既标志着华侨大学在教学、科研体制改革上迈出重大一步，同时也标志着华侨大学面向 21 世纪五大学科群基本构建完成。时任校长吴承业教授称，这三个专业学院加上此前已有的化工学院、集美华文学院，将使华侨大学牢牢把握住 21 世纪的 3 个重大竞争方向：材料科学、信息科学、管理科学，以及具有侨校特色的华文、外文教育。[④]

此外，2000 年 7 月 14 日，先修部[⑤]并入集美华文学院，并继续保留“先修部”的牌子。当年 9 月 8 日，化工学院更名为材料科学与工程学院。

---

① 华侨大学校史编写组编《华侨大学五十年（1960—2010）》，2010，第 101 ~ 102 页。

② 蒋忻：《经济管理学院成立》，《华侨大学报》2000 年 10 月 10 日。

③ 华侨大学校史编写组编《华侨大学四十年（1960—2000）》，2000，第 196 页。

④ 《三个学院新近成立，面向 21 世纪学科群基本构建》，《华侨大学报》2000 年 7 月 5 日。

⑤ 先修部主要是为海外华侨、港澳台青年和外籍华人回国、回内地报考高等学校而开设的。学制一年，分文科班、理科班和留学生汉语班，主要学习语文、英语、数学等课程。学习期满，各科成绩合格，品德良好、身体健康，便可直接升入学校本科、专科深造。

二　学科建设

学科和学科队伍的建设是关系到学校长远发展的重大问题，建设科学、完善的学科梯队始终是全校上下坚持不懈的一项重要工作。改革开放以后，华侨大学如何在改革大潮中站稳脚跟？如何健康、稳定、持续地发展？问题的答案关键在于要围绕学科建设办出特色、办出水平：一方面要建立具有特色的学科，拿手学科，拳头学科；另一方面则是要在学科的发展过程中体现市级、省级、国家级甚至国际水平，包括先进的科研教学水平、丰硕的科研成果和著名的学科带头人。

（一）学科建设需要解决的问题

90 年代前的华侨大学，尽管能够认识到学科要发展，学科梯队建设是关键，但学校的学科队伍建设仍然存在一些亟需解决的问题。诸如：①虽然大部分专业都有学科带头人，但并未建立完整的学科梯队；②由于很多专业都缺少学科领班人，在此情况下，很多科研工作难以开展，教学工作也有应付了事的情况；③很多同专业的教师往往各行其事，不能拧成一股绳，在学科建设方面缺乏合理的规划，主要研究方向不明确。

针对这一系列暴露出来的问题，不少教师都提出了自己的看法，并呼吁校方或系部实行改革，解决学科建设止步不前的问题。例如，应用化学系的王毓明就曾针对所在系出现的不良现象提出如下建议：①在学科队伍建设上，依照系逐一过堂，选准或引进带头人，并组建梯队；②切实制定各学科发展规划，短中长期计划，明确主攻方向和人员配备部署。学科发展方向不因领导人的更迭而变换；③在人员配备、设备充实、资金提供上给予支持和保证；④分阶段组织实施，并定期检查，交流经验；⑤引入竞争机制，学术带头人及其津贴应适当浮动，并应依照该学科队伍的科研、教学实绩具体评定，有效期 2—4 年；⑥设立学科发展基金，奖励在学科建设中卓有成效、成绩优异的单位或个人。[①]

1991 年，学校制定了《华侨大学科技工作十年规划与“八五”计划纲要》，从组建科研机构、整顿科技队伍、建立和完善科研管理体制等方面，明确了学科建设的基本指导原则。为了实现逐年增加专职科研人员和研究经费的投入的可持续目标，学校特向国务院侨务办公室申请追加专职科研编制，并设立科学研究和技术开发基

① 王毓明：《学科和学科队伍建设》，《华侨大学报》1998 年 7 月 10 日。

金，对重点学科及新学科给予一定的政策倾斜，从人力、物力、财力等方面提供支持，特别是对科学研究与学科建设结合得好的专业，加大支持力度，以资鼓励。提倡有条件的学科组建科研机构，学校给予必要的人员和经费支持。值得一提的是，学校自1987年起，坚持每两年召开一次全校科技工作会议，交流科学研究与学科建设相结合的经验，部署新一轮科学研究与学科建设。

除了普通教师为学校的学科梯队建设贡献力量外，学校高层也对这一问题给予了高度关注。20世纪90年代的众多学校领导都在不同场合重申和强调了学科梯队建设的问题。1997年伊始，学校召开会议部署新学期工作时，庄善裕校长在会上着重指出，要以学科建设为龙头，促进学校事业的全面发展，要继续抓好学科建设，加快组建面向21世纪学科群，形成整体学科优势，促进办学层次更上台阶。[①] 同时，庄校长还强调，要采取有效措施和有力举措促进教学质量全面提高，并进一步加强科学研究工作，巩固落实在研项目和课题。他认为，面向21世纪的社会需要有强烈事业心和责任感，有较强研究、开发和创新能力，知识面宽、科学素养良好的人才。华侨大学作为培养人才的基地，必须具有高素质的师资队伍方能完成培养人才的重任，而这支队伍的代表就是学科带头人及其所领导的学科队伍。他必须承前启后，代代相传，方能使华侨大学以崭新的面貌迈入21世纪。

（二）国务院侨务办公室与省部级重点学科

学科建设是一项复杂的系统工程，它需要优先打造重点学科和核心学科，从而发挥集群效应和示范效应，并在此基础上进一步建立学科梯队，实现学科建设的整体发展。在打造有序的学科梯队上，争创和建设国侨办和省部级重点学科是其中非常突出的一个方面，也是学校进一步优化学科设置的重要措施。

为了建设重点学科和高学位点，提高学校办学层次。1991年学校开展了建校以来的首次全校性系级办学水平评估工作，通过这项史无前例的调查，学校第一次全面摸清了各系的办学情况。[②] 在此基础上，学校于第二年即组织有关方面专家，参照《福建省属普通高校重点学科评选基本条件》等文件精神，推选应用化学、计算机及应用、建筑学、电气技术和工商管理等5个专业申报国务院侨务办公室重点学科。可喜的是，当年年底，这项申报工作就获得了国务院侨务办公室的正式批复，同意将学校申报的5个专业列为部级重点学科，这些重点学科从1993年起参加重点

① 《华侨大学组建面向21世纪学科群》，《华侨大学报》1997年1月20日。

② 本次系级办学水平评估包括教学工作、科研项目、师资队伍建设、学生工作、思想政治工作以及领导班子的建设，参见《华侨大学首次开展系级办学水平评估活动》，《华侨大学报》1991年11月30日。

专业招生。

至此，在较短时间内，华侨大学就通过努力实现了拥有并建设7个国务院侨务办公室重点学科的目标。随后，学校在此基础上将重点学科进一步打造成优势和强势学科，并围绕这些学科打造学科群，形成学科梯队，学校整体实力也在一定程度上得以提升。全校由最初的2个重点学科、4个硕士点发展为7个重点学科和14个硕士点。在此基础上，学校继续在人、财、物方面向这些重点学科和硕士点给予倾斜，争取通过较多的投入实现学科建设的发展。此外，学校领导也指出，要争取两三年内建成几个具有学校特色的水平较高的实验室，重点投资一两个成果显著的研究所，使之达到国内先进水平。同时，要定期对各重点学科建设情况进行评估，及时采取措施加强薄弱环节。

为加速学校7个国务院侨务办公室重点学科的建设步伐，1993年3月，学校先后召开两场学科建设座谈会，达成以下共识：一是学科建设必须突出学科方向的建设、带头人和梯队的建设、高学位点建设、图书资料和仪器设备建设、人才培养和科研成果水平的提升；二是将重点学科建设作为学科所在系目标管理的重要内容，各重点学科要制订三年达标计划及分步分期实施的年度计划；三是健全重点学科建设工作的运行机制，通过联席会议和常设小组研究有关重点学科建设的重大问题，每年对重点学科进行一次评估。

除了建设侨办重点学科外，学校也积极筹划申报和建设省部级重点学科，以此完善示范性、带头型的学科体系。1999年9月，机电控制与自动化、地震工程及防护工程两个学科被列为福建省普通高等学校重点学科。至此，学校省部级重点学科达到了9个，这为学校申报博士点和组建学科群奠定了良好的基础。①

（三）开展综合性学科布局

90年代，根据学校“九五”计划提出的学科发展目标，同时本着充分发挥学科门类齐全的优势这一原则，学校积极采取措施促进学科之间的相互交叉、相互渗透，加快对老学科的更新改造，发展新的学科，积极组建面向21世纪的机电、化工、土建、管理以及中华文化五大学科群，构建具有学校特色和优势的学科体系。并且，经过调整、增补并撤销，学校在整体层面开展了更为科学的综合性学科布局。

学校“九五”计划实施期间，根据计划提出的学科发展目标，学校组建了机电、土建、化工、管理、文化5个面向21世纪的学科群。如前所述，1998年，学

① 华侨大学校史编写组编《华侨大学五十年（1960—2010）》，2010，第118页。

校以化学化工学科群为试点组建了化工学院，探索打破学科之间壁垒、增强学科间交叉渗透的学科发展新路。1999 年，学校加大了扶植华文教育的力度，把华文教育作为学校对外办学的新增长点，在政策、资金及人力资源上给予了重点扶植。通过举办集美侨校建校 45 周年庆典，调动各方面的积极因素，推进华文学院各项工作向高等教育转轨，适应海外华文教育向更高层次和全方位发展的需要。

此外，学校还采取积极有力的措施加大对学科建设的投入。一方面，通过“共建”，福建省政府、泉州市政府和国务院侨务办公室每年按 1∶2 的投资比例增拨专项资金（其中，福建省每年安排 500 万元，泉州市每年安排 150 万元，国务院侨务办公室每年安排 1300 万元），资助学校重点学科建设。[①] 另一方面，学校还继续争取港澳台同胞、华侨华人及社会各界的支持，多渠道筹措资金，加大学科建设投入，支持重点学科、基础学科、新建学科和学科群的建设与发展。

除了学校层面所做的调整，众多系所也适应时代发展和社会需求，对内部的学科进行了整合或细分，建设更为健康科学的学科布局。例如，1995 年下半年，为了弘扬和传播中华文化，学校中文艺术系规划建设中华文化学科群。该系首先对学科组合进行了调整，把原有教研室分为四大块：即传统语言文学、现代语言文学、传统美术以及工艺美术，实现了文和艺在学科方面的整合和渗透。同时，中文艺术系与中国社会科学院研究生院联合举办了博士班，拟在三五年内培养 5—8 名博士研究生，为教学层次上新台阶、建立重点学科做好准备。本着与时俱进的精神，该系领导多次表示，有信心也有能力把中文艺术系建设成为一个在海内外有一定影响的中华文化学科群。[②]

在开展综合性学科布局方面，学校社会科学系以建设富有特色的学科层次为代表的调整也是一个典型的成功案例。作为高校马克思主义理论教育的主渠道、主阵地，学校社会科学系在学校领导一贯重视下，90 年代初期便取得了较大的发展。在学科层次上，由单纯的承担全校公共政治理论课教学发展为拥有一个“管理与公共关系”两年制专科和“科学社会主义”“哲学”两个专业的硕士学位点，这在当时的福建省高校社科系统中是独树一帜的。

展开综合性学科布局后，不少专业的办学层次不断提高，取得了令人瞩目的成就。1996 年华侨大学建筑学专业通过国家评估，学校由此跻身享有建筑学学位授予权的高校之列。全国建筑学专业评估小组莅临学校开展评估时，对学校建筑系的教

---

① 华侨大学校史编写组编《华侨大学五十年（1960—2010）》，2010，第 120 页。

② 《中文艺术系规划建设中华文化学科群》，《华侨大学报》1995 年 12 月 5 日。

学设备、师资力量、学科水平以及教风学风等给予了较高评价。[①] 1997 年，华侨大学建筑工程专业通过了全国高等学校建筑工程专业教育评估委员会的评估，合格有效期为 5 年。华侨大学是当年福建省唯一通过该专业评估的高等学校。高等学校的建筑工程专业评估旨在加强国家对建筑工程专业教育的宏观管理，保证和提高建筑工程专业教育质量，使我国建筑工程专业教育与国际建筑工程专业教育接轨，达到相互承认学历的目的。因此，通过评估标志着学校建筑工程专业跻身于全国高校前 18 强行列。不仅如此，土木工程系也以学科建设为龙头，争创学科新优势，密切注视国际科技发展动向，力争占领学科发展前沿，及时调整自身结构，努力开拓新的学科领域，不断充实和完善学科的整体实力。

（四）建立学科建设联席会议

为了加快学校学科建设的步伐，2000 年，学校推出了一项新举措，建立了学科建设联席办公会议制度，并于当年 11 月 15 日在材料科学与工程学院举行了首次学科建设联席会议。

所谓学科建设联席办公会议制度，即采取联系财务处、人事处、国有资产管理处、科研处、教务处、研究生处等有关职能部门，到教学科研第一线进行现场办公的形式，解决各院系在教学、科研工作中存在的诸如经费短缺、实验场地紧张、教学科研仪器设备落后、师资力量不足等困难和问题，以推动各院系学科建设的进一步发展，适应新学院成立、新专业设置和招生数不断增加、办学规模日益扩大的需要。

在 15 日召开的首次联席办公会议上，校领导吴承业、李红、郭亨群、关一凡等出席并听取了有关材料科学与工程学院学科建设计划的汇报，并进行了认真的讨论和论证。吴承业校长在联席会议上做了总结讲话，他指出，本科教育是华侨大学学科建设中最为薄弱的一面，为此，校方将在资金、设备投入上向本科倾斜。各院系也要把本科教育作为头等大事来抓，学校、院系在引进教师时也要把能承担本科教学作为首要条件。他表示，学校今后要进一步加强对重点学科建设的投入，对实验室的投入要向工科类倾斜，要进一步扩大院系办学自主权。他同时还要求材料科学与工程学院招生多面向省外，面向广阔的大西部，本科招生规划要进一步细化；学科建设要突出材料学、生物化工、环境科学等重点学科，努力加快产学研结合步伐；要做好物化所的改造工作，使其尽快融入学院的教学、科研工作；要善待人才、留

---

① 《建筑学专业通过国家评估》，《华侨大学报》1996 年 7 月 10 日。

住人才并努力引进人才。①

此次会议召开后，学科建设联席办公会议逐一在全校12个教学单位举行。

三　师资队伍建设

学校教育，学生是根本，教师是关键，高校师资队伍的质量在很大程度上决定着高校的教学水平和人才培养质量，甚至影响高校的生存发展。随着知识经济时代的到来，高校担负着培养高素质人才的重任，而师资队伍建设水平直接制约着素质教育的实施效果。华侨大学一直秉持着培养高素质的大学生与师资队伍建设密不可分的理念。复办以来，特别是90年代初，学校领导极为重视师资队伍建设，努力提高师资队伍水平，甚至把师资队伍建设提高到关系21世纪学校建设和发展的战略地位。

（一）人才引进政策及其调整

1. 调整人才引进计划

师资队伍建设的基础是引进人才。1991年10月30日至11月19日，陈觉万校长相继主持召开民主党派代表、老教授、科协成员代表、中青年教师代表等多个座谈会，广泛征求大家对学校办学的意见和建议。在师资队伍建设方面，与会者普遍认为，学校教师队伍青黄不接，人才断层问题严重，当务之急要做好人才的引进、挖掘和培养工作，要把引进高级优秀人才和充分发挥在校离退休教师在培养、组织中青年教师进行学术活动的带头人的作用结合起来，以缓解断层问题。②

在此基础上，为适应学校学科建设和人才培养的需要，尽快地引进和培养一支面向21世纪、具有较高素质和水平的师资队伍，学校先后制定出台了《华侨大学关于引进优秀骨干教师和学科带头人暂行办法》《华侨大学关于吸引出国留学人员来校工作的意见》《华侨大学培养和引进高学历人员方案》等文件，在引进人员的范围、方式、待遇、审批等方面都做了具体的规定。在相关文件的指导和保障下，学校稳步推进人才引进工作。据统计，仅1990—1995年底的5年间，学校就引进了6名教授、14名副教授、45名骨干教师、3名博士生、80名硕士生充实到学校的师资队伍中，极大地提高了学校师资队伍的整体质量。

引进外籍专家和教师是学校人才引进的一个重要方面。这项工作早在80年代就

① 黄伟强：《联席办公会议制度建立》，《华侨大学报》2000年11月25日。

② 宗文：《集思广益，群策群力，方向明确，目标在望》，《华侨大学报》1991年11月30日。

已开展，到1990年学校已相继聘请了60多位外籍专家和教师到学校工作。他们来自不同国家和地区，来校后他们热情投入学校的教学和科研工作，备课认真，讲课生动，教学效果显著，深得师生们的好评，学生的英语水平也因此得到较大的提高。[①] 此后，学校始终坚持引进和聘请外籍专家和教师，在壮大教师队伍的同时也提升了师资队伍的国际化水平。

随着社会主义市场经济的持续发展，改革国家高等教育以适应社会发展的要求也被提上日程。在此背景下，1994年12月，学校专门召开了“高教改革与发展”的专题会，吴承业副校长在会上提道：高等教育在计划经济体制时代长期由国家供养，这种体制下的高教体系已不能适应形势的发展和社会的需要。社会主义市场经济的建议既给高等教育带来冲击，同时也给予发展的机遇。他认为，随着市场经济体制的逐步完善，必然引发一场文化建设的高潮，全国教育工作会议后，高等院校将进行全面的调整，这是高等教育求得发展的极好机遇。人才是高等学校的优势，也是高等教育改革与发展的关键。他说，在人才使用问题上要进一步解放思想，用人所长，使人才在成长的高峰期发挥最大的作用，要培养一批学科带头人和优秀青年骨干教师。他提出，高等学校既要培养造就有市场眼光的科学家，也要培养造就一批有科学家素质的企业家。[②]

随着社会经济的快速发展和学校对博士和博士后等高学历人才的需求加大，1995年底，学校又进一步调整了人才引进计划，出台了《华侨大学培养和引进高学历人员方案》，以在职培养为主，有计划、采用多种形式提高教学科研人员的学历层次。该方案规定了引进博士、博士后学历教学科研人员享受的诸多优惠待遇：工资、岗位津贴享受副教授、教授待遇，超过国家规定部分由学校补足；分别发放安家费1万元、3万元；学校负责分配三室一厅、三室二厅住房；优先安排随调家属工作；免费给予安装程控电话；每年由学校特批一次参加全国或国际性会议的经费；每年分别发给资料费500元、1000元；根据科研课题情况向博士学位人员提供1万元—5万元科研启动费，向博士后人员提供5万元—10万元科研启动费。[③]

此外，副教授任职资格评审权的获得也极大地推动了学校人才引进工作的开展。1996年1月初，国家教委正式授予华侨大学副教授任职资格评审权。从当年开始，学校可自主审定经济学、政治学、中国语言文学、数学、化学、机械工程、电子学

---

① 朱斯：《华侨大学引进国外智力有成效》，《华侨大学报》1990年5月21日。

② 张灯、徐梦：《转换脑筋面向市场抓住机遇发展自己》，《华侨大学报》1994年12月20日。

③ 林庆祥：《培养引进高学历人员方案出台》，《华侨大学报》1996年1月10日。

与通信、计算机科学与应用和化学工程等 9 个学科的副教授任职资格。[①] 自此，华侨大学成为省内继厦门大学、福州大学、福建农林大学之后第四个具有副教授任职资格评审权的高校。副教授任职资格评审权的获得对学校师资队伍建设起到积极的促进作用，吸引了更多高学历人才加入华侨大学。

2. 启动跨世纪人才工程

为了进一步加大引进博士、博士后人员来学校工作力度，给他们提供良好的科研条件，1998 年 5 月学校开始启动跨世纪人才工程，出台了《引进博士、博士后人员科研启动费管理办法》，对引进博士、博士后人员科研启动费专款进行更有效、更妥善的管理。根据文件规定，凡学校引进的博士、博士后人员均可就具有先进性和创新性、处于学科发展前沿并与所在单位学科发展方向或科研方向一致的研究项目申请科研启动费。根据实际情况，博士可申请 1 万元—5 万元，博士后可申请 5 万元—10 万元，由校人事处、科研处对申请项目组织有关专家进行评审，获准立项项目，学校将按有关规定分年度拨款，同时实行严格的目标管理。与此同时，在资金划拨期间，若同课题申请到国家或省基金的，可同时按学校的有关优惠规定并行管理。学校还规定，凡愿意来校工作的中国科学院、中国工程院院士及博士生导师，将享有更优惠的特殊待遇。[②]

除了学校层面所做的努力，不少系部也积极探索新的人才引进计划，成效显著。在此方面，机电工程系是一个十分典型的案例。“建一流队伍、创一流学科”，是机电系多年来努力追求的目标，他们坚持“抓两头、保重点”，在致力于创建面向 21 世纪主干学科的同时，把师资队伍建设作为“重中之重”来抓，一边加强对本系青年教师的培养，一边抓紧实施人才引进工程。为积极拓宽引进人才渠道，该系校领导与全国多名博士、博士后取得联系。系领导亲自出马，上门招贤，宣传发动，把博士们引进家门实地考察。同时，为了让引进的博士能顺利开展工作，该系努力创造条件，引进了一大批国际先进的高精尖仪器设备和软硬件，建立了“国内先进、省内一流”的实验室。得益于一系列主动出击的措施，90 年代，该系吸引了多名高学历人才加盟，成为该系师资建设新的增长点。

随着人才引进工作的持续开展，学校师资队伍不断壮大，这就要求对用人机制进行改革和创新以与时俱进。1999 年，学校出台相关文件，开始对专业技术人员实施聘约管理。对实行聘约管理的对象、期限、内容、形式等做出具体规定。根据聘约，今后申报高一级专业技术职务任职资格时须提供专业技术职务聘约合同，未实

---

① 《国家教委授予华侨大学副教授资格评审权》，《华侨大学报》1996 年 1 月 26 日。

② 张向前：《引进高学位人员科研启动费管理办法出台》，《华侨大学报》1998 年 5 月 10 日。

行聘约管理的单位不能开展正常的专业技术职务评聘工作。2000 年，教育部开始启动高等学校职员制度的试点工作，旨在解决高校管理队伍建设存在的制度不健全、用人机制不灵活、待遇偏低等问题。① 在此背景下，学校继续创新用人机制，引进高层次人才，并引入竞争机制，拓宽培养渠道，打造高素质的教师队伍，努力建设一支面向 21 世纪、政治思想素质好、业务水平高、结构优化、人员精干、充满活力的师资队伍。

（二）加强师资队伍建设

1. 培养教师队伍

教师队伍的建设不仅在于引进，更在于培养。在落实人才引进计划的同时，加强师资培训和培养也是保障学校未来发展的重要措施，甚至是影响国家未来发展的一个重要方面。

师资队伍建设往往与对优秀教师和学科带头人的培养密不可分。1990 年，10 月 6 日，学校成立了“华侨大学师资培训中心”，标志着学校在师资队伍的培养和建设方面开始走集中化和专业化道路。在第三届全校教职工大会上，校领导指出，围绕重点学科和高学位点建设，学校重视并采取各种措施加强师资队伍建设。1993 年 2 月 19 日上午，学校在陈嘉庚纪念堂会议室召开了中青年师资队伍建设专题研讨会。研讨会由陈觉万校长主持，杨翔翔、庄善裕副校长及有关系、处、部领导参加。研讨会旨在解决中青年教师培养的问题，并听取了人事处负责同志汇报现场办公会情况及由人事处起草的《关于加快中青年师资队伍建设的意见》和《关于学科带头人及骨干教师培养对象的选拔条件》两个讨论稿。② 陈觉万校长在研讨会上做了总结。他说，会议的目的是解决中青年教师培养问题，希望各系要围绕管理体制和激励机制两个方面，制定全面的培养规划。随后，学校制订出台了《关于优秀青年骨干教师和学科带头人培养对象的选拔办法》③（下文简称《选拔办法》）。

《选拔办法》提出的主要举措包括：教师与所在单位共同制定培养计划和目标；有计划地安排教师在国内外脱产进修；资助教师参加高水平的学术活动；选拔优秀青年骨干教师实行淘汰制等。具体而言，文件要求根据公平竞争和择优选拔的原则，从素质好、潜力大并做出突出成绩，身体健康，能坚持正常的教学、科研工作，年

① 林和文、刘静、韩晶：《高校职员制度试点工作启动》，《华侨大学报》2000 年 1 月 15 日。

② 吕少蓬：《研讨学校中青年师资队伍建设》，《华侨大学报》1993 年 3 月 5 日。

③ 华侨大学校长办公室：《关于优秀青年骨干教师和学科带头人培养对象的选拔办法》，1993 年 3 月 30 日，华侨大学文书档案。

龄在40岁以下的教师中，推荐作为优秀青年骨干教师的培养对象，从年龄在45岁以下的教师中推荐作为学科带头人的培养对象。评选工作两年进行一次。培养的具体措施如下：被选拔为优秀青年教师要与本单位共同制定三年培养计划和目标；各级组织各部门对优秀青年教师培养对象要从政治、工作、生活各方面给予关怀，为其提供较好的工作条件；有计划地优先安排他们国内外脱产进修，参加高水平的学术活动所需的经费学校给予资助；选拔优秀青年骨干教师实行淘汰制，每年进行一次考核。政策出台后，当年经过评审，首次选拔出6名中青年学科带头人培养对象，16名青年骨干教师培养对象。对选拔出来的学科带头人和骨干教师培养对象提供七项资助和优惠条件，并实行滚动式的动态管理，进行跟踪考核，优胜劣汰。这在推动学校学科梯队建设方面发挥了积极作用。

《选拔办法》出台后，学校引进、调入急需教师38人，1994年又补充硕士毕业生、讲师以上教学和科研人员20人。两年间，学校共选派19人到美国、英国、日本、菲律宾等国家进修，绝大多数人员学成后按时返校，在教学、科研岗位上积极发挥作用。教师队伍国际化的背后，是华侨大学师资队伍结构的不断优化。此后两年内，一批教师晋升高一级技术职务，其中教授23人、副教授54人、讲师127人。

为了落实提高中青年教师学历层次和水平的政策，一方面，学校先后制定了一系列引进高学历人才和鼓励教师攻读博士学位的政策，鼓励教师在职申请硕士和博士学位，并分别与天津大学、中国社会科学院联合举办硕士和博士研究生班。根据立足国内、在职培养为主的原则，学校1995年与天津大学签订了《关于在人才培养和科学研究领域全面合作的协议》，开始输送优秀中青年骨干教师到该校较强的专业攻读在职委培博士学位，这一做法得到了学校董事会的大力支持，特地拨出专项经费，用于选派教师攻读在指委培博士所需费用的开支。[①] 在此政策鼓励下，学校有很多教师分别考上天津大学、浙江大学、吉林大学、华东理工大学、中国地质大学、武汉大学以及中山大学等院校，继续攻读博士学位。到90年代末，学校教师在职攻读博士学位近60人，为实现21世纪初全校具有博士学位的教师达到100名左右的目标奠定了基础。[②] 此外，学校还鼓励教师到国内重点院校作访问学者，并给予一定的生活补贴。学校还本着“按需派遣，保证质量，学用一致”的原则，有计划地选派教师出国进修深造。除国家公派外，学校还争取华侨和董事会资助在香港、日本和菲律宾等地建立了培养基地，90年代共选派了上百位老师外出进修。

---

① 王士华：《华侨大学天津大学联合办学协议签定》，《华侨大学报》1995年12月25日。

② 学校计划到2000年，选拔和培养100名左右跨世纪优秀中青年骨干教师，造就一批能够担当重任的学科带头人。

另一方面，为加大培养高学历人员的力度，学校出台了《华侨大学自费出国留学博士（后）人员回校工作以及在职博士人员取得学位后享受待遇及管理的暂行规定》。根据规定，学校对回校工作的自费公派出国留学博士（后）人员提供如下待遇：①安家费：博士、博士后人员分别为5000元、10000元；②工资、津贴：博士、博士后人员分别享受副教授、教授的工资津贴；③科研启动费：根据科研课题的情况，博士、博士后人员分别提供1万元—3万元、3万元—5万元；④住房：分配博士楼或教授楼住房一套；以及其他优惠待遇。而在职博士（后）取得学位或出站后享受到的待遇有：分配90平方米左右的住房一套、资助4000元购置电脑一部（已享受“星辉工程”资助和用科研经费购置的除外）以及其他优惠条件。学校同时制定了相应的管理措施，对自费公派出国留学博士（后）人员回校工作并享受有关优惠待遇的，须与学校签订工作协议，服务期为五年，出国前与学校有协议的，按原协议执行；在职攻读博士（后）学位人员，按学校的有关文件及其与学校签订的协议执行。[①]

1994年，庄善裕校长在全校人事工作会议上发表了关于加强师资队伍建设的讲话，他指出：学校从加强基础入手，认真抓紧师资培训工作，有计划地选派中青年教师到境外大学留学进修；实行定编、定岗、定职，开展专业技术职务评聘工作；建立、健全各项规章制度，加强教师队伍的管理。学校今后三年应致力于建立一支结构合理、优化精干、充满活力的教师队伍、干部队伍和职工队伍，核心问题是师资队伍建设，把学校的教学、科研提高到一个新的水平。为实现上述目标，必须努力做好下面几方面的工作：①全校教师职工必须了解学校的校情，摆正学校的地位，明确学校的办学方针。②稳妥地搞好新老教师的交替，稳定现有中青年教师骨干队伍。③以“两个面向”办学方针的要求，提高师资队伍的素质。④深化人事制度改革，增强师资工作活力。引入激励与竞争机制，调动广大教师的积极性，建立健全各项规章制度，使学校师资工作制度化、规范化，更具科学性，加强领导，增加投入，保证师资工作顺利、健康发展。[②]

2. 培养跨世纪师资队伍

进入90年代中后期后，建立一支面向21世纪、具有较高素质和水平的师资队伍成为一项十分艰巨的任务。学校领导层一直在探索培养跨世纪高校骨干教师，例如，人事处副处长吕少蓬曾发表《培养跨世纪高校骨干教师刍议》一文指出，世界

---

① 华侨大学校史编写组编《华侨大学五十年（1960—2010）》，2010，第135页。

② 《庄校长在全校人事工作会议上关于加强师资队伍建设的讲话（摘录）》，1994年3月，华侨大学文书档案。

范围的经济竞争、综合国力竞争，实质上是科学技术的竞争和民族素质的竞争。谁掌握了教育优势，谁就能在国际竞争中处于战略主动地位。他通过文章强调了以下几点内容：其一，把跨世纪高校骨干教师培养作为战略任务。其二，加强思想政治工作，增强跨世纪骨干教师队伍的向心力。其三，精心培养跨世纪优秀骨干教师。其四，实行“低职高聘”，营造“人尽其才”的氛围。他建议组织跨世纪骨干教师科研尖兵，推进高新科技研究；建立跨世纪优秀骨干教师的重奖制度；创造适于跨世纪骨干教师成长的外部环境；千方百计、全面提高跨世纪骨干教师素质。①

基于加快选拔和培养跨世纪的优秀中青年骨干教师，建设高素质师资队伍，提高办学水平，实现学校跨世纪宏伟目标的目的，1998 年，校方召开了跨世纪优秀中青年教师评选会，校领导庄善裕、吴承业等出席会议。19 位评委对这次申报校跨世纪优秀中青年骨干的 24 位同志的材料进行认真审核。选拔的条件主要有：政治素质合格；年龄 45 周岁以下，具有高级专业技术职称或具有博士学位的教学、科研人员；教学经验丰富，近四年中有三年教学考核优良；能熟练掌握一门以上外语；具有较强的科研能力，近三年科研考核年年优秀等。② 在培养目标方面，学校制定了七项要求，并实行滚动式的管理办法。对评选出来的跨世纪优秀中青年骨干教师，学校将提供特殊津贴、资料费、参加学术会议经费、出版学术专著部分经费、优先选派到国内外进修或在职攻读博士学位、晋升专业技术职务任职资格优先聘任、优先投入科研设备等优惠待遇。

在加强师资队伍培养方面，除了学校层面的各项措施外，很多系部和学院也努力提高教师队伍的素质和教学水平，管理信息系就是其中之一。管理信息系十分重视师资力量的培养，为教师自身素质的提高提供了许多有利条件，创设了良好的氛围。该系不仅积极鼓励教师在职攻读硕士、博士学位，还积极支持教师参加各种学术会议，申请科研课题，鼓励教师发表高质量的学术论文。管理信息专业知识更新快，要求教师有很强的动手能力，必须有合理的教师梯队才能办好。因此，该系还将制定出一系列优惠措施，进一步加大师资培养力度，争取多出人才，出好人才。在努力提高教师业务水平的同时，管理信息系十分注重教师思想素质的提高。该系充分发挥党员的先锋模范作用，以党员热情、努力、认真的工作态度和平凡的奉献精神教育团结广大教师，提高其思想水平。此外，管理信息系还严格按照教学规律规范教学。要求教师按教学大纲制订教学计划，认真做好教学各个环节，诸如备课、课堂教学等。要求各教研室组织好听课，新教师则要试讲合格后方可上课。该系还

---

① 吕少蓬：《培养跨世纪高校骨干教师刍议》，《华侨大学报》1995 年 7 月 5 日。

② 吕少蓬、张向前：《华侨大学启动跨世纪人才工程》，《华侨大学报》1998 年 4 月 10 日。

制定了认真的检查评估措施，追踪教师授课情况，以使教师的讲课水平不断提高。[①]

3. 师资管理与教风建设

除了培训和培养师资队伍，科学有效的管理也是保障师资队伍健康有序发展的前提。其中，教风建设是科学管理师资队伍的重要方面。1997 年，学校出台《关于加强教风学风建设的若干规定》，其中涉及教风学风建设的内容较为详细：一方面，不断深化教改，加强对教学内容、教学方法的研究和改进；在教学中努力贯彻教学法原则，即理论联系实际、启发式少而精、教与学双边活动三个原则；教师应为人师表，爱护学生，教书育人，严禁在课堂上讲授违反四项基本原则和不利于学生健康的内容。另一方面，教师上课不得迟到和随意提前下课，严禁教师无故旷课；教师因特殊情况不能上课时，必须事先向系主任请假；[②] 严禁教师擅自更改上课的时间和地点，特殊情况须经系主任同意，并报教务处、成人教育学院批准；教师应认真备课、授课，认真批改作业，要做好课堂考勤，维持课堂秩序；教师要按教学大纲要求做好考试命题，严守命题纪律，不得降低要求，不得漏题，要严把考试关，做到公正、客观、合理地评分，不徇私情，不随意加分、扣分，不弄虚作假。[③]

为了逐步完善师资队伍管理，在评选优秀、评定职称、科研资助、配备领导班子等方面，学校一直注重向中青年教师倾斜。与此同时，学校还引入了激励机制，具体措施如下：

①实行教师任职资格聘任制。对不同职称的教师规定不同的教学、科研任务，实行任职资格聘任和双向选择的聘任体制，由系主任聘任。教师可以拒聘，系主任亦可不聘或高职低聘，特殊情况也可低职高聘，促进人才竞争和流动。②实行教学、科研评估考核制。学校和院系每年都要组织人员，对教师的教学、科研情况和执行效果等业绩进行一次评估考核，并记录在案。对业绩优秀者，推荐参加学校的评优；业绩合格者，明年继续聘任；业绩不佳者，可以考虑给予限期改正或改聘、低聘，甚至不聘。③定期举办评优、评奖活动。教师和教学方面的评优、评奖项目，主要有优秀教师、教学成果奖等。学校自 1991 年以来，已先后有 3 人获全国优秀教师、教学工作者称号；有 6 项教学成果获省部级教学成果奖；有 12 位教师被评为福建省普通高校优秀中青年骨干教师；有 1 位教师获福建省优秀中青年教师“伊法达”

---

① 截至 1999 年，该系共有三位教师在职攻读了天津大学的博士学位。

② 具体的请假制度为：请假两节课要先经系主任批准，并报教务处、成人教育学院（夜大学）备案。请假超过两节课要经系主任同意，并报教务处、成人教育学院（夜大学）批准。请假一周以上要经系主任同意，并报教务处、成人教育学院（夜大学）和人事处批准。

③ 参见华侨大学《关于加强教风学风建设的若干规定》，1997 年 5 月，华侨大学文书档案。

奖；1人获亚洲建筑师协会青年建筑师优秀奖。①

通过以上诸多措施，学校优化了师资队伍结构，提高了师资队伍整体水平，有效缓解了学校人才断层问题，使一大批优秀的教学科研人才脱颖而出，逐步发展成学科带头人和中青年拔尖人才，推动了学校办学实力和办学水平的提高。

（三）提高教师教学与科研水平

1. 选拔学科带头人和优秀青年骨干教师

在提高教师教学和科研水平方面，教师发挥自身的主动性尤为重要。为了鼓励教师主动提高自身的教学能力，学校开展了多种形式的竞赛和评选活动，评选出课堂教学能力突出的优秀教师，予以奖励和示范，以带动全体教师持续提高自身的授课能力。其中，具有代表性的活动有“课堂教学十佳教师”和教学第一线“师德标兵”。自1993年开始，学校开始举行“课堂教学十佳教师”活动，持续至今。1993年11月，学校开展了首届“课堂教学十佳教师”评选工作。评选工作历时半年，采取各系推荐和自荐相结合的办法，最终评选出盛佩君、苏介生、洪若霞、朱炳文、杜耀星、黄辉莉、曾路、池进、许金顶、张全伙等10位教师为首届“课堂教学十佳教师”。1997年学校组织在全校范围内评选教学第一线“师德标兵”活动。经过民主评议和广泛调研，学校授予机电工程系王永初教授、中文艺术系王建设副教授和应用化学系张玉成副教授“师德标兵”荣誉称号。②

1994年，学校开始尝试针对性培养师资，提高教师的职称结构，遂制定了如前所述的选拔学科带头人和优秀青年骨干教师培养对象这一制度。当年12月，学校确定了首批学科带头人和优秀青年骨干教师培养对象。③ 经过三年的辛勤栽培，华侨大学又多了一批教学科研的顶梁柱。据初步统计，22位教师中，除1人出国，1人升任泉州市副市长外，有1位副教授晋升为教授，7位讲师全部晋升为副教授，8位在职攻读博士学位，2位被评为省优秀中青年骨干教师，1人提拔为校领导，8人提拔为系领导。几年间，他们共发表论文、论著159篇（部），承担国家级科研项目7项。3年来的实践证明，选拔学科带头人和优秀青年骨干教师培养对象这一制度为年轻教师的成长，促进优秀人才脱颖而出创造了有利条件。1997年，“华侨大学首批学科带头人和优秀中青年骨干教师培养对象成果汇报会”在杨思椿科学馆举行，校领导与20位学校首批学科带头人、优秀中青年骨干教师培养对象欢聚一堂，分享

---

① 华侨大学校史编写组编《华侨大学五十年（1960—2010）》，2010，第137页。

② 华侨大学校史编写组编《华侨大学五十年（1960—2010）》，2010，第114页。

③ 田苗：《学校确定首批学科带头人和优秀青年骨干教师培养对象》，《华侨大学报》1994年12月20日。

着收获的喜悦。[①] 次年，学校王建设、叶民强、张全伙三位教师荣获福建省教委和人事厅所授予的省优秀教师或优秀教育工作者的称号。王建设等三位教师，在学校从事教学及科研工作多年，工作任劳任怨，为人师表，注重言传身教，注意教学改革，努力推进高等学校素质教育，取得了优异的教学效果，同时科研方面也取得了显著的成绩，在全体教师中树立了良好典范。

为了提高教师的教学能力与科研水平，学校一直鼓励教师在国内外知名高校进修和攻读学位，加强自身能力的培养。据不完全统计，1991—1999 年，在国内（包括在校内）进修或攻读学位的学校教师达 448 人次，其中教授 4 人次，副教授 88 人次，讲师 208 人次，助教 148 人次（以年人次计）。到国外进修或攻读学位的教师达 117 人次，其中教授 8 人次，副教授 20 人次，讲师 61 人次，助教 28 人次。1994 年，学校确定了 6 位学科带头人和 16 位优秀中青年骨干教师培养对象。当时，这 22 位同志当中，副教授有 15 人，讲师 7 人。具有博士学位的 2 人，硕士学位 10 人，学士学位 10 人。他们分别从事 12 个不同的专业，平均年龄 37 岁，最年轻的 29 岁。1995 年，全校共有教授 37 人，副教授 155 人，讲师 269 人，研究员 6 人，副研究员 11 人，助理研究员 22 人，正高级工程师 2 人，副高级工程师 10 人，工程师 60 人，高级实验师 6 人，实验师 14 人，其他系列的高级职称 15 人，中级职称 71 人。1999 年全校有教师 543 人，其中教授有 53 人，副教授 180 人，具有高级职称人数占总教师人数的 42%。[②]

2. 各院系对提高教师水平的探索

在提高教师的教学与科研水平方面，不同系所和学院因专业不同而有所不同，成效也不一而足。其中，国际经济系的相关举措颇为成功，具有一定的代表性。该系主任张禹东曾提到，国际经济系规范教学秩序，狠抓教风建设，成立了由经验丰富的教师组成的教学指导小组，定期听课，从平时态度和教学水平、科研等方面客观、准确地衡量教师工作，并及时向系领导及老师反馈意见、指出问题，以提高教师的总体水平。张禹东还认为，办学水平的提高有赖于师资队伍的壮大和师资队伍素质的提高。国际经济系也在这方面采取了一系列措施。首先，加大师资引进力度，大量引进急需的专业人才。其次，在引进人才的同时，国际经济系还对本系教师加大培养力度，尤其是中青年教师。基于这些举措，国际经济系的师资队伍得到优化，各项工作都取得了更大的进展。

---

① 牛爱芳、穆中杰：《“首批学科带头人和骨干教师培养对象”业绩显著》，《华侨大学报》1997 年 11 月 25 日。

② 华侨大学校史编写组编《华侨大学五十年（1960—2010）》，2010，第 136 页。

工商系在提高教师教学科研水平方面探索出了一条可行路径。其一，老带新、中带青，该系针对新教师、青年教师多的特点，安排新教师定点跟班听课，并参加学生考试，以提高新、青年教师的教学水平。其二，加速培养学术骨干，选派三四十岁的教师到国外进修，学成后按规定完成一定课题量，争取使其在三五年内成为骨干。其三，坚持假期读书制度，该系要求四十岁以下教师寒暑假读一本书，并作书面读书报告，上交教研室主任批阅，然后交系主任审阅，并由系主任加以讲评。其四，对承担教学科研任务较重的教师给予奖励，为鼓励教师在教学科研上勇挑重担，该系制定一系列奖励措施，如能用英语授课的，上一节课以 1.5 节工作量计算。其五，逐步引入竞争机制，大胆实行奖励淘汰制度，对工作表现好，业务能力强的教师优先送出国外进修，对差的进行淘汰，给一般教师增加紧迫感和危机感。其六，加强教研室活动，教研室每月开展活动一次，形成群体攻关网络。[①] 实践证实，工商系的这些举措在较短时间内都取得了良好的成效，同时也发挥了一定的示范效应。

此外，就提高教师综合素质而言，化工学院也摸索出了一条行之有效的道路。该学院始终致力于提高教师综合素质，包括教师的责任感和业务水平；积极创造条件，鼓励青年教师继续深造，攻读硕士、博士学位，在学院内部营造求学上进的氛围。积极支持教师申报科研课题，并力求使申报课题面向 21 世纪，与国际接轨。同时，认真抓好教师的思想政治教育，培养其较强的责任感和事业心，认真研究做好教师评价工作，力求科学量化，以准确评定教师的教学科研工作及思想政治水平。

20 世纪 90 年代，随着师资质量的持续提升和教师个人科研能力的提高，学校的整体科研水平显著提高，科研工作也取得了长足的发展。1990—1999 年，学校连续十年不间断地获得各类国家级科研项目和省部级科研课题的资助，且数量稳中有升。到 1999 年时，全校在研的省部级以上科研课题达到 135 项。其中，自然科学课题 65 项：国家自然科学课题 15 项、国家重点项目 3 项、国际合作项目 2 项、福建省自然科学基金 50 项、福建省重点项目 4 项；人文社会科学课题 30 项。[②] 尽管这些在课题方面所取得的成绩不能代表所有教师在科研方面的成就，但仍然在很大程度上反映了学校在科研方面的整体实力得到极大的提升。

① 华侨大学报记者：《工商系提高教师教学科研水平的六条措施》，《华侨大学报》1991 年 11 月 30 日。
② 华侨大学校史编写组编《华侨大学五十年（1960—2010）》，2010，第 128 页。

第三节　教育改革与人才培养创新

一　人才培养目标与模式

随着世界科学技术的飞速发展、市场经济体制的健全完善以及全球化进程的进一步发展，高等教育改革面临着新的机遇和挑战，如何设置专业和学科是高等教学界面临的普遍问题。专业和学科的设置取决于高等教育人才培养的目标和模式，其普遍要求把学生培养成为“创造性”和“复合型”的人才。[①]

（一）改革人才培养目标与模式

在人才培养目标与模式方面，华侨大学的主要理念在于：一方面，人才培养目标首先需要保持相对稳定，才能够保证学校办学思想的延续性。长期以来，学校在“立德树人”的总体要求下，牢固树立人才培养是学校的根本任务、质量是学校的生命线、教学是学校中心工作的理念，采取了一系列政策、措施，不断巩固和强化人才培养的中心地位。在长期的办学实践中，学校始终坚持“面向海外、面向港澳台”的办学方针，秉承“为侨服务、传播中华文化”的办学宗旨，贯彻“会通中外、并育德才”的办学理念，确立了培养具有创新精神、实践能力、国际视野与社会责任感的服务海内外经济社会发展的高素质人才的目标。

另一方面，社会的进步和科技的发展要求高校推进教育教学改革，人才培养目标也需要及时修订和调整。随着现代化和全球化的发展，培养外向型人才成为学校人才培养的重要目标。目标是培养具有现代化国际化意识和才华的优秀技术人才和管理人才。他们要具有良好的思想品德和心理素质，有扎实的基础，宽厚的知识，并有一技之长，有较强的思维能力、管理能力和社交能力，能基本熟悉国际政治、

① 徐金瑞：《面向21世纪高等教育的专业结构和学科设置》，《华侨大学报》1998年2月25日。

经济及相关国家的国情，并能熟练地掌握一门外语。

早在 1990 年三十年校庆期间，时任校长陈觉万就指出，为了现代化和国际化人才的培养目标，华侨大学要继续调整和完善课程设置，首先要注重核心课程，培养各系学生都必须具备的共同素质，人文学科、管理学科和语言学科都必须受到普遍重视，尤其应重视人文学科，培养大学生正确的人生观和良好的思想品德。其次，在基础课程方面，除了通识课和专业基础课，应考虑开设一些国际方面或相关国家及地区的专业课程。最后，一般课程可调性较大，要有一定弹性，可以经常调整，以提高对社会需求的适应性。总之，要在教学工作和各项管理中，体现出外向型的特点，并就培养人才规格方面，坚持不懈地向高层次发展。

在人才培养方面，学校一直坚持吸取其他高校的有益经验，在探索联合办学的同时，调整和完善学校的人才培养目标与模式。高等学校联合办学是我国高等教育改革中涌现出来的新生事物，是高校之间优势互补，共同发展，增强办学活力的有效途径。华侨大学也积极与国内知名高校开展合作办学，引进先进的教学经验，共享优良的师资条件，力争将人才培养的质量提上去。

在此方面，华侨大学与天津大学联合办学是一个非常典型的例子。天津大学是一所拥有百年历史的殿堂，具备雄厚的师资力量和较高的科研水平，系国家教委直属的全国重点大学。华侨大学和天津大学均为以工科为主的综合性大学，学科性质相近，且两校在不少学科领域素有交流协作的良好基础，为联合办学创造了条件。两校联合办学后，重点是就人才培养和科学研究领域开展全面合作。按照 1995 年底双方签订的协议，天津大学将帮助华侨大学培养高层次专门人才，建设一支高水平的师资队伍。① 天津大学所有博士点专业均向华侨大学开放，支持华侨大学部分青年教师在职申请硕士学位和博士学位，评聘华侨大学学术造诣高的教授为天津大学校外兼职博士生导师；两校发挥各自优势，联合申请、实施国家和福建省重点项目。相互聘任教授进行学术讲座和培养博士生，华侨大学可利用天津大学重点实验室进行开放课题的合作研究；两校联合进行科技开发，共同承揽福建省和境外的横向委托科研项目，并将天津大学成熟的科研成果向福建省和境外推广，迅速转化两校的科研成果。华侨大学为天津大学设立科研信息窗口，提供科研信息，并加强两校间科技信息的交流。

就华侨大学而言，在改革和修订人才培养目标方面，不同系部和学院有着不尽

---

① 王士华：《华侨大学天津大学联合办学协议签定》，《华侨大学报》1995 年 12 月 25 日。

相同的措施和方法，以精密机械工程系[①]为例，该系始终秉持以人才培养为目标的教学原则，并在此基础上修订教学计划。该系1990年初开始对现行的教学计划进一步修订，使之更臻科学化，以利于培养“外向型”“应用型”人才，并为此做了不少有益的探索和改革。首先，该系将公共课、基础课、技术基础课、专业课以及选修课的学时数调配至合适比例，使学生经过四年学习，掌握精密仪器的设计制造方面较深入和扎实的基础知识，作为修订教学计划工作的主要任务，这几类课程的课堂总学时占教学计划总学时的大约85%。在修订工作中，该系着重加强外语教学，基础英语的听说训练适当增加，对专业外语教学提出较高的要求；提倡机电结合，加强强弱电的基本知识以及实验动手能力，大力加强计算机应用的技能训练，以适应工程实际对机电一体化人才日益迫切的需求；政治理论课强调密切联系学生的思想实际，务实求效；重视工程训练，认真加强实践性教学环节，使学生有更多的机会接触生产实际，着重注意学生的工程设计与实验动手能力，以适应毕业生“主要到工业生产第一线工作”的方向。[②]

研究生的人才培养目标和模式同样考验着包括华侨大学在内的中国高等教育机构。1998年全校研究生教育工作会议提出，提高研究生人才培养层次，需要走内涵发展道路，要把工作思路从注重增加硕士点数量的外延式发展转变到注重提高硕士研究生的培养能力和培养质量上，转变到注重已有硕士学位授权点的巩固、充实和提高上，走内涵发展的道路。[③] 上海大学校长、华侨大学名誉教授钱伟长也认为，大学教育的一个重要发展方向，应该是建立有科教创新意识的培养机制。大学教育要改变因循守旧的状况，要使大学教育培养出来的人能够在工作中创新和改革，在实践中探索问题、解决问题。[④]

（二）面向21世纪的人才培养

90年代中后期，面向21世纪培养应用型和外向型人才成为时代对我国高等教育提出的新要求，华侨大学也不例外。基于此，学校在加快实施“九五”计划和2010年远景规划的同时，围绕培养跨世纪优秀人才的目标，致力于培育与之相适应的教学体系。

---

① 1978年，学校设立机械工程系；1984年，更名为精密机械工程系；1996年，更名为机电工程系；2001年，在机电工程系的基础上成立机电及自动化学院。

② 曹越：《精密机械系：以人才培养为目标修订教学计划》，《华侨大学报》1990年6月20日。

③ 张罗应：《全校研究生教育工作会议提出提高人才培养层次走内涵发展道路》，《华侨大学报》1998年4月25日。

④ 钱伟长：《必须建立有科教创新意识的培养机制》，《华侨大学报》1998年11月25日。

华侨大学复办初期是一所工科本科为主理工结合的学校，改革开放以来，学校为主动适应国内外市场经济的需要，发展了一批文科专业，形成以工科为主，包括理、工、文、法、管、艺术等专业的综合性大学。20 世纪 90 年代初，根据海内外市场经济和改革开放的需要，学校不失时机地对专业设置进行了多次调整、改造和更新。推动老专业改造与调整，改变专业内涵。其关键是拓宽专业面，增强适应性，并且做好落实工作，使专业设置从名称改变深入到课程设置和教学内容的变化。诸如，物理学改为应用物理，后改为电气技术；数学改为应用数学，后改为管理信息系统；化学改为应用仪器，最后确定为外贸商品检验专业。一些老专业，甚至生源十分充足的老专业，也增加新的内涵，朝着应用型、复合型的方向转变；中文系自 1994 年开始也把原来以汉语言文学为基础的“中文与秘书”改为“高级秘书与办公室自动化”和“国际新闻与广告”两个专业。[①] 此外，为加强重点学科建设，学校在原有土木、机械两个重点学科的基础上，把办学水平较高、有一定特色的计算机科学、工商管理、电气技术、应用仪器以及建筑学等五个专业也作为重点学科建设。

不仅如此，学校还通过整体优化教学过程来提高学生的适应能力。在 1993 年修订的教学计划的基础上，1995 年学校又进行了一次大规模的调查研究，对课程设置再次进行优化，全面修订了本科专业的教学计划，此后，该计划每两年修订一次。为调动教与学的积极性，学校进一步加强和完善了教学质量的评估考核制度。评估的数据已作为教师职务晋升、教学工作考核以及各种评优工作的重要依据。学校在实行学分制、双学位制、主副修制以及本专业科兼修制等激励学生努力学习的制度外，还实行公费生和自费生交费互转制度。针对生源的特点，学校开展因材施教，加强辅导，在整体上促进了学风和教风的建设。

此外，学校还十分注重加强“三语”教学及实践性教学环节。从 1990 年开始，学校试行本科第一学年主修英语教学体制，取得了立竿见影的效果，国家大学英语四级统考通过率有较大提高。据大学英语考试中心成绩公报统计，主修英语制仅仅推行两年后，在 1992 年 6 月份全国大学英语四六级标准统一考试中，学校 90 级本科生英语四级通过率达到 62.4%，是学校自 83 级参加全国大学英语四级考试以来通过率最高的年级。[②] 1996 年，学校在全国大学英语考试取得好成绩，大学英语四级考试（CET－4）平均通过率为 68.52%，比全国重点院校平均通过率高出 7 个百分点，比全国所有院校平均通过率高出 25 个百分点。此后，学校英语四六级通过率节节攀升，表明学校在实施第一学年主修英语制度后，大学英语教学质量获得明显

---

① 王耀辉：《适应社会需要，调整专业方向》，《华侨大学报》1994 年 12 月 20 日。

② 《华侨大学 90 级本科生全国四级英语统考通过率大幅度提高》，《华侨大学报》1992 年 9 月 25 日。

提高。

进入90年代中后期，随着21世纪即将到来，学校根据21世纪对人才素质的新要求，针对“一校两生”制的特点，启动了“面向21世纪教学内容和课程体系改革”的立项工作，进一步修订教学计划，优化培养过程，调整并明确专业的服务方向，优化学生的知识结构。[①] 与此同时，学校以培养高素质的跨世纪人才为目标，以世界科技发展趋势为导向，按照“调整结构，着重提高，改革体制，优化队伍，增强实力”的发展思路，加大学科建设力度，多渠道增加资金投入，在稳定规模的基础上，积极进行学科结构的调整和内涵改造。按学校学科建设的规划，力争至2010年，有1—2个学科进入国家重点学科行列，硕士点发展到30个，博士点发展到4—5个。[②] 这一较为长远的目标与“九五”计划共同为学校的有序发展指引了方向。

在培养跨世纪人才的目标当中，最为核心的目标是培养创新性人才。这要求教师改变传统的教学方式，开展主体性教学活动，它要求教师将教学活动组织成一个在教师激励和指导下学生自主学习的互动过程。具体而言：①教师和学生都是教学过程中的主体，都是课堂活动的主人；②教师和学生在教学活动中要表明自主性、能动性和创造性；③主体性教学的核心问题是让学生自主学习。[③]

就实施成效而言，在针对跨世纪人才的培养目标的引导下，越来越多的华侨大学教师开始采用互动式、启发式、探讨式的教学方法，教师的教学方式开始由知识传授型向问题研讨型转变，学生的学习方法也开始由被动接受型向主动探究型转变。尽管在短期内这一培养目标和模式难以取得立竿见影的效果，但就长远发展而言，创新式的培养模式更有利于学生和学校的发展。

（三）深化教学改革

1. 教学改革的背景

90年代，中国的经济工作出现了经济体制和经济增长方式的两个根本性转变，在这种新的形势下，中国的教育工作需要解决好两个重要问题，一是教育要全面适应现代化建设对各类人才培养的需要，二是要全面提高办学的质量和效益。随着经济体制从传统的计划经济体制向社会主义市场经济体制转变，经济增长方式从粗放型向集约型转变。高等教育要全面适应这两个根本性转变，就必须从教育体制、结

① 王顺添：《建立面向21世纪教学体系培养应用型外向型人才》，《华侨大学报》1998年3月25日。

② 彭振东：《学校加快实施跨世纪青年素质工程》，《华侨大学报》1996年11月10日。

③ 陈心五：《主体性教学及操作》，《华侨大学报》1999年3月5日。

构、人才培养目标和质量观、人才培养规格和课程体系，以及教学内容和教学手段与方法诸方面进行改革。

90 年代，中国高等教育领域发生了众多变化，其中之一便是 1994 年中国高校招生开始实行并轨制度，[①] 至 1997 年，高校全部实行招生“并轨”政策。招生并轨后，院校的生源数量并没有减少，新生的质量却明显提高，新生中学生干部和三好学生的比例高于往年。由于消除了录取分数差距，有利于学校组织教学和教育质量的提高，同时减少了社会不正之风的干扰，有利于考生公平竞争和高校公平选拔。此外，并轨后，高等教育是非义务教育的观念和合理的收费标准逐渐被社会公众所接受，社会反应比较平静。作为中国高等教育综合性、系统性改革的重要组成部分，招生并轨改革牵动了高等学校收费、教学管理和毕业生就业等多方面的改革，引起了教育界乃至整个社会教育观念的转变。[②]

从注重传授知识到重视传授知识的同时加强能力的培养，是教育观念的巨大进步。90 年代，华侨大学领导层和管理层充分意识到，在制定教育计划、优化课程体系的时候，首先，要重视知识的传授、能力的培养和素质的教育；其次，要弄清楚人才培养的模式，即培养的学生应具有什么样的知识、能力和素质结构。这个前提确定了，课程体系和教学内容的改革才会有方向。对于学校“一校两生”制这种特殊情况，更应该按照知识、能力、素质的综合要求，构建出各具特色的人才培养模式，从而体现出学校的办学特色，并使境内外学生的个性得以充分地发挥。

2. 对教学改革的探索

教学改革是一个牵涉不同层面问题的复杂工程，不同层次的教育、不同院系的教学、不同领域的教学，都面临改革教学方式、更新教学管理、提升教学水平等教学改革的问题。

在深化教学改革，提高教育质量问题上，时任教务处处长郑厚生曾刊文指出，加强教学工作和深化教学改革的根本目的都在于提高教学质量：其一，稳定教学秩序，突出教学工作地位。稳定的教学秩序是保证和提高教学质量的基本条件。各系部的领导和教师，要严格执行教学计划、教学大纲、教学内容和教学环节的安排，按照教师工作规范、开展严密有序高效的教学工作。其二，围绕办学特色，深化教学改革。要根据两个面向的办学方向，按照形成自己办学特色的要求，进一步深化

---

① 我国的招生制度包括招生计划、招生政策、选拔形式、入学考试、录取办法等方面的内容。招生并轨改革属于招生计划形式和录取办法的改革。主要体现在：不再按国家任务招生计划和调节性招生计划（含委托培养和自费生）形式分别划定两条录取分数线（双轨），而是按总的招生计划划定一条分数线（单轨）进行录取，在同一省（自治区、直辖市）实行同一录取标准。

② 《高校明年全部实行招生“并轨”》，《华侨大学报》1996 年 11 月 25 日。

教学改革。其三，严格教学管理，向管理要质量。严格的教学管理是教学质量的重要保障。[①]

从制度层面看，教学改革包括以下几个方面：

第一是教学方法，通常又简称教学法，是指教学活动中方法体系的个别部分，有明显的操作性，就一定意义来说，它是关系到教学成败的重要环节。面对世界新技术革命的挑战，和我国培养“三个面向”人才的需要，教学方法的研究和改革被提上学校日程并居于显著位置。

从国内外教学方法研究和改革的实践看，其大体发展的趋势可概括为以下三个方面：其一是由以教为重心向以学为重心逐渐转移，由传授知识为重心向打好基础，发展智力，培养能力为重心转移，这种教育观念的变化引导着教学方法改革的方向，即注重调动学生的积极性，激发其求知欲，使之在学到知识的同时，更学会独立获取知识的方法。其二，是由单一化发展到多样化。即依据现代教学任务的多面性，教学对象的差异性而采取多种多样的教学方法，这样可以使学生的能力得到全面的锻炼，兴趣爱好得到良好的发展，有利于达到社会所期望的目标。其三，各种教学方法从彼此孤立发展到相互结合。教改实践表明：在辩证法的引导下，克服形而上学的束缚，把各种教学方法结合起来，根据时间、地点和对象的不同而灵活使用，较有效地发挥了整体作用。[②]

第二是教学手段的更新，这也是教学方法改革的重要组成部分，90 年代，随着计算机开始普及，电化教学也随之在教育领域投入使用。电化教学是一种现代化教学手段，是将现代科技成果作为手段在教学领域里的运用，具体来说，就是用电视、电影、录音、幻灯、语言实验室、电脑和卫星等现代化工具，辅助教学活动。由于这些工具大都是视听设备，所以又称这种教学活动为“视听教学”。

诸种现代化教学手段的使用，成为教育现代化的一个重要标志。它对加速发展教育事业，提高教育质量和教学效率都具有重要意义，其中比较突出地体现在四个方面：①减少教学难度。电化教学易使学生理解，化难为易。②便于及时巩固。使用电化教学，教学变得形象生动，便于学生的理解和记忆。③提高教学速度，扩大新知识面。④潜移默化、寓教于乐。

第三是加强实践，这是教学改革的根本。对此，时任法律系副主任朱遂斌曾提道：法律课教学改革必须注重实践。只有实践了，才能吃透理论；只有吃透了，才

---

① 郑厚生：《深化教学改革，提高教育质量：对加强教学工作的一些看法》，《华侨大学报》1995 年 5 月 5 日。

② 晓月：《漫话教学方法改革的发展趋势》，《华侨大学报》1991 年 12 月 31 日。

能讲活课程。法律系十分重视教学改革工作，提出了“教风学风有明显改善、教学质量有明显提高”的教改目标，重申了《关于整顿教学纪律的规定》，出台《关于改进教风学风的若干规定》，并组织教学经验交流会，让教师对自己的教学工作进行总结和改进。[①]

他还进一步指出，法律系本科专业经教育部专业调整后，只剩下法学一个专业。而法学是一个实践性很强的学科。教师不经过实践，不可能将课程讲活，也就达不到培养适合社会要求的合格人才的目标。因此，在教学改革中，法律系将提高教师与学生的实践经验作为工作的重点。不仅邀请一些有实际工作经验的公检法工作人员开展系列法律讲座，还加强与社会的联系，通过选派教师为地方公检法等单位授课，促进教师提高自身素质。此外，在课堂内，法律系要求教师改变满堂灌的教学方式，通过联系实际，课堂讨论，引导学生思考，培养学生的创造性思维和实践能力。在课程建设方面，针对专业的调整，法律系自在90年代末开始制订了新的教学计划。新计划在“增加特色、拓宽基础”的方针指导下，增加了“司法鉴定课”等新课程，并侧重于涉外法、国际经济法等方面。

第四，为帮助各级领导和任课教师了解、分析教学情况，为改进教学、各种教师评优和聘任工作提供比较可靠的数据，学校多次开展学生民主评教。经过反复摸索改进，民主评教具体做法是，每班选派10名认真负责并具有代表性的同学参加评教。评估项目简化为8—10个，而且有多种评估表格，以适应不同性质的课程。在进行数据处理时，教务处十分注意师生个人感情等人为因素对评估客观性影响，分别查算各任课教师各分项的平均得分和总平均得分，继而化为标准分。由于评选教学优秀奖和系级办学水平评估需要对一个系或全校教师评价值进行比较，学校又对上述标准分加以修正，以克服其局限性，从而得到比较切合实际的结果，具有较强的可比性和适用性，目前，这项工作已逐步走向规范化和制度化。1991年下半年开始，学校每学期都进行1—2次个人工作考评，并对考评标准和考评方法进行修改和调整，使之更加完善。[②] 实施结果表明，绝大多数教学单位领导和教师本人愿意接受这种评估方式，认为有助于他们了解教学情况，对推动课程建设和提高教学质量产生了积极的作用。

在教学改革的探索方面，华侨大学不同系部（学院）立足于自身的特点制定进一步细化的培养目标和模式，管理信息科学系就是其中之一。管理信息系统（MIS）是一门新兴的多学科交叉的边缘学科，在信息社会中起着越来越重要的作用。随着

① 徐佳灵：《加强实践是教改的根本》，《华侨大学报》1999年5月25日。

② 杨天华：《华侨大学学生民主评教走向规范化》，《华侨大学报》1991年9月25日。

信息化的进程加速，社会对管理信息系统的优秀人才需求较大。为适应这一需求，该系于1989年将应用数学专业转为管理信息系统专业，经过多年的努力制定了一套既符合国家教委专业设置要求又具有特色的教学大纲和人才培养的目标。与此同时，该系不断深化教改、严抓教风、学风，不断提高教学质量。教研室经常组织教师，研讨教学方法的改进、教学内容的更新和实践环节的完善等教学问题。对本科学生以培养能力为主，教学上不只限于知的传授、单纯的模仿和实践，而着眼于学生全面能力的培养，同时注意培养学生的创新意识，通过教学内容和课堂教学启发学生提高自身综合素质的自觉性。在实验教学方面，该系边实践边摸索，制定了较为完善的实验教学大纲，并编写实验指导书。[①] 在此基础上，统筹安排，精心设计，加强实践教学，对提高学生分析问题、解决问题的能力和实际动手能力都起到了重要作用。在毕业设计环节，该系也非常注意加强对学生系统分析和设计的指导，充分调动学生的创造性思维，在组织管理、选题、答辩以及成绩评定等各方面都严格管理，保障学生走出校门时是一位具有创造性的合格毕业生。

二　本科生教育

本科教育是高等教育的主体，高层次人才通常都要在本科教育中发现和培养。改革开放以后，中国高等教育对人才培养提出了更高的要求，这就要求华侨大学与时俱进，调整本科生的培养模式并落实到课程体系、教学计划和教学管理等方面。

（一）建设和改革课程体系

1. 课程建设的任务

课程体系与课程设置是教学改革的基础环节，也是最为精细化和与时俱进的改革领域。早在1988年，学校便提出以加强课程建设，提高人才培养质量为核心的深化教改的基本思想，明确了课程建设的主要任务：制定各种教学指导文件；搞好教材建设和其他教学资料建设；加强对课程各教学环节的要求，建立相应的制度；深入开展教学内容与方法的改革，加强教学研究和科学研究。

经过多年的实践，到90年代初，学校课程建设初见成效，这主要表现在：①调动了广大教师的积极性，不断优化课程内容体系，改革教学内容，改进教学方法；②教学质量明显提高，第一学年主修英语教学体制的实施，使全校学生英语水平得

---

① 彭霈：《培养面向21世纪管理信息系统优秀人才（一）》，《华侨大学报》1997年5月25日；彭霈：《培养面向21世纪管理信息系统优秀人才（二）》，《华侨大学报》1997年6月10日。

到大幅度提高。③促进了课程的深化改革，取得可喜成绩。④促进了教材、实验室和实习基地的建设。⑤探索了课程建设和评估，积累了一定的经验，经过反复讨论、实际操作及多次修改，建立了一套比较适合学校实际情况的评估指标体系。

1991 年 1 月 8 日，时任校长陈觉万在华侨大学第二届教职工代表大会第一次会议上发表题为《深化改革，提高质量，努力把学校办出特色的、办出水平》的报告。[①] 在教学改革方面，陈觉万校长指出：

教学方面的改革在前几年的基础上继续深化。机械工程、土木工程两个重点学科的建设和电脑系、精密机械工程系两个综合改革试点系的工作，继续走在全校的前列。管理信息科学、电气技术两个改向的新专业已经走上轨道。“三语”教学进一步加强，一年来，教学改革又跨出新的步伐，有了新的突破，开始实行第一学年主修英语制。在经过一段时间的酝酿和论证之后，校务委员会决定逐步在全校实行第一学年主修英语制，并开始在工商系、电脑系 90 级率先实行。这是学校深化教改、办出特色的一个重要步骤。

加强学科建设和评估优秀课程，在专业方向基本稳定的基础上，学校决定将七门公共基础课（即高等数学、普通物理、普通物理实验、大学英语、大学语文、计算机语言、中国革命史）作为首批校级重点建设课程，加以扶植。高等数学、中国革命史、机械制造工艺等三门课程被评为首届校级优秀课程，推动了课程的建设。

加强实践性教学环节。各系科专业普遍增加了实践环节的学时。电脑系增加了十门实践性较强的课程。电子系创设了实习工场。文科专业也加强了社会实践，旅游系安排学生分赴全国各地宾馆、饭店进行为期五个月的实习。法律系也组织学生到有关省市的法院现场实习。工商系还安排学生到香港实习。

实现高层次办学，主要应体现在人才的培养规格上有较高的要求，应努力培养具有现代化、国际化意识和才华的各种优秀专业人才。这样的人才必须具备良好的思想品德和心理素质。知识结构比较宽厚，并有一技之长，有较强的实际工作能力，包括思维能力、管理能力、社交能力等。懂得国际政治、经济基本知识和相关国家的国情，熟练地掌握一门外语，学校的深化教改，应朝着这个目标努力。

2. 面向 21 世纪的教改计划

随着我国经济体制改革的不断深入，社会对人才的需求发生了根本的变化，高等教育不但要去适应这种变化，而且应该站在 21 世纪的高度，面对现代科学技术发展的趋势和特点，在借鉴世界各国开展高等教育教学内容改革成功经验的基础上，

① 陈觉万：《深化改革，提高质量，努力把学校办出特色、办出水平》，《华侨大学报》1991 年 1 月 15 日。

深入地思考中国高等教育需要培养的人才类型。[①] 为此，国家教委于1995年推出并组织实施了“面向21世纪教学内容和课程改革计划”。这是一项站在21世纪的高度，面对现代科学技术发展的趋势和特点，推动我国高等教育的教学内容和课程体系改革的重要工程。随后，福建省教委也决定组织实施“高等教育面向21世纪教学内容和课程体系改革计划”的立项工作，使福建省高等教育在专业体系、课程体系、教学内容体系及人才培养目标、模式和方法方面有较大的改革，全面提高教育质量，以适应21世纪经济社会发展对人才的需求。[②]

在此背景下，1996年6月，全国高教教材建设研讨会在华侨大学举行。来自北京大学、清华大学、中国科大、复旦大学、上海交大以及华侨大学等我国60多所高等院校的专家学者参加了研讨。会议以“抓住核心和根本，组织研究和交流，为培养21世纪人才推进高教教学改革及推进教材建设”为主题展开研讨，着重交流和探讨了面向21世纪课程体系改革及教材建设方面的学术观点和工作经验。[③] 与会者一致认为，面临当前国民经济转轨、各种竞争激烈、教育改革深入的新形势，要以培养21世纪新型人才而提高教学质量，加强教材建设为新任务，并以此为核心和根本，深入开展教学改革和教材建设方面的学术研究和工作交流，为教育部门提供决策依据。

为响应国家教委的政策，加快实施面向21世纪的教学内容和课程体系改革计划，学校于1997年确定了34个项目作为首批重点扶持研究课题，每项资助力度为3000元，并实行滚动式管理，获首批资助的项目均为人才培养、人才素质结构、课程整体优化、专业方向、课程教学内容以及教学手段等方面的研究课题，尤以受益面大、有着广泛影响的基础课及计算机辅助教学与设计的改革为重点。同年，吴承业书记在教学工作会议上发表题为《维持规模，优化结构，严格管理》的重要讲话。他提出，教学工作在高等学校工作中居于中心工作的地位，教学质量是学校的生命线，在多层次的办学形式中，本科教育是基本形式，是基础和前提。

3. 推进学科建设

为深入推动学校课程建设，学校每两年组织开展一次重点建设课程评估工作，并配套出台《课程建设的评估标准和评定办法》，组织专家组对申请参加评估的重点建设课程进行评估。评估结果分优秀、合格和不合格三级，成绩优秀者，列为学校优秀课程，由学校给予相应奖励。1990年，《高等数学》《中国革命史》《机制工

---

① 张云波：《抓住机遇面向未来进一步深化教学改革》，《华侨大学报》1998年6月25日。

② 刘斌：《面向21世纪，学校加快实施教学内容和课程体系改革计划》，《华侨大学报》1997年10月10日。

③ 《研讨面向21世纪高教课程体系》，《华侨大学报》1996年6月10日。

艺》等3门课程获评华侨大学首批优秀课程。此后每两年都会有一批课程被评为校级优秀课程。不仅如此，学校还设立了“课程建设基金”，资助和扶持校系两级重点课程建设。到1999年，学校加大了优秀课程建设力度，共核准了48门课程为1999年校优秀课程建设立项项目，并为每个立项项目资助经费3000元。

由于始终贯彻“稳定规模、优化结构、严格管理、提高质量”的宗旨，强调本科生教育的基础和前提地位，全力以赴办好本科教育，学校在90年代中后期取得了一些有目共睹的成就。诸如，《砼结构与砌结构》等多门课程被评为省级优秀，多项教学成果获省表彰；仅1997年全年，就完成第一、第二批教学研究55个课题的立项，投入专项经费20万元并进行了中期检查，取消了14门公共课程的补考；进一步加强“三语”教学，实现了大学英语和计算机教学的教考分离，设立了全国计算机等级考试华侨大学考点；等等。[①] 2000年初，学校旅游饭店管理学被评为省级优秀课程，这是该课程组成员经过不断调整和完善教学体系后取得的成果。该课程组成员总结认为，在课程建设过程中，要注重教学文件的建设与完善；配合教学内容建设教材；注重教学实验设施的建设与完备；建立与完善教学管理制度；不断提高师资队伍的素质；加强教学改革的规划与实践。具备了以上这些措施的条件，课程体系的建设就会取得良好的效果。

随着教学改革的深化和学科建设的加强，学校的办学综合实力也日益增强。学校知名度扩大，生源充足，生源质量也大幅度提高。1990年，全校共录取本专科新生666人（本科580人，专科86人），硕士研究生10人，夜大学生68人，预科生55人。1999年，全校在校生总数达到10177人，详见表3-5。到2000年时，学校招生规模超过了3000人，共招收全日制本科生1800人，预科生165人，其中境外生多达435人。报考华侨大学一时成了热门，显示了学校已经拥有较好的知名度和吸引力。毕业生就业渠道明显拓宽，也为学校在21世纪的发展开创了有利条件。

表3-5　1999年华侨大学各类在校生情况

单位：人

学生类别		学生数合计	研究生	本专科生	预科生	华文教育	成人教育				
							夜大学	函授	全日制脱产班	自考助学班	进修生
毕业生数	总数	3238	44	1063	116	399	446	0	130	0	1040
	境外生	617	0	174	44	399	0	0	0	0	

① 张罗应：《深化教学改革，推进学科建设，学校办学水平显著提高》，《华侨大学报》1998年2月25日。

续表

<table>
<tr><th colspan="2" rowspan="2">学生类别</th><th rowspan="2">学生数合计</th><th rowspan="2">研究生</th><th rowspan="2">本专科生</th><th rowspan="2">预科生</th><th rowspan="2">华文教育</th><th colspan="5">成人教育</th></tr>
<tr><th>夜大学</th><th>函授</th><th>全日制脱产班</th><th>自考助学班</th><th>进修生</th></tr>
<tr><td rowspan="2">招生数</td><td>总数</td><td>4339</td><td>121</td><td>2317</td><td>153</td><td>593</td><td>430</td><td>120</td><td>270</td><td>215</td><td>120</td></tr>
<tr><td>境外生</td><td>974</td><td>65</td><td>185</td><td>54</td><td>593</td><td>0</td><td>77</td><td>0</td><td>0</td><td>0</td></tr>
<tr><td rowspan="2">在校生数</td><td>总数</td><td>10177</td><td>296</td><td>5675</td><td>153</td><td>498</td><td>1708</td><td>152</td><td>410</td><td>215</td><td>1070</td></tr>
<tr><td>境外生</td><td>1543</td><td>153</td><td>701</td><td>54</td><td>498</td><td>0</td><td>137</td><td>0</td><td>0</td><td>0</td></tr>
</table>

资料来源：华侨大学校史编写组编《华侨大学四十年（1960—2000）》，2000，第 215 页。

然而，教学改革是一项复杂的系统工程，其核心是培养具有创造精神的人才，正如著名教育家刘佛年教授所言，教改要有利于培养创造性人才，[①] 它无法一蹴而就，也不可能一劳永逸。因此，尽管华侨大学在教学改革方面取得了一些成绩，但就创造性教育来说还远远不够，在此基础上，持续地改革课程体系和修订教学计划就显得尤为重要。

（二）修订教学计划

90 年代，学校在本科生教学改革方面始终与时俱进，根据社会需求和时代发展修订了最新的教学计划，并提出了跨世纪教学改革发展的目标。

1. 修订境内生教学计划

在境内生教学计划的修订中，最为突出和重要的有学分制、主修英语制、选课制和导师制、双学位制和主辅修制以及本专科兼修制。

（1）学分制

根据学校办学特色和海外、港澳台学生特点和就业需要，在总结实行学年制教学管理实践经验的基础上，学校从 1992 级境外生开始实行学分制的教学管理，取消学年制和留级制。以本科和专科规定的毕业学分为基本要求，修满规定学分、成绩优异的学生可以提前毕业；学习基础较差、未修满规定学分的学生可以延长学习年限。实行学分制后，学校开设了 60 门校定任选课，有文学艺术类、经管法律类、社会科学类和理工类，这些课程均以实用性而深受境外生的欢迎。[②]

1992 年下半年，学校开始对港澳台侨生实行全学分制教学管理，获得良好反响，很多学生认为，全学分制比过去实行的学年学分制更适合他们的特点和就业

① 张言：《教改要有利于培养创造性人才》，《华侨大学报》1999 年 3 月 25 日。

② 华侨大学校史编写组编《华侨大学五十年（1960—2010）》，2010，第 113 页。

需要。他们认为，全学分制既给学习上有困难的学生留下弥补不足的较大余地，同时又给学有余力的学生提供了超前毕业的机会，这种管理方法富于灵活性，即使是那些入学基础稍差的学生，在学习过程中也可以挖掘学习潜力，取得较好的学习成绩。

为适应市场经济体制改革，1993 年，学校开始对 93 级本科新生全面实行学分制，为此修订了各专业教学计划，并制定了学分制的管理办法。主要思路是：调整和完善层次结构、专业结构和调准专业方向；整体优化教学过程，提高培养人才的质量；重新修订适应完全学分制的专业教学计划和管理办法。[①] 随后，针对实行全学分制的情况，学校调整了学籍管理办法，旨在保证全学分制改革的顺利实施。[②]

当年 9 月，学校从当学年入学的海内外学生开始实行完全学分制学籍管理。为保证这一深化教改重要举措的顺利实施，教务处出台了《华侨大学学分制学籍管理办法》（以下简称《办法》）。《办法》共 15 项 70 条，对学分制学籍管理诸方面内容作了明确规定。根据《办法》，校定必修课、系定必修课、限制性选修课和任选课的学分分别占总分的 40%、30%、20%、10%。四年制本科最低毕业学分为 165—185 学分，五年制本科最低毕业学分为 200—230 学分。各系具体的最低毕业学分值，由各系在教学计划中明确规定。考试和考查均采用五级记分制，同时换算为相应的绩点。经教务处和进修学院批准，学生选修进修学院如进修班或夜大学所开设的课程，成绩合格，同样可以获得学分。学生德育和体育合格，修完教学计划规定的课程，同时修满规定毕业学分者，准予毕业，发给毕业证书；思想品德良好，大学英语成绩达规定要求，总平均学分绩点超过 2.5，参加省级以上计算机水平测试达到规定要求，体育锻炼达标者授予学士学位。

《办法》还规定，在国外、港澳地区、台湾正规大学肄业的华侨、港澳、台湾、外籍华人学生，要求来校插班者，应将原校学历证明和学习成绩单寄学校教务处，经接受系的系主任审查合格，由教务处批准，发给插班生入学通知书。此后，学校又在此基础上加强了考试管理。其中，学分制的考试过程与学年制的考试在阅卷的对象组织形式上有所不同。学分制阅卷是按选课课堂为阅卷单位，完全打破了过去学年制的自然班形式，可能避免了本系教师阅本系学生试卷的现象，避免了授课教师直接阅自己所教学生的试卷。课程的最终考试成绩按平时成绩与期末考试成绩以适当比例计算得出。[③]

① 杨天华：《学校今秋将对全校学生实行完全学分制》，《华侨大学报》1993 年 5 月 20 日。
② 曹越：《教务处出台学分制学籍管理办法》，《华侨大学报》1993 年 9 月 25 日。
③ 曹越：《加强学分制条件下的考试管理》，《华侨大学报》2000 年 1 月 15 日。

（2）主修英语制

从学校层面看，修订教学计划并取得成效的突出案例之一是推行主修英语制。鉴于海内外教育界有识人士和用人单位都期望学校毕业生能具有较高的英语水平，自 1990 年开始，学校开始试行本科第一学年主修英语的教学计划，逐步在全校范围内实行本科第一学年主修英语的教学计划。具体而言，第一学年，每周安排大学英语 18 节，同时安排体育、计算机语言等其他课程，通过一年学习后，要求大部分同学通过大学英语四级考试，毕业时仍未通过者不予毕业或不授予学士学位。第二学年，按学院（或相近系科）安排科技英语、或经济管理基础英语、或社会科学基础英语，由本学院或本系的教师教授，也可聘请外籍教师任课。第三、四学年，鼓励有条件的课程采用英文版的教材或采用英语讲课。每学期至少有一门专业课，或专业基础课采用英文版的教材及用英语或双语授课。使用英文试卷，要求用英文答卷。鼓励学生用英文完成作业，毕业设计（论文）要求用英文书写，至少也要用英文写出详细摘要，作为毕业设计（论文）获得通过的必要条件。

学校在工商系 90 级和电脑系 90 级实施第一学年主修英语制后，发现这种新的教学体制大幅提高了学生的英语听说读写和综合能力，首届主修英语学生大学英语四级考试通过率达 91.07%，高出全校通过率三十几个百分点。为此，学校还通过精心修订教学计划、举办英语教师提高班和口语班、系领导亲自抓主修英语班工作、精选英文原版教材等十项措施，确保第一年主修英语制顺利实施。1992 年 9 月，学校继续扩大主修英语制试点，增加旅游系和法律系两个试点单位。1994 年 9 月，全校本科 16 个专业全部实行第一学年主修英语制。[①] 推行主修英语制后，学校本科生大学英语四级考试通过率大幅度提高，学生的英语综合能力也得到提升，这些都证实主修英语制的改革是有效的。

（3）选课制和导师制

选课制和导师制是基于学分制的配套教学管理模式。实行选课制需要满足四个前提，即自主选择课程、自主选择教师、自主选择专业以及自主选择学习进程。选课制有助于发挥教师的主动性、积极性，发挥学校的综合优势，有利于充分利用学校教育资源。导师制也是实行学分制的关键环节，学分制对教师的知识结构、业务能力、思想水平、道德素养以及综合素质等提出了更高的要求。通过发挥学生选课的自主性和导师的主导作用，选课制和导师制作为学分制的先决条件和关键环节，共同推动了学校教学管理模式的完善。

---

① 华侨大学校史编写组编《华侨大学五十年（1960—2010）》，2010，第 114 页。

（4）双学位制和主辅修制

为调动学习成绩优良学生的学习积极性，培养复合型人才，学校在总结前几年实行双学位制的基础上，继续试行跨学科大类的双学位制和主辅修制。如工科加管理，工科加理科，工科加外语，工科加文科，文科加管理等。对修读第二学位的条件、应修课程、最低学分要求、实践环节的最低学分要求等进一步做了明确规定。从 1993 级新生开始，扩大辅修范围，开出了计算机、外语、工商管理等辅修班级，解决了多年来因排课冲突而辅修难的问题。①

此外，学习成绩较好、学有余力的学生，如前两年的学习成绩平均学分绩点达到或超过 3.5，可以申请修读另一个专业作为副修专业。本科学生前两年平均学分绩点达到或超过 4.3 者，可以申请修读第二学士学位，已在学校取得学士学位或其他学校取得学士学位的华侨、港澳、台湾及外籍华人学生，如成绩在中等以上，也可以申请修读第二学位。

（5）本专科兼修制

从 1993 年开始，学校夜大学向本科生开放，凡本科学习成绩优良的二年级学生，经审查批准后，可以利用晚上及星期天，在夜大学部跟班学习有关专科专业。凡修完规定课程，成绩合格者，毕业时发给专科毕业证书。1993 年，夜大学中文秘书班率先允许理工科同学参加学习。

2. 修订境外生教学计划

当然，鉴于学校“一校两生”的特殊校情，教学计划的修订也与境外生群体息息相关。其中，境外生思想道德教育课程体系建设与改革是一个比较典型的例子。一般认为，对境外生的思想道德教育可以通过不同的途径和形式。在一校两生制的条件下，境外生的思想道德教育以及课程体系的建设与改革政策性强、难度大、要求高。经过多年的实践，学校根据境外生的特点，设置与此目的相关的人文社会科学系列课程应是较佳的实现形式，这也是对境外生进行思想道德教育的主渠道。当然，该课程体系的设置要随着国内国际政治经济形势的变化以及境外生数量和构成的变化而进行相应调整。学校从复办初的境外生与境内生“两课”并为“一课”，即人文社会科学系列课的变化，充分体现了对境外生的思想道德教育问题在认识与实践上均经历了一个不断深化的过程。

当然，关于境外生的思想道德教育及课程体系建设与改革，学校充分重视和特别强调以下三点：

---

① 华侨大学校史编写组编《华侨大学五十年（1960—2010）》，2010，第 113 页。

第一，加强共同点，淡化差异点。由于境外生来自不同国家和地区，是一个在生活环境、文化素养、价值观念等方面有较大差异性的群体，因此，在课程体系的设置乃至内容的编排上要尽力寻求共同点，努力淡化差异点，以最大限度地得到境外生认同与接受，从而达到较好的效果。根据目前境外生的构成，总体上提出认同祖国、认同中华传统文化是基本可行的。但对于来自港澳台和来自东南亚等国家和地区的学生应有所区别。对于前者，不能仅停留于对中华传统文化的认同，应该而且必须强调对祖国的认同意识，强调对祖国统一大业的拥护；而对于后者，因绝大部分已加入所在国国籍，所以不宜简单提出对中国的国家认同，较恰当的是强调对中华民族文化的认同。进行中华优秀传统文化教育应是各类境外生均可接受的共同点，由此切入，将会收到较好的效果。因此，在课程体系设计中，中华传统文化的教育应处于突出位置，而几年来的实践也是基于这一点认识。此外，在教材内容的选编、材料的筛选、观点的取舍均应注意境外学生原有的思想意识形态基础，努力寻求并加强共性。

第二，坚持历史与现实的统一。中华民族是一个有着深厚文化积淀的民族，进行中华民族优秀的历史文化传统教育不仅使来自境外的学生对博大精深的中华传统文化有基本的了解，从中汲取养分，提高自己的人文素养，而且有助于他们形成和加强自身为中华民族之一员的历史责任感和自豪感，强化对中华民族传统文化的认同意识，激发对祖国的热爱与眷恋之情。另一方面，由于我们对境外生的思想道德教育是在现实的时空条件下进行的，因此，必须努力体现这种教育的时代特征，无论是在课程的设计还是内容的编撰上均应注意历史与现实的统一，努力使境外生的思想道德教育课既有凝重的历史感又有浓烈的现代气息。

第三，注意系统性、规范性，防止零散化、随意性。境外生的思想道德教育课程应该作为一个系统来加以建设与完善，构成这一系统的各门课程固然有自己的特有内涵、逻辑结构和发展线索，但必须注意体现各门课程之间的一种内在联系，这一内在联系是贯穿始终的一条主线，即体现热爱祖国和认同中华优秀传统文化的教育。各门课程应该分别从不同的角度和层面上，互相补充、互相映衬，共同来体现这一主线，从而实现教育的功能。诸如《中国文化概论》《当代中国经济》《中国对外关系与当代国际关系》，就是围绕这条主线而做出的一种探索。这些课程的设计，既体现了历史性又突出了鲜明的时代感，既包含政治、经济、外交层面，也包含文化心理、思维方式层面，力图多方位多层面地对境外生进行以热爱祖国和认同中华优秀传统文化教育为主线的思想道德教育。

3. 改革教学实习模式

除了修订以上这些教学计划外，学校还对教学实习进行了改革。教学实习是教学计划中的一个重要环节，是理论联系实际，培养学生综合能力的重要教学活动。90年代，教学实习受到了社会上企业体制转轨和高校内部教学改革的双重影响。华侨大学是一所以工科为主的综合性大学，在适应市场经济的过程中，为提高教学实习的效率和质量，采取了许多积极的措施，如在校内外建立起相对稳定的实习基地，采取或集中或分散的形式，组织认识实习、生产实习及毕业实习等，积累了不少经验，取得了一定成果，但还需进一步完善和提高，才能适应教育规律和社会发展的需要。①

为此学校提出，必须重点围绕教学实习质量的提高、探索出新形势下的新的教学实习模式。要根据不同专业的特点，以集中实习为主，其他方式并存，要多建立校内外实习基地，以稳定教学实习，并与有关企业挂钩，利用学生的专业技能建立有偿服务和实习模式，要对正在兴起的仿真实习模式予以关注和研究。最重要的是，以经济建设为中心，加强教学实习的管理，进一步搞好调研，探索出适应市场经济发展的教学实习新模式，切实促进学校教学实习质量的提高。

4. 跨世纪教学改革

90年代中后期，在前期修订教学计划的基础上，学校进一步提出了跨世纪教学改革发展的目标：各院、系、部要在3—5年内分批达到教学工作优秀标准，全校要在5年内达到国家教学工作优秀标准，成为教学工作优秀学校。为实现这一跨世纪教学改革发展目标，必须改革人才培养模式，修订各专业教学计划，对学生知识、能力、素质结构进行重新设计与调整。全校教学工作会议召开后，学校对原有教学计划作了认真总结分析，并根据学科专业教育发展的新形势，结合学校的实际现状，从保留优势、弥补不足、适应发展、面向21世纪的目标出发，对学校现行的教学计划，又进行一次全面修订。②

此次修订明确了教学计划必须坚持的基本原则、应修改的主要内容、争取达到的主要目标：即一是根据教育部新修订专业目录的要求，坚持知识、能力、素质协调发展、共同提高的原则。按照新的人才培养模式，对学生知识、能力、素质结构进行重新设计调整。二是要坚持拓宽专业口径、增强适应性原则。要拓宽基础，改变专业教学内容偏窄、偏专的倾向；课程设计要打破以往按校定必修课、系定必修课、系定限制性选修课和任选课的课程分类模式，采用公共基础课、专业基础课、专业课和选修课的分类模式设置课程。各专业应根据需要与可能，适当减少专业课

① 王顺添：《适应市场经济发展，探索教学实习模式》，《华侨大学报》1998年4月10日。

② 《全校教学工作会议提出跨世纪教学改革基本思路》，《华侨大学报》1998年12月15日。

所占的学时比例，可以从20%减少至10%左右，以扩大选修课。[①] 三是要坚持课程体系设计和教学内容改革相协调原则。这次修订的教学计划应尽可能地吸收教育部所部署的“面向21世纪教学内容和课程体系改革”研究课题的研究成果。对原有课程体系进行改革，考虑增设、合并和删除一些课程。通过课程重组，改革教育内容划分过细、课程过分强调自身系统性和完整性等问题，构建紧密配合、有机联系的新课程体系，以体现学校办学宗旨和扩大境外招生及毕业生就业的需要，反映华侨大学的办学特色。四是既要坚持加强“三语”教学，又保持课程安排的科学性、系统性原则。贯彻这一原则的关键是在改革原教学计划“1+3”的课程安排的同时，继续保持大学英语四六级考试和计算机等级考试的较高通过率。1997年曾试行取消“1+3”主修英语的教学计划，恢复以往安排用2年的时间修完1—4级的英语课程，基本保持每学期修完一级，总学时安排为内地学生342学时，境外学生390学时；计算机课程教学在教学时数上亦没有特殊追加。通过改革两门课程的教学内容和教学方法，仍然保持了良好的教学效果。[②]

经过一系列对教学计划的修订、对教学实习模式的调整以及对跨世纪教学改革的探索，到90年代末，学校的本科生教育取得了长足的发展。就修订教学计划而言，不少系部和学院都提供了较为成功的案例。

以计算机科学系为例，该系一直紧跟计算机技术的发展步伐，贯彻培养学生的创新精神和实践能力的教学培养目标。尤其值得一提的是，1999年，该系在汲取新老教师教学经验，参考其他院校改革措施的基础上，出台了“99教学计划初稿”。新修订的教学计划力争与国际接轨，更新了一些教学内容，增加了新课程，如淘汰了basic语言、pascal语言等，并将C语言由原来的选修课语言上升为主导语言，同时预见到Java语言会取代C语言，将其放到选修课中讲授。另外，该系还增加了互联网、多媒体技术、程序设计技术等新课程。在新修订的教学计划中，计算机科学系也制订了有关措施，力图改变教学质量滑坡的现象。对教师，该系提出要改进教学方法和教学手段，重视对辅助教学的研究，同时鼓励教师尽量多使用多媒体等现代教学手段和工具。对学生，该系则重视毕业设计这一环节，组织教师进行中期、末期检查，严格把好最后一关，以使学生能综合灵活地将四年所学知识运用到毕业设计中。

---

① 郭亨群：《改革人才培养模式，做好修订教学计划工作》，《华侨大学报》1998年12月5日。

② 华侨大学校史编写组编《华侨大学五十年（1960—2010）》，2010，第112页。

（三）加强教学管理

高校教学质量保障体系是由目标体系、学校内部教学质量保障体系、学校外部教育质量监督体系与运用现代教育评估方法等组成。从高校内部来说，教学质量保障系统的构成包括教学决策体系、决策辅助系统、教学指挥系统、教学评价和诊断系统、反馈系统、宣传教育系统和仲裁系统。[①] 其中，良好的教学管理系统和较高的管理水平对提升整体教学质量有着无法替代的重要作用。

1. 征求改善教学管理的意见

在改善教学管理方面，学校积极征求教师的意见，以改进学校的管理工作。例如，1991 年 6 月，应聘来华侨大学任课的十三位外籍老师，受邀参加座谈会，就如何进一步改进完善学校的教学管理，提了一些意见和建议。他们在认真参加教学评估的时候，对学校目前的外语教学提了一些建设性的意见，对我们学校如何进一步加强管理、优化环境，有很大作用。有些外籍教师提出，系教研室负责人对于新来的外籍教师指导不够，工作要求不够明确，布置任务没有详加说明，课程变动常没事先征求意见，中国教师和外籍教师接触机会太少，学生参加劳动课不通知外籍教师参加，是不应该的。

总体而言，他们热切希望有更多机会同师生接触，互相交流经验，共同提高教学水平，以适应华侨大学教学改革的进程。此外，外籍教师还反映部分教材知识老化，建议有的课程可以使用外籍教师用过的复印材料，系里在新教师接受任务时，要先向他们介绍上学期的接课情况，以免重复等。对后勤工作大部分外籍老师是满意的，但对学校特别照顾专家楼的做法有所反感，还建议多组织外出旅游，希望每个房间配备电话等。外籍老师诚恳地希望学校领导对他们的教学提出建议、意见，包括批评和表扬，坦诚相见，以更好完成他们的教学任务。[②]

2. 系级办学水平评估

学校“八五计划”制订和实施后，学校教学改革得到深化。但如何进一步提高教学质量，向更高层次和更高水平发展仍然是一项紧迫的任务。在教学管理方面，为了充分掌握问题与不足，1991 年 3 月，学校开展了建校以来首次全校性系级办学水平评估活动。评估指标多达数百项，聘请了数十位专家，成立了教学工作评估评审委员会，负责系级教学工作的评估评审。此次评估将评价结果设为 A、B、C、D 四个等级，其中 4 个单位获 A 级，7 个单位为获 B 级，5 个单位获 C 级，3 个单位获

---

① 池进：《加强教学管理提高教学质量》，《华侨大学报》1998 年 10 月 25 日。

② 宗文：《征求外籍教师意见建议，改进完善学校管理工作》，《华侨大学报》1991 年 7 月 1 日。

D 级。通过评估全面摸清了各系的基本情况。评估数据为各级领导的决策提供了科学依据。

首次开展的系级办学水平评估工作开启后，在校领导的直接关注与指导下，校评估评审委员会采取“分块分专题”，即分理工科系、文科系和四个教学部等三大块，教学、科研、师资建设、学生工作及领导班子建设等四个专题进行评估，组织相应的专家组。按工作计划，首先对电脑系、精密机械系、工商管理系三个先行系进行评估试点，在取得初步经验的基础上，再在全校铺开。四个专家组分别深入三大块中的有关系（部）听取自评汇报，查阅有关材料、文件等，召开学生座谈会，做到多方位多角度透视各系部的办学情况，评价值力求客观公正，其中电脑系、精机系、土木系、电气系等四个单位为 A 级。教学、科研、师资建设，学生工作、思想工作和领导班子建设各单项评价值列前三位的分别是：精机系、土木系、化学系；电气系、化工系、电子系；土木系、精机系、信息系；旅游系、土木系、精机系；电脑系、土木系、社科部。[①]

从评估情况和评价值看，教学工作，学生工作、思想工作和领导班子建设三项工作成绩比较突出，各系（部）均有较高评价值，科研工作除个别系，理工科系相对较强外，文科系及教学部则显得较薄弱，师资建设的情况大体上也是这样。校评估评审委员会在对此次系级办学水平评估工作进行总结时认为，此次评估价值总结果符合学校目前的实际情况，虽然各单位的工作进展不一致，但从总体上看，学校办学条件比几年前有较大改善，办学水平也有明显提高。

1998 年底，学校再次开展了系级教学管理评估工作。根据评估结果，学校授予 6 个获奖单位“华侨大学教学管理优秀单位”称号，并拨款作为教学建设基金。1997 年，学校在教务处设立了教学质量管理科。教学质量管理科成立后，建立完善了各项教学管理规章制度和教学质量保障体系；通过建立健全听课制度、规范学生民主评教、制定上课纪律检查和考勤制度、制定教学纪律检查计划表、坚持期中教学检查和期末考试巡视、设立试卷库和抽查试卷等一系列工作，检查和监控教学过程的各个环节，为提高教学质量提供了制度保障。到 90 年代末，学校教学质量管理基本实现了制度化、目标化以及过程化，虽然仍然存在很多问题，但已经逐步形成了适合学校特点的教学研究新格局。[②]

3. 提高教学质量

为了保障教学质量，1991 年学校教务处提出了五项措施，加强教学管理。[③] 其

---

① 曹越：《华侨大学系级办学水平评估工作结束》，《华侨大学报》1992 年 4 月 17 日。

② 具体内容参见黄幼川《加强教学质量管理的实践与思考》，《华侨大学报》1999 年 9 月 5 日。

③ 兰生：《教务处采取五项措施加强教学管理》，《华侨大学报》1991 年 12 月 31 日。

一，聘请教学信息员，广泛收集和征求同学对教学工作以及教风、学风、系风建设工作的意见和建议，及时反馈学生在教学、考试和实践等环节的情况，为各级领导和任课教师了解和分析教学情况，深化教改提供参考。其二，制定《排课调整新规定》逐步改进并完善相应的程序及方法，以利于稳定教学秩序，保证教学工作有条不紊地进行，防止出现教学事故。其三，建立课堂检查制度。教务处针对个别教师随便停课、调课，随意提早下课等现象，印制《华侨大学教师教学事故登记卡》，对发生的教学事故进行登记入卡，并不定期组织教学检查，对发现有出现教学事故的教师，督促其改正。其四，聘请部分责任心较强，有丰富教学经验的离退休教师担任教学管理巡视员，负责检查课堂教学情况，巡视考场，主持学生民主评教等活动。其五，结合正在进行中的系级办学水平评估工作，开展全校性民主评教，把学生评教结果作为教师各种评优的依据。通过以上一系列措施，诸多此前一直存在的教学管理方面的缺陷得到弥补，在一定程度上推动了学校教学质量的稳步提升。

教学质量是一个综合指标，影响它的因素是多方面的，既有校内因素，又有校外因素，既有主观因素，也有客观因素。就学校内部来看，影响质量的因素主要有教师的水平（包括业务水平、教学方法、教学态度和思想作风等）、学生的素质（包括入学基础、智能水平、思想水平和学习方法等）、教学条件（包括教学环境、实验设备、教材、图书资料和教学设施等）以及教学管理水平。要提高教学质量，就必须有针对性地控制以上这几大因素，尤其应在树立“全面质量管理”的同时，抓好相应的工作，例如：制订明确可行的教学质量标准；建立完整科学的教学质量管理制度；督促教师和教学管理人员积极进行教育和教学研究，探索教学规律等，以保证在教学过程中能够达到各项教学要求和实现培养的目标，最终使高校办学的社会效益得以充分提高；等等。

在教学管理方面，学校始终坚持改革创新，与时俱进。1999 年 4 月 16—17 日，学校召开第三届第二次教职工代表大会。会议期间，庄善裕校长指出，围绕学校“办出特色、办出水平”的总目标，学校继续在专业结构、教学制度、课程设置、教学内容与方法以及教学管理等方面进行改革，努力提高教学质量，取得了新的成效。他指出，要发挥学校工程学科的优势，坚持以工科为主、理工结合、政经法文综合发展的方向，形成以本科为主、研究生教育相结合、适度发展专科教育和成人教育的大格局。①

① 《三届二次教代会隆重举行》，《华侨大学报》1999 年 4 月 25 日。

图 3-10　华侨大学第三届第二次教职工代表大会

三　研究生教育

研究生教育是学校高层次人才培养的重要组成部分，是学校核心竞争力的重要标志之一。"注重人才交流，提高培养质量"已成为世界研究生教育发展的新趋势。华侨大学在开展研究生教学改革之前，也充分参考了西方发达国家的做法，包括：加强国内校际的学生交流，克服"近亲繁殖"的弊端；加强学校与社会之间的人才交流活动，从社会和系统吸引人才，不断充实研究生导师队伍；加强国际间的人才交流活动，聘请外籍教师任教，同时与国外大学开展人员和学术交流；等等。经过一系列改革，90 年代华侨大学硕士学位授权点数量逐步增加，研究生教育初具规模，培养质量稳中有升，研究生教育各方面工作都取得了显著的成绩。

（一）扩大研究生培养规模

1. 扩大招生规模和扩增硕士点

1984 年开始，学校着手对专业结构进行调整，主要是发展人文社会科学，使学校形成覆盖理、工、文、管、法、艺等多学科门类的综合大学。为创造向高层次，高水平过渡的必备的基本条件，学校把高学位点建设作为"八五"期间的一项重要工作来抓。在校领导的重视下，各系各处室共同努力，积极申报硕士点。在 90 年代初的准备工作基础上，1993 年学校申报了 12 个硕士学位授权点，最终经国务院学位委员会学科评议组评审，其中 10 个申报硕士点通过复审，包括计算机应用、物理电子学与光电子学、测试计量技术及仪器、化学工程等。这也在很大程度上促进了学校师资队伍的建设和科研水平的提高。

经过不懈努力和发展，学校在 90 年代中后期就已拥有科学社会主义与国际共产主运动、马克思主义哲学、机械制造、数量经济学、经济法学、检测计量技术与仪器、无机非金属材料等十几个硕士点。这些硕士点在各方面已具备相当的实力和水平。以工商管理系为例。该系企业管理学科作为一门新兴学科，在参加 1995 年的有关评审中，由于把数量分析与企业管理相结合，在企业管理中融进大量的数量分析而受到评委的一致好评，成为全票通过获准设立的硕士点。90 年代，工商管理系大力推进学科建设，优化学科结构，调整教学计划，办学层次不断提高，培养了一批学科带头人及优秀中青年教师，并取得了一大批科研成果。

1995 年 3 月 8 日，学校成立了“华侨大学研究生招生办公室”。1996 年，学校增加了“企业管理”硕士点，使得学校硕士点增至 15 个。[①] 1997 年，学校新增四个专业筹备申报硕士点，分别是：土木工程系的岩土工程专业、中国文化系的中国现当代文学专业、旅游系的旅游关系专业以及外语系（含大英部）的英语语言文学专业。这表明学校研究生教育保持着强劲的发展势头，将对学校学科建设和人才培养起到积极的促进作用。1998 年，国务院学位委员会批准华侨大学增设中文艺术系“中国现当代文学”和旅游系“旅游管理”两个硕士学位点。至此，学校硕士学位点数量增加到 17 个，共招收 15 届硕士 308 人，毕业硕士研究生 128 人，其中 126 人成功获得学位。同年 6 月，国务院学位委员会第十六次会议批准华侨大学成为新增博士学位授权单位，批准华侨大学机电工程系“机械制造及其自动化”专业为博士学位授权学科专业。[②] 至此，学校已具备了培养学士、硕士、博士的完整教育体系。1999 年，学校首次开始招收博士生，共招收 2 人，成功实现了博士研究生从无到有的突破。

2. 扩大港澳台和境外招生

除了培养内地研究生外，学校也积极面向海外以及港澳台地区招收研究生。1998 年秋，学校共有 15 个专业面向境外招收硕士研究生，报考工作由国家教委统一委托香港京港学术交流中心和澳门基金会进行。招生的 15 个专业分别为：马克思主义哲学、数量经济学、经济法学、科学社会主义、基础数学、机械制造、检测计量技术与仪器、无机非金属材料、理论电工、物理电子光与光电子学、计算机应用、建筑设计及其理论、结构工程、化学工程以及企业管理。凡具有与中国学士学位相当的学位或同等学力，年龄一般在 40 岁以下，品德良好、身体健康的港澳永久居民

---

① 华侨大学报记者：《工商系获准设立企业管理硕士点》，《华侨大学报》1996 年 1 月 26 日。

② 华侨大学校史编写组编《华侨大学四十年（1960—2000）》，2000，第 174 页。

均可报考。[①]

图 3－11　华侨大学首届澳门研究生毕业证书及硕士学位颁授典礼

随着硕士研究生招生规模的扩大，同等学力研究生的招生工作也取得一定的突破。1998 年，国务院学位委员会办公室正式批准华侨大学开展同等学力人员申请硕士学位工作，此举对学校进一步拓展高层次学历教育空间、推动高层次学历教育的发展起到了重要的促进作用。

1999 年，校方决定在 14 个已有硕士毕业生的硕士学位授权专业开展同等学力人员申请硕士学位工作。这 14 个专业是：马克思主义哲学、数量经济学、经济法学、科学社会主义与国际共产主义运动、测试计量技术与仪器、物理电子学、机械制造及其自动化、材料学、电工理论与新技术、计算机应用技术、建筑设计及其理论、结构工程、化学工程以及企业管理。

2000 年 9 月，经国务院学位委员会正式批准，华侨大学增设 7 个硕士学位点，分别是：材料科学与工程学院的“高分子化学与物理”、“材料物理与化学”及“生物化工”，机电工程系的“检测技术与自动化装置”，经济管理学院的“技术经济与管理”，土木工程系的“工程力学”，以及建筑系的“建筑历史与理论”。截至 2000 年，学校硕士学位增至 24 个，拥有高学位点的数目首次超过本科学位点，学科建设获得新的突破。

（二）申报和建设博士点

1. 为申报博士点创造条件

经历了一段徘徊不前的阶段后，学校研究生教育在 20 世纪 90 年代开始大跨步

① 林鼎文：《十五个专业招收海外港澳研究生》，《华侨大学报》1997 年 12 月 25 日。

发展，办学层次和办学水平日益提高。学校从政策、经费等各方面重点扶持硕士学位点建设，积极创造条件争取向国务院学位委员会申请新的硕士点和博士点，使学校硕士点无论是师资、科研，还是仪器设备、图书馆资料等都具有相当的水平和实力，促使学校研究生教育不断跃上新台阶。经过一系列努力的措施，学校硕士点建设确实取得了一定的成就。如前所述，1993 年，经国务院学位委员会批准，学校增加 10 个硕士学位授权的学科、专业。① 作为一所高等学校，能够一次性被批准建立 10 个硕士学位点，于华侨大学而言可称之为“突破性”的进展。

1997 年，根据国务院学位委员会的批复，学校上半年参加“前四批学位授予点基本条件合格评估”的“机械制造”“科学社会主义与国际共产主运动”“结构工程”3 个硕士点顺利通过评估。这些前期的工作和取得的成绩为进一步申报博士点创造了必要条件。

在加强学位点建设方面，申报博士点是学校学科建设的重中之重，是衡量学校办学水平的重要标志。早在 1989 年，学校就开始为申报建立博士学位授权点进行准备，从已获硕士学位授权学科中，遴选出学科基础和师资条件最好的机械制造和结构工程两个学科作为学校申报博士学位点的重点扶植对象。

其中，机械制造学科是学校七个部级重点学科之一，拥有王永初、徐西鹏等一批在学术界具有较高影响的学科带头人。1990—1995 年，精密机械工程系完成纵向科研项目 33 项，其中国家级项目 6 项，总经费 80 多万元；完成横向科研项目 13 项，总经费 140 多万元。一批科研成果处于国内领先水平，在同行业中具有较大影响，发表论文 230 余篇，出版专著 5 部，获省科技进步二等奖 4 项，获省级优秀软件一等奖 1 项。②

2. 申报博士点

1996 年 3 月，华侨大学博士点申报工作会议在精密机械工程系召开。与会专家就学校申报博士点的专业、方向、经费、材料填报以及培养和引进人才、实验室建设、科研工作的开展等方面工作做了认真研讨和筹划。③ 此举标志着华侨大学博士点申报准备工作正式启动，华侨大学高学位点建设迈出了一大步。同年 5 月，党委宣传部与精密机械工程系就该系申报博士学位点的宣传工作举行座谈。与会同志一致认为，精密机械工程系申报博士学位点是学校工作的重点，必须在舆论宣传上形成强大的声势，加大对校办学成就、学科建设和学术带头人等的宣传力度，浓厚申

① 吴文士：《学校硕士点建设进展显著》，《华侨大学报》1994 年 11 月 20 日。

② 华侨大学校史编写组编《华侨大学五十年（1960—2010）》，2010，第 121 页。

③ 庄志辉：《博士点申报准备工作正式启动》，《华侨大学报》1996 年 3 月 25 日。

报博士学位点的氛围，使有关部门、领导和专家进一步了解华侨大学、关心华侨大学和支持华侨大学的申报工作。①

1996 年，学校组织有关人员进行了与博士点申报有关的调研活动，开展了 3—5 个研究方向的学术梯队的组织与建设，整理准备机械工程系全部科研成果及博士点申报的有关资料，并举办成果展览，扩大社会效应。根据国务院学位委员会办公室关于申报博士点的有关规定，确定了自动检测与控制、脆硬材料加工、计算机辅助设计与制造三个研究方向；优化整合测控教研室现有人员，建立了以王永初为学术带头人的自动检测与控制方向学术梯队；优化整合石材研究室、机械制造教研室、金工教研室现有人员，建立了徐西鹏为学术带头人的脆硬材料加工方向学术梯队，优化整合先进制造研究所现有人员，建立了以刘雄伟为学术带头人的计算机辅助设计与制造方向学术梯队；确定了王永初、徐西鹏和刘雄伟为该专业博士生导师；为配合博士点创建，学校投资 3300 万人民币着手建设过程控制与仿真实验室和超硬材料加工实验室，使之成为在规模、层次和水平上具备培养博士生基本要求的科研基地，并逐步建设成为研究手段先进、研究水平在国内先进、在某些领域达到国际水平的面向全省开放的实验室，成为省内同行业的一个重要实验基地和研究中心，能够承担省级、国家级以至于港澳台、东南亚等地区的重点课题和研究项目。

图 3－12　博士点建设座谈会

1997 年 3 月，机电系申报博士点工作进入关键阶段。校领导为此召开了现场办公会，并在会上强调，博士授予单位、博士点和博士生导师三者缺一不可，要继续把培养和引进人才作为重点，加快速度做好人才培养和引进工作。庄校长在会上强

① 谢荣浩：《加大宣传力度，浓厚“申博”氛围》，《华侨大学报》1996 年 5 月 10 日。

调，要从环境和内外条件、从学校发展战略、扩大对外影响的高度充分认识申报博士点的重要意义；要突出特点、抓住重点，抓人才尤其是年轻学科带头人的引进和培养，把人才、科研方向、主要设备作为重点来抓；要发动群众，达成共识、共同参与、上下一心，力争“申博”成功。

可喜的是，1998 年 6 月，经国务院学位委员会第十六次会议批准，华侨大学被列为博士学位授予单位，“机械制造及其自动化”被列为博士学位授予学科。① 此举标志着华侨大学办学层次和办学水平跃上新台阶，学科建设取得重大突破，同时也表明华侨大学正在日渐成为一所学士、硕士、博士学位授予点全面的高层次综合性大学。

2000 年，学校结合自身学科建设实际以及未来发展规划，正式向国务院学位委员会申报新增数量经济学、结构工程、材料学 3 个博士学位授权点，申报新增管理科学与工程、技术经济及管理等 20 个硕士学位授权点，以全面推进学校高层次学历教育和学科建设工作，为后面十年学位点建设奠定坚实基础。

（三）完善研究生管理制度

为适应学校研究生授权学科专业和研究生数量增加的现实，加强对研究生教育工作的统筹协调，经国务院侨务办公室人事监察司批准，自 1994 年 1 月 4 日起，学校设立研究生处，作为管理研究生教育的职能部门。研究生处成立后，积极推进学校研究生教育工作走向规范化的管理轨道，分别于 1994 年、1998 年、1999 年三次修订研究生培养方案及教学计划；积极组织学校硕士点的自评工作，通过自评全面检查了学校研究生教育质量，进一步促进学校研究生培养工作的提高。1997 年 10 月，学校前四批硕士学位授权点科学社会主义与国际共产主义运动、机械制造、结构工程、基础数学均顺利通过了国家评估。

20 世纪 90 年代，土木、中文、旅游、外语等系围绕各自的人才培养目标和学科建设方向，不断加强师资队伍建设，培养学术带头人和主要学术骨干，提高科研水平，在出版学术专著、统编教材、发表学术论文、承担国家及省（部）等各级科研项目等方面取得了丰硕的成果。与此同时，这几个系均致力于创造和完善培养研究生的各项物质条件，不断充实自己的专业实验室、主要仪器设备、图书资料等，从而使其不论是在师资队伍、学术水平还是实验设备、图书资料等方面都具备了培养硕士研究生的有利条件。

---

① 赵小波：《华侨大学列为博士学位授予单位》，《华侨大学报》1998 年 6 月 25 日。

1998 年 4 月，具有里程碑意义的华侨大学首次研究生工作会议召开，校领导庄善裕、吴承业、杜成金、吴道明、郭亨群、吴永年、关一凡出席会议。校长助理关一凡代表学校作了题为《强化教学管理、提高培养质量，开创学校研究生教育工作新局面》的主题报告。[①] 会议提出，必须运用学校的整体力量办研究生教育；必须在办好现有硕士点的基础上求发展；必须以提高培养质量为中心，严格教学管理，规范和完善培养过程；必须适当增加投入；必须切实加强研究生指导教师队伍建设和德育工作；必须健全校系（所）两级管理机制和队伍；必须采取措施改善生源质量；必须改进对研究生的培养模式。此次会议对学校研究生教育工作进行了全面回顾和总结，实事求是地分析了当前学校研究生教育存在的困难和问题，形成了将学校研究生教育工作思路从注重增加硕士生数量的外延式发展模式转变到注重提高硕士研究生的培养能力和培养质量上，转变到注重已有硕士学位授权点的巩固、充实和提高上，走内涵发展道路的共识，为学校今后研究生教育的发展奠定了良好基础。

同年 9 月 18 日，学校召开了研究生教学管理工作会议。会议回顾了学校此前一个阶段的研究生工作，通报了我省第七批博士、硕士点审批情况及全省高校现有博士、硕士点的情况，确定了 1998—1999 学年的研究生工作要点。①启动 1999 年申报博士、硕士点工作，力争提前打好基础；②根据国家教委关于对重新制定研究生培养方案的有关精神，重新修订研究生培养方案与研究生工作手册；③加强研究生处与各博士点、硕士点的协调，加大宣传力度，力求 1999 年的研究生招生有新的突破；④强化硕士生的论文阶段的管理，对硕士生学位论文将分开题报告、论文跟踪两个阶段进行考察，提高学校研究生的硕士论文水平。[②]

在此基础上，1999 年学校进一步完善了研究生教学校、院（系、所）两级管理制度，各院、系、所确定了分管研究生工作的领导和研究生秘书。此举明确了校、院（系、所）在研究生管理中的相应职责，形成了齐抓共管的局面。

此外，导师对研究生的培养起着至关重要的作用，建设一支高水平的研究生导师队伍同样是提高学校研究生教育质量和学术水平的关键之一。为此，学校规定所有研究生导师都要经过遴选，按照相应程序给予资格认定。1998 年，学校首次通过竞争上岗的形式遴选硕士研究生导师，有 44 位教师成为首批竞争上岗的硕士生导师。[③] 1999 年学校完成首批博士研究生的招生工作，通过公平公正的遴选，王永初

① 张罗应：《全校研究生教育工作会提出，提高人才培养层次走内涵发展道路》，《华侨大学报》1998 年 4 月 25 日。

② 洪雪辉：《充分发挥学科群作用，提高研究生教育水平》，《华侨大学报》1998 年 9 月 25 日。

③ 华侨大学校史编写组编《华侨大学五十年（1960—2010）》，2010，第 116 页。

教授成为学校首位博士生导师。

王永初，1937年12月生，福建惠安人，教授。毕业于浙江大学，1985年底调入华侨大学，1986年破格晋升教授，1999年成为学校首位博士生导师，开始招收博士研究生。王教授先后撰写专著15部、译著2部，发表论文300多篇，曾2次获福建省自然科学优秀论文一等奖，20次获省级以上的奖励。另有4部专著入选国际书展或国际图书博览会。先后完成国家、省部级科研项目30多项，自1994年以来，获省部级科技进步二等奖3次、三等奖1次。在教学工作中，王教授教书育人、为人师表，先后被评为华侨大学师德标兵和福建省杰出人民教师。所获的荣誉称号有：福建省“五一劳动奖章”、福建省劳模、全国“五一劳动奖章”、国务院政府特殊津贴、全国优秀留学回国人员、福建省优秀专家、福建省杰出人民教师、福建省先进科技工作者、福建省优秀共产党员、泉州市优秀共产党员等。

图3-13　王永初教授指导学生

四　继续教育

成人继续教育与基础教育、普通高等教育一样，都是我国教育的重要组成部分。《中华人民共和国宪法》中提道：国家鼓励集体经济组织、国家企业事业组织和其他社会力量依照法律规定举办各种教育事业，[①] 对于培养有理想、有道德、有文化，

① 参见《中华人民共和国宪法》第1章第19条。原文如下：“国家发展社会主义的教育事业，提高全国人民的科学文化水平。国家举办各种学校，普及初等义务教育，发展中等教育、职业教育和高等教育，并且发展学前教育。国家发展各种教育设施，扫除文盲，对工人、农民、国家工作人员和其他劳动者进行政治、文化、科学、技术、业务的教育，鼓励自学成才。国家鼓励集体经济组织、国家企业事业组织和其他社会力量依照法律规定举办各种教育事业。”

有纪律的社会主义公民、健全法制、促进安定团结，成人的继续教育发挥着重要作用。本着立足福建、立足侨务、面向全国的宗旨，20 世纪 90 年代，华侨大学积极开展继续教育，并在的基础上，扩大夜大学规模。

（一）提升成人教育

1. 夜大学

1983 年，经教育部批准，华侨大学创办夜大学。1985 年，学校成立进修学院，承担成人高等教育、职业培训及接受海外华侨、华人和外国人的培训任务。[①] 1991 年，国家教委确定当年为“继续教育宣传年”，学校在继续建设夜大学的同时也开办了一系列针对企业经理和政府干部的培训班，为社会经济的发展做出了一定的贡献。[②] 经过近十年的发展，在全国经济发展形势的推动下，学校稳步展开多种层次、多种形式、面向多种对象的成人高等教育，在挖掘师资和设备潜力，多出人才的办学思想的指导下，采用学历教育与非学历教育并进，短期培训和中期进修结合的方法，为国家培养了各类专业技术和管理人才近 2000 人。[③] 自开办成人教育以来，学校根据自身的承受能和经济建设、社会发展的需要，主要从五个方面开展办学：夜大学（专科），干部、师资专修科，专业证书教育，职业技术教育，对外汉语教学。

图 3－14　华侨大学夜大学教育评估大会

1992 年 7 月，应澳门业余进修中心的盛情邀请，学校进修学院杨思讱、连昭华等二人于 25—29 日专程赴澳门参加该中心的建校十周年庆典和 90 年代成人教育路向发展的专题研讨会。该中心的十周年校庆为澳门地区教育界的一次盛会，澳葡政

---

① 连昭华：《进修学院坚持多层次办学发展适用性教育》，《华侨大学报》1990 年 10 月 31 日。

② 华侨大学报记者：《华侨大学开展岗位培训、继续教育成效显著》，《华侨大学报》1991 年 12 月 31 日。

③ 华侨大学校史编写组编《华侨大学五十年（1960—2010）》，2010，第 116 页。

府教育司司长施绮遵、新华社澳门分社副社长宗光耀、工联会长唐星樵出席了庆祝酒会。应邀参加庆典和专题研讨会的还有国家教委港澳台办公室、成教司办公室以及广东省高教局、珠海市教委、华南师范大学、暨南大学成教学院、汕头大学成教办、深圳中华职业教育社等单位的领导同志。澳门业余进修中心的十周年校庆组织了一次有益的教育学术思想的交流活动。根据内地与澳门成人教育的异同点以及两地的社会、经济现状，共同探讨了 90 年代成人教育的走向与发展，交流了有益的办学经验，加深了友谊的连结。

澳门业余进修中心为澳门地区工联总会属下的成人教育机构，是该地区办学规模和影响的较大的一所服务社会、方便职工在进修的综合性业余进修学校。内地与澳门的制度不同、经济迥异，该中心在十年中发展起来的这一办学规模和取得的成绩，没有对教育的执着追求，没有至诚的开拓精神是很难办到的。内地的经济结构与企业经营正发生着极为深刻的变革，成人教育如何适应这一变革，澳门业余进修中心的某些兴学经验是可供借鉴的。①

1993 年，值华侨大学夜大学创办 10 周年之际，有关领导在总结办学经验的基础上，提出“在改革中发展，在发展中提高”的理念，寄希望于夜大学在进入 21 世纪前能够迈上新台阶，这一理念认为：

第一，继续走多种形式的办学之路，将生源引出低谷。成人高等教育走多层次、多规格、多渠道、多形式的办学之路，已被实践证明是一条多出人才、出好人才、富有成效的人才培养之路。夜大学作为成人高等教育的一部分，也必须走这样一条办学之路。可以办学历教育，也可以办非学历教育。可以进行较有系统的专业培训，也可以进行单科、单项的短期技术培训，可以招收从业人员入学，也可以招收非从业人员（社会知青和高考落选生）入学。其次，加强招生工作宣传也是至关重要的。学校应根据泉州市经济发展中对产业人才的需求，开设如电子技术应用、计算机开发应用、经济财物管理等方面的专业，并加强必要的宣传，让有志于提高自身专业知识的人员了解夜大学的专业设置与课程内容，从而吸引更多的报考者。最后，改善自身的办学条件，发挥优势，克服不足，方能立于不败之地。

第二，面向合资、乡镇企业，立足于为本地区的经济建设培养人才。夜大学教育是带有明显地方性特点的教育，它更多、更直接地为本地区的经济建设培养各种人才、学校所在的地区是对外经济开发区，也是个综合改革实验区。面对经济发展的迅猛形势，需要找准自己的办学方向。一方面，要深入社会调查，根据市场经济

① 《推动教育交流，加深友谊连结——华侨大学应邀赴澳门参加业余进修中心十周年校庆和专题研讨会》，《华侨大学报》1992 年 9 月 25 日。

的发展与需要办学。另一方面，专业设置要适合市场经济需要，专业设置应紧密地适合市场经济需要；并且，要重视适用性、应用性课程的开设。

第三，重视城区间的教育竞争与教育协调工作。过去高等教育体制是单一的，教育所涉及的方方面面全由国家承包。改革开放后，传统教育模式被冲破了，教育的格局向多元化拓展，从而导致一定的竞争机制的介入。从长远角度看，为提高教育的总体效益，在一个地区把成人高等教育体系进行统一筹划，理顺各校间的招生和专业关系，进行总体协调，扬长避短，是有好处的。

第四，从提高教学质量出发，加强学风建设。一般地说，夜大的学生，由于是业余学习，他们的思想陶冶、学习目的、生活追求，受社会环境的制约、影响要更深一些，学校在对他们施以德育的过程中，困难往往较大。学生只是在上课时露脸，下课后就走了，老师很难有与学生接触交谈的机会，常常得利用上课前的一点时间与同学们交谈、交换意见，了解他们对教学的反映的，听听他们对学校办学的要求。严格执行各项规章制度，也可达到端正学风的目的。夜大学的学风建设，在抓课堂纪律的基础上，当前还要抓管理规章制度的修改、完善和贯彻。课堂纪律是完成教学计划的重要保证，再加上较为完善的管理体制，才能更好地培养出社会所必需的合格的各类建设人才。[①]

2. 成人教育学院

1997 年 5 月，进修学院更名为“华侨大学成人教育学院”，学院进入以成人学历教育为主的发展阶段。夜大学 1997 年获得本科办学资格后，同年又顺利通过了国务院侨办委托省教委组织的综合评估，评估等级达到优良，标志着学校夜大学办学实力明显增强，教育质量不断提升，成为重要的成人高等教育基地。1998 年 12 月，夜大学获得工商管理专业夜大学大专起点升本科的办学资格，次年 5 月首次举行了专科升本科夜大学生招生考试工作，并获得了土木工程、英语和艺术设计等 3 个专业的夜大学专科升本科办学资格。截至 2000 年，学校成人教育学院拥有高中起点本科专业 3 个，专科起点升本科专业 11 个，自学考试独立本科段专业 2 个，基本涵盖了目前我国经济社会发展的急需专业。[②]

学校夜大学自创办以来，遵循成人高等教育规律，立足为地方培养人才，办学机构完善，专业设置合理，教学内容和手段适应社会经济发展需求。在办学中严格遵守政府法令和有关成人教育的政策法规，建立健全夜大学的管理服务机构，加强

① 连昭华：《在改革中发展，在发展中提高——写于华侨大学夜大学创办十周年》，《华侨大学报》1993 年 5 月 20 日。

② 华侨大学成人教育学院：《开办十六年成人教育进展可喜》，《华侨大学报》2000 年 12 月 25 日。

夜大学负责人的政策管理水平和业务能力。在办学条件上充分发挥学校的办学优势，坚持资源共享的原则，努力改善办学环境。在教育管理上完善诸如学籍管理、考勤管理、作业管理、考试过程管理等各种规章制度，注重政治思想教育，成立了“思想政治工作指导组”，严格要求学生，严格管理学生。在保证教学质量方面，学校夜大学重视教师的选聘和考核工作，严格按照教学大纲进行教学，考试命题符合大纲要求，严格考务管理，注重教学实践和毕业设计、毕业论文和毕业实习环节。

这一系列重大举措，使得学校的夜大学教育办学资格达到国家教委界定的优良等级标准，参与考核评估的专家组一致认为：华侨大学办学思想端正，能把办好夜大学作为学校的一项基本任务来抓。夜大学管理服务机构健全，政策管理和业务管理水平较高。舍得投入，办学条件较完善，教学设施满足办学需要。在办学中能充分发挥学校整体优势，做到资源共享，形成合力。专业设置能发挥学校优势，符合社会需求。教师业务水平高，责任心强，师资力量雄厚，在教育管理方面，建立了较完善的规章制度。严格规范学籍管理、考勤管理、作业管理、考试管理、学生成绩真实。由各学科教授、专家组成的“督导组”有力地加强教学管理，效果显著；夜大学教育质量良好，重视学生思想政治教育，取得良好成效。教风学风良好，教学计划、教学大纲较规范适用，教学内容扣紧社会和生产实际需要，各课程考试命题达到大纲要求。大多数学生能完成规定学业，专业基础扎实，毕业生受到社会和用人单位地欢迎和好评。

在国务院侨办和学校领导的重视和扶持下，学校夜大学还以服务地方经济建设为宗旨，办学规模和质量不断提高，成为学校多层次办学的重要基地。办学伊始，学校就依据国务院侨办提出的为学校所在地区培养高等专门人才的指导思想，始终把办好夜大学作为学校的基本任务之一，使之成为适应社会经济发展的重要教育基地。在办学过程中，学校切实做好“四个坚持”：坚持把办夜大学与招收本科生、研究生工作同等对待和重视；坚持完善夜大学的办学机构，优化资源配置；坚持夜大的专业设置符合社会需求；坚持加强夜大的师资队伍建设，提高教育质量。从而使学校的夜大学工作在经费投入、办学条件、教育质量、管理水平等方面取得了重大进展，办学实力显著增强。

随着学校成人教育的发展，办学已不仅限于校内，开始在校外设立办学点。学校是以送教上门形式到澳门开展成人高等教育较早的学校之一。1998 年，著名侨领、学校董事梁披云等一批知识精英看到澳门本地法学高级人才严重缺乏的现状，建议华侨大学到澳门开设面向澳门纪律部队和公务员的法学本专科班，培养澳门本地法学高级人才。与此同时，澳门业余进修中心也建议华侨大学到澳门开办工商管理（会计学）本科班，为澳门社会培养会计学高级人才。在国务院侨务办公室、教育部和新华社澳门分社的大力支持下，华侨大学开始与澳门文化研究会（镜海学园前身）和澳门业余进修中心联合在澳门开办成人高等教育，并在两校分别设立办学点，在澳门文化研究会办学点开设法学专科班，在澳门业余进修中心办学点开设工商管理专业（会计学）本科班，学校选派优秀教师赴澳门利用双休日和夜间为学员上课。首届澳门法学专科班招收学员 58 名，其中司法人员 48 名，占学员总数的 83%。华侨大学在澳门的办学主动适应澳门社会各界有志人士希望进一步提升自身素质的需要，赢得了澳门社会各界的广泛赞誉，为澳门经济建设和社会发展做出了重要贡献，也进一步提升了华侨大学在澳门的影响力。①

成人教育作为高等教育的组成部分，同样需要坚持教学改革、提升教学质量，从而保证人才培养的质量。华侨大学在成人教育改革方面的主要思路是：①加大成人高等学历教育改革的力度，以利于培养具有复合型素质的人才，具体有拓宽专业口径、实现学科交叉、构建新的课程体系、发展双学位教育等。②大力开展创造教育，以利于培养具有开拓创新型素质人才。③加大成人高等教育国际化步伐，以利于培养具有外向型和国际通用型的人才。④以终身教育思想为指导，积极发展大学后继续教育，体现针对性、实用性、先进性和前沿性。⑤强化教育培训者的培训，加快教育培训者素质的转化，即内向型向外向型转变、文化知识型向应用型转变、单一型向复合型转变。②

在国务院侨务办公室和学校领导的关心以及有关院系的共同努力下，学校成人高等学历教育取得了新的长足发展。1999 年，继工商管理专业之后，学校成人教育学院又喜获土木工程、英语和艺术设计等三个专业的夜大学专科升本科办学资格以及国际经济与贸易、旅游管理两个函授专业专科升本科的办学资格。至此，学校的成人教育本科专业达到 6 个，涵盖文、理、工、旅、艺等专业领域，结构更为合理，为学校成人教育的进一步发展打下了坚实的基础。到 2000 年，学校成人高等学历教育的办学形式涵盖了夜大专升本、夜大专科、脱产专科、函授专升本及函授专科等五大类别；有两年制、三年制和四年制等不同学年制度；共设置专业 21 种，仅当年的招生总人数就达到了 1100 人；同时在澳门设置了 2 个办学点，并设有宁德函授站、泉州丰泽办学点以及恒安集团、寻兴拉链集团企校合作办学点等。③

3. 职业教育

职业教育方面，学校在 90 年代也取得了一定的进展。1991 年是国家教委确定

---

① 华侨大学校史编写组编《华侨大学五十年（1960—2010）》，2010，第 117 页。

② 陈庆俊：《人才素质与成人高教改革》，《华侨大学报》1999 年 4 月 25 日。

③ 华侨大学成人教育学院《开办十六年成人教育进展可喜》，《华侨大学报》2000 年 12 月 25 日。

的“继续教育宣传年”，学校积极组织联合有关学科为社会各类在岗人员开展继续教育和岗位培训，先后开办了福建省教学仪器企业厂长、经理培训班，侨务干部经济法培训班等，提高了学员的业务素质和工作能力，为社会经济的发展做出了贡献。1999 年 4 月，学校根据全国教育工作会议精神，决定开办高等职业技术教育，成立了“华侨大学职业技术学院”。新成立的职业技术学院为校内二级学院，挂靠成人教育学院，充分利用学校原有的教育资源，将普教、成教和职教中的资源合理统筹，优化组合进行发展，以真正培养出适应社会需要的有用人才。[①] 学院开办当年即开始招生，共开设建筑工程、应用电子技术、环境工程、电气自动化技术、工业分析与检测技术、机电技术、计算机应用、美术装潢设计、会计电算化、服装艺术设计、经济贸易、英语、市场营销、旅游管理等专业。

此外，学校还先后与福建育青职业技术学院和泉州湄洲湾工业学校开展联合办学，在这两所学校建立了高职办学点。根据联合办学协议，由育青职业技术学院和泉州湄洲湾工业学校负责提供办学场所和设施；联合办学双方共同商订专业设置；华侨大学负责招生，制订专业教学计划，并派出教师协助执行教学任务，根据需要提供必要的实验条件；学生毕业后，由华侨大学颁发高等职业技术大专毕业证书。1999 年，学校在福建育青职业技术学院开办了环境工程和服装艺术设计两个专业，当年招收新生 80 名；2000 年，在福建育青职业技术学院增设电子商务专业，三个专业共招收新生 200 名。在泉州湄洲湾工业学校办学点，学校设立了计算机应用及数控技术应用两个专业，招收新生 100 名。[②]

不可否认的是，学校成教院的教学和管理工作也存在一些弊端。例如：学生缺勤率高；抽考通过率低；夜大学考试作弊的多；个别教师备课不认真；上课效果差；个别教师有迟到和早退现象；个别系的学生班级虚设班主任，只教书不育人等。校方努力改进诸如办学形式单一，学生出勤率偏低等薄弱环节，加强对教学形式和管理模式的探索和研究，力争在办学规模、办学层次上再上台阶，为学校成人教育的发展创造更良好的条件，为社会培养出更多的合格人才，更好地为本地区的经济建设和社会发展服务。

（二）开拓远程教育

90 年代中后期，随着计算机网络技术的普及，计算机辅助教学（Computer Aided Instruction，CAI）成为教师进行教学活动的一种新方式。它既是计算机的一个

① 林庆祥：《“华侨大学职业技术学院”获准设立》，《华侨大学报》1999 年 4 月 25 日。

② 华侨大学校史编写组编《华侨大学五十年（1960—2010）》，2010，第 117 页。

应用领域，又代表一种新的教育技术和教学方式，具有高效、多样、灵活、交互和广泛适应等特点。CAI 的开发和利用，改变了在固定的时间和地点，以班级为单位集体授课的传统模式和教学环境，与传统的教学方法相比具有很大优越性。[①] 这为开展远程教育和网络教育创造了可能。

在此基础上，华侨大学也开始探索借助计算机和互联网开展远程教育和网络教育。1997 年 3 月上旬，学校电教中心开始开设“跨越世纪、面向世界”大型电视教育系列课程，该系列课程包括：“现代企业与商业的经营管理”“现代化城市管理”“国际商务民事法规惯例”“金融财税业的现代化管理”“二十一世纪的信息技术革命”等。该课程是由美中远程教育合作发展基金会、中国科技技术发展基金会等单位遵循共享国际一流教育资源的原则共同资助策划的，是一项旨在培养大量跨世纪、与国际接轨、具有全球意识的各类复合型人才的教育工程。担任授课的教师来自美国加州大学伯克利分校、美国斯坦福大学法学院、美国加州大学旧金山州立大学等，均为本学科领域内公认的权威人士。本系列课程由教务处、电教中心组织学生听课，以任意选课形式由学生选修。课程学习结束，经过开始合格者发给单科合格证书。[②]

1998 年 5 月，学校取得函授办学资格，国际经济、应用化学、中文秘书 3 个专科函授专业获准于当年先行招生，这标志着函授教育成为学校成人教育的新增长点。次年，学校的远程教育再度取得可喜进展，获得国际经济与贸易、旅游管理两个函授专业专科升本科办学资格。至此，学校成人教育本科专业达到 6 个，涵盖文、理、工、旅、艺专业，结构更加趋于合理，为学校成人教育的进一步发展打下了坚实基础。学校自考工作也取得很大发展，1998 年获得法律系律师专业本科段、工商系工商企业管理专业大专层次和外语系日语专业专本衔接的主考资格。

---

① 林金清：《计算机辅助教学：21 世纪的重要手段》，《华侨大学报》1998 年 3 月 10 日。

② 李鸣：《学校开设电教系列课程》，《华侨大学报》1997 年 3 月 25 日。

第四节　科学研究与社会服务

开展并深化科学研究与创新始终是华侨大学的重要办学职责。自复办以来，学校将“大力发展科研事业，提高学术水平”作为重头工作来抓，从原有基础研究和特色出发，制订适应学科发展趋势和社会发展需要的科研规划，实行研究与开发并举，有力地促进了科研工作提高水平和档次。

一　科研布局与管理

进入 20 世纪 90 年代后，学校科学研究工作坚持高起点、高投入和大跨步，围绕“稳住一头，放开一片”的方针，一方面加强基础研究和提高教学质量，另一方面积极引导和组织大部分科技力量进入经济建设主战场，并建立和完善了科技工作管理体制，进一步调动了广大教师和科技工作者投身科研的积极性。

（一）调整科研布局

华侨大学“八五”和“九五”计划提出，在未来十年中，加大科学研究力度，密切配合学科建设；提高承担国家或省部级重大科研课题实力；组织科技力量为地方经济建设服务；探索开展国际合作科学研究途径等要求。

1. 科研布局调整的内容

为实现学校总体规划奋斗目标，调整学校科研布局势在必行。经过反复论证和科学规划，90 年代学校在几个主要层面对科研布局进行了调整，具体内容如下：

①以科学研究带动学科建设为原则，选择基础较好的学科，实行必要的倾斜政策，给予重点支持，使其基本达到申报硕士学位点的要求；对已有硕士学位点并初步具备申报博士学位点基本条件的学科，实行特殊政策，给予大力支持。按此基本指导思想，分期分批实施。②对人文社会学科专业采取扶植政策，协助其组建科研队伍、申报科研课题，以提高科研实力带动人文社会学科建设步伐。③设立科研基

金，实行鼓励政策，支持承担国家自然科学或社会科学重点研究课题。④重视开拓科技市场，促进科学技术转化为生产力，谋求建立产、学、研三结合基地，组织科技力量为社会经济建设服务，探索科技与市场的结合点。⑤探索开展国内、国际间合作研究的途径，建立稳定的合作研究关系。⑥完善科研管理体制，开辟科研课题来源渠道。建立科研课题评审、评估、验收机制和研究机构、科研人员工作评估体制。[①]

2. 科研机构的建立

经过科研布局调整，学校的科研机构迅速增加。1992 年，学校建有 16 个研究室和研究所，共有专兼职科技人员 700 多名，其中专职科研人员 175 名。仅 1993 年，学校就成立了管理信息系资讯工程研究所、电气技术系[②]电气技术研究所、微控应用技术研究所、化工与生化工程系生物技术研究开发中心、电子工程系电子技术应用研究所以及台湾经济研究所等科研机构。1994 年，学校又成立了软科学研究中心、法学研究所[③]以及华硕机电应用技术研究所等机构。

1995 年，学校设立了建筑研究所、轻化工研究所、环境保护研究所、华侨华人研究所、计算机工程应用研究所以及高分子材料研究所。截至当年，学校科研机构达到 22 个，拥有一支具有较强科研能力和较稳定的队伍，科研管理体制日趋完善，科研投入不断加大，显示了学校科研事业较大的发展潜力和广阔的前景。[④] 1996 年，学校又成立了石材加工机械研究所、应用技术研究院以及艺术研究所。1997 年，学校成立了人居环境研究所、华文教育研究所、旅游学科研究所以及先进制造技术研究所。1998 年成立了旅游学科研究所。1999 年成立了超硬工具研究所。

3. 调整科研布局的成效

在良好的科研布局下，学校科研工作取得了长足进步，呈现出一派勃勃生机。1990—1994 年，华侨大学共获得国家级项目 18 项，省部级项目百余项。某些项目的研究已达国际先进水平，不少项目进入经济建设战场，取得了良好的经济效益。据不完全统计，仅 1991—1995 年的五年间，学校的教师发表学术论文 880 余篇，共有 22 个项目获得省部级以上奖励，并有 16 项次科研成果转让投产，年新增利税超过 2000 万。[⑤] 其中，国家基金项目“色心激光晶体”研究成果达到国际先进水平，被评为国务院侨办科技进步一等奖。尤其值得一提的是，1996 年学校有 6 项科研项

---

① 参见华侨大学校史编写组编《华侨大学五十年（1960—2010）》，2010，第 126 页。

② 1998 年 12 月 1 日，“电气技术系”更名为“电气工程及自动化系”。

③ 该研究所前身为“华侨大学台港澳法研究所”。

④ 杨建云：《华侨大学科研事业蓬勃发展》，《华侨大学报》1995 年 12 月 5 日。

⑤ 杨建云：《华侨大学科研事业蓬勃发展》，《华侨大学报》1995 年 12 月 5 日。

目获得国家自然科学基金资助。其中，信息科学部资助 2 项，工程与材料科学部资助 4 项。这是进入 90 年代以后，学校获得国家自然科学基金项目最多的一年，居全省高校前茅。[①] 与此同时，当年学校还有 20 项科技项目获福建省自然科学基金资助。通过完善科研布局，至 1999 年，学校已有 32 个研究所（室），共承担省部级以上科研课题 548 项，科学研究工作呈现出一种崭新的局面。

在科研立项方面，学校也取得了可喜的成就。1990—1995 年，学校共承担各类科研课题 409 项，经费总额 656 万元，其中省部级以上项目 142 项，经费 230 万元。1996 年是学校科技工作喜获丰收的一年，有 6 个科研项目获国家自然科学基金资助，资助经费 53.80 万元；国家计委重点项目 1 项，经费 80 万元；20 个科研项目获得省自然科学基金资助，资助经费 57.83 万元；1 个科研项目获得省自然科学基金重点项目资助，资助经费 15 万元，名列全省第三位；省产学研项目 1 项 30 万元；省农医重点项目 1 项 2 万元；4 个科研项目获省社科“九五”规划项目资助，资助经费 2.1 万元。总资助项目 37 个，经费 240.73 万元，比 1995 年的 15 项 78.75 万元分别增加 1.5 倍和 2.1 倍，实现了 1996 年纵向科研经费突破“百万元”的目标，创下了学校历年来争取纵向课题项目和经费的最好记录。[②]

1997 年，学校共申报了 34 个项目，最终有 5 个项目获得国家自然科学基金，其中的一个项目——机电工程系刘雄伟教授负责的课题“CNC 雕刻加工中心的研制”——被列入国家计委重点计划。[③] 全校共争取到纵向科研课题 27 项，资助经费 237.6 万元。其中，杨翔翔教授承担的“港澳台地区高等教育办学模式研究”课题被列为全国教育科学“九五”规划部委重点课题，是学校首次争取到高等教育学科类的国家重点课题。

1998 年，全校共获国家自然科学基金 4 项，国际合作项目 1 项，国家社科基金 6 项，国家汉办项目 1 项，福建省自然科学基金 12 项，福建省重点项目 1 项，福建省社科基金 15 项。其中，顾圣皓教授的科研课题“华文教育教学法研究”获国家汉办立项资助，实现了学校华文教育科学研究在汉办科研立项上零的突破；冉茂宇博士的课题“利用自然能和多孔吸湿体改善南方地区人居热湿环境”获国家自然科学基金资助，填补了建筑系建筑物理方面的研究空白。

1999 年，学校获得省部级以上资助的各类项目 29 项，全校在研的省部级以上

① 《华侨大学一批科研项目获得国家自然科学基金资助》，《华侨大学报》1996 年 11 月 10 日。

② 具体内容参见华侨大学校史编写组编《华侨大学五十年（1960—2010）》，2010，第 126 页。

③ 李斯怡：《五项目或国家自然科学基金，一项目列入国家计委重点计划》，《华侨大学报》1997 年 12 月 10 日。

科研课题达 135 项，平均每 4.2 位教师就有 1 项。其中，自然科学课题 89 项：国家自然科学基金 15 项、国家 863 计划子项目 1 项、国家重点科技项目 3 项、国际合作项目 2 项、福建省自然科学基金 50 项、福建省重点项目 4 项、福建省产学研项目 3 项、福建工业项目 2 项、福建省火炬项目 1 项、福建省高新技术项目 1 项、福建省科委软科学项目 1 项、国家教委留学生司项目 3 项、福建省教委留学人员项目 3 项；人文、社会科学课题 36 项：国家社会科学基金项目 9 项、福建省哲学社会科学规划研究课题 15 项、国家汉办项目 1 项、国侨办政策司项目 2 项、振兴中华教育科学基金 3 项、福建省邓小平理论研究项目 3 项、福建省教委教学科研项目 3 项。①

表 3－6　1983—2000 年华侨大学承担各类课题统计比较表

单位：项

年份	国家级课题		省部级课题		总计
	自然科学	社会科学	自然科学	社会科学	
1983—1990	18	1	19	3	41
1991—2000	28	12	259	103	402
增长倍率	0.56	11.0	12.63	33.33	8.8

资料来源：参见华侨大学校史编写组编《华侨大学四十年（1960—2000）》，2000，第 182 页。

表 3－7　1983—2000 年华侨大学各类课题获资助经费统计表

单位：万元

年份	国家级课题		省部级课题		总计
	自然科学	社会科学	自然科学	社会科学	
1983—1990	51.4	1.5	145.4	0.85	199.15
1991—2000	479.1	32.3	716.71	55.11	1283.22
增长倍率	8.32	20.53	3.93	63.84	5.44

资料来源：华侨大学校史编写组编《华侨大学四十年（1960—2000）》，2000，第 183 页。

表 3－8　1978—2000 年华侨大学论著发表和出版数量统计表

单位：篇，部

年份	论文			著作		
	合计	理工科	人文社科	合计	理工科	人文社科
1978—1990	1858	1384	474	93	53	40
1991—1999	3727	2178	1549	167	40	127
增长倍率	1.01	0.57	2.27	0.80	－0.25	2.18

资料来源：华侨大学校史编写组编《华侨大学四十年（1960—2000）》，2000，第 183 页。

① 华侨大学科研处：《在研项目省部级以上课题九十五项》，《华侨大学报》1999 年 4 月 15 日。

这一时期学校科研实力显著增强，有两项重要指标最具说服力。其一，从1996年起，学校连续三年共获得国家重点科技项目3项；获得国家自然科学基金项目16项，连续两年进入全国高校前百名，居全省高校第二位。其二，1996年学校自然科学论文被EI收录的篇数排在全国高校第72位，被SCI收录的篇数居全国高校第160位；又据中国科技信息研究所信息分析中心的统计资料显示，1998年学校被SCI收录的论文6篇，居全国高校第136位，被EI收录的论文7篇，居全国高校第99位。这标志着华侨大学在科学研究十年规划中提出的学校科学研究整体水平争取进入全国前200名的奋斗目标已基本实现。

（二）完善科研管理

90年代，“改革科研体制，完善科研管理，提高科研水平”一直是学校在科研领域秉持的重要原则。

1. 完善科研管理的举措

科研发展的主力是教师，为鼓励教师从事科研工作，学校率先从增加科研投入着手。1991年12月，学校决定每年从校创收基金中拨出专款，用于对承担国家、省部级科技计划项目的教师和科技人员实行岗位补贴。具体办法是：对承担国家科技项目，按年度计划完成的，除国家发放的岗位补贴外，学校对承担国家攻关项目、863项目、重点项目的再按当年到款数的6%发给岗位津贴，对承担其他国家计划项目的再按当年到款数的5%发给岗位补贴；对承担省、部科技计划项目（不含侨办项目）的，每年每项按当年到款数的4%发给岗位补贴。[①] 此后，从1999年开始，学校每年拨出专款5万元设立出版著作基金，用于支持广大教师和科研人员出版学术著作。

同时，为促进学校优秀青年科学工作者脱颖而出，培养科技后备力量，推动学校的科研工作蓬勃发展，学校于1992年开始设立青年科学基金。该基金面向全校，用以资助学校从事自然、社会科学以及高等教育管理科学研究的优秀青年科学工作者。凡年龄在35周岁以下，已获得硕士学位或中级职称以上，能独立开展科学研究工作，并能在2年内完成所负责承担的校级以上科研项目的，皆可申报。其中，在国外进修后回国的、曾获得有关部门科技成果奖励者；或曾在国、省部级项目中承担主要研究的及年度科研者考核成绩优秀者将给予优先资助。[②]

学校科研管理部门不断健全科研管理系统，制定了课题评审、经费分配、成果

① 华侨大学校史编写组编《华侨大学五十年（1960—2010）》，2010，第127页。

② 华侨大学科研处：《学校设立青年科学基金》，《华侨大学报》1992年3月10日。

评估等一系列措施。1989年出台的《华侨大学科技工作七年（1989—1995）规划》实施效果良好，科研的投入和产出逐年提高。各系也多次召开专题会议，确定了科研方向：一抓专业和学科建设；二抓相应的措施和办法。科研处则予以配合，开展经常性的评比活动，树立科研标兵，并执行学校的科研管理条例。[①] 例如，1993年，土木工程系在对科研工作的汇报中就强调：在抓科技开发的同时，抓好基础研究。为提高教师对基础研究的重要性的认识，土木工程系几年来都十分重视各类基金的申报工作，及时通知，全面动员，并由专家负责联系落实。同时，鼓励科研人员撰写学术论文，制定奖励措施。

除此以外，科研管理部门还每年定期或不定期对在研的课题进行较全面的检查。其一，通盘了解在研课题本年度实施和进展情况，对课题中出现的问题和困难及时发现，尽快解决，做好协调工作，保证课题能够顺利进行。其二，根据课题开展情况，填写项目工作总结。在研课题开展好的给予表扬和鼓励，开展不好的，没有按计划要求进行的，追问原因，并督促其按时按质完成。其三，对全校科研情况进行信息交流，让科研人员意识到承接课题来之不易，要有光荣的责任感和竞争意识，为圆满完成科研项目增强信心。其四，对于拟结束的课题，要做好课题验收或鉴定的准备工作，同时让项目承接人理解，课题结束后，可以开展更深入的研究。

为保证科研力量的正常投入，学校还试行了《科研工作评估办法》（以下简称《办法》）。《办法》规定，教师必须有1/3的科研工作量，专职科研人员必须有1/3的教学工作量。学校按此规定标准，对教师及专职科研人员实行科研工作量的定量管理和定期评估。凡超过工作量者，给予超工作量奖；凡未能按规定完成工作量者评定等级将记录在案。为加强科研机构建设、提高效益，学校制订了《科研机构评估条例》，定期对各科研机构的结构、运行及效益按标准进行达标评估。达标者给予奖励；未能达标者，准予限期整改，直至撤销。[②]

学校也努力探索建立与社会主义市场经济相适应的科技工作新体制，如对独立科研机构采取合同制管理，科研编制实行有偿使用，在扩大研究机构自主权的同时，逐步建立起能担负从事基础研究到应用研究、从单一学科到多学科联合的科技体制。此外，学校还对各类科研项目进行密切的跟踪管理，目的是为参与科研项目的教师提供良好的服务，保证科研项目的顺利申报和完成。

2. 科技管理工作会议

1993年3月2日上午，由各系（所）主管科研工作负责人参加的科技工作座谈

---

① 阮温陵：《华侨大学科研工作跃上新台阶》，《华侨大学报》1990年10月31日。

② 华侨大学校史编写组编《华侨大学五十年（1960—2010）》，2010，第127页。

会在学校办公楼会议室召开。会上，施玉山书记提出了学校科技体制改革的设想，主要分三个方面：

第一，“稳住一头，放开放活一大片”，即稳定基础研究，保证一支精干队伍从事基础研究，鼓励和动员大多数科技力量进入经济建设主战场。为此，必须建立适应社会主义市场经济的运行机制，即建立“自主、竞争、效益”的管理机制，转变科技管理职能，放权搞活，变过程管理为目标管理，变计划管理为社会主义市场经济管理，同时要改变“重水平效益”“重教轻商”等观念。

第二，建立多体制、多形式的运行机制。一方面，理工科研究所实行科、工、贸一体化，要达到“自主经营、自负盈亏、自筹经费”；另一方面，文科和社科研究所应积极争取横向经费，实行“自主管理、经费自主、年度考评”的办法。此外，系科研管理采取下列模式：自由申请各类基金项目，按到款每三年核定编制一次；从事科技开发人员的编制由各系提出申请，学校拨给，按编制数上交人员经费；各系与学校联办或独立办经营实体。

第三，调整科研处管理职能：①科技开发项目由科研处负责管理，科技成果转让及其产品化、商品化为总公司负责管理；科研处应把主要精力放到横向科研上。②以前科研处科协行驶职能应移交给科协，科协的主要职能是：联系学校和地方的科技经济协作，维护科技人员的利益；负责校内学术交流；负责组织离退休人员进入经济建设主战场。③各类科研经费从财务处转交科研处、设备处共同管理。改变学校事业费中科研经费的拨给制。④改变出国学术交流的申请办法，支持年轻人出国学术交流。⑤放宽、放活各系、所对外科技交流权，各系（所）可直接与国内外学术机构建立学术交流。⑥科研工作量考核办法由学校制定，由各系（所）实施考核，学校有权对系（所）进行整体评估。中级职能的评审权将下放到各系（所）。[①]

1995 年 1 月 5 日，首届全校科技管理工作研讨会在陈嘉庚纪念堂进行。庄善裕校长在研讨会的总结发言中要求全校统一认识，重视科研工作，要把科研工作计入教师工作量。他指出，科技工作要面向市场，服务社会，加强与地方、企业的合作，促进科研成果直接转化为生产力商品。庄善裕校长指出，两年来，我们努力探索建立与社会主义市场经济相互适应的科技工作新体制，如对独立科研机构采取合同制管理，科研编制实行有偿使用，在扩大研究机构自主权的同时，逐步建立起能担负

① 华侨大学科研处：《施玉山副校长谈华侨大学近期科技体制改革设想》，《华侨大学报》1993 年 3 月 5 日。

从事基础研究到应用研究、从单一学科到多学科联合的科技体制。[①] 他提出，要根据学校实际，从整体上把握好科研工作的规模和结构：第一，结合高学位点的建设，保持一支少量的基础科学研究队伍。第二，在现有基础上，形成一支精干的高新技术研究队伍，争取及早建立一两个或两三个在国内、省内有竞争实力的高科技研究中心，从力求向生产和应用方面转化。第三，大部分科技人员面向社会，为闽南地区和福建的经济建设服务，主要以应用、适用技术为主，鼓励他们到地方接课题。第四，鼓励中青年科技人员申报课题，优先批准中青年牵头的项目，鼓励有条件的中青年教师到国内外著名院校、重点实验室短期进修。

（三）提高科研水平

由于在科学研究工作方面坚持高起点、高投入以及大跨步的原则，围绕"稳住一片，放开一片"的方针，立足基础研究，注重开发应用，学校在提高科研水平方面取得了不俗的成绩。90 年代，全校承担国家级和省部级基金项目 300 多项，获省部级以上科技进步奖 10 多项，申请国家专利 100 多项，部分研究成果达到国际先进水平或国内领先水平。

在日趋完善的科研管理体制下，学校的科研成果和获奖数量不断增多，展现了良好的科研发展的生命力。1991 年 5 月 18 日，学校计算机系研制的"汽车客运站大屏幕微机控制一自动显示系统"通过福建省级鉴定填补了我省自动控制显示系统的一项空白。1992 年 1 月，庄玉树同志参与研究的"高等工程本科教育的研究与改革"课题获国家教委颁发的全国首届教育科学优秀成果一等奖。同年 11 月，林新波教授等人的节能科技研究成果"新档板塔盘在醋酸乙烯生产上应用"获福建省科技进步二等奖。

1994 年，学校共有 9 项科技成果获得国务院侨务办公室首届科技进步奖。其中，由许承晃研究员完成的"掺杂碱卤化物 F2 + 型色心激光晶体系列研究"项目获一等奖；由王永初教授完成的"过程控制系统的定量化、规范化与工程化设计方法"获二等奖；由黄泽兴、何淑琼副教授完成的"卟啉衍生物的合成与应用"，王全凤教授完成的"高层建筑结构剪刀墙最优刚度"，吴承业、龚德恩教授完成的"经济控制的理论与应用"，陈启泉教授等完成的"HDDB 关系数据库管理系统"，施玉山副教授完成的"石结构房屋抗震设计规范"，许承晃研究员等完成的"掺杂 KCI 色心激光晶体材料及近红外可调谐色心激光"，张上泰教授完成的"关于非线

① 张灯：《首届全校科技管理工作研讨会提出重点加强应用技术研究》，《华侨大学报》1995 年 1 月 20 日。

性算子和方程的研究”等项目获三等奖。①

1995 年，福建省第二次社会科学优秀成果奖于 5 月揭晓，学校共有 7 项成果获奖，其中二等奖 3 项、三等奖 4 项。由陈俊明副教授、何志成教授完成的“《资本论》中篇系列研究”（系列论文），叶民强副教授、林峰讲师合作完成的“项目评价多因素敏感性分析与动态指标模型的研究”（系列论文），蔡灿津教授完成的“福乐智慧哲学思想初探”（专著）获福建省第二届社会科学优秀成果奖二等奖。

1996 年，机电系徐西鹏博士负责的科研项目“花岗石加工用高性能多片组合金刚石锯片研制”被列为 1996 年度国家重点科研项目，项目经费 80 万元。该项目以成熟的单片锯研究成果为基础，开发适合于各种石材和各种锯切参数的系列金刚石多片组合锯，对于促进我国金刚石工具和建材产业的发展，完善产业结构，推进产品上档次上水平具有重要意义。此外，仅 1996 年上半年，学校就有多达 20 个科技项目获得省自然科学基金资助，其中，杨国成副教授研制的省重点项目“WY－1 型味精浓度在线检测仪”通过福建省级鉴定，被确认达到国际先进水平。该项目是依据味精浓缩结晶工序的工艺要求而研制的新型在线浓度测量仪，其主要技术指标符合工艺要求，样机具有性能稳定可靠，显示直观，测量快速和无接触自动测量的特点，可安装在味精精制车间的真空浓缩罐上，用于测量真空浓缩过程中的味精母液的浓度，并可反映其浓度变化。

1997 年，学校申报国家自然科学基金工作成效显著，所申报的 34 个项目中有 5 个项目获得资助，资助金额高达 59 万元，比 1996 年增加 5.2 万元。② 同年，在备受瞩目的福建省第三届校园青年科技作品竞赛中，学校共有 20 件作品获奖。其中，仅化工系、电气系以及电子系的获奖总数量就超过总数的一半。③ 1997 年，土木工程系有一项科研成果“非自然煤矸石用于混凝土骨料的试验研究”通过了国家标准管理组和中国工程标准化协会混凝土结构委员会的鉴定，被确认为达到国内领先水平，该科研课题是建设部重点科研计划的子项课题之一。学校土木系在陈本沛教授主持、林雨生副教授等参与下，率先开展了此项研究，在该团队的集体攻关下，取得突破

① 华侨大学校史编写组编《华侨大学五十年（1960—2010）》，2010，第 129 页。

② 这 5 个项目分别是：①工商系吴承业教授负责的“沿海开放区可持续发展评价体系研究——闽东南实证分析”；②精密机械工程系徐西鹏副教授负责的“充分降低金刚石非正常实效实现花岗石高效锯切的新构想”；③化工系方柏山副教授负责的“基本荷电膜、辅酶再生的多酶连续催化过程”；④物化所吴季怀副研究员负责的“粘土——有机树脂超吸水性复合材料研究”；⑤李伟东助理研究员负责的“快速烧成分相——析晶乳浊釉的自生复相乳浊效应研究”。参见李斯怡“五项目获国家自然科学基金一项目列入国家计委重点计划”，《华侨大学报》1997 年 12 月 10 日。

③ 李志强：《省第三届校园青年科技作品竞赛揭晓，学校 20 件作品获奖》，《华侨大学报》1996 年 12 月 25 日。

性进展，最终为我国混凝土结构设计的规范性标准化及其在工程上的推广应用提供了重要的科学依据，为中国工程建设事业做出了贡献。

1998 年，林新波教授负责的“冲压（波型）挡板塔盘在甲醇回收生产上的应用”和王永初教授负责的“闭环振荡辨识模型理论与方法”荣获 1998 年度国务院侨务办公室科技进步二等奖；方柏山教授负责的“生物反应过程模型化与优化”、徐西鹏教授负责的“花岗石加工用高性能多片组合式金刚石圆锯片开发”、施玉山研究员负责的“石结构房屋抗震鉴定及加固规程”获 1998 年度国务院侨务办公室科技进步三等奖。蔡灿津教授《〈福乐智慧〉哲学思想初探》（著作类）获“普通高等学校第二届人文社会科学研究成果奖”三等奖。吴承业教授、叶民强教授、张少鹏副教授获“福建省第三届社会科学优秀成果奖”三等奖。[①] 马时冬教授、涂帆等人的合作研究项目“泉厦高速公路桥头软基综合治理的试验研究”获 1998 年度福建省科技进步奖二等奖，王永初教授等人的合作研究项目“过程预估、预测与控制”获 1998 年度福建省科技进步奖三等奖。[②] 另外，据中国科技信息研究所信息分析中心提供的统计资料显示：1998 年学校在 SCI 收录的期刊发表论文 6 篇，居全国高校第 136 位，居全国高校第 124 位，在 EI 收录的期刊发表论文 7 篇，居全国高校第 99 位。

1999 年，学校共有 5 项成果获国务院侨务办公室科技进步奖。另外，王全凤教授的研究成果“混凝土结构粘结及框架节点构造研究”获建设部科学技术进步二等奖。化工学院“EVA - PE 泡沫专用再生粒料技术”科研成果获第二届福建省青年科技成果（产品）博览会金奖，化工学院“聚合物聚醚多元醇”、机电系“花岗石加工用高性能多片组合式金刚石圆锯片”科研成果获第二届福建省青年科技成果（产品）博览会银奖。

除了理工科在科研方面所取得的令人瞩目的成就外，随着对人文社会科学的重视和加大投入，学校在人文社会科学方面也取得了较大进展。1995 年，福建省第二次社会科学优秀成果奖评出，学校共有 7 项获奖，其中二等奖 3 项，三等奖 4 项。1999 年，学校共有 3 个项目列入 1999 年福建省邓小平理论研究基地课题。再以工商系为例，90 年代中后期，在校科研处的指导和组织下，工商系建立健全了系级科研激励机制，积极开展科研活动。1997—1999 年，该系成功申报各类科研项目达 30

---

① 分别是：吴承业教授的《应用经济计量学教程》（著作类）、叶民强教授的“企业长、短期经营决策的不确分析的动态模型研究”（论文类）、张少鹏副教授的“关于将在建物作为贷款抵押物的立法建议”（论文类）。

② 林庆祥：《两项成果获省科技进步奖》，《华侨大学报》1998 年 12 月 5 日。

余项，其中国家级项目5项，中日合作项目1项，省部级项目11项，横向项目3项，资助金额达到100多万元。1997—1999年，该系发表论文达130余篇，其中在国家级刊物发表近20篇，被转载10余篇，并成功举办了中日学术研讨会和全国经济对策论、经济数学学术会议。同时，工商管理系教师还取得多项高效益、高水平的科研成果，获省级优秀成果奖5项，侨办科技进步奖1项，市级优秀成果奖5项。2000年，学校法律系讲师申报的“刑讯逼供之系统研究”获得国家社科基金项目立项。

二　科研合作与社会服务

华侨大学致力于鼓励和发展科技创新、合作与社会服务，为中国的现代化建设添砖加瓦。如上文所述，90年代初，学校召开由各系主管科研工作的负责人参加的科技工作座谈会，讨论了关于科技体制改革的设想，即稳定基础研究，鼓励和动员大多数科技力量进入经济建设主战场；建立多体制、多形式的运行机制，理工科研究所实行科、工、贸一体化，文科和社科研究所应积极争取横向经费；调整科研处管理职能；为学校科研工作的发展打造良好的制度保障。

（一）推动科技成果转化

科学技术是第一生产力，创新是引领发展的第一动力。充分发挥科技创新的作用，一个关键环节是科技成果转移转化。高校作为教学科研机构也承担着推动科研成果转化的重要责任。

为了加强应用技术研究，从而推动科研成果转化，学校在1995年1月5日召开了首届科技管理工作研讨会。校领导和有关科技工作者就科技工作的地位、应用与开发、科技队伍建设等问题展开了深入的研讨。副校长吴承业教授指出，学校应逐步建立教学、科研两个中心的新体制。科技工作的重点是向应用技术研究倾斜。科技管理工作的改革，主要是处理好横向与纵向的关系，加强应用与开发研究，科研经费向重点学科倾斜。①

华侨大学历来重视对科研的投入并努力推动科技成果转化为生产力。为此，学校研究机构纷纷探索横向合作的可能性，并通过参与交易会寻求与企业进行直接的商业合作。1992年，学校有20项最新科研成果参加泉州交易会的展览，分别由化

---

① 张灯：《首届全校科技管理工作研讨会提出重点加强应用技术研究》，《华侨大学报》1995年1月20日。

工、机械、化学、电气技术和电脑等系和物化所、校办工厂等单位提供。会议期间，前来与学校洽谈技术转让或产品销售的包括省内外40多家单位。其中，精密机械工程系研制的“QzD132电火花成型机床”尤其受到模具加工者的青睐，在学校的参展项目中，比较引人注目的还有物化所研制的“代替白炭黑使现的橡胶补强剂系列”、化工系的“各类节能治污燃煤窑炉”等项目。参展收效显著，在一定程度上推动了学校科研的发展和科技成果的进一步转化。

与其他机构合作创办公司也有利于推动科技成果的转化。例如，1993年2月11日，在校领导、泉州市领导以及物化研究所成员的共同努力下，华侨大学材料物化研究所高技术开发公司（以下简称华材公司）宣告成立。同时，华材公司与菲律宾KEC跨国集团公司签订了兴办中外合营旭达实业优先公司的合同。① 通过以上途径，材料物化研究所建立了与经济建设密切相关的多层次、多形式的科技工作新机制。同年，在由科技日报社等单位主办的全国首届实用技术大奖赛上，物化所的两项技术成果“新型硅橡胶补强剂”和“橡胶补强系列”被选为优秀参赛项目。

1995年，华侨大学首届科技管理研讨会进一步明确了科技工作要适应社会主义市场经济，要面向社会、面向经济建设主战场，确定学校今后的科研工作要逐步转向应用开发研究，人、财、物也要相应地向应用开发研究倾斜。为此，学校在加强基础研究的同时，积极引导组织大部分科技力量进入经济建设主战场，努力开拓与地方企业的科技合作渠道。②

在加快科技成果转化，推动产业发展方面，化工系部（学院）所取得的成就十分突出。化工系林新波教授承担的省重点项目“新挡板塔盘在醋酸乙烯生产上的应用”，在福建化纤化工厂首次应用成功，第一年就新增产值近千万元，新增利税388万元，节支增收110万元，取得了较好的经济效益，并陆续推广到广西、云南等11个省区。应用化学系高分子材料研究所，研制成功“SI506稳定剂”，其技术指标达国内领先水平，已成为上海高桥化工有限公司生产多元醇的重要原料。1999年12月，化工学院与泉州市肖厝经济开发区一石材厂签约建立肖厝陶瓷原材料开发中心，研究开发高科技含量、高附加值、高质量的标准化陶瓷系列原料及高新技术陶瓷产品。化工学院以技术转让的方式，每年分享科技直接投入项目创造利润的15%。

（二）提升科研合作

进入90年代以来，学校科技工作始终坚持主动面向经济建设主战场，上循国家

① 吴季怀：《材料物化研究所迈出科技体新步伐》，《华侨大学报》1993年3月5日。

② 华侨大学校史编写组编《华侨大学五十年（1960—2010）》，2010，第130页。

要求，下应经济社会发展需要，更具有针对性，更加注重与企事业单位加强在科研方面的合作。

1. 科研合作的重要性

学校在制度层面多次强调了科研合作的重要性，也通过建立合理的机制鼓励和引导不同系部加强对外科研合作。1991 年 3 月 5 日，学校召开第三次科技工作会议，着重讨论了开展科技开发为经济建设服务的问题。时任党委书记施玉山就学校今后的科技工作作了重要讲话，指出华侨大学现阶段科技工作虽然取得了可喜的进展，但还存在一些问题，如投入科研活动的教师和科研人员还较少，科技活动在社会上竞争能力不强，科技开发工作薄弱等。①

1993 年，学校召开第四次科技工作会议，进一步研讨如何建立与社会主义市场经济相适应的科技工作新体制，会议强调了以下三点内容：

第一，建立新体制的出发点。现代高等教育随着技术革命、产业革命和社会化大生产而形成和发展，又在致力于推动本国科技、经济和服务社会的过程中进一步改革和完善。随着教育、科技、经济一体化的形成，当代高等学校具有培养人才、发展科技和服务社会的职能。教学和科研的统一，体现着高等学校的内在规律；科技面向生产，发挥服务社会的职能，显示着高等学校挖掘自身智力资源，促进社会发展的巨大潜力。因此，高等学校科技工作改革的目标是建立符合科学技术自身发展规律的，与社会主义市场经济相适应的，科技与教育、经济、社会协调发展的，多层次的新体制。

第二，多层次的运行机制。首先，建立起以国家政策为导向的多层次的科技运行机制。按照中央关于科技工作要面向经济建设主战场的指示，在开发研究高新技术及其产业、基础研究这三个层次上，合理配置力量，进行组织结构调整，实行“稳住基础研究这一头，放开、放活其余一大片”的方针。其次，转变政府职能。政府的管理方式，应由过程管理转为目标管理，采用以间接调控为主的模式。最后，培育技术市场，促进科技成果商品化。要转变国家大统大包，向上伸手要的习惯，要从封闭的产业经济观念。转变为开放的市场经济观念，科技工作既重水平又重经济和社会效益。实现科技和经济一体化。建设一批不同层次和类型的工程（技术）研究中心和中试基地。从实际出发，与社会实行多种形式的合作。强化支持和保障系统，以利科技成果有效地转化，保障买卖和中介三方的合法利益。

第三，多元化的微观管理模式。改革现有高校科技工作的内部管理体制，以适

① 曾加扬：《学校召开第三次科技工作会议，讨论和探索学校科技工作的发展问题》，《华侨大学报》1991 年 3 月 15 日。

应多层次的科技运行机制，是建立科技新体制的基础。必须在运行机制，组织结构和人事管理制度等三方面实行改革。其一，优化内部运行机制，增强内在活力。其二，改变学科建制，优化学科结构，并建立相应的管理模式。其三，改革人事管理制度，造成人尽其才的良好内部环境。①

2. 与地方开展科研合作

学校位于泉州，与泉州市各部门和很多企业开展合作具有天然的优势。1991 年 12 月 24 日，学校与泉州市首次联合举行科技交流协作季谈会，就双方今后可以合作的课题进行了深入洽谈。双方一致认为，要将科技季谈会的合作形式巩固坚持下去，推动校地合作向更高层次、更宽领域发展。1992 年 3 月 19 日，双方第二次科技交流协作季谈会举行。泉州市（县）11 家企业与学校 6 个系（所、测试中心）签订了 16 个项目的合作或技术转让意向书。

1995 年，吴承业副校长率队访问了泉州地区 8 县（市、区），主动上门寻求与地方企事业单位的合作机会，积极拓宽与地方合作渠道。先后促成了惠安河豚毒素提取、晋江教育中心设计、永春县委县政府办公大楼设计、德化软土地基处理、晋江良兴染织厂印染废水处理等项目的签约。1998 年，泉州市“企业找科技行动”在学校举行，来自泉州市的 175 家企业与学校就 230 多个研究开发项目进行了磋商洽谈。洽谈会达成科研合作协议项目 40 多项，高能光学绳锯、聚乙烯泡沫边角料再生粒料技术等多个项目当场签约。学校还十分重视组织有市场前景的科技项目参加省市技术交易会或展览会，积极促成科技成果的转让。

为了发挥高校人才、技术资源聚集效应，学校也积极参与联合科技开发、科技开发项目研究、科技项目竞争投标等活动。例如土木工程系曾受省交通厅和省高速公路办公室之委托，承接了交通部行业科技攻关项目“泉厦高速公路桥头软基综合治理的试验研究”。该项目于 1997 年 12 月通过部级鉴定，鉴定成果为已达到国际先进水平，具有明显的经济效益和社会效益，并因此获得福建省人民政府颁发的 1998 年度省科技进步奖二等奖。1995 年，建筑系参与了泉州旧城改造之“泉州东街改造规划方案”设计投标，一举中标，获得最高奖项优秀奖。

此外，学校还积极探索与企业建立“产、学、研”三结合基地。例如：学校与泉州市无线电五厂合作成立“华侨大学明新电子研究所”，合作开发语言教学系统，取得了显著的经济效益，年产值已逾 500 万元；应用化学系与南安金鹿集团合作成立“金鹿家庭卫生杀虫用品研究所”，致力于研究提高产品的卫生标准和杀虫效果；

① 施玉山：《建立与市场经济相适应的高校科技工作新体制》，《华侨大学报》1993 年 6 月 25 日。

化工学院与广东清远制药公司联合成立“华侨大学新北江生物工程中心”，旨在共同研究开发新药，这是学校首次将校企合作拓展至省外。[①] 学校与企业合作科技开发机构的建立，大多由学校提供技术，企业提供设备和资金，共同开展技术攻关的一种联合模式，具有“产、学、研”三结合的内涵，也是建立“产、学、研”三结合基地的一种尝试。1999 年，学校参与开发的 3 个项目列入 1999 年度福建省第一批产学研联合开发计划。

综合而言，学校在科技成果转让方面取得了良好的经济效益，据不完全统计，20 世纪 90 年代，学校累计有 16 项（次）科技成果转让投产，新增产值超过 2 亿元，年新增利税超过两千万元。[②]

（三）强化社会服务

科学研究的重要目的是推动全社会的生产力提高，最终达到为社会服务的现实目的。这就要求高校在从事科学研究的同时，加强与社会机构的合作和交流，走出象牙塔，将科研成果转化为生产技术和产品，为经济发展服务。

在 1991 年第二次全校教职工大会上，时任校长陈觉万指出，科研工作是高等学校的一项基本任务。而科技工作的一项重要任务就是把科研成果从实验室阶段推进科技市场，促使科研成果转化，实现商品化和产业化。要进一步动员更多的科技人员进入经济建设的主战场，为福建省和闽南经济开发区的社会和经济发展服务。1991 年，福建省建委委托华侨大学为主编单位，编制福建省《石结构房屋抗震设计规范》及《石结构房屋抗震鉴定及加固规程》。这项工作填补了闽南地区石结构民居建设抗震设计规范方面的空白，对减轻福建省石结构震灾将产生巨大作用。

为贯彻“经济建设必须依靠科学技术，科学技术工作必须面向经济建设”的战略方针，1991 年 4—10 月，时任校党委书记施玉山亲自带领科研处的有关同志和部分系主任走出校门，先后到德化县、晋江县和石狮市进行访问和调查，并商讨有关科技协作的事宜。德化县有丰富的林木、水电及矿产资源；晋江县矿产资源有高岭土、型砂、玻璃沙和花岗岩等，是全国著名的侨乡和台胞的主要祖居地；惠安县主要的矿产资源有花岗岩、高岭土、玻璃沙、石英等，校方与企业直接接触，既密切了学校与泉州地区的科技协作，又体现了科学技术与生产实践相结合的方向。[③] 随后，12 月，学校和泉州市首次联合举行科技季座谈会。泉州市市长及有关单位、各

① 华侨大学校史编写组编《华侨大学四十年（1960—2000）》，2000，第 186 ~ 187 页。
② 华侨大学校史编写组编《华侨大学五十年（1960—2010）》，2010，第 131 页。
③ 《科技协作的良好开端》，《华侨大学报》1991 年 12 月 31 日。

县科技副县长出席了会议，会议代表就泉州市的科技状况和学校的科技情况做了汇报，为相互合作打下了基础。

1999年3月，为贯彻科教兴国战略，进一步发挥华侨大学在地方经济建设和社会事业发展中的作用，促进产学研结合，华侨大学科研处、化工学院等专家学者前往肖厝，与当地开发区商讨有关科技教育协作和产学研结合的事宜。① 随后，学校正式与肖厝开发区签定科教协作协议，双方将在高新技术产业区建设、石油化工产业发展、科技信息中心建设、企业生产经营管理、科技开发等领域展开密切合作。②

同年5月5日，由学校土木工程系组建的福建泉州九洲工程建设监理有限公司在喜庆热烈的气氛中挂牌，此举标志着学校办学在产、学、研道路上又迈出了实质性的一步。该公司为股份制公司，汇集学校一大批从事建设工程设计、施工以及工程管理方面的人才，技术力量雄厚，专业配套齐全，测试手段先进。公司将为土木工程建设项目提供工程建设监理、工程概预算、土木工程检测、工程技术咨询等方面的规范化、标准化服务。

三 实验室、图书馆与学刊

作为一个理工科专业具有较大优势同时文科专业具有特色的高校，各类实验室和图书馆的建设和管理也是学校科研管理工作的重要组成部分。学校对实验室和图书馆的建设和管理工作高度重视，积极筹措资金，加大对实验室和图书馆建设的资金投入，以此推动学校教学、科研工作的整体发展。此外，学校还主办了综合性和专业性学术期刊，为教师发表自然科学和人文社会科学的最新研究成果提供了良好的平台。

（一）实验室建设与管理

1. 实验室建设

经过复办尤其是八九十年代初的发展，学校实验室已初具规模。据不完全统计，90年代初，全校教学、科研、生产仪器设备共15309台（件），价值2462万元，其中大型精密贵重仪器43台（套），金额400万元；拥有27个实验室及计算中心、电教中心、测试中心三个中心，面积1.5万平方米；实验室工作人员119人，其中高级实验师8人，工程师、实验师25人；每年开出教学实验578个，每年接纳40万

---

① 庄志辉：《华侨大学与肖厝开发区加强科教协作》，《华侨大学报》1999年4月5日。

② 黄伟强：《华侨大学和肖厝科教协作协议签定》，《华侨大学报》1999年6月5日。

人次的学生进行教学实验。[①]

图 3-15　90 年代的电子实验室

图 3-16　侨总图书馆一瞥，1993 年 10 月 7 日摄

1991 年 5 月 8 日，图书馆组织召开了文科系座谈会，邀请文科系分管图书资料的领导及有关资料员举行座谈会，与会者就目前图书馆在书刊收集与利用上存在的一些问题进行了有益的对话，解决了一些问题，同时大家还就学校图书资料的整体工作，尤其是如何加强系资料室工作提出一些建议：其一，学校应该加强对图书馆及资料室建设的重视，对全校尤其是对文科系资料室建设要有一个长远的打算。其二，建议学校能建立图书资料筹集委员会，尽量争取到热心人士的捐助。其三，图书馆应加强对系资料室的业务领导，对资料员进行全面的业务培训。其四，全校的资料中心应集中在图书馆，各系作补充，实现资源共享。[②]

① 华侨大学校史编写组编《华侨大学五十年（1960—2010）》，2010，第 120 页。
② 卫红：《图书馆召开文科系座谈会》，《华侨大学报》1991 年 5 月 27 日。

秉持着为读者创造一个优质、优美和温馨的学习研究环境，学校图书馆进行了一系列的改革整顿，以充分发挥为师生提供文献信息服务的功能。与此同时，图书馆内部设施也进一步完善，配置了图书防火监测系统和图书防盗仪，图书馆计算机主控室按标准机房改建装修等。2000 年，学校图书馆进一步进行了以下改革：多渠道增设阅览室，即在总书库、外文书库、新书借阅室、过刊库内分别增设阅览室，将外刊阅览室与中刊阅览室合并为现刊阅览室，在保存库内开辟了教师研究生阅览室；为图书馆所有书库及部分阅览室安装空调，全面改善借阅环境；延长书库和阅览室的服务时间，即所有书库周一至周六从上午八点开放到下午六点，大部分阅览室周一至周六从上午八点开放到晚上十点；重新开放电子文献检索中心，并新成立信息咨询部，提供光盘检索、代查资料、课题查新、定题跟踪和读者培训等服务。

表 3－9　华侨大学图书馆藏书一览（截至 1999 年）

单位：册，种

类别		册数	种数
图书	中文	626656	155668
	外文	125609	29877
期刊	中文	88662	7727
	外文	71924	2111
文献专刊	中文	11011	5746
	外文	433	341
光盘		373	373
软盘		165	165
硬磁盘		16	16
图书累计		924849	202024

资料来源：《华侨大学图书馆藏书一览表》，《华侨大学报》2000 年 10 月 30 日。

学校图书馆在自主购买图书资料、不断扩充馆藏量的同时，也接受社会各界的捐赠。例如，2000 年，学校客座教授、美国堪萨斯州州立大学机械工程系黄启伦教授和美国“美亚之桥”基金会分别向学校图书馆赠送英文图书共计 1550 册。其中黄启伦教授捐赠个人收藏的机械、工程、数学类英文书籍 812 册。“美亚之桥”基金会捐赠 738 册，书源来自美国各大学书店、出版社、图书馆等。[①] 社会捐赠极大地丰富了学校图书馆外文图书的数量和种类。

经过近四十年的发展，进入 21 世纪时，学校图书馆逐步向大型化、科学化、规

① 华侨大学校长办公室：《黄启伦与“美亚之桥”向学校图书馆赠书》，《华侨大学报》2000 年 5 月 5 日。

范化和信息化迈进，逐渐形成了一个支持华侨大学理工人文社科和管理的多学科结构的文献收藏保障体系，为学校学科建设的加强、教学质量和科研水平的提高起到了重要的促进作用。

（二）学术期刊

1.《华侨大学学报》

《华侨大学学报》是学校主办的综合性学术期刊。其中，《华侨大学学报》（自然科学版）［*Journal of Huaqiao University*（*Natural Science*）］创刊于1980年，原名《华侨大学学报》，是福建省教育厅主管，华侨大学主办，面向国内外公开发行的自然科学综合性学术理论刊物，是国内外重要数据库和权威性文摘期刊固定收录的刊源。《华侨大学学报》（自然科学版）以创新性、前瞻性、学术性为办刊特色，主要刊登机械工程及自动化、测控技术与仪器、电气工程、电子工程、计算机技术、应用化学、材料与环境工程、化工与生化工程、土木工程、建筑学、应用数学等基础研究和应用研究方面的学术论文，科技成果的学术总结，新技术、新设计、新产品、新工艺、新材料、新理论的论述，以及国内外科技动态的综合评论等内容。①

随着学校科学研究的发展和教师学术水平的提高，华侨大学学报的办刊质量和档次也有了大幅提升。1996年初，在由国家教委科技司组织的全国高校自然科学学报“三优”评比中，《华侨大学学报》（自然科学版）荣获全国高校优秀学报一等奖、优秀编辑学论著一等奖，徐训树编审获得全国优秀编辑工作者称号。1996年，世界著名化学刊物——美国《化学文摘》确认《华侨大学学报》（自然科学版）为该刊收录摘要或索引的固定刊物。1997年，《华侨大学学报》（自然科学版）在由中宣部、国家科学技术委员会和国家新闻出版署联合举办的“第二届全国优秀科技期刊”评比中被评为“全国优秀科技期刊”。② 1999年，《华侨大学学报》（自然科学版）再次荣获全国优秀高校自然科学学报一等奖、教育部优秀科技期刊一等奖，在全国高校学报排名中名列第37位。③

《华侨大学学报》（哲学社会科学版）［*Journal of Huaqiao University*（*Philosophy and Social Sciences*）］是由华侨大学主办的综合性人文社会科学学术期刊，1983年创刊，原刊名为《华侨大学论丛》，1985年改称《华侨大学学报》（哲学社会科学

---

① 参见《学报概述》，《华侨大学学报》（自然科学版），http://www.hdxb.hqu.edu.cn/Corp/10.aspx，最后访问日期：2020年3月9日。

② 华侨大学校史编写组编《华侨大学五十年（1960—2010）》，2010年，第132页。

③ 《学报自然版再获全国奖》，《华侨大学报》1999年9月25日。

版），为季刊，在国内外公开发行。《华侨大学学报》（哲学社会科学版）以繁荣科学文化、促进学术交流、反映最新科研成果、发现和培养人才为办刊宗旨，主要刊登哲学、法学、经济学、管理学、文学等学科领域的论文。该刊物在坚持办好传统的特色栏目如华侨华人研究之外，还增加了宽容论坛、旅游学研究、华文教育研究、海峡经济研究、中外关系史研究等新栏目。①

《华侨大学学报》（哲学社会科学版）在 1999 年全国首届高等学校社科学报评优活动中荣获“全国百强社科学报”称号，位列第 57 位，此举标志着学报哲学社会科学版的办刊质量得到全国高校文科学报界的充分肯定。② 随后，《华侨大学学报》（哲学社会科学版）入选《中国人文社会科学核心期刊》（中国社会科学院），并于同年 12 月入选《中国学术期刊综合评价数据库》来源全文收录期刊和《中国人文社会科学引文数据库》来源期刊。1994 年 5 月 9 日，学校调整了《华侨大学学报》编委会成员：吴承业担任自然科学版主编，庄善裕担任社会科学版主编。

2.《华侨高等教育研究》

此外，学校还创办了国内第一本专门研究华侨高等教育的学术刊物——《华侨高等教育研究》。该刊物以学校教育改革和学科建设工作为导向，以本科教学和研究生教学为主要研究对象，以华文教育为特色，围绕教育教学工作中的热点难点问题，结合思政教育和高校管理工作，坚持理论联系实际，展示教育、教学研究成果，力求为教育改革和发展服务。

1991 年 5 月 12 日，《华侨高等教育研究》经福建省新闻出版局审批，准予公开发行。当年 7 月 2 日，《华侨高等教育研究》编辑委员会成立，杨翔翔任主编。1994 年 6 月 2 日，编辑委员会成员调整为：主编杨翔翔，常务副主编蔡又中，副主编郑厚生。1997 年 9 月 22 日，在编辑委员会的基础上，成立《华侨高等教育研究》编辑部。1997 年 5 月，《华侨高等教育研究》通过中国科学技术期刊编辑学会的质量审查，被吸收为团体会员。该刊物上刊发的文章曾多次被菲律宾华文教育中心等东南亚学术机构转载或引用，产生了良好的社会反响。

---

① 参见《学报简介》，《华侨大学学报》（哲学社会科学版），https://xbzsb.hqu.edu.cn/xbjj.htm，最后访问日期：2020 年 3 月 9 日。

② 华侨大学报记者：《学报哲社版位列全国百强》，《华侨大学报》1999 年 10 月 5 日。

第五节　推进华文教育和与境外交流

面向境外开展华文教育和传播中华文化，是华侨大学办学的优势和特色所在。华侨大学时刻牢记办学使命，大力发展华文教育，服务国家战略，服务境外华侨青年的学习要求。与此同时，学校也大力开展形式多样的与境外交流、合作，提升华侨大学的国际化水平。

一　华文教育与集美华文学院

华文教育是我国教育事业特别是高等教育事业的一个重要组成部分，也是华侨大学独具特色而且责无旁贷的一项重要的教学和科研任务。

（一）华文教育和研究

1. 华文教育理念

华文教育源于华侨教育，但它与华侨教育至少在三个方面有着明显不同。一是在施教内容上，它注重的是汉语言文化教育，而华侨教育则不仅包括汉语言文化，还以此为媒介，涵盖了包括数理化在内的几乎所有要让学生掌握的科学文化知识。二是在施教对象上，华侨教育的对象就是的中国侨民，而华文教育的对象则不仅是侨民，也包括外籍华人及其后裔，还包括非华裔的外国人。三是在教育目的上，华侨教育是要培养各种知识和技能全面发展的中国人才，而华文教育的目的则更为宽泛。对侨民来说，它要达到上述目标，对外籍华人及其后裔来说，是要巩固并发展其中华民族优良传统的文化情结，但对于非华裔的外国人来说，虽因参学者各自的目的不同，但总的最高目标是要把他们培养成为“汉学家”。[①] 由此可见，华文教育是一门内容相当宽泛的学科。从广义上说，它不仅包括了华侨和华人及其后裔的教

① 乔印伟：《新世纪华文教育研究的思考》，《华侨大学报》1999 年 5 月 25 日。

育，也包括了对非华裔的外国人施教的对外汉语教学。

20 世纪 90 年代，出于旅游、商务、教育、求职的需要，越来越多的华裔学生来中国学习汉语，经过一段正规的学习之后，回到他们的所在国，运用所学的汉语及中国文化知识从事经贸文化等事业，对当地的建筑事业起到积极的作用。华侨大学毕业的海外学生在马来西亚、泰国、菲律宾等国家大多事业有成，其中也不乏来中国投资者。因此，又吸引了更多的华裔学生来到中国，探索中华文化之奥妙。学校华文教育和研究在 90 年代的发展离不开这一时代背景。

华侨大学担负着传播中华文化的神圣使命。华侨大学的优势是“侨”的优势，学校所在的闽南地区是全国最大的侨乡，华侨大学又是泉州地区的最高学府，且独此一家。海外华侨华人和港澳台同胞正是看中这一点，来帮助和支持华侨大学建设和发展。1983 年华侨大学被党中央确定为“国家重点扶植大学”，这是华侨大学的优势。因此，华侨大学始终坚持“面向海外、面向港澳台”的办学方针，秉承“为侨服务、传播中华文化”的办学宗旨，贯彻“会通中外、并育德才”的办学理念，在推广华文教育和提升华文教育研究方面既责无旁贷也不遗余力。

1996 年 3 月，备受境内外瞩目的东南亚地区华文教育学术研讨会在华侨大学召开，来自菲律宾、泰国、马来西亚、韩国、印度尼西亚和新西兰等国家和地区以及国内有关单位的专家学者近百人参加会议。中国海外交流协会、国务院侨办、外交部、国家教委、对外汉语教学办公室、中国华侨历史研究所、暨南大学、厦门大学等单位派代表出席会议。国务院侨办文教宣传司司长丘进博士、泉州市李天乙副市长等领导在研讨会上致辞，强调了华文正日益成为一种世界性的交际工具，应抓住打好时机大力发展华文教育。①

1998 年 4 月 27 日，国务院侨务办公室副主任刘泽彭在会见文莱八间华校中国北京教育考察团一行时表示，希望境内外共同关心支持境外华文教育，使境外华文教育保持良好的发展势头。刘泽彭指出，境外华侨华人很多，也有很多很好的传统，而中文是维系中华民族感情、保持优秀文化传统的重要纽带，也是促进中国与世界各国家和地区进行交流合作的重要工具。在世界各地教授汉语，传播中国文化，对增进世界对中国的了解、中国的对外开放、对华侨华人的生存发展都有积极意义。国务院侨办将加大对海外华文教育的支持力度。

2. 提高华文教育水平的举措

学校为提高华文教育水平提出了几点举措。首先，明确办学方向，拓宽境外生

---

① 王士华、张林：《各国专家学者聚首华侨大学研讨东南亚地区华文教育》，《华侨大学报》1996 年 3 月 15 日。

源，提高办学层次。华文教育中心要在现有的非学历教育与学历教育兼有的基础上，不仅要办好汉语初级班、中级班、高级班、汉语夏（冬）令营以及华文师资进修班等，还要进一步完善学历教育，形成既有四年制本科又有两年制专科的学历建制，改变过去文化补习的单一形式，激活新形势下的办学机制。学校在资金紧张的情况下，仍然投入较多资金，用于增添学生的教学和生活设施，使教学、生活条件达到国内先进水平，以吸引更多的海外学子。①

其次，增强师资队伍，加快学科建设，提高教学质量。师资队伍建设是学校发展的基础和关键。华文教育学科的特殊性，需要我们努力建设一支面向 21 世纪、政治思想好、业务水平高、结构优化、人员精干、充满活力、相对稳定的师资队伍。一是要做好现有师资队伍的培养和提高，这是一项旨在提高教师素质的长期工作；二是要积极引进高层次人才，通过多种渠道和方式，吸引国内的优秀人才来校任教；三是要做好教师的职务评聘以及其他生活方面的工作，使他们无后顾之忧，从而提高教师的主观能动性，加快学科建设，把教学质量再提高一个台阶。

再次，开展科学研究，深入理论探讨，促进教学实践。科研研究水平集中反映了一所学校的总体学术水平，我们充分认识到科研工作是学校加强学科建设、自我强化、提高师资水平和办学业绩，扩大社会影响的重要途径。因此，新一届领导上任伊始，就把科研工作提到议事日程上，成立华文教育研究所，稳步地开展了科研工作。根据科研促教学、教学促科研的原则，研究所以集美侨校并入华侨大学为契机，以对外汉语的学科研究为出发点，从第二语言教学的角度来研究语言学理论和语言教学理论。基于此，教师们的科研热情有了较大提高，制定了近期和中长期科研规划，有些已经初见成果，直接促进了教学工作。例如，按照国家对外汉语教学领导小组办公室拟定的《1998—2000 年对外汉语教学科研课题指南》的要求，学校顾圣皓教授申报的课题“华文教育教学法研究”经专家评委会审议，获准立项，首次资助经费 0.8 万元，实现了学校华文教育科学研究在汉办科研立项零的突破。

最后，增进境内外联系，抓住办学机遇，弘扬民族文化。我国改革开放以来所取得的成就，极大地提高了国际威望，加上港澳台地区的经济发展，使得汉语越来越被全世界瞩目，“汉语热”成为一时风尚。这是学校推进华文教育的极好机遇。集美华文教育中心的任务就是增进与境外特别是东亚、东南亚地区的联系，使更多的华侨、华人子弟来校就读。为达到这一目的，学校不仅要详尽了解他们在所在国的具体情况，还要以故园乡情形成更大的向心力，使集美华文教育中心成为海外游

---

① 李基杰：《开拓进取办好（集美）华文教育基地》，《华侨大学报》1997 年 6 月 25 日。

子的向往之地，为弘扬民族文化做出贡献。

为提高华文教育和研究水平，学校通过多种方式和渠道开展华文教育，培养华文师资，拓展华文领域的对外交流。1993 年 4 月，学校和福建省海外交流协会联合举办了泰国华文教师公会汉语师资研修班。1997 年 4 月，学校为菲律宾华文师资进修班近 40 名老师进行了业务培训。1994 年 6 月，为促进中马两国的文化交流、增进马来西亚华文独立中学对学校的了解，学校邀请马来西亚华文独立中学校长访问团来校参观访问。[①] 此后，1998 年 9 月，马来西亚华文独立中学教师团和华校幼教教师进修团 40 多人来学校华文教育中心进修培训。这是马来西亚华文教师首次组团到中国进修交流，福建省人民政府副省长汪毅夫在 9 月 15 日接见并宴请了马来西亚华文教师。学校还受菲律宾福川烟草基金会和菲律宾侨中学院委托，培养菲律宾华文教育师资力量。

图 3 - 17　1996 年菲律宾侨中学院华文教师进修班结业典礼

（二）集美华文学院

1. 集美侨校源流

从历史渊源来说，华侨大学的华文教育和研究与集美华侨补习学校渊源深厚。集美侨校的历史是与陈嘉庚的光辉名字和集美学村联系在一起的。1953 年 6 月第二次全国教育工作会议后，考虑到南洋各地华侨教育受种种限制，回国求学的侨生将会日益增多，陈嘉庚先生向中央人民政府建议在集美创办归国华侨学生中等补习学校，专收归国侨生，进行补习教育。中央人民政府采纳了他的建议，并拨专款委托他负责筹建工作，学校由中侨委（国务院侨办的前身）及地方政府领导，以中侨委为主。1953 年 11 月，在福建省侨委、福建省教育厅、厦门市文教局的领导下，成

---

① 华侨大学招生办公室《马来西亚华文独立中学校长访问团应邀来校访问》，《华侨大学报》1994 年 6 月 30 日。

立“集美华侨学生补习学校筹备委员会”，进行建校筹备工作，并接收以前“国立福建航专”移交的校舍和教学设备。是年 12 月，集美华侨补习学校开始接待第一批归国侨生，12 月下旬开始上课。

1954 年，在校学生 910 名，高考录取率高达 75%。1955 年和 1960 年高考录取率分别高达 80% 和 98%。据统计，自 1954 年 1 月正式开学至 1971 年 11 月被迫停办，集美侨校十几年间先后办了 354 个班，总计培养华侨学生 19432 人。① 1957 年，经中侨委同意，陈嘉庚先生倡办的“侨属子女补习学校”成立，并委托集美华侨学生补习学校负责兼办。1957 年 8 月该校正式招生，首批录取 727 名侨属学生。1960 年因为学校接受安置大批印尼归侨学生的任务，校舍不敷应用，侨属子女补习学校停办。

图 3-18　庆祝集美华侨补校复办

1966 年“文化大革命”开始后，集美华侨补习学校被迫停课。1971 年底，学校被迫停办。粉碎“四人帮”以后，中共中央重申党的侨务政策，国务院决定复办暨南大学、华侨大学和广州、集美两所华侨学生补习学校。1978 年 6 月，福建省教育局、福建省侨办召开集美华侨学生补习学校复办工作会议。1978 年 9 月，厦门市成立集美华侨学生补习学校复办筹备领导小组。由于校舍被占用，暂借集美中学部分校舍使用，直到 1979 年 12 月才开始复办招生。1981 年 12 月，集美侨校搬回原校址。次年，经国务院批准，增设“集美中国语言文化学校”，专收华侨、华人子女来校学习汉语，设一年制汉语基础班和二年制汉语专修班。此外，还承办海外学生夏令营、华文教师培训班等。从 1978 年复办至 1991 年，学校大学先修班招收华侨学生 951 人，侨属学生 1383 人，汉语班外籍学生 419 人，各种专修班、培训班 643

① 参见《学院简介》，华侨大学华文学院，https://hwxy.hqu.edu.cn/xxgk/xyls.htm，最后访问日期：2020 年 2 月 11 日。

人，海外华文教师夏令营 272 人，侨生夏令营班 194 人，合计 3862 人。连同“文革”前的校友总共 23294 人。①

2. 集美侨校成建制并入华侨大学

随着我国改革开放的不断深入和海外华文教育事业的迅速发展，原华侨学生补习学校的建制和教学形式等已经不能适应新的形势需要。1997 年初，为适应海外华文教育事业发展的需要，经国务院侨办批准，集美华侨补习学校成建制并入华侨大学，除保留集美华侨补校的名称外，还成立了华侨大学（集美）中国语言文化学校。该校主要承担面向海外开展华文教育的任务，并向高校体系转轨的方向发展，办成我国开展对外中华语言文化教育的一个重要基地。

集美侨校成建制并入华侨大学后，在领导和管理体制上发生了重大变化。新一届领导遵照党中央“抓住机遇、深化改革、扩大开放、加快发展、保持稳定”的工作方针，贯彻国务院侨办“以华侨大学名义面向境外（主要是东亚、东南亚的）华侨华人招生，开展中国语言文化教育，同时兼顾海外华侨的师资培训、外派教师、编写教材等工作”的办学宗旨，加大改革力度，优化育人环境，改善办学条件，提高办学水平，努力把华侨大学集美华文教育中心办成我国开展对外汉语教学的一个重要基地。

3. 成立华文教育研究所

1997 年 4 月 15 日，学校成立了华文教育研究所，所长由华侨大学中国文化艺术系系主任、研究生导师顾圣皓教授兼任。研究所根据“科研促教学、教学促科研”的原则，着重研究华文教育的教学规律与特征，从教育学的理论角度研究华文教育的学科性质、教育任务和教育目标，使华文教育更好地为海外华侨华人服务。研究所的工作面向海外，服务于教学，努力促进华文教育中心的教学实践，使集美华文教育中心成为有特色的华文教育基地。成立后，研究所从实际出发，制订了近期科研计划和中长期科研目标。启动了“海外华裔学生汉民族文化情结的嬗变”“印尼华文教育的回顾与前瞻”“拓宽海外生源研究”等科研课题，组织教师撰写并发表了学术论文数十篇。

4. 成立集美华文学院

华侨大学集美华文学院的前身是被归侨学生誉为“侨生摇篮”的集美华侨学生补习学校，后经几次合并与更名，于 2002 年正式被称为“华侨大学华文学院”。集美华侨补习学校是 1953 年由陈嘉庚先生倡议创办的一所招收华侨、华人学生学习文

---

① 参见《学院简介》，华侨大学华文学院，https://hwxy.hqu.edu.cn/xxgk/xyls.htm，最后访问日期：2020 年 2 月 11 日。

化知识的侨务学校，创办以来，在海内外享有一定声誉，华侨大学将加强这所学校的学科建设，不断改善办学条件，促进学校的进一步发展，该校主要承担面向海外开展华文教育的任务，并向高校体系转轨的方向发展，办成我国开展对外中华语言文化教育的一个重要基地。

为了适应海外华文教育事业发展的需求，提高办学层次，1997 年 2 月，国务院侨务办公室决定集美侨校成建制并入华侨大学，成立华侨大学集美华文教育中心，归华侨大学领导。集美华文教育中心成立后，在非学历教育与学历教育兼有的基础上，开办了汉语初级班、中级班、高级班、汉语夏（冬）令营以及华文师资进修班，并进一步完善学历教育，形成既有四年制本科又有两年制专科的学历建制。①

1999 年 5 月 21 日，为进一步拓展海外华文教育工作，提高办学层次，扩大对外影响，经国务院侨务办公室研究并商教育部同意，华侨大学集美华文教育中心更名为华侨大学集美华文学院。② 与此同时，考虑到集美华侨学生补习学校对海外的华侨华人的历史作用和影响，为便于开展工作，保留原集美华侨学生补习学校校牌。更名后，集美华文学院的财务和资产管理工作归学校管理，各项经费由国务院侨办下达；学院为学校的二级学院，不具有独立的法人资格；学院主要开展面向海外华侨华人的华文教育工作，不进行国内的普通高等学历教育。总体而言，国务院侨办希望学校高度重视，加强对华文学院的领导和管理，强化为侨服务的功能，改善相关的办学条件，争取在较短时间内使其在对外招生、教学管理、师资队伍建设以及学院内部管理等方面的工作有较大起色，发挥该学院在开展海外华文教育中的积极作用。③

2000 年初，16 位来自韩国湖南大学外国语学院的学员来华侨大学集美华文学院参加短期汉语学习班。集美华文学院为韩国学员专门开设了初级和中级两个班，以游教结合、自由交谈等形式开设视听、口语和成语故事等课程，取得较好的教学效果。同年，集美华文学院和菲律宾光华中学签署了友好合作协议，根据协议，集美华文学院将为光华中学提供教师培训、学生短期强化训练等服务，双方还将开展学术交流等多方面合作，共同促进华文教育的发展。

5. 部市共建集美华文学院

集美华文学院成立后，为贯彻实施《中国教育改革和发展纲要》，深化教育体

---

① 李基杰：《开拓进取办好（集美）华文教育基地》，《华侨大学报》1997 年 6 月 25 日。

② 白平：《集美华文学院正式成立》，《华侨大学报》1999 年 6 月 25 日。

③ 2002 年，华侨大学集美华文学院更名为华侨大学华文学院。林庆祥：《华文学院获准成立》，《华侨大学报》1999 年 6 月 5 日。

制改革，积极创造条件办好华侨大学集美华文学院，使之在团结与服务海内外华侨华人、促进厦门市经济建设与社会发展方面发挥更大作用，国务院侨务办公室与厦门市人民政府决定共建集美华文学院。

1999 年，国务院侨务办公室与厦门市人民政府签订共建华侨大学集美华文学院协议。实施共建后，厦门市政府将集美华文学院发展列入本市高等教育发展规划；在改善办学条件、职称评定、申请出入境等方面支持华文学院；协助学院制订和实施校园规划，并指导校园改造；同时鼓励各界人士和企业以多种形式支持华文学院改善办学条件。在此基础上，国务院侨办和厦门市都希望华文学院能够在对外交流、侨务信息、引进人才、招商引资等方面为厦门市经济建设、社会发展与科技进步做出应有的贡献。①

随后，集美华文学院迎来新的发展机遇。2000 年 11 月，国务院侨办授牌集美华文学院“华文教育基地”单位，为集美华文学院的发展创造了更加良好的条件。时任校长吴承业表示，华侨大学集美华文学院将不断深化教育改革，提高教学质量，改进管理水平，努力拓展海外生源，增强对外影响力和吸引力，为建成中国一流的华文教育基地而奋斗。②

二　与境外交流、合作

华侨大学是一所外向型华侨高等学府，特殊的办学性质决定了它必须加强对外交流与合作。学校初创时期，由于受到当时国内外环境和条件限制，对外交往极为有限，仅有少数海外华侨人士到校参观访问，学校主动出访很少。复办以后，随着国家改革开放的不断深入，学校对外交往日益增多，由友好往来逐步发展为人才和学术交流合作，并与许多学校和学术机构签订友好合作协议。特别是学校董事会成立并设立华侨大学基金会之后，有董事会的支持和协助，学校对外交往工作得到长足发展。

（一）与境外友好往来

对外保持友好往来一直是学校秉持的优良传统。90 年代，学校与境内外的众多高校建立了良性的互动关系，彼此互派访问团，加强校际合作，对学校与世界接轨以及学校的国际化发展都产生了深远的积极影响。

---

① 林庆祥：《国侨办与厦门市政府签订协议共建华侨大学华文学院》，《华侨大学报》1999 年 9 月 25 日。

② 罗应：《国务院侨办授牌集美华文学院“华文教育基地”单位》，《华侨大学报》2000 年 11 月 10 日。

在境外友好往来方面，学校有着较为丰富的经验。尤其是在现代化和国际化大发展的90年代，学校与众多境外高校、科研机构以及社会机构保持着良好的互动关系，为境内外友好往来添砖加瓦。

1991年4月12日，陈嘉庚之子、新加坡华侨陈元济先生一行八人莅校参观。当年，学校与日本长崎县立大学、早稻田大学和东京理科大学建立校际友好关系；4月22—23日，由学校华侨研究所与日本九洲国际大学国际商学院联合举办的"泰益号"书信解读与分析国际学术研讨会在学校召开。同年8月，为提高学校教师的教学和学术水平，日本东华教育文化交流财团资助学校教师赴日参加学术会议；同年12月，应日本长崎韦斯莱短期大学校长的邀请，学校派出代表团前往日本进行访问，进一步开展对日学术交流。

1992年6月，进修学院与泰国丰商业技术学院达成交换教师、学生协议。1992年10月，应日本长崎县立大学铃木武校长的邀请，时任校长陈觉万率领代表团前往日本，参加长崎县立大学新馆落成典礼，并签订校际友好交流协议书。[①]

1993年3月，中国台湾首位诺贝尔化学奖获得者、陈嘉庚国际学会会员李远哲[②]教授莅校访问。[③] 同年，加拿大约克大学政治学系副教授、全加华人联合会全国理事、多伦多华人团体联合总会理事詹文义博士莅校讲学，先后开设了五个专题讲座。1994年4月，学校与美国道林大学（Dowling College）签订合作协议书；同年11月，学校与美国东洛杉矶学院签订教学与科研友好合作协议。[④]

1995年5月29日，菲律宾参议院议长安加拉在马尼拉接见庄善裕校长率领的华侨大学访问团，并表示，菲律宾大学和华侨大学自建立友好合作关系以来，两校关系日益密切，希望继续发展菲律宾大学和华侨大学的友好合作关系。

1996年，马来西亚《国际时报》《南洋商报》《光华日报》《光明日报》《中国报》记者组成的马来西亚华人报刊记者团莅临学校采访。记者团就华侨大学的办学历史、办学特色、科研成就、对外文化交流等方面采访了学校有关领导和负责人。记者团对学校教学科研及优美的校园环境大为赞赏，对学校为马来西亚留学生提供良好教学和生活设施表示感谢。

1997年2月，学校与巴西坎波纳勘斯州立大学签订合作协议书；同年，以副校长福图纳托·佩纳（Fortunato T. dela pena）为团长的菲律宾大学代表团莅临学校进

---

① 吴何：《陈觉万校长率团赴日访问》，《华侨大学报》1992年11月20日。

② 李远哲，1936年11月29日出生于台湾省新竹市，著名化学家，是中国台湾首位诺贝尔化学奖得主，美国加州大学伯克利分校荣誉退休教授。

③ 华侨大学校长办公室：《李远哲教授莅校访问》，《华侨大学报》1993年4月10日。

④ 华侨大学校史编写组编《华侨大学五十年（1960—2010）》，2010，第145页。

行学术访问。庄校长热情会见了菲律宾大学的客人。双方就进一步加强两校的学术交流合作进行了磋商，并商定：两校将在香港“王柯基金会”和菲律宾“陈守仁基金会”资助下每年互派教师进行学术访问和科研合作。菲律宾大学代表团表达了进一步加强两校学术交流和友好合作的心愿。①

1998 年 10 月，由中国作家协会、泉州市对外文化交流协会和泉州市文联主办的北美华文作家作品研讨会在学校举行。来自美国、加拿大的华文作家於梨华、林婷婷、裴在美、萧逸等和国内知名作家、文学评论家铁凝、叶辛、陈忠实、方方、赵玫、刘登翰等 50 多人同聚一堂，共同研讨北美华文作家作品。他们一致认为，北美华文作家用华文对羁旅异国他乡的生活进行了独特的情感表达，表现了华侨、华人在异国奋斗的种种情怀以及中西文化的交流与碰撞，其作品成为中华民族文化的一个重要组成部分，也为世界华文文学的发展做出了重要贡献。与会者还向学校中文系捐赠了自己的著作，北美德州文友社的少君先生还捐款 10 万元设立了“华侨大学金朝海外华文文学研究基金”。著名北美华文作家於梨华女士和国内著名作家、第四届矛盾文学奖得主陈忠实先生、著名评论家刘登翰先生受聘为学校中文系兼职教授。②

1999 年，应韩国湖南大学的邀请，时任校长庄善裕和校长助理关一凡一行三人日前出席该校成立 21 周年庆典，受到热烈欢迎。该校董事长朴基仁、校长张明善分别和庄校长的一行举行会谈，双方分别介绍了各自学校的基本情况和近年的办学成就，表达了友好合作交流的共同愿望，并就相关问题交换了意见。随后，双方还分别代表两校签署了《中国国立华侨大学和韩国湖南大学友好交流协议书》。根据协议，两校将本着相互尊重、自主互惠的原则，就中韩两国及福建省和光州经济、社会、文化等开展共同研究；互派教师，充实和提高两校教学和学术研究力量；定期交流双方出版的学术资料、刊物及其他有关资料；相互推荐优秀学生到对方学校留学；在适当时间互派代表团访问等。③

（二）与境外学术交流

与境外学术交流旨在促进中国和其他国家在学术层面的交流与沟通，能够发挥推动科技进步与文明发展的重要作用。与境外学术交流的主要推动者正是中外的大学和科研机构。华侨大学也始终在积极开展中外学术交流，促进中外学术界的共同

① 张林：《菲律宾大学代表团访问学校》，《华侨大学报》1997 年 5 月 10 日。

② 《北美华文作家作品研讨会举行》，《华侨大学报》1998 年 10 月 10 日。

③ 黄伟强：《庄善裕访问韩国湖南大学》，《华侨大学报》1999 年 7 月 5 日。

进步。

90年代，学校在中外学术交流方面成果显著，共与日本、美国、新西兰、菲律宾、马来西亚等国家和地区的20多所高校建立了校际友好协作关系。特别值得一提的是，1991年2月17—20日，联合国教科文组织“中国与海上丝绸之路”综合考察团国际学术讨论会在学校陈嘉庚纪念堂举行。[①] 在2013年国家提出“一带一路”倡议前，学校就主办了探讨海上丝绸之路的国际性会议，既凸显了学校所在的泉州市的历史地位，又体现了学校举办大型国际性会议的组织能力。

具体而言，当时参加这次学术讨论会的有28个国家和地区的一百多位专家学者，他们带来了95篇有关海上丝绸之路的研究论文，其中有13篇由国外专家学者写作。出席开幕式的有中央、省、市领导王汉斌、贾庆林、滕藤、肖健、凌青、陈荣春和华侨大学校长陈觉万等。联合国“海上丝绸之路”考察队迪安、学术领队欧刚和阿曼、卡塔尔、巴林、沙特阿拉伯等国驻华大使以及联合国教科文组织驻北京代表出席了开幕式。学术讨论会经过4天的论文报告和自由讨论，于2月20日拉下帷幕。这次学术讨论会分两个阶段进行。第一阶段从2月17—18日，由中外代表包括考察船上的专家学者共同参加。第二阶段从2月19—20日，由中方学者和部分非船上人员的外国学者参加。在学术讨论会上，共有47位专家学者作了论文报告。国内外专家学者从历史、航海、造船、经贸、宗教、文化、移民、音乐等不同角度，进行热烈地讨论和交流，把关于“海上丝绸之路”的研究推向更广泛的领域和更高的层次。

图3-19 “中国与海上丝绸之路”国际学术讨论会

本次国际学术讨论会认定，中国是海洋文化发祥地之一，泉州是无可争议的海

① 文平：《“中国与海上丝绸之路”国际学术讨论会圆满成功》，《华侨大学报》1991年3月15日。

上丝绸之路的起点，中国是古代东方的航海大国，通过海上丝绸之路与世界其他国家和地区有着频繁的交往，进行广泛的经济文化交流，海上丝绸之路曾给古代文明带来积极的贡献，也必将给现代文明，给各国之间的经济合作和文化交流带来积极的贡献。本届国际学术讨论会是由学校主办的大型国际学术讨论会，华侨大学各级领导和全体师生，在会前和会中做了大量的组织工作。为了让学术讨论会取得圆满成功，学校特意从海外购买了同声翻译的最新设备，组织专门人员安置和检验，保证这台设备的使用效率。为表彰华侨大学成功地主持了这次国际学术讨论会，联合国教科文组织特地向华侨大学颁发了一枚铜牌，以示表彰。

1991 年 4 月下旬，香港浸会学院教务长杨国雄博士，地理学系高级讲师李思名博士，香港大学新闻处徐天佑主任、新闻助理罗蕴韶，香港中文大学学术交流主人伦炽标博士，香港理工学院外事主任林业伟，新闻及公共关系主任潘占达，香港科技大学校长助理彭思梅等在新华社香港分社文化教育部部长翁心桥和学术研究员王国力副教授的陪同下对学校进行参观访问。值得一提的是，香港这些大学的学术交流负责人一起到学校来研讨双方的学术交流问题，这还是首次。[①] 访问期间，客人们参观了侨总图书馆、菲华教学楼、纪念堂、秋中湖和精密机械工程系、土木系、计算中心，电教中心等有关实验设备并与有关各系负责人陈启泉、张伯霖、欧阳金水等交谈。校部机关教务处长郑厚生、科研处长庄世杰等也向客人介绍了学校的教学与科研情况。同时宾主还就教学与科研人员的互访进行讨论，一些准备到香港进修的教师也和有关大学的学术交流负责人进行了交谈。陈觉万校长和杨翔翔副校长热情地接待了香港客人，并表示学校愿意和港澳台地区以及海外各高等学校，有更多的来往和联系。访问团返港后，新华社香港分社教育科技部还特地致函学校，表示香港高等院校学术交流负责人此行获得圆满成功，他们对华侨大学近年来的发展留下了美好的印象。

1992 年，日本长崎县县立大学校长铃木武先生率团再次访问华侨大学，商谈并草签两校友好交流协议书（草案），受到陈觉万校长、施玉山书记、杨翔翔副校长和杜成金副书记等的热烈欢迎和盛情接待。[②] 协议书（草案）的基本内容有四项：第一，共同研究课题及举行学术研讨会；第二，交换教师，包括互派教师授课，进行学术研究以及青年教师的业务进修；第三，交流学术资料、刊物及其他有关资料；第四，交换学生，双方同意推荐优秀学生自费到对方学校学习，或派遣学生到对方学校学习等。对于交换教师和互派留学生，双方一致同意采取同等优惠条件。1993

---

① 周折：《香港五校有关人士来校参观访问》，《华侨大学报》1991 年 5 月 27 日。

② 郑厚生：《日本铃木武校长率团莅校草签两校友好交流协议书》，《华侨大学报》1992 年 6 月 20 日。

年，双方召开“第三届中日经济学术研讨会”。

图 3-20　第一届中日经济学术研讨会

1994 年，学校派出代表团前往日本长崎，参加第四届“中日经济研讨会”。1995 年 11 月，“中日经济国际研讨会”在华侨大学陈嘉庚纪念堂举行，由华侨大学和日本长崎县立大学联合举办。会议始终充满浓厚的学术气氛。中日双方还对今后如何进一步加强学术交流做了研讨。这次会议对加强两校的学术交流与合作，促进两国经济发展的理论研究起到了良好作用。①

在学术交流方面，邀请著名科学家、知名学者等个人来校交流也是其中一个重要方面，例如 1995 年 7 月 29 日，世界著名科学家，诺贝尔奖获得者杨振宁博士应聘担任华侨大学名誉教授。杨振宁博士在华侨大学期间做了题为《对称与物理》和《近代科技进入中国的回顾与前瞻》两场学术报告会。②

1996 年，马来西亚霹雳华校董事会联合会“教育咨询团”一行 16 人莅临学校进行教育考察和交流。③ 同年，庄善裕校长率领代表团应邀访问了香港大学、香港理工大学、香港科技大学以及澳门大学等院校，交流办学经验，并就加强校际合作交流达成意向。这对于推动学校的对外友好访问和讲学，增强办学活力，扩大学校在境内外的知名度起到积极作用。

1998 年，巴西坎皮纳斯州立大学校长马丁斯·菲略率代表团莅临学校访问交流，并与庄善裕校长签订了两校合作协议书。按协议，两校将在交换教职人员和研究人员、实施合作研究项目、举办学术讲座与专题研讨会、交流学术信息和出版物以及交换留学生等方面大力加强友好合作，促进两校共同发展。同年，日本国长崎

① 建权：《中日经济国际研讨会在学校举行》，《华侨大学报》1995 年 12 月 5 日。
② 赵然、缪木：《杨振宁博士应聘担任华侨大学名誉教授》，《华侨大学报》1995 年 9 月 5 日。
③ 谢荣浩：《马来西亚霹雳华校咨询团莅校访问》，《华侨大学报》1996 年 1 月 10 日。

图 3－21　杨振宁博士莅校讲学

县立大学校长石村善治、韩国湖南大学校长李大淳率领代表团访问学校，开展学术交流。实际上，长崎县立大学自 1993 年开始就与华侨大学开展合作与交流，双方互派学生留学、教师进修，合作科研、派遣访问学者，交流学术成果，共同促进了彼此的发展。华侨大学、日本长崎县立大学、韩国湖南大学三所学校的专家学者齐聚学校，共同研究经济发展问题；同时，中日两校学者围绕“中日环境保护、企业管理及经济可持续发展”议题在学校举行了研讨会。韩国湖南大学校长李大淳表示，通过访问增进了对华侨大学的了解，希望能进一步加强与学校的友好合作并签订有关协议，共谋两校新发展。

1999 年 4 月，学校组织访问团赴英国考察，先后访问了伦敦大学、牛津大学、剑桥大学、爱丁堡大学、格拉斯哥大学等五所高校，开启了学校与欧洲高校交流合作的良好开端。至 1999 年底，学校已经与美国、加拿大、巴西、日本、韩国、菲律宾、新加坡和中国香港等国家和地区十余所大学建立了校际友好关系。①

（三）国际合作办学

不同于短期的学术来往和交流，国际合作办学的目标定位是从长远角度共同培养学生，并在此过程中增进相互关系，交换教学方法以及更为深层的教学理念和教学文化，有益于彼此进一步走向国际化。为深化教育体制改革，华侨大学积极探索学校与企业、学校与学校、学校与地方等多元化合作办学模式。

在国际合作办学方面，学校最初的探索集中在个别专业上，形式也比较单一。1991 年 3 月，加拿大泊州教育代表团来华侨大学进行了为期一周的学术访问，双方

① 华侨大学校史编写组编《华侨大学五十年（1960—2010）》，2010，第 146 页。

经过交流后，加方代表认为学校的英语教学有一定的深度，教师素质较好并且有献身事业的精神，教学秩序良好。在此基础上，加拿大代表团决定当年暑假在学校举办第一期英语短期培训班。①

同年4月，为了方便马来西亚青年学生报考暨南大学和华侨大学，两校联合对外招生办公室特委托南亚贸易中心在马来西亚设点协助招生，并签订协议。协议规定，暨南大学、华侨大学两校向南亚贸易中心提供两校基本情况及有关招生资料，审查考生的考试资格，并根据考试成绩决定录取与否，对决定录取的考生签发录取通知书，对未被录取的考生寄送考试成绩通知单。南亚贸易中心在马来西亚通过有关媒介介绍、宣传两校，并在马来西亚设立两校联招报名点，办理报名手续，组织考生到选定的考场地点参加入学考试。这一协议的签订既有利于华侨大学的对外招生工作，也能吸引更好的境外华侨青年来华侨大学学习。②

随着学校实力的增强以及国际化程度的加深，学校开始尝试和企业集团合作，开办教育中心。例如，1995年12月，学校与香港祥业集团合作创立了“华侨大学香港祥业工商管理教育中心”。该中心实行产学研一体化的办学模式和理事会领导下的主任负责制。祥业集团每年为“教育中心”核拨教育经费，并设立“颜章根奖学金、奖教金”。工商管理系全面负责“教育中心”的教学、财务、人事和日常行政工作，从1995年招收的学生中划定2名数量经济学硕士研究生与40名工商管理本科生给中心并以其名义教学和管理。中心的本科生与研究生的招生计划与指标全部纳入华侨大学的统考、统招计划。

在国际合作方面，学校还探索出了直接面向海外招生的新途径。1990年之前，学校中文系就已经面向菲律宾招收留学生，这些学生在完成为期两年的学业后，纷纷回到菲律宾，从事华文教育工作，为在当地推广中国语言和文化做出了一定的贡献。90年代中期，学校开始设置国际经济本科专业，1996年，经国务院侨办高等院校专业设置评议委员会批准，于次年首次向境外招生。国际经济专业的设置，对于缓解国内国际经济和国际商务专业人才供不应求的状况，促进我国外向型经济的发展具有十分积极的作用。同时，对于满足港澳台和东南亚地区在国际经济和国际商务方面的人才需求，填补学校在经济学类专业设置的空白，体现学校外向型、国际化的特色具有重要的意义。作为该专业办学依托单位的社会科学系是学校文科师资力量较强的系，也是经济学人才最为集中的系。在教学科研方面，该系获得省、部、

① 张林：《合作的第一步——加拿大泊州教育代表团拟在华侨大学举办短期英语培训班》，《华侨大学报》1991年4月20日。

② 《华侨大学与暨大联合委托南贸在马来西亚设点协助招生》，《华侨大学报》1991年5月27日。

市、校各级表彰奖励的人次较多。其中，该系在经济学方面的教学科研成果尤为突出。这支结构合理、教学经验丰富、科研能力强、学历层次高的师资队伍，将为国际经济专业的建设和发展增辉，为海内外培养出合格的国际经济和国际商务方面的高级专门人才。[①]

1999 年 6 月上旬，经国务院侨办文教宣传司研究并商教育部、新华社澳门分社同意，批准华侨大学在澳门举办法学专业班。该班学制 3 年，学员经过考试成绩合格者，可获得大专毕业文凭。根据学校与澳门文化研究会的协议，该班由学校法律系教师进行教学，由澳门文化研究会进行管理。当年，在该班就读的 58 名学员中，来自司法警察司、治安警察司、博彩监察司、水警稽查队、检察公署、保安部队、立法会等的司法工作人员 48 名，占学员人数的 83%，具有较强的组织纪律性；且具有大专以上学历者 27 人，占学员总数的 46.6%，整体文化水平较高。[②]

同年 12 月，学校和马来西亚新纪元学院[③]在陈嘉庚纪念堂签署了教育交流合作协议。校长庄善裕出席签字仪式，并向马来西亚华侨董事联合会总会主席、新纪元学院理事长郭全强先生颁发了国立华侨大学董事会董事聘书。根据协议，新纪元学院可推荐优秀毕业生以学分转移的方式来学校修读本科学位课程。

---

① 黄立军：《国际经济专业向海外内招生》，《华侨大学报》1997 年 1 月 20 日。

② 林庆祥：《华侨大学获准举办澳门法学大专班》，《华侨大学报》1999 年 7 月 5 日。

③ 新纪元学院坐落在马来西亚具有维护和发展华文教育优良传统的文化名城——加影市，是 1999 年初由马来西亚华侨董事联合会总会创办的一所华人民办学院，以完善华文教育体系，开办有中国语言文学、资讯工艺（电脑）、商学、社会研究等四个科系。参见黄伟强《马来西亚新纪元学院来访》，《华侨大学报》1999 年 1 月 5 日。

第六节　党建工作、学生工作与精神文化建设

一　党建工作

20 世纪 90 年代，学校持续提升党内思想教育水平，组织学习党的方针政策和邓小平理论等，在大学生中培养新党员，建设基层党组织。

（一）提升党内思想教育水平

党内思想教育一直是党建工作的重要内容。90 年代伊始，学校党委即于 1990 年 3 月中旬召开恢复建立以来第一次专门研究党的工作会议——全校党建工作会议。时任党委书记施玉山在会上作了题为《大力加强党的建设，全面提高党组织的战斗力》的报告，他指出，1990 年是学校庆祝建校 30 周年，要以此为契机，努力实现学校向高水平、高层次发展的战略转移，全校党组织和共产党员，要通过切实的自身建设，以新的风貌和姿态在培养人才办好华侨大学的事业中发挥更大的作用。1990 年 3 月 14 日—5 月 30 日，学校施行了民主评议党员和党员重新登记。

1991 年，在中国共产党成立 70 周年前夕，华侨大学于 6 月 29 日下午在纪念堂隆重举行了纪念中国共产党成立 70 周年暨表彰先进大会（见图 3 - 22）。下午三时，大会在雄壮的国际歌中开幕，校党委书记施玉山同志讲话。他在谈到今后党的建设时指出，要把工作重点转移到党支部的建设上，每一个支部都要按照从严治党方针严格党组织生活和对党员的教育监督，并认真做好发展新党员工作，同时要增强紧迫感和危机感，自觉地把经济建设转移到依靠科技进步和劳动者素质的轨道上来，为党的事业做出新的贡献。[①]

党的思想理论建设是党内思想建设的重要内容。为了加强思想理论建设，学校建

---

① 丰文：《华侨大学隆重举行纪念建党七十周年大会》，《华侨大学报》1991 年 7 月 1 日。

图 3－22　庆祝中国共产党成立 70 周年暨表彰先进大会

立了中心组学习制度、党员干部理论培训制度和政治学习制度等。全校各总支、支部坚持组织学习邓小平理论和党的方针、政策，并结合学校实际，统一思想、提高认识、研究问题。同时，学校还结合形势邀请专家学者举办专题讲座。1992 年，学校青年马克思主义研究会成立，成为学校理论教育的一个重要阵地，在校内外产生了广泛影响，学校因此被评为“福建省高校青年教师学习马克思主义、毛泽东思想先进集体”。

1994 年，校党委召开学习党的十四届四中全会辅导报告会，杜成金副书记指出，四中全会是我国改革开放和现代化建设的关键时期召开的一次具有全局意义和长远意义的重要会议，肯定了党的建设上所取得的巨大成绩，同时也提出了党的建设上存在的问题，科学分析了党的建设面临的新形势，提出了抓好思想建设、作风建设的同时，加强组织建设已经成为突出的环节，把党的建设提到“新的伟大的工程”的高度。

1994 年 11 月 10 日，为了扩大党委宣传部职能，学校召开全校宣传工作会议，校长庄善裕、党委书记施玉山、党委副书记杜成金、副校长吴承业和党委各部负责人，各党总支书记、宣传委员，机关有关单位负责人参加会议。党委宣传部副部长李红在会上宣读了《关于加强和改进华侨大学宣传工作及管理的决定》（以下简称《决定》）。《决定》对现有宣传工作体制进行较大调整和充实，实行由党委宣传部统一归口管理。具体做法：扩充党委宣传部，并成立华侨大学新闻处，实行一套人马，两块牌子；规定宣传部（新闻处）的主要职责，明确宣传部（新闻处）对全校意识形态、思想政治教育、精神文明建设、对内对外宣传工作负有直接领导，统一规划及日常管理、组织、协调和指导的责任。[1]

---

① 中共华侨大学委员会：《关于加强和改进华侨大学宣传工作及管理的决定》，1994 年 11 月，华侨大学文书档案。

1995 年 11 月，党的十四届五中全会之后，学校组织教职工认真学习《中共中央关于制定国民经济和社会发展“九五”计划和 2010 年远景目标的建议》。① 1996 年，在江泽民总书记关于《领导干部一定要讲政治》的重要讲话发表后，学校党政领导班子认真组织学习，深刻领会讲话的精神实质，并联系实际展开了讨论。大家进一步认识到为了实现五中全会制定的跨世纪的宏伟目标，完成经济体制和经济增长方式的根本性转变，必须要有政治保证。各级领导干部是党的路线、方针和政策的执行者，是群众的领头人，因此，首先一定要讲政治，在政治原则上，一定要保持清醒的头脑。作为领导干部，无论在什么岗位，做什么工作，都要有政治方向、政治立场、政治观点、政治纪律、政治鉴别力以及政治敏锐性，才能做好本职工作，更好地发挥我国在改革开放和现代化建设事业中的政治优势。

1996 年上半年，全校党员多次开展建设中国特色社会主义理论和党章的学习活动，也即“双学习”活动。通过学习，增加党性，提高素质，凝聚全校力量，为学校的改革和发展更好地发挥先锋模范作用。全校党员的学习要坚持理论联系实际的原则，着重解决好三个问题：其一，树立共产主义理想，坚定走中国特色社会主义道路的信念，提高坚持党的基本理论和基本路线的自觉性，执行党的各项政策；其二，坚持全心全意为人民服务的宗旨，密切联系群众，廉洁奉公，遵纪守法，自觉抵制拜金主义、个人主义和腐朽生活方式的侵蚀；其三，按照党章规定认真履行义务，正确行使权利，在改革和建设中建功立业。

为进一步加强党内思想教育，校党委于 2000 年 10 月开展了学校领导班子和领导干部的“三讲”教育，在两个月时间里，基本完成了思想发动学习提高、自我剖析听取意见、交流思想开展批评、认真整改巩固成果 4 个阶段的各项任务，达到了中央、国务院侨务办公室党组及福建省委规定的要求。2000 年 9 月 26 日，学校成立了以党委书记李红为组长的华侨大学“三讲”教育领导小组。10 月 14 日，学校召开学习“三讲教育”总动员大会，校党委书记李红做动员报告，对华侨大学的“三讲教育”作出具体部署；国务院侨务办公室刘泽彭副主任和韩政堂司长出席并讲话。同日，校党委印发了《华侨大学领导班子和领导干部“三讲”教育实施方案》，方案明确了华侨大学“三讲”教育的指导思想和基本原则，提出了华侨大学的具体要求和步骤方法并要求加强对“三讲”教育的组织领导。

（二）中共华侨大学第三次代表大会

1997 年 9 月 7 日，中共华侨大学第三次代表大会隆重召开（见图 3 - 23）。国务

① 《华侨大学组织学习五中全会精神》，《华侨大学报》1995 年 11 月 20 日。

院侨务办公室党组成员、副主任李海峰，中共福建省纪委常委李国周，中共福建省委宣传部常务副部长陈俊杰，中共福建省委组织部代表、组织处处长施文，福建省教委党组成员、副主任鞠维强，中共泉州市委副书记、组织部部长李在明出席大会并发表讲话。出席大会的正式代表有120人，特邀代表6人，列席代表13人。在校全国和省人大代表、政协委员、民主党派中央委员，学校各民主党派负责人、无党派人士代表等应邀参加了开幕式。

与会代表分组审议并通过了吴承业同志代表中共华侨大学第二届委员会所作的题为《高举邓小平理论伟大旗帜，为发展我国华侨高等教育事业作出新贡献》的学校工作报告和吴道明同志代表中共华侨大学纪律检查委员会所作的题为《深入开展反腐败斗争，切实加强党风廉政建设，为维护学校改革发展稳定的大局服务》的纪委工作报告。9月8日晚，中共华侨大学第三届委员会、中共华侨大学纪律检查委员会分别召开第一次全体会议。选举产生了由庄善裕、杜成金、李红、吴永年、吴承业、吴道明、郭亨群、黄炎成等8位同志组成的中共华侨大学第三届委员会常务委员会，吴承业同志当选党委书记，庄善裕、李红、吴永年同志当选副书记。选举产生了由吴道明、毕明强、黄锦辉、李松林、蔡振元等5位同志组成的中共华侨大学纪律检查委员会常务委员会，吴道明同志当选纪委书记。[①]

图3－23 中共华侨大学第三次代表大会

（三）加强党组织建设

在党组织建设中，首要的工作是要加强领导班子建设。1990年，学校党委开始恢复全校党建工作，并开展党员民主评议和重新登记工作。8月29日，学校召开党校成立大会暨第一期党训班开学典礼。成立党校的目的是加强马列主义基本理论的

---

① 华侨大学校史编写组编《华侨大学五十年（1960—2010）》，2010，第143页。

学习和教育，提高广大党员干部理论修养和素质，增强共产党员的先锋模范作用。

1991 年 5 月 24 日，全校组织工作会议在陈嘉庚纪念堂科学厅举行。出席会议的有校党委委员，党委各部负责人，各党总支（直属党支部）正、副书记和组织委员、各党支部书记等共计 95 人。时任校党委书记施玉山同志主持会议。校党委组织部部长赖奕永同志在会上传达全国，全省组织部长会议精神。会上同志们还就如何贯彻全国、全省组织部长会议精神，执行校党委《关于加强党的基层组织建设的意见》和《关于实施中国共产党发展党员工作细则（试行）若干规定》，加强基层党组织的建设，提高战斗力和凝聚力等进行了热烈认真的讨论。①

为了充分发挥各系党总支的作用，进一步做好在广大学生中发展党员工作，根据党章有关规定，学校从 1996 年 1 月 1 日起将发展学生党员审批权下放给各系。学校党委特别重视在大学生和青年教师中发展党员。这项工作很快取得了不错的成效。根据 1998 年的数据，全校党员共 1071 人，其中教工党员 816 人，学生党员 255 人，全校党员人数首次超过 1000 人。

1998 年，学校集中开办了一次新党员培训班。自 1995 年以来发展的 313 名教工、学生新党员接受了时长 42 学时的党校培训，并通过考核，这是学校为提高党员素质，加强新党员党性锻炼而采取的有力举措。此次新党员培训以《十五大报告》、《中国共产党章程》、《邓小平文选》、《关于党内政治生活的若干准则》以及《中国共产党纪律处分条例（试行）》、《中国共产党党员领导干部廉洁从政若干准则（试行）》等为主要教材，采取集中授课、自学、讨论和实地参观等多种形式，帮助新党员更好地掌握邓小平理论和党的基本路线，树立正确的世界观、人生观和价值观，发挥党员先锋模范作用。

党的基层组织建设是保持党的先进性、提高党的执政能力的重要基础。在建设基层党组织的过程中，学校一直通过各种活动保持基层党组织的活力。1999 年 3 月，校党委发出《关于对党总支工作进行评估调研的通知》，并印发《华侨大学党支部工作考核评估办法（试行）》，率先在全省高校中开展了党委对总支、总支对支部、支部对党员个人的党建工作“三级量化”评估活动。在基层党组织中推行党政联席会议制度，1999 年化工学院率先制定出台《华侨大学化工学院党政联席会议议事规则（试行）》，其他院（系）参照试行，为加强校长负责制下的学院党政领导班子建设积累了丰富的经验。开展争先创优活动和党支部达标活动，先后有 30 多个（次）基层党组织、100 多名（次）优秀共产党员和 30 多名（次）优秀党务工作者

---

① 《校党委召开组织工作会议，土木系等单位介绍经验》，《华侨大学报》1991 年 5 月 27 日。

获得省教委、省教育工委、泉州市委和校党委的表彰。学校被中共福建省委授予1996－1998年度“福建省党建和思想政治工作先进高等学校”荣誉称号。[①]

（四）纪检工作

中国共产党华侨大学纪律检查委员会（以下简称“华侨大学纪委”）在学校党委和上级纪检部门的领导下，按照党章规定开展工作。1989年6月，中共华侨大学第二次代表大会选举产生并成立纪律检查委员会，许天佑、李孙忠、陈玛添、林文枝、康玉琛为委员，李孙忠为书记。1996年10月，吴道明任纪委书记。1997年9月，中共华侨大学第三次代表大会选举丁秀荣、王怀晖、毕明强、孙银忠、李松林、吴道明、张银明、林文枝、林良卿、黄锦辉、蔡振元为纪委委员，吴道明为书记，黄锦辉为副书记，毕明强、李松林、吴道明、黄锦辉、蔡振元为常委。[②]

监察室是在监察部驻国侨办监察局和校长及主管校领导的领导下，行使内部行政监察的部门。1989年11月，国侨办人事司、监察部驻国侨办监察专员办公室批准成立华侨大学监察审计室。1994年，监察审计室分设为监察室和审计室；纪委和监察室合署办公，形成纪检监察一套工作机构，履行纪检监察两项职能。

为了加强党风廉政建设，学校坚持不懈地在全体党员、干部中进行党性党纪教育，坚持走群众路线，密切联系群众，做到自重、自省、自警、自励，把行使师生赋予的权力和履行职责的过程作为全心全意为师生服务的过程。以处级以上干部为重点进行了反腐败和党风廉政教育，贯彻落实禁止奢侈浪费八项规定和处级以上干部收入申报制度，提高干部反腐倡廉的自觉性。加大对违法违纪案件的查处力度，通报结案情况。制订《关于贯彻落实党风廉政建设责任制的实施办法》，[③] 加强廉政制度建设。聘请民主党派代表担任华侨大学特邀监察员，健全监督机制。加强领导班子的内部监督，形成党内和教代会、民主党派、群众组织多层次的监督网络。

二　学生工作

学生工作一直是高校工作中的重大问题。随着高等教育的不断发展和改革开放的不断深入，高校“读书育人”面临不少新问题和新情况。[④] 华大也不例外。如何

---

① 华侨大学校史编写组编《华侨大学五十年（1960—2010）》，2010，第144～145页。

② 华侨大学志编委会：《华侨大学志》（1960—2010），中国文史出版社，2015，第378～379页。

③ 中共华侨大学委员会办公室：《关于贯彻落实党风廉政建设责任制的实施办法》，1999年6月8日，华侨大学文书档案。

④ 梅萍：《学生工作任重而道远》，《华侨大学报》1991年10月31日。

建立一种充满活力的管理机制，把学校培养目标同对学生管理教育有效地结合起来，始终考验着华侨大学的学生工作者。

（一）学生管理工作

学校各系部是最为重要的学生管理工作的主体，各系部学生工作水平直接影响到学生培养目标的实现。鉴于此，学校建立了系级学生工作评估制度，并配套出台了《华侨大学系级学生工作评估指标体系与标准》，对系部的学生管理工作具有指导意义。

学生管理工作的一个重要内容是为学生营造良好的学习氛围，以培养具有综合素质的人才。为此，学校学生工作委员会于1990年初制定了《关于学生素质综合测评暂行办法》、《关于文明宿舍评选暂行办法》以及《关于先进班级评选暂行办法》三个条例，涉及学生素质培养、学生宿舍管理以及班级管理三个与学生息息相关的问题。不仅如此，在教学管理过程中，学校也非常重视听取学生对教学工作和学生工作的意见和建议。1991年，学校开始在全校各班级聘请了一批学生担任教学信息员。教学信息员反馈的信息，帮助学校教学管理部门更好地掌握了学生对课堂教学的真实需求，促进了良好教风的形成，为学校进一步提升学生管理工作提供了重要参考依据。

为改善学生管理工作，1994年6月学校开展了第一次试验性评估工作，开始用科学量化的方法，从组织领导、思想教育、学风建设、宿舍管理和第二课堂等五个方面对全校各系学生工作进行了考核，这为今后学生工作的制度化和规范化建设奠定了坚实基础。① 1997年，学校进一步出台《关于加强教风学风建设的若干规定》，大力开展和提升学生的学风建设，其中，第五条为学生的行为规范做出了较为详细的规定：

学生要尊师重教，上课时要向老师起立行礼，上课前为老师擦黑板，提倡开展形式多样的尊师重教活动。学生要勤奋学习，按照老师要求完成学习任务，主动阅读有关参考资料，按时完成作业，作业工整、无抄袭，能与老师和同学讨论问题，勇于发表自己的见解。遵守课堂纪律，认真听课，做好笔记。保持课堂安静，不做与课堂无关的事。上课不迟到、不早退、不旷课，有事及时请假。遵守的考试纪律，严谨考试作弊，不向老师提出与考试内容和范围有关的无理的要求，严禁为成绩请客送礼。②

---

① 华侨大学校史编写组编《华侨大学五十年（1960—2010）》，2010，第138页。

② 摘选自《关于加强教风学风建设的若干规定》，1997年5月，华侨大学文书档案。

此外，学校还积极探索有利于培养学生创造性思维和能力的考试形式。1999 年底，学校改革了考试形式，主要措施有：①各类课程任课教师应根据所授课程，确定该课程的平时成绩占学期总成绩的百分比（一般平时成绩占 30% 左右）。②考试采取多种方式，包括闭卷、开卷、口试、课程论文（设计）等。③适当控制优秀率与不及格率。④每学期每个班级的期末考试课程数为 4 至 5 门。[①]

学生就业指导工作也是学生管理工作的重要方面。针对国家对大学毕业生分配制度的调整与改革，学校于 1992 年 10 月成立了“毕业生就业指导中心”，加强学生就业指导工作。学校积极拓展毕业生就业渠道，以校内专场招聘为主开展多层次、多形式的毕业生就业双向选择洽谈会，同时，加强毕业生就业教育，引导毕业生转换就业观念，鼓励毕业生到国有企业、三资企业以及国家需要的地方就业。

1995 年，华侨大学开始实施招生并轨，学生实行缴费上学，为了使缴费生入学后能够顺利完成学业，学校相应制定了一系列学生奖学金、贷学金、困难补助和勤工助学等条例、办法，确实帮助家庭经济困难的同学解决在学期间所需的学习、生活费用。措施主要包括：①学生奖学金，设一、二、三等奖，此外，还设立许多单项奖，奖励优秀新生、优秀毕业生、优秀学生干部等；②学生贷款、困难补助和勤工助学；③助学金，从 1996 年开始，由香港首长宝佳集团有限公司主席陈进强先生捐款设立“华侨大学陈进强助学金”[②] 连续五年，每年 50 万人民币。[③]

培养学生健康的心理和健全的人格同样是学生工作的重要任务之一，这是学生成为合格公民和有用之才的重要基础。在学生心理健康教育方面，学校建有学生心理辅导中心，通过课内与课外、教育与引导、咨询与自助等多种心理辅导形式，逐步建立起多层次、全覆盖、立体化的心理健康教育工作网络体系。1998 年底，学校正式成立心理辅导中心，并开始为师生服务。[④] 建成后的心理辅导中心开设了《心灵调试艺术》等选修课程，有针对性地讲授心理健康知识，开展心理健康辅导。通过在校报上开设“心灵之约”心理健康专栏、派发心理健康教育宣传手册、开展心理健康辅导讲座等，多渠道普及心理健康教育知识，引导学生关注自己的心理，学习和了解心理健康知识，使广大同学都能够关注自己，关爱他人。心理辅导中心除安排经过心理咨询专业培训的教师值班外，还聘请了福建中医学院国医堂、福建师范大学教育系、福建心理协会等校外专家、学者为特别顾问，进一步提升学生心理

① 华侨大学校史编写组编《华侨大学五十年（1960—2010）》，2010，第 113 页。

② 为管理该助学金，学校于当年 6 月 3 日成立了“华侨大学陈进强助学金管理小组”，李红担任组长。

③ 蔡安生、张青松：《华侨大学学生奖贷助学金情况介绍》，《华侨大学报》1996 年 5 月 20 日。

④ 陈雪琴：《心理辅导中心成立》，《华侨大学报》1998 年 12 月 25 日。

辅导工作的水平。

为了实现培养政治立场坚定、素质全面、知识领域宽阔、社会适应能力强、具有创新精神的复合型人才的目标，1999 年 3 月，学校成立了华侨大学 21 世纪人才学校。人才学校每年 3 月份面向全校二年级学生招收 80 名左右的学员，以讲座、论坛、挂职锻炼、社会实践、科技创新等多样化的学习活动为载体，为学生成长成才提供了更多的机会。人才学校的成立，是学校探索新型人才培养模式的重要举措，对学校大学生素质教育工作起到了重要的示范和导向作用。

与一般高校不同的是，华侨大学生源中境外学生占有相当比例，境内、境外两类学生在社会背景、生活习惯、思想观念等方面的显著差异，决定了他们对住宿条件的不同需求。学校根据“一视同仁，适当照顾”的华侨学生政策，在住宿方面对境外生进行“适当照顾”。学校从 1998 年开始筹建境外生公寓规范区，投入资金新建多栋公寓，逐步建立和完善了配套设施较为先进、管理服务功能齐全、以年级和专业相对集中住宿的公寓教育管理服务体系，为境外生健康成长创造良好的氛围。

（二）学生德育工作

1. 德育工作的理论与实践

90 年代初，学校开始提出德育综合优化的战略思想，并进行了诸多的理论和实践的探索，并一直着力强化主渠道、多方位配合，形成“教、管、导、评”相结合的大德育体系。学校确定了“党委领导、校长负责、党政工团齐抓共管、教职员工共同培育、广大学生自我教育”的德育工作格局，德育工作得到加强。90 年代中期后，在国务院侨办和福建省的领导下，根据学校两类学生并存的特点，学校管理层努力调整和完善德育格局，使学校的德育工作出现了一些新变化，有了新突破，主要表现在以下方面：

首先，德育工作的领导体制和工作制度不断健全。具体而言，主要是从四个方面着手。一是抓领导体制。学校在形成校、系、班三级管理的基础上，于 1996 年 4 月 22 日，成立了德育工作领导小组，[①] 调整了学生工作委员会，形成上下沟通、各司其职、分工协作的良好运作秩序，使指导更加明确，关系更加顺畅。二是抓专门机构。通过青年马克思主义研究会和青年志愿者协会，党校、团校、学生科技协会、学生勤工助学基金会等群众组织和专门机构，开展一系列丰富多彩的活动，成为学校德育工作的重要补充。三是抓工作制度的建设。学校为此制定了《德育、美育任

① 组长庄善裕，副组长李红。

课教师工作的若干规定》《专职学生工作干部培养条例》《班主任工作条例》等，明确了德育工作干部的地位、工作任务、任职条件、岗位责任、人员编制，并对考核、培养、待遇、奖励等作了详细规定。四是抓政工队伍建设。政工干部是学校德育工作的组织者和实施者。学校加强专、兼职政工干部职称的评聘问题，并建立中青年骨干教师培训制度，制定了专门的培训和提高计划。①

其次，注重实效，健康向上的校园育人气氛初步形成。开展第二课堂活动，活跃校园文化是德育工作的有效载体。90年代以来，全校各系以团总支、学生会为主体，有效地开展了爱国主义、集体主义、社会主义教育，显现出以下特点：①以“两风”建设为主线，主题明确。②系列化、大型化的传统活动成为“名牌”产品。③融科技性、专业性和实践性于一体的活动增多。④德育实践呈现基地化趋势。组织学生参加社会实践，是学校德育的一项重要内容。围绕科技扫盲服务和爱国主义教育的主题，学校认真开展社会实践。②

最后，无私奉献，涌现出一批德育工作的先进集体和个人。1995年1月，学校第二次学生工作召开，副校长杜成金作《总结经验、增强共识、推进改革，把华侨大学学生工作推上新台阶》的专题工作报告。他提出，应该认真学习贯彻《中国教育发展纲要》、《关于进一步加强和改进学校德育工作的若干意见》和《爱国主义教育实施纲要》三个文件的精神，以校风学风建设为重点，突出爱国主义、集体主义和社会主义教育，进一步加强对学生工作的领导，加强校园基础文明建设，把学生工作推上一个新的台阶。会议召开后，广大政工干部、班主任进一步认识到德育工作的重要性，不少系出现党政联手抓德育，干部教师齐投入，结合特点创特色的可喜景象，涌现出一批先进集体和个人。③ 1997年3月，由于在学生德育工作方面成效显著，学校荣获了福建省“德育工作先进集体”的称号。

学校把加强和改进德育工作作为学校工作重要组成部分，常抓不懈，形成了一套较为完善的领导体制和工作制度。在学校第三届教职工代表大会暨工会代表大会第一次会议召开期间，庄善裕校长曾指出，德育是学校教育的重要组成部分，提高教育质量，必须十分重视德育工作。因此，学校要继续认真学习贯彻《中共中央关于进一步加强和改进学校德育工作的若干意见》④ 和《爱国主义教育实施纲要》等文件的精神，认真落实全校第二次学生工作会议提出的各项任务，以学风校风建设

① 华侨大学校史编写组编《华侨大学五十年（1960—2010）》，2010，第139页。

② 李红：《探索富有特色的德育工作新路子》，《华侨大学报》1996年9月10日。

③ 田苗：《学校召开第二次学生工作会议》，《华侨大学报》1995年1月20日。

④ 《中共中央关于进一步加强和改进学校德育工作的若干意见》于1994年8月31日发布。

为重点，突出爱国主义、集体主义和社会主义教育，加强校园基础文明建设，提高学生的思想道德水准。

2. 德育教学改革

学校在深化德育教学改革方面，形成和建立了具有学校特色的德育教育体系。一是马克思主义三门课的建设。采取一门（即中国社会主义建设）主讲，其他学科辅助的模式，从不同角度使“中特”理论进教材、进课堂、进脑子。自1995年起学校每年拨出两三千元作为马克思主义三门课的课程资助费，拨出5000元专项经费作为社科系教师进修、参观及资料的费用。二是思想政治理论课纳入整个教学体系运行之中。主要开设四门课：《形势政策课》《大学生成才修养》《法律基础》《就业概论》，这些课程从教学到教材都逐步走向规范，取得了较好的教学效果。

1998年9月，一门面向全校学生及从事德育教育工作的教师开设的课程——中华伦理课正式开讲，校党委书记吴承业讲授第一讲。该课程侧重介绍中华民族伦理思想和道德精神，剖析理想、道德及人生观，评点传统文化的现代价值，漫谈礼仪、求知、修养，关注、提高大学生人文修养，旨在激发大学生对中华民族文化的兴趣与民族自信心、自尊心、自豪感。①

结合学校境内外学生并存的实际，学校德育课以爱国主义教育为中心，以培养目标为导向，以人文科学为载体，设计出课程新体系。德育课作为在校境内生的校定必修课，主要有下列课程：《大学生成才修养》《法律基础》《形势与政策》《就业概论》。境外生的政治理论课和德育课于1995年更名为人文社会科学课，将“两课合一”，形成“人文社会科学系列”，主要开设《中外法学概论》、《中国文化概况》、《哲学基础》、《当代中国经济》、《世界经济学》以及《香港基本法》等课程。

此外，学校还建立了德育实践基地，引导大学生走出校门、深入基层、深入群众、深入实际，在实践中锻炼能力，增长才干。建立了福建炼油厂、永春县美岭村、德化县盖德乡上涌村、安溪县龙涓乡山坛村四个社会实践基地；与泉州市共建了四个爱国主义教育基地：陈嘉庚纪念堂、泉州海上交通史博物馆、崇武抗倭遗址、郑成功纪念馆。学校围绕“一校两生”特点，组织两类学生组成社会实践考察团奔赴全国各地开展社会调查、科技服务、扶贫帮困等丰富多彩的社会实践活动。1991—1999年，学校围绕“忆传统、学先烈、知国情、受教育”“大学生看中国”“访千名校友”“共和国万岁”“迎澳门回归、盼祖国统一”等主题，组织了几十余个社会实践考察团。②

---

① 华侨大学校史编写组编《华侨大学五十年（1960—2010）》，2010，第139页。

② 华侨大学校史编写组编《华侨大学五十年（1960—2010）》，2010，第139页。

不仅如此，经过几年的实践，学校形势与政策教育形成了行之有效的“集中辅导、分散学习、统一考核”的学习制度。主管部门做到教学计划、学习资料和集中备课的三到位，再由各系总支组织辅导报告，对学生进行学些辅导，并于党团活动、班会制度相结合，组织讨论，学期结束时由学校统一组织考试，做到教学计划落实、课时落实、辅导和考核落实，从而保证了教学效果。

（三）课外实践活动

在学生社会实践活动方面，华侨大学每年都会结合具体情况，制定具有特色、丰富多彩的社会实践活动，诸如“爱国主义教育”“科技扫盲活动”等。为了鼓励参加社会实践，学校以及各系积极举办各类活动，并组织学生外出参加，对参与和获奖学生也会给予表彰奖励。例如，1991 年 6 月，由福建省教委、省社科联、省学联、团省委、省写作学会联合举办的“福建省大学生写作竞赛”在厦门大学和福建师大分别举行。学校组织了由 12 人组成的代表队赴厦门大学参加比赛，经过激烈的角逐，学校与厦门大学并列获综合奖第一名，并获得“伯乐奖”。[①] 又如，1993 年 3 月 9 日，建筑系隆重举行了“参加全国大学生建筑画竞赛获奖颁奖仪式”。由中国建筑工业出版社、《建筑者》编辑部在北京举办的全国首次大学生建筑画竞赛，有 869 幅作品参赛，105 幅获奖。[②]

在学生科技活动方面，90 年代，学校紧紧围绕培养跨世纪优秀人才的目标，注重学生的素质训练，积极倡导课外学术科技活动。学校成立了以校领导人任组长的学生课外科技活动领导小组，加强组织指导，加大资金投入，促使学生学术活动步入广泛化和规范化。1992 年 4 月，教务处、科研处、校团委和学生会联合举办了首届“华侨大学学生科技作品竞赛”。参赛对象是学校正式注册在校的本科生、专科生和研究生。这次竞赛是学校学生科学文化生活的重要内容，对激发广大青年学生勤奋学习，崇尚科学，追求真知的积极性，促进理论学习和实际操作的有机结合的，在校内创造浓厚的学习理论、掌握现代科学技术的气氛，产生了良好影响。[③]

1992 年底，学校参加全省大学生科技作品竞赛的 18 件科技论文和作品全部获奖。由于学校学生参与科技活动起步相对较晚，因此，首次参加全省竞赛就取得令人欣喜的成绩，显示出了学校学生较好的科技文化素质和发明创造能力。实践表明，

---

① 何培基：《检阅大学生写作水平，华侨大学参赛者名列前茅》，《华侨大学报》1991 年 9 月 25 日。

② 《在坚实的基础上矗起理想的大厦——建筑系举行参加全国大学生建筑话竞赛获奖颁奖仪式》，《华侨大学报》1993 年 4 月 10 日。

③ 何凡：《学校首次举办学生科技作品竞赛活动》，《华侨大学报》1992 年 5 月 18 日。

学生参与科技活动，不仅可以产生一批具有较高学术水平和社会效益的作品，有效促进大学生理论学习与实际操作的有机结合，激发学生学习热情，而且对于在青年学生中树立“科学技术是第一生产力”的思想，强化科技意识，在校园内形成崇尚科学、追求真知热潮，有力地促进全校读书、科技活动的开展，对校风、学风建设产生积极影响。

在组织学生参与科技活动方面，不少系部都具有一套独特而有行之有效的方法，并且卓有成效。例如，1995 年 5 月，管理信息系围绕培养跨世纪优秀人才的办学目标，积极采取措施组织和引导学生开展课外科技活动，让学生在科研训练中增长才干，提高动手能力。该系拨出专款，设立学生科研基金，开辟科技第二课堂，每年至少拨出数千元资助学生进行科研活动，大大激发了学生从事科研活动的积极性和创造欲。[①] 该系还制定有关细则，要求学生开展的科研项目具有学术性、实用性。一个良好的学术氛围正在该系学生中逐步形成，学生自发成立的各种科技兴趣小组方兴未艾。又如，同年 6 月 5 日，建筑系开辟科技第二课堂，开展了丰富多彩的科技兴趣小组活动，在不断更新教学模式的同时，也推进了学风校风建设和创造文明校园活动的开展。[②] 为推进学风校风建设和创造文明校园活动的开展，建筑系围绕培养适应海内外社会需求的“通才”这一目标，不断更新教学模式，开展了丰富多彩的科技兴趣小组活动。为促进学生科技活动的开展，系领导从资金、设备以及条件等方面给予了大力扶持。目前，全系学生参加科技小组多达 200 人次，占学生总数的 12% 。

电子工程系也十分重视学生的科技活动。其中，电子工程系以“办出特色，办出水平”为宗旨，紧紧围绕造就跨世纪优秀人才的培养目标，结合本专业特点，积极开展以学生科研为龙头的第二课堂活动，大力培养学生科技意识，增强动手实践能力，使学生既能运用所学理论知识投入科学研究，又通过实践反哺于专业理论的学习。自 1994 年开始，该系多次举办“电子之光”的学生科技节，多件作品分别在校、省、国家级的评比中获奖。该系旨在通过参赛活动，达到既提高学生学习专业理论兴趣，又培养学生动手解决实际问题能力的目的。“科学技术是第一生产力”的观念深入人心，高年级同学搞开发、低年级同学搞维修、本科专科齐动手的格局在电子系进一步得到巩固，全系同学在科技创作方面你追我赶的学习风气蔚然成风。

---

① 华侨大学报记者：《管理信息系设立学生科研基金，开辟科技第二课堂》，《华侨大学报》1995 年 5 月 20 日。

② 美君、诗兰：《建筑系开辟科技第二课堂，学生科技小组日趋活跃》，《华侨大学报》1995 年 6 月 5 日。

该系不仅成立了学生科学技术协会和学生会科技部，还指定应用电子技术研究所技术人员组成指导小组指导学生科研活动的开展。[①]

1996 年，经校党委及分管校领导同意，校团委、科研处、教务处以及学工部联合发出通知，决定成立华侨大学学生科学技术协会，协会下设科技普及部、科技开发部、学术部和对外交流部，负责组织每年一次的学生科技节暨科技作品竞赛，组织学生参加全国或全省性的大学生科技作品竞赛，协助聘请指导教师、提供经费资助、评估科研价值、推广科技成果、表彰和奖励科技活动的先进集体和个人。协会采取团体会员制和个人会员制，下设普及部、科技开发部、学术部和对外交流部，负责举办每年一次的学生科技节暨科技作品竞赛，协助聘请指导教师、提供经费资助、评估科研价值、推广科技成果、表彰及奖励科技活动的先进集体和个人。[②] 总体而言，校学生科技协会是为规范管理、统一指导学校学生的课外学术科技活动的进一步开展，促进人才培养目标的实现而成立的。

校内科技活动的广泛深入开展，为学校参加更高层次的科技竞赛活动打下了坚实基础。1994 年，学校学生林江涛、戴小斌代表福建省参加国家教委等单位组织的第二届中国大学生应用科技发明大奖赛成果展览暨技术交易会，参展作品受到与会者一致好评，中共中央政治局委员、国务院副总理李岚清在现场观看了学校的科技作品展示。学校从 1995 年开始参加由团中央、教育部、全国科协、全国学联等单位组织的全国大学生科技活动“挑战杯”竞赛，1995 年、1997 年、1999 年连续三届获得高校优秀组织奖，团体总分排名分别居于全国参赛高校第 33 位、第 31 位、第 13 位。1998 年，学校被列为全国第六届挑战杯赛联合发起单位，这是对学校具备组织此类竞赛的能力的肯定。[③] 1999 年，学校进入“挑战杯”决赛的 4 件作品全部获奖，比赛名次雄踞福建省高校榜首，为福建省赢得了荣誉。为此，团省委和省学联联名致电学校，对学校在“挑战杯”中取得的优异成绩表示祝贺。此外，学校在省级和国家级的科技类比赛中也获得了其他众多奖项。[④]

---

① 陈荣美：《电子系注重智能与技能培养出成效，一批学生科技作品获奖》，《华侨大学报》1995 年 6 月 20 日。

② 华侨大学报记者：《华侨大学学生科学技术协会成立》，《华侨大学报》1996 年 1 月 26 日。

③ 万若虹：《华侨大学列为全国挑战杯赛发起单位》，《华侨大学报》1998 年 6 月 10 日。

④ 这些奖项包括：1998 年福建省第四届青年科技作品竞赛团体总分第二名和优秀组织奖；1998 年获全国大学生建筑设计竞赛佳作奖 1 项；1999 年获全国第四届大学生电子设计大赛一等奖 1 项、二等奖 2 项、成功奖 1 项，团体总分 200 分，在近 300 所参赛高校中名列第 13 位，居福建省高校榜首，并连续三届荣获高校组织奖；1999 年获全国“展望新世纪主题设计大赛”巨龙奖 1 项。参见华侨大学校史编写组编《华侨大学五十年（1960—2010）》，2010，第 140 页。

三　校园文化

作为社会主流文化相对应的一种亚文化现象，校园文化是指在一定的校园内，经过长期历史积淀而形成的，以校内师生为主体创造并共享的校园精神风貌。它包括校园物质文化、制度文化和精神文化三个层面，具有个体性、整体性和潜移性等特点。

（一）提升校园文化品位

建设校园文化，活跃师生的文化生活，创造一个让学生充分发挥自己才能的学习和生活环境，培养全面发展的人才，一直是华侨大学所致力的一个工作重点。根据 1994 年的一项调查显示，30.3% 的学生对校园文化建设不满意；43.9% 的学生认为基本上是好的，但还需改进；44.9% 的学生要求创造良好校园文化氛围。可见，创造良好的校园文化是大学生的共同诉求。①

1. 校园文化活动及其特点

华侨大学自诞生之日起，其鲜明的办学特点所造就的境内外两类学生并存的格局，注定了其校园文化的特殊性。走进华侨大学校园，便能深切地感受到多姿多彩的校园文化。服饰是最直观的文化现象之一。漫步在华侨大学校园，同学们身上的各种服饰早已不足为奇。他们不分彼此，接受着全方位传递的文化，你中有我，我中有你。“节日文化”是华侨大学学生的又一特色。中秋、端午、复活、圣诞，无论东方的、西方的、中国的、外国的，这些民间节日几乎成了全校学生共同的节日。每逢中秋佳节，境内外学生同赏月，圣诞节到来，盛大的游园活动吸引了数千名境内外学生。同学们不再拘泥于站在自身文化习惯的背景下审视异域文化，而是更多地参与到异域文化的活动中去。

华侨大学的校园文化活动可谓名目繁多，囊括了“德智体美”各个层面，涉及的范围从个人到班级到系甚至全校。这些活动在一定程度上活跃了校园文化气氛，丰富了学生的课余文化生活，也激发了学生积极向上的生活情绪。学生们在亲身参与或观战的耳闻目染中，不但得到竞争的快乐感、成就感，同时也相应提高了对爱国主义、集体主义、审美观、价值观的理性认识。开阔了视野，完善了多层次的知识结构和综合素质，师生们对那些层次高、意义深远的活动反映尤为热烈。

---

① 王秀勇：《我观校园文化的构建》，《华侨大学报》1994 年 3 月 30 日。

学校的校园文化活动包含几大类别：①科技性、学术性活动。化工系继往开来的科技文化活动，电气系初具规模的科技文化活动，以及各系根据专业特点频繁开设的有关学术报告。②知识性、文学性活动。外语系的“春之声”系列活动，包括专题英语角、外教演讲会、英语录像，中文系风头占尽的文学擂台、现代人系列讲座、影评，精密机械工程系的汉字电脑输入培训班，建筑系的现代音乐欣赏讲座。电脑系的汉英文电脑打字培训班，信息系的书法大赛。③政治性、思想性活动。形式多样的马列学习小组，特别是在三月的学雷锋活动中，各系纷纷开展活动，寓理论于实际行动之中。中文系在校广播站设立“向雷锋同志学习”专题宣传，法律系走上街头，为市民进行法律义务咨询以及各种或以班以系以校为单位的义务劳动。④文化性、趣味性活动。中文系与先修部合办的“宿舍之家”联欢晚会，二食堂与华新社等单位举办的华侨大学百科知识竞赛，[①] 精密机械工程系、电脑系分别举办的棋牌赛，邮协的邮展以及各种球类赛事等。[②]

文化环境总是在潜移默化地改变着人们的思想、行为和价值取向。良好的文化环境能够充分显现文化育人的作用。每年学校都举办以爱国成才为主题的大型文化活动，寓教于文，寓教于乐，传统的“12.9文艺会演”“蒲公英诗会”以及“理想人生演讲赛”成为规模最大、规格最高的全校性文化活动。值得一提的是，1997年，马来西亚的二十四节令鼓被引入华侨大学，学校成立了中国首支二十四节令鼓队，二十四节令鼓表演也因此成为学校具有代表性的重要艺术活动。[③] 与此同时，学校充分尊重来自各国各地学生的文化习惯，引导、扶持学生所自发组织的文化活动，形成了在弘扬主旋律的同时，百花齐放、百家争鸣的生动活泼的文化气氛。

学校和各系部组织的各类社团活动也十分丰富多彩。复办以来，十几个学生社团的活动蓬勃发展，十几种学生报刊脱颖而出，与此同时，单一的文娱型文化活动逐步向思想型、科技型以及复合型迈进。例如，1996年，为了贯彻十四届六中全会精神，贯彻国家教委和校党委提出的培养提高大学生素质精神，倡导“健康、向上、生动、活泼”的校园文化生活主流，学生会在校学生处指导下举办了华侨大学1996年校园文化活动月活动。活动主办方精心设计了涉及体育、音乐、舞蹈、小品、文学、书画、棋艺、摄影、集邮、电脑以及电器义务维修的一系列活动，其中，既有“华侨大学杯”篮球赛、“华侨大学杯”足球联赛这样的传统赛事，也有“校

---

① 施旌：《科学厅里的知识较量——第三届百科知识竞赛综述》，《华侨大学报》1992年5月18日。

② 吴友群：《日益蓬勃的华侨大学校园文化活动》，《华侨大学报》1992年5月18日。

③ 1988年4月，世界首支二十四节令鼓队，由马来西亚新山中华公会联合潮州、福建、客家、广东和海南五大会馆出资，在宽柔中学成立。1997年7月1日，中国首支二十四节令鼓队在华侨大学成立。

园吉尼斯”这样的创新节目，还有一系列文学、音乐欣赏讲座，为同学们提供了更多展示才华的机会，丰富了校生活，推动了校园文化的发展。

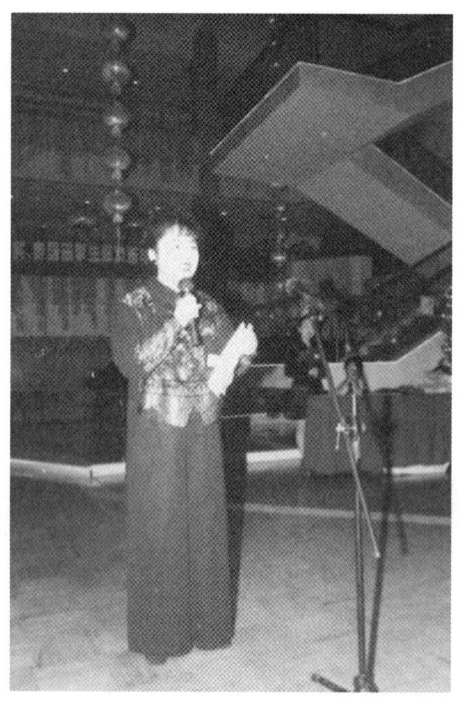

图 3－24　1996 年 1 月 2 日，留学生校友新年晚会

在校园文化建设过程中，征集路名、警句、公益广告等是其中颇具特色的内容之一，也是师生爱校教育的重要载体。1999 年初，校方开始向全校推出该活动后，广大师生积极响应，踊跃参与，仅向学校建议的极富特色和创意的路名就多达 200 多个，格言警句 1500 多条，公益广告 800 多个。根据学校的总体规划和道路命名方案，华侨大学校园共确立了十条主要干道，具体如下：

嘉庚路：校大门—陈嘉庚纪念堂；

华园东路：南区 36 号楼—楠芬楼；

华园南路：李克砌纪念楼南边—教学楼—小学；

华园大道：教学楼—学生食堂；

承志路：校医院—侨总图书馆；

群英路：纪念堂南边—侨总图书馆；

华园西路：博士楼—北区 7 号楼；

华园北路：北小门—北区 7 号楼；

春晖路：泉清楼—水厂；

来仪路：华丰楼—专家招待所。

2. 体育活动

对大学生的教育不应局限于教室和课堂，还在于对体魄和健康身心的培养。学校历来十分重视体育工作，将其视为学校工作的重要组成部分和校园文化的重要载体。在加大人力、物力和财力投入的前提保障下，不断加强高水平运动队的建设，积极参与全国及省内各大体育赛事，并且都取得了较为优异的成绩，很好地提升了学校的知名度。学校也因此多次获得部级表彰，1992 年 10 月，获国家教委授予的“全国普通高校体育课程评估优秀学校”称号，1996 年 9 月获国家教委授予的“贯彻《学校体育工作条例》优秀学校”称号。①

在体育活动方面，定期举办校级运动会是学校的一大传统。90 年代的校级运动会仍然延续着复办后的传统，每年举办一次，形式多样，内容丰富，调动了广大师生的参与热情。尤其值得一提的是，1990 年 11 月，学校举办了第 13 届田径运动会。学校以极大的热情组织了由 879 人组成的阵容庞大的运动员队伍。本届运动会最令人为之喝彩的是在停办 12 年后首次重返赛场的教工运动队，这些积极参加运动会的教工之中不乏一些年过半百的白发苍苍教授。

图 3-25　华侨大学第 18 届田径运动会入场仪式

① 华侨大学校史编写组编《华侨大学五十年（1960—2010）》，2010，第 141 页。

1993 年 8 月，学校田径队在第二届全国大学生田径锦标赛上，一举摘得 6 枚金牌、3 枚银牌、3 枚铜牌，首次荣获男子甲组团体冠军。1995 年福建省第 10 届大学生运动会在华侨大学举行，学校代表队以总分第一、奖牌数第一、金牌数第一、破 10 项省高校记录的绝对优势获得冠军和体育道德风尚奖。1996 年学校运动员在第 5 届全国大学生运动会上表现优异，总分名列全国高校第 16 位，奖牌数和得分数均居全省高校榜首，为福建省赢得了荣誉。为表彰学校在此次大运会上的突出贡献，福建省教委和体委授予学校“体育贡献奖”，授予体育部邱少茹老师“体育贡献三等奖”，授予法律系吕联章等五位同学“优秀运动员”称号。

图 3－26　学生体育活动——剑舞，1991 年 5 月摄

此外，学校是 CUBA 中国大学生篮球联赛的积极参与者，作为 CUBA 的会员学校，华侨大学为 CUBA 的发展做出了积极的贡献。1998 年首届 CUBA 中国大学生篮球联赛，学校男篮以六战四胜两负战绩，进入全国 6 强，并获得体育道德风尚奖。1999 年在第二届 CUBA 中国大学生篮球联赛中，学校男篮贯彻“积极主动、勇猛顽强、快速灵活、全面准确”的技战术，发挥快、灵、准的优势和集体主义精神，以必胜的信念和坚定的意志，一路过关斩将，先后战胜了华东理工大学、汕头大学、浙江师范大学、江西师范大学等代表队，以全胜战绩从福建赛区出线，并最终在 2000 年举行的总决赛中战胜浙江大学男篮，荣膺总冠军（见图 3－27）。为此，中共福建省委书记陈明义、副书记何少川、副省长潘心城，国务院侨务办公室文教宣传司、福建省教育厅等向学校发来贺电表示祝贺。①

（二）创建文明校园

文明校园建设是高等学校培养高层次、高素质人才的一项基础性工作，也是学

① 华侨大学校史编写组编《华侨大学五十年（1960—2010）》，2010，第 141 页。

图 3－27　华侨大学篮球队荣膺第二届 CUBA 总冠军

校整体办学水平和综合管理水平的重要体现。华侨大学在外向型办学进程中，坚持以邓小平建设中国特色社会主义理论为指导，结合开展创建文明校园活动，强化学校管理，提高教育质量，加强德育工作，优化育人环境，不断提高师生员工的思想道德水准，更好地促进学校地改革、稳定和发展，努力把学校建设成为社会主义精神文明建设的重要阵地。

图 3－28　20 世纪 90 年代的华侨大学校门

1. 创建文明宿舍

1991 年学校启动了创建文明宿舍的活动，活动开启以后，校系党政领导高度重视，真抓实干，从治理脏乱差入手，严格规章制度建立宿舍区良好的生活和学习秩序，宿舍面貌焕然一新。晨读、晨练的好风气初步形成，上课迟到的现象大大减少，到教室自修的人数明显增加，文明宿舍大批涌现，仅校宿管办对全校进行首次文明宿舍评比，文明宿舍占比就在 80% 以上。[①]

完善制度是搞好宿舍工作的保证。宿舍部门在原有宿舍制度的基础上，增订了《华侨大学学生宿舍工作评估试行办法》和《学生公寓管理规定》，使宿舍制度更趋规范化和科学化，各系也纷纷制定出相关规章，使工作有章可循，奖惩分明，校宿管办也扩充队伍加强力量，许多系成立了由系领导、政工干部和学生骨干参与的“创文明宿舍领导小组”，全校 16 个系部成立了“学生自律委员会”，负责对宿舍内务卫生、纪律等方面的检查与督促，提高了学生自我管理、自我服务和自我教育的能力；各系及相关部门想方设法为学生排忧解难，在经费紧张的情况下挤出资金进一步改善学生宿舍的基础设施条件；学生定时打扫地板、擦洗门窗、整理内务、节约水电、讲卫生已逐渐成为学生的良好习惯。

为了进一步推进学生宿舍的文明建设，各系纷纷开展丰富多彩，健康向上的活动，寓教于乐的活动，丰富了学生的精神生活：开展“男女宿舍”联谊活动，举办别开生面的“宿舍之家”文娱晚会、文明宿舍图片展，开设室长培训班和宿舍内务规范化讲座。这些活动的开展深受同学们的欢迎。

2. 创建文明校园活动

1995 年 5 月 10 日，学校召开创建文明校园动员会。庄校长在会上指出，这次开展做文明师生、创建文明校园活动的目标是进一步加强社会主义思想教育、社会公德教育。倡导为人师表，提高师生文明素质，逐步实现校园设施齐全、绿化优美、校容整洁、管理规范、师生文明、秩序井然。建设成文明、健康、整洁、温馨和有序的校园文化。此项工作的重点在于提高师生的文明素质，这是创建优雅的校园环境和建立良好的校园秩序的基础。此外，后勤部门要提供优良的服务，全校师生要进一步提高法制观念。同时，也要建立健全规章制度，实行科学有效管理，建立强有力的监督机制。[②] 随后，学校将创建文明校园提到了重要议事日程，大力倡导文明新风，颁布了《华侨大学文明校园管理规定》，[③] 要求师生共同遵守“十个不”。

1997 年 5 月，学校再次召开全校师生员工大会，进行创建文明校园总动员，由此拉开了学校大规模、群众性创建文明校园活动的序幕，奏响了学校全面实施文明建设工程的进军号。[④] 1999 年 11 月，学校着手准备参与“文明校园”的评估工作，

---

① 王士华：《齐抓共管见成效，文明宿舍创新风》，《华侨大学报》1991 年 11 月 31 日。

② 滕晓欣：《学校召开创建文明校园动员会》，《华侨大学报》1995 年 5 月 20 日。

③ 华侨大学校长办公室：《华侨大学文明校园管理规定》，1995 年 4 月 29 日，华侨大学文书档案。

④ 华侨大学报记者：《文明校园工程全面启动》，《华侨大学报》1997 年 5 月 25 日。

为此，文明校园建设委员会组织了大量的材料汇编工作。[1] 当年12月13—15日，福建省高校文明校园评估组一行在省政协科教文卫委员会副主任郭荣辉的率领下，莅临学校，就学校创建省级文明校园情况进行检查评估。14日上午，评估组主持了学校创建文明校园评估汇报会，时任党委书记吴承业在会上作了题为《扎实工作，锐意进取，开拓创新，努力实现文明校园建设达标》的总汇报。吴承业在汇报中指出，教学、科研、育人是高校的三大任务，而这些都依赖于一个文明的校园。他强调，华侨大学的文明校园建设一直坚持两个原则，一即重在建设，目的是建设；二是以人为本，以德为魂。迎接评估只是一种手段，创建的关键是让师生永远有一个温馨、和谐、优美、有序的学习、工作和生活环境。吴承业还表示，学校将保持和巩固已取得的创建成果，对评估中发现的文明下大决心予以整改；将围绕全面实施素质教育，把创建工作引向深入，不断深化创建内涵，提高创建水平；将结合校内各项改革，把创建工作进一步引向制度化、规范化，创立更科学有效的建设机制。[2]

图3－29　20世纪90年代的华侨大学校园

自开展创建文明校园活动以来，紧紧围绕培养人才这个中心，硬件和软件齐抓，教育管理结合，把德育、智育、体育、美育等有机统一在创建活动中，重在建设，取得了明显成效；邓小平理论学习蔚然成风，教风学风建设成果喜人，师生思想道德水平日渐提高，校园文化独具特色，校园治安稳定有序，学校各方面工作取得显著成绩。

---

① 华侨大学文明校园建设委员会：《国立华侨大学创建文明校园材料汇编》，1999年11月，华侨大学文书档案。

② 华侨大学报记者《华大接受省级评估》，《华侨大学报》1999年12月15日。

（三）校园活动

20世纪90年代，华侨大学举行了缅怀邓小平同志的悼念活动，并组织师生迎接和庆祝香港和澳门回归祖国，同时还自发举行了反对北约轰炸中国驻南斯拉夫大使馆的抗议活动。

1. 缅怀邓小平同志

1997年2月19日21时08分，一代伟人邓小平在北京逝世，享年92岁。噩耗传到华侨大学后，师生员工都沉浸在巨大的悲痛当中，认真学习了《告全党全军全国各族人民书》，并收看了邓小平同志追悼大会的实况转播，以各种方式深切悼念敬爱的邓小平同志。

华侨大学曾于“文革”期间被迫停办，大批教师被下放，学校设施设备惨遭破坏。邓小平同志推动了教育战线的“拨乱反正”，并主持制定了一系列促进我国科技教育事业发展的方针政策，1978年，党中央国务院决定恢复华侨大学办学，使华侨大学得以复办并迅速发展。因此华侨大学师生更加缅怀邓小平同志的伟大功绩。2月25日上午，校领导庄善裕、吴承业、黄炎成、杜成金、李红、郭亨群、吴永年、吴道明、关一凡和近万名师生员工胸佩白花，怀着无比沉痛的心情聚集在陈嘉庚纪念堂以及各分会场收看邓小平同志追悼大会电视实况转播。正在学校指导工作的国务院侨务办公室文宣司丘进司长以及有关处室负责人王凌国、王如泉、吴成航、雷振刚、汤翠英等也与学校师生一起收看邓小平同志追悼大会现场实况转播。① 下午，在校党委宣传部、校工会联合举行的缅怀邓小平同志光辉业绩座谈会上，与会同志纷纷发言，结合各自的亲身经历和体会，追思缅怀邓小平同志的伟大功绩。

20年前，邓小平同志提出恢复高考制度，使我国因“文革”而中断的专门人才培养逐步走上正轨。在教育界“拨乱反正”时，小平同志多次强调，要多出人才、快出人才。而今新一代华侨大学学子，深深缅怀邓小平同志。工商、旅游、中文等系学生纷纷表示，没有邓小平同志提出恢复高考制度，我们就不能坐在大学的课堂里幸福地学习。华侨大学学子一定要化悲痛为力量，刻苦学习，奋发成才，报效祖国。校学生会港澳学生联络部负责人则表示，没有邓小平开创的改革开放，港澳学生就不可能到祖国大陆求学深造。华侨大学全体港澳学生一定要加倍努力，学好本领，为港澳地区的繁荣与稳定，为祖国统一大业的实现做出自己的贡献。

---

① 王士华、何强毅、张林：《全校师生员工深切缅怀邓小平同志丰功伟绩，决心化悲痛为力量再创新业绩》，《华侨大学报》1997年2月28日。

2. 庆祝香港和澳门回归

1997 年元旦，距离香港回归祖国仅剩 181 天，学校举行了一个以“唱国歌、升国旗、庆新年、迎回归”为主题的盛大庆典活动。在雄壮嘹亮的国歌声和数千名师生庄严的注目礼中，由 130 名学生组成的国旗护卫队，列成方阵，精神饱满，冉冉升起了鲜艳夺目的五星红旗。港澳生代表一曲《明天会更好》唱出了对香港美好未来的向往。一系列迎香港回归庆祝活动从 3 月中旬起到 7 月初结束，主要包括：迎接香港回归倒计时 100 天纪念活动；香港回归和《基本法》系列讲座；迎接香港回归系列活动开幕式；师生“迎回归”文化艺术作品展；“香港历史与发展”大型图片展；全校“香港知识竞赛”；诗歌朗诵大赛、演讲赛、征文比赛；香港回归学术研讨会；迎回归电视节目展播、露天电影周活动和师生同台大型文艺晚会；7 月 1 日庆祝中国恢复对香港行使主权盛大升旗仪式，组织以马来西亚留学生为主的鼓乐队参加泉州市庆祝香港回归大型活动等。

1997 年 6 月，随着香港回归日期渐进，学校迎回归活动也进入高潮。名誉校长叶飞、校长庄善裕以及党委书记吴承业纷纷为香港回归题词。校党委宣传部、新闻处以迎接香港回归为主题，举办了图片展、系列广播节目、专家教授座谈会、港澳学生电视访谈、学术研讨会、校报迎回归专版等活动。6 月 20 日，由学校举办的迎回归大型文艺晚会《月圆序曲》在陈嘉庚纪念堂隆重献演。校领导庄善裕、黄炎成、李红、郭亨群、吴永年、关一凡，泉州市副市长黄少萍兴致勃勃地观看了晚会，与全校师生共庆香港回归祖国。晚会突出“爱港爱校爱祖国”主题，分为“百年沧桑”“游子情怀”“盼回归”“喜团圆”四大篇章，以音乐舞蹈史诗般的恢弘气势，艺术地表现了中华民族一个多世纪的屈辱史、抗争史，特别是香港百年沧桑的历史和香港回归祖国的进程，无限深情地赞颂了伟大的社会主义祖国。[①]

7 月 1 日，香港回归日，华侨大学上万名师生员工沉浸在无比欢乐的节日气氛中，处处都是喜迎香港回归祖国的热烈场面。校园主干道上“热烈庆祝 1997 年 7 月 1 日中国政府对香港恢复行使主权”“香港明天更美好”等大幅标语格外醒目。师生们以形式多样、丰富多彩的活动来表达爱港爱校爱祖国之情。7 月 1 日上午 8 点，学校举行了盛大的庆回归升国旗仪式暨应届毕业生宣誓大会，在雄壮嘹亮的国歌声和数千名师生庄严的注目礼中，由 130 名学生组成的国旗护卫队，列成方阵，精神饱满，冉冉升起了鲜艳夺目的五星红旗。面向国旗，97 届毕业生列队庄严宣誓：“……不负恩师教诲，无愧祖国培育。今日我以母校为荣，明日母校以我为荣。”校

① 王士华、何强毅：《庆香港回归，颂祖国辉煌》，《华侨大学报》1997 年 6 月 25 日。

领导庄善裕、吴承业、黄炎成、杜成金、李红、郭亨群、吴永年、关一凡、李冀闽出席了升旗仪式，与师生同庆香港回归。

图 3－30　1997 年元旦国旗升旗仪式暨迎香港回归师生千人同庆典礼

1999 年 11 月，值澳门回归祖国倒计时 30 天之际，庄善裕校长和李红副书记还为倒计时回归牌揭牌。来自 17 个国家和地区的近万名境内外师生在“喜迎澳门回归”的红色横幅上庄重地写下自己的名字，表达对日益强盛的祖国、对即将回归的澳门的无限深情。中央电视台《新闻联播》《中国新闻》、福建电视台《福建新闻联播》、东南电视台《东南新闻》、中国新闻社、福建日报社等报道了活动的盛况。[①]

华侨大学自 1978 年复办以来，当年就有 10 多位澳门学子来校就读，到澳门回归时，华侨大学已经为澳门培养了 1000 多名高级人才。很多校友在澳门的政治、经济、科技、文化和教育等领域取得显著成就，为澳门社会的发展贡献了自己的力量，得到澳门社会方方面面的肯定和好评，扩大了华侨大学在港澳地区的影响，建立了深厚的闽澳情缘。何厚铧、梁披云、宗光耀、唐志坚、唐星樵、张健等澳门知名人士均担任华侨大学副董事长或董事，经常莅校指导工作或讲学。

12 月 13 日，澳门学生在金川活动中心举办了“喜迎回归澳门文化展”。展览共分两大部分。第一部分为大型图片展，通过 40 多幅生动的图片介绍了澳门的基本概况和解决澳门问题的历史进程。第二为澳门文化展，以澳门学生自资自力自制图片和模型等宣传澳门的历史、宗教文化、教育特色、博彩、建筑、金融经济及风土人情等，包括“澳门街道图”“澳门庙宇”“澳门体育”“澳门交通”“澳门教育概况”“澳门货币和外汇”“澳门邮政”“澳门艺术节”“澳门国际舞蹈节”“澳门教堂”

① 张罗应、张林：《澳门回归祖国倒计时三十天，华侨大学万名师生签名庆贺》，《华侨大学报》1999 年 11 月 25 日。

“澳门建筑”“澳门地区特色”和“澳门地理环境”等13个部分，展示了独具特色的澳门风采。[①]

图3-31 华侨大学庆祝澳门回归文艺晚会

12月17日，在华侨大学就读的400多名澳门学生参加了华侨大学庆祝澳门回归升旗仪式，时任党委书记吴承业和校长助理关一凡出席。20日0时0分，当鲜艳的五星红旗和澳门特别行政区区旗伴随着嘹亮的中华人民共和国国歌在澳门文化中心花园馆升起，整个会场顿时响起经久不息的掌声和欢呼声。与此同时，在各学生宿舍收看交接仪式的分会场，“澳门回家了”的欢呼声此起彼伏，华侨大学学子的喜悦之情溢于言表。澳门回归了，这是中华民族的又一盛事，也是祖国统一大业的又一重要里程碑。

3. 抗议北约轰炸中国驻南斯拉夫大使馆

贝尔格莱德当地时间1999年5月7日（北京时间1999年5月8日），以美国为首的北约部队，悍然轰炸了中华人民共和国驻南斯拉夫联盟共和国大使馆。新华社记者邵云环、《光明日报》记者许杏虎和朱颖当场牺牲，数十人受伤，大使馆建筑严重损毁。[②] 这一消息传到华侨大学后，全校万名学生表现极为愤怒，人们以各种方式表达对以美国为首的北约的强烈抗议和严厉谴责。

5月9日上午9时，华侨大学各界人士举行集会，对以美国为首的北约的野蛮行径表示极大愤慨。党委书记吴承业教授代表全校万名师生员工发表了严正声明，

---

① 毛凌云：《澳门文化展举办》，《华侨大学报》1999年12月15日。

② 该事件又称“五八事件”，事件发生后，中方认为这是一次蓄意的轰炸，可能是对中国此前反对北约轰炸南联盟的报复，因此向美国提出强烈的抗议。北约解释这是误炸，原因是使用了一份美国中央情报局过时的地图，而且中国大使馆距离北约轰炸的真正目标南斯拉夫军事总指挥部仅仅只有180米，且两个建筑物的大小形状都十分相似。国际特赦组织则支持北约的解释，同时谴责北约没有采取适当措施来保证无辜民众的生命免受伤害。

强烈抗议和谴责以美国为首的北约的野蛮行径。①

与此同时，义愤填膺的华侨大学学生也在陈嘉庚纪念堂观众厅举行集会，他们打着“强烈抗议以美国为首的北约轰炸我驻南联盟大使馆的暴行”“捍卫主权、维护和平”“中国人民是不可欺负的”“支持我国政府的严正立场，强烈抗议北约的野蛮行径”等大幅标语，高呼“打倒美国霸权主义”“停止轰炸”“反对侵略”等口号。在1个多小时的集会中各系学生纷纷上台演讲，强烈谴责以美国为首的北约轰炸我驻南使馆的无耻暴行。参加集会的人们数次自动起立，高唱雄壮的《中华人民共和国国歌》，高昂的爱国主义激情充溢集会现场。

四　校训、校歌与校徽

（一）校训

华侨大学“会通中外，并育德才”的校训是经学校多年的努力确定下来。1998年6月庄锡福教授第一次向校领导建议以“会通中外，并育德才”作为校训，后来他又相继提出了7个不同的方案，并发表了多篇有关校训的论文和文章。历经两年多的讨论及论证，2000年8月，校党政联席会议一致通过“会通中外，并育德才”为华侨大学校训。

“会通中外”侧重于表达华侨大学人应具有的国际视野和治学方法，意为汇合中外文化而贯通之，“并育德才”侧重于阐明办学方针，意指育德和育才不可偏废而应并重，使其相互促进。其内涵主要体现在：①传承民族精神。通过中华文化的教学和多种形式的渗透使民族精神得以继承和发扬。②融通多元文化。通过培育宽容为本、和而不同的校园精神，使两类学生都受到多元文化的感染和熏陶。③构架培养模式。通过独特的教学过程，因材施教，探索和完善适合“一校两生”特点的人才培养模式。④并育两生德才。通过教育，努力使境内外两类学生德才兼备，全面发展。

华侨大学把推选出来的这一方案报送国务院侨办获得认可后，提请北京大学著名学者季羡林先生和国侨办有关领导审议，他们均比较赞赏。学校特别邀请了季羡林先生亲自题写校训：“会通中外　并育德才”。

---

① 黄伟强、钟君：《面对以美国为首的北约袭击我驻南大使馆的暴行，华侨大学师生愤怒了》，《华侨大学报》1999年5月15日。

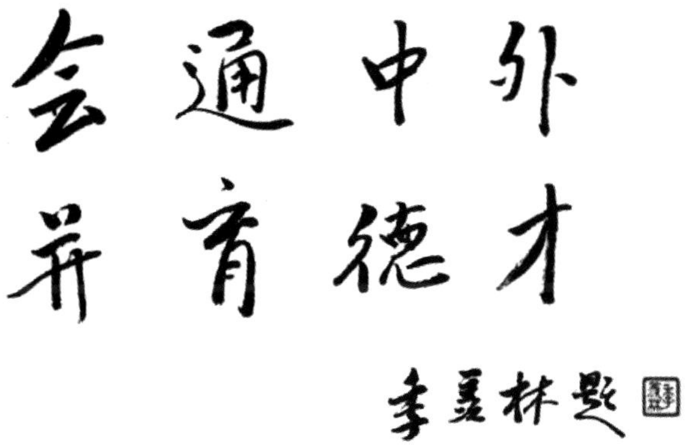

会通中外
并育德才

季羡林题

图 3－32　季羡林题写校训“会通中外　并育德才”

（二）校歌

2000 年建校 40 周年之际，学校专门邀请了著名词作家乔羽和著名作曲家谷建芬共同创作了校歌《一方沃土》。①

歌词如下：

《一方沃土》

乔羽词

谷建芬曲

造一方沃土，播种我们的希望，
引一道清泉，灌溉我们的理想。
昨日五洲四海遥遥相望，
今日弦歌声声欢聚一堂。
造一方沃土，播种我们的希望，
引一道清泉，灌溉我们的理想。
昨日五洲四海遥遥相望，
今日弦歌声声欢聚一堂。
会通中外今古谱写世纪新章，
山巍巍，水洋洋，大好神州是故乡。
会通中外今古谱写世纪新章，
山巍巍，水洋洋，大好神州是故乡。

① 华侨大学志编委会：《华侨大学志》（1960—2010），中国文史出版社，2015，第 362～364 页。

山巍巍，水洋洋，大好神州是故乡

（三）校徽

为适应改革开放的需要，进一步树立华大形象，扩大对外宣传，1994 年，校长办公室就举办了校标征稿活动，最初收到 21 位作者的 48 幅作品。后经过多次讨论和商榷，学校最终敲定了红色的徽章形式校标。标志中心是“华侨大学”的繁体字，将其变成一棵树的形状，代表华侨大学及其树人的性质；“华侨大学”字下面的三条弧线代表着海洋；1960 代表着华侨大学的创办时间。整个标志体现着华侨大学如一棵茁壮成长的常青树屹立于大地与华侨之间，不断地为海内外输送人才。①

具体而言，华侨大学新校徽为红色圆形徽章图形，以“为世界培育优秀人才，向全球传播中华文化”为立意，彰显全球化时代的华侨大学，将秉承“为侨服务”的办学宗旨和“会通中外、并育德才”的办学理念，全心全意培育中国和世界各国人才，责无旁贷地向全球传播中华优秀文化。

该标识中心图案取材于中文繁体“华”字意象，构成球状经纬线，演绎成一个旋转的地球，寓意华侨大学“面向海外、面向港澳台、面向国家社会经济发展”的办学方针和在变化的世界中谋发展的信念；典雅大方的中国红，是吉祥与活力的象征，作为校徽主色调，象征华侨大学将以无与伦比的信心和热情，把博大精深的中华文化，涵养于莘莘学子心中，传播到五洲百国之域，为中华民族的伟大复兴和世界和平做出应有的贡献。②

中心图案与学校的中、英文校名和建校年份以简洁的构图形式构成完整的校徽图案。整个标识既内蕴中国传统艺术虚实相生的特质，又深具当代文化审美简洁大气的优点，图样清新，寓意鲜明，亲和力强，识别性好。

图 3－33　华侨大学校徽

① 华侨大学校史编写组编《华侨大学五十年（1960—2010）》，2010，第 219 页。

② 参见《校徽》，华侨大学文化网，https://culture. hqu. edu. cn/yxhy/xh. htm，最后访问日期：2020 年 7 月 6 日。

第七节　后勤改革与校办产业

一　后勤改革

高等学校的“学校办社会”[①] 问题是我国计划经济时代的产物。解决“学校办社会”的问题，核心在于将学校后勤服务社会化，即将高等学校的后勤服务从学校的管理体系中分离出去，由社会来承担为学校服务的后勤工作。为寻求学校后勤服务部门的改革，以适应学校发展的需要，华侨大学根据国务院办公厅和教育部等部门提出的改革精神，结合学校的实际，着手开展后勤社会化改革。

（一）后勤管理体制改革

20 世纪 80 年代中期，学校开始对后勤服务部门进行局部探索性改革，从食堂试行独立核算和经济承包责任制的改革，随后逐步推广到水、电、车队和招待所等部门，[②] 这一系列后勤管理改革一直持续到 20 世纪 90 年代。

1. 后勤管理改革及其措施

“八五”期间，学校后勤系统主动围绕学校的整体目标，坚持“三服务，两育人”的宗旨，不断深化后勤管理体制和运行机制的改革，充分发挥后勤的保障和服务功能，改善学校的办学条件、提高学校的办学质量和办学效益。其间，学校后勤工作在各方面都取得显著成绩，如校舍面积从 18.99 万平方米增至 26.33 万平方米，建成教工住房 298 套，新建成各类学生宿舍 4 栋。此外学校的食堂和医院也有所改善。

---

① “学校办社会”是传统计划经济时期我国高校实行的一种封闭式自办后勤模式。依靠“行政拨款制”运行学校后勤。参见饶灿《新形势下高校后勤社会化改革的问题与方向》，《经济师》，2019 年第 6 期。

② 华侨大学校史编写组编《华侨大学四十年（1960—2000）》，2000，第 200 页。

1993 年，为加大后勤改革力度，提高服务质量与效率，增强后勤服务实力，总务处依循学校整体改革的总要求，结合本单位实际，提出深化后勤改革五项措施，将以服务为宗旨，经营为手段，逐步实现后勤管理企业化，校内服务社会化的目标，实行两权分流的“一体两制”，促进后勤工作由原来的单一行政管理型、福利服务型为主向服务经营型为主转轨，形成总务后勤服务、管理和经营一体化归口管理运行的新格局。

在后勤资产管理方面，改革的基本要求是：产权明晰，租赁管理，正常使用，安全保值。后勤服务实体所使用的学校原有资产，由后勤管理部门及学校资产部门组成资产评估小组，进行资产评估和界定，可暂实行零租赁或上缴部分租赁费的办法，支持实体经营，但后勤服务实体必须确保学校原有资产安全、保值和增值。此外，改革内容还包括建立行政职能部门专检、后勤服务实体自检、群众监督和舆论监督相结合的监控体系。设立由后勤管理部门和师生代表组成非常设的评估监督机构，对后勤服务实体的服务价格、服务质量、服务态度、经营管理活动等定期进行全面监督检查，促进后勤服务部门规范经营，提高服务质量。

深化改革的措施有：①实行总务后勤一体化的专业化归口管理。总务处拟实行一体两制，统一管理全处各经营实体。在财务管理上，健全相应的预算内和预算外两种核算办法，各创收均纳入处统一管理，分科立账，赋予各实体一定的经济管理和支配权力。②着重抓好三个科室的机制转换：将绿化卫生科改为校园绿化卫生服务中心，实行企业化管理，独立核算，自负盈亏。将水厂和供电所组合为动力节能科，逐步将原无偿服务的“供水供电”转换成有偿服务的“卖水卖电”，即将全校用水用电单位按其承担的教学、科研、行政服务等的任务，实行“定额分配、经费包干、节约留用、超支自负”的管理办法。将交通科由目前部分经济承包单位校算逐步向全面经济承包单车校算转化，在保障校内公务用车前提下，学校负责车辆购置、工资、保险费。纯利实行“校定基数、利润分成、超额提奖”。③推行满工作量定岗的处、科两级聘任制，实行一科一长制、一级聘一级的岗位聘任。逐步建立干部、人事、用工制度相企业化管理过渡的运行机制。④在分配上实行人定岗、岗定责、责定分、分定酬，使效益与利益挂钩，浮动奖金幅度上扬，同时注意向苦、脏、累等工种倾斜，拉开分配档次。⑤建立有效的监控体系，全面推行自控、内控和外控并举的考评制度，做到“活而不乱”。①

2. 后勤社会化改革

2000 年，国务院办公厅转发了教育部等部门发布的《关于进一步加快高等学校

① 张护国、王士华：《总务处五大改革举措已推行》，《华侨大学报》1993 年 5 月 20 日。

后勤社会化改革的意见》（以下简称《意见》）。[①]《意见》指出高等学校后勤服务模式落后、后勤社会化改革滞后、后勤负担沉重的状况，已经成为高等教育发展的制约因素：高等学校后勤社会化改革的重点是学生生活后勤改革。在对新建的学生宿舍及其他后勤服务设施的资金投入方面，应坚持主要依靠从充分利用社会的力量和资金的方针。中央和省市人民政府，还应区别情况，给予必要的经费支持。所有学生宿舍及其他后勤服务设施，均要采用新机制经营和管理。[②]

2000 年 3 月，学校成立以校长吴承业为组长、副校长李冀闽为副组长的华侨大学后勤社会化改革领导小组，并建立工作班子，拟定《后勤社会化改革方案（草案)》，并提请华侨大学第四届教职工代表大会暨第四届工会代表大会第一次会议审议通过。同年 10 月 12 日，《华侨大学后勤社会化改革方案》出台，后勤社会化改革工作正式启动。

为建立更为完善的后勤管理体制，学校将后勤社会化改革与机构编制改革结合起来，同步进行、统筹兼顾并分步实施。后勤社会化改革，首先必须建立新的管理体制。为建立有效的管理体制，学校结合机构改革，理顺关系，明确机构属性、职能，以达到“事企分开、两权分离”的清晰界定。为此，学校将原有总务处、基建处、设备处、学生处进行整合重组。设立“国有资产处”、“学生处”和“后勤管理处”等机构，并建立与之相应的运行机制。在人事制度上，实行经理负责制，工作人员实行全员聘任制和劳动合同制。在财务管理方面，实行独立核算的财物制度。在分配办法上，后期服务实体人员经济利益分配根据按劳分配原则，实施与档案工资脱钩的企业效益工资制度。

学校后勤社会化改革选择了“小机关，多实体”的改革模式。按照“精简、高效”的原则由原总务处与基建处合并组成“小机关”——后勤管理处（内设基建办、规划办)，仅保留 15 个编制以及一个挂靠单位。同时，全面推进后勤管理体制及劳动人事、资产管理、财务分配、服务质量监控等运行机制改革，实施后勤与学校行政管理系统的规范剥离工作，根据不同服务功能组建 8 个服务实体，按“准企业化”运作，实行“自主经营、独立核算、自负盈亏、自我发展”的管理模式。

（二）食堂与水电改革

1. 食堂改革

学校复办初期至后勤改革之前，由于经费短缺，学校食堂餐厅、厨房、炊具、

---

① 《关于进一步加快高等学校后勤社会化改革的意见》由教育部、国家计委、财政部、建设部、人民银行、税务总局于 1999 年 12 月 14 日联合发布。

② 《进一步加快高校后勤社会化改革》，《华侨大学报》2000 年 2 月 25 日。

桌椅破旧不堪，用膳环境较差。80 年代末至 90 年代，围绕革除“大锅饭”和“铁饭碗”的弊端，为减轻学校负担，增强食堂自我发展能力，学校食堂经历了七步深化改革，食堂面貌发生了全面而深刻的变化，各项改革均走在全省高校之前。

图 3-34　20 世纪 90 年代华侨大学的食堂内景

以第二食堂为例，自 80 年代末以来，食堂采取独立核算、自负盈亏的经营方式，建立职工岗位责任制、奖罚分明，食堂采取独立核算、自负盈亏的经营方式。在长期实践中，形成了一整套考核体系，严格按操作标准执行，力求一切有据可查。食堂食品安全有五大环节：采购、加工、储存、销售、留样。在标准中，每个环节都必须留下详细的工作记录，并要求责任人签下责任书。与此同时，该食堂还注重饭菜质量和花色品种的改进，午晚餐可达四五十种，早餐也不下 15 种。食堂还聘请海外和内地的烹饪高手前来交流经验技术。此外，价格稳定也是第二食堂的一大特色。

具体而言，食堂改革主要分以下几步开展。第一步，1981 年在第二食堂试行、1982 年起对各食堂全面实行按营业额 18% 提取包干管理费，其中 3/4 作为工资等主干“人头费”、1/4 作为公杂费，各食堂经理由学校选聘、炊管人员由经理自主选聘，全校饭菜票通用。从而彻底打破“大锅饭”和“铁饭碗”，建立了全新的竞争和激励机制。新机制有力地驱动各食堂经理和员工想师生所想，为办好食堂各尽所能，服务质量和水平不断攀升，其活力至今经久不衰。食堂环境整洁卫生；营业时间不断延长；各食堂还严格成本核算，灵通市场信息，采购价廉物美的原料；炊管人员统一着装，端庄整洁，态度和蔼，服务主动、热情周到。除学校有限投入外，新机制还驱动各食堂开源节流、自筹资金，更新餐厅，不断优化用餐环境。

第二步，为了克服由于实行食堂按营业额向学校提取管理费后，物价越涨、消费水平越高、外来就餐者越多，营业额就越高，学校管理费开支就越大，以及谁用餐标准高谁享受补贴也多的新问题，从 1988 年起，将学校按营业额向各食堂支付管理费，改为直接补贴给公费生和单身教工每人每年 80 元，食堂则从伙食费提取 14% 作为管理费，使学校支出控制在直接补贴数上。第三步，从 1991 年起部分、1993 年起全部将食堂蒸汽、水、电费计入伙食成本。第四步，从 1993 年新生开始，取消学校给学生的管理费补贴。这样，食堂从营业额提取 14% 作为工资等“人头费”和公杂费的管理就计入伙食成本，学校不再承担。第五步，1993 年 7 月通过公开招标，开办由个人租赁承包，全自负盈亏的第四食堂，以形成对照系，促进对现有食堂进一步实行全成本核算和内部管理监控。第六步，1997 年学校投入 30 多万装备食堂的计算机以及 IC 卡管理系统，取消饭菜票，以加强伙食成本核算和财务管理，方便师生，提高效率和规范化、科学化管理水平。第七步，从 1999 年开始按营业额的 4% 提取设施折旧费入伙食成本，将此资金全额用于食堂添置设施，改善条件，以增强食堂自我发展和完善能力。

通过以上改革，学校建立了全新的食堂劳动、人事、分配制度，实现伙食全成本运行。一方面从根本上解决了办好食堂的机制，使食堂越办越好；另一方面，又减轻学校大量负担。同时，就餐者从食堂改革全面提高服务质量获得的实惠大大超过因加入伙食间接成本增加的负担。改革给学校、食堂、师生都带来好处。

2. 水电改革

90 年代，学校经历的持续、与时俱进的后勤改革主要表现在硬件设施方面尤其是水电。从 1991 年起，学校开始将部分蒸汽、水、电费纳入成本。1993 年开始对蒸汽、水、电进行全额计量收费并全部纳入成本，平均为学校减轻负担超 40 万元以上。1993 年，按照老生老办法、新生新办法，取消新生明补，至此，学校基本实现了准成本运行。1993 年 7 月，通过公开招标，开办由个人租赁承包、自负盈亏的第四食堂，形成了以学校经营为主、承包经营为辅的食堂经营格局。学校还在食堂实行自然减员的办法，将用人制度与市场挂钩，大量使用合同工，仅保留少量管理人员事业编制。此举为学校节省 100 多个事业编制，减少人头费支出 100 多万，同时还减轻了住房、医疗、保险、退休养老等负担。

自 1992 年以来，学校投资对全校学生宿舍及部分教工宿舍的用电线路分期分批重新改造，对供应周边水电也全部安装了总表，实现了每户或每室一表，电表集中管理，逐步形成了一套比较完善的计量设施网络，为全面计量收费和水电管理规范化、科学化打下坚实基础。同时，深入挖掘后勤自身潜力，为学校开辟新财源。学校水厂在保证全校用水情况下，每日向校外供水 600 多吨，取得了极为可观的经济效益。通过改革，在学生数量成倍增长、教学科研快速发展、校舍面积大为增加、水电价格大幅上涨的情况下，学校水电费回收率从1993年的33%提高到1997年的60%多，年回收水电费均在100万元以上，使全校水电费净支出基本保持不变。

1997年初，食堂智能卡（IC卡）售饭及微机管理系统工程开始投入使用。该系统由控制中心计算机、各食堂计算机和五个食堂近90台窗口收费机相互连接构成计算机网络。它不仅以智能卡取代菜票，解决了菜票流通过程中的伪造、丢失、病菌交叉干扰以及清点结算烦琐等种种弊端，而且可通过中心及时监控各食堂的经营及学生的就餐状况，实行膳食科及各食堂财务、人事、工资、考勤、档案等的微机化管理。不仅如此，该系统还为学生今后用智能卡在校内商店购物、理发、浴室洗澡、开水房打水等一卡多用奠定了基础，是当时全省高校食堂装机量最大、技术最先进的微机管理系统。①

通过包括水电在内的诸多改革，学校包括食堂在内的后勤机构完成了由福利型向经济型、由行政管理向企业化管理机制的转化过程，取得了极其显著的社会和经济效益，使伙食工作较好地适应了市场经济体制和学校事业的发展，也为社会化奠定了成熟的条件。实践证明，没有改革就不可能有食堂及整个后勤如此深刻的变化。

值得一提的是，在后勤制度改革方面，学校服务公司和招待所等机构也纷纷开展了以精简和企业化为目标的改革。一方面实行政企分开，精简机构，减员增效；另一方面建立健全激励机制，实行经理责任制，把个人劳动与经济效益挂钩，有效地驱动积极对外开展经营服务；引入竞争机制，不断完善人员聘用制度与劳动分配制度，实现人员的聘用与劳动力市场接轨，以此促进服务水平和服务质量的提高。改革后的服务公司，9名职工中，除1人为管理人员外，其余均为承包者，经营项目与经营范围不断拓展，效益逐年上升，1998年上交管理费45万元，是1993年的4.7倍。招待所在优质、高效完成学校接待任务情况下，1998年创利58万元。

（三）教室与宿舍管理

1. 公共教室管理

80年代末，学校开始将公共教室的管理划归总务处宿管办管理，随后几年采取了一系列管理措施，建立管理员岗位责任制和检查评比制度，实行管理工作效果与工资挂钩的办法，通过措施的贯彻、实施，与工作人员的共同努力，在较短时间内收到良好的成效，改变了脏乱差的局面。具体的措施和办法如下：①建立公共教室组长、值班员以及清洁工岗位责任制和奖励办法。每周对公共教室的设备、卫生进

① 华侨大学总务处：《学校食堂微机管理系统加快建设》，《华侨大学报》1997年1月20日。

行两次的检查，做好现场记录，对被破坏的桌椅，灯具以及其他设备以及报修，并做好修复后的验收工作，每周六召开公务员例会，讲评本周公务员的工作情况，奖惩分明，纠正缺点。②在教室区设置教师休息室，配备沙发椅、大衣镜、衣刷、洗脸盆等，提供茶水，让教师在课间有个舒适、洁净的场所以利于休息。③寒暑假停课期间，对教室的电灯、课桌椅、黑板、讲台等设施进行全面检修，为新学年的开始做好准备。总之，采用多种渠道，齐抓共管的办法，与各部门、各系密切联系，让学生参与管理，以实际行动共建一个精神、物质双文明的学习环境。

90年代末，为配合创建文明校园，贯彻学校文明办关于教风学风建设的精神，坚持教学环境建设，营造良好育人环境，学校教务处着手加强教室文明建设。为此，学校教务处先后颁发了《教室管理条例》和教室“十不”文明公约，为教室文明建设提供了行之有效的保障机制，为开展教室管理工作指明了方向。具体措施有：①健全规章制度。制定了“关于加强教室文明建设有关规定的通知”等若干个文件，规范学生的文明行为，其中，“文明教室公约”还制成不锈钢牌子，悬挂于各教学楼，这在国内高校还是不多见的。②职责分明。从科长到值班人员和清洁工人，都有明确的职责范围，并做成大型铝合金牌子，悬挂于各教学楼，接受师生的监督。③检查评比制度化、经常化，由师生定期对各楼层的卫生状况，服务态度等进行量化评估，评估的结果作为续聘以及年终奖金的主要依据。④与系共建教学楼，与化工学院等共建教学楼，学生组织共建教学楼委员会，成立自律队，对教学楼保持整洁优雅，做出很多努力，取得明显效果。⑤组建学生水电维修队，学生每晚边自修边轮流值班，利用双休日检修水电，这不仅使维修得以及时，节约了大量的资金，而且让学生得到锻炼，提高了思想境界和动手能力。⑥奖惩分明：对表现不好的清洁工和值班人员，坚决给予辞退，对表现好的发给奖金，对违反的学生除通报批评外，还采取一些惩罚的措施，如发现学生抽烟，则令其拾捡教学楼周围的烟头上交，发现学生踢墙，就令其买油漆刷墙。[①]

此外，加强领导与管理，采取措施加强教室文明建设：和值班人员、清洁工签订责任协议书，制定他们的岗位职责和评比奖惩制度，对工人加强工作态度和责任感的教育；抓维修工作，把破旧严重的文科楼梯形教室和教学楼梯形教室重新更换了课桌椅，安装了铁门，维修了电路，调整和改善了教师休息室的条件，使教师在课间有一个较好的休息场所；抓教学楼的厕所卫生打扫，用药物和清洁剂等清理厕所的污垢，消除异味……[②]诸如此类的措施看似细微琐碎，却在整体上提升了教学

① 选自《华侨大学创建文明校园材料汇编》，1999年11月，华侨大学文书档案。

② 华侨大学教务处：《教务处加强教室文明建设》，《华侨大学报》1997年9月10日。

环境。

2. 学生宿舍管理

学生宿舍不仅是学生的生活和居住场所，也是思想教育的重要阵地。深入开展创建文明宿舍活动，维护学生公寓、学生宿舍区的良好秩序，一直是学校工作的重要内容。1991 年 3 月 21 日，学校召开全校学生宿舍管理工作会议，并决定将当年定为华侨大学“创建文明宿舍活动年”。会议期间，时任副校长黄炎成作了题为“深入开展创建文明宿舍活动，努力创造一个有利于造就合格人才的育人环境”的讲话，并指出，要集中一年的时间，把创建文明宿舍，作为转变校风、优化育人环境的突破口，作为向高层次、高水平发展条件的一个实际步骤之一来抓。一方面，要齐抓共管，着力于培养学生自我管理、自我服务和自我教育的能力，另一方面，将教育与管理相结合，着眼于提高学生的思想政治水平和养成良好的行为习惯。① 经过一段时间的探索和建设，学校文明宿舍活动取得了一定成效，1992 年 4 月，全省高校创建学生文明宿舍经验交流暨表彰会在学校召开，学校表彰了在文明宿舍创建过程中取得成效的部分系、宿舍。

1993 年 12 月 9 日，学校召开全校学生宿舍管理工作，黄炎成副校长再次强调，学生宿舍管理暨创建文明宿舍工作是校风学风建设十分重要的组成部分。宿管工作，要教育与管理并重，在管理中突出一个“严”字。对不良现象和违纪行为，要严抓严管，对学生、家长和社会负责。与此同时，还要充分发挥学生自律会、学生干部的作用，精心培植学生“自我教育、自我服务、自我管理”的能力，这是宿舍工作的根本，也是学校努力的方向。②

由于学校是面向国内外、港澳台地区招生的开放型大学，因而也有众多境外生，他们所住的学生公寓也是学校宿舍管理的重要对象。学生公寓是华侨、港澳台和外籍学生学习、生活和休息的重要场所，是每个学生走向生活的第一社会、第二家庭，也是反映学生精神文明的一个窗口。由于学生来自不同国家和地区，语言、生活习惯和思想观念不尽相同，在管理过程中难度较大。有些同学对学校的情况和各种规章制度不太适应，常常采取我行我素的态度，一些不文明的现象时常出现。学校在管理过程中始终坚持正面引导教育，及时表扬，宣传好人好事和文明宿舍。实践证明，只要在管理过程中，耐心启发学生自觉性，因势利导，多为学生考虑，让学生在接受教育和管理的过程中，培养自管自治的精神，用实际行动配合参加管理，就

① 华侨大学报记者：《全校学生宿舍管理工作会议圆满召开》，《华侨大学报》1991 年 4 月 20 日。

② 王士华：《黄炎成对强化宿管工作提出六点要求》，《华侨大学报》1993 年 12 月 30 日。

能将学生公寓建成文明、整洁和舒适的学生之家。[①]

（四）校园网络开通

1997 年初，由菲律宾华人黄呈辉向学校捐建的教学与科研计算机网络主体工程正式开通，标志着学校大步迈入信息高速公路，与外界的信息交换能力大大增强。校领导庄善裕、泉州市领导傅圆圆、黄呈辉先生、以蔡尚真先生为团长的菲华商联总会访华代表团全体成员以及东南大学、福州大学等兄弟院校代表出席了网络开通剪彩仪式。黄呈辉校园网主体网络采用较先进的 PDS 综合布线，校信息中心可通过拨号与国内教育、科研计算机网络和国际计算机互联网联通，向全校师生提供信息查询和服务；各教学科研单位直接上网，教职员工家庭用户也可通过电话拨号方式登录上网。黄呈辉校园网络的开通，为增强学校与世界各国的学术交流合作和信息交换，提供了现代化的信息桥梁；对促进教学和科研基地建设，提高办学水平，起到了推动作用。[②]

二　校办产业

为进一步发挥学校的优势与潜力，推进教育和科研体制改革，增强学校的自我发展能力，进入 90 年代，尤其是第一届全校校办产业工作会议召开后，学校领导层一直把加速发展校办产业作为学校的重要工作来抓。

（一）校办产业的创立和发展

1991 年 3 月 19 日，学校召开全校首届校办产业工作会议，校党政领导，各处、直属单位分管创收工作的负责人以及工厂、科技开发总公司、分公司、招待所负责人等近百人参加会议。[③] 会议由庄善裕副校长主持，陈觉万校长首先在会上作了重要讲话，提出要把校办产业工作作为学校重点工作之一纳入学校五年计划。他说，要抓好校办产业工作，必须做好两方面工作，一方面是各级领导重视；另一方面则要发动群众支持校办产业工作。陈校长还指出，目前，校办产业要抓好，关键要解决三个问题：一是对过去所走过的路作良好的总结。他说，我们的校办产业办了好

① 郭蔚如、陈金狮：《把学生公寓办成学生之家》，《华侨大学报》1991 年 7 月 1 日。

② 《黄呈辉校园网络开通》，《华侨大学报》1997 年 2 月 28 日。

③ 1991 年九月，校领导在学校工作会议上指出，校办产业的奋斗目标是 1992 年利润翻一番，1995 年利润翻两番，后来的事实证明，这些目标设立得较为科学，都得以实现。

几年，从咨询中心到开发工作也有好几年，经验也好，教训也好，总之，年年都有所提高。对那些为校办产业兢兢业业工作的同志要给予肯定，但应看到我们的步子太慢了，没有很好地发挥学校的优势。二是要闯新路子。我们要吸取其他高校创办校办产业的成功经验，并利用学校广大海外侨胞、港澳台同胞和董事会关心支持办校的优势，闯出一条具有学校特色的新路子。三是关键要有得力干部、强有力的班子来抓。要发动群众推荐人才，涉及到哪一部门的人才，都应支持，给予开绿灯。①

会议召开后，当年7月4日，学校即成立"校办产业管理委员会"，黄炎成任主任，林品光任副主任，下设校办产业办公室。校办产业管理委员会在加强领导、明确宗旨、拓宽思路的同时，坚持两手抓，两手都要硬，并把重点发展科技产业、促使科技转化为生产力作为主攻方向。一方面，扩大原有印刷厂、机械厂、胶粘剂厂、建筑设计院的规模效益；另一方面，开发本校科技成果，创办金刚石工具厂、华竹电子公司。1992年12月22日，"华侨大学基建处修建队"更名为"华侨大学建筑工程公司"。1993年5月，为了拓宽学校校办产业经营范围，加速校办产业全面发展，学校科技开发总公司新成立"华侨大学华鑫工贸公司"挂牌成立。1995年11月30日，学校成立"校产管理监察委员会"，进一步规范和监督校办产业。1998年10月12日，"华侨大学校办产业办公室"更名为"华侨大学产业处"。

在依靠自身、独立发展以外，学校积极探索引进外资、合作发展的新路子。中外合资华侨大学胶粘剂有限公司就是其中之一。1992年6月，学校与香港东伟促进有限公司就校属胶粘剂厂改制为中外合资经营企业达成初步协议。同年10月，学校首家中外合资企业——中外合资华侨大学胶粘剂有限公司挂牌成立，公司注册资本140万元，中外双方各出资50%。新成立的公司实行董事会领导下的总经理负责制，原副校长白世林出任公司总经理。1992年11月1日中外合资华侨大学胶粘剂有限公司正式投产运营。中外合资华侨大学胶粘剂有限公司的成立，开启了学校引进外资合作办企业的良好开端。

为进一步发挥学校的境外优势，加快发展校办企业，学校于1992年10月30日第三届董事会第一次会议召开期间，正式成立了华侨大学校办产业董事会。陈觉万校长兼任董事长，副董事长由副校长、校办产业委员会主任黄炎成，校董事会副秘书长蔡素玉小姐和校董李群华先生担任，校长助理林品光任秘书长。董事会成立后，积极向境内外宣传校办产业的宗旨，广泛联络境内外各界热心人士，为校办产业提供信息，引进技术、设备，筹集资金，开拓市场，内联外引合作伙伴和项目，极大

① 《华侨大学召开首次校办产业工作会议》，《华侨大学报》1991年4月20日。

地促进了校办产业快速发展。

随着校办产业规模不断扩大以及宏观管理难度增加等变化的出现，1993 年，学校决定校科技开发总公司与校办产业委员会办公室合署，负责全校校办企业，包括建筑设计院、机械厂、金刚石工具厂、印刷厂、胶粘剂有限公司、华侨无线电厂、建筑工程公司、招待所、生活服务公司及以后新办校办企业的经营与行政管理，进一步强化校办企业的归口管理，为组建产业集团创造条件。

90 年代中期后，学校开始调整方向，旨在通过集中整体优势来进一步发展校办产业。为此，1995 年 1 月 12 日，学校召开了第三次产业工作会议。黄炎成副校长在会上作了《继续发扬开拓实干精神，促进学校产业进一步发展》的专题报告。他在报告中指出，校办产业在为学校教学科研服务，为社会经济建设服务的同时，取得显著的经济效益。经过几年来的实践，校办产业已经走出了一条以科技和高校整体优势为依托、以市场为导向、以经济效益为核心的、适合学校实际的发展校办产业的路子。随着校办产业的路子越走越宽，产业队伍作为学校办学的一支重要生力军，也在发展壮大。这支奋战在产业第一线的由 100 多位干部、科技人员和工人组成的专职队伍，开拓实干，艰苦创业，主动适应社会主义市场经济需求，不断提高经营管理水平，取得社会和经济效益双丰收，为学校产业的快速健康发展做出了突出贡献。

（二）校办产业的效益和不足

校办产业在为教学、科研服务的同时，取得了十分显著的经济效益，为改善学校的办学条件做出了重要贡献。在校办产业取得可喜成就方面，有很多值得一提的范例。1991 年底，校办产业委员会提出全校校办产业 1992 年实现利润翻番的奋斗目标。为实现这一目标，校办产业办公室在办好现有产业的同时，着手筹划上马新项目。新上马的第一个项目——锯片车间从筹备、建厂到试产试销，仅用半年时间，就实现利润产值 26 万元。经过校办产业系统职工的共同努力，校办产业 1992 年全年创利相当于 1990 年的 3 倍，创利税 205.8 万元，税后创利达 175.5 万元，极大地调动了整个产业系统职工创业的积极性，为校办产业今后的发展道路奠定了坚实基础。1993 年，校办产业再接再厉，全年完成产值 1782 万余元，创造利润 375 万余元，比 1992 年增长 111.4% 左右，一年创造的利润相当于 1986—1991 年六年的总和。1994 年，校办产业全年创利 614 万余元，其中上缴国家税收 148.7 万余元，净利润 466 万余元，上交学校基金 236 万余元。取得了三年翻三番的耀眼成绩。

整个“八五”期间，校办产业创利税总和达 1803 万元。学校一方面扩大原有印刷厂、机械厂、胶粘剂厂、建筑设计院的规模效益，一方面开发本校科技成果，创办金刚石工具厂、艺术设计中心等科技型企业，同时引进先进科技项目，创建了华竹电子公司。重点发展胶粘剂厂、建筑设计院、金刚石工具厂、华竹电子公司等技术含量高、经济效益好的科技型企业。校办产业发展处于全省领先水平，企业利税总额和人均创利税均名列全省高校前列，有两个企业创利润上百万，被省教委评为“明星企业”，占全省“明星企业”总数的1/3。在校办产业发展壮大的过程中，产业队伍也在不断扩大，已经发展成一支由100多位干部、科技人员和工人组成的专职队伍。①

尽管学校第四次产业工作会议上提出“九五”期间实现总税利翻番，但由于市场竞争日趋激烈，90年代中后期，校办产业整体效益呈下滑趋势，1996年以后，除了建筑设计院投入少、收益高、每年利润保持在100万元左右，其他企业赢利状况均不甚乐观。1997年10月5日，学校决定正式撤销科技开发总公司。为解决企业效益滑坡、经营周转困难的局面，1998年4月，学校开展了校办企业经营状况自查活动，制订切实可行的整改措施。考虑到部分企业多年经营状况不佳，无力扭转亏损局面，1997年8月，学校关停无线电厂，将原有20多名员工在校内分流安置；此后数年又陆续关停了华竹公司、胶粘剂厂等，并对相关职工进行了妥善安置。

---

① 华侨大学校史编写组编《华侨大学五十年（1960—2010）》，2010，第134页。

第八节 董事会、校友会与校庆活动

一 第三届、第四届董事会

华侨大学董事会自成立以来，广泛团结海内外侨胞、港澳台同胞及热心华侨教育事业的各界人士，积极协助政府办好华侨大学，为学校的建设和发展做出了突出的贡献。

（一）20世纪90年代召开的重要董事会

1. 第三届董事会第一次会议

1992年10月29—30日，华侨大学第三届董事会第一次会议隆重召开，会议。其间推举产生了76位新董事。福建省人民政府省长贾庆林被推举为新一任董事长，马临、王汉杰、许东亮、刘金美、李星浩、吴家玮、张佑启、陈明义、陈觉万、林一心、郑龙溪、祖炳民、黄长溪、黄辛白、黄保欣、黄涤岩、梁披云和蔡明裕等18人任副董事长。陈觉万校长兼任秘书长，杨振志、陈守仁、蔡素玉和叶品樵被聘为副秘书长。①

贾庆林，男，1940年出生，祖籍河北泊头，华侨大学第三届董事会董事长。1962年10月参加工作，河北工学院毕业，高级工程师。历任一机部设备成套总局技术员、团委副书记，一机部产品管理局负责人，中国机械设备进出口总公司总经理，山西太原重型机器厂厂长、党委书记，福建省委常委、副书记，福建省委副书记兼省委组织部部长，福建省委副书记兼省委党校校长、省直机关工委书记，福建省委副书记、代省长，福建省委副书记、省长，福建省委书记、省长，福建省委书记、省人大常委会主任，北京市委副书记、代市长、市长，中央政治局委

① 《热烈祝贺国立华侨大学第三届董事会第一次会议隆重召开》，《华侨大学报》1992年10月26日。

员，北京市委书记、市长，十六届、十七届中央政治局常委，第十、十一届全国政协主席。

会议听取并审议了陈觉万校长所作的学校工作报告和许东亮副董事长所作的第二届董事会工作报告，修订了华侨大学董事会章程。

贾庆林董事长对新一届董事会的动作做出了指示，冀望新一届董事会发挥三个方面的作用：

> 一是要对学校的重大事务，对学校的办学方针、办学方向等重大问题，真正起到决策和审议作用，对学校的办学方针、规划、教学、科研、基建、财务等重大问题进行有效的指导和审议。我们热忱希望各位校董，就华侨大学各项工作特别是对大政方针的制定，提供咨询，提出建议和意见，尽到懂事的职责。华侨大学的领导，要负责组织好定期向董事会报告工作，及时研究落实董事会有关学校改革和发展的重大决策，并进一步做好海内外校董的通讯联系工作。
>
> 二是要进一步联络海内外人士，促进华侨大学对外交流和发展。要扩大向海内外宣传华侨大学的办学宗旨、办学实力，发动海外热心华侨教育事业的各界人士，提供教学与科研的最新信息，协助引进先进的教学仪器设备，扩大海外生源，推荐品学兼优的学生来校学习。同时，学生毕业后回到海外的就业，也希望继续得到董事们的关心帮助。要着力于帮助学校提高师资队伍的总体水平，除了在国内、省内吸引优秀人才之外，还要采取请进来、走出去的办法，通过我们校董的努力，积极推荐和组织海外专家学者来校讲学，参加科学研究，增加派遣教师出国进修，进一步扩大对国外的教育、文化等学术交流活动。
>
> 三是多方面筹集资金，进一步改善办学条件。华侨大学基金会，已经具有相当的基础。要通过宣传发动，进一步做好筹集资金的工作，并认真管好、用好基金，发挥更好的效益。要帮助华侨大学牵线搭桥，拓宽对国内外科研合作和科技开发的路子，选择可行的项目，使学校发挥优势，走出校园，积极投入经济建设主战场。①

① 华侨大学报记者《贾庆林董事长对本届董事会工作的重要指示（摘要）》，《华侨大学报》1992年11月20日。

图 3－35　华侨大学第三届董事会第一次会议

2. 第三届董事会第二次会议

1994 年 4 月，第三届董事会召开第二次会议，讨论了学校工作报告和董事会工作报告。董事们就如何进一步办好学校、改善办学条件、深化学校改革、提高办学水平等问题提出了诸多宝贵意见和建议。值得一提的是，在第三届董事会第二次会议召开期间，学校还举行了李克砌纪念楼的落成典礼。庆典由黄炎成副校长主持，李星浩、许东亮、杨振志、陈营官、林大穆及李群华先生暨夫人徐丽珍女士等为“李克砌楼”剪彩。国务院侨办等数十个单位和近 200 位各界人士以贺电、贺信、赠送花篮或其他礼品、登报祝贺等方式，向庆典的隆重举行表示了热烈的祝贺。

庄善裕校长在落成典礼上致辞称：“在学校第三届董事会第二次会议即将召开之际，我们迎来了‘李克砌纪念楼’的胜利落成。在这双喜临门的大好日子里，我谨代表华侨大学全体师生员工，向慷慨捐资新建该楼的香港同胞振华、介华、国华、超华、群华、光华、裕华、家华、玲瑛、锦凤等李家兄弟姐妹，表示崇高的敬意和衷心的感谢。同时，也借此机会，向为华侨大学的建设发展呕心沥血的海内外校董表示崇高的敬意和深深的谢意。”①

1995 年董事会召开第三次会议，与会校董就如何进一步办好学校、改善办学条件、深化改革、提高办学水平等问题提出了诸多宝贵意见和建议。贾庆林董事长两次专程莅会，表示省委、省政府将进一步关心和支持华侨大学的建设和发展，调动各部门、各方面的积极性，和国务院侨务办公室共同把华侨大学建设好，号召董事们加强对学校的指导和帮助。1997 年 3 月，由于第三届董事会董事长贾庆林调任北

① 庄善裕：《在华侨大学李克砌纪念楼落成典礼上的致词》，1994 年 4 月，华侨大学文书档案。

京市代市长，经国务院侨务办公室同意，并商请福建省委同意，学校聘请时任福建省委书记、校董事会副董事长陈明义为校第三届董事会董事长，并增补陈进强、诸有钧为董事。①

3. 第四届董事会第一次会议

1997 年 10 月 26 日，对于学校办学具有重要意义的华侨大学第四届董事会第一次会议在陈嘉庚纪念堂隆重举行。中共福建省委书记、校董事会董事长陈明义，国务院侨办副主任、校董事会副董事长刘泽彭，原省部级领导黄辛白、林一心、李星浩等领导参加了会议。陈明义董事长指出，华侨大学复办以来，特别是第三届董事会第一次会议召开后，按照“面向海外和港澳台、面向经济特区”的办学方针，进一步深化改革，扩大开放，积极探索办学的新路子，各项事业都取得了长足进步，师资队伍得到充实，办学条件继续改善，精神文明建设全面加强，为福建和境内外输送了大批人才。这次董事会还审议了华侨大学董事会副董事长许东亮、华侨大学校长庄善裕分别作的《第三届董事会工作报告》和《学校工作报告》。② 协商通过第四届董事会副董事长、秘书长和副秘书长名单，并对进一步支持和帮助华侨大学发展事宜进行讨论。③ 与此同时，经国务院侨办批准，学校在当年 12 月增聘香港著名实业家洪祖杭、卢文端、陈仲升、洪长存先生为第四届董事会董事。这四位董事在港事业有成，不忘回馈社会、报效家乡，不仅在内地投资办厂，而且慷慨解囊，捐赠文教公益事业，兴建市政设施，深受社会各界人士的称颂。

图 3－36　华侨大学第三届、第四届董事会董事长陈明义

陈明义，男，1940 年出生，祖籍福建福州，华侨大学第二董事会副董事长，第三届董事会副董事长、董事长，第四届董事会董事长。1966 年上海交通大学毕业后在上海交通大学、厦门水产学院任教。转地方工作后历任福建省科委副主任、主任，省人民政府副省长兼省教委主任，省委常委、常务副省长，省委副书记兼组织部部长、省委省直机关工委书记，省委副书记，省长，省委书记，省政协主席，全国政协常委、港澳台侨委员会副主任委员等职，是中共第十二、十三届中

① 华侨大学校史编写组编《华侨大学五十年（1960—2010）》，2010，第 102 页。

② 参见《华侨大学报》，1997 年 11 月 10 日，第 3 版和第 4 版。

③ 王士华、缪木：《群贤毕至商大计，少长咸集绘宏图：四届董事会举行第一次会议》，《华侨大学报》1997 年 11 月 10 日。

央候补委员，中共第十四届中央候补委员、中央委员，十五届中央委员，第八、九届全国人大代表，第九、十届全国政协委员。陈明义先生对华侨大学的发展倾注了大量的精力，在担任福建省主要领导期间，有效地协调好了学校与地方政府、社会的关系，在许多方面给学校提供便利，促进学校又好又快地发展。

1998 年 5 月，第四届董事会增聘郭全强、黄复生为董事。同年 10 月，国务院侨务办公室征得福建省政府同意，聘任潘心城副省长为第四届董事会董事，并接替王良溥担任副董事长职务，同时增聘姚志胜、颜章根二位董事。

1999 年 1 月 21 日，国务院侨务办公室增聘卫生部副部长彭玉、外交部部长助理武东和、新华社香港分社副社长王凤超、新华社澳门分社副社长宗光耀和国务院侨务办公室副主任刘泽彭为第四届董事会副董事长。同时增聘外交部领事司司长彭克玉、卫生部科技教育司司长祁国明、国务院台湾事务办公室交流局副局长戴肖峰、新华社澳门分社宣教文体部部长张健、中国中旅集团董事长李葆琳、香港中旅集团董事长朱悦宁和副董事长诸有钧、深圳华侨城集团公司总经理任克雷、中国新闻社社长郭瑞和国务院侨务办公室文教宣传司司长丘进为学校第四届董事会董事。

1999 年 2 月，增聘林树哲、邱季端为董事。同年 6 月，庄善裕校长拜访了澳门特区行政长官何厚铧，澳门特区第一届政府推选委员会委员梁披云、唐志坚、唐星樵以及新华社澳门分社副社长宗光耀等学校在澳门的董事，向他们汇报了学校近年来各项工作情况，以及即将召开的华侨大学第四届董事会第二次会议筹备情况。6 月 19 日，第四届董事会召开第二次会议。国务院侨务办公室副主任刘泽彭、中共福建省委副书记习近平莅会讲话，中共福建省委书记、校董事会董事长陈明义发表书面讲话，对学校办学提出新希望。与会董事审议了学校工作报告和董事会工作报告，商议了学校改革与发展大计。经国务院侨务办公室同意，增聘澳门特区首任行政长官何厚铧为校第四届董事会副董事长。①

因职务变动和工作需要，2000 年，经国务院侨务办公室批准，学校第四届董事会成员进行了较大的调整，增聘一批新校董，加强董事会的工作。第四届董事会成立时聘请了 79 位董事，其中副董事长 15 人。后为更广泛争取境内外各界和中央有关部委对华侨大学的关心和支持，先后又增聘了马来西亚、菲律宾华侨华人，港澳同胞，以及国务院卫生部、外交部、国台办、香港中联办、澳门中联办、中新社、中旅集团、深圳华侨城等 21 位企事业家和领导人为董事，董事会成员增至 100 人，正、副董事长 23 人。其中，内地董事 24 人、香港 52 人、澳门 6 人、美国 5 人、日

① 张罗应、张彬：《国立华侨大学第四届董事会举行第二次会议》，《华侨大学报》1999 年 6 月 25 日。

本2人、菲律宾7人、马来西亚2人、新加坡2人。根据本届董事会意见，内地董事若因工作岗位变动，将由新任领导人接替的原则，其中内地董事有13人因工作岗位变动而中途由新任领导人接任，故实际担任过本届董事会的人数有113位。[①]

（二）董事会的作用和影响

90年代成立的两届董事会始终以加快华侨大学的改革和发展为己任，发挥了对学校重大事务的决策和审议作用，同时也促进了学校在内部建设和对外交流方面取得进展。历届董事会的董事都积极致力于为学校发展献计献策，在学校的重大事务、办学方针、办学方向等重大问题上发挥决策和审议作用，对学校的办学方针、规划、教学、科研、基建、财务等重大问题进行了有效的指导。历届董事会董事还捐资兴学，多方奔走，为学校争取更多的支持，极大地改善了学校的办学条件，美化了校园环境。华侨大学第二届董事会从1986—1992年，捐建的建筑物总建筑面积达3.2万平方米、总价值合人民币2186万元，捐赠的仪器设备、图书资料总价值约合人民币400万元，并资助一批师生到海外留学深造。第三届董事会累计筹集到办学资金4800多万人民币。1992年起，香港中旅集团每年向华侨大学香港教育基金有限公司捐资约300万港元，用以支持学校购置先进的教学科研仪器设备和图书资料。第四届董事会捐资办学成绩辉煌，捐资总额达6800多万元人民币，侨捐工程达18项之多，总建筑面积11.3万平方米。不仅如此，海外华侨华人、港澳台同胞还在学校设立了若干项奖、助学金。据不完全统计，这一时期，设立的各项基金资金总额达1248万元。

董事会把加强学校师资队伍建设作为一项重要任务对待，设立学校基金的目的之一就是资助选派教师赴国内外高校和科研机构进修。自1996年起，董事会每年从华侨大学香港教育基金有限公司拨款30万港元，资助20名青年教师到国内重点大学攻读博士学位。至1999年底，全校已有60位优秀青年教师在职攻读清华大学、北京大学、南京大学、天津大学等国内著名学府的博士学位。在旅日校董陈焜旺、林同春先生的推动下，日本东华教育文化交流财团每年出资1000多万日元，从日本选派一位教师来校教授日语，资助3—4名青年教师赴日本进修。陈守仁校董每年出资资助一名菲律宾大学优秀教师来校教授英语，资助学校两名教师赴菲律宾大学进修。何瑶煌校董从1995年起每年资助一名教师作为高级访问学者出国进行学术访问。菲律宾王珂基金会资助华侨大学同菲律宾一些大学开展学术交流。唐志坚校董

① 华侨大学校史编写组编《华侨大学五十年（1960—2010）》，2010，第214页。

利用个人影响，推动澳门东方葡语协会每年出资选派一名教师来校为澳门学生开设葡萄牙语选修课程。

董事会还积极支持学校对外宣传、招生与交流工作。董事会出资在香港出版《华侨大学董事会通讯》、《华侨大学概览》和《招生简章》等宣传资料，利用各种渠道派发到境内外各地，宣传和介绍华侨大学办学情况，增进了境外社会对华侨大学的认识和了解。董事会香港办事处积极协助学校参加港澳地区大型国际招生展览，组织稿件在港澳及海外新闻媒体发表，为学校拓展境外生源立下了汗马功劳。董事会积极支持学校开展对外学术交流，帮助引荐海外及港澳台专家学者来校任教、短期讲学或学术访问。这一时期，邀请了美国、加拿大、英国、澳大利亚、日本及中国香港、中国澳门、中国台湾等国家和地区的上百位专家学者莅校讲学，如诺贝尔获奖者李远哲、杨振宁，中国驻联合国体制改革代表、清华大学国际问题研究所所长薛谋洪教授，中国银行法兰克福分行业务总裁郑德力博士，美国加州圣何塞3B软件及工程咨询公司总裁王铮博士，澳门建筑协会主席、著名建筑设计师马若龙等。一些校董也亲自莅校指导工作，给学校师生做学术报告，如徐四民老先生不顾年高体迈，坐着轮椅来校为师生作香港回归问题的报告；香港大学首席副校长张佑启先生百忙之中莅校为土木系师生做学术报告。①

二　校友会

（一）校友会的成立和发展

校友工作是学校人才培养的延伸和发展，是学校服务社会功能的重要体现。1985年11月1日，华侨大学举行建校25周年庆祝活动，邀请各地校友参加并于11月2日召开“华侨大学校友总会成立大会”，参加大会的各地校友代表400余人。会议讨论通过《华侨大学校友总会章程》；成立华侨大学校友总会理事会。校友总会宗旨规定：“遵守宪法、法律、法规和国家政策，遵守社会公共道德风尚，发扬校友爱国、爱校的精神，加强校友与母校的联系，团结境内外校友共同为振兴中华、建设四化、为增进国际间学术交流和友好往来，为母校的建设和发展作贡献。大会选举了原党委副书记谢白秋为理事长由47人组成的第一届理事会。②

经过数年的发展，到20世纪90年代，境内外许多地方校友会纷纷成立、发展

---

① 华侨大学校史编写组编《华侨大学五十年（1960—2010）》，2010，第104～105页。

② 参见《华侨大学校友总会简介》，华侨大学校友网，https://alumni.hqu.edu.cn/xygz/xyzh/jj.htm，最后访问日期：2020年3月14日。

和壮大，在增进校友与校友之间以及校友与学校之间的联系、促进校友个人事业与学校事业的发展进步方面都发挥了重要作用。1990 年 7 月，菲律宾福川华侨大学校友会在马加智川宛大酒楼隆重成立，成为进入 90 年代后首个新成立的校友会。著名菲华社会企业家陈永栽在会上表示，要极尽全力将菲律宾华侨社会的华文教育继续推广下去。校友会常务顾问蔡文春也发表致辞，指出福川教育基金会自 1986 年开始，前后两次资助本地华人学生到华侨大学进修，意义深远，他寄希望于这些学生完成学业后，能够协助解决当前菲华社会的华文教育界所面临的一些问题。同年 11 月，正值华侨大学建校 30 周年，华侨大学第二届校友总会理事会扩大会议在陈嘉庚纪念堂召开。会议期间，校友分会会长分别介绍了各地校友分会以“互相关心、互相帮助”为宗旨开展工作的情况，针对提出的问题共同协商，交流经验，为总会和分会进一步开展工作献言献策。

1995 年 10 月，第二届校友总会理事会议在陈嘉庚纪念堂举行，会议通过了新增补的理事名单，与会者还对进一步开展校友会的工作进行了充分的交流，就母校如何办出特色、办出水平出谋献策，表达了校友热爱母校的诚挚之情。

至 1999 年，华侨大学校友总会下辖 17 个校友分会，境外有香港、澳门、泰国 3 个，境内有广州、深圳、海南、广西、江西、浙江、泉州、厦门、福州、三明、漳州、龙岩、石狮、晋江等 14 个。香港校友会从 1987 年 7 月正式成立至 1999 年共换届 6 次，1997 年在香港弥敦道龙马大厦购置了新会所并于 1998 年 3 月启用新址。[①] 澳门校友会与华侨大学澳门教育基金会配合，于 1996 年在市中心购得一处会所。厦门校友分会由学校提供一套房产作为会址。这些稳定的会址大大方便了校友聚会和活动，增强了校友的凝聚力和向心力。[②]

（二）校友会的作用和影响

作为校友与母校联系的桥梁和纽带，华侨大学校友会将生活在不同地区、从事不同行业的校友联结起来，增进了相互之间的关系，也维持和强化了校友对华侨大学的认同。

首先，校友会始终致力于维系和增强境内外校友间的联系。每逢重大节日，各地校友会都会开展联谊活动，介绍母校发展动态，听取校友呼声和意见，并慰问在生活上遇到困难或生病的校友，表达对校友们的关爱。学校领导赴香港、澳门考察访问时，都会安排时间会见校友或召开校友座谈会，了解当地校友会工作开展情况，

① 何机雄：《香港校友会启用新址，庄善裕校长赴港祝贺》，《华侨大学报》1998 年 3 月 25 日。
② 华侨大学校史编写组编《华侨大学五十年（1960—2010）》，2010，第 105 页。

听取校友对学校办学的意见和建议。1997 年 9 月 14 日，华侨大学香港校友会举行成立十周年庆典，学校特派副校长黄炎成和原副校长、华侨大学校友总会理事长杨翔翔，以及台港澳办公室主任杨振强等组成代表团专程赴港出席庆祝活动。1998 年 3 月，华侨大学香港校友会新置会所启用剪彩，庄善裕校长代表学校赴港祝贺。

其次，校友会还主动发挥宣传华侨大学以及杰出校友的作用。每年的招生季节，很多校友尤其是港澳地区的校友都会自发前往中学，宣传华侨大学以及学校的办学和招生情况，协助学校和董事会做好国际招生展览的参展工作，为学校拓展海外生源做出了重要贡献。华侨大学 35 周年校庆时，校友总会出版了《星汉灿烂——华侨大学校友撷英》[①] 一书，介绍了 32 位在经济、政治、文化、教育和科技等各战线上做出突出贡献和成就的校友事迹。学校领导和教师每次赴各地出差，都会得到当地校友会热情接待和大力协助，为工作开展提供了极大的便利。各地校友时刻不忘宣传学校，扩大学校的影响力和知名度。例如，福建校友会到省广播电台制作“节日大世界”节目，介绍学校办学情况和校友风采，该会会长尤宗祥通过自身影响，最终促成巴西坎皮纳斯大学校长约瑟·马丁斯·菲略先生于 1998 年 2 月访问学校，并与学校签订了两校校际友好交流合作协议书。

最后，随着校友事业的发展，不少校友都继承了华侨捐资兴学的优良传统，全力支持母校的建设和发展。例如，1993 年，旅港校友李泉清捐资 120 万元在学校兴建研究生宿舍——泉清楼。香港校友谢文盛曾捐资 30 万元，设立谢文盛奖学金，并多次出资支持学校举办运动会，不仅如此，他还经常为校友总会捐助活动经费。1995 年，为了能让更多校友切身体会学校的发展变化，谢文盛捐资资助边远山区的校友回校参加母校 35 周年校庆活动。校友杨家庭十分关心学校的体育运动，1995 年曾捐资为学校出征福建省第 12 届大学生运动会的代表团购置队服。此后，他又与谢文盛共同赞助了学校第 20 届田径运动会。

华侨大学校友人数众多，足迹遍布世界各地，是一支不可低估的力量。据 1995 年校友总会统计数据显示，“老五届”留在内地发展的 230 位校友中有 80 人获得高级职称，占调查人数 34.7%；获省、市、单位先进工作者 84 人，占调查人数 36.5%；担任各级领导职务者 120 人，占调查人数 52%。他们中有许多人在科技领域成绩突出，合计获得 58 项省市科技进步奖。复办后的历届校友，经过多年的工作锻炼或进修深造，许多人也已崭露头角。[②] 华园的求学经历将永远激励着他们发扬爱国爱校精神，为居住地经济社会发展做出杰出贡献。广大校友也以自身的努力和

① 杜成金主编《星汉灿烂——华侨大学校友撷英》，华侨大学新闻处，1995。
② 华侨大学校史编写组编《华侨大学五十年（1960—2010）》，2010，第 105 页。

成就，不断提升学校在世界各地的知名度和美誉度。

三 校庆活动

对华侨大学而言，举办校庆活动不仅仅是停留在举行庆典活动，更是总结经验，吸取教训并为后续发展绘制蓝图的重要时机。学校分别于 1995 年和 2000 年举行了两次重大校庆活动。

（一）三十五周年校庆

1995 年 11 月 1 日，学校隆重举行了建校 35 周年庆典。中央、省、区、市领导，校董、海内外嘉宾、校友和师生 3000 多人欢聚陈嘉庚纪念堂，隆重庆祝华侨大学建校 35 周年。出席庆典大会的领导和嘉宾有：中共福建省委书记、学校董事会董事长贾庆林，国务院侨务办公室副主任刘泽彭，新华社香港分社副社长张浚生，福建省人民政府副省长王良溥，福建省政协副主席刘金美，全国侨联副主席黄长溪，原教育部副部长、全国政协文化教育委员会副主任黄辛白，国务院侨务办公室特邀顾问、国务院原侨务办公室副主任李星浩，国务院侨务办公室文宣司司长丘进，中共泉州市委书记丘广钟，中共泉州市委副书记、泉州市人民政府代市长何立峰，以及林一心、张楚琨、许集美、诸有钧、凌青、陈荣春、郭荣辉、庄南芳、郑宗杰、叶双瑜、黄涤岩、黄光汉、王承明、施子清、杨振志、尤垂镇、傅圆圆、洪辉煌、林荣取、李天乙等。菲律宾大学、日本长崎县立大学、日本威斯莱短期大学专程派代表团前来参加学校校庆活动。[①]

国家教育委员会、国务院侨务办公室等 20 多个单位为学校校庆发来了贺电、贺信，方毅、卢嘉锡、贾庆林、陈明义等领导以及杨振宁、梁披云、方润华、李亦园等海内外知名人士为学校校庆题写了贺词。校庆前夕，中共福建省委书记贾庆林、副书记何少川还专门听取了学校庄善裕校长、杜成金副校长关于校庆筹备工作的汇报，对学校卓有成效的工作给予了充分肯定。

时任校长庄善裕在庆典大会上对学校 35 年的发展历史进行了全面的总结和回顾，对学校的现状进行了分析，并提出学校发展的远景目标，号召全校师生为将学校建设成办学水平达到国内先进、国际上有一定影响力、具有良好声誉、以工程学科为主的社会主义综合性大学而努力奋斗。国务院侨务办公室副主任刘泽彭，新华

---

① 王士华：《学校隆重庆祝建校 35 周年》，《华侨大学报》1995 年 11 月 20 日。

社香港分社副社长张浚生，福建省人民政府副省长王良溥，校董事会董事黄光汉，中共泉州市委副书记、泉州市人民政府代市长何立峰分别在大会上致辞。他们在讲话中，充分肯定了华侨大学办学35年来所取得的重大成就，并希望海外侨胞、港澳台同胞、各界人士一如既往地支持华侨大学的建设和发展，勉励华侨大学师生群策群力，把华侨大学办出新的水平，为华侨高等教育事业作出更大的贡献。①

庆典大会上，中共福建省委书记、校董事会董事长贾庆林还为学校侨捐工程捐资人施子清、吕振万、庄妈珍颁发金质奖章、荣誉证书和奖匾。庄善裕校长为祖炳民、吕振万、施子清、周颖南、高培新颁发名誉教授或客座教授聘书。庆典大会结束后，学校举行了敬萱堂和华丰楼落成典礼仪式。

校庆期间，学校还举行了第三届董事会第三次会议、第二届校友总会理事（扩大）会议、校友事迹图片展、校庆书画展、校史展、第18届校运会等一系列活动。11月1日晚，以爱国爱校为主题的大型文艺晚会《金秋的献礼》在陈嘉庚纪念堂隆重上演。晚会以“喜庆、赤子、烛颂、青春、硕果、展望”六个篇章，讴歌了学校建校35年来取得的巨大成就，前来参加庆典活动的领导、嘉宾、校友以及部分师生观看了演出。

（二）四十周年校庆

2000年11月1日，华侨大学花团锦簇，彩旗飘扬。中央、省、市领导，来自世界各地的校董、校友和华侨大学师生齐聚华园，隆重庆祝学校建校40周年。中共中央政治局委员、国务院副总理钱其琛为校庆题词：竭诚为侨服务，培育创新人才。全国政协副主席罗豪才、教育部、国务院侨务办公室、福建省省长习近平等发来贺电。中央驻澳门联络办副主任、校董宗光耀，浙江大学党委书记张浚生，香港中文大学等200多个单位或个人发来贺信。其中福建省人民政府发来贺信，对华侨大学的办学给予肯定，并希望“努力将学校建设成国内一流、国际上声誉良好的大学”，这也成为华侨大学努力的方向。

11月1日上午，“华侨大学建校40周年庆典大会”在嘉庚纪念堂隆重举行（见图3-37），中共福建省委书记、华侨大学董事长陈明义，国务院侨务办公室副主任刘泽彭，卫生部副部长彭玉，中央政府驻香港特别行政区联络办公室副主任邹哲开，福建省政协副主席刘金美，香港中旅集团董事长车书剑，国务院原侨务办公室副主任林一心、李星浩，马来西亚驻广州总领事馆副总领事莫埃帝，日本华侨总会会长

① 华侨大学校史编写组编《华侨大学五十年（1960—2010）》，2010，第149页。

陈焜旺，国务院台办、澳门中联办等国家有关部委，福建省委宣传部、统战部、省教育厅、省侨办等省直有关单位负责人，泉州、厦门市及有关部门领导，日本长崎县立大学校长石村善治、菲律宾大学校长利民索以及澳门大学、日本创价学会、台湾高雄大学、澳门业余进修学校、浙江大学、中国人民大学、暨南大学、汕头大学、厦门大学等国内外兄弟院校、学术团体代表，华侨大学校董以及远道而来的海内外嘉宾、校友及学校师生代表3000余人出席了庆祝活动。①

庆祝大会由党委书记李红主持。中共福建省省委书记、华侨大学董事长陈明义、国务院侨务办公室副主任刘泽彭、泉州市委书记刘德章、华侨大学副董事长李群华先生以及校友代表、华侨大学香港校友会副会长李碧葱女士分别在大会上致辞。他们在讲话中充分肯定了华侨大学建校40年来所取得的成就，勉励华侨大学以建校40周年为新起点，以服务侨务工作、服务全国和福建的现代化建设、服务境外华侨华人、服务祖国的统一大业为己任，加快学校的改革与发展，建设一支高素质的教师队伍，培养德智体美劳全面发展的学生，办出特色、办出水平、办出效益，并希望海外侨胞、港澳台同胞和社会各界继续关心支持华侨大学的发展。庆典大会上，陈明义还代表福建省人民政府向捐资帮助华侨大学建设的施良侨先生、陈成秀先生、陈仲升先生以及柯柏诚先生的代表和已故的陈影鹤先生、洪长存先生的亲属代表颁发了福建省人民政府金质奖章、奖匾和荣誉证书。

图3－37　建校40周年庆典大会

此外，其他庆祝建校40周年的主要活动有：①11月1日下午，国务院侨务办公室副主任刘泽彭代表国务院侨务办公室与福建省副省长黄小晶、泉州市市长施永康签订了第二轮共建华侨大学协议书。②11月1日，华侨大学四届三次董事会议召

① 张罗应、张林：《华侨大学隆重庆祝建校40周年》，《华侨大学报》2000年11月10日。

开。黄光汉副董事长代表董事会作工作报告。吴承业校长作了学校工作报告。会议还向 8 名新聘董事颁发了聘书。③召开校友总会第三次会员代表大会。会议产生了第三届理事会领导班子人选。原校长庄善裕当选总会会长，副校长李冀闽当选为总会理事长。④举行了“中行杯”祖国大陆与港澳台地区大学生篮球邀请赛。学校男篮最终夺冠，CCTV－5 现场直播了部分比赛。⑤举行了庆祝建校 40 周年的文艺晚会《我爱你，中国》。此外，学校还举行了校庆 40 周年系列展览、八项侨捐工程落成奠基典礼、院士学术报告会等活动。[①]

① 张罗应、张林：《学校隆重庆祝建校 40 周年》，《华侨大学报》2000 年 11 月 10 日。